Helsinki
Leningrad
(St. Petersburg)
Tallinn
(Reval)
Nowgorod
Riga
Moskau
Wilna
Königsberg
Minsk
Charkow
Kiew
apest
Odessa
Bukarest
Schwarzes Meer
Warna
Sofia
Trapezunt
Istanbul
(Konstantinopel,
Byzanz)
Nikomedia
Ankara
Thessaloniki
Nicäa
Izmir
(Smyrna)
Athen
Sparta
Antiochia
Beirut
Damaskus
MEER
Cäsarea
Jerusalem
Alexandria
Kairo

John Bowle · Geschichte Europas

John Bowle

Geschichte Europas

Von der Vorgeschichte
bis ins 20. Jahrhundert

Aus dem Englischen
von Hainer Kober

R. Piper & Co. Verlag
München Zürich

Die Originalausgabe erschien 1979 unter dem Titel »A History of Europe«
im Verlag Secker & Warburg/Heinemann, London
Vorsatzkarte: Jutta Winter

ISBN 3-492-02744-X

Gesetzt aus der Times Antiqua
Gesamtherstellung Clausen & Bosse, Leck
Printed in Germany

Vorwort zur deutschen Ausgabe

Europa kann heute, da es politisch im Schatten der Supermächte steht und sich von der zur Selbständigkeit erwachten »Dritten Welt« unter Druck gesetzt sieht, seine Zukunft nur sichern, wenn es zu wachsender wirtschaftlicher und politischer Zusammenarbeit bereit ist und wenn sich seine Völker ihrer gemeinsamen Interessen und der Errungenschaften einer gemeinsamen europäischen Vergangenheit bewußt sind. Die meisten Historiker haben sich lange Zeit zu sehr in die Geschichte ihrer eigenen Länder und die mediterranen Ursprünge unserer Kultur vertieft. Doch heute, da ein neues Europa nach einer neuen historischen Perspektive verlangt, stellt sich unsere Zivilisation vielmehr als eine Mischung nördlicher und südlicher Einflüsse dar: Selbst das antike Griechenland erweist sich als eine Kreuzung von minoischen Seefahrern und Eindringlingen aus der Steppe, während die Megalithen im Norden nicht auf Anregung von levantinischen Missionaren entstanden, sondern älter als die Pyramiden und eine bodenständige Kulturleistung sind.

Tatsächlich bedeuteten die Völker im Norden – wegen ihrer Sprache »Barbaren« genannt – eine stete Bedrohung für das Römische Reich auch auf dem Höhepunkt seiner Macht, und das Spätreich im Westen war mindestens so barbarisch wie römisch. Als Karl der Große es zu neuem Leben erweckte und die nordeuropäische Hierarchie einrichtete, die in ihrer typischen Form – Kämmerer, Kanzler, Seneschall – alle europäischen Monarchien prägen sollte, machte er Aachen in der Heimat der germanischen Franken zur Hauptstadt seines Reiches, während die Nachkommen der skandinavischen Wikinger die Monarchien Englands, Siziliens und des Kiewer Reichs errichteten. Der deutsche Drang nach Osten an der Ostseeküste war für die dauerhafte Sicherung der Ostflanke der Christenheit wichtiger als die relativ kurzlebigen Kreuzzüge in der Levante, und wenn auch die Bekehrung des Nordens zur Christenheit ihren Ausgangspunkt in Rom und Byzanz genommen haben mag, so wurde es in Deutschland doch vor allem von Angelsachsen verbreitet. Überdies gedieh Anfang des zehnten Jahrhunderts das Christentum in Mitteleuropa unter dem Schutz der deutschen Militärmacht und Militärtechnik, die schon bald auf umfangreichere Ressourcen zurückgreifen konnte, als sie die Mittelmeerküste zu bieten hatte.

Aber die mittelalterlichen Herrscher Deutschlands, verführt durch den unrealistischen Traum von einem Reich zu beiden Seiten der Alpen, versäumten es, die Verwaltung in den deutschen Ländern zu straffen, als sich in England und Frankreich die nationalen Monarchien konsolidierten. So blieb Deutschland politisch zerrissen, als die westlichen Völker den atlantischen Überseehandel entwickelten und die ersten Kolonien eroberten und als Moskauer Goldsucher den Pazifik erreichten. Trotzdem gingen von Deutschland tiefreichende Einflüsse aus: Luther forderte die Freiheit von erstarrten religiösen Formen und hatte Erfolg, und deutsche Künstler fanden sich aus Protest gegen den oft seichten Kult der »Aufklärung« in der Romantik zusammen, während es die großen Städte an der Ostsee, am Rhein und in Bayern – von keiner zentralisierten Verwaltung eingeengt – rasch zu Reichtum und Ansehen brachten. Außerdem schufen deutsche Komponisten die schönste Musik der Welt, erweiterten deutsche Gelehrte und Wissenschaftler unser Wissen durch eindrucksvolle und wichtige Beiträge.

Das sind nur einige der augenfälligsten Aspekte dieser Wechselbeziehung zwischen Norden und Süden in den Jahrhunderten steten Austauschs, in denen die Deutschen wie andere Völker zur reichen Vielfalt der im griechisch-römischen Altertum verwurzelten europäischen Zivilisation beigetragen haben.

Doch aufgrund unglücklicher historischer Umstände hinkte Deutschlands politische Entwicklung auch noch während des vergleichsweise kurze Zeit zurückliegenden Aufstiegs der modernen Nationalstaaten hinter der Entwicklung anderer Länder her. Als die Einigung 1871 endlich kam, gelang sie nur dank einer Reihe preußischer Kriege. Das Zweite Reich hing dann unrealistischen Weltreichträumen nach, statt sich eine weitreichende wirtschaftliche Vormachtstellung zu sichern, die durchaus im Bereich des Möglichen lag.

Nach der daraus folgenden Katastrophe und Niederlage und nach den noch wirklichkeitsferneren Ambitionen des Dritten Reichs ist die seit 1949 existierende Bundesrepublik Deutschland heute zu einer der führenden Wirtschaftsmächte in der Welt aufgestiegen. Politisch wurde sie zu einem demokratischen und wichtigen Mitglied einer großen atlantischen Allianz, die stark genug ist, um gemeinsam die in einer langen Geschichte gewachsenen Werte der abendländischen Zivilisation zu verteidigen. Alte Feindschaften überwindend, hat der moderne Staat im Westen Deutschlands bereits erheblich zur Entstehung des neuen Europa beigetragen, das sich anschickt, aus dem Schattendasein der letzten Jahre herauszutreten.

Daher die Bedeutung einer neuen Perspektive für die europäische Geschichte. Denn anders als uns die maschinenselige Neobarbarei und modische Angriffe auf schöpferische Minderheiten glauben machen möchten, ist die Vergangenheit nicht irrelevant, sondern wichtiger denn je. Zwar können wir den Optimismus der liberalen Historiker nicht mehr teilen – die europäische Geschichte bietet heute ein düstereres Bild, als sie einst glaubten –, doch brauchen wir diese Geschichte nach wie vor, um Kraft und Weisheit aus ihr zu schöpfen. Die europäische Kultur hat wie die chinesische entsetzliche Katastrophen überstanden, so zum Beispiel den verhängnisvollen Zusammenbruch der griechisch-römischen Antike im Westen, die Verwüstungen durch Hunnen und Mongolen, den Verlust von ungefähr einem Drittel der Bevölkerung durch den Schwarzen Tod, außerdem chronische Mißwirtschaft, lokale Kriege, Hunger und Krankheit. Von allen diesen Katastrophen hat Europa sich erholt. Seine außergewöhnlich günstige Umwelt, sein tatkräftiges und begabtes Völkergemisch, seine kulturelle und wirtschaftliche Stärke und Vielseitigkeit sind ohne Beispiel.

Wenn diese europäische Kultur nicht von einem atomaren Holocaust ausradiert wird, nicht überrannt wird, weil es ihr am nötigen Widerstandswillen fehlt, oder an innerer Auszehrung zugrunde geht, weil es ihr an dem Mut und der Fähigkeit gebricht, ihren Zusammenhang und ihre Produktivität zu bewahren, so scheint sie, nach einem erstaunlichen Nachkriegs-Comeback, die ihr eigene Kraft wiedergewinnen zu können.

Dieser Aufschwung hat sich vor allem im Westen vollzogen, der als Teil der atlantischen Welt unter dem Schutz der amerikanischen Weltmacht steht. Zwar wird in diesem Überblick die Beziehung der im atlantischen Bündnis versammelten Völker zu ihren Erben in der Neuen Welt nicht vernachlässigt, doch habe ich im Unterschied zu vielen vorliegenden Arbeiten den Rahmen weiter gespannt und den Erben von Byzanz in Osteuropa den ihnen gebührenden Platz eingeräumt. Zwei Aspekte erwiesen sich hier – wie überall – als besonders wichtig: die allmähliche Verbesserung von Landwirtschaft, Handel und Wissenschaft, die zur industriellen Revolution und zur modernen Bevölkerungsexplosion führte, und die reiche Vielfalt von Kunst, Musik und Literatur, in denen jedes Zeitalter sein unverwechselbares Idiom geschaffen hat und durch die es sich vor allem einen Platz in unserem Gedächtnis erobert hat.

Natürlich bietet die gesamte europäische Geschichte – hier einer Betrachtungsweise unterzogen, die man möglicherweise für »konventionell« halten wird, da sie sich zwangsläufig im wesentlichen an die Zeugnisse hält, die uns von Herrschern und literarischen Minderheiten überliefert sind – nicht das Bild eines systematischen Fortschritts, aber sie verzeichnet die Leistungen großer Maler, Architekten, Musiker und Dichter, die Taten der Wissenschaftler, Ärzte, Erfinder und Ingenieure, die – von Regierungen, Unternehmern, Seefahrern und Abenteurern unterstützt oder ausgebeutet – dafür sorgten, daß die europäische Kultur als erste einen buchstäblich weltweiten Einfluß entfaltete. Die Fehler und Verbrechen der eher destruktiven Männer der Tat konnten das Wirken der Männer von Genie und konstruktivem Denken oder der sich abplagenden Völker, der eigentlichen Kultur-»Träger« nicht zunichte machen. Dies ist die wirkliche und ermutigende Moral der europäischen Geschichte und ein Hauptgrund für die Beschäftigung mit ihr.

Zivilisation ist – wie Bewußtsein – selten und anfällig. Sie ist eine Geistesverfassung, die auf jenem Erbteil von Erfindungsgabe, Organisation und harter Arbeit gedeiht, das der Strom des Lebens mit jeder neuen Generation anwachsen läßt. Und um zu überleben muß sie vielseitig und anpassungsfähig sein.

Die europäische und nordamerikanische Zivilisation entging als erste dem malthusischen Schicksal überwiegend ländlicher Gesellschaften. Immer noch reicht ihr Wissensstand aus, um in dem Maße, wie die Entwicklung wissenschaftlicher Technologie anhält, Überfluß zu schaffen, aber nur, wenn wir nicht ihre Fähigkeit dazu zerstören. Wenn diese Zivilisation es verdient zu überleben, wird sie sich aller Angriffe erwehren und aus sich selbst neue Lebenskraft gewinnen, indem sie die Tendenzen ihrer Völker assimiliert. Wenn sich unsere historisch so bedeutende europäische Zivilisation dieser Herausforderung stellt, brauchen Stolz und Lebensfreude nicht verlorenzugehen.

Bei der Niederschrift dieses Buches haben mir viele Freunde in Oxford geholfen, denen ich hier nur einen pauschalen, wenn auch – wie ich hoffe – hinreichenden Dank abstatten kann. Besonders möchte ich mich bei meinem Verleger David Farrer bedanken.

Außerdem gehört mein Dank Quentin Davies für seine Ratschläge zum ursprünglichen Entwurf und zu bestimmten Aspekten der russischen und der Wirtschaftsgeschichte.

Oxford 1983 John Bowle

Einleitung

Im äußersten Westen Eurasiens gelegen, mit Galicien, der Algarve und der Bretagne in den Atlantik hinausragend und vom Mittelmeer, der Ostsee und dem Schwarzen Meer in tiefzerklüftete Halbinseln zerschnitten, weist Europa, der kleinste der Kontinente, eine ungewöhnliche Vielfalt an Bodengestalt und Klima auf. Innerhalb eines relativ kleinen Gebietes – denn selbst der Westen der UdSSR gehört, obgleich noch Europa genannt, klimatisch bereits zu Eurasien – schließt es sowohl das atlantische Klima der Westküste, das im Gegensatz zu ähnlichen Breiten Nordamerikas durch den karibischen Golfstrom gemäßigt wird, als auch das Kontinentalklima in Mitteleuropa, den Alpen und dem Balkan mit seinen eisigen Wintern und heißen Sommern ein, schließlich die Gebirge und Hügel der Mittelmeerwelt, bedeckt mit Trauben und Oliven, Myrte und Oleander – am lieblichsten in der Toskana und in Umbrien, am strengsten in Spanien und am strahlendsten im klaren Licht und den harten Konturen der Ägäis.

Hier und in Nordafrika gedieh die griechisch-römische Zivilisation im Schutze der Alpen, des Balkanmassivs und der Sahara, während die ersten europäischen Zivilisationen ohne äußeren Einfluß auf Kreta und der Peloponnes entstanden, wo Wein und Oliven heimisch waren und wo sich die ersten Anfänge des Seehandels entwickelten. Doch obwohl die Zivilisation aus dem Süden kam und sich von dort über die Alpen ausbreitete, verfügte der Norden über mehr landwirtschaftliche Möglichkeiten und mehr Bodenschätze, weil sich das Land hier zu weitläufigen Hochebenen, welligen Niederungen und tiefgelegenen Küsten ausdehnt, während am Mittelmeer Küsten und Hinterland größtenteils gebirgig und zerklüftet sind.

Von allen europäischen Ländern besitzt Frankreich, das, zum Ärmelkanal, Atlantik und Mittelmeer hin offen, reich an weiten fruchtbaren Tälern ist und im Südosten zu Alpen und Pyrenäen aufsteigt, die vielseitigsten natürlichen Voraussetzungen und das günstigste Klima, außerdem die potentiell reichste Landwirtschaft, große Kohle- und Eisenvorkommen und, unter atlantischem Regen und heißer Sonne, die herrlichsten Weinbaugebiete der Welt. Historiker, die in der klassischen Tradition, nach der die Wiege unserer Kultur am Mittelmeer stand, groß geworden sind und ganz von der Antike und ihrer mittelalterlichen Fortsetzung vor Beginn der Neuzeit und der Verlagerung der politischen und wirtschaftlichen Macht in die atlantischen Staaten in Anspruch genommen waren, neigten dazu, die demographische Bedeutung zu unterschätzen, die der Norden schon immer besessen hat. Seine Völker wurden von den antiken Autoren als Barbaren abgetan; heute weiß man, wieviel schöpferische Kraft sie schon in prähistorischen Zeiten bewiesen haben. Sogar das Römische Reich stellt sich als eine Mischung nördlicher und südlicher Völker dar, die dadurch entstand, daß die das Reich bedrohenden und unterwandernden Barbaren assimiliert wurden. Überdies wurde die vom Christentum bezähmte Bevölkerung Nordeuropas zum Bollwerk gegen die Nomaden aus Zentralasien, die trotz der Einfälle der Hunnen im fünften Jahrhundert und der Mongolen im zwölften Jahrhundert den Westen nie unterwerfen konnten. Nur den Türken gelang es, in Osteuropa ein Reich zu schaffen, das dem der Mongolen oder Mandschus in China vergleichbar war – doch das geschah erst im fünfzehnten Jahrhundert.

Jenseits des Ärmelkanals und der Nordsee sowie zu beiden Seiten des Skagerraks liegen der ferne Westen und der ferne Norden – die Britischen Inseln und Skandinavien, erstere nur zum Teil, letzteres überhaupt nicht romanisiert. In diesen Ländern sollten die tatkräftigsten Völker heranwachsen, die Goten, Burgunder und Vandalen der Völkerwanderung; die Normannen, die England, einige der schönsten Gebiete Frankreichs, Portugal, Sizilien und die Levante beherrschten; die schwedischen Wikinger, die den Grundstein zum Kiewer Reich legten; und die Engländer, die – nachdem sie von den methodischen Normannen Disziplin gelernt hatten – zusammen mit den Schotten und einem Großteil der Iren das größte Seereich der Weltgeschichte gründeten. Die Entwicklung und Expansion Europas kam nicht nur durch die Ausbreitung einer mediterranen Zivilisation zustande, sondern auch durch die Wechselwirkung der Völker des Nordens und des Südens. Daher die bewegte Vielfalt in der Geschichte des Kontinents, der die erste weltumspannende Kultur hervorbrachte.

Schon die geographische Beschaffenheit sorgte für Vielfalt – für Vielfalt, aber nicht für Zerrissenheit. Verkehrswege waren vorhanden, wenn auch nicht immer leicht passierbar. Die Alpen waren weniger unüberwindlich als der Himalaja oder die Rocky Mountains, die Pyrenäen ließen sich zu beiden Seiten umgehen und das Mittelmeer war im Sommer mit Küstenschiffen zu befahren. Nördlich der Alpen kamen auch die Flüsse dem Handel zugute: Rhône und Saône führten nach Lyon, in die Provence und zum Meer, die Seine von der Côte d'Or nach Paris, die Loire von ihren Quellflüssen in den Cevennen nach Orléans, Tours und zum Atlantik. Der Rhein war ein natürlicher direkter Weg zwischen Basel und den Niederlanden, die Donau zwischen Regensburg und Wien, Belgrad und dem Schwarzen Meer. Elbe und Oder verbanden die böhmischen Gebirge mit der Ostsee, während der Dnjepr die wirtschaftliche Grundlage des Kiewer Reichs bildete und die Wolga die Voraussetzung für die Expansion Moskaus schuf.

Hinzu kam, daß zwar das strenge Klima und die undurchdringlichen Wälder und Moore in weiten Teilen des nördlichen Mitteleuropas dessen Entwicklung lange bremsten und die Ebenen im Norden Angriffen aus dem Osten preisgegeben waren, der Kern Mitteleuropas aber ziemlich gut geschützt blieb. Die nordeuropäische Tiefebene erstreckt sich ohne größere Unterbrechung von Holland bis zu den baltischen Staaten der UdSSR und von Norddeutschland bis Warschau und Posen, während die walachischen Ebenen, die sich fast bis Belgrad hinziehen und nach Ungarn hinein fortsetzen, eine Verlängerung des Hinterlands von Odessa und der südrussischen Steppe sind. Der Harz und das bewaldete Hochland zwischen Harz und Rhein begrenzen jedoch die Norddeutsche Tiefebene südlich von Hannover und Dortmund. Vom Erzgebirge im Norden und vom Sudetenland flankiert, ist die böhmische Bastion für Mitteleuropa von entscheidender strategischer Bedeutung. Wer sie beherrsche, so meinte Napoleon, beherrsche den Kontinent – ein Umstand, der bei den englischen Regierungen in den dreißiger Jahren unseres Jahrhunderts offensichtlich in Vergessenheit geraten war. Die Karpaten, die in südöstlicher Krümmung beim Eisernen Tor auf die Donau stoßen, decken die nördliche Flanke der walachischen Ebene, während das bulgarische Hochland sie nach Süden abschirmt. Das westliche und mittlere, wo nicht das östliche Europa, hat stets hinreichenden strategischen wie demographischen Schutz genossen – wobei sich seine Grenzen mal nach Westen und mal nach Osten verschoben. Sobald die deutschen Mittelgebirge und das böhmische Massiv zivilisiert waren, brauchten die Völker des Westens bis in unsere Zeit keine Schutzwälle zu errichten wie den römischen *Limes* oder die eindrucksvollere, aber ebenso wirkungslose Chinesische Mauer. Erst im zwanzigsten Jahrhundert mußten sie die natürlichen Befestigungen Mitteleuropas aufgeben.

Zu diesem Zeitpunkt hatte sich die Lage Westeuropas verändert: Es war Teil einer atlantischen Zivilisation geworden, die ihren strategischen Schwerpunkt in Nordamerika hat. Denn zu Beginn der Neuzeit war die Überlegenheit der europäischen Zivilisation offensichtlich geworden. Als ihre Völker feststellten, daß sie die Seewege nach Amerika und um Afrika herum nach Indien, in den Fernen Osten und den Pazifik gewinnbringend nutzen konnten, kultivierten sie Amerika und Australasien und beherrschten kurzzeitig Indien, Afrika und sogar den Fernen Osten, während Rußland Sibirien, große Teile Zentralasiens und für kurze Zeit sogar Alaska kolonisierte. Damit wurde die europäische Zivilisation, gestärkt von einer revolutionären Technologie, die erste, die den ganzen Planeten beherrschte. Sie trug den Sieg über die Kulturen des Nahen Ostens, Indiens und Chinas davon, die ihr bis dahin an Bevölkerungsreichtum und Geltung überlegen gewesen waren. Wie es den Europäern gelang, ihre Ressourcen und ihre besondere Kultur, ihre Technologie und Lebensweise in all ihrer Vielfalt zu entwickeln, und wie sie dann, nach dem Niedergang der griechisch-römischen Zivilisation zunächst in die Defensive gedrängt, doch zum bestimmenden Einflußfaktor in der Welt wurden, soll Hauptgegenstand dieser Darstellung sein.

I
Prähistorisches Europa

1. Jäger und Sammler

Die Horden der Urzeit

Afrika, und nicht Europa oder Eurasien, gilt heute als ursprüngliche Heimat der Menschheit. Vor über drei Millionen Jahren durchstreifte der kleine, flinke und fleischfressende Hominide *Australopithecus africanus* den Transvaal und benutzte gespaltene Steine als Waffen. Eineinviertel Millionen Jahre danach fertigte ein anderer Hominide in der Olduvai-Schlucht in Tansania seine Schabewerkzeuge aus dünnen abgespaltenen Steinen, lange bevor das irgendwo anders geschah. Erst 900000 bis 300000 v. Chr. – wir befinden uns längst im Pleistozän mit seinem langsamen Wechsel zwischen warmen und bitterkalten Epochen – tauchte der Hominide *Homo erectus*, der größer als ein moderner Pygmäe war, vereinzelt in Europa und im Fernen Osten auf, während sich erst um 200000 v. Chr. der erste fossile Schädel als *Homo* oder, um genau zu sein, als *Femina sapiens* klassifizieren läßt. Die Swanscombe-Frau, die am Unterlauf der Themse in Swanscombe, zwischen Dartford und Gravesend, gefunden wurde, darf wie der Steinheim-Mensch in Deutschland als direkter Vorfahr der Spielarten des modernen Menschen angesehen werden.

Sie lebten in einer warmen zwischeneiszeitlichen Periode. Doch der *Homo sapiens* und sein Vorläufer, der eng verwandte Neandertaler, hatten der letzten Phase jener gewaltigen Eiszeit zu trotzen, die irreführend Würmeiszeit genannt wird und ungefähr von 75000 bis 10000 v. Chr. reichte. In ihrer ersten Hälfte, bei subarktischem Klima, taucht der Neandertaler auf; seine natürliche Anlage zur Jagd ist stärker ausgeprägt als bei seinen in Westasien und Nordafrika aufgefundenen Verwandten. Seinen Namen hat er nach dem ersten Exemplar, das 1856 in einer Höhle im Neandertal westlich von Düsseldorf ausgegraben wurde; möglicherweise ist er noch nicht ganz dem Menschen zuzurechnen. Er war klein, untersetzt, mit dicken Augenbrauenwülsten und fliehendem Kinn, sein erstaunlich großes Gehirn barg ein Schädel mit niedriger Stirn und flachem Hinterkopf. Er hatte breite Nüstern, große Zähne und einen breiten Brustkorb. Vielleicht schlurfte er nicht einmal mehr, wie man einst glaubte, mit gesenktem Kopf und gebeugten Knien, sondern ging aufrecht. Diese untersetzten, wilden Moustérien-Menschen, so genannt nach einer Höhle in Le Moustier im Périgord, besaßen grobbehauene Handbeile, benutzten Feuer, begruben ihre Toten, versehen mit dem Notwendigsten für ein Leben nach dem Tode, und verehrten oder beschworen die Schädel der erlegten Bären. Im Périgord bestatteten sie ihre Toten in flachen Gräbern, in die sie ihnen ihre schönsten Steinwaffen legten, und in einer Höhle am Monte Circeo in Italien verschlangen sie rituell das Gehirn des Verstorbenen. Obgleich die Vielfalt der Geräte auf die Anwendung überlieferter Fertigkeiten und auf Sprache schließen läßt und obgleich die jagenden Gruppen die Sicherheit und Solidarität der vom Feuer erhellten Höhle hinter sich wußten, können wir nur raten, was für ein Charakter sich hinter solch rauhem Äußeren verbarg.

Um 35000 v. Chr. waren sie verdrängt. Der Cro-Magnon aus Westasien, *Homo sapiens sapiens* – so genannt, weil er erstmals 1868 in Cro-Magnon bei Les Eyzies de Tayac in der Dordogne[1] gefunden wurde –, drang nach Europa ein. Körperlich war er den meisten modernen Menschen überlegen, und auch sein Gehirn war bereits ziemlich umfangreich; über einen Meter achtzig groß, mit breitem, niedrigem Gesicht und schmallippigem Mund, machte er eine völlig neue Rasse im paläolithischen Europa heimisch. Ob die Neandertaler inzwischen der extremen Kälte zum Opfer gefallen waren, ob sie von ihren Nachfolgern ausgerottet wurden – eine gegen Ende des neunzehnten Jahrhunderts favorisierte und romantisch erhöhte Theorie – oder ob sie sich im Verlaufe vieler Generationen den veränderten Verhältnissen in Europa angepaßt und mit dem modernen Menschen gekreuzt haben, sind Fragen, über die sich Archäologen und Anthropologen heute noch streiten. Was auch immer geschehen sein mag: die Neandertaler in ihrer reinen Form verschwanden. Doch soweit die europäische Geschichte erkennen läßt, scheinen ihre charakterlichen Eigenschaften überlebt zu haben, wenn auch die Nachkommen der hochgewachsenen Cro-Magnon ebenfalls zu deren Erhaltung beigetragen haben dürften.

Auch die Spuren anderer zum *Homo sapiens* gehöriger Zeitgenossen wurden gefunden. In der *Grotte des Enfants* in Grimaldi bei Menton wurde eine kunstvolle Beerdigungsstätte von Menschen eines negroiden Typus entdeckt, die Kronen und Armbänder aus Muschelschalen trugen und mit rotem Ocker eingerieben waren, während im *Grotto della Arena Candida* in Spanien ein Knabe begraben war, der ein aus Muschelschalen und Hirschzähnen gefertigtes Halsband trug und einen Stab zur Seite hatte, den man als »Zepter« oder »Kommandostab« deutet. Alle diese Menschen, deren früheste Kultur Aurignacien heißt – nach den dünnen Steinwerkzeugen, die ursprünglich in Aurignac in der Haute Garonne gefunden wurden –, waren dem Neandertaler nach Gerät und Waffen weit voraus. Die Cro-Magnon waren eine weiße Rasse, geschickte Jäger und Handwerker, die von riesigen Bison-, Wildpferd- und Rentierherden lebten. Sie lebten und jagten gewöhnlich in Gruppen von zwanzig bis fünfundzwanzig, höchstens fünfzig Menschen und waren über den ganzen Kontinent verstreut, von der südrussischen Steppe über Böhmen bis nach Mitteleuropa, Frankreich und Spanien. Aber sie waren vielseitig und klug – mit ihnen trat erstmals die menschliche Intelligenz auf den Plan.

Im Laufe von Jahrtausenden entwickelten sie ihre Jagdkulturen, am auffälligsten in Südwestfrankreich, bis aus dem Aurignacien allmählich das Solutréen (von Solutré bei Mâcon in Burgund) wurde und schließlich das Magdalénien, nach der *Grotte de la Madeleine* bei Les Eyzies, eine Kultur, die den Höhepunkt der eiszeitlichen Jägergesellschaften in Europa bedeutete.

Diese Menschen besaßen Meißel und unbegrenzt Zeit, die sie dazu benutzten, eine erstaunliche Vielzahl von Wurfspießen, Speeren, Beilen mit Griffen, Wurfhölzern, Harpunen, Angelhaken und -geräten anzufertigen. Sie besaßen Lassos und Schlingen, aber keine Bogen. Aus Rentiergeweihen machten sie Hacken, aus den Stoßzähnen des Mammuts Geräte aus Elfenbein. Im Solutréen hatten sie Nadeln, Knochenspitzen und sogar Knöpfe, um Kleider aus Leder und Fellen anzufertigen und zu schließen. Feuer wärmte sie in Höhlen und Felsüberhängen und hielt die Raubtiere fern. In einem Klima, das sich mit dem des subarktischen Kanadas vergleichen läßt, stellten die Jagdgruppen das Wild und erlegten es, fingen es in Palisadenumfriedungen oder trieben es über Klippen in den Abgrund – ein aufwendiges Verfahren. Wo es keine Höhlen oder Felsenunterkünfte gab oder der Sommer das Klima mäßigte, errichteten sie Windschutzschirme oder bauten sich halb unter der Erde gelegene Hütten.

Seit man den herrlichen Felsenbildern aus dem Magdalénien in Altamira am Saja, westlich von Santander in Nordspanien – die 1880 entdeckt, aber anfangs nicht allgemein für echt gehalten wurden –, ihre Authentizität bescheinigt hat, haben die Maler der Altsteinzeit Berühmtheit erlangt; während in Altamira die Meisterwerke noch ein chaotisches Durcheinander bilden, läßt Lascaux (ca. 13000 v. Chr.) bereits ein Ordnungsprinzip erkennen. Die besten dieser Bilder, welche die Fruchtbarkeit des Wildes und das Jagdglück fördern sollten, können sich mit erlesenen japanischen Arbeiten ähnlichen Stils und mit bestimmten Aspekten der französischen Impressionisten aus dem neunzehnten Jahrhundert messen. Die paläolithische Kunst hat sich langsam und über einen langen Zeitraum hin entwickelt, die frühen Skizzen des Aurignacien sind linear in Feuerstein gegraben oder mit rotem und schwarzem Ocker gezeichnet, waren eindimensional, fingen aber die Gestalt des Tieres mit sparsamen Mitteln ein. Nach einer Phase relativ unbeholfener, einfarbiger Umrißbilder vermitteln die polychromen Darstellungen des Magdalénien dann sowohl Farbigkeit als auch Fläche. Der Künstler zeichnete den Umriß des Tieres mit Schwarz, füllte den Körper mit abgestuften Rottönen aus und setzte dann Hufe und Schwanz schwarz ab; so bei den herrlichen Bisons von Altamira (ca. 12000–11000 v. Chr.) oder dem grazilen Rentier von Font de Gaume südlich von Les Eyzies, einer erstaunlich lebendigen Darstellung. Der wild angreifende Eber von Altamira ist ein Meter fünfzig lang; in Font de Gaume ist ein schwarzer Wolf auf rotem Grund abgebildet, dessen rauhes Fell durch absichtliches Verwischen der Farbe angedeutet ist. Die 1940 in Lascaux entdeckten Bilder stammen wahrscheinlich aus dem Aurignacien, sind also älter als die von Altamira. Pferde und Ponys bilden eine Art Fries, zwei zornige Bisons greifen in entgegengesetzter Richtung an, und einem untersetzten Pferd in Hellbraun, Schwarz und stumpfem Weiß wird der Hinterleib von Speeren durchbohrt. Die Farbpalette ist sehr ansprechend: orangegelbe, rote, braune und schwarze Töne. Die Maler arbeiteten gewöhnlich beim Licht von Lampen mit Moosdochten oder langsam brennenden Fackeln in engen und unzugänglichen Höhlen, doch hingebungsvoll gelang es ihnen, in diesem flakkernden Licht einen Eindruck täuschender Lebendigkeit hervorzurufen. Im

Laufe vieler Generationen hatten sie eine große Geduld erfordernde kunstvolle Technik entwickelt. Dabei mußten sie nicht nur malen, sondern sich auch ihre Farbstoffe suchen und präparieren. M. H. Swindler[2] schreibt: »In der Blütezeit der Magdalénien-Kunst wurden rote, braune und gelbe Farbstoffe manchmal als Brei, manchmal flüssig aufgetragen. Diese Farben wurden dann durch Kratzen, Wischen und Reiben abgetönt ... Bei Zubereitung der Farben wurden Erdocker und Manganoxyd zu feinem Pulver gemahlen, ... vermutlich mit irgendeinem Schmiermittel oder tierischem Fett auf einer behelfsmäßigen Palette vermischt, für die ein Stein oder das Schulterblatt eines Tieres herhalten mochte. Insofern sind die Bilder keine echten Fresken, wenn sie auch häufig irrtümlicherweise so genannt werden. Die Farbstoffe wurden in Muschelschalen oder ausgehöhlten Knochen aufbewahrt ... In vielen Fällen wurde die Farbe mit Kreidestiften aufgetragen, die aus Brocken von Ocker oder Manganoxyd geschnitzt wurden, einem in Höhlen und Flüssen gefundenen Mineral.« Gelegentlich mag das Zeichen einer menschlichen Hand deutlich machen, daß man am Zauber teilgehabt hatte, oder die eigene Anwesenheit am geheiligten Ort bestätigen.

Einige von ihnen waren Bildhauer. Der in ein Rentiergeweih geschnitzte Kopf eines Zwergpferdes aus Le Mas d'Azile in Ariège und das Elfenbeinpferd von Lourdes sind voller Leben. Der Schöpfer der »Venus von Willendorf« in Österreich, ganz von den Geschlechtsmerkmalen gebannt, schuf eine fettsteißige Frau, die anonym blieb, weil er ihr Gesicht hinter gezackten Locken verbarg, während die winzige »Venus von Brassempouy« in den französischen Landes schon ein Profil besitzt, wenn auch ohne Kinn, das von hübsch gelegtem Haar umrahmt und auf einem zierlichen Hals ruht; es regt sich also in dem Land, das in ferner Zeit einmal Frankreich werden soll, ein erstes Empfinden für menschlichen Stil.

Natürlich waren diese Maler nicht repräsentativer für ihre Zeit als die Maler irgendeiner anderen Zeit, und die meisten dieser Menschen waren, wie alle Jäger, in erster Linie mit dem Kampf ums Überleben befaßt, doch wie zu allen Zeiten, die kreative Kunst gekannt haben, hatten auch diese Künstler einen festen Platz in ihrer Gesellschaft. Wie die Zauberer, die mit ihren Tiermasken abgebildet sind, und die Flötenspieler, deren Instrumente überlebt haben, sind sie integriert in eine Kultur, die einer harten Umwelt angepaßt war, gut angepaßt, denn diese Jäger überlebten weit länger als die fünftausend Jahre, die zwischen dem minoischen Kreta, der ersten europäischen Zivilisation, und unseren Tagen liegen. Und obgleich mit der Klimaveränderung die Herden verschwanden und damit auch die Jäger der Altsteinzeit, überdauerte die Lebensform des Jägers als Spiegel ursprünglicher Bedürfnisse und Instinkte, um über die mittlere und neue Steinzeit, die Bronzezeit bis in historische Zeit hinein als Jagdkult zu überleben.

So schufen die ersten Europäer ihre spärlichen Jägerkulturen, die sich nicht von denen der übrigen Menschheit unterschieden und sich fast unverändert, wenn auch in der schöpferischen Leistung nicht vergleichbar, bei den Eingeborenen Australiens und den Buschmännern Südafrikas erhalten haben, wo sie sich ebenso natürlich in Höhlen- und Felsmalerei ausdrücken. Diese Jäger hatten in ihrem Kampf ums Überleben in einer kalten und gefährlichen Umwelt das Empfinden, daß Kunst wie gemeinsamer Glaube von zentraler Bedeutung für die menschliche Erfahrung sei, und durch diese Kunst sind sie uns in Erinnerung geblieben. Dazu heißt es sehr schön: »Nach Jahrtausenden eines rohen Lebens mit wenigen Hilfsmitteln zum Überleben und mit einem geistigen und ethischen Fundus, über den wir nur spekulieren können, begegnet er [der europäische Mensch] uns am Ende der Eiszeit nicht nur als Handwerker, der hervorragend mit dem Feuerstein umzugehen weiß – wie beispielsweise die Lorbeerblätter des Solutréen zeigen –, sondern auch als Künstler, der wundervolle Speerwerfer erschafft, Pferde und Menschen auf die Wände seiner Felsunterkünfte bannt und in dunkle Tiefen seiner Höhlen vordringt, um Kultstätten einzurichten, wo vor in den Stein gegrabenen Symbolen, Bildern und sogar Tierskulpturen magisch-religiöse Riten gefeiert wurden.«[3]

Diese glänzenden Tiermaler stellten sich auch selbst in tierischer Verkleidung dar, aber erst viel später, in mesolithischen Zeiten, wenden sich die lebendigen Zeichnungen ganz anderen Inhalten zu. In Cogul und Alpera in Ostspanien bildeten Maler Jagdszenen, religiöse Tänze und kriegerische Ereignisse ab, ähnliche Bilder hinterließen zeitgenössische Jäger in der Sahara. Männer mit verlängerten und vergrößerten Beinen, mit Schmuckbändern unterhalb der Knie, wie sie später von den Zulus getragen wurden, und mit sorgfältig geschnittenem buschigem Haar, einige mit kurzen Hosen und nacktem Oberkörper hetzen ihre Beute, beschleichen sie oder laufen vor ihr davon, wie in der Cueva Remigia in Spanien. Sie liefern sich in Stammesfehden Gefechte mit Pfeil und Bogen, und berockte Frauen wiegen sich in rituellem Tanz. Hier haben wir Stammesjagd und Stammeskrieg, wie ihn die Jäger der Altsteinzeit, deren ganzes Interesse in dem feindseligen Klima den Tieren galt, nicht dargestellt und wohl auch nicht gekannt haben, obgleich sie gelegentlich ihresgleichen verzehrten. Die mesolithische friesähnliche Darstellung der trotzigen Bogenschützen von Remigia sind psychologische und zeichnerische Meisterwerke.

Dies sind die wichtigsten Fakten, die Licht in das Dunkel der fernen Zeiten bringen, aus denen alle Europäer hervorgegangen sind. Sie reichen zurück in die letzte Phase der letzten Eisperiode, als Europa zunächst vom Neandertaler bevölkert war, der von unserer Art war oder auch nicht, dann von den Cro-Magnon und ihren Zeitgenossen, unseren flinken, schon menschlichen Vorfahren. Nur die Tüchtigsten und Anpassungsfähigsten haben überlebt, aber diese haben dann auch ihre natürlichen Triebe befriedigt und hatten in ihrer Jugend und während der wenigen Jahre ihres Erwachsenendaseins – denn selten dürften sie die Vierzig erreicht haben – ihre Augenblicke des Triumphs und der Zufriedenheit. Solange es Wildbret gab, hatten sie reichlich Nahrung, sonst hätten sie die Kälte nicht überlebt. Natürlich lebten sie nicht in den Tiefen ihrer Höhlen, sondern meist in den Eingängen, die häufig nach Süden lagen. Sie hatten Fische in Hülle und Fülle und eine Vielzahl wilder Beeren, Früchte und Kräuter. Wir wissen, daß die Mesolithmenschen Honig sammelten, und Honig kann gegorenes Getränk bedeuten. Zweifellos hatten sie ihre Vergnügungen.

Nach allen uns vorliegenden anatomischen Anhaltspunkten waren sie ansehnliche Menschen: groß und schlank, keineswegs die tierähnlichen »Höhlenmenschen« landläufiger Vorstellung. Und wenn sie auch gelegentlich Anwandlungen von Mordlust erlebten, so waren sie doch zu Vorausschau und Zusammenarbeit fähig, sonst hätten sie nicht zwanzigtausend Jahre einer Eiszeit überlebt, die sich um 10000 v. Chr. langsam ihrem Ende zuneigte.

Mittlere Steinzeit

Gegen 8000 v. Chr. war das Eis so weit zurückgewichen, daß sich zunächst Grasland und Birkenwald, dann Eichenmischwald über den größten Teil des Kontinents verbreiteten und die subarktische Tundra, wie heute in Lappland, in den äußersten Norden zurückgedrängt wurde. Auf Bison, Mammut, Auerochse und Rentier folgten Waldtiere: Rothirsch, Elch, Wildrind und Wildschwein, und die mesolithischen Nachkommen der paläolithischen Jäger lebten nicht mehr in Höhlen, sondern in behelfsmäßigen Hütten, die sie häufig an Flußmündungen, Seen oder Meeresküsten errichteten, wo sie die einseitig auf Fleischgenuß ausgerichtete Ernährungsweise der Altsteinzeit erweiterten, wie die Berge von Muschel- und Austernschalen bezeugen, die sie von der Atlantik- bis zur Ostseeküste zurückgelassen haben. Die Britischen Inseln waren noch nicht vom europäischen Festland getrennt, die Nordsee hatte sich noch nicht gebildet, so daß den Menschen damals ein viel größeres Gebiet offenstand. In Star Carr in Yorkshire ist am Ufer eines Sees eine sehr frühe Wohnstätte entdeckt worden, wo vier oder fünf Familien von Rothirschjagd und Fischfang lebten. Um 8000 v. Chr. hatten die Nordeuropäer des Mesolithikums den Hund domestiziert. Sie waren die ersten Menschen, die das taten, und das erste uns bekannte Exemplar, das in Senkenberg gefunden wurde, ähnelt einem australischen Dingo. Überreste von Hunden sind auch in Dänemark gefunden worden, aber da in ganz Nordeuropa nur die großen Wölfe heimisch waren, sind die relativ kleinen domestizierten Hunde wahrscheinlich aus dem Süden eingeführt worden. Vielleicht haben sich diese Hunde in der Umgebung der ersten menschlichen Niederlassungen herumgetrieben, und man hat ein paar Welpen aufgezogen, da sich zahme Tiere bei der Jagd als nützlich erwiesen.[3a] Wie heute im entlegenen Westen Kanadas waren die Menschen solcher Jagd- und Fischereisiedlungen keine Nomaden mehr. Sie gewöhnten sich an ein geregeltes Leben und bauten Boote. Die mesolithische Lebensweise bedeutete eine Erweiterung gegenüber der paläolithischen. Pigott sagt: »Die wichtigsten Lebensgewohnheiten dieser Gemeinschaften von Jägern und Fischern aus dem achten Jahrtausend blieben in einigen rückständigen Gebieten Nordeuropas und Asiens, in denen man keine Landwirtschaft betrieb, mindestens bis ins zweite vorchristliche Jahrtausend erhalten ... Die Fertigkeiten dieser paläolithischen und mesolithischen Menschen waren nicht unbeträchtlich. Wir verdanken ihnen nicht nur die Grundkenntnisse der Jagd mit Speer, Pfeil und Bogen sowie des Fischfangs mit Angel, Netz oder Reuse, sondern auch die Erfindung der ersten Boote aus ausgehöhlten Baumstämmen oder Fellen, von Schlitten und Ski, wahrscheinlich auch von Pfeife und sogar Panflöte.«[4]

Diese überaus archaische Lebensweise, die sich immer noch in den räuberischen Trieben des Unterbewußten offenbart, vermischte sich mit der radikalen Veränderung, die jetzt ganz allmählich den europäischen Kontinent erfaßte – der »Neolithischen Revolution«. Der Mensch und die von ihm domestizierten Tiere machten sich nun daran, ihre natürliche Umwelt auszubeuten und manchmal auch zu verwüsten – ein Prozeß, der sich in der kurzen Zeitspanne seit seinen Anfängen erheblich verstärkt hat. Glyn Daniel verdeutlicht es uns durch das folgende Bild: »Stellen wir uns das Zifferblatt einer Uhr vor, das ein Minutenzeiger in einer Stunde umkreist. Neunundfünfzig Minuten dieser Stunde beherrschen die Jäger und Sammler, der Mensch im paläolithischen Urzustand, der Mensch der Altsteinzeit. Erst in der vorletzten Minute sehen wir ihn die Bilder von Lascaux und Altamira malen ... und bis zum Anfang der letzten Minute müssen wir warten, ehe er Kontrolle über den Anbau von Getreide und die Domestizierung von Tieren gewinnt – erst in diesem Augenblick findet die Neolithische Revolution statt, und erst in der letzten halben Minute kommt es zu den sozialen, materiellen und geistigen Veränderungen, die wir Kultur nennen.«[5]

2. Die Megalithkulturen und Bronzezeit

Während die Entstehung der Zivilisation in Europa spontaner und selbständiger war, als bislang angenommen, so entstand ihre materielle Grundlage doch vor allem im Nahen Osten, von wo aus sie nach Europa gelangte. Im Nahen Osten wuchsen gegen Ende der Eiszeit wilder Weizen und wilde Gerste in Hülle und Fülle – der Weizen in Anatolien, im Libanon und in Armenien, die Gerste in Anatolien, Palästina, dem Kaukasus und dem nördlichen Iran. Dazu durchstreiften jetzt zwar Wildrind und Wildschwein die gemäßigten Zonen Europas, aber nur in Anatolien, Palästina, im Kaukasus und im westlichen Iran war die Wildziege heimisch und nur im Iran und im südlichen Mittelasien das noch wichtigere Wildschaf. In diesen Gebieten nahmen Ackerbau und Viehzucht ihren Anfang, um später zwischen dem Kaspischen Meer und der Adria heimisch zu werden.

9000 v. Chr. wurden in den Tälern des Zagros-Gebirges im südwestlichen Iran Schafe und Ziegen zu Herden zusammengetrieben, und 7000 v. Chr. wurden im Natufian, wo man die ersten wohlgelungenen menschlichen Gesichter und Köpfe modellierte, in der Umgebung der prächtig gelegenen Stadt Jericho die ersten Ziegen domestiziert. Mit dem Anbau von Getreidepflanzen in den weiträumigen Tälern Südanatoliens hinter Antalya, wo das Land asiatische Ausmaße annimmt, war das Programm »neolithischer« Wirtschaft vollständig.

Dieser altmodische Begriff wurde geprägt, weil in dem *Paläolithikum* oder der Altsteinzeit die Gerätschaften aus nur behauenem Stein waren, während sie im *Neolithikum* (oder Jungsteinzeit) aus poliertem Stein hergestellt wurden. Diese rein technische Unterscheidung ist weit unbedeutender als der Übergang vom Jagen und Sammeln zur Landwirtschaft. Aber die Begriffe haben sich eingebürgert, klingen gut und werden, wenn sie auch die wesentlichen Gegensätze unterschlagen, noch allgemein anerkannt. Das späte Neolithikum schließt natürlich das Megalithikum ein, in dem die großen Steinkreise angelegt wurden.

Allmählich drang der Ackerbau – von den Ursprungsländern übernommen oder auch eigenständig entwickelt – nach Osteuropa vor, zunächst nach Makedonien, dann nach Thessalien, in die fruchtbaren Donaugebiete und die ungarische Ebene. Um 5500 v. Chr. siedelte die bäuerliche Bevölkerung des Neolithikums nicht in dichten Gemeinwesen wie im Nahen Osten, sondern in Dörfern, deren weitverstreute, mit Giebeldächern geschmückte Häuser gelegentlich nur einen Raum besaßen. In Bulgarien und Rumänien waren es geschlossene Niederlassungen, mit Häusern aus Flechtwerk, Rauhputz und sogar hell gestrichenem Mörtel, die im Laufe der Generationen zu »Tells« wurden, so im Irak. In Jugoslawien entstanden schon vor 4000 v. Chr. plastisch geformte menschliche Köpfe und eine sehr lebendig wirkende Figur, welche die Arme in die Seite stemmt. In Karanovo in Bulgarien fand man Tonmodelle primitiver Stühle und Liegen und zwei Tonfiguren aus Cernavada in Rumänien, etwa 3000 v. Chr.,– ein offensichtlich gelangweilter und nachdenklicher Mann auf einem Hocker und eine Frau, die verbissen ihrer schweren Hausarbeit nachgeht – zeigen schließlich im Vergleich zu den schwungvollen Bogenschützen von Cueva Remigia, daß die neolithischen Bauern ihren Preis für die Seßhaftigkeit zu zahlen hatten.

Zahlreich werden die neolithischen Tonarbeiten im sechsten Jahrtausend in Griechenland und Italien, Anfang des fünften Jahrtausends in Mitteleuropa und dann ab 4000 v. Chr. in England, das seit 6000 v. Chr. infolge des durch die Eisschmelze bedingten Ansteigens des Meeresspiegels vom Festland abgeschnitten ist. Die neolithische Landwirtschaft hatte sich auch auf Norddeutschland, Dänemark, Holland und den Nordosten Frankreichs ausgedehnt – Gebiete, die noch vorwiegend bewaldet waren, in denen aber Flecken fruchtbaren Bodens sogar den primitiven nichtseßhaften Hackbau lohnend machten, bei dem immer neue Anbauflächen mit Brandrodung urbar gemacht wurden. So wurde in den Jahrhunderten einer Epoche, die länger währte als unser Zeitalter, Europa langsam erschlossen, und dieses war um 4000 v. Chr. weitgehend von Bauern besiedelt, die gelernt hatten, ihr Leben und ihre Zeit nach festen Regeln einzuteilen.

Die größte wirtschaftliche und gesellschaftliche Veränderung vor der industriellen Revolution vollzog sich sehr allmählich. Dank ihrer konnten jetzt weit mehr Menschen als die verstreuten Jäger paläolithischer und mesolithischer Zeit überleben und ihre Zahl sogar noch vergrößern. Die bäuerliche Bevölkerung des Mesolithikums hatte den Entwicklungsschritt vom wilden Urzustand zum »Barbarentum« vollzogen.

Im Norden bauten die Menschen im Gegensatz zu den Haufendörfern auf dem Balkan große Holzhäuser, die manchmal bis zu dreißig Meter lang und acht Meter breit waren und in den harten Wintern ausreichend Platz boten für Mensch, Vieh und Vorräte, eine Tradition, die sich in den großen Scheunen Hollands, Westfalens und Dänemarks erhalten hat. Am Mittelmeer wurden die fruchtbaren Landstriche in diesem vorwiegend gebirgigen oder hügeligen Gebiet natürlich früh erschlossen, häufig von See her, während die Fischer bereits den Thunfisch fingen. Das nördliche und östliche Sizilien sowie Apulien waren bereits weitgehend erschlossen, im Westen breiteten sich die jungsteinzeitlichen Anbaugebiete, vermutlich vom mediterranen Spanien und der Provence ausgehend, über Burgund und das Seinetal bis in die Bretagne, nach Südengland und Westirland aus. In Dänemark kam es zu einer Mischung aus mesolithischem Fischfang und neolithischer Landwirtschaft, während die ausgedehnten Niederlassungen der sogenannten Tripoljekultur in der Ukraine gegründet wurden. Im Herzen Europas, in der Schweiz, entstanden jetzt die Pfahlbauten, die nicht, wie wir einst meinten, in den See hinausgebaut, sondern im Uferschilf errichtet wurden. 4000 v. Chr. bauten diese neolithischen Menschen in den meisten zugänglichen Gebieten des Kontinents

Weizen und Gerste an, hüteten ihr Vieh, webten Textilien und fertigten Tonwaren. Ihre Wirtschaft liegt allen späteren Entwicklungen zugrunde.

Dolmen, Menhire und Kromlechs

Bevor die Radiokarbontechnik und die Dendochronologie[6] entwickelt wurden, mittels derer frühere Theorien korrigiert werden konnten, nahm man an, daß die neolithische Religion und Sozialordnung ebenso wie Ackerbau und Viehzucht vom Nahen Osten übernommen worden seien, doch heute weiß man, daß die weit verbreitete Megalithkultur – so genannt nach den großen Steingräbern und Steinkreisen, die ihre besonderen Merkmale sind und die von Malta und Sardinien über die Iberische Halbinsel bis in die Bretagne, auf die Britischen Inseln und nach Dänemark reichen – tatsächlich zumeist der Jungsteinzeit zuzurechnen und damit älter ist als die schriftkundige Zivilisation Ägyptens und sehr viel älter als die Pyramiden. Die einst weithin anerkannte »Verbreitungstheorie« ist heute widerlegt. Die europäischen Megalith-Baumeister, deren Arbeiten früher als irgendwelche anderen Baudenkmäler datieren und ihre höchste Blüte in den berühmten Monumenten Nordeuropas fanden – Avebury, Carnac und Stonehenge –, gelten heute nicht mehr als »eingeborene Epigonen« irgendeines östlichen Kults, der ihnen von Kaufleuten oder gar »Missionaren« vermittelt wurde, sondern als »schöpferische Barbaren«, die diese Monumente selbst ersannen, da, wie die neuere Forschung zeigt, »die eindrucksvollen Megalithgräber Westeuropas plötzlich und entschieden früher als irgendwelche vergleichbaren Bauwerke auf der Welt geschaffen wurden«.[7] Selbst die beeindruckenden Tempel auf Malta, bei denen eine Verwandtschaft mit levantischen Bauwerken denkbar erscheint, werden heute auf 3300 v. Chr. datiert, und sind damit weit über 1000 Jahre älter als die Blütezeit der minoischen Kultur auf Kreta und insofern wohl auch von eigenständiger Art.

Die Megalithgräber in der Bretagne sind noch älter – die frühesten reichen bis 4300 v. Chr. zurück –, und selbst die späteren lassen nur auf eine elementare Wirtschaft schließen. Nach allem, was wir vom Paläolithikum (= Altsteinzeit) wissen, ist die Totenverehrung die ursprünglichste Kultform, die schon von den Neandertalern gepflegt wurde. Mit der neolithischen Lebensweise setzte sich die kultische Verehrung von Feldfrüchten und Sonne durch. In Locmariaquer bei Carnac gehört zu einem Dolmen eine riesige aufrechtstehende Steinplatte, die *Table des Marchands*, die die Zeichnung reifen Weizens trägt, umgeben von einem Kranz von Sonnenstrahlen. Auf dem unteren Dach finden sich häufig, etwa in Gav'r Inis in der Bretagne, Darstellungen der glatten Votivbeile, wie man sie aus Gräbern kennt. Die Dolmen, die heute meist freigelegt sind, waren ursprünglich von einem Erdwall bedeckt: Die neolithischen Bretonen konnten ihren Toten keine dauerhafteren Gedenkstätten errichten. Die meisten Megalithgräber sind Ganggräber, lange Beinhäuser mit Seitenkammern, in denen die Toten bestattet wurden, wie in dem langen Tumulus von West Kennet in Wiltshire.

Im dritten Jahrtausend v. Chr. wurde so in Dänemark gebaut, zum Beispiel in Blommeskobbel, wo die Bernsteinhalsketten und die Votivbeile und -keulen aus Grünstein besonders sorgfältig gearbeitet sind und die Schale von Skarpsalling von der Meisterschaft neolithischer Keramikkunst zeugt. In Carnac beherrschen die eindrucksvollen, 1200 Meter langen Alleen aus hellgrauen Menhiren, abgeschlossen und gekrönt von einer hufeisenförmigen Anordnung der größten Steine, darunter einige drei und sogar dreieinhalb Meter hoch, die atlantische Küste mit Heidekraut, Ginster und weißen schiefergedeckten Hütten hoch über der See. Was immer auch ihre rituelle Bedeutung gewesen sein mag, diese riesigen Kromlechs aus Granit, im Laufe der Zeit verwittert und von grauen und braunen Flechten überzogen, sind ein Symbol menschlichen Strebens nach Ordnung und Plan. Avebury in Wiltshire, ein riesiger Kreis aufrechtstehender Sandsteinblöcke, die immer noch ein ganzes Dorf umschließen, zeigt die Reste ähnlicher Alleen. In Carnac gibt es einen großen Grabhügel, aus dem man eine ganze Reihe von Gegenständen zutage gefördert hat, im Silbury Hill in Avebury dagegen fand man nichts. Am bekanntesten ist Stonehenge, das vermutlich um 2800 v. Chr. begonnen und 2200 bis 2100 v. Chr. fertiggestellt wurde, der kunstvollste und komplizierteste Megalithtempel Nordeuropas, ein repräsentatives Beispiel für viele Steinkreise und Menhire an der Atlantikküste und in Frankreich. In Skara Brae auf den Orkneyinseln wurden 2600 v. Chr., gleichzeitig mit Avebury und den Anfängen von Stonehenge, neolithische Häuser aus gefugten Steinen erbaut. Erstaunlich, daß Siedler solche Entfernungen über See zurückgelegt haben.

Eine zweite Gruppe bemerkenswerter Megalithtempel befindet sich auf Malta, wo in Hal Saflieni 3300 v. Chr., lange vor den ersten Pyramiden, das verwirrende unterirdische *Hypogäum* (unter der Erde) in den weichen Kalksteinfelsen gegraben wurde, eine Katakombe, die im Laufe der Jahrhunderte durch ein verzweigtes System von Gängen und Treppen eine Tiefe von zwölf Metern erreicht hat. Die mittleren Etagen bilden eine Kultstätte, die vermutlich ein Orakel beherbergt hat. An diesem geheimnisvollen und immer noch ehrfurchtsgebietenden Ort ist die vorherrschende Farbe verblaßtes rotes Ocker, die Farbe, mit der man seit paläolithischen Zeiten die Toten einrieb, und im größten Raum finden sich Spuren eines schwarzweißen Schachbrettmusters, außerdem der Abdruck einer Hand und der Umriß eines Stiers. Hier befanden sich auch die Terrakottastatuen zweier immens beleibter, Röcke tragender Frauen, die eine auf der Seite liegend, als schliefe sie. Vielleicht empfängt sie, wie es in den Heiligtümern der Spätantike geschah, einen von den Göttern gesandten Traum, oder es handelt sich um die Dankesgabe einer Gläubigen, deren Traum sich als gutes Omen erwiesen hatte. Das Dach des sogenannten Orakelraums ist mit kreisenden schwarzen Spiralen auf blaßrotem Grund bedeckt und besitzt eine Öffnung, durch die vermutlich die

Stimme eines Priesters die ihre Opfergaben darreichenden Gläubigen erreichte. Im Innersten des Heiligtums, einer halbkreisförmigen Kammer, tragen fünf aus dem Fels gehauene Säulen nach innen gewölbte Kragsteine, so daß ein Dach entsteht, das teilweise ein »falsches Gewölbe« bildet. Außerdem gibt es Löcher zur Befestigung von Stricken, mit denen wohl die Opfertiere gebunden wurden. Der Ort barg die makabren Überreste von ungefähr 7000 Skeletten. Er ist die unheimlichste und verzweigteste unterirdische Kultstätte der neolithischen Religion.

Tarxien auf Malta liegt über der Erde. Auf einem Fries sind Opfertiere – Schafe, Schweine und Ziegen – naturgetreu und lebendig festgehalten, wobei die überlebensgroßen Beine der Muttergottheit andeuten, daß sie so breit wie hoch war. Auch die Ornamente sind außergewöhnlich wirkungsvoll, zumeist gekrümmte, augenförmige Spiralen und Löcher in kreisförmiger, gelegentlich doppelreihiger Anordnung. Doch der größte, kleeblattförmige Tempel liegt auf Gozo. Der Torre dei Giganti mißt dreißig Meter im Quadrat, seine einzige erhaltene Mauer ist fünf Meter hoch. Eine primitive Auskragung krümmt die Außenmauer nach innen, die wahrscheinlich ein Dach aus Holz und Stroh getragen hat. Die zu damaliger Zeit dichtbewaldeten Inseln Malta und Gozo sind von Sizilien aus besiedelt worden. Damals – wie in der Folgezeit – muß ein beträchtlicher Teil ihrer Ressourcen für die Religion geopfert worden sein, denn es ist kaum denkbar, daß hinter diesen komplizierten Tempelbauten irgendeine bedeutende Wirtschaft gestanden hat: Sie bezeugen eine Kultur, nicht eine Zivilisation.

Die wirtschaftliche Basis auch der atlantischen Megalithen ist primitiv. Den letzten Bauabschnitt von Stonehenge mögen spätere Krieger- und Händlervölker vollendet haben, aber die bretonischen, irischen, walisischen und schottischen Megalithen dürften ohne eine erwähnenswerte Wirtschaft und ausgedehnte Handelsstraßen entstanden sein.

Diese archaischen europäischen Kulturen scheinen sich spontan und lokal entwickelt zu haben. Ein Gefühl von Identität und Kontinuität lieferte der Totenkult den einzelnen Gemeinschaften, die winzig waren, besonders wenn ihre Anbauweise sich noch auf Brandrodung beschränkte und innerhalb des Stammes- oder gar Familiengebietes mobil blieb. Die Dolmen, die in der Bretagne dicht über dem Boden einen außerordentlichen Durchmesser aufweisen, waren also die selbständige Leistung von vielleicht fünfundzwanzig Menschen auf einem Gebiet, das achtzigtausend Quadratmeter pro Person umfaßte, und manifestierten das Gedenken an die gemeinsamen, sie von den Nachbarn unterscheidenden Vorfahren sowie das Bestreben, mit diesen Nachbarn Schritt zu halten. Diese Hypothese erscheint realistischer als die bisher weithin geltende Auffassung, die Kulturen seien von Kaufleuten verbreitet worden, denn es liegen noch keine Anhaltspunkte für eine nennenswerte Handelstätigkeit vor, oder sie seien von Missionaren einer östlichen Zivilisation vermittelt worden, denn diese gab es noch kaum. Wenn wir zur Totenverehrung, die aus paläolithischen Zeiten stammt, den Fruchtbarkeitskult von Mensch, Tier und Feldfrüchten hinzurechnen, dazu die Sonnenanbetung – den augenfälligsten Kult –, dann können wir vielleicht eine gewisse Vorstellung von der Religion gewinnen, die so eindrucksvolle Spuren in Europa hinterlassen hat.

Die Sumerer

Diese ganze Kultur ist neolithischen Ursprungs – hervorgegangen aus einer Kreuzung der alten Jagdtechniken mit dem geregelten Hackbau, der im Laufe von Jahrhunderten übernommen wurde und sich langsam über den Kontinent ausbreitete. Doch um 3000 v. Chr. kam es im Mittleren und Nahen Osten zu einer Entwicklung, die den Geschicken Europas indirekt eine neue Richtung geben sollte: Der exotische Prozeß, den wir »Zivilisation« nennen, hatte inzwischen in den sumerischen Tempelstaaten im südlichen Irak und im alten Königreich Ägypten eingesetzt. Beide hatten Jahrtausende neolithischen Dorflebens hinter sich, wie auch die Flußzivilisationen im Industal und am Gelben Fluß in China. Obgleich in Ur unter dem dicken Schlamm, der die biblische Sintflut bezeugt, welche vermutlich auf ein Gebiet von 650 mal 150 Kilometer beschränkt blieb, eine dieser Katastrophe zuvorliegende Kultur gefunden wurde, ist die darüber errichtete, von Wällen umschlossene Stadt von Menschen geschaffen worden, die Metalle kannten und eine Keilschrift verwendeten. Die Sumerer kamen aus dem südwestlichen Iran und benutzten die Siedlungen der Eingeborenen in den Schilfgürteln, die jetzt über den zurückweichenden Wassern des Persischen Golfs austrockneten und dem heutigen Zweistromland glichen. So schufen sie das komplizierte Bewässerungssystem, welches die Grundlage ihrer Zivilisation war, verwandelten die Sümpfe des unteren Mesopotamiens in riesige Anbauflächen für Weizen und Gerste, Dattelpalmen und Wein und erbauten von Mauern umgebene Städte.

Die Königsgräber von Ur legen Zeugnis ab von diesem städtischen Wohl- und Entwicklungsstand mit Kelchen aus geriffeltem Gold, den Zeremonienwagen, den kunstvollen Harfen, dem Kopfschmuck der Frauen aus Blüten- und Blumenblättern von Lapislazuli und Karneol mit »goldenen Gehängen in Form von Buchenblättern (und) großen sichelförmigen Ohrringen aus Gold«. Auch ein Boot aus Silber wurde gefunden: »wunderbar erhalten, etwa sechzig Zentimeter lang mit hohem Bug und Heck, fünf Sitzen, mittschiffs einer bogenförmigen Halterung für das Sonnensegel, das dem Passagier Schutz gewähren sollte, und den wie Blattspreiten geformten Rudern in den Dollen. Wie traditionsbestimmt der Osten ist, zeigt sich darin, daß noch heute derselbe Bootstyp auf den Sümpfen des unteren Euphrat, etwa achtzig Kilometer von Ur entfernt, benutzt wird.«[8] All diese kunstvoll gearbeiteten Schätze dienten als Dekor einer grausigen Vernichtungsaktion, bei der das vergiftete Gefolge sein Königspaar in die nächste Welt begleitete. Aber

Menschenopfer blieben beschränkt auf königliche Beisetzungen, und der Vorgang galt offensichtlich als sanfter Übergang, wurde von den Beteiligten wohl gar als ehrenvoll empfunden.

Die Sumerer waren überaus praktisch: Aus der ursprünglichen Wildnis schufen sie Sicherheit und Überfluß, während sich der Wunsch nach Ordnung in ihrer Literatur und Religion zeigt, die, wie die des Iran, den Konflikt zwischen Ordnung und Chaos, Licht und Dunkelheit widerspiegelt. Die berühmte Standarte von Ur berichtet von Krieg und Frieden – und nimmt die Fresken über »gute und schlechte Regierung« aus dem Siena des vierzehnten Jahrhunderts vorweg.

Die Sumerer schufen die klassische Zivilisation im mesopotamischen Nahen Osten, wurden aber allmählich von den eingeborenen Völkern aufgesogen. Doch der semitische Sargon von Akkad (2370 v. Chr.) beherrschte Gebiete, die sich bis zum Libanon erstreckten und besetzte auch Zypern, während Hammurabi von Babylon (ca. 1792 bis 1750 v. Chr.) einen »Gesetzeskodex« – eher eine Sammlung von Entscheidungen zu bestimmten Fragen – hinterlassen hat, der zeigt, wie geschäftstüchtig und wohlhabend diese ursprünglich sumerische Zivilisation geworden war. Auch wäre ihre Blütezeit nicht ohne ausgedehnten Handel möglich gewesen, denn im südlichen Irak gab es – abgesehen von Palmen – kein Bauholz, keinen Stein und keine Metalle, und mit diesen Handelsbeziehungen kam Europa ins Spiel.

Ägypten

Die ägyptische Kultur war noch eindrucksvoller und prächtiger. Das politisch früh vereinigte Niltal erstreckte sich vom oberägyptischen Assuan nach Norden und nach Unterägypten zum damals noch ausgedehnteren Delta. Auch hier war die Flußzivilisation nicht, wie gelegentlich vermutet, plötzlich und ohne Vorbereitung entstanden, denn seit dem siebten Jahrtausend lassen sich Spuren dörflichen Lebens feststellen. 3200 v. Chr. benutzte Narmer von Oberägypten eine »Prunkschminkpalette«, die in Hierakonpolis ein gutes Stück nilaufwärts zwischen der ersten Biegung des Flusses und dem ersten Wasserfall bei Assuan gefunden wurde, und die Narmer auf der einen Seite mit der großen Krone von Oberägypten, auf der anderen mit der komplizierteren von Unterägypten zeigt. Beide Länder hatte er erobert. Ersteres gehörte weitgehend zu Afrika, das andere lag zum Mittelmeer nach Europa hin. Sein Nachfolger Hor Aha oder Men (der Eingesetzte), den die Griechen Menes nannten, schloß das ganze Land zu einer Verwaltungseinheit zusammen und machte das unterägyptische Memphis an der Spitze des Deltas zu seiner Hauptstadt. Mitte des dritten Jahrtausends setzte sich Pharao Djoser ein Denkmal in der riesigen Stufenpyramide von Sakkâra, mit ihren sorgfältig gefugten Steinblöcken, umgeben von einem Tempelkomplex, dessen vollendete und elegante Architektur die schönsten griechischen Bauwerke vorwegnimmt. Schließlich errichtete Pharao Cheops (Chufu) die große Pyramide in Gizeh, die gigantischste dieser Gedenkstätten, deren quadratische Grundfläche über fünf Hektar mißt und neben der die größten europäischen Kathedralen zur Unscheinbarkeit verblassen. Ursprünglich betrug ihre Höhe fast 150 Meter.

Mehr als eineinviertel Millionen Steinblöcke, jeder zweieinhalb Tonnen schwer, gingen in den Bau ein, der vermutlich dreißig Jahre dauerte. Wie die Grabstellen in Ur war auch die Pyramide ein Königsgrab, und die Maße der ihr nächstgelegenen Pyramide von Pharao Chefren sind fast ebenso gewaltig. Sie erinnern an eine Kultur, die noch weit interessanter war als die Pyramiden selbst und bereits (ca. 2700 v. Chr.) den Kalender mit 365 Tagen kannte, der mit geringen Abwandlungen heute noch gültig ist. Die ägyptische Zivilisation war wohlhabend, geordnet und sicher, wenn das auch gewiß seinen Preis gekostet hat: So zeigt die Palette von Narmer seine Feinde mit fein säuberlich abgetrennten Köpfen. Aber »man hat geschätzt, daß die ägyptischen Bauern des dritten vorchristlichen Jahrtausends wohl in der Lage waren, die dreifache Menge dessen zu produzieren, was sie zur Deckung des Eigenbedarfs brauchten. Der durch rigorose Ausbeutung des Leibeigenschaftssystems erwirtschaftete Überschuß ließ sich eindrucksvoll nutzen, nicht nur für öffentliche Zwecke, sondern auch zur Erhaltung umfangreicher Adels-, Priester- und Beamtenklassen, deren Führer ein immer anspruchsvolleres Hofleben um die Person des lebenden Pharao und die Gräber seiner Vorgänger entfalteten. Politische Einheiten waren das entscheidende Endstadium in Ägyptens erstaunlich rascher Entwicklung von einem dschungelbedeckten, morastigen Tal zum Schauplatz einer komplexen und geschlossenen Gesellschaft, die einige Millionen Menschen umfaßte.«[9]

Diese Gesellschaft verarbeitete Kupfer und Bronze, konnte lesen und schreiben und besaß eine elegante und klare Architektur, wie die den Papyrusbüscheln nachgebildeten Säulen belegen. Ihre Kunst stellte nicht nur Krieg und Frieden dar, sondern auch mit liebevollem Humor den Alltag von Mensch und Tier in einer Umwelt, die weit freundlicher war als die Mesopotamiens. Hier wirkte eine selbstbewußte, tüchtige Bürokratie, gab es eine zuverlässige soziale und politische Ordnung. Außerordentlich konservativ und praktisch hatte das Alte Reich mehr als siebenhundert Jahre Bestand und seine Baudenkmäler sind so gewaltig und gelungen, daß sie uns noch heute in Erstaunen setzen. Zwar brach um 2100 v. Chr. das Alte Reich zusammen, doch vereinigten die Pharaonen des Mittleren Reichs den Staat erneut.

Mit dem Neuen Reich dann (1570–1085 v. Chr.) wurde Ägypten zur Großmacht, die ihren Höhepunkt von 1500 bis 1200 v. Chr. erlebte und von deren Größe die gigantischen Tempelanlagen in Luxor und Karnak bei Theben zeugen, der neuen Hauptstadt in Oberägypten am Nilbogen bei Hierakonpolis, Narmers einstiger Hauptstadt. Wenn das klassische Alte Reich die herrlichste Architektur und Kunst hervorgebracht hat, so sind die Herrscher des Neuen Reichs wie etwa Echnaton und Tutanchamun für ihre Prachtentfaltung berühmt – denken wir nur an die erhaltenen Grabschätze des letzteren. Allein

Größe und Ausmaße der ägyptischen Baudenkmäler – von den frühesten Stufenpyramiden in Sakkâra bis hin zu den säulengeschmückten Sälen des Tempels von Karnak und dem großen Hof des Tempels von Luxor mit seinen mehr als fünfzehn Meter hohen Säulen – legen Zeugnis ab von dem Wohlstand und dem Organisationsgrad einer hochentwickelten Zivilisation. Selbst im Zustand politischen Niedergangs reichte sie noch bis in die griechisch-römische Zeit und wurde zur reichsten Provinz des Römischen Reiches.

So entfalteten sich um 3000 v. Chr. unter den außerordentlich günstigen Bedingungen des Nahen Ostens die beiden ältesten Flußzivilisationen, »ein höchst abnormes und unvorhersehbares Ereignis«[10] – und nicht ohne Bedeutung für Europa. Als im Laufe der nächsten zwei Jahrtausende die Bronzezeit und die jüngere Eisenzeit, einander überschneidend, einsetzten und sich allmählich über den europäischen Kontinent ausbreiteten, wurde das Vorhandensein dieser einflußreichen Zivilisationen für Europa immer entscheidender und übte zumindest zeitweise einen Einfluß aus, der sich mit wesentlichen einheimischen und lokalen Entwicklungen verband. Vor dem Hintergrund dieser großen und überdauernden urbanen Gesellschaften, deren Grundlage die Fruchtbarkeit des südlichen Irak und des Niltals unter asiatischer und afrikanischer Sonne war, ist die prähistorische Bronzezeit in Europa zu sehen.

Waffen, Schmuck, Gerätschaften der Bronzezeit

Die neue Bronzetechnologie entwickelte sich sehr allmählich, aber schon früh wurde Kupfer in Siebenbürgen und Südspanien abgebaut. Zwischen 3000 und 2500 v. Chr., zur Zeit der Anfänge des Alten Reiches in Ägypten, betrieb ein Volk, das bereits Kupfer verwendete, am Unterlauf des Dnjepr Ackerbau und Viehzucht. Eingeführt oder selbständig entwickelt, veränderten 2000 v. Chr. die neuen Bronzewaffen die soziale Ordnung der bis dahin in neolithischer Barbarei lebenden Gesellschaften: Es gab keine wirkungsvolle neolithische Antwort auf den Bronzedolch. Während die archaischen neolithischen Bauern wahrscheinlich weitgehend gleichgestellt in Familienverbänden, Altersgruppen und Bruderschaften lebten, die eine gemeinsame Stammesherkunft für sich in Anspruch nahmen und ihre Bindungen an die Orte, an denen sie lebten, in Megalithgräbern zum Ausdruck brachten, bildeten jetzt im Bronzezeitalter die Kriegerhäuptlinge und ihre Gefolgsleute eine neue Aristokratie, die von der bäuerlichen Bevölkerung lebte und mit Metallen und Luxusgütern Handel trieb. Ihren höchsten Ausdruck fand diese Häuptlingsherrschaft im Fürstentum von Mykenä auf der Peloponnes, dessen Blütezeit um 1400 v. Chr. lag. In neolithischen Zeiten wurde vermutlich jeder Überschuß von den Führern als Lohn für Arbeit im Dienst der Gesellschaft verteilt oder für Tauschgeschenke verwendet, ein Verfahren, das sich nicht grundsätzlich von dem der jetzt aufkommenden Kriegergesellschaften unterschied und noch im »heroischen« Zeitalter üblich ist, wie es im angelsächsischen

Epos *Beowulf* geschildert wird, wo ein Kriegerkönig nach der Prächtigkeit der Ringe und Waffen beurteilt wird, die er aus seinen gehorteten Schätzen verschenkt. Aber solche Reichtümer mußten irgendwoher kommen und durch eine Handelstätigkeit erwirtschaftet werden, reger und ausgedehnter als der neolithische Feuersteinhandel. So kamen die Häuptlinge der Bronzezeit in England vermutlich zu beträchtlichem Reichtum durch ihre Kontrolle über die Zinngruben, eines seltenen Besitzes, und der Bernsteinhandel brachte Dänemark Wohlstand. Während um 2000 v. Chr. Europa noch spärlich bevölkert war und riesige Wälder, Heideflächen, Moore und Gebirge unbesiedelt blieben, wandelte sich langsam die neolithische Wirtschaft und Gesellschaftsordnung. Einige Zuwanderer, aus naheliegenden Gründen »Streitaxtkulturen« genannt, kamen aus Südrußland und sickerten zwischen den Karpaten und dem Schwarzen Meer ein, andere sind unter der freundlicheren Bezeichnung »Becherkulturen« bekannt, weil ihr besonderes Merkmal glockenförmige Trinkkrüge waren.[11] Im Unterschied zu den neolithischen Völkern, die eine Art vergorenen Most kannten, besaßen diese Leute ein stärkeres Gebräu. Sie kamen von der Iberischen Halbinsel.

Die Streitaxtmänner waren Nachkommen der kupferverarbeitenden Akkerbauern vom Unterlauf des Dnjepr und begruben ihre Toten in runden Hügelgräbern, ähnlich den *Kurganen* der südlichen Steppe, bestatteten ihre Häuptlinge mit großem Prachtaufwand und zähmten vermutlich das eurasische Wildpferd.[12] Diese Viehzüchter drangen jetzt nach Nordwesten in das Rheinland und die Niederlande vor. Es läßt sich zwar nicht beweisen, daß sie ein indogermanisches Idiom sprachen, aber »die Philologen sind sich im großen und ganzen darin einig, daß die Fauna und Flora eines Gebietes westlich des Ural und nördlich des Schwarzen Meeres, zwischen Karpaten und Kaukasus am ehesten dem Bestand an gemeinsamen (indogermanischen) Wörtern für Birke, Buche, Eiche und Weide oder Bär, Wolf, Gans, Wespe, Salm und für ähnliche große Flußfische entsprechen würde ... ein Metall war bekannt, bei dem es sich entweder um Kupfer oder Bronze handelte, desgleichen Räderfahrzeuge, die mit gemeinsamen Wörtern für Räder, Naben und Joch, nicht aber für die Speichen der Räder bezeichnet wurden.«[13]

Die Menschen der »Becherkulturen«, Krieger aus Spanien, waren wohlbewaffnet mit scharfen Schwertern und Dolchen aus Bronze und sind wahrscheinlich über Frankreich nach Mitteleuropa eingewandert, wo sie die Metallvorkommen in Böhmen abbauten. Andere sind – so meint man – in die Bretagne gezogen und von dort über den Ärmelkanal auf die Britischen Inseln gelangt. Die Gruppen, die sich in Mittel- und Nordwesteuropa niedergelassen hatten, vermischten sich mit den Streitaxtkulturen und gelangten ebenfalls nach England, Irland und sogar auf die Orkneyinseln. »Das ist eine erstaunliche Wanderung, erstaunlich auch, weil eine Rasse, die sich in einem mediterranen Land entwickelt hat, offenbar in der Lage gewesen war, durch Mitteleuropa zu ziehen und sich an die kontinentalen Bedingungen von Donau und Rhein zu gewöhnen, um dann bis zu den entlegendsten Atlantikgestaden vorzudringen ... und während all dieser Zeit und über all diese Entfernungen hinweg bewahrten sie ihre materielle Kultur so unverändert, daß vier Scherben der Becherkeramik aus Spanien und Böhmen, aus Holland und Schottland, auf eine Handfläche nebeneinandergelegt, unter Umständen nicht zu unterscheiden sind.«[14]

Diese beiden ursprünglich nomadischen Hirtenvölker liebten das Ornament. Ihre Häuptlinge besaßen goldgefaßte Zeremonienkeulen, goldene Fibeln und Armbänder, und ihre Frauen trugen zierliche Halsketten aus Gold, Bernstein und Gagat. Als sie seßhaft wurden, entwickelte sich der Handel, und die Bevölkerung wuchs, die Herrscher der Bronzezeit wurden wohlhabend, und in ihrer Blütezeit unterhielten sie lebhafte Handelsbeziehungen mit den Mittelmeerländern.

Am nächsten kommen wir ihnen in Skandinavien, wo zwischen 1500 und 400 v. Chr. »... das Bronzezeitalter im prähistorischen Dänemark besonderen Glanz entfaltete ... Da die vielen kulturhistorischen Funde Zeugnis ablegen von einer prächtigen, hochentwickelten Kultur und dem wirtschaftlichen Wohlstand, dessen diese als Grundlage bedurfte ... Tausende von großen und kleinen Hügelgräbern im ganzen Land zeigen, wie dicht die Besiedlung war.« Und »... auf Felsenflächen in Südschweden und auf Bornholm ebenso wie auf den Findlingen in Ostdänemark sind Bilder gemeißelt, die größtenteils aus der Bronzezeit stammen. Die Inhalte dieser Felsbilder reichen von figürlichen Darstellungen: Krieger, Lurespielern (die *Lure* war ein langes, gekrümmtes Blasinstrument aus Bronze), Bauern mit Pflug, Karren, Schiffen ... bis hin zu heiligen Symbolen wie dem Sonnenkranz, dem Sonnenrad.«[15]

Da schon in jenen fernen Zeiten die Dänen einige ihrer Toten in stabilen Eichensärgen begruben, ist sogar ihre Kleidung erhalten: ein langer Mantel, der ziemlich umständlich auf dem Rücken mit Bronzeknöpfen geschlossen und um den Leib mit einem Gürtel zusammengehalten wurde, ein weiter Umhang, Ledersandalen und sehr einfache Wickelgamaschen. Zur Ausstattung einer Frau gehörte das geflochtene Haarnetz, ein sehr kurzer Kittel mit Ärmeln, die bis zu den Ellenbogen reichten, ein troddelverzierter Gürtel, der mit einer großen kreisförmigen Schmuckschnalle verschlossen wurde, und ein kurzer Rock, der weit oberhalb der Knie endete. Diese nordischen Frauen waren nicht in die wallenden Gewänder des Südens gehüllt, wie auch die Hosen, die Bekleidung der Eisenzeit, noch nicht aufgekommen waren. Vielleicht ließ das mildere Klima der Bronzezeit gar nicht das Bedürfnis nach ihnen wach werden.

Wie andere Völker der Bronzezeit beteten auch die Dänen die Sonne an; der berühmte Sonnenwagen von Trundholm (ca. 1000 v. Chr.), ein herrliches sechsrädriges Gefährt, das von einem Pferd mit Schlaufen für die Zügel und sauber gestutztem Schweif gezogen wird, trägt auf seinem Weg über den Himmel eine vergoldete Scheibe. Vermutlich ist er das Modell eines Kultwagens für rituelle Prozessionen; jedenfalls legt er beredtes Zeugnis für diese Religion ab.

Dies sind in Kürze die wichtigsten Aspekte einer für Europa wichtigen Zeit, als gegen Ende der Bronzezeit die Hacke von der Pflugschar abgelöst wurde, als neue Einwanderer oder Menschen, die diesen ihre Fertigkeiten abgelauscht hatten, die Metallvorkommen des Kontinents und der Britischen Inseln abzubauen und einen Handel mit Metallen und Luxusgütern begannen, der über die Alpenpässe nach Süden und in die Balkanländer ausgriff. Diese Menschen und ihresgleichen brachten erneut frisches Blut in die bereits sehr bunte Rassenmischung Europas. Zwischen 2000 und 1500 v. Chr. hatten sie jene Phase erreicht, die dann nördlich der Alpen in der Eisenzeit von Kelten, Teutonen und Skandinaviern weiterentwickelt werden sollte, um sich während der Blütezeit des Römischen Reichs, während dessen Niedergangs und Zusammenbruchs in der Völkerwanderung auszubreiten.

Während dieser allmählichen ungleichmäßigen Entwicklung war ein Ereignis von anderer Art eingetreten – und dieses Mal nicht im Nahen Osten: die Entstehung der ersten europäischen Paläste auf Kreta und in Mykenä. Diese sehr eigenständigen Kulturen entfalteten sich beide in Umwelten, welche sich grundsätzlich von den Flußzivilisationen Mesopotamiens und Ägyptens oder den weiträumigen Tälern und dem gewaltigen Hinterland Kleinasiens unterscheiden. Sie waren europäischen Ursprungs und das ureigenste Produkt ihrer Völker – ganz im Gegensatz zu einer weit verbreiteten Auffassung. »Die ägäische Zivilisation gelangte nicht als Fertigprodukt in die Ägäis, noch wurde sie durch Völkerwanderung oder Verbreitung aus anderen Ländern dorthin verpflanzt.«[16] Ihre Entstehung verdankt sie einer ganzen Reihe umweltbedingter, ökonomischer, sozialer, religiöser und politischer Ursachen, die alle zusammen den Durchbruch bewirkten.

Natürlich mußte das Vorhandensein einer hochentwickelten, raffinierten Kultur in Ägypten wie auch in Kleinasien einen immer stärkeren Einfluß ausüben, aber die minoisch-mykenische Palastkultur war eigenständig gewachsen. Die überholte marxistische Interpretation von Gordon Childe, der die Ausbreitung der Zivilisation als die auf den Nahen Osten konzentrierte »Ausstrahlung des europäischen Barbarentums« durch Veränderung der Produktionsmittel beschrieb, hat lange das Feld behauptet. Doch jetzt, da nachgewiesen ist, daß die Megalithkulturen weit älter sind und in einen jungsteinzeitlichen Kontext gehören, erscheint sie unzulänglich. Während das Aufkommen der neolithischen Landwirtschaft – die eigentliche Neolithische Revolution – und die Verbreitung der ihr zugrundeliegenden Erfindungen ihren Ursprung sicherlich vor allem in Asien hatten, erwuchs die erste europäische Zivilisation aus einem komplexen und komplizierten Zusammenspiel von Umständen und darf nicht als bloße Übernahme verstanden werden. Sie ging zurück auf den Unternehmungsgeist und die Intelligenz eines maritimen Volkes. Wie zu erwarten, war die erste europäische Initiative eigenständig und kraftvoll und fand unter denkbar günstigsten Bedingungen statt.

II
Antiker Mittelmeerraum

1. Minoisches Kreta und Mykenä

Es gibt einen augenfälligen Gegensatz zwischen der gebirgigen und insularen, in die weindunkle Ägäis getauchten Welt Kretas und den flachen, angeschwemmten Ebenen Mesopotamiens und Unterägyptens oder dem an Wüsten grenzenden Niltal, wo die ersten bedeutenden Kulturen entstanden waren. Das frische Meeresklima – noch im August ziert der von Norden kommende *Meltème* die Wogen mit Schaumkronen – war ganz anders als die lastende Hitze Ägyptens oder der Kontinentalwinter des Irak. Dazu waren die griechischen Inseln, waren Attika und die Peloponnes, bevor dort holzgierige Menschen und die futtergierigen Ziegen wüteten, dicht bewaldete Gebiete, die noch nicht den öden Eindruck boten wie heute im Hochsommer und Herbst. Auch liegen Kreta und die Peloponnes in jenem südlichen Kerngebiet der mediterranen Welt, wo Wein und Oliven wild wachsen, geschützt vor den rauhen Winden Thrakiens und Makedoniens. Dazu ein fischreiches Meer, eine wildzerklüftete Küste, eine natürliche Teilung in autarke Täler, die am besten von See aus zu erreichen waren, über allem heiße Sonne und strahlendes Licht – das war die ideale Umwelt der ersten Zivilisation in Europa.

Im Vergleich zu den gewaltigen Stadtgebilden des Nahen Ostens mit ihren Massen von gefügigen Bauern und Sklaven stützte sich die minoische Gesellschaft, wenn sie auch um einen Priesterkönig, seine Vertreter und Beamte organisiert und in ihrer letzten Phase vermutlich durch achäische Griechen militarisiert war, auf Kleinlandwirtschaft und ein Handwerk von bescheidenem Zuschnitt in einer Umwelt, die zumindest von Herrschern und ihrem Gefolge Vielseitigkeit und Unternehmungsgeist verlangte. Man nimmt an, daß die Gesamtbevölkerung von Kreta zur Blütezeit der ersten europäischen Inselzivilisation nicht mehr als eine Viertelmillion betragen hat, weniger als die Hälfte der heutigen Bevölkerung, und sogar der große Minos, der über Knossos herrschte, hat möglicherweise nicht die ganze Insel seiner direkten Herrschaft unterworfen.

Die mykenische Macht, die erste Festlandzivilisation, war bedeutender, war kriegerischer ausgerichtet, zentralistischer und einflußreicher, aber weder hier noch auf Kreta gab es große Städte und Tempel, nur eine kleine Festung und einen Palast – entstanden, als aus der Häuptlingsherrschaft ein Königtum wurde. »Der Umstand, daß man ... in der ägäischen Archäologie Wörter wie ›Palast‹ und ›Stadt‹ verwendet hat, schuf gefühlsmäßige und irrige Vorstellungen von Großartigkeit, die in keinem Verhältnis zu den Örtlichkeiten steht, welche von diesen Wörtern beschrieben werden ...«[1]

Und doch ist das hier Zivilisation: Ordnung, Schrift, Methode und Ausbeutung – sogar neue Ideen, die diese ägäischen Völker mit ihrem Seehandelsnetz und ihren gehorteten Reichtümern deutlich abhoben von den neolithischen Dorfbewohnern und den kleinen Fürsten des höherentwickelten Barbarentums im zeitgenössischen Europa und deren Erinnerung dank Minos und Mykenä, dank Argos, Tiryns und Pylos auch noch durch die homerische Welt weht.

Um 6000 v. Chr. wurde Kreta bereits von einem jungsteinzeitlichen Volk bewohnt, das wahrscheinlich aus Anatolien oder Syrien kam und Oliven, Wein und Feigen anbaute. 3000 v. Chr. verfügte diese Bevölkerung, möglicherweise ergänzt durch ägyptische Flüchtlinge, welche durch die Eroberungszüge des Narmer und Menes vertrieben worden waren, über Kupfer und Bronze. 2000 v. Chr., als in Ägypten das Mittlere Reich gegründet worden war und die »Streitaxt-« und »Becherkulturen« in Europa eindrangen, war die Bevölkerung von Kreta bereits zivilisiert, 1900 v. Chr. war sie schriftkundig und erlebte eine erste lang anhaltende Blüte. Um 1700 v. Chr. wurden Knossos und Phaistos durch Erdbeben und Feuer zerstört, aber wieder aufgebaut, und es folgte die glänzendste Phase der kretischen Zivilisation, denn in ihrem ansonsten herrlichen Klima lebten die Kreter unter einer schrecklichen, wenn auch nur von Zeit zu Zeit auftretenden Bedrohung: Um 1550 v. Chr. wurden Knossos und das östliche Kreta abermals von schwerem Erdbeben und Feuer heimgesucht, und 1430 v. Chr. flog fast die ganze Insel Thera, eine minoische Kolonie – das heutige Santorin –, in die Luft und schickte möglicherweise riesige Flutwellen nach dem über hundert Kilometer entfernten Kreta hinüber, wo anscheinend der größte Teil der Nordküste und der Ostteil der Insel verwüstet wurden. Von dieser schrecklichen Katastrophe, vielleicht auch von einem Erdbeben auf der Insel selbst, hat sich die minoische Zivilisation nie mehr ganz erholt. Frühe griechische Eindringlinge vom Festland rissen die Macht in Knossos an sich (da die kretische Seeherrschaft in die Spätphase des minoischen Reiches fällt, war Minos also ein Grieche). Aber um 1350 v. Chr. wurde Knossos endgültig zerstört. Abgesehen von einigen um 1150 v. Chr. durch die im Niedergang befindliche mykenische Festlandzivilisation gegründeten Siedlungen, verlor Kreta alle Bedeutung, wenn auch die starke einheimische Tradition die dorischen Griechen, die am Ende der Bronzezeit dorthin gelangten, so weit assimilierte, daß sie sich in historischen Zeiten von den Festland- und ionischen Griechen erheblich unterschieden.

Das große Zeitalter der minoischen Zivilisation dauerte also nahezu fünfhundert Jahre, von 1900 bis etwa 1430 v. Chr. Ihr Gipfel fiel zeitlich zusammen mit dem imperialistischen Neuen Reich in Ägypten, dem Höhepunkt der Bronzezeit in England, Dänemark und Mitteleuropa, und ihr Niedergang setzte gegen Ende des zweiten Jahrtausends ein. Das alte kretische Leben war relativ friedlich, die Paläste dienten der Vorratshaltung und der Bequemlichkeit, nicht Verteidigungszwecken, und sie waren mit fröhlichen Bildern und Fresken geschmückt, die eher die poetischen Seiten des Lebens schilderten. Ihre Kunst ist so ursprünglich und prächtig, fällt so aus dem Rahmen des übrigen Europa, daß man sie, in ihrem winzigen Maßstab, mit der florentinischen Kunst des dreizehnten Jahrhunderts verglichen hat.

Die mykenischen Burgen dagegen sind grimmig: Mykenä selbst, das nach

Süden über die Ebene von Argos blickt und von seinem strategisch gewählten Standort die in die Peloponnes führenden Straßen beherrscht, wie die Akropolis von Tiryns an der Küste, in der Nähe des modernen Nauplia, die See beherrscht, hat bis auf den heutigen Tag sein finsteres Erscheinungsbild bewahrt. Während die kretische Kultur ursprünglich das Werk dunkelhäutiger, glattrasierter Völker aus dem Mittelmeerraum war, die erst in der letzten Phase von Griechen beherrscht wurden, wurde Mykenä von indogermanischen Eroberern aus dem Norden errichtet, die sich der von ihnen unterworfenen Welt anpaßten. Diese bärtigen Krieger, die mit Streitwagen fuhren und den Löwen mit Speeren und riesigen Schilden jagten, waren die erfolgreichsten unter allen ihren Zeitgenossen, denn sie beuteten nicht neolithische Bauern aus, sondern eine Zivilisation, die bereits vor ihrer Ankunft auf dem Festland begonnen und sich von dort aus ausgebreitet hatte, wenn sie sich auch jetzt weitgehend unabhängig gemacht hatte. Der mykenische *Wanax* – König – stand an der Spitze der Gesellschaft; dann kamen die *Lawagates* oder militärischen Befehlshaber; es folgten die Lehensmänner – die *Telestai*, – während die ferner liegenden Gebiete von halbunabhängigen *Basileis* kontrolliert wurden, die dem König gegenüber zur Gefolgschaftstreue verpflichtet waren. Diese Militärhierarchie beutete die Handwerker, Bauern, Leibeigenen und Sklaven aus und schützte das Land lange Zeit vor barbarischen Eindringlingen, bis sie schließlich doch am Ausgang der Bronzezeit den dorischen Griechen erlag.

Obgleich bürokratisch organisiert, war es doch eine Zivilisation von Palästen und Burgen, nicht von Großstädten. Ihre wichtigsten Erwerbsquellen waren Landwirtschaft, Seehandel und Raub. 1400 v. Chr. hatte sich Mykenäs Einfluß weit über die Peloponnes hinaus nach Attika und Euböa, ja über Thessalien und nach Zypern und Rhodos ausgedehnt. Der Reichtum der mykenischen Endphase fiel also in die gleiche Zeit – in die Mitte des 14. Jahrhunderts – wie das Neue Reich Ägyptens, wie Echnaton und Tutanchamun, wie der Aufstieg der indoeuropäischen Hethiter in Anatolien, die sich *Akkai wai* nannten, was verwandt ist mit *Achaioi*, dem Namen der Griechen bei Homer. Man ist heute sogar der Auffassung, daß der Kontinuitätsbruch im barbarischen Zeitalter zwischen der mykenischen Kultur und der ionischen Zivilisation homerischer Zeit übertrieben, daß die zerstörerische Auswirkung der dorischen Invasionen dramatisiert worden sei, und daß die mykenische – wie auch die kretische – Kunst und Kultur die klassische hellenische Zivilisation in weit höherem Maße antizipiert, als uns bisher bewußt war.

Die Inselkultur Kretas

Die kretische Sprache haben wir immer noch nicht enträtselt, obwohl sie über das Griechische ein paar charakteristische Wörter zu unserem Wortschatz beigesteuert hat – zum Beispiel Labyrinth, Koloß, Zypresse und Hyazinthe,

Hymne und komischerweise Absinth[2]. Paläste und Stadt waren kompakt um das zentrale *Megaron*, die große Halle mit säulengeschmücktem Eingang, angeordnet, das noch wie in Mykenä die holzgefertigten Vorbilder aus Kontinentaleuropa erkennen läßt. Aus neolithischen Bauern entwickelten sich die Minoer, die Schiffe mit fünfzehn Ruderern pro Seite hatten, zu einem Volk, das von Seehandel und Kolonisation lebte und andere Völker ebenso durch Faszinationskraft wie durch Zwang an sich band. Seine Fürsten waren nicht besonders kriegerisch, ihre Herrschaft gründete sich auf religiöses Prestige, straffe Verwaltung und Prachtentfaltung. Ort kultischer Handlungen waren die Paläste – keine speziell zu diesem Zweck errichteten Tempel –, und obgleich die Kreter ihre toten Würdenträger mit Miniaturstatuen von Jungen und Mädchen versorgten, um sie im Jenseits zu unterhalten, und außerdem in der üblichen Weise schmückten, galt ihr Interesse offensichtlich mehr dem Leben als dem Tod und einem angeblichen Jenseits –, wir finden keine Beinhäuser oder Menschenopfer, sondern Vorratsräume. Die »Paläste« in Knossos, Phaistos und Malia sind, anders als die Pyramiden, auf menschliches Maß zugeschnitten, selbst der in Knossos nimmt nur eine Fläche von höchstens zweieinhalb Hektar ein, und wurden nicht befestigt, da die minoischen Flotten die Meere kontrollierten. Der Überschuß aus Landwirtschaft, Gartenbau und Metallgewinnung war die Reserve für Tauschgeschenke, fürstliche Rückverteilung und Prachtentfaltung. Später wurde er zum Handel verwendet. Bei den minoischen Schriftzeugnissen handelt es sich in erster Linie um Vorratslisten, öffentliche oder religiöse Gedenkinschriften und große Monumente sind nicht erhalten. »Inschriften von der Art, wie sie die zeitgenössischen Könige von Ägypten und Mesopotamien in ihre Tempel zu meißeln liebten, gibt es in der Ägäis überhaupt nicht.«[3]

Die Mischwirtschaft, deren Ertragsquellen Getreide, Olivenhaine und Weinberge waren, dazu Schafe, Ziegen und Rinder, Fischfang und Jagd (noch immer gibt es in den Bergen dort die Wildziege *agrimi*), gedieh in Sicherheit, und die Fürsten förderten das Handwerk und den Luxusgüterhandel mit dem europäischen Festland, den Kykladen, Syrien, Palästina und Ägypten, woher zahme Affen, nubisches Elfenbein und später Söldner bezogen wurden. Da ihnen lange Zeit Angriffe von außen erspart blieben, hatten die Kreter um 1700 v. Chr. genügend Zeit und Mittel, sich umzublicken und das Leben so naturgetreu und lebendig darzustellen, so daß sie hierin sogar die ägyptische Kunst übertrafen. Aber unter dem raffinierten Luxus des »vielleicht ersten Volkes, von dem wir wissen, daß es seine Kunstwerke nur geschaffen hat, weil es ihm gefiel, die Schönheit auszudrücken, die es in seinem rastlos-aktiven Leben entdeckte«[4], lauerte die Bedrohung, deren Symbol der Minotaurus war, wie er auf einem Siegelstein zur Abwehr von Dieben dargestellt ist, gierig sein Opfer verschlingend – die Gefahr des Erdbebens. Deshalb hatte man den Palast in Knossos, ein niedriges, um einen Innenhof gelegenes Gebäude mit einem Gewirr von Treppen, Gängen, Prunksälen, Wohnräumen, Lichtschächten, Kultstätten und Patios, so angelegt, daß er sich der Bodenbeschaffenheit anpaßte, um das Risiko zu verringern. Die verschachtelten Flachdachhäuser in Gurnia waren durchzogen von kopfsteingepflasterten Straßen, während die Rohrleitungen und Aquädukte für die Wasser- und Sanitärversorgung von den Niederschlägen abhingen, einem seltenen Ereignis im Sommer.

Dank der ihnen eigenen Fähigkeit zu übernehmen, was ihnen aus Kleinasien und Ägypten zugetragen wurde, verdankten sie diesen beiden sehr viel; die Verehrung der Doppelaxt, des geflügelten Greifs und einer Erdgottheit sind asiatischen Ursprungs. Schrift, Siegelsteine und Verzierung der Paläste kamen aus Ägypten, wenn die kretischen Künstler auch mit dem ägyptischen Formalismus brachen. Ihre Religion bleibt ziemlich geheimnisvoll, obgleich sie als Inselbewohner die Winde anbeteten, und noch geheimnisvoller bleibt ihre Sprache. Zwar wurde die Linear-Schrift (ca. 1450 v. Chr.) als primitives Griechisch entziffert, doch das frühere Linear-A (ca. 1750 v. Chr.) widersetzt sich allen Deutungsversuchen, obschon einige Ideogramme für sich selbst sprechen. Die schlangengeschmückten Gottheiten mit babylonisch gewundenen Röcken und müden Häuptern scheinen zum unheimlichen und archaischen Doppelaxtkult zu gehören, während die Elfenbeinminiaturen des diademtragenden, chryselephantinen Knabengottes, einer schlanken, jugendlichen Gestalt mit goldenem Lendentuch, freudige Weltlichkeit auszudrücken scheinen. Zwar wird »häufig angenommen, daß der minoische Stierkampf eine heilige Verrichtung war, ... doch gibt es keine minoischen Monumente, die zeigen, daß er mehr war als ein volkstümlicher Publikumssport«.[5] Eine berühmte Schale zeigt eine Gruppe heiterer Schnitter, und einen ganz und gar diesseitigen Eindruck macht die schwatzende Zuschauerschar, die dem unblutigen kretischen Stierkampf beiwohnt. Trotz all der düsteren Untertöne in ihrer Religion erscheinen uns die Kreter vielfach als unbekümmert-extrovertierter Menschenschlag.

Sie besaßen ja auch kein Reich im politischen Sinne, obgleich sie Thera kontrollierten – wo zwei Fresken minoischen Stils den Vulkanausbruch überstanden haben, die zwei sich balgende Kinder und einige flüchtige Schwalben zeigen – und obgleich sie Kolonien auf den Kykladen, auf Rhodos, Melos, dem griechischen Festland und sogar in Sizilien gegründet haben. Die minoischen Flotten unterdrückten die Seeräuberei, und Sagen von abgepreßten Tributen mögen auf die Erinnerung an Zollgebühren zurückgehen und den kulturellen und ökonomischen Einfluß widerspiegeln, den Kreta einst über große Teile der Ägäis und deren Küstenländer ausgeübt hat.

So tritt die erste schriftkundige Inselkultur Europas mit »einem hochentwickelten sozialen Leben« in die Geschichte ein. Die eleganten Männer trugen enggeschürzte Lendentücher und ihr Haar in langen Locken, ein Eindruck, den das ägyptische Gemälde der kostbare Waren tragenden »Keftiu« aus dem Grab Rechmires bestätigt. Außerdem hatten sie orientalisch anmutende Gewänder für rituelle Anlässe – wobei die Kleidung der Geschlechter einander angeglichen war. Die ältesten Naturfresken sind Bänder mit Blumen und Rosetten, und das älteste (wenn auch rigoros restaurierte) Fresko mit figürlichen Darstellungen zeigt einen Knaben, der in einem Krokusfeld Safran sammelt.[6] Die von Evans beschäftigten Maler griffen bei der Restaurierung von Gebäuden und Fresken zu stark ein und gaben ihnen einen irreführenden Anflug von Jugendstil, doch blieb der ursprüngliche Charakter so weit erhalten, daß die einstigen Farben erkennbar sind, während die Formen der eleganten Vasen von der Einfachheit der melischen und der kretischen Vasen in Lilienform bis hin zu den barocken Verschlingungen der Oktopusvase aus Gurnia reichen. In der Tat waren die vormykenischen Kreter eine »künstlerische Rasse von Instinkt... Stets den Seewind im Gesicht, verspürten sie einen Betätigungsdrang, der den von ihrer umbarmherzigen Sonne ausgedörrten und versengten Ägyptern fremd sein mußte. Und so zeigt sich in den meisten kretischen Kunstwerken eine Leidenschaft für Bewegung und Aktion, eine Leidenschaft, die ebenso ruhelos ist wie die Wogen, die ihre Küste umspülen.«[7]

Ihre Hauptausfuhrgüter waren Olivenöl, Textilien, Vasen, Zypressenholz und Wein. Ungeachtet der Tatsache, daß sie selbst Kupfer abbauten, führten sie es auch aus Zypern ein. Zinn bezogen sie aus Anatolien, vielleicht auch aus Etrurien und Südspanien, und die Goldarbeit der bekannten »hängenden Wespe« aus Chrysolokkos bei Malia (ca. 1650 v. Chr.) hält den Vergleich mit allem aus, was wir von den Sumerern oder Ägyptern kennen. Bronze wurde vielfach für die Herstellung von Lampen, Kesseln und Trinkkrügen verwendet, aus Serpentin, Kristall, Silber und Gold wurden Pokale gefertigt. In der Tat »war die Ägäis unter kretischem Einfluß damals innerhalb der zivilisierten Welt wohl führend in der Kunst der Metallverarbeitung, der Gravur, der Vasenherstellung und der Freskenmalerei«.[8] Diese von Kreta ausgehende ägäische Kultur ist ein Vorläufer der hellenischen, denn obgleich sie an der vereinten Wirkung von Naturkatastrophen und Barbareneinfällen zugrunde ging und Knossos in der letzten Phase von achäischen Griechen beherrscht wurde, vielleicht gefolgt von einem einheimischen kretischen Aufstand, wurde ihre grundlegende Lebensweise und Wirtschaft nie zerstört. Sie ist ein frisches, maritimes Vorspiel der dann so mächtig einsetzenden europäischen Zivilisation.

Minoische Kultur auf dem griechischen Festland

Die kriegerischen Herrscher von Mykenä wie die von Tiryns, Pylos und den anderen zeitgenössischen Befestigungsanlagen auf dem griechischen Festland, welche die minoische Kultur assimiliert und ausgebeutet hatten, gehörten zum höherentwickelten Barbarentum des Kontinents. Diese bärtigen Kriegsherren der Bronzezeit lebten in schwerbefestigten Festungen und waren bis zu den Zähnen bewaffnet mit langen und kurzen Schwertern, einem mächtigen Dolch oder einer Streitaxt, die sie im Inneren ihrer Schilde trugen, und einem Beil, dazu trugen sie Helme, die mit Hörnern oder Federbüschen, manchmal auch mit Eberzähnen geschmückt waren. Das zyklopische Quaderwerk der Löwentore in Mykenä und in Tiryns macht noch auf den heutigen Betrachter einen gewaltigen Eindruck, und die Fertigkeit der Architekten des sogenannten Schatzhauses des Atreus übertrifft bei weitem alles, was Kreta vorzuweisen hatte. Um 1350 v. Chr. erbaut, »gehört es zu den erstaunlichsten architektonischen Meisterleistungen, die diese Zeit an irgendeinem Punkt der Welt hervorgebracht hatte. Es besaß die größte Kuppel des Altertums, bis das Pantheon 1500 Jahre später von Kaiser Hadrian in der uns bekannten Form wiederaufgebaut wurde.«[9] Es ist einzigartig erhalten, mit einem »falschen Gewölbe« von mehr als zwölf Metern Höhe und einem geräumigen Eingang unter riesigen Oberschwellen, die mehr als hundert Tonnen wiegen. Die Erbauer dieser mächtigen Grabstätte fordern zum Vergleich mit den Ägyptern heraus und weisen auf einen Herrscher über einen ausgedehnten Machtbereich. Als Schliemann 1876 unter den Schätzen von Mykenä eine vergoldete Maske entdeckte, meinte er, er habe »Agamemnon ins Antlitz geblickt«, aber der trotzige, hochfahrende Krieger, der sie getragen hatte, lebte zu viel früherer Zeit. Auch Tiryns mit seinen zyklopischen Stollen ist alt, und beide Ausgrabungsstätten liegen über noch älteren Gründungen.

Die minoische Kultur war schon lange, zumindest oberflächlich, auf dem Festland heimisch geworden, bevor die eine indoeuropäische Sprache sprechenden Einwanderer und Eindringlinge aus dem Norden kamen und sie ausbeuteten. Sie schufen eine kraftvolle Mischung aus barbarischen und zivilisierten Kulturen, als die kretische Zivilisation in ihrer letzten und militärischen Phase durch griechischsprechende Eindringlinge mykenischen Typus usurpiert wurde. Ihr Einfluß reichte über Attika und Thessalien nach Delphi und Böotien, im Süden bis Lakonien auf der Peloponnes. Mykenische Überreste hat man auf den Kykladen, auf Rhodos, Zypern und an der kleinasiatischen Küste gefunden, und obgleich keine Münzen entdeckt wurden, weiß man, daß sich der ursprünglich minoische Handel mit Syrien, Palästina, Ägypten und Sizilien in mykenischen Zeiten ausgeweitet hat. Es ist sogar wahrscheinlich, daß ein mykenisches Expeditionsheer in Ägypten eingefallen ist und Theben niedergebrannt hat, während mykenische Schalen und Schmucksachen in Mitteleuropa, England und Dänemark gefunden worden sind.

Das Wirtschaftsleben war also sehr straff organisiert, die Verzeichnisse von Ausrüstung und Personal, die in Pylos gefunden und von Ventris entziffert worden sind, zeugen von einer bürokratischen Gesellschaft, die sehr an den Nahen Osten erinnert und komplexer und höher entwickelt ist als alles, was es vorher in Europa gab. Wir wissen einiges von ihr, denn das minoische Linear-B wurde entziffert und erklärt: Obgleich es ursprünglich für eine minoische Sprache entwickelt wurde, entspricht es in groben Zügen dem archaischen Griechisch. Auf Kreta nur in der letzten Phase verwendet, ist es die einzige minoische Schrift. Es kombiniert Ideogramme mit Silben und vermittelt einen deutlichen, wenn auch nicht allzu anziehenden Eindruck von der gesellschaftlich organisierten und vorgeschriebenen Arbeit, bei der es hinter der Fassade von Luxus und Kunst feste Produktionsquoten zu erfüllen galt.[10] Die Tontafeln, die erhalten sind, weil sie in den apokalyptischen Feuersbrünsten gebrannt worden sind, enthalten Listen von Landarbeitern, Badedienern, Müllern, Webern, Flachsarbeitern, Bäckern, Waffen- und Grobschmieden (denen Sklaven zugebilligt wurden), dazu die ihnen zustehenden Rationen an Weizen und Feigen. Fast in der Art des englischen Doomsdaybook dienen die Tafeln als Zensus und Verzeichnis des Pachtbesitzes, dazu liefern sie eine Aufstellung der in Ausbildung stehenden Mädchen und Jungen und der Diener bei Hofe, etwa »in Pylos: sechs Söhne von Stirnbandmachern, die Musiker und Kehrer – sechs Jungen« oder »neun Söhne von Hilfsarbeiterinnen, von Lohnempfängern und Gelegenheitsarbeitern«. In Knossos »neun weibliche Sklaven ... zwei ältere Frauen in der Ausbildung, sieben ältere Mädchen, zehn jüngere Mädchen, zwei ältere Jungen, zehn jüngere Knaben«. Sklavinnen dienten der Priesterin in Pylos; Schaf- und Ziegenhirten gehörten zur Besatzung des Palastes. Unter den aufgeführten Einzelpersonen sind Dorfälteste, Unterführer (*Basileis*), Würdenträger der Feudalhierarchie und Landeigentümer oder »Teilhaber«. Auch die Mannschaft von Heer und Marine wird aufgelistet: Beispielsweise wurden in Pylos Ruderer für Expeditionen ausgehoben und Soldaten für die Küstenbewachung abkommandiert, vermutlich zum Schutz gegen Angriffe aus Nordwesten. Sogar die Namen der einfachen Dienstgrade werden im Anschluß an den Namen des Befehlshabers genannt. »Unter dem Befehl von Medius in *O-wi-to-no*: Ampelitawon, Orestos, Etewas, Kokkion.«[11] »Zehn Männer von Oikhalia, dreißig Männer von A-Kakron, und mit ihnen ein Diener.«

Die Einnahmequelle des *Wanax* und des Adels war die Kontrolle über den Anbau von Weizen und Gerste, von Bohnen und anderen Hülsenfrüchten, aus denen man eine Art Brei bereitete, die Kontrolle über die Haltung großer Schaf- und Kleinviehherden und kleinerer Rinderherden, über die Gewinnung von Käse und Wolle, Fleisch und Fellen, weniger von Milch und Butter – lebte man doch in einem Land, in dem Olivenöl und Wein in großen, vor Feuchtigkeit und Ratten geschützten *Pithoi* lagerten. Es gab viele Ochsen – die Ackersleute hatten sogar Namen für sie –, aber wenig Pferde: »Kriege und Überfälle vergrößerten die Zahl der Sklaven, die sich von den Leibeigenen insofern unterschieden, als sie nicht an die Scholle gebunden waren, sondern an die Paläste und die kleineren Hofhaltungen.«

Wir haben es mit einer kriegerischen, aristokratischen Gesellschaft zu tun, in der das Hauptinteresse der Herrscher dem Wettkampf, der Prachtentfaltung und militärischer Tapferkeit galt; die Jagd war ein hochentwickelter, aristokratischer Sport, bei dem Netze, Treiber und Jagdhunde verwendet wurden. Streitwagen aus kostbaren Holzarten und mit Elfenbein besetzt, dienten eher demonstrativen Zwecken als dem Kampf, so daß man sie sogar von

Frauen gelenkt sieht. In Mode waren parfümierte Öle und raffinierter Putz – in Kreta Kopfschmuck aus Federn, in Mykenä prächtige Helme –, und während die meisten Menschen hauptsächlich von Getreide, Früchten, Linsen, Knoblauch, Zwiebeln und den Fischen lebten, derer sie habhaft werden konnten, hielten sich die mykenischen Herrscher und Aristokraten wie ihresgleichen in ganz Europa an gebratenes Fleisch. Evans meinte, sie seien wie die Philister in Palästina Biertrinker gewesen, doch sind weder Siebe noch andere der zum Brauen erforderlichen Gerätschaften gefunden worden, und selbst wenn sie sich gelegentlich an Met aus Honig gütlich getan haben mögen, galt ihre Vorliebe doch fraglos dem Rebensaft. Tatsächlich hatte, wie man weiß, die »euphorische Wirkung des Weins« im höherentwickelten Barbarentum der europäischen Bronzezeit längst »das soziale Trinken institutionalisiert«[12], und die Schätze der frühen Bronzezeit in der Ägäis zeigten bereits die Faszination durch jene beiden Themen, die die prähistorischen Fürsten von Troja bis Mykenä, von Etrurien bis in keltische Länder in Anspruch nahmen: Kampf und Wein.[13]

Unersättliche Ehrsucht nahm dieser Gesellschaft ihre Stabilität und ließ sie ihre Mittel im Krieg verschleudern: die Zivilisation war anfällig, weil sie trotz starker Kriegsmacht von den Palästen abhängig war. Und sobald deren Organisation aus den Fugen geriet, brach die ganze Gesellschaftsstruktur zusammen. Der rapide Niedergang der späten mykenischen Kunst – immer deutlich abgehoben von der Kretas – ist ein Indiz dafür, und »wenn wir uns auf dem Gebiet mykenischer Malerei umsehen, erblicken wir wenig, was das Prädikat schöpferischer Originalität für sich in Anspruch nehmen darf«.[14] Doch das dunkle Zeitalter zwischen der mykenischen Welt und dem Aufstieg der klassischen hellenischen Zivilisation im achten vorchristlichen Jahrhundert war nicht ganz so dunkel, wie man bislang glaubte, sondern erweckt nur diesen Anschein, weil schriftliche Zeugnisse verlorengegangen sind. Auch die minoisch-mykenischen Tafeln sind nur durch einen glücklichen Umstand erhalten geblieben. So besteht kein Grund anzunehmen, daß ein so kluges Volk wie die archaischen Griechen die Kunst des Lesens und Schreibens völlig verloren und dann nach drei Jahrhunderten plötzlich das phönizische Alphabet übernommen haben sollte. Wie zu Beginn des christlichen Mittelalters waren wohl auch die Könige und Adeligen der Bronzezeit und der anschließenden Periode Analphabeten.

Niedergang

In den letzten Jahren ihrer Macht befestigten die Herrscher von Mykenä den Isthmus von Korinth gegen Eindringlinge aus dem Norden, die allgemein als dorische Griechen gelten, obgleich ihr ursprüngliches Herkunftsland unbekannt ist. Unter ihren Einfällen brachen die Palasthegemonien plötzlich zusammen. So waren um 1100 v. Chr. die meisten Befestigungsanlagen zerstört,

Tiryns war niedergebrannt, wenn auch ein geschwächtes Mykenä bis in historische Zeiten überlebte. Gleiches gilt für die Mischkultur von Getreide, Hülsenfrüchten, Wein und Oliven, welche für die Fortsetzung der alten mediterranen Lebensweise in einer Bevölkerung sorgte, die zumindest von den bürokratisch organisierten Diensten für die Herrenkaste befreit war. Auf Kreta suchten viele Zuflucht in den Bergen, und ihre Nachkommen blieben dort. Auf dem Festland, wo die minoische Kultur außerhalb der Paläste niemals recht Fuß gefaßt hatte, zogen sich die Menschen ins Hügelland zurück oder knüpften an das Leben in vormykenischer Zeit an. Aber die natürlichen Voraussetzungen sorgten dafür, daß die nervöse, hochentwickelte Kultur Kretas am besten über- und als erste wiederauflebte in ihrer außergewöhnlich förderlichen und relativ sicheren Umwelt der Inseln und Niederlassungen vor der anatolischen Küste, auf Rhodos und Kos, in Halikarnassos – ein vorgriechischer Name – und in Mytilene. »Was immer geblieben war von der kretischen Liebe zur Natur, von der Leidenschaft für Bewegung und Farbe, Begeisterung für das wahrhaftige Leben, wurde auf ionischen Stränden zu griechischem Erbe.«[15]

In Ionien haben zumindest minoisch-mykenische Personennamen die dunklen Jahrhunderte überlebt. Viele stehen bei Homer, einige von Trojanern getragen – so zum Beispiel *e-ko-to*–Hektor, *ta-ta-ro*–Tantalos, *pa-do-ro*–Pandaros, *o-re-tu*–Orestes, *a-ki-re-u*–Achilleus, *de-u-ka-ri-go*–Deukalion.[16] Angesichts der vielfachen Beweise dafür, daß die Mykenäer archaisches Griechisch sprachen, meint man heute, die erste prähistorische Kultur Europas könne – wie eigentlich auch zu erwarten – nicht losgelöst von der nachfolgenden glanzvollen historischen Zivilisation der Griechen gesehen werden.

Europa verdankt also den Ursprung seiner schöpferischsten Kultur, in deren tiefer Schuld auch wir Heutigen stehen, einem mediterranen Volk von archaischer Rasse in der außerordentlich günstigen maritimen Umwelt von Kreta und der Peloponnes. Deren einheimische Kulturen seefahrender Stämme wurden von griechischsprechenden archaischen Indoeuropäern assimiliert und militarisiert, die auf dem Höhepunkt der Bronzezeit eine weiterreichende Hegemonie errichteten. Drei oder vier Jahrhunderte lang von Einfällen und kriegerischen Überfällen der Dorer und der nachfolgenden Stämme heimgesucht und zurückgedrängt, doch ohne je ihre grundlegende mediterrane Wirtschaft und Lebensweise zu verlieren, erlebte diese Zivilisation ihre Auferstehung zunächst an den Küsten und auf den Inseln Kleinasiens, griff dann unter Entfaltung aller ihrer glanzvollen schöpferischen Kräfte auf die Stadtstaaten Griechenlands über und wurde zum bestimmenden Einfluß der griechisch-römischen Antike und damit Europas.

2. Die frühen Griechen

Als gegen Ende des zweiten Jahrtausends die mykenischen Burgen und Paläste von anderen nach Griechenland eindringenden hellenischen Stämmen überrannt wurden, trugen Auswanderer vom Festland und aus Kreta rasch zum Anwachsen der Kolonien entlang der anatolischen Küste und auf den angrenzenden Inseln bei oder gründeten neue. Hier entstand allmählich – wiederum unter günstigsten äußeren Voraussetzungen – eine Neuauflage der archaischen Mittelmeerkultur, und obgleich die ionischen Griechen von asiatischen Kriegsscharen unterworfen wurden, hat die frühe griechische Zivilisation ihren Ursprung vor allem in Ionien und den archaischen Kolonien, die es seit langem auf Sizilien und in Süditalien gab. Der Höhepunkt wurde auf dem Festland mit dem Athen des fünften Jahrhunderts erreicht. Diese Neuauflage und Verwandlung, in der sich die wilde Kraft eines ursprünglich in der Steppe beheimateten Volkes mit der Gewandtheit und Geschicklichkeit levantinischer Stämme verband, hatte entscheidende Bedeutung für Europa, denn die griechisch-römische Zivilisation war zweisprachig und verdankte Hellas ihre wichtigsten Elemente. Maurice Bowra schreibt dazu: »Hinter der Macht und Pracht von Rom spürten die Menschen, anfangs gewiß nicht sehr klar und bewußt, aber doch mit Scheu und fragendem Staunen, eine treibende dämonische Kraft, ein in helles Licht getauchtes Ideal, den Willen zu Vollkommenheit und Leistung, welche irgendwie unrömisch waren, obwohl sie in allem atmeten, was in Rom am höchsten galt.«[17] Und dieses so überaus kreative, fremde Volk – von Homer trennen uns nun zweieinhalb Jahrtausende – scheint uns sogar noch mehr zu sagen zu haben, und die moderne Archäologie hat uns dazu noch genauere Hintergrundinformationen geliefert: Das Verblassen transzendentaler Mythologien läßt ihren Realismus für die Gegebenheiten menschlicher Natur klarer hervortreten, etwa, wenn »der Tod alles vernichte, was zählt, das Leben nur um so wertvoller sei, und es deshalb gelte, das beste daraus zu machen«.[18] Auch sind die Grundsätze wissenschaftlichen Arbeitens – Meßgenauigkeit, Ordnung, Proportion und Präzision in Verbindung mit drängender, ungebändigter Neugier, der wir die unsere heutige Zeit beherrschende moderne Technik verdanken – wesentlich hellenischen Ursprungs.

Um 500 v. Chr. hatten sich viele der wichtigsten griechischen Städte schon ihren Platz auf der politischen Karte gesichert; neben den dominierenden Stadtstaaten Athen und Sparta war da zunächst Theben in Böotien, das auf den Resten einer mykenischen Stadt erbaut war und über ein relativ reiches landwirtschaftliches Gebiet herrschte. Später sollte es mit den Athenern um Plataä Krieg führen, das seine Verbindungswege nach Korinth bedrohte, sich mit den einfallenden Persern verbünden und in seinen Mauern die Geburt des Dichters Pindar erleben. Korinth gebot über den Isthmus, der Mittelgriechenland mit der Peloponnes verbindet und den Saronischen Golf vom Golf von Korinth trennt, und war schon in mykenischer Zeit ein Handelszentrum. Im siebten Jahrhundert hatten seine Herrscher eine Sperrmauer durch den Isthmus gezogen und Kolonien auf Korfu und in Syrakus gegründet. Die Stadt wurde berühmt für den Luxus aus aller Herren Länder, nicht für militärische Großtaten. Auf der nördlichen Peloponnes war das von dorischen Griechen gegründete Argos nächst Sparta zur beherrschenden Macht aufgestiegen.

Die größte Stadt des östlichen oder ionischen Griechenland war lange Zeit Milet, das an der kleinasiatischen Küste nahe der Mäandermündung gelegen, ausgedehnte Handelsbeziehungen zu Ägypten unterhielt, wo die Griechen Maukratis gegründet hatten, und mit den griechischen Städten am Schwarzen Meer. Auch die fruchtbare Insel Rhodos und das benachbarte Kos erfreuten sich beträchtlichen Wohlstands, während Sardes in Lydien und Kyrene gar im Überfluß lebten. Im Norden profitierte Lesbos von dem durch die Dardanellen führenden Handelsweg, und Samos besaß für den Handel mit Athen eine hervorragende Lage.

Das sind nur die wichtigsten Städte; lange vor der eigentlichen Glanzzeit von Hellas war das politische und ökonomische Grundmuster bereits vorgegeben, nahm der schöpferische Genius der Griechen bereits in den Städten der ionischen Küsten und Inseln Gestalt an.

Griechische Götterwelt und Entstehung der Polis

Die minoisch-mykenische Welt lebte in der griechischen Religion fort: Zeus, der Vater der Götter und Menschen, ist die göttliche Ausformung eines bronzezeitlichen *Wanax*, der allmächtige König, der Gerechtigkeit übt und über die kosmische Ordnung wacht. Die Namen der drei wichtigsten griechischen Gottheiten leiten sich von jenen her, die als Empfänger kretischer und mykenischer Weihegeschenke erwähnt werden: *di-we* oder *Diwei* steht zweifellos für Zeus, der für Knossos und Mykenä bezeugte *po-se-da-o* entspricht Poseidon und »Athene wurde offensichtlich einst *a-ta-na po-ti-ni-ja Athenai Potniai*, die Herrin von Athen genannt.«[19]

Homer, dessen Einfluß in der Antike allgegenwärtig war, entlehnt den Charakter des Zeus »den Eigenschaften der Könige ... aus früherer Zeit«.[20] Wie ein mykenischer König von seinen Untertanen, so war er von der Menschheit abgehoben. Die *Ilias* zeichnet das Bild einer »heroischen«, kämpferischen und trotzigen Gesellschaft, den – von launischen Gunstbeweisen abgesehen – erbarmungslosen Göttern ausgeliefert, und wo jedem Menschen das seiner Natur gemäße Schicksal verhängt ist. Manchmal sind die Menschen beherrscht vom Wahn der Leidenschaften, dann sind sie Werkzeuge der Götter, oder, modern ausgedrückt, der Triebkräfte des Unterbewußten. Die Menschen handeln durchaus im Sinne ihrer Götter, wenn sie den Kräften des Unbewußten Rechnung tragen, die Pluralität der Triebwelt zur Entfaltung kommen lassen und die Lust und Vielfalt des Lebens genießen – ein klügeres Verfahren als der Versuch, diese Triebe zu verdrängen und den maßlosen Forderungen eines Herrschers gerecht zu werden, wie ihn jüdisch-christliche Monotheisten sich vorstellten. In der Sprache heutiger Psychologie gibt es viel zugunsten der homerischen Götter zu sagen.

Von der Theologie abgesehen prägte auch noch der homerische Kult der Ehre, Triebfeder allen Handelns in der Ilias, die aristotelische Idee vom maßvollen und disziplinierten »guten Leben« – ein Begriff, der sich grundsätzlich von all seinen modernen Karikaturen unterscheidet. Während der Leitwert *Arete*, der Tüchtigkeit auf allen Gebieten, auch der Zähigkeit und der List, wie sie in der *Odyssee* dargestellt wird, für die Kraft und die manchmal tödliche Dynamik griechischer Politik verantwortlich ist und für die Reichweite der Kolonisierungstätigkeit. Wie die Helden Homers waren die Griechen Individualisten, und »beinahe genügt hier der Hinweis auf die Unmöglichkeit, das Wort ›Freiheit‹ – *Eleutheria* im Griechischen, *Libertas* im Lateinischen – in irgendeine andere alte Sprache des Nahen Ostens zu übersetzen, ebenso wie ins Hebräische oder eine der fernöstlichen Sprachen«.[21] Die Jahrhunderte wechselvoller und von Kriegen heimgesuchter Freiheit zwischen dem straff organisierten archaisch-mykenischen Zeitalter und der bürokratischen Disziplin des spätrömischen Reiches sahen die Blütezeit der hellenischen und hellenistischen Kultur.

Der kriegerische Kult um Ehre und Tapferkeit entfaltete sich jetzt in einer Welt, die sich von Homers Erinnerungen an Mykenä beträchtlich unterschied, denn in historischen Zeiten war die Organisationseinheit der hellenischen Zivilisation der Stadtstaat oder die *Polis*. Sie war keine bürokratisch verwaltete Zitadelle, kein Palast, sondern ein dauerhafteres Gebilde, vom Volk getragen und regiert, eine von Mauern umfriedete Stadt mit weit mehr Einwohnern, die ein begrenztes Gebiet kontrollierte und unbedingte Loyalität von ihren Bürgern forderte, die wiederum alle Fremden als andersartig und unterlegen empfanden und sich im steten Wechsel von Oligarchie und Demokratie an Politik und Verwaltung ihrer Stadt beteiligten. Der Ursprung der *Polis* in Stamm und Sippe prägte die Stellung der Bürger, die stets eine Minderheit von selten mehr als zehn Prozent stellten und deren Status sich nach Landbesitz und nicht nach Geld bemaß. Als 594 v. Chr. Solon, Dichter und Gesetzgeber zu Athen, wie von alters her üblich, »die Gesamtheit der Bürger in vier Klassen unterteilte, [wurde] jede durch jeweils ein Minimum an Grundbesitz definiert. Doch viel wichtiger für das Verständnis der griechischen Gesellschaftsordnung ist eine andere Unterscheidung, die von der klassischen Periode bruchlos in die oligarchischen und demokratischen Zustände hineinreicht – die Unterscheidung zwischen Bürgern und Nichtbürgern, denn es galt der eherne Grundsatz, daß Landbesitz ausschließliches Vorrecht des Bürgers sei.«[22]

Zur Grundlage dieser Regierungsform, die in unterschiedlicher Gestalt all den seit langem in Europa ansässigen Indoeuropäern gemeinsam war, gehörte der König, ein Rat von Ältesten und die Volksversammlung. Die Griechen entwickelten und verbesserten sie und formulierten erstmals politische Theorien, die sich mit den Zielen der Regierungstätigkeit befaßten, anstatt nur Verhaltensmaximen oder Rechtsentscheide zu sammeln. Bereits zu der Zeit, da Homer sein Dichtwerk niederschrieb, wich das erbliche Königtum rational konzipierten Verfassungen, kraft derer entweder eine Oligarchie von Großgrundbesitzern über das Land herrschte oder später in den Demokratien jeder Bürger eine Stimme hatte. So wurden Formen der Selbstverwaltung gegen willkürliche persönliche Macht durchgesetzt und Entscheidungen mittels formaler Wahlverfahren getroffen – im überschaubaren Rahmen der kleinen Städte, wo die Menschen einander kannten und wo über Politik teils in Diskussionen entschieden wurde, teils aber auch durch Intrige, Bestechung und verschiedene Grade von Gewaltanwendung. In dieser mittels Gesetzen geschaffenen Staatsform war die Geltung des Gesetzes ein fundamentaler Grundsatz. Wie rücksichtslos sich die oligarchischen oder demokratischen Politiker auch immer anfeinden mochten, sie trugen ihre Konflikte in einem allgemein akzeptierten politischen Rahmen aus und wurden häufig durch ihre Abneigung gegen jene Tyrannen geeint, die diesen Gesetzesrahmen sprengten. Zwar waren die politischen Grabenkämpfe in den griechischen Stadtstaaten wild, ehrabschneidend und gelegentlich sogar mörderisch, doch schufen die Griechen originäre und hochentwickelte Formen der Selbstverwaltung, und »keine Stadt hielt sich göttliche Monarchen in geheimnisumwitterter Isolierung oder eine privilegierte Priesterschaft als gesonderte Kaste«.[23]

Damit war der Konstitutionalismus, die Regierungsform, die das geringste aller Übel bedeutet, erfunden; in unterschiedlicher Gestalt wurde er institutionalisiert. Die *Polis* war ursprünglich eine Stammeseinrichtung, ein Zentrum mit Tempel und Agora für eine ländliche Bevölkerung, archaisch unterteilt in *Phylen* (Stämme), Sippen und *Phratrien* (Geschlechterverbände), Einrichtungen, die noch aus vorgriechischer Zeit stammten und sich mit später geschaffenen lokalen Organisationen überschnitten. Im sechsten Jahrhundert in Athen angesiedelt und immer noch *Phylen* genannt, war die Stammesstruktur aufgefächert in Dörfer und städtische Gebiete, sogenannte *Demen* (daher »Demokratie«), die in Griechenland auch nur Bürger einschloß, eine Gruppe, die Fremden mit Argwohn begegnete und ängstlich auf ihre »Autarkie« – eine im allgemeinen gar nicht durchzuhaltende Unabhängigkeit – bedacht war.

Auch in der Gesetzgebung spiegelten sich noch die Stammesursprünge wider. Der aristokratische *Areopag* in Athen bestand ursprünglich aus je zehn auf Lebenszeit gewählten Vertretern der vier Stämme; aus ihrer Mitte wurden die *Archonten*, die höchsten Beamten, durch Los bestimmt. Die Ratsversammlung oder *Bule* umfaßte vierhundert, später fünfhundert Mitglieder, die durch Los unter den von den *Demen* vorgeschlagenen Kandidaten ausgewählt wurden, eine Sache für Insider. Alle Bürger durften in der Volksversammlung oder *Ekklesia* mit abstimmen. Im allgemeinen war es zwar nur ein kleiner

Prozentsatz, der sie regelmäßig besuchte, aber alle hatten das Recht dazu. So ersannen die Athener schon früh eine Form der Selbstregierung, welche die öffentliche Macht durch ein kluges System von Kontrollen und Vorsichtsmaßregeln in erheblichem Maße zur Verantwortung vor den Regierten zwang. Bis zur Mitte des fünften Jahrhunderts behielten die Landbesitzer und wohlhabenden Bürger zwar einen bestimmenden Einfluß, doch dann wurde die Macht der alteingesessenen Aristokratie zunächst von den schwerbewaffneten Hopliten beschnitten, später sorgten die Ruderer der Flotte für weitere »Demokratisierung«. Damit wurde eine Form von Bürgerregierung entwikkelt, die freie Diskussion, Stimmrecht, Wahl durch Los und seit dem fünften Jahrhundert den Ostrakismos (Verbannung für unliebsame Politiker auf einen Zeitraum von zehn Jahren ohne Aberkennung der Bürgerrechte) kannte, wenn man in letzterem Falle auch häufig den Mord vorzog. Trotz Bestechung, Intrigenspiel und politischem Mord blieb der institutionelle Charakter der Regierungsform unangetastet.

In Sparta erwies sich das Regierungssystem, zumindest nach dem Aufstand der Messenier und Heloten Mitte des sechsten Jahrhunderts, als weniger anpassungsfähig. Nach archaischem Brauch besaßen die Spartaner zwei Könige, von denen einer das Heer in Kriegszeiten zu befehligen hatte. Jedes Mitglied im Rat der Dreißig Ältesten mußte über sechzig Jahre alt sein und war auf Lebenszeit (angesichts spartanischer Zähigkeit möglicherweise eine lange Zeit) von der Volksversammlung aller spartanischer Bürger über Dreißig gewählt worden, die auch die *Ephoren* wählte. Der Ältestenrat war wie in Athen Insidern vorbehalten, aber die Entscheidungen wurden von der Volksversammlung getroffen. In anderen griechischen Städten gab es abweichende Regierungsformen, aber im Prinzip waren sie sich alle insofern ähnlich, als sie auf Diskussion und Abstimmung beruhten. Ihr Mangel lag in der Verwaltung, denn selbst die wichtigsten Register wurden nur von gebildeten Sklaven geführt, und ihre zweite verhängnisvolle Schwäche war ihr bornierter Fremdenhaß, der sogar andere Griechen nicht verschonte, und ihre Abschließung nach außen. Das Verhältnis zwischen Athenern und attischer Gesamtbevölkerung betrug auf dem Höhepunkt demokratischer Expansion ungefähr 40000 zu 300000, gewöhnlich war das Mißverhältnis noch krasser.

Die Stadtstaaten griffen schon früh weit über die Ägäis hinaus, erschlossen die *Magna Graecia* – das Amerika der Hellenen –: Sizilien und Italien, dann Monaco, Nizza, Antibes und Marseille – alles griechische Namen –, die spanische Küste, im Osten das Marmarameer und Byzanz, den Bosporus und das Schwarze Meer, in Nordafrika Kyrene. Und diese neue griechische Welt wurde wie Altgriechenland geeint durch gemeinsame religiöse Feste und durch eine gemeinsame Lebensweise. Alle Hellenen sprachen in Abwandlungen ein und dieselbe Sprache, weshalb ihnen alle diejenigen, die dies nicht taten, als *Barbaroi* galten, eine lautmalende Wiedergabe »barbarischen« Sprachklangs.

Doch trotz dieses gemeinsamen Erbes gelangten die Griechen in ihrer politischen Organisation nie über den Stadtstaat hinaus, den selbst Platon und Aristoteles für den Gipfel politischer und sozialer Entwicklung des Menschen hielten. Die Städte blieben hoffnungslos zerstritten, und obgleich sie – und wie mühsam selbst das – ausreichend Gemeinsamkeit zu schaffen vermochten, um die beiden persischen Invasionen der Jahre 490 und 480/79 v. Chr. abzuwehren, zerfleischten sie sich in mörderischen Kriegen, unter denen der fürchterlichste und tragischste der lange Peloponnesische Krieg zwischen Athen und Sparta war, 431 bis 421 und 411 bis 405 v. Chr. Altgriechenland hat sich davon nie erholt, und 338 v. Chr. mußten sich seine Städte in Chaironeia in Thessalien dem mächtigen, aber wenig zivilisierten Makedonien an der Peripherie des griechischen Kulturkreises beugen. Die Zukunft gehörte den Supermächten – zunächst Alexander und seinen Nachfolgern, dann Rom –, und die griechischen Stadtstaaten mußten sich mit ihrer nie in Frage gestellten historischen und kulturellen Geltung zufriedengeben.

Wirtschaft und Wissenschaft

Die wirtschaftliche Basis der Festlandstädte war sehr schmal. Laut Plutarch (ca. 45–122 n. Chr.), dem hier wohl, wenn er auch erst sehr viel später schrieb, Vertrauen zu schenken ist, gehörte nach der inzwischen vorgenommenen Einstufung des Solon, die sich bezeichnenderweise nicht an der Herkunft, sondern am Besitz orientierte, zur höchsten Klasse, wer einen Ertrag von fünfhundert *Metretes* an Wein oder Öl (170 Hektoliter) oder 500 *Medimnen* an Getreide (zwölf Tonnen) erntete, was sich schon von etwa dreißig Hektar erwirtschaften ließ; die nächste Klasse, ab 300 *Medimnen*, war reich genug, um sich ein Schlachtroß leisten zu können, die dritte, über 200, konnte noch den Preis für die schwere Bewaffnung eines Fußsoldaten aufbringen, und alle übrigen waren zu arm, um mehr tun zu können, als die *Ekklesia* zu besuchen. Die Zahl der Athener Vollbürger umfaßte zu Anfang des fünften Jahrhunderts bei einer Gesamtbevölkerung von ungefähr 40000 Menschen nur etwa 12000, von denen weniger als die Hälfte wohlhabend waren. Die anderen waren Kleinbauern oder Handwerker, Seeleute oder Fischer.

Die Umwelt war relativ unwirtlich: noch zu Solons Zeiten stellten die Wölfe eine solche Bedrohung dar, daß hohe Kopfprämien auf sie ausgesetzt waren, das Wasser war so knapp, daß die Bauern gezwungen waren, sich die Brunnen zu teilen. Geflügel war erst im sechsten Jahrhundert aus dem Osten nach Griechenland gelangt. Hesiod oder wer immer mit den *Erga* (Werke und Tage) um 720 v. Chr. in Böotien den ersten Kalender des landwirtschaftlichen Jahres geschrieben haben mag, meckert über das Wetter, wie es zu allen Zeiten bei Bauern der Brauch war:

»Quer durch Thrakien stürmt der [Nord], das pferdenährende,
peitscht dann
Fallend die Weite des Meers,
aufbrüllend Erde und Wälder.«

Deshalb sollst du

»um die Füße dir Schuhe, vom Rind, das
vom Beile getötet ist,
Passend gefertigte, schnüren, die drinnen mit
Filz du gefüttert.«[24]

Und er hegte einen tiefen Widerwillen gegen die See. Die Menschen brauchen sie nicht, wenn sie ihr Land ordentlich bestellen – denn es ist »schrecklich, zu sterben inmitten der Wellen«.[25]

Ja, der Anbruch der hellenischen Zivilisation erschien diesen Zeitgenossen Homers auf dem Festland als ehernes Zeitalter, und Griechenland dürfte, wenn auch stärker bewaldet als heute, ein unwirtliches Land gewesen sein. Strahlend sein Licht und seine Farben, aber karg die Umwelt, in der die meisten Kleinbauern ihren Kampf um die lebensnotwendigsten Dinge auszufechten hatten.

Jeder Sklaven haltenden Gesellschaft eignet eine gewisse Gefühllosigkeit, wie die ganze Antike zeigt, und viel Aufhebens ist vom Gegensatz zwischen der Massensklaverei auf den großen römischen Gütern und der bescheidenen Sklavenhaltung in den griechischen Haushalten und Werkstätten gemacht worden, doch kennen wir die konkrete Zahl der Sklaven gar nicht. Zwar hat man aufgrund eines sehr mageren Beweismaterials behauptet, es habe doppelt so viele Bürger wie Sklaven gegeben, doch ein moderner Fachmann erklärt rundweg: »Kurzum, Griechenland und Italien waren Sklavenhaltergesellschaften in dem gleichen umfassenden Sinne wie der amerikanische Süden.«[26] Selbst ziemlich arme Bürger besaßen Sklaven, und obgleich sie freigelassen werden konnten und ihre Söhne dann als freie Männer geboren wurden, unterscheidet sich eine Gesellschaft, in der man andere Menschen kaufen und verkaufen kann, und in der diese Situation als selbstverständlich hingenommen wird, von jeder anderen Gesellschaft, in der es diese Institution eben nicht gibt. Wenn wir des weiteren daran denken, daß die Spartaner, wie andere Griechen in einigen überseeischen Stadtstaaten auch, eine Minderheit darstellten, welche die einheimische Helotenbevölkerung unterdrückten und diese selbst in Sparta absichtlich in Armut und Abhängigkeit hielten, so wird dieser Aspekt der Gefühllosigkeit klassischer Zivilisation augenscheinlich. Strenge Aufsicht vorausgesetzt, ist Sklavenarbeit nicht unbedingt unergiebig, doch mußte das Übergewicht von Ackerbau und Viehzucht in der Wirtschaft und das Überangebot an billigen Arbeitskräften – denn im Römischen Reich wurden die freien Kleinbauern mit Bürgerrecht unaufhaltsam verdrängt – zu schwindendem Interesse an arbeitssparenden Erfindungen führen und zu jener Gleichgültigkeit oder Verachtung der herrschenden Minderheit gegenüber technischen Apparaturen oder »banausischen« (handwerklichen) Bemühungen – eine Haltung, die auf die einseitig literarische und rhetorische Ausrichtung der Erziehung zurückzuführen ist.

Andererseits waren die ionischen wie die Festlandgriechen glänzende Theoretiker, die sich intensiv mit der Welt auseinandersetzten, in der sie lebten, und sie bewiesen großen Mut in ihren wissenschaftlichen Spekulationen. Keinerlei technische Beschränkungen oder religiöse Dogmen engten sie ein, wenn sie auch um die Gefährdung menschlichen Tuns durch ein von ihren Göttern symbolisiertes Schicksal wußten. Daher ihre Unvoreingenommenheit gegenüber Erfahrung und Natur. Keine Frage war verboten. Thales von Milet, der vermutlich um 590 v. Chr. wirkte und von dem es heißt, er habe sich für seine Sache so begeistert, daß er in einen Brunnen gefallen sei, als er über die Sterne disputiert habe, war beispielsweise der erste uns bekannte Landmesser. Er verkündete, das Wasser sei die Grundlage allen physischen Lebens, und vertrat die pantheistische Auffassung, daß »Gott in allen Dingen« sei. Pythagoras – von dessen Schriften nicht eine einzige erhalten ist, dafür aber seine Ergebnisse, darunter der nach ihm benannte Satz des Euklid, daß das Quadrat über der Hypothenuse eines rechtwinkligen Dreiecks gleich der Summe der Quadrate über dessen beiden Schenkeln sei – wurde auf Samos geboren, ging aber nach Kroton in Süditalien. Fasziniert von den Tönen der Musik und den Intervallen der Tonleiter wurden die Zahlen zu seiner Begeisterung. Außerdem gründete er eine Art Sekte, die infiziert war von dem östlichen Glauben, der Körper sei ein Gefängnis für die »Seele«, dieses Gebilde aus »Feuer und Luft«. Er glaubte auch an »Seelenwanderung« und sagte einmal von einem Hündchen: »Schlag ihn nicht! Er ist die Seele eines Freundes von mir.« Rationaler war die Aufforderung an seine Jünger, sich jeden Abend zu fragen: »Was habe ich heute Gutes, was habe ich Schlechtes getan?« – eine heilsame Übung.

Demokrit von Milet, der bahnbrechende Physiker und »lachende Philosoph« (ca. 470 v. Chr.), machte sich lustig über solche Bocksprünge der Phantasie. Er war der Meinung, die Welt bestehe aus unteilbaren Atomen – zu klein, um sich, wie er optimistischerweise glaubte, spalten zu lassen –, der Mensch sei ursprünglich aus »Wasser und Schlamm« gebildet und die »Seele« vergehe mit dem Körper. Er war ein Pionier auf dem Gebiet der optischen Theorie und dachte, die Objekte würden Abdrücke aussenden, die sich dem Auge wie Stempel einprägten. An die Götter glaubte er nicht im mindesten, sie waren nach seiner Meinung einfach Produkt der Angst vor Blitz und Donner, weshalb er empfahl, vom Leben nicht zuviel zu erwarten und Aufregung nach Möglichkeit zu meiden. Statt dessen solle der Mensch in ruhiger Mäßigung so glücklich wie möglich leben.

Hippokrates, um 479 v. Chr. auf der schönen Insel Kos geboren, gilt als Begründer der wissenschaftlichen Medizin. Asklepios (Äskulap), ein Sohn von Apollon und einer Nymphe, hatte die Medizin schon lange zuvor bei Chiron, dem Zentauren, gelernt, und das so gründlich, daß Zeus ihn mit einem Blitz erschlug, weil er fürchtete, Asklepios könnte den Menschen Unsterblichkeit schenken; sein Symbol ist der Schlangenstab. Zwei seiner Söhne sollen als Ärzte der Griechen vor Troja gewirkt haben, und sein Heiligtum in Epidauros, einem der bedeutendsten Kurorte der Antike, gab es bei Hippokrates Geburt schon seit langer Zeit. Er studierte zunächst an einem anderen, heute noch erhaltenen Tempel auf Kos, praktizierte dann auf dem griechischen Festland, wo er nach langem Leben im thessalischen Larissa starb. Seinen fortdauernden Ruhm verdankt er dem *Corpus Hippocraticum*, einer Reihe von Abhandlungen über Heilverfahren, die um 300 v. Chr. an der medizinischen Fakultät von Alexandrien gesammelt wurden und auch den berühmten, für die Ärzteschaft bis auf den heutigen Tag verbindlichen »Hippokratischen Eid« enthalten, der zur Gewissenhaftigkeit und Verschwiegenheit verpflichtet.

Der Gegensatz zwischen den Beschwörungen der Medizinmänner zu prähistorischer Zeit (besonders liebten sie es, Menschen mit Kopfschmerzen zu »trepanieren«, um ihnen den bösen Geist auszutreiben) sowie den lange vorherrschenden und akzeptierten Überzeugungen der Astrologen auf der einen Seite und den Methoden der griechischen Ärzte auf der anderen ist außerordentlich: Hier werden Diagnosen mit großer Vorsicht gestellt und Ernährungsweise, Beruf und Umwelt ausdrücklich berücksichtigt. Diese Ärzte schrieben Krankheit nicht dem Übelwollen von Göttern oder Menschen zu, sondern zogen alle verfügbaren Anhaltspunkte zu Rate. Bäder, Körperertüchtigung, beruhigende Musik sollten dem Patienten helfen, seine Gesundheit wiederherzustellen. Andere, wie Pythagoras, ließen die Theorie wild ins Kraut schießen. So auch Empedokles, von dem es heißt, er sei in den Krater des Ätna gesprungen, um spurlos zu verschwinden und die Menschen glauben zu machen, er sei unsterblich – ein Unterfangen, das mißlang, da der Vulkan eine seiner Sandalen ausspie. Er meinte, der Mensch sei aus den vier »Elementen« Feuer, Luft, Erde und Wasser zusammengesetzt, und die Aufgabe der Medizin sei es, sie im Gleichgewicht zu halten – eine Theorie, die im Laufe der kommenden Jahrhunderte viel Schaden anrichten sollte. Hippokrates und seine Jünger dagegen hielten sich an die von ihnen erkannte Evidenz. Dieser Ansatz, in seinem Bereich die größte praktische Leistung der frühen Griechen, verdankte der ägyptischen und wohl auch der indischen Heilkunde vieles, aber die Griechen haben ihn erstmals auf eine umfassende theoretische Grundlage gestellt.

Doch so glänzend ihre naturwissenschaftlichen Leistungen auch waren, experimentell waren sie nicht. Sie stellten die wesentlichen Fragen über den Ursprung der Materie und über die Ursachen der Naturerscheinungen, welche letztlich – vor allem durch die Vermittlung islamischer Quellen im Mittelalter – das Programm für die wissenschaftliche Revolution im Europa des sechzehnten bis neunzehnten Jahrhunderts vorgaben. Aber eine charakteristische Einschränkung gab es: Bei all ihrer lebhaften und eigenwilligen Intelligenz versäumten es die Griechen, eine systematische Untersuchungsmethode auf der Grundlage sorgfältiger und kontrollierter Beobachtungen zu entwikkeln, welche die vielen absurden Theorien und abergläubischen Vorstellungen hätte widerlegen können, die in der Antike selbst bei intelligenten Menschen soviel Anklang fanden. Stets waren die Griechen bereit, sich in theoretischen Spekulationen zu ergehen, nicht aber, ihre Theorien an strengen Experimenten zu überprüfen. Ihr Denken war deduktiv nicht induktiv, und diesen Mangel übernahmen die Römer von ihnen, woraus sich der bestimmende Einfluß des ausufernden Systems von Mythen, abergläubischen Praktiken und astrologischen Theorien noch auf dem Höhepunkt der griechisch-römischen Zivilisation erklärt.

Den charakteristischen Merkmalen des hellenischen Genius zu Anfang des sechsten Jahrhunderts in den Naturwissenschaften ist die logische Strenge gemeinsam, die später auch bei der Untersuchung ethischer Fragen beibehalten wurde. Die ersten Philosophen schufen eine Denkweise, die mit großartigem Selbstbewußtsein auf dem kürzesten Weg zu den wesentlichen Fragen vordrang, und entwickelten ein Empfinden für Ordnung und Maß, das zu einem der wichtigsten und eigentümlichsten Merkmale europäischer Kultur wurde – einem Merkmal, das sie von den meisten anderen Kulturen unterschied.

Architektur und Kunst

Die Architektur des archaischen Griechenland geht auf die strohgedeckten Holzbauten der mitteleuropäischen Frühvölker zurück, auf die mit Pfosten und Pfeilern geschmückte Häuptlingshalle, die schon zu mykenischer Zeit zum aus Stein erbauten *Megaron* wurde. Aus diesen Anfängen entwickelten die Griechen die wichtigsten Formen klassischer Architektur. Die Einfachheit und Logik der Anlage sind funktional, und die ursprünglich längliche Form der von Ost nach West gebauten Hütte wurde zu den ausgewogenen Proportionen des Tempels, dessen Säulen zunächst innen wie außen errichtete Stützpfeiler für das niedrige Dach waren. Die mathematisch vollkommene Ausgewogenheit eines griechischen Tempels verband sich mit klugen Kunstgriffen, die den Eindruck von Helligkeit hervorrufen sollten, und eine strenge architektonische Konvention sorgte dafür, daß ein Tempel stets als solcher erkennbar war.

Merkmale des dorischen Stils waren die kannelierten Säulen und die schlichten Kapitelle. Er herrschte auf dem griechischen Festland vor und im Westen einschließlich Süditaliens, wo die Tempelanlagen von Paestum besonders gut erhalten sind. Auch der Parthenon in Athen ist in dorischem Stil gehalten. Der ionische Stil, in Anatolien und auf den Inseln vorherrschend, prägte das Erechtheion und Teile der Propyläen auf der Akropolis. Dieser Stil war anmutiger, seine Säulen waren nicht kanneliert, dafür die Kapitelle aber mit Bögen und Girlanden verziert. Weit üppiger noch war der spätere, korinthische Stil mit seinen Akanthusverzierungen und Palmetten, der sich in der überschäumenden hellenistischen Architektur großer Beliebtheit erfreute. Das heutige strenge Erscheinungsbild der Tempel ist irreführend wie das der Plastiken. Waren sie aus Marmor, so waren sie vergoldet und farbig getüncht, waren sie aus Kalkstein, so wurden sie mit Stukkatur und einem Anstrich versehen, überlebt jedoch hat die besondere, herrliche Qualität ihrer Anlage. Mit dem Anbruch der Zivilisation setzten die griechischen Baumeister den Maßstab für Ausgewogenheit, Proportion und funktionale Eleganz. Die Athener, besonders reich gesegnet mit guten Marmorbrüchen, schufen ihre Meisterwerke in der zweiten Hälfte des fünften Jahrhunderts, einige Zeit nach der Abwehr des persischen Angriffs und der Zerstörung der ursprünglichen Akropolis; doch schon Ende des sechsten Jahrhunderts stand das, heute restaurierte, elegante Schatzhaus in Delphi.

Die griechische Plastik, gleichfalls von entscheidendem Einfluß für die europäische Kunst, hatte exotischere Ursprünge, da barbarische Lebensbedingungen wenig Zeit für solche Dinge gelassen hatten. Wie die Architektur war auch die Plastik äußerst konventionell und stand anfangs stark unter ägyptischem Einfluß. Die frühen Jünglingsfiguren (*Koroi*) haben die steife Haltung ägyptischer Plastiken und starren mit afrikanischem Gleichmut vor sich, die Mädchenfiguren (*Koren*) zeigen ein hieratisch erstarrtes Lächeln. Alle griechischen Plastiken waren ursprünglich bemalt, behutsam, wenn sie aus parischem oder pentelischem Marmor waren, damit die Zeichnung des Materials erkennbar blieb. Außerdem wurden sie mit Gold und Elfenbein abgesetzt, so daß auch ihre »Kargheit« wie die der Tempel künstlich ist. Zu Anfang des sechsten Jahrhunderts hatten sich die ursprünglich ägyptischen Stilkonventionen gelockert, waren menschlicher geworden, etwa in der zufriedenen Miene des großen *Moskophoros* (Kalbträger, ca. 575 v. Chr.), der das lebende Tier auf seinen Schultern hält, oder im anmutigen Faltenwurf auf dem Körper der bezaubernden *Kore* von Antenor ein halbes Jahrhundert später, und sogar der eigentlich grimmige *Trikorpor,* der Gott mit den drei Körpern, der zur ersten Akropolis gehörte, hat ein Grinsen im Gesicht und windet seinen Schwanz, als finde er sich selber komisch. Am Ende des sechsten Jahrhunderts haben die griechischen Bildhauer die Voraussetzungen für die Meisterwerke des fünften Jahrhunderts geschaffen – betrachten wir etwa die beim Kap Artemision gefundene Statue des Zeus, der, im Begriff, einen Blitz zu schleudern, noch gerade die Entfernung schätzt (ca. 450 v. Chr.), oder die Statue des sinnenden Jünglings aus der Schule des Praxiteles in Marathon. Bei beiden dürfte einst das gemalte Augenweiß einen täuschenden Eindruck von Lebendigkeit hervorgerufen haben.

Noch deutlicher zeigt sich diese Entwicklung in der Vasenmalerei, wo die strengen, abstrakten Formen eines geometrischen Stils allmählich von der ganzen Fülle naturalistischer Darstellungsweise abgelöst wird. In ihren besten Zeugnissen kann sie den Meisterwerken aus dem Iran oder China zur Seite gestellt werden. Der geometrische Stil bedeutete ein der minoischen Welt fremdes Element und brachte nicht die Form der Dinge, sondern eine abstrakte Vorstellung von ihnen zum Ausdruck, nicht den unmittelbaren Eindruck, wie ihn das Leben hinterläßt, sondern eine Ordnung, die ihm auferlegt wird – eine vernunftbestimmte Ordnung, vergleichbar derjenigen, die die ersten bahnbrechenden Mathematiker schufen. Die Präzision der Muster ist außerordentlich, und wenn diese nichtfigürliche Kunst Menschen darzustellen hat, reduziert sie diese auf abstrakte Formen, so etwa auf den attischen Totenurnen aus dem achten Jahrhundert oder den Begräbnisdarstellungen aus der gleichen Zeit mit Menschenfiguren, Pferden und Streitwagen[27], Schwarz auf Terrakottagrund. Das abgebildete Leben ist »heroisch«, hart und kriegerisch.

Mit der »Entwicklung der außenpolitischen Beziehungen« durch Handel und Kolonisation sorgten ägyptische und orientalische Einflüsse für einen menschlicheren Stil. Die Vasen von Melos und Rhodos aus dem siebten Jahrhundert zeigen mythologische Szenen und Tiere, die korinthische Amphore mit Herkules und Zerberus zwischen Girlanden aus stilisierten Efeublättern oder eine andere, auf der Europa zu sehen ist, wie sie zwischen Delphinen, Fischen und einem Reiher einen gefügigen Stier reitet, sind bereits Meisterwerke. Die Umrißlinie des Stiers ist in den lederfarbenen Untergrund eingeritzt.[28]

In Sparta zeigt eine faszinierende und technisch vollkommene Zeichnung aus der Mitte des sechsten Jahrhunderts einen König von Kyrene mit breitem Hut an Deck seines Schiffes, wie er das Abwiegen der Waren überwacht. Und auf einem korinthischen *Krater* (Mischkrug) ist eine Eberjagd zu sehen, Menschen und Hunde jetzt in Rot und Schwarz auf blassem Hintergrund. Mittlerweile hatte sich in Korinth ein lebhafter Exporthandel mit Amphoren entwikkelt, und in Athen entstand eine große Vielfalt von Motiven für den eigenen Markt. Viele dieser Bilder, wie das von der Landung des Theseus auf Delos, geben Auskunft über das Leben im sechsten Jahrhundert, besonders über die Schiffahrt.[29] Dagegen ist auf einer attischen Schale mit erlesener Sparsamkeit ein einzelner Hirsch dargestellt, und auf einer Schale des Exekias ist Dionysos im Boot zu sehen: Unter Weintrauben, die vom Mast herabhängen, treibt er glückselig, ohne des Steuerruders zu achten, durch ein von Delphinen wimmelndes Meer.

Die griechische Vasenmalerei erlebt also eine frühe Blüte etwa von 530–480 v. Chr., mit einer erstaunlichen Vielfalt von Motiven aus Mythologie, gesellschaftlichem Leben, Jagd und Leichenbegängnissen, wobei sich kunstvolle Komposition und Ausgewogenheit mit anschaulichen Details und psychologischer Genauigkeit verbinden. So großartig die Keramikerzeugnisse des großen fünften Jahrhunderts – des klassischen – auch sein mögen, die Kraft und die Unmittelbarkeit dieser lebensfrohen Kunst, die uns die Griechen ebenso nahebringt wie ihre Dichtkunst, vermögen sie nicht zu übertreffen.

Dichtkunst und Theater

Die großen Epen Homers, gegen Ende des achten Jahrhunderts niedergeschrieben, blickten zurück auf eine »lange dichterische Tradition, die ihre Geschichten und Personen ebenso wie ihre Technik und Sprache aus mykenischer Zeit bezog und durch mündliche Überlieferung von einer Generation an die andere weitergereicht wurde«.[30] Entsprechend war auch das monumentale griechische Drama, das dem späteren Europa ein kaum erreichbares Vorbild lieferte, aus archaischen Ursprüngen erwachsen. Die Verehrung des Dionysos, des Gottes der Natur, der Tiere und des Weins, lag den Menschen näher als die Anbetung der fernen olympischen Unsterblichen, und aus den primitiven, ekstatischen und priapischen Feiern zu Ehren dieses Gottes entwickelte sich das griechische Drama in seiner ganzen Vielfalt. Zuerst die Tragödie: 534 v. Chr. rief Peisistratos, der erfolgreiche Tyrann von Athen, das Frühlingsfest des Dionysos ins Leben, um sich beliebt zu machen. Nach dem *Dithyrambos* zur Lobpreisung des freundlichen Gottes fand ein Wettstreit zwischen drei auserwählten Dichtern statt, wobei jeder eine »Tragödie« vortrug, wörtlich »Bocksgesang«, von *Tragos* »Bock« und *Oide* »Gesang« (wahrscheinlich war ein Ziegenbock der Preis oder das Opfertier). Dann folgte eine burleske Parodie, ein »Satyrspiel« – die Komödie, von *Komos* »fröhlicher Umzug«; sie entstand erst ein halbes Jahrhundert später.

Ursprünglich entwickelte sich die Tragödie aus einem kultischen Chorgesang: zunächst erörterte ein einzelner Schauspieler bestimmte Fragen im Dialog mit dem Chor, dann wurden es zwei Schauspieler, die eine schlichte Ereignisfolge darzustellen hatten, begleitet von den Kommentaren des Chors; mit drei Schauspielern erweiterte sich der dramatische Rahmen.

Im sechsten Jahrhundert wurden Dramen dieser sehr einfachen Form in Korinth und Athen aufgeführt, bis mit Äschylos (525–456), geboren in Eleusis in Attika und Veteran der Schlacht von Marathon, wahrscheinlich auch der von Salamis, der größte Meister kam, »der mit seiner Sprachgewalt als erster den hohen Stil der Tragödie schuf«. Er schrieb über achtzig Stücke, von denen sieben ganz erhalten sind. Sie alle zeigen das Wirken der göttlichen Gerechtigkeit im Leben berühmter Helden aus Mythos und Epos. Die einzige Ausnahme ist das Stück *Die Perser*, das deren Niederlage bei Salamis preist, zu der es durch die Unbotmäßigkeit des Xerxes gegenüber den Göttern kam – »Die [Griechen] – wie beim Thunfisch oder andrer Fische Fang – ... spießten sie [die Perser].« Die düsteren, strengen Themen reichen vom *Gefesselten Prometheus*, der bestraft, weil er zum Nutzen der Menschheit das Feuer vom Himmel stahl, Zeus durch Erpressung zwingt zuzulassen, daß Herkules den Adler erlegt, der des Nachts an seiner Leber nagt – leider endet das Stück ganz anders –, bis zur großen *Orestie* (ca. 458), die das von den Göttern über die Familie des Atreus verhängte Schicksal erzählt – mit unfreiwilligem Kannibalismus, Menschenopfer und Muttermord, begleitet von den illusionslosen Kommentaren des Chors über das beklagenswerte Schicksal des Menschen. Die dramatische Handlung entfaltet sich in einer Sprache von furchtbarer Gewalt und wird blitzartig erhellt von treffsicheren Beschreibungen, so etwa, wenn von den Lichtsignalen die Rede ist, die die Nachricht vom Fall Trojas über die Ägäis aussenden:

»Wehn lassen zündend sie,

Der Flamme mächtgen Bart, daß des Saronischen sie,
Des Golfs weitsichtbaren Vorsprung übersprang.«

Solche Dichtwerke setzen ein hochintelligentes Publikum voraus; daß sie damals überhaupt breiten Anklang gefunden haben, ist erstaunlich. Mit diesen tiefsinnigen und erschütternden Meisterwerken, die ihre Wurzeln in der epischen Tradition Homers und der ursprünglichen Mythologie des Hesiod haben, wird das europäische Drama aus der Taufe gehoben.

Das griechische Theater erreichte den Höhepunkt seiner Entwicklung erst nach den Perserkriegen, die Lyrik dagegen hatte – wie auch die bildende Kunst – schon vorher Meisterwerke vorzuweisen. Theognis ist Mitte des sechsten Jahrhunderts ein früher Repräsentant lyrischer Verse, die von einer Solostimme zu Flötenbegleitung vorgetragen wurden. Pindar (520–440 v. Chr.) ist der unbestrittene Meister der Choroden. Mit ausgebildeten Chören und einer höherentwickelten Musik pries er die aristokratischen Sieger der hellenischen Wettspiele. Theognis, der wahrscheinlich aus Megara stammte, war ein Oligarch ohne Illusionen, der ein ziemlich langweiliges weltliches Moralisieren mit einer letztlich pessimistischen Haltung verband.

»Geht es mir gut, habe ich viele Freunde.
Aber wenige bleiben mir treu, wenn mir das Glück nicht
mehr gewogen ist.«

oder

»Wohl auf, liebes Gemüt! Bald werden andere Menschen leben und bald auch wird mich der Tod zu schwarzer Erde werden lassen.«

Aufgeschlosseneren Sinnes – darin Anakreon vergleichbar, der Mitte des sechsten Jahrhunderts auf Samos lebte und mit fünfundachtzig Jahren an einem Weintraubenkern starb, der ihm in die falsche Kehle kam – pries Theognis die Knabenliebe. Denn in ihren sexuellen Neigungen erlegten sich die Griechen keinerlei Zwang auf. In der Tat würde man, wie Antony Andrewes schreibt, »ein falsches Bild von der griechischen Gesellschaft entwerfen, würde man die Frage männlicher Homosexualität ausklammern«. Und: »es sollte gleich zu Anfang festgestellt werden, daß es viele Gesellschaften gibt und gab, die Homosexualität offen dulden, ohne das Gefühl zu haben, damit etwas Besonderes zu tun oder deshalb von schrecklichem Unheil bedroht zu sein.«[31] Diese Tatsache des hellenischen Lebens, die viele Generationen christlicher Schulmeister in Verlegenheit brachte, kann heute unumwunden eingestanden werden, nicht zuletzt dank eines bahnbrechenden Buches, das geschrieben wurde, um eine unverzeihliche Lücke in unserem Wissen über das hellenische Volk zu schließen.[32]

Ein anonymer Dichter gibt die griechische Einstellung treffend wieder:

»Zeus kam wie ein Adler zum gottgleichen Ganymed,
als Schwan kam er zur blonden Mutter der Helena (Leda).
Nicht vergleichen läßt sich beides.
Der eine mag dies; der andere das.
Ich mag beides.«[33]

Tatsächlich empfanden viele Griechen, zumindest wenn sie der Oberschicht entstammten, die Liebe zu Knaben oder Jünglingen als edler und romantischer – eine Vorliebe, die für das ganze griechisch-römische Altertum bezeugt ist und erst von der jüdisch-christlichen Moral kriminalisiert wurde. Diese Neigung war ursprünglich und aristokratisch und verband sich mit der Vorstellung von Krieg, Heldentum und politischer Freiheit: Schon in der *Ilias* ist die Leidenschaft zwischen Achilleus und Patroklos heftiger als jede Freundschaft, und Athenaios von Naukratis erinnerte an eine alte politische Tradition, als er schrieb: »Hieronymus der Peripatetiker glaubt, daß die Liebesverhältnisse mit Knaben so verbreitet blieben, weil es häufig geschah, daß das Feuer junger Männer in Verbindung mit ihrer gegenseitigen Zuneigung und Kameradschaft viele tyrannische Regierungen zu Fall gebracht hat.«[34]

So schreibt schon Theognis:

»Du bist wie ein Füllen, Knabe, das sich andernorts an der
Gerste gütlich getan hat und dann zu mir zurückkehrt,
weil es nach einem freundlichen Reiter verlangt,
nach einer kühlen Quelle, einer lieblichen Wiese
zum Tollen, nach einem schattigen Hain.«

Dann weniger glücklich:

»Wer einen Knaben zur Liebe verführt, wird sich daran verbrennen,
als hielte er seine Hand in ein Reisigfeuer.«

Aber vielsagend:

»Der Mann wird niemals glücklich sein, der nicht liebt Pferde, Jagdhunde und junge Männer.«

Sappho, die wohl berühmteste und leidenschaftlichste Liebesdichterin der Antike, welche selbst Platon die »zehnte Muse« nannte, wurde 620 v. Chr. auf Lesbos geboren. Wie Sokrates liebte sie die Jugend, zog aber Mädchen vor und Orte, wo »kühles Wasser rauscht an den Apfelzweigen leis vorbei«.[35]

Sie verglich die Liebe mit einem Sturm, der die Eichen schüttelt, und Ovid, der ja wirklich kein unmaßgeblicher Kunstrichter ist und noch ihre heute verlorenen Werke lesen konnte, spricht mit Hochachtung von ihrer Leidenschaft. Wir kennen nur einige ergreifende Verse von ihr, darunter die vier wohl berühmtesten:

»Nun ist schon der Mond versunken
und auch die Plejaden. Mitte
der Nacht, und die Zeit des Wartens
vorüber. Alleine schlafe ich.«[36]

Natürlich gab es auch eine Fülle von Lobliedern auf die heterosexuelle Liebe, in welchen die Rede ist von Mädchen mit »blauen Augen, klar wie die Sommersee«, von der »süßen Umschlingung schneeweißer Glieder« und den unterschiedlichen Vorzügen ihrer Küsse. »Niemand«, schreibt Andrewes, »der vertraut ist mit der griechischen Kunst oder Dichtung, wird geneigt sein, die eheliche oder elterliche Zuneigung des durchschnittlichen Griechen zu unterschätzen.«[37] Und kaum dürfte sich der Bericht dieser prächtigen Hausfrau übertreffen lassen:

»Ich, Kallikratia, gebar neunundzwanzig Kinder, ohne die Jungen und Mädchen zu rechnen, die starben.

Ich wurde einhundertundfünf, ohne daß meine zitternde Hand je auf einem Stock ruhte.«[38]

Choroden fanden ihre vollkommene Form erst im fünften Jahrhundert mit Pindar, sind aber ebenfalls sehr alt. Bereits 776 v. Chr. sollen die ersten panhellenischen Wettspiele in Olympia am Alpheios auf der westlichen Peloponnes stattgefunden haben. Diese Wettspiele galten der Zerstreuung der Aristokratie, und die Wettkämpfer waren wohlgeboren. Die panhellenischen Olympischen Spiele gehörten zu einem Zeuskult und wurden jedes vierte Jahr bei glühenden Hochsommertemperaturen zur Zeit des Julivollmonds gefeiert. Die Sieger dieser sportlichen Wettkämpfe wurden mit einem Olivenzweig geehrt, der von einem heiligen Baum stammte und auf einem Kissen von weißer Wolle ruhte. Während die Sieger und ihre Anhänger Opfer darbrachten, ertönten Siegesgesänge; anschließend fand ein Bankett statt. Die Sieger genossen ein immenses Ansehen und wurden bei der Rückkehr in ihre Heimatstädte gefeiert, Statuen wurden ihnen zu Ehren errichtet, und die Zeit wurde in den vier Jahresschritten der Olympiade gerechnet. Die meisten Städte entsandten Vertreter zu den Spielen, die die Vorteile einer Pilgerfahrt, einer geselligen Zusammenkunft, eines Festivals für Dichtkunst und Drama sowie einer Warenmesse in sich vereinigten. Neben den Zusammenkünften in Olympia gab es noch viele andere: ab 586 v. Chr. im dritten Jahr jeder Olympiade die Pythischen Spiele zu Ehren Apollons in Delphi und die Isthmischen Spiele in Korinth zu Ehren Poseidons. Aus vorhellenischer Zeit stammten die Demeterfeste der Frauen, die im Herbst überall in der griechischen Welt zu Ehren der Gottheit der Fruchtbarkeit und des Ackerbaus veranstaltet wurden. Die Eleusinischen Mysterien und die Adonisfeste, die an die alljährliche Rückkehr des von einem Eber zerrissenen Adonis zur Aphrodite erinnern, waren im ganzen Altertum berühmt und verwandt mit dem urzeitlichen Fruchtbarkeits- und Erneuerungskult.

Volkstümlicher war das Fest der Weinkelter in Athen, bei dem die Lese, das Einbringen und das Einstampfen der Beeren nachgeahmt wurden. So besaß diese mittelmeerische Zivilisation ihre vorchristlichen Entsprechungen zu den Heiligenfesten und den religiösen Anniversarien der mittelalterlichen Christenheit. Die Spartaner hatten ein Fest zum Gedenken an Hyazinth, der von Apollon geliebt und durch einen Diskus getötet wurde, den der eifersüchtige Zephyros abgelenkt hatte. Die Athener veranstalteten das Oschophoriafest, das dem Andenken des Theseus gewidmet war, und die großen *Panathenäen*.

Die wichtigsten Feste, wie das in Olympia oder das zu Ehren des Apollon in Delphi, sorgten immer wieder für die Einheit der Hellenen, ungeachtet der aufflackernden politischen Konflikte, welche die Beziehungen der Stadtstaaten häufig in eine Kette von wechselseitigen Feindseligkeiten verwandelten, rivalisierende Städtebünde entstehen ließen und den Persern Gelegenheit gaben, die Griechen gegeneinander auszuspielen. So erbittert waren die hellenischen Zwistigkeiten, daß es zur Gewohnheit von verbannten Führern politischer Parteien gehörte, am persischen Hof Zuflucht und Hilfe zu suchen. Doch trotz dieser mörderischen Parteienstreitigkeiten, die in den langen und verheerenden Kriegen zwischen Athen und Sparta gipfelten, fühlten sich die Griechen stets einer gemeinsamen Kultur verpflichtet, die in gleicher Religion und Literatur wurzelte und in gleicher Architektur und Kunst ihren Ausdruck fand. Denn Umwelt und soziale Verhältnisse waren im großen und ganzen gleich: Stadtstaaten von überschaubarer Größe, deren wirtschaftliche Grundlage eine altväterliche Landwirtschaft war, wobei der Landbesitz über den gesellschaftlichen Status entschied und zusätzlicher Reichtum, wenn überhaupt, aus dem Seehandel erwuchs, der sich über den größten Teil des Mittelmeers und bis zum Schwarzen Meer erstreckte. Obgleich die Städte nicht groß waren, besaß die griechische Zivilisation beträchtliche Ausdehnung. In allen Städten hatte das Leben seinen Mittelpunkt auf der *Agora* in einer redseligen Geselligkeit, die sich im wesentlichen unter freiem Himmel und strahlender Sonne entfaltete, während die Frauen den Haushalt versorgten und die Sklaven sich um die niederen Arbeiten sowie um Minen und Steinbrüche kümmerten. Im Gegensatz zu den Orientalen hielten die Griechen viel von sportlicher Betätigung aller Art – nicht bloß von der Jagd. Bei levantinischem Klima maßen sich junge Männer in der *Palästra*, ohne daß religiöse Verbote die Nacktheit verwarfen, und fanden Vergnügen daran, auf jedem Gebiet – körperlichem wie geistigem – miteinander zu wetteifern. Abgesehen von der Furcht, das Gesicht verloren oder Schuld auf sich geladen zu haben, weil sie sich den Zorn irgendeines Gottes zugezogen hatten, der allerdings, wenn es sich nicht um einen ererbten Fluch handelte, durch geeignete Rituale und Bußübungen versöhnt werden konnte, hatten diese von der Natur mit rascher Auffassungsgabe und scharfem Verstand begabten Menschen vor dem Hintergrund epischer Dichtkunst, die aller zeitgenössischen Literatur in Europa weit überlegen war, weil sie Menschen darzustellen und zu rühren vermochte, das Rezitativ primitiver Kultgesänge längst zu einer eindrucksvollen Tragödienform weiterentwickelt. Früh auch hatten sie lyrische Ausdrucksformen gefunden, die uns heute noch ergreifen. Und all dieser Wagemut, all dieses Streben nach *Arete* verband sich mit einer grundsätzlich realistischen Lebenshaltung.

3. Griechenlands Blütezeit

Die frühen Hellenen, die mit dem achten Jahrhundert in die Geschichte eintreten, hatten eine ausgedehnte und wagemutige Kultur von Stadtstaaten geschaffen. Jetzt sahen sie sich einer schrecklichen Bedrohung gegenüber, denn die Perserkönige Darius I. und Xerxes zogen mit starken Streitkräften gegen sie, um sie ihrem riesigen Reich tributpflichtig zu machen. Mochten die Griechen sie auch *Barbaroi* nennen – Fremde nach Sprache und Lebensweise –, so waren die Perser doch viel reicher und in mancherlei Hinsicht auch zivilisierter, etwa was den Gartenbau und die Küche anbelangte, als die Festlandgriechen, welche den Persern als ungehobelt galten. Das Reich nämlich, das Kyros der Große (559–530 v. Chr.) gegründet hatte, schloß die ältesten und reichsten Zivilisationen der damaligen Welt ein – die relativ junge Eroberung eines indoeuropäischen Volkes, das zu Anfang der Eisenzeit in den Iran vorgedrungen und in den Tälern des Zagros-Gebirges im Südwesten des Landes ansässig geworden war. Auf Kosten der Assyrer hatte es seine Macht ausgedehnt und Ekbatana (Hamadan), ursprünglich die Hauptstadt des Mederreichs, zum ersten Mittelpunkt eines vereinigten Iran gemacht. Kyros, dessen schlichtes Grab in Pasargadai seine indoeuropäische Herkunft bezeugt, hatte nach der anatolischen Küste gestrebt, und so hatte er sich nach der Einnahme Babylons und der Freilassung der Juden, die nach Jerusalem zurückkehren durften, nach Westen gewandt, wo er Krösus von Lydien bei Sardes am Fluß Hermos durch einen schlauen Schachzug besiegt hatte, indem er nämlich alle Lastkamele zusammengetrieben, abgeladen und mit bewaffneten Reitern in die vorderste Linie geschickt hatte, »... und sobald die Pferde die Kamele witterten, machten sie kehrt ..., weil Pferde sich vor Kamelen fürchten und weder ihren Anblick noch ihren Geruch vertragen können«.[39] So hatten sich die Perser die Herrschaft über die anatolischen Küstengebiete und Inseln, also über die ionischen Griechen gesichert. Die ständige Spannung zwischen Asiaten und Europäern wuchs an einer Grenze, die veränderlich und ungewiß wurde, und im Aufeinanderprall zweier Zivilisationen mit dem persischen Einfall auf dem griechischen Festland 490 bei Marathon sowie 480 und 479 v. Chr. bei Salamis und Plataä zu den ersten großangelegten militärischen Operationen in Europa führte, wie bei Herodot nachzulesen ist.

Nach Kyros' Tod in einer Schlacht an den weit entfernten Grenzen Zentralasiens und der kurzen Regierungszeit des Kambyses hatte sich der junge Darius I. im Jahre 514/13 v. Chr. im Verlaufe eines Feldzuges jenseits der Donau gegen die Skythen abermals nach Westen gewandt, Thrakien besetzt und die Herrschaft über Makedonien an sich gerissen. Nach heutigen kartographischen Begriffen herrschte er also über den größten Teil der Türkei, über den Libanon, Syrien, Palästina, den Irak und Ägypten, vom Kaukasus und Kaspischen Meer bis zum Persischen Golf, vom Araxes in Zentralasien bis zum Indus. Dieses riesige Gebiet umfaßte ausgedehnte Wüsten und Gebirge, aber auch Zentren hochstehender Zivilisationen wie Ekbatana und Persepolis, Susa und Babylon, Tyrus und Sidon – die phönizischen Seehäfen –, Memphis im unteren Ägypten und Theben im oberen.

Auch war Darius I. (522–486 v. Chr.) kein machtbesessener orientalischer Despot, sondern ein fähiger Herrscher, dessen Persönlichkeit sich in seinem Palast in Persepolis widerspiegelt, mit seinen zwanzig Meter hohen kannelierten Säulen, den höchsten in der Architektur der Antike. »Der dekorative Stil, der sich unter Darius entwickelt, zeichnet sich aus durch Klarheit, Ausgewogenheit, Kraft und Entschiedenheit – steingewordener Ausdruck des besonderen Charakters seiner Laufbahn.«[40] Er hielt es für seine Pflicht, die *Pax Iranica* auszuweiten, denn er verehrte Ahura Masda, den großen Gott der Ordnung und des Lichts, dessen Konflikt mit Ahriman, dem Geist des Chaos und der Dunkelheit, Anfang des sechsten Jahrhunderts in der Neudeutung des Zarathustra zum Kampf zwischen dem guten Geist und der Lüge wurde. Die monotheistischen Perser verachteten die polytheistische und anthropomorphe griechische Mythologie und die griechische Praxis des Tieropfers, in der den Göttern bequemerweise die Knochen und das Fett zugedacht wurden, die einen scheußlichen Gestank verbreiteten. Viele ionische Griechen hatten nichts dagegen, zum Perserreich zu gehören, das in Satrapien unterteilt und durch ein Gold- und Silbermünzsystem, durch einheitliche Gewichte und Maße sowie durch relativ gute Straßen zusammengeschlossen war. Es besaß »im sechsten und fünften Jahrhundert ein Handelsvolumen, das alles übertraf, was man bislang im alten Orient gekannt hatte«[41], wobei der Handel auch mit Gebrauchsgütern, nicht nur mit Luxusgütern geführt wurde. Die Juden hatten ihr Exil in Babylon – wenn sie nicht gerade wehklagten – zu ihrem Vorteil zu nutzen gewußt und Banken gegründet, und Darius hatte verfügt, daß im Iran selbst mittels unterirdischer Kanäle für die Bewässerung zu sorgen sei. Außerdem besaß das Reich Metallvorkommen in Hülle und Fülle, und im Libanon und in Teilen Anatoliens gab es reichlich Bauholz. Wie die schlauen Phönizier längst herausgefunden hatten, sprach vieles dafür, Untertan des Großkönigs zu sein, dessen Steuern, wenn auch regelmäßig festgesetzt und eingezogen, nicht übermäßig hoch waren, denn schon die bloße Größe und Vielfalt des Perserreiches ließ keine systematische Unterdrükkung zu, und tatsächlich lag seine Schwäche in einer zu weitgehenden Delegation der Macht.

Trotz dieser Vorteile erhoben sich 499–494 v. Chr. die ionischen Griechen, denen die Verwaltung ihrer Städte durch Stadthalter von Gnaden der Perser zutiefst widerstrebte, während sich jetzt auch viele Festlandgriechen, angesichts ihrer gefährdeten Bauholz- und Getreidereservoirs, der Gefahr bewußt wurden. Der durch Athen verstärkte Ionische Bund wurde jedoch von den Persern zerschlagen und die Bevölkerung von Milet, einem der wichtigsten Zentren der ionischen Zivilisation, wurde, obwohl sie zwei Jahre lang Widerstand leistete, nach asiatischer Sitte zunächst nach Susa und dann in das ungesunde Klima an der Tigrismündung verschleppt. Die Athener aber hatten Flagge gezeigt, deshalb machte sich Darius jetzt daran, ein riesiges Expeditionsheer gegen sie aufzustellen, wobei er auf die Überlegenheit seiner Ressourcen und die politische Zerstrittenheit der Festlandgriechen baute.

Im Grunde hatte er recht damit, doch obgleich der Antagonismus zwischen Athen und Sparta und die Fehden zwischen den unbedeutenderen Städten endemisch waren und der innere Zwist in den meisten kaum weniger heftig ausgetragen wurde, hatten Athener wie Spartaner eine außerordentliche, wenn auch unterschiedliche Lebensfähigkeit bewiesen. Solon hatte Athen eine Verfassung gegeben, welche die von den meisten Städten durchlebte kurze Phase überstanden hatte, in der ein *Tyrannos* – das Wort hatte noch keine pejorative Bedeutung – eine breit abgestützte öffentliche Macht gegen eine in Parteien zerstrittene Aristokratie durchgesetzt hatte. Die Herrschaft des Athener Tyrannen Peisistratos (ca. 550–527 v. Chr.) war relativ erträglich, doch sein Sohn Hippias wurde verjagt, und 507 hatte Kleisthenes, immer noch im Rahmen der alten Verfassung, den Einfluß der Aristokratie weiter abgebaut, indem er die Struktur des Bürgerrechts von vier auf Verwandtschaft beruhenden *Phylen* auf zehn nach Gebieten organisierten *Phylen* erweitert und indem er nicht nur in den Dörfern, sondern auch in den Städten *Demen* für die lokale Verwaltung geschaffen hatte. Im Unterschied zur Praxis vieler griechischer Städte »demokratisierte« er also das Regierungssystem erheblich und leitete eine frühe Spielart jenes (inzwischen »offene Gesellschaft« genannten) demokratischen Experiments in die Wege, das Platon einen solchen Abscheu einflößen sollte. Es ist unwahrscheinlich, daß ein großer Prozentsatz der Bürger seine Rechte wahrgenommen hat, doch diese Ausweitung des Bürgerrechts nährte eine Begeisterung und einen Patriotismus, die ihren Höhepunkt mit dem Sieg über die Perser erreichten und zu dem glänzenden Zeitraum der Stabilität (446–432 v. Chr.) führten, der die Entstehung des Parthenon und anderer Meisterwerke sah, bevor er von den tragischen Ereignissen des Peloponnesischen Krieges abgelöst wurde.

Sparta dagegen, das nie einen *Tyrannos* gekannt hatte, entwickelte sich zu einer geschlossenen, aber ebenso vitalen Gesellschaft. Und während die Athener ihre Seemacht ausbauten, wurde Sparta zur größten Landmacht. Der Unterschied ging auf früheste Zeiten zurück, als die Dorer oder Westgriechen sich in Sparta, Böotien und Thessalien niedergelassen hatten, während der ionische oder ostgriechische Einfluß, der mykenischen Ursprungs war, Attika und die meisten Inseln prägte; ein Unterschied, den wir schon in der Architektur beobachten konnten. Als die Spartaner dann von Lakonien aus Messenien eroberten und dort im siebten Jahrhundert einen allgemeinen Aufstand niederschlugen, hatten sie sich – der Überlieferung zufolge unter Lykurg – zu einem einzigartigen politischen und sozialen System organisiert. Sie behielten das Doppelkönigtum bei – eine singuläre Institution im klassischen Griechenland –, hatten einen Rat der Alten und *Ephoren*, während sie die Entscheidungsgewalt der Volksversammlung von gleichgestellten Bürgern übertrugen, wobei das ganze Gesellschaftssystem auf der Arbeitsleistung von Heloten und Sklaven beruhte. Wer das ungeschmälerte spartanische Bürgerrecht besaß – und damit theoretisch allen anderen Spartanern in aristokratischer Weise gleichgeordnet war –, wurde von Kindheit an für den Krieg ausgebildet. Mit sieben Jahren aus der Obhut der Familie entfernt, wurden die Knaben und Jünglinge in Altersgruppen zusammengefaßt und extremen körperlichen Strapazen unterworfen, mußten manchmal von dem leben, was sie sich auf den Feldern oder notfalls durch Diebstahl besorgen konnten, und wurden schweren Prüfungen unterzogen. Mit Zwanzig kamen sie zum Heer, wo sie in »Messen« aßen und in Schlafsälen untergebracht waren. Sie unterstanden auch weiterhin der Autorität der Ältesten und der *Ephoren*. So wurde Sparta in voller Absicht zu einer waffenstarrenden Garnisonsstadt gemacht; das Heer setzte sich aus Berufssoldaten zusammen, die besser organisiert, besser diszipliniert und besser ausgerüstet waren als die Soldaten irgendeiner anderen Streitmacht. Platons Vorschläge im *Staat* und in den *Gesetzen* erscheinen weniger ungewöhnlich, wenn man bedenkt, daß es Sparta gab, als sie niedergeschrieben wurden. Anfang des fünften Jahrhunderts, als sich zuerst Darius und dann Xerxes entschloß, mit den Festlandhellenen abzurechnen, waren die beiden führenden Städte – die offene und die geschlossene Gesellschaft – durchaus in der Lage, ihnen Paroli zu bieten.

Sieg über die Perser

»Die Berge«, schreibt Byron, »blicken auf Marathon, und Marathon blickt auf die See«: Hier jagten im Juli des Jahres 490 v. Chr. die athenischen und plataiischen Hopliten die ersten persischen Invasoren auf ihre Schiffe zurück. Es war ganz allein ihre Leistung, denn als Philippides, ein Berufsläufer, der am Tag zuvor von den Athenern ausgesandt worden war, nach einer Strecke von 220 Kilometern in Sparta eingetroffen war, hatten die konservativen Spartaner beschlossen, erst das Fest des Vollmondes abzuwarten, die Athener aber waren gut unterrichtet. Sie wußten, daß Hippias, der überlebende Peisistratide, gegen sie »gehetzt« hatte und daß die Perser, welche die Unterstützung vieler Kollaborateure besaßen, bereits einen Angriff unternommen hatten, der jedoch durch einen Sturm vor dem Berg Athos vereitelt worden war. Jetzt hatten sie den direkten Weg über das Ägäische Meer genommen und Eretria an der Westküste des gebirgigen Euböa angegriffen. Von Kollaborateuren verraten, war die Stadt zerstört und ihre Bewohner verschleppt worden, weshalb sich die Athener, als die Perser bei Marathon landeten, bereits im Vorgebirge hinter dem drei Kilometer breiten und acht Kilometer langen Brückenkopf verschanzt hatten und jener einfallsreichen und außergewöhnlichen Regelung folgten, die vorsah, daß die Feldherren, welche die zehn *Phylen* des Kleisthenes vertraten, reihum einen Tag lang das Kommando führten. Als dann fünf zum Angriff rieten und fünf dafür waren, das Eintreffen der Spartaner abzuwarten, überredete Miltiades sie, die Entscheidung dem *Polemarch* oder städtischen Kriegsarchon zu übertragen, der sich zur Schlacht entschloß.

Während Miltiades wartete, bis er an der Reihe war, den Oberbefehl zu übernehmen, ließ er die Hopliten näher an den Feind heranrücken, was er dadurch tarnte, daß er zum Schein Holzsperren gegen ihre Reiterei errichten ließ, bis die Perser, wie die Angelsachen bei Hastings, in gefährlicher Reichweite der griechischen Hauptstreitmacht waren. In den frühen Morgenstunden dann, als ionische Deserteure berichteten, die persische Reiterei habe das Lager verlassen – vermutlich, um ihre an den Vorderbeinen gefesselten Reittiere zu weiden und zu tränken –, und als die Dämmerung hinter den gezackten Gipfeln Euböas heraufzog, griff die schwere Infanterie der Athener an, wobei der Hauptangriff den Flügeln des Feindes galt. Zwar drang das persische Zentrum vor, doch die Flügel wurden von den Griechen überrannt. Die persischen Krieger, im wesentlichen Reiter und Bogenschützen, waren geschmückt mit einer turbanähnlichen, weichen Kopfbedeckung, die *Tiara* hieß, und trugen »am Körper einen farbigen, mit Ärmeln versehenen Panzerrock aus fischartigen Eisenschuppen, um die Schenkel Hosen. Sie hatten geflochtene Schilde, unter denen der Köcher hing, kurze Lanzen, große Bogen mit Rohrpfeilen. Außerdem hing an der rechten Hüfte ein Dolch vom Gürtel herab.«[42] Dergestalt bekleidet und bewaffnet wurden sie im Nahkampf von den großen Schwertern, Schilden und über zwei Meter langen Lanzen der Hopliten zurückgedrängt, eingekreist und hingeschlachtet. Wenn Herodots Zahlen Glauben zu schenken ist, wurden 6400 Perser getötet, dagegen nur 192 Griechen, die unter besonderen Ehren unter einem Hügel beigesetzt wurden, der dort noch heute zu sehen ist.

Als die feindlichen Schiffe mit den Überlebenden ablegten und der Schild eines Kollaborateurs seine Lichtsignale von den Hügeln herabsandte, nahmen die Athener zu Recht an, daß die Perser entsprechend ihrem ursprünglichen Plan, der die Landung in Marathon nur als Ablenkungsmanöver vorsah, auf dem Weg nach Phaleron waren, dem damaligen Hafen von Athen. Nach einem Gewaltmarsch von fast fünfzig Kilometern kamen sie den Persern zuvor, und abermals entfernte sich die gegnerische Flotte. Die Spartaner, die zu spät eintrafen, um noch am Kampf teilzunehmen, konnten sich nur noch nach Marathon begeben, um dort die erschlagenen Feinde in Augenschein zu nehmen. Als Kriegsspezialisten hatten sie großes Interesse an der Ausrüstung der Perser. Obgleich Marathon für Darius eher eine Enttäuschung als eine Katastrophe bedeutete, war es für die Hellenen ein ruhmreicher Sieg.

Zehn Jahre später, wiederum im September, unternahmen die Perser einen zweiten Versuch, dieses Mal mit einem weit größeren Expeditionsheer. Das Kommando hatte Xerxes, Darius Sohn und Nachfolger, ein labiler Charakter, dessen Leben durch Mörderhand enden sollte, nicht frei von Größenwahn, was sich, wie so oft bei solchen Herrschern, in bombastischen Bauwerken manifestierte. In Babylon und Ägypten war er bereits auf äußerst grausame

Art gegen Aufständische vorgegangen und hatte sich vorgenommen, die Hellenen dieses Mal für alle Zeiten niederzuwerfen. Doch in Themistokles hatte die griechische Demokratie einen brillanten Führer gefunden, und für kurze Zeit war ihr Schrecken groß genug, diesem die Erträge aus den Silberminen von Laureion zufließen zu lassen, so daß er eine große Flotte aufbieten konnte und die Athener diesmal in der Lage waren, zuerst auf See zuzuschlagen. Mehr noch, 481 v. Chr. waren die Spartaner eine Allianz eingegangen, die sich auf den Peloponnesischen Bund gründete, und waren bereit, ihre gesamte Landstreitmacht ins Feld zu führen.

Bei der Beschreibung des zusammengewürftelten und malerischen Heeres, das der Großkönig auf die Beine gestellt hatte, schwelgt Herodot in Einzelheiten: Neben den bereits beschriebenen Persern waren da die Assyrer, die »auf dem Kopf eherne Helme« trugen. Die Skythen trugen Hosen, fremdländische Bekleidungsstücke für die Griechen, hatten »steife, spitz in die Höhe laufende Tiaren« und waren mit Streitäxten bewaffnet. Die Inder trugen Baumwollkleider und Bambusbogen, die Kaspier hatten Krummsäbel, die Araber fließende Gewänder, die Äthiopier »hatten Panther- und Löwenfelle umgetan. Ihre Bogen waren aus Palmstreifen gemacht«, dazu Lanzen, welche mit Spitzen aus geschärftem Antilopenhorn versehen waren. »Für die Schlacht färbten sie ihren Körper zur Hälfte mit Kreide, zur anderen Hälfte mit Mennige.« Mit Lederkleidung und im Feuer gehärteten Wurfspießen waren die Libyer versehen. »Die Thraker zogen mit einem Fuchspelz auf dem Kopf zu Felde«, ihre Füße und Beine in Stiefeln aus Hirschleder. Als Waffen trugen sie »Wurfspeere, leichte Schilde und kurze Schwerter«. Die Elitetruppen wurden von den zehntausend persischen »Unsterblichen« gestellt, so genannt, weil Ausfälle durch Kampf oder Krankheit sogleich ersetzt wurden. Von ihren Waffen abgesehen »leuchtete ihr reicher Goldschmuck hervor. Reisewagen führten sie mit sich, in denen sich ihre *Kebsweiber* und eine große, wohlausgerüstete Dienerschaft befanden.«[43] Aber die eindrucksvollen und farbenfrohen Kontingente waren nach ihren Satrapien geordnet, nicht nach ihrer jeweiligen Bewaffnung. Außerdem ließ sich eine solch riesige Streitmacht nur schwer dirigieren und ihre Wirkung gegen ein besser ausgebildetes Berufsheer war weit geringer, als ihr Aussehen Glauben machte. Beförderungsmittel und Nahrungsversorgung waren unzureichend und die Abhängigkeit von den Schiffen zu groß.

Jetzt rückte sie unaufhaltsam heran. Nachdem das gewaltige Heer unter den Augen seines Herrn und Meisters den Hellespont überquert hatte – er hatte dessen Wogen symbolisch auspeitschen lassen, weil sie ihm seine Schiffsbrücke zerrissen hatten, eine Geste, die wir besser verstehen, wenn wir uns vergegenwärtigen, daß die Perser klare Ströme verehrten und entsprechend die scheinbare Feindseligkeit salziger und stürmischer Gewässer verabscheuten –, nachdem das Heer noch einen Kanal hinter dem Berg Athos ausgehoben hatte, wälzte es sich, von der Flotte begleitet, die thessalische Küste hinab.

Die Griechen beschlossen, sie aufzuhalten. Sechs- bis siebentausend Hopliten besetzten unter der Führung von König Leonidas von Sparta die Thermopylen, einen Paß von strategischer Bedeutung, damals sehr nahe am Meer gelegen, südlich des heutigen Lamia und des Flusses Sperchios, wo der Golf von Euböa tief in ein gebirgiges Gebiet einschneidet. Die gemeinsame Flotte war vor Artemision im Norden Euböas stationiert, so daß sie die Meerenge von Trikeri kontrollierte. So zwangen die Griechen den Invasoren das Schlachtfeld auf, und wenn es ihnen gelungen wäre, den Thermopylenpaß zu halten, hätte die in Euböa stationierte Flotte die Invasion durchaus zum Erliegen bringen können, denn die gleichzeitig stattfindende Seeschlacht nahm einen günstigen Ausgang für die Griechen. Aber obgleich die Hellenen, die sich bei der Verteidigung des engen Passes ablösten, die persischen Angriffe drei Tage lang zurückschlagen konnten, fanden die Gegner schließlich einen Weg über die Berge, der ihnen erlaubte, die Verteidiger zu umgehen und die Unsterblichen durch die Eichenwälder zu einem Umfassungsangriff emporzuschicken. Die Truppen, die den Pfad bewachten, zogen sich in höher gelegene Gebiete zurück, und die Griechen erkannten, daß sie verloren waren. So ließ Leonidas – und jede andere Maßnahme wäre unsinnig gewesen – sein Hauptkontingent abziehen, für sich und seine eigene Truppe von dreihundert Spartanern aber lehnte er den Rückzug ab. Sie kämpften bis zum letzten Atemzug.

Xerxes, nach griechischen Maßstäben nicht gerade ein Gentleman, ließ den Leichnam des Leonidas enthaupten und kreuzigen. An das Ereignis erinnert das knappe Epitaph von Simonides:

»Wanderer kommst du nach Sparta, so verkünde dorten,
du habest uns hier liegen gesehen, wie das Gesetz es befahl.«

Als die Thermopylen von den Persern genommen waren, zog sich die hellenische Flotte nach der Insel Salamis gegenüber von Piräus zurück, woraufhin die Perser Attika verwüsteten und Athen brandschatzten. Doch der Wendepunkt kam auf See: Die griechischen Schiffe waren im heutigen Kamatero stationiert, die Perser lagen vor Phaleron und hielten die kleine Insel Psyttaleia am östlichen Ende der Meerenge besetzt. Viele Griechen wollten sich auf die Peloponnes zurückziehen und den Isthmus von Korinth verteidigen, aber Themistokles stimmte sie – laut Herodot – durch eine mitreißende Rede um und lockte den Feind ins Verderben; denn er ließ Xerxes durch einen Agenten die Nachricht zuspielen, die Griechen säßen in der Falle und bereiteten den Ausbruch vor, so daß Xerxes zur Blockade der westlichen Passage ein Geschwader um Salamis herumschickte. Dem Rest der Flotte befahl er den Angriff. Die Griechen, die die ganze Nacht über auf See geblieben waren, lockten sie durch vorgetäuschte Flucht noch näher heran, um dann mit einer raschen Wendung – »Flugs stieß da Schiff in Schiff den Schnabel, erzbewehrt, hinein« – den Feind anzugreifen und zu rammen oder die relativ leichten ionischen und phönizischen Schiffe durch das Zertrümmern ihrer Ruder manövrierunfähig zu machen. So kam es zu einem schrecklichen Durcheinander, die Perser wurden eingekreist: ». . . das Meer war nirgends mehr zu sehn, war von Schiffstrümmern voll und von der Männer Mord«.[44]

Sogar der kundige und wachsame phönizische Admiral wurde getötet, die Ägypter flohen. Xerxes, der zu Recht befürchtete, daß die siegreichen Griechen in Richtung Hellespont auslaufen würden, um ihm den Rückzug abzuschneiden, beschloß sich nach Asien zurückzuziehen, nachdem er ein großes Heer unter dem Satrapen Mardonios in Thessalien zurückgelassen hatte, wo es überwintern sollte, da es dort genügend Weideland für die Pferde gab. Im Frühling sollte Mardonios dann den Feldzug wieder aufnehmen.

Vor seinem Aufbruch hatte Xerxes noch einen Boten empfangen, der folgende Worte an ihn richtete: »König der Meder, die Lakedämonier und Herakliden von Sparta verlangen Genugtuung für den Blutzoll, den sie entrichten mußten; hast du ihnen doch ihren König erschlagen, als er für die Griechen kämpfte.« Woraufhin der Großkönig lachte und doppelsinnig antwortete, indem er auf Mardonios wies: »Mardonios hier wird ihnen die Genugtuung geben, die sie verdienen.«

Mardonios bot günstige Bedingungen, welche die erbosten Athener zurückwiesen. So besetzte er das verlassene Athen erneut, zog sich dann, vor den heranrückenden Spartanern gewarnt, in ein Gebiet nordwestlich von Theben zurück, wo er ein Gelände vorfand, das für seine Reiterei besser geeignet war. Doch im folgenden Jahr wurde das persische Heer bei Plataä, im Süden Thebens, in der größten Feldschlacht des Krieges völlig vernichtet; Mardonios selbst starb unter den Lanzen der Hopliten. Die Spartaner hatten sich ihre Genugtuung verschafft. Der Sieg war endgültig besiegelt, als eine griechische Expedition den Rest der persischen Flotte vor Mykale bei Samos aufspürte und vernichtete. Obendrein wurde auch der karthagische Angriff auf Sizilien, der mit Xerxes' Expedition koordiniert worden war, von den sizilianischen Griechen bei Himera zunichte gemacht.

So war das von langer Hand vorbereitete Unternehmen des Großkönigs, der ihm unterworfenen Völker und seiner Verbündeten an den Hellenen gescheitert. Wenn auch die persische Herrschaft die griechische Kultur nicht, wie oft behauptet wird, ausradiert hatte – die Hälfte der griechischen Welt in Ionien hatte sie überlebt, und die *Pax Iranica* zeigte nur gelegentlich wirklich tyrannische Züge –, so verlangte doch die besondere Art der hellenischen Zivilisation nach Freiheit. Nicht daß die Griechen vernünftigen politischen Gebrauch von ihr gemacht hätten: So groß ihre kulturellen Leistungen auch waren, ihre *Polis* war ein politischer Fehlschlag, und selbst der Sieg über die Perser war so großartig nicht. Von nahem besehen war sogar diese Großtat durchwirkt von Verrat, Korruption und Spionage. So unwiderstehlich war der konkurrenzorientierte griechische Drang nach Erfolg um jeden Preis, daß die Politik der Stadtstaaten einen bunten Bilderbogen voller Verrat, Hinterlist und Mord bot – eine Tendenz, die später im Konflikt der hellenistischen Reiche nach Alexander gänzlich die Oberhand gewann. Wer immer noch so schwärmerisch ist, Platons hochgestimmten Idealismus für repräsentativ zu halten, der sei an dessen eigenen Bericht über die Verkommenheit politischen Handelns, vor allem unter demokratischen Verhältnissen, erinnert und der bedenke, daß selbst während des persischen Angriffs die Kollaboration mit dem Feind nicht abriß. Wie schon berichtet, kämpfte Hippias, der einstige Herrscher von Athen, in Marathon auf persischer Seite – und sogar Themistokles, der eigentliche Vater des griechischen Sieges, verzichtete nicht auf solche Rückversicherungen. Als er sich schließlich vom politischen Parteienstreit vertrieben sah, lief er zu den Persern über, so daß ihm schließlich sogar das Begräbnis in Athen verweigert wurde, während sich Pausanias, der spartanische Regent und Befehlshaber bei Platää, in Byzanz niederließ und versuchte, im Bund mit den Persern die Herrschaft über ganz Griechenland an sich zu reißen. Das wechselvolle Schicksal des Alkibiades schließlich, dieses notorischen Verräters, endete in schändlichster Weise. Weder was ihre sexuelle noch was ihre politische Moral anbelangte, waren die Hellenen honorige Musterschüler nach viktorianischer Vorstellung; gemäß den bürgerlichen Maßstäben dieser Zeit wären sie als »gesellschaftlich unmöglich« eingestuft worden. Auf ihren glänzenden Sieg folgte keine großartige Friedenszeit, sondern ein schrecklicher, nicht enden wollender Krieg zwischen Athen und Sparta, in dem es um die Vorherrschaft in Griechenland ging.

Der Peloponnesische Krieg

Die Niederlage der Perser war ein europäisches Ereignis, der Peloponnesische Krieg dagegen – ein mörderischer Kampf, eine berühmte Episode, die klassisches Interesse fand – war von weit geringerer Bedeutung. Doch sind die Ereignisse von ungeheurer Dramatik: die nüchternen Berufssoldaten aus dem oligarchischen Sparta gegen die leichtfertige, phantasievolle und demokratische Führungsschicht Athens; der Konflikt zwischen Landmacht und Seemacht, zwischen leidenschaftlichen und gegensätzlichen Persönlichkeiten und Ideen. Trotzdem ist dieser überflüssige Zwist wie das »demokratische Experiment« in Athen ein Beispiel für den Mißbrauch öffentlicher Macht, den Thukydides zu jener Zeit und Platon und Sokrates in der traurigen Folgezeit als das Hauptübel der Politik beklagten und dem beide Philosophen wenigstens in der Theorie entgegenzuwirken trachteten.

Die Athener wurden zur Expansion getrieben: Trotz Gründung vieler Kolonien waren Athen und Attika übervölkert und abhängig von Getreideeinfuhren, in erster Linie aus dem Schwarzen Meer und Süditalien. Anfangs verhielt sich das über einen einheitlichen Münzstandard verfügende athenische Reich lange Zeit loyal, wenn auch selbst in Athen der Handel niemals die Landwirtschaft an Bedeutung übertraf. Die Spartaner dagegen waren eine Landmacht mit einem Gebiet weit größer als Attika, und obgleich lange militärisch überlegen, waren sie nicht schlau genug, Kapital aus ihren Eroberungen zu schlagen; statt dessen bestanden sie auf einer archaischen, völlig veralteten Wirtschaft. Und da die Hauptlast des Krieges von der spartanischen Oberschicht getragen wurde, verringerte sich ihre Anzahl zunehmend. Doch spartanische Tapferkeit und persische Geldmittel sicherten den Sieg.

Zwei Jahre nach Salamis begannen die Spannungen zu wachsen, als die Athener 478 v. Chr. unter der Führung von Perikles den Delisch-Attischen Seebund gründeten, der sich ursprünglich gegen Persien richtete und nach der winzigen, geheiligten Insel Delos, dem Geburtsort Apollons, benannt war. 454 wurde der Kriegsschatz nach Athen gebracht, wo ein Teil von ihm für die Verschönerung der Akropolis verwendet und damit einem vernünftigen Zweck zugeführt wurde. Perikles (495–429 v. Chr.) stammte aus einer aristokratischen Familie und rückte 461, nach der Ermordung ihres Führers, an die Spitze der Volkspartei. Doch war er alles andere als der »Liberale«, als den viktorianische Bewunderer ihn hinstellten, sondern ein Parteiboß im politischen Treiben von Athen, der das Bürgerrecht auf diejenigen einschränkte, die nachweisen konnten, daß sie väterlicher- wie mütterlicherseits von Athener Bürgern abstammten. Er stärkte die Macht des Rates der Fünfhundert gegen den konservativen Ältestenrat, er führte die Bezahlung für öffentliche Ämter ein, wandelte den Attischen Seebund in ein System athenischer Satelliten um und baute die athenische Flotte so erheblich aus, daß sie selbst das Schwarze Meer kontrollierte. Im Jahre 445 schloß er einen »Dreißigjahresfrieden« mit Sparta. Dieser dauerte bis 431 und umfaßte das sogenannte »Perikleische Zeitalter«, das mit dem Peloponnesischen Krieg endete. Seine berühmte Totenrede zu Ehren der gefallenen Athener hielt Perikles 430, ein Jahr vor seinem eigenen Tode.

Ausgelöst wurde der Krieg im Jahre 431 v. Chr. durch einen Konflikt zwischen dem prospartanischen Korinth und Kerkyra, dem heutigen Korfu, der größten Seemacht nach Athen. Die Megarer unterstützten die Korinther, die Athener Kerkyra, so wurden die beiden Hauptmächte in den Konflikt verwickelt. 431 stand die gesamte Peloponnes mit Ausnahme von Achaia und Argos auf Spartas Seite, dazu Korinth, Megara und Böotien, während Kerkyra, Acharnai und Lokris im Westen, Thessalien, Euböa, Chalkidike und das ganze ionische Griechenland, sowie alle Inseln mit Ausnahme von Melos Athen unterstützten. 430/29 wurde Athen von zwei Pockenepidemien heimgesucht[45], denen auch Perikles zum Opfer fiel. Aber die Spartaner konnten die Langen Mauern nicht überwinden, die Athen mit dem Hafen Pyräus verbanden. Die Athener ihrerseits verfügten nicht über genügend Landstreitkräfte, um in Sparta einzufallen. 421 einigte man sich auf einen Friedensschluß, und die Athener begannen, das Erechtheion auf der Akropolis zu errichten. Doch 416 v. Chr., als es nicht gelang, das prosparatnische Melos, das zu den Kykladen gehört und zwischen Thera und Sparta liegt, in den Attischen Bund zu zwingen, wurde es von den Athenern belagert und genommen, alle überlebenden Männer der Insel wurden erschlagen, alle Frauen und Kinder in die Sklaverei verkauft – eine Grausamkeit, die Thukydides in dem berühmten Melierdialog wie folgt begründen läßt: »... da ihr so gut wißt wie wir, daß im menschlichen Verhältnis Recht gilt bei Gleichheit der Kräfte, doch das Mögliche der Überlegene durchsetzt, der Schwache hinnimmt«.[46]

Die Athener, die nun nicht mehr von Perikles geführt wurden, sondern von Demagogen aus gröberem Holz, und die betört waren von Alkibiades, einem jungen aristokratischen Karrieremacher, entschlossen sich daraufhin zu einem riskanten militärischen Unternehmen. Sie schickten ein riesiges Expeditionskorps gegen Syrakus, einen sizilianischen Verbündeten Spartas, in der Hoffnung, den Reichtum Großgriechenlands für den Krieg nutzen zu können. Im Sommer 415 war der Aufbruch der verschwenderisch ausgestatteten und reichlich mit Geld versorgten Flotte. »Als nun die Schiffe bemannt ..., ward durch eine Trompete Schweigen geboten, und die Gebete, die vorm Ankerlichten bräuchlich sind, sprachen sie nicht für jedes Schiff einzeln, sondern ein Herold für alle zusammen, wozu sie in den Mischern Wein mischten der ganzen Flotte entlang und aus goldenen und silbernen Bechern die Krieger und auf den Schiffen den Befehlshabern die Spende opferten ... Nach dem Hymnus und der Darbringung des Opfers lichteten sie die Anker und liefen zunächst in Linie aus, dann gab's eine Wettfahrt bis Ägina.«[47]

413 erlebte das Expeditionskorps trotz erheblicher Verstärkungen einen völligen Zusammenbruch. Die Flotte wurde vernichtet, die Landstreitkräfte kapitulierten. Nikias, der Befehlshaber, wurde von einigen Syrakusern abgeschlachtet, weil sie mit ihm in Verbindung gestanden hatten und ihn nun aus dem Weg haben wollten. Die Gefangenen waren in den Steinbrüchen bei Syrakus zusammengepfercht, wo sie Hitze, Kälte und Gestank – denn nicht einmal die Leichname der Toten wurden entfernt – ausgesetzt waren und pro Kopf nur ein Maß Wasser und zwei Brote täglich erhielten – nach diesem größten Unglück, das »wir aus der Überlieferung der Hellenen kennen.«

Mit dem Niedergang der athenischen Seemacht zerfiel auch allmählich der Attische Bund. Als die Spartaner nach dem Aufbruch des athenischen Expeditionsheers, mit ihren überlegenen Kräften abermals angriffen, die Athener hinter ihren Langen Mauern einschnürten und Attika verwüsteten, griff der Krieg nach Ionien und auf die Inseln über. 404 v. Chr. war der Krieg vorüber.

Sehr daran interessiert, ihre widerspenstigen Verbündeten im Griff zu behalten, verschonten die Spartaner Athen selbst; aber das Seereich war zerfallen, und die von Sparta gestützte Oligarchie der »Dreißig Tyrannen« bestimmte das politische Geschehen in Athen. Bis zu einem gewissen Grade konnten die Athener ihre Macht zwar zurückgewinnen, doch in der ersten Hälfte des vierten Jahrhunderts bekämpften sich die Stadtstaaten, einschließlich der sizilianischen Städte, bis zur völligen Erschöpfung, so daß die einzigen Gewinner die Perser und Karthager waren. 338 v. Chr. stellte dann Philipp II. von Makedonien in der Schlacht von Chaironeia mit seinen überlegenen Mitteln und einer verbesserten Version der schwerbewaffneten Phalanx von Fußsoldaten eine Hegemonie her, die sich Alexander und seine Nachfolger in einem Hellas weit hinter sich lassenden Maße zunutze machten, und die die politische Unabhängigkeit Altgriechenlands beendete.

Dieser Bilderbogen von Ränkespiel und Krieg illustrierte, wie bankrott die politische Verfassung der Stadtstaaten war, was um so schwerer ins Gewicht fällt, als viele Hellenen klug genug waren zu begreifen, was da vor sich ging. Vor allem das »demokratische Experiment« in Athen hatte in seinen bescheidenen Dimensionen gewissermaßen am Modell gezeigt, welches Übel ideologische Kriege, politischer Parteienstreit, demagogischer Ehrgeiz und die Ignoranz der Öffentlichkeit bedeuten können, ein Übel, das von Thukydides mit unübertroffenem Scharfsinn in einer heute noch gültigen Weise analysiert wurde. So schreibt er anläßlich eines berüchtigten Massakers auf Kerkyra, bei dem die eine Partei der anderen zum Opfer fiel: »Später freilich ergriff das Fieber so ziemlich die ganze hellenische Welt«, als sich überall die Volksführer um das Eingreifen Athens und die Adligen um das Eingreifen Spartas bemühten. »So brach im ständigen Aufruhr viel Schweres über die Städte herein, wie es zwar geschieht und immer wieder sein wird, so lange das Menschenwesen sich gleich bleibt ... und den bislang gültigen Gebrauch der Namen für die Dinge vertauschten sie nach ihrer Willkür.« Die Parteienkämpfe, so fährt er fort, hätten die Menschen zum Äußersten getrieben, »denn nicht mit den gültigen Gesetzen waren das Vereine zu gegenseitiger Hilfe, sondern gegen die bestehende Ordnung solche der Raffgier«. »Die Ursache von all' dem«, schreibt er weiter, »war die Herrschsucht mit ihrer Habgier und ihrem Ehrgeiz.« Die Führer hätten sich aufgespielt als »Verfechter staatlicher Gleichberechtigung der Menge oder einer gemäßigten Herrschaft der Besten«, tatsächlich aber seien sie bestrebt gewesen, »das Gemeingut ... zu ihrer Beute« zu machen; »... man schaffte sich ... einen guten Namen, wenn es gelang, gerade durch den schönen Klang eines Wortes eine Tat des Hasses zu vollführen. Und die Mittelschicht der Bürger wurde ... von beiden Seiten her ausgemordet. So kam in der Hellenischen Welt durch die Bürgerkriege jede Art von Sittenverderbnis auf.« Dazu vermochten sich meist »die geistig Schwächeren ... zu behaupten; denn in ihrer Furcht wegen des eigenen Mangels und der Klugheit ihrer Gegner, denen sie sich im Wort nicht gewachsen fühlten, und um nicht unversehens einem verschlageneren Geist in die Falle zu gehen, schritten sie verwegen zur Tat ... Mit solchen Leidenschaften also wüteten zuerst die Kerkyrer in der Stadt gegeneinander.«[48] Diese leidenschaftslose, schreckliche Analyse sei jedem zur Lektüre empfohlen, der da meint, der gewaltsame, »ideologische« Parteienkonflikt sei ein Weg nach Utopia.

Im Gedenken an diese schlimmen Zeiten wurden die griechischen Meister des politischen Denkens nicht müde zu wiederholen, daß Abhilfe nur von der Herrschaft des Gesetzes zu erwarten sei, das, indem es dem Mißbrauch öffentlicher Macht einen Riegel vorschiebe, den Stadtstaat für die Minderheit jener Einwohner, die Bürgerrecht genössen, zu einer Heimstatt des »guten Lebens« machen könnte.

Sokrates und Platon

In dieser von Krieg und Parteienstreit zerrissenen Gesellschaft nahm dessen ungeachtet das tiefsinnige und eigenwillige Nachdenken über philosophische Fragen seinen Fortgang. Mit der Analyse von Reichweite und Grenzen des Denkens in Fragen der Ethik und der politischen Theorie schufen Platon und nach ihm Aristoteles das politische Vokabular Europas. Die Logik wurde von den Ioniern zwar schon früh auf kosmische und physikalische Spekulationen angewendet, blieb aber bei den Fragen ausgeklammert, die den Menschen und die Gesellschaft betrafen. Platon stand unter dem Einfluß von Sokrates, dem größten der »Sophisten«. Er verachtete die anderen Sophisten, was zum Teil daran lag, daß sie »Weisheit für Geld« lehrten. Sokrates (470–399 v. Chr.), der nie Honorare annahm, war eine faszinierende Persönlichkeit, »der sich«, wie Diogenes Laertios schreibt, »als erster über die rechte Art, sein Leben zu gestalten, ausgelassen hat«,[49] und dessen Ausstrahlungskraft noch immer in den platonischen Dialogen lebendig ist, besonders im *Phaidon*, dem Bericht über seinen Tod, im *Symposion*, im *Phaidros* und in der *Apologie*. Sokrates war von robuster Gestalt und bemerkenswert häßlich. Über vierzig Jahre älter als Platon, hatte er in mehreren Feldzügen als Hoplit gedient und sowohl Alkibiades wie auch Xenophon das Leben gerettet. Er war Mitglied im Rat der Fünfhundert gewesen und eine bekannte Erscheinung in Athen, die von Aristophanes in den *Wolken* karikiert wurde. Er lebte karg, wußte aber ein gutes Gespräch und wohlgestaltete Menschen zu schätzen, wobei er auf dem Weg zur Wahrheit mit falscher Bescheidenheit und einer gesunden Portion Ironie jede Art von Aufgeblasenheit zerpflückte. In dieser geistreichen, den Müßiggang liebenden Gesellschaft gewann er eine Schar von Schülern, die vornehmlich aus aristokratischen Familien stammten, mit denen er immer auf gutem Fuße gestanden hatte. Einmal sei er »durch einen Fußtritt beschimpft worden und habe, als jemand seine Verwunderung darüber äußerte, daß er sich das gefallen lasse, erwidert: ›Wie? Hätte mich ein Esel getreten, hätte ich diesen etwa gerichtlich belangt?‹«[50] Er fiel einem Justizmord zum Opfer, nicht weil die Athener tatsächlich Anstoß nahmen an seiner angeblichen Gottlosigkeit oder seinem verderblichen Einfluß auf die Jugend – beides geläufige Anschuldigungen , sondern aus politischen Gründen. Die Volkspartei hatte nämlich 403 das von Sparta gestützte Regime der sogenannten »Dreißig Tyrannen« abgelöst. Insofern ist er nicht, wie allgemein angenommen, ein Märtyrer für die Freiheit des Denkens, sondern wurde unschädlich gemacht, weil er ein Vertrauter der Aristokraten und Erzieher des berüchtigten Alkibiades war. Er war also das Opfer eines politischen Verbrechens, ein Schicksal, das er auch durch die spöttische Herausforderung heraufbeschwor, mit der er erklärte, er verdiene die Speisung im *Prytaneion*, die Ehrung für Olympiasieger, und nicht etwa das Exil. Hinzu kam, daß die Aristokraten jetzt nach Ausgleich mit der Volkspartei suchten und ihn deshalb – wie es so die Art von Politikern ist – für entbehrlich hielten. Ironisch bis zum Ende fragte Sokrates den Mann, der ihm den Schierlingsbecher reichte: »Was meinst du von dem Trank wegen einer Spendung? Darf man eine machen oder nicht?« Aber als jener antwortete: »Wir bereiten nur so viel, oh Sokrates, als wir glauben, daß hinreichend sein wird«, leerte Sokrates den Giftbecher in vollkommener Ruhe. »Dies ... war«, so schrieb Platon, »das Ende ... des Mannes, der unserem Urteil nach von den damaligen, mit denen wir es versucht haben, der trefflichste war, und auch sonst der vernünftigste und gerechteste.« (*Phaidros*)

Was hat Platon[51], von Charakterstärke und eisernem Willen abgesehen, so in Bann geschlagen, daß er sich von der transzendenten Wirklichkeit der *Ideen* überzeugen ließ, welche durch die dem menschlichen Geist zugänglichen *Phänomene* nur teilweise widergespiegelt werden? Mit dieser Überzeugung Hand in Hand ging die Unterscheidung zwischen Seele und Körper, die aus dem iranischen, vielleicht auch indischen Denken stammt und die »Unsterblichkeit« der Seele voraussetzt. Ein geläufiges Beispiel für die erste Überzeugung ist das Höhlengleichnis in Platons *Staat*. Schattenbildnisse von Menschen in einer »unterirdischen, höhlenartigen Wohnung, die einen gegen das Licht geöffenten Zugang längs der ganzen Höhle hat. In dieser seien sie von Kindheit an gefesselt an Hals und Schenkeln, so daß sie auf demselben Fleck bleiben und auch nur nach vorne hin sehen, den Kopf aber herumzudrehen der Fessel wegen nicht vermögend sind.« Fälschlicherweise für die Wirklichkeit hielten sie die auf die Höhlenwand geworfenen Schatten derer, die auf einem hochgelegenen Weg zwischen einem Feuer und den Gefangenen entlanggingen. Dies sei die Situation der in ihre Sinneswahrnehmungen eingeschlossenen Menschen. Und sogar befreit brauchten sie lange, um zu begreifen, was sie sähen, und wenige könnten den hellsten Glanz des Sehenden ertragen. Nur kraft der Vernunft lasse sich erkennen, daß die ewige »Idee« die »Wirklichkeit« sei und »daß sie für alle die Ursache alles Richtigen und Schönen ist.«[52]

Im felsenfesten Vertrauen auf die Realität der ewigen Ideen und die Macht der Vernunft erklärt Platon im *Staat*: »Wenn nicht ... entweder die Philosophen Könige werden in den Staaten oder die jetzt so genannten Könige und Gewalthaber wahrhaft und gründlich philosophieren und also dieses beides zusammenfällt, die Staatsgewalt und die Philosophie ..., eher gibt es keine Erholung von dem Übel für die Staaten, lieber Glaukon, und ich denke auch nicht für das menschliche Geschlecht.« Solange dieser Prozeß nicht einsetzt, was wenig wahrscheinlich ist, muß die Herrschaft des unpersönlichen Gesetzes durchgesetzt werden, weil sich der Wettstreit der räuberischen Begierden nur so unter den von Platon mit soviel Scharfsinn analysierten Regierungsformen unter Kontrolle halten läßt.

Man hat Platon einen Vater der Lüge genannt, weil er eine falsche Dualität von Leib und Geist und die phantastische Vorstellung abstrakter *Ideen* vertreten habe; eine Lehre, die paradoxerweise »Realismus« genannt wird, weil nur die Ideen »real« seien. Man hat ihn auch als Feind der »offenen Gesellschaft«

hingestellt, da er glaubte, der Staat müsse von Fachleuten gelenkt werden, eine Forderung, die seither oft von den Vertretern scheinwissenschaftlicher deterministischer Doktrinen wiederholt worden ist. Andererseits legten Sokrates und Platon Wert auf die Feststellung, daß der Staat das »gute Leben« seiner Bürger – natürlich nicht der Fremden oder Sklaven, also der Mehrheit der Bevölkerung – fördern, daß öffentliche Macht einen moralischen Zweck und eine theoretische Rechtfertigung besitzen müsse und nicht einfach um ihrer selbst willen gesucht werden dürfe. Im Kontext der *Polis* hat Platon so, lange nach den großen Tagen des Perikles und auf eine bemerkenswert phantasievolle Art, grundlegende Fragen der Philosophie, Ethik und politischen Theorie in einer Analyse von nie verblassender Aktualität untersucht.

Tragödie und Komödie

Während der Blütezeit Athens wurde die durch Äschylos begründete dramatische Tradition von Sophokles und Euripides fortgeführt, während die Komödie mit Aristophanes zu ausgelassener Fröhlichkeit fand, der die Persönlichkeiten des öffentlichen Lebens und ihre Verbrechen mit urbanem Witz und viel Gescheitheit aufs Korn nahm. Sophokles, 496 geboren, wurde neunzig Jahre alt, und sein *Philoktet*, den er mit siebenundachtzig schrieb, ist eines der besten seiner sieben erhaltenen Stücke. Er ließ zwei Schauspieler agieren und entwickelte die für das tragische Theater Europas grundlegenden Techniken; seine Charaktere sind plastisch – im Unterschied zu Äschylos, bei dem sie noch Schattenrisse bleiben. Seine Personen sind in schreckliche Situationen verstrickt, welche er der griechischen Mythologie und Überlieferung entnimmt, wie etwa das Schicksal der Klytemnästra in der *Elektra*; aber ein neuer, individuellerer und aktiverer Geist beseelt sie, wenn auch der Chor gelegentlich aufreizend unbeteiligt bleibt – als im *Aias* der Held beispielsweise vom Wahnsinn geschlagen wird, kommentiert das der Chor mit den Worten:

»Ach, würd dir doch Besonnenheit zuteil!
Nichts Besseres als dies wüßt ich zu wünschen dir.«[53]

Durch den neutralen und fatalistischen Ton angesichts eines Geschehens, das bestimmt wird von der Unversöhnlichkeit der Götter, »die ungerührt auf unser Leid herabsehen«, und durch das Empfinden für die Schönheit der Welt wird die Tragödie noch erschütternder.

Während Sophokles eine gefällige Erscheinung, ein konservativer Aristokrat war, der ein öffentliches Amt als Befehlshaber der Flotte bekleidete, war Euripides Zivilist und Individualist. Er stand Gesellschaft und Göttern kritisch gegenüber, besaß großes psychologisches Einfühlungsvermögen und ein ausgeprägtes Empfinden für die Schönheit der Natur, das alle herkömmlichen Ausdrucksmittel sprengte. Menschliche Verhältnisse interessierten ihn mehr als göttliche Gerechtigkeit. Neunzehn seiner Stücke sind erhalten, von denen die meisten den tragischen Konflikt zwischen menschlicher Liebe und Schönheit auf der einen Seite und den oft in den launischen Göttern verkörperten atavistischen Kräften des Neides und des Hasses auf der anderen Seite behandeln. Anders als Äschylos und Sophokles mied er öffentliche Ämter und wurde im hohen Alter so unbeliebt, daß er freiwillig ins Exil an den Hof des Königs von Makedonien ging, wo er sein größtes Stück, *Die Bacchen*, schrieb und 407 starb. In den *Bacchen* steht Pentheus von Theben für alle phantasielosen, aufgeblasenen Spielverderber. Er wird von den Anbeterinnen des Dionysos in Stücke gerissen, jener Gottheit des Weins und der Festlichkeiten, die aus Asien kommt,

»das längs dem salz'gen Meere liegt
Und, wo Hellenen- mit Barbarenvolk sich mischt,
An Menschen reiche, schöngetürmte Städte trägt.«

und deren Macht der weise Teiresias eingesteht:

»All unser Klügeln gilt den Göttern nichts. Was, von
Den Vätern überliefert, wir von Urzeit her
Besitzen, das wirft kein Verstand zu Boden, auch
Nicht, wenn durch höchsten Scharfsinn er das Klügste fand.«[54]

Macht und Zauber des Irrationalen werden anerkannt.

Aristophanes (ca. 450–388 v. Chr.), über dessen Leben wenig unmittelbare Zeugnisse vorliegen, war der erste Meister der phantastischen Komödie voller Parodie, Satire, Komik und Schmähung, aber auch gelegentlich voller Poesie. Seine Personen und Chöre waren manchmal als Tiere oder Vögel verkleidet und unterhielten ihr Publikum mit hochaktuellen Anspielungen und verschlüsselten Scherzen, das ganze mit sicherem Stilempfinden und enormen Theaterverstand in Szene gesetzt, wobei auch Heroen und Götter nicht verschont wurden – etwa Herkules oder Dionysos. Eine besondere Abneigung hegte Aristophanes gegen Sokrates, dessen »Denkgeschäft« er kräftig veräppelte. Er vertrat – was in Athen höchst unpopulär war – den gesunden Menschenverstand der Frauen gegen die politische und kriegerische Narrheit der Männer.

Schon ein paar Titel machen deutlich, welche Fülle von Themen die elf Stücke behandeln, die von ursprünglich vierundvierzig erhalten geblieben sind: *Frösche, Weibervolksversammlung, Vögel* und *Wolken*, wo Sokrates in einem Korb über der Bühne hängt.

Vollendung der Künste

Inzwischen entwickelten sich Architektur und Plastik, besonders in Athen, wo nach den Verwüstungen der Perserkriege die Tempel auf der Akropolis wieder aufgebaut wurden. Sie müssen einen prächtigen, wenn auch etwas verwirrenden Anblick geboten haben, ohne die strenge Erhabenheit, die heute von ihnen ausgeht. Ein Feuerwerk von Farben, Gold und Elfenbein, das vom Reichtum des athenischen Imperiums kündete. Im Anschluß an die dreißigjährige Waffenruhe mit Persien wurden unter Perikles die Mittel, die für den Krieg gegen Persien bestimmt waren, während kurzer Zeit für die Architektur aufgewendet. Der große Tempel – oder *Naos* – der Athena *Polias*, später unter der Bezeichnung Parthenon bekannt, wurde aus pentelischem Marmor in dorischem Stil erbaut. 447 von den Architekten Iktinos und Kallikrates begonnen, ging der Bau zügig voran und war 438 abgeschlossen, und schon sechs Jahre später thronte auf den zehn Meter hohen Säulen der herrliche Fries, der keine traditionellen mythologischen Szenen zeigt, sondern naturgetreue Bilder vom Panathenäenfest. Bereits 454 v. Chr. hatte Phidias die Bronzestatue der Athene in voller Rüstung geschaffen, deren Helmschmuck und vergoldete Lanze an ihrem Glanz von See aus schon auf der Höhe von Phaleron zu erblicken waren. Nun wuchs aus den numinosen Tiefen des Tempels an seiner Rückseite zwischen den Hallen eine noch prächtigere Statue empor, zwölf Meter hoch auf einem Sockel von drei Meter fünfzig, gänzlich vergoldet, abgesehen von Gesicht, Hals, Armen und Fußspitzen, die aus massivem Elfenbein waren. Auf dem Helm des großen, glänzenden Standbildes prangten eine Sphinx und zwei geflügelte Rosse. In ihrer rechten Hand trug sie eine Siegesgöttin, während die linke auf ihrem Schild ruhte, auf dem Phidias Porträts von Perikles und sich selbst untergebracht hatte, so daß der Bildhauer, laut Plutarch, wegen Selbstüberhebung im Gefängnis landete und dort 432 starb.

Auch die *Propyläen*, der Eingang der Akropolis, waren in prächtigem dorischen Stil gehalten. 437 v. Chr. begonnen, wurden sie fünf Jahre später vollendet, und an der westlichen Ecke wurde der kleine, elegante Tempel der *Athene Nike*, der Siegesgöttin, errichtet mit einem weiteren Standbild der Göttin, die einen Helm als Sinnbild des Krieges und einen Granatapfel als Sinnbild der Fülle trägt. Im Unterschied zu anderen Siegesgöttinnen war sie ohne Schwingen dargestellt, vielleicht damit sie, wie man vermutet hat, nicht davonfliegen konnte. Das ionische Erechtheion aber barg das älteste Heiligtum. Dort stand das archaische Holzstandbild der Athene bei ihrem geheiligten Olivenbaum, dort sprudelte auch die Salzquelle beim Dreizackmal des Poseidon aus dem Felsen. 421 v. Chr. zwischen den Peloponnesischen Kriegen begonnen und 415 beendet, enthält das Bauwerk auch die heute noch erhaltene elegante Korenhalle.

Dies waren die berühmtesten Baudenkmäler Athens, doch es gab noch viele mehr, etwa die Poseidontempel auf dem Kap Sunion in Attika (ca. 430 v. Chr.), in Olympia, in Korinth, in Argos. Die großen Tempel in Paestum und Agrigent auf Sizilien, eine relativ grobe, aber eindrucksvolle und überdauernde Version der griechischen Vorbilder, wurden etwa zur selben Zeit erbaut.

Das Perikleische Zeitalter sah auch herrliche griechische Plastiken. Rhythmus und Proportion, gegenwärtig schon in dem frühen Epheben von Kritios, den Kenneth Clark »den ersten schönen Akt in der Kunst« nennt, seien der Ursprung gewesen für die »beiden mächtigsten Empfindungen, welche die griechischen Wettspiele beherrscht haben und die den unseren weitgehend fehlen: religiöse Hingabe und Liebe. Diese verliehen einem Kult körperlicher Vollkommenheit eine seither nicht mehr erlebte Festlichkeit und Vollkommenheit.«[55]

In der Plastik bemühte man sich jetzt um mathematisch korrekte Proportionen mit einer Andeutung von Bewegung in der Ruhestellung. Die Votivstatuen des Phidias priesen nicht die Sieger der Wettspiele, sondern waren eindrucksvolle Bildnisse von Gottheiten. Der Marmorapollon (ca. 460 v. Chr.) in Überlebensgröße aus dem Zeustempel in Olympia, der die wilden Zentauren mit einer ruhigen Geste von unwiderstehlicher Autorität beschwichtigt, ist ehrfurchtgebietend und streng. Der Wagenlenker aus Bronze in Delphi ist von eindrucksvoller Schlichtheit, während Haltung und Anmut der Jünglinge, die ihre Pferde auf dem Parthenonfries zügeln, unübertroffen sind. Bei aller Virtuosität erzielte selbst das Können eines Praxiteles im folgenden Jahrhundert nicht eine solche Wirkung. Sie wird erreicht durch die Sparsamkeit der Linienführung und die scheinbar mühelose Realisierung höchster Kunstfertigkeit, die zusammenfällt mit dem Höhepunkt der griechischen Tragödie.

Die Blütezeit der Vasenmalerei war Mitte des fünften Jahrhunderts überschritten. Obwohl gewisse technische Fortschritte im Detail erzielt wurden, ging die Gesamtwirkung verloren. Die Vasen zeigen – vielleicht durch den Fortfall des aristokratischen Mäzenatentums – die Tendenz zu barocker Überladenheit und zur Anekdote, wenn sie auch sehr private Aspekte hellenischen Lebens schildern. Gegen Ende des Peloponnesischen Krieges war der Binnenmarkt zusammengebrochen, und Mitte des vierten Jahrhunderts weist sogar ein attischer *Krater*, der eine dionysische Szene darstellt, Mängel in der Ausführung auf. Die hochentwickelte Virtuosität eines anderen Gefäßes aus Großgriechenland, die das sicherlich schwierige Motiv von Bellerophon und der Chimära darstellt, muß durch ihren Mangel an klarer Linie als mißlungen bezeichnet werden. Aber wenn auch die Vasenmalerei im Niedergang begriffen war, so bot doch die Ausschmückung neuer Tempel und öffentlicher Bauten auf nassem Putz und in Tempera auf Marmor und Holz den Malern ein neues Betätigungsfeld. Die großen Wandgemälde von Polygnotos unter Kimon in Athen und später in Delphi waren noch bis in römische Zeit berühmt, als sie der Reisende Pausanias Mitte des zweiten Jahrhunderts n. Chr. in allen Einzelheiten beschrieb. Sie stellten mythologische Motive dar – Odysseus' Besuch in der Unterwelt –, die überlieferten Ereignisse im Anschluß an den Fall von Troja, oder sie priesen die Siege aus jüngerer Zeit, etwa die Schlacht von Marathon, die Polygnotos für die bunte Säulenhalle der Agora in Athen schuf. Seine begrenzte Palette enthielt Rot, Schwarz, Weiß, Gelb und ihre Mischtöne. In der Antike wurden seine Bilder bewundert wegen ihrer gebändigten Farbigkeit, die sich wohltuend von den allzu üppigen hellenistischen

Kompositionen abhob, doch fehlt uns die Möglichkeit, sein Werk direkt zu beurteilen; Pausanias war kein kompetenter Kunstkritiker. So sind wir auf Rückschlüsse aus jenen Vasenmalereien angewiesen, die ähnliche Motive behandeln, wie Polygnotos sie unseres Wissens gemalt hat. Sicher ist, daß er und seine Schule als sehr bedeutend galten und daß die Malerei Mitte des fünften Jahrhunderts im Rahmen ihrer Konventionen und Techniken offensichtlich sehr eindrucksvoll war.

Über einen Aspekt des griechischen Lebens wissen wir so gut wie nichts, obgleich er sehr bedeutend war und sehr weit zurückreicht. Eine der frühesten Statuetten von den Kykladen – 2200 v. Chr., gleichzeitig also mit dem letzten Bauabschnitt von Stonehenge in England – zeigt einen sitzenden Mann aus Alabaster, der eine *Kithara* spielt, eine große Lyra. Als Homer sie schlug, griff er also bereits auf eine lange Tradition zurück, und die großen Tragödien wurden als Musikdramen aufgeführt. Die Instrumentierung war allerdings nie sehr kunstvoll. Die *Kithara* war zuständig für das öffentliche Epos, die kleine *Lyra* für die private oder »lyrische« Dichtkunst, die (gewöhnlich von Frauen gespielte) Harfe für »Hintergrundmusik«. An Blasinstrumenten hatten die Griechen die Rohrflöte, die gewöhnlich doppelt abgebildet wird, sodann die aus mehreren Pfeifen bestehende *Syrinx* oder Panflöte und die bronzene Militärtrompete, als Rhythmusinstrumente dienten Trommeln, Handklappern und Zimbeln. Aber wir haben kaum eine Vorstellung davon, was sie auf diesen Instrumenten spielten. Bekannt ist nur, daß die Musik Rezitativ und Dialog einleitete, welche sich ablösten mit kunstvollen Sologesängen, Chordarbietungen und Tänzen. Nur wenige Kompositionsfragmente sind erhalten, und obgleich Platon über die musikalische Theorie schrieb und sich sehr angelegentlich mit Harmonie und korrekten Intervallen beschäftigte, können wir auf die Klangwirkung nur schließen. Bezeichnenderweise brachte Dionysos in den *Bacchen* exotische Musik aus dem Osten, wo

»Mir Korybanten dieses Rund, mit
Leder bespannt, erfanden!
Bacchischer Pauke Laut mischten sie
Phrygischer Flöten geblasenem Klang.«

Es hat ganz den Anschein, als ob die griechische Musik, wie die modernen *Bouzouki*rhythmen, asiatischen Klängen näher gestanden haben als den klassischen Kompositionen des Abendlandes.

4. Alexander und die hellenistische Welt

404 v. Chr. zeigte die athenische Demokratie mit ihrer bedingungslosen Kapitulation, daß sie ihr Seereich nicht gegen die spartanische Landmacht und das persische Gold zu behaupten vermochte, aber Lysander von Sparta bewies schon bald, daß die lakedämonische Oligarchie zu repressiv war, um ihrerseits ein solches Reich führen zu können. Athen erholte sich, und neue Koalitionen wurden gebildet. Von Persien unterstützt, zerschlugen die Spartaner sie abermals, und 387 verschafften sie sich mit der Hilfe syrakusischer Schiffe die Kontrolle über die Getreideroute durch den Hellespont, woraufhin sie den Athenern und ihren Verbündeten vom Großkönig diktierte Bedingungen aufzwangen. Ein Ereignis, das als »Königsfriede« in die Geschichte eingegangen ist und das Griechenland eine Atempause verschaffte, wenn es dafür auch die ionischen Städte an Persien abtreten mußte. Die Festlandhellenen aber strebten alle noch immer nach Autarkie, und die wechselnden Bündnisse dienten der Durchsetzung von Eigeninteressen.

Die Spartaner stießen erneut auf einen solchen Widerstand, als sie 371 v. Chr. bei Leuktra gegen die Thebaner unter der Führung von Epaminondas eine katastrophale militärische Niederlage erlitten, doch die Thebaner vermochten keine Hegemonie von längerer Dauer zu begründen. 338 v. Chr. stellte Philipp von Makedonien ein thebanisch-athenisches Heer bei Chaironeia, schlug es unter Verwendung einer neuartigen Taktik, wobei die »Heilige Schar« der Thebaner vernichtet wurde, und diktierte den Stadtstaaten den Frieden in Form des Korinthischen Bundes. Eine Macht vom Rande der hellenischen Zivilisation, aber mit mehr Land versehen, das zum Unterhalt einer Reiterei geeignet war, und mit dem Vorteil ausgestattet, über die reichen Holz- und Erzvorkommen Thrakiens verfügen zu können, stellte jetzt die alten Zentren dieser glänzenden Kultur in den Schatten und beherrschte sie, ja schickte sich an, den lange gehegten panhellenischen Traum vom Vergeltungskrieg gegen das reiche und verwundbare Perserreich zu verwirklichen. Obgleich Philipp II. 336 v. Chr., nur zwei Jahre nach Chaironeia ermordet wurde, hatte er die große Expedition bereits vorbereitet. Sein Tod machte den Weg frei für seinen genialen Sohn Alexander den Großen.

Der meteorhafte Aufstieg dieser weltgeschichtlichen Gestalt veränderte das Antlitz von Westasien und Ägypten und führte eine griechische Armee bis zum Indus. Außerdem akklimatisierte er den Begriff des Weltreichs in Europa. Die ursprüngliche hellenische Kultur wurde in voller Absicht über den Nahen Osten bis nach Zentralasien ausgedehnt, die ägyptische Stadt Alexandria in einem Maßstab angelegt, der im Mittelmeerraum ohne Vorbild war. Und trotz häufiger Kriege blieben die Nachfolgestaaten von Alexanders Reich so wohlhabend und gut verwaltet, daß noch in der Römerzeit dieser östliche Teil des Imperiums stets die reichsten und stabilsten Provinzen stellte.

Makedoniens neue Strategie

401 v. Chr. hatten sich 10000 griechische Söldner, die zumeist von der Peloponnes stammten, dem persischen Satrapen Kyros verdingt, der versuchte, seinen Bruder, den Großkönig Artaxerxes II., abzusetzen. Einer der griechischen Heerführer, Xenophon, ein geborener Kriegsberichterstatter, schrieb um 370 v. Chr. die *Anabasis* – wörtlich »Hinaufmarsch« –, die frühesten, sehr ansprechenden und der eigenen Rechtfertigung dienenden Memoiren eines Generals im Ruhestand. Xenophon (ca. 430–355 v. Chr.) entstammte einer wohlhabenden athenischen Familie und wuchs unter den deprimierenden Eindrücken der Niederlage im Peloponnesischen Krieg auf, dessen letzte Jahre er wohl noch als Soldat erlebt hat. Als Bewunderer des Sokrates und Parteigänger der Aristokraten verabscheute er die Volkspartei und verließ Athen im Jahre 399, um unter dem spartanischen König Agesilaos zu dienen, der ihm zugetan war und ihm einen Landsitz bei Olympia auf der Peloponnes schenkte. Aber nach Spartas Niederlage bei Leuktra zog er sich nach Korinth zurück, wo er die *Anabasis* geschrieben haben dürfte. Mit scharfen Augen fürs Detail ist sie in einem lesbaren, lockeren Stil abgefaßt und vergleicht die intelligente, wenn auch unbeständige und von Streitereien beeinträchtigte Solidarität der Griechen mit der verräterischen Gesinnung der Perser und der Roheit der Barbaren, deren Land die »Zehntausend« nach der Niederlage des Kyros durchquerten. Sie zogen vom Euphrat durch Kurdistan, Armenien und Anatolien nach Trapezus, dem heutigen Trapezunt am Schwarzen Meer, wo sie bei seinem Anblick in den berühmten Ausruf *Thalatta! Thalatta!* (Das Meer! Das Meer!) ausbrachen.

Obgleich ein Rückzug, hatte der Marsch selbst unter denkbar ungünstigen Bedingungen gezeigt, was eine relativ disziplinierte Streitmacht angesichts der Verwundbarkeit des persischen Reiches auszurichten vermochte: »Tatsächlich würde«, so schreibt Xenophon, »ein verständiger Beobachter des (persischen) Königreiches zu folgender Einschätzung der Lage kommen: ›Es ist mächtig, soweit es die Ausdehnung seines Gebietes und die Zahl seiner Bewohnung anbelangt, aber schwach, was die mangelnde Verständigung unter den Streitkräften und ihre Zerstreuung anbelangt, wenn sie einem hinreichend raschen Angriff ausgesetzt sind.‹«[56] Und genau das tat Alexander.

Er besaß die besten Voraussetzungen dafür. Sein Vater hatte einige der fähigsten Köpfe von Hellas an den makedonischen Hof gezogen. Alexanders glänzender Verstand kannte kein anderes Ziel als Eroberung, und die Makedonier hatten eine neue Kriegstechnik ersonnen. Die alte rechteckige, acht Reihen starke Hoplitenphalanx hatte sich im allgemeinen auf ihr bloßes Gewicht verlassen. Sobald also beide Seiten im Kampf handgemein geworden waren, sobald Grieche auf Grieche traf, schwächte sich die Stoßkraft, welche die Perser bei Marathon besiegt hatte, zu einem »ungeordneten Geschiebe – dies auch die wörtliche Bedeutung des griechischen Ausdrucks ... bis eine Seite nachgab«, wobei die Seite, die ihre Schlachtordnung beibehielt, in der

Regel die andere in die Flucht schlug.[57] Obgleich die Phalanx beweglicher war als oft angenommen, war sie doch zu langsam und schwerfällig, um beim Nachgeben der feindlichen Schlachtlinie nachsetzen zu können. Diese unentschiedenen Kampfesausgänge bedeuteten zwar relativ wenige Verluste, aber die Kriege konnten sich lange hinziehen. Hinzu kam, daß die Griechen sich nicht auf Belagerungstechniken verstanden; sogar die Spartaner erwiesen sich als machtlos vor den Langen Mauern von Athen.

Wie viele Neuerer auf diesem Gebiet hatte Philipp von Makedonien wieder für größere Mobilität der Schlachtformation gesorgt und ein Berufsheer von großer Schlagkraft aufgestellt. Er verringerte das Gewicht der Hoplitenrüstung – die der Spartaner hatte zweiundsiebzig Pfund gewogen – und bewaffnete die Phalanx mit *Sarissen* – Lanzen, welche in den vorderen Reihen eine Länge von knapp vier Metern, in den hinteren Reihen von sechs Metern hatten. Während diese fürchterliche Schlachtordnung den Angriff des Gegners abfing oder in seine Reihen einbrach, griff die Reiterei, die eine in der hellenischen Kriegführung nie dagewesene Zahl aufwies, den Feind wie bei Chaironeia auf den Flügeln an, und zwar in der Regel mit einem Haken von rechts kommend, wobei die Reiter so heftig in den Gegner hineinritten, wie es ihnen ohne Steigbügel möglich war. Wenn die feindliche Linie aufbrach, umfaßten sie den Feind oder ritten das Zentrum nieder, sofern es seines Schutzes beraubt war. Außerdem setzte Philipp Leichtbewaffnete zu Pferde – die *Peltasten* –, Speerwerfer sowie kretische Bogenschützen ein und baute Belagerungs- und Wurfmaschinen, wobei er sich an sizilianische Konstruktionen anlehnte, die ursprünglich von Karthagern erfunden, dann aber von Griechen weiterentwickelt worden waren.

Alexander versah diese mobile Streitmacht mit einer eindeutigen Befehlskette – Regiment, Brigade, Bataillon, Kompanie – bis hinunter zu Gruppen von acht Männern, und die Phalanx schwenkte ihre aufgereihten *Sarissen* erst nach links, dann nach rechts, wie ein lebendiges Stacheltier, um sie dann auf die Gesichter des Feindes zu richten, wobei die Schilde klirrten und der schrille Ruf *alalalal-ái* erklang. Die Reiterei wurde von Alexander persönlich angeführt, der an der Spitze seiner Reitergefährten ritt – makedonische Aristokraten und besonders tüchtige Griechen – und unterstützt wurde von seinen Knappen, den *Paides Basilikoi* – den »Königsknaben«.

Als er 334 v. Chr., erst vierundzwanzigjährig, seine Armee nach Asien in Marsch setzte, veränderte er den Lauf der Weltgeschichte, indem er die hellenischen Lebensweise in riesigen Gebieten heimisch machte und eine große hellenistische Zivilisation schuf. So ist Alexander eine Gestalt von höchster Bedeutung für die europäische Geschichte und zugleich eine Figur, welche die Phantasie und Fabulierlust des christlichen und islamischen Mittelalters beflügelt hat.

Alexander der Große

Die Wege, denen Alexander auf seinen Eroberungszügen folgte, gehören eher in die asiatische als in die europäische Geschichte, doch die Folgen waren gewaltig für Europa. Der Begriff des Imperiums wurde im Abendland eingebürgert, als die Reiche von Alexanders Nachfolgern durch Rom annektiert und riesige territoriale Monarchien, die die Stadtstaaten an Größe weit in den Schatten stellten, einer reichen, nahöstlich-mediterranen *Kosmopolis* einverleibt wurden.

Alexanders Beweggründe waren sowohl praktischer wie visionärer Natur: Philipp war hoch verschuldet gestorben, so lechzte Makedonien nach den Reichtümern des persischen Reiches, während Alexander die Unterstützung Griechenlands brauchte, die er sich zu verschaffen suchte, indem er den panhellenischen Krieg gegen die »Barbaren« und die Aussicht auf fast homerischen Ruhm beschwor. Eine seiner ersten Handlungen in Asien war, daß er der Athene in Ilion (Troja) opferte. Es heißt, er habe »seine ganze Waffenrüstung in ihrem Tempel aufgehängt und dafür einige der heiligen Waffen mitgenommen ..., die noch vom Troischen Kriege her daselbst aufbewahrt wurden«. Er habe sie mit nach Indien genommen und auch wieder zurückgebracht. »Er selbst aber bekränzte eigenhändig das Grabmal des Achilles, und Hephästion soll das Grabmal des Patroklos bekränzt haben. Auch pries Alexander der Sage nach den Achilles glücklich, weil er in Homer einen Herold seines Andenkens bei der Nachwelt erhalten habe.«[58]

Er selbst mußte lange warten, bis seine Taten endlich in würdiger Weise niedergeschrieben wurden. Das geschah nämlich erst auf dem Höhepunkt des Römischen Reichs in Arrianus Prosabericht *Anabasis Alexandru*. Arrianus (ca. 96–180 n. Chr.) war unter Hadrian von 131 bis 137 Stadthalter von Kappadokien, dann wurde er Archon von Athen, schrieb also zur Blütezeit der griechisch-römischen Zivilisation – als Soldat und offizieller Repräsentant des Imperiums – eine amtliche Geschichte; fußte aber auf den *Erinnerungen* des Ptolemaios *Soter* (der Retter), eines Feldherrn in Alexanders Heer und später ersten makedonischen Herrscher von Ägypten, und auch auf dem Bericht von Aristobulos, einem Diener Alexanders und weniger zuverlässigen Gewährsmannes. Arrianus schildert die Feldzüge in allen Einzelheiten und ist die bei weitem verläßlichste Quelle zur Person Alexanders; allerdings sind seine langen Ausführungen über Vorzeichen und Opferhandlungen ebenso ermüdend wie aufschlußreich.

Obgleich seine schier unglaublichen Eroberungszüge im Iran, in Zentralasien und Nordindien bereits ein Ende fanden, als er 323 v. Chr., erst zweiunddreißigjährig, in Babylon am Fieber starb, hat er doch als erster Europäer weite Gebiete Asiens beherrscht und der Nachwelt eine neue Vorstellung eines Reiches vermacht. Obwohl sich sein eigenes Imperium als kurzlebig erwies, wurden die großen Reiche, die seine Generäle aus Alexanders Erbe an sich rissen, später zu den reichsten Provinzen des *Imperium Romanum*. Seleukos eignete sich Antiochia an, eine große Küstenstadt in der Nähe des heutigen Aleppo, gründete Seleukia in der Nähe des heutigen Bagdad und herrschte über große Teile Anatoliens und Persiens. Die lohnendste Beute aber war Ägypten, das Ptolemaios I. *Soter* zufiel, der Alexander im Mausoleum zu Alexandria, der von ihm gegründeten Stadt, beisetzte. Ptolemaios II., *Philadelphos* (liebender Bruder) genannt, weil er zwei seiner Brüder umgebracht hatte, festigte den von seinem Vater geschaffenen Thron, und seine Nachkommen herrschten in Ägypten, bis Oktavian 30 v. Chr. dieses reiche Land für Rom annektierte.

In Europa war Antigonos *Monophthalmos* (der Einäugige) 306 v. Chr. König von Makedonien geworden und seine Nachkommen behaupteten die Eigenständigkeit Makedoniens lange gegen Pyrrhos von Illyrien und die Ptolemäer und hinderten Kelten wie andere Barbaren daran, Griechenland zu überrennen.

Wirtschaft und Gesellschaft im Hellenismus

Der Aufstieg der hellenistischen Reiche und der politische Niedergang der alten Stadtstaaten bewirkten weder einen Wandel der vorwiegend landwirtschaftlichen Orientierung der Wirtschaft, noch eine Verringerung des Gefälles zwischen dem geistigen wie gesellschaftlichen Leben in den Städten und dem der Bauern auf dem Lande, ein Gefälle, das sich noch deutlicher in den griechischen Kolonien in Asien ausprägte. Platon, der immer noch viele gelehrte Untersuchungen anregt und in Übersetzungen eine breite Leserschaft findet, kam natürlich aus der Stadt und war in seiner intellektuellen Schärfe und Kompromißlosigkeit noch nicht einmal für die große Mehrheit der Athener repräsentativ. Die müßige Beschäftigung mit der eigenen Person, eine lange und sorgfältige Erziehung – *Paideia* –, in deren Verlauf der Jüngling geformt wurde und die, wenn richtig angelegt, nach Platons Meinung allein die jungen Menschen zur instinktiven Wahl der *Sophrosyne* (am besten als »harmonischen Besonnenheit« übersetzt) zu veranlassen vermochte, ging davon aus, daß das Grundbedürfnis, sich seinen Lebensunterhalt zu verdienen, vernachlässigt werden könne und daß das Streben nach Reichtümern eine freudlose Plackerei sei, die man am besten den *Metöken*, den angesiedelten Ausländern, überlasse.

Mit der Entwicklung einer ausgedehnteren Wirtschaft begannen die freien Bauern der ursprünglichen Stadtstaaten, die als Bürger zur Polis gehört hatten, ihren Grund und Boden zu verlieren. Einige verdingten sich als Söldner in den hellenistischen Kriegen, während der Bevölkerungsanteil der ausländischen Sklaven wohl angewachsen sein dürfte.

Auch der Handel wurde jetzt reger; der persische Staatsschatz, der gehortet worden war, um als Fonds für spektakuläre Geschenke und Prachtentfaltung der Herrlichkeit des Großkönigs noch mehr Glanz zu verleihen, wurde in Umlauf gebracht, wodurch die Geldmenge anwuchs, während die seit

Alexander gültige attische Währung, wie die in Ägypten gebräuchlichen eleganten phönizischen Münzen, auf denen Bäume und Pferde abgebildet waren, zum allgemein üblichen Tauschmittel wurde. Doch die hellenistische, ja die ganze griechisch-römische Wirtschaft blieb bei allem Reichtum, den die Oberschicht auf ihren Gütern und in den Städten genoß, begrenzt. »Wir müssen uns immer wieder ins Gedächtnis rufen, daß die europäischen Ereignisse des Spätmittelalters in der Technologie, der Wirtschaft und in dem sie begleitenden Wertsystem bis zum Beginn der Exporttätigkeit in jüngerer Zeit ohne Beispiel waren. Technischer Fortschritt, Wirtschaftswachstum, Produktivität und selbst Leistung sind ursprünglich nie besonders erstrebenswerte Ziele gewesen. Solange ein annehmbarer Lebensstil gewährleistet war, wie immer man ihn auch definieren mochte, standen andere Werte im Vordergrund.«[59] Es gab kein »fiduziäres Geld in irgendeiner Form«, kaum Möglichkeiten, Kredite zu erhalten, und »das starke Bedürfnis, Reichtümer zu erwerben, wurde nie zum Drang, Kapital zu schaffen, ... die vorherrschende Mentalität war auf Erwerb, nicht auf Produktion gerichtet«.[60]

Bei einer Sklavenhaltergesellschaft, wo also qualifizierte wie unqualifizierte Arbeitskräfte in großem Umfang zur Verfügung standen, wäre es irrig, das marxistische Modell einer Gesellschaft anzuwenden, in der sich bürgerliche Kapitalisten gegen »feudale« Landbesitzer auflehnen und ihrerseits ein Proletariat zum »Klassenkampf« veranlassen; denn es gab so gut wie keine kapitalistische Industrie im modernen Sinne. Die Manufaktur war im allgemeinen begrenzt, und es entstanden keine Städte in der Umgebung von Fabriken, wie etwa zu Beginn der Neuzeit. Die Städte waren Mittelpunkte von Absatz und Konsum, nicht aber, trotz all ihres Wohlstands, von Produktivität in großem Maßstab, obgleich dort Handwerker und Spezialisten aller Art arbeiteten. Die Technologie war noch immer sehr bescheiden. In der ganzen Antike gab es niemanden, der eine Windmühle oder auch nur eine Schubkarre erfunden hätte, und Wassermühlen kamen erst unter Augustus auf. So großartig auch die Aquädukte und so weitgespannt das römische Straßennetz waren, an modernen Maßstäben gemessen blieben die tatsächlichen Beförderungsbedingungen, von Post- und Armeepferden abgesehen, kläglich, und auch die Schiffahrt war noch sehr primitiv, da es keinen Kompaß gab und die Schiffe selbst im Sommer gewöhnlich der Küste folgten und sich nicht aufs offene Meer hinauswagten.

Nur die Kriegstechnik veränderte sich, denn nach Alexanders Feldzügen verwendeten seine Nachfolger Kriegselefanten – und zwar die asiatischen Monarchen den indischen, die Ptolemäer den afrikanischen Elefanten aus dem Sudan und die Karthager die kleinere Variante der afrikanischen Art, die damals in Libyen, dem heutigen Algerien und dem Vorgebirge des Atlas wild vorkam. Die Ptolemäer machten außerdem das Kamel zu einem universellen Lasttier, als sie die archaische ägyptische Wirtschaft zu der bei weitem leistungsfähigsten unter allen hellenischen Königreichen machten, natürlich ohne daß davon die Fellachen profitiert hätten.

Bei allen finanziellen und technischen Einschränkungen war die hellenistische Zivilisation jedoch, wie die frühe griechisch-römische nach ihr, mit ihrem riesigen, gemeinsamen Markt reich und prächtig; eine *Weltgesellschaft*, in der rege Reisetätigkeit viele Möglichkeiten schuf, und in der die konservative und hierarchische Gesellschaftsstruktur den Rhetorikern, Philosophen, Dramatikern und Dichtern reichlich Gelegenheit bot, nach Gönnern und nach Ruhm zu suchen.

Die *Koine*, eine vereinfachte Form des attischen Griechisch, wurde von allen Gebildeten gleich welcher Herkunft gesprochen, und die Grenzen zwischen Bürgern, Freigelassenen und Sklaven verwischten sich in einer Welt, die, um sie mit einem modernen Ausdruck zu bezeichnen, »international« war.

Wie es ihrer Art entsprach, hatten sich die Spartaner nicht an Alexanders panhellenischer Expedition beteiligt; auch untersagten sie ihren Bürgern zu reisen und provozierten mit ihrer archaischen Gesellschaftsordnung innere Zwistigkeiten und Bürgerkriege. In der kosmopolitischen Zivilisation, die sich von Alexanders Gründungen im Pandschab bis nach Mauretanien und zur Iberischen Halbinsel erstreckte, bedeutete die Verbannung aus der Heimatpolis kein großes Schrecknis mehr, verlor die Polis auch an sozialer und politischer Bedeutung. Deshalb breiteten sich jetzt neben orientalischen Einflüssen – etwa dem allgegenwärtigen Dionysoskult –, welche die Hellenen schon lange beeinflußt hatten, Philosophien aus, die versuchten, dem einzelnen Stütze zu bieten und ihm überall und unter allen Umständen zur Selbstgenügsamkeit in einer »ökumenischen« Gesellschaft zu verhelfen.

Aristoteles, Stoa und Epikur

Der größte Genius Mitte des vierten Jahrhunderts war ohne Frage Aristoteles, ohne daß man ihn allerdings als hellenistischen Philosophen bezeichnen kann. Wie Platon, sein Lehrer, bei dem er lange studiert hatte, um ihn später zu kritisieren, war er ein Mann des Stadtstaates. In Athen gründete er sein Forschungsinstitut Lykeion. 384 v. Chr. in Stagira, nahe dem heutigen Saloniki, an der Grenze zu Makedonien geboren, war er ionischer Herkunft; sein Vater wirkte als Arzt am makedonischen Hof. Er war der erste große wissenschaftliche Humanist, ein Sammler und Klassifizierer von umfassender Gelehrsamkeit, der auch die Grundsätze für Dichtkunst, Drama, Ethik und Politik niederlegte. Da er weder über ein Mikroskop noch über Instrumente zur genauen Zeitmessung verfügte, sind seine Beobachtungen ziemlich grob. Aber seine empirische Methode bestimmt auch sein ethisches und politisches Denken, in dem sich die strenge Beobachtung dessen, was wir Staatswissenschaft nennen würden, mit einer scharfsinnigen politischen Theorie paart. In der *Politik*, einem grandiosen Buch, obgleich sein Aufbau viel zu wünschen übrig läßt, da es nach Vorlesungsnotizen zusammengestellt wurde und erst lange nach Aristoteles' Tod in Umlauf kam, versichert er nachdrücklich, der Mensch sei »ein Tier, das in einer Polis lebt« (*Zoon politikon*), und da alles in der Natur ein Ziel habe, sei es Aufgabe der öffentlichen Macht, das »gute Leben« der Bürger zu fördern. In der Theorie ordnet er also die Politik der Ethik nach, womit er implizit bestreitet, daß Macht Recht schaffen könne. Wie ein Arzt untersucht er die Gesellschaften, um festzustellen, welche gesund seien und welche nicht. Diese leidenschaftslose Analyse in Verbindung mit der Überzeugung, das Gesetz müsse herrschen, da niemandem unbegrenzte Macht anvertraut werden dürfe, war von größter Bedeutung für das politische Denken.[61]

Doch das ist nur eine Seite seines gigantischen Gedankengebäudes, so daß sein Einfluß sich – zunächst über die Byzantiner auf das islamische Denken, dann über die islamische Welt auf das mittelalterliche Europa – als gewaltig und, falls falsch oder schief ausgelegt, als lähmend erweisen sollte. Trotz oder gerade wegen der herausfordernden Schwierigkeiten, welche die Interpretation seines Denkens bereitet – denn Platons literarisches Genie ging ihm völlig ab –, erwies sich dieser enzyklopädische Philosoph von weltoffener, edler Geistesart, »dessen allem Anschein nach wirklichkeitsgetreue Büsten ein Gesicht mit strengem Mund und forschenden Augen zeigen«,[62] als Autor von immenser Bedeutung, der zu allen Zeiten Interesse fand.

Obgleich Aristoteles Alexander erzog und überlebte, um 322 v. Chr. in Chalkis auf Euböa zu sterben, gehört er zum klassischen Zeitalter der Stadtstaaten. Die hellenistischen Philosophen waren von ganz anderem Schlage; ihnen ging es um möglichst allgemeingültige Verhaltensmaximen:

Diogenes, der aus Sinope am Schwarzen Meer stammte, also kulturell aus der hintersten Provinz, und der zu Alexanders Lebzeiten »wirkte« – wenn man sein Tun so bezeichnen darf –, wurde wegen seiner bissigen Bemerkungen »Hund« (*Kyon*)[63] genannt, daher die Bezeichnung Kyniker. Er kleidete sich wie ein orientalischer Bettler, trug Bündel und Stecken und legte sich schlafen, wann immer er konnte, wenn er es sich nicht in einer herrenlosen Regentonne gemütlich machte, wo – wie er behauptete – für seine Bedürfnisse in jeder Hinsicht gesorgt war. So verschaffte er sich viel Publizität. Von Zitaten abgesehen sind seine Schriften, darunter eine recht freizügige Utopie, verlorengegangen, aber die Sekte, die er begründete, fand starke Verbreitung unter all jenen, welche die Gesellschaftsordnung der Antike schwer erträglich fanden oder die von Natur aus gesellschaftsfeindlich eingestellt waren.

Die wichtigste von kynischen Ideen und Lehren beeinflußte philosophische Richtung war die Stoa, die einige der fähigsten Herrscher des Römischen Reiches prägte. Ihr Begründer war Zenon, ein Phönizier, der 334 v. Chr. auf Zypern geboren wurde und bis zu seinem Tode im Jahre 262 in Athen lebte. Er lehrte in der bunten *Stoa* oder Säulenhalle – daher die Bezeichnung »stoisch«. Zwar sind nur Fragmente seiner Schriften erhalten, doch Diogenes Laertios beschreibt im dritten Jahrhundert n. Chr. ihn und sein Werk. Er war Sohn eines wohlhabenden Kaufmanns, der ihm philosophische Bücher kaufte; als er am Piräus mit einer Ladung Purpur Schiffbruch erlitt, beschloß er nach der

Lektüre von Xenophons Erinnerungen an Sokrates, in Athen Philosophie zu betreiben. Ein Orakel hatte ihm verkündet, daß er sich, wolle er Weisheit erlangen, mit dem Tode paaren müsse, »dies verstand er richtig und legte sich auf das Studium der Alten«. »Sein Hals war etwas seitwärts gebeugt, wie Timotheos aus Athen in seinen Lebensbeschreibungen sagt. Der Tyrer Apollonius berichtet, er sei hager gewesen, ziemlich lang, von dunkler Hautfarbe – daher ihn einer eine ägyptische Ranke (Klematis) nannte ...« »Er hielt sich, wie Persaios in seinen ›Gastmahlsdenkwürdigkeiten‹ mitteilt, von Gastmahlen in der Regel fern. Dagegen hatte er, wie es heißt, seine Freude an grünen Feigen und Sonnenwärme.«[64] Seine Lehren wurden von Chrysippos und von Panaitios, der seinerseits Cicero beeinflußte, weiterentwickelt.

Die stoischen Lehren sind, selbst wenn man sie von ihrer merkwürdigen und komplizierten physikalischen Erklärung des Universums trennt, anspruchsvoll und streng – so anspruchsvoll und streng wie Zenon selbst, der die Jugend mit knappen, schneidenden Bemerkungen tadelte, und »sich Nacht und Tag beflissen [zeigte], sein Wissen zu mehren«. Der universelle *Logos* oder die schöpferische Intelligenz, die in den besten Menschen verwirklicht sei, erfordere Willenskraft, die stark genug sei, dem Menschen Verzicht, Selbstgenügsamkeit und die rechte Pflichterfüllung an dem Platz, an den er innerhalb der ihm brüderlich verbundenen Menschheit gestellt sei, zu ermöglichen. So gewinne das Leben des einzelnen an Bedeutung, werde eins mit der kosmischen Ordnung und der Gerechtigkeit des Zeus, der die Welt kraft jener Gesetze lenke, in deren Dienst allein die Freiheit zu finden sei. »Diese aber ist die wahre Vernunft, die alles durchdringt und wesenseins ist mit Zeus, dem Ordner und Leiter des Weltalls.« So lange der Stoiker gemäß dieser Grundsätze handle, sei er unverwundbar, könne er sich Schaden doch nur durch seine eigenen Entscheidungen zufügen. Dieser selbstauferlegte »Imperativ«, wie Kant ihn später in anderem Zusammenhang bezeichnete, mache den Menschen stolz und selbständig, wenn er nur stets aus der Pflicht gegenüber sich selbst handle; er werde die Welt nicht überbewerten und sich mit Würde verhalten und äußern. Diese strenge Philosophie entsprach in besonderem Maße der Geisteshaltung der römischen Herrenschicht, die sich selbst sehr ernst nahm, aber auch die Lehren des Epikur (341–270 v. Chr.), eines sehr viel liebenswürdigeren Philosophen, fanden große Anhängerschaft. Er wurde auf Samos geboren und ließ sich um 306 für immer in Athen nieder, »wo ihn Freunde von überall her aufsuchten und mit ihm in seinem Garten lebten«. Epikur war kein »Epikureer«, anstatt ausschweifender Genußsucht das Wort zu reden, riet er zu Mäßigung und Gelassenheit. Diogenes Laertios zählt die Anschuldigungen auf, die gegen ihn erhoben wurden und denen er seinen schlechten Ruf zu verdanken haben dürfte. So soll er einem Jüngling geraten haben: »Aller Bildung, Verehrtester, entfliehe mit vollen Segeln!« Unter bestimmten Umständen ein heilsamer Rat. Er soll auch täglich eine *Mine* für sein Essen ausgegeben und sich zweimal am Tag infolge dieser Zügellosigkeit übergeben haben, ganz zu schweigen davon, daß er seine Kritiker als Waschlappen und »ungebildete Gesellen« beschimpft haben soll. Doch wer solches behaupte, sei »nicht recht bei Sinnen«.[65] Vielmehr sei er so gütig gewesen, fährt Diogenes fort, daß man ihn mit Erzstatuen geehrt habe,und er Schüler in vielen Städten gefunden habe, »die durch den Zauber seiner Lehren an ihn gekettet blieben«. Gequält von »Urinversperrung (Harnzwang) infolge eines Steinleidens« (er verfaßte eine dreibändige Schrift *An die Ärzte*), sei er »in eine eherne, mit warmen Wasser gefüllte Wanne gestiegen und habe sich schweren Wein reichen lassen, den er eingeschlürft habe. So sei er, nachdem er die Freunde gemahnt, seiner Lehren eingedenk zu bleiben, gestorben.«[66] Seine Schriften waren umfangreich, dreihundert Rollen stark, die alle verlorengegangen sind: zum Beispiel das neun Bücher umfassende Werk *Gegen die Sophisten*, außerdem *Vom Reichtum, Von der Hochherzigkeit, vom Schicksal* und so weiter.

Epikur gab seinen Schülern, den damals durchaus angebrachten Rat, sich aus Würde dem öffentlichen Leben fernzuhalten und »Haß, Neid und Verachtung zu meiden«. Er war kein Atheist – »gewißlich gibt es Götter, aber nicht dergestalt, wie die Menge sie sich vorstellt« –, sondern ging nur davon aus, daß die Götter den Angelegenheiten der Menschen völlig fern stünden, und er versuchte die Furcht vor dem Tod zu lindern. Denn, so sagte er, das Universum setze sich zusammen aus besonders durchsichtigen Atomen, die beim Tode eines Menschen verdampften: er höre auf zu existieren und verliere das Bewußtsein. Da der Tote aber nichts wisse, gebe es auch nichts zu fürchten. »Daher macht die rechte Erkenntnis von der Bedeutungslosigkeit des Todes«, so meinte er, »für uns die Sterblichkeit des Lebens erst zu einer Quelle der Lust, indem sie uns nicht eine endlose Zeit als künftige Fortsetzung in Aussicht stellt, sondern dem Verlangen nach Unsterblichkeit ein Ende macht ... Das angeblich schaurigste aller Übel also, der Tod, hat für uns keine Bedeutung; denn solange wir noch da sind, ist der Tod nicht da; stellt sich aber der Tod ein, so sind wir nicht mehr da.«[67]

Das menschliche Verhalten nun müsse von Lust und Schmerz bestimmt werden. Die Dinge, die die größte Lust bereiteten, seien *bleibend*: vernünftige Wohltätigkeit, Selbstbeherrschung, Vermeidung von Schaden, Hilfe für Freunde. Er gewann viele Schüler.

Diese hellenistischen Philosophen, und es gab noch viele andere, suchten nicht wie Platon und Sokrates nach der Wahrheit, sie bemühten sich vielmehr, die Menschen zu einem von Vernunft bestimmten Leben zu bewegen, indem sie ihnen entweder die strenge stoische Selbstbeherrschung anempfahlen oder die überaus friedliche Zurückgezogenheit der Epikureer. Wen das Treiben der Menschen zu sehr anekelte, konnte auch auf orientalische Art davor fliehen, wie zum Beispiel Diogenes lehrte.

Die meisten freien Bürger aber setzten ihre zur Routine gewordenen religiösen Übungen fort, befragten Orakel, brachten Opfer dar, und statt sich mit Kriegen oder politischen Verbrechen zu unterhalten, besuchten sie Theater, Bäder, *Palästren* und die vielen Feste, welche die hellenistische Welt so reichlich zu feiern wußte. Bis die Römer sich ernsthaft damit befaßten, war die direkte Besteuerung gering. Von den Reichen erwartete man, daß sie weltliche und religiöse Ämter übernahmen, was mit großen Ausgaben verbunden war, mit öffentlichen Vergnügungen, rituellen Festen und Wohltätigkeitsmaßnahmen, so daß sie sich ihrer Großzügigkeit brüsteten, ganz anders als die heutigen Spitzenreiter in der Steuerprogression. Diese auf Grundbesitz basierende, keinen Gedanken an technischen Fortschritt verschwendende hierarchische Gesellschaft, in der die Sozialordnung als selbstverständlich hingenommen wurde, es sei denn, Armut und Unterdrückung wurden so unerträglich, daß ein Sklavenaufstand ausbrach, funktionierte. Die hellenistischen Monarchen bezeichneten sich als »Retter« und »Wohltäter« und ein Teil ihrer Öffentlichkeitsarbeit bestand aus verschwenderischem Luxus und Prachtentfaltung, ihre Freigebigkeit und die wohlhabenden Bürger machten die klimaverwöhnte hellenistische Welt zu einer glanzvollen Zivilisation für alle, die an ihrer Spitze oder nicht weit davon standen, während die wachsende Bevölkerung Mittel- und Nordeuropas noch immer in vergleichsweise primitiven Verhältnissen lebte.

Verflachung in den Künsten

Der Wohlstand dieser selbstbewußten Zivilisation trat am deutlichsten in ihrer Architektur zutage. Die ursprüngliche griechische Anlage von Tempel und Säulenhalle, der Ausdruck von Maß und Ordnung im dorischen, ionischen oder korinthischen Stil, fand nun ungeheure Verbreitung, da griechische Städte in West- und Zentralasien und sogar im Norden Indiens gegründet wurden, während sich die ursprünglichen Kolonien in Süditalien und in Spanien weiter entwickelten. Überall – mit Ausnahme von Ägypten, wo außerhalb von Alexandria und Naukratis die einheimische Tradition bewahrt wurde – war das Schema prinzipiell das gleiche: Akropolis, Tempel, Agora, Gymnasium, öffentliche Gebäude und die übrige Stadt – eine Form, die sich bis in griechisch-römische Zeiten erhalten sollte. Die hellenistische Zivilisation muß ebenso uniform gewesen sein wie der Mittlere Westen der Vereinigten Staaten – nur eleganter.

Die griechische Begeisterung für sportliche Wettbewerbe, die von nackten Athleten ausgetragen wurden – ein Kult, worüber sich die konservativeren Juden schrecklich entsetzten –, griff jetzt auf den Nahen Osten über. Wo man sich einst über die Griechen aufgeregt hatte, folgte man jetzt ihrem Beispiel. Nach Alexander konnten sich hellenistische Bauwerke riesenhaft, überladen und barock präsentieren, aber sie waren nicht stillos und zeugen mit ihrer staunenswerten Größe noch heute von der langlebigen Zivilisation, für die sie stehen, denn der Hellenismus hat Gewaltiges geleistet. Und wenn er auch die ursprünglichen klassischen Modelle einfach weiterentwickelte und nur immer größere und prächtigere Spielarten zu ihnen erfand, so bewies er doch Originalität etwa hinsichtlich der Städteplanung und der Technik der Wasserversorgung und Entwässerung. All das haben die Römer übernommen und übertroffen.

Die vielen Statuen, die Städte und Tempel schmückten, waren kunstvoll und erlesen gearbeitet, wenn auch naturalistischer und anekdotischer als ihre klassischen Urbilder. Praxiteles (ca. 370–330 v. Chr.), dessen einzige größere erhaltene Arbeit die in Olympia aufgefundene Statue des Hermes mit dem Dionysosknaben ist, dessen Genie aber viele spätere Kopien bezeugen, war ein Meister der Marmorskulptur, der sinnliche Linienführung und raffinierte Wirkungen mit dem alten klassischen Gefühl für Ausgewogenheit zu verbinden wußte, besonders deutlich im Apollon *Sauroktonos* (Eidechsentöter) und in der Haltung und Würde des Bronzeknaben aus Marathon. Lysipp von Argos, berühmt für seine Alexanderköpfe, war ein früher Meister der Porträtbüste und prägte einen Stil, der in der Antike viele Nachahmer fand. Dabei wurde gelegentlich die naturgetreue Physiognomie des Herrschers auf den vollkommenen Körper eines Gottes gesetzt, was recht ungereimt wirken konnte. Lysipps Werk war, wie das seiner Schüler, anekdotischer Natur; so schuf er einen Athleten, der sich den öligen Staub der *Palästra* von der Haut kratzt, oder Faune und Satyre, die häufig nichts Gutes im Schilde führen. Je reicher die hellenistische Zivilisation wurde, desto überladener bot sich ihre Plastik dar, desto mehr verlor sie an Strenge, wie etwa die Venus von Milo oder der überschätzte romantische Apollon vom Belvedere, während mythologische oder realistische Szenen große Virtuosität bezeugen, zum Beispiel die aberwitzigen Verschlingungen des Laokoon oder der dahinsterbende Gallier, einst ein Heiligtum unter Kennern. Die späten hellenistischen und griechisch-römischen Arbeiten werden großenteils so trivial und sentimental, daß Kenneth Clark schreiben kann: »Keine Kultur ist je künstlerisch so bankrott gewesen wie jene, die an den Küsten des Mittelmeers vierhundert Jahre lang einen fabelhaften materiellen Überfluß genoß. Während dieser Jahrhunderte voll bluttriefenden Tatendrangs verblaßten die bildenden Künste zu einer Art Scheinwährung, die man nur noch gelten ließ, weil man sie durch jene geistigen Schätze gedeckt wähnte, die im fünften und vierten Jahrhundert vor Christi Geburt zusammengetragen worden waren.«[68]

Das Theater wurde wie die Plastik persönlicher, manchmal auch trivial. Menander, ein wohlhabender Athener, geboren 342 v. Chr. und der Überlieferung zufolge 291 vor Piräus ertrunken, schrieb Gesellschaftskomödien und wirkte, über Plautus und Terenz, noch auf Molière. Er verzichtete auf den klassischen Chor, obgleich er seine Schauspieler weiterhin Masken tragen ließ, und schuf jenes Arsenal von Standardfiguren, von denen Komödie und Oper seither leben, wenn auch nicht immer ganz glücklich: den feurigen Liebhaber, das sich zierende Mädchen, den strengen Vater, den Glücksritter, den listigen Sklaven, der das Happy-End einfädelt, und die Nebenfiguren – Ärzte, Vertraute, draufgängerische Soldaten, tölpelhafte Bauern, sie alle verstrickt in komplizierte Verwicklungen, die sich zum Schluß in allgemeinem Wohlgefallen auflösen. Nur seine *Epitrepontes* (das Schiedsgericht) ist nahezu vollständig erhalten.[69] Es geht darin um das nicht eben aufregende Thema der Vaterschaft an einem ausgesetzten, aber geretteten Baby. Andere fragmentarisch erhaltene Stücke sind *Das Mädchen von Samos, Die Geschorene, Der Held*. Weitere sechzig konnten nicht identifiziert werden, weil nur verstreute Fragmente aufgefunden wurden. Er lieferte »ein Spiegelbild des menschlichen Lebens« und »eignet sich«, wie W. W. Tarns schreibt, »wunderbar zum Zitieren: ›Wen die Götter lieben, lassen sie jung sterben. Schlechter Umgang verdirbt die guten Sitten. Zuviel Wissen macht Feiglinge aus den Tapfersten‹«. Und es war nicht sein Fehler, daß das, was er mit soviel scharfer Beobachtungsgabe dem Leben ablauschte, zu stereotyper Konvention wurde.

Menander schrieb für ein breites Publikum, worin ihm jetzt andere Autoren folgten – und zwar sowohl für die gebildete Minderheit wie auch für die Masse derer, die mittlerweile lesen und schreiben konnten. Obwohl man die Drucktechnik noch nicht erfunden hatte, war es eine Zeit der Systematisierung und Verbreitung von Kultur. Es gab zahllose gebildete Sklaven, die mit dem Kopieren von Büchern und Schriftstücken beschäftigt waren, Schreibmaterialien wurden aus dem Mark der Papyrusstaude und, als Pergament, aus der Haut von Schafen, Ziegen und Eseln gewonnen, so daß die Bibliotheken des ptolemäischen Alexandria und der anderen hellenistischen Metropolen von großzügigen Herrschern, die nur zu gern Gelehrte und Schriftsteller an ihre Höfe zogen, verschwenderisch mit Buchrollen ausgestattet werden konnten. So hieß es von der riesigen Bibliothek in Alexandria, sie habe 700000 Buchrollen enthalten. Das erklärt auch das Aufkommen der Textkritiker und Grammatiker, welche die griechischen Klassiker herausgaben, die in die griechische Schrift einführten und eine systematische Philologie schufen. Obgleich der größte Teil der antiken Literatur verlorengegangen ist, würden wir heute noch weniger besitzen und nicht wissen, wieviel verschollen ist, hätte es nicht die Bibliotheken und Forschungsinstitute hellenistischer Zeit gegeben und hätte die griechisch-römische Welt nicht so einheitlich und durchgehend von einer gemeinsamen Kultur geprägt werden können, hätten nicht den gebildeten Ständen im ganzen Imperium Bücher in nie zuvor vorhandenen Mengen zur Verfügung gestanden.

So fanden die Dichter ein breites Publikum. Kallimachos von Kyrene, ein Bibliothekar und Höfling zu Alexandria, widmete sich im dritten Jahrhundert v. Chr. der Vervollkommung des Epigramms – einer jetzt weltlichen und empfindsamen Fortführung solcher Epitaphe wie desjenigen, mit dem der bei den Thermopylen gefallenen Spartaner gedacht wurde. Kallimachos stellte auch eine Anthologie von Kurzgeschichten zusammen, auf die noch Ovid gelegentlich zurückgriff, schrieb einen Katalog der Bibliothek von Alexandria und andere enzyklopädische Werke. Meleager (ca. 140–85 v. Chr.) schuf Anthologien voll raffinierter erotischer Dichtungen und Epigramme.

Doch das ursprünglichste dichterische Talent des Hellenismus war Theokrit. Vermutlich wurde er um 314 v. Chr. in Syrakus geboren, lebte aber auf

Kos und in Ägypten, wo er am Hofe von Ptolemaios *Philadelphos* verkehrte. Er erfand die Schäferidylle, und zwar in so vollkommener Form, daß »für die anderen nichts mehr zu tun blieb; seine Nachfolger können ihm nicht das Wasser reichen, und selbst Vergils *Eklogen* erscheinen daneben als künstliche Kopien. Allein die Alexandriner hätten ihn schon zum Klassiker gemacht.« »... und für die Süße und reine Schönheit der natürlichen Dinge hatte Theokrit ein Empfinden, über das kein anderer Grieche verfügte«,[70] etwa für das Summen der stumpfnasigen Bienen, das Zirpen der Zikaden, für die Bergeulen, deren Ruf den Nachtigallen gilt. Er entwarf lebendige Bilder vom ländlichen Leben, etwa wenn er von einem betagten Fischer und einem schroffen Felsen schreibt, »auf welchen mit Eifer der Alte schleppt zum Wurfe sein Netz«, oder wenn er den Knaben beschreibt, der so damit beschäftigt ist, eine Zikadenfalle zu flechten, daß er nicht bemerkt, wie ein Fuchs die Trauben stiehlt, die er bewachen soll.[71]

Theokrit erwähnt in seinen kurzen *Idyllen* mehr Pflanzen und Bäume, als sich im gesamten homerischen Werk finden, und er schildert das Auf und Ab der Liebe. »... denn die Hälfte des Lebens erhalte ich durch dein Bild, doch die andere ist mir entschwunden schon«; und »Willst du's, leb ich den Tag den beseligten Göttern gleich, willst du's nimmer, verhüllet in Dunkel und Finsternis«.[72] Die Geliebte ist flatterhaft und behandelt den neuen Buhlen wie einen, der sich drei Jahre lang bewährt hat, und den erprobten Freund wie jemanden, den sie drei Tage kennt.[73] In der Tat trifft es die theokritischen Schaf- und Ziegenhirten wie ein Blitzschlag: »Gestern warf er mir im Vorbeigehen einen raschen Blick unter gesenkten Lidern zu, zu schüchtern mir ins Gesicht zu sehen, und errötete. Und fester noch ergriff die Liebe mein Herz.«[74] Reibungsloser nimmt die Liebe zwischen Daphnis und seinem Mädchen ihren Lauf:

»Unter die Ölbäume komm', daß ich dir sage ein Wörtlein.«
»Aber mich schreckt die Geburt, ich könnte die Schönheit verlieren.«
»Wenn die Kinder geboren, so glänzt in den Söhnen sie neu dir.«

Rasch kommt man zur Sache:

»Satyr, was soll das? Was in den Busen da greifst du hinein mir?«
»Halt! Ob niemand sich nahet, Verwegener! Ich höre was rauschen!«
»Deine Vermählung flüstern einander ins Ohr die Zypressen.«

Der Dichter schließt: »So in schmelzender Lust durchwärmend die blühenden Glieder, flüsterten jene zusammen. Sie schieden vom heimlichen Lager, und sich erhebend enteilte die Ziege zu weiden sie leise, mit verschämten Augen, doch innerlich hüpfte das Herz ihr; er zur Herde der Stiere, noch voll von der Wonne der Umarmung.«[75]

5. Die römische Republik

Als Alexander nach seiner Rückkehr von der Expedition durch Zentralasien und Nordindien am Hof in Susa Gesandte aus nahezu der ganzen zivilisierten Welt empfing, war auch eine etruskische unter ihnen; eine aus Rom gab es allem Anschein nach nicht. Die Anfänge dieser mächtigen Republik waren prosaisch und bescheiden, doch ganz allmählich sicherte sie sich die Herrschaft über Italien, machte daraus ein Imperium und schickte sich an, Gebiete zu beherrschen und auszubeuten, die sich vom Euphrat bis nach Schottland, vom Schwarzen Meer bis zum Atlantik, von Nordafrika bis zum Niederrhein erstreckten. Diese schwerfälligen Kleinbauern überwanden ihre nächsten Nachbarn in den sabinischen und samnitischen Bergen, die Etrusker in Mittelitalien und die griechischen Städte in Kalabrien, Apulien und auf Sizilien. Nach einem Kampf auf Leben und Tod mit der großen Seemacht Karthago unterwarfen sie noch den größten Teil Spaniens, Makedoniens und Griechenlands sowie weite Gebiete Kleinasiens. Diese Expansion war ursprünglich zumindest teilweise improvisiert und defensiver Natur. Wie derjenigen des Britischen Empire lag ihr kein Plan zugrunde, wuchs sich aber dann, einer Eigengesetzlichkeit folgend, zu einem riesigen Ausbeutungsunternehmen aus.

Anfang des ersten Jahrhunderts v. Chr. löste sich die ursprünglich landwirtschaftliche Struktur auf; die archaischen, stadtstaatlichen Institutionen wurden den enormen Aufgaben nicht mehr gerecht. An ihre Stelle trat der Prinzipat, welcher zunächst eine Monarchie nach hellenistischer Manier war, dann ein ausgedehntes, militärisch leistungsfähiges und rücksichtsloses Kaiserreich, das sich bis zur Mitte des dritten Jahrhunderts stets als äußerst siegreich erwies; es schuf die *Pax Romana* und skizzierte den Entwurf der europäischen Zivilisation.

Die meisten der Dinge, um deretwillen der Römer vor allem gedacht wird, verdankten sie den Etruskern, den *Tyrsenoi*, wie die Griechen sie nannten, einem geheimnisvollen Volk, das, wie es selbst glaubte, aus Südanatolien stammte. Herodot behauptet, die Etrusker seien vom Hunger aus Lydien vertrieben worden: »An vielen Völkern schifften sie vorüber und gelangten zum Lande der Ombriker. Dort siedelten sie sich an, bauten Städte und leben dort bis auf den heutigen Tag.«[76] Obwohl ihre kunstvollen Grabbilder berühmt sind, waren die Etrusker alles andere als todessehnsüchtig, hatten vielmehr Freude am Leben, an Festen und Musik, an Pferden und prächtigen Rüstungen, deren Helme mit zwei Büschen verziert waren. Nach klassischen hellenischen Maßstäben waren sie wohl eher vulgär und orientalisch – Berenson hat mit der ganzen Strenge des gefeierten Kunsthistorikers von ihnen gesagt, ihre Kunst sei »nur durch die Originalität ihrer Unfähigkeit« von der der Griechen zu unterscheiden. Aber sie waren aristokratische Stadtbewohner und durchaus in der Lage, die Erzvorkommen Mittelitaliens abzubauen, schon im sechsten Jahrhundert v. Chr. wohlhabend und noch immer auf der Höhe ihrer Macht, als Athen im fünften Jahrhundert seine Blütezeit erlebte.

Ihre Sprache steuerte einige wichtige Wörter zum Lateinischen bei. Obgleich wir ihr dem Griechischen sehr verwandtes Alphabet mit seiner Überfülle von »th«- und »ch«-Lauten lesen können, ist es nicht gelungen, die Sprache selbst zu entschlüsseln, abgesehen von einigen Vor- und Vatersnamen sowie ein paar Wörtern wie *Usil* (Sonne) und *Tir* (Mond). Es handelt sich gewiß um keine indoeuropäische Sprache. Eine auf Lemnos entdeckte Inschrift in einer Sprache, die mit dem Etruskischen sehr verwandt ist, bestätigt die Hypothesen von der östlichen Herkunft dieses Volkes ebenso wie frühe künstlerische Darstellungen von Greifvögeln und Löwen sowie der später von den Römern übernommene kultische Brauch, aus der Leber des Opfertiers zu weissagen. Der etruskische Einfluß auf die Römer wird bezeugt durch wichtige Schlüsselwörter im Lateinischen: *Templum, Fasces* (das um die Doppelaxt gewundene, von Liktoren getragene Rutenbündel), *Histrio* von *Ister* (Schauspieler), *Persona* (Maske) und sogar *Toga* von *Tebennos*.

Der etruksische Einfluß reichte weit: in die Toskana und nach Umbrien, nach Norden über den Apennin nach Felsina (Bologna) und in die Regionen, in denen heute Modena, Piacenza und Mantua liegen, nach Süden bis Rom und Capua. Erst 509 v. Chr., nur neunzehn Jahre vor Marathon, sollen die Römer den etruskischen Herrscher Tarquinius Superbus verjagt haben. Mit Gewißheit wurden die Etrusker zusammen mit den sizilianischen Griechen 480 v. Chr., im Jahr von Salamis, bei Himera besiegt, ein Ereignis, das den Verfall ihrer politischen Hegemonie besiegelte, wenn auch nicht den ihres Reichtums. Lange noch unterhielten sie Handelsbeziehungen zu den in Mitteleuropa ansässigen gallischen und keltischen Barbaren und versorgten sie mit Waffen, kunstvollen Kesseln, Bronzespiegeln, Trinkbechern, Elfenbeinschmuck, Gold und Bernstein sowie mit Kopien konrinthischer Keramikerzeugnisse. Ein berühmtes Beispiel für ihre Waren ist der Bronzekessel aus Vix in der Provence. Lange bevor die Römer zur Macht kamen, gab es schon eine jahrhundertealte Handwerkertradition in Mittel- und Norditalien. Und – Berenson möge es mir verzeihen – der archaische und rätselhafte Apollon von Veji vom Ende des sechsten Jahrhunderts und die so außerordentlich wölfische Kapitolinische Wölfin mit ihren kräftigen Kiefern, die immer noch das Wahrzeichen Roms ist und der erst in der Renaissance die pausbäckigen Zwillinge Romulus und Remus zugesellt wurden, lassen künstlerische Begabungen erkennen, die Jahrhunderte später in der Toskana wieder aufleben sollten. Die Etrusker vermochten auch, anders als die Griechen, Gewölbe und Bögen zu mauern; sie erfanden ferner das *Atrium*, um das herum die größeren römischen Häuser angelegt wurden. Die gewaltigen Torgewölbe in Perugia legen noch heute Zeugnis von den architektonischen Fähigkeiten der Etrusker ab. Unter etruskischer Herrschaft übernahmen die Römer einige ihrer typischen Einrichtungen; leider stammt auch die blutige Sitte der Gladiatorenkämpfe von den Etruskern, bei denen sie ursprünglich zur Totenfeier gehörten. Das war, wie in Griechenland das Theater, der charakteristische, wenn auch weit abstoßendere Beitrag Roms zur Unterhaltung der Massen.

Aufstieg Roms

Nach einer Überlieferung, für die sich Varro, der Altertumsforscher aus republikanischer Zeit, verbürgte, wurde Rom 753 v. Chr., zur Zeit Homers also, von Romulus, einem Nachfahren des Trojaners Äneas, »gegründet«, und moderne Ausgrabungen haben tatsächlich eine Reihe aus Flechtwerk und Lehmziegeln gefertigter Hütten auf dem kapitolinischen Hügel zutage gefördert, der das *Forum Romanum* beherrschte, wo noch heute der 20 n. Chr. erbaute sogenannte Vestatempel steht. Hier wurde die Flußüberquerung durch eine Insel erleichtert, und hier kreuzten sich auch die Straßen aus Etrurien, aus der Campagna und aus Latium. Zwar war der nächstgelegene Marmorbruch erst in Carrara, doch ließen sich Holz und Lehmziegel, aus denen die Stadt bis in augusteische Zeit hinein vorwiegend erbaut war, durch vulkanischen Tuff ergänzen.

Die strategisch günstig gelegene Siedlung entwickelte sich. 616 v. Chr. vermochte sie die Begehrlichkeit der etruskischen Aristokraten schon so weit zu reizen, daß diese sich ihrer bemächtigten. Das *Forum Romanum* wurde nördlich des Palatinischen Hügels und im Osten des Kapitols angelegt. Ostwärts erstreckte sich die *Via Sacra*, und ein Jahrhundert später befand sich auf dem Kapitol ein Staatstempel, der etwa zur Zeit der Vertreibung des Tarquinius Superbus erbaut worden war. Im Gegensatz zu den Griechen besaßen die Römer in ihren Anfängen keine Literatur – selbst die Kenntnis der Romulussage verdanken wir Dionysios von Halikarnassos –, aus Inschriften geht jedoch hervor, daß im sechsten Jahrhundert ein primitives Latein als übliches Verständigungsmittel diente, ursprünglich ein voretruskischer Dialekt von dunkler Herkunft, von den Römern und ihren lateinischen Nachbarn gesprochen und den Sabinern selbst bei so alltäglichen Wörtern wie Wolf, Ochse oder Sau verpflichtet. Es ist verwandt mit dem Sikulischen, Oskischen und anderen indoeuropäischen Idiomen Italiens, sollte aber eine der großen historischen Sprachen werden. Klangvoll, knapp und ausdrucksvoll, war es ein unmittelbarer Vorfahr der romanischen Sprachen in Europa und in Übersee. Diese klare, kompakte Sprache eignete sich ausgezeichnet zur Formulierung von Gesetzen, mit ihrer Bedeutungsfülle und Rhythmik zur öffentlichen Rede und erwies sich als ideales Kommunikationsmittel sowohl für die Verwaltung wie für erhabene Dichtkunst und beißende Satire.

Alle Indoeuropäer, die nach Westen kamen, hatten repräsentative Institutionen, wie wir sie in komplexerer Form in Hellas kennengelernt haben. Die Römer verwirklichten und übernahmen sie in besonders praktischer und wirksamer Gestalt. Wie in den griechischen Stadtstaaten hatte die Macht ursprünglich in den Händen der aristokratischen Landbesitzer gelegen, die frühen römischen und etruskischen »Könige« waren in erster Linie Strohmänner; mit der Vertreibung der Etrusker wurde Rom formal zur Republik. Die »Könige« hatten ihre Weisungen stets von den Senatoren oder *Patres* bekommen – den Vätern –, ursprünglich die Oberhäupter weitverzweigter Familien oder *Gentes*. Diese *patrizische* Interessenvertretung hatte zunächst hundert Mitglieder, dann dreihundert, später noch mehr und besaß ein weitgehendes Monopol auf die sakralen Ämter der *Auguren, Flamines* und anderer; aus ihnen rekrutierten sich auch die Vestalischen Jungfrauen. Im Gegensatz zu orientalischer und späterer christlicher Sitte gab es keinen eigenen Priesterstand. Die Römer hatten in ältester Zeit die *Comitia Curiata*, die Versammlung der je zehn Kurien aus den ursprünglichen drei *Tribus*, theoretisch der Ursprung des *Imperiums* (der höchsten Befehlsgewalt). Aber schon früh wurden die *Comitia Curiata* durch die *Comitia Centuriata* verdrängt, die Versammlung der *Zenturien*, wobei sich das Mitspracherecht ihrer Repräsentanten nach der Fähigkeit bemaß, sich Waffen leisten zu können, so daß das System zur Oligarchie tendierte. Bezeichnenderweise gehörten Techniker und Handwerker zur höchsten Kaste, während die Musiker zusammen mit den Landlosen die niedrigste bildeten. Obwohl die Macht dieser Volksversammlung recht bald schwand, wählte nur sie die hohen Beamten. An der Spitze des komplizierten Systems standen die beiden gleichberechtigten Konsuln, die einen Purpurstreifen an der Toga trugen und von Liktoren begleitet wurden. Sie waren mit dem *Imperium* ausgestattet, doch war die römische Furcht vor tyrannischen Königen so groß, daß sie nur für ein Jahr gewählt wurden und jeweils die Entscheidungen des anderen durch ihr Veto zu Fall bringen konnten. Sie präsidierten dem Senat, dessen Mitgliedschaft sie nach Ende ihrer Amtsperiode automatisch erwarben, ein Akt, durch den sie übrigens auch als Prokonsuln einer Provinz wählbar wurden. Schließlich befehligten sie die Streitkräfte, entweder je an aufeinanderfolgenden Tagen oder durch Teilung des Heeres. So kann nicht überraschen, daß das Amt des *Diktators*, auf sechs Monate befristet, nur für Notfälle vorgesehen war.

Der Senat behielt sich zwar die grundlegenden Rechte der Besteuerung und der Entscheidung über Krieg und Frieden vor, aber die Konsuln besaßen großes Prestige. Sie repräsentierten den Staat, und ihr Amt hatte, wenn auch mit schwindender Macht, Bestand bis weit in die Kaiserzeit hinein, ja bis zum Anfang des Byzantinischen Reiches und wirkte noch ins Mittelalter hinein. Andere wichtige Beamte waren die *Quaestoren* (Untersuchungsbeamte), die den Konsuln zur Seite standen und denen Finanzverwaltung und Münzwesen unterstanden, einschließlich der damit verbundenen rechtlichen Belange, und, zur Kaiserzeit, die Gladiatorenkämpfe und Wagenrennen. Den *Praetoren* oblagen bestimmte Aspekte des einheimischen Rechtes und zunehmend die Verwaltung auswärtiger Provinzen, wo sie als *Propraetoren* amtierten. Die *Volkstribunen*, die es seit 471 v. Chr. gab, wurden in einer eigenen Versammlung, der *Concilia Plebis*, von den Plebejern per *Plebiszit* gewählt, konnten ihr

Veto sogar gegen Entscheidungen der Konsuln einlegen und die Senatsgeschäfte blockieren. Sie hatten keine offiziellen Insignien, aber Zugang zum Senat und durften sicher sein, daß jeder, der sie angriff, nach altem römischen Brauch vom Tarpejischen Felsen des Kapitols gestürzt würde. Dieses einflußreiche Amt, wenngleich nicht selten von Patriziern kontrolliert, hat oft politische Umwälzungen verursacht und wurde im Kaiserreich nur noch der Form nach geduldet. Die Militärtribunen dagegen waren hohe Offiziere.

Dies waren im wesentlichen, und etwas vereinfacht die bedeutenden, komplexen, ausgewogenen und manchmal verwirrenden Verfassungsorgane der römischen Republik, die der nachfolgenden Geschichte, nicht zuletzt in den Vereinigten Staaten, als Vorbild dienten und die gut funktionierten, bis sie der immensen Verantwortung der expansiven ausländischen Eroberungen und dem neu hereinströmenden Reichtum nicht mehr gerecht wurden.

Die Römer waren, anders als die Griechen, kompromißfähig, wußten archaische Fiktionen aufrechtzuerhalten und Gegensätze in einem Netz von Verfahrensregeln und Gesetzen zu verpacken, in dem der bestimmende Machtfaktor aristokratisch, entschlossen und verantwortungsbewußt war, geeint durch das gemeinsame Interesse zunächst am Überleben, sodann an Sieg und Kriegsgewinn.

In diesem Rahmen entstanden die komplexen Verästelungen des römischen Rechts. Verwurzelt in der Gewohnheit, »der Weise unserer Vorfahren« (*mos maiorum*) und ursprünglich ungeschrieben, entwickelte sich das *Ius* – wörtlich »Gebot« – zum geschriebenen Recht, dem *Ius civile*, erstmals um 450 v. Chr. in den *Zwölf Tafeln* kodifiziert, von denen nur Fragemente erhalten sind. Es bezeichnete einen Kompromiß, durch den die römische Plebs ohne Blutvergießen erreichte, daß das Recht den von den Patriziern ausgenutzten Nimbus eines heiligen Mysteriums verlor und von jedermann in Anspruch genommen werden konnte. Es nahm einen vorwiegend privatrechtlichen Charakter an und regelte in erster Linie Eigentums- und Nachlaßfragen. In diesem Bereich übte das älteste männliche Familienmitglied auf Lebenszeit strenge *Patria potestas* aus, zu der auch das Recht gehörte, erwachsene Söhne zu enterben oder gar zu töten; zum Familienstolz gesellte sich der Familienterror. Das *Ius civile* regelte auch das Vertragsrecht und die Maßnahmen, die bei Tätlichkeiten oder Eigentumsdelikten zu ergreifen waren. Alle diese komplexen und klugen Verfahrensregeln wurden allmählich von den *Praetores urbani* (für die Stadt) zusammengetragen, indem sie ihr *Imperium* dazu benutzten, um über Einzelfälle zu entscheiden, während Laienrichter und Schöffen Anwendungsregeln und Präzendenzfälle schufen. In der Folge »wurde durch Auslegung einfacher Ursprünge ein flexibles und ausgeklügeltes Rechtssystem errichtet«.[77] Diese Menschen waren sich ihrer Leistungen bewußt: Das Gewicht der Institutionen und Präzedenzfälle sorgte für eine rationale Ordnung, während Europa jenseits der Alpen noch in barbarischen Verhältnissen lebte.

Und da das *Ius civile* auf Bürger beschränkt war, ersannen die Römer eine

Regelung für Fremde, die in immer größerer Zahl Teil ihres Lebens wurden. 241 v. Chr. wurde ein *Praetor perigrinus* (für Ausländer) ernannt, zuständig für einen Gesetzesbereich, der, da weniger an althergebrachte Formalien gebunden, an pragmatischen Gesichtspunkten orientiert war. Aus Regeln, die für jedermann ohne Ansehen der Person anwendbar erschienen, entwickelte sich das *Ius gentium*, das Völkerrecht, das später mit dem umfassenderen griechischen Begriff des allen Menschen gemeinsamen Naturrechts verschmolz – dem *Ius naturale*.

Die römische Verfassung und das römische Recht waren also tragfähige Stützen des Staates. Die Römer waren im Unterschied zu den Griechen konsensfähig; sie waren zu praktisch, als daß sie ihre Stadt durch einen gewaltsamen Konflikt zwischen Patriziern und Plebs hätten zugrunde richten lassen. Die dominierende patrizische Partei – welche die meisten Konsuln stellte – erklärte sich pragmatisch zu allen unumgänglichen Zugeständnissen bereit. Nicht daß römisches Recht und römische Gerechtigkeit leicht zu haben waren für Arme: die Gesellschaftsordnung beruhte auf Status und Landbesitz. Deshalb waren die hohen Staatsämter im wesentlichen ein Monopol der großen Familien der Republik, und wie in Griechenland war Sklaverei selbstverständlich, doch anders als die Lehensherren im mittelalterlichen Europa, die sich ihre Positionen selbstherrlich geschaffen hatten, erwarben die patrizischen Familien Roms ihre Stellung und ihr Ansehen durch Dienst am Gemeinwohl.

Unsere Kenntnisse vom Aufstieg Roms verdanken wir großenteils dem Bericht eines griechischen Geschichtsschreibers: Polybios (ca. 200–118 v. Chr.), Sohn eines wohlhabenden Landbesitzers und Politikers in Arkadien, wurde als Geisel nach Rom gebracht, wo er ein enger Freund von Scipio Aemilianus wurde, den er nach Spanien begleitete, und war auch bei der Belagerung und Zerstörung Karthagos zugegen. Er war ein erfahrener Staatsmann, Soldat und Reisender – er wagte sich hinaus auf den Atlantik –, und er wählte sich ein großartiges Thema: die Eroberung der Mittelmeerwelt durch die römische Republik. Außerdem leistete er bewundernswerte Pionierarbeit für eine Theorie der Geschichtsschreibung und verdient es durchaus, allein um dieses Aspektes willen, ganz abgesehen von seinem Hauptanliegen, gelesen zu werden. Ein Realist, entschlossen, das Wesentliche des Geschehens herauszufinden, und seine Absichten waren lauter: nicht aufregen oder unterhalten wollte er den Leser, sondern ihn gegen mögliche Katastrophen feien, indem »er ihn an die Unglücksfälle anderer gemahnt« (Polybios, *Historien*). Sein hellenistisches Griechisch ist klischeehaft und konfus, doch auf sein Urteil ist Verlaß. »Überlegen ist das römische Staatswesen«, schrieb er bei einem Vergleich römischer und griechischer Politik, »nach meiner Auffassung dank der Natur seiner religiösen Überzeugungen ... ich meine die abergläubischen Vorstellungen, welche für den Zusammenhalt des römischen Staates sorgen. Diese werden mit äußerster Prachtentfaltung gepflegt und reichen weit in das öffentliche und private Leben hinein.«[78] Man stützte also das oligarchische

System, indem man durch ein althergebrachtes Ritual tiefverwurzelte konservative Instinkte ansprach. »Da die Menge«, wie er meinte, »stets wankelmütig, voller gesetzloser Begierden, unvernünftiger Leidenschaften und heftiger Wut ist, muß sie durch unsichtbare Schrecken und dergleichen Pomp in Schach gehalten werden.« Die »Heutigen« sind seiner Meinung nach »höchst unbesonnen und närrisch, solchen Glauben zu ächten«.

So sicherten die Römer ihrer oligarchischen Führung die Unterstützung des Volkes und vermieden, daß der Pöbel aufmuckte und, wie Polybios es formuliert, »noch nicht einmal damit zufrieden, der herrschenden Klasse gleichgestellt zu sein, ... den Löwenanteil für sich fordert«. Denn »wenn das geschieht, schmückt sich der Staat zwar mit höchst wohlklingenden Namen wie Freiheit und Demokratie, seiner Natur nach aber nimmt er die denkbar schlechteste Entwicklung, die nämlich zur Pöbelherrschaft«.[79] Die Römer hätten, anders als die Athener, so meinte er, solche Täuschungen zu vermeiden gewußt.

So gelang es der römischen Republik in ihrer strategisch günstigen Lage nach bescheidenen Anfängen auf ihre pragmatische und entschlossene Art inneren Zwist und äußeren Angriff zu überstehen und geeint unter ihrem Bannerspruch S. P. Q. R. – *Senatus Populusque Romanus* – die Herrschaft über die antike Welt anzutreten.

Die Punischen Kriege

Um 390 v. Chr., neun Jahre nach Sokrates' Tod, kamen gallische Stämme, die vor allem in der Nähe von Mailand siedelten, über den Apennin herab und hätten um Haaresbreite Rom vernichtet. Doch das Kapitol, angeblich von den heiligen Gänsen gerettet, erwies sich als uneinnehmbar, und mit keltischer Inkonsequenz zeigten sich die Eroberer mehr an momentaner Plünderung als an dauerhafter Ausbeutung interessiert. Obgleich sie den größten Teil der Stadt niederbrannten, hatten die Archive der aufstrebenden Republik die Ereignisse, im Gegensatz zu einer verbreiteten Annahme, unbeschadet überstanden. Alarmiert schlossen die etruskischen und römischen Städte kurzfristige Bündnisse, und die Römer stellten sich auf guten Fuß mit den Karthagern und der griechischen Kolonie in Massilia. Allmählich dehnten sie ihre Macht auf Latium aus. Auch anschließende Angriffe der Etrusker wurden abgeschlagen, und als Alexander der Große den Thron bestieg, hatten die Römer bereits die Herrschaft über die Campagna im Süden an sich gerissen und sicherten vielen Städten bis hinab nach Capua das Bürgerrecht ohne Stimmrecht zu – eine kluge Maßnahme. 326 hatten sie Neapolis (Neapel) eingenommen, als sie aber noch weiter nach Süden vordrangen, um auch Sizilien zu unterwerfen, sollten sie ihrem ersten Widersacher aus dem Osten begegnen, einem Glücksritter, der vom Zusammenbruch des alexandrischen Reiches profitiert hatte.

Pyrrhos von Epirus – 319, vier Jahre nach Alexanders Tod geboren und schon mit zwölf Jahren König seines Landes – war mit Alexanders Mutter Olympia verwandt und teilte ihre Neigung zu Mord und Bluttaten. Um sein Königreich gebracht, hatte er in Kleinasien gekämpft und als Geisel am Hofe Ptolemaios I. gelebt. Von diesem wieder in Epirus eingesetzt, hatte er kurzzeitig Makedonien und Thessalien erobert. Im Kampf gegen die Antigoniden von Makedonien erwies er sich als Experte der hellenistischen Kriegführung, über die er auch eine heute verlorene Abhandlung schrieb, und verbündete sich 282 v. Chr. mit Tarentum, im Stiefelabsatz Italiens. Ein Jahr darauf brachte er den Römern eine böse Niederlage bei, jene erste Schlacht gegen eine in hellenistischer Taktik geschulte und mit Reiterei und indischen Elefanten, der gefährlichsten Sorte, ausgerüstete Armee. Dieser gewaltige Feind bewegte sich dann auf Rom zu, aber die römische Politik, Soldaten auf Siedlungsland in neuen Städten zusammenzufassen und den Ausgleich mit besiegten Rivalen zu suchen, zahlte sich aus: Pyrrhos mußte sich von Sizilien zurückziehen, als ihm auch die zu diesem Zeitpunkt mit Rom verbündeten Karthager seine kurze Herrschaft über die Insel streitig machten. Schließlich gelang es den Römern doch noch, ihn bei Beneventum im Osten Neapels zu schlagen. Trotz all seiner Siege zog er sich mit einem durch schwere Mannschaftsverluste geschwächten Heer nach Epirus zurück, um nach weiteren kurzlebigen Eroberungen im antigonidischen Makedonien in einem obskuren Gefecht bei Argos zu fallen. Das römische Bürgerheer hatte über die erste Söldnerarmee triumphiert, die von außerhalb Italiens gekommen war, um es herauszufordern. Außerdem waren sie nun mit der reichen und eleganten *Magna Graecia* in engere Berührung gekommen.

Der Krieg mit Pyrrhos war nur das Vorspiel zu einer weit schwereren Prüfung. Mit dem Griff nach Sizilien, der Kornkammer des zentralen Mittelmeerraums, hatten die Römer eine Macht herausgefordert, die ältere Rechte und eine weiterreichende Einflußsphäre besaß als Rom und die dazu noch das Meer beherrschte: Karthago, eine strategisch günstig gelegene Halbinsel, die vom heutigen Tunis aus ins Meer hinausragt, war kaum mit dem Festland verbunden und durch einen See geschützt. Die gewaltige, blühende Stadt war etwa 720 v. Chr. von Tyros aus gegründet worden und verfügte jetzt über ein Einflußgebiet, das Palermo, Marsala und Messina ebenso umfaßte wie Sardinien, die Balearen (wo sich der Name Port Mahon vom karthagischen Mago Barca herleitet) und die nordafrikanische Küste bis nach Oran und Mogador. 460 v. Chr. hatte der karthagische Seefahrer Hanno die westafrikanische Küste und vermutlich auch ein gutes Stück darüber hinaus nach Süden erforscht. Dieser semitische Staat lebte vom Handel. Seine höchsten Beamten, die *Suffetim*, herrschten gemeinsam mit einem wohlhabenden oligarchischen Rat und einer Versammlung von Kaufleuten, die Oliven, Datteln und gesalzenen Fisch exportierten, dazu kunstvolle Möbel aus Zedernholz, Luxusbetten, kostbare Kisten und Elfenbeinschmuck. Außerdem betrieben die Karthager die Silberminen in Spanien, die Bleiminen auf Sardinien, bezogen Bauholz aus dem Atlas und Weizen aus Sizilien. Ihre einzige künstlerische Leistung waren ihre Münzen. Ihr Schmuck war vulgär, ihre Architektur bloße Nachahmung der griechischen und ihre Religion offenbar wirklich das, was die Griechen und Römer von ihr behaupteten, denn Archäologen haben tatsächlich die verkohlten Überreste von Kindern gefunden, die Tinnit geopfert worden waren, ihrer höchsten Göttin, deren Tempel auch Ort ritueller Prostitution war.

Diese östlichen Kultübungen verbanden sich mit verwegener Kriegführung und wagemutigem Seehandel. Die Karthager waren die größten Entdecker der Antike, versenkten sofort jedes fremde Schiff, das ihnen in die Quere kam, und geboten, als sie beschlossen, Sizilien nicht kampflos an Rom abzutreten, über eine gewaltige und bewährte Streitmacht. Polybios charakterisiert den Gegensatz der beiden Mächte treffend, wenn er sagt: »Die Karthager sind zur See natürlich an Schlagkraft und Ausrüstung die Überlegenen, weil die Seefahrt schon seit langem ihre wichtigste nationale Erwerbsquelle ist und weil sie sich mehr als irgendein anderes Volk mit dem Meer beschäftigt haben. Aber zu Lande sind ihnen die Römer in militärischer Hinsicht weit überlegen. Sie widmen nämlich ihre ganze Energie diesem Geschäft, während die Karthager ihren Fußtruppen überhaupt keine Aufmerksamkeit schenken. Nur der Reiterei messen sie einen gewissen Wert bei. Das liegt daran, daß ihre Truppen aus Fremden und Söldnern bestehen, während die römischen Soldaten Einheimische sind und Bürgerrecht genießen.«[80]

Die langen Punischen Kriege – von *Poeni*, dem lateinischen Wort für Karthager – wurden in drei Waffengängen ausgetragen: im ersten, 264–241 v. Chr., brachen die Römer die karthagische Seeherrschaft, unterwarfen Sizilien – nur das griechische Syrakus bewahrte seine Unabhängigkeit –, erzwangen enorme Reparationszahlungen und ließen den gewaltigen Weizentribut, der bislang von den Karthagern in Sizilien erhoben worden war, fortan nach Rom schaffen. Im zweiten Krieg, 218–201 v. Chr., drangen die Karthager, nachdem sie sich erholt und ihre Macht nach Spanien ausgedehnt hatten und ihr Unternehmen teilweise mit Hilfsgeldern der ägyptischen Ptolemäer finanzierten, über die Alpen nach Italien ein. Hannibal brachte den Römern am Trasimenischen See und bei Cannae (216 v. Chr.) vernichtende Niederlagen bei, um anschließend Rom selbst zu bedrohen. Doch die Römer wandten sich unter P. Cornelius Scipio, der mit sechsundzwanzig Jahren zum Diktator ernannt wurde, im Gegenzug gegen den karthagischen Stützpunkt in Spanien, und als eine neue karthagische Armee die Alpen überquerte, besiegten sie diese am Metaurus. Hannibal hielt mit seinem dahinschmelzenden Heer noch in Süditalien aus, aber 204 v. Chr. fiel Scipio in Afrika ein, wo er sich zwei Jahre später den Beinamen *Africanus* verdiente, als er Hannibal bei Zama in Tunesien eine vernichtende Niederlage bereitete. Hannibal floh nach Syrien, wo er Selbstmord beging.

Ihren Sieg verdanken die Römer dem Umstand, daß sie den Karthagern die Überlegenheit zur See entrissen hatten. Sie trugen die Seeschlachten so aus, wie sie ihre Schlachten zu Lande schlugen. Statt sich an die alte Methode zu halten und den Feind mit Galeeren zu rammen, die nur auf Schnelligkeit gebaut waren und außer den Ruderern für weitere Besatzungsmitglieder so wenig Platz boten wie ein moderner Rennachter, heuerten die Römer griechische Besatzungen an, lernten selber besser zu rudern, bauten Schiffe, die groß genug waren, Soldaten an Bord zu nehmen, und setzten gegen ihre hilflosen Widersacher Enterhaken ein. Sobald diese festsaßen, konnten die feindlichen Schiffe geentert und gekapert werden.

Im zweiten Punischen Krieg sicherte sich Hannibal zwar durch seine sensationelle Alpenüberquerung einen Überraschungsvorteil, aber seine berühmten Elefanten nutzten ihm ziemlich wenig. Zweiundsiebzig besaß er, aber alle bis auf einen gehörten sie zur kleineren afrikanischen Rasse und waren nur zwischen zwei und zwei Meter fünfzig hoch. Sie vermochten keine großen Sitze zu tragen, und die meisten gingen ein, bevor sie noch Italien erreicht hatten. Der einzige, der solange überlebt hatte, daß er noch in den Süden gelangte, war ein indischer Elefant namens *Surus*, der Syrier, auf dem Hannibal Teile Etruriens durchquerte. Die Italiker hatten sich bereits soweit mit der römischen Politik ausgesöhnt, daß Hannibals Armee, die von dem leben mußte, was sie auf ihrem Weg vorfand, wenig Unterstützung bei den italischen Städten fand, auch von See her konnte sie nicht versorgt werden. Mit charakteristischem Realismus und unbeirrbarer Hartnäckigkeit zermürbte ihn dann der Senat durch die berüchtigte fabianische »Hinhalte«-Taktik, die Quintus Fabius Maximus *Cunctator* ersonnen hatte, aber der zweite Punische Krieg wäre wohl anders ausgegangen, wenn die Römer nämlich nicht Hasdrubal, Hannibals Bruder, am Metaurus geschlagen und getötet hätten.

Die Ursache des dritten Punischen Krieges lag in der zähen Regenerationskraft Karthagos mit seinen wirtschaftlichen Fähigkeiten und Vorteilen sowie in der bekannten und bei jeder passenden und unpassenden Gelegenheit wiederholten Mahnung Catos, daß Karthago zerstört werden müsse – *Ceterum censeo Carthaginem esse delendam*. Der Krieg war kurz, 149–146 v. Chr.: Masinissa von Numidien, ein Verbündeter Roms, war mit Karthago aneinandergeraten, die Römer ergriffen diesen Vorwand und intervenierten, nach entsetzlicher Belagerung wurde Karthago dem Erdboden gleichgemacht und derselbe umgepflügt. Doch der Standort besaß so entscheidende Vorteile, daß dort noch vor dem Ende des gleichen Jahrhunderts eine römische *Colonia* gegründet wurde und daß diese Colonia Julia Carthago bereits 29 v. Chr. eine blühende Stadt war. Hadrian vergrößerte sie und stattete sie mit einem riesigen Amphitheater und einem Aquädukt aus. Sie wurde zum Schauplatz christlicher Martyrien und religiöser Auseinandersetzungen, um Mitte des fünften Jahrhunderts von den Vandalen zu einer Festung ausgebaut zu werden. Es war schon der Fanatismus moslemischer Araber erforderlich, um sie Ende des siebten Jahrhunderts vom Erdboden zu tilgen.

Während dieser Auseinandersetzung, in der es für die Tiberstadt um Sein oder Nichtsein ging, engagierte sich Rom in Spanien und Griechenland und erweiterte den Kreis seiner Provinzen, oder besser, Kolonien, ein Expansionsprozeß, der noch lange nicht zu Ende war. Die erste Provinz – oder Kolonie – wurde Sizilien; am Ende des zweiten Punischen Krieges hatte Rom den größten Teil Spaniens unter seine Kontrolle gebracht und in zwei Provinzen geteilt. Hier flackerte immer wieder, wie nicht anders zu erwarten, erbitterter Widerstand auf, bis er von Scipio Aemilianus, dem Adoptivsohn des *Africanus*, endgültig niedergeschlagen wurde. In Griechenland hatte der antigonidische Philipp V. von Makedonien, ein Verbündeter von Hannibal und Antiochos III., dem seleukidischen König von Syrien, die Macht der Ptolemäer über Griechenland und sogar Ägypten zu brechen versucht. Sobald deshalb die Römer, welche eine solche Macht im Osten empfindlich beunruhigte, nach dem zweiten Punischen Krieg die Hände frei hatten, vernichteten sie Philipps Heer bei Kynoskephalai (197 v. Chr.) und erklärten sich zu Befreiern Griechenlands. Nur mit Antiochos, den einst Hannibal beraten hatte, mußte noch abgerechnet werden – er fiel in Griechenland ein, wurde jedoch 189 v. Chr. bei Magnesia von den Römern besiegt. 168 v. Chr. führte ein letzter Aufstand zur Zerschlagung des Makedonischen Reiches; 146 v. Chr. wurde es römische Provinz, ein Vorgang, den die Römer durch Plünderung Korinths besiegelten.

Dies war Mitte des zweiten Jahrhunderts v. Chr. Der Grundstein zum *Imperium Romanum* war gelegt. Ein Jahrhundert später umschloß es ganz Spanien mit Ausnahme Portugals und des Nordwestens, den Südwesten Frankreichs von Narbonne bis Toulouse, die Provence und weite Bereiche der Alpen, Korsika, Sardinien, dazu Sizilien und Tunesien, die dalmatinische Küste, Makedonien, ganz Griechenland und die Inseln, Westanatolien und die Schwarzmeerküste bis Trapezunt, schließlich Antiochia und ein Stück Syriens, den Libanon und Nordpalästina. Diese phantastische Expansion, die schon die römische Republik zum Herrn der gesamten Mittelmeerwelt machte, war das Werk eines Jahrhunderts. Ihr Motiv war zunächst defensiver Natur, dann aber standen Landhunger und Beutegier im Vordergrund; die *Pax Romana* wurde anfangs nur deshalb verhängt, weil ohne sie eine gründliche Ausbeutung nicht möglich war.

Ihre spektakulären Erfolge verdanken die Römer ihrer unbeirrbaren Beharrlichkeit und Gründlichkeit, welche die relativ unbeständigen Griechen verblüfften, ihrer gerissenen Diplomatie, einer hervorragenden militärischen Organisation und eiserner Disziplin – alles Eigenschaften, die zunächst dem Überleben dienten, dann der Ausweitung ihrer Macht über Italien und schließlich dazu, reiche Beute im Ausland zu machen.

Aufbau des römischen Heeres

Die ursprünglichen republikanischen Bürgerarmeen waren – wie die römischen Institutionen von archaischer Kompliziertheit – von ganz anderer Größenordnung als die riesigen Berufsheere, die Marius 106 v. Chr. aufstellte und die unter Julius Caesar, dem Prinzipat und dem Kaiserreich noch weiter ausgebaut wurden, so daß sie schließlich den Staat dominierten und dieser selbst zur Militärinstitution wurde. Aber schon damals war das römische Heer charakterisiert von methodischer Organisation, gnadenloser Disziplin und durchdachter Marschordnung sowie einen in damaliger Zeit einzigartigen, stets gleichbleibenden Grundriß der Lager.

Ursprünglich bestand das Heer aus vier Legionen zu je 4200 bis 5000 durch Los ermittelten Wehrpflichtigen, rekrutiert aus den ursprünglichen drei *Tribus*, im wesentlichen Kleinbauern, die das Geld für Rüstung und Waffen aufbringen konnten und die sechzehn oder notfalls zwanzig Jahre dienten. Jeder Legion waren dreihundert – weit besser bezahlte – Reiter zugeteilt, welche unter den Bürgern ausgesucht wurden, die sich Pferde leisten konnten. Die Zahl macht deutlich, was die Römer von deren Wert auf dem Schlachtfeld hielten. Da die Römer sich bereits früh mit Bergstämmen und Galliern auseinanderzusetzen hatten, hatten sie schon bald die griechische Schachbrettphalanx zu einer flexibleren Formation fortentwickelt, bei der jeder Block aus drei Reihen bestand. Die jungen *Hastati* bildeten die erste Reihe und wurden abgesichert von den *Velites*, leichtbewaffneten Jünglingen, die Wolfsfelle und andere besondere Kennzeichen über ihren Helmen trugen und – ähnlich den in Altersklassen kämpfenden Zulus – zum höheren Ruhm ihrer Ahnen stritten.

Die zweite Reihe der *Principes*, Männer in der Blüte ihrer Jahre, bildeten den Kern der Formation – die *Triarii* waren die Reserve von Soldaten mittleren Alters. Alle, mit Ausnahme der *Velites*, trugen die bekannte römische Rüstung, die nach Polybios, der die vollständigste zeitgenössische Beschreibung liefert, mit drei aufrechten purpurfarbenen oder schwarzen Federn auf dem Helm, welche »die anderen Waffen überragten« und jeden Mann »doppelt so groß erscheinen ließen«.[81] Ihre Waffen waren zwei schwere *Pila*, mit Widerhaken versehene Stoßspieße von fast drei Meter Länge, wobei Griff und Spitze gleich lang waren, und zwei kleinere, die »wie Jagdspeere« waren, mit Spitzen, die sich beim Eindringen verbogen, so daß sie, wenn sie in einem Schild staken, diesen völlig unbrauchbar machten. Für den Nahkampf hatten sie den kurzen doppelschneidigen *Gladius*, welcher besser zum Stich als zum Hieb geeignet war, während die *Triarii* über lange Lanzen verfügten. Der Schild (*Scutum*) war groß, achtzig Zentimeter breit und einen Meter hoch, aus Holz und Fell, mit Eisen beschlagen und eingefaßt.

Die republikanische Legion war außerordentlich gut organisiert. Unter den Militärtribunen und ihren Stabsoffizieren war jede Abteilung in zehn *Manipel* – insgesamt dreißig – von 100 bis 120 Mann unterteilt, die ihrerseits in zwei

Zenturien von 50 bis 60 Männern aufgeteilt waren. Diese unterstanden zwei *Zenturionen (Centuriones principales)*, denen die Unteroffiziere nachgeordnet waren. Die *Zenturionen* – zwar Offiziere im heutigen Sinne, aber damals noch ohne die Möglichkeit, in höhere Ränge aufzusteigen – wurden eher nach Zuverlässigkeit als nach Draufgängertum ausgesucht, während die Träger des Legionsadlers außergewöhnliche Tapferkeit zeigen und in bester körperlicher Verfassung sein mußten.

Diese methodische und doch simple Organisation, die jeder Analphabet begriff, wurde durch die eigenwilligste römische Neuerung auf militärischem Gebiet verstärkt, die diese Soldaten von jeder anderen zeitgenössischen Armee abhob: Ganz gleich auf welchem Gelände – das Lager wurde stets nach dem gleichen Plan aufgeschlagen. Lederzelte wurden in sorgfältig ausgerichteten Reihen zu einem großen Rechteck angeordnet, wobei zwischen ihnen und den Befestigungen ein Abstand von sechzig Metern blieb. Das Zelt des Befehlshabers befand sich stets am gleichen Ort, Posten und Wachen wurden regelmäßig inspiziert. Das Lager wurde auch nach einem festen Schema zum Klang von Hornsignalen abgebrochen, es wurden Losungsworte ausgegeben und auf strenge Disziplin geachtet. Wer auf der Wache schlief, wurde nach Militärrecht gesteinigt oder mit Knüppeln geschlagen, was meist tödlich endete. Das *Fustuarium* (die Prügelstrafe) drohte auch jedem, der im Kampf seinen Posten verließ, beziehungsweise Schwert oder Schild verlor. Kollektive Feigheit wurde mit Dezimation geahndet, das heißt jeder zehnte Mann wurde hingerichtet. Hingegen wurde besondere Tapferkeit regelmäßig durch Belobigung und Belohnung ausgezeichnet.

Derart methodische Ordnungsprinzipien müssen auf Barbaren recht unheimlich gewirkt haben – allein schon der Anblick der sorgfältig gewahrten, geschlossenen Marschformation, die sich wie eine bedrohliche Schlange durchs Gelände wand, langsam zwar, da das Gewicht der Ausrüstung an den Kräften zehrte – Schanzzeug, Zeltpfosten, Kochgeschirr, Verpflegung –, aber unaufhaltsam. Die meisten Befehlshaber waren umsichtig genug, ihren Leuten vor der Schlacht eine Ruhepause zu gönnen.

Die großen Berufsheere aus Plebejern waren besser organisiert und ausgerüstet, aber die frühen republikanischen Legionen aus wehrpflichtigen Kleinbauern und Verbündeten eroberten trotz der katastrophalen Niederlagen gegen Hannibals militärisches Genie Sizilien und Spanien, zerstörten Karthago und festigten die römische Herrschaft über Griechenland.

Brücken, Aquädukte und Straßen

Die wirtschaftliche Basis der frühen Republik war die strategische Lage Roms in den tiefliegenden Teilen Latiums und in der Campagna gewesen, die politische Expansion und vor allem die Eroberung Siziliens eröffneten größere Möglichkeiten. Der Landhunger einer ursprünglichen bäuerlichen Gesellschaft, geradezu unstillbar bei den patrizischen Landbesitzern, für die Handelstätigkeit offiziell undenkbar und ab 2 v. Chr. auch tatsächlich verboten war, wurde verstärkt durch die biologische Erschöpfung des Bodens und die Folgen systematischer Abholzung. Der aus Eroberungen anfallende *Ager publicus* ging zumeist in Form von über zweihundert Hektar großen Pachtgütern an die Schicht der Senatoren, während die Zuteilungen an die Kleinbauern winzig waren – noch nicht einmal zwei Hektar! Und doch hatten diese Kleinbauern den schrecklichen zweiten Punischen Krieg für Rom entschieden und die größten Verluste erlitten. Ihre Gefallenen waren der Preis der Eroberungen in Sizilien, Spanien und Makedonien. Ein entvölkertes Land, verkommene Höfe, entwurzelte Weinstöcke, verwüstete Olivenhaine und verdorbene Feldfrüchte säumten den Weg, den Hannibals Heer genommen hatte, und die Verluste an Vieh und landwirtschaftlichem Gerät waren schwer zu ersetzen. So wurde die Bürgerarmee verschlissen, und das Kleinbauerntum, das der Republik in ihren Anfängen relative Autarkie gesichert hatte, ging zugrunde. Hinzu kam das enorme Angebot an Sklaven, nicht nur, wie zu früherer Zeit aus Italien, sondern auch aus Spanien, Makedonien, Afrika, Sizilien und Griechenland, ganz zu schweigen von den gefangenen Galliern, die man in Kolonnen auf großen Gütern einsetzte oder Arbeiten verrichten ließ, die bislang von freien Handwerkern geleistet worden waren – all das Erscheinungen, welche die soziale Entwurzelung zu einem ernsten Problem werden ließen. Die kleine Plutokratie der Senatoren mit ihren riesigen Gütern, sowie die aufsteigende Klasse der *Equites* und der grundbesitzenden Geschäftsleute, die sich um die Steuereintreibung in den eroberten Provinzen kümmerten – denn die Römer hatten noch keinen geeigneten Beamtenapparat, der sich der gewaltig anwachsenden Aufgaben hätte annehmen können –, erwarben noch mehr Güter und luxuriöse Stadthäuser, wodurch der Gegensatz zwischen reich und arm noch eklatanter wurde. Die ruinierten Kleinbauern gingen häufig nach Rom, wo sie, immer noch als Bürger, ins Proletariat absanken. Inzwischen mischten sich auch die zur Fruchtbarkeit ermunterten Sklaven nach der Freilassung mit den Einheimischen, so daß sich die römische Bevölkerung allmählich wandelte. Die wimmelnde Metropole mit ihrem Völkergemisch nahm, wie das heutige London oder New York, einen immer kosmopolitischeren Charakter an.

Die antike Gesellschaft war überwiegend landwirtschaftlich geprägt und statisch; aber wenn auch Manufakturen großen Maßstabs unbekannt waren, so fertigten doch einheimische Handwerker und geschickte Sklaven aus Griechenland und Asien kunstvolle Bronzegefäße, Lampen, Schmuckstücke und Keramikerzeugnisse, sobald die Kargheit früher römischer Zeit einem luxuriöseren Lebensstil Platz machte. Nur die Kleidung blieb sehr konservativ: Zivilpersonen gingen in sorgfältig gefalteten Togen, die nur bei höchsten Würdenträgern durch einen Purpurstreifen belebt werden durften. Da von den Frauen erwartet wurde, daß sie den größten Teil ihrer Zeit mit dem Spinnen von Wolle verbrachten, und da es keine großen Textilfabriken gab, versuchten die Reichen alles, was sie brauchten – Nahrungsmittel ebenso wie ihre Bekleidung –, von ihren Gütern und Haushalten zu beziehen, statt es auf den Märkten zu erstehen. Sogar Rüstungen, an denen eine ständige Nachfrage herrschte, ließen sich nicht massenhaft herstellen, da es keine Steinkohle gab. Alles hatte über Holzfeuern zu geschehen, so daß die Herstellung von Stahl viel Zeit in Anspruch nahm. Leichter ließen sich Harnische aus Bronze arbeiten.

Schon früh bewiesen die Römer ihre Fertigkeit im Bau von Aquädukten. Lange vor dem ersten Punischen Krieg waren unter dem Zensor Appius Claudius Caecus große Aquädukte und Reservoirs für die Wasserversorgung Roms erbaut worden; denn schon unter etruskischem Einfluß konnten die römischen Baumeister Bögen konstruieren und hatten selbst eine Art Zement erfunden. 220 v. Chr. war die *Via Appia* angelegt worden, die nach Neapel führte, Anfang des zweiten Jahrhunderts die *Via Aemilia*, die von Rimini aus nordwestlich nach Piacenza (Placentinum) führte. Nichts, was diesen in der römischen Blütezeit über das ganze Imperium verbreiteten Glanzleistungen vergleichbar wäre, ist bis zur industriellen Revolution moderner Zeit von irgendeinem anderen abendländischen Volk vollbracht worden. Zwar blieb das Beförderungswesen außerordentlich langsam, und es war schneller – wenn auch mit größerer Gefahr verbunden –, den Seeweg zu nehmen. Doch war die Zeit für die Menschen – von Politikern und Generälen abgesehen, die in dringlichen Staatsgeschäften unterwegs waren – noch nicht besonders kostbar und, von der Bedrohung durch See- und Straßenräuber abgesehen, konnte man die Ankunft am Bestimmungsort gelassen erwarten.

Frühe lateinische Literatur

Die Römer der Frühzeit hatten wenig Sinn für bildende Künste und Literatur. Kaum irgend etwas, was vor dem ersten Jahrhundert v. Chr. entstanden ist, hält kritischer Prüfung stand, obwohl die Kriegsbeute aus Sizilien und Griechenland nach Italien geschafft wurde und der Anblick der hellenistischen Statuen die Römer ermutigt hatte, die von den Etruskern übernommenen Totenmasken in Ahnenbüsten von deprimierendem Realismus umzuwandeln. Sie wünschten Ähnlichkeit, und ihre hellenistischen Bildhauer lieferten sie ihnen – bis hin zur faltigen, sorgenschweren Verbrauchtheit, zur niedrigen Verschlagenheit und allen anderen wenig schmeichelhaften Eigenschaften. Die Gesichter zeigen, was sich hinter der *Patria potestas* verbergen konnte, wieviel Angst mit der Sklavenwirtschaft verbunden war, aber auch warum selbst die Karthager sich an diesem Volk die Zähne ausgebissen haben.

Bis weit hinein ins erste Jahrhundert v. Chr. dauerte es, bis die römische Elite genug Selbstbewußtsein besaß, um ihr Äußeres idealistisch dargestellt sehen zu wollen. In der Malerei wurden anscheinend zur Feier der Siege Schlachtenbilder in Auftrag gegeben, von denen aber keines erhalten ist, und erst ab etwa 50 v. Chr. ließen die wohlhabenden Römer jene bemerkenswerten Landschaftsfresken malen, die ihren häuslichen Interieurs die Illusion großer Räume verleihen sollten. Große bogenförmige Aquädukte und gerade römische Landstraßen zeugen von der Stärke und dem Selbstvertrauen des republikanischen Roms. Voraussetzung für die gewaltige Expansion während des Kaiserreiches, als die Zivilisation nach Norden bis zum Rhein und hinüber auf die Britischen Inseln getragen wurde, obgleich sie, wie Kenneth Clark sagt, »sich schon etwas vergröbert hatte, als sie in Carlisle anlangte«. Von einem späteren Bauwerk schreibt er: »Wie die Steine des Pont du Gard gesetzt sind, ist nicht nur ein Triumph technischer Fertigkeit, sondern zeigt auch den festen Glauben an Gesetz und Disziplin. Kraft, Energie, Vitalität: alle großen Zivilisationen – oder kulturstiftenden Epochen – waren geprägt von der Tatkraft ihrer Menschen.«[82] Bereits in republikanischer Zeit zeigten die Römer diese Energie: mag ihr Motiv auch in erster Linie Macht- und Beutegier gewesen sein, so besaßen sie doch die Kraft, Rahmenbedingungen zu schaffen, welche die glänzende hellenistische Zivilisation zusammenhielten, befriedeten und noch lange fortbestehen ließen – eine Zivilisation, zu der die Römer ihren eigenen überaus nützlichen Beitrag leisteten.

Indessen blieb die römische Literatur bis zum Anfang des ersten Jahrhunderts v. Chr. archaisch; Vers und Drama sind bloß nachempfunden. Das erste erhaltene und geschlossene Stück lateinischer Prosa dagegen, Catos Abhandlung über Landwirtschaft, *De Agri Cultura*, ist typisch römisch.

Marcus Porcius Cato (234–149 v. Chr.) kam aus einer alten plebejischen Familie in der hübschen Stadt Tusculum nahe dem heutigen Frascati. Er wuchs als Bauer im Sabinerland auf und bekleidete im Laufe seines langen und abwechslungsreichen Lebens viele militärische und zivile Ämter. Während seiner Zeit als Zensor im Jahre 184 v. Chr. wurde seine Strenge sprichwörtlich. Seine Schriften waren enzyklopädischer Natur, darunter auch ein schonungslos objektiver Bericht über die Punischen Kriege, zu dessen wenigen Helden Surus, Hannibals indischer Elefant zählt. Obgleich Cato ein eifriger Autor und Redner war, galt seine eigentliche Liebe dem Ackerbau, was wohl auch erklärt, warum seine Abhandlung über den Ackerbau als einzige Schrift in wesentlichen Stücken heute noch vorliegt.[83]

Es ist ein landwirtschaftliches Notiz- oder Handbuch, in dem er seine Gedanken festhielt, wie sie ihm gerade einfielen. Der Zauber des Buchs liegt, wie ein englischer Herausgeber anmerkt, in seiner »strengen Einfachheit«. Seine gedrängte Prosa ist knapp, bündig und – wo angebracht – auch pfiffig.

»Es ist wahr«, so beginnt er, »daß sich im Handel manchmal bessere Verdienstmöglichkeiten bieten, nur daß er zu risikoreich ist; gleiches gilt für den Geldverleih, nur daß dieser nicht so ehrenhaft ist.« Doch für die alten Römer war ein Geldverleiher schlimmer als ein Dieb, und wenn es galt, einen würdigen Mann zu preisen, so nannten sie ihn einen »guten Landwirt« oder einen »guten Bauern«.

et virum bonum quum laudabant, ita
laudabant, bonum agricolum, bonumque colonum.

Tatsächlich betätigte sich Cato selbst ein bißchen als Geldverleiher und als Gutsherr, der die Arbeit von Sklavenkolonnen verrichten ließ, aber er meint es offensichtlich ernst, wenn er erklärt: »Aus dem Bauernstande kommen die tapfersten Männer und die rüstigsten Soldaten (*et ex agricultura et viri fortissimi et milites strenuissimi gignantur*).« Bauern haben den besten Ruf, sind am zuverlässigsten und laufen am wenigsten Gefahr, Menschen mit subversiven Ideen (*male cogitantes*) Gehör zu schenken.

Diese Darlegungen allgemeiner Auffassungen sind das Vorspiel zu einer faszinierenden Anleitung zum Erwerb der richtigen Sorte Landes, der rechten Größe des Hofes und der besten Diversifikation der Produkte, genannt in der Reihenfolge ihrer Bedeutung: ein guter Weinberg, ein bewässerter Garten, eine Weidenanpflanzung (zum Flechten von Körben und ähnlichem), ein großer Olivenhain, eine Wiese, ein Getreidefeld – angesichts der riesigen Korntribute aus Sizilien kein sehr wichtiges Produkt –, ein Gehölz, ein Obstgarten und ein Masthain für die Schweine. Bei Cato findet sich nichts Theokritisches und Idyllisches. Er war ein rücksichtsloser Sklaventreiber, der einen kränklichen alten Sklaven mit einem gebrechlichen Tier oder einem alten Karren gleichsetzt, den man am besten abstößt – »denn gewöhnlich sollte der Dienstherr verkaufen und nicht kaufen«. Catos Ratschläge zur Beaufsichtigung des Verwalters und zur äußersten Ausbeutung der Sklaven offenbaren die Schattenseiten der altrömischen Tugenden. Er war ein eindrucksvoller, kein angenehmer Mann, und am besten drücken sich seine Persönlichkeit und das, wofür er steht, in seiner Prosa aus, obgleich der erhaltene Text weniger archaisch ist als das Original. Typischerweise gehörte seine Leidenschaft dem Kohl. »Der Kohl ist (das Gemüse), das allen Gemüsearten voransteht. Iß ihn gekocht oder roh. Wenn du ihn roh essen willst, tauche ihn in Essig. (...) Wenn du bei einem Gastmahle viel trinken und mit Lust essen willst, iß Kohl vor der Mahlzeit roh aus dem Essigtopf, so viel du willst; und ebenso, wenn du gespeist hast, iß (davon) etwa fünf Blätter; es wird dich in einen Zustand versetzen, als ob du nichts gegessen hättest, und du wirst trinken können, so viel du willst.«[84]

Der Verfasser der ersten lateinischen Verse hinterläßt einen köstlich unbeholfenen Eindruck. Livius Andronicus (284–204 v. Chr.) war ein in Tarentum (dem heutigen Tarent) geborener griechischer Sklave. Nach Rom gebracht, unterrichtete er römische Knaben im Griechischen, schrieb die ersten Komödien und Tragödien für die öffentlichen Spiele, mit denen das Ende des ersten Punischen Krieges begangen wurde, und erwarb als Schauspieler Ruhm und Freiheit. Seine Übersetzung der *Odyssee* ins Lateinische wurde zum Schulbuch. Die erhaltenen Bruchstücke, in holprigem saturnischem Versmaß, sind von herrlicher Unzulänglichkeit – so etwa die Anfangszeile:

Virum mihi, Camena, insece versutum

»Nenne mir Muse, den Mann, den vielgewandten ...« Oder wenn Athene fragt, was vorgeht in der Halle des Odysseus:

Quae haec daps est ...?

»Was für ein Schmaus und Gedränge ist dies...« Oder als Telemach in See sticht und die Gefährten anweist, die Ruder mit Stricken anzubinden:

Tumque remus inssit religare strappis.[85]

Naevius (ca. 270–201 v. Chr.) schrieb das *Carmen Belli Poeni* – den *Gesang vom Punischen Krieg*, das erste Nationalepos Roms. Der erwähnenswerteste Vers ist ein von Varro zitiertes Sprichwort

Prius pariet lucusta lucam bovem

»Eher wird ein Hummer einen lucanischen Ochsen zeugen« –

die bestmögliche Beschreibung, welche die Römer damals von einem Elefanten zu liefern vermochten, sahen sie diese Tiere doch zum erstenmal, als Pyrrhos in Lucanien einfiel.

Quintus Ennius (239–169 v. Chr.), der als Halbgrieche in Kalabrien nicht weit von Brundisium geboren wurde, auf Sardinien als *Zenturio* gegen die Karthager kämpfte und sich in Rom niederließ, ist dagegen schon eine wichtige Erscheinung in der lateinischen Literatur. Er führte den Hexameter ein und zeigt bereits, was diese Sprache zu leisten vermochte.

Horaz sagt, er sei von geselliger Art gewesen. Er soll an der Gicht gestorben sein und hat viele Stücke geschrieben. Er ist ein Vorläufer Vergils, denn er behandelt die gleichen Themen wie dieser, läßt seine *Annales* beginnen mit der Plünderung Trojas und fährt fort mit den Geschichten von der Wölfin und Romulus sowie anderen Sagen aus der Frühzeit Roms.[86] Zu Hadrians Zeiten, als archaische Verse in Mode waren, wurde er sehr bewundert.

Seine Anfangszeile ist weder gedanklich noch stilistisch besonders elegant:

Musae quae pedibus magnum pulsatis Olympum

»Ihr Musen, die ihr mit den Füßen den Olymp erschüttert.«

Dann aber nimmt ihn der Rhythmus des Hexameters gefangen. Hören wir die Zeile über Vater Tiber:

Teque pater Tiberine tuo cum flumine sancto

»Und du, Vater Tiber, mit deinem geheiligten Strom.«

Lebendig beschreibt er die sich in einem Wald bergende Wölfin, biegsame Fichten, schlanke Zypressen; lebhaft ist auch seine Beschwörung von Kampfszenen, wo die Reihen beider Schlachthaufen ein »Borstenfell« von Wurfspießen tragen. Viele seiner Verse sind erhalten, was auch seiner Erwartung entsprach, erhob er doch den Anspruch, die größten Taten der Vorfahren auszumalen – *pinxit maxima facta patrum.*

6. Der augusteische Prinzipat

Als die Herrscher des römischen Staates – ein paar Tausend unter Millionen, deren Leben fast unbekannt blieb – aus ihren provinziellen Ursprüngen aufstiegen, die hellenistische Kultur assimilierten und eine Literatur schufen, die, wie das römische Rechts- und Verwaltungssystem, als Maßstab noch in die Neuzeit hineinwirken sollte, brachen ihre archaischen politischen Institutionen zusammen. Der Senat und das Volk von Rom hatten die eigenen Armeen im Griff, denn Ende des zweiten Jahrhunderts rekrutierten sich diese nicht mehr aus Bürgern des Kleinbauerntums, das von den Punischen und Makedonischen Kriegen dezimiert und ruiniert worden war und sich gegen ausländischen Sklaven nicht zu behaupten vermochte, sondern aus landlosen Freiwilligen, die sich auf lange Zeit verpflichteten und deren berufliche Laufbahn von ihren Vorgesetzten abhing. Ebensowenig waren die republikanischen Institutionen in der Lage, die Provinzen zu verwalten, auf die ein wahrer Ansturm anhob, als die ursprünglich vorsichtige Politik des Senats von wachsendem Appetit auf Beute und Tribut verdrängt wurde – und zwar in allen Schichten, nicht zuletzt beim einfachen Volk, das dank einer merkwürdigen Laune der Verfassung in einem *Concilium Plebis* zur direkten Ernennung eines Feldherrn berechtigt war. Und der Krieg zahlte sich aus: Früh schon wurde der römischen Plebs der Getreidetribut aus Sizilien überlassen, und die Bürger in Italien wurden von der Steuer befreit, ganz abgesehen von den enormen Verdienstmöglichkeiten für Sklavenhändler und Grundstücksspekulanten. Hier lag die Chance für militärische Abenteurer, sich eine Macht aufzubauen, die stärker war als die des Senats. Tatsächlich haben, angefangen mit Marius und Sulla im ersten Viertel des ersten Jahrhunderts bis hin zu Pompeius Magnus und dem 44 v. Chr. auf der Höhe seiner quasi-königlichen Macht ermordeten Julius Caesar, alle diese Heerführer den Pöbel immer wieder bestochen und ihre Rivalitäten mit seiner Hilfe ausgefochten. Mit dem Sieg Oktavians, Caesars Erben und Großneffen, über Antonius und Kleopatra bei Actium erwarb diese Kaste endgültig die höchste Machtfülle.

Bedrohung von innen und außen

Die römische Regierung herrschte selbst nach modernen territorialen Maßstäben über ein riesiges Gebiet, und auch die Bevölkerungszahl von sechzig Millionen konnte sich sehen lassen. Doch die aus den Eroberungen sich ergebende Verantwortung wuchs der Republik bald über den Kopf: In Nordafrika entfesselte der numidische König Jugurtha kurz nach der Vernichtung Karthagos einen kriegerischen Konflikt, bis Gaius Marius, ein hartgesottener, von der Pike hochgedienter Soldat, den eigenen Befehlshaber absetzte und für klare

Verhältnisse sorgte. Seit 107 v. Chr. Konsul, bekam er es mit einer weit schwierigeren Krise zu tun, als 105 v. Chr. Germanenhorden die mitteleuropäischen Waldgebiete überschwemmten und eine römische Armee bei Arausio (Orange) in der Provence besiegten und als es den von der Ostsee kommenden Kimbern gelang, die Alpen zu überwinden und fast bis Turin zu gelangen. Marius unterzog die Armee, in die *de facto* schon seit langem Besitzlose Eingang fanden, einer radikalen Neuorganisation. Die Unterscheidung zwischen *Hastati*, *Principes* und *Triarii* alter Ordnung wurde aufgehoben und die Bewaffnung vereinheitlicht. Die *Manipel* und *Zenturien*, die sich neuer Kampftechniken bedienten, wurden zu *Kohorten* zusammgefaßt, von denen je zehn eine Legion bildeten; Sold, Waffen und Ausrüstung wurden vom Staat gestellt. Diese Legionen feierten schon bald glänzende Siege über die Teutonen bei Aix-en-Provence und die Kimbern bei Vercelli, aber sie waren von nun an ein eigener Machtfaktor, keine Bürgerwehr mehr. Von entscheidender Bedeutung waren die Truppen auch, als im Jahre 90/89 v. Chr. die meisten der verbündeten italienischen Städte das römische Bürgerrecht forderten und, als man es ihnen verweigerte, Rom angriffen. Der Bundesgenossenkrieg verwüstete das Land, und Rom mußte einer weiteren halben Million Italienern das Bürgerrecht gewähren, doch Roms Oberhoheit blieb erhalten, wenn auch für einen hohen Preis. Eine neue Interessengruppe war aufgestiegen, die sich der Kontrolle durch die zivilen republikanischen Organe entzog: Rivalisierende Feldherren schufen sich Parteien im Senat, und als Marius mit seinem Untergebenen Sulla Streit bekam, führte dieser seine Truppen gegen Rom, setzte sich über die Verfassung hinweg und ernannte auf indirektem Wege einen der Konsuln.

Das Jahr 82 v. Chr. sah die Rückkehr Sullas nach seinem Sieg über Mithridates, den König von Pontos, der versucht hatte, die Römer aus der Levante zu vertreiben. Sulla besiegte seine Gegner vor Roms Collinischem Tor, brachte fünftausend von dessen Anhängern um und ließ ihren Besitz beschlagnahmen. Als Imperator stärkte er im Rahmen einer konservativen Restauration den ausgezehrten Senat, doch die zivilen republikanischen Kräfte waren nicht mehr in der Lage, die Truppen zu kontrollieren, und die höchste Staatsgewalt war von Senat und Volk von Rom auf den militärischen Oberbefehlshaber übergegangen.

Im Jahre 73 v. Chr. kam es dann zu einem gewaltigen Sklavenaufstand: Spartacus, ein ehemaliger thrakischer Legionär und Gladiator (die Thraker galten als die Stars der Arena), brach mit seinen Anhängern aus den Kasernen von Capua aus und errichtete ein Lager auf dem Vesuv. Sein Sklavenheer besiegte zwei römische Armeen und versuchte sich nach Norden durchzuschlagen, um über die Alpen zu entkommen. Törichterweise aber weigerten sich die Sklaven, Italien zu verlassen, so daß die Streitmacht sich auflöste. Spartacus kehrte in den Süden zurück, wo er hoffe, sich in Sizilien niederlassen oder nach Griechenland entkommen zu können. Crassus, ein Untergebener des Sulla, besiegte ihn und ließ ihn und sechstausend Sklaven, deren Eigentümer unbekannt waren, entlang der *Via Appia* kreuzigen.[87]

Vor diesem Hintergrund kam es dann zur spektakulären Auseinandersetzung zwischen den beiden berühmtesten Heerführern der späten Republik, Pompeius Magnus und Julius Caesar, deren Ränke und Konflikte in ihren Strudel nicht nur Italien, sondern die ganze römische Welt und sogar bislang nicht zu ihr gehörige Gebiete hineinzogen. Und aus diesen mit riesigen Armeen geführten Kriegen ging die *de facto*-Monarchie Julius Caesars hervor, die nach weiteren Konflikten von Oktavian als *Prinzipat* formell konsolidiert wurde.

Caesar

Der Ruhm Julius Caesars (100–44 v. Chr.) hat bis auf den heutigen Tag nichts von seinem Glanz eingebüßt. Sein Name wurde, zu Zar oder Kaiser verstümmelt, von den Herrschern des Russischen, des Deutschen und des österreichungarischen Reiches übernommen. An ihn erinnern der Julianische Kalender und der Monat Juli, und sein Ruhm drang weit nach Osten. Dadurch, daß Caesar dem Römischen Reich die Gebiete des heutigen Frankreich, Belgien, Teile von Holland und das Rheinland einverleibte, verwandelte er die Zivilisation Europas; und seine spektakuläre Ermordung auf der Höhe seiner Macht verlieh ihm Unsterblichkeit. Wenn auch der größte Teil seiner Schriften verloren ist, so sprechen uns doch seine scheinbar objektiven, in Wahrheit aber sorgfältig frisierten Berichte über seine Feldzüge noch unmittelbar an. Ganz gleich, welche seiner zahlreichen Büsten ihn am besten trifft, auf allen sieht man ihm seine Fähigkeiten an.[88]

Zu Anfang seiner Laufbahn stand er im Schatten von Pompeius, den die Sklavenrevolte an die Macht getragen hatte. Der Senat fürchtete Crassus und hatte deshalb diesen fähigen jungen Soldaten aus Spanien herbeizitiert. Und obwohl er nur letzte Hand an Crassus Sieg zu legen hatte, brachte er eine mächtige Armee mit. Doch statt sich gegenseitig in Schach zu halten, wie der Senat gehofft hatte, ergänzten sich die beiden Generale prächtig: Crassus gebot über märchenhaften Reichtum, Pompeius über die größere Zahl Legionen. Caesar, bei weitem der fähigste der drei und von Anfang an nach höchster Macht strebend, mußte sich erst über die üblichen zivilen Ämter hocharbeiten. Er kam aus einer der wenigen noch vorhandenen alten patrizischen Familien und war berechtigt, die roten Stiefel mit den sichelförmigen Elfenbeinschnallen seiner Klasse zu tragen. Andererseits war der betont plebejische Marius ein angeheirateter Onkel von ihm gewesen, und er hatte Verbindungen zu dessen Partei unterhalten, wenn Sulla ihn auch für zu unbedeutend erachtet hatte, um ihn auf die Proskriptionslisten zu setzen. Caesar, von brillanter und vielseitiger Begabung, hatte schon früh unter Beweis gestellt, daß er gewillt war, wenn nötig, auch Gewalt anzuwenden. Als er, ruiniert und tief verschuldet, auf dem Weg nach Rhodos, wo er Rhetorik studieren wollte, in die Hände von Piraten fiel, brachte er sein Lösegeld zusammen, spürte dann mit einer Schar privat angeworbener Männer die Seeräuber auf und kreuzigte sie.

Zunächst war er *Quaestor* in Spanien, mit siebenunddreißig Jahren *Pontifex Maximus*; 69 v. Chr. schließlich wurde er Konsul und verfügte bereits dank seiner Freigiebigkeit gegenüber einer parasitären und käuflichen Wählerschaft über beträchtliche Macht:

»Wer am lautesten Zahlung verspricht, der langt sich das Stimmvieh.
Käuflich, so wie das Volk, ist selbst der Senat jetzt geworden.«[89]

62 v. Chr. war Pompeius mit Reichtümern beladen aus dem Orient zurückgekehrt, wo er Bithynien, Kilikien, Syrien und Palästina annektiert und die Seeräuber aus der Ägäis vertrieben hatte. Unerklärlicherweise legte er aber nach einem triumphalen Empfang den Oberbefehl über seine Legionen nieder. Als der Senat seinen Soldaten Landschenkungen verweigerte, tat er sich mit Crassus und Caesar zu einem Bündnis (*Triumvirat*) zusammen, das zusätzlich durch Pompeius glückliche Ehe mit Caesars hübscher Tochter Julia, seinem einzigen Kind, gefestigt wurde.

Die geballte Macht des *Triumvirats* schüchterte Senat und Volk ein, und 58 v. Chr. wurde Caesar Prokonsul, zunächst in Norditalien (cisalpines Gallien), dann auch im transalpinen Gallien und begann seine vernichtenden Feldzüge, wobei seine Übergriffe auf England nur nebensächliche Bedeutung hatten, und unterwarf ganz Gallien nördlich der Alpen, während im Jahr darauf Crassus nach einer Niederlage gegen die Parther ums Leben kam. 54 v. Chr. schwächte Julias Tod die Verbindung zwischen Pompeius und Caesar, und obgleich Pompeius 52 zum alleinigen Konsul ernannt worden war, um den Bandenkrieg der politischen Parteien in Rom niederzuschlagen, hatte Caesar jetzt mit Rückendeckung seiner siegreichen Truppen und dem Ruhm seiner gallischen Eroberungen die besseren Karten. Vom Senat aufgefordert, seinen Oberbefehl niederzulegen, verweigerte er ihm den Gehorsam. Pompeius rüstete zum Krieg, und Caesar hatte die Wahl zu töten oder getötet zu werden. So verließ er in einer Januarnacht des Jahres 49 v. Chr. seine Provinz mit nur einer Legion und überschritt den Rubikon.

Mitte März hatte er seinen Rivalen bis Brundisium (Brindisi) gejagt und war im April schon Herr über Italien, bald auch über Spanien. Als er im folgenden Jahr auf zehn Jahre zum Diktator ernannt wurde, verfolgte er Pompeius mit sieben Legionen nach Griechenland, wo er ihn im August des gleichen Jahres bei Pharsalos in Thessalien besiegte; Pompeius floh nach Ägypten, wo er prompt getötet wurde. Nach anfänglichen, nicht ungefährlichen Schwierigkeiten verjagte Caesar dort Ptolemaios XII., einen einstigen Protégé Roms, beließ aber Kleopatra, die Mitherrscherin, auf dem ägyptischen Thron und war offensichtlich auch an ihrem Sohn Caesarion nicht ganz unbeteiligt. Nachdem er die von Ptolemaios geschuldeten Rückstände eingetrieben hatte, nahm er die ägyptische Königin zu einem Staatsbesuch nach Rom mit, wo ihre exotische Lebensweise und Prachtentfaltung die konservativen Bürger schockierte. Sozusagen unterwegs hatte er zuvor noch Pharnakes, den Sohn des Mithridates, besiegt, was ihn zu dem Kurzbericht *veni, vidi, vici* veranlaßte, und die Opposition niedergeschlagen, die sich in Nordafrika unter der Führung Catos dem Jüngeren, dem Enkel Catos des Älteren, gebildet hatte, der besiegt äußerte:

Victrix causa deis placuit sed victa Catoni

»Die siegreiche Sache gefiel den Göttern, die besiegte aber den Cato.«

Als Caesar im Jahre 46 v. Chr. Kleopatra mit vierzig Legionen, deren Sold er verdoppelte, nach Rom brachte, war er Herr über die römische Welt. Eine Mischung aus militärischem Genie und der Fähigkeit zur Selbstdarstellung – darin Alexander und Napoleon verwandt –, politischem Gangstertum, aristokratischer Mäßigung und Charme hatte ihn nach Feldzügen, die von England bis Ägypten reichten, an die Spitze der Macht getragen. Das Gebiet, das den Schauplatz für diese gewaltigen Konflikte abgab, als »Discordia all ihre Macht auf Erden dartat«, ist erstaunlich. Im übrigen waren sie noch nicht vorbei, wenn auch *de facto* die Macht im Staate dem Senat und dem Volk aus den schwächlichen Händen genommen war und nun dazu benutzt werden sollte, Frieden zu schaffen.

Caesar war dazu nicht mehr viel Zeit vergönnt: Ein ungeduldiger Opportunist, der stets improvisiert hatte, überschüttete er jetzt seine Legionäre, die einfachen Soldaten wie die Offiziere, mit Geschenken; er bereinigte den absurden Kalender, der Feste und Jahreszeiten auseinanderfallen ließ, und brachte das Jahr auf seine heutige Länge von 365 Tagen; auf seinen Befehl hin wurden Korinth und Karthago wieder aufgebaut; er vereinfachte viele archaische Stadtverfassungen in den Provinzen und dehnte das römische Bürgerrecht auf das cisalpine Gallien aus. Dazu war er ein großzügiger Sieger, mit einer aristokratischen und gefährlichen Verachtung für unversöhnliche Widersacher. Cicero, der Pompeius unterstützt hatte, versöhnte er zwar, aber in den Augen der recht und republikanisch denkenden Senatoren blieb seiner Umgebung das Odium der Liederlichkeit, galt seine Großzügigkeit für korrupt und trug er seine Macht zu prahlerisch zur Schau. Immer noch stand ihm der Sinn nach neuen Eroberungen: So plante er eine große Strafexpedition gegen die Parther aus Rache für Crassus Niederlage. Doch fehlte ihm etwas vom Sicherheitsinstinkt des Gesetzlosen. Er suchte den Senat ohne Leibwachen auf; als er dort an den Iden des März (15. März) 44 v. Chr. von Marcus Brutus und dessen Mitverschworenen erdolcht wurde, starb er mit einem Ausruf des Erstaunens über Brutus' Undankbarkeit – *Kai su, teknon* (nicht *et tu, Brute*) – »auch du, mein Junge«.[90]

Die republikanischen *Optimates* zogen wenig Nutzen aus ihrem Staatsstreich. Caesars Tod veränderte nichts an der Tatsache, daß die Republik die Armee nicht in der Hand hatte; und der Konsul Marcus Antonius, Enkel eines berühmten, von Sulla umgebrachten Redners, ehemaliger Propraetor von Italien und einer der Feldherren Caesars bei Pharsalos, war in seinem Amt belassen worden. Als Konsul konnte er Caesars Papiere und Vermögen beschlagnahmen, erließ eine Amnestie für die Mörder, bekräftigte aber Caesars offizielle Verfügungen und gewann die Plebs durch seine Rede bei Caesars

Totenfeier. So verschaffte er sich Caesars alte Stellung als Prokonsul des cis- und transalpinen Gallien, in der ihm vier Legionen zustanden.

Caesars Erbe war jedoch sein Großneffe Oktavian, dessen Herkunft dunkel ist; sein Vater jedenfalls war *Eques* und Sohn eines Bankiers. Er hatte Caesars Nichte geheiratet, war Statthalter von Makedonien gewesen und in die *Gens Julia* aufgenommen worden. Im Juni traf Oktavian in Rom ein und wußte trotz seiner neunzehn Jahre schon, wie er seine Trümpfe auszuspielen hatte: Er willigte ein, als die Republikaner, von Ciceros Beredsamkeit aufgestachelt, Marcus Antonius seines Postens im cisalpinen Gallien enthoben, aber 43 v. Chr. vereinigte er beim heutigen Bologna seine Truppen mit denen des Vertreters seines Onkels, um gegen den gemeinsamen republikanischen Feind ins Feld zu ziehen, und bestärkte Marcus Antonius sogar noch in seiner Grausamkeit. Im Dezember des gleichen Jahres wurde Cicero ermordet, was Marcus Antonius mit der Übersendung seines Kopfes und seiner Hände bewiesen wurde; dreihundert Senatoren und zweitausend *Equites* wurden abgeschlachtet. Als Italien niedergezwungen war, stellten sie Brutus und Cassius in Griechenland. 42 v. Chr. wurde die republikanische Armee bei Philippi, zwischen dem heutigen Kavalla und Saloniki, vernichtet, woraufhin Brutus und Cassius Selbstmord begingen.

Die Sieger teilten die römische Welt untereinander auf: Oktavian nahm Italien und den Westen und verlangte den Italienern im Jahre 35 v. Chr. einen Treueschwur ab, der später nicht nur auf Italien beschränkt blieb, Marcus Antonius nahm den von den Parthern bedrohten Osten und den Vasallenstaat Ägypten, dessen Königin, noch immer Kleopatra, die er in Tarsus kennen- und liebenlernte und heiratete, ihm ungeheure Reichtümer zur Verfügung stellte, zu denen auch die beträchtlichen Einnahmen aus den östlichen Provinzen kamen.

Allmählich wurde aus der Teilung ein Kriegszustand, in den Augen der konservativen Römer ein Konflikt zwischen der Tugend und Einfachheit westlicher Lebensart und dem symbolhaft vom Osten verkörperten Sittenverfall. Die Entscheidung nahte, als Oktavians Armee 31 v. Chr. die feindlichen Nachschubwege nach Ägypten bei Korinth abschnitt und dem Feind mit seiner Flotte den Zugang zum Golf von Patras versperrte. Vor der von einem Apollontempel gekrönten Felsküste von Actium, wo sich der Golf zum Ionischen Meer hin öffnet, fand eine Seeschlacht statt, bei der vierhundert westliche Galeeren auf fünfhundert östliche Schiffe trafen. Doch die Initiative lag bei Oktavian, außerdem hatte er sich hinter dem Rücken seines Gegenspielers mit den östlichen Befehlshabern ins Benehmen gesetzt. Sie zogen sich aus dem Kampf zurück, und auf ein vereinbartes Signal hin floh Kleopatra mit ihren Galeeren und der Schatztruhe nach Ägypten; Marcus Antonius folgte. Als ihn in Ägypten die falsche Nachricht von ihrem Tod erreichte, nahm er sich das Leben. Kleopatra, die nun schon mittleren Alters war, ihre Wirkung auf den jungen Oktavian verfehlt hatte und den römischen Pöbel kannte, zog eine Giftschlange jener Rolle vor, die ihr in Oktavians Triumphzug wohl zugedacht gewesen wäre. Dieser annektierte Ägypten und unterstellte es seiner unmittelbaren Kontrolle. Noch unumschränkter als Caesar war er jetzt Herr über die griechisch-römische Welt, anders als Caesar blieb er es vierzig Jahre – ein Zeitraum, den er dazu nutzte, Prinzipat und Reich zu gründen und erheblich auszuweiten.

Oktavian Imperator

Während Caesar der Impresario des eigenen Genies war, war Oktavian sorgsam bedacht, seine Macht zu verbergen. Während er die Autorität von Senat und Volk *de facto* an sich brachte, wußte er sich als zuverlässigen und konservativen Retter des Staates auszugeben. Er hatte »helle, funkelnde Augen« schrieb Sueton[91] – die breite Stirn und der feste Mund zeugen noch heute von seinem kühl kalkulierenden Verstand. Die römische Revolution war von Dauer, denn die Unfähigkeit von Senat und Volk, das Riesenreich zu verwalten oder die Armeen, die zu seiner Verteidigung erforderlich waren, bei Disziplin zu halten, hatte keine andere Möglichkeit als eine kaschierte Monarchie offengelassen. Mochte Oktavian sich auch *Princeps* nennen – sein entscheidender Titel war *Imperator*, Befehlshaber der Truppen. Solange der Imperator seiner Aufgabe gewachsen blieb, war das zentrale Problem gelöst. Nachdem man ihm im Jahre 29 v. Chr. einen spektakulären »Triumph« bereitet hatte, gab Oktavian seine Ausnahmeermächtigungen formal zurück, aber nach wie vor kontrollierte er den größten Teil Galliens und Spaniens, Syriens und Ägyptens, die wichtigsten Anbaugebiete für die Getreideversorgung Italiens, die kein Senator ohne Sondergenehmigung aufsuchen durfte. Ständig behielt er auch die angeblich vom Volk verliehene tribunizische Gewalt, um so jeden demagogischen Angriff zu unterbinden. Er nannte sich selbst *Princeps* und akzeptierte den Ehrentitel *Augustus*. In *Meine Taten (Res gestae Divi Augusti)* schreibt er: »In meinem sechsten und siebenten Konsulat (28 und 27. v. Chr.), nachdem ich den Bürgerkriegen ein Ende gesetzt hatte, habe ich, der ich mit Zustimmung der Allgemeinheit zur höchsten Gewalt gelangt war, den Staat aus meinem Machtbereich wieder der freien Entscheidung des Senats und des römischen Volkes übertragen. Für dieses mein Verdienst wurde ich auf Senatsbeschluß Augustus genannt, die Türpfosten meines Hauses wurden öffentlich mit Lorbeer geschmückt, der Bürgerkranz über meinem Tor angebracht.«

Jetzt schickte er sich an, den ersten imperialen Verwaltungsapparat großen Stils in Europa zu schaffen und die Grenzen des römischer Kontrolle unterworfenen Gebietes, von einem katastrophalen Mißerfolg in Germanien abgesehen, hinauszuschieben und zu stabilisieren: »Auswärtige Völker, denen unbesorgt verziehen werden konnte, habe ich lieber erhalten als vernichten wollen.«

Nichts Vergleichbares hatte es je im Westen gegeben. Das Reich übernahm hellenistische Verwaltungs- und ägyptische Finanzmethoden für eine Zivilisation, die im wesentlichen auf Städte angewiesen war, da sie auf dem Lande nie wirklich Wurzeln schlagen konnte.

Aber nachdem der Bürgerkrieg drei Generationen lang im Lande gewütet hatte, ging es dem Imperator vor allem darum, die Legionen im Zaum zu halten. Drastisch kürzte er ihre Zahl auf achtundzwanzig, wobei er vor allem italienische beibehielt. Die Disziplin wurde verschärft, und die meisten Legionen wurden in den Grenzprovinzen stationiert, in weiter Ferne von den politischen Machenschaften der Hauptstadt und praktisch unter alleiniger Kontrolle Oktavians. Nach Caesars Feldzügen verringerten die Römer ihre Truppen voller Vertrauen auf deren soldatische Tüchtigkeit, wozu Vegetius schreibt: »Was vermochten nicht einige wenige Römer gegen die Überzahl der Gallier auszurichten oder der Kraft der Germanen entgegenzusetzen – oder den Spaniern, obgleich diese körperlich überlegen waren, oder den Griechen, die technisch überlegen waren?« Außerdem schuf er in Rom eine siebentausend Mann starke, kombinierte Polizei- und Feuerwehrtruppe zur Bekämpfung von politischem Aufruhr und Verbrechen sowie ein Netz von Spitzeln und Denunzianten – der Fluch aller autoritären Regime. Dann baute er allmählich einen Verwaltungsapparat aus Berufsbeamten auf; die Gouverneursposten, einschließlich desjenigen von Ägypten, wurden nicht von Senatoren oder Prokonsuln, sondern von *Equites* bekleidet, wobei er das Ansehen dieser bereits sehr wohlhabenden Schicht systematisch hob, während er die ihm unterstellte Zentralverwaltung mit eigenen Freigelassenen besetzte. Bei faktischem Machtverlust wurde der Rang des Senats formell erhöht. Ein Senatorenkomitee stand nämlich dem *Princeps* angeblich beratend zur Seite, während dieser tatsächlich seine Entscheidungen ganz alleine traf. Es war eine konservative Regelung, welche die alten Standesunterschiede unterstrich und die Eigentumsverhältnisse schützte, obgleich sie die tatsächlichen Machtverhältnisse verschob – eine Mischung aus gesellschaftlicher wie ökonomischer Restauration und administrativer Innovation.

Als Retter des Vaterlandes verhalf Augustus den alten Religionen und Moralvorstellungen zu neuem Ansehen, die, wie viele meinten, durch kosmopolitische griechische Lebensart gelitten hatten. Die *Ara Pacis*, der Tempel des Friedens (13 v. Chr.), der von der Hand griechischer Bildhauer stammt und heute zum Teil restauriert ist, ist von gewollter Einfachheit: die Reliefs zeigen eine Prozession der kaiserlichen Familien, ihr Charakter ist häuslich, nicht prunkvoll oder auch nur kriegerisch. Die Gestalten unterhalten sich sogar, die Kinder blicken nach oben. Im Gegensatz zu den Baudenkmälern von Susa und Persepolis oder den Basreliefs mit Darstellungen assyrischer Gewalttätigkeit herrscht hier Heiterkeit und italienischer Friede. Dieser Kult um die Familie und die alten Riten der Ernte und des landwirtschaftlichen Jahres, der Quellen und Gärten, der Fruchtbarkeit und des Opfers waren noch immer weit verbreitet, trotz der Skepsis, die Polybios äußert, während die Minderheit, die von der stoischen Philosophie beeinflußt war, einen weiteren Horizont hatte, der dem Römischen Reich in seiner Blütezeit, ungeachtet seiner blutigen Anfänge und der jeweils gerade verübten Grausamkeiten, seine besondere Kraft verlieh. Den Begriff eines allen Menschen gemeinsamen *Ius naturale* und die Vorstellung von einer kosmischen Ordnung hatte Cicero in seiner Schrift *De Re Publica* (54–52 v. Chr.) entwickelt. Ausgerechnet er wurde jetzt von dem Regime reklamiert, das ihn hatte umbringen lassen, da es behauptete, in seinen Gesetzen drücke sich die kosmische Ordnung aus und hier sei das »Wohl der Bürger« definiert, wie es Cicero definiert habe. Dieses Ideal war typisch römisch »sicher durch Reichtum, reich durch Ressourcen, glänzend durch Ruhm, ehrenhaft durch Tugend«, so lautete das hohe, aber durchaus praktische Ziel, das Vergil pries. Wenn man sich auch oft genug darüber hinwegsetzte, da in dieser erwerbsorientierten, wirtschaftlich unbeweglichen Sklavenhaltergesellschaft die Ausbeutung eine große Rolle spielte, war dieses Prinzip auf dem Höhepunkt des Römischen Reiches doch nicht ohne Einfluß, noch wurde es je gänzlich vergessen. Eine kolossale Aufgabe wurde in Angriff genommen und zum Teil auch bewältigt: Die Ordnung, ohne die keine Zivilisation auskommt, wurde angelegt, eine Ordnung, die sich auf Sklavenhaltung großen Stils gründete. Von der im Höchstfall eineinviertel Millionen Menschen zählenden Stadtbevölkerung waren vermutlich vierhunderttausend Sklaven. Obgleich Freilassungen ständig und in großer Zahl vorgenommen wurden und die Betroffenen nicht selten wichtige Posten in Verwaltung und Wirtschaft bekleideten, vertiefte sich der Graben zwischen den plutokratischen Machthabern und den Massen, da die freigeborenen Bürger verarmten und durch Besteuerung und Dienstverpflichtungen am Hochkommen gehindert wurden. Schon im augusteischen Zeitalter unterschied sich das kunstvolle Latein der zweisprachigen Oberschicht von dem Idiom des Volkes, wie der Gegensatz zeigt zwischen den kunstvollen Redefiguren des Cicero, dem bündigen treffsicheren Stil des Tacitus und der klaren Erzählweise von Julius Caesar auf der einen Seite und der verschwommenen, umständlichen, aber ihren Zweck durchaus erfüllenden Sprache eines Vitruv, der zu Anfang des augusteischen Zeitalters schrieb und dessen praktische und umfassende Schrift *De Architectura* Vorläufer des mittelalterlichen Lateins aufweist.

Soweit es diese begrenzte Oberschicht anbelangt, kennen wir die Römer besser als die Griechen. Während die grandiosen Kaiser nach Caesar, dem »zweiten Alexander«, die Grenzen der zivilisierten Welt hinausschoben, verteidigten oder als Ausgangspunkt für kriegerische Übergriffe nahmen, können wir auch einen Blick in das römische Privatleben werfen. Als erste europäische Literatur hat nämlich die römische in großem Umfange überlebt. Bei den reichen Bürgern auf ihren riesigen Gütern, in ihren zwischen Hügeln oder am Meer gelegenen Landhäusern förderten die angenehmen Lebensumstände eine freundliche *Humanitas*, welche dem Epikureertum und der gemäßigteren Form stoischer Philosophie entgegenkam. Angesichts der grimmig moralisierenden Ironie eines Tacitus oder der skandalträchtigen und vermutlich übertriebenen Enthüllungen eines Sueton ist man geneigt, sich römisches Leben als eine Mischung aus politischem Mord, Ränkespiel und Ausschweifung vorzustellen, doch abgesehen von den stürmischen Ereignissen an der

Spitze der Gesellschaft, gab es offensichtlich auch – und das gelegentlich wohl sogar an dieser Spitze – Zuneigung, Freude, Zufriedenheit und *Otium* – wobei *Otium* nicht Untätigkeit meint, sondern die Freude am Privatleben im Gegensatz zum öffentlichen Leben. In dieser gewaltigen Zivilisation kannten die Menschen keine Eile, konnten sie ihre Muße in einem angenehmen Klima genießen; das wimmelnde Treiben der Städte und der geregelte Jahresablauf auf dem Lande muß Millionen von Menschen in den langen Friedensperioden ein recht befriedigendes Leben ermöglicht haben. Obwohl sich die politischen Zentren verlagerten, als die Kaiser immer häufiger unterwegs, immer stärker von ihren Truppen abhängig waren und sich schließlich im vergleichsweise strengen Bosporusklima niederließen, blieb die Lebensweise der Antike mediterran, strahlte sie aus dem Mittelmeer, wenn es auch zu den Verdiensten von Prinzipat und Kaiserreich gehört, sie über die Alpen bis nach England getragen zu haben, allerdings nie weit über Rhein und Donau hinaus. Das entscheidende Empfinden für Ordnung, Methode und Disziplin kam aus dem Süden.

Als Imperator (27 v. Chr.–14 n. Chr.) erreichte Oktavian eine Art hellenistischer Monarchie, die er charakteristischerweise als *Res publica restituta* kaschierte. Er war *Princeps*, erster Bürger und Multimillionär, der in den Provinzen als Retter und Wohltäter verehrt wurde, und er war der ständige *Imperator* von achtundzwanzig Legionen und von Hilftstruppen etwa gleicher Stärke. Der Prinzipat, mit Italien als Stützpunkt, rettete die römische Welt, indem er die Armee seiner Kontrolle unterwarf und eine relativ unauffällige, aber leistungsfähige Bürokratie aufbaute. Trotz der Mängel der julisch-claudischen Kaiser unter Tiberius und der in kosmopolitischer Weise unter der von Vespasian (69–79 n. Chr.) begründeten und durch Adoption fortgeführten flavischen Dynastie setzte diese Autorität die klassische *Pax Romana* durch und schuf die Voraussetzung für das riesige Reich von Trajan, Hadrian – beide aus Spanien stammend – und Mark Aurel. Der Friede dauerte von Augustus bis zur Regierungszeit von Mark Aurels Sohn Commodus, der seinem Vater im Jahre 180 mit achtzehn Jahren auf den Thron folgte, plötzlich den Verstand verlor, seine Zeit mit Gladiatoren verbrachte und 193 erwürgt werden mußte.

Es war ein räuberisches, im Inneren aber friedliches Reich; seine Blütezeit reichte von Augustus bis zu den Antoninen, in seinen Grenzen lagen Gallien, der römische Teil Englands, das Rheinland und die Donauufer – unter Trajan auch das jenseitige Dakien (ein Teil Rumäniens). Nach Osten hin umfaßte es ganz Kleinasien und Armenien, Syrien und Palästina, nach Süden Ägypten und ganz Nordafrika. Es war eine gewaltige kosmopolitische Zivilisation, in Größe und Einfluß dem Han-China des Fernen Ostens und dem Iran im Nahen Osten und in Nordindien vergleichbar. Sie bestimmte die Religion und Kultur der westlichen und östlichen Christenheit – sie ist das wichtigste institutionelle und kulturelle Faktum der europäischen Geschichte und ihrer Verlängerung nach Übersee.

In einer entscheidenden Hinsicht jedoch versagten ihr die Götter das

Glück; Augustus heiratete zweimal: Aus der ersten Ehe hatte er eine schöne, aber launische Tochter – Julia; die zweite Ehe mit Livia, der Frau des Tiberius Claudius Nero, den er zur Scheidung zwang, war glücklich, aber kinderlos. Deshalb gab er im Jahre 23 v. Chr. Julia seinem Neffen Marcellus zur Frau und nach dessen Tod seinem tüchtigen Feldherrn und engen Vertrauten Agrippa, dem Julia zwei Söhne gebar, Gaius und Lucius Caesar. Nach Agrippas Tod im Jahre 13 v. Chr. wurde Julia zu ihrem Abscheu einem weiteren verdienstvollen Soldaten, Tiberius, Augustus Stiefsohn aus erster Ehe, angetraut, der sich nur widerwillig von seiner Frau hatte scheiden lassen. Die Ehe wurde zwar eine private Katastrophe, erwies sich aber als notwendige Rückversicherung: Gaius und Lucius starben beide jung, so daß Augustus Tiberius als seinen Erben adoptieren mußte, obwohl Julias Eskapaden so schlimm geworden waren, daß Augustus sie auf eine Insel verbannt hatte, wo Tiberius sie nach seiner Thronbesteigung buchstäblich verhungern ließ. Die Nachfolge – die unbedingt innerhalb der augusteischen Familie bleiben mußte, wollte man nicht neue Bürgerkriege riskieren – ließ sich also nur durch Winkelzüge und Adoption regeln, und der Begründer des Prinzipats blieb ohne Erben aus eigenem Blut. So suchte die hohe Sterblichkeit und die Gefahr des Aussterbens auch die führenden Familien des Reiches heim. Trajan, Hadrian und Mark Aurel gelangten durch Adoption auf den Thron, und die Zufälle der Erbfolge brachten gar einen Nero, Domitian, Caligula und Caracalla an die Spitze des Reiches.

Die andere, auf lange Sicht größere Gefahr drohte dem Prinzipat und Reich von außen, und sogar Augustus gelang es nicht, ihrer Herr zu werden. Der Einfall der Teutonen und Kimbern war eine schreckliche Warnung gewesen, und die Römer waren hinreichend in der Strategie bewandert, um zu wissen, was sie zu tun hatten. Sie dehnten ihre Gebiete in den Ostalpen über Rätien (Österreich und Bayern), Noricum, Pannonien und Moesien dem Verlauf der Donau folgend aus, sie unternahmen auch den Versuch, Caesars Eroberung östlich des Rheinlandes bis zur Elbe zu erweitern und beabsichtigten die Annexion des markomannischen Gebietes in Böhmen, wodurch sie eine relativ kurze und gut zu verteidigende Grenze erhalten hätten, die von Böhmen zur Elbmündung geführt hätte. Im Jahre 9 v. Chr. erreichte Drusus, Bruder des Tiberius und Stiefsohn des Augustus, die Elbe. Der größte Teil des heutigen Niedersachsen wurde annektiert und durch Festungen und Forts gesichert, aber nicht ausreichend: solange Böhmen nicht unterworfen war, lag diese Kolonie allen Angriffen offen, und die halbnomadischen, als Hirten lebenden Germanen leisteten der römischen Ansiedlungs- und Ausbeutungspolitik hartnäckigen Widerstand. So wurde ein Feldzug von entscheidender strategischer Bedeutung unter Führung des Tiberius geplant, der Böhmen niederwerfen und die gesicherte Grenze von dort bis zur Elbmündung schaffen sollte. Doch es kam zu gefährlichen Aufständen in Moesien (dem nördlichen Jugoslawien) und Pannonien (dem heutigen Ungarn), und der Feldzug mußte verschoben werden. Als im Jahre 6 n. Chr. Varus, ein enger, in Afrika bewährter Vertrauter des Augustus, den Befehl über die Legionen im Rheinland und in Sachsen übernahm, sannen auch die germanischen Stämme auf Rache.

Sie fanden einen Führer in Hermann, einem cheruskischen Feldherrn, der als Arminius in römischen Hilfstruppen gedient hatte und dort in den Rang eines Ritters aufgestiegen war. Der später zum deutschen Nationalhelden erklärte Germanenfürst ging mit großer Verschlagenheit vor. Varus, ein Mann von Geschmack und Freund des Vergil, ließ sich in falscher Sicherheit wiegen und teilte seine Streitkräfte. Zwei Legionen blieben am Rhein, die anderen drei begaben sich auf cheruskisches Gebiet unweit der Elbe. Auf dem Rückweg in die Winterquartiere am Rhein ließ Varus sich von Arminius dazu bewegen, durch den Teutoburger Wald zu ziehen, wo er bei strömendem Regen umzingelt und mit dem ganzen entfesselten *Furor teutonicus* angegriffen wurde; seine Legionen und der Troß wurden fast völlig niedergemacht. Die Germanen versäumten es, nach diesem Erfolg bis zum Rhein vorzustoßen, und Marbod von Böhmen begnügte sich damit, Augustus den Kopf des Varus zu schicken, die einzige Gelegenheit, bei der jener seine Kaltblütigkeit verlor. Aber die Römer, die schon an der Donau alle Hände voll zu tun hatten, hatten genug. Sie zogen sich aus Niedersachsen zurück und gaben den strategischen Feldzug auf, durch den sie Böhmen nebst einer Grenze bis an die Nordsee zu sichern gedacht hatten, und veränderten damit die Zukunft Deutschlands und Europas. An Rhein und Donau blieb die Grenze des Imperiums stets verletzlich, und große Teile der germanischen Bevölkerung ließen sich nicht unterwerfen, Varus' Mißerfolg erwies sich als Katastrophe.

Weitab von den Schauplätzen, wo die bärtigen, Hosen[92] tragenden und später von Tacitus idealisierten Germanen ihre rohen und blutigen Taten verübten, fand die mediterrane Kultur zu ihrer klassischen, griechisch-römischen Ausdrucksform. Bewußt förderten Augustus und seine Ratgeber eine gewisse Prächtigkeit in Architektur, Kunst und Literatur, um zu zeigen, daß, wie es in Vergils Vers heißt:

Magnus ab integro saeclorum nascitur ordo

»Lauter und machtvoll steigt empor die Folge der Zeiten.«[93]

Dieser Politik ging es – im Einklang mit hellenistischer »Öffentlichkeitsarbeit« – nicht um gefühlvolle Ideale, die dem realistischen *Princeps* und den eiskalten Machern, von denen er unterstützt wurde, fremd waren, sondern um ganz und gar praktische Ziele.

Neben der *Ara Pacis* und dem ursprünglichen Pantheon, dem den höchsten Göttern geweihten Tempel, den Hadrian zu seiner heutigen Gestalt umbaute, erweiterte und mit einer Kuppel versah, legte Agrippa mit seinen Technikern und Baumeistern auf dem seit kurzem geräumten *Campus Martius*, zwischen dem eingedeichten Tiber und der Altstadt, geräumige Plätze und Säulengänge an. Aus Carraramarmor waren die Standbilder der römischen Helden und die Fassaden der neuen öffentlichen Gebäude, während die meisten Häuser jetzt aus den haltbaren gebrannten Ziegeln anstelle der getrockneten errichtet wurden. Obgleich die berühmtesten Monumente und Kuppeln noch gar nicht entstanden waren, hatte Vitruv, der oberste Baumeister des Augustus, sein für die gesamte europäische Entwicklung entscheidendes Meisterwerk bereits geschrieben, jene klassische Formulierung dessen, was seiner Meinung nach humanistische Architektur zu sein habe. »In diesen Büchern habe ich«, so schreibt er, »alle Grundzüge dieser Wissenschaft erschlossen.« Was er in der Tat auch geleistet hat, »damit die Würde des Reiches hervorragender Musterbilder von Staatsgebäuden nicht ermangle«.[94] Er hatte in diesem bewundernswerten, häufig zitierten und viel zu wenig gelesenen Buch an alles gedacht – die Umgebung, die Windverhältnisse, die Akustik, den zentralen Plan, die Proportionen und nicht zuletzt den Architekten, der bewandert sein müsse in Philosophie, Musik, Geschichte, Zeichenkunst und Mathematik – »durch die Arithmetik werden die Kosten der Gebäude berechnet« – und der nicht anmaßend sein dürfe, sondern gefällig, billig und gewissenhaft sein müsse – *non sit adrogus, sed facilis, aequus et fidelis*. Begabt müsse er natürlich auch sein. Seine Bauten sollten Bequemlichkeit und Gesundheit Rechnung tragen, sollten fern der Sümpfe und dem »verpesteten Atem der Sumpftiere« angelegt werden. Bei der Planung einer Stadt solle er daran denken, ein Venusheiligtum außerhalb der Mauern aufzustellen, um die Wollust der Jugendlichen innerhalb der Mauern zu vermindern, und auch ein Marsheiligtum, um der Gefahr von bewaffneten Aufständen entgegenzuwirken.

Dies sind, neben der berühmten Lehre von den vier architektonischen Ordnungen nur einige der wichtigsten Regeln Vitruvs. Er war ein bewundernswerter Theoretiker und Handwerker, der mehr Aufmerksamkeit auch von modernen Architekten verdienen würde. Auch waren die von ihm oder seiner Schule stammenden Bauten nicht bloße Kopien hellenistischer Vorbilder. Die römische Architektur war bereits »unabhängig und kraftvoll« durch ihr etruskisches Erbe, durch ihre kompakten Gewölbe, gepflasterten Straßen, ihre riesigen Aquädukte und gewölbten Abwasserkanäle – genauso wie durch die von Augustus geförderte *Nova Magnificentia*.[95]

Der größte Teil römischer Malerei ist verlorengegangen, wenn auch etliche Mosaike erhalten geblieben sind. Was wir an Bildern aus dieser Zeit besitzen, stammt im wesentlichen aus Pompeji – einer zweitrangigen Stadt, die auch als Erholungsort galt – und aus Herculaneum, die beide durch den Vesuvausbruch konserviert wurden. Auf dem Palatinischen Hügel ließ Livia, die Gemahlin des Augustus, die Wände ihrer Gemächer mit hübschen Darstellungen von Obstbäumen vor blauem Hintergrund schmücken, aber das Innere der Häuser reicher Römer gewann weit mehr durch die Vielfalt glatter Marmor-, Porphyr- und Malachitflächen, mit denen die Räume reichlich ausgestattet waren, weil sie auch noch bei Sommerhitze für Kühlung sorgten, und die gelegentlich Landschaften im augusteischen Stil umrahmten – Vorstufe jener spätrömischen Architekturphantasien, die den höfischen Maskenspielen zu Beginn der Neuzeit ähneln. Unter den Darstellungen zeremonieller Veranstaltungen finden sich gelegentlich ansprechende Gemälde, so einige

Bilder aus der Villa dei Misteri, die in abgestimmten roten, purpurnen und gelben Pastelltönen dionysische Riten zeigen, und es gibt ein paar herrliche romantische Landschaften, Illustrationen zur Odyssee, die sich heute in den vatikanischen Galerien befinden. Offensichtlich fand die römische Leidenschaft für Gärten, insbesondere für Lilien und Rosen, Zypressen und Myrten Eingang in solche Landschaftsbilder, aber die meisten Szenen aus der griechischen Mythologie sind von hellenistischen Vorlagen übernommen und großenteils ebenso seicht und unelegant wie die meisten der erhaltenen Porträts. Es gibt einige bessere Stilleben mit Früchten und Gläsern, aber die besten und schöpferischsten Arbeiten entstanden viel später, als eine Vielfalt von Mosaiktechniken unter einem Schimmer von Grün, Blau und Gold herrliche Farbtiefen entstehen ließ.

Livius, Ovid, Vergil

Die Literatur erlebte ihren Höhepunkt am Ende der republikanischen und in der augusteischen Ära. Ciceros komplexe, kunstvolle und manchmal nebulose Beredsamkeit ist in ihrer Art unübertroffen im Lateinischen. Caesars *Commentarii* sind vorbildlich in ihrer klaren Gliederung und immer noch eine lohnende Lektüre hinsichtlich der Orte und Menschen, die sie so getreulich beschreiben. Und wenn einige der geplagten Schüler, die Livius zu übersetzen gezwungen werden, auch froh sein mögen, daß nur 35 seiner 142 zum höheren Ruhm Roms geschriebenen Bücher überlebt haben, und wenn auch bekannt ist, daß er mit seinen Quellen nachlässig umgegangen ist, so ist bei ihm doch Interessantes über römische Großtaten und Einzelheiten des zweiten Punischen Krieges zu erfahren. Zwar hält er einem Vergleich mit Herodot, Thukydides oder Tacitus nicht stand, aber seine geschickte Erzählweise, die sich nicht die Zurückhaltung der *Annalen* auferlegte, war seinem propagandistischen Vorhaben durchaus angemessen.

Als die hellenistische Kulur assimiliert war, zeigte sich in der lateinischen Dichtkunst ein jäher Qualitätssprung. Viele der *Neoteroi*, der »neuen Dichter«, kamen wie Livius aus Norditalien: Catull aus Verona, Vergil aus Mantua. Catull, ein genialer Dichter, der 54 v. Chr., zehn Jahre vor Caesars Ermordung, mit dreißig Jahren starb, hat bereits die Technik des Alexandriers Kallimachos und der frühen lyrischen Dichter des Hellenismus zu einer ergreifenden und trotzdem immer noch bodenständigen lateinischen Liebeslyrik abgewandelt, die örtliche Traditionen geschickt einzubeziehen verstand. Lukrez, der wahrscheinlich 51 v. Chr. gestorben ist, hat in seiner großartigen Schrift *De Rerum Natura* Epikurs Lehren mit dem ganz unepikereischen und puritanischen Eifer eines Konvertiten ausgebaut und damit eine philosophische Abhandlung von dauernder Bedeutung und Wirkung geschaffen.

So rebellisch Catull gewesen ist, so konformistisch war Horaz, dessen brillante Fähigkeit, die jambischen Metren des Griechischen ins Lateinische zu übernehmen, mit Weltklugheit gepaart war. Er war der Sohn eines Freigelassenen, eines Eintreibers von Marktgebühren, der ihn zunächst in Rom hatte erziehen lassen, dann in Athen, wo er kurzzeitig in Brutus' Armee gedient und an der Schlacht bei Philippi teilgenommen hatte. Begnadigt erhielt er einen kleineren Verwaltungsposten in Rom und wurde Berufsschriftsteller, mit solchem Erfolg, daß er in den Kreis des reichen Förderers der schönen Künste Maecenas aufgenommen wurde, des Freundes und Parteigängers des Augustus, der diesem während des Feldzuges von Actium die Verantworung für Rom anvertraut hatte. Maecenas schenkte Horaz einen Gutshof im Sabinerland, und dieser wurde jetzt sehr berühmt und gewann viele Freunde. Seine Werke sind gescheit und bewegend zugleich; er wählte große öffentliche Themen und behandelte sie in denkwürdigen Miniaturen, etwa in der Schilderung des selbstauferlegten Schicksals des Regulus, beschrieb aber auch das launische Glück der Liebe. Sein Werk, durch ständiges Zitieren allzusehr in aller Munde, verbindet einen didaktischen Zug mit Verspieltheit. Er hatte nämlich Freude an einer gemäßigten Form stoischen Moralisierens, wie zum Beispiel im Porträt des gerechten Mannes, der, wenn die Welt auch um ihn her in Trümmer geht, ungerührt bleibt inmitten der Ruinen.

Ovid (43 v. Chr.–18 n. Chr.) dagegen war ein leichtgewichtiger Immoralist, der sich in seiner *Ars Amatoria* mit erotischen Themen beschäftigte und über eine brillante Technik verfügte, deren ganze Vielfalt er in den glänzenden *Metamorphosen* ausspielte. Seine Gewandtheit machte ihn beliebt in den liederlichen Kreisen, in denen Julia verkehrte, und 8 n. Chr. sah er sich nach Tomis (Konstanza) am Schwarzen Meer verbannt, wo er den Rest seiner Tage damit verbrachte, sein Exil zu beklagen. Seine erotische Dichtung und seine geschmeidigen Verse trugen ihm viel Bewunderung ein, vor allem im Mittelalter.

Vergil ist der größte und repräsentativste lateinische Dichter. Er wurde 70 v. Chr. als Sohn bäuerlicher Eltern bei Mantua geboren, studierte zunächst in Cremona und Mailand, dann in Rom. Er war befreundet mit Maecenas und Oktavian und bemühte sich, der Hofdichter der augusteischen Restauration zu werden. Später lebte er hauptsächlich in oder bei Neapel und trat 19 n. Chr. eine Reise nach Griechenland an. In Megara eingetroffen, befiel ihn ein Fieber, so daß er nach Brundisium zurückkehrte, wo er im September des gleichen Jahres starb. Seine *Eklogen* (37 v. Chr.) ahmen Theokrit nach, entwerfen, wenn es ihnen auch an dessen lebendiger Charakterzeichnung mangelt, in melodiösen Versen ein anmutiges Bild des Landlebens und gipfeln mit *Ekloge IV* in der berühmten Prophezeiung von der Rückkehr des Goldenen Zeitalters. Die *Georgica*, nur scheinbar eine Abhandlung über Landwirtschaft nach Art des Hesiod, wenn auch nicht in seinem Stil, sondern gefällig und liebenswürdig, sind tatsächlich herrliche Beschreibungen italienischer Landschaft. Die *Äneis*, ein großes Epos, sollte, anders als bei Homer, nicht die Großtaten kriegstüchtiger Helden preisen, sondern die Gründung des römischen Staates durch den Trojaner Äneas. Vom Schicksal erwählt und häufig auch gegen die eigenen Wünsche wurde er nur mühsam seiner hohen Bestimmung gerecht: *Tantum molis erat Romanam condere gentem* – »So gewaltig schwer war es, die römische Nation zu gründen.«

Doch nichts Vulgäres oder Prahlerisches haftet Vergils Epos an, vielmehr ist es ein Lobpreis der stoischen Tugenden und des Pflichtbewußtseins und wird bestimmt von Leidenschaft für die Schönheit der Welt und einem melancholischen Empfinden für menschliches Schicksal:

Sunt lacrimae rerum et mentem mortalia tangunt.

»Tränen sind in allen Dingen, und Todesgewißheit beherrscht den Geist.«

Vergil war ein Perfektionist, der testamentarisch verfügte, die *Äneis* zu vernichten; Augustus hat es verhindert.

7. Imperium Romanum

Zwar haben die wilden politischen Ereignisse im kaiserlichen Rom die Phantasie der Nachgeborenen stark beschäftigt, doch die Besonderheiten der Caesarenpersönlichkeiten haben vermutlich – wenn sie auch gelegentlich von entscheidender Bedeutung gewesen sein mögen – das Geschick ihrer Untertanen weniger bestimmt, als die römischen Geschichtsschreiber im unmittelbaren Schatten des Machtzentrums die Nachwelt glauben gemacht haben. Sobald die *Pax Romana* unter Augustus durchgesetzt war, entwickelten sich die Provinzen in ihrer ganzen Vielfalt auf je eigene Weise. In dieser kosmopolitischen Welt gab es einen starken städtischen Patriotismus, der sich jedoch durchaus mit der offiziellen und kultischen Verehrung des Reiches vertrug, und Augustus selbst hatte die Gründung von Saragossa, Avignon und Trier verfügt, im Osten hielt die Blüte der großen hellenistischen Städte Alexandria, Antiochia, Pergamon unvermindert an, Karthago lebte wieder auf und der Wohlstand der karthagischen Städte in Spanien blieb wie der der griechischen in Süditalien und Sizilien unangetastet, Ägypten bewahrte den unter den Ptolemäern erworbenen Reichtum, Altgriechenland war auch weiterhin arm, behielt aber sein kulturelles Prestige, wie den Rhetorikschulen in Athen und auf Rhodos ihr Zulauf erhalten blieb. Ferner wurde das Reich unter Claudius um Mauretanien und große Teile Englands vergrößert, unter Trajan auch um Dakien, das heutige Siebenbürgen. Die Zivilisation erweiterte ihr Gebiet. Zwar wurde die jüdische Religion geduldet, waren die Juden überall vom Militärdienst befreit – nur die Zeloten in Jerusalem erhoben sich in Aufständen gegen die Hellenisierung und wurden zunächst von Vespasian und Titus, dann von Hadrian niedergeworfen –, doch die Barbaren aus dem Norden, die in die Provence und Norditalien eingefallen und von Marius besiegt worden waren, blieben lange ausgeschlossen, und die Parther, die gewichtigsten Gegner, wurden hinter die Grenzen ihres Landes zurückgedrängt. Das kosmopolitsche Reich erlebte einen langen Frieden.

Gegen gelegentliche Auswüchse und periodischen Ausbrüche des Schrekkens in Rom stehen Jahrzehnte kontinuierlicher Verwaltung, und in einem so dezentralisierten Gemeinwesen waren selbst jene Ausbrüche nicht gefährlich, solange die Truppen sich ruhig verhielten und nicht zu den Tagen von Marius und Sulla, Pompeius und Caesar zurückkehrten, um Italien und die Provinzen zum Schauplatz neuer Bürgerkriege zu machen, solange das Volk der Hauptstadt sein Vergnügen und sein Essen hatte und solange die tributpflichtigen Verbündeten nicht aus der Reihe tanzten. Diese ökonomisch und sozial konservative Gesellschaft konnte sich gemächlich in dem ihr eigenen langsamen Tempo entwickeln, zwar ohne Aussicht auf irgendeinen Durchbruch zu höherer Produktivität oder auf revolutionäre Entdeckungen in Übersee, aber auch ohne die Gefahr, durch die eigene sich immer rascher beschleunigende Technologie in unbekannte Dimensionen der Veränderung geschleudert zu werden. Während des ersten und zweiten nachchristlichen Jahrhunderts erreicht die griechisch-römische Zivilisation ein gediegenes Niveau von Stabilität und Leistung, sie war zwar nicht so kreativ wie gegen Ende der republikanischen und während der augusteischen Zeit, aber unter Hadrian entwickelten sich Reife und Selbstvertrauen, unter den Antoninen eine barocke Architektur und die – auch im England des achtzehnten Jahrhunderts zu beobachtende – Fähigkeit, Gesetze zu formulieren und weiterzuentwickeln sowie die eigene Vergangenheit zu wägen. Geheimnisvolle und mächtige Kräfte trugen innen wie außen zum Fall dieser Zivilisation bei und haben die Historiker von Gibbon bis heute fasziniert, aber seine Auffassung, daß der Zeitraum vom Tode Domitians im Jahre 96 n. Chr. bis zur Thronbesteigung des Commodus im Jahre 180 »dem Menschengeschlecht die glücklichsten und sorgenfreiesten Verhältnisse der Weltgeschichte bescherten«, dürfte aus europäischer Sicht wohl nur für jene zutreffen, die so privilegiert waren, daß sie die Vorteile dieser prächtigen, vorwiegend landwirtschaftlichen und auf Sklavenbesitz fußenden Zivilisation genießen konnten, vor allem wenn sie sich nach Belieben vom hektischen Leben Roms zurückziehen konnten mit seinen gewaltigen Volksmassen, die von verbilligtem oder kostenlosem »Brot« leben und mit »Spielen« unterhalten sein wollten – worunter nicht nur die außerordentlich gefährlichen Wagenrennen zu verstehen sind, sondern auch die blutigen Massenkämpfe der Gladiatoren, die Kämpfe mit und zwischen exotischen und höchst ungleichen Tieren und der Anblick von Verbrechern, die »den Löwen vorgeworfen« wurden, wo manchmal jeder Löwe seinen Christen bekam, wobei übrigens der aufwärtsgerichtete Daumen den Tod bedeutete und nicht, wie allgemein angenommen, der nach unten gerichtete.[96]

Augustus' Nachfolger

Von den »Nachfolgern des Augustus läßt sich«, wie Rostovtzeff zu Recht anmerkt, »nicht behaupten, sie hätten unter sehr zuträglichen Bedingungen gelebt«.[97] Sie waren zum vorsichtigen Umgang mit einem plutokratischen, aber politisch handlungsunfähigen Senat gezwungen, sie mußten sich, wollten sie überleben, auf guten Fuß mit den Legionen stellen – vor allem mit der Prätorianergarde –, und waren gezwungen, das römische Volk mit aufwendigen Vergnügungen bei Laune zu halten. Tiberius (14–37 n. Chr.), Veteran entbehrungsreicher Feldzüge in Germanien und im Osten, war ein fähiger Soldat und Verwaltungskenner, der den Prinzipat konsolidierte, dem aber politisches Feingefühl und Gnade fremd waren. Er herrschte im wesentlichen durch Sejan, den Prätorianerpräfekten, der durch eine Verschwörung selber auf den Thron gelangen wollte und den Tiberius daraufhin hinrichten ließ. Seine letzten Jahre verbrachte Tiberius als Einsiedler auf Capri. »Tiberius' Körperbau«, so schreibt Sueton, »war fest und stark, seine Figur über Mittelgröße.

Schultern und Brust waren breit und auch die übrigen Gliedmaßen bis hinunter zu den Füßen ebenmäßig und gut proportioniert ... Sein Gesicht hatte einen edlen Ausdruck ... Er hatte sehr große Augen, mit denen er merkwürdigerweise auch nachts und in der Dunkelheit sehen konnte ... Er schritt mit steifem, zurückgebogenen Nacken einher, meist mit ernstem Gesicht.«[98] Caligula, der Sohn von Germanicus, dem Neffen des Tiberius, war Paranoiker – ihn trieb die Macht in den Wahnsinn – und wurde 41 n. Chr. ermordet, wobei seine Mörder ausriefen: *Hoc age!* (Tu es!) und *Accipe ratum!* (So sei's denn erfüllt!), obgleich seine germanischen Wachen, zu spät zwar, aber treu, einige der Angreifer und auch gleich noch ein paar Senatoren umbrachten, die mit der Sache nichts zu tun hatten.

Claudius, sein Onkel (41–54 n. Chr.), der 43 n. Chr. die Eroberung Englands abschloß, war ursprünglich bei der Praetorianergarde erzogen worden, die er dafür fürstlich entlohnte. Obgleich er gescheiter war, als er im allgemeinen geschildert wird, und von Zeit zu Zeit autokratische Züge an den Tag legte, war er ein Exzentriker, der sich von Freigelassenen und Frauen regieren ließ und der, nachdem er seine dritte und lasterhafte Frau Messalina umgebracht hatte, wohl von seiner vierten, Agrippina, mit einem Pilzgericht vergiftet wurde. Sein Stiefsohn und Nachfolger Nero war als Jüngling vielversprechend, erwies sich dann aber als theaterbesessener und größenwahnsinniger Muttermörder, dessen riesiges »Goldenes Haus« nahe beim heutigen Kolosseum auf einen See hinabblickte. Bei den Wagenrennen zwischen »Blauen« und »Grünen« – eine Leidenschaft der Römer und später auch der Byzantiner – bewies er hervorragende Qualitäten als Wagenlenker. Er verschaffte seinen anscheinend unersättlichen Begierden, von denen Tacitus allerdings meint, sie hätten »hinter seiner Grausamkeit noch zurückgestanden«, ungehemmt Befriedigung, trieb Seneca und Petronius in den Selbstmord und regierte im wesentlichen durch zwei Freigelassene: Narcissus, den reichsten Mann des Imperiums, und Tigellinus, »von dunkler Herkunft« und, wie Tacitus schreibt, »als Knabe gemein und als Mann lasterhaft«. Nero minderte den Wert der Münzwährung, wenn er sie auch verschönte, verlor die Kontrolle über die Legionen und machte sich so verhaßt, daß man ihn 68 n. Chr. zum Selbstmord zwang, wobei er ausrief: *Qualis artifex pereo!* (Welch einen Künstler vernichte ich!) Dies das Bild, das die julisch-claudischen Kaiser als Menschen boten.

Jetzt übernahmen die Legionen in den Provinzen die Initiative, und das Jahr 69 wurde zum »Vierkaiserjahr«. Der nicht mehr ganz junge Galba wurde in Spanien proklamiert, aber bei seiner Ankunft in Rom von den Praetorianern niedergemacht (abermals hielten nur die germanischen Garden die Treue). Sein Kopf wurde Otho übersandt, der mit ihm aus Spanien gekommen war. Die Legionen in Germanien proklamierten Vitellius zum Kaiser und besiegten Othos Truppen im cisalpinen Gallien, worauf Otho in seinem Zelt Selbstmord beging. Aber auch Vitellius blieb nicht lange auf dem Thron: Als Freßsack verschrien, wurde er von Flavius Vespasianus davongejagt, den die Legionen im Osten und an der Donau unterstützten. Nach Straßenkämpfen in Rom wurde Vespasian *Imperator*.

Vespasian (69–79 n. Chr.) besaß nicht den geringsten Erbanspruch. Er war ein Veteran aus sabinischer Bauernfamilie mit einem eigenartigen, bissigen Humor und hatte in England und im Osten gekämpft. In scheinbarer Rückkehr zu augusteischer Praxis restaurierte er die zentrale Macht, tatsächlich aber stützte er sich als *Imperator* auf die Truppe. Unanfällig für die luxuriösen und prunkvollen Aspekte des höchsten Amtes, stellte er die Ordnung wieder her, sorgte für die Gesundung der Staatsfinanzen, die unter Neros Verschwendungssucht und den Kosten des mörderischen Krieges gelitten hatten, und straffte die Disziplin der Praetorianer und Legionen. Außerdem schlug er einen wütenden Aufstand der Juden nieder, und sein ältester Sohn Titus (79–81 n. Chr.) begeisterte die Legionäre, als er bei der abschließenden Belagerung von Jerusalem ein Dutzend Zeloten mit ebensovielen Pfeilen von den Zinnen schoß. Auch er erwies sich als großer Herrscher, an den der heute noch erhaltene, im Jahre 80, dem zweiten seiner Regierungszeit, errichtete Triumphbogen zwischen Forum und Kolosseum erinnert, doch raffte ihn im Jahre 81 ein Fieber dahin, während sich sein Bruder Domitian – ein sittenstrenger und blutgieriger Chrakter, der sich »Herr und Gott« nannte und die oberste Vestalin offenbar grundlos bei lebendigem Leib verbrennen ließ[99] – als herrschsüchtig und unfähig erwies. Bei einer Palastrevolte wurde er erdolcht; das war das Ende der Flavier.

Hier reißt die Liste der immer wieder auflebenden Verbrechen ab, für die sich nicht nur Sueton, sondern auch der große Historiker Tacitus verbürgt. Nerva (96–98), ein bejahrter und geachteter Aristokrat »mit den Manieren eines liebenswürdigen Cato«, adoptierte einen anderen tüchtigen Soldaten: Trajan (98–117) war ein außergewöhnlicher Feldherr und Staatsmann. In einer Familie italischer Herkunft bei Sevilla geboren, war er bei seiner Thronbesteigung Stadthalter des Oberen Germaniens und erwies sich als kluger und gründlicher Administrator, wie seine Korrespondenz mit dem jüngeren Plinius bezeugt. Bekannt ist er vor allem durch jenen Ausschnitt aus seiner berühmten Säule (113 n. Chr.), der seine Feldzüge gegen die Daker zeigt; aber seine riskante Invasion in Mesopotamien scheiterte an den »Parthern mit der Kappe« und ihren »buntgeputzten Herrschern«[100], und er starb in Kilikien auf dem Rückweg nach Rom.

Hadrian, sein adoptierter Nachfolger und entfernter Verwandter, erwies sich als fähiger und vielseitiger Herrscher, dazu als der reisefreudigste aller Kaiser, der zwölf Jahre seiner Regierungszeit (117–138) fern von Rom verbrachte. Dieser kosmopolitische Staatsmann legte die Ostgrenze durch Verträge fest. Wie sein Freund Arrianus war er Archon von Athen gewesen, wo er den großen Tempel des olympischen Zeus erbaut hatte. Er schlug einen erneuten Aufstand der Juden unter ihrem Messias *Bar Kochba* – »Sohn des Sterns« – nieder und baute einen riesigen Landsitz bei Tivoli, der teilweise noch erhalten ist.[101] In langer, leidenschaftlicher Liebe dem bithynischen

Knaben Antinoos zugetan, der 130 unter mysteriösen Umständen in Ägypten starb, gründete er dort Antinoopolis und errichtete hunderte von Standbildern mit dem Bildnis des Knaben, die er zum Gegenstand kultischer Verehrung machte.[102] Außerdem ließ er die riesige Kuppel des Pantheon in ihrer heutigen Form erbauen, und sein gewaltiges Mausoleum wurde später zur Engelsburg. Aber dabei blieb er ein tüchtiger Soldat, der die Legionen immer im Griff behielt, bei seinem Amtsantritt etliche von Trajans enttäuschten Generalen hatte absetzen lassen und, in vielen Feldzügen erfahren, den Hadrianswall in England errichten ließ. Gefürchtet und mit Mißtrauen bedacht vom Senat, wegen seiner Liebe zur griechischen Kultur bei konservativen Römern unbeliebt, herrschte er autokratischer als Augustus. Unter Trajan und Hadrian erschien das Reich so blühend und unbesiegbar wie nie zuvor und nie danach.

Hadrian adoptierte einen zuverlässigen Schreibtischbeamten, Aurelius Antoninus, genannt *Pius* (der Fromme), weil er sich in den Kopf gesetzt hatte, den unbeliebten Hadrian zum Gott zu machen – (sein letztes Wort soll *aequanimitas* – »Gleichmut« gewesen sein). Er erwies sich als Platzhalter für den jungen, von ihm adoptierten Annius Verus, der als Mark Aurel regierte (161–180). Er bekam mit dem ersten größeren Barbareneinfall seit Marius' Sieg über die Kimbern und Teutonen zu tun. 167 drang Ballomer, der König der böhmischen Markomannen über die Pässe der Julischen Alpen und belagerte Aquileia an der Adria, doch 173 hatte Mark Aurel die Eindringlinge über die Donau zurückgetrieben. Die *Meditationen* dieses in sich gekehrten stoischen Kaisers haben ihm großen Nachruhm verschafft, wenn er auch als etwas schwermütig gilt. Dabei war er ein ausgezeichneter Herrscher und tüchtiger Kriegsmann. Wie bereits erwähnt, setzte mit der Thronbesteigung seines Sohnes Commodus, der sich gegen seinen edel denkenden Vater auflehnte, der Niedergang des Reiches ein.

Lebensformen im kaiserlichen Rom

Obwohl es in sozialer und wirtschaftlicher Hinsicht keine großen Veränderungen gab, zeigen sich erhebliche Unterschiede im literarischen Schaffen der späteren republikanischen und der augusteischen Zeit auf der einen Seite und der Periode zwischen Prinzipat und Amtsantritt des Commodus auf der anderen. Tacitus (56–120 n. Chr.) – das römische Pendant zu Thukydides –, der unter Trajan ungehindert schreiben konnte, nachdem er unter Domitian um sein Leben hatte bangen müssen, ist mit seinem gedrängten, ironischen und einprägsamen Stil weit profunder als Livius. Geboren wurde er vermutlich in der Gallia Narbonensis und heiratete die Tochter von Agricola, dem Statthalter von England (78–84 n. Chr.), dessen Biographie er schrieb. Er bekleidete hohe Ämter als Quaestor, Praetor, unter Nerva auch als Konsul und diente als Prokonsul in der Provinz Asia. Er schreibt als hoher Verwaltungsbeamter, der ungehinderten Zugang zu allen offiziellen Dokumenten besitzt, wobei sein Geschichtswerk immer packend und persönlich bleibt.[103]

Seneca ist Moralist catonischer Tradition, aber geschwollen und langatmig. Petronius' fragmentarisches *Satyricon* (ca. 64 n. Chr.) ist eine einzigartige Mischung aus Realismus und Phantasie, wahrscheinlich »geschrieben für einen Kreis von Vertrauten des Nero, für eine *Jeunesse dorée* von lockeren Sitten und raffiniertem Geschmack; Eigenschaften, die dem unbeschadeten Überleben des Buches in einer Zeit, da die Ausbreitung des Christentums sich verband mit wachsender intellektueller Barbarei, nicht eben förderlich waren.«[104] Es ist ein außerordentlich originelles Werk, zugleich satirisch, etwa in dem bekannten Porträt von Trimalchio, politisch engagiert, vor allem in den Versen, und amüsant, etwa wenn Eumolpus sein Erlebnis aus Pergamum erzählt.[105]

Martial, »von iberischem und keltischem Blute«, wie er schreibt, und Bürger von Tagus, »mit drahtigem spanischem Haar«, lebte zu Neros Zeiten in Rom, obgleich seine ersten Epigramme, die die Erweiterung und Verfeinerung einer griechischen Tradition bedeuten, 80 n. Chr., dem Eröffnungsjahr des Kolosseums, erschienen. Titus setzte ihm eine bescheidene Rente aus und ernannte ihn zum Ehrenritter, dennoch blieb er stets arm und kehrte im Jahre 100, unter der Regentschaft Domitians, nach Spanien zurück, wo er starb. Bekannt war er für seine, damals durchaus nicht aus dem Rahmen fallende Obszönität und für seine ätzende Gehässigkeit, doch unsere Erinnerung verdient er eher aufgrund seiner Empfänglichkeit für Natur und Jugend – der Duft von Äpfeln, die in ihren Winterkisten reifen – und seiner Empfindsamkeit. (XI.XXVI).[106]

Von Juvenal wissen wir wenig. Er wurde 60 n. Chr. im italienischen Aquinum geboren und lebte bis weit in die Regierungszeit Hadrians hinein. Wahrscheinlich starb er 129. Wie Tacitus war er klug genug, sich unter Domitian ruhig zu verhalten; seine ersten Satiren schrieb er unter Trajan, »weil er nicht anders konnte«. Sein vehementer Haß verschonte nichts und lieferte ein noch lange nachgeahmtes Vorbild: Er nimmt die Narrheiten und die Sittenverderbnis Roms aufs Korn, geht besonders hart mit den Frauen ins Gericht, macht sich aber auch über die Homosexuellen lustig, wenn er in einem Dialog einen Lustknaben über die Beschwernisse seines Lebens klagen läßt. In seinem letzten Buch verschont er so gut wie nichts mehr, nicht den Ehrgeiz, nicht das Leben selbst. Und er entwickelt dabei große Überzeugungskraft, da sich das Lateinische hervorragend für solche Ausfälle eignet. Auch Lukian ist Satiriker, zeigt sich aber weit unbeschwerter und schreibt in Prosa. Er wurde um 117 n. Chr. in Samosata in Anatolien geboren und war zunächst Anwalt in der Großstadt Antiochia, dann begann er Vorlesungen über Literatur in Griechenland, Italien und Gallien zu halten. Während der Regierung des Antoninus *Pius* ließ er sich in Athen nieder und starb um 185 als hoher Würdenträger in Ägypten. Seine Lieblingszielscheibe sind falsche Philosophen, etwa in *Philosophien, billig zu haben*, wo der Schauplatz eine große Auktionshalle ist, deren Eigentümer Zeus und Hermes verkünden: »Wir haben eine große Auswahl an philosophischen Systemen feilzubieten« ... »He, du da, Pythagoras, komm herunter und laß den Herrn einen Blick auf dich werfen!« Lukian wandte sich auch gegen falsche Orakel und nahm sich das gar nicht so private Leben der olympischen Götter vor, so in *Göttergespräche* und *Seegöttergespräche*. Dieser vehemente Satiriker hat nichts von seiner Aktualität verloren.[107]

Ein anderer Unterhaltungsautor, Apuleius, in Numidien geboren, in Karthago und Athen erzogen und weit gereist im Osten des Reiches, machte sich unter den Antoninen als neuplatonischer Autor einen Namen und schrieb den einzigen erhaltenen Kurzroman, bekannt als *Der goldene Esel*. Dort werden die pikaresken Abenteuer eines jungen Mannes erzählt, der in ein Tier verwandelt wird, allerdings am Ende mit Hilfe der Priesterin der Isis und durch den Genuß von Rosen seine alte Gestalt zurückerhält – ein Ausgang, in dem die symbolischen Obertöne einer östlichen Religion mitklingen. Das Buch ist eine Mischung aus Phantasie, Mystizismus und Satire und enthält auch die zauberhafte Geschichte von Amor und Psyche. Diese beiden repräsentativen Autoren zeigen, daß ihre zunehmend barocke Zeit nicht ohne Raffinement und Originalität war und im allgemeinen unterschätzt wird. Da es sich um eine zweisprachige Kultur handelte, die sich intensiv mit ihrer Vergangenheit beschäftigte, bedienten sich viele wichtige Autoren des Griechischen – zum Beispiel Plutarch, Arrianus und der Lydier Pausanias, der eine detaillierte Beschreibung Griechenlands für gebildete Touristen schrieb. Noch heute spüren wir den anregenden, heidnischen Hauch mediterranen Lebens in diesen Schriften, die höchst unpassend im Herzen klassischer christlicher Erziehung die Jahrhunderte überwintert haben.

Der Bildungsstand war hoch, und Lesen und Schreiben besaßen eine Verbreitung, die erst im achtzehnten Jahrhundert wieder erreicht werden sollte. Galen, 130 in Pergamum geboren, galt als der größte Arzt seit Hippokrates. Er studierte im Osten und an der medizinischen Fakultät von Alexandria. 164, zu Mark Aurels Zeit, war er eine Berühmtheit in Rom. Wie Aristoteles war er Anatom – er sezierte Affen –, und es gelang ihm die irrige, aber verbreitete Vorstellung zu widerlegen, daß die Arterien mit Luft gefüllt seien. Er hinterließ ein umfangreiches Werk, von dem 98 Abhandlungen erhalten sind. Bei aller Begrenztheit ihrer Operations- und Narkosetechniken war die antoninische Medizin, so hilflos sie sich auch angesichts der großen Pest von 166 erwies, mit ihren Empfehlungen von Kuren, frischer Luft, Bädern, Massagen, einer relativ gründlichen Hygiene und mit ihrem Glauben an die *Vis Medicatrix Naturae* – die Heilkraft der Natur, sofern man sie nur gewähren ließ – besser als alles, was ihr bis in jüngste Zeit folgte.

Die Architektur war jetzt kolossal und elegant zugleich. Neros lasterhaftes Goldenes Haus war mit erlesenem Geschmack eingerichtet, seine typisch italienischen »Grotesken« blieben lange das Vorbild vieler Nachahmungen. »Eine römische Besonderheit waren«, so schreibt Rostovtzeff, »die weitläufigen und luxuriösen *Thermen* – öffentliche Bäder mit Sportanlagen, die zugleich als Klubs und Restaurants dienten; und auch die prächtigen Versammlungshallen, Basiliken genannt, die als Gerichtsgebäude benutzt wurden. Keine der hellenistischen Metropolen konnte sich mit Rom messen, was die öffentlichen Parks, reinlichen Märkte und prächtigen Geschäfte anging. Über allem erhob sich auf dem Palatinischen Hügel der Kaiserpalast, und an den Ufern des Tiber lagen die prunkvollen Gräber der Herrscher; auch die Städte in den Provinzen suchten mit Rom Schritt zu halten, soweit es ihnen ihre Mittel erlaubten.«[108] Der Circus Maximus, in dem die Wagenrennen stattfanden, war gigantisch – für sein Gegenstück in Konstantinopel hatte man einen der schönsten Standorte der Stadt gewählt –, und sogar das unschöne Kolosseum ist bei all seiner Häßlichkeit beeindruckend.

Aber immer noch war das Beförderungswesen sehr langsam. Das wichtigste und zuverlässigste Lasttier war wie eh und je der Esel, der lange Zeit zuvor aus Nubien nach Ägypten gelangt und dort domestiziert worden war. Aus naheliegenden Gründen wurde er selten gegessen, obwohl seine Haut zur Herstellung von Pergament verwendet wurde. Zu Unrecht verachtet und als Bezeichnung für Dummköpfe mißbraucht, wurde er ob seiner sexuellen Leistungsfähigkeit bewundert. Denn »das sexuelle Verhalten des Esels ist«, wie Zeuner schreibt, »beeindruckend und temperamentvoll ... und die Ehebetten wurden mit Eselsköpfen geschmückt«.[109] Auch Maultiere, eine Züchtung aus Esel und Stute, waren beliebte Reittiere, ebenso trittsicher wie Pferde, aber problemloser. Nero zog sie vor – eine Vorliebe, die er mit späteren Kirchenfürsten teilte. Wie nicht anders zu erwarten, bewunderten die Römer den aus Indien kommenden Pfau, obwohl »es kaum der Erwähnung bedarf, daß sie ihn aßen«[110], und Mitte des ersten Jahrhunderts n. Chr. führten sie den Fasan aus dem Kaukasus ein. Typisch ist auch, daß sie die Gänseleberpastete erfanden, was eine Unzahl von Gänsen das Leben kostete.

Das Schwein, aus Europa stammend, erfreute sich auch weiterhin »allgemeiner Achtung«. Es fraß alles, war widerstandsfähig, und sein Fleisch ließ sich köstlich zubereiten; nur die Juden lehnten seinen Verzehr ab, was wohl zum Teil an ihrer nomadischen Herkunft lag, da »sich kaum vorstellen läßt, daß es Nomaden gelingt, Schweine zu treiben, zumal sich das Tier in dieser Hinsicht bekanntlich widerspenstig zeigt«.[111] Die Kaninchen, deren Heimat die Iberische Halbinsel ist, auf die sie glücklicherweise lange Zeit beschränkt blieben, wurden von den Römern als Schlachttiere eingeführt. Sie entwichen, und die Folgen lassen sich unschwer ausmalen. England allerdings erreichten sie erst Ende des zwölften Jahrhunderts, und noch im neunzehnten Jahrhundert nannten die Leute in Dorset sie »die Pelzdinger«. Obgleich in Indien bereits Zuckerrohr angebaut wurde, war der Honig in der Antike noch das einzige Süßmittel. Die Bienenhaltung spielte deshalb eine wesentliche Rolle und war allgemein verbreitet – bei den Barbaren, die den Met schätzten, ebenso wie in zivilisierten Gegenden. Auch Wachs war unentbehrlich, weil es bei der Herstellung von Schreibtafeln einen Fortschritt gegenüber dem Ton bedeutete. Da die einzige Form von Seife ein widerwärtiger Absud aus Ziegenfett und Holzasche war, verwendete man Olivenöl, obwohl es in den öffentlichen Bädern ziemliche Probleme verursacht haben dürfte.

Die römische Küche war raffiniert. Apicius schrieb zur Zeit des Trajan sein *De Re Coquinaria.*[112] Alle diese Annehmlichkeiten lassen auf Sicherheit und Muße schließen, und jahrhundertelang wurden sie im Herzen dieser auf Sklavenbesitz sich gründenden Gesellschaft von allen genossen, die es sich leisten konnten.

Die *Pax Romana* trug Früchte, doch im Innersten dieser großen, wenn auch nicht originären Zivilisation läßt sich ein gewisser Pessimismus beobachten. Wo Julius Caesar und Augustus noch stolz und selbstbewußt sind, neigt Hadrian zu Introvertiertheit und fehlt es Mark Aurel an Begeisterung. Cicero glaubte an die Republik, Vergil an die kulturstiftende Mission Roms, doch Tacitus hält Rom die germanischen Barbaren als moralisches Vorbild vor Augen, Juvenal unterzieht die Gesellschaft herber Kritik, und Lukian macht sich über sie lustig. Sogar Hadrian, der fähigste der Kaiser, war der Astrologie hörig, einer weitverbreiteten Manie. Wenn die Menschen auch die dampfenden Eingeweide der Opfertiere nicht mehr sehr überzeugt betrachteten, so ließen sie sich doch aus Planeten und Sternen ungeheuer komplizierte Horoskope erstellen. Die Technologie hatte, wie bereits erwähnt, keine prinzipiellen Fortschritte vorzuweisen, und die Vorstellung, Kapital für langfristige Investitionen zu nutzen, blieb den Römern fremd. Unterhalb der städtischen Minderheitskultur führte die große Mehrheit der Bevölkerung auch weiterhin ihr gleichförmiges bäuerliches Leben in der überkommenen Weise. Die Handelsbeziehungen waren weit gespannt; seit langem züchteten die Chinesen Seidenwürmer, doch nur auf Kos war es Europäern gelungen, mit Hilfe einer anderen Art eine brüchige, gazeartige Seide herzustellen, die im wesentlichen von Frauen getragen wurde, weil sie bei Männern als anstößig galt. So mußten die Römer ihre Seide auf kostspieligen Wegen über indische Zwischenhändler aus Zentralasien einführen, und obwohl Mark Aurels Gesandter 166 am chinesischen Hof Seidenwürmer zu Gesicht bekam, wurden sie erst 536 von syrischen Mönchen in einem ausgehöhlten Stab in den Westen geschmuggelt, woraufhin Justinian die sich daraus entwickelnde Industrie sogleich monopolisierte. Aus Indien bezog man Schmuckwaren und Gewürze. Aus Südarabien kam der Weihrauch, den man dringend brauchte, um den Gestank der Opferhandlungen – der »verbrannten Gaben« – zu mildern. Der Bernsteinhandel, der von den Kelten und Sueben unterbunden worden war, wurde unter Nero wieder aufgenommen, der keine Möglichkeit hatte, sich Diamanten zu verschaffen. Er mußte sich mit Smaragden und Rubinen begnügen. Abgesehen von den Sklaven ging es im Außenhandel vor allem um Luxusgüter, für die das Reich einen Großteil seines Goldes opfern mußte.

Das Hauptinteresse der Reichsregierung war in den Provinzen darauf gerichtet, Grundsteuern, Hafengebühren und Stadtzölle einzutreiben, nicht sie zu »entwickeln«.

»Wirtschaftliche oder kapitalistische Ausbeutung ... fehlte. Die antike Wirtschaft besaß selbst billige Arbeitskräfte genug und brauchte die Provinzen deshalb in dieser Hinsicht nicht auszubeuten. Auch hatte sie kein überschüssiges Kapital, für das man die mit dem Kolonialismus verbundenen einträglichen Investitionsmöglichkeiten hätte suchen müssen.« Es gab keine konstruktive Wirtschaftspolitik. »Die gesamte Steuerstruktur war regressiv und verfiel im Laufe der Jahre immer mehr.«[113] So prächtig der Überbau auch erschien, seine kreativen geistigen Kräfte ließen nach, und auch seine Fundamente begannen allmählich abzubröckeln.

Die Barbaren

Da die Barbaren außerhalb der Reichsgrenzen in Nord- und Mitteleuropa Analphabeten waren, können sie nicht für sich selber sprechen. Tacitus schildert – in wenig überzeugender Weise – einige Germanenstämme als »edle Wilde«, aber, wie anderen Autoren auch, erscheinen ihm die Barbaren »zottig«, so die Gallier in *Gallia Comata*, und riesenhaft, was angesichts der bescheidenen Körpergröße mediterraner Völker nur natürlich ist. Die germanische Sprache klang ihnen »wie Hundegebell« in den Ohren. Außerdem waren die Barbaren blutrünstig und launisch, ihr Adel faul, außer bei der Jagd, im Kriege oder bei der Plünderung, und ihr Stammesleben war mit geordneter Zivilisation völlig unvereinbar. Aber es gab sie in großer Zahl, und ihre Waffen – wenn auch nicht die Artillerie – konnten sich technisch häufig durchaus mit denen der Römer messen, während das Ausmaß ihrer Ernten in den besiedelten Gebieten wohl erst wieder im zwölften Jahrhundert erreicht wurde.

Die archäologischen Funde sprechen eine deutliche Sprache. Bei Piggott heißt es dazu sehr schön: »Sie zeigen uns – gleich ob in *Europa Celtica* oder *Germanica* – eine ungeschliffene, barbarische Gesellschaft. Auf den von Posidonius beschriebenen keltischen Festen oder in den irischen Erzählungen (das Epos *Tàin Bó Cuailnge* aus Ulster berichtet von Ereignissen aus den beiden ersten Jahrhunderten n. Chr.) begegnen uns bramarbasierende, rülpsende, jähzornige Häuptlinge und ihre ebenso unmögliche Kriegerschar, deren Hände beim leisesten vermeintlichen Hinweis auf eine Beleidigung zum Schwert zuckten ... und über die fettigen Schnurrbärte fuhren, die als Merkmal edler Herkunft galten; ›sie nehmen nichtige Bemerkungen als Anlaß zu wortreichen Auseinandersetzungen ... lieben Prahlereien, Drohgebärden und übergriebene Selbstdarstellungen‹, wie Posidonius verächtlich feststellt.«[114]

In ihren sexuellen Sitten neigten die Kelten zu Promiskuität und unterschiedsloser Maßlosigkeit. Athenaios von Naukratis schrieb (150 n. Chr.): »... und unter den Barbaren finden die Kelten, obgleich sie wunderschöne Frauen haben, mehr Vergnügen an Knaben, so daß häufig zwei Liebhaber ihr Bett von Tierfellen mit ihnen teilen.«[115] Sogar Tacitus, der die germanische

Monogamie, Tapferkeit –, »sie ziehen singend in den Krieg« –, ihre feurigen grauen Augen, gelben Haare und starken Glieder bewunderte, räumt ein, daß sie »verschmähen, durch Arbeit zu erwerben, was sie durch Plündern bekommen können«. Sie lagen im Winter den ganzen Tag am Feuer, sogar zum Jagen zu faul, und waren Trunkenbolde, Streithähne, Spieler und, wie wir hinzufügen möchten, Langweiler. Solange das Reich sie von seinem Gebiet fernhielt und nur so viele hereinließ, wie es verkraften konnte, nahm die Zivilisation keinen Schaden; in Gefahr geriet sie erst mit dem aggressiven Barbareneinfall Mitte des dritten Jahrhunderts, der zum gleichen Zeitpunkt erfolgte wie der große Ansturm der Parther. Der von Julius Caesar und Augustus geschaffene Römische Friede wurde unter Trajan, Hadrian und Mark Aurel gefestigt.

Die Barbaren mußten dafür einen hohen Preis bezahlen. Julius Caesar hatte zum Beispiel ganze keltische und germanische Stämme ausgelöscht – weit mehr als eine Million Menschen, aber sein Gallischer Krieg, der außerhalb der Provence und von Gallia Narbonensis stattfand, hat das moderne Frankreich begründet. Er unterwarf die Sequaner in der Franche-Comté, die Aeduer in Burgund, die Arverner in der Auvergne. Mit Hilfe der Aeduer vernichtete er ungefähr eine Viertelmillion Helvetier – Kelten, die nach Westen wanderten, um vor den Germanen zu fliehen. Nach zweijähriger Vorbereitung »zündeten sie alle ihre Städte an – an die zwölf – und ungefähr vierhundert Dörfer ... und verbrannten alle Getreidevorräte mit Ausnahme derer, die sie mitnehmen wollten«[116], um nicht der Versuchung zur Rückkehr zu erliegen. Ferner machte er die furchterregenden Sueben in den strategisch wichtigen Regionen von Besançon und Belfort nieder, die Belgen nördlich von Marne und Seine und im Bereich der westlichen Ardennen, die Nervier im Hennegau und in Flandern bei Maubeuge, die Atrebater in der Nähe von Arras und die Eburonen um Namur. Nach der Unterwerfung der heutigen Normandie und Bretagne brach Caesar die Seemacht der bretonischen Veneter, die über große seetüchtige, mit Ledersegeln bestückte Schiffe verfügten, und konnte nun Garnisonen in Angers, Tours und Orleans errichten. Schließlich wurden die stärksten feindlichen Kräfte unter Ambiorix und Vercingetorix, die das Land verwüsteten, um den römischen Truppen die Lebensgrundlage zu entziehen, 52 v. Chr. in Alesia (Côte d'Or) besiegt, aber nach diesem stolzen Rekord an Greueltaten, schlimmer noch als jene, welche die Europäer im neunzehnten Jahrhundert an Afrikanern verübten, erfreute sich Gallien, das über die besseren landwirtschaftlichen Voraussetzungen verfügte, schon im folgenden Jahrhundert größeren Wohlstands als Italien.

Sobald die westlichen Barbaren dem Reich eingegliedert waren, wurden sie seßhaft. Außerhalb des von einem systematisch angelegten breiten Streifen Wüstlandes begleiteten *Limes* blieben sie oft halbnomadische Viehzüchter, die den Ackerbau verachteten, obgleich es ausgedehnte Gebiete der Seßhaftigkeit, wenn nicht gar des Friedens gab. Seit 600 v. Chr. war in den Hallstattsalinen in Österreich systematischer Salzabbau betrieben worden, seit jener Zeit sind auch große Hunde nördlich der Alpen verbreitet; Jagdhunde und

Bulldoggen wurden von den Hallstattkelten gezüchtet. Eines der geschätzten Exportgüter aus England und Irland sollten Jagdhunde werden. Die kriegerischen Auseinandersetzungen gingen natürlich weiter, zumindest im Sommer, wie die prächtigen Helme und Schilde bezeugen und die großen Hügelforts in Bibracte mit ihren kunstvollen Befestigungen, deren Mauern einen Umfang von fünf Kilometern aufweisen, oder das mit Schleudersteinen bestückte Maiden Castle in Dorset. Der Streitwagen hatte sich aus dem Osten eingebürgert, und die Kelten waren wilde Kopfjäger, die weder Menschen noch Pferde schonten. Sie kamen ursprünglich aus der Steppe und »wohin man sich auch wendet in der nomadischen Welt«, so stellt Grousset fest, »es schlägt einem stets der nämliche Blutgeruch entgegen.«[117]

Politische Geschlossenheit vermochten sie nicht herzustellen, darin wurden sie weit übertroffen von den Hunnen des fünften Jahrhunderts mit ihrer Fähigkeit zu disziplinierten Manövern innerhalb der Schlachthaufen. Die Germanen neigten eher zu flüchtigen Bündnissen, und die Zerstörung um ihrer selbst willen hatte bei ihnen kultische Bedeutung: Sie stapelten die erbeuteten Waffen und Schätze auf und warfen sie dann in ekstatischer Opferwut in Sümpfe und Moore. Eine Sitte, die, wenn schon niemandem sonst, so doch gewiß die Archäologen erfreut und im Prinzip den Geschenkverteilungsfesten (»Potlatchs«) früherer, megalithischer Zeit glich. Andererseits hatten die Häuptlinge vor allem in Dänemark und in den benachtbarten Ostseeländern, wie angesichts ihrer wirtschaftlichen Blüte in der Bronzezeit nur natürlich war, genügend Reichtümer zusammengetragen, um in vollem Staat begraben zu werden – mit Trinkbechern, Schöpfkellen und Schüsseln, ganz nach italienischer Art –, und offenbarten so »die Reaktion prunkliebender Barbaren auf die unvermutete Gelegenheit zu exotischer Prachtentfaltung und Übertreibung«,[118] und eine Schwäche für exotische Gegenstände.[119]

Römische Kaufleute und eingeborene Zwischenhändler folgten den alten Handelsstraßen von der Adria zur Ostsee auf der Suche nach Bernstein und Sklaven, und römische Gerätschaften und Münzen fanden weite Verbreitung in der barbarischen Welt, wohin sie durch Krieg – große Mengen von Goldmünzen sind am Schauplatz von Varus' katastrophaler Niederlage entdeckt worden –, durch Handel oder in Form diplomatischer Gastgeschenke gelangten. Die beiden Gesellschaften standen in schroffem Gegensatz zueinander – die eine lebte unter nördlichem Himmel in strohgedeckten Häusern aus Holz und Lehm oder in langen Gebäuden, in denen die Wohnungen auf der windzugewandten Seite der Ställe untergebracht waren, in Häusern, die wie in Friesland auf Warften errichtet oder aus Flechtwerk und Grassoden gebaut waren; die andere Gesellschaft, wie etwa in Trier, nördlich der Alpen an der Mosel, in übersichtlich angelegten Städten mit Häusern von Mauerwerk und Ziegeln, mit gepflasterten Straßen, Plätzen und Säulenhallen.

Erst 258 bis 260 gelang den Barbaren ein dauerhafter Durchbruch an der Rhein-Donau-Grenze, und das strategisch wichtige Dakien wurde überrannt. Dies war der Beginn der massiven Goten- und Germaneneinfälle, die Ende des vierten Jahrhunderts durch die Einfälle der Hunnen aus Zentralasien ausgelöst wurden. Zwar veränderten diese Völkerwanderungen und Neuansiedlungen die westeuropäischen Herrschaftsverhältnisse, aber sie schufen nie radikal neue Situationen. Nirgends wurden die Bevölkerungen der neolithischen Bronze- und Eisenzeit ausgerottet, und im Westen Spaniens, in Portugal, dem Baskenland, Westfrankreich und der Bretagne blieben sie sogar ethnisch vorherrschend. Auf den Britischen Inseln und in Irland gelang es den Angelsachsen und Dänen nie ganz, sich gegen die Kelten oder die Iberer aus dem Westen durchzusetzen. Die Mehrheit der Nordeuropäer betrieb auch weiterhin Ackerbau und Viehzucht in der aus der Jungsteinzeit überkommenen Weise: Auf der zivilisierten Seite des *Limes* in Sicherheit, aber schwer und regelmäßig belastet durch direkte oder indirekte Besteuerung, auf der barbarischen Seite ungewissen Lebensbedingungen ausgesetzt, wenn auch unbehelligt von systematischer Ausbeutung durch die Steuereinnehmer. Politisch und sozial aber schwangen sich die neuen »Barbaren« zur Herrschaft über die meisten nördlichen Völker im Reich auf, während ihre militärische und ländliche Hierarchie – Häuptling oder »König«, Adel, Barden und Rechtskundige, freie Männer und Sklaven – im Kern schon die Gesellschaftsordnung des frühmittelalterlichen Europa nördlich der Alpen beinhaltete.

8. Verfall des Reiches und Ausbreitung des Christentums

Soldatenkaiser und Reparatio

Mit gutem Grund hatte Mark Aurel das Gefühl, von ihm hänge eine gefährdete Weltordnung ab: Der Barbareneinfall an der Donau war zwar aufgehalten worden, doch stellte er sich als Vorspiel zu anderen Barbareninvasionen heraus, und die inhärente politische, soziale, wirtschaftliche und psychologische Schwäche des Reiches trat immer deutlicher zutage.

Es gab noch nicht einmal ein allgemein akzeptiertes Verfahren zur Bestimmung der Thronfolge, über die jetzt wieder zunehmend die Truppen entschieden. Ein falsches Gerücht vom Tode Mark Aurels hatte Avidius Cassius, einen von den Legionen im Osten gestützten Feldherrn, veranlaßt, den Feldzug an der Donau aufzugeben und nach Italien zurückzukehren, um sich des jungen Commodus, des Kaisers Sohn, zu bemächtigen. Mark Aurel schlug diese Revolte nieder und versuchte 176 die Erbfolge dadurch zu sichern, daß er Commodus zum Mitkaiser ernannte. Nur mit Hilfe dieses Schachzugs konnte Commodus die Nachfolge antreten, und seine Regierungszeit bedeutete den Rückfall in eine Form politischer Gewalt, wie man sie seit den Tagen Domitians nicht mehr erlebt hatte. Der Fluch des Römischen Reiches, die ungezügelte Macht der Truppen, die man seit Marius und Sulla kannte, und die schon die Republik zerstört hatte, trat wieder in Erscheinung.

Von ihrer willkürlichen Macht abgesehen bedeuteten die Truppen auch ein gesellschaftliches und wirtschaftliches Problem, für das es keine Lösung gab: Durch seine unaufhaltsame Ausdehnung sah sich das Reich gezwungen, immer mehr Legionen zu halten, um seine Grenzen zu schützen, und obgleich viele Legionen als autarke Garnisonstruppen in den eroberten Gebieten untergebracht waren und sich aus barbarischen Söldnern zusammensetzten, entzogen sie dem Reich doch so viele Arbeitskräfte, daß dessen ohnehin begrenzte Produktivität noch weiter absank. So kam es zu einem Teufelskreis: je mehr Arbeitskräfte zu Verteidigungszwecken abgezweigt wurden, desto schwieriger wurde es, die Legionen zu unterhalten, und ein immer häufiger an den Grenzen rekrutiertes Berufsheer machte die ganze wuchernde und relativ unentwickelte Wirtschaft immer kopflastiger.

Wie bereits dargelegt, war die Vorstellung von Kapitalinvestitionen zur Erhöhung der Produktivität der antiken Welt fremd. Nun wurden der Wirtschaft nicht nur immer größere parasitäre Armeen zur Erfüllung der unabweislichen Verteidigungsaufgaben aufgehalst, sondern sie mußte auch eine wachsende und ebenso parasitäre Bürokratie ernähren, die sich aus der von den hellenistischen Königreichen übernommenen Verwaltungspraxis entwickelte. Und die finanzstarken Schichten des Reiches, die ihren Reichtum zumeist dem Grundbesitz verdankten, sorgten dafür, daß die wachsende Steuerlast zum Unterhalt von Truppen jene traf, die sie am allerwenigsten zu tragen vermochten: Der Status des freien Bürgers hatte einen langen Abstieg hinter sich. Durch die Steuerbürde wurde diese Gruppe jetzt herabgedrückt auf das Niveau kleiner Pachtbauern oder sogar landloser Tagelöhner, deren Beschäftigung billiger kam als die Haltung von Sklaven, die nun, da die Expansion des Reiches zum Stillstand gekommen war, teurer und schwieriger zu beschaffen waren.

Diese gigantischen Schwierigkeiten, denen die Herrscher des Reiches mit völlig unzureichenden statistischen Kenntnissen zu begegnen hatten, wurden verschärft durch den jämmerlichen Charakter einer Reihe rasch aufeinanderfolgender Kaiser. Nach dem Mord an Commodus wurde Pertinax, ein hoher General, Hals über Kopf vom Senat proklamiert, aber schon bald von der Praetorianergarde gemeuchelt, so daß der Thron frei wurde für Septimius Severus (193–211), einen Aristokraten afrikanischer Abstammung, dessen Muttersprache Punisch war und der die glanzvolle Stadt Leptis Magna erbaute. Dieser tüchtige Mann versuchte Disziplin und Kampfgeist des Heeres wiederherzustellen, hatte damit aber nur Erfolg, als er den Sold anhob und das ganze Regime militarisierte. Es heißt, seine letzten Worte an seine Söhne hätten gelautet: »Seid euch einig, gebt den Soldaten reichlich und kümmert euch nicht um all die anderen!« Aber nach seinem Tode 211 in York ermordete sein Sohn Bassianus, der wegen seines eigentümlichen germanischen Mantels den Spitznamen *Caracalla* trug, seinen Bruder Geta. Um die Steuereinnahmen zu erhöhen, entwertete er das römische Bürgerrecht, indem er es auf alle freigeborenen Männer ausweitete. Uns am ehesten im Gedächtnis wegen der gigantischen und immer noch eindrucksvollen Bäder, die er in Rom erbaut hat, fiel er im Jahre 217 einem Mordanschlag seiner Offiziere in Mesopotamien zum Opfer. Die Greueltaten seines noch jugendlichen Vetters Elagabal, der als sein unehelicher Sohn ausgegeben wurde und durch die Machenschaften seiner Mutter, einer Erbpriesterin des örtlichen Baal in Homs in Syrien, kurzzeitig den Thron des Reiches bestieg, empfand selbst das dritte nachchristliche Jahrhundert als unerträglich: Nach dem Versuch, den Baalskult und seine Riten in Rom heimisch zu machen, wurde dieser Jüngling 222 ebenfalls von den Praetorianern umgebracht.

So gelangte im Jahre 222 n. Chr., ein Jahr nach der Abdankung des letzten Han-Kaisers in China und im Anschluß an die Ermordung des kläglichen Elagabals, Severus Alexander an die Spitze des Reiches – ein Jüngling, der selbst erst vierzehn Jahre alt war und dem es gelungen war, allen Anschlägen des Elagabal auf sein Leben zu entgehen. Dieser entfernte Verwandte des Septimius Severus wird von den *Scriptores Historiae Augustae* als das Idealbild eines Jünglings geschildert – anmutig, »männlich« und gebildet. In deutlichem Gegensatz zu Elagabal suchte er regelmäßige Bewegung in frischer Luft, beantwortete die an ihn gerichteten Briefe und kam seinen Geschäften gewissenhaft nach. Bemerkenswert ist auch, daß er die öffentlichen Bäder mit Öllampen ausstattete, so daß sie nicht mehr wie bisher bei Sonnenuntergang geschlossen werden mußten, und daß er den Bau der von Caracalla begonnenen Bäder vollendete. Es heißt aber von ihm, er habe sich von seiner Mutter beherrschen lassen, und seine Feldzüge gegen die Parther und die Germanen schlugen fehl. Er wurde von seinen Soldaten in seinem Zelt bei Mainz niedergemacht.

Mittlerweise »hatten sich die Soldaten daran gewöhnt, ihre Kaiser nach Belieben zu ernennen«, und politisches Chaos machte sich breit. Decius, an der Donau zum Kaiser proklamiert und Organisator der ersten systematischen Christenverfolgung im gesamten Reichsgebiet, wurde im heutigen Rumänien von den Goten besiegt und getötet. Dann wurde Valerian mit siebzigtausend Soldaten vom persischen König Schapur I. bei Edessa gefangengenommen, ein Ereignis, an das ein großes in den Felsen gemeißeltes Bildwerk in Bischapur erinnert. Es heißt, dem Kaiser sei die Haut bei lebendigem Leib abgezogen worden, und die Perser, die bereits Antiochia erobert hatten, verwendeten die Gefangenen beim Bau von Brücken, Flußsperren und Straßen. Valerians Sohn Gallienus, Befehlshaber an der Donau, reorganisierte daraufhin die Legionen, schuf eine beweglichere Kavalleriereserve zum Einsatz gegen Germanen und Goten in Norditalien und auf dem Balkan und übertrug die gesamte Senatsgewalt auf Berufssoldaten. Aber 268 wurde auch er von seinem eigenen Reiterobersten in Mailand ermordet. Aurelian (270–275) gelang es, sich im Westen gegen Tetricus durchzusetzen (der aus seiner eigenen Armee desertiert war) und auch den Aufstand von Zenobia, der Herrscherin von Palmyra, im Osten niederzuschlagen. Beide zierten sie seinen Triumphzug – er in protziger gallischer Tracht, sie in goldenen Ketten. Aurelian vertrieb einen Großteil der Barbaren aus Italien und umgab Rom mit riesigen Mauern, die teilweise heute noch erhalten sind, aber er führte ein Schreckensregiment. Als einer seiner Diener, in der Meinung, selbst zur Hinrichtung vorgemerkt zu sein, eine lange Mordliste in Umlauf brachte, wurde Aurelian bei Byzanz ermordet.

Das Reich schien unmittelbar vor dem wirtschaftlichen Ruin zu stehen: rivalisierende Kaiser hatten die Währung zugrunde gerichtet, und eine fürchterliche Inflation herrschte, Steuern und Beschlagnahmungen verdoppelten und verdreifachten sich, die Bauern ließen ihr Land im Stich, verarmte Kleinbauern terrorisierten die ländlichen Gebiete, die Sassaniden, das Herrscherhaus der Parther, drohten mit erneutem Einfall.

In dieser überaus schwierigen Situation wurde die griechisch-römische Zivilisation durch einen dalmatinischen Soldaten wiederhergestellt und reorganisiert: Kaiser Numerian ist der Nachwelt nur wegen seiner rhetorischen Fähigkeiten im Gedächtnis geblieben. Bei der Rückkehr von einem Feldzug im Osten hatte er sich wegen eines Augenleidens in seine Sänfte zurückgezogen, und bei der Ankunft am Bosporus fand man ihn tot. Woraufhin die Armee in Nicomedia Diokletian, den Präfekten der Leibwachen, zum Kaiser (284–305) proklamierte. Diokletian begann seine Amtszeit damit, daß er auf der Parade eigenhändig Asper niedermachte, den des Mordes an Numerian verdächtigen Praetorianerpräfekten, um deutlich zu machen, daß mit ihm nicht zu spaßen sei, und um sich die Unterstützung der Truppen zu sichern. Dieser Sproß dalmatinischer Sklaven, ein tüchtiger Soldat, erwies sich als gründlicher, außerordentlich fleißiger und konstruktiver Kaiser, der obendrein die Kunst, Verantwortung zu delegieren, beherrschte. Er ernannte einen Mitkaiser für den Westen und 293 je einen Stellvertreter für sie beide. So gelang es ihm, während seiner ganzen Regierungszeit die Truppen im Griff zu behalten.

Zur Vereinfachung der Verwaltung teilte er das Reich in zwölf *Diözesen* ein und versuchte 301 die Inflation durch einen Preis- und Lohnstopp zum Stillstand zu bringen. Nur in diesem Punkte erlitt er auch Schiffbruch wie andere Herrscher.

Die *Reparatio* wurde nicht von Rom aus in die Wege geleitet, sondern von Nicomedia im Osten sowie von Mailand und Trier im Westen, und bewußt hob Diokletian das Ansehen des Kaisertums durch ein feierliches östliches Hofzeremoniell und eindrucksvollen Prunk. Er versuchte auch, ein lange anstehendes soziales Problem zu bewältigen – die Ausbreitung des manichäischen und des christlichen Kultes, die von Osten aus in das Reich eingedrungen waren. In religiöser Hinsicht war Diokletian konservativ und versuchte, die traditionellen römischen Kulte wieder zu Ehren zu bringen. Zunächst wandte er sich, obgleich er eine Vorliebe für den Mithraskult hatte, gegen die Manichäer, deren fremdartigem, dualistischem Kult er zu Recht einen negativen moralischen Einfluß unterstellte. 298 ordnete er dann an, die wenigen praktizierenden Christen aus der Armee zu entlassen. 303 blies er zum Generalangriff gegen alle Christen, befahl, ihre heiligen Schriften zu verbrennen, ihre Kirchen zu schließen und ihre Versammlungen aufzulösen. Die christlichen Priester wurden ins Gefängnis geworfen, und im Jahre 304 erging die Verordnung, daß alle Bürger des Reiches den Göttern und dem Kaiser die traditionellen Opfer darzubringen hätten.

Diokletians Edikte wurden nicht ohne Wohlgefallen aufgenommen. Die jüdischen Urchristen galten schon lange als verdrehte Sekte, da sie die üblichen Feste und Sportveranstaltungen mieden, und als sie sich auch noch weigerten, der Form Genüge zu tun und dem Staatsoberhaupt zu opfern, hielt man sie auch für gesetzlos. Schon lange hatte es Christenpogrome im Volk gegeben, man gab ihnen die Schuld an Feuersbrünsten, Hungersnöten, Seuchen und anderen Katastrophen. Ferner waren die konservativen Römer schon seit geraumer Zeit äußerst beunruhigt, weil die alten römsichen Sitten von exotischen Kulten verdrängt wurden; sie befürchteten, die Unglücksfälle würden sich mehren, wenn die Götter nicht in gebührender Weise beschwichtigt würden. Nach ihrer Auffassung mußte die Rehabilitierung traditioneller Kulthandlungen ein wesentlicher Teil jeder *Reparatio* sein.

Die wachsenden Krise der griechisch-römischen Welt seit den Tagen der Antoninen hatte diese bislang so selbstbewußte und kraftvolle Zivilisation aufgeweicht, deren Wurzeln zurückreichten in die kraftvolle, glänzende Kultur von Hellas und die derben, tüchtigen Anfänge Roms. Mit der Aneigung des riesigen wohlhabenden Ostreiches war Italien mit exotischen Luxusgütern überschwemmt und von östlichen Religionen unterwandert worden: dem ägyptischen Isiskult, dem persischen Mithraskult und dem zutiefst pessimistischen Glauben der Manichäer. Konstantin sollte es später gelingen, den Sonnenkult, eine hoffnungsfreudigere Religion, mit dem Christentum zu verschmelzen. Männer und Frauen waren besessen von einem wüsten Durcheinander astrologischen Aberglaubens und der Furcht vor Dämonen *(Mächten)* des Bösen, vor denen zu bewahren sich die verschiedenen Kulte anheischig machten. Aus all diesen östlichen Religionen, die so abstoßend erscheinen neben dem fünften hellenischen oder dem zweiten stoischen Jahrhundert, ist das Christentum entstanden. Seine Ursprünge eingehender zu betrachten ist notwendig.

Die Juden und die Anfänge des Christentums

Unweit der östlichen Peripherie des Reiches, wo die gewaltige Streitmacht der Parther, die seit Anfang des dritten Jahrhunderts unter sassanidischer Herrschaft stand, die Römer stellen und besiegen konnte, widersetzten sich die Juden aus Judäa lange Zeit allen Assimilationsversuchen. Diejenigen, die sich in der *Diaspora* befanden, hatten sich in Mesopotamien, in den hellenistischen Städten und vor allem in Alexandria niedergelassen. Sie hatten ihre Besonderheit bewahrt, aber viel von der hellenistischen Kultur übernommen; die Juden von Jerusalem hatten sich zweimal mit selbstmörderischem Fanatismus gegen die Macht des Römischen Reiches erhoben.

Ihre Religion war zu exklusiv und monotheistisch, um sich dem griechisch-römischen Pantheon anverwandeln zu lassen. Von allen Völkern hätte man den Juden lange Zeit wohl zuletzt zugetraut, der Zivilisation Europas ein anderes Gesicht geben zu können.

Das Christentum, ein Ableger des Judentums, eher von diesem ausgestoßen, als aus ihm gewachsen, war lange eine winzige und bedeutungslose Sekte, bei nichtchristlichen Autoren selten erwähnt. Doch unter all den Religionen, die von Osten her in das Reich einsickerten, sollte sie sich nun als die wirkmächtigste erweisen, wenn ihr Einfluß auch erst seit den Katastrophen Mitte des dritten Jahrhunderts nennenswert war und sie fast drei Jahrhunderte brauchte, um Staatsreligion zu werden.

Obwohl die Christen im Unterschied zu den Juden glauben, daß Jesus von Nazareth das Judentum zur Erfüllung gebracht und über sich hinausgeführt hat, war er ein jüdischer Prophet, der wie andere aus dem Volk gekommen war, um das Establishment der Priester öffentlich zu kritisieren; und Paulus, der wichtigste Missionar und Interpret des Christentums, war ein bekehrter Rabbiner, der eine jüdische und hellenistische Ausbildung genossen hatte. Auch die Jünger erscheinen, wie der Stifter und Paulus, in den Bildern von Generationen europäischer Maler als Juden. Christus, der Gesalbte, der Sohn Gottes, der eins ist mit dem Vater, war, wie Kaiser Julian betont, ein Galiläer.

Deshalb war die jüdische Herkunft wichtig. 1400 v. Chr. von Moses aus Ägypten heraus und um 1000 v. Chr. von Aaron nach Palästina geführt, hatten die Israeliten unter David ein Königreich geschaffen, das mit dem Bau von Salomos Tempel in Jerusalem seinen Höhepunkt erreichte. Aber bis auf Juda hatten die Assyrer später das ganze Gebiet vereinnahmt, Juda selbst war von Nebukadnezar eingenommen worden, und Zedekia, der letzte König aus Davids Stamm, war mit dem größten Teil der Führungsschicht seines Landes nach Babylon deportiert worden. Das bittere und heftig beklagte Exil war von kurzer Dauer. 559 v. Chr. hatte Kyros den Juden erlaubt, unter persischer Oberhoheit zurückzukehren, und im Laufe des fünften Jahrhunderts, während der glanzvollsten Zeit Athens, wurde der Tempel wieder aufgebaut. Doch die Juden waren aus ihrem Exil mit neuen Ideen zurückgekehrt: Ihren ursprünglichen Stammeskult, in dessen Mittelpunkt Jahve stand, hatten sie um den Begriff eines kosmischen Konfliktes zwischen Gott und Teufel und um den einer auf das Jüngste Gericht als letztes Ziel angelegten Geschichte erweitert. Geschichte erschien nicht mehr, wie nach griechisch-römischer Vorstellung, als zyklische Wiederkehr, sondern als linearer und dynamischer Ablauf; aus dem Mythos war Theologie geworden. Diese Ideen hatten sich zusammen mit der jüdischen Verehrung von Gesetz und Propheten entwikkelt. Diese fremdartige, geschlossene und faszinierende Religion hatte sich während des glänzenden Zeitalters hellenischer und hellenistischer Zivilisation und in der schöpferischsten Phase von deren römischer Ausgabe in einem unbedeutenden Gebiet an der Peripherie des Reiches entwickelt.

Unbedeutend, aber stets turbulent. 167 v. Chr. hatten sich die Juden unter Judas Makkabäus erhoben und trotz der Niederwerfung dieses Aufstandes die Seleukiden 143 v. Chr. dazu gebracht, ein unabhängiges, wenn auch vom Parteienstreit zerrissenes hasmonäisches Reich zu dulden; 63 v. Chr. hatte Pompeius Magnus es annektiert. Herodes, ein verschlagener und mordgieriger Edomiterfürst, dessen Vater ein Freund Julius Caesars gewesen war und der sich die Gunst des Augustus zu verschaffen gewußt hatte, hatte von 37 bis 4 v. Chr. als Vasallenkönig regiert, aber obwohl er den Tempel erheblich vergrößerte und ausschmückte, verachteten ihn die strenggläubigen Juden als Araber.[120] Sein unfähiger Sohn Archelaos wurde von den Römern rasch abgesetzt, und das Land größtenteils der direkten Befehlsgewalt eines Prokurators in Caesarea unterstellt, obgleich ein anderer Nachkomme von Herodes Tetrarch von Galiläa blieb. So also stellte sich im wesentlichen der politische Hintergrund dar – eine jüdische Bevölkerung, die sich nach ihrer kurzen hasmonäischen Unabhängigkeit zurücksehnte und in der Unzufriedenheit und Parteienstreit gärten; und die Römer, die bemüht waren, das Land zu befrieden.

Von grundsätzlicherem Interesse ist der religiöse Aspekt. Da das Römische Reich lange vor seinem endgültigen Zusammenbruch im Westen das Christentum als offizielle Staatsreligion übernommen hatte und es auch nach diesem Zusammenbruch noch im »orthodoxen« christlichen Osten beibehielt, wurde das griechisch-römische Pantheon von den Mythen und Sagen, der

Militärgeschichte, den prophetischen und moralisierenden Büchern des jüdischen Alten Testaments und den Schriften des Neuen überschwemmt und verwandelt, wobei viele der alten Götter zu Dämonen degradiert wurden, wenn auch manche alte Formen übernommen wurden und einige der ältesten und verbreitetsten Religionen sich nur langsam, wenn überhaupt, verdrängen ließen. Soweit es dazu fähig war, sollte Europa bis in jüngste Zeit vorwiegend eine jüdisch-christliche Sprache sprechen.

Es handelte sich um eine äußerst vielfältige und ausdrucksvolle Sprache. Der archaische *Pentateuch*, die fünf Bücher Mose, war vor dem Exil entstanden, einige der Propheten hatten zwischen dem achten und sechsten vorchristlichen Jahrhundert gelebt, fast so früh wie Homer und Hesiod, aber die sprachlich wirkungsvollsten und tiefgründigsten Bücher, *Jesaja* und *Jeremia*, entstanden nach dem Exil. Tatsächlich wurden viele Bücher – das der *Sprüche*, *Ecclesiastikus*, *Hiob*, *Daniel*, viele *Psalmen* und *Deuterojesaja* – in hellenistischer Zeit geschrieben, als man für die vielen wohlhabenden Juden in der Diaspora von Alexandria, Antiochia und anderen Großstädten die griechische Bibelübersetzung *Septuaginta* anfertigte. Verglichen mit griechisch-römischer Mythologie und Ethik, schildert die Heilige Schrift der Juden eine kosmische, dramatische Beziehung zwischen einem exklusiven und oft rachsüchtigen Gott und seinem »auserwählten Volk«, das besessen war von dem Wunsch, seine unschätzbare Gunst zu gewinnen und zu bewahren. Das Rassenbewußtsein, das die makkabäischen Kriege bestimmt hatte und zu den Zelotenaufständen gegen Vespasian und Hadrian führte, prägte in abgemilderter Form auch die Priesterschaft, die in Jerusalem von den Geschenken der reichen Diaspora lebte. Das Christentum wurzelte in diesem Erbe, wenn es sich auch von ihm lossagte.

Über die genauen Anfänge des Christentums herrschte Ungewißheit – sogar über das Geburtsdatum des Stifters. Nach Matthäus, der den »Kindermord von Bethlehem« und die »Flucht nach Ägypten« beschreibt, wurde er in einem der letzten Jahre von Herodes' Regierungszeit geboren – etwa 5 oder 4 v. Chr. Nach Lukas, der seine Geburt mit der Volkszählung unter Augustus in Verbindung bringt, war es 6 oder 7 n. Chr. Die Zeitrechnung unserer eigenen Epoche wurde erst um 527 n. Chr. von Dionysius Exiguus erfunden, einem römischen Mönch, der eine nach den Maßstäben seiner Zeit sehr fundierte Berechnung vornahm und jenes Ereignis auf den 25. Dezember 753 *ab urbe condita* verlegte, sich aber, wie er selbst sagt, wohl verrechnet haben dürfte.[121]

Die im wahrsten Sinne des Wortes epochemachende Wahl des *Anno Domini 1* war in Wahrheit ein Kompromiß. Auch das Kreuzigungsdatum ist ungewiß – zwischen 29 und 33 n. Chr., in den letzten Jahren des Tiberius. Das früheste der Evangelien, das des Matthäus, wurde frühestens 65 n. Chr. geschrieben, mehr als dreißig Jahre nach der Kreuzigung, das des Lukas nicht vor dem Jahre 100. So entstellt die ursprüngliche Lehre auch wiedergegeben sein mag, ihre Wirkung wurde immens – ungewöhnlich mitleidsvoll, vergebungsbereit, sogar mit Humor, angesiedelt in der ansprechenden Seenlandschaft Galiläas, inmitten von Kornfeldern und Weinbergen, dazu die sengenden Blitze moralischer Entrüstung. Dieser Prophet war kein »sanfter Jesus«, sondern grimmig, anspruchsvoll und offensichtlich gewillt, in Hinblick auf ein jenseitiges Leben radikale Forderungen zu stellen. Ironischerweise war der Stifter des Christentums antiklerikal: Er jagte die Geldwechsler aus dem Tempel, und, schlimmer noch, er behauptete, das Reich Gottes sei nicht, wie Pharisäer und Sadduzäer glaubten, von dieser Welt und Belohnung für gewissenhafte Einhaltung eines Vertrags mit einer exklusiven Gottheit, sondern das unmittelbare und freiwillige Geschenk eines liebenden Gottes für jeden, der in der Lage sei, daran teilzuhaben und es weiterzugeben. So hielten die Evangelien für jeden etwas bereit – eine spannende Geschichte, Wunder (wie sie auch andere Religionen vorzuweisen haben), die Erfüllung dessen, was die Heiligen Schriften der Juden geweissagt hatten, vor allem aber die Rettung – sogar die »Erlösung« – auch der nichtjüdischen Menschheit.

Natürlich verabscheute das religiöse Establishment in Jerusalem – tüchtige, konservative Männer, die durchaus nicht alle eitel und raffgierig waren, aber rechtgläubig und bewandert in den mosaischen Gesetzen – den Wanderprediger aus dem bedeutungslosen Nazareth und dem ländlichen Galiläa, das so ganz anders war als die steinigen Hänge der Heiligen Stadt. Er beachtete sie kaum und machte sich in ihren Augen sogar der Blasphemie schuldig, als er schlankweg behauptete, der Messias zu sein. Sie »zerrissen ihre Kleider« und überredeten Pontius Pilatus, der gewiß andere Sorgen hatte, Jesus zu kreuzigen – die übliche Strafe für Hochverrat.

Sie hatten die Rechnung ohne ihr Opfer gemacht: So groß war dessen hypnotische Macht, daß seine Jünger – mehr denn je davon überzeugt, daß er der Messias sei, da sie jetzt glaubten, er sei von den Toten auferstanden – eine neue Religion schufen. Kurze Zeit hielten sie sich als unbedeutende jüdische Sekte in Jerusalem auf, doch als die Judenverfolgung einsetzte, suchten sie Zuflucht im kosmopolitischen Antiochia. Hier wurden sie erstmals »Christen« genannt – nach dem griechischen Wort für *Messias*, »der Gesalbte«. Auch die Bezeichnung *Apostel* für die Gesandten des menschgewordenen Gottes wurde hier geprägt. Die orthodoxen Juden stellten der neuen Sekte mit allen Mitteln nach; einer der eifrigsten Verfolger war Saulus, ein anatolischer Jude aus Tarsus, der in Jerusalem studiert hatte. Saulus erfuhr eine plötzliche Bekehrung, zu Paulus geworden gewann er die Überzeugung, das Christentum biete einen Ausweg für die von Dämonen heimgesuchte hellenistische Welt und könne nicht nur den Juden, sondern auch der übrigen Menschheit helfen. In der Überzeugung, daß Christus, der Mensch gewordene Gott, Gott und das Menschengeschlecht miteinander »ausgesöhnt« habe, trug er durch seinen beredten und organisatorischen Eifer wesentlich zum Aufbau der urchristlich-jüdischen Gemeinden in Anatolien und Griechenland bei. Er verkündete: »Jesus (welcher) ist um unserer Sünden willen dahingegeben und um unserer Rechtfertigung willen auferweckt ... durch welchen wir Zugang haben zu dieser Gnade, darin wir stehen, und rühmen uns der Hoffnung der zukünftigen Herrlichkeit, die Gott geben wird.«[122] Hier wird die alte jüdische Vorstellung des Bundes erfüllt, aber in einem größeren Zusammenhang. Neben der Überzeugung, von der »Erbsünde« erlöst zu sein, hatte Paulus den ungewöhnlichsten Aspekt des Evangeliums erfaßt – wie im folgenden berühmten Wort zum Ausdruck kommt: » ... und hätte (ich) der Liebe nicht, so wäre ich nichts. Und wenn ich alle meine Habe den Armen gäbe und ließe meinen Leib brennen, so wäre mir's nicht nütze.« Also »bleibt Glaube, Hoffnung, Liebe, diese drei; aber die Liebe ist die größte unter ihnen. Strebet nach der Liebe!«[123]

Paulus, der meinte, er sei »berufen zum Apostel, ausgesondert, zu predigen das Evangelium Gottes«, war zugleich ein eifernder Dogmatiker, der überzeugt war, allein Wahrheit und Autorität innezuhaben. Ferner vertrug sich seine Vorstellung von der Liebe nicht mit sexueller Zärtlichkeit und Leidenschaft, denn er sah in der Ehe einen Notbehelf für jene, »die sich nicht können enthalten«, und bloß dazu da, »der Unzucht zu fliehen«, schließlich sei es »besser zu freien, als von Begierde verzehrt zu werden«. Alle abweichende Sexualität erklärte er für »unnatürlich«, als bloßes Sicherhitzen »an ihren Lüsten«. Dieser Haß auf die Sexualität in einer Welt, in der sie generell akzeptiert und sogar öffentlich um ihrer selbst willen gepriesen wurde, brachte einen neuen Akzent in die europäische Zivilisation – einen krankhaften, rachsüchtigen und kleinlichen. Viele Humanisten – Nietzsche am wortreichsten – haben diesen Haß als Lästerung gegen die Urkraft des Lebens gebrandmarkt.

Wie zu erwarten sind die Christen lange eine winzige Minderheit geblieben. In Rom waren sie zwar schon berüchtigt genug, um als Sündenböcke für die großen Feuersbrünste herzuhalten, welche die Stadt 64 n. Chr. verwüsteten – Nero ließ sie damals als lebende Fackeln verbrennen –, sonst aber werden sie kaum erwähnt. Natürlich erwarben sie sich den Ruf der Subversivität, als sie sich weigerten, dem Kaiser als Staatsoberhaupt die üblichen und vorgeschriebenen Opfer darzubringen. Tacitus, der stets zu scharfen Urteilen neigt, hielt sie für »Feinde des Menschengeschlechtes«, und der relativ humane jüngere Plinius, der sie nur hinrichten ließ, wenn sie allzu hartnäckig an ihrem Glauben festhielten, teilte Trajan mit, nach seinen Erfahrungen sei das Christentum »eine degenerierte Form des Gottesdienstes, auf überspannte Weise ins Extrem getrieben ... ein erbärmlicher Kult«. Trajan gab die staatsmännische Antwort, es brauche »zwar keine Jagd auf diese Leute veranstaltet zu werden«, aber das Gesetz müsse »seinen Lauf nehmen«, wenn sie »sich als uneinsichtig erwiesen«.

Auf der anderen Seite hatte Paulus sich des jüdischen Zusammenhaltes in der Diaspora bedient, um seinen Glauben zu verbreiten. Die Christen waren wohl organisiert, hatten Kirchenälteste, Aufseher oder »Bischöfe« und untergeordnete »Diakone«, dazu regelmäßige Zusammenkünfte, Aufzeichnungen und Schriften – die *Apostelgeschichte* wurde 60 n. Chr. noch vor den Evangelien geschrieben, und entgegen der verbreiteten Auffassung gehörten der Sekte schon früh wohlhabende Leute an, die für die recht teuren Katakomben aufkommen und den Armen in den eigenen Reihen beträchtliche Hilfe angedeihen lassen konnten. Sie waren einander eng verbunden durch ihren inbrünstigen Glauben, das Ritual von Taufe und Abendmahl und die Erwartung der Wiederkehr Christi, einige waren Fanatiker, die den Märtyrertod geradezu suchten. Außerdem hatte die verbreitete stoische Philosophie mit ihrer kühlen, unpersönlichen Humanität in Verbindung mit dem langen inneren Frieden des Reiches für etwas angenehmere Lebensbedingungen gesorgt, was selbst für die Sklaven galt, und das Christentum war nur eine der vielen gefühlsbetonten und Brüderlichkeit fordernden östlichen Religionen, die seit langem akzeptiert und assimiliert waren. Von offizieller Seite gab es keinerlei Einwände gegen den verbreiteten, in der Armee beliebten Mithraskult oder gegen den Isiskult, dem beispielsweise Apuleius huldigte. Das Evangelium des Johannes setzt den *Logos* – einen stoischen Begriff – mit der Offenbarung Gottes in der Gestalt Christi gleich. Die Christen waren zu gut organisiert und zu dogmatisch, um sich in den modischen gnostischen Strömungen zu verlieren, andererseits waren sie zu erfüllt von ihrem Glauben, um sich dem entsagenden Kult der öffentlichen Pflichterfüllung, der Selbstgenügsamkeit oder der Zurückgezogenheit hingeben zu können, den Stoiker oder Epikureer bestenfalls anzubieten hatten. Wo diese nur Geduld oder Flucht empfahlen, hatten die Christen etwas zu bieten, was in der Antike Seltenheitswert hatte – Hoffnung.

Mit der *Reparatio* des Reiches gewannen ihre gut organisierten Gemeinden so viel Bedeutung für die Reichsregierung, daß diese Diokletians Verfolgung einstellte und sich unter Konstantin mit dem jetzt weitverbreiteten Kult aussöhnte.

9. Reparatio im Osten – Zusammenbruch im Westen

Der geniale Gibbon, Meister der einprägsamen Formulierung, der Ironie und der Fußnote, hat Generationen von Lesern einen lebendigen, aber einseitigen Eindruck vom Niedergang und Fall des Römischen Reiches vermittelt. Nach der ersten ernsthaften Krise Mitte des dritten Jahrhunderts erhielt es zwischen 284 und 337 durch Diokletian und Konstantin neuen Zusammenhalt als militärische und bürokratische Diktatur. Unter Konstantin, der das Christentum zur staatlich geförderten Religion erhob, wurde jetzt das ökonomisch und strategisch günstiger gelegene Konstantinopel Hauptstadt und sein goldener *Solidus* zum anerkannten Währungsstandard. Jahrhundertelang blieb diese Stadt die bestimmende kulturelle Schaltstation Europas. Nur im Westen brach das Reich zusammen, und auch das erst 476.

Gibbon mit seiner für das achtzehnte Jahrhundert typischen rationalistischen Abneigung gegen jede Art von Religion, empfand die christlich-theologischen Auseinandersetzungen zwischen Arianern und Katholiken, die bereits unter Konstantin und seinen Nachfolgern sehr heftig geführt wurden, als widerwärtig und die Kultur dieser Zeit als der klassischen oder selbst der antoninischen so unterlegen, daß er die ungebrochene Kontinuität zwischen römischer Zivilisation und jenem großen Byzantinischen Reich unterschätzte, das sich lange der gotischen, persischen, bulgarischen, slawischen und islamischen Angriffe erwehrte und in seiner reichsten und mächtigsten Phase unter Justinian (527–565) sogar große Teile des Westens und Afrikas zurückeroberte, das die Völker des Balkans und Rußlands zum Christentum bekehrte, wobei es mit seiner autokratischen Struktur und gerissenen Diplomatie das Kiewer und Moskauer Reich nachhaltig prägte, und das kulturelle, monetäre und administrative Maßstäbe setzte, welche lange Zeit die barbarischen Königreiche des Westens beeinflußten und zumindest die Idee eines Westreiches fortbestehen ließen. Mittelpunkt der mediterranen Zivilisation war jetzt Konstantinopel, nicht mehr Rom. Der Umstand, daß nach Justinian sogar die byzantinischen Herrscher einer zivilen Regierung griechisch sprachen, hat die historische Tatsache verschleiert, daß dieses Reich, anders als der Westen, niemals seinen römischen Charakter verlor, sondern eine eigenständige und großartige Inkarnation des alten, unbesiegten Reiches blieb.

Hinsichtlich des Westens hat Gibbon nicht übertrieben. Die Abdankung von Romulus *Augustulus* im Jahre 476, der damit nur auf eine schon lange bankrotte Macht verzichtete, war eine verspätete Anerkennung der Tatsachen. Diese seit langem von germanischen Barbaren unterwanderte und überschwemmte Kultur war so verkommen, daß Lesen und Schreiben schließlich selbst in den herrschenden Klassen als okkulte Zauberkunst galt und der Klerus nur eine zusammenhanglose und mechanische Bildung bewahrte, wie sie uns etwa in den völlig zu Unrecht bis ins späte Mittelalter verehrten *Etymologiae* des Westgoten Isidor von Sevilla entgegentritt. Nur durch die Macht und das Prestige Roms und der Großgrundbesitzer in Norditalien und Gallien blieb ein Restbestand dieser Kultur als Bildung und Erinnerung erhalten. Für die Intellektuellen schufen die griechischen und lateinischen Kirchenväter ein weitläufiges und kompliziertes Gedankengebäude, während die Barbaren sich, von der außerordentlichen Wirkung der Evangelien mit ihrer Verheißung des Himmels und Androhung der Hölle abgesehen, durch die Verehrung Christi, des wundertätigen Helden, angezogen fühlten. Ferner lieferten in Ägypten und Syrien, den beiden am wenigsten romanisierten Provinzen, Einsiedler und Mönche orientalischer Prägung Beispiele, welche auf die Heiden eine unmittelbare und unwiderstehliche Anziehungskraft ausübten, so daß die heiligen Männer und Mönche Europas zu Missionaren wurden und das Christentum mit Resten mediterraner Kultur unter Völkern verbreiteten, welche die Römer in dieser Hinsicht für völlig unansprechbar gehalten hatten.

Aber auch die alte Laienkultur im Westen bewies ein zähes Leben. Nachdem das Reich unter Diokletian, Konstantin und ihren Nachfolgern neu erstarkt war, lebte die aristokratische Kultur im Westen wieder auf. Ausonius (310–395) zum Beispiel, der neben Ländereien bei Bordeaux auch großen politischen Einfluß besaß, pries die Schönheit der Mosel in ansprechenden Versen. Claudian, ein in Rom ansässiger alexandrinischer Grieche, schrieb einen technisch vollendeten Panegyrikus auf Stilicho, den halbvandalischen Befehlshaber, der die Stadt verteidigte, bevor sie von Alarichs Goten genommen wurde, und Symmachus (330–402), ein wohlhabender römischer Senator, schrieb Briefe, die einen lebendigen Eindruck seiner Zeit vermitteln. Später schrieb Boëtius, der dem ostgotischen König Theoderich unter Preisgabe seines Lebens diente, das erinnerungswürdige und damals dringend notwendige *Trostbuch der Philosophie* sowie einige ergreifende neuplatonische Verse. Die hochkultivierten Magnaten Galliens, Italiens und Spaniens, die sich während der Unruhen auf ihre großen Güter zurückzogen, die Inflation überstanden und ihre nicht unbeträchtliche Macht bewahrt hatten, wurden Christen, monopolisierten weitgehend Bistümer und Abteien und stärkten die Kirche mit ihrer Autorität. Bezeichnenderweise setzte sich in dieser Zeit die lateinische Umgangssprache in der Landbevölkerung Frankreichs und Spaniens durch, das Keltische und Iberische verdrängend. Im übrigen söhnten sich die Großgrundbesitzer mit den Barbarenführern und ihren Kriegereliten aus, die sie gelegentlich den despotischen und umherziehenden Militärkaisern mit ihren Steuereintreibern und weitgehend aus Barbaren rekrutierten Truppen vorzogen.

Der Osten also erlebte eine Restauration, während sich der Zusammenbruch im Westen nur allmählich vollzog. Das Ostreich gewann in seiner neuen und parvenühaften Gestalt unter Justinian ein zumindest reiches und glanzvolles Gepräge mit der herrlichen Architektur der Hagia Sophia und den Mosaiken von Konstantinopel und Ravenna. »Die untadelige römische Toga ...

erscheint zwar noch auf den Standbildern offizieller Vertreter des Staates und großer Männer, tatsächlich aber dürften auch diese großen Männer Gewänder getragen haben, mit denen sie sogar in Tausendundeiner Nacht hätten Ehre einlegen können: eine enge Tunika, die bis zu den Knien reichte und an den Säumen reich bestickt war, helle Strümpfe, ein weiter Umhang, mit einer Spange barbarischer Herkunft an der Schulter hochgesteckt, die wallende Seide mit Goldfäden bestickt, in Farben, die dem Rang des Trägers entsprachen, und mit fliegenden Drachen oder, bei frommen Christen, mit biblischen Szenen geschmückt. Auch lebten sie nicht in Häusern hergebrachter Art, viereckig um einen Innenhof gebaut, sondern in unübersichtlich angelegten Palästen, hell, mit eingelegtem Marmor, regenbogenfarbenen Mosaiken, und so von innen nach außen gebaut, daß sie mit ihren Arkaden, Gängen auf verschiedenen Ebenen, gewölbten Decken und schweren Vorhängen eine neuartige Ahnung schwelgerischer Geheimnisse vermittelten.«[124]

Konstantin

Durch Diokletians Reform entwickelte sich das Reich zu einer zwar kulturell anspruchsloseren, aber funktionierenden militärischen und bürokratischen Diktatur mit orientalischem Gepränge, bestimmt von Soldaten, die zumeist vom Balkan kamen.

Diokletians Methoden waren einfach und wirksam. Es gab zwei Kaiser, ihn selbst im Osten und Maximian, der aus einer bäuerlichen Familie vom Balkan stammte, im Westen. Sie ernannten zwei Stellvertreter, Galerius im Osten, Constantius *Chlorus* (den Bleichen) im Westen. Als Diokletian 305 abdankte und sein Mitkaiser Maximian widerstrebend das gleiche tat, trat im Osten Galerius, ursprünglich ein Rinderhirte, die Nachfolge an, während Constantius *Chlorus* den Purpur im Westen übernahm. 306 starb er in York, zuvor aber entfloh sein ältester Sohn, Konstantin, der am Hofe des Galerius praktisch als Geisel gehalten wurde, und stieß in Boulogne zu seinem Vater, nachdem er auf allen Poststationen den Pferden die Kniesehnen durchtrennt hatte. Galerius' Vorfahren väterlicherseits waren kleine Landbesitzer in der Nähe des heutigen Niš in Jugoslawien, seine Mutter Helena (248–328), Constantius *Chlorus'* erste Frau, hatte in einer Taverne im bithynischen Drepanum gearbeitet, so daß in ihm sich also Einflüsse vom Balkan und aus Anatolien mischten. Es gibt keine Anhaltspunkte dafür, daß Helena, die heiliggesprochen wurde, weil sie nach Berichten, die Ende des vierten Jahrhunderts, zwei Generationen nach ihrem Tod, geschrieben wurden, das Kreuz Christi gefunden haben soll, tatsächlich Britin gewesen ist, eine Legende, die erstmals von dem Waliser Geoffrey of Monmouth im Jahre 1147 verbreitet worden ist. Galerius weigerte sich, Konstantin als Kaiser anzuerkennen, so daß dieser sich 307, etwa zweiundzwanzig Jahre alt, selbst dazu proklamierte. Nach Sicherung der Rheingrenze, Galliens und Spaniens überquerte er 312 am Mont Cenis die

Alpen und besiegte die Truppen des Maxentius, Maximians Sohn, bei Turin und Verona. Nachdem er anschließend Norditalien gesichert hatte, marschierte er mit dem raschen Tempo, dem er seine Erfolge als Feldherr verdankte, über den Apennin und durch die Toskana auf Rom zu, um Maxentius selbst zu stellen. Im Verlaufe dieses Herbstfeldzuges hatte der junge Kaiser eine kurze Vision, eine kreuzförmige Lichterscheinung am Himmel, über der Sonne, mit der Inschrift *En toutō nika* – »In diesem [Zeichen] wirst du siegen«.[125] Auf solche Weise erleuchtet, ließ er ein *Chi Rho* – die Anfangsbuchstaben des Wortes »Christus« –auf die Schilde seiner Soldaten malen und einem Traume folgend eine kunstvolle Standarte *(Labarum)* anfertigen.

Maxentius war töricht genug, die durch einen Schiffsponton ergänzte Milvische Brücke zu überschreiten und sich mit dem Rücken zum Tiber zum Kampf zu stellen; am 28. Oktober 312 griff ihn Konstantin an. Als dieser sich anschickte, die Brücken zu nehmen, gerieten Maxentius' Männer in Panik, und er selbst wurde in den Tiber getrampelt, aus dem man seinen Leichnam barg und enthauptete. Damit war Konstantin Herr über den ganzen Westen.

Er war nicht undankbar gegenüber dem christlichen Gott. Auf einem Treffen in Mailand mit Licinius, nunmehr Kaiser des Ostens, kam er 303 mit diesem zu dem vernünftigen Entschluß, wie allen anderen auch den Christen Religionsfreiheit zuzusichern, »damit jede möglicherweise existierende himmlische Gottheit uns und allen, die unter unserer Herrschaft leben, gewogen sein möge«. Diese im folgenden Jahr in Nicomedia bestätigte Entscheidung machte aus der christlichen Kirche – bislang eine verfolgte, wenn auch verbreitete Sekte von 200000 Mitgliedern in einem Reich, das jetzt nahezu siebzig Millionen Einwohner zählen mochte – eine mächtige und privilegierte Institution, denn Konstantin begnügte sich nicht damit, die Christen zu tolerieren, sondern er begünstigte und unterstützte sie großzügigst: Der Sonntag, ursprünglich zur Feier der sieghaften Sonne bestimmt, wurde jetzt zum christlichen Feiertag erklärt, und christliche Bischöfe erhielten die Erlaubnis, an ihren Höfen Gericht zu halten. Der Kaiser selbst, Autokrat eines immer totalitärer werdenden Staates, machte es sich zur Aufgabe, Auseinandersetzungen über die rechte Lehre zu schlichten, die nach zweieinhalb Jahrhunderten einer immer komplizierter und abstrakter werdenden Diskussion die jetzt offiziell anerkannte Religion einer Zerreißprobe unterwarfen. Diese Entscheidung war in des Wortes eigentlicher Bedeutung epochemachend und verlieh Konstantin weltgeschichtliche Bedeutung; trotzdem bleiben seine Konturen unscharf, denn abgesehen von seinen eigenen Verordnungen sind die wichtigsten Quellen vermutlich unzulänglich: Eusebius von Caesareas penetrantes Lobgedicht, dessen Authentizität man überdies in Frage gestellt hat, ist nur noch eine schwache Imitation dessen, was die klassischen griechisch-römischen Autoren – ein Tacitus oder ein Plutarch – uns hinterlassen haben, und Lactantius' grausige Schrift *Über den Tod der Verfolger*, in der er schildert, aus welchen Wirren sich Konstantin seinen Weg zur Macht gebahnt hat, ist von fanatischen Vorurteilen entstellt.

Über eines gibt es indes keinen Zweifel: Konstantin war ein Feldherr von außerordentlicher Begabung, dazu ein gewissenhafter Herrscher, ängstlich darauf bedacht, es mit keinem der eventuell existierenden Götter zu verderben und seinen mühevollen Pflichten nachzukommen. Er stürzte sich sogar in jene Tiefen religiöser Argumentation, welche die Theologen für ihr eigenstes Gebiet hielten, und nannte sich selbst den »Dreizehnten Apostel«. Aber die Machtpolitik bot ihm wenig Gelegenheit, solchem Ehrgeiz zu frönen. Abgesehen davon, daß er seine Rivalen aus dem Weg räumte, ließ er seinen ältesten Sohn und seine zweite Frau hinrichten und trieb Licinius, seinen Schwager, zum Selbstmord. Angesichts dieser politischen und familiären Erfordernisse war er klug genug, mit der Taufe bis zum Totenbett zu warten – ein übliches Verfahren in damaliger Zeit –, so daß ihm keine Gelegenheit mehr blieb, in Sünde zu fallen. So trat er im Jahre 337 die Reise in die andere Welt mit dem reinsten Gewissen an.

Die Beschäftigung mit der Religion, die sein privates wie staatliches Handeln bestimmte, bewog ihn 325 – nach Licinius' Beseitigung nunmehr Alleinherrscher –, das Konzil von Nicäa einzuberufen, um jenen Konflikt beizulegen, der sich als die größte Zerreißprobe für die Kirche erwiesen hatte. Die arianische Irrlehre, vom Nicänischen Glaubensbekenntnis kunstvoll widerlegt, wandte sich gegen so nebensächliche Glaubenssätze, daß der Streit heute verblüffend anmutet, doch für Christen sind sie von grundsätzlicher Bedeutung. Arius, ein in Alexandria ausgebildeter und geweihter Libyer, stellte die uneingeschränkte Göttlichkeit Christi in Frage. In zeitüblicher anthropomorpher Ausdrucksweise lehrte er, daß der transzendente, ewige und deshalb präexistente Vater den Sohn erschaffen habe, der endlich, dem Wandel unterworfen und deshalb nicht »von einer Substanz (oder Essenz)« sei mit dem unwandelbaren Vater. Christus sei ein Geschöpf Gottes, nicht dieser selbst. Damit schien die Möglichkeit gegeben, daß man ihn zum Halbgott degradieren und so zentrale Glaubenssätze wie Inkarnation und Erlösung in Frage stellen könnte.

Konstantin griff energisch ein, sorgte dafür, daß die häretische Lehre verurteilt wurde und ihre Hauptvertreter ins Exil gingen. Arius, ein Intellektueller, der nichts Böses im Schilde führte, wurde nach Illyrien geschickt. Dann wandte sich Konstantin der ihm wahrscheinlich angemesseneren Aufgabe zu, Byzanz in Konstantinopel zu verwandeln. In dem Wunsch, die Kirche zu einigen und auf Nummer Sicher zu gehen, rief er 336 die Arianer zurück, unter ihnen auch Arius selbst, und verbannte Athanasius, den Bischof von Alexandria und unversöhnlichsten Feind der Arianer, nach Trier.[126]

Doch die Kontroverse war damit nicht beigelegt. Als die Parteien mächtiger wurden, ging es in dem Streit auch um Bistümer und hohe politische Ämter: Konstantins Nachfolger mußten Rücksicht nehmen. Arius beharrte auf seiner extremen Position und erklärte, daß Christus in Wahrheit »nicht gleich« dem Vater sei. Seine gemäßigten Anhänger zeigten sich kompromißbereiter – Christus sei *homoiousios*, von *gleicher* Substanz, nicht *homoousios* oder *eins* mit Ihm. 360 gab ein Konzil in Konstantinipel die *ousia* auf und erklärte den Erlöser für lediglich *homoios* – »gleich«.

Zu solchen ideologischen Konflikten kommt es stets, wenn Intellektuelle ihre abstrakten Ideologien in kompliziertem religiösen oder weltlichen Jargon darlegen – und das Christentum hatte einen langen Weg zurückgelegt, seit das ursprüngliche Evangelium mehr als zweihundertfünfzig Jahre zuvor in Galiläa gepredigt worden war. Damals wie heute bieten solche Kontroversen den Menschen reichlich Gelegenheit, ihre aggressiven Instinkte auszuleben. Die schwindende Bedeutung des Arianismus am Ende des vierten Jahrhunderts verhinderte nicht, daß er die Westgoten ansteckte, von wo er auf die Ostgoten, die Vandalen und andere kriegerische Konvertiten übergriff. Nur die noch streitbareren Franken bekannten sich zum Katholizismus. Wulfila (Ulfilas, ca. 311–382), der Missionar der Westgoten, der selbst auf der falschen Seite der Donau geboren wurde, ein gotisches Alphabet ersann und die Bibel für sie übersetzte – wenn er auch vorsichtshalber die Bücher der Könige fortließ, weil sie zur Gewalt hätten aufstacheln können –, war Arianer.

Attilas Tod

Die politischen Folgen der *Reparatio* durch Diokletian und Konstantin und der Anerkennung des Christentums als Staatsreligion durch Konstantin – eine Tat, die ihn zu einem der wichtigsten Herrscher in der europäischen Geschichte machte – waren enttäuschend. Seine Söhne brachten zunächst ihre Onkel und die meisten ihrer Vettern um und stritten dann untereinander um die Nachfolge. Konstantin II., der über Britannien, Gallien und Spanien herrschte, marschierte in Italien ein, wo er 340 von den Truppen seines jüngsten Bruders Constans getötet wurde, der in Niš residierte – in jener Stadt, aus der ihre Familie stammte. Doch Constans, der zehn Jahre lang über den Westen, Illyrien, Italien und Afrika herrschte, wurden von einem aufrührerischen germanischen Abenteurer ermordet. Der überlebende Constantius II., ein Arianer, übernahm daraufhin das Ostreich, berief seinen einzigen überlebenden Vetter Julian nach Mailand und machte ihn zum Caesar des Westreichs.

Trotz der mörderischen Konsequenz, mit der diese Kaiser ihre Familienstreitigkeiten austrugen, war ihr Reichtum noch immer immens. Constantius II. war – laut Ammianus Marcellinus (Bd. II, S. 245) – eine höchst eindrucksvolle Erscheinung: Er »saß einsam auf einem goldenen Wagen im verschwenderischen Glanz seiner Edelsteine, deren vereinter Schimmer eine Art flakkerndes Licht hervorzurufen schien«;[127] er ließ flatternde Standarten neben dem Wagen einhertragen, und seine schweren Reiter, die *Clibanarii*, waren mit so schmiegsamen Rüstungen bekleidet, daß »sie wie Standbilder des Praxiteles erschienen« und sogar gegen die Geschosse der Artillerie gefeit waren; der Augustus herrschte noch immer über das zivilisierte Europa. Diese gewaltige Macht übernahm Julian, als die Truppen sich weigerten, nach Osten zu ziehen, wie Constantius es befahl, und als dieser in Kilikien starb, auf dem Rückweg, den er angetreten hatte, um seine Autorität wieder zu festigen.

Kaiser Julian (361–363), der einzige aus dieser mordgierigen Balkansippe, der in Athen erzogen wurde und kulturelles Interesse zeigte, verfügte, daß die alte Religion wieder in ihren einstigen Rang einzusetzen sei. Obgleich er die Christen nicht verfolgen ließ, hielt er ihre Religion für Aberglauben. Nach einer christlichen Erziehung in Kappadokien hatte man ihm erlaubt, in Athen zu studieren, wo er seinen Glauben verlor, weshalb man ihn später den »Abtrünnigen« nannte. Schon früh hatte er im Kampf gegen die Franken seine außergewöhnlichen militärischen Fähigkeiten unter Beweis gestellt, und als die »Germanen noch wilder wüteten als gewöhnlich», hatte er sich aus Köln, Mainz und Straßburg zurückgezogen und sein Hauptquartier in Lutetia (Paris) aufgeschlagen.[128] Nach der Thronbesteigung verfügte er, die »Perser unters Joch zu nehmen« und so die »in ihren Grundfesten erschütterte römische Welt wieder ins Lot zu bringen« – *ita quassatum recrearet orbem Romanum.* Ammianus Marcellinus liefert eine lebhafte Beschreibung des Feldzugs – der »schimmernden« persischen Elefanten, die bedrohlich und langsam durch Staub und Hitze zogen, und der in »Eisen gewandeten« Reiter und Bogenschützen der Perser.[129]

Im Unterschied zu den meisten römischen Kaisern war Julian enthaltsam und keusch. Seine größten Fehler waren Eitelkeit und »Geschwätzigkeit«. Nicht nur ein ungewöhnlich befähigter Feldherr, besaß er auch genügend satirisches Talent, um die *Caesaren* oder *Saturnalien* zu verfassen, in denen nach Art des Lukian die Götter und römischen Kaiser bei Romulus zu Gast sind. Natürlich erscheint Julius Caesar als erster, bereit, die Herrschaft von Zeus zu übernehmen; Augustus tritt als Chamäleon auf, Tiberius so gravitätisch und finster, daß man ihn hinauswirft, und Nero mit einem Lorbeerkranz, der ihm sogleich von Apollon abgenommen wird. Als Trajan erscheint, »tut Zeus gut daran, scharf aufzupassen, wenn er Ganymed behalten will«, während Hadrian mitgeteilt wird, er solle aufhören »herumzuschnüffeln«, denn Antinoos sei nicht da.

Julian schrieb auch *Gegen die Galiläer*, einen selbst in seiner heutigen fragmentarischen Form noch vernichtend wirkenden Angriff. Wie sein großes Vorbild Alexander war er 32, als er starb – während des gescheiterten persischen Feldzugs war er auf dem Rückweg von Ktesiphon ohne Panzerhemd auf das Schlachtfeld gestürmt. Mit durchbohrter Leber starb er in seinem Zelt, und seine letzten Worte waren ein komplizierter Diskurs über die Vornehmheit der Seele. Wenn ihm der Ausruf *Galilaie nenikekas* – »Du hast gesiegt, Galiläer!« – auch erst im sechsten Jahrhundert zugeschrieben wurde, so ist er wohl treffend, doch ist es unwahrscheinlich, daß das Christentum, selbst wenn Julian weitere vierzig Jahre gelebt hätte, noch aus dem Sattel zu werfen gewesen wäre, denn Julians Versuche, die alten Riten wiederzubeleben, stießen nicht nur bei gebildeten Leuten, sondern auch im Volk auf Widerstand.

Jetzt schlugen die außerhalb der Reichsgrenzen lebenden Barbarenstämme zu: 367 wurde die römische Zivilisation Britanniens beinahe durch eine *Conspiratio barbarica* zerstört, 379 Kaiser Valens von arianischen Westgoten bei

Adrianopel getötet. Theodosius I., der Große (379–395), dessen Regierungszeit eine kulturelle und künstlerische Renaissance erlebte und teilweise mit der Regierungszeit des großen Tschandragupta II. (375–415) in Indien zusammenfiel, legte das Amt des *Pontifex Maximus* nieder, erklärte das katholische Christentum zur einzig zulässigen Religion und empfahl allen seinen Untertanen, das katholische Glaubensbekenntnis anzunehmen. Er hielt die Westgoten mehr mit diplomatischen als kriegerischen Mitteln in Schach und siedelte sie südlich der Donau unter ihren eigenen Königen als Puffer gegen andere Barbaren an, eine riskante Maßnahme, zu der man jetzt auch im Westreich immer häufiger griff.

389 besuchte Theodosius Rom, wo er im konservativen Senat auf heftige Opposition stieß. Dem nichtchristlichen Chronisten Zosimus zufolge erklärten die Senatoren, es sei »unabsehbar, was geschehen wird«, wenn sie die Religion aufgeben würden, der Rom seit 1200 Jahren seine Sicherheit verdanke. Doch schon der Westkaiser Gratian (367–383) hatte die Vestalinnen entlassen, und Theodosius erwiderte jetzt, daß die hergebrachten Zeremonien zu teuer seien angesichts der Tatsache, daß die Steuerzahler mit gestiegenen militärischen Ausgaben belastet werden müßten, und er strich die Mittel für die alten Rituale. So »fielen alle althergebrachten römischen Überlieferungen der Verachtung anheim. Römische Macht und Römisches Reich wurden allmählich verstümmelt und zur Heimstatt von Barbaren.«[130]

Auf Betreiben des Bischofs Ambrosius, der schon den christlichen Kaiser Gratian dominiert hatte, tat Theodosius sogar für eine in Thessalonike begangene und damals durchaus übliche Bluttat Buße in Mailand – eine Geste, die für Konstantin noch undenkbar gewesen wäre. Nach einem Feldzug gegen den fränkischen Abenteurer Arbogast, der 395 als Westkaiser einen Aufstand inszeniert hatte, starb Theodosius in Mailand als der Kaiser, der die Position des reichen christlichen Klerus gesichert und für dessen Monopol gesorgt hatte. Die kaiserliche Eleganz und Würde des Theodosius und seiner Familie tritt uns noch heute auf einem Basrelief in den Ruinen des Hippodroms von Konstantinopel entgegen. Seine Söhne, die Jünglinge Arcadius (383–408) und Honorius (384–423) folgten ihm im Osten beziehungsweise im Westen auf den Thron und erwiesen sich beide als unfähig. Der erste sah ohnmächtig zu, wie der Westgote Alarich Griechenland plünderte, der andere floh nach Ravenna, die Verteidigung seines Herrschaftsgebietes Stilicho, seinem 408 ermordeten vandalischen Schwiegervater überlassend, während Alarich Italien plünderte. Theodosius II., der Sohn des Arcadius, ein Gelehrter und Theologe, herrschte als Ostkaiser von 408 bis 450, während einer der schlimmsten Perioden der Barbarenüberfälle und während des Zusammenbruchs im Westen. Er hat sich jedoch ein Denkmal gesetzt im Theodosianischen Gesetzeskodex und den massiven Doppelmauern von Konstantinopel, die noch heute in Größe und Ausmaß beeindruckend sind mit ihrem Kontrast zwischen gestreiften Ziegeln und Felssteinen sowie ihren Pechnasen. Sie setzten neue Maßstäbe für Befestigungsanlagen und boten der Stadt bis 1453 sicheren Schutz.

Im Westen hatte mittlerweile der Anfang vom Ende begonnen: 406 überquerten die Germanen den Rhein und überfluteten Gallien, wo sich auch bereits vandalische Kriegerhorden tummelten, die allerdings nach Spanien weiterzogen. 410 mußte das römische Britannien selbst zusehen, wie es mit dem Angriff der Angelsachsen fertig wurde, und Alarich, der König der Westgoten, nahm Rom ein. Strategisch hatte die Stadt ihren Rang längst an Mailand und Trier abgetreten, dennoch erschütterte dieses Ereignis den Westen und Nordafrika. 418 hatte man arianische Westgoten, die nach Spanien wollten, in der Gegend von Toulouse als Bollwerk gegen noch schlimmere Barbarenhorden angesiedelt, in den dreißiger Jahren des Jahrhunderts ließen sich die Burgunder im Gebiet der mittleren Rhône und der Saône nieder. Noch gefährlicher war, daß die Vandalen sich aus Nordjütland und Südschweden zunächst nach Schlesien gewandt hatten, dann nach Gallien gelangt und von dort im Jahre 409 nach Spanien weitergezogen waren. Auf die Aufforderung romfeindlicher Parteien hin hatten sie sich nach Nordafrika begeben, wo sie unter der Führung des gerissenen und verräterischen Geiserich (439–477) 439 Karthago eroberten. Als *Foederati* anerkannt, machten sie sich rasch unabhängig, eigneten sich die Güter der römischen Großgrundbesitzer an und verfolgten, da sie in Spanien zum Arianismus bekehrt worden waren, die katholische Kirche, obwohl sie die römische Verwaltung beibehielten. Schlimmer noch war, daß sie, getreu ihrer skandinavischen Herkunft, das Meer befahrend, die karthagische Seemacht wieder aufleben ließen, das westliche Mittelmeer in ihre Gewalt brachten und Roms Getreideversorgung bedrohten. 455 fuhren sie dann nach Wikingermanier mit ihren Schiffen den Tiber hinauf und plünderten die Stadt in einem vierzehn Tage währenden Eroberungsrausch, und schließlich nahmen sie nicht nur riesige Berge von Beute, sondern auch die Kaiserin Eudoxia und deren Tochter mit. Als Arianern mag ihnen der Überfall als gottgefälliges Werk erschienen sein, doch mit der Vertreibung der afrikanischen Großgrundbesitzer und der Verfolgung der Kirche, dann mit der Plünderung Roms, die sie weit gründlicher besorgten als Alarichs Goten, erwarben sie sich den furchterregenden und hartnäckigen Ruf besonderer Zerstörungswut und bereicherten unsere Sprachen um ein die Jahrhunderte überdauerndes Substantiv von einschlägiger Bedeutung – noch heute sprechen wir von Vandalismus.

Rom mußte also, wie es Geiserichs Absicht entsprach, einen Zweifrontenkrieg führen, denn er ging gleichzeitig mit dem ärgsten Feind überhaupt vor – mit jenem Feind, dessen Nomadeneinfälle ursprünglich sein eigenes Volk aus Osteuropa verjagt hatten. Seit dem Ende des vierten Jahrhunderts bildeten die Hunnen, nachdem sie ihren Zug aus Zentralasien nach Westen angetreten hatten, eine zunehmende Gefahr. Lange hatten sie die Chinesen bedroht, von denen die Bemerkung stammt, daß »man diese Barbaren als Tiere anzusehen hat und deshalb ihren freundlichen Äußerungen keinen Glauben schenken darf«[131], und die sie 383 bei Fei Shui schlugen. 450 vernichteten andere ihrer Stämme, die »Weißen Hunnen«, die außerordentlich schöpferische Hindukultur in Indien, die ihre Blütezeit unter Tschandragupta II. erlebte und heute noch mit den Theaterstücken von Khalidasa und den Bildern von Ajanta unsere Bewunderung erregt.

441 erreichten Attila und seine Horden die Donau und zerstörten bald darauf Singiodunum (Belgrad); 443, in dem Jahr, da Geiserich sein unabhängiges Königreich in Karthago errichtete, zerstörten sie Niš und Sofia. Aber die gerade zur rechten Zeit von Theodosius II. erbauten Doppelmauern um Konstantinopel stoppten Attilas Vormarsch, so daß er nur die in Gallipoli stationierten römischen Streitkräfte niedermachen und einen kolossalen Goldtribut eintreiben konnte. Nachdem er 445 seinen Bruder Bleda beseitigt hatte, überrannte er die heutige Wallachei und Nordgriechenland, wenn ihm auch am historischen Thermopylenpaß Einhalt geboten wurde. Daraufhin wandte er sich nach Westen, wo er seinen Meister fand: Die Duldung der Westgoten durch das Kaiserreich zahlte sich aus, denn Aëtius, ein überragender Feldherr, schlug die Hunnen bei Troyes – mit Unterstützung der Westgoten von Toulouse –, und Gallien war gerettet.

Im folgenden Jahr fiel der rastlose Attila, der immer noch riesigen Tribut aus Konstantinopel bezog, in Norditalien ein, zerstörte Aquileia, Padua und Verona und trieb die ersten Flüchtlinge in die venezianischen Lagune. Doch Nachschubprobleme und angeblich die Gebete der Christen, aber vor allem das diplomatische Geschick Papst Leos I. veranlaßten ihn, sich in sein Hauptquartier in der ungarischen Tiefebene zurückzuziehen; und hier tat 453 die mittlerweile bejahrte »Geißel Gottes« in den Armen einer allzu berückenden neuen Gattin ihren letzten Seufzer. »Ihre Hochzeit«, schrieb Gibbon, »wurde mit barbarischer Pracht und Festlichkeit in seinem hölzernen Palast jenseits der Donau begangen, und der Monarch zog sich zu später Stunde, erschöpft von Wein und Müdigkeit, vom Festmahl zurück und begab sich auf sein Hochzeitslager. Auch während des größten Teils des folgenden Tages respektierten die Diener seine Freuden oder seine Ruhe, bis endlich die ungewöhnliche Stille ihre Angst oder ihren Argwohn erregte ... Sie fanden die Braut zitternd auf dem Bettrand sitzend, ihr Gesicht im Schleier verborgen, wo sie die Gefahr, in der sie selbst schwebte, ebenso beklagte wie den Tod des Königs, der während der Nacht verschieden war. Eine Arterie war plötzlich geplatzt, und Attila war, auf dem Rücken liegend, am Blutstrom erstickt ... sein Leichnam wurde feierlich inmitten der Ebene unter einem seidenen Baldachin aufgebahrt.«[132] Die Hunneneinfälle sorgten zusammen mit der wachsenden Macht der germanischen Herrscher für weitere Autoritätsverluste des Westreichs. Der Arianer Odoaker, ein sächsischer Abenteurer, hatte einem anderen Abenteurer – Orestes – geholfen, Julius Nepos, den amtierenden Augustus im Westen zu verjagen. Aber als er sich von Orestes um seinen Lohn betrogen meinte, besetzte er 476 Pavia und brachte seine Marionette um. Anschließend setzte er den sechzehnjährigen Sohn des Orestes ab, der den abfälligen Beinamen *Augustulus* trug und nach Ravenna geflüchtet war, gewährte ihm aber überraschenderweise eine Pension; damit war er praktisch Herr über Italien. Seine Macht fand offizielle Anerkennung, als ihn Kaiser Zenon, der jetzt den Thron in Konstantinopel innehatte, in den nicht ganz angemessenen Rang eines *Patricius* erhob. Barbarische Machthaber und Senatorenkaste fanden sich in Italien wie in Gallien miteinander ab so gut es ging, und so entstand das erste größere Barbarenreich auf der italienischen Halbinsel. Das *Imperium Romanum* hatte im Westen aufgehört zu existieren.

Konstantinopel

Als Konstantinopel auf kaiserliches Geheiß in sechs Jahren wieder aufgebaut wurde, hatte man es in herkömmlichem hellenistischen Stil angelegt; aus anderen Städten herbeigeschaffte Statuen schmückten das Innere und die Umgebung des großen Palastes und des neuen Hippodroms. Wie der Triumphbogen des Konstantin in Rom war die ursprüngliche Hagia Sophia mit ihrer Säulenhalle im konventionellen klassischen Stil gehalten. Erst mit endgültiger Durchsetzung des Christentums unter Theodosius I., dem Großen, hob eine kreativere, unter sassanidischem Einfluß stehende Architekturperiode an, die unter Justinian mit der von einem riesigen Kuppelgewölbe gekrönten byzantinischen Hagia Sophia und den herrlichen Mosaiken von Byzanz und Ravenna ihren Höhepunkt erreichte.

Im Westen waren die langen holzgedeckten christlichen Basiliken bereits Mitte des fünften Jahrhunderts, trotz aller politischen Unruhen, von strenger Großartigkeit; denken wir etwa an Santa Maria Maggiore (432–440), die Rundbauten von Santo Stefano Rotondo in Rom und von Sant' Angelo in Perugia, ursprünglich ein Mausoleum für eine Schwester Konstantins.[133] Wenn sich die heidnische Antike in ihren riesigen öffentlichen Bädern ein Denkmal setzte, so wird der Aufstieg des Christentums gekennzeichnet durch die kühlen Kolonnaden, die in den strengen Basiliken zu Altar und Apsis hinführen. Allerdings war ihr äußeres Bild noch recht unscheinbar – die Kirchen in Ravenna weisen schmucklose Backsteinfassaden auf und schlichte Ziegel- oder gar Holzdächer.

Aber die figürliche Plastik war verfallen; von der mit einem dunklen Heiligenschein versehenen Bronzestatue des heiligen Petrus in Rom abgesehen, deren rechter Fuß von den zahllosen Küssen der Gläubigen glattpoliert ist, zeigen die wenigen erhaltenen Porträtstandbilder von Größen des fünften Jahrhunderts, wie nicht weiter verwunderlich, erschöpfte und sorgenvolle Mienen, was gelegentlich als Vergeistigung gedeutet wird. Wenn auch die berühmte Bronzefigur Valentinians I. in Barletta noch von technischer Vollkommenheit zeugt, so blicken ihre Augen doch schon recht barbarisch. Die vier Porphyrgenerale oder Caesaren, die in ihren Kriegsrüstungen bei Sankt Markus in Venedig etwas verloren wirken und ihren offensichtlich falschen Freundschaftspakt nach dem Tode Diokletians demonstrieren, zeigen indes, welche Qualitätseinbußen die Plastik seit den Tagen Hadrians erlitten hat.

In der Wandmalerei verband sich die hellenistische Tradition nahtloser mit der christlichen Kunst. Tatsächlich ist die lyrische Qualität der wenigen erhaltenen ländlichen Szenen – etwa die impressionistische Darstellung des Paris auf dem Berg Ida oder des in einem Garten zelebrierten Isiskultes – stimmungsmäßig dem Schmuck mancher christlicher Katakomben vergleichbar. Auch die Themen sind gar nicht so unähnlich – die friesähnliche, heute im Lateran befindliche Darstellung von Orpheus und Eurydike und das Bild, auf dem Hermes ein Kind in die andere Welt führt, beschäftigen sich wie die christliche Malerei mit einem Leben nach dem Tode. Aber das frühe Christentum lieferte den Malern auch neue Ideen, und sie brauchten nicht mehr auf abgenutzte Motive zurückzugreifen – Theseus und der Minotaurus, das Trojanische Pferd, Medeas Kindermord oder die Taten des Herkules –, sondern hatten jetzt ihre eigenen Themen: die vorgeblichen Porträts der Apostel Petrus und Paulus, die Verklärung – vom römischen Grab an der Viale Manzoni – oder die Christen inmitten der Obstbäume und Pfauen des Paradieses – in den Katakomben des Calixtus –, Themen, in denen neue Inspirationen offenbar werden.

Diese neuen Themen, von früher lyrischer Ekstase zur gemesseneren und reichen Symbolik der offiziellen Kirche übergehend, beherrschen auch die herrlichen christlichen Mosaiken des fünften und sechsten Jahrhunderts. Mit ihnen gewann eine bislang recht triviale Technik, die sich eines gegen Feuchtigkeit gefeiten und durch Wasser in seiner Wirkung sogar noch gesteigerten Mediums bediente, ganz neue Qualität. Die herkömmlichen hellenistischen Arbeiten, wie wir sie aus vielen römischen Landhäusern kennen, konnten recht hübsch sein, wie die Bilder von Delphinen und Fischen oder allegorische Darstellungen der Jahreszeiten, doch die Wiedergaben bestialischer Gladiatorenkämpfe, die weitestgehende Annäherung der Antike an unsere Farbfotografie, sind widerwärtig. Selbst die gerühmten Jagdszenen sind keine großen Kunstwerke, obwohl auch sie sehr aufschlußreich sind: zum Beispiel jenes Mosaik, das einen landsässig gewordenen Vandalen zeigt, wie er sich zu Pferd am Anblick seines ehemals römischen Landgutes ergötzt – ein glücklich assimilierter Tölpel.

Die christlichen Mosaiken von Ravenna – die schönsten entstanden Mitte des sechsten Jahrhunderts unter Justinian – sind bereits überaus eindrucksvoll im sogenannten »Mausoleum« von Honorius' Schwester Galla Placidia, die 450 starb. Der niedrige Bau in Form eines lateinischen Kreuzes trägt eine abgeflachte Kuppel und entfaltet im Inneren eine atemberaubende Wirkung: in einem Schimmer von Dunkelblau und Gold, eingefaßt von grünen Girlanden, ist die »ganze gekrümmte Fläche einem weichen Orientteppich vergleichbar, indigoblau und übersät mit weißen Sternen, Kreuzen, Rosetten mit rotgepunkteten Zentren und Kronen aus weißen Blumen, umgeben von blauen und goldenen Ringen«;[134] zwei Hirsche, »die nach Quellwasser lechzen«, brechen durch verschlungene Laubverzierungen dem Wasser des Lebens zu, und Christus, bartlos-hellenistisch, auf einem Felsen sitzend und von Grün umrankt, streichelt ein zutrauliches Lamm.

Ein gleiches Geschick bewiesen die Künstler bei abstrakten Kompositionen und rein dekorativen Mosaiken in geometrischen Formen, die den täuschenden Eindruck schräg einfallender Sonnenstrahlen hervorrufen. Diese Kunstwerke aus der zweiten Hälfte des fünften Jahrhunderts waren das glänzende Vorspiel zu den byzanthinischen Mosaikkompositionen des sechsten Jahrhunderts, die zeitlich mit Justinians Rückeroberung Italiens durch Belisarius zusammenfielen und nach dem Willen ihrer Schöpfer zu diesem Unternehmen beitragen sollten.

Die katholische Kirche und die Kirchenväter

Während die byzantinische Zivilisation ungeschwächt fortbestand, gelang es der katholischen Kirche, gestützt auf die Autorität der griechisch-römischen Zivilisation, Westeuropa jahrhundertelang zu beherrschen und ihre Position als diejenige christliche Kirche, welche die größte Verbreitung in der Welt aufweist, bis auf den heutigen Tag zu verteidigen; sie ist auch die eigentliche Erbin des untergegangenen Römischen Reiches. In den dreieinhalb Jahrhunderten, die zwischen dem Tod des Stifters und der endgültigen Durchsetzung unter Theodosius verstrichen, hatte sich eine mächtige und straffe Organisation gebildet und waren komplizierte und gedankenreiche theologische Positionen definiert worden. Das in Galiläa gepredigte Evangelium hatte zu Güte und zur Hoffnung aufgerufen, jetzt wurde es mit Begriffen einer autoritären Priesterschaft ausgelegt und vom Schrecken des Jüngsten Gerichts überschattet. Das Hin und Her zwischen Hoffnung auf Unsterblichkeit und Furcht vor dem Gericht übte eine mächtige Wirkung aus – so ziemlich das einzige, was eine so heruntergekommene Zivilisation noch hätte aufrütteln können. Die Botschaft war einfach und verständlich und berührte die innersten Sehnsüchte und Ängste der Menschen. Hinzu kam, daß die Kirche schon der Nimbus, den sie als vom Staat geförderte und beschützte Institution besaß, zur Erbin des weltlichen Reiches bestimmte, das jetzt im Westen dem Abgrund entgegentaumelte.

Die scharfe Trennung zwischen religiöser und weltlicher Macht war neu und hat ihre klarste Definition Anfang des fünften Jahrhunderts in den Schriften des genialen Augustinus, Bischof von Hippo, erfahren, doch schon lange zuvor hatten Tertullian, der erste der lateinischen Kirchenväter (155–220), der zur Regierungszeit von Mark Aurel aufwuchs, und Origenes (Adamantius) (185–254), der unter dem Einfluß des Neuplatonikers Plotin (206–270) schrieb, christlichen Glauben definiert und systematisiert.

Tertullian stammte wie Augustinus aus Nordafrika und war in Karthago geboren. Ursprünglich Jurist und 193 konvertiert, tat er den berühmten Ausspruch *credo quia absurdum* – »ich glaube, weil es widersinnig ist« und bestand auf der wortwörtlichen Wahrheit der Inkarnation *(De Carne Christi* – Von Christi Fleisch), der Auferstehung und der Körperlichkeit der Seele. Er lieferte die erste ausführliche Auslegung des Vaterunsers und betonte die Wichtigkeit von Keuschheit *(De Exhortatione Castitatis)* und Buße. Heftige Angriffe richtete er auch gegen Sitten, die er als Götzendienst bezeichnete, und verurteilte in seinem wortgewaltigen Stil die Scheußlichkeiten der Arena (*De Spectaculis)*. Das tosende, wenn auch nicht gerade klassische Latein Tertullians ließ wenig Zweifel daran, wo die »Streitende Kirche« stand.

Origenes, ein ägyptischer Grieche, wahrscheinlich in Alexandria geboren, war der erste große Gelehrte, der eine systematische Auslegung der christlichen Lehre auf Grundlage biblischer Texte lieferte. Er orientiert sich stärker als Tertullian an hellenistischer und philosophischer Bildung und legt dar, daß die kosmische Vernunft (*Logos)* durch Christus manifest werde, wie die Schöpfung die Großmut Gottes zum Ausdruck bringe.[135] Plotin, der feinsinnigste und eindrucksvollste heidnische Denker, hatte die platonische Vorstellung vertreten, daß die Welt nur ein blasser und unzulänglicher Abglanz ewiger Harmonie sei, welche jene über Zeit und Raum hinausführe. Origenes nun meinte, daß sich in Christus diese Realität in der Welt verwirklicht habe, so daß die Menschheit durch ihn an dieser Wirklichkeit teilhaben könne.

Die Geschichtsschreibung hat den Eindruck vermittelt, daß diese Kirchenväter, deren Einfluß so viele Jahrhunderte hindurch spürbar blieb, nach Belieben hätten schalten und walten können, aber sie haben inmitten des politischen, sozialen und wirtschaftlichen Verfalls des dritten Jahrhunderts unter so berüchtigten Kaisern wie Elagabalus und Caracalla gelebt und hatten sich mit vielen Widersachern herumzuschlagen, mit den Gnostikern und den Häretikern in den eigenen Reihen nicht weniger als mit den »Heiden« aus den großen römischen Familien, die auf die Christen herabsahen.

Den schärfsten Angriff aber führte Kaiser Julian: Voll höhnischer Verachtung ist sein beispielhaftes, wenn auch nur in Bruchstücken erhaltenes Traktat, das er 363 in Antiochia schrieb. Er nannte die Christen »Galiläer« und Christus »den Nazarener«. »Hätte nicht jeder recht«, so schrieb er, »der die Intelligenten unter euch verabscheut und die Narren unter euren Gefolgsleuten verachtet, die einen solchen Tiefpunkt der Ehrlosigkeit erreicht haben, daß sie sich von den ewigen Göttern abgewandt haben, zur Leiche eines Juden übergelaufen sind und Häretiker abschlachten, weil diese ihn nicht auf dieselbe Weise bejammern wie ihr selbst?«[136]

»Warum seid ihr euren Göttern gegenüber so undankbar«, fragte er, »daß ihr sie um der Juden willen im Stich laßt?« »Ich denke, ich sollte allen Menschen erklären, warum ich davon überzeugt bin, daß die Hirngespinste des Galiläers jeder Grundlage entbehren.« Julian lehnte auch die Legende von Adam und Eva ab: Gott hätte wissen müssen, was Eva anstellen würde, und vor allem in welcher Sprache habe die Schlange gesprochen? Was gäbe es schließlich Törichteres, »als ein Wesen, daß nicht in der Lage ist, zwischen Gut und Böse zu unterscheiden?«

Dem exklusiven, eifersüchtigen jüdisch-christlichen Gott zog der Kaiser eine pluralistische Götterwelt vor, »warum waren die Völker so verschieden –

die Kelten und Germanen so trotzig, die Hellenen und Römer dem politischen Leben zugetan, die Ägypter solch geschickte Handwerker?« Moral und Sitten seien bekanntermaßen relativ, alle Arten seien erforderlich gewesen um eine Welt entstehen zu lassen, alle Arten auch, um einen Himmel entstehen zu lassen. Was sei auszusetzen an Apollo, Dionysos und Herakles, welche die verschiedenen Aspekte göttlicher Natur repräsentierten? Bei Julians Tode wurde das Christentum zweifellos von einem fürchterlichen Gegner befreit.

Der einflußreichste und tiefgründigste der lateinischen Kirchenväter war Augustinus von Hippo (354–430), dessen *De Civitate Dei* (413–425) ergänzt wird durch seine *Bekenntnisse* (401), die erste erhaltene Autobiographie, in der die Selbstbeobachtung eine große Rolle spielt.

Er stammt aus einer Berberfamilie, die dem niederen Provinzadel in Tagaste in Nordafrika angehörte; sein Vater war Heide, seine Mutter inbrünstige Christin. Er machte Karriere dank seines brillanten rhetorischen Talents, vermochte jedoch nie die ererbten inneren Spannungen aufzulösen.[137] Dieser Konflikt wurde noch dadurch verstärkt, daß er sich zunächst den Manichäern zuwandte, einer Sekte, die sich von Mani herleitete, einem mesopotamischen Propheten, dessen Hinrichtung im Jahre 276 nicht zu verhindern vermochte, daß sich seine Religion bis nach Europa und Zentralasien ausbreitete, von wo sie nach China gelangte. Diese unglücklichen Mystiker glaubten, die Welt sei eine Mißgeburt, ein zusammengeflickter »Schmutzfleck«, in dem sich Dunkelheit mit Licht mische. Dieser Konflikt werde auch im Menschen ausgetragen, wo der lichtgesandte »Gottgeist« vom Körper gequält werde, der mit der Dunkelheit und der Lüge verschwistert sei.

Diese typisch östliche Überzeugung vom radikal bösen Charakter der Schöpfung entsprach Augustinus' psychologischen Bedürfnissen und den politischen Verhältnissen seiner Zeit. Deshalb übernahm er ihn in seiner Auffassung von der Welt, die er verstand als dynamischen Konflikt zwischen dem Gottesstaat und dem irdischen Staat, der an sich keine Autorität besitze, sondern Rechtfertigung nur finden könne als »weltlicher Arm« der Kirche, einer vom »Himmel« auf »Erden« gegründeten »Kolonie«. Diese Auffassung legte er dar in *De Civitate Dei*, einem Werk, welches das christliche Europa außerordentlich beeinflußte. In ihm kommt ein Dualismus zum Ausdruck, der das Ende der politischen Theorie griechisch-römischer Prägung bedeutete. Dort fand noch das »gute Leben«, wie es von Platon, Aristoteles oder Cicero definiert wurde, genügend Rechtfertigung in sich selbst und wurde nicht unmöglich gemacht durch die angeborene Sündhaftigkeit des Menschen oder zu Bedeutungslosigkeit verurteilt durch die Aussicht auf eine »andere« Welt und ein »Jüngstes Gericht«. Augustinus sah die Bedrohung der Zivilisation, als die Goten Rom plünderten und die arianischen Vandalen – mit dem unangenehmen Hang, katholische Bischöfe zu Tode zu foltern – dem eigenen Bistum von Hippo immer näher rückten, und glaubte, die Menschheit sei von der Erbsünde so verseucht, daß sie sich aus eigener Kraft nicht zu retten vermöge; die einzige Hoffnung sei Gottes unerforschliche Gnade, durch die zumindest die Auserwählten gerettet würden. Diese scheinbar unerbittliche Lehre war also im fünften Jahrhundert eine »Überlebensdoktrin«,[138] etwas, woran man sich in letzter Verzweiflung klammern konnte, auch wenn sie »mitten durch das Menschengeschlecht eine Trennungslinie zog, die ebenso unaufhebbar war wie Manis Unterscheidung zwischen guten und schlechten Naturen«.[139] Daher die Auseinandersetzung des Augustinus mit dem Iren Pelagius und dessen Anhängern, die die optimistische Auffassung vertraten, die Menschen seien nicht prädestiniert, sondern könnten sich das Heil durch eigenes Bemühen verdienen. Bis auf den heutigen Tag hält diese Kontroverse an.

Inmitten politischer und sozialer Auflösung also kam jene das Mittelalter beherrschende und heute zu neuem Leben erwachte Doktrin auf, die besagt, daß der Mensch »aus sich selbst nichts vermag«, daß der weltliche Staat seinem innersten Wesen nach nicht in der Lage sei, Ordnung und Harmonie zu stiften, daß er allenfalls ein »Mittel gegen die Sünde« sein könne und daß die unerforschliche Gnade Gottes nur eine Minderheit »retten« werde – so sei nun einmal die Situation des Menschen.[140] Die Art und Weise, wie Augustinus die politischen Verhältnisse des fünften Jahrhunderts deutete, erwies sich als ungeheuer einflußreich. Und der heilige Augustinus habe in seinen *Retractationes* – der Überarbeitung seiner Werke –, so meint sein Biograph, »der katholischen Kirche etwas geschenkt, was sie in kommenden Jahrhunderten dringend brauchte: eine Oase absoluter Gewißheit in einer verstörten Welt.«[141]

Im Spiegel der Literatur

Während die Kirchenväter inmitten einer im Osten bedrohten und im Westen zusammenbrechenden Zivilisation Gedanken niederlegten, die europäisches Denken auf Jahrhunderte hinaus prägen sollten, bewahrte die griechisch-römische Literatur eine überraschende, wenn auch aus zweiter Hand stammende Lebendigkeit. Trotz angreifender und einsickernden Barbaren nahm das zivilisierte Leben seinen Fortgang, und auch das stete Interesse für Landwirtschaft, Jagd, Hunde und Pferde – diese seit Hesiods und Xenophons Zeiten hochgeschätzten Beschäftigungen – hielt unvermindert an. Die Römer hatten stets einen wachen Sinn für die Schönheit ihrer Gärten. Ausonius[142] zum Beispiel, heidnisch erzogen, aber dem Namen nach Christ, der von einem Posten als Rhetoriklehrer in Bordeaux zum Erzieher des Christen Gratian, des späteren Westkaisers, berufen wurde und dadurch als Konsul zu hohen politischen Würden kam, zeigt sich romantisch ergriffen von der noch friedlichen Landschaft der Mosel, die »Trier zu einer Zierde des Reiches macht« und die er vergleicht mit den »abgewirtschafteten Feldern in der Hand von Barbaren, die in Grenzscharmützeln vom Glück im Stich gelassen wurden«.[143]

Mit erfrischender Anschaulichkeit beschreibt er:

»dieses Land voll wohlbestellter Felder und
Güter, auf Hügeln gelegen, die Abhänge grün vom Wein,
Hecken, die die Hänge hinabtollen wie
spielende Schuljungen, und unten im Tal eilt murmelnd
die Mosel dahin, mein neugefundener Fluß. Das liebliche
Bild erinnert mich an meine Heimat Bordeaux.
Seine stillen Buchten, klar wie Wasser in Kristallbechern,
gleichen den Bergseen, die ich im Morgengrauen sah.«

Er beobachtet genau:

»Hier schimmern die Schuppen des Karpfens im Grün.
Forelle und Äsche schießen davon.«

und:

»Gelegentlich läßt an der tiefsten Stelle
die Schwanzflosse eines Lachses das Wasser aufspritzen.«

Das Auge und die Empfänglichkeit eines Malers schaffen hier Verse, die jedem Vergleich mit moderner Naturlyrik standhalten. Auch eine Prise Humor fehlt nicht, etwa wenn von Lucius die Rede ist, dem Tölpel, der »nie zum Gastmahl geladen wird«.

Mit dem Blick des Malers beschreibt Ausonius, daß »der blaue Fluß die schattigen Hügel widerspiegelt«, so, wie die Garonne »die Reihen ihrer Rebstöcke spiegelt«, und entwirft das zauberhafte Bild von den »improvisierten Prozessionen der bunten Kähne« auf dem Wasser, während die Bootsmänner vom Bug zum Heck laufen wie

»Jungen, die ihre Sommerspiele treiben, und der Bauer
lehnt sich zurück und betrachtet heiter ihr geschicktes
Treiben, das sich auf der glatten Wasserfläche entfaltet,
und vergißt darüber den Sonnenuntergang«

sowie

»die Sorge um sein Land.«

Die gallischen Flüsse – Loire, Aisne, Marne, Charente – würden der Mosel in Sachen Schönheit den Rang nicht streitig machen. Auch die kalten Alpenströme und selbst die Rhône

»Werden zugeben, daß deine Pracht größer ist,
und ich werde dein Lob der Garonne singen.«

Daß ein Gedicht von solch vollkommener Anmut Mitte des vierten Jahrhunderts geschrieben werden konnte, zeigt, wie hartnäckig sich der Einfluß gallisch-römischer Kultur hielt, den sie noch in jenem Spätsommer ihres Niedergangs auf die Menschen auszuüben vermochte.

In der strengeren Umwelt Nordafrikas hatte zuvor ein karthagischer Dichter nüchterne Ratschläge über Jagd und Hundezucht niedergelegt: Die *Cynegetica* des Nemesianus (ca. 283–284) ist alles andere als romantisch. Der alten Geschichten müde, möchte der Autor gute Jagdhunde züchten und »hinaus auf die Felder und das Wild aufspüren«. Er empfiehlt, jeden Wurf junger Hunde einer strengen Auslese zu unterziehen und die am Leben gelassenen Welpen nicht einzusperren. Sie würden an den Pfosten beißen, die Türen benagen und ihre Zähne verderben. Schon früh müßten sie auf Hasen dressiert und dazu angehalten werden, »die Befehle einer vertrauten Stimme zu erkennen«.[144] Die Tollwut war offensichtlich eine Plage und ihre Ursache unbekannt – vielleicht die Sonne im Zeichen des Löwen, vielleicht »Ansteckung« durch die Erde oder stehendes Wasser. Aber was es auch sein möge,

»ein brennendes Feuer entsteht in den Adern und reizt
das Gewebe in der Nähe des Ohres und macht sich Luft
mit giftigem Schaum und mit Knurren und zwingt das arme Tier zu beißen.«

Die besten Hunde seien griechischen Ursprungs, von den Spartanern oder Molossern gezüchtet. Die britische Rasse hingegen sei sehr schnell; gute Hunde kämen außerdem aus Ungarn und Spanien, Libyen und der Toskana. Auch die besten Pferde stammten aus Griechenland und Kappadokien – »ihre Augen blitzen von Feuer und Temperament« –, sehr schöne Tiere kämen aber auch aus Calpe in Südspanien, und auch in ihren Augen zeige sich das Feuer, wohingegen numidische Pferde zu schwerer Arbeit und Ausdauer gezüchtet seien:

»Wenn man auf offener Ebene mit diesem Pferd dahinjagt,
wird man entdecken, daß es beim Laufen neue Kräfte zu entwickeln scheint,
so daß es am Ende erholt wirkt und die anderen Pferde
hinter sich läßt, sie in seinem Staub erstickend.«

Wenn man ein Pferd füttere, so solle man es am besten tätscheln, damit es sich entspanne. Der Winter sei zu nutzen, um die Jagd vorzubereiten.

»Wenn der Frühling sich anschickt, Einzug zu halten,
so schickt eure Hunde in die Wiesen und treibt eure Pferde
immer rascher durch die trockenen Felder.
Wir wollen jagen, bevor die Hitze des Tages einsetzt, während
die weiche Erde noch die Spuren der Nacht bewahrt.«

In der spätantiken Welt gab es also immer noch Menschen, die einen Abend an der Mosel oder eine morgendliche Jagd in Nordafrika zu genießen wußten. Nicht alle waren sie beschäftigt mit politischen oder sozialen Konflikten oder wie der unglückliche Augustinus mit unlösbaren Fragen der Theologie. Freilich gab es auch Autoren wie Claudianus, dieses Musterbeispiel eines Höflings, der am Hofe von Theodosius dem Großen und von Honorius in Mailand verkehrte und der das ganze Arsenal klassischer Mythologie bemühte, um die Hochzeit von Stilicho mit Honorius' Tochter Maria zu feiern (eine Verbindung, die dazu führen sollte, daß Honorius seinen Schwiegervater hinrichten ließ). In seinen relativ geschickten, aber langweiligen Versen geizte er nicht mit servilen und verlogenen Schmeicheleien auf den halbbarbarischen Kriegerhäuptling, tat so, als sei die politische Vernunftehe eine Liebesheirat, und bemühte Cupido, der bei seiner Mutter Venus ein gutes Wort für die Verbindung einlegen mußte, während »die kaiserliche Majestät« (in Wahrheit dazu gezwungen, seine Tochter einem Barbaren zur Frau zu geben) doch »ihren hoheitsvollen Stolz beiseite lassen« und sich zu den Gästen gesellen möge.

Rutilius Namatianus, ein hoher Würdenträger an Honorius' Hof, wirkt da menschlicher, wenn er beschreibt, wie er im Herbst des Jahres 416 entlang der italienischen Küste, die er mit Bedauern verläßt, in seine Heimatstadt Toulouse zurückkehrt:

»Wir lichten die Anker in der Morgendämmerung,
zu der Stunde, da die Welt eben wieder Farbe und Gestalt
annimmt. Wir fahren in kleinen Barken dicht an der Küste entlang.«[145]

Die italienische Vergangenheit ist ihm noch frisch im Gedächtnis:

»Kaum glaublicher Wunder sollen nicht allein die Griechen
sich rühmen dürfen ...« (sondern auch die Römer).[146]

Er hängt noch an Rom:

»– dort ist die Regierung der Welt« und seine besondere Verehrung gilt »Minerva, die uns den Olivenbaum und Bacchus, der uns den Wein gab«. Rutilius verachtet Juden wie Christen. Als seine Reisegesellschaft an Land von einem Juden übermäßig gerupft wird, zahlt sie es ihm mit Geringschätzung heim – diesem *Humanis animal dissociale cibis* (wörtlich »diesem menschlicher Speise entzweiten Tier«), diesem Vertreter eines Volkes, dem jeder siebente Tag »zu schimpflichem Dahindämmern« verurteilt ist, »als wäre er ein schlaffes Abbild eines erschöpften Gottes«.

Als sie an Caprera vorbeikommen, merkt er an, es sei ein schmutziger Ort, weil er »von lichtscheuen Männern wimmelt« *(squalet lucifugis insula plena viris)*, die sich »Mönche« nennen würden – abgeleitet von dem griechischen Wort für allein –, weil sie freiwillig jede Gesellschaft mieden. »Welcher Wahnwitz eines verdrehten Gehirns ist so töricht, daß man auch das Glück nicht hinzunehmen weiß, weil man das Unglück fürchtet?«[147]

Das Schiff läßt Pisa hinter sich und folgt der ligurischen Küste bei Carrara, wo dann und wann »weißschimmernde Marmorklippen« hinter der Küste aufzusteigen scheinen – »in leuchtendem Glanz ... hell genug, um es mit dem weißen Schnee aufzunehmen«.

In diesen Dichtungen aus dem Beginn des fünften Jahrhunderts finden sich ein friedliches, romantisches Landschaftsgefühl und die Sehnsucht nach vertrauten Gegenden, während ein starkes Empfinden für die Schönheit der Natur in Ausonius' Gedicht *Knospende Rosen* lebt, das im Englischen heute noch berühmt ist, weil es ein Thema anklingen ließ, das später noch so manchen Poeten inspiriert hat:

»Es war im Lenz des Jahres und das
Tageslicht kehrte mit dem Anbruch der goldenen Morgenröte zurück.
Die bittere Kälte des Winters war vorüber, aber eine
frische Brise unmittelbar nach der Dämmerung
gab mir eine deutliche Vorahnung von der kommenden Hitze des Tages.«[148]

Nachdem er die glitzernden Tautropfen dieses Morgens des fünften Jahrhunderts und das beginnende Welken der Blumen beschrieben hat, schließt er – wobei er mehr Gefühl als Stilsicherheit beweist – mit den Worten:

Collige, virgo, rosas dum flos novus et nova pubes,
et memor esto aevum sic properare tuum.[149]

Was wörtlich heißt:
»Pflückt, ihr Mädchen, die Rosen, solange sie frisch sind und ihr jung seid; und denkt daran, daß eure Jahre wie die ihren von hinnen eilen.«

III
Die Entstehung des christlichen Europa

1. Merowingisches Gallien

Odoaker, Theoderich, Chlodwig

Als der Dichter Rutilius aus Italien auf seine Güter in Gallien reiste, kehrte er heim in das wohlhabendste Gebiet des Westreichs. Dieses nachrömische Gallien sollte zur wichtigsten Kraft der katholischen Zivilisation französischer Sprache werden und schließlich Italien als kulturellen Mittelpunkt Westeuropas verdrängen, denn während das noch intakte und blühende Byzantinische Reich seinen Einfluß in Italien wieder geltend zu machen suchte, war die Halbinsel in diesem Konflikt politisch völlig zerrieben worden, und das von Theoderich (493–526) gegründete Ostgotenreich wurde durch neue langobardische Barbaren verdrängt, die – anders als die Ostgoten – »den meisten römischen Errungenschaften mit roher Verständnislosigkeit begegneten«.[1] Rom selbst war verwüstet, seine Aquädukte waren im Verlaufe der Auseinandersetzung an vielen Stellen zerstört worden. In Wahrheit war das Papsttum längst zum »Gespenst des Römischen Reiches geworden und saß gekrönt auf dessen Grab« (Gibbon).

Als Odoaker den letzten römischen Westkaiser abgesetzt hatte, hatte er keinen neuen ernannt, weil er so freiere Hand zu haben meinte, doch in Konstantinopel wurde beschlossen, ihn durch einen anderen Barbaren, eine andere potentielle Bedrohung zu ersetzen. In den Wechselfällen seiner Laufbahn hatte Kaiser Zenon mancherlei Unterstützung von Theoderich, dem König der Ostgoten, erfahren. Ursprünglich stammte dieser aus Pannonien, dem heutigen Ungarn, hatte aber in seiner Jugend als Geisel in Konstantinopel gelebt und, obwohl er nie schreiben lernte, die kulturellen Maßstäbe des Ostreichs von dessen reichsten und kreativsten Phasen übernommen. Er wurde zum *Magister militum* und Konsul ernannt und 489 mit seinen Untertanen als *Foederati* nach Dakien und Moesien gegen den in Italien herrschenden Odoaker gesandt; er schlug ihn am Isonzo und nahm 495 Ravenna. Zwei Jahre später wurde er von Konstantinopel offiziell als Herrscher Italiens anerkannt.

Theoderich war arianischer Christ, und an seine Herrschaft erinnern die prachtvollen byzantinischen Kirchen, die Mosaiken von San Apollinare Nuovo in Ravenna und sein wuchtiges, außergewöhnliches Mausoleum. Er wurde der mächtigste und zivilisierteste aller barbarischen Herrscher und erweiterte seinen Einfluß durch politische Eheschließungen mit Töchtern barbarischer Königshäuser des Westens. Er residierte im strategisch günstig gelegenen Verona und in Ravenna, das damals Seehafen und leicht zu verteidigen war, und konnte sogar, über die Seealpen hinausgreifend, die Provence annektieren. Obgleich Goten und Römer unterschiedliche Gesetze hatten und Mischehen verboten waren, hätten Barbaren und Nachkommen des Römischen Reiches unter seiner Herrschaft friedlich zusammenleben, und Italien hätte nach wie vor unter einer einzigen Regierung zusammengehalten werden können, doch als Arianer hatte sich Theoderich die unversöhnliche Feindschaft der katholischen Kirche zugezogen. Überdies brach seine Dynastie, wie so oft in barbarischen Reichen, rasch zusammen: Nach Theoderichs Tod im Jahre 526 übernahm seine Tochter Amalasuinta, die Frau des frühverstorbenen Eutharich, die Regentschaft für ihren Sohn Athalarich, doch als der Knabe 534 starb, wurde Amalasuinta von der feindlichen Partei ihres Vetters Theodahad auf eine Insel im Bolsenasee verbannt, wo sie im Bad ermordet wurde; das war das Ende des ostgotischen Hauses Theoderich. Daraufhin beschloß Justinian, nunmehr Kaiser im Osten, die byzantinische Autorität mit Waffengewalt wiederherzustellen.

Während die vielversprechendsten barbarischen Reiche in Italien aufgestiegen und zusammengebrochen waren, verschaffte sich jetzt in Gallien eine neue, gewaltige Macht Geltung. Jahrhunderte schon hatten die salischen Franken als barbarische *Foederati* am Rhein gesiedelt und waren lange für ihre heimtückische Grausamkeit berüchtigt. Sie hatten sich entlang der Yssel in Brabant und zwischen Schelde und Niederrhein niedergelassen. Dort hatte Kaiser Julian sie besiegt, doch hatten sie sich 415 soweit erholt, daß sie Trier, die nördliche Hauptstadt des Westreiches, niederbrennen konnten. Rätselhaft ist der Ursprung ihres Königshauses: Von dem Manne mit dem romantischen Namen Pharamond gibt es keine beweisbare Spur.[2] Merowech, der sagenhafte Gründer – daher »Merowinger« –, war angeblich der Sohn eines Meergottes (*bistea Neptuni Quinotauri similis* – »ein tierisches Geschöpf des Neptun wie der Minotaurus«), der seine Mutter vergewaltigte, als sie in der Nordsee badete. Tatsächlicher Gründer der Dynastie war Childerich aus dem östlich des heutigen Lille gelegenen Tournai in Flandern. Im Thüringer Exil wirkte er auf die dortige Königin Basina so attraktiv, daß sie ihm nach Flandern folgte, wo sie Chlodwig gebar, den ersten Merowinger, dessen Ruhm sich über Europa verbreitete.

Chlodwig (481–511) war fünfzehn, als er ein Erbe antrat, das nicht sehr groß war, obwohl sein Vater die Feldzüge bis an die Loire ausgedehnt hatte. Er besaß eine kleine persönliche Kriegerschar, die »Antrustionen«, und konnte außerdem auf vielleicht sechstausend Krieger aus einem wenig attraktiven Teil Belgiens zählen, sofern er ihre Begierde nach Land und Beute befriedigte. Sein erster Feldzug führte ihn gegen die gefürchteten Alemannen, die, von Theoderich am Eindringen in Italien gehindert, aus der Gegend der großen Festung Meersburg am Bodensee rheinaufwärts gezogen waren. Chlodwig, von dem es heißt, er habe Christus während der erbittert geführten Schlacht angerufen, vertrieb sie aus dem Kölner Gebiet und wandte sich dann nach Südwesten, griff den romtreuen Syagrius bei Soissons an, eroberte einige Teile der fruchtbarsten Gebiete Frankreichs und sicherte sich Paris, das bereits unter Julian *Apostata* zu einiger Bedeutung gelangt war.

Die katholischen Bischöfe im nachrömischem Gallien berichteten vom

Aufstieg dieser neuen barbarischen Macht nach Rom; Chlodwig war noch nicht Christ, aber zumindest auch kein Arianer. Außerdem hatte er Chlothilde geheiratet, Tochter des burgundischen Königs Gundobad, und obgleich ihr Vater Arianer war, war sie Katholikin. 496 war Chlodwig, der sich Zeit gelassen und Rücksicht genommen hatte auf die Gefühle seiner Stammesangehörigen, von Remigius von Reims (St. Rémi) zum katholischen Christen getauft worden, wobei der Bischof ein eindrucksvolles Zeremoniell inszenierte. Die Straßen waren mit bunten Decken behängt, die Kirchen mit weißen Vorhängen geschmückt, und in der Taufkirche schimmerten duftende Kerzen durch die Weihrauchwolken. »Erfahren in der Kunst der Beredsamkeit, sprach der Bischof: ›Beuge still deinen Nacken, Sicambrer [eine von einem unbedeutenden Stamm abgeleitete, gönnerhafte Bezeichnung für einen Franken], verehre, was du verfolgtest, verfolge, was du verehrtest.‹« Das historische Bündnis zwischen Kirche und französischer Monarchie war besiegelt.[3]

Dem katholischen Konvertiten Chlodwig erschienen nun die der arianischen Irrlehre anhängenden Westgoten in Aquitanien als legitime Beute. »›Es bekümmert mich sehr‹, so sprach er, ›daß diese Arianer noch einen Teil Galliens besitzen. Laßt uns mit Gottes Beistand aufbrechen, sie besiegen und das Land in unsere Gewalt bringen.‹ Und da allen diese Rede wohl gefallen hatte, brach er mit seinem Heere auf und zog gen Poitiers.«[4] Wie Konstantin war er ein zugleich berechnender und militanter Konvertit; zur Leidensgeschichte Christi meinte er: »Wenn ich mit meinen Franken dagewesen wäre, hätte ich ihn gerächt.« Um seine linke Flanke zu sichern, griff er die Burgunder bei Dijon an und trieb Gundobad nach Süden, wo er in Avignon bei den Westgoten Schutz suchte und erklärte, er könne nie Katholik werden und »drei Gottheiten verehren«. Chlodwig zog nach Westen gegen die Westgoten in Aquitanien und brachte in der Schlacht von Vouglé, südlich von Poitiers eigenhändig ihren König Alarich II. zur Strecke. Er nahm die reichen arianischen Städte Toulouse und Bordeaux, und sein Sohn Theuderich hätte Arles genommen, wenn ihm nicht Theoderichs Heer von Italien her den Weg verlegt hätte. Es war die erste Strafexpedition des katholischen Nordens gegen einen ketzerischen Süden; Jahrhunderte später wurde sie in den Albigenserkriegen wiederholt.

Damit war Chlodwig der mächtigste Mann in Gallien. Er kehrte nach Tours zurück, wo byzantinische Gesandte ihm Tunika und Umhang in Purpurfarben überreichten und ihm den Titel eines Patriziers und Konsuls verliehen – *Summum bonum primum in mundo* (die größte Auszeichnung und höchste Ehre in der Welt). Er wurde aus sicherer Entfernung als *Novus Constantinus*, der neue Konstantin des Westens, gegrüßt. Er ließ sich auf der Ile de la Cité in Paris nieder und wurde, als 511 seine Zeit gekommen war – fünfzehn Jahre vor Theoderichs Tod – in der Kirche St. Geneviève auf dem Südufer der Seine begraben. »Hier war ein Krieger vom Format eines Beowulf, der dennoch auf den Grabhügel auf stürmischem Vorgebirge verzichtete und mit einem christlichen Grab in einer Pariser Kirche vorliebnahm. Gleichwohl lassen Funde in späteren merowingischen Gräbern darauf schließen, daß der *Novus Constantinus* zumindest mit Exemplaren jener heidnischen Symbole beigesetzt wurde, die seinem Volk teuer waren.«[5] Aber Chlodwig war, aus welchen Motiven auch immer, anders als der Arianer Theoderich ein *Rex catholicus*, gestützt von der römisch-katholischen Kirche, »über ein christliches *Regnum* herrschend, das römisch geprägt war«.

Römische Lebensweise erwies sich als genügend verwurzelt in Gallien, um auch die wildesten Barbarenvölker zu assimilieren, die unter den karolingischen Franken eine Renaissance der Gelehrsamkeit heraufführen und das politische Gebäude der mittelalterlich-abendländischen Christenheit errichten sollten. Nachdem der Versuch des byzantinischen Kaisers Justinian, Italien und Nordafrika zurückzugewinnen, nach anfänglichen Erfolgen fehlgeschlagen war, konnten die Impulse zur Wiederbelebung und Ausdehnung der christlichen Zivilisation angesichts der schrecklichen skandinavischen und muselmanischen Angriffe nur aus dem Nordwesten kommen.

Das erneuerte Ostreich

Seit Konstantin seine Hauptstadt auf den Bosporus verlegt hatte, hatte das Ostreich die christliche Verwaltung beibehalten. Die östlichen Gebiete waren immer der reichste und bestorganisierte Teil der griechisch-römischen Zivilisation, die mit Konstantinopel ein natürliches Handelszentrum an Schwarzem Meer und Levante besaß. Die »Byzantiner«, wie unser Name für sie lautet, umgangssprachlich *Visantini* genannt, bezeichneten sich auch weiterhin als *Romaioi* und behielten bis ins siebte Jahrhundert Latein als offizielle Sprache bei. Ihre Flotten und Armeen, ihre Bürokratie und ihr Steuersystem stellten alles in den Schatten, was der jetzt barbarisch gewordene Westen aufzuweisen hatte. Mit Einführung des *Goldsolidus*[6] verfügten sie nach der galoppierenden Inflation des dritten Jahrhunderts wieder über eine stabile Währung, und obgleich sich die Kluft zwischen Reichen und Armen vertieft hatte, ließ die soziale Umwälzung unter Diokletian und Konstantin doch so manchen fähigen Mann aus den unteren Gesellschaftsschichten in die herrschende Klasse aufsteigen. Während außerdem dic Loyalität des Ostens gegenüber dem Senat im fernen Rom recht lau blieb, hatte der Personenkult um den christlichen *Autokrator* jetzt zu einem engeren Treueverhältnis geführt.

Theodosius der Große regierte Ende des vierten Jahrhunderts mit voller Unterstützung der Kirche in Italien wie im Osten. »... das Gefühl, einen transzendentalen Auftrag zu erfüllen, prägte den römischen Staat: Die christlichen Kaiser mußten sich vor Christus auch für die Seelen ihrer Untertanen verantworten. Im Westen machte diese Vorstellung schwache Herrscher noch empfänglicher für die Forderungen des katholischen Klerus, während sie im fester gegründeten Ostreich nur einen weiteren klangvollen Ton zum reichen Register imperialer Machtfülle hinzufügte.«[7] Als Justinian (527–565) seinem analphabetischen Onkel Justin (wie so viele Herrscher des Ostreichs ursprünglich ein Bauer vom Balkan) auf den Thron folgte, wurde er zu einem Herrscher von ungeheurem politischem und religiösem Ansehen, in einem Maß, das auch den mächtigsten barbarischen Herrschern völlig unerreichbar war, und Erbe eines fabelhaft reichen und mächtigen Imperiums. Überzeugt von seiner Mission als Augustus und Vertreter Gottes auf Erden, hielt er es für seine Pflicht, die Organisation seines Reiches zu perfektionieren und dessen Grenzen auszudehnen. Schon vor der Thronbesteigung hatte er Theodora geheiratet, eine zypriotische Schönheit von dunkler Herkunft und hoher Intelligenz, deren praktischer Sinn und Mut ihm bei seiner beschwerlichen Aufgabe halfen. Sie ernannten Belisar, einen genialen Reiterobersten zum *Magister militum*, der mit Fünfundzwanzig, gestützt auf beträchtliche Mittel und eine stattliche Seemacht, den Erbfeind Persien ebenso besiegte wie die aus Europa einfallenden Barbaren. 532 halfen Belisar und Narses, ein älterer Eunuch und *Praepositus cubiculi* – Großkämmerer –, Justinian und seiner Gemahlin den gefährlichen Nika-Aufstand in Konstantinopel niederzuschlagen, wobei übrigens Konstantins Dom niedergebrannt wurde, so daß an seiner Stelle die Hagia Sophia erbaut werden mußte. Im folgenden Jahr wurde Belisar gegen die reichen Vandalen in Nordafrika entsandt, die schon seit langem die Getreideversorgung der Hauptstadt und die byzantinische Seeherrschaft in der Levante bedrohten.

Die Vandalen, deren Name einst ein Synonym für Wildheit war, waren den Verführungen der Zivilisation erlegen:

»Von allen Völkern sind jedoch die Vandalen am meisten verweichlicht ..., denn seit der Eroberung Libyens nahmen ja sämtliche Vandalen Tag für Tag warme Bäder und hatten ihre Tafel mit den schmackhaftesten und besten Speisen besetzt, was Land und Meer eben bieten. Sie trugen reichsten Goldschmuck, dazu medische Gewänder, die man jetzt serisch heißt, und brachten ihre Tage in Theatern, auf Rennbahnen und bei sonstigen Lustbarkeiten, am meisten aber mit Jagden zu [sie jagten mit Leoparden]. Außerdem gab es bei ihnen Tänzer und Schauspieler sowie zahlreiche Darbietungen für Aug' und Ohr ... Die Mehrzahl von ihnen wohnte in gutbewässerten und mit Bäumen reich bestandenen Lustgärten; bei jeder Gelegenheit veranstalteten sie Trinkgelage und übten sich eifrig in allen Arten von Liebesgenuß.«[8]

Die einst so fürchterlichen Barbaren waren also zahm geworden und unfähig, ähnliche Entbehrungen zu ertragen wie die eingeborenen Berber; leicht konnten die Byzantiner so gegensätzliche Bündnispartner entzweien.

Belisar war so erfolgreich, daß er 535 auf Sizilien landete, Neapel nahm und im Jahr darauf sogar Rom selbst. 540 hatte er Ravenna den Ostgoten abgenommen, die von dynastischen Streitigkeiten nach dem Tode Theoderichs geschwächt waren. Da aber rief Justinian Belisar zurück, weil er fürchtete, dieser könne sich als unabhängiger Herrscher in Italien etablieren,[9] und ernannte seinen Untergebenen Narses zum Befehlshaber über Italien. Aber obgleich er die Goten besiegte, Rom ein zweites Mal nahm und nach Lage der

Dinge kein dynastischer Konkurrent für Justinian sein konnte, wurde auch Narses nach dem Tode Justinians im Jahre 565 zurückgerufen, hinterließ aber im Gegensatz zu Belisar bittere Erinnerungen an Grausamkeit und Beutegier. So schlugen die Versuche, Italien wieder der direkten Autorität des Ostkaisers zu unterwerfen, teilweise fehl, wenn die Byzantiner auch lange über Sizilien und einen Teil Süditaliens herrschten. Durch die Schwächung der relativ zivilisierten Ostgoten machten sie den Weg frei für die Langobarden, deren Herrschaft weit unangenehmer war.

Diese Germanen waren erst unlängst nach Süden gelangt und kamen aus einem unwirtlichen Gebiet an der Unterelbe und aus der Lüneburger Heide, der sie Pannonien verständlicherweise vorzogen. Hier lebten sie unter der Herrschaft ihres Häuptlings Waccho (510–546), der seinen Onkel Tato abgesetzt hatte, an den Ufern der Donau und des Plattensees; sein Nachkomme Alboin führte sie über die Alpen. 572 nahm er Pavia, wobei er die berühmte »Eiserne Krone« erbeutete – so genannt nicht etwa, weil sie ganz aus diesem Metall bestünde, sondern weil sie angeblich einen Nagel vom Kreuz Christi enthält. Aber nach dieser Großtat ging Alboin, der die Wesenszüge seines Volkes allzu sehr verkörperte, dann doch zu weit: Als er seine Frau zwang, aus dem Schädel seines verhaßten Schwiegervaters, ihres Vaters also, zu trinken, fanden ihre Verwandten und sogar viele seiner Gefolgsleute, das sei denn doch zu stark, und brachten ihn um. Aber die Langobarden, die *Langobardi*, behielten Norditalien, das noch immer ihren Namen trägt; das Papsttum konnte nur mit Hilfe der Franken ihren ursprünglich verderblichen Einfluß dämpfen. Aus Sicherheitsgründen wie aus christlicher Verantwortung schufen sich die Päpste weitere treue Bundesgenossen im Westen – die bis dahin heidnischen Angelsachsen, zu denen Papst Gregor der Große 596 Augustin von Canterbury schickte, damit er Ethelbert von Kent bekehre, der Bertha, eine Nichte des Merowingers Chilperich, geheiratet hatte.

Im Merowingerreich

Im Gegensatz zu einer weitverbreiteten Auffassung waren die Germanen im Westreich der einheimischen Bevölkerung zahlenmäßig weit unterlegen, nur im römischen Britannien wurden die Spuren der Zivilisation ausgelöscht, und auch dort nur im Süden und Osten. Die Feldzüge Chlodwigs gegen die Burgunder und Westgoten verwüsteten nur relativ kleine Gebiete, und die römisch-gallische Lebensweise wurde in allen Bereichen fortgeführt, um so mehr, als die des Lesens und Schreibens unkundigen barbarischen Oberherren von den in römischem Recht und römischer Verwaltungstechnik geschulten Geistlichen abhängig waren. Als Chlodwig gegen Ende seiner Regierungszeit die berühmte *Lex Salica* (Salisches Gesetz) aufzeichnen ließ, behielt sie zwar ihren grundsätzlich germanischen Charakter, zeigte aber Spuren römischer Überarbeitung. Die Landgüter wurden nicht einfach entschädigungslos von den Barbaren besetzt, sondern das Besitzrecht mußte festgelegt werden, Verträge wurden aufgesetzt. Manchmal gelang es den alten Besitzern, die fruchtbareren Ländereien zu behalten, da die neuen Herren mehr an der Jagd als an der Landwirtschaft interessiert waren.

Die Subsistenzwirtschaft, die auch in unruhigster Zeit den Bestand der großen, römischem Einfluß unterstehenden Güter gewährleistet hatte, brach ebensowenig zusammen wie der Luxusgüterhandel und das mit ihm verknüpfte Maut- und Zollwesen. Es gab immer noch viele Juden im merowingischen Gallien – sie unterstützten eher die arianischen als die katholischen Könige –, die mit Sklavenhandel gute Geschäfte machten und Geld an Steuereintreiber verliehen, die ihre Ämter verpachtet hatten und nun, von ihren Untergebenen geprellt, ihren eigenen Verpflichtungen nachkommen mußten. Sie halfen auch den Geistlichen mit Geld aus, die sich – auf ihr Fortkommen bedacht – königliche und adelige Gönner mit kostspieligen Geschenken geneigt machen mußten. In einer Anwandlung von Verärgerung ließ Chilperich die Juden zusammentreiben und vor die Wahl stellen, sich taufen zu lassen oder geblendet zu werden, aber sie ließen sich nicht vertreiben, ein lebendiges Zeugnis für den Wohlstand des Landes, in dem sie trotz allem blieben.

Denn die Verkehrsverbindungen waren nie abgerissen, die großen römischen Straßen waren immer noch befahrbar, die Wasserwege langsam, aber verhältnismäßig sicher. Jeder, der in der Öffentlichkeit oder im Wirtschaftsleben eine Rolle spielte, konnte hinreichenden Begleitschutz gegen Räuber anwerben und auf Bewirtung in irgendeinem Kloster rechnen. Es kam zu keinem krassen Bruch in der Lebensweise der Oberschicht und ihrer Bediensteten; die Reichen konnten über eine große Zahl von Sklaven verfügen. Nirgends »Aufstand der Massen« gegen die Gesetze einer hierarchischen Gesellschaft, auch wenn die Hierarchien sich verändert hatten. Die Ankunft der Barbaren brachte keine Freiheit für die Sklaven, nur neue Herren; nach Chlodwigs Feldzug nach Aquitanien herrschte sogar Überangebot auf den Sklavenmärkten, und eine vorindustrielle Gesellschaft ließ sich durch »Streiks« weder lähmen noch zugrunde richten.

Der Zusammenbruch der alten Reichsmacht mit ihren erdrückenden Abgabepflichten ließ gelegentlich sogar alte Städte zu neuem Leben erwachen, wo die *Curiales*, die genötigt gewesen waren, ihre kommunalen Ämter zu vernachlässigen, in ihre alten Funktionen zurückkehrten, beglückt über die pompösen Titel der alten Ordnung. Das nachrömische Gallien, aus dem langsam Frankreich werden sollte, war ein Land voll natürlichen Reichtums, wenn es auch durch die Langwierigkeit des Massentransports zu lokalen Hungersnöten kommen konnte. Wurden Rinder oder Schafe von einer Viehseuche befallen, konnte man wenig für sie tun; gar nichts vermochte man gegen die Beulenpest auszurichten, die Arm und Reich gleichermaßen heimsuchte, oder gegen irgendeine der anderen Epidemien, angesichts derer sich die Ärzte als machtlos erwiesen. Gegen die gelegentliche Prachtentfaltung königlicher und anderer hochgestellter Persönlichkeiten, von der die Chronisten soviel Aufhebens machen, stehen Scharen von Bettlern und Krüppeln, die sich bei solchen Gelegenheiten in der Hoffnung auf Almosen zusammenrotteten.

Solche barmherzigen Werke waren nicht selten, denn die Kirche lehrte, daß Christen sich durch Almosen Verdienste erwerben könnten, und der berühmteste Heilige im römischen Gallien war der heilige Martin von Tours, der als junger Offizier die Hälfte seines prächtigen Soldatenmantels einem Bettler gegeben hatte. Daher die vielen Stiftungen, häufig von frommen Damen, für die Behandlung Aussätziger, für Kranke und Arme, daher auch die Überschreibung riesiger Ländereien an die Kirche durch Großgrundbesitzer, die bestrebt waren, Gottes Urteil über ihre Sünden abzumildern. Unmenschliche Gleichgültigkeit gegenüber fremdem Leiden, typisches Merkmal der städtischen Anonymität unserer Tage, scheint nicht zu den Gewohnheiten der »finsteren Jahrhunderte« gehört zu haben.

Die barbarische wie die nachrömische Aristokratie, durch häufige Heirat untereinander verbunden, fand großes Vergnügen an der Jagd, wenn sie nicht durch Kriege in Anspruch genommen war. Wildschwein und Rothirsch waren das beliebteste, leidenschaftlich gehetzte Wild, riesige Waldgebiete blieben der Jagd vorbehalten, der Rothirsch wurde mit Hirschhunden, der Dammhirsch mit anderen speziell gezüchteten Hunden gejagt. Wildbret, besonders willkommen, wenn die Rinder kümmerlich und mager waren, und köstlich, wenn richtig abgehangen, wurde zu einem unentbehrlichen Bestandteil auf dem Speisezettel der umherziehenden königlichen und fürstlichen Haushalte, deren begrenzte mediterrane Küche schon zu Ausonius' Zeiten durch das reichhaltige Angebot aus dem Norden bereichert worden war.

Aber der Niedergang der Zivilisation bewirkte, daß jahrhundertelang nur minderwertiger Wein zu haben war. Die berühmten Falernerweine der Antike waren Spitzenweine gewesen, die jahrelang in wachsverschlossenen 30-Liter-Amphoren reiften. Wenn dieses Verfahren auch nicht ganz so wirkungsvoll wie der im siebzehnten Jahrhundert aufkommende Korkenverschluß war, so erlaubte es doch eine Klassifizierung nach Jahrgängen und hohe Qualitätsmaßstäbe. Aber als die Römer italienische Weine in Frankreich heimisch machten, begann man sie in Holzfässern zu lagern, die keine völlige Reifung zulassen. »Bis zum 19. Jahrhundert n. Chr. kamen aus Frankreich keine großen Weine, die sich mit den herrlichen alten Weinen der antiken Griechen und Italiener messen konnten.«[10] Als der Import von gutem Wein in Amphoren fortfiel und Weinberge an Garonne und Mosel angelegt wurden, verdrängten die in Fässern gelagerten einheimischen Lagen allmählich die italienischen Weine, und die barbarischen Oberherren, denen es mehr um Quantität als um Qualität ging, waren mit dem zufrieden, was zur Hand war. Zweifellos kübelten viele von ihnen und die meisten ihrer Gefolgsleute vor allem Bier und Met, ihre heimischen nördlichen Getränke, herunter. Der Klerus, der Wein zum Gottesdienst ebenso wie zur Stärkung benötigte, baute ihn an, wo immer er konnte, und trug so dazu bei, daß die mediterrane Lebensweise erhalten blieb.

Die frühbyzantinische Kultur

Während das nachrömische Westreich unter den merowingischen Königen teilweise erneuert wurde, hielt die Blütezeit des Ostreichs unvermindert an. In den Jahren von 532 bis 537 hatten Justinians Baumeister in Konstantinopel das herrliche und gewaltige Gebäude der Hagia Sophia errichtet, eines der schönsten Bauwerke Europas. Wie der Petersdom in Rom erschlägt sie durch ihre bloße Größe den Besucher, der durch das riesige Portal tritt, oberhalb dessen Konstantin und der Stifter der Kirche in Schwarz und Gold verewigt sind, während gedämpfte Grau- und Goldtöne den diffusen Lichteffekt unterhalb des gewaltigen Kuppelgewölbes steigern. »In der Hagia Sophia trägt alles zum Eindruck eines ungeheuren, ideal gegliederten Raums bei. Beim Blick vom Hauptportal des Mittelschiffs die Kirchenachse entlang zur Apsis kann der Betrachter die hinreißende Bewegung und die majestätischen Proportionen des riesigen Innenraums auf sich wirken lassen, dessen tragende Pfeiler und Wände mit mehrfarbigem Marmor verkleidet sind. Sein Augenmerk wird nach oben auf die mächtigen Gewölbe gelenkt, die – von außen so schwerfällig wirkend – aller Schwerkraft ledig in der Luft zu schweben scheinen, sobald man die Kirche betreten hat. Kein Lob ist zu hoch, um die Kunstfertigkeit der Baumeister zu preisen ..., alle Möglichkeiten des Sonnenlichtes zu nutzen.«[11]

Diese Architektur der byzantinischen Hauptstadt war, obwohl sie sich unmittelbar aus der römischen entwickelt hatte, außerordentlich eigenständig. Sie stand in entschiedenem Gegensatz zu den holzgedeckten Basiliken Italiens und unterschied sich sogar von den Kirchen des zur byzantinischen Machtsphäre gehörenden Ravenna.

Hier hatte schon das sogenannte Mausoleum der Galla Placidia gezeigt, wieviel Pracht die Kunst des Mosaiks entfalten konnte; die Mosaiken von Sant' Apollinare in Classe, einer von Theoderich ca. 520 in Auftrag gegebenen Kirche, und die von byzantinischen Künstlern überarbeiteten Mosaike der katholischen Kirche San Vitale wiesen jetzt leuchtende Farben und sorgfältige Kompositionen auf. In der Kirche Sant' Apollinare steht der Heilige selbst mit ausgebreiteten Armen in der alten Gebetshaltung, umgeben von stilisierten Blumen, Landschaftsmotiven und Schafen, die seine Gemeinde symbolisieren. Die Wände sind geschmückt mit einer friesartigen Prozession von Märtyrern – eine Form der Dekoration, deren Ursprünge weit zurückreichen nach Sumer, Babylon und in den Iran. Wohl von Theoderich in Auftrag gegeben war ein Bild seines Palastes, zwischen dessen Säulen die Porträts arianischer Würdenträger seines Hofes zu sehen waren, die Justinians Beamte mit weißen Fransenvorhängen verdecken ließen.

Für sein Mausoleum hatte Theoderich noch zu Lebzeiten ein massives Bauwerk in Auftrag gegeben; vielleicht in Nachahmung von Hadrians Mausoleum in Rom ist es kreisförmig und mit Zypressen umpflanzt; bedeckt mit einem Monolithen aus istrischem Kalkstein sollte es den Porphyrsarkophag des ostgotischen Monarchen aufnehmen. Es ist weniger ein Monument der Frömmigkeit als Ausdruck megalithischer Kraft, die damals die Möglichkeiten aller barbarischer Herrscher im transalpinen Westen weit überstieg.

Auch San Vitale verkörpert mehr eine politische als eine religiöse Botschaft. 521 begonnen, wurde sie 547 unter Justinian, zehn Jahre nach der Hagia Sophia, geweiht. Es ist keine Basilika, sondern ein von einer Kuppel überwölbtes Achteck, das durch acht Säulen und eine rundum führende Arkade gegliedert wird. Die beeindruckendsten Mosaike sind rein byzantinisch: Im unteren Abschnitt der Apsis ist der Basileus Justinian selbst abgebildet, der Befreier der Katholiken von den Arianern, gekrönt, in Glorienschein und mit Kleinodien geschmückt, in seiner ganzen kaiserlichen Pracht, einen goldenen Hostienteller für das heilige Abendmahl haltend. Zu seiner Rechten schreitend bildet der Erzbischof von Ravenna, mit seiner vogelartigen, asketischen Erscheinung einen Gegensatz zu Justinians soldatischem, wettergegerbtem Aussehen. Zu seiner Linken gehen mit dem ihrem Stand eigenen bedächtigen, wachsamen und besorgten Ausdruck seine zivilen Beamten. Dahinter, durch ihre roten, grünen und goldenen Farben abgesetzt, stehen die jungen barbarischen Palastwachen. Von der anderen Seite naht das Gefolge der gekrönten Basilissa Theodora; unter einem Baldachin von Grün und Gold beherrscht die nervöse Intelligenz ihres Gesichtes mit den großen Augen ihre Kämmerer und Hofdamen.

Vor dem flachen goldenen Hintergrund erscheinen alle diese Figuren merkwürdig abstrakt und zeitlos. Ihre Wirkung beruht, im Unterschied etwa zu Rembrandts weit späterer *Nachtwache*, mehr auf Farbe, Form und Ausführung als auf irgendeiner Tiefenwirkung. Ursprünglich als Propaganda zur Unterstützung von Belisars Feldzügen gedacht, leben die Mosaike heute als große Kunstwerke fort.

Wenn wir uns ansehen, was die beiden Zivilisationen trennt, so hat der merowingische Westen natürlich nichts hervorgebracht, was sich mit solcher Pracht vergleichen ließe, von einigen übernommenen Ornamenten abgesehen, die mit ursprünglich skythischen Tiermotiven belebt wurden. Der verklärte Christus aus Niederdollendorf ist barbarisch unvollkommen, eine christliche Version des Riesen von Cerne Abbas, allerdings ohne dessen männliche Kraft und überragt von einem Heiligenschein, der aussieht wie der Strahlenkranz eines heidnischen Sonnengottes. Aber die merowingischen Juweliere fertigten in Nachahmung byzantinischer Formen geschickte Cloisonnéarbeiten an, indem sie etwa Granate in vergoldetes Silberfiligran faßten. Die Broschen, die bis weit in christliche Zeit als Grabbeigaben dienten und eigentlich zur Befestigung des Umhangs auf der linken Schulter bestimmt waren, sind von barbarischer Größe und Protzigkeit. Der einzig originelle

Beitrag sind die Reliquienschreine, an denen damals großer Bedarf herrschte und in denen die unschätzbaren, begehrten Relikte lokaler Heiliger aufbewahrt und wenn notwendig in Sicherheit gebracht werden konnten. Diese Schreine, aus kunstvollem Goldfiligran gearbeitet und mit Granaten und Perlen besetzt, stehen in einer Tradition, auf die lange danach Fabergé im Dienste fast ebenso bornierter Auftraggeber zurückgriff. Zweifellos schätzten die ersten Merowinger wie die letzten Romanows teuren Schmuck, das zeigt die protzige Aufmachung der Königin Arnegunde (ca. 560), einer Zeitgenossin von Justinian, die kürzlich bei Grabungen in Saint-Denis bei Paris entdeckt wurde. Unter ihrer violetten Tunika trug sie weiße Strümpfe mit gekreuzten Strumpfbändern, darüber einen roten Umhang, der durch große Broschen aus gehämmertem Gold zusammengehalten war. Die merowingische Sitte, die Toten mit ihren liebsten Besitztümern zu bestatten, wurde auch in christlicher Zeit beibehalten.

Das Goldene Justinianische Zeitalter

Die literarischen Zeugnisse dieser finsteren Zeiten im Westen stehen in der Nachfolge Roms. Zu einer Zeit, da das Ostreich reich und mächtig war, schrieb Prokopios von Caesarea einen Bericht aus erster Hand über Justinian und die Feldzüge des Belisar gegen Perser, Vandalen und Goten sowie über den Nika-Aufstand des Jahres 532. Außerdem liefert er ein vollständiges Verzeichnis der wichtigsten Gebäude, die in Konstantinopel zur Regierungszeit von Justinian und Theodora errichtet wurden. Daneben schrieb er eine *Geheime Geschichte*, in der er die beiden ebenso wie Belisar unbarmherzig bloßstellte, einen verlockenden Präzedenzfall für spätere Historiker schaffend, welche die meiste Zeit ihres Lebens vor dem jeweils herrschenden Establishment kriechen mußten. Wie oben bereits deutlich wurde, ist er ein kluger Militärhistoriker und scharfer politischer Beobachter.

Im Westen herrschten andere Maßstäbe: Cassiodor (ca. 485–580), der wichtigste Verwaltungsbeamte unter Theoderich, überlebte den Machtwechsel und beendete sein Leben in einem Kloster, das er auf seinen eigenen Ländereien bei Squillace in Kalabrien gegründet hatte. Er war ein fähiger Staatsmann und Diplomat, der mit ungeheuren Schwierigkeiten zu kämpfen hatte – eine Tatsache, die ihm durchaus bewußt war. Doch seine offiziellen Schriften sind überladen mit seltsam kindischen Abschweifungen und Gemeinplätzen. Seine Briefe sind sehr aufschlußreich hinsichtlich der Beziehungen, die Theoderichs selbst noch halb barbarische Regierung mit den transalpinen barbarischen Mächten pflegte – etwa wenn er Gundobad von Burgund eine Wasseruhr schickte, ein Geschenk, das dessen Achtung vor römisch-ostgotischer Technologie steigern sollte. Chlodwig hatte um einen Harfner gebeten. Nach langen und pedantischen Auslassungen über Musiktheorie (*chorda*, die Saite, heiße so, weil sie das Herz, *cordem*, bewege) drängt Cassiodor seinen Kollegen Boëtius in Theoderichs Namen, einen solchen Mann ausfindig zu machen: »Besorg uns also diesen Kitharöden, der uns wie ein neuer Orpheus die viehischen Herzen der Barbaren bezaubern soll.«[12] In seinen *Institutiones* versuchte sich Cassiodor an einem Grundriß des gesamten Wissens und wurde wegweisend für die künftigen Generationen, da er die Fächer der »Humaniora« in das *Trivium* und das *Quadrivium* unterteilte.

Boëtius (480–524), weniger repräsentativ für seine Zeit, war ein Neuplatoniker von leidenschaftlicher Liebe zu Ordnung und Klarheit. Sein *Trostbuch der Philosophie*, das er im Gefängnis schrieb, als er auf seine Hinrichtung wartete, war von weitreichender und dauerhafter Wirkung, zum Beispiel auf Dante und Chaucer[13].

Boëtius hatte das Glück, daß seine Lehre von den Dichtern aufgegriffen wurde. Es läßt sich kaum bezweifeln, daß er mehr als irgendein anderer Philosoph den großen Scholastikern geholfen hat, sich ein allgemeines, umfassendes Weltbild trotz ihrer spitzfindigen Untersuchungen zu bewahren.[14] Boëtius müsse, so schließt Ker, »irgendwie gefühlt haben, was die Menschen in der geistigen Verwirrung seiner Zeit ersehnten«. Unverzagt entwarf er einer Epoche chaotischen Verfalls das tröstliche Gegenbild der Harmonie, eine Verschmelzung platonischer und christlicher Ideale:

O felix hominum genus
si vestros animos amor,
quo caelum regitur, regat.
»Glückliches Menschengeschlecht, wenn deine Seelen
von Liebe regiert werden, die den Himmel beherrscht.«

Die Briefe des Sidonius Apollinaris[15], eines gallisch-römischen 432 in Lyon geborenen Landbesitzers und Aristokraten, der Ländereien bei Clermont-Ferrand besaß, später Bischof dieser Stadt wurde und dort 485 starb, sind höchst aufschlußreich, wenn man sich die Mühe macht, die Nebel seiner geschwollenen Sprache zu durchdringen. »Er lebte in Zeiten, die zu aufregend waren, als daß er sich ihnen völlig hätte entziehen können. Sie und ihre Sitten hat er sorgfältig beobachtet; seine Beobachtungsgabe ist freilich die einzige literarische Qualität, welche die Nachwelt ihm noch zubilligen könnte. Als Beobachter ist er einzigartig detailliert und genau. Zu anderer Zeit wäre solch ein Mann ein erstklassiger Naturforscher oder Archäologe geworden, in seiner Beschreibung des fränkischen Fürsten Sigismer wird jede Einzelheit von Gewand und Rüstung genau aufgeführt, und das Porträt des westgotischen Königs Theoderich II. macht uns diesen so lebendig wie keine zweite historische Figur dieses Jahrhunderts.«

Der Westgote Theoderich II. von Toulouse (nicht zu verwechseln mit dem Ostgoten Theoderich von Ravenna) war ein gesitteter Germane mit »anmutig gebogener Nase«. Seine Lippen waren »delikat gebildet ... nicht vergröbert durch irgendeine Ausweitung der Mundwinkel«. Er war so sorgfältig rasiert, daß er jünger erschien, als er war, und er trug einen »milchweißen« Hals auf wohlgeformten Schultern. Unter einer gewölbten Brust »trat« seine Taille elegant »zurück«, während seine Schenkel »hart wie Bein« und seine Knie »ohne Runzeln« waren; auch hatte er kleine Füße. Er stand früh auf, machte Gymnastik, arbeitete hart, gab Audienzen und erledigte die laufenden Geschäfte. Seine Hauptmahlzeit nahm er gegen elf Uhr zu sich, das Essen wurde den auf Ruhebetten gelagerten Gästen auf feinem Linnen und Scharlachtuch serviert und vereinigte, wie Sidonius sagt, »griechische Eleganz mit gallischer Üppigkeit und italienischer Würze«; danach inspizierte er seine Ställe. Nach einer Siesta mochte er auf Wildschwein- oder Hirschjagd gehen. Er konnte auch »mit Anstand« würfeln und wurde dabei nie ärgerlich, ja es gefiel ihm, »die Strenge seiner königlichen Rolle abzuschütteln«. Außerdem habe er – so vertraut uns Sidonius an – »nach meiner Meinung Angst davor, gefürchtet zu werden«. Nach dem Abendessen wurden manchmal »niedere Komödianten mit ihren billigen Späßen vorgelassen«, aber Wasserorgeln und Tamburinmädchen verbot er, da »er nur Streichmusik liebte, welche die Seele erbaute«. Hier in Aquitanien herrschte kein metsaufender Rohling, die Haare nach der Sitte der Wilden im Norden mit ranziger Butter eingeschmiert, sondern ein westgotischer Monarch von römischer Lebensart, ein *évolué*, besonnen und selbstbewußt genug, um seine fellgekleideten Wachen zu befehligen, die sich im Hintergrund des Saals aufhielten, wenn er Audienzen gab.[16]

So anschaulich ist Sidonius nicht immer. Wie Cassiodor kann er sich überwältigen lassen von pedantischer Detailtreue, »mit zehn Wörtern sagend, was sich in einem sagen läßt« und »unfähig, eine klare Sache klar auszudrücken«. Gelegentlich zeigt er sich als typischer Vertreter »jener Entschlußunfähigkeit und gespenstischen intellektuellen Feigheit, charakteristisch für die Spätgeborenen dieser heidnischen Kultur.«[17]

Auch Gregor von Tours (Gregorius Florentius), der viel später lebte, war ein gallisch-römischer Aristokrat. 573 wurde er Bischof von Tours und verfaßte ein beeindruckendes Sündenregister der Merowinger. Wie er selbst zugibt, besaß er nur elementare Lateinkenntnisse: *Non tibi latet quod sim inops litteris* – »Es wird dir nicht verborgen bleiben, daß es schlecht um meine Bildung bestellt ist«, aber er ist zum Erzählen und Klatschen geboren und die Ungeschliffenheit des Stils paßt gut zu seinem Thema. Außerdem ist er, im Gegensatz zu Cassiodor und Sidonius von kindlichem Aberglauben und stellt die dynastischen Morde seiner Zeit den asketischen Übungen des heiligmäßigen Klerus gegenüber. Von Papst Gregor dem Großen berichtet er: »Er übte soviel Enthaltsamkeit im Essen, soviel Wachsamkeit im Gebet, soviel Eifer im Fasten, daß sein Magen darunter litt und er sich nur mit Mühe aufrecht hielt.«[18] Die Maßstäbe hatten sich gewandelt in Gallien, seit Ausonius sein Loblied auf die Austern von Bordeaux angestimmt hatte.

Die fürchterlichen Grausamkeiten der merowingischen Frauen, von denen Gregor berichtet, wurden in einer Gesellschaft begangen, die zwar einerseits in Wohlstand lebte, andererseits aber von Hungersnot und Pest heimgesucht wurde. »Siehe, wie alle diese Menschen vom Schwert des göttlichen Zorns dahingerafft werden.« Psalmen und Hymnen singende Prozessionen ziehen durch pestbefallene Straßen zu den Schreinen von Märtyrern, von denen sie Fürsprache erhoffen, und der Klerus fordert die unglücklichen Menschen zur Buße auf. Denn seine Hauptwaffe war die Furcht des Herrn – wie das reuige Wort des ruchlosen Königs Chlothar bezeugt, als er im Sterben lag, verblüfft darüber, wie der Himmel mit hochgestellten Persönlichkeiten umsprang. *Wa! quid potatis, qualis est ille rex caelestis qui sic tam magnos reges interficit!*[19] Durch Verweigerung der heiligen Kommunion oder der Messe konnte der Klerus gewisse Sanktionen verhängen, und Gregor berichtet zwischen Morden und Blutfehden auch immer wieder, wie etwa ein frommer Abt akute Zahnschmerzen durch Handauflegen heilte, wie eine Taube sich auf einem besonders vielversprechenden, gutaussehenden und aristokratischen Jüngling (dem späteren Abt Aredius) niederließ und sich trotz aller Anstrengungen des Jungen nicht verscheuchen ließ, wie der selige Abt Salvius allem Anschein nach starb und beim eigenen Begräbnis wieder zum Leben erwachte, um in allen Einzelheiten vom Himmel zu berichten und seiner Trauer über die Rückkehr Ausdruck zu geben. Derweilen hatte Königin Fredegund ein Problem, vor das sie sich durch eine Blutfehde in Tournai gestellt sah, gelöst, indem sie die drei Hauptbeteiligten einlud, auf einer Bank niedersitzen ließ und sie – als sie nach Aufhebung der Tafel betrunken waren, wie es fränkischem Brauch entsprach – von drei beilbewehrten Männern gleichzeitig enthaupten ließ, »woraufhin das Bankett«, wie eigentlich nicht anders zu erwarten, »abgebrochen wurde«.

Ende des sechsten Jahrhunderts war im Westen trotz Bekehrung der Germanen die trügerische Stabilität der nachrömischen Welt eines Ausonius und sogar Sidonius in Gewalt, Hysterie und Aberglauben zerfallen, während Byzanz auf seine Weise die Zivilisation des römischen Imperiums ungebrochen fortsetzte.

2. Europa in Not

Die Araber als Eroberer

Während Gallien in die nachrömische Barbarei der Merowinger versank und Italien von den Langobarden geplündert wurde, erwuchs dem christlichen Europa eine neue Bedrohung. Im September 622 – das Datum, mit dem die islamische Zeitrechnung beginnt – entschloß sich Mohammed zu seiner *Hidschra* (Auswanderung) von Mekka nach Medina und hatte bei seinem Tode, zehn Jahre später, die meisten arabischen Stämme unter dem Banner einer militanten Religion vereint. Seine *Kalifen* (Stellvertreter) führten das arabische Heer und auf Kamelen berittene Krieger gegen Byzanz und die persischen Reiche, die sich gegenseitig entscheidend geschwächt hatten, was den Arabern nur recht sein konnte. 636, nur vier Jahre nach dem Tode des Propheten, besiegten sie die Byzantiner am Jarmuk und drangen nach Syrien ein. Entkräftet von religiösen Konflikten zwischen Monophysiten und Orthodoxen und Zwistigkeiten nach Ende von Justinians Herrschaft – als Kaiser Maurikios 602 von seinen Soldaten umgebracht wurde –, leisteten die byzantinischen Provinzen kaum Widerstand. 642 eroberte der Kalif Omar I. ibn al-Chattab die Großstadt Alexandria, auch Antiochia konnte sich nicht lange halten. Von der reichen Oase Damaskus in Syrien aus führten die omajjadischen Kalifen einen breitangelegten Angriff gegen Konstantinopel; 673 und 717 wurden die Araber zurückgeschlagen, vor allem dank des »Griechischen Feuers« – der byzantinischen Geheimwaffe, die, wie man heute meint, aus Benzin, Schwefel, Petroleum und ungelöschtem Kalk bestand –, während die mächtigen Theodosianischen Mauern dem Ansturm der Bulgaren und Awaren, dieser jetzt in den östlichen Balkan eindringenden Stämme, standhielten.

Am entgegengesetzten Rand Europas überquerten die Araber im Jahre 711, nach Eroberung Nordafrikas, die Straße von Gibraltar und landeten in Spanien, wo sie den Westgoten rasch den größten Teil dieses schwer zugänglichen Landes entrissen und noch tief nach Gallien eindrangen, bis sie 732 von dem Franken Karl Martell bei Poitiers zurückgeschlagen wurden. Gallien war gerettet, aber der größte Teil der Iberischen Halbinsel verloren – ein Teil der wichtigsten westlichen Bastion antiker Kultur, seit Ende des sechsten Jahrhunderts und Bekehrung der Westgoten zum Katholizismus auch eine Hochburg dieses kämpferischen Christentums. Und auch Nordafrika war, vom kurzen Zwischenspiel der Vandalenherrschaft abgesehen, immer fester Bestandteil des römischen Imperiums gewesen; seine Eroberung durch die Araber bedeutete, daß Europa die Herrschaft über das westliche Mittelmeer und dessen Handelswege verlor, während die Araber jetzt über die Ressourcen Ägyptens und Mesopotamiens verfügten, der beiden ältesten und reichsten

Zivilisationen im Nahen Osten, und sie eigneten sich rasch die Verwaltungskenntnisse und kulturellen Reichtümer des Iran an. Unter den Omajjaden von Damaskus, und nach 750 unter den Abbasiden von Bagdad und den Omajjaden von Córdoba war die islamische Kultur reicher und höher entwikkelt als alles, was Europa außerhalb des Byzantinischen Reiches vorzuweisen hatte. Die Muslime hatten sich in diesem frühen und schöpferischen Stadium eifrig die Gelehrsamkeit der griechisch-römischen Antike angeeignet. Verglichen mit der Elite in islamischen Großstädten waren die meisten Westeuropäer schlichte Bauern.

Doch zusätzlich zum inneren Zerfall seiner Zivilisation und dem Eindringen der Germanen, die antike Kultur immerhin respektierten, hatte Europa jetzt mit fanatischen Semiten und Berbern fertigzuwerden, die vom Haß auf die Ungläubigen beseelt waren.

Unter diesen Umständen erwies sich die Allianz zwischen Papst und Franken abermals als wertvoll und als Quelle neuer Kraft. Gregor I., der Große, Papst von 590 bis 604, war ein wohlhabender römischer Landbesitzer und hatte als Präfekt der Stadt gewirkt, bevor er Mönch und Diplomat am Hof in Konstantinopel wurde. Er stellte die weltliche Macht des Papstes in Italien und im Ausland auf neue Grundlagen, schrieb eine tiefsinnige Seelsorgeanweisung mit dem Titel *Liber Regulae Pastoralis* und weitete die päpstliche Kontrolle auf die meisten der Klöster und Missionen aus, die jenseits der Alpen spontan entstanden waren. Er schickte den heiligen Augustin nach Canterbury, nicht – wie Beda *Venerabilis* so hübsch erzählt – aus einer Laune heraus, sondern mit dem Ziel, den päpstlich-fränkischen Einflußbereich durch die Bekehrung Ethelberts von Kent auszudehnen und außerdem die römisch-katholische Autorität gegenüber der iroschottischen Kirche geltend zu machen, die seit langem ein blühendes Eigenleben führte.

Bei aller Rastlosigkeit war der große Papst ein körperliches Wrack. »Die Entbehrungen seiner mönchischen Zeit hatten seine Gesundheit untergraben, und während seiner letzten vierzehn Lebensjahre waren Krankheiten seine ständigen Begleiter. Er hat schrecklich unter Verdauungsstörungen gelitten.«[20] Dieses Leiden mag durch eine Vorliebe für *Retsina*[21] *(vinum resinatum)* verschlimmert worden sein, woran er sich vermutlich in Konstantinopel gewöhnt hatte.

Ansonsten extrem enthaltsam, duldete er in seiner Nähe nur »ernste Kirchenmänner und asketische Mönche« und war äußerst abergläubisch, wie seine *Dialoge* genannte Legendensammlung bezeugt, wo er von Engel- und Dämonenvisionen berichtet, von Versuchungen durch den Teufel und ihre Überwindung und von schlichteren Wundern: von sprechenden Tieren und Flüssen, die über die Ufer treten, aber zu ihrem normalen Wasserstand zurückkehren, wenn man sie maßregelt. Ein Gote, der zwei Kinder geraubt hatte, weigerte sich trotz aller Überredungsversuche des Bischofs Fortunatus von Todi, sie herauszugeben, worauf ihn der Bischof verfluchte. Am folgenden Tag wurde der Germane vom Pferd geworfen, brach sich die Hüfte, hieß die Gefangenen eilig zurückbringen und bat den heiligen Mann, ein gutes Wort für ihn einzulegen. Da heilte ihn der gute Bischof auf der Stelle, indem er ihn mit Weihwasser besprengte.

Solch starker Tobak veranlaßt selbst den Bewunderer und Biographen des großen Papstes zu der Feststellung: »Ich schließe daraus, daß Gregor nicht in der Lage war, Berichte, die er von anderen hörte, abzuwägen und auf ihren Wahrheitsgehalt zu prüfen beziehungsweise richtige Schlüsse aus den Dingen zu ziehen, die er selbst beobachtete.« Sicher darf man von einer gewissen Leichtgläubigkeit bei jedem ausgehen, dem es einfällt, eine Geschichte wie die berühmte Legende vom Teufel auf dem Salat weiterzuerzählen: Eine Nonne hatte Salat geschnitten und gegessen, ohne sich zu bekreuzigen, und wurde »besessen«. Beim fälligen Exorzismus rief der Teufel aus: »Was kann *ich* denn dafür? Was kann *ich* denn dafür? Ich saß auf einem Salat, *da ist sie gekommen und hat mich gegessen.*« (*Dialog* I, 4.)

Am Westrand Europas

Trotz der arabischen Eroberungen auf der Iberischen Halbinsel hatte das Papsttum dort noch treue Parteigänger, 589 hatte sich auf dem Konzil von Toledo der bis dahin arianische Westgotenkönig Rekkared zum Katholizismus bekehrt, wohl auch, weil er die päpstliche Unterstützung gegen die byzantinischen Rückeroberungen unter Justinian brauchte. Im Bestreben, die Macht der Kirche zu demonstrieren, Herrscher zu stützen und sie mit geheiligter Autorität zu salben, kam es sogar zur Versöhnung von katholischen und arianischen Bischöfen. Unter Rekkeswinth (649–672) wurden die westgotischen Gesetze kodifiziert und die Beziehung zu den anderen Völkern auf der Halbinsel geordnet. Beim Eintreffen der arabischen Eroberer waren die Spanier – Westgoten wie Iberer – viel zu verwurzelt in ihrer Lebensweise und zu eng verbunden durch eine machtvolle Religion, um vom Islam kulturell völlig vereinnahmt werden zu können. Eine charakteristische *mozarabische* – »gemischt-arabisierte« – Zivilisation entstand, in der byzantinische, italienische, iberische, westgotische und arabische Einflüsse verschmolzen. Ferner blieb Asturien im äußersten Nordwesten des Landes am Golf von Biskaya christlich und unbesiegt. Hier liegt auch das berühmte Heiligtum von Santiago de Compostela mit den Gebeinen des Apostels Jakobus des Älteren, der, wie man glaubte, Teile Spaniens selbst zum Christentum bekehrt hatte. Von diesem schwerzugänglichen Land im Nordwesten und der Spanischen Mark der Karolinger, dem späteren Katalonien, sollte die Jahrhunderte währende *Reconquista* ausgehen, gestützt auf eine westgotische Zivilisation, die im siebten und achten Jahrhundert unter lateinischsprechenden Völkern geblüht hatte. Der langhaarige westgotische Adel, ursprünglich aus nur wenigen nomadischen Hirten bestehend, sollte jetzt die eifrigsten Kreuzfahrer der römisch-katholischen Kirche stellen. Die spanischen Kreuzzüge waren weit wesentlicher als die kurzlebigen, aber bekannteren im Osten. Dieser Kreuzfahrergeist, der sich auch in herrlicher Architektur und religiösen Kunstwerken äußert, zeigt sich noch in den spanischen Eroberungen Mittel- und Südamerikas und bei der spanischen Unterstützung der Gegenreformation im sechzehnten Jahrhundert.

Als Mitte des fünften Jahrhunderts die Hunnen in Gallien zurückgeschlagen worden waren und die angelsächsischen *Foederati* sich in Ostengland festsetzten, war im äußersten Nordwesten der heilige Patrick (ca. 389–461), ein romanisierter Bretone, in Irland gelandet. Mit Fünfzehn war er von irischen Piraten geraubt worden. In der heutigen Grafschaft Wicklow festgehalten, konnte er entkommen, als er ein Rudel Wolfshunde an die Loiremündung begleiten sollte. Er ging als Mönch auf eine kleine Inselgruppe vor Cannes. Dann studierte er in Auxerre und kehrte mit dem Auftrag, sich um die bereits dort lebenden Christen zu kümmern, nach Irland zurück, wo er sich in Armagh niederließ.

Die Iren waren nie von den Römern unterworfen worden und lebten noch immer als Stammesgesellschaft, ihre Barden und Rechtskundigen genossen seit jeher großes Ansehen, und als die Stammeshäuptlinge zum Christentum übergetreten waren, breitete sich das Christentum, getragen vom Ansehen des Adels, rasch aus. Wie die Druiden konnten sich christliche Bischöfe und Äbte sicher über Stammesgrenzen hinwegbewegen, während die Herrscher den Klöstern Stammeseigentum überantworten konnten. Der mobile keltische Klerus erwies sich als außerordentlich wagemutig. Der heilige Columban d. Ä., zugleich Abt und Clanoberhaupt, gründete ein Kloster auf dem schönen Eiland Iona, von wo aus er die Pikten von Dalriada und sogar die im nordöstlichen Schottland am Moray Firth bekehrte. Jetzt überfielen die Iren Cornwall nicht mehr, sondern gründeten dort Klöster. Später unternahmen sie dann, wie ihre Vorfahren in megalithischer Zeit, gefährliche Reisen, die sie bis zu den Orkney- und Shetlandinseln führten. So schuf die keltische Kirche Irlands eine bemerkenswerte christliche Kultur in einer relativ sicheren Region, von wo aus immer wieder Missionare nach Europa aufbrachen. Als Anfang des siebten Jahrhunderts die Araber Spanien eroberten, gründete der heilige Columban d. J. ein Kloster auf der Reichenau im Bodensee und starb im norditalienischen Bobbio, nachdem er gute Beziehungen zu den Ostgoten geknüpft hatte. Während das Mittelmeer und Spanien verlorengingen, studierten die Iren in Clonmacnoise und schufen Meisterwerke der Buchmalerei und Metallarbeit.

Aber ihren größten und dauerhaftesten Einfluß entfalteten sie in Schottland und Nordengland, wo mit Bekehrung der Pikten das keltische Christentum bis ins anglische Northumbrien vordrang. König Oswald, ein Neffe König Edwins und wie dieser von den Heiden erschlagen, gründete Lindisfarne vor der northumbrischen Küste, das östliche Gegenstück zu Iona, und machte Aidan, einen Mönch von Iona, zu dessen Abt.

Inzwischen hatte der römisch-katholische Klerus in Südengland, wo schon mehr als ein Jahrhundert vor den angelsächsischen Invasionen christliche Gemeinden gegründet worden waren, seinen Einfluß ausgedehnt.

Die Westsachsen und sogar die Mercier hatten jetzt einen Bischof, und auf der Synode von Whitby gelang es den römisch-katholischen Delegierten, die keltischen Geistlichen zur Annahme römischer Autorität zu überreden, und zwar selbst in einer so entscheidenden Frage wie dem richtigen Osterdatum, stets ein Problem von großer Bedeutung für die christlichen Kirchen. Als 669 der byzantinische Grieche Theodor von Tarsus Erzbischof von Canterbury wurde, konnte er die englische Kirche in Pfarrbezirken organisieren, während der keltische Klerus, zwar immer noch nicht seßhaft, wenigstens dazu gebracht wurde, den Erzbischof anzuerkennen. Während also die Araber Byzanz bedrohten, Nordafrika, die Balearen und Spanien eroberten und den größten Teil des Mittelmeers beherrschten, baute das Papsttum sein Bündnis mit den Franken aus und verleibte seiner Einflußsphäre auch die atlantische Welt der Angelsachsen, Iberer und Kelten ein. Von dieser neuen Basis aus sollte die Kirche nun die Deutschen und Skandinavier bekehren, die sich römischer Kontrolle bislang auch zur Zeit der größten Ausdehnung des Imperiums entzogen hatten.

Die Anfänge des Mönchtums

»Die Identifikation der Kirche mit der Gesamtheit der organisierten Gesellschaft ist der Grundzug, der das Mittelalter von früheren und späteren Geschichtsperioden unterscheidet.«[22] Obwohl sich die Einstellung der Christenheit tiefgreifend von der der griechisch-römischen Zivilisation auf ihrem Höhepunkt unterschied, profitierte es selbst im Westen immer noch vom glänzenden und fortdauernden Prestige des römischen Imperiums. Im Osten stand die Kirche sogar direkt für die Zivilisation selbst und hatte ihre Vorstellungen detailliert niedergelegt. Das durch die Regel des heiligen Benedikt geordnete Mönchtum ruhte bereits auf einer ebenso strengen theoretischen Basis wie das von Thomas von Aquin im dreizehnten Jahrhundert errichtete scholastische Gedankengebäude. Benedikt von Nursia (480–547), in Umbrien geboren, hat keinen Orden gegründet, aber die *Regula*, die Regel, die er für das Leben in dem von ihm gegründeten Kloster Monte Cassino niederlegte, war praktikabel und recht human, so daß sie weithin von den Klostergemeinschaften übernommen wurde, die sich spontan über Westeuropa verbreitet hatten und das Ziel verfolgten, ein gottgefälliges Leben zu führen und Kontinuität und friedliche Ordnung in einer Welt zu bewahren, die immer schrecklicher wurde.

Geschützt vom Nimbus der Heiligkeit und wirtschaftlich autark, wurden diese disziplinierten Gemeinschaften als Teil der offiziellen Religion und Gesellschaftsordnung hochgeachtet, und zwar von den Fürsten, die sie mit dem nötigen Besitz ausstatteten ebenso wie vom Volk. Das *Opus Dei*, das Werk

Gottes, galt als ebenso wichtig wie Regieren oder Landwirtschaft, denn auch die Mönche *arbeiteten*, wenn sie durch ihr Gebet den Teufel und alle bösen Geister fernhielten, die das Land heimsuchten. Außerdem konnte in diesen Klöstern für die jüngeren Söhne und die Töchter der Stifter gesorgt werden.

Der Preis, den man für Ruhe und Sicherheit im Kloster bezahlte, war hoch: In weiser Voraussicht verfügte Benedikt eine Probezeit, die der Novize dazu nutzen sollte, seine Berufung zu prüfen; danach blieb er für immer. Der Abt besaß große Macht, aller Besitz war gemeinschaftlich und der Tagesablauf genau geregelt zwischen Gebet, körperlicher Arbeit und Lektüre. Das Leben sei eine Nachtwache, »weil wir nicht wissen, wann der Herr kommt«.

Großen Wert legte die Benediktinerregel auf Selbstbeherrschung: »Enthaltsamkeit« nicht nur von geschlechtlichen Dingen, sondern auch von »Ärger und Groll«, »Klatsch und übler Nachrede«. Das Essen war karg, denn die bösen Geister, die die einsamen Mönche nachts plagten, »kamen aus einem vollen Bauch«. Die Kleidung war schlicht, aber dem Klima angepaßt. Das ruhige, geregelte Klosterleben war grundsätzlich getragen von einem Wohlwollen, das sich auch dem unansehnlichen, kranken und alten Menschen nicht verweigerte.

Allmählich griff die Regel auf ältere Gründungen über – Monte Cassino selbst wurde wenig später von den Langobarden geplündert –, setzte sich aber erst mit der Karolingischen Reform im neunten Jahrhundert durch. Damals gingen aus den Benediktinerklöstern die meisten der großen Kirchenmänner hervor, und schon vorher waren dort viele der irischen und angelsächsischen Missionare herangezogen worden, die den Germanen und Skandinaviern das Christentum gebracht hatten. Nicht wenig leisteten diese Klöster auch auf dem Gebiet der Musik und der Liturgie, die dem Klosterleben besondere Würde und Schönheit verliehen und christlichen Laien jene heilige Scheu einflößten, die der wichtigste und häufig einzige Schutz der Mönche war.

Mission auf dem Balkan

Während das Byzantinische Reich den Angriff der Araber zurückgeschlagen hatte, hatten die Bulgaren sich in der südlichen Donauebene und im Maritzatal niedergelassen, womit sie für Byzanz zu einer unmittelbaren Bedrohung wurden, während westslawische Völker, die wahrscheinlich aus den Pripjetsümpfen kamen, nach Polen, Böhmen und Mähren eingedrungen waren; Südslawen waren schon früh tief in den Balkan hinein und bis nach Südgriechenland gelangt. Wie schon gegen die Goten behaupteten sich die Byzantiner auch gegen diese neuen Angreifer dank ihrer militärischen Stärke, dank ihrer überlegenen Zivilisation und dank des Christentums, zu dem sie jene bekehrten. Die lange von den Skythen beherrschten Slawen waren vorwiegend bäuerliche Völkerschaften, die sich keine von kriegerischen und verräterischen Göttern bevölkerte, gewalttätige Mythologie erdacht hatten wie die

Germanen, sondern Wasser- und Waldgeister verehrten. Einige von ihnen hatten bereits unter den Raubzügen der Bulgaren zu leiden gehabt, eines Turkvolkes aus Zentralasien, das sich zunächst an der Wolga festgesetzt hatte und dessen Verwandte, die »schwarzen« oder Wolgabulgaren, dort geblieben waren. Von den Bulgaren angestiftet oder gezwungen, hatten die Slawen auf dem Balkan die bulgarischen Angriffe gegen Justinians Konstantinopel unterstützt. 681, als die Bedrohung durch die Araber wuchs, forderten die Bulgaren Tribut von Byzanz. Ihr Führer Khan Krum (802–814), der von Trevor-Roper zu Recht als »schrecklich« bezeichnet wird, besiegte den byzantinischen Kaiser Nikephoros I. und benutzte dessen silbergefaßten Schädel »als Trinkgefäß bei ausgelassenen barbarischen Trinkgelagen«.[23] Er war der erste Bulgare, der von Sofia aus herrschte. Doch erst 865 wurden die Bulgaren zum Christentum bekehrt – ein Ereignis das uns anschaulich überliefert wird in dem Bild der Taufe ihres Khan Boris, wie er nach orthodoxem Ritus ganz untergetaucht wird.

Die Ostslawen, die Vorfahren der Russen, hatten sich entlang der großen Flüsse zwischen Ostsee und Schwarzem Meer niedergelassen, die Wälder gerodet und ihre bescheidene Landwirtschaft betrieben. Auf ihrer Kolonisierungsarbeit bauten Goten, Awaren, Chasaren und die ersten Kiewer Russen auf, und ihr Handel mit Pelzen, Wachs und vor allem Sklaven war immerhin schon so bedeutend, daß sich die Schweden oder *Waräger*, die im neunten Jahrhundert die Flüsse beherrschten und die Handelsposten der einheimischen Stämme zu Städten ausbauten, um seine Entwicklung kümmerten. Unter Bedingungen, die mehr Ähnlichkeit mit dem ungezähmten Nordamerika aufwiesen als mit Westeuropa, begann hier in riesigen Gebieten, die den Römern allenfalls als Sklavenreservoir bekannt waren, eine Großmacht heranzuwachsen, während sich die Ostslawen kulturell und religiös an Byzanz orientierten.

Trotz der neuen Bedrohung, die Ost- und Westeuropa durch den Angriff des Islam erlebte, konnten die christlichen Kirchen – die orthodoxe wie die katholische – überleben und ihren Einfluß sogar noch ausdehnen, aber das Kulturgefälle war immer noch so groß, daß die Byzantiner häufig ihre islamischen Feinde den Halbbarbaren aus dem Westen vorzogen und den Islam gelegentlich sogar für eine, wenn auch extrem ketzerische Form des Christentums hielten. Ferner hinderte die Araber ihr Fanatismus nicht daran, sich große Teile der ursprünglich hellenistischen Kultur anzueignen, die sonst vielleicht versunken wären. Justinian hatte die Akademie in Athen schließen lassen, aber die großen Zentren islamischer Gelehrsamkeit hießen die Gelehrten aus Konstantinopel willkommen, und die nach Córdoba geflüchteten omajjadischen Herrscher trugen eine Bibliothek zusammen, die viele aus dem Griechischen übersetzte wissenschaftliche Werke enthielt.

Die Kluft zwischen den armen und reichen, den zivilisierten und unzivilisierten Völkern in Europa wurde tiefer und breiter, als das Papsttum das Westreich neu zu beleben versuchte. Wichtiger war, daß die östliche wie die westliche Einflußsphäre des Christentums den islamischen Angriff überstand und genügend Lebenskraft bewiesen hatte, der mediterranen Zivilisation neue Völker einzugliedern, das heißt ihr beträchtliche menschliche Arbeitskraft und potentiellen Reichtum zuzuführen.

Kulturverfall und neuer Anfang

Prokop schildert, wie Theoderichs Tochter, der ostgotischen Königin Amalasuinta, die Erziehung ihres Sohns Athalarichs entzogen wurde, und schreibt dazu, die Großen des Reichs hätten erklärt, sogar Theoderich habe keinem Goten gestattet, seine Kinder auf eine Schule zu schicken. Habe er doch allen gesagt, daß sie, wenn sie erst Furcht vor der Rute hätten, sie niemals mehr die Entschlossenheit aufbringen könnten, Schwert oder Lanze zu trotzen. Man erinnerte sie daran, daß »ihr Vater sich zum Herrn und König eines so großen Landes aufgeschwungen habe und im Besitz einer so unerhörten Macht gestorben sei, ohne je von Grammatik gehört zu haben. ›Entlasse also, Herrin‹, erklärten die Adligen, ›diese Erzieher . . .‹«[24]

Das war typisch für die Einstellung der Germanen, und sie hielt sich im Westen jahrhundertelang, so daß die Bildung ausschließlich dem Klerus überlassen blieb. Während die byzantinischen Edelleute, wie Prokop selbst, mit ihrer Spielart des klassischen Humanismus auf vertrautem Fuße blieben und der zivile Verwaltungsapparat weiterhin funktionierte, gingen diese Kenntnisse im Westen ganz und gar in die Hände des alleine noch des Lesens und Schreibens kundigen Klerus über. Und wenn auch nur etwa zehn Prozent der griechisch-römischen Literatur über die bildungsfeindliche Epoche neuer Barbarei gerettet und weitergegeben werden konnten, so war auch das nur dank kirchlichen Wirkens möglich. Dabei haben selbst die fähigsten Kirchenmänner diese Literatur nicht um ihrer selbst willen geschätzt: Selbst Gregor der Große fürchtete den Einfluß »heidnischer« Literatur. Inmitten der Ruinen der einst so prächtigen und reichen Stadt, deren Paläste verschlossen und verfallen, deren alte Heiligtümer verrammelt und, wie die Christen behaupteten, von bösen Geistern heimgesucht, die Bibliotheken in alle Winde zerstreut waren und wo der Zerfall der Aquädukte in höhergelegenen Gebieten zu Austrocknung und in tiefergelegenen zu Versumpfung führte, blieb einzig das Papsttum als neue, wenn auch erstaunliche Verkörperung des Imperiums, denn Rom, das im sechsten Jahrhundert viermal von den Langobarden überfallen wurde, dessen herrliche klassische Gebäude geplündert waren, dessen einst blühende Umgebung verödet und dessen Einwohnerzahl von über einer Million auf vielleicht vierzigtausend geschrumpft war, wurde bereits zu einem Zentrum christlicher Pilgerfahrten. Hier versammelten sich Gläubige aus der ganzen westlichen Christenheit in der großen Kirche des Konstantin, da sie über den Gebeinen des Apostels Petrus errichtet war.

So weit hatte es die verachtete christliche Religion gebracht, dieser Ableger des Judentums, das schon lange zuvor vom mächtigen Rom ausgerottet worden zu sein schien. Die kostbarsten Reliquien in dem Amtssitz, den Gregor als päpstlicher Gesandter in Konstantinopel bezog, wo er es nicht für nötig hielt, auch nur ein Wort Griechisch zu lernen, waren ein Arm des heiligen Andreas und das Haupt des heiligen Lukas.

Unter solchen Bedingungen und angesichts einer pragmatischen Politik der Päpste mußten die christlichen Bildungsinhalte ganz im Dienst des Überlebens der Kirche stehen, wie sich ja auch später an den *Etymologiae* des Isidor von Sevilla und an der Bedeutung des Werkes von Beda *Venerabilis* in Northumbrien zeigte.

Der *Liber Pastoralis* von Gregor dem Großen ist für die mit der Auswahl von Bischöfen Betrauten ein noch heute brauchbarer Ratgeber zur Auswahl geeigneter Kandidaten. Danach sollen diese Erfahrung in Menschenführung und Verwaltung besitzen, weder arrogant noch ehrgeizig sein und sich selbstverständlich durch untadelige Lebensführung auszeichnen. Die Verantwortlichen sollen sich hüten vor zu großer Redseligkeit und Bewerber vorziehen, die »es vermeiden, übermäßig zu reden, sogar von dem, was recht ist«.

Nach Gregor muß ein idealer Bischof fähig sein zu meditieren und aus sich selbst die Kraft für seine eigentliche Arbeit schöpfen, welche er nicht in den Verwaltungsaufgaben sehen dürfe, sondern darin, seine Gemeinde durch Beispiel, Lehre und Einfühlungsvermögen zu führen. Er brauche psychologisches Verständnis, um seine Ermahnungen dem Horizont seiner Zuhörer anzupassen. »Unterschiedliche Ermahnungen sind an den Klugen in der Welt und an den Tumben zu richten.« Bei einigen Gemeindemitgliedern solle er das Gute ermuntern, ohne dadurch andere in ihren Fehltritten zu bestärken – »predige dem Stolzen Demut, ohne den Schrecken des Ängstlichen zu vergrößern«. Und er müsse die Menschen sorgfältig beobachten, »wie ein Arzt der Seele«. Auch solle er »den Geist seiner Zuhörer nicht über Gebühr anspannen, damit ... die Saite der Seele nicht überdehnt wird und zerreißt«.[25]

Er solle demütig und umgänglich sein und noch in der Strenge Besonnenheit beweisen. Weder dürfe seine Liebe »kraftlos« sein noch er selbst weltfern seine weltlichen Geschäfte vernachlässigen. Er müsse unterscheiden können zwischen Tugenden und »tugendhaft erscheinenden Lastern« beziehungsweise wissen, was zu tun sei, wenn er solche entdecke. »Manchmal müssen die Fehler eines Menschen taktvoll übersehen werden, aber es muß deutlich werden, daß sie übersehen worden sind.« Anhand von Beispielen macht Gregor deutlich, wie man seine Predigten auf unterschiedliche Hörerschaft zuschneidet.

Soviel Scharfsinn und Differenzierungsvermögen bewies Gregor der Große Ende des sechsten Jahrhunderts inmitten von Verfall und höchster Gefahr im Westen.

Diese psychologische Einfühlung, ja Schlauheit war sicherlich das richtige

Mittel, um mit den bekehrten Barbaren fertig zu werden, die durch die Initiative der Mönche und des lokalen Klerus dem Christentum zugeführt wurden. Die katholische Kirche hat diese Tugenden bis auf den heutigen Tag bewahrt.

Isidor und Beda

Modernen Geistern mag das schlichte Bildungsangebot der Kirche wenig attraktiv erscheinen, seiner Zeit aber war es durchaus angemessen. Die *Etymologiae* des Isidor von Sevilla,[26] die wichtigste Enzyklopädie ihrer Zeit, ist *fons et origo* großer Teile mittelalterlicher Gelehrsamkeit. Da sich Isidor Hispalensis in seinem Werk teilweise auf Cassiodor beruft, ist er häufig irreführend, aber sehr umfassend und wurde oft zitiert und gelesen. Es ist, wenn man so will, der Brockhaus des siebten Jahrhunderts und verkörpert ein enormes Maß an Fleiß und Klugheit. Es war maßgeblich für weite Bereiche mittelalterlicher Gelehrsamkeit, erweist sich als besonders phantasievoll, wenn die Rede auf die Fauna kommt, und weiß von Legenden zu berichten, die sich als sehr langlebig erwiesen. Danach hätten Elefanten beispielsweise ein besonders gutes Gedächtnis (d. h. würden nie etwas vergessen) und seien von den Römern zunächst lucanische Ochsen genannt worden. Das Einhorn, das oft mit dem Elefanten kämpfe, bohre ihm sein überaus hartes Horn in den Bauch, aber (»so versichern jene«, schreibt Isidor mit ungewöhnlicher Vorsicht, »die über die Natur der Tiere geschrieben haben«) »eine Jungfrau kann es zähmen, indem sie einfach ihr Busentuch vor ihm öffnet, woraufhin es, aller Wildheit ledig, seinen Kopf dorthin bettet, einschläft und gefangen werden kann«. Wichtiger ist, daß es Isidor gelang, die Vorstellung einzubürgern, daß Könige, die ihren Titel *(Rex)* von *regendo* (regierend) herleiten, ihn nur durch gerechte Herrschaft legitimieren könnten, zu welchem Behuf er ein bündiges Sprichwort zitiert: *Rex eris si recte facias; si non facias, Rex non eris* – »Du wirst König sein, wenn du recht tust; tust du es nicht, wirst du kein König sein.« Dieser schlichte Satz, der selbst dem siebten Jahrhundert verständlich war, faßt eine entscheidende Maxime gesitteten Regierens zusammen. Weiterhin wird dort das Gesetz als etwas definiert, »das nicht zum persönlichen Vorteil von irgend jemand aufgestellt wurde, sondern im Interesse des Gemeinwohls der Bürger« – ein Punkt, der sich besonderer Wertschätzung erfreut haben dürfte in einer Zeit, da grausame Eroberer nach eigenen Gesetzen lebten, die sich erheblich unterschieden von denen der nachrömischen Völker. Von seinen wildwuchernden Ungenauigkeiten und seiner geradezu genialen Fähigkeit zu falschen Analogien abgesehen, brachte Isidors gewaltige Arbeit zur Definition von Bedeutung und Herkunft der Worte ein wenig dringend benötigte Kohärenz in eine chaotische Welt.

Zwei Generationen nachdem der westgotische Erzbischof in Sevilla sein Riesenwerk abgeschlossen hatte, schrieb Beda *Venerabilis* (673–735) im äußersten Nordwesten des unlängst bekehrten anglischen Northumbrien das bei weitem beste Geschichtswerk Westeuropas. In Wearmouth Durham geboren, verwaiste er im Alter von sieben Jahren und kam in das dortige Benediktinerkloster St. Peter, dem sein Stifter, der Abt Bendict Biscop, vorstand, der auf dem Kontinent eine stattliche Bibliothek zusammengetragen hatte. 682 wurde der Knabe einem anderen Kloster überstellt, St. Paul in Jarrow. Im Gegensatz zu Isidor hat Beda seine Quellen und Beweise einer sorgfältigen Prüfung unterzogen; außerdem hat er ein Auge für das anschauliche Detail – etwa wenn er schildert, daß König Ethelbert von Kent darauf Wert legte, Augustinus von Canterbury im Freien zu empfangen – falls der christliche Priester irgendeinen Zauber verhängen sollte. Seine Erzählweise ist planvoll, sein Urteil ist großherzig und fair, was ihn zum ersten großen Historiographen Englands macht, und das zu einer Zeit, da hysterische Lobpreisungen und Schmähungen – zum Beispiel in Gildas' Rhetorik – das Bild bestimmten. Beda *Venerabilis* (der Ehrwürdige), aus einem Land, das kurz zuvor noch im Ruf großer Wildheit gestanden hatte, ist einer der ersten Exponenten einer kraftvollen christlichen Zivilisation – anders als Gregor von Tours oder Gildas, die noch ganz unter dem Einfluß des römischen Erbes stehen. Er verbindet benediktinische Disziplin, Methode und Sorgfalt mit der Frische und Poesie des neuen anglischen Christentums, das den Angelsachsen den Mut für gefährliche Missionsfahrten zu den verwandten Stämmen in Deutschland und Friesland verleihen und zur Kraft der Karolingischen Reform beitragen sollte.

Germanische Kunst

Der allgegenwärtige Niedergang westeuropäischer Macht und Zivilisation während des siebten und achten Jahrhunderts spiegelt sich in Architektur und Kunst wider. Die byzantinischen Schöpfungen aus dem Zeitalter Justinians gingen in der Zeit des Bildersturms unter, der beeinflußt war von der islamischen Ablehnung aller darstellenden Plastik und Malerei. Nur im westgotischen Spanien haben einige schöne Baudenkmäler überlebt, und das Lebensgefühl aus der Frühzeit des langobardischen Hofes ist nur allzu gut eingefangen in der komischen, lebendigen und typisch germanischen Geschmacklosigkeit des spätrömischen vergoldeten Kupferhelms, der König Agilulf darstellt, den zweiten Gemahl Königin Theudelindes, wie er sich verzweifelt bemüht, einen würdigen Eindruck zu machen auf seinem Thron, getragen von lächerlich grimmig dreinblickenden Wachen, ordinär aussehenden, geflügelten Siegesgöttinnen, während behoste, haarige Gestalten mit seinen Insignien vorantänzeln. Doch unter byzantinischem Einfluß hielten sich die Langobarden stets einige gute Bildhauer, die zum Beispiel in der Marienkirche in Cividale del Friuli Figuren voller Würde, Einfachheit und Anmut schufen.

Die Westgoten bewiesen mehr Originalität, vor allem auf dem Gebiet der

Buchmalerei, wo die spanischen Lieblingsfarben Gelb und Rot vorherrschen und mit den dunkelhäutigen, stilisierten Gesichtern unter schwarzem Haar kontrastieren. Entgegen einer verbreiteten Auffassung »ist der charakteristische südspanische Hufeisenbogen mehr den Westgoten zu verdanken als den Arabern, war er doch bereits den spanischen Römern bekannt und blickte in Spanien auf eine ältere Tradition zurück als im Islam«.[27] In Galicien und Asturien, die sich nicht erobern ließen, schufen die Spanier ihre eigene kunstvolle Version der Romanik, wie sie etwa in Oviedo erhalten geblieben ist.

Die ältesten und eigenständigsten Zeugnisse verdanken wir der keltischen Kirche in Irland und Westschottland, welche die megalithische Tradition aufrechtstehender Steine und Menhire im Rahmen christlicher Symbolik fortführte. Aus dem sechsten und siebten Jahrhundert stammen kunstvolle Kreuze, und die Verschmelzung keltischer und anglischer christlicher Kultur in Northumbrien verdanken wir Evangelienhandschriften, die umrahmt sind von verwickelten keltischen Mustern in Gold, Rot und Grün, wie zum Beispiel die Lindisfarne-Evangelien Ende des siebten Jahrhunderts, die noch zu Bedas Jugendzeiten vollendet wurden.

Diese Dinge waren neu; sie bewiesen mehr Originalität als der prunkvolle, aber traditionelle Schatz im Bootgrab von Sutton Hoo in Suffolk, dessen Kunstfertigkeit zwar bewundernswert ist, aber dem merowingischen Ornament doch sehr ähnelt, und wo die meistbewunderten Arbeiten Nachbildungen byzantinischer Handwerkskunst sind. Dagegen sind die northumbrischen Buchmalereien Vorläufer der Karolingischen Renaissance und haben keltische und anglische Wurzeln. Gewiß sind sie teilweise vom römischen Christentum angeregt worden, doch ist ihnen ein charakteristisch nördliches, von der mediterranen Welt unbeeinflußtes Element eigen.

3. Karl der Große und die Karolingische Renaissance

Karl der Große

754 wurde der letzte, hoffnungslos unfähige Merowinger Childerich III. abgesetzt, geschoren *(depositus et detonsus)* und in ein Kloster abgeschoben – und das von seinem eigenen *Praefectus aulae*. Dieser »Hausmeier« war Pippin, der Sohn Karl Martells, des »Hammers« (so genannt, weil er den widerspenstigen Klerus mit eiserner Faust gefügig gemacht, nicht weil er die Muslime *apud Pictavium civitatem*, bei Poitiers, besiegt hatte). Die Merowinger befanden sich seit langem im Niedergang; ihr einziger Besitz waren ihre leeren königlichen Titel, ihr langes Haar und ihre ungepflegten Bärte. Sie nannten nur ein kleines Lehnsgut ihr eigen, und bei festlichen Anlässen wurden sie in archaischen Ochsenkarren *(carpento)* gefahren, dessen Zugtiere *rustico more* – nach bäuerlicher Weise – von einem Rinderhirten oder Pflüger *(bubulco)* gelenkt wurden.

Pippins Staatsstreich wurde von Papst Zacharias gutgeheißen und auch von dessen Nachfolger Stephan II. als Ausdruck bestehender Machtverhältnisse akzeptiert. Nun bewahrte eine neue, mächtige Dynastie die Franken davor, den Weg der Ostgoten und Langobarden zu gehen: Drei tatkräftige Persönlichkeiten – Karl Martell, Pippin und Karl der Große – folgten einander in der Verantwortung und errichteten, jeweils auf der Arbeit des Vorgängers aufbauend, das politische Gebäude Westeuropas. Das Reich Karls des Großen hatte sich hohe Ziele gesteckt, dabei fehlten ihm die ökonomischen und administrativen Voraussetzungen zu einer so riesigen Hegemonie, und es scheiterte an der Kardinalschwäche aller nachrömischen Dynastien – der Aufteilung des Erbes unter alle Söhne, die zur Vermeidung von Blutfehden institutionalisiert wurde. Seine eigenen Erfolge verdankt Karl der Große (768–814) entscheidend dem Tod seines Bruders Karlmann nach einer gemeinsamen Regierungszeit von nur drei Jahren.

So konnte Karl der Große seine beherrschende Persönlichkeit ungehindert durchsetzen und zum bedeutendsten Herrscher Europas seit Konstantin aufsteigen. Das beste Porträt dieses großen, kräftigen und vielseitigen Mannes ist wahrscheinlich das schnurrbärtige Profil auf seinem *Silberdenar* und gewiß nicht das Bild vom alten, weißbärtigen Patriarchen, das uns die mittelalterliche Legende überliefert. Er war der erste Germane, der das politische Gesicht von West- *und* Mitteleuropa dauerhaft veränderte. Durch seine Herkunft bereits *Rex Francorum et Langobardorum ac Patricius Romanus* erbte er das Bündnis zwischen Franken und Papsttum, das erneuert wurde, als Papst Stephan II. 753/54 in Gallien überwintert und von Pippin die gegen die Langobarden gerichtete Schutzgarantie für den Kirchenstaat erhalten hatte, die im Jahr darauf eingelöst wurde, als Pippin in Italien eindrang, in Pavia zum König der Langobarden gekrönt und zum *Patricius Romanus* ausgerufen wurde.

Zur Kompensation der islamischen Eroberungen verlagerte Karl der Große sein politisches Hauptinteresse in Mitteleuropa auf die Deutschen, die im Rheinland, in Franken und in Hessen bereits – vor allem durch angelsächsische Missionare – zum katholischen Christentum bekehrt worden waren. Unter Anwendung von Gewalt gliederte er die Sachsen ein, die bislang einer prähistorischen dänisch-ostseeischen Welt angehört hatten, und bezog die Baiern, die sich eher nach Italien orientiert hatten, in das politische System Mitteleuropas ein. Er setzte Pippins Italienpolitik fort, indem er mit dem Königreich der Langobarden den größten Teil Italiens annektierte und im Osten nach Kroatien eindrang, wo er allerdings auf Widerstand stieß. Seine vernichtenden Kriegszüge zwangen die heidnischen Sachsen in die Knie, drängten die Mauren an den Ebro zurück und vertrieben die asiatischen Awaren aus Pannonien. Nur die Bretonen, deren sprichwörtlicher Starrsinn im fünften Jahrhundert durch Einwanderer aus Cornwall noch verstärkt wurde, trotzten ihm. Karl erwarb seine immense Geltung allerdings als fränkischer Kriegsherr und nicht durch den Titel eines Westkaisers, der ihm plötzlich am Weihnachtstag des Jahres 800 von Papst Leo III. verliehen wurde. Und doch war es ein für die europäische Geschichte entscheidendes Ereignis, da das erneuerte Westreich, in mittelalterlicher Zeit sowohl »heilig« als auch römisch, bis zu den Tagen von Karl V. im sechzehnten Jahrhundert Bestand hatte und solange auch, zumindest theoretisch, die europäische Politik beherrschte, um dann als Erbtitel der Habsburger bis 1806 zu existieren. Doch das Vorhandensein dieses Reiches löste schon bald einen Konflikt aus, der die Christenheit lange Zeit entzweien sollte, denn Leo III. »hatte sich keinen Stellvertreter, sondern einen Konkurrenten, ja einen Herren geschaffen ... diese Maßnahme erwies sich als der größte Fehler, den die mittelalterlichen Päpste je begingen in ihrem Versuch, die Theorie in Praxis umzusetzen«.[28]

Obgleich die Erneuerung des seit 476 nicht mehr existierenden Westreiches die gemeinsame Kultur der römisch-katholischen Christenheit unterstrich und im Laufe der Zeit den Cäsaropapismus Konstantins auf Kosten des Papsttums zu neuem Leben erweckte, war die unmittelbare Wirkung dieser Erneuerung gering. Die jetzt griechischsprechenden Byzantiner unter Kaiserin Irene (offiziell »Regentin« für ihren Sohn) hielten Karl für einen ungeschliffenen Parvenü, den Bischof von Rom nur für einen Patriarchen und weigerten sich bis 806, den Titel anzuerkennen.

Karl war auch ohne seine Titel eine außergewöhnliche Persönlichkeit. Die folgende, von vielen Historikern paraphrasierte Beschreibung stammt aus Einhards *Gloriossimi Imperatoris Karoli Regis Magni Vita et Conversatio*.[29] Der Verfasser, ein adliger deutscher Mönch aus Fulda, mied gleichermaßen das affektierte, gekünstelte Latein der spätrömischen Eliten in Italien und Gallien, wie die vulgärlateinische Umgangssprache. Sein Stil ist klar und lesbar, sein Vorbild Suetons *Leben der Caesaren*, allerdings ohne Suetons Vorliebe für Skandale. Einhards Biographie, etwa 814 bis 821 geschrieben, ist realistisch und überzeugend und strebt keine übertriebene Verherrlichung ihres Helden an. Gemeinsam mit den vielen erhaltenen vom Kaiser erlassenen *Kapitularien* oder Anweisungen liefert sie ein glaubhaftes Bild. Er war energisch und den Dingen des Lebens zugetan, *corpore amplo et robusto, statura eminenti*[30] – »kräftig gebaut und auffallend hochgewachsen«, mit hellem Haar, großen, lebhaften blauen Augen und einer »heiteren, freundlichen Miene« – *facie laeti et hilari*, wenn auch seine »hohe« Stimme »nicht recht zu seiner Größe paßte«. Er hatte einen gesunden sexuellen Appetit und setzte mit vier Frauen und zahlreichen Mätressen eine große Nachkommenschaft in die Welt. Er war ein liebevoller Vater und hinderte seine schönen Töchter, wohl aus politischen Rücksichten, am Heiraten, indem er taktvoll erklärte, ihre Gesellschaft sei ihm unentbehrlich. Er war auch ein großer Jäger, der, wenn er nicht im Felde war, auf Wisent und Bär in den Ardennen pirschte und hervorragend schwamm – »darin von niemandem übertroffen«. Er liebte Dampfbäder nach römischer Art – weshalb sein Palast in Aachen »bei den heißen Quellen« stand – und sah es gern, wenn seine Höflinge ihm bei diesen Liebhabereien Gesellschaft leisteten. Wie nicht anders zu erwarten, liebte er das Essen, besonders gebratenes Wildbret, und beklagte sich über »die lästigen Fastentage«; aber er zeigte Mäßigkeit beim Essen und Trinken und haßte, im Unterschied zu den meisten Merowingern, die Trunksucht. Er war sehr gesprächig, *eloquentia copiosus et exuberans*, und lernte genug Latein, um es fließend zu sprechen. Griechisch allerdings »verstand er besser, als er es sprach«. Er unternahm sogar den Versuch, schreiben zu lernen: *temptavit et scribere*, gab es aber wieder auf, da er zu spät damit begonnen hatte.

Bewußt förderte Karl Bildung und Wissenschaft, nicht nur im Klerus, sondern auch unter seinen Adligen, deren Söhne er in der Palastschule unterrichten ließ. Doch obwohl er sich und andere zur trockenen grammatikalischen Disziplin zwang, die der Engländer Alkuin (Ealwine) von York verlangte – er hatte ihn 781 in Parma getroffen und mit verlockenden Angeboten an seinen Hof gebracht –, äffte er die kosmopolitische italienisierte Kultur nie nach. Er legte Wert darauf, sich fränkisch zu kleiden, mit Unterkleidern aus Leinen, einem Leibrock, mit Kreuzbändern versehenen Strümpfen und Umhang oder Pelz. Er weigerte sich, »fremdländische Kleidung« zu tragen, ausgenommen einmal in Rom, »als der Papst darum ersuchte«. Große Wertschätzung zeigte er auch für die alte fränkische Heldendichtung, die er aufzeichnen ließ; leider ließ sein Nachfolger, Ludwig der Fromme, in religiösem Übereifer die Handschriften vernichten.

Karl der Große, einerseits verwurzelt in der Tradition seines Stammes, andererseits eine Gestalt von europäischem Format, war der erste Westkaiser seit 476 und genoß enormes Ansehen. Harun ar-Raschid, der abbasidische Kalif von Bagdad, hielt ihn diplomatischer Beziehungen für würdig, und als Karl ihn um einen Elefanten bat, schickte er ihm »den einzigen, den er hatte«, namens »Vater der Zerstörung«, vermutlich ein Kriegselefant, der trotz nördlichen Klimas acht Jahre lang am Leben blieb. Karl der Große bedankte sich mit schönen friesischen Wollstoffen, »weiß, grau, karminrot und saphirblau«, sowie fränkischen und deutschen Jagdhunden.[31]

Wie die meisten tüchtigen Herrscher gab auch Karl der Große seinen Baumeistern viel zu tun; seinen Hauptdom in Aachen ließ er in enger Anlehnung an San Vitale in Ravenna erbauen. Unter anderem errichtete er »Pfalzen« (Schlösser) in Mainz und Ingelheim, ließ viele alte Paläste und Befestigungen erneuern und schenkte der Kirche, vor allem im Rheinland, reichen Besitz.

Theoretisch war Karl der Große in seiner Herrschaft so absolut wie ein byzantinischer Autokrat, Herr über Kirche und Staat. »Der Wille des Kaisers«, so heißt es in einem seiner in Aachen aufgezeichneten *Kapitularien* aus dem Jahre 802, »ist absolut; sein Verbot kann nicht in Frage gestellt werden und erlaubt niemandem in irgendeiner Hinsicht gegen seinen Willen oder seine Vorschriften zu handeln.« Doch vermitteln die *Kapitularien* den Eindruck intensiver, aber wenig koordinierter Aktivität, von wichtigen politischen Entscheidungen bis hin zur allgemeinen moralischen Bevormundung von Geistlichen und Laien. So erklärt er, nachdem er seinen reformierten *Denarius* in Umlauf gebracht hat: »Unser Erlaß bedeutet unmißverständlich, daß an jedem Ort, in jeder Stadt und auf jedem Markt dieser neue Denar von allen zum gleichen Wert angenommen werden muß«; und bei dem Versuch, die Preise festzulegen, setzt er den Wert der Münze auf »zwölf Laib Brot« fest. Dann folgt eine allgemeine Ermahnung, der zufolge bei einer »Streiterei« zwischen einem Geistlichen und einem Laien der zuständige Bischof und der Graf zusammenkommen und einstimmig entscheiden sollten, wer im Recht sei.[32] Karl der Große verbietet seinen Untertanen, Bäume und Teiche zu zerstören, und untersagt Laien, in Klöster einzudringen und die Mönche durch Lärm zu stören. Wenn jene jedoch örtliche Würdenträger seien (vielleicht sogar als Stifter oder Wohltäter Eigentumsrechte an der Stiftung besäßen), müsse man sich mit dem Lärm abfinden.[33] In der Salzburger Verordnung von 799 wird denen, die es angeht, befohlen, »in der Kirche besser zu singen«, und »nicht auf so bäurische Weise wie bisher«. Das Verhalten von Mönchen und Nonnen hat Karl den Großen und seine Ratgeber ständig beschäftigt: Nonnen war es keinesfalls erlaubt umherzuziehen (*vagare*), Mönchen war verboten, Wirtshäuser zu betreten. 802 ist der Kaiser außerordentlich »erschüttert und bekümmert und erregt«, als ihm von Homosexualität bei ihnen berichtet wird. Er verlangt, daß mit dieser Sünde auf der Stelle Schluß gemacht werde. »Allen sei es kund und zu wissen getan ... nirgendwo sonst in unserem ganzen Reich ist dieses Übel so häufig anzutreffen wie gerade unter jenen, die sich eigentlich durch Keuschheit und Frömmigkeit hervorzutun hätten.« Er drohte damit, »ein solches Strafgericht zu halten, daß niemand diese Sünde wieder verüben wird«.[34]

Die Beamten von Karls *Curia* verwalteten ein Reich von imponierender Größe, das sich von der Nordsee zum Mittelmeer und zur Adria erstreckte, über die Alpen nach Italien, Kroatien und über einen großen Teil Nordspaniens. Und doch war die Organisation des Hofes bescheiden und auf das Notwendigste beschränkt: ein Pfalzgraf, ein Kämmerer, ein Kanzler, ein Hofmarschall und ein Mundschenk.

Freilich war Karls Macht im Kriege größer als in Friedenszeiten. Die großen Heere, die im Verlaufe von dreiunddreißig Jahren immer wieder gegen die Sachsen kämpften und sie umsiedelten, müssen recht wohl organisiert gewesen sein, aber die Verwaltung der Provinzen durch Präfekten und Grafen war unzureichend. Es werden hier bereits Ansätze einer dezentralisierten Feudalgesellschaft sichtbar, im wesentlichen autarke nachrömische *Beneficia*, die einflußreichen Persönlichkeiten mit spätrömischen Titeln wie Herzog *(Dux)* und Graf *(Comes)* zum Dank für Kriegsdienste überlassen worden waren und die das Land an ihre eigenen *Vasallen* weitergaben. Die fränkischen Reichsgroßen Addavus, Serimfrid, Eriwardus, filius Herigildi, Wondulf und Sigugath, denen die *Kapitularien* übersandt wurden, schienen wenig geeignet, Karl bei der Verwaltung von halb Europa zu helfen. Selbst die umherreisenden königlichen Gesandten *(Missi dominici)*, zwei Grafen und ein Bischof, ausgesandt, um den Zustand der Grafschaften und königlichen Güter zu kontrollieren, tauchten auf ihren langen, gemächlichen und hochdotierten Reisen Anfang des Sommers unter und kehrten nicht vor Herbst zurück, so daß die Regierung schwerlich noch auf ihre Empfehlungen reagieren konnte. So kann nicht überraschen, daß das karolingische Reich zu zerfallen begann, sobald der große Kaiser im einundsiebzigsten Jahr an Rippenfellentzündung gestorben war.

Dieser Prozeß vollzog sich langsamer, als zu befürchten und zu erwarten war, da zwei seiner Söhne vor ihm gestorben waren und Ludwig der Fromme, der dritte Sohn und Herrscher von Aquitanien, ein ungeteiltes Reich übernahm. Doch bei Ludwigs Tod im Jahre 840 wurde das riesige Erbe ausgekämpft zwischen Lothar – dem ältesten der Söhne, die Ludwig mit Ermingarde hatte, und Erben des Kaisertitels und des größten Teils von Italien –, sodann dem Baiernherzog Ludwig, Karl dem Kahlen (Sohn von Ludwigs zweiter Frau Judith), der jetzt die Westfranken beherrschte, und Pippin, Ludwigs Enkel, der in Aquitanien herrschte. In der erbittert geführten Schlacht von Fontenoy bei Auxerre-sur-Yonne bereiteten Ludwig und Karl ihren Gegnern Lothar und Pippin II. eine schwere Niederlage, den ihre deutschen und nordfranzösischen Mannen über das Aufgebot Italiens und Aquitaniens errangen. 843 wurde das Reich im folgenschweren Vertrag von Verdun geteilt: Lothar wurde der Kaisertitel belassen, aber seine Gebiete, die sich von Friesland über das Rheinland und Lothringen bis nach Süditalien erstreckten, waren schlecht zu verteidigen und unmöglich zu verwalten. Ludwig der Deutsche übernahm den deutschsprechenden Osten, während Karl der Kahle sich im Westen niederließ mit der Maas, der Saône und der Rhône als Grenze; Pippin, der Neffe, wurde übergangen. Im Prinzip war das eine ähnliche Teilung, wie sie in der Spätzeit des Römischen Reiches häufig zwischen kurzfristig regierenden Westkaisern und Caesaren vorgenommen wurde, aber da sie jetzt der sprachlichen, ökonomischen und ethnischen Verteilung auf dem Kontinent entsprach, blieb sie von Dauer. Die deutsche und die französische Kultur gingen eigene Wege, und das Westreich, von Anfang an ein allzu ehrgeiziges Projekt, verlor auch den Rest seiner Lebensfähigkeit. Weder Deutschland noch Frankreich hatte es vorher je gegeben; die dynastischen Zwistigkeiten der Karolinger hatte die Schaffung beider Reiche notwendig gemacht.

Selbst diese Regelung wurde in Frage gestellt: Bis 877 herrschte Karl der Kahle im Westreich, aber die Thronfolge im Westen verkam bald zu Streitereien zwischen verschiedenen Prinzen, die hauptsächlich nach körperlichen Absonderlichkeiten unterschieden wurden. Nachdem Ludwig der Stammler, der Sohn von Karl dem Kahlen, sein Reich zwischen seinen drei nur kurze Zeit lebenden Söhnen aufgeteilt hatte, setzte sich Ludwigs des Deutschen Nachfolger Karl der Dicke über die Ansprüche seines jüngsten Vetters Karls des Einfältigen hinweg und versuchte das ganze Reich zu einigen. Vergeblich, die Aufgabe erwies sich als zu groß für ihn, und er wurde abgesetzt, woraufhin es Karl dem Einfältigen (898–922) – der so einfältig wohl doch nicht war – gelang, sich das westliche Erbe zu sichern. Ob kahl, dick oder einfältig, keiner der minderen Karls besaß Kraft und Genie Karls des Großen; die schicksalhafte Teilung des Karolingerreichs blieb bestehen.

Wirtschaft und Gesellschaft im Karolingerreich

Es hatte nie so recht Gestalt gewonnen mit seiner primitiven Wirtschaft und seinem rudimentären Feudalismus. Der belgische Wirtschaftshistoriker Pirenne glaubt, daß die Eroberung Siziliens, Sardiniens, Korsikas und der Balearen durch die Muslime den christlichen Handel im westlichen Mittelmeer lahmgelegt habe. Es ist heute bekannt, daß, abgesehen vom blühenden Handel zwischen Venedig und Byzanz, Städte wie Pisa, Genua, Marseille und Barcelona immer noch gewisse Wirtschaftsbeziehungen zu Afrika und der Levante unterhielten. Notker versichert, »der König der Afrikaner« habe Karl dem Großen einen »marmarikanischen« Löwen und den Farbstoff der *Murex*, der Purpurschnecke, geschickt; der Elefant wurde in Pisa ausgeladen. Und wenn diese Transaktionen auch kaum repräsentativ gewesen sein dürften, zeigen sie doch, daß in den Hafenstädten beträchtlich Frachten umgeschlagen werden konnten. Trotzdem trug zur Zeit von Karl Martell die Wirtschaft im Westen vorwiegend agrarische Züge; ökonomische, soziale und militärische Macht gründete sich auf Grundbesitz. Nur der Sklavenhandel florierte noch wie zur Zeit Gregors des Großen, dank des Nachschubs an Heiden, für den die verwegenen Wikinger und die Juden sorgten. Auch die christlichen Angelsachsen entledigten sich so ihrer überflüssigen Verwandtschaft und eines jeden Walisers, dessen sie habhaft werden konnten, obwohl die meisten Sklaven nach wie vor aus Osteuropa kamen.

In dieser agrarischen und stagnierenden Wirtschaft wurden die goldenen Münzen des Ostreichs knapp und unpraktisch. Deshalb hatte bereits Karl der Große den Goldstandard aufgegeben und *Silberdenare* prägen lassen: Jahrhundertelang war das Gold im Münzwesen des Westens nicht vertreten. Unter relativ günstigen Bedingungen konnte diese Gesellschaft autark sein, unter ungünstigen war sie jedoch anfällig für lokale Hungersnöte, die um so schlimmer waren, als die alten römischen Straßen immer mehr verfielen. Und hier kam die Kirche mit ihren riesigen Gütern, gehorteten Schätzen und ihrer systematischen Buchführung besser zurecht als die weltlichen Herren. Sie konnte sogar, ohne Zinsen dafür zu verlangen, örtliche Not lindern, denn der Klerus hielt – darin in der Tradition der Antike stehend – die konservative, auf Grundbesitz fußende Subsistenzwirtschaft für selbstverständlich und begegnete dem Handel ablehnend und mit Verachtung, Zinsen gar als sündhafte »Wucherei« verdammend.

Aber die wichtigste soziale und politische Konsequenz des Rückfalls in die Agrarwirtschaft erwuchs aus dem dringenden Verteidigungsbedürfnis. Es hatte sich im Osten und in Byzanz herausgestellt, daß die beste – wenn auch nicht in jedem Fall wirksame – Antwort auf die Steppennomaden mit ihren flinken, gut dressierten und im Gefecht sehr wendigen Ponys schwerbewaffnete Reiter auf großen, ebenfalls gut dressierten Schlachtrossen waren. Ihre kunstvolle Rüstung, wenn auch nicht so kompliziert wie byzantinische Panzer, war außerordentlich teuer, und der einzige Weg, sie zu entschädigen, wurden die »Lehen«, die sie als Angeld auf zu leistende Kriegsdienste erhielten und die von Leibeigenen verschiedensten Standes bestellt wurden. Mit Einführung der Steigbügel war die schwere Reiterei noch unbesiegbarer geworden, so daß bereits eine geringe Zahl solcher in Rüstungen steckender Berufskrieger, von Kindesbeinen an zu Jagd und Kriegshandwerk erzogen, die Schlachtfelder beherrschten. Auf den Zusammenbruch der großen gut organisierten römischen Truppen mit Troß, Lagerausrüstung und Belagerungsmaschinen boten sich als natürliche und vernünftige Antwort die Ritter in ihrer schweren Rüstung an, die »Paladine« des *Rolandsliedes*, zu denen auch kämpfende Bischöfe gehörten. Diese »feudale« und im wesentlichen von einzelnen getragene Improvisation war kein »System«, sondern die Antwort auf den Zusammenbruch eines solchen.

Schon unter Karl Martell und Karl dem Großen erwies sie sich als wirksam, bedeutete aber auch lange Zeit eine Herausforderung für alle zentralistischen Bemühungen, besonders, als es zu den dynastischen Verteilungskämpfen der spätkarolingischen Zeit kam. Selbst die Könige bezogen ihre Macht weniger aus ihrem Titel oder dem Ansehen ihrer geheiligten Funktion, als vielmehr aus der Ausdehnung ihrer durch Eroberungen vermehrten Ländereien und ihrem Status als oberste Lehnsherren. Wenn auch das Kernland der französischen Monarchie um Paris und Orléans lag, zogen die königlichen Haushalte wie die aller mittelalterlicher Herrscher auf den verstreuten Gütern umher und lebten von deren Erträgen. In diesem Zusammenhang ist selbst das Wort

»Feudalismus« kaum zutreffend. »Generell gilt, daß Mediävisten gut daran tun, alle ›ismen‹ zu vermeiden ... Wörter, die einer jüngeren Geschichtsepoche angehören und deren Verwendung die Ideen eines späteren Zeitalters in die Vergangenheit projizieren.«[35] Denn alle Beziehungen im Mittelalter waren äußerst persönlich geprägt, weitgehend von der Persönlichkeit des Königs abhängig und davon, ob er über genügend kriegerische Fähigkeiten und das diplomatische Geschick verfügte, um die Großen seines Reiches unter Kontrolle zu halten, als deren »Oberherr« er zumindest theoretisch galt.

Inzwischen waren die Ritter längst tonangebend; gemeinsam mit den allgegenwärtigen Kirchenmännern beherrschten sie das christliche Europa jahrhundertelang. »Dergestalt entwickelte sich die französische Aristokratie«, stellt Lot nicht ohne eine gewisse Bitterkeit fest, »aufbrausend, kriegerisch, unwissend, allem Geistigen abhold, unfähig zu ernsthaften politischen Konzepten, zutiefst selbstsüchtig und anarchisch.«[36] Trotzdem waren sie das entscheidende Element für die Verteidigung Europas.

Das war auch bitter notwendig, denn in die Regierungszeit von Karls des Großen Nachkommen – das neunte Jahrhundert – fielen die schlimmsten aller Barbarenangriffe: die Überfälle der Wikinger aus dem prähistorischen Skandinavien, zu denen sich in der nächsten Generation die Magyareneinfälle aus der eurasischen Steppe gesellten.

Wenn also auf der einen Seite der Krieg institutionalisiert wurde, so war sein Gegenstück in Friedenszeiten die von allen Angehörigen der fränkischen Oberschicht leidenschaftlich betriebene Jagd. Riesige Gebiete waren in merowingischen Zeiten für die Jagd reserviert, in der alle Adeligen von Kindesbeinen an unterwiesen wurden und an der auch der höhere Klerus teilnahm. Man jagte Wisent und Bär sowie Hirsch, Wolf und Elch mit Hilfe von Hunden, die speziell zu diesem Zweck gezüchtet waren. Auch für die karolingischen Jagden wurden riesige Landstriche reserviert. Es gab so viel »Brachland«, daß immer noch genügend Flächen zur landwirtschaftlichen Nutzung blieben. Im »unterentwickelten« Norden Europas dürften Hundegebell und Jagdhörner dem Leben einen Hauch von Wildheit verliehen haben. Auch die Falkenbeize war ein beliebter Sport, dem christliche und islamische Aristokraten gleichermaßen nachgingen, wobei Riesensummen für die in der Luft faszinierend zu beobachtenden und auf dem Handgelenk so elegant anzusehenden Vögel ausgegeben wurden. So primitiv und armselig das Leben der meisten, den Großteil der Bevölkerung stellenden Bauern auch gewesen sein dürfte, die Herrscher hatten, angefangen mit Karl dem Großen, seinen Herzögen und Paladinen, in Friedens- wie in Kriegszeiten ihre Annehmlichkeiten und ihre Unterhaltung.

Die Kirche im Frankenreich

Daß Karl der Große in der Lage war, seine Herrschaft über die deutschen Stämme auszudehnen, lag teilweise daran, daß große Teile Mitteldeutschlands bereits zum katholischen Christentum bekehrt waren. So stieß er nur im Nordosten auf den hartnäckigen heidnischen Widerstand der Sachsen, die ihren alten Gottheiten immer noch leidenschaftlich anhingen. Wie sich in Bedas Schriften zeigt, besaßen die Evangelien in keltischer und angelsächsischer Interpretation eine Energie, eine Frische und einen Zauber, die dem theologisch komplexeren Glauben Italiens und in Byzanz abgingen. Außerdem hielten die Angelsachsen es für ihre heilige Pflicht, den verwandten Stämmen in Germanien das Licht der Wahrheit zu bringen. In England wurde auch die früheste und besterhaltene Verskunst und Prosa niedergeschrieben. Das älteste, im wesentlichen noch heidnische Versepos wurde Ende des achten Jahrhunderts aufgezeichnet und erinnert an Ereignisse, die angeblich mit der Besiedlung Britanniens durch die Angelsachsen zeitlich zusammenfallen, aber *de facto* um 520 in Südskandinavien und Mitteleuropa stattfanden – es ist das Epos *Beowulf*. Es schildert eine äußerst kriegerische und germanische Welt, in der Herrscher ausschließlich nach ihrem Kriegsruhm und ihrer Freigebigkeit beurteilt werden und in der gleich nach dem Nervenkitzel der Schlacht die schönste Sache im Leben das Tafeln in der Methalle ist, wo es lustig und warm ist und alle unerfreulichen Erinnerungen an Winterfrost und eisige Meere verbannt werden. Die Weltanschauung ist kriegerisch und materialistisch, beherrscht vom Gedanken an Schätze, Beute und persönlichen Ruhm. Der christliche Gott tritt in der Hauptsache als höchster Kriegsgott in Erscheinung. Es ist eine entsetzliche Welt, die von den Gelehrten des neunzehnten Jahrhunderts romantisiert wurde.

Das erste germanische Volk, das schreiben lernte, liefert uns ein ausführliches Bild vom angelsächsischen Leben und offenbart die ungewöhnliche Kombination von phantasievoller Parteinahme auf der einen Seite und Fairness und gesundem Menschenverstand auf der anderen.

Winfrid, besser als heiliger Bonifatius (675–755) bekannt und dreizehn Jahre vor Karls des Großen Thronbesteigung als Märtyrer der Friesenmission erschlagen, war der wichtigste Missionar der deutschen Stämme. Bei Exeter in Denvon geboren, begab er sich nach Thüringen, Franken und Hessen und wurde nach längerem Wirken in Baiern Erzbischof von Mainz. In dieser Eigenschaft salbte er – vom Papst dazu ermächtigt – Pippin, nachdem dieser die Merowinger abgesetzt hatte. Ferner gründete er das Kloster Fulda, wo Karls des Großen Biograph Einhard seine Laufbahn begonnen hat; der heilige Willibrord, ebenfalls ein Angelsachse, wurde der erste Bischof von Utrecht. Schon lange zuvor war der irische Missionar Columban d. J. nach Burgund gegangen, wo er das Kloster Luxeuil gegründet hatte. 611 hatte er seine Missionstätigkeit an Zürich- und Bodensee verlegt. Im italienischen Bobbio gestorben, hatte er auch Teile von Südostdeutschland bekehrt.

Dank dieser Missionen fand Karl der Große wichtige Gebiete Mitteldeutschlands unter dem Einfluß einer Kirche, die er selbst kontrollierte, und hier ließ er den Bistümern und Klöstern großzügige Unterstützung zukommen, wie übrigens auch in den Gebieten, die er weiter östlich eroberte. Der karolingische Klerus wandte sich nach Böhmen, ein Ereignis, dessen politisch schwerwiegendste Folge das Übergreifen des katholischen Christentums auf Mittel- und Ostdeutschland war. Denn bis 966 schufen dort Polen und Westslawen eigene primitive Fürstentümer und orientierten sich an katholischem Glauben und katholischer Zivilisation, nicht an der orthodoxen Ostkirche, während Böhmen, wenn es auch später zu einem Schauplatz der Ketzerei werden sollte, kulturell erst einmal dem Westen eingegliedert wurde.

Die fränkische Kirche hatte wenig zu diesem missionarischen Unternehmen beigetragen, die Bekehrung war im wesentlichen das Werk von Kelten und Angelsachsen gewesen. F. Lot meint, die wohlhabende Kirche Galliens sei durch ihren abergläubischen Reliquienkult so heruntergekommen gewesen, daß ihre »Botschaft zu kraftlos gewesen sei, um die Friesen, Sachsen und Süddeutschen zu bekehren«.[37] Jedenfalls verbanden sich die Neubekehrten im Nordwesten mit dem Papsttum und dem primitiven, defensiven Feudalwesen des Karolingerreichs, um die Angriffe der Muslime und Awaren zurückzuschlagen, im zehnten Jahrhundert die Einfälle der Wikinger abzuwehren und schließlich sogar die Nordländer zu integrieren und sich deren Tatkraft zunutze zu machen.

Künstler und Kopisten

Die wohl bedeutendste Leistung Karls des Großen aber und seiner Ratgeber war keine politische Tat, sondern die Einführung einer lesbaren Schrift, in der der größte Teil der verstreut erhaltenen antiken Literatur überliefert wurde. Ohne die Karolingische Renaissance hätte es weder eine Renaissance im fünfzehnten Jahrhundert noch zu Beginn der Neuzeit gegeben. Wie Kenneth Clark sagt, »ist es überraschend, daß angesichts von Borniertheit und Zerstörungswut die Literatur der vorchristlichen Antike überhaupt erhalten blieb. Und tatsächlich hat sie sich nur mühsam durchgemogelt. Erben Griechenlands und Roms sind wir nur mit knapper Not geworden.«[38] Ende des achten Jahrhunderts gab es zwei vorherrschende Schrifttypen: die Unziale oder Majuskelschrift und die Kursive. Als die Deutschen bekehrt waren, wurde die *karolingische Minuskel* entwickelt, um die Kursive lesbarer zu machen. Auch die irischen und angelsächsischen Missionare, die in Deutschland wirkten, vereinfachten die lateinische Kursivschrift und wurden darin vom Papsttum bestärkt, dem es weniger darum ging, »heidnische« Literatur zu erhalten, der Gregor der Große feindselig gegenüberstand, als vielmehr einen besser ausgebildeten Klerus heranzuziehen. Die schon von Natur aus fleißigen Deutschen wurden unermüdliche Kopisten, und gemeinsam mit den Kopisten des Herzogtums Benevent in Süditalien retteten sie den größten Teil der erhaltenen Verskunst der lateinischen Klassik und fast die gesamte Prosa.

Die Kopisten wurden auch an Karls Hof in Aachen gefördert, wo er Gelehrte aus England, Italien, Gallien und Spanien um sich versammelt hatte und sehr zwanglos mit ihnen verkehrte. Man gab sich in diesem Kreis klassische Spitznamen, wobei man bewußt die vielen mißverstandenen Rezeptionen der antiken Zivilisation nachahmte. Diese karolingische Mode färbte auch auf den Hof von Alfred dem Großen von England (871–899) ab, der den christlichen Süden Englands vor den heidnischen Dänen rettete und 886 London besetzte. Er war der festen Überzeugung, daß sowohl die weltlichen Herrscher von England wie auch ihr Klerus lesen und schreiben können müssen, denn Alfred hatte alle Bücher, die damals als bedeutend galten – wie etwa das *Trostbuch der Philosophie* von Boëtius, den *Liber Regulae Pastoralis* von Gregor dem Großen und die Weltgeschichte des Orosius ins Angelsächsische übersetzen lassen. Die karolingische Minuskelschrift, die sich rasch und allgemein durchsetzte, erwies sich als ebenso nützlich zur Aufzeichnung von Rechts- und Handelsgeschäften und wurde – in der Überarbeitung der Humanisten des fünfzehnten Jahrhunderts – zur Grundlage unserer Drucktypen.

In Architektur und Wandmalerei war das karolingische Zeitalter immer noch spätrömisch oder byzantinisch geprägt – so auch der prächtige, achtekkige, überwölbte Bau der Aachener Pfalzkapelle, die Odo von Metz schuf, und die Bildung, die Alkuin in der Palastschule vermittelte, beschränkte sich auf die notwendigste Grammatik, war aber weitverbreitet, da die spätrömischen Dom- und Klosterschulen in Gallien überlebt hatten, und weil sowohl in schon bestehenden Zentren wie Tours und Corbie bei Amiens sowie in den neugegründeten deutschen Klöstern fleißige Kopisten in ihren Skriptorien am Werke waren.

Bibeln waren so selten und kostbar, daß man den Einband mit Juwelen oder Elfenbein schmückte und Könige sie einander zum Geschenk machten. Auch fand die Kunst des Schreibens nicht nur Verachtung. Beim Aufzeichnen oder Kopieren von Gottes Wort werden die Schreiber als Erleuchtete dargestellt – etwa in der Elfenbeinarbeit, die den heiligen Gregor zeigt, wie er ein Schnelldiktat vom Heiligen Geist, in Form einer Taube, entgegennimmt, oder die Darstellung des heiligen Matthäus im Evangelienbuch des Erzbischofs Ebbo von Reims, wo der Evangelist von einem jähen Windstoß der Erleuchtung getroffen wird.

Im Gegensatz zu den schwerfälligen spätrömischen Figuren auf der *Grandval-Bibel*, die Moses zeigen, wie er die Zehn Gebote ein paar furchtsamen Juden bringt, beweist die Mitte des neunten Jahrhunderts für Lothar II. angefertigte Felskristallgravur von *Susanne im Bade* mit fast noch römisch gekleideten und heftig gestikulierenden Figuren die Fähigkeit zu lebendig erzählender Darstellung. Doch mit dem *Utrechter Psalter,* der um 820, nur sechs Jahre nach Karls des Großen Tod, abgeschlossen wurde, sind wir in einer neuen Welt: Mit fließender und sparsamer Linienführung bildet ein hochtalentierter Künstler inmitten flatternder Draperien und dem flinken Gewimmel kleiner Boote eine Fülle von Vorgängen gleichzeitig ab.[39]

4. Das erste Deutsche Reich, Byzanz, die Normannen

Nachdem im zehnten Jahrhundert das Karolingerreich auseinandergebrochen war, verlagerte sich das Zentrum der westlichen Macht in die deutschen Länder. Deutsche Ritter in christlichem Gewand stoppten die Magyaren, jetzt die Geißel von Mittel- und sogar Westeuropa, rückten nach Osten vor über die Ebenen von Brandenburg, Pommern und der Ostseeküste und sorgten dafür, daß Böhmen, Magyaren und Polen katholisch und nicht orthodox wurden. Aber da sich die Westkaiser auf das – wenn auch verstümmelte – Reich Karls des Großen bezogen und bei der Verwaltung dieses schwer regierbaren ersten Deutschen Reiches entscheidend auf die Hilfe der Kirche angewiesen waren, bekamen sie es mit Italien und den Päpsten zu tun, so daß das Reich eigentlich weder nördlich noch südlich der Alpen wirklich lebensfähig wurde. Die westlichen Erben des Karolingerreichs dagegen begannen nach einer Schwächeperiode auf einem zwar kleineren, letztlich aber besser zu regierenden Gebiet eine französische Monarchie zu errichten. Während die Magyaren in Deutschland einfielen, brachten die skandinavischen Wikinger Tod und Verderben über die Küstengebiete von Friesland bis zum Mittelmeer. Dank ihrer Seeherrschaft konnten sie das schwer zu verteidigende Reich der Karolinger verwüsten, halb England und die besseren Häfen Irlands besetzen und sich schließlich in der Normandie, dann in England, Süditalien und Sizilien niederlassen, wo sie die bestorganisierten Reiche des elften Jahrhunderts errichteten. Diese Skandinavier, Händler und zugleich Piraten, hielten auch einen breiten Streifen Ostrußlands besetzt und schufen die politischen und ökonomischen Voraussetzungen des ersten russischen Staates.

Soviel immerhin hatte jene Region vorzuweisen, die von den Byzantinern immer noch als das unterentwickelte westliche Hinterland ihrer eigenen, deutlich überlegenen Zivilisation angesehen wurde, der einzigen, die noch großstädtisch und gut organisiert war, reich und mächtig genug, um nicht nur die Angriffe der Bulgaren, Slawen und Muslime abzuwehren, sondern um auch während einer der schöpferischsten Perioden ihrer Geschichte den Balkan und das Kiewer Rußland ihrem kulturellen Einflußbereich einzuverleiben.

Die Erben Karls

Arnold Toynbee nennt es bizarr und provinziell, daß europäische und amerikanische Historiker die Epochen byzantinischer Geschichte so stiefmütterlich behandeln, die in direkter Fortentwicklung antiker Formen und Inhalte Zeiten hoher Blüte waren, und daß sie zudem die Geschichte der übrigen zivilisierten Welt – von Griechenland bis China und von China bis Mittelamerika und Peru – völlig außer acht lassen und sich ab 476 auf die barbarischen Nachfolgestaaten des römischen Imperiums in dessen abgewirtschafteten Westprovinzen konzentrieren. Doch so barbarisch diese Menschen den Byzantinern auch erschienen sein müssen, sie sollten die übrige Menschheit in der Neuzeit so tiefgehend beeinflussen, daß ihre Herkunft rückblickend von großer Bedeutung ist.

Nach dem Zusammenbruch des Karolingerreichs sichern sich die Deutschen rasch einen Platz im Zentrum der Geschichte des europäischen Mittelalters und bestimmen die kulturellen und religiösen Grenzen in Mitteleuropa in gleichem Maße wie die Byzantiner, denn als die Karolinger ihren Anspruch auf das Reich fallenließen, nahmen ihn die Deutschen auf: beim Tode Ludwigs des Kindes, dem letzten legitimen Nachkommen von Ludwig dem Deutschen, wählten die deutschen Reichsfürsten einen der ihren, den sie in dem Wunsch nach einem großartigeren Titel mit *Dominus Rerum* – »Herr über alles« – anredeten. Es war der Frankenherzog Konrad, dem es allerdings nicht gelang, sich durchzusetzen. So wurde 919 der Sachsenherzog Heinrich – mit dem Beinamen »der Vogler«, weil er auf der Beizjagd war, als ihn die Nachricht von seiner Wahl erreichte – zu Konrads Nachfolger bestimmt. Er gründete die »sächsische« Dynastie und erwies sich als der militärische Führer, den die Deutschen sich wünschten und zu dem sie aufsehen wollten. 933 schlug er die Magyaren an der Unstrut, im folgenden Jahr die Dänen nahe ihrer eigenen Grenze. Als er 936 starb, kam sein Ansehen fast dem Karls des Großen gleich. Sein Sohn Otto I. (der Große, 936–973) wurde deshalb formell zu seinem Nachfolger gewählt und mit neokarolingischem Zeremoniell in Rom gekrönt. So wurde 962 das erste Deutsche Reich begründet.

Leicht zu regieren war es nicht. Die großen Stammesherzogtümer schufen große Probleme, obwohl die eigentliche Hausmacht des Kaisers im Herzogtum Sachsen lag, ausgerechnet in jenem Stammesgebiet, das sich lange Zeit am hartnäckigsten gegen die christliche Zivilisation gewehrt hatte, bevor es von Karl dem Großen mit Waffengewalt bekehrt worden war. Sich von der Elbmündung und den Sandstränden der Nordsee bis zu den bewaldeten Hügeln von Thüringen und Franken erstreckend, war Sachsen ein wichtiges Reservoir tüchtiger Krieger, denn die sächsischen Stämme waren wegen ihres Ingrimms berüchtigt. Mit Sachsen als Rückendeckung begann Heinrich die alten karolingischen Ansprüche auf die Herzogtümer Lothringen, Franken, Böhmen, Schwaben wieder geltend zu machen und sich die Einkünfte aus seinen eigenen großen, aber verstreuten königlichen Gütern zu sichern. Zumindest die Herzöge konnten ihre Ansprüche nicht aus ihrer Stammesherkunft legitimieren. Sie waren als Heerführer von karolingischen Kaisern ernannt worden. So überließ Otto später Baiern seinem Bruder Heinrich, der zu Recht den Beinamen »der Zänker« erhielt, und das ganze riesige und schwer zu verteidigende Gebiet Lothringens einem anderen Bruder – Bruno, Erzbischof von Köln. Als er an den karolingischen Drang nach Osten anknüpfte und die heidnischen Wenden und Slawen mit gewappneter Hand vom

Christentum überzeugte, gründete er auch neue Bistümer, die er seiner direkten Kontrolle unterstellte.

Schon vom deutschen Episkopat sehr abhängig, geriet Otto auch in Abhängigkeit vom Papst: 950 fiel das langobardische Königreich Italien durch Erbschaft einer Frau, der Prinzessin Adelheid, zu. Daraufhin begann ein allgemeiner Wettlauf um die Erbin und ihre Ländereien, den für sich zu entscheiden Otto fest entschlossen war. 951 unternahm er seine erste Expedition über die Alpen, ein Vorgehen, das bei seinen enttäuschten Rivalen in Deutschland sofort offene Empörung hervorrief – auch bei Heinrich dem Zänker und bei Liudolf von Schwaben, Ottos leiblichem Sohn.

Doch die Streitigkeiten gerieten unter dem Eindruck eines gewaltigen Magyarenangriffs in Vergessenheit. Dieses ursprünglich finnisch-ugrische Turkvolk kam aus einem Gebiet zwischen Wolga und Ural, war aber von den türkisch-ugrischen Petschenegen über die Steppe nach Westen getrieben worden, wo es einen Stammesverband gebildet hatte, der sich die »Zehn Pfeile« nannte, *on-ugur* in ihrer eigenen Sprache – der Ursprung des heutigen Landesnamens *Ungarn*. 899 hatten sie die Mündung der Donau erreicht. Unter der Führung ihres Oberhäuptlings Arpád besetzten sie dann den größten Teil Mährens und erreichten nach Überquerung der Karpaten die fruchtbaren Ebenen der mittleren Donau. Beheimatet in dem Gebiet, das heute Westungarn ist, drangen sie auf der Suche nach Beute und Sklaven weit nach Deutschland, Norditalien und Frankreich ein, wenn sich auch einige ihrer Führer nach der Niederlage an der Unstrut mit den Byzantinern und dem orthodoxen Christentum arrangiert hatten. Sie waren ein nomadisches Reitervolk und geübte Bogenschützen, die im Kampf nur schwer zu bezwingen waren.

955 stellte Otto der Große sie auf dem Lechfeld bei Augsburg und bereitete ihnen eine vernichtende Niederlage, was ihm in ganz Europa großes Ansehen und bei den Chronisten große Lobhudeleien eintrug, obwohl sein Sieg zu großen Teilen den übernatürlichen Eigenschaften der Heiligen oder Geflügelten Lanze zugeschrieben wurde, die heute noch in der Wiener Hofburg zu sehen ist und die angeblich einen Nagel vom Kreuz Christi enthält. Wie nicht anders zu erwarten, mußten sich die besiegten Magyaren widerwillig zu der Einsicht bequemen, daß der deutsche Katholizismus akzeptabler sei als die byzantinische Orthodoxie.

Wie Karl der Große mußte sich jetzt auch Otto stark in Italien engagieren. Da er sehr daran interessiert war, freiere Hand über die Kirche in Deutschland zu haben, kam er dem Hilfsersuchen von Johannes XII., eines besonders übelbeleumundeten Papstes, gegen die Parteien in und um Rom nur zu gern nach. Sein Lohn war, daß er im Februar 962 vom Papst im Petersdom gekrönt wurde. Rasch mußte er feststellen, in ein Wespennest gegriffen zu haben, denn nachdem der Kaiser den Kirchenstaat gesichert hatte, erwartete er vom Papst, daß dieser sich ihm unterordne. Dazu aber war Johannes viel zu unternehmungslustig und weltlich. Er floh ins liebliche Tivoli und organisierte, nachdem er sich mit seinen einstigen römischen Feinden verbündet hatte, eine erbitterte italienische Opposition gegen die verhaßten Deutschen. Als Otto unter dem Schutz seiner ansehnlichen Okkupationsarmee eine Synode einberief, die Johannes XII. absetzte, weigerten sich die Römer, den kaiserlichen Kandidaten zu wählen. Otto vermochte ihn dennoch durchzusetzen und schickte, da er in Süditalien mit den Byzantinern zu rechnen hatte, Luitprand von Cremona als Gesandten nach Konstantinopel, woraufhin er im Jahre 972 vom dortigen *Autokrator* widerstrebend als Westkaiser anerkannt wurde und die Hand der Prinzessin Theophano für seinen Sohn, den späteren Otto II., erhielt.

Otto I. ließ sich auf der Reichenau bei Konstanz eigens für seine Krönung eine achteckige Kaiserkrone anfertigen – die irrtümlicherweise »Karlskrone« genannt wird und heute unter den Kronjuwelen in Wien gezeigt wird. Sie besitzt acht mit Scharnieren versehene Goldplatten, so daß sie, was häufig notwendig wurde, aus Transport- oder Sicherheitsgründen zusammengeklappt werden konnte. Sie ist herrlich verziert mit Edelsteinen, Perlen und Emailbildern von Jesus, König Salomo und dem Propheten Jesaja und hatte ursprünglich Pendilien wie die westgotischen und langobardischen Kronen, der Bügel wurde erst um 1024 hinzugefügt. Die farbliche Harmonie der blassen Steine in ihrer Fassung aus Goldfiligran ist außerordentlich apart. Karl der Große wird häufig mit ihr abgebildet, obwohl sie erst anderthalb Jahrhunderte nach seinem Tode angefertigt wurde.

Als Otto der Große 973 starb, hatte er die deutschen Länder im wesentlichen zu einem lebensfähigen und fast wieder im alten Glanz erstrahlenden, wenn auch verkleinerten Reich zusammengefaßt, war aber gezwungen worden, sich in Italien zu engagieren. Otto II. mußte sich sogar, als er von den Muslimen besiegt wurde, mit Sizilien befassen, und 983, in seinem Todesjahr, sogar noch eine weit schlimmere Niederlage hinnehmen, als ihn die heidnischen Slawen in der Nordmark zwischen Elbe und Oder schlugen. Das bereits viel zu ausgedehnte Reich begann sich zu übernehmen.

Otto III., der den Thron mit Sechzehn bestieg und mit Zweiundzwanzig starb, war Halbgrieche und hochintelligent. Er war auch – von der sächsischen Seite her – einer der ersten deutschen Romantiker, der sich selbst als zweiten Konstantin sah. Der Jüngling ernannte seinen Erzieher Gerbert von Aurillac, einen der bedeutendsten Gelehrten seiner Zeit, zum Papst Sylvester II., 950 geboren, war dieser in seinem Denken recht unabhängig, eine Eigenschaft, die in der zweiten Hälfte des zehnten Jahrhunderts ebenso selten wie notwendig war. In Aquitanien geboren, studierte er im Kloster von Aurillac in der Auvergne und besuchte Katalonien und Rom, wo er den jungen Otto II. unterrichtete, der ihn später zum Abt von Bobbio machte. Otto III. ernannte ihn zum Erzbischof von Ravenna und setzte seine Wahl zum Papst durch. Der »junge Augustus« führte sogar den Vorsitz der von ihm einberufenen theologischen Diskussionen, indem er die Sitzungen mit zwar scheuem, aber unzweifelhaft königlichem Empfinden eröffnete: »Meditation und Diskussion befördern, wie ich denke, die menschliche Erkenntnis, und Fragen des Weisen regen uns zum Nachdenken an.« Gerbert sammelte alle seltenen Manuskripte, deren er habhaft werden konnte, und ließ sie abschreiben. Man war von seiner Allwissenheit so felsenfest überzeugt, daß er postum in den Ruf kam, ein Zauberer gewesen zu sein.[40]

Otto trug byzantinische Kleider und pflegte byzantinische Sitten, ganz in dem Bewußtsein, sowohl der Erbe von Augustus, Konstantin und Justinian zu sein wie auch der von Karl dem Großen. Er ließ das Grab Karls des Großen in Aachen öffnen, wo man ihn aufrecht in einem Stuhl sitzend auffand und Otto ihm eigenhändig die Nägel schnitt, die ihm durch die Handschuhe gewachsen waren. Der frühverstorbene Otto III. ist der erste königliche Ästhet und Liebhaberarchäologe in der europäischen Geschichte des Mittelalters, der eine Politik romantisch verklärte, die ursprünglich vom deutschen Klerus und mithin vom Papst abgehangen hatte. Sie sollte großes Unheil über Deutsche und Italiener bringen und dafür sorgen, daß das Geschick des katholischen Europa nicht, wie es im zehnten Jahrhundert wahrscheinlich erschien, von den Deutschen bestimmt wurde, sondern von den Normannen und Franzosen.

Mit mehr Erfolg und in großem Maßstab hatten die sächsischen Kaiser Karls des Großen Expansion nach Osten fortgeführt, und mit ihnen kam das katholische Christentum. Nach ihrer Niederlage auf dem Lechfeld nach Ungarn zurückgedrängt, bekannten sich die Magyaren zum siegreichen Glauben. Ihr Fürst Vajk heiratete eine katholische Baiernprinzessin, nahm den Namen István (Stephan) (997–1038) an und setzte mit deutscher Hilfe das Christentum rasch durch, woraufhin er heiliggesprochen wurde. Auch die Tschechen wurden in den Schoß des deutschen Katholizismus geführt. Ihr »guter« Herzog Václav (Wenzel), der mit Zweiundzwanzig ermordet wurde, war bereits Anfang des zehnten Jahrhunderts ein vorbildlicher Katholik, und auch die Polen bekannten sich nun offiziell zum Katholizismus, und die katholisierende und deutschfreundliche Politik von Mieszko I. wurde von Boleslaw dem Tapferen (992–1025), Großvater mütterlicherseits Knuts von Dänemark und England, fortgesetzt.

Der östliche Teil Mitteleuropas war von der Woge des Katholizismus erfaßt worden, und Otto der Große hatte vor, den deutschkatholischen Einfluß auch nach Osten über die Elbe auszudehnen, wo die technologisch überlegenen Deutschen und die bekehrten Polen sich vereinten.

Diese Expansionspolitik im Nordosten Europas wurde vom Papst nicht sonderlich begrüßt. Einst angewiesen auf deutsche Hilfe gegen die Byzantiner und die römischen Parteien fürchteten die Päpste jetzt, nachdem sie die Besetzung ihrer Stadt durch die Deutschen erlebt hatten, die Ausweitung deutscher Macht könnte ihrem Einfluß schaden, wenn, wie beabsichtigt, ein Erzbistum Magdeburg an der Elbe gegründet würde.

Ferner konnten sie jetzt auf neue, tiefgläubige Unterstützung im Nordwesten bauen. Die seit langem inbrünstig katholischen Angelsachsen hatten ein reiches und zivilisiertes Reich aufgebaut. Alfred der Große (871–899) hatte die ersten Wikingereinfälle abgewehrt, und seine Nachkommen Athelstan und Edgar waren mächtige Monarchen, die im ganzen Norden geachtet waren. Und obwohl unter Ethelred dem Unberatenen (978–1016) das »Goldene Zeitalter« des westsächsischen Königtums einem erneuten dänischen Angriff zum Opfer gefallen war, hatte Knut der Große (1017–1035) das wohlhabende und relativ gut organisierte Reich nicht zerstört, sondern übernommen und es zum Bestandteil eines skandinavischen Seefahrerreichs gemacht. Knut hatte sich trotz seiner wilden Wikingerherkunft als tiefreligiöser christlicher Monarch erwiesen, dem sehr an der Anerkennung durch Rom gelegen war, wohin er auch mit Gefolge eine Wallfahrt unternommen hatte. Außerdem hatten die angelsächsischen Missionare nach Bekehrung der Deutschen mitgeholfen, die Skandinavier für das katholische Christentum zu gewinnen.

In dem sich abzeichnenden Konflikt zwischen Kaiser- und Papsttum konnten die Päpste nicht nur auf ihr traditionell gutes Einvernehmen mit den französischen Königen bauen, das auf die Zeit Chlodwigs zurückging, sondern jetzt auch auf angelsächsische und englisch-dänische Unterstützung. Als Wilhelm der Eroberer in England eindrang, tat er es mit dem Segen des Papstes, der auch strategisch günstig placierte Verbündete in den Normannen in Süditalien und auf Sizilien besaß.

Byzanz, Balkan, Islam

Trotz der Expansion des deutschen Katholizismus nach Osteuropa, der die Polen, die Westslawen in Böhmen, die Magyaren aus den ungarischen Ebenen und die Kroaten im Nordwesten des Balkans erfaßte, blieb dem orthodoxen Byzanz der bei weitem mächtigste Einfluß in Osteuropa, der sich über Südslawen und Bulgaren ausbreitete und zur Zeit des Kiewer Rußland die byzantinische Kultur über den ganzen Südosten bis weit nach Norden trug.

Das Erbe, das Justinian und seine Herrschaft den Byzantinern hinterlassen hatte, ermöglichte diesen, den Angriff der mohammedanischen Araber zurückzuschlagen. Zwar konnten sie Palästina und Ägypten nicht retten, aber doch die Stadt selbst. 717/18 wehrte Kaiser Leon der Isaurier, den gefährlichsten Ansturm ab. Seine Nachkommen regierten bis zur Absetzung der Kaiserin Irene im Jahre 803. Basileios I. (867–886), ein Zeitgenosse Alfreds des Großen, begründete die makedonische Dynastie, deren kriegslüsterne Politik im Osten und Westen für eine lange Periode byzantinischer Wohlhabenheit und Macht sorgte, die zeitlich mit der Herrschaft der letzten Karolinger im Westen zusammenfiel. Die Usurpatoren Nikephoros Phokas und Johannes Tzimiskes waren ebenso tüchtig wie ihre Vorgänger, während die wiedereingesetzte makedonische Dynastie ihren Höhepunkt mit Basileios II. *Bulgaroktonos* (Bulgarentöter) (986–1025), einem Zeitgenossen von Knut, erreichte.

Als die Bulgaren unterworfen waren, stand das Reich auf dem Gipfel seiner Macht und seines Einflusses und verfügte über die bestorganisierte Armee Europas. Ihren Kern bildeten die vier berittenen Regimenter der kaiserlichen Leibwache, die sich aus axtbewehrten warägischen Elitekriegern zusammensetzten – die *Hetärie*, die eigentliche kaiserliche Leibwache, wurde vorwiegend im Norden angeworben. Die Wirksamkeit dieser teuren Truppen, die man nicht ohne triftigen Grund aufs Spiel setzte, wurden ergänzt durch geheimdienstliche und diplomatische Aktivitäten. In der Tat ». . . liegt die wirkliche Stärke der Byzantiner in der Intelligenz, mit der sie ihren vielfältigen Feinden begegneten . . . Die Franken, so beobachteten sie, waren das Opfer ihrer eigenen Tollkühnheit; sie ließen sich in Hinterhalte locken, ihre Lebensmittelversorgung war schlecht, und der Hunger veranlaßte sie zur Fahnenflucht. Sie waren ihren Vorgesetzten gegenüber aufsässig, und sie waren bestechlich.«[41] Die leichtbewaffneten türkischen Reiter, so stellten die Byzantiner fest, vermochten eine disziplinierte Infanterie nicht zu durchbrechen und konnten, einmal gestellt, von schwerer Reiterei niedergeritten werden, während die Slawen nur im Bergland gefährlich waren. Die Araber, obwohl sie über riesige Armeen verfügten und sehr beweglich waren, pflegten, häufig mit Beutegut beladen, bei kaltem und regnerischem Wetter rasch entmutigt zu sein.

Die byzantinische Regierungsgewalt war extrem zentralisiert und lag in den Händen des *Basileus-Autokrator*, dem bei der Verwaltung des Reiches vor allem Eunuchen halfen. Ohne Nachkommenschaft und von der Thronanwartschaft ausgeschlossen, galten sie als ungefährlich und beherrschten den Staatsdienst. »Sollte ein Junge wirklich Erfolg haben, konnte es sich als klug erweisen, ihn zu kastrieren. Selbst Eltern von höchster Abkunft waren sich nicht zu schade, ihre Söhne verstümmeln zu lassen, um ihrem Vorwärtskommen zu dienen; man sah nichts Schändliches in solchem Tun.«[42] Ein Großteil der Entscheidungsgewalt lag also in den Händen ziviler und häufig entmannter Beamter – ein Anlaß der Verachtung für die virilen Feudalherren aus dem Westen.

Dieser Zentralverwaltung waren die fünfundzwanzig östlichen, westlichen und maritimen Provinzen, unter letzteren auch die Krim, Dalmatien und Sizilien, unterstellt. Das System wurde ausgebaut, als die Expansion des Reiches die Statthalter in den Randgebieten mit einer gefährlichen Unabhängigkeit auszustatten drohte, und blieb erhalten bis zum Verlust von lebenswichtigen und ausgedehnten Gebieten in Anatolien durch die Niederlage bei Manzikert 1071 gegen die türkischen Seldschuken. In bescheidenerem Maßstab bestand es sogar noch bis zur Besetzung Konstantinopels durch die Franken und Venezianer auf dem Weg zum vierten Kreuzzug im Jahre 1204.

Im Vergleich zum Westen war die byzantinische Regierung mit ihren riesigen Goldreserven außerordentlich reich. Das Steuersystem war systematisch, es gab »Kopfsteuern«, »Haussteuern« und Grundsteuern auf landwirtschaftlichen und städtischen Besitz. Nikephoros I., selbst professioneller Finanzfachmann, besteuerte Kapitaleinkünfte mit dem Einfallsreichtum seiner Zunft als »Schatzfunde«. Die byzantinischen Steuereintreiber kannten alle Schliche der Erbschaftssteuern, Zollgebühren (12½%) und Importabgaben. Mit mehr Befugnissen ausgestattet als moderne Regierungen, gelang es ihnen sogar, die Inflation durch Beschränkung des Geldumlaufs zu drosseln. Das zollfreie Einschmuggeln von Sklaven wurde unterbunden, und der Staat selbst beteiligte sich in Seidenherstellung und im lukrativen Getreidehandel am Wirtschaftsleben. »Das ganze Steuersystem verschaffte dem Kaiser eine weit stärkere Stellung als irgendeinem der westlichen Herrscher oder Kalifen, da es ihn ständig mit Bargeld versorgte und mithin ermöglichte, seinen riesigen Verwaltungsapparat und ein stehendes Heer zu unterhalten.«[43] Zur Zeit ihrer größten Prosperität im neunten und zehnten Jahrhundert handelten die Byzantiner mit Sklaven, Pelzen, Honig und Wachs aus dem Kiewer Rußland, mit Weizen aus Dakien (dem heutigen Rumänien) und mit Wein und Öl aus Italien, aus Kreta und von der kleinasiatischen Küste, während sie den einträglichen Handel mit Gewürzen aus Afrika und Asien weitgehend monopolisierten. Sie importierten Rohstoffe wie Wolle, Felle und Weizen aus dem unterentwickelten Norden und exportierten ihrerseits so begehrte Luxusgüter wie Staatsgewänder aus Brokat und Seide. Ihr *Byzantiner* war damals die einzige Goldmünze Europas.

Reiche Früchte also trug Konstantins Weitblick bei der Wahl eines so überaus geeigneten Standorts für die neue Hauptstadt des spätrömischen Reiches. Angesichts eines solchen Reichtums gelang es den byzantinischen Kaisern, die erbitterten religiös-politischen Zwistigkeiten zu überwinden, die zum Fluch der Stadt wurden, während sie das Volk nach römischer Manier damit unterhielten, daß sie Wagenrennen zwischen den »Blauen« und den »Grünen« ausrichteten, welche die Menschen in ein Fieber relativ harmloser, wenn auch oft politisch gefärbter Begeisterung versetzten. Die bildenden Künste erlebten eine Blüte – die herrlichen Mosaike aus Justinians Zeit wurden ergänzt durch Elfenbeinschnitzereien von ungewöhnlicher Feinheit und handwerklicher Fertigkeit, während nach der Unterdrückung der ikonoklastischen Bewegung, die versucht hatte, die menschliche Gestalt aus der Sakralkunst zu verbannen, byzantinische Künstler eine Ikonenmalerei von häufig düsterer Großartigkeit entwickelten, welche die italienische und – weit intensiver – die russische Kunst beeinflussen sollte.

Diese ganze Prachtentfaltung verfolgte einen politisch-religiösen Zweck. Seit langem bekehrten die Byzantiner die Balkanvölker zum orthodoxen Christentum; Kyrillos und Methodios, zwei ihrer berühmtesten Missionare, wurden 863 von König Rostislaw von Mähren eingeladen und brachten erst später, als deutsche Katholiken sie aus Mähren vertrieben, die ursprünglich für die Mähren bestimmte glagolitische Schrift den Bulgaren und Südslawen, womit sie jene Schrift einführten, die später vom Kiewer Rußland und dann vom Moskowiterreich übernommen wurde.

Die Bulgaren übernahmen das Christentum endgültig im Jahre 865, als Boris I. (852–889) (ein Nachkomme von Khan Krum, der Kaiser Nikephoros getötet und seinen Schädel als Trinkgefäß benutzt hatte) sich zum orthodoxen Christentum bekannte – aus Angst, wie überliefert wird, vor dem Bild der Hölle, das ein missionarischer Mönch gemalt hatte, vermutlich aber auch um seines politischen Vorteils willen. Seine *Khans* und *Bagaturs* waren massenhaft bekehrt worden, und unter Symeon dem Großen (893–927), der sich selbst zum Zaren erklärte, erlebte die erste Phase bulgarisch-christlicher Zivilisation einen Höhepunkt, von dem heute noch bemerkenswerte, armenisch beeinflußte Kirchen und Klöster zeugen. Dieses viel zu ausgedehnte Reich zerbrach nach einiger Zeit an Rivalitäten im Inneren und byzantinischen Angriffen, die ihren Höhepunkt fanden, als 1014 Basileios II. *Bulgaroktonos* eine bulgarische Armee bei Cleidion besiegte, gefangennahm und fünfzehntausend Gefangene blenden ließ, wobei er jeweils einem von hundert ein Auge ließ, damit er die anderen führen konnte, worüber der Zar Samuel so außer sich geriet, daß er starb. So endete der erste bulgarische Großmachttraum.

Ende des zwölften Jahrhunderts schwand die byzantinische Macht und damit die Fähigkeit, das schwer zu verteidigende Gebiet gegen neue Feinde zu behaupten. Die Serben waren, anders als die Bulgaren, keine Nomaden, sondern Bauern, die seit langem das Drinatal und die nordwestlich angrenzenden Gebiete besiedelten. Sie waren zu Stämmen und Sippen zusammengefaßt, denen *Zupane* vorstanden. 879 hatte sich *Zupan* Mutimir zum orthodoxen Christentum bekehren lassen. Obwohl das bulgarische Reich von Symeon dem Großen eine Bedrohung für die Serben dargestellt hatte, hatten sie sich geweigert, byzantinische Hilfe in Anspruch zu nehmen, für die sie mit Unterwerfung hätten bezahlen müssen. Mitte des elften Jahrhunderts hatten sie in Montenegro und in der Gegend von Kotor ein eigenes Bollwerk gegen alle Eindringlinge errichtet; im zwölften Jahrhundert waren die Venezianer an der dalmatinischen Küste so stark, daß die Serben sie gegen die Byzantiner ausspielen konnten, Mitte des zwölften Jahrhunderts unter Stephan Nemanja wurden sie schließlich zu einer Macht, mit der Byzanz zu rechnen hatte.

Am bedeutsamsten erwies sich der byzantinische Einfluß jedoch nicht für die Südslawen auf dem Balkan. Vielmehr fand das Byzantinische Reich seine mächtigsten Nachfolger im Kiewer Rußland und später im Moskowiterreich. Hier waren die Ostslawen von wagemutigen Skandinaviern organisiert worden, wie im Westen die latinisierten Skandinavier aus der Normandie die bestorganisierten Reiche aufgebaut hatten. Diese Mischung aus skandinavischer Herrschaft und byzantinischer Religion und byzantinischem Kultureinfluß bestimmte die Zukunft des Kiewer Rußland, so benannt nach *Ruotsi*, dem finnischen Wort für die Schweden.

Die Wikinger

Unter all den gegen die Reste des Römischen Reichs anrennenden Barbaren waren die Skandinavier die wildesten. Sie gehörten aber auch zu den tüchtigsten, den wagemutigsten und anpassungsfähigsten dieser Völker. Die Normannen im Westen und die schwedischen Wikinger in Rußland hatten eine Neigung zum Handel – nicht zuletzt mit Sklaven – und zur Seeräuberei. Sobald sie assimiliert waren, zeigten sie große natürliche Begabung für Verwaltungs- und Rechtsfragen. Dem unglückseligen Mönch, der – bislang im unzivilisierten Westen unverletzlich – mitansehen mußte, wie diese Wilden sein Kloster in Flammen aufgehen ließen, seine Reliquienschreine raubten, nicht wegen des Inhalts, sondern wegen der Edelsteine, mit denen sie besetzt waren, und sich in ihren Langschiffen davonmachten, bevor die örtlichen Verteidiger zur Stelle waren –, diesem Mönch müssen sie als ebenso fürchterliche Gottesgeißel erschienen sein wie die Hunnen oder die Magyaren, ja schlimmer noch, da sie die See beherrschten und ohne Vorwarnung zuschlagen konnten, wo und wann sie wollten. Und doch schufen die Abkömmlinge dieser Piraten ein weitgespanntes Seehandelsnetz, das seit Merowingerzeiten fehlte, und errichteten, sobald sie seßhaft geworden und halbwegs gezähmt waren, in England und auf Sizilien die beiden bestfunktionierenden Reiche Europas und schufen den politischen und ökonomischen Rahmen für das Kiewer Rußland.

Die Historiker des neunzehnten Jahrhunderts, die den Krieg gern romantisch verklärten, haben dieses ursprünglich entsetzliche Volk verherrlicht, das aus heldenhafter Tapferkeit einen mörderischen Kult machte und dessen Religion eine krause Mischung aus Fatalismus und anthropomorpher Phantasie war, der griechischen Mythologie nicht unähnlich, wenn auch ohne deren Anmut und Humor. Sie teilten mit den homerischen Griechen den Kult von stolzem Selbstvertrauen und persönlicher Ehre. Rasch fühlten sie sich beleidigt und ruhten nicht, bevor sie sich gerächt hatten. Sie urteilten streng über andere, und ihr Ideal war, sich nicht von den Launen des Geschicks aus der Ruhe bringen zu lassen in einer Welt, in der selbst die Götter dem Schicksal ausgeliefert waren. Wie die Germanen hielten sie nichts für so schändlich wie Verrat an einem Freund; das machte einen Mann zum *Nithingr*. Sie verbanden Trunk- mit Streitsucht und müssen entsetzliche Langweiler gewesen sein. In ihnen kühne und ritterliche Seefahrer zu sehen, wäre ihren Opfern wohl nicht im Traum eingefallen, die nur zu Gott beten konnten, sie vor der »blinden Wut der Nordmänner« zu bewahren. Und blindwütig waren sie – die *Berserker* (die »Bärenbepelzten«), die buchstäblich brüllten, wenn sie sich in die Schlacht stürzten. Hier zeigte die Vorgeschichte ihr ungeschminktes Gesicht, eine Vorgeschichte aus der Kälte und Dunkelheit des fernen Nordens, aus Gebieten, die auch den besten Geographen der Antike nahezu unbekannt waren.

In ihrer unwirtlichen Umwelt abgehärtet, waren die Wikinger Realisten mit einem ironischen Sinn für das Wesentliche, den sie in knappen Formulierungen zum Ausdruck brachten. Wie auch so mancher Skandinavier heute waren sie introspektiv und zu Alkoholexzessen geneigt. Im Kampf profitierten sie von ihrer Wendigkeit und Disziplin: Seit neolithischen Zeiten hatten die Skandinavier Skier aus Tierknochen verwendet, und ihre »Schlangenboote« oder *Snekkjas*, die Grundlage ihres Erfolgs, waren so leicht und wendig, daß sie auf den Wellen ritten, statt sie zu durchbrechen; sie trugen eine Mannschaft von vierzig Männern, die zwanzig Ruder auf jeder Seite bedienten. Aber diese Schiffe wurden nicht, wie vielfach angenommen, auf den Entdeckungsfahrten benutzt, die über den Atlantik bis nach Grönland und Nordamerika führten; dafür dienten die »runden« *Kaufskips* (Handelsschiffe), auf denen die Segel eine größere Rolle spielten als auf den *Snekkskips*. Nur die größten Kriegsschiffe, die *Drekurs*, hatten den berühmten Drachenbug und mochten eine Länge von einundzwanzig Metern und eine Breite von fast fünf Metern erreichen. So geschickt die Skandinavier als Navigatoren auch waren, in ihren Seeschlachten wandten sie eine primitive Taktik an. Sie banden ihre Schiffe seitlich zusammen, so daß sie völlig manövrierunfähig waren, und machten das Seegefecht wie die Griechen und Römer der Landschlacht so ähnlich wie möglich. Bei diesen Treffen spielte der Bogen eine große Rolle, und gelegentlich wurden an jede Ruderbank drei Dutzend Pfeile ausgegeben.

Ihre Taktik zu Lande war fortschrittlicher. Seit den Römern waren sie die ersten, die sich ständige Stützpunkte in Form riesiger Lager mit tiefen Gräben und Palisadenumfriedungen anlegten. Als Reiter waren sie geschickt genug, um die Pferde aus der Umgegend zusammenzutreiben und sie in der Schlacht zu reiten, was nicht viel besagen mag. Aber zu Fuß kämpften sie, um ein Feldzeichen geschart, in der *Skaldborg* (Schilderburg), bewaffnet mit langen Äxten und messerscharfen zweischneidigen Schwertern, denen sie liebevolle Spitznamen gaben wie *Byrnie bitr* (Kettenhemdbeißer), *Fot bitr*, *Leg bitr*. Nur die Führer hatten Helme und Kettenhemden, bis sich große Könige wie Knut Anfang des elften Jahrhunderts Elite- und Gardetruppen oder *Huskarls* leisten konnten, deren Aufzug es mit dem der skandinavischen oder angelsächsischen *Waräger*leibwache der byzantinischen Kaiser aufnehmen konnte. Wie die anderen germanischen Völker waren die Wikinger gewaltige Esser und haben das Englische und Amerikanische um das Wort *steak* bereichert (von *Steikja*, etwas, das man auf einen Spieß *steckt*). Außerdem scheinen sie, wie allgemein bekannt, »Männer von gewaltigem Durst gewesen zu sein; ihre Getränke waren – wenn auch vermutlich knapp, von den wohlsituiertesten Kreisen abgesehen – außerordentlich alkoholhaltig, und angesichts der Verunreinigungen, die ihr Gebräu enthielt, müssen sie unter entsetzlichem Kater gelitten haben.«[44]

Ihr Katzenjammer dürfte durch ihre Bestattungsriten nicht gerade gelindert worden sein. An der Wolga starben zu Beginn des zehnten Jahrhunderts die Sklavenmädchen freiwillig mit ihren Herren – ein Schicksal, das auch die Pferde und Rinder teilten. Zum dumpfen Geräusch der rhythmisch mit Knüppeln bearbeiteten Schilde wurden die mit Alkohol traktierten Mädchen von immer neuen Kriegern rituell vergewaltigt, die heiser, wenn auch wenig überzeugend murmelten: »Sag deinem Herrn, daß ich es aus Liebe zu ihm getan habe.« Dann wurde das unglückselige Mädchen erdrosselt und erhielt von einem alten Weib, dem »Todesengel«, den Gnadenstoß zwischen die Rippen. Manchmal legten sie auch die Lieblingsfrau eines Toten bei lebendigem Leib und ohne daß sie protestiert hätte neben ihn ins Grab.

Im Gegensatz zu diesen scheußlichen Ritualen war der kunstvolle Ausdruck prähistorischen Brauchtums, die heidnischen Feste im Herbst, zur Wintersonnenwende und im Frühling nach den Entbehrungen des Winters, wesentlich ansprechender. Sie fanden statt in der »Wärme der überfüllten Halle« mit dem »großen Feuer« in der Mitte, »wo sich alle Zurückhaltung rasch verflüchtigt haben dürfte, als sie Rind-, Pferde- und Schweinefleisch voller Blut und Fett und nach Knoblauch stinkend hinunterschlangen und ein Trinkhorn Starkbier nach dem anderen hinunterstürzten«.[45] Die heidnischen Kultversammlungen, Märkte, öffentlichen Zusammenkünfte, Pferderennen und Pferdekämpfe konnten von den Christen nie unterdrückt werden; Übertritte zum Christentum waren häufig zögernd und politisch motiviert. Einige »Lippenbekehrungen« zahlten sich aus, wie im Falle des gerissenen alten Seeräubers, von dem Notker berichtet, daß er wütend war, als man ihn mit ein paar minderwertigen Kleidungsstücken abspeiste. »Da die stattliche Zahl von fünfzig Heiden nach der Taufe und den schönen fränkischen Kleidern lärmend Schmucksachen und Waffen verlangte, die am Hofe Ludwigs des Frommen dazu gereicht werden mußten, hatte der König angeordnet, einige alte Hemden aufzutrennen und zu Tuniken zusammenzuheften oder daraus Überkleider zu schneidern. ›Seht her‹, brüllte der alte Wikinger, ›ich habe diese Waschungsgeschichte schon so zwanzigmal hinter mich gebracht, und jedesmal bin ich bisher mit einem prachtvollen weißen Gewand ausgestattet worden, aber in diesem alten Sack fühle ich mich mehr wie ein Schweinebauer als wie ein Soldat. Wenn ihr mir nicht meine alten Kleider geklaut und keine neuen gegeben hättet, so daß ich mir wie ein ausgemachter Narr vorkommen müßte, wenn ich hier nackt davonspazieren würde, könntet ihr euren Christus und mit ihm eure billigen Lumpen behalten.‹«[46]

Konstruktiver und zukunftsweisend waren die heidnischen Methoden rudimentärer Selbstverwaltung, die auf einem differenzierten Gewohnheitsrecht beruhten. Das *Thing*, die öffentliche Versammlung der Freien mit ihrem Vorsitzenden und genau definierten Verfahrensregeln, trug zur Entwicklung der Gerichtshöfe und schließlich der parlamentarischen Regierungsform bei, und der Grundsatz, den Urteilsspruch von einer neutralen Gruppe finden zu lassen, um ihn dann zu »verkünden«, statt sich auf archaische »Reinigungseide« durch Verwandte und Freunde zu verlassen, hatte im Laufe der Zeit wesentlichen Anteil an der Entwicklung der Geschworenenverhandlung.

Diese Menschen verfügten von Natur aus über genügend gesunden Menschenverstand, um eine straffe Disziplin auf ihren Kriegsbooten zu akzeptieren. Die Männer konnten mit Achtzehn anheuern und noch mit Sechzig zur kämpfenden Besatzung gehören. Alle Verwandtschaftsbeziehungen wurden abgebrochen, alle schworen sie, vor keinem Feind von gleicher Stärke und Bewaffnung zu weichen und einander zu rächen. Kein Wort der Furcht durfte geäußert werden, ganz gleich wie hoffnungslos die Situation auch erscheinen mochte, und charakteristischerweise hatte alle Beute am *Stang* (Mast) abgeliefert zu werden. Nörgeln, Klagen und Streiten (sie waren ein Volk von Querulanten) waren verboten, alle Information war dem Kapitän persönlich zu überbringen. Kein Wunder, daß diese erfahrenen Plünderer angesichts solch strenger Gesetze im allgemeinen den örtlichen Verteidigern und undisziplinierten Feudalherren, mit denen sie es zu tun bekamen, überlegen waren.

An disziplinierte Seeräuberei gewöhnt, waren die Wikinger ebenso Händler wie Piraten, ja sie waren die größten Händler ihrer Zeit, ihr Horizont war gewaltig. Nicht einmal die Friesen, die den Wikingern den Weg wahrscheinlich erst freigaben, nachdem Karl der Große und seine Nachfolger ihre Flotte zerstört hatten, hatten die kalten Meere des Nordens so gründlich erforscht. Ihr Aktionsradius war ozeanisch: entlang der Niederlande, die Normandie hinab und die Seine hinauf bis nach Paris und weiter nach Burgund oder quer über die Nordsee nach England und Irland oder um die Bretagne herum zu den Mündungen der Loire und Garonne, dann über den Golf von Biskaya nach Spanien und Portugal und dort durch die Meerenge von Gibraltar ins Mittelmeer nach Süditalien, Sizilien und in die Levante. Sie kolonisierten sogar Teile von Island, für kurze Zeit Südgrönland und erreichten die Ausläufer von Nordamerika.

Auf dem Weg nach Osten standen ihnen die schwedischen Wikinger an Wagemut nicht nach und drangen von Nowgorod aus die großen Flüsse hinab bis in die Ukraine vor, so die Märkte von Byzanz für die Produkte der nördlichen Wälder erschließend, und gelangten sogar nach Zentralasien hinein. Über Regensburg fuhren sie nach Ungarn und trieben Handel mit den Mitteleuropäern, während die nördliche Route von Lübeck an der Ostsee durch den Finnischen Meerbusen nach Nowgorod oberhalb des Ilmensees, den Weg im Süden nach Smolensk und im Osten nach Jaroslawl und sogar Kasan an der Wolga eröffnete.

So schufen die Wikinger, von den Russen *Waräger* genannt, ein ausgedehntes Handelsimperium über riesige Wald- und Sumpfgebiete sowie die fruchtbare landwirtschaftliche Region in der Umgebung von Kiew. Für die Einheit des Gebietes sorgten langsam fließende, schiffbare Flüsse, Palisadenforts und Handelsposten, welche die Verbindungswege und die Handelsbeziehungen im Winter über das Eis und im Sommer über die Flüsse und Sümpfe aufrechterhielten. Wie alle Skandinavier wußten die *Waräger* eine gute Sache wohl zu schätzen, wenn sie ihrer ansichtig wurden: So gab der Großfürst von Kiew, Wladimir I., im Jahre 988 unter der Bedingung, daß er eine byzantinische Prinzessin zur Frau bekam, seine heidnischen Götter, seine fünf Frauen und achthundert Konkubinen auf – »selbst für einen Wikinger eine extravagante

Zahl, die der Chronist wahrscheinlich übertreibt, um die durch die Taufe bewirkte Wandlung zu unterstreichen«[47] –, wurde ein orthodoxer Christ und sorgte dafür, daß seine Untertanen massenhaft seinem Beispiel folgten. Damals wurde auch die kyrillische Schrift für säkulare wie religiöse Zwecke übernommen.

Jetzt wurde das Kiewer Reich von einer Reihe eindrucksvoller skandinavischer Fürsten regiert. Wladimirs Enkel Jaroslaw der Weise (1019–1054), ein Zeitgenosse von Eduard dem Bekenner von England, dem mehr Erfolg beschieden war als diesem, verband sich durch ein weitgespanntes Netz dynastischer Eheschließungen mit den königlichen Familien von Norwegen, Frankreich und Ungarn. Sein Sohn Isjaslaw blieb da seiner ethnischen Zugehörigkeit treuer, als er eine Polin heiratete, während sich Jaroslaws Enkel unbekümmert mit Gytha, einer Tochter von Harald Godwinsson, vermählte.

Der erste russische Staat war mithin eng verbunden mit Byzanz auf der einen und Mittel- wie Westeuropa auf der anderen Seite. Erst die Katastrophe der Mongoleninvasionen im dreizehnten Jahrhundert, die es vom westlichen Christentum abschnitten, führte zum Zusammenbruch des Kiewer Reiches, so daß sich statt seiner allmählich das Moskowiterreich zum Mittelpunkt russischer Macht und Zivilisation entwickelte.

Normannische Gründungen

Im elften Jahrhundert waren die tatkräftigsten Völker Europas die Normannen im Westen und in Süditalien sowie die *Waräger* des Kiewer Reichs. Trotz aller militärischen Macht und technischen Überlegenheit, trotz kriegerischer Stärke und dem Ansehen als wiedererstandenem Westreich, von Otto II. »römisch« genannt, »heilig« allerdings erst seit der Regierungszeit Friedrich Barbarossas (1150–1190) – trotz all dieser Vorteile verschwendeten die Deutschen ihre Kräfte an den hoffnungslosen Versuch, Deutschland und Italien zugleich in den Griff zu bekommen, während die von Hugo Capet (987–996) gegründete und zu größerem Erfolg bestimmte französische Monarchie bislang nur ein bescheidenes Gebiet um Paris und Orléans besaß. Ihr Einfluß reichte noch nicht einmal bis Chartres oder Blois, und das Gebiet nördlich von Amiens stand unter der Herrschaft des Grafen von Flandern.

878 hatte sich die Hauptarmee der Normannen nach der Niederlage gegen Alfred den Großen in Wiltshire in die Niederlande zurückgezogen, wo sie drei Jahre später Karls des Großen Palast in Aachen plünderten. 885 und 886 belagerten sie Paris und wurden von Karl dem Dicken, einem selbst für karolingische Maßstäbe ungewöhnlich unfähigen Herrscher, durch einen Tribut beschwichtigt. In der Schlacht von Dyle nahe der holländischen Stadt Maastricht von den Ostfranken besiegt, siedelten sie sich unter ihrem Führer Rollo in dem fruchtbaren Gebiet am Unterlauf der Seine an, das ihnen 911 als Herzogtum Normandie überlassen wurde.

In diesem überschaubaren und fruchtbaren Land, das sich ausgezeichnet zur Züchtung schöner Pferde eignete, brachten sie es zu Wohlstand. Trotz der Fehden wuchs ihre Zahl, und die raubgierigen Söhne gaben sich nicht damit zufrieden, als seßhafte Bauern die üppigen Höfe der Normandie zu bestellen, sondern hatten ein gieriges Auge auf das Inselreich England geworfen, das bereits zum skandinavischen Reich gehörte. Herzog Wilhelm, der illegitime Sohn Roberts I., des Teufels, Herzog der Normandie, hatte den späteren Eduard den Bekenner von England flüchtend aufgenommen, und dieser behauptete jetzt, er habe von ihm die englische Thronanwartschaft versprochen bekommen, während auf den Herrensitzen der Normandie die Barone und ihre Söhne neidisch der Glanztaten ihrer Landsleute im Süden gedachten.

Obwohl weitaus reicher, zivilisierter und mit einem fester verwurzelten Regierungssystem ausgestattet, hatten die insularen und konservativen Angelsachsen und ihre dänischen Herren die neue Art des Reiterkrieges nicht von den kontinentalen Rittern übernommen. Zudem sahen sie sich im Herbst 1066 zu einem Zweifrontenkrieg gezwungen. Nachdem König Harold von England den mächtigen Wikinger Harald Hardrada bei Stanford Bridge in Yorkshire besiegt und getötet hatte, marschierte er mit seinen *Huskarls* südwärts und schlug sein Lager, ohne es nach römischer Art durch Gräben zu sichern, in überraschender Nähe zu einer überlegenen Streitmacht auf. Denn Wilhelm der Normanne, dessen Berufssoldaten es dank der Unfähigkeit der Angelsachsen, sich aufzuteilen, gelungen war, ihre Flotte bei Hastings zu landen, besiegten Harolds wackere Axtkämpfer in einer erbitterten Schlacht durch den kombinierten Einsatz von Bogenschützen und schweren Reitern, die durch eine »vorgetäuschte Flucht« eine schlecht disziplinierte, aber tapfere und hartnäckige Verteidigung überwanden.

Diese entscheidende Schlacht zwang England unter das normannische Joch und bewirkte, daß fortan eine starke, relativ zentralisierte Regierung das Land beherrschte, das ähnlich wie Deutschland in Stammesgebiete aufgeteilt war, nur daß sie hier Grafschaften hießen. So tragisch das Ereignis damals für die Engländer war: die brutale normannische Eroberung durch diese französischsprachige Aristokratie war die Basis der späteren englischen Macht.

Tief im Süden fand das administrative Talent der Normannen sogar noch größere Entfaltungsmöglichkeiten. 1016 hatten normannische Abenteurer Süditalien erkundet, und 1071, lediglich fünf Jahre nach Hastings, hatte Robert Guiscard, damals bereits Herzog von Apulien und vom Papst anerkannt, Bari erobert, womit er das Ende des adriatischen und byzantinischen Versorgungsweges nach Konstantinopel beherrschte. Ebenso entschlossen und fähig wie Wilhelm der Eroberer hatte dieser wilde und verschlagene Sohn von Tancred de Hauteville, einem Provinzadligen aus der Normandie, seine Laufbahn als Söldnerführer in Kalabrien begonnen. 1076 nahm er Salerno, 1082 Durazzo und Korfu. Damit machte er die Normannen zu Herren über Süditalien und die Straße von Otranto sowie zum Hauptverbündeten des Papsttums gegen die Deutschen. Bald besaßen sie auch Sizilien und wurden zu einer gewaltigen, außerordentlich straff organisierten Macht im Mittelmeer, in deren glänzender Zivilisation sich arabische, katholische und byzantinische Kultureinflüsse mischten.

Bei R. W. Southern heißt es über die Normannen: »Von ihrer Schutzburg Normandie zogen sie aus, England und Süditalien zu erobern und eine führende Rolle in den Kreuzzügen zu spielen. Ein Instinkt schien sie immer zur rechten Zeit an den rechten Ort zu führen. Sie kamen zu einem Zeitpunkt nach England, als das Land unschlüssig schwankte zwischen größerer Annäherung oder entschiedenerer Loslösung von der Kultur und politischen Organisation Europas und beantworteten die Frage für den Rest des Mittelalters, indem sie sich für die erste Möglichkeit entschieden. Sie wandten sich in dunklen und unruhigen Zeiten nach Süditalien, als dort katholische, griechische und islamische Einflüsse hart aufeinanderprallten. Und diese Frage beantworteten sie ein für allemal, indem sie sich für den ersten der genannten Einflüsse entschieden.«[48]

Nicht minder entscheidend war in Osteuropa der Einfluß der *Waräger.* Die moderne Forschung bestätigt die skandinavische Herkunft und Zugehörigkeit der russischen Großfürsten bis ins elfte Jahrhundert. Im Westen wie im Osten verstanden die Wikinger es glänzend, sich zivilisierten Verhältnissen anzupassen, und der Einfluß ihrer direkten Nachkommen stand in keinem Verhältnis zu ihrer Zahl. Sie hatten mehr Initiative, größere administrative und juristische Begabung und mehr Glück als irgendein anderes Barbarenvolk.

5. Konsolidierung und Expansion

Das Wiedererstarken des Westens im elften Jahrhundert, das auf der Zunahme von Bevölkerung und Reichtum beruhte, den Voraussetzungen der kulturellen Blütezeit im zwölften Jahrhundert, wurde in Deutschland und Italien durch den Konflikt zwischen Papsttum und Reich gebremst, der lange Zeit die katholische Christenheit entzweite. Besser organisierte Reiche entwickelten sich im normannischen England und im gleichfalls normannischen Sizilien, dann allmählich auch in Frankreich. Nur die Gebiete entlang der Ostseeküste, wo sie auf verhältnismäßig schwachen Widerstand stießen, konnten sie fest im Griff behalten.

Möglicherweise zum Glück für den Westen hemmte der hartnäckige und scheinbar so sinnlose Konflikt zwischen Päpsten und Kaisern die politische Entwicklung Mitteleuropas, indem er die Einheit von Kirche und Staat zerriß, die in Byzanz fortbestand. Dank dieses Konfliktes wuchs im Laufe der Zeit auch die Aussicht auf eine vielfältigere und dynamischere Zivilisation, als nämlich die Vision einer kosmopolitischen, von der katholischen Kirche kontrollierten Christenheit angesichts der Konsequenzen dieses Kampfes verblaßte. Die Kirche verlor das an Autorität, was sie kurzfristig an weltlicher Macht hinzugewann.

Historisch gesehen erwuchs der Konflikt gerade aus dem Erfolg der Kirche und der Verantwortung, die er ihr auferlegte, sowie aus dem Versagen des karolingischen Reiches. Als die Nachfolger Karls des Großen immer schwächen wurden, immer häufiger auf Reisen weilten, immer mehr an Macht einbüßten, konnten sie nicht mehr als Gönner oder auch nur Schutzherren der Kirche in Erscheinung treten. Ja, es mochte sogar vorkommen, daß sie aus dem dringenden Bedürfnis nach Verteidigungsmitteln und Einkünften kirchliche Besitztümer plünderten und zum Nachteil des Klerus Erzbischöfe ernannten, deren Loyalität mehr dem Kaiser galt als Rom. Für den Klerus bot sich neben dem Monarchen als alternative Schutzmacht nur der Papst, und es ist charakteristisch, daß der größte Teil der um 853 entstandenen *Pseudoisidorischen Dekretalen,* die Isidor von Sevilla – wem sonst? – zugeschrieben werden und die die päpstliche Autorität stärken sollten, wahrscheinlich nicht in Rom, sondern in Reims angefertigt worden sind.[49] Der Erfolg der Kirche führte auch zu vermehrten und immer schwierigeren Anfragen in Rom, als der letzten Entscheidungsinstanz. Das Kirchenrecht war weit vernünftiger und umfassender als alles, was damals zur Verfügung stand. Nimmt man dazu die wachsende Bedeutung der »reformierten« oder neuen Mönchsorden wie die Zisterzienser, die der Rechtsprechung des Papstes unmittelbar unterstellt waren, sowie die zunehmende Abhängigkeit der weltlichen Herrscher von der höheren Geistlichkeit, so werden die Reibereien zwischen Papst und Kaiser und der Investiturstreit verständlicher.

Trotzdem war der Konflikt grundsätzlich ideologischer und mithin irrationaler Natur. Islamischer Fanatismus und der Ansturm der heidnischen Wikinger hatten einen entsprechenden Fanatismus bei den Christen hervorgerufen, der naiv zum Ausdruck kam in den zeitgenössischen Berichten über den ersten Kreuzzug und in dem ungeheuer populären *Rolandslied*. Hinzu kam, daß sich die dogmatischen Streitigkeiten zwischen den Byzantinern und Papst Leo IX. (1049–54) zuspitzten. Die Ostkaiser mißbilligten das päpstliche Bündnis mit den ihnen feindlichen Normannen in Stüditalien, und die Päpste wollten ihre Unabhängigkeit dokumentieren. Kenner der arianischen Ketzerlehren werden vielleicht begreifen, was die Byzantiner dagegen einzuwenden hatten, daß die Katholiken *Filioque* (*und* vom Sohn) zum Glaubensbekenntnis hinzufügten, um damit zum Ausdruck zu bringen, daß der Heilige Geist auch von dem von Gottvater unterschiedenen Christus ausgehe, womit die Lehre von der unteilbaren Trinität – der Dreieinigkeit – untergraben wurde. Auch war den Byzantinern schwerlich ein Vorwurf daraus zu machen, daß sie beim Taufakt auf vollständigem Eintauchen bestanden. Außerdem behaupteten sie, die Katholiken würden am falschen Tage fasten, und tadelten sie, da sie ihren Priestern erlaubten, sich zu rasieren. Diese schwerwiegenden Meinungsverschiedenheiten – und die erste ist nicht, wie häufig angenommen, spitzfindig, sondern von tiefreichender Bedeutung – wurden jetzt durch politische Differenzen verschärft.

Aus diesem Grunde hielt Leo IX. sich an sein Archiv, das die gefälschte *Konstantinische Schenkung* enthielt. Zwar hatte sie sich zwischen den *Pseudoisidorischen Dekretalen* befunden, war aber älter als diese: 753 war sie angefertigt worden, als Papst Stephan II. im Begriff war, nach Gallien aufzubrechen, um sich die Unterstützung von Karls des Großen Vater Pippin gegen die Langobarden zu sichern, die das ursprünglich byzantinische Exarchat Ravenna den Päpsten fortgenommen hatten. Pippin, der nach der Usurpation des merowingischen Throns die Anerkennung durch den Papst brauchte, hatte die Langobarden pflichtgemäß vertrieben und das Territorium dann, obwohl die Byzantiner es reklamierten, dem Papst übergeben. Abgesehen von gegenseitigem Interesse, welches das Geheimnis erfolgreicher politischer Einigkeit ist, war Pippin zweifellos auch beeindruckt, als seine Experten ihn von der Existenz jener Schenkung in Kenntnis setzten, durch die Konstantin angeblich Rom und das gesamte Westreich dem Heiligen Stuhl überlassen und sich selbst auch deshalb nach Konstantinopel begeben hatte, um dem Papst nicht ins Gehege zu kommen. Die entscheidende Passage lautete: »Siehe, wir übergeben und überlassen unserem allerheiligsten Pontifex unseren Palast, unsere Stadt Rom nebst allen Provinzen, Palästen und Städten Italiens sowie die westlichen Gebiete und verfügen, daß sie seiner und seiner Nachfolger Herrschaft unterstellt werden sollen.« Sogar Konstantin und die byzantinischen Kaiser galten als bloße »Lehnsmänner« Gottes, insofern dem Papst untergeordnet, der Gottes Repräsentant auf Erden war. Pippin hatte, wie Chlodwig vor ihm, einen mächtigen, vielleicht gefährlich mächtigen

Verbündeten gefunden, und Leo IX. und seine Nachfolger beriefen sich in gutem Glauben auf dieses Dokument, das allgemein anerkannt war, bis der Renaissancehumanist Lorenzo Valla es als Fälschung entlarvte.

Gregor VII. (1073–85), ein aus der Toskana gebürtiger kluniazensischer Mönch, der vor seiner Wahl Hildebrand hieß, erweiterte jetzt diese Ansprüche. Er war besessen von der Vision einer unter der Ägide der katholischen Kirche vereinten Christenheit und war entschlossen, eine gereinigte Kirche – in der Welt, aber nicht von dieser Welt – zur höchsten geistlichen Autorität der Christenheit und des gesamten Globus zu erheben; auch die Byzantiner sollten sich unterordnen. Und in diesem »ideologischen« Konflikt verfügten die Päpste über eine Trumpfkarte – »der unvergleichliche Vorteil, den das Papsttum gegenüber anderen Institutionen besaß, war der eigene ideologische Gedächtnisspeicher, die päpstlichen Archive«.[50]

Theoretisch war die mittelalterliche Gesellschaft ein Spiegelbild der Himmelshierarchie, in der Christus als höchster Richter fungierte. Wie die »Seele« dem Körper als vorgeordnet galt, so war die Kirche, für die sich der Papst vor Christus zu verantworten hatte, theoretisch jeder weltlichen Macht überlegen. Laut Gregor VII. waren der Ost- und der Westkaiser die »säkularen Arme« der Kirche – keine neue, von kluniazensischen Reformern verkündete Doktrin, sondern so alt wie die Staatslehre des Augustinus. Als »Statthalter Petri« nahm Gregor VII. deshalb göttliche Billigung für seine Verfügungen in Anspruch, da »das ganze Universum der Römischen Kirche gehorchen und sie verehren muß«. Es war der Anspruch eines Priesterkönigs – *Rex-Sacerdos*.

Mit der Logik des ideologisch Besessenen ließ Gregor keine Abstriche an seiner Position zu. Niemand dürfe über einen Papst Gericht halten; die Römische Kirche habe nie geirrt und könne niemals irren; der Papst könne Kaiser absetzen; der Papst dürfe auch Untertanen von ihrem Treueid entbinden, er allein könne Bischöfe absetzen, wiedereinsetzen oder versetzen. Er allein könne Konzilien einberufen und verfügen, daß eine Anrufung des päpstlichen Gerichtes die Urteile untergeordneter Gerichte kassiere. Aus gutem Grund sollten »alle Fürsten dem Papst die Füße küssen«, während ein ordnungsgemäß geweihter Papst »durch die Verdienste des heiligen Petrus zwangsläufig zum Heiligen« werde.[51]

Solche Ansprüche dürften selbst das elfte Jahrhundert verblüfft haben, und dem jungen Kaiser Heinrich IV., der sich gerade mühsam in Erbfolgestreitigkeiten durchgesetzt hatte, müssen sie den Eindruck vermittelt haben, nun sei ihm die Herrschaft über die deutschen Lande vollends unmöglich gemacht worden. Er beschloß, zuerst zuzuschlagen. Deshalb berief er 1076 die deutschen Reichsfürsten zu einem Reichstag nach Worms ein, wo er den unmöglichen Papst für abgesetzt erklärte. Daraufhin exkommunizierte Gregor ihn, was viele deutsche Fürsten und italienische Städte zum Anlaß nahmen, sich gegen den Kaiser aufzulehnen, während der Papst sich anschickte, sich in eigener Person nach Deutschland zu begeben, um in Augsburg zu »vermitteln«. Um dieser zweifellos parteiischen »Vermittlung« zuvorzukommen, machte sich Heinrich sogleich selbst an die Überquerung der Alpen, die er in einem besonders strengen Winter am Mont Cenis vornahm, woraufhin er – im Büßergewand – den Papst in Canossa abfing – ein gerissener Schachzug. Gregor konnte ihn als »Büßer« schwerlich zurückweisen, obwohl er den Kaiser immerhin drei Tage in der Kälte ausharren ließ und ihm auch dann nur unter der Bedingung Absolution erteilte, daß es zur vorgesehenen Schlichtung kommen würde. Aber Heinrich hatte, entgegen der verbreiteten Auffassung, einen diplomatischen Sieg errungen – denn aus verschiedenen Gründen fand dieses Schiedsgericht nie statt. Außerdem hielt er sich, als er schwor, ein Hintertürchen offen, indem er versprach, sich entsprechend des päpstlichen Rates zu einer Übereinkunft bereitzufinden, »wenn nicht ein schwerwiegender Hinderungsgrund ihn oder mich abhalten sollte«.

Dank der päpstlichen Exkommunikation wählten die rebellischen Fürsten nun einen neuen Kaiser – Herzog Rudolf von Schwaben. Der Krieg schleppte sich hin, und 1080 wurde Heinrich von Gregor abermals gebannt. Aber dieser zweite Bann verpuffte wirkungslos. Ein Reichstag zu Brixen erklärte erneut die Absetzung des Papstes und setzte den Erzbischof von Ravenna als Gegenpapst Klemens III. ein.[52] Dann fiel Rudolf von Schwaben auf dem Schlachtfeld, und Heinrich IV. stellte ein Heer auf, das groß genug war, um mit ihm die Alpen zu überqueren, die Italiener zu besiegen und Rom zu belagern, das er 1084 einnahm. Aber während Heinrich IV. von seinem eigenen Papst gekrönt wurde, verschanzte sich Gregor erfolgreich in der Engelsburg, ursprünglich Hadrians Mausoleum.

Jetzt zahlte sich das 1058 zwischen den Normannen in Süditalien und dem Papst geschlossene Bündnis aus: Robert Guiscard, Herzog von Apulien, dessen kriegstüchtige Normannen und Sarazenen die Deutschen davonjagten, befreite Gregor aus seiner Bedrängnis, unterzog aber Rom einer Plünderung, die allem Anschein nach die der Vandalen noch in den Schatten stellte. Dann starb die Ursache all dieser Katastrophen in Salerno, wie alle Fanatiker seines Schlages davon überzeugt, er habe immer recht gehabt. Der Überlieferung zufolge erklärte er in selbstgerechter Bitterkeit: »Ich habe die Gerechtigkeit geliebt und die Schlechtigkeit gehaßt, deshalb sterbe ich im Exil.«

Und doch war Gregors VII. Niederlage nur scheinbar. Indem er seine Ansprüche mit so klarer und kompromißloser Autorität stellte, wobei er die mittelalterliche Sehnsucht nach einer geordneten Hierarchie in einer chaotischen Welt ansprach, steigerte er das Ansehen des Papsttums, und als Odo von Châtillon-sur-Marne als Urban II. (1088–1099) Papst wurde und Gregors Projekt, die heiligen Stätten durch einen Kreuzzug aus den Händen der Muslime zu befreien, zu neuem Leben erweckte, war es ein Papst, kein Kaiser, der zum ersten christlichen *Dschihad* aufrief. Mit der Übersteigerung seiner Ansprüche hatte sich Gregor VII. als Experte auf dem Gebiet geistlicher und politischer Kriegführung erwiesen: Er hatte einen eindrucksvollen und faszinierenden Mythos geschaffen.

Klosterreform

Die Kräfte in Europa, die Gregors absoluten Autoritätsanspruch unterstützten, waren über einen langen Zeitraum gewachsen. Zu merowingischer, karolingischer und ottonischer Zeit waren Herrscher und Klerus sich in dem gemeinsamen Bemühen einig gewesen, den Fortbestand der Gesellschaft überhaupt zu gewährleisten und sie vor heidnischen und islamischen Angriffen zu schützen. Im Verlaufe dieses Verteidigungsprozesses hatte sich die Vorstellung von einer abendländischen Christenheit herausgebildet und verfestigt. Sie tritt nicht nur in den Schriften der kluniazensischen Kirchenmänner zutage, sondern ebenso in den Heldenliedern, die sich großer Beliebtheit in der wagemutigsten weltlichen Klasse erfreuten – in der der Ritter. Die Vorstellung war das Gegenstück zur islamischen Idee und genauso militant wie diese.

Auch das von Benediktinermönchen verwirklichte Ideal der Zurückgezogenheit und Selbstgenügsamkeit in einer zerfallenen Zivilisation wurde jetzt vielfältiger und tatkräftiger, seine Reform ging von der 910 gegründeten burgundischen Benediktinerabtei Cluny aus. Klöster scheinen ständig des Reformers zu bedürfen. So wurde der heilige Berno, der erste Abt, nachdem er sich wegen seiner Strenge weithin einen Ruf geschaffen hatte, schon bald als Ratgeber und »Reformer« in Anspruch genommen, desgleichen sein Nachfolger, der heilige Odo. In Sarlat, Limoges, Sens, Fleury etwa hatten die verführerischen Seiten einer durchaus schon französischen Lebensweise zu einem gewissen Wohlleben geführt; damit wurde jetzt Schluß gemacht, und natürlich bedurften auch in Rom ältere und angesehenere Stiftungen unübersehbar der »Reform«.

Abt Odo war ein fleißiger und berühmter Mann – und ein schlauer dazu. Er wandte sich zunächst an die Laienschirmherren und wies sie darauf hin, daß die Gebete der Mönche in den von ihnen gestifteten Klöstern auch für Stifter und deren Verwandte wirkungslos blieben, wenn das Leben der Mönche so wenig erbaulich sei. Mit Unterstützung des Schirmherren suchte er dann das Kloster auf, wo er nach einigen energischen Untersuchungen und Ermahnungen einen »harten Kern« überzeugter Mönche bildete, mit dem er bis zu seiner Rückkehr in Kontakt bleiben konnte. Diese seither oft geübte Technik führte zu engen und dauerhaften Verbindungen, und Ende des elften Jahrhunderts hatte er ein Netz »reformierter« kluniazensischer Abteien und Priorate geknüpft, dessen Mittelpunkt Cluny selbst bildete. Die aufgeweichte Benediktinerregel wurde erneut gestrafft und das wichtige *Opus Dei* ausgebaut, während Architektur und Plastik farbiger und prächtiger wurden und eine strengere und einheitlichere Disziplin Platz griff. Vorbei waren die Tage, da irische Missionare den Kontinent durchstreiften und Klostergemeinschaften gründeten, wo und wie es ihnen in den Sinn kam.

Im Laufe der Zeit wurde der Eifer der kluniazensischen Benediktiner von dem der Zisterzienser, der »Weißen Mönche«, in den Schatten gestellt, eines Ordens, der 1098 im gleichfalls burgundischen Solesmes gegründet wurde, wo möglicherweise die örtliche Tradition des Wohllebens schon so ausgeprägt war, daß der Versuchung zu widerstehen besonders schwer wurde. Drei Jahre nachdem Urban II. zum ersten Kreuzzug aufgerufen hatte, siedelten sie sich südöstlich von Dijon in Cîteaux an der Côte d'Or an, weil sie die Annehmlichkeiten ihres Ursprungsklosters ablehnten.[53] Ihr Bestreben war nicht, die Benediktinerregel zu verändern, sondern sie strenger, weniger »weltlich« zu machen. Da sie auf die üblichen Einkünfte aus Zehnten, Pachtgeldern und Abgaben verzichteten, mußten die Zisterzienser selbst arbeiten: *Laborare*, sagten sie, *est orare*. (Arbeiten ist beten.) Sie machten aus dem Entbehrungsreichtum einen Kult und bewunderten die Eremiten. Mit fast manichäischer Strenge verzichteten sie nicht nur auf die Freuden von Tisch und Bett, sondern auch auf die der Wissenschaft, der Kunst und der Musik.

Die Ironie wollte, daß ihr Entschluß, in die Wildnis zu gehen, letztlich zu Reichtum führte, denn der jungfräuliche Boden, den sie bestellten, erwies sich als fruchtbar. Die öden Moore und das grasbedeckte Hügelland stellten sich als ausgezeichnete Schafweiden heraus, und sie leisteten Pionierarbeit für die mittelalterliche Schafzucht und Schafhaltung.

Obwohl jedes Kloster autonom war, kamen alle Äbte jährlich in Cîteaux zusammen, und die Disziplin war überall gleich. Die ursprüngliche Anregung ist weitgehend dem Engländer Stephen Harding aus Sherborne in Dorset zu verdanken, doch die Hauptexpansion des Ordens fand unter der Führung des heiligen Bernhard statt, der unerbittlich streng und außerordentlich wortgewaltig war und 1115 zum Abt von Clairvaux ernannt wurde. Mithin fällt die spektakulärste Ausweitung des Ordens ins zwölfte Jahrhundert, als zisterziensischer Geist die Phantasie eines tatkräftigen Zeitalters beschäftigte.

Der Ritterstand

Wenn eine Quelle erneuerter europäischer Tatkraft die Visionen asketischer Mönche und die Politik fanatischer Päpste waren, so war eine andere der Ritter mit seinem christianisierten Tapferkeitsideal.

Schwerbewaffnete Reiterei, ursprünglich im Iran gegen die Eindringlinge aus der Steppe verwendet, hatte gegen Ende der römischen Zeit die Schlachtfelder erobert, und die Einführung der wahrscheinlich aus dem Osten kommenden Steigbügel erhöhte die Wirkung noch, so daß die Reiter in ottonischer Zeit die Schlacht bereits beherrschten. Selbst der byzantinische Panzerreiter, der mit einem ganzen Sammelsurium verschiedenster Waffen behängt war, wurde jetzt vom abendländischen Ritter in seiner Rüstung in den Schatten gestellt, der ein Kettenhemd über einem Lederkoller trug, seine linke Seite mit einem langen dreieckigen Schild schützte und weit hinten in seinem schweren Kriegssattel saß, so daß er jetzt mit der Lanze angreifen und das schwere Schwert oder, wenn er ein streitbarer Bischof war, die Keule niedersausen lassen konnte, ohne bei einem Fehlhieb vom Pferd zu fallen. Aber die

Rüstung war, ebenso wie das dressierte Schlachtroß, recht teuer, und der Ritter konnte sie ohne fremde Hilfe weder an- noch ablegen. Das Schlachtroß, der *Destrier*, mußte ausgeruht in den Kampf ziehen, so daß der Ritter unterwegs ein zweites Tier brauchte. Das Tragtier mitgerechnet waren also mindestens drei Pferde notwendig, zudem der dazugehörige Pferdepfleger sowie ein Edelknabe oder Knappe, um beim An- und Ablegen der Rüstung zu helfen. Man schätzt, daß zu einer »Lanze« eine Einheit von sechs Männern gehörte, »etwa die Größenordnung einer Panzerbesatzung«.[54]

Niemand konnte angesichts so spezialisierter Kriegstechniken auf dem Schlachtfeld überleben, geschweige denn siegen, der nicht von Kindesbeinen an dafür erzogen war. Diese Elitekrieger waren schon seit langem Berufssoldaten, deren Rang von der Qualität ihrer Waffen und Pferde bestimmt wurde. In einer Zeit, da Bargeld knapp war, brauchten sie zu ihrem Unterhalt Land und Bauern, daher jene bereits beschriebene »feudale« Regelung: für Kriegsdienste gab es Ländereien und damit Burgen zu dessen Verteidigung. Fast überall in Westeuropa hat sich auf die eine oder andere Weise und meist auf dem flachen Lande diese »Feudalklasse« herausgebildet; aber sie war noch kein Adel. Der Zusammenbruch der antiken Sozialordnung mit ihren Senatoren und Großgrundbesitzern war begleitet vom Verfall sozialer Unterscheidungen in den archaischen Gesellschaften, die sich spiegelten im unterschiedlichen Wer- oder Blutgeld für Angehörige der Herrschersippen und für gewöhnliche Sterbliche. In einer Gesellschaft, deren Unterschiede sich verwischten, haben Söhne von Bauern und sogar von Leibeigenen ihr Glück gemacht. Auch die zu Ende gehende karolingische Zeit bot dem Begabten Gelegenheit zur Karriere, vor allem wenn seine Begabung auf militärischem Gebiet lag. Es war »eine Zeit kurzer Stammbäume«.[55]

Entscheidend war der Besitz einer Rüstung, von Waffen und eines guten Schlachtrosses. Das, und nicht wie im späteren Mittelalter Wappen und Herkunft, war bestimmend für den Status. Nur kämpferische Leistung sicherte das alles entscheidende Lehen, einschließlich der dazugehörigen Burg, der ritterlichen Privilegien und der entsprechenden Lebensweise.

Im elften Jahrhundert, als sich das *Rolandslied* allgemeiner Beliebtheit erfreute, begann eine Aura von Heldenromantik die nüchterne Wirklichkeit der Lehnsherren und ihrer Kriegführung zu verklären, und unter den Rittern breitete sich allmählich ein gewisser Korpsgeist aus. Sie sahen auf die von Herrschern angeworbenen Söldner herab – schon Wilhelm II. von England verfügte über solche Truppen –, während unter den jungen Rittern bei Hofe eine neue Wertschätzung der Eleganz und gar des Stutzertums aufkam, die den Klerus so schockierte, daß er sie das »normannische Laster« nannte. Gegen Ende der karolingischen Zeit noch waren die Feudalherren roher und ungebildeter gewesen und hatten ihre Zeit mit Jagd verbracht, wenn sie nicht im Kriege waren, wozu natürlich auch die Fehde, der Privatkrieg, und die Aufsagung der Lehnstreue, der offene Widerstand gegen einen Oberherren – ein korrekter und zulässiger Vorgang – gehörten. Auch hatten sich die komplizierten Waffengesetze noch nicht herausgebildet, die im späten Mittelalter für die formelle Regelung eines Konfliktes sorgten. Ließ man die frühmittelalterlichen Ritter auf die Heiden los, so taten sie sich – wie die Kreuzfahrer, die Jerusalem nahmen – keinen Zwang bei Raub und Totschlag an.

Sobald der Ritter ein Lehen ergattert hatte, mußte er sich nach Betätigungsfeldern für seine jüngeren Söhne umsehen. Sie waren zahlreich, und aus ihren Reihen kamen die Ahnherren einiger der größten normannischen Familien. In Süditalien erwiesen sich die Söhne Tancreds von Hauteville als eine Familie erfolgreicher Beutemacher, und viele der unbedeutenderen Abenteurer und jüngeren Söhne, die »mit dem Eroberer« nach England kamen, erhielten große angelsächsische Güter und gründeten berühmte Familien.

Die Kreuzzüge

Religiöse Inbrunst beim Klerus und Frömmigkeit, Abenteuerlust und Beutegier der Ritter verbanden sich, als Papst Urban II. auf der Synode von Clermont zum ersten Kreuzzug aufrief. Er wollte die Fehden unter den Feudalherren eindämmen, den Tatendrang der Ritter gegen die Ungläubigen lenken und möglicherweise auch das Schisma von 1054 heilen, indem er den Byzantinern die Hilfe gewährte, um die sie nach der Invasion Anatoliens durch die türkischen Seldschuken gebeten hatten. Weniger dürfte es ihm um das ungewisse und gefährliche Unternehmen der Wiedereroberung von Jerusalem gegangen sein. Im Endeffekt aber ließ er auf das Ostreich ein Heer wilder Franken los, die dem klugen und gebildeten Kaiser Alexios Komnenos Entsetzen einflößten, deren schlechte Manieren von seiner Tochter Anna Komnena lebendig beschrieben wurden, und die alle Muslime in Jerusalem abschlachteten mit Ausnahme des Statthalters und seiner Wachen, die sich freikauften.

Der Papst war im Anschluß an seinen Aufruf in Clermont kreuz und quer durch Frankreich gereist, hatte den Kreuzzug gepredigt, seinen Bischöfen das gleiche aufgetragen und auch Sonderprediger ausgesandt. Wenn es sein Ziel war, die ungebärdigeren Ritter von ihren internen Fehden und Raubzügen abzuhalten, so hatte er Erfolg, denn die Reaktion war schon fast hysterisch. *Facta est igitur motio valida per universos Galliarum regiones* – »es ging eine große Begeisterung durch alle fränkischen Lande.«[56] Der Papst hatte versprochen, daß die Kreuzfahrer ihr Seelenheil finden würden, und daß »wenn irgend jemand irgend etwas entbehren würde, Gott ihm genug geben werde«; so schickten sie sich an, »das Kreuz auf die rechte Schulter ihrer Gewänder zu nähen«, begierig auf ein Abenteuer, das Reichtum in dieser Welt und das Seelenheil in der nächsten versprach. Der Beginn des Kreuzzugs wurde auf den Himmelfahrtstag des Jahres 1096 festgesetzt, und die Aufgebote sammelten sich in Nord- und Südfrankreich, in Flandern und Lothringen und bei den Normannen in Süditalien, die von Bohemund von Otranto, Robert Guiscards enterbtem Sohn, angeführt wurden. Monarchen waren nicht beteiligt. Wilhelm II. *Rufus* von England zog es vor, sein eigenes Reich in den Griff zu bekommen und sich der Normandie zu bemächtigen, die das Erbe seines schwachen älteren Bruders Herzog Robert II. *Curthose*, eines der Führer des Kreuzzugs, war.

Mittlerweile hatte die Begeisterung auch die Bevölkerung des Rheinlands, Flanderns und Nordfrankreichs ergriffen, Menschen, die verstört waren von Pest und Hungersnot und aufgestachtelt durch Volksprediger wie Petrus den Einsiedler. Im Frühling des Jahres 1096 brachen sie mit Kind und Kegel, den Kopf voll wilder Hoffnungen, in hellen Scharen gen Jerusalem auf und meinten einen guten Anfang zu machen, indem sie erst einmal in Köln, Worms, Mainz, Trier und Metz die Juden erschlugen, hatte man sie doch gelehrt, daß die Juden die schlimmsten Feinde Jesu Christi gewesen seien.

Ihre Frömmigkeit brachte ihnen nichts. In Ungarn standen die Magyaren in Reaktion auf die Politik des heiligen Stephan, der das Christentum mit Gewalt eingeführt hatte, im Aufruhr gegen den deutschen Einfluß, und obgleich Ladislaus I., als er 1095 starb, das Christentum und die Autorität der Krone wieder gefestigt hatte, war sein Neffe und Nachfolger Koloman, eine düstere Gestalt in den ungarischen Annalen, in Familienstreitigkeiten verwickelt. So war das Durcheinander im Lande noch schlimmer als gewöhnlich, und die magyarischen Edelleute, für die die zerlumpten Pilger eine unwiderstehliche Beute waren, verfielen wieder in die heidnischen Sitten der Steppe und massakrierten fast alle. Diejenigen, die diese und andere Bauernhorden überlebten, griffen ihrerseits byzantinische Städte an und plünderten sie, woraufhin sie vom Kaiser so rasch als möglich über den Bosporus verschifft wurden, wo sie sich in der Folge völlig heruntergekommen in der Nähe der Hauptstreitmacht der Ritter herumtrieben, auch vor Kannibalismus nicht zurückschreckten und die Türken mit Ekel, ja sogar Furcht erfüllten. Ihr Führer Peter von Amiens überlebte, so daß er sich noch am Gemetzel der Bevölkerung von Jerusalem beteiligen konnte.

Diese finstere Vorwegnahme eines völkstümlichen Antisemitismus' und Wahnsinns ist die Kehrseite der erfolgträchtigeren Begeisterung des eigentlichen ersten Kreuzzugs, denn der Kreuzzug selbst war ein Erfolg. Unter bitteren Entbehrungen durchquerten die Teilnehmer das dürre Innere des sommerlichen Anatoliens – sie waren nicht auf die Idee gekommen, Wasserschläuche mitzunehmen, bis Einheimische es ihnen rieten. Sie schlugen die türkischen Angriffe zurück und nahmen 1098 die strategisch wichtige Großstadt Antiochia. Als es den Fatimiden, den arabischen Herrschern von Ägypten, im folgenden Jahr gelang, sich Jerusalem von den Türken zurückzuholen, waren die Kreuzfahrer so schlau, die Küste hinabzuziehen, als hätten sie es auf Ägypten abgesehen. Die Araber verlegten daraufhin ihre Hauptstreitmacht nach Askalon, woraufhin es für die christlichen Krieger selbst in der Julihitze relativ einfach war, in die Hügel abzuschwenken und Jerusalem zu erobern, während der Nachschub von ihrer Flotte in Jaffa gesichert wurde.

Streitigkeiten unter den Muslimen hatten ihnen die Sache erleichtert: Die schiitischen Araber aus Ägypten verachteten wie die Perser die rohen und erst unlängst bekehrten sunnitischen Türken und hatten ihnen Jerusalem abgenommen, als diese mit der Belagerung von Antiochia beschäftigt waren. Aber die Kreuzfahrer hielten die Türken für bessere Krieger, und umgekehrt sagten die Türken, daß »nur Türken und Franken echte Ritter seien«, und sahen auf die Araber herab. Obwohl die Türken Gefangene als Übungsziele ihrer Bogenschützen benutzten, hat die Vorstellung, daß der »Türke ein Gentleman« sei, eine lange Geschichte.

Die schlimmste Beschwernis bei der Belagerung von Jerusalem war der Durst, aber es gelang den Kreuzfahrern, einen hohen Turm zu erbauen, von dem aus sie auf die Mauern sprangen und bis zu Salomos Tempel in die Stadt eindrangen, wo sie »so entsetzlich wüteten, daß sie bis zu den Knöcheln im Blut ihrer Feinde wateten« *(talis occisio ut nostri in sanguine illorum pedes usque ad cauillas mitterent).*

Daraufhin ergab sich der arabische Emir, während die Kreuzfahrer plündernd und bluttriefend die Einwohner niedermachten, bis sie das Heilige Grab erreichten, wo sie die von Bohemunds Neffen Tancred verschonten Juden auf dem Dach des Tempels verbrannten. Seit Vespasian die Heilige Stadt dem Erdboden gleichgemacht hatte, hatte sie kein solches Massaker mehr erlebt.

Nachdem die Kreuzfahrer veranlaßt hatten, daß die Leichname der Sarazenen »wegen des Gestanks« vor den Mauern auf Pfähle gesteckt und verbrannt wurden, zogen sie hinab in die Ebene von Askalon ans Meer, wo sie die arabische Armee verjagten, die sich daraufhin eiligst nach Ägypten absetzte.

Trotz ihres Sieges und der Einnahme von Teilen Palästinas machten die Franken keine Anstalten, sich zu assimilieren, sondern blieben Besatzungsmacht. Im allgemeinen waren sie zu dumm und zu fanatisch, um die beiden Kulturen miteinander zu verschmelzen, wie es auf Sizilien oder in Spanien gelungen war. So blieben sie eine winzige »kolonialistische« Minderheit, die über eine »eingeborene« Bevölkerung herrschte. Verstärkt wurden sie durch zölibatäre Ritterorden wie die Templer, genannt nach ihrem Hauptquartier, das in der Nähe des jüdischen Tempels in Jerusalem lag, und die Johanniter, der Ritterorden des heiligen Johannes vom Hospital zu Jerusalem, der ursprünglich die Aufgabe hatte, sich um die Kranken zu kümmern. Diese 1119 beziehungsweise 1115 gegründeten Orden sollten die Pilgerschwärme beschützen, die jetzt nach Jerusalem strömten.

Da die wenigen Kreuzfahrer über zahllose Arbeitskräfte geboten, errichteten sie riesige Festungen an strategisch wichtigen Plätzen, wie etwa den riesigen Krak des Chevaliers, aber die Besetzung des Landes war vor allem deshalb von Dauer, weil die türkischen Sultane von Bagdad andere Sorgen hatten und es nicht der Mühe für wert befanden, die Kreuzfahrer aus Jerusalem zu vertreiben. Diese feudalen europäischen Außenposten *d'outre-mer* blieben immer peripher und hingen hauptsächlich von der Seemacht der Venezianer,

Pisaner und Genuesen ab, die die eigentlichen Nutznießer der Kreuzzüge waren und denen Handelsniederlassungen in Akkon, Tyrus, Sidon und Tripolis zugestanden worden waren.

Tatsächlich war die Besatzungsmacht der Kreuzfahrer vom Westen ebenso abhängig wie das heutige Isreal, obwohl die damalige Randzone der europäischen Zivilisation größere Ausdehnung besaß, erstreckte sie sich doch von Antiochia bis Gaza. Von dem Impuls abgesehen, die der Erfolg des ersten Kreuzzugs für den Handel und vielleicht auch für die Vorstellungswelt bedeutete, war das Unternehmen eine Enttäuschung und führte zu den sinnlosen Katastrophen des zweiten und dritten Kreuzzugs.

Ein weit wichtigerer und konstruktiverer Ausdruck europäischen Wiedererstarkens waren die Kreuzzüge in Spanien. Die *Reconquista* begann damit, daß Alfons VI. von Kastilien 1085 Toledo eroberte. 1099, in dem Jahr, da die östlichen Kreuzfahrer in Jerusalem einzogen, wurde sie mit der Einnahme Valencias durch *el Cid* fortgesetzt. Obwohl auch die spanischen Kreuzritter von Rückschlägen nicht verschont blieben, sollten sie überdauernde Ergebnisse erzielen, da die muslimische Zivilisation so verbreitet und so tief verwurzelt, da ihre Architektur, ihre Lebensweise der Iberischen Halbinsel so gut angepaßt war, daß sich die spanischen Christen, obwohl sehr stolz auf ihre westgotische Herkunft, schließlich doch der eroberten Zivilisation und Wirtschaft anpaßten und mit ihr verschmolzen.

Sogar die erst im dreizehnten Jahrhundert unternommenen Kreuzzüge entlang der Ostseeküste brachten für Europa greifbarere Konsequenzen als die Abenteuer jenseits des Mittelmeers. Der 1191 während des dritten Kreuzzugs in Akkon gegründete Deutsche Ritterorden wurde von seinem Hochmeister Hermann von Salza, einem Gefolgsmann Kaiser Friedrichs II., von Palästina nach Osteuropa geführt, wo er sich den alten deutschen Expansionsdrang in das Gebiet der Litauer, Wenden, Balten und Altpreußen zunutze machte.

So zogen die Deutschherren, nach einem Kreuzzug gegen die Kumanen in Ungarn, gegen die heidnischen Pruzzen an der Weichsel, von wo aus sie dem Orden riesige Landstriche bis nach Estland sicherten, und den Keim preußischer Militärtradition legten. Was wiederum für die europäische Geschichte weit bedeutsamer war als die kurzlebigen Kreuzfahrerstaaten in Palästina.

Neue Strukturen

Hinter den Zisterziensern und Kreuzfahrern stand ein massiveres Bevölkerungswachstum und eine leistungsfähigere Wirtschaft, als sie die statische, konservative und agrarische Gesellschaftsordnung der karolingischen Zeit aufzuweisen hatte. Seit der Antike war die Gesellschaftsordnung stets vom Landbesitz geprägt gewesen, und selbst auf dem Höhepunkt der griechisch-römischen Zivilisation hatte man kaum eine Vorstellung von kapitalistischen Investitionen und Unternehmungen gehabt. Die Kirche mit ihrer Abneigung gegen »Wucher« und ihrer Verachtung für »Handel« hatte diese Einstellung übernommen, die auch vom germanischen Kriegeradel geteilt wurde. Jetzt galt es unter Bedingungen, die im Prinzip etwa den Verhältnissen in Nordamerika zur Kolonialzeit vergleichbar waren – wenngleich das Klima günstiger war –, mehr Menschen zu ernähren, und so wurden im elften und zwölften Jahrhundert große, bislang brachliegende Landstriche kolonisiert. Wälder wurden gerodet, Sümpfe trockengelegt, Wiesen bewässert, Polder von der See zurückgewonnen. All das wurde am besten von freien Bauern geleistet, die von der Leibeigenschaft des Lehensgutes mit seinen Hand- und Spanndiensten befreit waren. Grundherren, die ihre riesigen, brachliegenden Gebiete urbar machen wollten, mußten günstige Bedingungen anbieten.

Und es gab bereits Modelle relativer Freiheit: Städte waren zwar bislang Fremdkörper in dieser agrarischen Feudalgesellschaft gewesen, aber die günstiger gelegenen hatten überlebt. Venedig, formell Konstantinopel untertan, hatte stets vom Handel mit der Levante profitiert. Die süditalienischen Häfen hatten unter dem Schutz der Normannen die islamischen Angriffe überstanden und trieben nun Handel mit dem Feind. London und Rouen, Brügge und Gent hatten ihren Handel mit Getreide, Wein und Wolle, mit Fisch, Fellen und Holz ausgebaut, so daß ihre Handelsbeziehungen jetzt nach Spanien und Portugal und entlang der friesischen Küste nach Dänemark und in die Ostsee reichten. Nach der Zähmung der Wikinger eröffneten sich in der Ostsee dem Handel ganz neue Möglichkeiten, während sich die alten, nie ganz unterbrochenen Handelsstraßen in den Süden neu belebten.

Überall auf dem Kontinent wurden neue Städte – *Villeneuves*, *Neustädte, Nowgorods* – gegründet, ein Zeichen für das große Werk der Urbarmachung, das seit Mitte des elften Jahrhunderts Europa veränderte ... »Überall auf dem Gebiet des alten Karolingerreiches führte die wachsende Bevölkerung zur Überfüllung der bewohnten Zentren, von wo aus sich dann Arbeitskräfte ihren Weg tatkräftig durch Brachland bahnten, um neues Ackerland zu erobern.«[57]

Mit dem Wiederaufleben des europäischen Handels und der wirtschaftlichen Expansion gewann das Geld an Bedeutung, und die Grundherren neigten dazu, die Dienstleistungen ihrer Leibeigenen und die Abgaben in Naturalien gegen Bargeld einzutauschen. Die Gesellschaft wurde mobiler. Wallfahrten wurden häufiger: Die Pilgerfahrt nach Santiago de Compostela etwa hatte sich bereits im elften Jahrhundert so eingebürgert, daß sie mit der Wallfahrt nach Rom im neunten Jahrhundert vergleichbar war. Kaufleute taten sich zusammen, um die langen und gefahrvollen Reisen zu teilen, die sie in eigener Person unternehmen mußten, und es entstanden große kosmopolitische Märkte, die durch einen speziellen »Marktfrieden« geschützt und durch Sonderrechte gefördert wurden. Am häufigsten fand man sie an den Handelsstraßen von Italien durch den Süden Frankreichs nach Flandern, in die Champagne und ins Brie. Bereits 1115 gab es einen bedeutenden Markt in Troyes. Ihren Höhepunkt fand diese Entwicklung auf den Märkten von Ypern, Lille und Brügge mit ihren feilschenden Kaufleuten und ihren Lustbarkeiten. Hier wurden Rohstoffe und Textilien aus dem Norden eingetauscht gegen Seide, Gewürze und Luxuswaren aus dem Süden, womit die Verbindung zwischen den beiden weitest entwikkelten städtischen Industriegebieten – den Niederlanden und Norditalien – hergestellt wurde. Auch aus Deutschland, Skandinavien und von den Britischen Inseln kamen Händler, ebenso wie aus Spanien und Portugal. Ihre Blütezeit hatten diese Märkte im zwölften und dreizehnten Jahrhundert, als die Großkaufleute dort, mangels besserer Organisation, selbst erscheinen mußten, aber schon im elften Jahrhundert waren sie eine feste Institution.

Getragen wurden diese Aktivitäten und die Kolonisation in Nordost- und Mitteleuropa von technologischen Errungenschaften, die zu merowingischer Zeit aufgekommen waren und seit langem für größere Produktivität sorgten. Der schwere, von Ochsen gezogene Pflug mit einem Kolter für den Beginn der Furche war wahrscheinlich schon Isidor von Sevilla Anfang des siebten Jahrhunderts vertraut, als er beschrieb, daß der Pflug die Erde »nach oben speit«. Das Kummet, auf das, so unwahrscheinlich es klingt, die griechisch-römische Zivilisation nie verfallen war, so daß die Pferde sogar zu Hadrians Zeiten bei der Arbeit von ihrem Geschirr fast erdrosselt wurden, war in einer der finstersten Zeiten des kulturellen Niedergangs eingeführt worden, und im zwölften Jahrhundert sah man jetzt immer häufiger statt der schon lange bekannten Wassermühle die Windmühle.

Am sinnfälligsten erinnern an dieses Wiedererstarken die riesigen Kathedralen, Klöster und Kirchen, die intakt, restauriert oder als Ruinen überlebt haben. Besonders die Normannen waren gewaltige Bauherren und ebenso bedenkenlos wie die Menschen der Gründerzeit, wenn es galt, sich dessen zu entledigen, was sie für altmodisch hielten. Dort, wo ursprünglich die hölzerne Festung von einem Graben umgeben auf einem strategisch gelegenen Erdhügel stand, wurde ein trutziger Burgfried erbaut, wie in Loches, wo die Größe der Steinblöcke noch heute verblüfft, und die große Halle König Wilhelms II. *Rufus* von England zu Westminster ist, wenn auch unter Richard II. erweitert, so gewaltig, daß sie, wie das Zentralverlies des Londoner Tower, fast unverändert erhalten blieb.

Wenn man bedenkt, daß die Skandinavier, ihren Sagas zufolge, die Gewohnheit hatten, sich gegenseitig in ihren Häusern zu verbrennen, so berührt merkwürdig, daß der Bau von Steinburgen vor dem zehnten Jahrhundert nicht verbreiteter war. Zweifellos haben die Erfahrungen des ersten Kreuzzugs, als die Ritter die kunstvollen byzantinischen Burgen erblickten und sich gezwungen sahen, ihre Belagerungs- und Verteidigungstechniken zu vervollkommnen, zu den neuen Maßstäben beigetragen, die sich etwa um 1100 durchsetzten, während die Normannen auf Sizilien über Handwerker verfügten, die in byzantinischen und sarazenischen Techniken ausgebildet waren, und die Normannen in England über unbegrenzte, wenn auch träge und widerspenstige Arbeitskräfte geboten. Neben der hölzernen Palisade, die selbst behangen mit nassen Fellen leicht Feuer fängt, war der einfachste und auf der Hand liegende Zufluchtsort der aus Steinen erbaute Turm, der in Irland und auf Sardinien schon in prähistorischer Zeit anzutreffen ist, aber zu seiner vollkommensten Form in den Städten Italiens fand, wo die ewigen Fehden zwischen Stadtbewohnern auf engstem Raum ausgetragen werden mußten. Er ist schwerlich die wirksamste Verteidigung bei langer Belagerung, konnte aber als Zuflucht dienen, bis Hilfe eintraf.

Auf die Notwendigkeit dauerhafter, strategisch gelegener Festungen als Bollwerke gegen die Wikingerangriffe ist bereits hingewiesen worden. Solche Plätze an den Biegungen von Strömen und Flüssen wie etwa dem Rhein konnten ebenso leicht dazu dienen, die örtliche Bevölkerung und den Handelsverkehr zu rupfen, wie um diese zu beschützen. Da ferner die ganze Bedeutung eines großen Feudalherren mit seinen weit verstreuten Gütern von der Stärke seiner Hauptburg abhing und die Belagerungstechniken ziemlich primitiv blieben, setzte eine Tendenz zu massiverer Bauweise ein. Zur Regierungszeit von König Stephan in England gelang das im allgemeinen nur durch Aushungern.

Obwohl viele der Kreuzfahrerburgen gewaltige und treffliche Bauwerke waren, entstanden richtige komplexe Burganlagen, wie etwa jene, die König Eduard I. von England baute, um die Waliser niederzuhalten, in Europa erst Ende des zwölften und im dreizehnten Jahrhundert. Im elften Jahrhundert waren die Festungen noch vergleichsweise primitiv und wurden normalerweise nur bei Gefahr und zur Vorratshaltung benutzt, da sie sehr unbequem gewesen sein dürften.

Die eigentlich bedeutsamen Kunstwerke romanischer Architektur jedoch enstanden unter der Schirmherrschaft der Kirche. Ursprünglich handelte es sich dabei um die Erweiterung römischer Bauwerke durch einen Gang mit runden Bögen, die von kräftigen Pfeilern und dick einzementierten Mauern getragen wurden und sich zu Kreuzgratgewölben erweiterten, wenn zwei Tonnengewölbe rechtwinklig miteinander verbunden wurden. Dank dieser Neuentwicklung entstand etwa das Kreuzrippengewölbe der Kathedrale von Durham (1104), das weit höher und eindrucksvoller ist als die Decke irgendeiner christlichen Basilika aus römischer Zeit. Die Portale – wie etwa das byzantinische von San Marco in Venedig – sollten dem Analphabeten die wichtigsten Bibelszenen nahebringen. Aber anstelle der Mosaike nahm man jetzt Skulpturen vor dekorativem Hintergrund. So fanden die Bildhauer wie im antiken Hellas ein weites Betätigungsfeld, was sie im dreizehnten Jahrhundert zum Beispiel in Chartres weidlich nutzten. Die große Kathedrale von Santiago de Compostela im Nordwesten Spaniens sollte in ihren breiten Arkaden die Pilgerscharen aufnehmen, die bereits die lange Pilgerstraße durch Frankreich benutzten, ihrerseits gesäumt von Heiligtümern und Kirchen in kunstvollem romanischen Stil: so etwa die Kluniazenserabtei von Saint-Pierre in Moissac, über deren Westtor sich ein Knäuel spannungsgeladener menschlicher Gestalten und Fabeltiere um einen Schöpfer mit majestätischem Bart gruppiert. Dort scheine – wie Kenneth Clark schreibt – »der verantwortliche Bildhauer ein hochgradiger Exzentriker gewesen zu sein, eine Art El Greco der Romanik« und wo, da »das kluniazensische Ornament, wie uns die Handschriften zeigen, ursprünglich wohl in strahlenden Farben ausgemalt wurde, ... (die Tiere) ein noch grimmigeres, tibetanisches Aussehen besessen haben müssen als heute«.[58]

Diese Form der Skulptur erreicht einen makabren Höhepunkt in Autun und Vézelay in Burgund, wo unheimliche Motive mit primitiver, aber geschickter Übertreibung ausgeführt sind, wenngleich sich diese fast hinduistisch anmutende Überladenheit an einem der ruhigsten, lichtesten und erhabensten Kirchenschiffe der Romanik entfaltet, unter Gewölbebögen, in denen sich helle und dunkle Steine abwechseln.

In rückständigeren Gebieten, wie zum Beispiel den englischen Dörfern, war die Portaldekoration außerordentlich einfach und bestand oft nur aus Vorsprüngen und Zickzacklinien. Gelegentlich wurde – wie in Fordington in Dorset – ein plumper Kreuzritter ausgemeißelt, der einen Muslim mit seiner Lanze tötet.

So eindrucksvoll und prächtig das Innere romanischer Kathedralen auch heute noch erscheint – etwa die großen Streifenmuster von Durham oder Norwich oder die verwickelten Zeichnungen von Ely –, sie sind für einen farbigen Putz entworfen worden und vermitteln nur noch einen schwachen Abklatsch ihrer einstigen stupenden Wirkung.

Das Rolandslied

Zu Beginn des zwölften Jahrhunderts wußte sich die Gesellschaft trotz des Konfliktes zwischen Kaiser und Papst an ihrer Spitze und den Spuren heidnischen Wesens an ihrem Grunde in gemeinsamen Grundüberzeugungen einig, und die Krieger konnten – schlicht wie in Fordington oder imposant wie in Compostela – im Kampf gegen die Heiden dargestellt werden. Und wie sich der Aufschwung dieser Zeit ausdrückt in den romanischen Bauwerken und deren Schmuck, begegnet uns jetzt auch eine neue epische Dichtkunst. Die Auffassung des Ritterstandes wird zusammengefaßt und überhöht im ersten berühmten Heldenepos des alten Frankreich. *La chanson de Roland*, das um 1110 entstand, ist ein herrliches Gedicht in kurzen Strophen, das zur Laute oder Gitarre in einem klangvoll assonierenden Metrum vorgetragen wurde.[59] Dieser *style noble* macht uns sogleich mit Karl dem Großen bekannt:

Carles li reis, nostre emperere magnes,
Set ans tuz plein ad estet en Espaigne,

»nun volle sieben Jahre in Spanien«. Er ist nicht mehr der deutsch-fränkische Herrscher der Geschichte, sondern

L'emperer Carles de France dulce – »des süßen Frankreich«.

Die Geschichte ist einfach und einprägsam: Der schurkische Ganelon läßt sich von den Muslimen bestechen und verrät Karls Neffen Roland, den Grafen der Bretagne, und seinen Freund Oliver, woraufhin beide den Tod in Roncevalles finden – ein Schicksal, das Roland sich durch seinen strafwürdigen Hochmut zuzieht.

Li soens orgoitz le devreit ben cunfundre.

Abgesehen von seinem hohen dichterischen Rang bietet das Epos auch lebendige Charakterzeichnung und liebevolle Einzelheiten. Wie die Schwerter tragen auch die *Destriers* (Schlachtrosse) Namen: *Tachebrun, Veillantif.* An einem Muslim ist »nichts weiß als seine Zähne«; in einer Krise zieht Ganelon »sein Schwert *zwei Zoll* aus der Scheide«. Turpin, der kämpferische Erzbischof von Reims, ruft aus: *Fel seit ki ben n'ferret* – »Schande über den, der nicht tüchtig zuschlägt«, und nach der Vorstellung dieser normannischen Franzosen gehörten zu einem angemessenen Tribut, den die Araber Karl dem Großen zu entrichten hätten, Bären (*urs*), Löwen und Hasenhunde, siebenhundert Kamele und vier Maultiere, beladen mit »arabischem Gold«.

Karl der Große, »zweihundert Jahre alt«, liebt rätselhaftes Schweigen und ist von langsamer Rede:

Sa costume est peroler a lieser.

Er zerrt an seinem Bart, schwört bei ihm, zwirbelt seinen Schnurrbart:

Si duist sa barbe a faitad sun Gernun,

und scheint meist traurigen Gedanken nachzuhängen.

Zweifellos hat dieses Bild, das seinen Bart und sein ungeheures Alter herausstrich, zur Entstehung der späteren Legende beigetragen. Die Barone, angefangen mit Roland und Oliver, besitzen ein empfindliches Ehrgefühl, das ihr Leben und ihr Sterben beherrscht, und Gott erscheint als oberster Lehnsherr, dem Roland im Tode »seinen Handschuh bietet, um sich von seinen Sünden zu reinigen« und um darzutun, daß er seine Pflicht getan hat. Das Ganze vor einem eindrucksvollen Hintergrund:

Halt sun li pui et li val tenebrue

»Hoch sind die Berge und tief die Täler« der Pyrenäen.

Von klarer Kontur, einleuchtend, schlüssig und einfach war diese französische Welt, ganz anders als die düstere nordische Szenerie des *Beowulf* mit seinen nebelverhangenen, von Ungeheuern bevölkerten Sümpfen und Beowulfs rohen Gefährten, die dessen rauchenden Scheiterhaufen auf der Landzunge umreiten, auf die der geheimnisvolle »Drache« »geschleudert« wurde.

6. Das Hochmittelalter

Die ersten Universitäten

Das unverkennbare Anwachsen der Vitalität und Kreativität, deren Anfänge sich in Westeuropa im elften und zu Beginn des zwölften Jahrhunderts regten, schuf in ganz eigenen Ausdrucksformen Zeugnisse einer geistigen Kraft, die seit den schöpferischsten Tagen der Antike ohne Beispiel war und ebenso bedeutsam ist wie die bekanntere italienische Renaissance des Humanismus und der klassischen Gelehrsamkeit. Sie war so neu wie die gotische Architektur. Und ihre überdauerndste und originärste Hinterlassenschaft sind die europäischen Universitäten und die aus ihnen hervorgegangenen Hochschulen außerhalb Europas, die eigenständige Entwicklung von Bankwesen und Kaufmannsgenossenschaften in den immer unabhängiger werdenden Städten, eine neue und »romantische« Ritterlichkeit gegenüber Frauen, deren Spuren heute noch vorhanden sind, und die Anfänge einer volkssprachlichen europäischen Literatur.

Da die Zentralmacht – im Gegensatz zu Byzanz – geschwächt war, was nicht unbedingt ein Nachteil sein mußte, entstanden die ersten Universitäten logischerweise aus eigenem Antrieb, wenn sich nämlich Gelehrte um einen Meister von herausragender Bedeutung scharten, wobei das Interesse zunächst praktischen Fragen des Rechts und der Medizin galt. Damals bildeten die Menschen und nicht die Gebäude die *Universitas* – ein Wort, womit zu jener Zeit jedwede größere Vereinigung bezeichnet wurde. Wie die Kreuzzüge hatte diese Bewegung ihre wichtigsten Vertreter, wenn auch nicht ihren Ursprung, in Frankreich, wo die italienische Initiative, die mit der Organisierung der Rechtswissenschaft in Bologna und der Medizin in Salerno begonnen hatte, aufgegriffen und um das Studium der Theologie und der »freien Künste« erweitert wurde. Die Logik und Kraft mittelalterlicher Theologie und Metaphysik zeigten sich erstmals in ihrem ganzen Ausmaß bei Abälard, einem höchst eigenwilligen Bretonen. Für die endgültige Gestalt der Scholastik sorgten der Deutsche Albertus Magnus und der Italiener Thomas von Aquin, wobei sie versuchten, religiösen Glauben durch logische Argumente zu untermauern.

An der ersten Universität in Bologna, am Fuß des Apennin, wo die Straße auf dem Weg nach Florenz und Rom das Gebirge hinaufklettert, wurde der vollständige Text von Justinians *Digesten* wiederentdeckt, und 1100, nur ein Jahr nach der Einnahme Jerusalems durch die ersten Kreuzritter, wurde das römische Recht ausgiebig studiert. Solches Fachwissen sicherte das Fortkommen, was begabte junge Männer in hellen Scharen herbeilockte, während das durch die Kontroverse zwischen kirchlicher und weltlicher Macht zu Ansehen gelangte »kanonische« oder Kirchenrecht all denen mit reichem Lohn winkte, die ihre Argumente in überzeugender und ansprechender Weise darzulegen wußten, was in England bereits im zwölften Jahrhundert während der Regierungszeit von Heinrich I., dem ersten wirklich fähigen Regenten unter den normannischen Königen, sehr geschätzt wurde. Diese emsigen und geschäftstüchtigen jungen Rechtsgelehrten säkularer wie klerikaler Richtung begannen sich schon bald zu organisieren, insbesondere wenn sie aus dem Ausland kamen und sich erst einmal an die italienischen Verhältnisse gewöhnen mußten. Unabhängig von ihren Lehrern bildeten sie »Korporationen« und wählten »Rektoren«.

Parallel zu diesen Anfängen vollzog sich der Aufstieg einer nützlicheren Wissenschaft. An den Medizinschulen in Salerno setzte man seit langem arabische Maßstäbe, die denen der westlichen Christenheit überlegen waren. Hippokrates und Galen wurden übersetzt, aber zur Zeit des ersten Kreuzzugs erlernten die Studenten noch eine empirischer ausgerichtete Medizin. Weder die Rechts- noch die Medizinschulen standen ganz unter dem Einfluß der Kirche.

Im Norden gingen die Universitäten aus den Domschulen hervor, die aus merowingischen Zeiten stammten und seit jeher mit religiösen Studien und den freien Künsten befaßt waren. Den größten Ruf hatten diejenigen in und bei Paris; aus dem ganzen Abendland zog es junge Gelehrte dorthin, da sie neben ihrer Muttersprache auch Latein beherrschten. Die begabtesten wurden kosmopolitische Humanisten und Theologen, die in der klassischen Bildung bewanderter waren als die karolingischen Grammatiker, etwa die Engländer Johann von Salisbury, der Bischof von Chartres wurde, und Walter Map, der geistreiche Höfling, oder der Waliser Giraldus Cambrensis, der eine Autobiographie schrieb und den päpstlichen Hof schilderte.

Hinzu kam, daß die fähigsten dieser Gelehrten ganz eigenständige Denker waren. Der heilige Anselm von Canterbury (1033–1109), Abt von Bec in der Normandie und Erzbischof von Canterbury, hatte in seinen Schriften *Monologion* (1077) und *Alloquium de Dei Existentia* (1078) behauptet, daß sich die Existenz Gottes rational beweisen lasse – Gott als das Wesen, zu dem sich nichts Größeres denken lasse, was allerdings voraussetzte, daß es auch existiere –, womit er ein Problem aufwarf, das Generationen von Philosophen beschäftigen sollte, unter anderen Descartes, Hegel und Kant. Auch scheute er sich nicht, die Frage zu stellen, warum Gott Mensch geworden sei, *Cur Deus Homo?*, wobei er eine bedeutende Erlösungslehre entwickelte. Auf Peter Abälard (1079–1142), einen Mann von eigenwilligem und unwiderstehlichem Genie, geht der Versuch zurück, theologische Überzeugungen mittels ausgeklügelter Logik zu beweisen – ein Bemühen, welches ein Jahrhundert später in der allumfassenden *Summa Theologica* des Thomas von Aquin gipfeln sollte.

Abälard war von niederem Adel und kam aus Le Pallet in der südlichen Bretagne. Als Student in Paris überwarf er sich schon bald mit seinem Dozenten. Als Lehrer an der Schule von Notre Dame in Paris heiratete er seine

Schülerin Heloise, Nichte eines Domherrn. Sie gebar ihm einen Sohn, Astrolabius. Der vor Wut rasende Domherr Fulbert hetzte Schurken auf ihn, die ihn kastrierten – eine Rache, die, wie ein französischer Biograph schreibt, »so grausam wie endgültig« war. Abälard, der angesichts mittelalterlicher Gepflogenheiten glücklich sein durfte, überhaupt noch am Leben zu sein, wurde in weiser Bescheidung Mönch im Kloster Saint-Denis, wo er mit der ihm eigenen Taktlosigkeit behauptete, die dort verehrten Reliquien von Dionysios Areopagita seinen gefälscht. Nach einem kurzen Gastspiel als Reformabt im Kloster St. Gildas de Ruys in seiner bretonsichen Heimat, wo die Provinzmönche ihn umzubringen versuchten, nahm Abälard seine glänzenden Vorlesungen in Paris wieder auf. Aber 1121 wurde sein *De Trinitate* (*Über die Dreifaltigkeit*), stets ein schwieriger Gegenstand, von den Behörden angeprangert und verbrannt, und als jetzt die Schar seiner Anhänger wuchs, wurde er vom heiligen Bernhard gerügt und vom Papst verurteilt. Danach starb er in Châlons-sur-Seine. Heloise brachte ihre Vergangenheit durch vorbildlichen Lebenswandel in Vergessenheit, wurde Äbtissin und überlebte ihn lange. Da Abälards *Historia Calamitatum mearum* nebst vielen Briefen erhalten geblieben ist, wurde viel sentimentales Aufhebens um Abälard und Heloise gemacht, wobei Heloise besser als ihr Lehrer abschneidet, geht man davon aus, daß sie beide in den Konventionen ihrer Zeit gefangen waren. Abälard schrieb ein Gedicht für seinen Sohn, den unwissentlichen Grund der *Historia Calamitatum*, während Heloise den Bischof von Paris mit dem gesunden Menschenverstand der Mutter veranlaßte, dem Sohn eine Pfründe zu überlassen.

Abälards Wirkung war verblüffend. Indem er das klare Dogma dialektisch präsentierte und ins Felde führte, was er an »heidnischen« Autoren kannte, begründete er eine neue Mode. Sein berühmtestes Werk *Sic et Non* (*Ja und Nein*) erörtert das Für und Wider so grundlegender Probleme wie »Kann man an einen Gott glauben oder nicht?« (*Quod sit credendum in Deum Solum, et contra*) und ob die heilige Kommunion *essentialiter* das Fleisch und Blut Christi sei. »Der erste Schlüssel zur Weisheit ist das Fragen«, so betonte er, und »durch Fragen erkennen wir die Wahrheit«, wobei solches Nachdenken »den Verstand der Jugend schärft«. Natürlich empfanden die Konservativen Abälard als Bedrohung – als »viel zu gescheit«; sie zogen es vor, sich an den schlichten Glauben zu halten.

Abälard tat sich keinen Zwang an, ließ seinem zügellosen Rationalismus, der durch keinerlei empirische Forschung behindert wurde, freien Lauf und griff, dem Zauber des Neuen erliegend, über die Grenzen des Verstandes hinaus, indem er versuchte, das Universum zu erklären und den Glauben durch Logik zu beweisen, und indem er unlösbare Probleme syllogistisch in *Definitionen* (*Distinctiones*) zerlegte, denen die Argumente, das Für und Wider, folgten, bevor die abschließende Lösung vorgelegt wurde. Er war ein glänzender Redner, hatte große Gaben und Charisma, aber auch die Eitelkeit und den Exhibitionismus von Leuten seines Schlages.

Bedenkt man, daß er zur Regierungszeit Philipps I. von Frankreich und Wilhelm *Rufus'* geboren wurde, so ist es erstaunlich, daß er überhaupt Beachtung fand. Dank der Macht der Kirche und ihres Bildungsmonopols übten solche Theologen, selbst wenn sie vor der Erfindung des Buchdrucks geboren wurden, einen überraschenden Einfluß aus in einer Gesellschaft, die ansonsten von unbelesenen Edelleuten beherrscht und von einer analphabetischen Bauernhschaft getragen wurde.

Abälard war ein Pionier: Die Universität von Paris wurde erst um 1150, acht Jahre nach seinem Tod, offiziell gegründet, Oxford erst um 1170, Cambridge 1209 und die meisten spanischen Universitäten – Salamanca, Valladolid, Sevilla – gar erst spät im dreizehnten Jahrundert. Viele berühmte französische Universitäten, wie Poitiers, Avignon, Bourges, bestehen seit dem vierzehnten Jahrundert, und alle deutschen wurden erst im Spätmittelalter gegründet – etwa Basel, Tübingen, Heidelberg – während die alten schottischen Universitäten aus dem fünfzehnten Jahrhundert stammen. Es dauerte Generationen, bis die scholastische Bewegung ihre endgültige Gestalt annahm und auf das katholische Mittel- und Osteuropa übergriff, etwa mit der Gründung der Universitäten von Prag (1347) und Krakau (1397).

Aber die lateinisch vermittelte Bildung war absolut kosmopolitisch, und da die meisten Menschen Analphabeten waren, schuf dieses Bildungssystem eine Elite, die aus allen Gesellschaftsschichten kam, von den Leibeigenen abgesehen. Einige der größten Kirchenfürsten – wie Papst Hadrian IV. oder Suger, Abt von Saint-Denis und Reichsverweser von Frankreich Mitte des zwölften Jahrunderts – waren von niedriger Herkunft, was sie nicht daran hinderte, in königlichen Regierungen hohe Staatsämter zu bekleiden. Andere machten stolze Karriere im Dienste von Feudalherren, deren riesige und verstreute Besitzungen der Aufsicht bedurften. Aber viele Gelehrte waren Mönche und damit weniger auf Gönner angewiesen, so daß sie sich ihren Studien vielleicht besser widmen konnten. Als mit dem großen Bevölkerungswachstum im dreizehnten Jahrhundert die Zahl der Studenten zunahm, wurden zu ihrem Schutz und ihrer Disziplinierung »Kollegien« gegründet, da das rauhe und karge Studentenleben – das wir aus den derben lateinischen Liedern kennen – das Studium erschwert haben dürfte, denn Studentenunruhen konnten tödlich enden, und höhere Semester brauchten Ruhe und Sicherheit, um die langen Kurse zu absolvieren, die für »höhere« Universitätsgrade verlangt wurden. Aus eigenem Antrieb und ohne die finanzielle Unterstützung und den bürokratischen Aufwand, die man heute für unabdingbar hält, entwickelten diese lebhaften städtischen Gemeinschaften eigene Traditionen, trugen Bibliotheken zusammen, schufen eine ganz und gar nicht an der Praxis orientierte Welt der geistigen Anregung und der intellektuellen Sensation – das alles unter der Schirmherrschaft der Kirche und unter Überwindung nationaler Grenzen und des Drangs nach militärischer Eroberung. *Hospita in Gallia nunc me vocant studia* singt in seinem kecken Latein ein deutscher Student, der sich nach Frankreich begibt.

Vale dulcis patria, suavis suevorum Suevia
Salve dilecta Francia, philosophorum Curia![60]

Der grundlegende Studienplan war außerordentlich begrenzt, aber streng und stammte aus karolingischen Zeiten. Das *Trivium* vermittelte lateinische Grammatik und Rhetorik, Logik und den wohlgesetzten Vortrag von Argumenten. Darauf wandte sich der Studierende dem anspruchsvolleren *Quadrivium* zu, das Mathematik, Geometrie, einfache Astronomie und Musik umfaßte. Das Bibelstudium wurde ergänzt durch Kommentare und Bücher, in denen die Auffassungen der Kirchenväter gesammelt waren – *Sententia* (daher »sentenziös«) –, oder ging aus von Vorlesungsaufzeichnungen. Abälard behauptete, daß auch heidnische Autoren zur Erklärung der Heiligen Schrift dienen könnten, da »Gott sich auch außerhalb der Kirche offenbart hat«. Die außerordentliche Leistung der Scholastiker des dreizehnten Jahrhunderts bestand darin, daß sie Aristoteles in das Gerüst ihres Dogmas eingliederten, wozu die *Disputationen* dienten, in denen zunächst die Gegenargumente tabellarisch aufgeführt wurden, um dann systematisch widerlegt zu werden. Diese metaphysischen Konstruktionen trugen sehr zur argumentativen Spitzfindigkeit der Scholastiker bei, aber verhinderten auch, daß sie sich mit nützlicheren Dingen beschäftigten, wenn solche Beschäftigungen auch den Betroffenen große Befriedigung schenken mochten.

Bürgertum

Der andere eigen- und selbständige Beitrag des Mittelalters war städtischer Natur. Die Städte unterschieden sich je nach Ursprung und Lage, angefangen beim byzantinischen Konstantinopel und dem arabischen Córdoba, die alle anderen weit in den Schatten stellten, über die noch erhaltenen Städte des Römischen Reichs, die jetzt meist Bischofssitze waren, die großen kosmopolitischen Häfen Italiens, Venedig, Pisa, Genua, Amalfi, bis hin zu Festungen unter dem Schutz eines großen Lehnsherrn oder Bischofs, die sowohl als Märkte wie auch als Zuflucht dienten und unter Umständen eine Sondererlaubnis als Münzstätte besaßen.

Innerhalb so unterschiedlicher Umfelder entwickelte sich ein Fremdkörper in der ländlichen Feudalgesellschaft, das Bürgertum. Einige Städte wie Venedig oder Genua waren so reich, daß sie Republiken wurden, die keine Macht über sich duldeten und Königen gegenüber als gleichberechtigte Verhandlungspartner auftraten. Viele blieben zumeist nominell den örtlichen Fürsten untertan, denen sie Lehnspflichten schuldeten, von denen sie aber auch häufig das Recht zur Selbstverwaltung oder Freibriefe erkauften. Wenn sie Steuern erheben und eine Bürgerwehr aufstellen durften, verfügten sie über größere regelmäßige Einkünfte als die meisten der großen Feudalherren oder auch Könige, und ihre Freiheiten, schriftlich festgehalten und präzise wie ihre eigene systematische Buchführung, waren oft besser definiert als die persönlichen oder gewohnheitsrechtlichen Verpflichtungen der Lehnsordnung – oder Unordnung.

Natürlich entwickelten im Norden die Städter eine andere Mentalität als die Feudalherren und Bauern, während in Italien auch der Adel in die Städte zog. Dort zählten Geld und Geschäftstüchtigkeit, und regiert wurden die Städte von einem »Rat«, den die wohlhabenderen Familien bildeten. Sie wählten aus ihren Reihen einen »Bürgermeister« oder »Bürgervorsteher« auf befristete Zeit – ein oligarchisches Wahlverfahren, auf das die gelegentlich anzutreffenden Volksversammlungen wenig Einfluß hatten. Parallel zu dieser höchst eigenständigen Entwicklung kam es zur ebenso eigenständigen Gründung von Zünften, in denen sich Handwerker und Kaufleute gleichen Gewerbes zusammenschlossen, um ursprünglich Hersteller wie Verbraucher zu schützen, Konkurrenz auszuschließen und Warenqualität zu garantieren. Niemand konnte ein Handwerk ausüben, ohne erst eine lange Lehrzeit zu absolvieren und sich auf die überlieferten Fertigkeiten zu verpflichten. Doch mit der Entwicklung der über beträchtliche Kapitalpolster verfügenden Kaufmannsgenossenschaften, die nicht von den örtlichen Handwerkern gebildet wurden, sondern von Kaufleuten, die ihre Geschäfte auf größeren Märkten abwickelten und mithin größere Vermögen zusammentrugen, entwickelten sich die Stadtoligarchien mit ihren »Bankiers« (ursprünglich Geldwechsler, die nach den Bänken hießen, vor denen sie saßen), ihren Rechtsanwälten und Buchhaltern zu einem Patriziat, das auf seine Art genauso hochmütig und elitär war wie der Adel, von dem es verachtet wurde. Diese Entwicklung war genauso neu und gesellschaftlich sogar noch einschneidender als die Entstehung der Universitäten.

Die Bürger lebten zusammengepfercht in beengten, von Mauern umgebenen und von Seuchen heimgesuchten Städten, die von periodischen Feuersbrünsten dezimiert wurden, hatten Angst vor feindlichen Angriffen und begannen sich bald gegenseitig, als die geschäftstüchtigen Kapitalisten die Zünfte beherrschten, mit argwöhnischen und oft auch arglistigen Augen zu beobachten. Sie waren von rascherer Auffassungsgabe als die stolzen und bornierten Feudalherren, die bäurischen Ritter oder die Bauern. Gewitzter und skeptischer als die römischen Adligen, deren Reichtum die großen, von Sklaven bebauten Landgüter gewesen waren, hatten es diese Menschen auf Profit abgesehen. Eine neue Einstellung wird spürbar, ein Trend zu mehr Methode und Spezialistentum, und außerhalb des Patriziats macht sich eine neue, radikale Unzufriedenheit breit, die jedem »Establishment«, selbst dem der Kirche, kritisch gegenübersteht und die sich »antiklerikal« gibt – etwa in den norditalienischen Republiken.

Ritter

Ihren auffälligsten Niederschlag findet die neue Tatkraft des zwölften Jahrhunderts im Adel und seiner Dienerschaft, wo sich jetzt eine deutlichere Hierarchie abzeichnete. Die Kreuzzüge im Orient hatten bei einigen von ihnen zu neuen Moden geführt und ihre heraldischen Vorstellungen erweitert (die meisten Fachausdrücke kommen aus dem Persischen). Hinzu kamen luxuriöse Gepflogenheiten: Orientteppiche statt Binsen auf dem Fußboden, tragbare Wandschirme für zugige Räume, man kleidete sich jetzt, wenn man reich war, nach byzantinischer und sizilianischer Mode in »Damaszenerseide« und in Mäntel aus weichem Kamelhaar. Die Küche wurde raffinierter und komplizierter, belebt durch Gewürze aus dem Orient. Weit entfernt davon, Brocken gebratenen Fleisches hinunterzuschlingen, löffelten diese kultivierteren Edelleute des dreizehnten Jahrhunderts leichte Schaumspeisen, und es waren Kreuzfahrer gewesen, die in Ägypten erstmals Bekanntschaft mit Rohrzucker gemacht und Gefallen daran gefunden hatten. Die raffinierten Kochkünste der Levante wurden auf die schwereren Grundprodukte des Nordwestens übertragen.

Der Helmschmuck geht zurück in Bronze- und keltische Zeit. Die Wikinger gaben sich ein furchteinflößenderes Aussehen, indem sie ihre Helme mit Hörnern versahen, während sich Franken und Angelsachsen mit Ketten von Eberzähnen schmückten; fast überall auf der Erde ersannen Barbaren mehr oder minder schrecklichen Kriegsschmuck. Aber die mittelalterlichen Ritter hatten einen anderen Grund, deutliche und auffällige Kennzeichen zu tragen. Auf dem Teppich von Bayeux ist Wilhelm der Eroberer in der Schlacht von Hastings zu sehen, wie er den Helm vom Gesicht hochklappt, um das Gerücht zu widerlegen, er sei tot. Doch zur Zeit, da der nicht zurückklappbare Topfhelm den spitzen Helm verdrängt hatte, mußte der Träger sich durch heraldische Zeichen auf Schild und Wappenrock kenntlich machen, wobei letzteres Kleidungsstück aufkam, um den Ritter vor der Sonnenhitze auf dem über einem Lederkleid getragenen Kettenpanzer zu schützen – die ersten Kreuzfahrer hatten diese Strapazen und der Durst fast zur Verzweiflung getrieben. Außerdem hatten die Ritter die wahrscheinlich über Persien aus Zentralasien kommende Sitte angenommen, ihre Lanzen mit Wimpeln zu schmücken.

Mit wachsendem Reichtum und Stammbaum wurden die Ritter so bewußt und betont ritterlich, daß sie kaum noch Ähnlichkeit hatten mit den groben und ungehobelten *Selfmade*herren karolingischer Zeit, und es bildete sich im feudalen Brauchtum wie im Jagdwesen ein kompliziertes Ritual heraus. Ursprünglich war die Verleihung eines Lehens ein einfacher Vorgang gewesen: Der Vasall hatte seine Hände in die seines Oberherren gelegt, und die Ritterwürde war durch einen Schlag in den Nacken verliehen worden. Angesichts größerer Muße, wachsenden Reichtums und zunehmenden Stolzes auf die Herkunft wurde das Zeremoniell immer komplizierter, und ein mystischer Kult um die ritterliche Ehre hob an. Jetzt mußte der jugendliche Anwärter seine Sünden bekennen, ein Bad nehmen und eine Nacht am Altar durchwachen. Am Morgen, gerüstet mit Gürtel, Schwert und Sporen, kniete er vor seinem Herrn nieder, der ihn dreimal mit der flachen Seite seines Schwertes berührte und ihm einmal mit seinem Handschuh auf die Wange schlug, ihn aufhob und küßte.

Ende des zwölften Jahrhunderts hatte sich auch ein neuer Kult der Ritterlichkeit gegenüber Frauen herausgebildet. Die Konvention wollte, daß junge Knappen ihre Verehrung auf angeblich unnahbare, verheiratete Damen richteten, die über die in Mode gekommenen Ritterepen eines Hartmann von Aue oder Chrétien de Troyes in Verzückung gerieten. Das scheint schlecht zu einer Gesellschaft zu passen, die immer noch einen reichlich derben Eindruck macht und in der das Hauptinteresse einer analphabetischen und ritterlichen Jugend, wenn sie nicht im Krieg war, gefährlichen Turnieren und der Jagd auf Hirsch, Eber und Wolf galt. Und doch erwies sich dieser neue Trend als historisch bedeutsam, denn es hob den Status der Frau. Statt sie wie die Muslime in Harems einzuschließen, ließ die christliche Aristokratie sie nach südfranzösischer Mode zuerst durch Türen treten, half ihnen bei vielen Dingen, die sie sehr gut alleine hätten tun können, und setzte sie als Richterinnen bei sogenannten *Liebesgerichtshöfen* ein. Was sie allerdings nicht daran hinderte, sich zu verhalten, wie es ihnen gefiel, und es gibt viele Berichte über unbesiegbare Frauen, die Burgen verteidigten und Lehen vergaben, und auch die Konvention ist nicht so unangemessen, wie es den Anschein hat. Das Feudalsystem sorgte in erster Linie für die ältesten Söhne, während die Höfe von Königen und großen Feudalherren die jüngeren anzog, wo sie sich aufhielten, bis sich ihnen die Chance bot, im Krieg oder durch Heirat mit einer reichen Erbin ihr Glück zu machen. Durch das Lagerleben und die Waffenbrüderschaft verführt, zeigten einige von ihnen homosexuelle Anwandlungen – sehr zum Abscheu des heiligen Anselm, der sich beim König von England persönlich über diese Sitte beschwerte. »Wenn sie nicht sogleich durch Euer gestrenges Urteil und harte Sanktionen der Kirche unterbunden wird, so wird das ganze Land«, so lautete seine Warnung, »kaum besser als Sodom selbst sein.«

Ein späterer Einfall des zwölften Jahrhunderts war die modische Sitte, sich in Sehnsucht nach der »Herrin« zu verzehren, wohl nicht zuletzt, weil man mit den am Ort greifbaren Mädchen unzufrieden war. Es war viel Angabe dabei.

Die Turniere, die ursprünglich als Scheingefechte begannen mit dem Ziel, Gefangene zu machen, und immer noch sehr gefährlich waren, wurden im dreizehnten Jahrhundert zum »Tjost« entschärft. Besiegte ein junger Ritter eine Reihe wohlhabender Gegner im Einzelkampf, konnte er mit ihrem Lösegeld ein Vermögen machen. Die Karriere von Wilhelm dem Marschall, Earl of Pembroke, begann mit einer Folge erfolgreicher Turniere, die ihm ebensoviel – allerdings weit ehrenvolleren – Ruhm eintrug, wie ihn ein heutiger Fußballprofi genießt, und obendrein die Hand einer Erbin.

Unter der Tünche guter Manieren gegenüber der eigenen Klasse, dürften diese Ritter arrogant und elitär gewesen sein, Eigenschaften, die in einer hierarchischen Gesellschaft akzeptiert werden. Zweiffellos verachteten sie jene, die als Spezialisten von niederer Geburt die Kunst des Lesens und Schreibens beherrschten. Sogar König Johann von England »unterzeichnete« die *Magna Charta* nicht, sondern ließ sie lediglich siegeln. Nicht weil er wie der Eroberer (der nur ein Kreuz machen konnte) nicht hätte schreiben können, sondern weil er es für unter seiner Würde hielt, diese Fähigkeit bei einem offiziellen Anlaß unter Beweis zu stellen. Vor Kaufleuten machte die Ritterlichkeit halt, schon gar vor Bauern. Obwohl die Ritter – wenn auch ihre Damen damals noch nicht – zwanglosen Umgang mit Wildhütern und dergleichen gepflogen haben dürften. Aber Bauern galten als ungeschliffen und plump, was sie nach höfischen Maßstäben ja auch waren.

Bauern

Und doch lebten die Kultur der Kirche, der Städte und der Aristokratie von diesen Bauern, welche die Ahnen der meisten modernen Europäer und ihrer Nachkommen in Übersee sind. Piggott schreibt in diesem Zusammenhang: »Die im wesentlichen agrarische Wirtschaft, aus der sich das historische Europa entwickeln sollte, reicht mit ihren Wurzeln weit in das prähistorische Altertum zurück.«[61] Die Ursprünge des Bauerntums sind zumindest im Neolithikum zu suchen, da Veränderungen der Herrschaftsverhältnisse demographisch oberflächlich blieben und auch die durch die Völkerwanderung bewirkten Umschichtungen zahlenmäßig nur selten ins Gewicht fielen. Einige der Bauern waren Nachfahren von *Coloni* des spätrömischen Reiches, die noch einen Erbanspruch besaßen, wenn sie zur Zwangsarbeit auf dem Gut und zu Abgaben in Naturalien oder in Geld verpflichtet waren. Andere waren praktisch Leibeigene, möglicherweise Nachkommen der Sklaven auf den großen römischen Gütern, die es noch unter den Merowingern gab. So erniedrigt die Bauern auch waren und obwohl *adscripti glebae* (an die Scholle gebunden), waren sie doch weniger stumpfsinnig als beispielsweise die primitiven wandernden Barbaren, die faul waren, wenn sie nicht gerade Krieg führten. Und mochten sie auch wenig haben von dem bescheidenen Überschuß, den sie erwirtschafteten, so stand ihre Tatkraft doch im Dienst zivilisierter Zwecke. Um den Preis ständiger Plackerei in einer technisch primitiven Gesellschaft zogen sie ihre Kinder selbst groß und wurden im Abendland nicht wie die Sklaven auf den großen römischen Latifundien oder in den Sklavenstaaten Nordamerikas wie Tiere zusammengepfercht oder durch Verkauf von Frau und Kindern getrennt.

Außerdem sorgte im Norden das primitive offene Flursystem mit den uralten Streifenfeldern für Gleichheit, zumindest soweit es die Mühsal der Arbeit betraf, und für den Lebensunterhalt, von Hungerjahren abgesehen. Man ernährte sich in der Hauptsache von grobschrotigem Brot, Haferbrei, Zwiebeln, Knoblauch und Käse – Mahlzeiten, die gelegentlich durch Schweinefleisch und Geflügel bereichert und bei den Wohlhabenderen zu jeder Tageszeit mit großen Mengen dunklen Bieres hinuntergespült wurden (die Engländer verachteten die Franzosen, weil sie Wasser tranken und Brot aßen, »das braun von Roggen« war), aber so hart das Leben der Bauern auch war, es folgte jedenfalls dem natürlichen Rhythmus der Jahreszeiten und war ruhiger und humaner als das Leben in einem modernen Großstadtslum.

Mit wachsendem Wohlstand im dreizehnten Jahrhundert kamen die Bauern des Westens in die Lage, Freibriefe zu erwerben, die kollektiv die Machtbefugnisse ihrer Herren einschränkten und individuell die Besitztitel ihrer Pachthöfe sicherten. In Osteuropa dagegen, wo der Landbesitz durch kriegerische Eroberungen erworben worden und die Bauernschaft slawischen, litauischen, lettischen, baltischen und wendischen Ursprungs war, wurden die Bauern von den Landbesitzern fremder Herkunft in Leibeigenschaft gehalten – ein Gegensatz, der sich für die Zukunft Europas bis in die Neuzeit als schicksalhaft erweisen sollte.

Obgleich die Bauern von den über sie herrschenden Schichten durch eine so tiefe soziale Kluft getrennt waren, hatten sie sich die christliche Religion seit langem in einer Form zu eigen gemacht, die sie verstehen konnten. Wenn auch die christliche Tünche manchmal dünn blieb über heidnischen Praktiken, lokale Heilige mit älteren Göttern gleichgesetzt wurden, seltsame Rituale der alten Religionen immer noch weiterlebten und sexuelle Lustbarkeiten in kaum veränderter Form forgesetzt wurden, war die mittelalterliche Gesellschaft im allgemeinen von ihrer Basis bis in die Spitzen durchdrungen vom gemeinsamen Glauben. Die Kirche hatte klugerweise die wichtigsten heidnischen Feste des landwirtschaftlichen Jahres übernommen, und der Reliquienkult, der sich um lokale Heilige entspann, wurde weithin gepflegt. Wenn Hungersnöte oder Pest auftraten, waren die Menschen geeint in ihrem Bemühen, den Beistand ihrer Heiligen zu erflehen und Gott ihre Bußfertigkeit zu bekunden.

Das bißchen Farbigkeit, das ihr Leben aufwies, lieferte das Zeremoniell der Kirche. Wie zu megalithischen Zeiten die Steine von Carnac, Avebury und Stonehenge von gläubigen Arbeitskräften an Ort und Stelle geschafft wurden, so schleppten die Menschen, und unter ihnen auch die Bauern, jetzt große Steinlasten zum Bau der Kathedralen herbei. Gesellschaften die, wie das Athen des fünften und das Frankreich des zwölften und dreizehnten Jahrhunderts, von sich überzeugt und durch gemeinsame Glaubensüberzeugungen und Ziele verbunden sind, errichten die dauerhaftesten Monumente und entwickeln die einflußreichsten Ideen. Universitäten, prachtvolle Hofhaltungen, geschäftige Städte und eine tief religiöse Bauernschaft schufen durch ihr Zusammenwirken im Mittelalter eine der schöpferischsten Epochen in der europäischen Geschichte.

Die gotische Kathedrale

Die eindrucksvollsten Manifestationen dieser kosmopolitischen christlichen Kultur, ihr Symbol und ihre Summe, sind die herrlichen gotischen Kathedralen, geschmückt mit großartigen Plastiken und Fenstern aus buntem Glas, einer neuen Erfindung, die sowohl die Pracht der Bauwerke erhöhen als auch die analphabetische Mehrheit der Bevölkerung mit den wichtigsten Elementen des christlichen Glaubens vertraut machen sollte. Während die romanischen Dome durch die bloße Masse ihrer Mauern getragen wurden und sie ihre Wirkung ebenso durch Weite wie durch Höhe erzielten, schwang sich die neue Gotik mit ihren verschlungenen Gewölbebögen auf schlanken Säulen empor, wobei die Gewölbeschübe mittels des Strebewerks abgefangen wurden. Eine dem Norden angemessene Architektur, wo spitze Dächer Regen und Schnee ableiten und große Fenster genügend Licht hereinlassen müssen und wo der Wald die Phantasie der Menschen beherrscht. Diese Architektur war auch insofern typisch mittelalterlich, als sie, wie ein gelehrter scholastischer Beweis, einem grundlegenden Plan folgte, und einem genauso phantastischen Ehrgeiz frönte wie die Theologie des heiligen Thomas, der das ganze Universum erklären wollte. Die Größe der monumentalen Bauwerke mit ihren möglicherweise aus dem Orient übernommenen Spitzbögen stand in keinem Verhältnis zu den Mitteln dieser immer noch im wesentlichen ländlichen Gesellschaft, die sie finanzierte und erbaute.

Die Gotik entwickelte sich allmählich aus der ehrgeizigen Romantik etwa von Autun oder Durham, wo sich die schönsten Rippengewölbe Europas finden. Ihr erster großer Schirmherr war Suger, der Abt von Saint-Denis in Frankreich (1136), dem Geburtsland der Gotik. Laon, Noyon, Soissons und Sens wurden alle im zwölften Jahrhundert erbaut, und das Meisterstück der Gotik wurde 1194 in Chartres begonnen, nachdem die frühere romanische Kathedrale abgebrannt war. Amiens mit der imposanten und kunstvollen Westfront wurde 1220 begonnen, im gleichen Jahr wie Salisbury, die vollkommenste gotische Kathedrale aus dem dreizehnten Jahrhundert in England. Gegen Ende des Jahrhunderts hatte sich der Baustil über den größten Teil Europas ausgebreitet – nach Siena in Norditalien (1227), ins Rheinland und nach Ungarn und Böhmen, wenn auch nicht nach Süditalien, wo die klassischen und byzantinischen Einflüsse zu stark waren.

Die Baumeister waren nicht, wie häufig angenommen, Geistliche, sondern geachtete und gut organisierte Handwerker aus dem Laienstand. Einige von ihnen wurden berühmt wie im dreizehnten Jahrhundert der weitgereiste Pikarde Villard de Honnecourt, dessen Bauhüttenbuch ein Verständnis für geometrische und bautechnische Grundsätze beweist, das man bei den Schöpfern dieser aufstrebenden und komplizierten Bauwerke eigentlich auch voraussetzen muß. Ihre Arbeit diente dem Zweck, die christliche Lehre zu veranschaulichen. Deshalb waren die Plastiken am Hauptportal angebracht und stellten die Leidensgeschichte Christi dar, die Auferstehung und vor allem das Jüngste Gericht, das zu fürchten die meisten Gemeindemitglieder sicherlich guten Grund hatten. Das wiederum schuf Betätigungsfelder für Bildhauer, etwa über dem Mitteltor an der Westfront von Chartres mit dem thronenden Christus oder zu beiden Seiten des Westtors mit seinen länglichen Figuren. Kenneth Clark geht noch einen Schritt weiter in seinen Überlegungen: »War der Stil des Meisters in Anbetracht der Tatsache, daß er in der Einfachheit und Genauigkeit jeder Falte absolut griechisch ist, nicht vielleicht wirklich ... griechischer Herkunft? War man tatsächlich von alleine auf diesen schilfähnlichen Faltenwurf, diese dünne, geradlinige Riffelung der Gewänder, die Zickzacklinien der Säume, das ganze Spiel der Stoffe verfallen, die so offensichtlich an die archaischen Figuren Griechenlands erinnern? Oder hatte der Meister von Chartres Fragmente früher griechischer Bildhauerkunst im Süden Frankreichs gesehen ...?«[62] Er kommt zu dem Schluß, daß es sich so verhalten haben muß.

In der Tat können sich einige der Plastiken von Chartres in Ausgewogenheit, Sparsamkeit der Formgebung und Klarheit des Ausdrucks mit den besten griechischen und chinesischen Plastiken messen. Aber die bunten Kirchenfenster, eine eigene Erfindung des zwölften Jahrhunderts, sind einzigartig – die schönsten der Welt und alles übertreffend, was in dieser Hinsicht seither angefertigt wurde. Teilweise geht ihre Entwicklung auf das Vorbild der Malereien zurück, die, ihrerseits Mosaike nachahmend, die großen Wandflächen der romanischen Kathedralen und Kirchen schmückten, zum anderen Teil orientierten sie sich an Buchmalerei, denn sie sollten Illustrationen sein – in Sugers Worten »den Menschen zeigen, was sie zu glauben haben«. Das älteste Glas ist das beste, wie das Beispiel des Westfensters von Chartres (ca. 1150) zeigt, das zum ursprünglichen romanischen Bauwerk gehörte und das Feuer überstand. Denn mit Hilfe einer relativ primitiven Technik konnte man die schönsten Wirkungen erzielen. Und das Herstellungsverfahren war in der Tat einfach: Man nahm einen Teil Flußsand und zwei Teile Buchenholzasche, fügte etwas verkohlten Farn und ein wenig Salz hinzu. Diese Masse hielt man »einige Stunden rotglühend, und es ist kein Zufall, daß Chartres zu einem Zentrum der Glasherstellung wurde, denn in der Umgebung wurde besonders feiner Flußsand gefunden«.[63]

Glas aus Sand und Holzasche ist hellgrün. Bei heftiger Hitze aber konnte das Glas von Chartres durch das Mangan im Farn auch rosa, rot oder purpur werden. Gelb konnte man durch die Zugabe von Eisen erzielen, Rot durch Kupfer und Blau durch Kobalt. »Mit diesen etwas primitiven Mitteln erzielten die Glaser ein Farbspektrum von unübertroffenem Glanz«, und »diese kräftigen Grundfarben wurden durch feine Abstufungen ergänzt, die man vielleicht mehr zufällig als absichtlich erhielt – Olivgrün ... ein neutrales Braun und ein weiches Purpur, das ins Braun oder Rosa überging.« Das durch und durch farbige Glas mußte sehr dünn sein, um Licht durchzulassen, und die »schönen Farbtöne der älteren Fenster gehen teilweise gerade auf die Unvollkommenheit dieser Technik zurück. Die unregelmäßige Stärke der Scheiben, der Einschluß kleiner Luftblasen und Sandkörner erzeugen funkelnde Lichtbrechungen.«[64] Aber die Künstler waren verantwortlich für das fehlerlose Nebeneinander der Farben. Spätere Methoden, bei denen Emaille auf das Glas aufgetragen und eingebrannt wurde, konnten keinen vergleichbaren Glanz erzielen.

Wenn das Glas fertig war, mußte es in die komplizierten Rahmen der großen Fensteröffnungen gefügt werden. Das Ergebnis, das heute noch überwältigt, muß noch beeindruckender gewesen sein, als das Innere des Bauwerks mit einem dunkelroten Farbanstrich versehen war, vielleicht mit schwarzen Schnörkeln verziert, so daß der Wallfahrer eintrat in »ein unvorstellbares Farbwunder ... einen Versuch, ... ein Abbild des Himmels auf Erden zu schaffen aus Stein, Farbe, Musik und Ritual«.[65]

Vergleichbar mit den mittelalterlichen Kirchenfenstern sind allenfalls die schönsten Mosaike der Spätantike, die aber bei all ihrer Pracht nie ganz die Transparenz der gelungensten Fenster erreichen. Wie die alten mit Hilfe von Pflanzenfarben hergestellten Perserteppiche alle modernen Imitationen weit hinter sich lassen, so übertreffen die nach alter Art gefertigten Kirchenfenster alles, was in neuerer Zeit entstanden ist. Sie waren von großer Vielfalt und reichten von der imposanten figürlichen Darstellung von Königen und Patriarchen, manchmal realistisch porträtiert mit dunklen orientalischen Gesichtern und breit dargestellt in kühnen Zeichnungen, bis hin zu den komplizierten »Historienfenstern«, die von der Menschwerdung Christi berichten oder eine Reihe biblischer Szenen darstellen. Die dekorativste französische Erfindung war das »Rosettenfenster«, das für eine raffinierte Verteilung farbigen Lichts durch kleine, edelsteinartige Öffnungen sorgte. Und diese Fenster wurden nicht nur von Königen, Geistlichen und hohen Adligen gestiftet, sondern oft auch von Kaufleuten oder Zünften.

Die Wehrarchitektur des zwölften Jahrhunderts blieb ziemlich einfach, wenn sie auch außerordentlich massiv und gewaltig war, wie Château-Gaillard, Richards I. von England größte Festung an der unteren Seine, oder die Burg der Grafen von Anjou in Angers. In der Stadt und auf dem Lande war das Herzstück der Verteidigung der Bergfried, der von Wall und Graben umgeben war. Doch der Bergfried allein konnte keine Besatzung und deren Pferde beherbergen, weshalb er von hohen Mauern umgeben wurde. Noch immer wurden diese Festungen nicht ständig von den Rittern bewohnt. Sie lebten lieber in Jagdhütten und Herrenhäusern und suchten die Burgen nur im Notfall auf. Hinzu kam, daß die wirklich massiv und weitläufig gebauten Burgen wie Château-Gaillard oder Chinon im Auftrag von Königen oder sehr bedeutenden Adligen entstanden, die sich solche Bauwerke als einzige leisten konnten, und daß sie eigentlich für nichts als das extravagante Leben der Höfe repräsentativ sind. Erst Ende des dreizehnten Jahrhunderts kommt es zu der extensiven Blütezeit des Burgenbaus, die sich etwa in Eduards I. von England ungeheuren walisischen Burgen spiegelt und deren eindrucksvollste Überreste der Tatsache zu verdanken sind, daß solche Bauwerke bis ins Spätmittelalter erhalten blieben und dort erweitert wurden.

Das typische Leben des Adels im zwölften Jahrhundert bestand, wenn kein größerer Krieg anlag, keineswegs in gepanzertem, waffenklirrendem Garnisonsdienst, begleitet vom dumpfen Echo der Wachwechsel in den Treppenhäusern, sondern aus träger Muße, die man dazu benutzte, auf weitgestreuten Gütern von einem Herrenhaus zum anderen zu ziehen, und aus dem Hauptvergnügen Jagd und Falkenbeize oder aus Turnieren, deren Startgebühren nach dem Rang der Teilnehmer gestaffelt waren.

Minnesang

Man hatte also Zeit genug, der herrschenden Mode zu huldigen und sich komplizierten Liebesgefühlen hinzugeben, zumal wenn das Klima freundlich und die mundartliche Dichtkunst wie im *Langue d'Oc* oder *Midi* fröhlich, sinnlich und kurzlebig war. Ihre Vertreter waren die *Troubadoure*, von denen Guilhem de Peitieus, Graf Wilhelm von Poitiers, der bekannteste ist. Sie waren zumeist ziemlich affektierte Höflinge, entweder selbst bedeutende Fürsten oder verarmte Landadlige, die es an die Höfe zog. Aber die klassischen Formen der französischen Dichtkunst – *Aubade, Pastorelle, Ballade, Virelai* – sind ihre höchsteigenen Schöpfungen. Sie imitierten die Araber und priesen die Tanzmädchen, die während der *Reconquista* in Spanien gefangen wurden. Diese Welt ging unter, als Papst Innozenz III. im dreizehnten Jahrhundert die Feudalherren des Nordens im Albingenser-»Kreuzzug« auf den *Midi* hetzte.

Im Norden, in der *Langue d'Oil*, entstand die mundartliche Dichtung erst später, aber ihre Exponenten fanden ein volkstümlicheres Publikum, so die *Trouvères* zu Anfang des zwölften Jahrhunderts am Hof des Grafen Thibaut von der Champagne oder die *Jongleurs* beim Bürgertum der aufstrebenden Textilstädte, wie zum Beispiel Arras. Später genoß das städtische Publikum, wie sich unschwer vorstellen läßt, die Satiren des Parisers Rutebeuf (1256 bis 1285), die bereits in die bissige und scharfsinnige gallische Tradition gehören. Rutebeuf ist der erste fahrende Dichter und Satiriker Frankreichs, der die Kirche, die Universität, das Establishment und die Klosterbrüder angriff, sein Publikum tadelte, weil es Ludwigs IX. Kreuzzug gegen Tunis nicht unterstützte, und sich über seine Armut in derber Umgangssprache beklagte.

Die *Jongleurs* gaben auch die Geschichten von *Reinecke Fuchs* und *Tibert dem Kater* zum besten, die wohl flämischer Herkunft sind, da die Personen deutschklingende Namen haben, wenn sie wohl auch ursprünglich aus dem Orient kommen. Seit ca. 1250 gab es die Chantefable *Aucassin et Nicolette*, die in Prosa und Vers vorgetragen wurde und menschlichere Gefühle erweckte als die ziemlich weitschweifigen Allegorien des etwas früher entstandenen *Roman de la Rose*. Beide Bücher aber erfreuten sich ganz außerordentlicher Beliebtheit und wurden ausgiebig nachgeahmt.

Im fernen Westen, an der südwalisischen Grenze, hatte Mitte des zwölften Jahrhunderts Geoffrey of Monmouth in seiner *Historia Regum Britanniae* mit der romantischen Phantasie des Kelten die volkstümliche Sage von *König Arthus* in die Welt gesetzt, der über ganz *Ynys Bridan* (die Britische Insel) herrschte. Auf diese Weise brachte der Autor die walisischen Volkssagen zwar nicht in die walisische Volkssprache, aber doch in die höfische Literatur Europas. Ende des zwölften Jahrhunderts entstand in Deutschland das *Nibelungenlied* (ca. 1190), jenes düstere und tragische, später auch von Wagner aufgegriffene Epos. Die deutschen Hofpoeten hingegen bedienten sich französischer Formen, wie zum Beispiel der Minnesänger Walther von der Vogelweide (gest. ca. 1228), der einen ganz persönlichen Ton voller Natürlichkeit und Frische anschlug, so in dem bekannten *Unter der Linde auf der Heide*, der in seiner politischen Dichtung die Partei der deutschen Kaiser gegen den ausländischen Papst ergriff und, als sich der Konflikt zwischen ihnen zuspitzte, zum Schluß kam, die Ehre sei tot. Aber die Minnesänger blieben Hofdichter und erreichten im Unterschied zu den französischen *Jongleurs* nie ein breites Publikum.

7. Imperium oder Ecclesia?

Barbarossa

Während diese kulturellen und sozialen Bewegungen einsetzten, die neu und schöpferisch waren, erreichte die europäische Machtpolitik einen Gipfelpunkt und erschütterte mit ihren militärischen und politischen Konsequenzen die abendländische Christenheit wie ein immer wieder auflebender Gewittersturm. Eine kosmopolitische, offiziell durch das Bekenntnis zum katholischen Glauben geeinte Zivilisation wurde heimgesucht von einem Streit zwischen Kaiser- und Papsttum, in dem beide Seiten unrealistische Machtansprüche stellten und sich auf göttliches Recht beriefen.

Als zweite Katastrophe für die Christenheit erwies sich, daß 1204 Byzanz, der Mittelpunkt orthodoxer christlicher Zivilisation in Osteuropa, allerdings seit 1054 von Rom offiziell getrennt, von den Teilnehmern des vierten Kreuzzugs erobert wurde, als die Venezianer die abendländischen Kreuzritter dazu aufstachelten, ihren Handelsrivalen zu vernichten und seine Einflußsphäre zu plündern. Während sich also in der katholischen Christenheit »weltliche« und »geistliche« Mächte bekämpften und damit den Herrschern dynastischer Reiche ermöglichten, sich eine weltliche und absolute Oberherrschaft zu sichern und sogar die Religion ihrer Untertanen zu bestimmen, wurden in der orthodoxen Christenheit die Abwehrkräfte des Ostreichs gegen einen neuen Feind, die osmanischen Türken, geschwächt. Während der Balkan von politischen und religiösen Konflikten zerrissen wurde, stieg Moskau nach der Zerstörung des Kiewer Reichs durch die Mongolen zum »Dritten Rom« auf – dem orthodoxen Erben von Byzanz.

Kaiser wie Päpste agierten in europäischem Maßstab, und denkt man an die Verkehrsverbindungen der Zeit, so ist es erstaunlich, welche Strecken die Kaiser zurücklegten und an was für gigantischen Vorhaben sie sich versuchten im Verlaufe dieser Auseinandersetzung, die von der Thronbesteigung Friedrichs I. (*Barbarossa* – Rotbart –, wie ihn die Italiener nannten) im Jahre 1152 bis zum Tod seines Enkels Friedrich II. im Jahre 1250 dauerten.

Friedrich Barbarossa (1152–1190, Kaiser seit 1155), Idealbild eines Feudalherrschers: von außerordentlich gewinnendem Äußeren, ein Kämpfer und König von unermüdlicher Tatkraft und großer Ausstrahlung mit den ritterlichen Tugenden der Liebenswürdigkeit, guter Manieren und verschwenderischer Großzügigkeit. Er hatte gewaltige und romantische Ambitionen und war außerdem ein großartiger Gesetzgeber und Diplomat. Er konnte Latein lesen, wenn auch allem Anschein nach nicht fließend sprechen, und war mit der Geschichte des Römischen Reiches, soweit sie damals bekannt war, ebenso vertraut wie mit dem unlängst wieder zu Ehren gekommenen römischen Recht, so daß er sich selbst nicht nur für den Erben Karls des Großen hielt (für dessen Heiligsprechung er sorgte), sondern auch für den Konstantins und Justinians. Sein nicht gerade bescheidenes Ziel war die »Weltmacht« als Führer der gesamten Christenheit. Aber für die Italiener blieb er stets nur der *Imperator Theutonicus*.

In Deutschland hatte er anfangs mit ständigen Unruhen und Fehden fertig zu werden, so auch mit der damals schon alten Fehde zwischen Welfen und Babenbergern, die er als Nachkomme beider Familien beizulegen versuchte. Der Streit ging zurück auf den Tod des kinderlosen Kaisers Heinrich V., als die Fürsten Herzog Friedrich den Einäugigen von Schwaben übergangen und Lothar von Supplinburg, Herzog von Sachsen, gewählt hatten. Lothar hatte seine Tochter und Erbin dem Herzog von Bayern, Heinrich dem Schwarzen, zur Frau gegeben, und deren Sohn, der beide Herzogtümer erbte, wurde als Heinrich der Stolze bekannt. Sein Sohn Heinrich der Löwe hatte riesige Ländereien geerbt und vertrat die Interessen der Welfen, während Barbarossa das Haupt der Stauferpartei war.

Nach seiner Wahl zum deutschen König in Frankfurt zog Friedrich I. langsam zu Schiff und mit mittelalterlicher Prachtentfaltung auf dem Rhein bis zur Burg Trifels und von dort zu Lande nach Aachen, wo die Krönung stattfand. Er erklärte einen allgemeinen »Landfrieden«, um die Privatkriege zu beenden, henkte hartnäckige und besonders unverfrorene Missetäter und ließ ihre Burgen schleifen. 1155 statuierte er ein Exempel am Pfalzgrafen bei Rhein und zehn seiner Gefolgsleute, indem er eine alte Sitte belebte, derzufolge ritterliche Missetäter Hunde eine Meile weit zu tragen hatten – eine entsetzliche Schande.

Noch dringlicher stellte sich das Problem der großen Stammesherzogtümer, und Friedrich, der 1153 durch einen Briefwechsel zu einem freundschaftlichen Einvernehmen mit Papst Eugen III. gelangt war, versuchte den Tatendrang seiner ungestümen Reichsfürsten nach Osten zu lenken. Heinrich der Löwe zum Beispiel, der Schwiegersohn Heinrichs II. von England und Aquitanien, erhielt freie Hand gegen die Wenden und Slawen. 1160 gründete er Lübeck und trug im Wettstreit mit Albrecht dem Bären von Brandenburg deutsche Macht und Kolonisierungstätigkeit weit nach Nordosten. Friedrich selbst unterstützte die prodeutsche Partei in Polen und setzte 1158 mit Wenzel von Böhmen einen Strohmann auf den Thron. Vor allem aber schlichtete er den Streit um Bayern zwischen Heinrich dem Löwen, der 1158 München gründete, und Heinrich »Jasomirgott« (der diesen Namen seinem Lieblingsausruf verdankte), indem er für letzteren das selbständige Herzogtum Österreich schuf. Außerdem versuchte er, seinen Herrschaftsanspruch auf Burgund durchzusetzen. Wie die sächsischen Kaiser stützte Friedrich seine Macht weitgehend auf die großen Kirchenfürsten, die er selbst ernannte und deren Besitz er vereinnahmte, wenn die Gelegenheit günstig war. So erweckte er den alten Investiturstreit zu neuem Leben und zog sich den Zorn von Hadrian IV., dem einzigen englischen Papst, zu.

Mithin war seine Stellung in Deutschland recht heikel, hatte er sich die

Unterstützung der Reichsfürsten doch nur dadurch sichern können, daß er ihnen allzu freie Hand ließ, womit er die kaiserliche Macht ausgerechnet zu einem Zeitpunkt schwächte, da die Könige in Frankreich, England und Sizilien straff zentralisierte Reiche aufbauten. Die ursprünglich einfache Aufgliederung Deutschlands in Stammesherzogtümer hatte sich in eine weit größere Zahl Fürstentümer untergliedert, was dieses Reich noch unregierbarer machte.

1154 brach er erstmals nach Rom auf, wo im Winter des gleichen Jahres Hadrian IV. unter schwierigen Umständen zum Papst (1154–1159) gewählt worden war. Denn die Römer hatten unter Führung des Ketzers Arnold von Brescia Unruhen angezettelt, und die Normannen im Süden wollten Hadrians Wahl nicht anerkennen. Friedrich konnte nur in den frühen Morgenstunden gekrönt werden. Die Römer griffen den Lateran an und wurden von den deutschen Truppen vertrieben. Papst und Kaiser zogen es daraufhin vor, sich nach Tivoli zu begeben. Aber kaum war Friedrich nach Deutschland zurückgekehrt, verbündete sich Hadrian mit den Normannen – ein politischer Schritt, den der Kaiser als feindlichen Akt ansah. Das ohnehin gespannte Verhältnis wurde nicht gerade besser, als Friedrich ein Schreiben vom Papst erhielt, aus dem hervorging, daß ihm Hadrian das Reich als *Beneficium*, als Lehen, verliehen habe.

Als Friedrich 1158 seine zweite Italienexpedition unternahm, rief Hadrian die Bürger der lombardischen Städte zur Rebellion auf und wurde nur durch seinen Tod im Jahre 1159 daran gehindert, den Kaiser zu exkommunizieren. Dem Engländer blieb jedoch noch Zeit genug, Irland König Heinrich II. zu überlassen, da alle zum Christentum bekehrten Inseln dem Heiligen Stuhl gehörten und da der König, wie man hoffte, in der Lage war, die Iren zu zivilisieren.

So kam Barbarossa gleich zu Anfang seiner Regierungszeit mit dem Papst in Konflikt und wurde durch seine italienischen Ambitionen an der Festigung seiner Herrschaft über Deutschland gehindert. 1158 hatte er die Alpen mit sechstausend Rittern und ihren Mannen überquert – ein Heer, das so groß war, daß es das Gebirge auf vier verschiedenen Pässen überwinden mußte. Er nahm die Großstadt Mailand ein und zwang auf dem Ronkalischen Hoftag die lombardischen Städte – Republiken –, seine kaiserliche Macht wieder anzuerkennen, zu denen das Recht der Besteuerung, Zölle und Benutzungsgebühren für Flüsse und Kanäle gehörte. Die wütenden Italiener erhoben sich in offener Rebellion, woraufhin Barbarossa den größten Teil Mailands dem Erdboden gleichmachte. Diese Grausamkeit erreichte – wie alle derartigen Maßnahmen von Besatzungstruppen – das Gegenteil von dem, was bezweckt wurde. 1167 begruben die wohlhabenden Städte ihre gegenseitige Abneigung und schlossen den Lombardenbund. An der Nachschublinie des Kaisers nach Deutschland gelegen, erwies er sich als außerordentlich gefährlich.

Immer noch entschlossen, ganz Italien und sogar die Normannen seiner Macht zu unterwerfen, besetzte Barbarossa 1167 Rom, von wo Papst Alexander III. (1159–1181) nach Gaeta und Benevent floh. Inzwischen war es August geworden, und das Lager der Deutschen wurde von einer Seuche heimgesucht. Beim erzwungenen Rückzug über den Apennin kamen Friedrichs beste Feldherren und der größte Teil seines Heeres ums Leben. Mit zusammengeschrumpfter Gefolgschaft gelang es ihm, Susa zu erreichen, von wo er nach Deutschland zurückkehrte, um dort ausgebrochene Unruhen niederzuschlagen. Er hatte den Papst, die lombardischen Städte und die Normannen zu einer Einheitsfront gegen sich zusammengeschlossen.

Keineswegs abgeschreckt, überquerte Barbarossa 1174 abermals die Alpen, aber ohne die Unterstützung Heinrichs des Löwen, seines mächtigsten Lehnsmannes; zwei Jahre darauf erlitt er bei Legnano eine vernichtende Niederlage. Die Mailänder verteidigten ihr Banner auf dem *carroccio*, dem Fahnenwagen, so nachdrücklich und gingen mit so grimmiger Entschlossenheit zum Gegenangriff über, daß Friedrich höchstpersönlich fliehen mußte.

So war er zu guter Letzt gezwungen, sich mit den Realitäten abzufinden und warf sich im Kirchenportal von San Marco in Venedig Alexander III. zu Füßen. Nach dem Friedensschluß mit dem Lombardenbund kehrte er nach Deutschland zurück, um mit Heinrich abzurechnen: Gestützt auf Schwaben, Franken und die Pfalz gelang es Friedrich mit Hilfe der Reichsstädte – unter denen Regensburg und Nürnberg die wohlhabendsten waren – seinen gefährlichsten Widersacher aus Deutschland zu vertreiben und seine Stellung, wenn auch nicht auf lange Sicht, so doch kurzfristig zu sichern, indem er Heinrichs Land anderen Reichsfürsten zuschanzte. 1184, auf dem Reichstag zu Mainz, erschien Friedrich trotz seiner italienischen Niederlagen fest im Sattel, wenn er seinen Erfolg auch damit erkauft hatte, daß er den wenig belastbaren Lehensbindungen zuviel Gewicht verliehen und die Macht der Krone geschwächt hatte. Es war eben unmöglich, gleichzeitig Deutschland zu regieren und der *Imperator Theutonicus* Italiens zu sein.

Aber Friedrich war noch immer entschlossen, sich die Italiener gefügig zu machen. 1186 handelte er die Heirat zwischen seinem Sohn Heinrich und Konstanze aus, der Erbin des normannischen Sizilien, des reichsten Königreiches in Europa – ein Ereignis von höchster dynastischer Bedeutung. So nahm er das Papsttum in die Zange, ermöglichte seinem Sohn, als Kaiser Heinrich VI. sowohl Italien als auch Sizilien zu beherrschen, und bereitete auch die außerordentliche Fortsetzung dieser Ereignisse vor – die grandiose Karriere seines Enkels Friedrich II.

Aber schließlich wurde Barbarossa noch durch eine weitere Verpflichtung in Anspruch genommen, denn schlimme Neuigkeiten wurden aus dem Orient vermeldet: der kurdische Fürst Saladin hatte die bisher rivalisierenden Mächte von Bagdad und Kairo vereinigt, das christliche Heer bei Hattin am See Genezareth besiegt und bedrohte nun Jerusalem. 1198 brach der mittlerweile alternde Kaiser zum letzten seiner sämtlich zu groß bemessenen Abenteuer auf – dem dritten Kreuzzug. Zwei Jahre später ertrank er im Fluß Saleph – dem heutigen Göksu nehri im Süden Kleinasiens. »Ein unheilvoller und hassenswerter Fluß«, schreibt ein Zeitgenosse, »in dem – welch ein Jammer! – dieses in jeder Beziehung strahlende Vorbild erlosch!« »Denn obwohl seine Gefährten ihm davon abrieten (*dissuadentibus his qui secum erant*), bestand der Kaiser darauf, in den Fluß zu steigen, um sich zu erfrischen und zu waschen (*ad refrigerendum se et lavandum*).« Aber die Erschöpfung übermannte ihn, und er ging unter, und obwohl man ihn schwimmend und zu Pferde zu erreichen suchte, trug ihn die Strömung fort.[66] »Nach unerträglichen Strapazen hatte er gespeist«, heißt es in einem anderen Bericht, »und wollte in besagtem Gewässer ein Bad nehmen und sich durch ein wenig Schwimmen erfrischen«,[67] als er plötzlich versank.

Innozenz III.

Acht Jahre nach Friedrich Barbarossas Tod und damit dem Ende seiner Bemühungen, als »weltlicher Arm« einer kosmopolitischen Christenheit den größten Teil Europas zu beherrschen, strebte Lothar von Segni als Innozenz III. (1198–1216) mit mehr Erfolg danach, deren geistliches Oberhaupt zu werden. Er stammte väterlicherseits aus einem Adelsgeschlecht der Campagna, durch die Mutter gehörte er der römischen Aristokratie an. Er studierte kanonisches Recht in Paris und Bologna und war erst Siebenunddreißig, als man ihn zum Papst wählte. Er war ein Pedant, besaß administratives Talent und führte ein sehr schlichtes Privatleben. Er verstand sich als moralischer Richter der Christenheit, wobei er seine Macht mit der Sonne und die des Kaisers mit dem Mond verglich – »das schwächere Licht«. Er war erst Fünfundfünzig, als er in Perugia an Malaria starb. Mehr Staatsmann und Administrator als Theologe, obwohl er für das Dogma der Transsubstantiation verantwortlich ist, das später so heftigen Streit auslösen sollte.

Wie Hadrian IV. verfolgte er die gleichen Ziele wie Gregor VII., aber sie wurden jetzt neu und genauer definiert durch einen großen Rechtsgelehrten und Verwaltungsfachmann, das Oberhaupt einer riesigen Organisation, deren Mittelpunkt die römische Kurie bildete, eine Behörde, die damals hinsichtlich ihrer Leistungsfähigkeit alles andere bei weitem übertraf. Wenn überhaupt jemand in der Lage war, geistliche Führung durch Autorität und nicht durch Überzeugung und Beispiel durchzusetzen, dann Innozenz III. Aber sein Machtanspruch, der von Gregor IX., Innozenz IV. und Bonifaz VIII. noch erweitert wurde, führte zu Schisma und Konflikten mit den Laien. Gewiß aber verschaffte er dem Stuhl Petri ein Maß an Macht, das dieser bisher nicht gekannt hatte, und bündelte den religiösen Eifer der Dominikaner- und Franziskanermönche zu einer Gegenreformation, die es auf die Ketzerlehren abgesehen hatte, welche damals ebenso heftig wie zu Luthers Zeiten die zentralen Dogmen der Kirche in Frage stellten. Deshalb trat erstmals auch die Inquisition in Erscheinung, die allerdings ihre vollständige Wirkung erst während des Pontifikats von Innozenz IV. entfaltete.

Gregor VII. hatte sich als »Stellvertreter Petri« verstanden – Innonzenz III. erhob den Anspruch, »Stellvertreter Christi« zu sein. Als solcher forderte er die »unumschränkte Macht« über alle Christen, gleich ob Geistliche oder Laien. Auf dem IV. Laterankonzil von 1215 versuchten er und seine Ratgeber die Kirche von der übrigen Gesellschaft abzuheben und höher zu stellen. Sie war zölibatär, autoritär, diszipliniert und leistungsfähig und wurde regiert von einem Priesterkönig, dem *Gubernator Mundi; minor Dei, sed ultra hominem* – »Herrscher der Welt, weniger als Gott, aber mehr als der Mensch«, der sein Urteil über Fürsten fällen durfte, selbst aber niemandes Urteil unterworfen war, wodurch er die Macht der Priester über ihre Gemeindemitglieder, die *oves Christi* – die Schafe Christi – steigerte, und er befahl dem Klerus, Bildung und Rhetorik zu pflegen und die Sinnenlust zu brandmarken, während er selbst keine Hemmung hatte, sogar Fürsten ihretwegen zu exkommunizieren. Von seinem Recht und seiner Autorität überzeugt, stürzte er sich mit der Gewißheit in die Machtpolitik, daß es seine Pflicht sei, für Ordnung, Gerechtigkeit und Frieden zu sorgen. Einmal dazu entschlossen, die Autorität des Heiligen Stuhls notfalls auch mit Gewalt durchzusetzen, sah sich Innozenz III. zu den fragwürdigen und gewaltsamen Maßnahmen gezwungen, die unter Gregor IX. und Innozenz IV. noch massiver werden sollten.

Dabei ging es im wesentlichen um die Thronfolge im Reich und um den Kirchenstaat. Barbarossas Sohn war es gelungen, den größten Teil Italiens und Siziliens zu gewinnen, starb jedoch 1197, ein Jahr bevor Lothar von Segni Papst wurde. Er hinterließ zwei potentielle staufische Erben; seinen Bruder Philipp von Schwaben und seinen Sohn, den dreijährigen »Federigo«. Bestrebt, den deutschen Druck auf den Kirchenstaat zu brechen, trieb Innozenz III. Deutschland und Italien jetzt absichtlich in eine neue Runde des Krieges zwischen Guelfen und Ghibellinen, indem er Otto IV. von Braunschweig, den Sohn Heinrichs des Löwen und Enkel Heinrichs II. von England, als den Thronprätendenten der Guelfen unterstützte. Doch die Deutschen wählten 1198 Philipp von Schwaben und setzten sich damit sowohl über das Prioritätsrecht des Kindes Federigo wie auch über die Wünsche des Papstes hinweg. Zehn Jahre darauf wurde Philipp durch Otto von Wittelsbach ermordet, dem er die Hand seiner Tochter verweigert hatte. Die beiden pflegten miteinander zu fechten, und als Otto mit blankem Schwert bei Hof erschien, erklärte Philipp, er habe heute keine Lust zu fechten, woraufhin Otto erklärte, auch ihm stehe an diesem Tage der Sinn nicht danach, und dem Kaiser die Waffe in den Leib rammte.

Daraufhin hielten sich die kaisertreuen Ghibellinen an Federigo, König von Sizilien. Auch Innozenz III. ließ jetzt seine Unterstützung diesem zukommen, der sowieso schon sein Mündel war, da er ihn, im Vergleich zu Otto IV., der sich nicht bereit gefunden hatte, den Kirchenstaat zu räumen, für das kleinere Übel hielt, und weil er hoffte, er werde leichter zu beeinflussen sein, *sperans quod melior patre foret; sed qualis pater, talis filius, et etiam longe deterior fuit inventus.*[68] Denn als die Ghibellinenpartei in Deutschland den Knaben als Friedrich II. (1211–1250) an die Spitze des Reichs wählte, krönte sie damit einen Kaiser, der sich als der gefährlichste und glänzendste Feind des Papsttums erweisen sollte.

Sizilien

Der weitsichtige Schachzug Friedrich Barbarossas – die Heirat seines Sohnes Heinrich mit Konstanze, der Erbin des normannischen Sizilien, im Jahre 1186 – hatte sich jetzt ausgezahlt. Jung Friedrich war jetzt sowohl König des kosmopolitischen mediterranen *Regno* von Sizilien wie auch gewählter Kaiser des riesigen Stauferreiches in Deutschland.

Das *Regno* blieb stets sein wertvollster Besitz, schon seit langem so straff organisiert und so wohlhabend, daß es jedem anderen Königreich überlegen war. Das normannische Sizilien war sogar besser verwaltet als England, die andere insulare Eroberung der Normannen, wo eine Reihe grausamer normannischer Könige die Basis für die zentralisiertere Herrschaft des Königs Heinrich II. aus dem Hause Anjou schufen. Auf Sizilien hatten die Nachkommen Tancreds von Hauteville einen Hof errichtet, an dem byzantinische, muslimische und christlich-katholische Einflüsse zu einer glänzenden Kultur verschmolzen. Noch heute erinnern an sie die prächtige, geschmackvolle Capella Palatina in Palermo und der elegante Kreuzgang von Monreale, wo eine mittelmeerische Sonne sich in den spiralförmigen Mosaiken der Säulen und Kapitelle bricht.

Das *Regno*, Königreich seit 1130, als Roger II. vom Papst anerkannt wurde, war schon seit langem stabil und tolerant. Hier war die heidnische Antike dem mittelalterlichen Christentum nie ganz gewichen, und ihr Reichtum an Getreide, Wein, Schafen und Fischen hatte die Insel zu einem Zankapfel von Griechen, Römern, Karthagern und Vandalen gemacht. Dieser Schauplatz einiger der schönsten lateinischen und griechischen Hirtengedichte wurde jetzt von einer Flotte beschützt, die aus einem der bestorganisierten Fisken außerhalb Konstantinopels finanziert wurde. Durch die Assisen von Ariano hatte Roger II. (1127–1154) ein Rechtssystem nach Vorbild des Justinianischen Gesetzeskodex geschaffen und ein Finanzsystem begründet, das sich am arabischen *Diwan* orientierte und arabische Zahlen anstelle der schwerfälligen römischen Rechnungsweise verwendete.

Ein weiteres Ereignis war hinzugetreten: Rogers II. Angriffe auf das Byzantinische Reich in Griechenland waren fehlgeschlagen, und Wilhelm II., bekannt unter dem Namen »der Gute«, vermutlich um ihn von seinem Vater Wilhelm »dem Bösen«, dem Nachfolger Rogers II., und dem Großteil seiner übrigen Verwandten zu unterscheiden, hatte Saloniki verloren. Folglich waren die Normannen gezwungen, sich auf das kompakte Königreich Sizilien selbst und auf Süditalien zu konzentrieren, wo Roger II. 1138 Neapel erobert hatte. Dergestalt war das Königreich, das Barbarossas Enkel geerbt hatte.

Das Glück blieb Friedrich treu. 1212 traf eine deutsche Gesandtschaft in Palermo ein und bot ihm die deutsche Krone an. Er nahm sie an, überquerte die Alpen bei Chur und kam Otto IV. mit der Besetzung von Konstanz um wenige Stunden zuvor. (Er bezog anschließend die Burg Hagenau im Elsaß, die über ein ausgezeichnetes Jagdrevier verfügte.)

Zwei Jahre später, 1214, war ihm das Glück noch einmal hold: Philipp II. August von Frankreich brachte Otto IV. und seiner von England gestützten Koalition bei Bouvines eine vernichtende Niederlage bei und besiegelte sie durch eine symbolische Geste, indem er Friedrich Ottos Kaiserbanner übersandte. So wurde Friedrich im Juli 1215 in Aachen gekrönt und sein Titel bald darauf vom IV. Laterankonzil bestätigt. Im Dezember des gleichen Jahres zeigte er den Reichsfürsten in Nürnberg seinen Sohn Heinrich; 1219 wurde das Kind zum römischen König gewählt.

Ketzertum

Als Innozenz III. 1216 in verhältnismäßig jungen Jahren starb, hatte er folglich eine empfindliche politische Niederlage in dem stürmischen Konflikt an der Spitze der Christenheit zwischen Kaiser- und Papsttum erlitten, aber er hatte sich als großer Administrator erwiesen, der eine straffer organisierte und geschlossenere europäische Kirche hinterließ, und wenn auch seine Ausflüge in die Höhenluft der Machtpolitik katastrophal endeten, so hat er doch mit großem Erfolg die Begeisterung der neuen Dominikaner- und Franziskanerbrüder für den Kampf gegen Ketzerei und zur Stärkung des abendländischen Christentums eingespannt.

Als Innozenz III. Papst geworden war, waren die häretischen *Katharer* aus dem Languedoc, die beim Grafen Raymond VI. von Toulouse Unterstützung fanden, bereits zu einer Bedrohung geworden. In Anlehnung an die persischen Manichäer, die den heiligen Augustinus beeinflußt hatten, glaubten sie, die Welt selbst sei böse, ein Mißgeschick im ewigen Kampf zwischen dem guten Geist und dem Geist, der stets verneint, zwischen Licht und Dunkelheit. Diese gefährlichen, wenn auch einleuchtenden Lehren faßten zunächst bei den orthodoxen Bulgaren Fuß, Mitte des zehnten Jahrhunderts dann auch bei den in Konstantinopel lebenden Bulgaren, wo 1100 Kaiser Alexios Komnenos, nachdem die Teilnehmer des ersten Kreuzzugs per Schiff nach Kleinasien und Palästina aufgebrochen waren, einen der bulgarischen Führer verbrennen ließ. Doch in Bulgarien war es nicht gelungen, sie auszurotten. Ihr Einfluß und ihre Organisation hatte sich nach Bosnien ausgebreitet, von wo aus sie den katholischen Westen infizierten, waren nach Norditalien und Südfrankreich gelangt, wo sich die weniger moralischen Brüder der ketzerischen Organisation einen schlechten Ruf erwarben. Denn das Wort »Bulgare« – *bougre* im Französischen – hat eine pejorative Bedeutung angenommen und bis auf den heutigen Tag behalten.

Diese *Bogomilen*, wie sie sich selbst nach ihrem Gründer Bogomil (altslawisch für »Gott liebend«) nannten, verkündeten ihre Überzeugung, Gott könne für eine Scheußlichkeit wie die Schöpfung nicht verantwortlich sein, weshalb die Welt das Reich Satans sei. Die Schöpfung sei, so erklärten sie, ein zusammengeschusterter Mißgriff – der einzige Weg zum Heil sei die vollständige Abkehr von der Welt. Diese möglicherweise von ketzerischen Armeniern verbreitete Glaubensüberzeugung gewann viele Anhänger. Sie hatten eine riesige Organisation geschaffen, die sich von Zentralasien bis ins Abendland erstreckte, und ihre asketische Elite, die *Katharer* oder »Geläuterten«, behaupteten, sich von irdischen Fesseln befreit zu haben und der Welt des Lichts und des guten Geistes anzugehören. Die große Mehrheit der Häretiker, *Gläubige* genannt, machten sich nicht anheischig, es zu solcher Tugend bringen zu können, sondern stellten jede Moral in einer hoffnungslos verderbten Welt in Abrede. Das schlimmste Verbrechen war nach ihrer Überzeugung, Kinder in die Welt zu setzen und damit noch mehr Licht und Dunkelheit zu mischen. Solange diese Konsequenz vermieden wurde, propagierten sie zügellose Sexualität und Promiskuität, die sie wohl auch praktiziert haben dürften.

Vom Zentrum dieser Religion aus, den Bogomilen in Bulgarien, wurden »Bischöfe« und Missionare nach Westen geschickt. Solche Pseudobischöfe ließen sich sogar in Toulouse, Carcassonne und Albi, in Mailand, Florenz und Bergamo nieder. Anklang fanden sie vor allem bei Handwerkern, aber auch der eine oder andere enttäuschte Aristokrat mochte *Gläubiger* oder gar *Katharer* werden, obgleich letztere nach sehr strengen Regeln lebten. Schon bald entfaltete diese Untergrundbewegung ihren Einfluß in Politik, Handel und Dorfleben, und als 1208 ein päpstlicher Gesandter eintraf, um mit dieser Karikatur der Kirche Schluß zu machen, wurde er ermordet.

Die Kirche sah sich einer ungeheuerlichen Herausforderung gegenüber. Die Häretiker leugneten, daß die Menschwerdung Christi die Schöpfung erlöst habe, womit sie den Begriff einer schlüssigen und im Grunde positiven Weltordnung untergruben, den die Kirche aufgebaut hatte. Gott habe versagt, Christus desgleichen, die Kirche sei Schwindel, und wenn überhaupt jemand für die Welt verantwortlich sei, dann der Teufel. Einige Ketzer glaubten, er sei ein gefallener Engel, andere, er sei eine eigenständige Gottheit, eine Vorstellung, die auf die Verehrung der alten heidnischen Gottheiten zurückging, die in nur oberflächlich christianisierten Gebieten noch weit verbreitet war. Die Lehre fand bessere Resonanz im realistischen Süden als im relativ sentimentalen Norden und begünstigte das Wiederaufleben heidnischer Anschauungen, die nie sehr tief abgesunken waren. Dazu zog sie viele intelligente Menschen in ihren Bann, denen ihre Erfahrungen mit den Bedingungen mittelalterlichen Lebens nur zu gut im Gedächtnis waren.

Daß jetzt allerorten Ketzerlehren entstanden, war zum Teil auch ein Symptom für den intellektuellen Aufschwung des zwölften Jahrhunderts. Tausend Jahre lang waren im Abendland nur ein paar Menschen fähig gewesen, abstrakte Gedankengänge zu entwickeln, und der Horizont der Intellektuellen am Hofe Karls des Großen hatte nicht weit über Grammatik und Rhetorik hinausgereicht. Weit verbreitet war die Abneigung gegen Reichtum und Hochmut der Kirche und die priesterliche Anmaßung, so daß selbst solche, die Gefallen an der Schöpfung fanden und das Evangelium anerkannten, die Kirche für überflüssig hielten. Der bekannteste dieser anderen, potentiellen »Häretiker« war Franz von Assisi (1182–1226). Als Sohn eines wohlhabenden Kleiderhändlers genoß er sein Leben, bis er infolge einer plötzlichen Bekehrung in extreme Askese verfiel. Anders als die *Katharer* hegte er eine ganz unmittelalterliche Liebe zu Natur und Tierwelt. Er verzichtete auf sein Erbe, sagte sich von seiner Familie los und predigte mit missionarischem Eifer. Während die *Katharer* aus der Gesellschaft ihrer Zeit ausstiegen und von der Mildtätigkeit der *Gläubigen* lebten, weil sie die Schöpfung verabscheuten, wurde der heilige Franziskus aus Liebe zu ihr zum heimatlosen Bettler. Ihm wird eine außergewöhnliche Macht über Tiere nachgesagt. In Gubbio gewöhnte er einem Wolf durch regelmäßige Fütterung seine räuberischen Gewohnheiten ab, und er verstand sich ausgezeichnet mit den verschiedensten Vögeln. Als heiliger Mann überzeugte er auch die Muslime, als er 1219 Ägypten besuchte, und betrat sogar ihr Lager, wo man ihn mit Wohlwollen empfing.

Innozenz III. gelang es mit Gespür für die Bedürfnisse der Kirche, sowohl den Eifer des heiligen Franziskus und seiner Anhänger in nützliche Bahnen zu lenken wie auch die Begeisterung einer intellektueller ausgerichteten Bruderschaft in Spanien zuträglichen Zwecken dienstbar zu machen. Domingo de Guzman – der heilige Dominikus – hatte ursprünglich mit dem Vorsatz begonnen, die zersetzenden Aktivitäten der *Kartharer* zu bekämpfen. Im Unterschied zum heiligen Franziskus war der heilige Dominikus (1170–1221) ein sehr fähiger Organisator.Er war von einfachem kastilischen Adel und begleitete 1203 den Bischof von Osma in die Provence, wo er *Katharern* begegnete. Nachdem die nordfranzösischen Kreuzritter Toulouse seinem Grafen Raymond VI. entrissen hatten, wurde Dominikus von Innozenz III. ermächtigt, gegen die *Katharer* zu predigen. 1215 begab sich Dominikus nach Rom und ist auf dieser Reise möglicherweise Franz von Assisi begegnet. Im Jahr darauf wurde sein Orden der »Schwarzen Brüder« von Honorius III. sanktioniert. Er war verwaltungstechnisch äußerst geschickt aufgebaut, ein Organisationsschema, das 1220 in Bologna ausgearbeitet wurde, wo der Ordensgründer nach ausgedehnten Reisen in Frankreich und Italien im Jahr darauf starb. Diese beiden ursprünglich als Bettelorden gegründeten Vereinigungen unterschieden sich von den bestehenden Mönchsorden – ihre Angehörigen lebten und predigten unter Laien und nannten sich selbst *Fratres* – »Brüder«. Ihr Einfluß erwies sich als allgegenwärtig, nicht zuletzt an den Königshöfen, in den Städten und an den Universitäten, wo die meisten berühmten Gelehrten Brüder waren. Die Toleranz und die Klugheit von Innozenz III. sorgten dafür, daß sich ihr Eifer innerhalb der Kirche entfaltete.

Falls die Mittel der Überzeugung nichts verschlugen, bot der Heilige Stuhl ab den dreißiger Jahren des dreizehnten Jahrhunderts auch die *Inquisition* gegen die Häretiker auf – eine Institution, die ihre Aufgabe mit professioneller Gründlichkeit besorgte und nichts zu tun hatte mit irgendwelchen amateurhaften Lynchveranstaltungen des Volkes oder den laienhaften Bemühungen örtlicher Bischöfe und Fürsten. So wurde die Häresie jetzt Ziel einer sich rasch verstärkenden Gegenoffensive, die zwischen 1208 und 1218 in den Albigenserkriegen gipfelte und den Feudalherren des Nordens Gelegenheit bot, die Kultur des Midi größtenteils zu zerstören. Ende des dreizehnten Jahrhunderts war die Irrlehre ausgerottet, ihre Organisation zerschlagen und die siegreiche Kirche beherrschte mit ihrer Inquisition Norditalien und Südfrankreich, während sie sich in Spanien gerade etablierte. Abgelehnt wurde die Inquisition jedoch von den germanischen Völkern einschließlich der Skandinavier und Engländer. Ihr Hauptvertreter in Deutschland, Konrad von Marburg, wurde 1233 ermordet. Später wurde in Nordfrankreich der bekehrte Ketzer Robert *le Bougre*, so genannt, weil er seine katharischen Anfänge nie ganz vergessen machen konnte, wegen übermäßiger Grausamkeit abgesetzt. Obwohl der Heilige Stuhl 1252 die Bulle *Ad Extirpanda* erließ – die besagte, daß Häretiker gefoltert, ausgepeitscht und dem Hungertode preisgegeben werden dürften, daß man sie einkerkern und ihren Besitz konfiszieren könne, daß sie dem »weltlichen Arm« auszuliefern seien, damit er sie bei lebendigem Leibe in einem *Autodafé*, einem »Glaubensakt« verbrenne –, konnte die Inquisition nur in Norditalien, Südfrankreich und natürlich in Spanien wirklich Fuß fassen, wo sie sich noch lange großer Beliebtheit erfreuen sollte.

Friedrich II.

Während sich Innozenz III. mit Häretikern in der Provence und Italien herumschlug, hatte sich Friedrich damit beschäftigt, sein Reich in Deutschland zu sichern. Beim Tode des großen Papstes, sah seine Zukunft trügerisch rosig aus. Er war nicht mehr der »Knabe aus Apulien«, sondern deutscher König und künftiger *Imperator semper Augustus* des weltlichen *Imperiums* der Christenheit – eines Reichs, das Teil der göttlichen Weltordnung war, wie der Papst das Oberhaupt von deren religiöser Ordnung. Doch gefangen von seiner Vision und bestrebt, sich die Unterstützung der Kirche und der bedeutenden deutschen Fürsten zu sichern, mußte Friedrich – wie schon Barbarossa – einen hohen Preis bezahlen. 1220 hatte er den deutschen Bischöfen ungeheure Privilegien zugestanden und leistete auch der von Barbarossa begonnenen Zersplitterung der weltlichen Fürstentümer weiteren Vorschub.

Obwohl Friedrich in Aachen zum König gekrönt worden war, war er formell noch nicht Kaiser. Deshalb zog er 1220 über den Brenner nach Italien, um sich in Rom vom neuen Papst Honorius III. krönen zu lassen. Nach prächtigen Festlichkeiten in der Stadt wurde er mit der Krone Karls des Großen gekrönt. Daraufhin kehrte er nach Sizilien zurück, dem Königreich, an dem ihm am meisten gelegen war, um auch dort Ordnung zu schaffen.

Friedrich II. war jetzt auf der Höhe seiner Macht, »umstrahlt«, wie er schrieb, »von der Glorie des Cäsarentitels«, *semper Augustus* und eher *Immutator* (Verwandler) als *Stupor* (Staunen) *mundi*. Außerdem war er ein gutaussehender Mann, wohlgestaltet, von mittlerer Größe, mit kastanienbraunem Haar und blauen Augen. Salimbene, der Minoritenbruder, zollte dem Kaiser widerstrebende Bewunderung, obwohl er sein erbitterter Feind war. *Callidus homo fuit, versutus, avarus, luxuriosus, malitiosus, iracundus. Et valens homo fuit interdum ... iocundus, delitiosus, industrius, legere, scribere et cantare sciebat et cantilena et cantiones invenire; pulcher homo et bene formatus, sed medie statura fuit... vidi enim eum et aliquando dilixi.* – »Er war ein verschlagener Mann, listig, habgierig, ausschweifend, bösartig und jähzornig. Und doch war er zugleich auch ein rechter Mann, klug, gewinnend und fleißig. Er wußte zu lesen, zu schreiben, zu singen, Lieder zu dichten und zu komponieren ... Er sah gut aus und war wohlgestaltet, wenn auch von mittlerer Größe. Denn ich sah ihn und bewunderte ihn einstmals.«[69] Von Kindesbeinen an war er des Arabischen mächtig und sprach außerdem noch zahlreiche andere Sprachen. Sorgfältig erzogen (nie ist er, wie behauptet, ein »verwahrlostes Kind« in Palermo gewesen) und von skeptischer und nüchterner Geistesart, lebte er wie ein orientalischer Despot mit Harem, Eunuchen und Wandermenagerie. Außerdem schrieb er ein Standardwerk über die Falkenjagd, *De Arte Venandi cum Avibus – Über die Kunst, mit Vögeln zu jagen*, das höchst unmittelalterliche Ergebnis exakter Beobachtung und Erfahrung, in dem es heißt: »Unsere wahre Absicht ist es, die Dinge so zu beschreiben, wie sie sind« – *ea, quae sunt, sicut sunt*. Er regte auch den *Liber Augustalis* an, eine außerordentlich scharfsinnige Abhandlung über Gesetzgebung, in der er behauptet, der Kaiser müsse das »lebende Gesetz« sein.[70]

Während seines langen Aufenthalts in Deutschland war das *Regno* aus den Fugen geraten. Einige Muslime hatten Räuberbanden im gebirgigen Westteil der Insel gegründet, während die sizilianischen Barone, die Pisaner und die Genuesen gemaßregelt und die zentralen Verwaltungseinrichtungen gestrafft werden mußten.

Nun wurde Friedrich aber von einem Versprechen verfolgt, das er bei seiner Krönung in Aachen abgelegt hatte. Bestrebt, sich die Unterstützung der Kirche zu verschaffen, hatte er geschworen, einen Kreuzzug zu unternehmen, und diese Verpflichtung hatten ihm sowohl Honorius III. wie auch der neue Papst Gregor IX. immer wieder ins Gedächtnis gerufen. Da die Kirche nach wie vor auf ihrer weltlichen Macht bestand, schwelte der Streit zwischen Papst- und Kaisertum selbstverständlich fort. Der päpstliche Besitz in der Toskana und in Umbrien sowie die lombardischen Städte waren ein offensichtliches Hindernis für die Verbindungswege zwischen dem sizilianischen Reich und Deutschland, so daß die Päpste, die auf ihre Gebiete in der Toskana und der Emilia als Grundlage ihres Reichtums und ihres europäischen

Einflusses keinesfalls verzichten wollten, Übergriffe des Kaisers befürchten mußten. Deshalb versuchte der Papst, den Kaiser durch das Beharren auf einem sinnlosen und verlustreichen Feldzug ins Heilige Land zu schwächen, wobei Deutschland für die Ritter und das *Regno* für Transport und Finanzmittel aufzukommen hatte. Also erneuerte Friedrich 1227 sein zehn Jahre altes Kreuzzugsgelübde und schuf nach dem Tode seiner ersten Frau, Konstanze von Aragon, die Voraussetzung zu seiner Erfüllung, indem er die fünfzehnjährige Erbin des Königreiches Jerusalem Jolanthe heiratete, die Tochter des Johann von Brienne.

Der Mißerfolg der ägyptischen Expedition Ludwigs IX., des Heiligen, im Jahre 1221, in deren Verlauf sich Damiette ergeben hatte, weil, wie es hieß, der Klerus mit abwegigen strategischen Maßnahmen eingriff und versuchte, »Ritter zu führen«, hatte Roms Ärger über Friedrichs Verzögerungspolitik verschärft. Im folgenden Jahr hatte dieser sein Gelübde erneuert und versprochen, spätestens 1227 aufzubrechen. Aber vorher mußte er die lombardischen Städte in ihre Schranken weisen – eine Aufgabe, an der er sich 1226 ohne Erfolg versuchte. Als auf den relativ gemäßigten Honorius III. Ugolino von Ostia, ein Neffe Innozenz III., als Gregor IX. folgte, stand fest, daß das vorrangige Ziel des Papsttums sein würde, den Kaiser in den Orient zu schaffen, um während seiner Abwesenheit seine Macht in Italien zu untergraben.

Im Frühling des Jahres 1227 hatten sich, von der Aussicht auf freie Beförderung und deutschen Sold angelockt, Kreuzritter aus fast ganz Europa in Brindisi versammelt. Natürlich brachen Seuchen aus, und obwohl schon unterwegs, erkrankte auch Friedrich II. Sofort exkommunizierte ihn Gregor IX. Zwar untenahm der Kaiser die Schiffsreise nach Zypern und ins Heilige Land, aber er tat es im Kirchenbann. Offenkundig lag Friedrichs einzige Chance im Erfolg, und dank der Uneinigkeit der Muslime und seines eigenen diplomatischen Geschicks fand er ihn auch. Im Februar 1229 hatte er ein Abkommen durchgesetzt, das den Christen freien Zugang nach Jerusalem, Nazareth und Bethlehem verschaffte, und ihnen die Küste mit allen Häfen und Befestigungen von Beirut bis Jaffa ließ. Es war ein zivilisiertes Abkommen, das sich auf gegenseitiges Interesse gründete und zwischen zwei hochintelligenten, weltläufigen Männern ausgehandelt worden war – dem exkommunizierten Kaiser und dem Sultan al-Kamil.

Aber es war nicht durch das Totschlagen von Sarazenen, sondern durch diplomatische Mittel erzielt worden. Obgleich es für die Christen weit günstiger war, fehlte ihm die breite Zustimmung der beteiligten Völker. »Es war kein allgemeiner Vertrag zwischen Staaten, sondern zwischen zwei Männern, die beide der anderen Seite gegenüber zu einer Toleranz und Freundlichkeit fähig waren, die von ihren Gefolgschaften nicht geteilt wurden.«[71]

Palästina war damals so wenig wie heute der Ort für einen vernünftigen Kompromiß. Obwohl Friedrich einen glänzenden diplomatischen Erfolg erzielt hatte, bedeutete ein Kreuzzug für die fanatischeren und typischen Kirchenmänner weniger die Befreiung der heiligen Stätten als die Möglichkeit,

Ungläubige zu töten. Außerdem mißfiel ihnen, daß die Muslime Zugang zu ihrem eigenen Heiligtum, dem Felsendom, haben sollten. Als sich der exkommunizierte Kaiser in der Grabeskirche selbst zum König von Jerusalem krönte, machte er sich den Patriarchen der Stadt zum erbitterten Feind. Auch hatte das Abkommen keinen Bestand: 1244 gelang es zehntausend chwarismischen Türken im Bündnis mit Ajub, dem arabischen Herrscher Ägyptens, Jerusalem einzunehmen und zu plündern, wobei die meisten der christlichen Bewohner – Männer, Frauen und Kinder – umgebracht wurden.

Anfang Juni 1229, lange vor diesem Ereignis, war Friedrich wieder in Brindisi gelandet. Eine Zeitlang ausgesöhnt mit dem Papst und des Kirchenbannes ledig, konnte er sich in der schöpferischsten und kulturell glänzendsten Phase seiner Herrschaft ganz dem *Regno* widmen. An diese Zeit erinnert der der Antike nachempfundene Turm des Brückentores in Capua und das luxuriös ausgestattete Castel del Monte in Apulien: »Wie Friedrichs Abhandlung *De Arte Venandi cum Avibus*, sind diese herrlichen Bauwerke die Bestätigung seiner Sehnsucht nach der Größe des alten Rom und Ausdruck seines unersättlichen künstlerischen Schöpferdrangs.«[72]

Bereits 1224 hatte er die erste staatlich finanzierte Universität der katholischen Christenheit in Neapel gegründet, um dort seine Administratoren und Diplomaten ausbilden zu lassen, und hatte seinen Untertanen verboten, andernorts zu studieren. Aber er gab sich keineswegs damit zufrieden, seine Macht als spätantiker Tyrann von Sizilien und Süditalien zu entfalten. Ereignisse in Deutschland erforderten seine Aufmerksamkeit: Sein ältester Sohn Heinrich, der König der Römer, empörte sich, berief eine Versammlung seiner Anhänger nach Boppard am Rhein und versuchte sogar, den König von Frankreich und die lombardischen Städte als Verbündete zu gewinnen. Im Mai 1235 überquerte der Kaiser die Alpen, begleitet von seinem Lieblingssohn Konrad, den ihm Jolanthe von Brienne geboren hatte, und einem exotischen Gefolge von sarazenischen Söldnern, äthiopischen Sklaven, von Kamelen, Leoparden und Affen sowie einem riesigen Geldschatz, den er in Sizilien aufgebracht hatte. Zutiefst beeindruckt ließen die Deutschen den jungen Heinrich im Stich, der sich bei einer Zusammenkunft in Mainz reuevoll vor seinem zornigen Vater niederwarf. Friedrich war unversöhnlich und verurteilte ihn zu einer Kerkerstrafe, die er zunächst in Heidelberg und dann im süditalienischen Melfi verbüßte. Als Heinrich sechs Jahre darauf an den Hof des Vaters gerufen wurde, beendete er sein Leben, indem er sich mit seinem Pferd von einer Brücke stürzte.

Die Aussöhnung mit Gregor IX. war immer oberflächlich geblieben. Der Papst hatte nicht aufgehört, die lombardischen Städte gegen den Kaiser aufzuwiegeln, und tat ihn 1239, nachdem er die Mailänder bei Cortenuova besiegt hatte, abermals in den Kirchenbann. Im Jahr darauf berief er in Rom ein allgemeines Kirchenkonzil ein, um Friedrich abzusetzen, woraufhin die sizilianischen und pisanischen Schiffe des Kaisers einen Geleitzug kaperten, der Prälaten nach Rom bringen sollte; statt dessen wurden sie nun in Ketten gelegt – ein »frevlerischer Akt«, der weder vergessen noch vergeben werden sollte.

Nachdem der bösartige und vermutlich senile Papst in hohem Alter gestorben war, sollte der Heilige Stuhl zwei Jahre lang vakant bleiben, dann wurde Sinibaldo Fieschi, als Innozenz IV. (1243–1254) gewählt; aber er erwies sich als ebenso unnachgiebig wie sein Vorgänger. Nachdem er 1245 nach Lyon geflohen war, berief er dort ein neues Generalkonzil der Kirche ein, das in erster Linie von Vertretern Westeuropas besucht wurde, und erklärte den Kaiser für abgesetzt. Es lag nahe, den Papst zu beseitigen, der sich damals nicht in Frankreich, sondern auf Reichsgebiet befand. Zunächst aber mußte Friedrich seine Verbindungswege in Italien sichern, deshalb wandte er sich erst einmal nach Parma, es gefügig zu machen. Doch dort erlitt er 1248 eine vernichtende Niederlage, gab die Expedition über die Alpen auf und zog sich nach Süditalien zurück. Hier verbesserten sich seine Aussichten, da der Papst, der immer noch bedingungslose Unterwerfung verlangte, weithin für diese vendettaähnliche Auseinandersetzung und die Unruhen, die sie verursachte, verantwortlich gemacht wurde. Aber ausgerechnet als sich die Umstände so günstig für ihn entwickelten wie selten zuvor, starb Friedrich II. im Dezember 1250 im Castel Fiorentino, nicht weit von Foggia, an einer »qualvollen« Ruhr und »hatte ein schlimmes Ende« – wie die Geistlichkeit verlauten ließ – *mala morte obiit*.

Mit seinem Tod zerfiel das Stauferreich: seinen ältesten Sohn Heinrich hatte er in den Selbstmord getrieben, sein Lieblingssohn Konrad wurde nie gekrönt und starb vier Jahre nach seinem Vater, der illegitime Sohn Manfred herrschte zwölf Jahre auf Sizilien, bis er auf Betreiben des Papstes durch Karl von Anjou, einen Bruder Ludwigs IX., vertrieben und getötet wurde. Heinrich, der Sohn Friedrichs aus dritter Ehe mit Isabella von England, der Schwester Heinrichs III., erbte ein Vermögen, konnte aber nie das ihm zustehende Königreich von Jerusalem in seinen Besitz bringen. Um die Tragödie zu vervollständigen, wurde Friedrichs Enkel Konradin, als er versuchte, sich sein Erbe in Italien zu sichern, 1268 bei Traglacozzo besiegt und auf dem Marktplatz von Neapel hingerichtet.

Friedrich galt bei vielen Zeitgenossen, unter anderem auch bei Salimbene, als der Antichrist, Historiker haben ihn immer wieder als Agnostiker oder radikalen Skeptiker hingestellt. Tatsächlich war er ein Repräsentant sowohl der mediterranen wie der mittelalterlichen Kultur, der die Antike verehrte wie später die Renaissancegelehrten des vierzehnten Jahrhunderts und sich in direkter Nachfolge als *Caesar semper Augustus* verstand. Aber er stellte nie die christliche Weltordnung in Frage, nach der der Kaiser universaler Herrscher ist, von Gott dazu berufen, über das *Imperium* zu herrschen, wie der Papst über die *Ecclesia* herrscht; er wollte die Kirche lediglich in ihre Schranken weisen. Als intelligenter Kosmopolit duldete er andere Religionen, doch der Vorwurf, er habe den Islam dem Christentum vorgezogen, »entbehrt jeder realen Grundlage« – er hegte lediglich Hochachtung für die islamische Naturwissenschaft, Medizin und Astrologie. Er war ein grausamer und launenhafter Tyrann. Seinen fähigsten und ergebensten Minister Pier della Vigna trieb er offensichtlich zu dem Versuch, seinen Herrn zu vergiften, woraufhin er in blenden ließ und dieser sich umbrachte, indem er sich seinen Schädel an einer Mauer einrannte. Friedrich kannte kein Erbarmen, wenn es galt, seine Feinde einzukerkern und zu quälen, aber die Berichte, denen zufolge er Vivisektionsexperimente durchgeführt habe, beruhen nur auf den Behauptungen Salimbenes, und selbst dieser hält es für überflüssig, auf andere Gerüchte ähnlichen Inhalts einzugehen.[73] Sein Witz war offensichtlich beißend und hemmungslos, etwa wenn er feststellte, daß Gott, als Er sich Palästina als Gelobtes Land erwählte, sein Sizilien noch nicht erblickt haben könne, und es war damals ein stereotyper Vorwurf, daß jeder, der den Eindruck erweckte, ein Freidenker zu sein, »Epikureer« sei und nicht an ein Leben nach dem Tode glaube, *quod non esset alia vita post mortem*. Und selbst wenn er einmal gesagt haben sollte, daß es »drei große Schwindler« gäbe – »Moses, Christus und Mohammed«, so zog er die christliche Auffassung doch im großen und ganzen nicht in Zweifel. Die maßlose Feindschaft, die Friedrich den Päpsten entgegenbrachte, »hatte ihren Grund einzig und allein in seiner Überzeugung, daß der Papst mit dem Anspruch, Gottes Stellvertreter auf Erden zu sein, und unter Vernachlässigung seiner geistlichen Pflichten gegenüber der Menschheit, entschlossen sei, sich die gottgewollte Funktion des Kaisers anzueignen«.[74] Er ließ auch Ketzer öffentlich verbrennen, um die göttliche Ordnung zu wahren. Bei allem mediterranen Realismus und dem »Wunsch, die Dinge zu sehen, wie sie sind«, blieb Friedrich ein Mann seiner Zeit, nicht zuletzt – schließlich war er nicht umsonst Deutscher – aufgrund des vergeblichen und typisch mittelalterlichen Strebens nach dem Universalreich, das seinen normannisch-sizilianischen Realismus und Erkenntnisdrang vernebelte und in dessen Dienst er wie sein Großvater Barbarossa alle seine großartigen Fähigkeiten und Wünsche vergeudete.

Thomas von Aquin und Dante Alighieri

Der heftige und weite Teile Europas in Mitleidenschaft ziehende Konflikt zwischen Papst und Kaiser hatte das blühende europäische Geistesleben überschattet, das seinen Höhepunkt in der scholastischen Philosophie des Thomas von Aquin erreichte. 1263, lange nach dem Tod Friedrichs II., hatte der Dominikaner Thomas von Aquin (1225–1274) von Urban IV. den Auftrag erhalten, die wiederentdeckten Schriften des Aristoteles mit der christlichen Philosophie in Einklang zu bringen. Seine *Summa Theologica* erklärt mit über einer Million Worten und in 769 *Quaestiones* den gesamten Kosmos, von *De Deo, an sit* (von Gott, ob er existiert) bis zu den verschiedenen Graden der Sünde. Danach gehört Politik als ein Aspekt des göttlichen Plans zu den »Vereinigungen«, in denen allein die Menschen alle ihre Lebenskräfte entfalten können. Dieses gewaltige metaphysische Gedankengebäude, das unter völliger Mißachtung aller politischen Unruhen der Zeit errichtet wurde, ist eine der außerordentlichsten Leistungen des dreizehnten Jahrhunderts.

Vom Zerfall des Reiches durch einen noch größeren zeitlichen Abstand getrennt war der große italienische Dichter, der dem Ideal dieses Reiches literarische Gestalt verleihen sollte: Dante Alighieri (1265–1321) wurde geboren, als der Hof von Palermo aufgelöst wurde, von dem die volkssprachliche italienische Dichtung ihre wichtigsten Anregungen bezogen hatte. Der Sohn eines florentinischen Kaufmanns wurde heftig in die Stadtpoltik verstrickt und von der Gegenpartei aus der Stadt verbannt. Seine lateinische Abhandlung *De Monarchia* schrieb er zur Unterstützung Kaiser Heinrichs VII. und widmete Teile seiner *Commedia* dem Ghibellinen Cangrande della Scala, Herrn von Verona. Schon früh hatte sich Dante in Beatrice Portinari verliebt und die Leidenschaft wurde noch heftiger, als er ihr mit Achtzehn wiederbegegnete, aber sie heiratete einen anderen und starb im Jahre 1290. Die Romanze sublimierte er in der *Commedia*, wo eine idealisierte Beatrice dem Dichter Zutritt zum Himmel verschafft. 1318 begab sich Dante von Verona nach Ravenna, wo er 1321 an Malaria starb.

Dante schuf einen *neuen Stil*. Dieser ging aus von einer mittelalterlichen florentinischen Tradition, in der sich die romantische Liebe der Troubadoure verband mit einer neuplatonischen, mathematisch präzisen und mittelalterlich symbolischen Kosmologie, ausgedrückt in schlichter, knapper und treffender Volkssprache. *La Vita Nuova* (ca. 1293) und *La Divina Commedia* (1310–1321) wurden in den ursprünglich provenzalischen *terza rima* (Terzinen, dreizeiligen Verseinheiten) geschrieben. Die *Commedia* verdankt ihren Namen der Tatsache, das sie als Fortsetzung zu Vergils *Äneis* gedacht war, ein Werk, das für Dante formal eine Tragödie war. Die in italienischer Umgangssprache geschriebene *Commedia* beginnt düster in der Hölle und endet glücklich im Himmel und ist die erste volkssprachliche Dichtung, die versucht, ein großes kosmisches Thema in der Weise Vergils zu behandeln. Zu Hause in der besten verfügbaren Literatur – der *Ethik* des Aristoteles und der *Summa Theologica* des Thomas von Aquin –, legte Dante die *Commedia* als Rundgang durch Hölle, Fegefeuer und Himmel an. Die Feinde der göttlichen Weltordnung erhalten ihre Strafe je nach den Sagen, die sich um ihre Personen spinnen beziehungsweise je nach ihrer Feindschaft oder Treue gegenüber dem Ghibellinenideal eines sich von Rom herleitenden Universalreichs.

Dieses Ideal entwickelt er auch mit großer Klugheit und Geschicklichkeit in der *Monarchia* (1309), seinem Meisterstück politischer Theorie, das die *Commedia* ergänzt. Der größte Schurke in Dantes Kosmos ist Luzifer, der als erster die kosmische Ordnung störte und im tiefsten Loch der Hölle sitzt, wo seine drei Mäuler auf ewig damit beschäftigt sind, Judas, Brutus und Cassius zu verschlingen, die in der Stufenleiter der Sünder als nächste folgen, weil sie Christus verraten beziehungsweise Cäsar, den Reichsgründer, ermordet haben. Eine stattliche Zahl ist es, darunter nicht zuletzt Dantes politische

Feinde, die ihre gerechte Strafe erhalten, berühmte und abscheuliche Sünder von schlimmem und weniger schlimmem Schlage, wobei diejenigen, die im Fegefeuer büßen, immerhin hoffen dürfen.

Dieses Werk einer außerordentlichen Phantasie, diese wunderbare, bis ins letzte Detail lebendig gestaltete Vision kosmischer Ordnung trägt im wesentlichen mittelalterliche Züge. Das *Imperium*, für das Friedrich II. gekämpft hat, ist danach Erfüllung des göttlichen Plans, da nur das Reich in der säkularen Welt allgemeinen Frieden herzustellen vermag und nur im Frieden sich alle Anlagen des Menschen voll verwirklichen lassen, insofern als »das Glück des Lebens darin liegt, das ewige Selbst zu verwirklichen«. Dante vertritt die – auch heute nicht so abwegige – Auffassung, daß eine oberste Autorität erforderlich für Frieden und Zivilisation und »das Herrscheramt für die Wohlfahrt der Welt unabdingbar« sei (*De Monarchia*).

In ironischem Kontrast also zu den Ursachen, weshalb das *Imperium* als Organisationsform der Christenheit längst an den Ansprüchen der *Ecclesia* auf weltliche Herrschaft zerbrochen war, feierte Dante mit magischer Sprachgewalt – welche die volkssprachliche italienische Dichtkunst krönte – noch einmal jene Idee, welche der Kampf Friedrichs II. mit dem Papsttum zertrümmert hatte, ein Streit, der von Papst Bonifaz VIII. und dem König von Frankreich, Nutznießer des Reichszerfalls und mächtigsten Monarchen Europas, weitergeführt wurde.

8. Westeuropa

Frankreich

Im Gegensatz zu den himmelstürmenden Zielen der Staufer und des Papsttums, die *Imperium* wie *Ecclesia* an den Rand des Zusammenbruchs brachten, festigten die Monarchen im Westen weiter die Herrschaft über ihre vergleichsweise leichter regierbaren Reiche. Am erfolgreichsten waren die französischen Kapetinger und – nach Verzicht auf kontinentale Ambitionen – die englischen Plantagenets. Die Kapetinger, ursprünglich nur über ein unbedeutendes Territorium herrschend, aber seit Chlodwigs Zeiten mit ständiger Rückendeckung der Kirche, dehnten ihre Oberherrschaft allmählich über die großen Landschaften Frankreichs in deren ganzer reicher Vielfalt aus: Normandie und Flandern, Champagne und Blois, im Osten Burgund, im Südwesten Poitou, Aquitanien und Toulouse und im Süden die Provence; damals die reichsten und dichtest besiedelten Gebiete Westeuropas. Während die deutschen Herrscher von imperialen Träumen und Verpflichtungen beiderseits der Alpen in Anspruch genommen waren, hatten die Kapetinger ihre Lehnshoheit zunächst in ihrem Ursprungsland, dann immer weiter darüber hinaus durchgesetzt.

Philipp I. (1060–1108), Sohn Heinrichs I. und Annas von Kiew, gelang es, die Grafschaft Sens mit Paris und Orléans zu vereinigen; er kämpfte gegen den Herzog von Anjou und den Herzog der Normandie, Wilhelm den Eroberer, und unterstützte Robert *Curthose* gegen dessen Bruder Wilhelm II. *Rufus – fortissimum Regem Anglium.* Philipps Sohn Ludwig VI., der Dicke, (1108–1137) – *juvenis jocundus, gratus et benevolens*, sagt Suger, Abt von Saint-Denis und Ludwigs Staatsminister, dessen Leben er mit einem bei mittelalterlichen Historiographen seltenem Sinn für Dramatik und Bedeutung der Ereignisse beschrieb – hatte das Glück, daß Wilhelm II. starb (*subito inopinata sagitto percussus*[75] – »plötzlich und unverhofft von einem Pfeil getroffen«). Mittels seiner Hausmacht und des strategischen Vorteils der »inneren Linie« schlug Ludwig systematisch alle Aufstände seiner rebellischen Lehnsleute nieder. Er war zwar 1119 gezwungen, Chartres anzugreifen, verzichtete aber darauf, Stadt und Kathedrale niederzubrennen, als Geistlichkeit und Bürgerschaft mit dem Heiligen Hemd (*Camisiam*) der Mutter Gottes vor ihm erschienen. 1113 einigte er sich in einem vorläufigen Friedensschluß mit Heinrich I. von England über die Normandie, aber Heinrich verheiratete im Jahr darauf seine Tochter Mathilde mit Kaiser Heinrich V. und veranlaßte diesen zu einem Angriff auf Reims. Dies löste eine der frühesten Manifestationen französischen Patriotismus aus, wenn es im allgemeinen auch heißt, solche Gefühle seien erst 1214 in der von Philipp II. August gewonnenen Schlacht von Bouvines auszumachen. »Nachdem er lange Groll im Herzen genährt hatte gegen unseren Herrn und König Ludwig«, schreibt Suger, »rief Kaiser Heinrich so viele Lothringer, Deutsche, Bayern, Schwaben und Sachsen zusammen, als ihm möglich war ... und verabredete mit ihnen einen heimlichen Angriff auf Reims.« Aber Ludwig VI. rief seine Fürsten, wie es sein feudales Vorrecht war, zur Verteidigung seines Königreichs auf und zog gegen den Feind mit allen Männern, über die er gebot.

Man reagierte lebhaft auf seinen Aufruf. Die »ungewöhnliche Frechheit« der Deutschen erboste die Franzosen, und »die Ritter strömten, ihrer altbekannten Tapferkeit und früheren Siege eingedenk«, von allen Seiten herbei. Eine eindrucksvolle Streitmacht erwartete die Deutschen, während die Fürsten des Landes Rat hielten und sagten: »Laßt uns ihnen kühn entgegentreten (*transeamus audacter ad eos*), damit es nicht heißt, die stolze Anmaßung, mit der sie in Frankreich, der Herrin dieser Länder, eingefallen sind, bliebe ungestraft.« Andere schlugen vor, zu warten, bis die Eindringlinge weit genug im Lande seien, um ihnen den Rückweg abschneiden zu können, so daß »diese Barbaren« – »als wären sie Sarazenen« – niedergemacht und ihre Leichname den Wölfen und Raben zum Fraß vorgeworfen werden könnten. Aufopfernde französische Frauen brachten Wein für ihre Männer sowie Verbandszeug und Wasser für die Verwundeten.

Daraufhin beschloß Heinrich V. die Invasion abzubrechen, »der Niederlage die Schande vorziehend«, und die Franzosen trugen einen ruhmreichen und unblutigen Sieg davon, »was gleich oder noch schwerer wog, als hätten sie in der Schlacht triumphiert«.

Nachdem Ludwig VI. dergestalt seinen feudalen und sogar nationalen Herrschaftsanspruch behauptet hatte, fuhr er, sich auf das Mögliche konzentrierend, damit fort, die Aufstände im eigenen Herrschaftsbereich niederzuschlagen. Er verfolgte Rebellen bis an sein Ende mit unerbittlicher Strenge und starb in Paris mit erbaulicher Frömmigkeit am Schlagfluß.

Sein Sohn Ludwig VII. war kein würdiger Erbe und ließ seine wichtige dynastische Heirat mit Eleonore von Aquitanien in Scheidung enden. Sicherlich hat man zu Recht gesagt, daß »Eleonore von Aquitanien kaum die geeignete Frau für einen sensiblen Mann« war, und gewiß hat sie sich auch auf dem zweiten Kreuzzug nicht sehr gut benommen, aber »Ludwig hat aus persönlichen Gründen Frankreich geopfert«, denn Eleonore wurde prompt mit Graf Heinrich Plantagenet von Anjou verheiratet, der 1154 König von England wurde und der, vor allem durch ihr Erbe, über größere Teile Frankreichs herrschte als der König von Frankreich. Ludwig VII. tröstete sich mit der typisch französischen Feststellung, daß es Heinrich II. »an nichts Wertvollem gebricht, nicht an Pferden, Gold und Silber, Seide und Kleinodien«, während sie am Hof von Frankreich »nur Brot und Wein und Fröhlichkeit« hätten.

Der nächste Kapetinger, Philipp II. August (1180–1223), leistete den wichtigsten Beitrag zum Aufbau der französischen Monarchie, konsolidierte das mächtige Reich in Westeuropa, das er um Flandern, die Normandie, Anjou,

Touraine und Toulouse erweiterte. 1214 brachte er Otto IV. beim flämischen Bouvines eine vernichtende Niederlage bei. Außerdem vereitelte er bei La Rochelle die Invasion König Johanns von England, womit er Friedrich II. in Deutschland den Weg ebnete und Johann der Willkür seiner Barone in England auslieferte, die ihm daraufhin die *Magna Charta* abtrotzten. Anschließend zentralisierte Philipp seine Regierung durch königliche, nicht zum Lehenssystem gehörige *Baillis* (Verwaltungsbeamte), während er seine eigenen Feudalrechte restlos ausschöpfte. Auch aus den Albigenserkriegen zog er Nutzen, so daß Philipp August im Midi ebenso Fuß faßte wie an der gesamten Kanalküste. Die Macht der Könige von Frankreich war so groß, daß sie und nicht die Päpste zum wichtigeren Partner in dem alten Bündnis wurden, und das französische Königreich wurde zur stärksten Macht Westeuropas.

Nachdem Ludwig VIII. (1223–1226) die Arbeit seines Vaters fortgesetzt und das Reich weiter gefestigt hatte, stieg der heilige Ludwig IX. (1276 bis 1270) zum moralischen Richter der abendländischen Christenheit auf, eine Rolle, der weder Friedrich II. noch Gregor IX. oder Innozenz IV. gerecht wurde. Er war, wie sein Zeitgenosse Joinville schildert, zugleich oberster Lehnsherr und »frommer« Vater seines Volkes: *Maintes fois avint que en estel il se alloit seoir au bois de Vincennes apres sa messe, et se acostoioit à un chesne, et nous fesoit seoir entour li. Et tuit cil qui avoieut a faire venoient parler a li sanz destourbier de huissier ne d'autre.*[76] Er verschaffte der Monarchie sogar Popularität dadurch, daß er bei der Klärung der Beschwerden über die Tätigkeit der königlichen *Baillis* persönlich eingriff, und versöhnte den einflußreichen Adel durch unvoreingenommene Urteile in Lehnsstreitigkeiten. Auch war er in seiner dynastischen Politik keineswegs naiv, denn er festigte die französische Herrschaft im Midi, indem er seinen Sohn Alfons mit der Erbtochter des Grafen von Toulouse und seinen Sohn Karl von Anjou mit der Tochter des Grafen von der Provence verheiratete. Die Gefahr, die Heinrich II. dadurch heraufbeschworen hatte, daß er sich in Aquitanien festsetzte – daß die französische Monarchie vom Mittelmeer abgeschnitten würde –, war damit endgültig gebannt, und Karl von Anjou konnte 1266 Manfred von Hohenstaufen aus Neapel und Sizilien vertreiben, sowie die Hinrichtung des jungen Konradin, des letzten der Staufer, anordnen.

England

Jenseits des Kanals wurde ein anderes Königreich ausgebaut, wenn auch zunächst lediglich als Mittel zur Durchsetzung kontinentaler Ansprüche. Heinrich II. Plantagenet (1154–1184) war ein Franzose aus Anjou, der an der Loire aufgewachsen war, wo die Sonne intensiv genug ist, um den Weinanbau zu ermöglichen, und das Licht strahlend genug, um die Farben der englischen Landschaft fad erscheinen zu lassen. Heinrich II., der Französisch und Latein sprach und durch seine Mutter Mathilde Normanne war, sah England vor allem als Möglichkeit, seine Kriege gegen die französischen Könige und später gegen seine eigenen Söhne zu finanzieren, und rechtfertigte seine französischen Abenteuer mit seinem Anspruch auf Gebiete, die zum eigenen Erbe oder dem seiner Frau gehörten und die sich vom Ärmelknal bis zu den Pyrenäen und von der Gascogne und dem Bordelais über Sarlat bis ins Massif Central und ins Quellgebiet der Loire erstreckten. Als Herr über einige der fruchtbarsten Landschaften Frankreichs konnte er Toulouse und sogar die Provence bedrohen.

Die innenpolitische Position englischer Monarchen war außergewöhnlich stark. Da Wilhelm der Eroberer das Land durch das Schwert erworben hatte, gehörte ihm nach Lehnsrecht theoretisch das ganze Territorium. Hinzu kam, daß Wilhelm II. *Rufus* (Rotkopf) ebenso tüchtig wie grausam gewesen war und Heinrich I. (1100–1137) hohe Intelligenz und Systematik mit Skrupellosigkeit verbunden hatte. Unter Verwendung bestehender angelsächsischer Traditionen hatte Heinrich I. die Verwaltung an seiner eigenen *Curia*, seinem Hofgericht, zentralisiert, sie dergestalt mit den einheimischen lokalen Verwaltungsstellen verknüpfend, und hatte ein neues Finanzgericht eingerichtet, das zuständig für Steuern und Staatshaushalt war und außerdem die umherreisenden Richter zu den Grafschaftsgerichten entsandte. Trotz des Rückschlags, den der Thronstreit zwischen Mathilde und Stephan von Blois für die königliche Autorität bedeutete, erbte Heinrich II. ein Reich mit außergewöhnlich gut funktionierenden Herrschaftsstrukturen, die es lediglich wiederherzustellen, weiterzuentwickeln und auszunützen galt.

Von rastloser und tatkräftiger Wesensart schuf dieser stets auf eigenen Vorteil bedachte Monarch mit seinen Verwaltungsbeamten den besten Regierungsapparat im Westen, von Sizilien abgesehen, und sicherte sich die Herrschaft über Wales, Schottland und sogar Irland. Obwohl er selbst nach Art mittelalterlicher Herrscher ständig unterwegs war, bestimmte er London, die bei weitem größte und reichste Stadt seines Königreichs, zum ständigen Sitz des Finanzgerichtes und der anderen Gerichtshöfe. Die Entscheidungen, die in den königlichen Gerichtshöfen gefällt und aufgezeichnet wurden, wuchsen zum eindrucksvollen Corpus des »Allgemeinen Rechtes« – *Common Law* – heran, das für einen zentralisierteren und effektiveren Geschäftsgang in überschaubaren Gebieten sorgte. Sogar der aufsehenerregende Streit um die Rechte von Kirche und Staat – die englische Version des Konfliktes zwischen Papst- und Kaisertum, die 1170 im Mord an Thomas Becket und in einer vorübergehenden Demütigung des Königs gipfelte – endete mit einem Kompromiß, denn Heinrich II. setzte *de facto* auch weiterhin Bischöfe ein, und wenn sich auch einige wenige Straftäter aus dem Klerus der königlichen Rechtsprechung entziehen mochten, so wurde dadurch die Geltung des königlichen Rechts nicht ernsthaft eingeschränkt.

Heinrichs Söhne zettelten, aufgestachelt von ihrer Mutter Eleonore von Aquitanien, immer wieder Aufstände gegen ihren Vater an, doch richteten sich ihre Angriffe weit mehr gegen seine kontinentalen Herrschaftsgebiete als gegen das englische Königreich. Obgleich seine maßlosen kontinentalen Ambitionen keine Erfüllung fanden – wütend und enttäuscht starb er in Chinon und liegt in der Abtei Fortevrault begraben –, schufen Heinrich II. und seine Verwaltungsbeamten ein starkes Königreich, eine *Communitas regni*. Zwar hatte diese Monarchie noch lehnsrechtlichen Charakter, umfaßte aber das ganze Land und erwies sich als stark genug, den verschwenderischen, faszinierenden Abenteurer Richard I. (1189–1199), Löwenherz, zu überleben, dessen Lieblingsfluch lautete: »Ho! Ho! Bei Gottes Kehle!« und der während seiner gesamten Regierungszeit weniger als ein Jahr in England verbrachte, während sich sein Ritterruhm über ganz Europa verbreitete.

Dazu verstärkte sich durch das Scheitern auf dem Kontinent, das im Verlust der Normandie und sogar des Anjou gipfelte, das Zugehörigkeitsgefühl der englischen Barone zu ihrer Insel und ihre Solidarität untereinander. Bereits 1215 schufen sie mit der Durchsetzung der *Magna Charta*, die König Johann daran hindern sollte, seine Macht als Lehnsherr und König zu überziehen, einen Präzedenzfall dafür, wie die *Communitas regni* vor weiteren Übergriffen der Krone bewahrt werden konnte – die Voraussetzung für die Durchsetzung größerer Freiheiten im eigenen Land und in Übersee.

Denn zwar ist die *Magna Charta* eine Urkunde, die sich mit Beschwerden von Lehnsmannen befaßte und insofern mit zeitgenössischen Urkunden in anderen Ländern vergleichbar ist, aber sie ließ sich auch anders vertehen und wurde später anders verstanden, wenn der König etwa in einem Absatz verspricht, daß »keine (Lehns-)Steuer oder Geldleistung ohne die allgemeine Zustimmung Unseres Reiches erhoben werden soll«, was im England des sechzehnten Jahrhunderts und im Amerika des Jahres 1776 weithin und ungenau verstanden wurde als »keine Besteuerung ohne Interessenvertretung« (*No taxation without representation*).

Heinrich II. standen die Mittel eines Königreichs zur Verfügung, das sich wachsenden Wohlstands erfreute. Die Bevölkerung nahm zu, Brachland wurde urbar gemacht, und es entstanden die großen Schafweiden, die für den ungeheuren Wollreichtum des mittelalterlichen England sorgten. Vorbei waren die Tage, da das Land unter Wikingerzügen und Übergriffen der Barone litt. London konnte sich jetzt mit den Großstädten auf dem Kontinent messen, seine Exportgüter – vor allem Rohstoffe wie Wolle, Häute, Fisch und Käse – gingen bis in die Niederlande und die Ostseeländer, während die Importgüter in erster Linie aus der Gascogne, aus Rouen und Bordeaux kamen, dazu Holz und Seilerwaren aus den Ostseeländern, Luxusgüter und Waffen aus dem Rheinland und Italien. Auch in anderen Häfen, wie Bristol, Southampton und King's Lynn, zeigte sich der Aufschwung; schon damals wurde Kohle von Newcastle nach Flandern exportiert. Schon nach zwei Generationen relativer Sicherheit machte sich die nüchterne und geschäftstüchtige Wesensart der Engländer bemerkbar.

Dieser Wohlstand sorgte im dreizehnten Jahrhundert in England ebenso wie auf dem Kontinent dafür, daß das Leben zivilisierter wurde, die immer noch kosmopolitische Monarchie jedoch hatte an diesem Reichtum keinen Anteil. Heinrich III. (1216–1272), der Sohn König Johanns und Isabelles von Angoulème, war eigentlich ein Franzose, entschlossen, sich mit Kapetingern und Hohenstaufen zu messen – ein großer Mäzen mit einer poitivinischen und, nach der Heirat mit Eleonore von der Provence, provenzalischen Umgebung. Seine von Höflingen und mächtigen Bischöfen beherrschte Regierung rief den Widerstand der zunehmend insular eingestellten Barone wach, die jetzt entschlossen waren, das königliche Establishment zwar nicht zu vernichten, aber doch seine Macht einzuschränken, und die für sich in Anspruch nahmen, *le commun de Engleterre* (ganz England) zu repräsentieren. Im anschließenden Konflikt, der in einem Bürgerkrieg gipfelte, versuchte Simon de Montfort der Jüngere, der Schwager des Königs, die Krone der Macht eines Rates von Baronen zu unterstellen, wurde aber 1265 in der Schlacht von Evesham getötet. Danach wurde die Regierung des Reiches praktisch von dem tüchtigen Sohne des Königs, dem späteren Eduard I., übernommen.

Beide Seiten waren in der Auseinandersetzung auf jede Hilfe angewiesen, die sie bekommen konnten, und beriefen Vertreter des Landadels (*Gentry*) aller Grafschaften und der Bürger in die *Parlements* des königlichen Rats und der Barone, eine entscheidende Neuerung, durch die auch gerade erst zu Bedeutung gelangte Gruppen im Reich berücksichtigt wurden. Damit wurden ganz unabsichtlich die Weichen gestellt: Als *Gentry* und Bürgertum an Macht gewannen, konnten sie für die Umwandlung der feudalen in eine parlamentarische Monarchie sorgen.

Während der Aufstieg des französischen Königstums für Kontinentaleuropa unmittelbar entscheidender war, war die Festigung der Zentralregierung und die Einführung der ersten parlamentarischen Institutionen im kompakten englischen Inselreich von größerer künftiger Bedeutung, nicht zuletzt jenseits des Ozeans.

Spanien

Im zehnten Jahrhundert beherrschten die Araber oder »Mauren« noch den größten Teil der Iberischen Halbinsel, Ende des zwölften Jahrhunderts hatte die *Reconquista* der Christen aus dem Norden des Landes den Mauren nur noch den kleinen gebirgigen und tributpflichtigen Staat Granada und einen Streifen Landes entlang der Südküste von Almería bis Gibraltar gelassen. Die neu entstandenen christlichen Staaten leiteten ihre Herkunft von den Westgoten ab und hatten ihr ursprüngliches Kernland im Nordwesten in der Region von Oviedo, seit Anfang des zehnten Jahrhunderts auch in der Region von León, von dem sich Kastilien abspaltete. Bald aber unterwarf König Sancho III. Garcia von Navarra (1005–1035) Kastilien und den größten Teil von León, sein zweiter Sohn Ferdinand I. (1035–1065) erbte Kastilien, während sein vierter Sohn Ramiro I. das 1035 gegründete Aragón erhielt. Die christlichen Staaten mit ihren fließenden Grenzen und unklarer Erbfolge konnten sich nur schwer zur Zusammenarbeit bequemen. Ferdinand I. von Kastilien hatte 1064 Coimbra eingenommen und den Mondego erreicht; an westgotische Traditionen anknüpfend war er zum *Yspanus Rex* geworden. 1085 hatte Alfons VI. von León und Kastilien (1065–1109), Zeitgenosse Wilhelms des Eroberers, die reiche maurische Stadt Toledo erobert, ein entscheidendes Ereignis der *Reconquista*. Die spanische Kirche, die jahrhundertelang ihre eigenen westgotischen Sonderwege gegangen war, wurde nun der römischen Autorität unterworfen. Spanien wurde stärker der westlichen Christenheit eingegliedert, stärker von französischer Zivilisation beeinflußt. Aber dennoch, nach den Worten von *El Cantar de mio Cid* (ca. 1140), *les Moros llaman Mahómet et los Christianos santi Yague*[77], herrschte noch genügend Toleranz zwischen den vorwiegend ländlichen Christen und den städtischen Muslimen, daß Alfons VI. versuchen konnte, »Kaiser über zwei Religionen« zu sein – über ein »drittes Spanien«, das muslimisch, aber nicht afrikanisch war.

Nach dem Fall von Toledo riefen die spanischen Mauren jedoch die berberischen Almoraviden (*al-Murabitun* – die »Festungsbewohner« des Heiligen Kriegs) um Hilfe an, eine fanatische Sekte, die Marokko erobert, Marrakesch gegründet und sogar den Norden Nigerias beherrscht hatte. Sie kamen mit allem, was sie hatten – Kamelen, Negern mit Schilden aus Nilpferdhaut und dröhnenden Trommeln –, bereiteten Alfons VI. 1086, ein Jahr, nachdem er Toledo genommen hatte, bei Badajoz eine vernichtende Niederlage und brachten eine neue Grausamkeit in den Krieg. Inzwischen hatte 1094 der Kastilier Rodrigo Díaz de Vivar, *el Cid* (vom arabischen *Sidi*, Herr), die reiche Stadt Valencia im Südosten des Landes erobert, die er bis zu seinem Tod verteidigte. Alfons VI. hatte die *Reconquista* erheblich vorangebracht. Er hatte sich wirklich als »außergewöhnlicher Monarch« erwiesen, zwei Brüder abgesetzt und fünf Frauen überlebt, hatte halb Spanien erobert und wieder verloren, hatte Kastilien und León der römisch-katholischen Kirche geöffnet und seine Königreiche mit muslimischem Gold gefüllt.[78]

Um Andalusien wurde an verschiedenen Fronten mit neuer Kompromißlosigkeit gekämpft. Der früh verstorbene Alfons I., der Schlachtenkämpfer, König von Galicien, kam bis Córdoba und Granada, obwohl er eine Schlacht zuviel schlug (nämlich gegen die eigene Seite) und deshalb 1134 von Alfons VII. von León umgebracht wurde.

Die almoravidische Macht befand sich jetzt im Niedergang, aber eine neue Armee fanatischer Berber aus dem Atlasgebirge drang in Spanien ein – die Almohaden (*al-Muwahhidun*, »die Bekenner der göttlichen Einheit«). Sie hatten Marrakesch genommen, trugen 1162 den *Dschihad* nach Granada und besiegten 1195 die Christen von Alarcos, doch 1212 errangen die Christen einen großen Sieg bei Las Navas de Tolosa, wo sie die Leibwache der mit Ketten zusammengeschlossenen Neger durchbrachen, die das Zelt des Kalifen beschützte, und brachten damit den oberen Guadalquivir unter ihre Kontrolle. Unter Ferdinand III. von Kastilien (1217–1252) und León (1230 bis 1252) gewannen die Christen noch Córdoba (1235) und Sevilla (1248).

Während also Kaiser und Papst in ihre Auseinandersetzung verstrickt waren, hatte der spanische Kreuzzug fast vollständigen Erfolg gebracht. Verglichen mit der – von ihnen so genannten – »Öffnung« Spaniens durch die Mauren im achten Jahrhundert, hatte die *Reconquista* zwar lange gebraucht, aber die spanischen Königreiche waren auch entzweit gewesen. Die wichtigsten Eroberungen gelangen den verbissenen Kämpfern von Kastilien und León, die sich Andalusien im Süden angeeignet hatten, und den Aragonesen und Katalanen der Spanischen Mark, aus der die Mauren ursprünglich von Karl dem Großen vertrieben worden waren. Der geographischen Logik folgend blieben die Christen jetzt östlich der spanischen Wasserscheide und konzentrierten sich auf die Ostküste – auf Valencia. Außerdem befuhren sie das Meer, eroberten die Balearen, gelangten bis Neapel und stiegen zu einer großen Seemacht im Mittelmeer auf, die sogar in Griechenland Fuß faßte.

Die Mauren waren keine Gegner für die Ritter aus dem Norden. Ihr Kalifat mit dem Mittelpunkt Córdoba war in *Taifas* zerfallen, isolierte Stadtstaaten mit etwas Hinterland, die häufig seit langem tributpflichtig und relativ leicht zu erobern waren. Wie später von ihrem großen Geschichtsschreiber Ibn Chaldun geschildert, hatten viele Muslime ihren ursprünglichen Elan eingebüßt und sich an ein bequemes und luxuriöses Stadtleben gewöhnt, so daß sie häufig mehr Angst vor ihren fanatischen Verbündeten, den Berbern, hatten, als vor den Christen. Tatsächlich hatte sich die Trennungslinie zwischen den beiden Zivilisationen seit langem verwischt, nicht verloren aber hatte sich die Raublust der Kreuzritter. Die berühmte Dichtung vom *Cid* ist im Gegensatz zum archaisierenden und romantischen *Rolandslied* eine Geschichte, die in schmucklosem Kastilianisch von praktischem Erfolg berichtet. Der *Cid* erobert *al-Andaluz ganer su pan*, um »sein Brot zu verdienen«. Seine Heldentaten sind nicht phantastischer Natur, und die Betroffenen sind historische Personen. Er ist glücklich verheiratet, verzehrt sich nicht in Sehnsucht nach einer »Herrin« und verheiratet seine Töchter an fürstliche Persönlichkeiten. Im Unterschied zum Ende von Roland und Olivier ist das seine keine Tragödie, sondern ein Triumph in dieser Welt. Er ist ein glücklicher *Campeador* – ein Krieger, ein ritterlicher, aber auch beutegieriger und realistischer Hidalgo.

Portugal

Das Königreich Portugal löste sich früh vom Rest der Iberischen Halbinsel, obwohl es keinen ethnischen Grund für diese Teilung gab. Das ursprüngliche *Portucale* war sehr klein und reichte vom Minho hinter Valencia bis zum Gebiet um Oporto am Duero. Nach der endgültigen Eroberung Coimbras am Mondego durch die Spanier fiel das Gebiet Graf Heinrich zu, dem Bruder des Herzogs von Burgund und an Theresa, der illegitimen Tochter von Alfons VI., der Konstanze von Burgund geheiratet hatte. Nach Heinrichs Tod schockierte Theresa die portugiesischen Granden durch ihre Liebesaffären und wurde 1128 aus dem Lande gejagt, aber ihr Sohn Alfons der Eroberer (1128–1185) wurde der eigentliche Gründer Portugals, der die *Reconquista* nach Süden hin fortsetzte und 1147 unter eifriger Mitwirkung englischer, flämischer und französischer Kreuzritter die harmlosen *mozarabischen* (arabisierten) Christen umbrachte, die wie die Juden, unter maurischer Herrschaft seit langem in Sicherheit lebten, und eroberte das maurische Lissabon, das damals bereits ein Zentrum des Seehandels, geographischer Studien und der Navigationskunde war. Nachdem Alfons Vasall von Papst Alexander III. geworden war, wurde er 1179, in dem Jahr vor der Thronbesteigung von Philipp II. August, offiziell als König von Portugal anerkannt.

Die »Befreiung« durch die *Reconquista* erwies sich für die mozarabischen Christen und Juden, die unter maurischer Herrschaft ihrer Religion hatten nachgehen dürfen, häufig als Verhängnis, aber selbst die fanatischsten Kreuzritter konnten die Kenntnisse in Ackerbau, Gartenbau und Bewässerung nicht auf Dauer in Vergessenheit bringen, da sie die Grundlage der Wirtschaft bildeten, und obgleich die *Reconquista* sich in kultureller Hinsicht als Rückschlag herausstellte, wurden Weinberge und Obstgärten nach wie vor bebaut und die Bewässerungsanlagen benutzt, während portugiesische Fischer ihren Fang wie eh und je einbrachten. Natürlich überlebten auch die ursprünglich aus Saloniki stammenden sephardischen Juden. Aber die Eroberungspolitik brachte auch viele Neusiedler ins Land und führte zur Zusammenarbeit zwischen der königlichen Regierung, den *Cortes* und den städtischen und örtlichen Ratsversammlungen und brachte schließlich den Städten die Zusicherung von *Forcis* (Privilegien). Wie in England waren die Monarchien durch das Recht des Eroberers in einer starken Position und damit in der Lage, in Zusammenarbeit mit Zisterzienserklöstern ein Land aufzubauen, das seine Zivilisation usprünglich den Römern, den Mauren und den Mönchen verdankte.[79]

Der erste populäre portugiesische König ist charakteristischerweise Dionysius (1279–1325), *o Rei Lavrador*, der königliche »Bauer« oder »Arbeiter«, der sich in erster Linie um Bewässerung und Forstwirtschaft kümmerte (Portugal war außerordentlich reich an Holz für den Schiffbau), die Universität von Coimbra (1290) gründete, eine Flotte von Kriegsgaleeren bauen ließ, deren Ruder von freien Männern, nicht von Sklaven geführt wurden, und eine Schiffsversicherung anregte. Im Gegensatz zu den gewöhnlich von Geldnöten geplagten Monarchen der meisten mittelalterlichen Königreiche – ein Schicksal, das die englischen Plantagenets teilten – legte dieser umsichtige König, der außerdem ein Dichter mit viel Sinn für anmutige Mädchen und Landschaften war, stets Wert darauf, *dinheiro tiver* – »Geld zur Hand zu haben«.

So nahm das Königreich Portugal mit seiner langen Küste und dem Nebeneinander von atlantischem Regen und südlicher Sonne eine andere Entwicklung als Kastilien, das im Inneren vor allem aus einem zu großen Teilen unfruchtbaren Hochland mit extremen Klimagegensätzen besteht, oder auch als Katalonien mit seinen Verbindungen nach Frankreich und Italien. Trotz ihrer scheinbaren geographischen Geschlossenheit ist nämlich die Iberische Halbinsel stets Schauplatz eines heftigen Regionalismus mit all den politischen Folgen solcher Bestrebungen gewesen. Aber Spanier wie Portugiesen sind die Erben der jahrhundertealten Zivilisation und Wirtschaft der Mauren, die ihren symbolischen Niederschlag in den leise plätschernden Brunnen und umfriedeten Gärten von Sevilla fand und in den grün-weißen maurischen Ziegeln des alten Palastes zu Sintra.

Westeuropäische Perspektiven

Mithin waren Ende des dreizehnten Jahrhunderts die an der euroäischen Atlantikküste angesiedelten Völker, die in griechisch-römischer Zeit an der Peripherie einer meditarranen Zivilisation lagen, später aber die vier großen europäischen Kolonialmächte in Übersee werden sollten, zu überschaubaren und wohlhabenden Königreichen organisiert – als weltliche Monarchien, häufig mit Hilfe der aus einer zerfallenen Feudalordnung erwachsenden repräsentativen *Parliamenz* oder *Cortes* und freien Städte. Das Reich Friedrichs II. war das Musterbeispiel einer weltlichen Macht, und wenn er auch auf spektakuläre Weise scheiterte, so hat sein Konflikt mit dem Papsttum dieses doch abhängiger von den französischen Königen, seinen traditionellen Verbündeten, werden lassen und den Weg gebahnt für die kulturelle und politische Vorherrschaft Frankreichs – nicht zuletzt dank der riesigen Einkünfte dieses wohlhabenden und volkreichsten Landes in Europa. In England war, gerade weil sich die Hoffnungen der Plantagenets auf ein kontinentales Imperium zerschlagen hatten, das Königtum selbst gestärkt worden, da die Barone sich mehr auf die Insel konzentrierten und in schärferen Gegensatz zum kosmopolitischen und von Geldnöten geplagten Hof gerieten, so daß aus dem Konflikt mit der Monarchie eine neue Solidarität zwischen Baronen, *Gentry* und Bürgertum erwuchs und die beiden letzteren jetzt in einem zentralen *Parliamenz* vertreten waren. Geeint von dem fähigen Eduard I. (1272–1307), *Scotorum Malleus* – »dem Hammer der Schotten« –, machten die Engländer ihre Macht über Schotten und Waliser geltend, was bei ersteren einen lebhaften und erfolgreichen patriotischen Widerstand hervorrief, während letztere, die sich ebenfalls heftig wehrten, durch Zwingburgen niedergehalten wurden.

In Spanien hatte die sich hinziehende Vertreibung der Mauren eine dauerhafte Kreuzzugs- und Grenzkämpfertradition begründet, die ihre Symbole fand in Kreuz und Schwert und von den spanischen Ritterorden fortgeführt wurde. Der Orden von Calatrava war beispielsweise eine spontane Gründung aus der Mitte des zwölften Jahrhunderts, nachdem es den Templern nicht gelungen war, diese Stadt gegen die Almohaden zu halten. Zwei weitere Orden waren die von Alcántara, ursprünglich von Salamanca, und der Orden von Santiago de Compostela. Diese stolzen und äußerst individualistischen Spanier, deren Religion ein kriegerisches Glaubensbekenntnis war, haben den bei weitem erfolgreichsten aller Kreuzzüge geführt und eine Zivilisation niedergerungen, die so tief verwurzelt war, daß sich die Sieger ihr anpassen mußten. Aragonesen und Katalanen schmiedeten mediterrane Pläne, und Peter III. von Aragón beschloß nach der Heirat mit Konstanze, der Tochter von Friedrichs II. illegitimen Sohn Manfred, Karl von Anjou aus Sizilien zu vertreiben. Die Portugiesen waren jetzt durch ein starkes Gefühl der Zusammengehörigkeit verbunden und verschmolzen eine maurische und christliche Zivilisation mit einem bunten Völkergemisch. Sie waren sich einig in der geschäftstüchtigen Nutzung der einzigartigen wirtschaftlichen Vorteile ihres Landes und in dem – damals den Kastiliern und Spaniern noch abgehenden – Bewußtsein von den Aussichten ozeanischer Aktivitäten, mit denen sie Pionierarbeit für Europa leisten sollten.

9. Mitteleuropa und Balkan – der Niedergang von Byzanz

Das Interregnum

Die Vernichtung der Hohenstaufen hatte Streitigkeiten um das Reich ausgelöst; einig waren sich die Fürsten nur in zwei Dingen: daß der neue Kaiser harmlos und daß er reich sein müsse. Aus diesem Grunde favorisierten sie Kandidaten vom Rande des Reiches oder von außerhalb. Graf Wilhelm von Holland, der mit Unterstützung der rheinischen Städte zum römischen König gewählt und 1248 in Aachen gekrönt wurde, blieb völlig verstrickt in lokale Kämpfe in den Niederlanden und kam Anfang 1256 in einer Schlacht gegen die Friesen auf den vereisten Poldern bei Alkmaar um. Ein spanischer Kandidat, Alfons X., der Weise, war weise genug, seine Kandidatur zurückzuziehen. So wurde 1257 Graf Richard von Cornwall, der bekannt wohlhabende Bruder Heinrichs III. von England, nach mancherlei von allen genossenen Festlichkeiten in den rheinischen Städten gewählt und gekrönt, um den vakanten Thron nominell, meist außer Landes weilend, bis zu seinem Tode im Jahre 1271 innezuhaben.

Im Jahre 1273 waren die Fürsten dann der Überzeugung, ihren Mann gefunden zu haben: Graf Rudolf von Habsburg an der Aare, den Herrn eines wohlhabenden, aber unbedeutenden Landes in der heutigen Schweiz. In der Tat hatten sie damit den Urahn einer der gerissensten und zählebigsten Dynastien der europäischen Geschichte gekürt, die im Laufe der Zeit dort Erfolg haben sollte, wo die Hohenstaufen gescheitert waren, nämlich bei der Umwandlung des Reiches in einen Erbbesitz ihres Hauses.

Rudolf (1273–1291) ließ von den kaiserlichen Herrschaftsansprüchen auf Italien ab und konzentrierte sich auf das Mögliche. Nachdem er sich dank der gemeinsamen Feindschaft gegen die Böhmen mit den Ungarn geeinigt hatte, die Österreich, Steiermark und sogar Kärnten forderten, vertrieb er König Ottokar II. von Böhmen aus Österreich und ging daran, sich dort eine solide Hausmacht zu schaffen.

Wie immer der Anspruch der Kaiser aussehen mochte, die faktisch mächtigste Monarchie in Europa war jetzt Frankreich, und als Bonifaz VIII. in der Bulle *Unam Sanctam* die päpstliche Vorherrschaft in Frankreich in ebenso extremer Weise durchzusetzen versuchte, wie sie Gregor IX. formuliert hatte, fühlte sich der realistische Philipp IV., der Schöne (1285–1314), Enkel Ludwigs IX., des Heiligen, der Unterstützung seiner Untertanen sicher und damit auch stark genug, um sich des Papstes in Anagni zu bemächtigen, der den Folgen dieser Freveltat nach einem Monat erlag. Bald mußte das Papsttum eine noch größere Demütigung hinnehmen, bekannt als das »Avignonische Exil«, während dessen die Päpste dort von 1309 bis 1378 praktisch als Vasallen der französischen Könige in dem heute noch beeindruckenden Palast residierten.

Während also die lange *Reconquista* die Mauren – aber nicht ihre Zivilisation – aus ganz Spanien, mit Ausnahme des äußersten südlichen Zipfels, vertrieb und sich die Königreiche von Frankreich, England und Portugal festigten – ersteres als größte Macht der christlichen Welt –, verlor das Heilige Römische Reich viel von jener Autorität, die es einst in deutschen Landen besessen hatte, und gründete sich erstmals auf die Habsburger Hausmacht an der Donau.

Die Przemsliden in Böhmen

Böhmen, eine natürliche Festung, von der aus die Markomannen den Römern getrotzt hatten und bis nach Aquileia vorgedrungen waren, gehörte seit langem von Osten eingedrungenen slawischen Stämmen, welche die Markomannen unterworfen und die Awaren zurückgeschlagen hatten. Nach dem Zusammenbruch des mächtigen Großmährischen Reiches, in dem 863 die Missionare Kyrill und Methodios ursprünglich hätten wirken sollen, wurden im zehnten Jahrhundert die Tschechen zum führenden Stamm. Ihr erster Herrscher, der Begründer der Dynastie der Przemysliden, war Przemysl, der Sage nach ursprünglich ein Ackerknecht.

Unter deutschem Einfluß hatte sich der Katholizismus ausgebreitet, und 929 war der junge Fürst und spätere Landespatron Wenzel der Heilige von seinem heidnischen Bruder Boleslaw ermordet worden, der zu Recht »der Grausame« genannt wurde. Seine Grausamkeit zahlte sich aus, denn er regierte von 929 bis 967, wobei seine lange Regierungszeit und die seines Sohnes Boleslaw II. (967–999) ein Königreich festigten, das im Osten auch die ursprünglich zu Großmähren gehörigen Slowaken einschloß. Prag war zum katholischen Bistum geworden, und die Przemysliden überlebten trotz der fatalen Gewohnheit des Brudermordes. Wladislaw II. (1140–1173) wurde von Barbarossa zum König von Böhmen erhoben, die reichen Silberminen wurden erschlossen, Wälder für den Ackerbau gerodet, der alte transeuropäische Handel zwischen Ostsee und Adria allmählich wieder aufgenommen. Gestärkt durch einen solchen Reichtum dehnte Ottokar II. (1253–1278) seine Herrschaft über Österreich, Steiermark und sogar Kärnten bis zur Adria aus, womit er Böhmen einen Zugang zum Meer verschaffte.

Diese Expansion hatte keinen Bestand: Rudolf von Habsburg tat sich mit den Ungarn zusammen und trieb die Böhmen hinter ihre ursprünglichen Grenzen zurück; 1278 besiegten und töteten die Ungarn Ottokar II. bei Dürnkrut.

Sein Nachfolger Wenzel II., der das Land mit Hilfe deutscher Siedler erschlossen hatte, richtete sein Augenmerk daraufhin nach Nordosten und ließ sich 1300, nach dem Zusammenbruch der dortigen Piastendynastie, zum König von Polen wählen, eine Ehre, die den Przemysliden keine Vorteile brachte, denn 1305 wurde sein Nachfolger Wenzel III., der letzte seines Hauses, von den aufgebrachten Polen erschlagen. Obwohl sich die Autorität der Przemysliden als schwankend und kurzlebig herausstellte, trug sie wesentlich zu einem starken tschechischen Solidaritätsgefühl bei.

Die Piasten in Polen

Die anderen Westslawen, die *Polanie* oder »Leute von den Feldern«, traten unter der Dynastie der Piasten Mitte des zehnten Jahrhunderts in Erscheinung. Die Polen wurden kulturell wie religiös ein Vorposten der westlichen Christenheit, wenn sie auch ihrer Herkunft nach zur slawischen Welt gehörten. Ihre ersten Zentren hatten sie in Krakau und in Gnesen, genau auf der Hälfte des Weges zwischen dem heutigen Warschau und Krakau. Unter Fürst Mieszko I., der eine Tochter Svens von Dänemark geheiratet hatte und der Großvater Knuts von England und Dänemark war, waren sie zum katholischen Christentum bekehrt worden und hatten die Oberherrschaft Ottos des Großen anerkannt, zumal Mieszko ein eifriger Propagandist westlicher Lebensart war. Sein Sohn Boleslaw der Tapfere (992–1025) wurde der erste König von Polen, wandte sich nach Osten und besetzte für kurze Zeit Kiew, Kasimir der Erneuerer (1039–1058) hielt den zahlenmäßig rasch anwachsenden Adel nieder, und Boleslaw der Kühne (überkühn, denn er wurde verbannt) sowie Boleslaw »Schiefmund« (1102–1138) wiesen einen Angriff Kaiser Heinrichs V. ab, unterwarfen die Pommern und bekehrten sie.

Die Piasten herrschten also über ein großes Gebiet, das vom Kiewer Rußland bis nach Dänemark reichte, und ihr Landhunger war damit noch nicht gestillt. Sie waren treue Verbündete des Papsttums. Boleslaw »Schiefmund« teilte das Reich unter seinen Söhnen auf, die ältere Linie residierte in Krakau, wo die polnischen Könige begraben liegen, die anderen in Gnesen, Posen und Masowien im Norden. Damit büßten die Piasten die Möglichkeit ein, ihr schon durch die natürlichen Gegebenheiten zerrissenes Land zu verteidigen oder zu beherrschen, und 1173 wurde Mieszko der Alte sogar aus Krakau vertrieben, während sich 1226 der Pole Konrad von Masowien gezwungen sah, die Deutschordensritter um Hilfe anzurufen, um die heidnischen Pruzzen und Litauer im Norden zu unterwerfen, womit er sich weit gefährlichere Nachbarn einhandelte. Aus dem gleichen Grund wurde Wenzel III. von Böhmen der Thron angeboten – mit all den blutigen Konsequenzen dieses Schrittes.

Diese ganze politische Zersplitterung und die Unabhängigkeit der Kirche und des Adels, die deren Begleiterscheinungen waren, konnten den wirtschaftlichen Aufschwung des Landes nicht bremsen, der im zwölften und dreizehnten Jahrhundert hier wie in den meisten übrigen Ländern Europas gewaltige Fortschritte machte und in Polen in erster Linie deutschen Siedlern und flämischen Kolonisten zu verdanken war. Auch wurden die Juden, die aus vielen westeuropäischen Ländern dank eines irregeleiteten Kreuzzugseifers vertrieben worden waren, in Polen willkommen geheißen, wo sie sich in speziellen Stadtvierteln niederließen und ihre Zahl rasch anwuchs – *Aschkenasim* wurden sie genannt, im Unterschied zu den *Sephardim* in Spanien und Portugal.

Die einheimischen polnischen Bauern hatten wenig von dieser wirtschaftlichen Blüte, die vielfach auf ausländische Initiative zurückging, da sie von kriegerischen Herren in die Leibeigenschaft gezwungen wurden. Trotzdem war die katholische Religion tief im Volk verwurzelt, und reiche Kirchenfürsten haben prächtige romanische Baudenkmäler hinterlassen. Besondere Verehrung wurde dem heiligen Adalbert entgegengebracht, der auf sein Bischofsamt in Prag verzichtet hatte, um die Pruzzen zu bekehren, und von diesem uneinsichtigen Volk enthauptet wurde.

Die Arpáden in Ungarn

Im großen ungarischen Tiefland jenseits der Donau, dem Alföld, dem westlichen Ausläufer der riesigen eurasischen Steppe, und im hügeligen Donautal, dem römischen Pannonien diesseits des Stroms, trieben die Magyaren, die jetzt offiziell Christen waren und unter deutsch-katholischem Einfluß standen, als finnisch-ugrisches Turkvolk einen Keil zwischen die Westslawen und die Südslawen auf dem Balkan. Ursprünglich eine Stammes- und Nomadengesellschaft, waren sie jetzt seßhaft geworden, und Geza I., der erste aus der Dynastie der Arpáden, der den Versuch einer Verbindung von Christentum und Heidentum unternommen und gesagt hatte, er sei »reich genug, um sich zwei Götter zu leisten«, hatte mit bayrischer Unterstützung Gran an der Donau zu seiner Hauptstadt erklärt. Sein Sohn István (Stephan I., der Heilige, 1000–1038) hatte eine Schwester Kaiser Heinrichs III. geheiratet und war nach Erhalt einer Krone und eines Kreuzes von Papst Sylvester II., dem Mentor Ottos III., am Weihnachtstag des Jahres 1000 zum König gekrönt worden. Dadurch wurde Stephan der Heilige wie Knut von Dänemark ein wichtiger Fürst der katholischen Christenheit, erwies sich als freigebiger Schirmherr der Kirche und vermochte den unruhigen und kriegerischen magyarischen Adel in Schach zu halten. Aber sein Nachfolger und Neffe Peter wurde von seinem Bruder Andreas getötet und dieser wiederum 1060 von Béla I. (1060 bis 1063) vertrieben. Der später heiliggesprochene Ladislaus I. (1077–1095) stellte die Autorität von Krone und Kirche wieder her. Sein Neffe Koloman (1095–1116), »der Bücherfreund« genannt, weil man ihn ursprünglich für die geistliche Laufbahn vorgesehen hatte, blendete seinen Bruder Almos und seinen Neffen Béla, der noch ein Säugling war. Das Kind überlebte jedoch und gelangte als Béla II. (1131–1141) auf den Thron. Mitte des zwölften Jahrhunderts unterwarfen die Magyaren trotz byzantinischen Widerstands auch Kroatien und große Teile Dalmatiens. Béla III. (1172–1196) entschied sich ungeachtet seiner Erziehung in Konstantinopel für den katholischen Westen, heiratete eine französische Prinzessin und ernannte sich selbst zum König von

Kroatien, über das er als Vizekönig oder *Ban* herrschte, dazu wurde er oberster Lehnsherr eines Teils des östlich der Karpaten gelegenen Galiziens. Seine Herrschaft war segensreich, aber nach Streitigkeiten um seine Nachfolge zwangen die Magyaren Andreas II. (1205–1235), die »Goldene Bulle« von 1222 zu akzeptieren, eine mißlungene *Magna Charta*, die dem Adel das formelle Widerstandsrecht gegen den König und seine Beamten einräumte.

Die Mongolenstürme von 1241/42 richteten fürchterliche Verwüstungen im Lande an, wodurch sich Béla IV. (1235–1270) auf die Hilfe des Adels angewiesen sah, um jene Kette von Festungen zu errichten und zu bemannen, mit denen man künftigen Mongoleneinfällen am besten begegnen konnte, und um die schwere Reiterei aufzustellen, mit der sich ein Gegenangriff führen ließ. Eine weitere Schwächung erfuhr die Krone durch Ladislaus IV., »den Kumanen«, (1272–1290). Seine Mutter stammte aus diesem wilden Stamm, und er geriet nach seinen heidnischen mütterlichen Ahnen, so daß man ihn schließlich umbringen mußte. Andreas III., der aus einer Seitenlinie der Arpáden stammte und dessen Mutter Venezianerin war, erwies sich als klug und gutwillig, starb aber 1301 jung und kinderlos.

Die Dynastie der Arpáden, die hiermit endete, hatte es fertiggebracht, die Magyaren der katholischen Christenheit einzugliedern, hatte die Kirche großzügig unterstützt und die Ansiedlung deutscher Einwanderer besonders in den Städten gefördert. Außerdem hatte sie einen frankophilen Hof geschaffen und ihre Herrschaft über Kroatien, Südgalizien und einen schmalen Streifen des *Banats* ausgedehnt. Die Dynastie hatte den Übergang von einer nomadischen zu einer landwirtschaftlichen Lebensweise überstanden und die Magyaren in ihre Schranken gewiesen. Sie hatte aber, anders als die Monarchen von Frankreich oder England, keine zentralisierte Autorität geschaffen. Ungarn wurde von störrischen und kriegerischen Fürsten beherrscht, die aus einem freien Landadel hervorgegangen waren, der seinerseits im Besitz ungeschmälerter Freiheiten blieb. Wie die polnische Aristokratie lebten auch diese Adligen von abhängigen Bauern und waren stets geneigt, ihr Gebiet über die unzulänglich definierten Grenzen hinaus durch Eroberung zu erweitern, während die Autorität ihrer Könige anfällig und schwankend blieb.

Der vierte Kreuzzug

Seit der Antike standen Osteuropa und der Balkan vor allem unter dem kulturellen Einfluß von Byzanz, das trotz des theologischen Schismas mit dem katholischen Westen im Jahre 1054 in diesem Teil Europas seine Vormachtstellung bewahrt hatte. Jetzt aber erhielt das Ostreich, wie bereits berichtet, den Todesstoß – und zwar nicht von asiatischen Widersachern, denen es seit langem erfolgreichen Widerstand leistete, sondern vom christlichen Westen. Die Venezianer hatten in Konkurrenz mit den Genuesen seit langem einen lukrativen Handel mit Byzanz und seinen Niederlassungen an der adriatischen Küste, in Griechenland und auf den Inseln der Levante geführt. Jetzt veranlaßten sie die Teilnehmer des vierten Kreuzzugs, sich nicht ins Gelobte Land zu begeben, um dort die Ungläubigen zu bekämpfen, sondern die wirtschaftliche Vormachtstellung Venedigs in Konstantinopel und der Levante endgültig zu sichern und die schismatischen Byzantiner anzugreifen.

Der Aufruf Papst Innozenz' III., zu einem weiteren Kreuzzug hatte die Ritterschaft Nordwestfrankreichs begeistert. Als sie sich 1201 klar darüber geworden waren, daß es vernünftig sei, den Seeweg zu wählen, hatten sie zusammen mit Adligen aus Norditalien Verhandlungen mit den Venezianern aufgenommen. Der Doge war der greise, aber gerissene Enrico Dandolo, von dem Villehardouin schreibt, daß »dieser hervorragende Mann guten Grund hatte, zu Hause zu bleiben, da seinen Augen zwar nichts fehlte, er aber kaum noch sehen konnte, weil ihm diese Fähigkeit durch eine Kopfverletzung abhanden gekommen war. Aber er hatte ein furchtloses Herz« (*que perdue avoit la veue par une plaie qu'il ot el chief. Mais parere de grant cuer*).[80] Er hatte versprochen, Transportmittel für 4500 Pferde und 9000 Knappen sowie weitere Schiffe für 4500 Ritter und 20000 Fußsoldaten bereitzustellen, dazu neun Monatsrationen für die Männer und Pferde – das alles für fünf Mark pro Pferd und zwei Mark pro Mann. Der Preisunterschied erklärt sich vermutlich daraus, daß die Pferde mehr Platz und Futter brauchten. Man schätzte, daß das Geschäft 85000 Silbermark kosten würde. Unter Begeisterungsstürmen ratifizierte die Bevölkerung von Venedig das Geschäft, das der Doge ausgehandelt hatte. Als sich aber im Juni des Jahres 1202 die Kreuzfahrer in Venedig trafen und Quartier auf der Insel San Nicolo di Lido bezogen, die ihnen die Venezianer vorsichtshalber als Unterkunft zur Verfügung gestellt hatten, stellte sich heraus, daß viel zu wenige gekommen waren, um die geforderte Summe aufzubringen. Daraufhin schlug der Doge eine Bezahlung durch Naturalleistungen vor: der König von Ungarn habe Zara, den wichtigsten venezianischen Hafen an der Adriaküste, eingenommen. Ob die Kreuzfahrer ihn wohl für die Venezianer zurückerobern könnten? Diese Eroberung wäre eine angemessene Gegenleistung für die noch ausstehenden 34000 Silbermark.

Die Kreuzfahrer hatten keine große Wahl, da der Aufenthalt auf der Lidoinsel ihre Schulden nicht gerade verringerte, so willigten sie ein. Im November zog das spektakuläre Heer gegen den Hafen Zara, und trotz der Proteste des Zisterzienserabtes von Vaux, der geltend machte, daß Christen nicht die Hand gegen Christen erheben sollten, wurde die Stadt belagert, ungestüm angegriffen und gezwungen, sich zu ergeben.

Jetzt spielten die Ereignisse in Konstantinopel den Venezianern in die Hände. Kaiser Isaak II. Angelos war abgesetzt und geblendet worden, und 1203 traf sein Sohn, der bei seinem Schwiegervater Philipp von Schwaben in Deutschland Zuflucht gesucht hatte, in Zara ein, um Hilfe gegen den Usurpator Alexios III. zu erbitten. Venezianer und Kreuzfahrer nahmen sich seiner Sache an, die Flotte wurde nach Konstantinopel umgelenkt.

Nach hartnäckigem Widerstand, bei dem sich die Verteidiger eines Feuerschiffs bedienten – ein vor dem Wind segelnder *mult grand engin* –, wurde die bislang uneinnehmbare Stadt von dem byzantinischen Thronprätendenten besetzt, der die Kaiserwürde als Alexios IV. zurückerhielt. Er hatte großzügig mit unerfüllbaren Versprechen um sich geworfen, wollte das ganze Byzantinische Reich der römischen Kirche unterstellen und zweihunderttausend Mark für die »Pilgerfahrer« aufbringen.

Im Frühling 1204 wurde er von den Byzantinern erdrosselt. Unter der Führung eines Usurpators erhoben sie sich gegen die ketzerischen Barbaren aus dem Westen und deren verhaßte venezianische Verbündete. Daraufhin plünderten die Kreuzfahrer im April desselben Jahres die ehrwürdige Stadt Konstantins, den Brennpunkt und die Schutzmacht christlicher Zivilisation in Osteuropa. Die Beute war märchenhaft – Gold, Silber und Juwelen, Seide und Pelze – *Si granz li gaaienz faiz que nus ne vos en sauroit dire le fin ... Toz les cheirs avoirs que oncques trové en terre* – »Die Beute war so groß, daß wir sie nicht vollständig beschreiben können ... Alle Schätze, die die Welt je gesehen hat.« Und das Ganze erobert von zwanzigtausend Männern gegen mehr als vierhunderttausend Verteidiger in der mächtigsten und bestbefestigten Stadt der Welt – *en la plus fort vile qui fust en tot le munde et lo mielz fermée.*[81]

Nun wurde der flämische Graf Balduin von Flandern und Hennegau Kaiser, und das byzantinische Griechenland wurde in Lehensgüter aufgeteilt: der Italiener Bonifatius von Montferrat wurde König von Saloniki, außerdem gab es einen fränkischen Herzog von Athen und einen katholischen Fürsten von Achaia. Das Despotat von Mistra in Sparta aber bekannte sich wieder zu Byzanz und wurde zu einem denkwürdigen Zentrum byzantinischer Kultur, das heute noch in den Fresken der Pantanassa lebendig ist. Die Venezianer nahmen die besten Handelsplätze der Stadt in Besitz und eigneten sich Euböa und Kreta an, die sich unter ihrer Herrschaft lebhaft entwickelten, außerdem viele der kleineren griechischen Inseln. In Altgriechenland herrschte eine außerordentlich wirre und unzulängliche Feudalordnung – oder besser Unordnung. Disziplinlose Ritter aus dem Westen widersetzten sich der brüchigen Autorität der Usurpatoren in Konstantinopel, die doppelt unbeliebt waren, seit die Venezianer den orthodoxen Patriarchen vertrieben hatten.

Balduin von Flandern konnte sich seines neuen Amtes nicht lange erfreuen: Er wurde 1205 in einer Schlacht mit den Bulgaren getötet, und obgleich sein Bruder und Nachfolger, der tüchtige Heinrich von Flandern, mit einigem Erfolg versuchte das schwierige Erbe zusammenzuhalten, begann die unzulängliche Feudalherrschaft nach seinem Tode im Jahre 1216 auseinanderzubrechen. Als 1261 Michael VIII. Palaiologos aus Nicäa zurückkehrte, war das einstige Byzantinische Reich nicht mehr zu retten, obgleich es dem neuen Kaiser mit Hilfe diplomatischer Mittel – unter anderem auch einer formellen Unterwerfung unter die päpstliche Autorität, womit er die meisten seiner Untertanen in Wut versetzte – gelang, die Pläne Karls von Anjou von Neapel und Sizilien zu vereiteln und 1282 die Sizilianer zu dem berüchtigten

Blutbad an den Franzosen anzustiften, das als »Sizilianische Vesper« in die Geschichte eingegangen ist.

Inzwischen fielen die Türken von Osten her ein. Beim besten Willen vermochten die Byzantiner sich nicht gleichzeitig der Katholiken und der Muslime zu erwehren. Der Elan des vierten Kreuzzugs war damit verpufft, und nur die gerissenen Venezianer hatten ihr Schäfchen ins Trockene gebracht, was sich heute noch an der Architektur ihrer Niederlassungen entlang der dalmatinischen Küste ablesen läßt und erinnernswert ist wegen der Weinberge auf Kreta, von denen sich die Portugiesen später die Rebstöcke für ihre Madeiraweine holen sollten.

Der Kreuzzug von 1204 war eine Katastrophe für Osteuropa: Byzanz überlebte lediglich »als ein Staat unter anderen ebenso mächtigen oder mächtigeren Staaten« und der Verfall seiner Macht erwies sich als verheerend für die Südslawen. »Bisher hatten sie, ob als Vasallen oder Freie, Konstantinopel als den Mittelpunkt ihrer Welt angesehen, als den Ursprung ihrer Kultur und ihrer Religion. Jetzt waren sie plötzlich und unerwartet verwaist.«[82] Im Gegensatz zum Konsolidierungsprozeß der atlantischen Reiche konnten die Balkanvölker nie zur Stabilität finden.

Der Balkan

Drei größere byzantinische Nachfolgestaaten überlebten – der mächtigste war das anatolische Nicäa, von wo aus 1261 ein legitimer griechischer Kaiser Konstantinopel zurückeroberte, die anderen lagen in Trapezunt, an der Ostgrenze des Reiches am Schwarzen Meer, und in Epirus im Westen. Der Balkan mit seinen schwer zugänglichen Gebieten sah jetzt nacheinander ein bulgarisches und ein serbisches Reich, die beide große Ausdehnung besaßen, aber nicht von Dauer waren, während sich in Griechenland französische, italienische und sogar katalanische Abenteurer um Attika, Korinth und die Peloponnes stritten, denn die Abenteurer aus dem Westen richteten ihr Augenmerk nun nicht mehr auf das wenig Lohn versprechende Heilige Land, sondern auf das einstige Hellas.

Der Angriff des vierten Kreuzzuges gegen Konstantinopel war eine günstige Gelegenheit für die Bulgaren gewesen, 1205 hatte sich ihr aufgestauter Haß auf die Griechen gegen das mittlerweile römisch-katholische Reich entladen. Knapp ein Jahr nach seiner Krönung wurde Balduin I. besiegt, gefangengesetzt und ermordet. Sein Gegenspieler war Zar Kalojan Assen von Trnava, der bereits Niš und Belgrad erobert und, sich das Beste aus beiden Welten sichernd, die Königskrone von Innozenz III. entgegengenommen hatte. Unter Iwan Assen II. (1218–1241) reichte das bulgarische Reich jetzt von der Adria bis zum Schwarzen Meer, denn er hatte sogar die gefürchteten Albaner unterworfen, und Trnava wurde der Mittelpunkt dieser zweiten schöpferischen Phase bulgarischer Kultur im Mittelalter, die eine eigene Kirche mit einem orthodoxen Patriarchen besaß und mit ihrer schönen Architektur und Freskenmalerei heute noch Bewunderung hervorruft.

Bei den Serben hatte sich 1167 der Großfürst Stephan Nemanja mit venezianischer Hilfe erfolgreich gegen die Byzantiner behauptet und, nachdem er das Fundament eines serbischen Reiches gelegt hatte, abgedankt, um sich als Mönch auf den Berg Athos zurückzuziehen. Sein Sohn und Nachfolger Stephan II. (1196–1228) wurde König der Serben, genannt Stephan der Erstgekrönte, nach der Krönung durch seinen Onkel, den heiligen Sava, der von Athos zurückgekehrt war und nun eine von Konstantinopel faktisch unabhängige Kirche begründete.

Stephan Uroš I. (1243–1276) verließ sich während einer relativ friedlichen und segensreichen Regierungszeit im wesentlichen auf den Beistand der Venezianer. Stephan Uroš II. (1282–1321) unterwarf Bosnien und den größten Teil Makedoniens, mußte aber seinen rebellischen Sohn blenden. Aber dieser blinde Stephan Dečansk Uroš III., der 1322 auf den Thron kam, führte die Serben 1330 zu einem Sieg über die Bulgaren bei Velbužd.

Sein unehelicher Sohn Stephan Dušan (1331–1355) erdrosselte seinen Vater und wurde als erster serbischer Zar Inhaber einer umfassenden, wenn auch kurzlebigen Vormachtstellung. Er war der einzige Herrscher auf dem Balkan, der erkannte, wie wichtig es war, alle Christen gegen die Türken zu einen. So eroberte er 1345 ganz Makedonien und Westthrakien und brachte Epirus und Thessalien unter seinen Einfluß. Er machte Skopje zur Hauptstadt seines Reiches, stellte den *Tsakonischen* Gesetzeskodex auf, versuchte ihn durchzusetzen und verwaltete sein Reich nach byzantinischem Vorbild. Außerdem arbeitete er mit einem Rat seiner Fürsten zusammen und rief gelegentlich den niederen Adel im *Sobor* (Reichstag) zusammen. Zuspruch und Ansehen, die er fand, waren ungewöhnlich. Doch blieb Serbien vorwiegend landwirtschaftlich und feudal geprägt, mit einem italienisierten Kaufmannsstand, der im wesentlichen auf die dalmatinische Küste beschränkt blieb, und sogar den Serben gelang es nicht, die von ihnen unterworfenen kriegerischen Bosnier, Dalmatiner, Albaner, Makedonier und Bulgaren zu assimilieren. Als Stephan Dušan 1355 – unterwegs, Konstantinopel anzugreifen – starb, zerfiel sein Reich.

Wie die Bulgaren, die schon 1371 in der Schlacht an der Mariza vernichtend geschlagen worden waren, erlagen auch die Serben der Übermacht der osmanischen Türken. Die Schlacht auf dem Amselfeld im Jahre 1398 wurde zu einer verhängnisvollen Katastrophe für die Serben. Das bulgarische Reich war ebenso wie das serbische an der unmöglichen Aufgabe gescheitert, den Balkan nach dem Zusammenbruch von Byzanz zu befrieden. Aber beide hinterließen die Erinnerung an eine kriegerische und autonome christlich-orthodoxe Zivilisation, die bis zu den nationalistischen Bewegungen des neunzehnten Jahrhunderts im Gedächtnis des Volkes fortlebte. Kaum war die byzantinische Schutzmacht fortgefallen, welche die untereinander entzweiten Griechen, Bulgaren und Serben vor Eindringlingen aus Asien geschützt hatte, erwiesen sich diese Völker als hilflos angesichts der osmanischen Heere, die alle europäischen Militärmächte weit in den Schatten stellten. Während es im Westen gelang, mittelalterliche Volksreiche aufzubauen und zu festigen, schlug dieser Versuch auf dem Balkan ebenso fehl wie in Polen und Ungarn.

10. Die Mongolen und das Kiewer Reich

Dschingis Khan und seine Horden

Der zweite wichtige Rückschlag für Mitteleuropa, Osteuropa und die Levante waren die blitzschnellen und verheerenden Mongolenstürme Mitte des dreizehnten Jahrhunderts. Sie waren die neue Variation auf ein altes Thema – Überfälle räuberischer Nomaden aus Zentralasien auf angrenzende Gebiete. Im fünften Jahrhundert war Attila tief nach Frankreich und Norditalien eingedrungen, doch die Mongolen richteten schlimmere Verheerung an als die Hunnen. Ihr Ursprungsgebiet war nicht Zentralasien, sondern jene fernöstliche Region, zu der heute die Burjatische Republik der UdSSR, östlich des Baikalsees und nördlich der heutigen Mongolei, gehört. Die sogenannten Tataren kamen aus Gebieten, die noch weiter östlich am oberen Amur liegen – einem Fluß, welcher gegenüber der Insel Sachalin in den Ochotskischen Meerbusen mündet. »Tatar« war die Gattungsbezeichnung des Westens für alle Mongolen.

Sie waren von einem genialen Führer organisiert. Temudschin war der Sohn eines wenig bedeutenden Mongolenhäuptlings. Nach einer gefahrenreichen Kindheit machte er sich selbst zum Oberhaupt aller Mongolenstämme und wurde Dschingis Khan – der »unbeugsame« Khan. Sein Ziel war denkbar einfach: Er wollte erobern, was nach seinem Wissensstand die Welt war. Obwohl es allgemein heißt, er sei der größte Ruinenarchitekt gewesen, den die Weltgeschichte kennt, war er auf seine skrupellose Weise doch auch ein systematischer und weitblickender Organisator. Alle Macht ging von der königlichen Familie und dem herrschenden Stamm der Mongolen aus, deren Gesetze in der *Jassa*, die Sammlung kaiserlicher Erlasse, gesammelt waren.

Mit Ausnahme der engeren Mitglieder der fürstlichen Familie waren alle Mongolen gleich vor dem höchsten Khan, der keinen anderen Titel annahm, und wenn sie ihn in ihren Versammlungen oder *Kurultais* gewählt hatten, waren sie alle bei Todesstrafe verpflichtet, ihm zu dienen.[83] Ihre Truppen waren einfach und logisch gegliedert zu Verbänden von zehn, hundert, tausend und zehntausend Kriegern, die alle an eine eiserne Disziplin gebunden waren. Kein Mann durfte – wiederum bei Todesstrafe – von der ihm zugewiesenen Einheit in eine andere überwechseln. Ihre kleinen, robusten Pferde konnten riesige Entfernungen überwinden, und jeder Mongole verfügte während eines Feldzugs über ein bis vier Ersatzpferde. In erster Linie handhabten sie Pfeil und Bogen, waren aber auch mit Säbeln, Beilen, Lassos und Netzen bestens gerüstet für den Nahkampf und verbrachten ihr Leben praktisch im Sattel. Ihre Schlachtmanöver führten sie nach Signalen aus, die sie von schwarzen und weißen Wimpeln beziehungsweise bei Nacht von Laternen erhielten, und sie griffen erst an, wenn ihre bis zu 270 Meter tödlich treffsicheren Pfeile den Feind vernichtet oder demoralisiert hatten. Wochenlang konnten sie von *Ku-*

mys (gegorener Stutenmilch) und rohem Fleisch leben – »verfluchte Rohfleischfresser« nannten die Russen sie.[84]

Der Großkhan stellte eine kaiserliche Elitegarde auf und verfügte weiterhin, daß, »wenn in der Horde mondgleiche Mädchen entdeckt würden«, sie aufzugreifen und vor den Khan und seine Familienangehörigen zu führen seien, damit diese ihre Wahl treffen könnten. Die mondähnlichsten würden sie zum persönlichen Gebrauch bestimmen, die anderen, nicht für gut befundenen, würden sie allergnädigst den fürstlichen Damen als Dienstmädchen überlassen. Mit der Ausweitung der Eroberungen versorgte Dschingis Khan seine Familie buchstäblich mit Tausenden von Sklaven und ungeheurer Beute.

Das nächstliegende Ziel mongolischer Eroberungszüge war natürlich China. Nachdem aber ihre Hauptstreitkraft Peking geplündert, die großen Zentren der alten Han- und Tang-Dynastie verwüstet und das gesamte nordchinesische Ch'in-Reich unterworfen hatten, hatte Dschingis Khan zur Invasion Zentralasiens aufgerufen. Die schriftkundigen Uiguren vom Tarimbecken südlich des Altai waren ebenso wie die Turkvölker des Khara-Khitai eingeschüchtert und assimiliert worden. Gemeinsam waren die Horden dann in Afghanistan eingefallen, wo sie Herat zerstörten und die meisten seiner Einwohner umbrachten, um dann weiter nach Persien zu ziehen, wo sie Hamadan einnahmen. Andere Horden hatten sich direkt nach Westen gewandt. Nach einem Sieg über die Georgier im Nordkaukasus bereiteten sie den ersten Europäern, denen sie begegneten, 1222 eine empfindliche Niederlage; sie überlisteten und vernichteten eine große russische Armee unter Führung der Großfürsten von Kiew und Smolensk am Ufer der Kalka beim Asowschen Meer. Noch nicht einmal die Kumanen, die gezwungen wurden, gemeinsame Sache mit den Russen zu machen, konnten den Mongolen Einhalt gebieten. Die Grausamkeit der Mongolen war ebensosehr Kalkül wie Neigung – die Strafe, die als Warnung diente für Städte, die mit dem Gedanken spielten, der ersten Aufforderung zur Übergabe nicht nachzukommen.

Unbesiegbar waren die Mongolen dank ihrer überlegenen Disziplin, Mobilität und Organisation. Während der harten fernöstlichen Winter hielten sich die Mongolen in Form durch riesige, gut organisierte Jagden, auf denen sie ihre Reitermanöver üben konnten, weshalb sie ihre Feldzüge in Rußland ebenfalls auf den Winter verlegten. Dieser Beweglichkeit und Kühnheit, nicht ihrer – seither stark übertriebenen – Zahl verdankten sie ihre Siege über die relativ unbeweglichen Russen oder die undisziplinierten Lehnsheere der Ungarn oder Deutschen. Da sie grundsätzlich gegen den Ackerbau waren (er verdarb gutes Weideland), verachteten und verfolgten sie die Bauern Osteuropas und haben, wie geschätzt wird, die Bevölkerung Ungarns um die Hälfte verringert. Als sie dann auch noch chinesische Experten für Belagerungstechnik gefangennahmen, waren sie selbst durch befestigte Städte nicht mehr aufzuhalten. Wenn sie die Bewohner umbrachten, köpften sie sie alle, um sicher zu gehen, daß sich keiner durch Totstellen rettete – daher ihre Vorliebe für Schädelpyramiden.

Diese hervorragend organisierten Barbaren, deren Befehlshaber aus dem Osten der Äußeren Mongolei stammten, fielen jetzt über Europa her; der Angriff auf Südrußland war nur Vorspiel gewesen. Als Dschingis Khan 1227 starb und ihm sein Sohn Ügedaï im Amt des Großkhans folgte, gab es eine Atempause, aber 1231 fielen die Mongolen in Persien und Aserbaidschan ein, 1236 in Ostgeorgien, unter Batu Khan dann, einem Enkel Dschingis Khans, wieder in Rußland. Sie eroberten und plünderten Rjasan, 1238 Wladimir, Susdal und Moskau. Im Norden drangen sie sogar bis Nowgorod vor, wenn es ihnen auch nicht gelang, es einzunehmen. 1239 kam es zur größten Katastrophe: Batu Khans Horde legte Kiew, das Zentrum der russischen Kultur, in Schutt und Asche, eine andere Horde zerstörte Krakau, die wichtigste polnische Stadt, und 1241 wurden die Deutschen bei Liegnitz geschlagen. Inzwischen hatte sich Batu gegen Ungarn gewandt und bei Mohi einen weiteren Sieg errungen.

Dann aber blieben Mittel- und einem Teil von Westeuropa weitere Verwüstungen erspart. Nicht durch eigene Verdienste – Friedrich II. und Gregor IX. waren viel zu sehr mit ihrem Streit beschäftigt[85] –, sondern weil sich Ende des Jahres 1242 Ügedaï Khan, der wie die meisten Mongolen Schwierigkeiten hatte, mit den Tücken des Wohllebens fertigzuwerden, in Karakorum zu Tode getrunken hatte und Batu Khan Hals über Kopf nach Asien zurück mußte, um seine dynastischen Ansprüche zu wahren. Mitteleuropa gaben die Mongolen auf, nicht aber Rußland, was dauerhafte und schicksalsschwere Auswirkungen haben sollte.

Rußland und die Tataren

Unter skandinavischem Einfluß hatten die Ostslawen seit den Tagen von Rurik, der 862 Nowgorod gegründet hatte, ein Netz von Handelsstädten an den Flüssen Westrußlands aufgebaut, außerdem das orthodoxe Christentum und die byzantinische Kultur assimiliert. In enger Verbindung mit dem Ostseeraum, Skandinavien und dem Westen, aber gestützt auf die ursprünglichen slawischen Ansiedlungen war daraus längst ein wohlhabendes christliches Land geworden. Jaroslaw der Weise, der Mitte des elften Jahrhunderts wirkte, und Wladimir II. Monomach, ein Halbgrieche, hatten in königliche Familien des katholischen Westens eingeheiratet und in Byzanz ausgebildete Architekten und Maler an ihren Hof geholt. Nach byzantinischem Vorbild schrieben die Russen immer noch höchst interessante Chroniken – etwa der Bericht in der *Laurentiuschronik* (980–988) über die Bekehrung zum Christentum. »Als der Fürst [Wladimir] in seiner Hauptstadt eintraf, befahl er, daß die Götzenbilder umgestürzt werden, daß einige zerschlagen und andere verbrannt werden sollten: [und er] sandte Boten durch die ganze Stadt, die verkündeten: ›Wenn irgend jemand, ob reich, ob arm, ob Bettler oder Sklave morgen nicht am Fluß erscheint, wird er mein Feind sein.‹ Als das Volk diese

Worte vernahm, folgte es freudig, denn es sagte: ›Wenn es keine gute Sache wäre, hätten sie der Fürst und seine Bojaren nicht akzeptiert.‹«

Außerhalb der Städte wurden die bekehrten Menschen nicht auf Gütern angesiedelt wie im Westen, sondern in Dorfgemeinden, *Mir* genannt, aber die nach dem Rang des Opfers bemessenen Bußgelder für Mord ähnelten angelsächsischen Vorschriften. Wer sich verging, indem er »eine Grenzeiche fällte«, wurde mit Geldstrafe belegt, und die Fürsten versuchten, die Verantwortung für die Bestrafung der Missetäter örtlichen »Gilden« zu übertragen. Gottesurteile mittels glühender Eisen waren für schweren Diebstahl, mittels Wassers für leichten Diebstahl vorgeschrieben. Soweit ersichtlich, verlief auch damals schon das russische Familienleben äußerst stürmisch.

Wenn etwa ein Mädchen sich weigerte, den von ihren Eltern ausgesuchten Mann zu heiraten, und sich, zur Heirat gezwungen, das Leben zu nehmen versuchte, hatte der Bischof die Eltern zu verurteilen. Das berühmte »Testament« des erfolgreichsten Herrschers im Kiewer Rußland, des großen Wladimir Monomach, nach seinem Großvater, dem Kaiser Konstantin IX. Monomachos genannt, mahnte die Söhne, »ohne Furcht vor Tod oder Krieg oder wilden Tieren [er selbst war von einem Elch niedergetrampelt worden] ihren Mann zu stehen«. Man ist an die Leutseligkeit König Alfreds des Großen erinnert, wenn der russische Fürst rät: »Geht an niemandem grußlos vorbei, schenkt ihm ein freundliches Wort!« Und er erteilt seinen Erben den warnenden Rat, sich nicht auf ihre *Druschina* (Gefolgschaft) oder *Woiwoden* (Statthalter) zu verlassen, sondern immer nur auf sich selbst. Sie sollten früh aufstehen, starken Getränken nur mäßig zusprechen und »ihre Waffen niemals ablegen, ohne sich rasch umgeblickt zu haben«.

Die Beziehung zwischen Fürsten und Untertanen war kompliziert, da die Erbfolge schwierigen Regeln folgte, so daß beim Tode des Familienoberhauptes der nächst ältere Bruder, wenn er ihm im Amt folgte, ein weniger bedeutendes Fürstentum aufgab und alle anderen Familienmitglieder sozusagen eine Stufe aufrückten. Deshalb berichtet die *Susdalchronik* (1175/76), wie die Bewohner von Wladimir, in einen Erbfolgekrieg verstrickt, ihrem Fürsten Michalko erklärten: »Schließe entweder Frieden, Fürst, oder sieh' zu, wie du alleine zurechtkommst.« Woraufhin der Fürst mit erstaunlicher Aufgeschlossenheit und typisch russicher Diskussionsbereitschaft erwiderte: »Ihr habt recht. Warum solltet ihr um meinetwillen zugrunde gehen?« Daraufhin verließ er sie, und das Volk von Wladimir »begleitete ihn mit Tränen hinaus«.[86] Eine Stadt sagte sich von einem Fürsten los, der die Frau eines Priesters geheiratet hatte, wobei die Bewohner der Stadt erklärt hatten, sie würden ihn zwar behalten, aber »sich nicht vor ihr verneigen«. Da beschloß er zu gehen.

Die Kirche erhielt gewaltige Zuwendungen und umfassende Privilegien: Ihre Gerichtshöfe waren unabhängig, und im Gegensatz zu westlicher Praxis nahm die weltliche Macht hin, daß nicht nur Geistliche, Mönche und Nonnen, sondern auch Ärzte, Bäcker, Brauer, freie Männer und Sklaven, die in kirchlichen Diensten standen, der weltlichen Rechtsprechung entzogen blieben.

Wie zu erwarten, gab es in Handelsstädten Gesetze, die die Geschäfte der Kaufleute regelten. Wenn beispielsweise ein Handelsmann mit Geld an Bord, das einem anderen gehörte, Schiffbruch erlitt, brauchte er es nur in Raten zurückzuzahlen, da »sein Unglück von Gott kam«.

Über diese seit langem bestehende, zivilisierte Gesellschaft mit ihren östlichen Außenposten, die verwundbar war, weil sie weitgehend vom Handel und nicht nur von extensiver Landwirtschaft lebte, fielen nun die Mongolen her. »Im Winter des Jahres 1238 kamen die gottlosen Tataren unter ihrem Zaren Batu aus dem Osten in das Land von Rjasan« und verlangten ein Zehntel von allem – einschließlich der Pferde. »Sie umgaben die Stadt mit einem Palisadenzaun, nahmen sie und brannten sie nieder, erschlugen die einen, erschossen die anderen mit ihren Pfeilen und warfen sie in die Flammen.« Daraufhin wandten sich »diese verfluchten Gottlosen« weiter nach Westen. Als Carpini Jahre später den Ort besuchte, wo einst Kiew gestanden hatte, war kaum mehr etwas zu sehen, nur der Boden war weithin von Schädeln und Knochen übersät. Allein das nördlich des Ilmensees liegende Nowgorod blieb unversehrt, geschützt von seinen überschwemmten Sümpfen, und erwies sich 1240 unter dem Großfürsten von Wladimir, Aleksandr Newskij in einem Zweifrontenkrieg als stark genug, die Schweden an der Newa und 1242 die Deutschordensritter auf dem Eis des Peipussees zu besiegen, obwohl letztere Ostpreußen und Livland erobert hatten. Durch diese Siege wurden weitere Invasionen aus dem Westen verhindert, aber die Russen blieben fast abgeschnitten von der Ostsee, und das zu einem Zeitpunkt, da die Mongolen sie auch vom Schwarzen Meer verdrängt hatten. Die Mongolen sollten mit den unterworfenen Turkvölkern diese Stellung noch lange halten.

Es ist viel geredet worden über die *Pax Mongolica*, denn die mongolischen Herrscher waren Heiden, die ihre *Schamanen* achteten und andere Religionen tolerierten, sie unterhielten einen offiziellen Postdienst mit Relaisstationen, um über die Geschehnisse in ihrem Riesenreich auf dem laufenden zu bleiben,[87] und förderten den Handel, damit ihre Untertanen den fälligen Tribut zahlen konnten. Tatsächlich war es jedoch ein Friede des Todes und der Entwürdigung. Wenn die russischen Fürsten vor die Goldene Horde nach Sarai-Batu an der Wolga oder gelegentlich auch an den Hof des Großkhans nach Karakorum in der Mongolei zitiert wurden, wußten sie nicht, ob sie eine Beförderung oder der Tod erwartete. Viele von ihnen, darunter auch Aleksandr Newskij und später die Großfürsten von Moskau, einigten sich mit dem Feind, manche Russen traten sogar in die Dienste des Großkhans im fernen Osten und die meisten arrangierten sich mit dem willkürlichen und tyrannischen Regime der fernen, unerbittlichen und gefürchteten Herrscher – Unterwürfigkeit und Verschlagenheit waren am dienlichsten fürs Überleben.

Aber das orthodoxe Christentum und große Teile der russischen Zivilisation überlebten. Die Sophienkathedrale in Kiew, die um 1036–1046, lange vor dem Mongolenangriff entstanden war, überstand die Katastrophe irgendwie und kann sich mit der Hagia Sophia in Konstantinopel messen und den

Baudenkmälern von Ravenna. Die Georgskirche in Nowgorod vom Anfang des zwölften Jahrhunderts trug als erste die typisch russische »Zwiebelkuppel«, die sich für das nördliche Klima besser eignet als die runden byzantinischen Kuppeln. Die Dmitrij-Kathedrale in Wladimir (1193–1197) ist von strenger Eleganz und verbindet den ornamentalen Stil westlicher Romanik mit der russischen Tradition. Die Ikonenmalerei, hier im zwölften Jahrhundert heimisch geworden, nahm in den Klöstern eine eigene Entwicklung, als Rußland von Konstantinopel und dem Westen abgeschnitten wurde. Die eigentliche Hüterin der russischen Kultur war die orthodoxe Kirche.

Doch die Eroberung durch die Mongolen blieb ein Unglück mit verheerenden Folgen. Selbst als die meisten Mongolen nach Hause oder nach China zurückgekehrt waren, waren die türkischen *Waschkaki*, die Steuereintreiber, noch allgegenwärtig, wobei sie den Tribut zunächst in Pelzen und Silber erhoben und nach einem Zensus vorgingen, der auch als Grundlage für die regionale Aushebung festgelegter Quoten von Männern und Pferden diente, was schlimmer war als jede Steuer. Auch gab es keine Möglichkeit für die Fürsten, die Vorladungen zur Goldenen Horde oder nach Karakorum auszuschlagen beziehungsweise sicheres Geleit auszuhandeln. Als Michail von Tschenisow es ablehnte, sich vor dem heiligen Feuer der Mongolen zu verneigen, wurde er auf der Stelle erdolcht. Gelegentlich beendete der »Mongolische Friede« die alten Fehden zwischen den Städten um Thronfolgestreitigkeiten, und die mongolisch-türkische Verwaltung setzte straffere Organisationsmaßstäbe, doch erst im September des Jahres 1380 sollte Dmitrij Iwanowitsch Donskoj die Russen zu einem großen Gegenangriff vereinigen. »Ziehen wir gegen die verfluchten Gottlosen, die ruchlosen und heimtückischen Fresser ungekochten Fleisches und gegen [den Khan] Mamai, für den orthodoxen christlichen Glauben und alle Christen.« Am Himmel erschienen die heiligen Boris und Gleb zusammen mit dem *Archistrategos* Michael, und die Tataren wurden in der Schlacht von Kulikowo Polje – auf den Schnepfenfeldern – geschlagen.

Zwar sollten die Tataren zwei Jahre darauf Moskau plündern und niederbrennen, aber diese Katastrophe konnte den Aufstieg von Moskaus Macht nicht verhindern. Die Stadt, ursprünglich eine von Palisaden umgebene Niederlassung, dann von Daniel Aleksandrowitsch Newskij und seinem Sohn Jurij (1303–1325) vergrößert, war so eng mit ihrem waldigen Umland verbunden, daß sie sowohl den mongolisch-türkischen Angriff wie auch den Timur Lengs überstand. Wenn die Moskauer Fürsten auch gezwungenermaßen mit der Goldenen Horde zusammenarbeiteten, so sollten ihre Erben doch eine Hegemonie schaffen, die eurasiatischer ausgerichtet, großartiger und fester gefügt war als die Herrschaft, die das Kiewer Reich zu errichten vermocht hatte.

11. Die nördliche Peripherie

An der nordwestlichen und nördlichen Peripherie Europas, in Regionen, die von den Römern nie besetzt und kaum erforscht wurden, wuchsen seit langem einst prähistorische Völker in die Zivilisation hinein. Ihre Welt war geprägt vom wolkenverhangenen, regengepeitschten Nordatlantik, dessen schwere Wogen sich brachen an den Küsten von Dursey Head und Valencia, in Cork und Kerry, von Iona und Ardnamurchan, von Dunvegan auf Skye, von Cape Wrath und den Orkneyinseln bis hinauf nach Norwegen. Dieses Meer schuf einen tapferen, zähen und nüchternen Menschenschlag und auf Island die eindrucksvolle *Saga*literatur, die Mitte des dreizehnten Jahrhunderts niedergeschrieben wurde und deren nüchterne und prosaische Helden anders als in den meisten mittelalterlichen Dichtungen immer wußten, was sie wollten. Auch Dänemark – von den skandinavischen Ländern kulturell am höchsten entwickelt und strategisch am besten gelegen – war geprägt von der See: seine Halbinseln und Inseln liegen in der Nordsee und in der seichten, aber eisigen Ostsee, dem Zugang zu Polen, Finnland, Estland und Rußland. Der Gegensatz zwischen dieser Meereswelt, besonders dort, wo sie dem Atlantik zugewandt ist, und den kontinentalen Ländern Mittel- und Osteuropas läßt sich größer nicht denken.

Schottland, Wales und Irland

Früh schon hatte sich das schottische Reich herausgebildet und war in der Lage, seine Identität über viele Jahrhunderte und sogar nach der englisch-schottischen Vereinigung von 1707 gegen die Engländer zu behaupten; im Laufe der Zeit knüpfte es auch enge Verbindungen zu Frankreich, Skandinavien und den Niederlanden. Die Könige von Schottland stammten aus dem Westen von Dalraida, das Christentum kam vor allem von Iona. Die MacAlpin-Dynastie war keltischen Ursprungs, aber Anfang des neunten Jahrhunderts hatte Kenneth MacAlpin seine Herrschaft bis zur Ostküste ausgedehnt. Die Herrschaft des Usurpators Macbeth von Moray, der Duncan MacAlpin I. vom Thron verjagt hatte, erwies sich als erfolgreich, aber kurzlebig. Bei Dunsinane wurde er besiegt und bei Lumphanan getötet, dann folgte ihm Malcolm MacAlpin Canmore (1057–1093), dessen Heirat mit Margaret, der in Ungarn aufgewachsenen Schwester des Angelsachsen Edgar Atheling, kontinentale Einflüsse in die schottische Kultur trug.

Nach der normannischen Eroberung Englands waren Normannen auch in das schottische Tiefland eingedrungen und hatten dort eine Aristokratie und einen Landadel begründet, die berühmte Namen der schottischen Geschichte trugen, zum Beispiel *de Valeys* (Wallace), *de Brus* (Bruce, von Brix im Cotentin), *Balliol* (von de Bailleul). Obgleich der grundlegende Gegensatz zwischen dem keltischen, gälischsprechenden, nach Stämmen gegliederten Hochland und dem normannisierten Tiefland mit seiner vorwiegend skandinavischen und nordenglischen Bevölkerung fortbestand, fühlten sich die ursprünglich normannischen Großgrundbesitzer doch mit diesem Land verbunden genug, um sich an der Seite der MacAlpin-Könige gegen englische Übergriffe zu wehren. William Garbel (Wilhelm I. der Löwe) rief das »Alte Bündnis« mit den Franzosen ins Leben, und als Eduard I., *Scotorum Malleus*, gegen Schottland zog, war der nationale Widerstand unter Führung von William Wallace (1305 gefangengesetzt und hingerichtet) selbst für ihn zu hartnäckig. In weit höherem Maße galt das natürlich für seinen unfähigen Nachfolger Eduard II., dessen aufwendiges und aufgeputztes Heer 1314 bei Bannockburn von den Schotten unter der Führung von Robert de Bruce, Graf von Carrick und König von Schottland (1306–1329), vernichtend geschlagen wurde. Es war der Sieg eines Heers von Pikenträgern und einer disziplinierten Reiterei über schlecht postierte Bogenschützen und undisziplinierte Ritter. 1328, in dem Jahr von Bruces Lepratod,[88] wurde die Unabhängigkeit Schottlands im Vertrag von Northampton anerkannt.

Nur zeitweise waren die schottischen Monarchen in dieser von Fehden zerrissenen Feudalgesellschaft Erste unter Gleichen. Bruce selbst hatte den »Roten Comyn« in der Kirche erdolcht, so daß sein Sohn, das Kind David II., der Blutrache von Comyns Verwandten zum Opfer fiel, woraufhin sich die Engländer den Erbfolgestreit zunutze machten, um ihren eigenen Kandidaten ins Spiel zu bringen. 1333 besiegte der junge Eduard III. die Schotten bei Halidon Hill, obwohl sie klugerweise seiner Aufforderung, ihre unritterlich vorteilhafte Stellung aufzugeben und sich zu einem Kampf unter gleichen Bedingungen zu stellen, abgelehnt hatten. Und auch der Dynastie Stuart, die von Robert de Bruces Tochter Marjory und Walter, dem *Stewart* (Stuart) – das heißt Erbtruchseß – von Schottland abstammte, war das Glück selten hold: Die Erben waren oft noch Kinder, und wenn sie erwachsen waren, hatten sie ein seltenes Geschick, in Gefangenschaft zu geraten, so daß die Schotten sie unter hohen Kosten loskaufen mußten. Jakob I. geriet 1406 auf See in Gefangenschaft und wurde verständlicherweise achtzehn Jahre lang nicht ausgelöst. Nach seiner Befreiung erwies er sich als tüchtiger Herrscher, wurde aber 1437 umgebracht. Jakob II. erstach mit eigener Hand einen Schwarzen Douglas und wurde 1460 von einer Kanone in die Luft gejagt, die er allzu genau in Augenschein nahm. Das Hauptverdienst Jakobs III., der mit acht Jahren auf den Thron kam, lag darin, daß er durch die Heirat mit einer dänischen Prinzessin die Orkney- und Shetlandinseln erwarb.

Obwohl die schottische Krone stark genug war, um sich an die Spitze des vom Volk getragenen Widerstands gegen die Engländer zu stellen, war sie nie eine parlamentarische Monarchie, die sich auf das Bündnis von starker königlicher Zentralgewalt mit Adel und freien Ständen gegründet hätte, sondern blieb sogar bis zur Zeit Jakobs VI. von Schottland und I. von England, nachdem die Stuarts England 1603 geerbt hatten, auf das Wohlwollen der zerstrittenen Adligen, Kirchenmänner und störrischen Klansmitglieder angewiesen – eine Situation, die sich im sechzehnten Jahrhundert durch das Wirken fanatischer Sektenprediger noch verschlimmerte.

Die Waliser wurden verfolgt, seitdem die Römer Britannien besetzt hatten und ihre Druiden trotz wilder Verwünschungen und komplizierter Zaubersprüche von Legionären in Anglesey zusammengetrieben und abgeschlachtet worden waren. Ursprünglich bedeutet »Waliser« im Angelsächsischen »Fremder« und bezeichnete die Ureinwohner von Britannien, die von den Eroberern in die Berge getrieben wurden. Obgleich weit mehr von ihnen, als einst angenommen, in den westlichen Midlands und im West Country überlebten, wo sie sich oft durch Heirat mit den germanisch-dänischen Eindringlingen vermischten, waren sie nach Sprache und Temperament weit verschiedener von den Angelsachsen als die Tieflandschotten. Ihre Abneigung gegen die Eindringlinge war so stark, daß sie noch nicht einmal interessiert daran waren, diese zum Waliser Christentum zu bekehren, und lange die Zusammenarbeit mit Missionaren aus Rom und dem fränkischen Gallien verweigerten. Geschwätzig, reizbar, stets bereit, das eigene (oder angeeignete) Schäfchen ins Trockene zu bringen, bewahrten sie ihre eigene Sprache und ihre herrlichen Lieder – Reste einer vorgeschichtlichen keltischen Gesellschaft, die vor allem von Viehzucht lebte. In eine verhältnismäßig unfruchtbare Region abgedrängt, vermochten sie sich durch Überfälle untereinander und auf die Nachbarn entlang der Waliser Grenze am Leben zu halten. Die englischen Könige von Wilhelm II. *Rufus* bis Karl I. warben sie als Söldner an, in welcher Eigenschaft sie ihren englischen Feinden ein unverdientes Geschenk machten, den walisischen Langbogen.

Ihre uneinnehmbare Hauptfestung lag im Snowdongebirge. Hier hatte Fürst Gruffydd von Gwynedd in den Tagen des Normannen Heinrich I. seine provisorische Herrschaft errichtet, und sein Sohn Owain hatte sich erfolgreich der Feldzüge Heinrichs II. erwehrt. Lord Rhys von Cardigan war der ruhmreiche Anführer eines Aufstandes gewesen, sein Enkel Llywelyn der Große hatte sich König Johanns Streit mit den Baronen zunutze gemacht, um einen großen Teil des Gebietes zurückzuholen, das die Engländer in Besitz genommen hatten.

Insgesamt gesehen aber schnitten die Waliser schlecht ab. Sie hatten nicht die Mittel, um etwas gegen England auszurichten, obwohl sie ihre Sprache, Literatur und Lebensweise bewahrten, die anschaulich beschrieben wird von dem normannisch-walisischen Giraldus Cambrensis in seiner *Descriptio Cambriae – Beschreibung von Wales* (1194). Große Ungelegenheiten und Kosten bereiteten die Waliser Eduard I., der seinen Erben Eduard II. zum ersten englischen Prince of Wales machte.

Während die Engländer zu den Schotten eine nüchterne und zu den Walisern eine bewegte Beziehung unterhielten, erwies sich ihre Beziehung zu den Iren von Anfang an als tragisch. Da lag am äußersten nordwestlichen Zipfel

Europas eine Insel, die durch ihre strategische Lage ihren eigenen Bewohnern und ihren Nachbarn viel Kummer bereitete. Da sie nie von den Römern besetzt worden war, hatte sich auf ihr eine prähistorische Stammesgesellschaft erhalten, die kriegslüstern, mit sich selbst entzweit und technisch rückständig war. Hierhin hatte es die letzten keltischen Aristokraten der Eisenzeit verschlagen, die einst Herren von halb Europa gewesen waren. Sich selbst »Gälen« und ihr Land *Erin* nennend, hatten sie unter Ausbeutung der eingeborenen *Firbolg*, die möglicherweise iberischen Ursprungs waren, die heroische Lebensweise und Dichtung ihrer kontinentalen Vorfahren bewahrt. Wie die Gallier zu Caesars Zeiten hatten sie Stammesfestungen, aber keine Häfen und Städte. Diese waren Gründungen der Wikinger – der norwegischen *Finngall*, der »hellhaarigen Fremden«, und der dänischen *Dubhgall*, der »dunkelhaarigen Fremden«. In erster Linie handelte es sich um Häfen: Dublin, Cork, Waterford und Limerick.

Trotz hochstehender Kultur und der missionarischen Leistungen zur Zeit von Columban besaßen die Hochkönige oder *Ard Ri*, die sich ursprünglich Ende des vierten Jahrhunderts mit Niall in Tara (Grafschaft Meath) niedergelassen hatten, nur eine unklar definierte Autorität, und selbst diese wurde von ihren Nachkommen, den Ui Neill, nur schwer aufrechterhalten.

Derart entzweit und zerstritten, waren die Iren eine recht leichte Beute für norwegische Invasoren, und wenn die Iren dann doch eine Schlacht gewannen, wie die bei Clontarf im Jahre 1014, dann war es typisch, daß sie vergaßen, den berühmtesten ihrer Hochkönige, den hochbetagten Brian Boru, zu beschützen, so daß er in seinem Zelt von einem herumstreifenden Wikinger erschlagen werden konnte. Der Tod Brian Borus, dem es von allen *Ard Ri* noch am ehesten gelungen war, die Insel politisch zu einigen und kulturell zu beleben, bedeutete zumindest das Ende der schlimmsten Wikingerangriffe, und die Norweger in den Häfen, die sich ihr Brot als Händler und Seeräuber verdienten, verschmolzen mit der übrigen Bevölkerung. Doch die endlosen Streitigkeiten zwischen den Provinz-»Königen« von Munster und Leinster, von Meath und Connaught – Streitigkeiten, an denen sich ihre Gefolgsleute fleißig beteiligten – verhinderten, daß sich irgendeine Zentralmacht etablieren konnte. Währenddessen warteten die Normannen, die jetzt Südwales in den Griff bekommen hatten, auf ihre Chance.

1138 ernannte König Stephan Gilbert de Clare zum Earl of Pembroke, und sein tüchtiger Sohn Richard, *Strongbow* genannt, nahm bald die Gelegenheit wahr, die Irische See in der Hoffnung auf Eroberungen zu überqueren – und das um so unbedenklicher, als Heinrich II. eine Bulle Hadrians IV. besaß: Der englische Papst, der behauptete, daß nach der *Konstantinischen Schenkung* alle Inseln dem Heiligen Stuhl gehörten, hatte ihn ermächtigt, Irland zu erobern, eine Erlaubnis, die Heinrich II. nun an Strongbow weitergab, den Mann, der für dieses Unternehmen am besten geeignet war. So landete Strongbow 1170 mit 1200 bis 1500 Männern in Waterford, offiziell um die MacMuroughs von Leinster[89] gegen Rory O'Connor von Dublin, König von Connaught, zu unterstützen. Im Handumdrehen war O'Connor besiegt und die Stadt besetzt, und als Heinrich II. in dem Wunsch, seine irische Herrschaft zu festigen und sich den Folgen von Beckets Ermordung zu entziehen, im Jahr darauf in Dublin eintraf, war er der erste englische Herrscher, der seinen Fuß auf irischen Boden setzte und damit offiziell, mit päpstlichem Segen, *Dominus Hiberniae*, Herr über Irland, wurde.

1185 folgte ihm sein jüngster Sohn Johann mit einem Gefolge anglo-normannischer Höflinge. Als König zeigte er sich 1210 in Irland weit erfolgreicher als irgendwo sonst, indem er die wesentlichen Institutionen der anglonormannischen Verwaltung und eine vernünftige Währung einführte und den berühmtesten Turnierkämpfer Westeuropas, Wilhelm den Marschall, dazu bestimmte, jenen Teil des Landes zu regieren, in dem sich die königliche Autorität hatte durchsetzen können. Wilhelm heiratete Strongbows Erbin, woraufhin eine anglo-normannisch-irische Herrschaft in Ost- und einem Teil von Mittelirland errichtet wurde, ein Gebiet, das nun zerfiel in die Grafschaften von Dublin, Strongbows Territorium von Leinster und die der Familie de Lacy gehörende Grafschaft Meath. Im Königreich Cork aber, in Desmond, in Connacht, in Tir Connail und Fermanagh im Nordwesten setzten die eingeborenen Iren – barfuß, in gelbem Kilt und schwarzem Umhang, getröstet und erheitert von *Usquibaugh* (Whisky) und wandernden Barden und Harfnern – ihre angestammte Lebensweise bis in Tudorzeiten fort.

Norwegen und Island

Während die westeuropäischen Monarchen in ihren geschlossenen Königreichen an Macht gewannen, zeigten sich die Herrscher von Skandinavien immer weniger in der Lage, ihre Adligen in der Gewalt zu halten. Alle Länder mit Ausnahme Dänemarks blieben Wahlmonarchien. Auch die Position der unabhängigen Kleinbauern – Wikinger, die zu Hause blieben – wurde schwächer gegenüber den Großgrundbesitzern, der Mittelschicht in den vereinzelten Städten und gegenüber den wohlhabenden Kaufleuten der Hanse, die eigene Stadtviertel und Privilegien besaßen.

Norwegen mit seinen weitläufigen Wäldern, Fjorden und Gebirgen, mit Verbindungswegen, die vor allem über See führten, konnte gemessen an seiner Größe nur eine zahlenmäßig bescheidene Bevölkerung ernähren. Seine Bewohner waren in erster Linie verantwortlich für die Überfälle und die Kolonisierungsarbeit der Wikinger, nicht zuletzt in Island, das um 850 kolonisiert war. Die ursprünglich schwedische Ynglingar-Dynastie – die so hieß, weil sie ihren Ursprung wie die Merowinger von einem Gott herleitete, dem Gott Yngvi, besser bekannt als Freyr – war nach heidnischer Vorgeschichte erstmals greifbar mit Harald »Schönhaar« (872–930), dessen Sohn Erich »Blutaxt«, kurze Zeit König von York, von seinem jüngeren Bruder Håkon (934–961) vertrieben wurde. Håkon war am englischen Hof zu Winchester aufgewachsen, der damals schon ein Ort der Frömmigkeit und Gelehrsamkeit war. Geprägt von diesem Einfluß erwarb sich Håkon den Beinamen »der Gute«, denn er versuchte das Christentum heimisch zu machen, aber er wurde von den heidnischen Dänen umgebracht. Olaf Tryggvesson, auch ein Ynglingar und ein Urenkel von Harald »Schönhaar«, wurde in Kiew erzogen, begann mit zwölf Jahren eine Wikingerlaufbahn und nahm an der zweiten Welle von Wikingerangriffen auf das England von Ethelred dem Unberatenen teil. Von England aus versuchte er durch eine Landung in Drontheim, Norwegen in seine Gewalt zu bekommen und zu christianisieren, kam aber im Jahre 1000 in der Schlacht bei Svolder gegen die Dänen ums Leben, als er ins Meer sprang und, statt sich zu ergeben, unter seinem Schild versank. Er wurde als der »ideale« Wikinger gepriesen, wobei er einen Teil seiner Wirkung der Tatsache verdanken dürfte, daß er so jung starb. Aber Olaf *Digre* – »der Standhafte« – nutzte die Vorteile beider Welten: nach Überfällen in den Ostseeländern und Friesland wurde er in England zum Christentum bekehrt, machte sich den Umstand dienlich, daß Sven von Dänemark dort in Anspruch genommen war, und setzte nach Norwegen über, wo er das Volk soweit christianisierte, daß schon Bistümer gegründet waren, als er 1028 von dem Dänen Knut dem Großen aus dem Lande vertrieben wurde. Von Kiew aus, wohin er sich geflüchtet hatte, versuchte er die Macht zurückzugewinnen, kam aber in einer Schlacht gegen die Dänen bei Sticklestad ums Leben, wo zu Ehren dieses Ereignisses im elften Jahrhundert eine Kirche erbaut wurde, denn er wurde später heiliggesprochen.

Diese Kämpfe um eine Macht, die nur mit dem Schwerte aufrechtzuerhalten und kaum zu verankern war, blieben ohne größere Bedeutung, abgesehen davon, daß die Schweden dabei zum Christentum bekehrt wurden. Der vorübergehende Zusammenschluß von Norwegen und Schweden unter Magnus II. (1319–1343 beziehungsweise 1363) war nicht von Dauer, anders dagegen die Vereinigung von Norwegen und Dänemark unter seinem Sohn Håkon VI., der 1369 Margarete, die Tochter von Waldemar IV. Atterdag, König von Dänemark, heiratete.

Die kontinuierlichen Elemente der skandinavischen Geschichte sind gesellschaftlicher und ökonomischer Natur. In ihnen spiegelt sich der Gegensatz zwischen den riesigen Waldgebieten und Fjorden in Norwegen, den Wäldern und Seen in Schweden auf der einen Seite und dem meerumschlungenen Dänemark auf der anderen, das stets offener für kontinentale und urbane Einflüsse war und das nach dem Zusammenbruch von Knuts anglodänischem Reich eine kontinentale Politik betrieb, während die Norweger sich an die Seefahrt hielten.

Um 874 konnte Ingolfur Arnarson die Herrschaft Harald »Schönhaars« von Norwegen nicht mehr ertragen und begab sich mit seinem ganzen Haushalt nach Island, wo er sich in Reykjavik an der eisfreien Südwestküste ansiedelte. Ihm folgten andere vermögende Männer und Frauen aus Westnorwegen, von den Orkney- und Shetlandinseln, wo sich Haralds Macht ebenfalls bedrohlich auswirkte. Sie fanden ein unwirtliches Land vor, das im wesentlichen aus einer Hochebene fünfhundert Meter über dem Meeresspiegel bestand mit Gletschern und Bergen, darunter der 1500 Meter hohe Hekla, ein aktiver Vulkan. Bestenfalls war ein Viertel der Insel geeignet für Ackerbau und Viehzucht, aber es gab Buchenwälder wie in Dänemark, das Gras eignete sich für Schafhaltung, und das Meer und die Flüsse waren reich an Fischen. Auch war das Klima nicht so unwirtlich, wie man aufgrund der geographischen Breite hätte erwarten können, da der Golfstrom der West- und Südwestküste relativ milde Luft und Regen zuführte.

Als Arnarson auf der großen Insel eintraf, war sie verlassen, abgesehen von ein paar irischen Einsiedlern, die sich klugerweise mit unbekanntem Ziel davonmachten. Im Gegensatz zur volkstümlichen Vorstellung waren die Norweger nicht besonders »demokratisch«. Ihre örtlichen Zusammenkünfte, die *Things*, wurden geleitet von den *Goden*, den Großgrundbesitzern. Als sie 930 das *Althing* für die ganze Insel einführten, das älteste Parlament Westeuropas, lag die Gesetzgebung und Rechtsprechung praktisch in Händen des *Goden*, alle waren prozeßfreudig, und Rechtskunde trug einem Mann fast ebenso viel Ansehen ein wie Wehrhaftigkeit, und die sozialen Unterschiede zwischen den Grundbesitzern und einfachen Männern waren nicht sehr groß. Alle waren Bauern und Fischer und wurden geachtet nach ihrem Können und ihren Fähigkeiten – auch derjenigen, zu »schwimmen wie ein Seehund«. Im Jahre 1000 bekannten sich die Führer, im wesentlichen aus politischen Gründen, zum Christentum, aber die sogenannte »Isländische Republik« blieb so zerrissen von Familienfehden, daß sich die Bewohner 1262–1264 freiwillig König Håkon IV., dem Alten, von Norwegen unterwarfen, der das Land als persönlichen Besitz empfing.

Im dreizehnten Jahrhundert wurden die isländischen *Sagas* in Versen und Prosa niedergeschrieben. Da sich die Isländer in den langen kalten Wintern die Zeit vertreiben mußten, hatten sie schon immer den *Skalden* gelauscht, etwa Bragi dem Alten, der das Lob von Harald »Schönhaar« aus sicherer Entfernung im Dialog zwischen einer Walküre und einem Raben besang, die an den Leichen interessiert, diesem König folgten. Egill Skallagrimsson, einer der berühmtesten *Skalden*, dichtete als Gefangener von Erich »Blutaxt« in einer einzigen Nacht ein Lied, das den Fürsten verherrlichte, und entging so der Hinrichtung. Das Lied nannte er die *Haupteslösung*.

Die Isländer sammelten einen Großteil der archaischen germanischen Mythologie in der *Lieder-Edda* vom Ende des dreizehnten Jahrhunderts an, deren eindrucksvollstes Gedicht die *Völuspá*, Weissagung, (ca. 990) ist, die Prophezeiung einer kosmischen Katastrophe, der *Götterdämmerung*. Außerdem die *Havarmal*, die (ziemlich trivialen) *Sprüche des Erhabenen*, und *Lokis Spottgedicht*, das sich über die Götter lustig macht. Die *Prosa-Edda*, die von Snorri Sturluson (1170–1241)[90], einem in Reykjavik lebenden Großgrundbesitzer, verfaßt wurde, um alte poetische Formen und Metaphern zu belegen, bewahrte neben jüngerer skaldischer Dichtung andere altnordische Sagen voller Blutrünstigkeit. Vor allem aber leben die mittelalterlichen Isländer in unserem Gedächtnis durch ihre schlichten Prosa*sagas*, die im zehnten und elften Jahrhundert aufgezeichnet wurden und in denen vom streitsüchtigen Alltag der Vorfahren und ihren langwierigen Prozessen und Fehden die Rede ist. Die berühmte *Njal Saga* vermittelt eindringliche Charakterzeichnungen, während die *Laxdaela Saga* eine Familie über fünf Generationen beschreibt. Die nüchternen und grimmigen Frauen entscheiden häufig über den Ausgang der Ereignisse, die manchmal dadurch beigelegt werden, daß »man sich gewissenhaft nach dem richtet, was die Anhörung aller Männer auf dem Hügel der Gesetze ergibt«, wobei Zeugen vorgeladen werden und diese Entscheidung akzeptiert wird. Häufiger werden Streitigkeiten allerdings durch Massaker und das Niederbrennen der massiven, aber aus Holz gebauten Gehöfte einschließlich der Eigentümer gelöst – ein Schicksal, das Njal, diesem rechtschaffenen und aufrechten Mann, zuteil wird. Die Eigenschaften, die in diesen *Sagas* Bewunderung finden, sind Standhaftigkeit, gesunder Menschenverstand, Schlauheit, Rechtskundigkeit, lakonische Selbstbeherrschung, eine scharfe Zunge und eine ebenso scharfe Streitaxt. Zwar mögen diese herben Erzählungen von viktorianischen Romantikern wie William Morris, die kraftstrotzende Helden bewunderten, selbst wenn sie keine Christen waren, in allzu hohen Tönen gepriesen worden sein, aber sie beschreiben isländisches Leben in schlichten und anschaulichen Details und häufig mit dem Scharfblick des Romanciers. Diese karge altnordische Literatur steht in entschiedenem Gegensatz zum romantischen und affektierten Kult um ritterliche und höfische Liebe, der gleichzeitig an den luxuriösen und überfeinerten Höfen Südfrankreichs und Italiens im Schwange war.

Schweden

Die Schweden traten als letztes skandinavisches Volk aus ihrer finsteren, aber faszinierenden Vorgeschichte heraus. Während die Norweger sich der Nordsee und dem Atlantik zugewandt hatten, hatten die Schweden sich nach Osten orientiert. Im Jahre 829, in den Tagen König Ludwigs des Frommen, hatte ein gestrenger fränkischer Mönch namens Ansgar den taktisch richtigen Einfall, daß man die Wikinger, wenn man ihre Gewalttätigkeit zähmen wolle, in ihrer skandinavischen Heimat bekehren müsse, und begab sich deshalb nach Birka auf der Insel Björko im Mälarsee westlich des heutigen Stockholm. Unterwegs hatten ihm die Wikinger sämtliche Geschenke und die ganze Ausrüstung abgenommen, aber er fand freundliche Aufnahme am Hof von Björn, dem König der Svear, und durfte eine Kirche bauen. Lange Zeit später, als er mittlerweile Bischof von Hamburg und von den Wikingern aus seiner Stadt vertrieben war – sie hatten sie niedergebrannt und ihn gezwungen, sich nach Bremen zurückzuziehen –, machte er sich erneut daran, die Svear zu bekehren, aber diese waren jetzt so von ihren erfolgreichen Unternehmungen in

Rußland in Anspruch genommen, daß sie das Interesse an westlichem Christentum weitgehend verloren hatten. Vorgeschichtliches Heidentum war tief verwurzelt in diesem Volk, dessen Zusammengehörigkeitsgefühl im wesentlichen aus den vielfältigen Kultübungen erwuchs, deren Mittelpunkt das nördlich des heutigen Stockholm gelegene Uppsala war, wo alle neun Jahre makabre Zeremonien begangen wurden. Neun Männer – einer für jedes der verflossenen Jahre – wurden in dem heiligen Hain erhängt und der Verwesung überlassen, dazu wurden Hunde und sogar Pferde erhängt – ein Kunststück, das die Geschicklichkeit der Opferpriester auf eine harte Probe gestellt haben dürfte. Dieses stinkende Totenhaus, dazu bestimmt, die Götter geneigt zu machen, war das Allerheiligste der alten Religion, die ihre wichtigsten Gottheiten hatte in Thor dem Donnerer, der sich um das Wetter und die Ernte kümmerte, Odin, dem Gott des Krieges, und Freyja oder Frigg, der Göttin der Liebe und der Fruchtbarkeit. Dieser Kult war bis ins elfte Jahrhundert, da das Land schon offiziell christlich geworden war, weit verbreitet unter den Bauern, wie bezeugt wird von »dem norwegischen Hofdichter und Diplomaten Sigvat, der ... berichtet, wie er eines Abends an ein Gehöft gelangte, dessen Tür verschlossen war. Seine Bitten beantworteten die Leute drinnen mit der Aufforderung, sich fortzuscheren, denn sie hätten mit heiligen Dingen zu tun, einem Opfer für ihre Hausgötter. ›Ich fürchte den Zorn Odins‹, sagte die gottlose Frau. ›Wir verehren die alten Götter.‹«[91]

Trotz zähen Widerstands gerieten die Schweden immer mehr unter Druck, als die Macht wie die Geltung des ottonischen Reichs und der Kirche in Deutschland wuchsen und später die Eroberungen von Knut dem Großen (von Dänemark) hinzukamen, der die Herrschaft über ganz Skandinavien und England beanspruchte. Olaf Skötkonnung (ca. 995–1025) und seine Nachkommen Erich der Heilige und Knut, der Stockholm gründete, setzten das Christentum allmählich als offizielle Religion durch. Um 1070 wurden die Haine und Tempel von Uppsala zerstört.

Der schwedische Handel und die schwedische Kolonisierungsarbeit in Rußland befand sich dort jetzt in der Hand heimisch gewordener Einwanderer. In Schweden selbst befaßte man sich derweilen mit Deutschland – oder vielmehr die deutschen Händler mit Schweden als einem »Entwicklungsland«. Aber die Finnen – ein finnisch-ugrisches Volk –, noch »unterentwickelter« als die Schweden, boten sich als nächstliegende Beute an und wurden zum Ziel eines »Kreuzzugs«, der über die Ålandinseln führte und mit Einwurzelung eines schwedischen Adels und einer Kultur nach schwedischem Vorbild in Finnland endete.

Mit dem Tod von Erich XI. Eriksson kam es zu einem dynastischen Wechsel. Da der König kinderlos starb und es sich um eine Wahlmonarchie handelte, fiel die Wahl auf Waldemar Folkung, Erichs angeheirateten Neffen, der bald von seinem jüngeren Bruder Magnus I. Ladulås (1278–1290) abgesetzt wurde. Die neue Dynastie konnte sich, obwohl sie mit der jetzt enger an Rom gebundenen Kirche zusammenarbeitete, nur schwer gegen die Adligen behaupten und suchte Unterstützung bei den Deutschen, die die Bodenschätze des Landes abbauten und mit Pelzen und Holz schwunghaften Handel trieben.

Diese Abhängigkeit veranlaßte die schwedischen Adligen 1318 dazu, König Birger Magnusson aus dem Lande zu jagen und 1319 den Knaben Magnus II., der bereits als Magnus VIII. König von Norwegen war, zu wählen, aber seiner Macht enge Grenzen zu setzen – eine Regelung, die 1350 offiziell festgelegt wurde. 1363 vertrieb der Adel mit deutscher Hilfe auch Magnus. Dieser aber hatte zuvor seinen Sohn Håkon (VI.) von Norwegen mit Margarete, der Tochter von Waldemar IV. Atterdag von Dänemark, verlobt, denn er hoffte, seine Position gegen die schwedischen Großen durch die Schaffung einer dänisch-norwegischen Union zu stärken, der dann Schweden zugeschlagen werden sollte – eine Politik, die Margarete mit der Kalmarer Union weiterverfolgte.

Dänemark

Die dänischen Unternehmungen zur Wikingerzeit hatten sich hauptsächlich gegen England, Irland, Friesland, die Niederlande und Frankreich gerichtet und waren bis in den Atlantik und das Mittelmeer ausgedehnt worden. Die reichste Beute auf dem Kontinent war die Normandie gewesen, das Sprungbrett zur Eroberung Englands, das sich bereits seit der Regierungszeit Knuts des Großen unter anglodänischer Herrschaft befand. Die dänischen Halbinseln und Inseln waren weit überschaubarer als die unerschlossenen Wälder und Gebirge, die eine unzugängliche Wildnis inmitten der norwegischen und schwedischen Reiche bildeten, und obgleich die Dänen weder über die Eisen- und Kupferminen der Schweden verfügten noch über ihren Reichtum an Pelzen und Holz, befanden sich ihre hügeligen, aber niedrig gelegenen Gebiete auf Jütland, Fünen und Seeland in strategisch günstiger Lage, da man von ihnen aus die Zugänge zur Ostsee kontrollieren konnte, und außerdem waren sie zu Ackerbau und Viehzucht gut geeignet.

Dänemark, in vorgeschichtlichen Zeiten das reichste aller skandinavischen Länder, war jetzt Hauptausgangspunkt für die Wikingerfeldzüge im Westen und beherbergt heute noch die prächtigen königlichen Hügelgräber der Wikinger und die Runensteine von Jelling, das Bootsgrab von Ladby bei Kerteminde, wo ein heidnischer Fürst mit seinen Pferden und Hunden begraben liegt, außerdem die große befestigte Ansiedlung von Trelleborg, die mit seit römischen Zeiten unbekannter mathematischer Genauigkeit angelegt ist, und die Verteidigungsanlage *Danewerk* zum Schutz gegen die Deutschen. Anfang des neunten Jahrhunderts hatten die heidnischen Könige Gudrun und Hemming aus Jelling den größten Teil des Landes unter ihre Kontrolle gebracht, aber erst 960 war Harald *Blåtand* (Blauzahn), Sohn Gorms des Alten, zum Christentum bekehrt worden. Sven I. (Gabelbart) war noch heidnisch, als er den größten Teil Englands eroberte, und kam in der Nähe von Gainsborough ums Leben, als er drohte, das Heiligtum in Bury Saint Edmunds zu zerstören. Er sei vom Pferd gefallen, so heißt es, als ihm der Heilige in voller Rüstung und bereit zum Angriff erschienen sei.

Sein Sohn Knut der Große, den er von Swejetoslawa, Tochter Mieszkos I. von Polen, hatte, wurde als erster Wikingerfürst zu einem westeuropäischen Machtfaktor, bekannte sich rückhaltlos zum katholischen Christentum und schloß Dänemark an die Zivilisation des elften Jahrhunderts an. Diese Bindung hielt sich schon deshalb in Dänemark, weil sich deutsche Einflüsse hier natürlich übermächtig auswirkten. Unter Knuts Nachfolger Sven II. wurde die Kirche heimisch, wie die erhaltenen romanischen Kirchen bezeugen, und unter dessen Nachfahren Waldemar I. (1157–1182), dem Großen, und dem Bischof von Roskilde, Absalon, eroberten die Dänen die Insel Rügen jenseits der Ostsee und brachten die heidnischen Wenden gewaltsam zum Christentum. Waldemar war so schlau, einerseits das *Danewerk* gegen Heinrich den Löwen zu stärken und andererseits Friedrich Barbarossa den Treueid zu leisten. Sein Sohn Waldemar II. (1202–1241), der Sieger, machte sich die durch Friedrich II. verursachten Querelen in Deutschland zunutze, um im Osten noch freiere Hand zu haben. In Zusammenarbeit mit Bischof Albert von Livland, dem Gründer Rigas und des deutschen Schwertbrüderordens, und mit Hilfe der bekehrten Wenden besorgte er Unterwerfung und Bekehrung der finnisch-ugrischen Esten, denen er 1219 in der Schlacht von Reval eine schwere Niederlage bereitete, wobei das *Dannebrog*-Banner vom Himmel flatterte und so die göttliche Billigung dieser Waffentat zum Ausdruck brachte.

Das Ansehen Waldemars des Siegers hatte sich über ganz Europa verbreitet, so daß er zunächst eine böhmische und dann eine portugiesische Prinzessin heiraten konnte, aber die Abenteuer jenseits der Ostsee und die Erschließung neuer kosmopolitischer Horizonte hatte die Position der dänischen Monarchen zu Hause nicht gerade verbessert, weshalb Waldemar IV. Atterdag (1340–1375), der Vater der Prinzessin Margarete, die Håkon VI. von Norwegen heiratete, seine Stellung in Dänemark festigen mußte, während er in Norddeutschland intrigierte, um seinen Einfluß auf die Ostseeküste zu verstärken. 1350 führten seine Bemühungen, die Position der Monarchie zu festigen, zum Aufstand und dann dem sogenannten »Landfrieden« von Kalundborg, in dem die Rechte von König, Aristokratie und Volk festgelegt wurden. Ferner sahen sich die Hansestädte durch die Rückgewinnung von Skåne und die Einnahme der wichtigen Hansestadt Visby auf Gotland veranlaßt, gemeinsam mit den unzufriedenen Adligen Jütlands zum Generalangriff vorzugehen, so daß Waldemar gezwungen war, in den Vertrag von Stralsund einzuwilligen, welcher der jetzt ihrerseits im Niedergang befindlichen Hanse mehr Vorrechte einräumte. Dergestalt waren die Ereignisse, die seine Tochter Margarete zu ihrem ehrgeizigen Vorhaben bewogen, die drei Kronen in der Kalmarer Union zu vereinigen ein Schritt, der sich in erster Linie gegen die Deutschen richtete.

Zwar besaßen die Dänen von allen skandinavischen Reichen die zur Seefahrt geeignetste Lage und die Zivilisation mit dem westlichsten Zuschnitt, waren aber seit prähistorischen Zeiten anfällig für Angriffe aus Deutschland. Außerdem verfügten sie nicht über die nötigen Voraussetzungen, um sich in Norddeutschland oder auch nur in Polen eine nennenswerte Einflußsphäre zu verschaffen. Daher die in Kalmar entworfene Politik, die sie allerdings den Schweden auf Dauer nicht schmackhaft zu machen vermochten.

Ziel der Kalmarer Union war es, den drei skandinavischen Kronen gegen ihre eigenen Aristokratien und gegen die Ausbreitung des deutschen Herrschaftsanspruchs den Rücken zu stärken. Obwohl Håkon VI. von Norwegen jung gestorben war, sorgte seine Witwe Margarete von Dänemark dafür, daß ihr Sohn Olaf von Norwegen den Thron von Dänemark bestieg, und als auch dieser Knabe 1387 starb, nahm sie selbst als »Herrin« von Norwegen und Dänemark die Zügel in die Hand, um später in dieser Funktion auch über Schweden zu herrschen.

1397 setzte sie ihren nächsten männlichen Verwandten, ihren Großneffen Erich von Pommern, zum Mitregenten ein, und nach Einberufung der Ratsaristokraten aller drei Staaten in Kalmar wurde das Kind im Juni desselben Jahres zum König von Dänemark, Norwegen und Schweden gekrönt, ein Vorgang, der durch die Kalmarer Union bekräftigt wurde.

1412 trat Erich die Nachfolge Margaretes an und heiratete eine Schwester des englischen Königs Heinrich V., aber es gelang ihm nicht, die Schweden der Union einzugliedern. Die Union zwischen Dänemark und Norwegen (einschließlich Islands) bestand bis 1814, doch 1439 wurde Erich als schwedischer König abgesetzt, und 1448 hatten die Schweden die Union *de facto* verlassen. Zwar wurde die Union durch die Halmstader Konstitution neu belebt und der Bruch erst 1523 offiziell, dann aber war das dynastische Projekt der glorreichen Margarete fehlgeschlagen.

So wurden in den nordwestlichen und nördlichen Randgebieten Europas, von Irland und Westschottland bis nach Norwegen, Dänemark und Schweden, bis Estland an den fernen Küsten der Ostsee und bis nach Finnland, Völker, die bislang an der Grenze einer immer noch wesentlich mediterranen, wenn auch jetzt nördlich der Alpen verwurzelten Zivilisation gelebt hatten, in den Umkreis des Christentums und der mittelalterlichen Königsherrschaft geführt. Ihr ethnischer Ursprung und ihre Umwelt waren absolut nicht-mediterran und nicht-römisch, und sie brachten neue, häufig gegensätzliche Eigenschaften in die europäische Zivilisation ein – man denke etwa an die Körpermerkmale und das Temperament der Iren im Vergleich zu denen der Skandinavier.

Von allen Skandinaviern hatten bislang die Norweger, die ihre Heimat verlassen hatten, den größten Einfluß ausgeübt. Jetzt schufen die Skandinavier, die zu Hause geblieben waren, ihre eigenen Reiche, zwar nicht so gut organisiert wie die normannischen Eroberungen jenseits des Meeres, da die einheimischen Skandinavier ihren Königen die Macht streitig machten, aber mit einer glänzenden Zukunft in Übersee, nicht zuletzt in Nordamerika, als sich der wirtschaftliche Schwerpunkt in Europa in die atlantischen Staaten verlagerte.

IV
Der Aufstieg der Erbmonarchien

1. Signoria und Humanismus in Italien

Aufstieg der Städte

Obgleich das noch immer Heilige und Römische, aber heruntergekommene Reich theoretisch an der Spitze der Christenheit stand und obwohl seit dem fünfzehnten Jahrhundert der entscheidende Einfluß nördlich der Alpen von den französischen Königen ausging, sicherten sich auch die Stadtstaaten Italiens jetzt beträchtliche Macht, die sich selbst rechtfertigte, wie später Machiavelli meinte. Der Ursprung der nordeuropäischen Zivilisation lag am Mittelmeer. Jetzt veränderte ein ebenfalls in Stadtstaaten entstandener, höfischer Humanismus aus einem besseren Verständnis antiker Kultur heraus die Anschauung der gebildeten West- und Mitteleuropäer während verschiedener, einander ablösenden Phasen dessen, was später einmal Renaissance genannt werden sollte.

Bei den Italienern des *Trecento* erfreuten sich die Autoren der Antike neuer Wertschätzung. Petrarca (1304–1374) hatte Manuskripte gesammelt und einen eher pedantischen Kult mit Ciceros kunstvollem Latein getrieben. Giovanni Boccaccio (1313–1375), Sohn einer französischen Mutter und eines florentinischen Vaters, war Bankier in Neapel gewesen, bevor er sich in Florenz niederließ, wo er in den Jahren der Pest sein *Decamerone* (1349–1351) verfaßte und die Gottesgeißel überlebte, um als schlecht bezahlter Erforscher klassischer Sprachen zu enden. Der große Architekt Brunelleschi (1377–1446) begann seinen herrlichen Florentiner Dom im Jahre 1420, und der brillant vielseitige L. B. Alberti (1404–1472) schrieb als erster Architekt eine Abhandlung über seine Kunst (1453), die sich mit der des Vitruv messen kann, während Donatello (1386–1466) mit seinem heiligen Georg und dem Reiterdenkmal Gattamelatas der europäischen Bildhauerkunst ganz neue und verheißungsvolle Wege wies. Coluccio Salutati (1375–1466) war der erste gefeierte Humanist, der an der Spitze der Florentiner Staatsbürokratie stand.

Von dem ursprünglich republikanischen Florenz aus breitete sich dieser neue Humanismus zuerst über die italienischen Städte und Staaten aus, in der Hochrenaissance des sechzehnten Jahrhunderts dann auch über Nordeuropa bis nach Spanien und Portugal, womit die Italiener abermals zum kulturell bedeutendsten Volk Europas wurden, während sich die wohlhabenden und lebendigen Städte der Niederlande zu Nordlichtern europäischer Kultur entwickelten.

Diese italienischen und flämischen Stadtstaaten hatten ihre Wurzeln im Mittelalter, verdankten aber ihren Aufstieg dem Handel und den Geldgeschäften, blieben Fremdkörper in der feudalen Welt und hatten sich eine geschäftsmäßige und methodische Sicht der Dinge zu eigen gemacht. Die politischen Denker Italiens leiteten die staatliche Autorität jetzt nicht mehr, wie noch Dante, aus einer göttlichen Weltordnung ab, sondern – wie Marsilius von Padua – aus einem weltlichen Gemeinwesen von Bürgern oder einfach als eine faktische, aus sich selbst gerechtfertigte Macht – wie Machiavelli es tun sollte. In Praxis und Theorie ließen die Italiener den kosmopolitischen Pomp des Universalreiches wie das weltumspannende Papsttum als gegenstandslos erscheinen.

Goldenes Prag

Nördlich der Alpen hatten nur jene Kaiser Erfolg gehabt, die ihre Hausmacht auf relativ geschlossene Gebiete hatten stützen können. Zwei Dynastien waren hier aufgestiegen, von denen eine bis in die Neuzeit regierte: die Luxemburger Könige von Böhmen, deren Macht im vierzehnten Jahrhundert unter Kaiser Karl IV. ihren Höhepunkt erreichte, und die Habsburger, von denen einer die Erbprinzessin der Luxemburger heiratete.

Der erste Luxemburger König von Böhmen, der die Kaiserkrone errang, war Heinrich VII. (1308–1313), den Dante so bewunderte. Ein Wittelsbacher Herzog von Bayern, Kaiser Ludwig IV. (1327–1345), setzte den englischen Philosophen Wilhelm von Ockham und Marsilius von Padua als politische Propagandisten gegen das Papsttum ein, das sich jetzt in Frankreich im Avignonischen Exil befand.

Doch bald schon gewannen die Luxemburger das Reich zurück. Heinrichs VII. Sohn Johann hatte die przemyslidische Erbprinzessin geheiratet und machte Böhmen zur Führungsmacht in Mitteleuropa.[1] Dessen fähiger Sohn Wenzel, der 1334 als Karl IV. zum römischen König und dann zum Kaiser (1346–1378) gekrönt wurde, gründete 1348 die Universität von Prag und gestaltete die Stadt um. Er ließ die Burg Karlstein nach dem damals modernen französischen Stil umbauen, befahl den Bau der Karlsbrücke und förderte den Bergbau, die Glaserzeugung und die Brauereien, die das gute tschechische Bier herstellten. Als Kaiser verabschiedete er die *Goldene Bulle* von 1356, die die Kaiserwahl straffen sollte, indem sie das Wahlrecht auf sieben Kurfürsten begrenzte – den König von Böhmen, den Herzog von Sachsen, den Pfalzgrafen bei Rhein, den Markgrafen von Brandenburg und die Erzbischöfe von Köln, Mainz und Trier. Karl IV. brachte die Kultur Frankreichs und der Frührenaissance nach Mitteleuropa und überredete seine französische Königin sogar dazu, Tschechisch zu lernen. Da seine Autorität sich auf ein wohlhabendes und wohlorganisiertes Königreich stützte, vermochte er auch das Heilige Römische Reich neu zu beleben.

Seinem älteren Sohn, Wenzel (1378–1400), fehlte seines Vaters Herrscherbegabung; er zog die Freuden der Jagd und der Flasche vor und verkaufte die Ehrentitel des Reichs an die Höchstbietenden, so auch die Herzogswürde an Giangaleazzo Visconti, den Tyrann von Mailand. Sein Bruder Sigismund mußte als römischer König (1411–1433) *de facto* die Herrschaft im Reich übernehmen, obwohl er dafür sorgte, daß Wenzel die Kaiserkrone von 1411 bis zu seinem Tode im Jahre 1419 zurückerhielt, und selbst erst Kaiser war von 1433 bis 1437.

Aber Sigismund starb nach einem Leben voller aufreibender Pflichten in Böhmen, Ungarn und Deutschland, wovon später die Rede sein soll, ohne männlichen Erben, und das Reich fiel einer noch erfolgreicheren Dynastie zu. Albrecht V. von Habsburg, römischer König von 1438–1440, hatte die Erbtochter Sigismunds, die letzte Luxemburgerin, geheiratet; nach Albrechts frühem Tod wurde sein Vetter Friedrich von Habsburg Kaiser Friedrich III. (1440–1493), und die kluge Habsburger Heiratspolitik trug Früchte, als Maximilian I. (1493–1519), der Sohn Friedrichs III., die reiche Maria von Burgund, die Erbtochter Karls des Kühnen, zur Frau nahm.

Auf diese Weise überlebte das Heilige Römische Reich zwar, war jetzt aber in erster Linie ein Instrument dynastischen Landhungers, zunächst gestützt auf ein mitteleuropäisches böhmisches Reich, um dann Erbbesitz der ursprünglich aus der Nordschweiz stammenden und schließlich in Wien residierenden Habsburger zu werden. So war in einer realistischeren Welt das Heilige Römische Reich, diese einst so großartige visionäre und kosmopolitische Institution von europäischem Zuschnitt, zu einem Instrument mitteleuropäischer Dynastiepolitik geworden.

Auch das Papsttum hatte mehrere Versuche überstanden, es der Kontrolle von Konzilen zu unterstellen, indem es sich zu einem lebensfähigen italienischen Renaissancefürstentum mit bescheideneren Zielsetzungen gewandelt hatte, wodurch es auf lange Sicht einen Großteil seines Einflusses auf die nördlichen Völker einbüßte, die in ihrem vergleichsweise naiven und schlichten Glauben zu seinen treuesten Parteigängern gehört hatten. Kaiser- wie Papsttum hatten sich dergestalt der geschäftsmäßigeren Sinnesart des Zeitalters angepaßt, dessen Klima von den italienischen Stadtstaaten bestimmt wurde – entweder Handelsrepubliken wie Florenz und Venedig oder städtische *Signorien* in der Hand von Abenteurern, die ihr Zeitgenosse Chaucer »Tyrannen in der Lombardei« nannte.

Der Schwarze Tod

Diese Tyrannen an der Spitze der *Signorien* der Stadtstaaten – ursprünglich meint das Wort die »Besitzungen« oder das »Gefolge« eines Fürsten – nahmen die sehr alte Tradition einer Gesellschaft wieder auf, in der urbanes Leben seit der Antike nie ganz versiegt war und die auch in Friedrichs II. weltlichem *Regno* auf Sizilien zum Ausdruck gekommen war.

Diese Stadtherrschaften hatten sowohl militärischen wie wirtschaftlichen Charakter, und ihr humanistisches Klima spiegelte sich in Giottos neuem Malstil. Er wurde 1265 geboren und schmückte 1304 die Arenakapelle in Padua mit Fresken aus, deren weich gerundete Figuren dramatisch im Raum gruppiert sind – ein Weg, der später von den großen klassizistischen Malern Raffael und Poussin weiter verfolgt werden sollte. Obwohl Giotto gläubiger Christ war, verlieh er der Malerei eine unmittelalterliche und anthropozentrische Dimension, so daß er »zur Welt der greifbaren Realitäten gehörte, der Welt der Bankiers und Wollhändler, für die er arbeitete«, während noch »Dante zur früheren gotischen Welt des Thomas von Aquin und der großen Kathedralen gehörte«.[2]

Diese realistischere Einstellung, ursprünglich das Ergebnis wirtschaftlicher Expansion im dreizehnten Jahrhundert, wurde jetzt durch eine wirtschaftliche Rezession verstärkt, die das Europa des vierzehnten Jahrhunderts zusammen mit der Pest heimsuchte. Im Hochmittelalter des zwölften und dreizehnten Jahrhunderts war eine erhebliche Zunahme von Bevölkerungswachstum und Kolonisierungstätigkeit zu verzeichnen gewesen, aber obgleich immer mehr Land unter den Pflug genommen worden war, hatten sich die Techniken des Ackerbaus nicht rasch genug verbessert, um mit der Nachfrage Schritt zu halten. So kam es zu Inflation und gelegentlichen Hungersnöten, dann infolge der Pest zu Bevölkerungsrückgang und Preisgabe peripherer Anbauflächen. Diese im Rahmen ihrer begrenzten technischen Möglichkeiten prosperierende Wirtschaft befand sich also seit Mitte des vierzehnten Jahrhunderts im Niedergang. Im Westen war das Lehnsgut, das zentrale soziale und ökonomische Fundament der Feudalgesellschaft, zunehmenden Veränderungen unterworfen, als die Bauern begannen, sich aus der Leibeigenschaft freizukaufen, als angeworbene Arbeitskräfte mobiler wurden und die Landwirtschaft nicht mehr nur für den Lebensunterhalt, sondern auch für einen Markt produzierte. Und auch das Lehnsaufgebot war schon weitgehend durch Söldner und Berufssoldaten ersetzt.

Rein äußerlich setzten die Herrscher großer Lehnsreiche ihren prunkvollen und aufwendigen Lebensstil fort, aber sie wurden abhängiger vom Geld. So konnte Eduard III. von England beispielsweise seinen enormen Zahlungsverpflichtungen gegenüber Florentiner Bankiers nicht nachkommen, und zwischen 1343 und 1346 gingen deshalb die Peruzzi, Bardi und Acciaiuoli bankrott. Gelegentlich übernahmen Bankiers die Titel und Besitztümer ihrer säumigen Kunden in Zahlung, so etwa die französischen Lehen in Griechenland. In Italien lebte das böse Erbe des Streits zwischen Papst und Kaiser in den Fehden zwischen Guelfen und Ghibellinen fort und in der Rivalität zwischen den verschiedenen Tyrannen, die ausländische *Condottieri* und ihre Söldner beschäftigten, während Philipp VI., der erste Valois auf dem Thron von Frankreich, und Eduard III. es fertigbrachten, den Hundertjährigen Krieg vom Zaun zu brechen, der Frankreich generationenlang verwüstete. Und während die beiden mächtigsten atlantischen Reiche sich dergestalt in den Haaren lagen, setzten die Tataren ihre brutale Unterdrückung der Russen fort, die im Anschluß an die Mongolenstürme auch von den Polen und Litauern besiegt wurden. Und den Türken gelang es trotz des grimmigen Widerstands der Kroaten und Ungarn, ihre Herrschaft über Südosteuropa auszudehnen.

In diesem vierzehnten Jahrhundert, das gegenüber dem schöpferischen Gipfel des zwölften und dreizehnten Jahrhunderts eine Talsohle darstellte, dezimierte die schlimmste Pestepidemie der europäischen Geschichte die Bevölkerung des Kontinents um etwa ein Drittel – in den Städten war der Anteil wahrscheinlich noch höher. Epidemien hatte es schon vorher gegeben, zur Zeit von Mark Aurel beispielsweise und von Justinian, aber nicht in einer solchen Größenordnung. Drei Pestarten wurden nun epidemisch: die erste war die Beulenpest, die, wie man meint, von der Wüste Gobi ausging und deren Überträger die Flöhe des mandschurischen Murmeltiers waren, ansonsten »ein possierliches eichhörnchenähnliches Geschöpf«.[3] Doch aus unbekannten Gründen war es vor allem *Rattus rattus*, die zähe, flinke, von Natur aus nomadische Hausratte, die für die Ausbreitung der Epidemie sorgte. Sie verwüstete zunächst die Tatarenlager, von wo aus sie, einer zeitgenössischen Quelle zufolge, absichtlich weitergetragen wurde. Als die Tataren während der Belagerung des genuesischen Handelsplatzes in Cassa auf der Krim von der Krankheit befallen worden seien, hätten sie Pestleichen unter die Verteidiger katapultiert, die dann nach Westen geflohen seien. Die zweite Pestart griff die Lungen an, war noch ansteckender und wurde durch den Atem des Opfers übertragen. Während die Beulenpest innerhalb einer Woche zum Tode führte, schaffte es die Lungenpest in Stunden. Die dritte, ebenfalls septische Erscheinungsform war ganz besonders verheerend und wurde vom normalen Menschenfloh (*pulex irritans*) übertragen, der in mittelalterlichen Haushalten reichlich vorhanden war.

Seit langem schon hatte es Hausratten in den Getreidefrachten aus Südrußland gegeben, und im Oktober 1347 brachten genuesische Galeeren die Pest von der Krim nach Messina und Catania auf Sizilien. Im selben Jahr noch trat sie in Marseille auf und begann sich nach Bordeaux und Avignon auszubreiten. Im Januar 1348 hatte sie Genua und Venedig erreicht und griff über auf Pisa, Florenz und Siena. Im Winter des gleichen Jahres war sie in Paris und gelangte wahrscheinlich über die Kanalinseln nach Melcombe, das heute ein Teil von Weymouth ist, von wo aus sie nach Bristol übergriff, während sie über Southampton London, Ostanglien und die Midlands erreichte. Im Frühjahr des Jahres 1349 war sie bereits in Wales: »Wir sehen den Tod in unsere Mitte dringen wie schwarzen Rauch, eine schwarze Pestbeule wie ein Halbpennystück. Es ist eine schlimme Sache, daß sie auf heller Haut erscheinen.«[4] Die Schotten, die zunächst erfreut waren, daß die Engländer nicht verschont blieben, starteten einen großangelegten Angriff von Selkirkshire aus, wurden aber bald selbst ein Opfer der Krankheit (»Gott und heiliger Mungo, heiliger Ninian und heiliger Andreas beschützt uns jetzt und immerdar um der göttlichen Gnade willen vor dem schrecklichen Tod, an dem die Engländer zugrunde gehen«[5]).

1348/49 wütete die Pest in Westdeutschland und Österreich. Das Zusammenwirken mittelalterlicher Wohnverhältnisse, Unterernährung und völliger Unwissenheit machte alle Bemühungen der Ärzte zunichte. Die Geistlichen stellten ihre Reliquien und Heiligenbilder zur Schau und führten unter Singen von Bußpsalmen barfüßige Prozessionen an. Ihre Dogmen hatten lange jede empirische Forschung unmöglich gemacht. 1300 hatte der hochfahrende Papst Bonifaz VIII. das Sezieren des menschlichen Körpers verboten, da der Mensch das Abbild Gottes sei. Groteske und komplizierte Theorien, die sie in entstellter Form von Galen übernommen hatten, machten die Ärzte nicht gerade klüger, die überdies verglichen mit den Priestern nur wenig Autorität besaßen. Sie empfahlen Aderlasse, warnten vor heißen Bädern, die die »Poren öffneten«, und verordneten die Ausdünstungen des Aborts als Desinfektionsmittel.

Die verschiedenen Völker reagierten je nach ihren bereits erkennbaren nationalen Temperamenten. Wohlhabende Italiener mieden die Städte und vertrieben sich die Zeit mit jenen kultivierten Beschäftigungen, die in Boccaccios *Decamerone* beschrieben werden. Die besser gestellten Franzosen verfielen in hektische Fröhlichkeiten und verfolgten einander mit beißendem Witz. Die Deutschen suchten ihr Heil in Hysterie, Selbstgeißelung und Abschlachtung der rheinländischen Juden, die sie beschuldigten, die Brunnen vergiftet zu haben. Die Engländer murrten und litten, aber »ohne sich, aus welchem Grunde auch immer, zu jenen tiefgreifenden Unruhen hinreißen zu lassen, in denen andere ein Ventil für ihre Gefühle fanden«. (Ziegler) Der geistliche Beitrag des Papstes bestand darin, das Jahr 1350 zum heiligen Jahr zu erklären, wodurch die Bevölkerung des pestverseuchten Rom um Tausende von Pilgern vermehrt wurde.

Glücklicherweise ließ die Wirkung der Epidemie nach, aber es gab nicht mehr genügend Bauern, um den Boden zu bestellen und das Vieh zu versorgen. Tausende von Juden im Rheinland und in der Schweiz waren ermordet, häufig bei lebendigem Leibe verbrannt worden, nur in Polen waren die Behörden so überzeugt von ihrem Wert, daß sie alles daran setzten, sie vor der Volkswut zu beschützen. In Spanien tötete die Krankheit Christen und Araber mit schöner Unparteilichkeit, und Räuberbanden terrorisierten Teile der ländlichen Gebiete. Merkwürdigerweise waren manche Gebiete weniger hart betroffen als andere. Am schlimmsten wütete die Krankheit in den Häfen und entlang der Handelsstraßen, aber »die Lebensgewohnheiten der Ratten dürften die größte Rolle gespielt haben« (in manchen Gegenden vertrieben die einheimischen braunen Ratten die Eindringlinge). Doch »der Geruch des Todes hing über ganz Europa«.

Diese Katastrophe bedeutete nicht das plötzliche Ende für die mittelalterliche Zivilisation: Mit überraschender Widerstandskraft erholten sich ihre schöpferischeren Zentren, obgleich die Krankheit blieb und im Laufe der Jahrhunderte immer wieder aufflackerte. Aber der Schwarze Tod beschleunigte eine Veränderung, die bereits im Gange war, und machte die Menschen vielfach skeptischer gegenüber den etablierten Institutionen, machte sie pessimistischer, hartnäckiger, soweit es begrenzte Zielsetzungen, und weniger naiv, soweit es visionäre betraf. Während die Feudalgesellschaft landwirtschaftlich organisiert gewesen war, gestützt auf die gegenseitigen Verpflichtungen des Lehnswesens und geregelt durch altes Gewohnheitsrecht, so konzentrierte sich das Leben zu Anfang der Neuzeit, geregelt durch ein am römischen Vorbild gewonnenes Recht, zunehmend auf die Städte, vor allem auf die Mittel- und Norditaliens, der Niederlande, auf die Hansestädte und auf die jetzt mit ozeanischen Unternehmungen befaßten portugiesischen Städte.

Italienische Renaissance

Zu Anfang des vierzehnten Jahrhunderts waren die politischen Verhältnisse in Italien nicht gerade vielversprechend. Petrarca beispielsweise, damals der größte italienische Humanist, verzweifelte an seiner Zeit und betrachtete das politische Leben mit Abscheu. Aber seit Barbarossas Tagen war der Lebenswille der italienischen Republiken unbesiegbar; kein Monarch konnte ihn brechen. Gestützt auf weitreichende Handelsbeziehungen, kosmopolitische Bankgeschäfte und die Ausdehnung ihrer Territorien hatten sich republikanische Gemeinwesen herausgebildet. Zumeist wurden sie von einzelnen Patrizierfamilien als *Signorien* (Stadtherrschaften) oder durch Ratsversammlungen regiert. Trotz innerer Querelen mit den Zünften hatten sie sich von ihren alten Verpflichtungen gegen Kaiser oder Bischöfe losgekauft.

Die wichtigsten Staaten waren jetzt Venedig, Mailand und Florenz. Nach 1377, als Gregor XI. aus Avignon zurückgekehrt war und Urban VI. (1378–1389) seine Nachfolge angetreten hatte, auch Rom mit dem ausgedehnten Kirchenstaat und außerdem das Königreich Neapel. Kleineren Städten wie Verona, Bologna, Pisa, Siena und Mantua gelang es, ihre gefährdete Unabhängigkeit zu bewahren und auszubauen und zu Zentren einer lebendigen literarischen und künstlerischen Kultur zu werden. Dies war der politische Rahmen der Frührenaissance, in der die Italiener den weltlichen Stadtstaat, der republikanischen oder despotischen Charakter haben konnte, als eine bewußt gestaltete Institution entwickelten, ja, wie Jacob Burckhardt es ausdrückte, als »Kunstwerk«. Diese Stadtstaaten hatten keinerlei moralische Basis, sondern nur die der erfolgreichen Machtanwendung. Ihre Praxis wurde von Machiavelli analysiert und von Hobbes durch den an der bloßen Nützlichkeit orientierten Begriff des Nationalen gerechtfertigt, um kaum verändert als Nationalstaaten die moderne Welt zu beherrschen.

Wenn wir das sizilische *Regno* Friedrichs II. als Archetyp solcher Staatsgebilde einmal außer acht lassen, war einer der ersten bedeutenden italienischen Schöpfer einer solchen *Signoria* der geniale Wüstling Cangrande della Scala, Tyrann von Verona (1312–29), der Padua und Treviso, Feltre und Cividale eroberte und mit einundvierzig Jahren starb. Da sich diese Opportunisten auf keinerlei erbliche oder feudale Herrschaftsansprüche stützen konnten, mußten sie äußerst intelligent und raffiniert zu Werke gehen. Daher ihre Schirmherrschaft für Gelehrte und Künstler, die ihren emporgekommenen und geltungssüchtigen Höfen Glanz verliehen, und »... die echt moderne

Fiktion der Staatsallmacht« (J. Burckhardt) erstellten.[6] Diese Städte waren wie die des alten Hellas so lebensfähig und wohlhabend, daß ihrem kulturellen Glanz auch die politischen Verbrechen, von denen ihr Thukydides und ihr Machiavelli zu berichten wissen, nichts anzuhaben vermochten.

Als eine der ersten wichtigen Städte Italiens war Mailand unter die Kontrolle eines ghibellinischen Erzbischofs geraten, dessen Großneffe Matteo Visconti von Kaiser Heinrich VII. zum kaiserlichen Generalvikar ernannt worden war. Sein Nachkomme Giangaleazzo Visconti hatte ehrgeizigere Pläne. 1385 lockte er seinen Onkel Barnabò, den regierenden Tyrannen von Mailand, nach Varese und vergiftete ihn im Gefängnis. Obwohl Giangaleazzo ein dem Wahnsinn naher Despot war, erwies er sich als äußerst erfolgreich, eroberte Verona und Padua und bedrohte Venedig. Obgleich die Florentiner Sir John Hawkwood (genannt *Giovanni Acuto*), der sich gerade im Hundertjährigen Krieg bewährt hatte, gegen ihn aufboten, unterwarf er Parma, Piacenza und Bologna, überquerte den Appenin und vereinnahmte Perugia, Siena und Pisa. Zwar blieb ihm der Sieg über Florenz noch versagt, aber er machte aus Mailand eine Macht, die sich mit der Venedigs messen konnte, und konnte sich die Herzogswürde, die er von Wenzel, dem König von Böhmen, erstand, ohne Schwierigkeiten leisten.

In Florenz war die republikanische Tradition stärker – aber fast ebenso aggressiv. Die Republik vereinnahmte Arezzo und eroberte 1406 Pisa und Livorno. Doch Mitte des fünfzehnten Jahrhunderts riß Cosimo de' Medici, ein Bankier von immensem Reichtum, praktisch alle Macht an sich und hatte bei seinem Tode im Jahre 1464 die Vorherrschaft seiner Familie fest verankert. Er war nur einer von vielen Patriziern, die als Bankiers oder Tuchfabrikanten ein Vermögen gemacht hatten und nun die ursprünglich demokratischen Verhältnisse in eine Oligarchie verwandelten, indem sie die einem turnusmäßigen Wechsel unterworfenen Ämter der *Signoria* monopolisierten. Mit wachsendem Reichtum hatte dieses Patriziat Anfang des fünfzehnten Jahrhunderts Florenz in ein »Goldenes Zeitalter« geführt, das sich nicht unähnlich seinem großen Vorbild, dem perikleischen Athen, durch ein kluges Mäzenatentum von Literatur und Künsten auszeichnete. Wie die Athener hatten auch die Florentiner gefährliche Angriffe siegreich überstanden, so den Krieg gegen den Kirchenstaat 1377/78 und den Krieg gegen Mailand, der 1402 endete. Sie waren stolz, reich und schlau. Die wohlhabenden Patrizier bauten Landhäuser und ließen die alte römische Gartenkultur wieder aufleben, ihre Söhne, von humanistischen Gelehrten unterrichtet, entwickelten wie die jungen Müßiggänger in Athen eine Leidenschaft für Gespräch und Bildung, und die florentinische Oligarchie verließ sich auf Berufsbürokraten, denen humanistisch gebildete Kanzler vorstanden, so zum Beispiel Leonardo Bruni (1414–1444), der die Nachfolge Salutatis antrat und eine *Geschichte der Florentiner* schrieb, oder Manetti (gest. 1459), der ein höchst unmittelalterliches Traktat mit dem Titel *Über die Würde und Vortrefflichkeit des Menschen* verfaßte.

Dieser scharfsinnige, wendige und selbstbewußte Menschenschlag, der südlich genug lebte, um sich der Sonne des Mittelmeers zu erfreuen, aber auch durch kalte Winter abgehärtet war, besaß durchdringenden Verstand und sicheres Stilempfinden. Man erkannte einen großen Künstler, wenn man ihn vor sich hatte – etwa Ghiberti, dessen Bronzetüren am Baptisterium in Florenz (1424–52) Zustimmung fanden, oder seinen Schüler, den Bildhauer Luca della Robbia. Benozzo Gozzoli (1420–1498) und Sandro Botticelli (1444–1510) wurden von den Medici gefördert. Botticelli stand übrigens unter dem Einfluß des Platonismus, den der Byzantiner Johannes Argyropoulos, Griechischdozent in Florenz (1456–1471), dort einführte. Cosimo selbst, der eigentliche Begründer der Größe des Hauses Medici, der sein Geschäft ausweitete, indem er Niederlassungen in Frankreich, England und den Niederlanden einrichtete, war ein leidenschaftlicher Büchersammler und Schirmherr der humanistischen Wissenschaften und Künste. Er war auch ein kompromißloser Geschäftsmann, wie sein ausgemergeltes, kluges und entschlossenes Profil auf dem Porträt in den Uffizien erkennen läßt, wo er dem Maler mit gefalteten Händen in einem schlichten roten Gewand mit Pelzbesatz Modell sitzt. Sein Enkel Lorenzo, den man aus Höflichkeit mit *il Magnifico* betitelte, da er auf keinen echten Titel Anspruch hatte, erwies sich als ebenso fähig und umsichtig. So 1478, als er einem (von Papst Sixtus IV. angestifteten) Anschlag entging, der im Augenblick der Wandlung im Dom zu Florenz versucht wurde.[7] *Il Magnifico* überlebte in Reichtum und Glanz, wenn er auch bis 1492 exkommuniziert war, dem Jahr, in dem Kolumbus Amerika entdeckte. 1494 wurden die Medici durch die Franzosen aus Florenz vertrieben, aber nach einem republikanischen Intervall 1512 durch die Hilfe spanischer Truppen wieder eingesetzt.

Der wohlhabendste Stadtstaat war die Republik von Venedig, die Genua nach langen Seekriegen in der Levante besiegt hatte, und sich nun, nach Aushebung verschiedener slawischer Piratennester in der Adria, ungeheuren Reichtums erfreute. Mit ihrer Verfassung, der zufolge sich der auf Lebenszeit gewählte Doge die Macht mit dem Rat der Zehn teilte und durch ein fein gesponnenes Netz von Denunziation und Spionage sicherte, mit ihrer pompösen Prachtentfaltung für Besucher und Volk verfügte diese republikanische Oligarchie nicht nur über große Reichtümer, sondern auch über den bestgeschulten diplomatischen Dienst ihrer Zeit. Sie war die eigentliche Erbin von Byzanz und verdiente insofern den symbolträchtigen Besitz der Bronzepferde vom byzantinischen Hippodrom, die heute noch San Marco schmücken, das nicht nur darin an Byzanz erinnert.

Trotz ihrer kriegerischen Auseinandersetzungen hatten die Stadtstaaten Mailand, Florenz und Venedig ein gemeinsames Interesse daran, zumindest ein gewisses Gleichgewicht der Kräfte herzustellen und sich gegen fremde Mächte zur Wehr zu setzen. Im Frieden von Lodi im Jahre 1454 schlossen sie sich zu einem vierzigjährigen Verteidigungsbündnis zusammen, das besser funktionierte als zu erwarten gewesen war.

In Mittelitalien jedoch sorgte die Rückkehr der Päpste aus Avignon für

Unfrieden: trotz des Abendländischen Schismas (1378–1417) und des Konziliarismus, die beide die Autorität der Päpste bedroht hatten, gelang es Martin V. (1417–1431) und seinen Nachfolgern, die alte Geltung des Papsttums wiederherzustellen. Sichtbaren Ausdruck fand diese Entwicklung etwa in der Jubiläumsfeier des Jahres 1450, die Nikolaus V. (1447–1455) beging. Die Päpste versuchten den exponierten Kirchenstaat zu verteidigen, der sich von Bologna über Imola, Faenza und Forli bis Urbino erstreckte, dann weiter durch die Mark Ancona über den größten Teil Mittelitaliens bis nach Rom. Südlich von Rom gehörten die Campagna und die Küste bis Terracina dazu, ein Gebiet, das von Neapel aus leicht anzugreifen war.

Mit der Jubiläumsfeier des Jahres 1450 begann, was wir eigentlich unter Renaissance-Papsttum verstehen: Es dauerte bis zur Plünderung der Stadt durch die Truppen Kaiser Karls V. im Jahre 1527. Um ihrer neuen Rolle gerecht zu werden, mußten die Päpste, die fast ausnahmslos Italiener waren, sich wie Renaissancefürsten und Politiker geben und sich durch Intrigen und Waffengewalt in grimmigen und gefährlichen Zeiten behaupten. Finanziell gesehen waren sie nur eine mittlere Macht, deren Einkünfte noch nicht einmal die Hälfte der venezianischen ausmachten, aber die Entdeckung und Erschließung der Alaunminen im Tolfagebirge (1462–1480) verbesserte ihre finanzielle Situation erheblich, da Alaun ein unentbehrliches Beizmittel für Wolle und Leder war und sonst nur noch in der Türkei gewonnen wurde. Die Päpste mußten sich gegen die mächtigen römischen Familien in der Stadt und auf den nahe gelegenen riesigen Gütern durchsetzen und auch die Familien der nahezu unabhängigen »Vikare« im Zaume halten, die über die Romagna herrschten. Während die tatkräftigeren Päpste eine päpstliche Monarchie anstrebten, nach deren Kontrolle das Kardinalskollegium trachtete, drohten die Einkünfte, von denen ein Großteil ohnehin schon von der wuchernden Bürokratie geschluckt wurden, dem zügellosen »Nepotismus« und der unersättlichen Gier der Familienklans zum Opfer zu fallen. Die Papstwürde war nicht erblich, die Amtsdauer im allgemeinen kurz, so daß der Papst sich seiner Familie gegenüber verpflichtet fühlte, das Eisen zu schmieden, solange es heiß war. »Wenn der Papst zum Fürsten wurde, blieb den Kardinälen kaum etwas anderes übrig, als Höflinge zu werden und den Verlockungen des großen Lebens, der Prachtentfaltung und der politischen Intrige nachzugeben. Was die meisten von ihnen auch taten.«[8]

Nikolaus V., ein großzügiger, wenn auch wenig kenntnisreicher Mäzen von Literatur und Kunst, hatte damit begonnen, das spätmittelalterliche Rom, diesen heruntergekommenen Marktflecken und Zielpunkt unsteter Pilgerströme, der inmitten der gigantischen Ruinen der Antike überlebt hatte, in die glänzende Hauptstadt des katholischen Christentums zu verwandeln, ein Werk, das von Julius II. und Paul III. fortgesetzt wurde. Ein Symbol dieses Wandels ist der Gegensatz zwischen der baufälligen und plumpen Fassade der alten Peterskirche und der klassischen Größe der neuen. Unter Sixtus IV. (della Rovere) (1471–1484) wurde Rom zu einer wahrhaften Renaissancehauptstadt, und 1475 wurde der Humanist Platina, der über das *Leben der Päpste* berichtete,[9] zum Präfekten der vatikanischen Bibliothek ernannt. Während der Regierungszeit von Alexander VI. (Rodrigo Borgia) (1492 bis 1503) boten sich vor allem gewitzten Sekretären und Diplomaten gute Aufstiegsmöglichkeiten. Die Borgias, die aus dem spanischen Valencia stammten, taten sich nicht als Kunstmäzene hervor, und Cesare, Rodrigos Sohn, feierte den Fall Granadas mit der Ausrichtung eines Stierkampfes in Rom.

Aber sie waren auch nicht die passionierten Giftmischer, für die sie heute noch weithin gelten. Beispielsweise gibt es keinen Anhaltspunkt dafür, daß Alexander VI. und Cesare Borgia sich an einem Leckerbissen, der für jemand anders bestimmt war, selbst vergiftet hätten. Der Tod des Papstes und die Krankheit Cesares rührten wahrscheinlich von akuter Malaria her, die sie sich im August 1503 zuzogen. Tatsächlich sind die Verbrechen der Borgias stark übertrieben worden, da Generationen von Historiographen die üble Propaganda ihrer Feinde unkritisch weitergegeben haben. Der Florentiner Guicciardini, ein Parteigänger der Medici, hat die bösartigsten Geschichten in seine berühmte *Storia d'Italia* aufgenommen, die viel später, nämlich 1536 bis 1540, niedergeschrieben wurde. Über Lucrezia, die inzwischen schon Herzogin von Ferrara war, schrieb der zeitgenössische Biograph des Chevalier Bayard, sie sei in der Lage gewesen, »wunderbare Feste und Bankette nach italienischer Art zu geben«. Und selbst nachdem er an ihnen teilgenommen hatte, beschrieb er sie als »freundlich und liebenswürdig zu jedermann«. Ihr Sohn Ippolito d'Este wurde Kardinal und schuf als Regent von Tivoli die Villa d'Este (ca. 1550), womit er sicherlich jedes tatsächlich begangene Familienverbrechen wiedergutmachte.

Erst nach der Borgia-Herrschaft erhielten unter Julius II. (1503–1513) und Leo X. (1513–1521) Künstler wie Michelangelo und Raffael freie Hand. Mit Michelangelo (1475–1564) setzt sich eine neue »heroische« Auffassung durch, die sich bereits in seinem *David* zeigt, den er für die Florentiner schuf, um die kurze und strenge republikanische Zeit zu symbolisieren. Seine kosmischen Visionen an der Decke der Sixtinischen Kapelle in Rom, deren bewegendste Szene zeigt, wie Gott das Leben auf Adam überträgt, entstanden auf Geheiß von Papst Julius II.

Im großen Königreich von Neapel und Sizilien hatten die Wirren nach dem Fall Friedrichs II. und der Hinrichtung Konradins angehalten. Eine Folge des Massakers unter den Franzosen bei der »Sizilianischen Vesper« war die Übernahme der Insel durch die Könige von Aragón, die von einer Tochter Manfreds abstammten. Mit ihrer gewaltigen katalanischen Flotte hatten sie bereits Sardinien besetzt, aber die Nachkommen Karls von Anjou, der Manfred besiegt und getötet hatte, behaupteten sich in Neapel, wo sie ihre Familienvendettas vor einem melodramatischen Hintergrund inszenierten. Der ältere Familienzweig stellte nach typisch mittelalterlicher, sich über alle geographischen Grenzen hinwegsetzender Art äußerst erfolgreiche Herrscher von Ungarn. In dem Wunsch, ihre Herrschaft über Neapel aufrechtzuerhalten, verheirateten sie Prinz Andreas von Ungarn mit seiner Kusine Königin Johanna I. (1343–1382), sie aber fand ihn so widerlich, daß sie ihn umbringen ließ. Daraufhin erschien König Ludwig von Ungarn mit einer stattlichen Armee, um Vergeltung zu üben. Die ausschweifende und blutgierige Königin, die inzwischen Ludwig von Tarent geheiratet hatte, zog sich nach Avignon zurück, wo sie als Gräfin der Provence die ganze Stadt an den gefangenen Papst verkaufte. Mit dem Erlös dieses Geschäftes in der Tasche kehrte sie nach Neapel zurück, wurde 1352 rehabilitiert und erhielt ihre Krone zurück. Dann aber machte sie einen entscheidenden Fehler: Zu Beginn des Abendländischen Schismas unterstützte sie den falschen Papst, ja sie bot »Klemens VII.« sogar Zuflucht in Neapel. Urban VI., selbst ein Neapolitaner, exkommunizierte sie und beauftragte ihren Vetter, Karl von Durazzo, sich ihrer anzunehmen, woraufhin dieser sie ins Gefängnis warf und sich ein passendes Ende für sie einfallen ließ – sie wurde unter einem großen Federbett erstickt. Obwohl sie sich in dritter Ehe mit König Jakob III. von Mallorca und schließlich mit einem umherziehenden deutschen Abenteurer aus Braunschweig vermählt, dazu viele inoffizielle Liebschaften unterhalten hatte, starb sie kinderlos.

Kurze Zeit folgte ihr ihr Mörder auf den Thron, aber Ladislaus, der Sohn Karls von Durazzo, starb jung, nach einem kurzen, wenngleich bewegten Leben, und seine Schwester wurde Königin Johanna II. (1414–1435). Allerdings war Johanna II. nicht besser als Johanna I. »Ständig mit Liebesgeschichten beschäftigt und ein Werkzeug ihrer Günstlinge«, starb auch sie ohne Nachkommen, so daß die ältere Linie des Hauses Anjou ein elendes Ende fand.

Johannas I. Eskapaden hatten schreckliche Konsequenzen. Sie konnte sich nicht entscheiden, ob sie ihr Reich Alfons V. von Aragón oder René von Anjou hinterlassen sollte. So vereinnahmte Alfons V., der Großmütige, der Sizilien seit 1416 beherrschte, nach und nach ganz Neapel und wurde zu einem bedeutenden Machtfaktor in Italien, entschlossen im Bündnis mit den Visconti aus Mailand, den Franzosen jeden Einfluß auf die Halbinsel zu verwehren. Aber obwohl es Ferrante, seinem unehelichen Sohn, der seine Nachfolge in Neapel antrat (aber nicht in Sizilien, geschweige denn in Aragón), gelang, der Verschwörungen im Inneren und der Bedrohungen von außen Herr zu werden, erbte Karl VIII. von Frankreich die Ansprüche der Anjous und fiel 1494, nach Ferrantes Tod, in Italien ein. Damit war die 1454 im Frieden von Lodi erreichte Phase relativer Stabilität vorüber und die Zeit massiver ausländischer Intervention begann, die mit der spanischen Herrschaft endete.

Das politische Denken Italiens widerspiegelte die Fakten italienischer Politik. Oben war schon die Rede davon, daß Anfang des *Trecento*, zur Zeit eines Cangrande della Scala in Verona, Marsilius von Padua eine säkularisierte Theorie des Stadtstaates entworfen hatte. Er hatte die Ansprüche der Kirche ausgeklammert, die nach seiner Meinung ihrerseits durch ein Konzil der Christenheit regiert werden sollte, und die *öffentliche Autorität* vom Willen einer

Bürgeroligarchie hergeleitet. Nach der mannigfaltigen politischen und diplomatischen Erfahrung der Hochrenaissance kam jetzt der florentinische Staatsdiener Niccolò Machiavelli zu dem Schluß, daß eine weltliche Staatsmacht ihren eigenen Gesetzen unterliege und nichts weiter als den Erfolg zu ihrer Rechtfertigung brauche.

Da Machiavelli 1469 in San Casciano bei Florenz als Sohn eines erfolglosen Rechtsanwaltes geboren wurde, blieb ihm die prätentiöse und archaisierende Erziehung seiner reicheren Zeitgenossen erspart, ein Umstand, dem wir wohl seine knappe, treffsichere Prosa verdanken. Nach dem Sturz von Savonarola 1498 wurde er Chef der zweiten Staatskanzlei der Republik Florenz und war in zahlreichen diplomatischen Missionen unterwegs, zunächst nach Frankreich, 1502 zu Cesare Borgia, 1503 nach Rom, 1507 und 1511 zu Kaiser Maximilian I. Außerdem organisierte er die florentinische Bürgerwehr, die 1509 Pisa einnahm. Bei Rückkehr der Medici im Jahre 1512 wurde Machiavelli entlassen, eingekerkert und gefoltert. Anschließend mußte er sich auf sein kleines, aber schön gelegenes Gut bei San Casciano zurückziehen, wo er *Der Fürst* (1513) und *Gespräche über die erste Dekade* (der Römischen Geschichte) *des Titus Livius* verfaßte und den Versuch unternahm, die Gunst der Medici zurückzugewinnen, um in den Staatsdienst zurückkehren zu können. 1520 verlieh ihm Kardinal Giulio de' Medici, der spätere Klemens VII., das bescheidene Amt eines Historiographen der Stadt Florenz, eine Gunst, die die republikanische Partei vor den Kopf stieß. 1527 starb er, ohne den Einfluß zurückgewonnen zu haben, den er 1512 verloren hatte. Er schrieb viele offizielle Berichte, außerdem eine Abhandlung *Über die Kriegskunst* und die Komödie *Mandragola*, in der er mit den Stereotypen des klassischen römischen Theaters brach und seine abstoßenden Charaktere stärker nach dem Leben zeichnete.

In einer klaren, zupackenden Sprache untersuchte Machiavelli, wie Macht tatsächlich gewonnen und warum sie verloren wird. Er schrieb als Repräsentant der beginnenden Neuzeit, als florentinischer Verwaltungsbeamter und Diplomat, als kenntnisreicher Insider des politischen Geschäfts, als kalt und objektiv analysierender Beobachter.

Als jemand, der aus bescheidenen Verhältnissen zur Spitze der florentinischen Politik und der internationalen Diplomatie aufgestiegen war, den man dann aber entlassen, eingekerkert und gefoltert hatte, war Machiavelli natürlich verbittert. Er vertritt die Auffassung, gefürchtet zu werden sei für einen Herrscher »sicherer«, als geliebt zu werden, und schreibt: »... von den Menschen kann man im allgemeinen sagen, daß sie undankbar, wankelmütig, verlogen, heuchlerisch, ängstlich und raffgierig sind. Solange du ihnen Vorteile verschaffst, sind sie dir ergeben und bieten dir Blut, Habe, Leben und Söhne an, aber nur, wie ich oben schon sagte, wenn die Not ferne ist. Rückt sie näher, so empören sie sich.« (*Der Fürst*, Kap. XVII) »Da die Menschennatur unveränderlich ist, werden nur wachsames Planen und brutale Schläue die Macht im Staate erringen und festhalten können. Der Fürst muß daher die

Eigenschaften des Fuchses mit denen des Löwen verbinden, sich auf die Seite jener Fürsten schlagen, bei denen er den Sieg erwartet, und wenn es Feinde zu vernichten gilt, so soll dies gründlich und mit einem einzigen Schlag geschehen.« Wenn es Übles zu verüben gelte, dann entschlossen und ohne Erbarmen. Wohltaten hingegen sollten in Abständen gespendet werden. An sich sind diese Schlußfolgerungen keineswegs neu: zwischen den Zeilen stehen sie bei Thukydides, Aristoteles und Polybios, aber niemand hatte sie bislang als Rezept empfohlen.

Allerdings ist sich Machiavelli durchaus nicht sicher, daß dieses Rezept auch hilft. Der Zufall, das »Glück«, regiert zumindest über das halbe Leben des Menschen: »... aber dies beläßt immer noch die andere Hälfte, oder etwas weniger, zu unserer eigenen Verfügung.« (*Gespräche* III, 16)

Machiavelli war ein typischer Vertreter der Hochrenaissance und des Humanismus in seiner glühenden Bewunderung für die republikanischen Römer und Patriot in seiner Bewunderung für die florentinische Republik. Anders als die meisten Italiener bewunderte er auch die republikanischen Schweizer und hielt die Deutschen für weniger korrupt als die lateinischen Völker, aber er verwarf jede Hoffnung auf die kosmopolitische christliche Weltordnung, die Dante vor Augen hatte und noch Marsilius herbeisehnte, und stellte kaltschnäuzig die Grundsätze auf, von denen seither alle großen dynastischen Nationalstaaten und übernationale Staaten ihre Außenpolitik leiten lassen. Dies war die erste »moderne« Staatstheorie.

Städtische Kultur in Mittel- und Osteuropa

Wie Venedig und Mailand günstig gelegen waren für den Handel aus der Levante und aus Italien über die Alpen nach Nordeuropa, so boten sich die Städte in den Niederlanden als Knotenpunkte des Handels an, der über Nord- und Ostsee, ins Rheinland und in den Nordosten Frankreichs führte, ja angesichts der besseren Schiffe und navigatorischen Kenntnisse jetzt auch über den Atlantik ins Mittelmeer, zur Iberischen Halbinsel und nach Südwestfrankreich. Dadurch waren wohlhabende Städte und Produktionszentren mit ähnlicher Wirtschafts- und Gesellschaftsstruktur wie in Norditalien entstanden, wenn auch in ganz anderem Klima und mit einer ganz anderen Bevölkerung, die nicht über die vielseitige, brillante Intelligenz und das erlesene Stilempfinden der Italiener verfügte. In Brügge, Gent und Antwerpen entwickelten sie schon früh eine technisch hochstehende Kunst, die Grundlage der nordeuropäischen Renaissancemalerei, die in den Werken von Rubens und Rembrandt ihren Höhepunkt fand. Erasmus, der christliche Humanist aus Rotterdam, erwarb sich rasch einen Ruf in ganz Europa.

Wie die italienischen Republiken paßten auch die flämischen Städte schlecht in das Bild des Lehnsstaates, aber der Zufall der dynastischen Verhältnisse und der Politik wollte es, daß sie von den konservativen, zum Hause

Valois gehörenden Herzögen von Burgund regiert wurden, deren weitgestreute Besitzungen ihnen zu immensem Reichtum verhalfen. So herrschte in diesen flämischen Städten eine eher spätmittelalterliche Atmosphäre, doch sie wurden wie die italienischen Republiken von Ratsversammlungen regiert, die sich zusammensetzten aus dem Erbpatriziat, Vertretern der einflußreichen Kaufmannsgilden und der weniger einflußreichen Handwerkszünfte, die sich in dem gemeinsamen Bestreben einig waren, ungelernte Arbeiter und Tagelöhner nicht hochkommen zu lassen. Der Reichtum dieser Oligarchien, deren Macht nur gelegentlich durch rasch wieder niedergeschlagene Volksaufstände in Frage gestellt wurde, machte sie ihren feudalen Herren gegenüber selbstbewußt; die befestigte Burg der Grafen von Flandern im Zentrum von Gent dokumentiert unmißverständlich die Beziehung der Grafen zu ihrer Stadt.

Mitte des zwölften Jahrhunderts waren im Anschluß an die deutsche Kolonisation des Ostens auch große Handelsstädte an der Ostsee entstanden. Bei weitem die reichste war Lübeck, günstig gelegen für den Handel mit Dänemark und Schweden. Im Laufe der wirtschaftlichen Expansion im zwölften und dreizehnten Jahrhundert waren weitere deutsche Städte entstanden, unter anderem Danzig, Rostock, Stralsund und Riga. 1293 annektierte Lübeck die Insel Gotland. Die Rohstoffe aus den »unterentwickelten« Ländern im Osten, wozu etwa auch Nowgorod gehörte, wurden gegen Fertigwaren aus dem Westen eingetauscht, während Brügge und Ypern große Mengen von Rohwolle aus England einführten, wohin Köln Wein und Waffen exportierte. Die Kaufleute der Hanse erschlossen schwedische Eisen- und Kupferminen und trieben schwunghaften Handel mit Heringen, für die es eine schier unstillbare Nachfrage gab. Die Städte im Norden waren durch gemeinsame Handelsinteressen eng miteinander verflochten und schlossen sich 1263 unter dem Lübischen Recht zusammen, um der Seeräuberei Einhalt zu gebieten und die Schiffahrtswege zu sichern; es wurden sogar Leuchttürme errichtet und Seezeichen gesetzt. Diese Kaufleute richteten Handelskontore ein und hatten wie die Venezianer und Genuesen in Konstantinopel ihre eigenen Privilegien. Das Prestige dieser wohlhabenden Fremden, die bei den Engländern *Easterlings* (Ostländer) hießen, war so groß, daß *Sterling* lange die Bezeichnung für eine gesunde Währung bleiben sollte.

Weiter südlich hatten es viele deutsche Städte zu erheblichem Wohlstand gebracht, so Nürnberg, Ulm und Augsburg ebenso wie die großen rheinischen Städte Köln, Mainz und ihre Niederlassungen. Die Schwäche der Kaiser und die daraus resultierende Unsicherheit der Verhältnisse zwangen diese Oligarchien, sich zu informellen Verteidigungsbündnissen zusammenzuschließen, die allerdings nicht so eng waren wie der Bund der Hansestädte.

Die Rezession zu Anfang des vierzehnten Jahrhunderts und der Schwarze Tod bedeuteten einen Rückschlag für ihren Wohlstand. Abgesehen davon waren diese Städte zumeist nicht sehr groß und ihre Bürgerschaft lange Zeit vom Ritteradel verachtet. Doch während die Bevölkerung noch überall ihren vorwiegend bäuerlichen und ländlichen Charakter behielt, war nördlich der Alpen ein einflußreicher Machtfaktor erstanden. Zwar trug die mediterrane Zivilisation von Anfang an urbane Züge, im Norden aber, vor allem in den Gebieten, die außerhalb des Römischen Reiches gelegen hatten, bedeutete das Aufkommen solcher bürgerlich-republikanischen Oligarchien eine Neuheit. Diese Gemeinwesen begünstigten eine wache und geschäftsmäßige Mentalität in Erlebens- und Arbeitsweise, die der ländlichen oder der höfischen Feudalwelt fremd war, und viele ehemalige Leibeigene, die einst an die Scholle gebunden waren, stellten fest, daß »die Stadtluft sie frei machte«.

Indes wurde diese Befreiung – die allerdings nur bedeutete, daß aus Leibeigenen städtisches Proletariat wurde, da es selbst für fähige Leute schwer war, in der festgefügten Hierarchie von Bürgertum und Zünften aufzusteigen – durch eine andere Konsequenz der gesellschaftlichen und wirtschaftlichen Veränderung im dreizehnten Jahrhundert eingeschränkt, die jetzt für kurze Zeit den Gegensatz zwischen westlichem und östlichem Europa stärker hervortreten ließ.

Im Westen hatte der Bevölkerungsrückgang den überlebenden Bauern eine bessere Position gegenüber den Grundbesitzern verschafft. Nachdem Arbeits- und Naturalleistungen auf den Gütern in Barzahlungen umgewandelt waren, ließen sich die Bauern nicht mehr »an die Scholle binden«. Die Vorfahren der freien Bauern traten auf, die mehr Land erwarben und es für einen zahlungskräftigen Markt bestellten. Das Zerbröckeln des traditionellen Lehnswesens war ihre Chance gewesen. Einige von ihnen erwarben sich sogar Vermögen als Schaf- oder Viehzüchter, indem sie sich städtische Märkte für Wolle, Leder und Fleisch zunutze machten. In den Ostgebieten dagegen, wo die ursprünglichen Lebensbedingungen den Kleinbauern ihre Freiheit ließen, setzten sich jetzt Großgrundbesitzer fest, die Getreide in großem Maßstabe anbauten, wobei sie die Kleinbauern enger an die Scholle banden und ihre Verpflichtungen erhöhten. In Gebieten, die zu ausgedehnten, aber schwachen und unstabilen politischen Reichen wie Polen oder Ungarn gehörten, auch unter dem eisernen Regiment der Deutschherren, die sich in Ostpreußen angesiedelt hatten, durften die Bauern keinen Schutz von ihren Königen oder gar ihren örtlichen Lehnsherren erwarten. Selbst der niedere Adel nahm sich große Freiheiten heraus, da die Könige auf seine Unterstützung angewiesen waren. In Polen waren die Bauern beispielsweise noch Ende des achtzehnten Jahrhunderts offiziell durch Reichsgesetz schollenpflichtig. Auf den preußischen Rittergütern wurden riesige Getreideflächen mit Hilfe der Bauern bestellt, und die Klasse der »Junker«, die eine außerordentliche Sonderstellung im Vergleich zur übrigen Bevölkerung, den Bauern oder Bürgern, genossen, begannen ihr unheilvolles Dasein.

In Rußland hatte die Zerstörung der Kiewer Stadtstaaten und die daran anschließende lange, brutale Tatarenherrschaft die Knechtschaft der Bauern noch vertieft. Dieser Gegensatz zwischen West- und Osteuropa sollte tiefreichende und bedeutende Konsequenzen haben.

Die Eidgenossen

Am freiesten waren die Bauern in der Schweiz. Unter Ausnützung der einzigartigen Verteidigungsmöglichkeiten und strategischen Vorteile, die ihr Land bot, hatten sie die Kriegskunst ebenso revolutioniert wie im Westen die Waliser mit ihren Langbogen. Den Kern ihrer Eidgenossenschaft – der einzigen, der im Mittelalter auf Dauer Erfolg beschieden war – bildeten die deutschsprechenden Bauern der Waldstätte Uri, Schwyz und Unterwalden am Vierwaldstättersee, die den Zugang zum wichtigen Gotthardtpaß nach Italien kontrollierten. Als 1218 die Grafen von Habsburg-Laufenburg ihre Oberherrschaft vom Aargau auf die ganze Schweiz ausgedehnt hatten, verlieh Kaiser Friedrich II. 1240 den Einwohnern von Schwyz die Reichsunmittelbarkeit. Nach dem Ende Friedrichs II. und der Kaiserwahl Rudolfs von Habsburg war Schwyz abermals bedroht. 1291 unterzeichneten die drei Kantone den historischen Bundesbrief, der durch den Pakt von Brunnen 1315 erneuert wurde, nachdem die Schweizer im selben Jahr Herzog Leopold I. von Habsburg in der Schlacht bei Morgarten eine vernichtende Niederlage beigebracht hatten.

Den Kern der Eidgenossenschaft bildeten Bauern, aber Bauern, die an einer wichtigen Handelsstraße lebten. Ihre Interessen deckten sich mit denen von Luzern, Zürich und Bern, alles Städte, die in der Zeit zwischen 1332 und 1353 dem Bündnis beitraten; auch die tiefer gelegenen Gebiete von Glarus und Zug wurden aufgenommen. Inzwischen hatten die Habsburger Tirol an der Ostflanke der Schweiz hinzugewonnen, und Leopold III. griff Luzern an. Aber 1386 wurde er von den Schweizern bei Sempach besiegt und getötet. Eine neue Definition erhielt die Eidgenossenschaft 1393 durch den Sempacher Brief.

Die Schweizer begannen nun eine Expansion auf die italienische Seite der Alpen ins Auge zu fassen, während sich ihnen im Norden die wohlhabende Stadt Basel anschloß. Dann mußten sie sich Herzog Karls des Kühnen von Burgund erwehren, der versuchte, seine Macht auf Lothringen auszudehnen, ein Ehrgeiz, gegen den sich die Städte Basel, Kolmar, Mühlhausen und Straßburg zu einem Bund zusammenschlossen. Als der Herzog 1476 die Berner Besatzung von Grandson aufknüpfen ließ, gelang es den Schweizern mit vereinten Kräften, ihn dort und bei Murten zu besiegen. Sie setzten ihm nach und trugen zu seiner endgültigen Niederlage 1477 bei Nancy bei, wo er den Tod fand.

Die Eidgenossen genossen jetzt in ganz Europa immenses militärisches Prestige. Die Waffen, die im Château de Chillon zu sehen sind, zeigen uns warum: die Schweizer wußten hervorragend mit der Pike und dem beidhändig geführten Schwert umzugehen. Dank ihrer Kriegstüchtigkeit wurden sie zu hochbezahlten Söldnern, deren Ruf in der ersten Hälfte des sechzehnten Jahrhunderts seinen Höhepunkt erreichte, so daß sie auch die päpstliche Garde stellten, eine Einrichtung, die bis auf den heutigen Tag besteht, wenn sie jetzt auch mehr dekorativen als kriegerischen Zwecken dient. Ungeachtet dessen widmeten sich die meisten Bauern weiterhin ihren Höfen und die Bürger ihrem Handel: die Eidgenossenschaft blieb bestehen. Im Herzen eines Europa, das scheinbar noch von Monarchien und quasi-feudalen Aristokratien beherrscht wurde, erlebte diese bürgerlich-bäuerliche Republik bereits eine Glanzzeit.

Revolutionierende Denkmodelle

Anfang des vierzehnten Jahrhunderts vollzog sich die Wende zum Spätmittelalter und zum Beginn der Neuzeit, nicht nur weil die hochmittelalterlichen Institutionen der Christenheit zusammenbrachen oder sich wandelten und die italienischen Stadtstaaten entstanden, sondern auch weil jetzt die Ideen, die ihre Grundlage gebildet und ihren Höhepunkt Ende des dreizehnten Jahrhunderts in dem kunstvollen metaphysischen Gedankengebäude der Scholastik erreicht hatten, ihren Einfluß verloren. Wir müssen uns deshalb noch einmal näher mit zwei Philosophen befassen, von denen bereits die Rede war.

Wilhelm von Ockham (1280–1347) war ein Franziskaner, der in Oxford studiert hatte und glaubte, daß die in der Nachfolge Platons stehenden »realistischen« Philosophen über ihr Ziel hinausgeschossen seien. Er wurde in Ockham (Surrey) geboren und lehrte bis 1322 in Oxford. Vom Kanzler der Universität der Häresie bezichtigt, wurde er zur Befragung zu Papst Johannes XXII. nach Avignon zitiert. Hier wurde er vier Jahre lang eingekerkert, entkam aber eines Nachts trotz eifriger Verfolgung durch einen Kardinal. Er gelangte nach Aigues-Mortes, von wo aus er nebst zwei anderen der Häresie Angeklagten »rasch mit einem Boot auf ein Kriegsschiff« gebracht wurde, das Kaiser Ludwig IV., der Bayer, von Pisa aus geschickt hatte. Nachdem er dort zum kaiserlichen Gefolge gestoßen war, kehrte Wilhelm mit dem Kaiser nach Deutschland zurück, wo er »das etablierte System seiner Zeit mindestens so unverblümt wie Tacitus und manchmal kühner als Juvenal angriff«. Er verfaßte Flugschriften, in denen er die Sache des Kaisers vertrat, und erwies sich, wenn seine philosophischen Arbeiten auch mehr Bedeutung erlangten, als Todfeind der Päpste in Avignon, ja des päpstlichen Autoritätsanspruches überhaupt. In seiner Schrift *De Imperatorum et Pontificum Potestate* nahm er die »protestantische« Behauptung (der Begriff bürgerte sich erst 1563, nach Abschluß des Trienter Konzils, ein) vorweg, daß es zwischen den Menschen und Gott keiner Vermittlung durch Priester bedürfe. Ockham vertrat die »nominalistische« Lehre, derzufolge nur Einzeldinge existierten, und verwarf die Vorstellung, allein die allgemeinen Begriffe seien real und dem Einfluß von Zeit und Erfahrung entzogen. Von ihm stammt der vielzitierte Ausspruch: »Entitäten dürfen nicht vervielfacht werden, wenn es nicht notwendig ist« – *entia non sunt multiplicanda praeter necessitatem*, der als »Ockhams Messer« Berühmtheit erlangte. Dieses Werkzeug, an die nach der Mode der Zeit wild ins Kraut schießende Metaphysik gelegt, hatte durchschlagenden Erfolg. Ockham hat in der Tat den Skeptizismus von Hume und Kant vorweggenommen und den Grenzen des Verstandes Rechnung getragen. Wie Kant vertrat er die Auffassung, daß der Mensch sich zu seiner inneren Verwirklichung des »Willens« und nicht des Verstandes bedienen müsse. Diese Lehre, die Erfahrung und Universum als ein der Erkenntnis unzugängliches Geheimnis verstand, brachte das gesamte gotische Gebäude der abstrakten Logik zum Einsturz und bereitete dem in der *Summa Theologica* unternommenen Versuch, das Universum zu erklären, ein Ende.

Allmählich setzte sich diese Lehre durch. Sie machte Luther rebellisch, und Thomas Hobbes, der noch Mitte des siebzehnten Jahrhunderts eine scholastische Ausbildung genoß, war im Grunde ein »Nominalist«. Die Hauptrichtung der Philosophie akzeptierte die Grenzen des Verstandes, bis mit der romantischen Bewegung zu Anfang des neunzehnten Jahrhunderts wieder metaphysische Ideen aufkamen, und Hegel behauptete, den inneren Lauf der Dinge mittels spekulativer Erkenntnis verstehen zu können, womit er eine Phase philosophischer Ausschweifungen einleitete, die heute Gott sei Dank wieder aus der Mode gekommen sind.

Ockhams Demontage metaphysischer Überzeugungen erwies sich auch als außerordentlich wichtig für die Entwicklung der empirischen Wissenschaften, denn nachdem Descartes (1637) mit der Erklärung *cogito ergo sum* – »ich denke, also bin ich« – die Grenzen seines Wissens eingestanden hatte, wurde der Glaube sozusagen von der Vernunft abgetrennt, die Welt konnte objektiv untersucht und damit ohne Verzerrung durch religiöse Vorurteile verstanden und in Dienst genommen werden. Die Gedanken dieses eigenwilligen Franziskaners – der von Oxford nach Avignon zitiert, aber merkwürdigerweise nie zum Häretiker erklärt wurde – sind folglich von höchster geschichtlicher Bedeutung, zumal sie zu einem Zeitpunkt formuliert wurden, da sich eine programmatischere Weltanschauung durchsetzte, vor allem in den italienischen und flämischen Städten und bei den klügeren und methodischeren Herrschern in Italien wie im Norden.

Wilhelm von Ockham hatte zwar auch der säkularen Macht des Papstes schweren Schaden zugefügt, bedeutender aber war er als Philosoph. Einflußreicher für das politische Denken war sein Zeitgenosse Marsilius von Padua (1278–1342). Er war der erste praktizierende Arzt, der über politische Theorie schrieb, ein Italiener, der sein Thema unter der Perspektive der Stadtpolitik behandelte und eine Theorie des säkularen Staates ausarbeitete. Seine Schrift *Defensor pacis* (1324) (Verteidiger des Friedens) ist der *Politik* des Aristoteles verpflichtet, einem Buch, das er als Angehöriger eines Stadtstaates besser verstand als die scholastischen Geistlichen, die es vor ihm zu interpretieren versuchten. In den politischen Wirren, die Italien im Spätmittelalter und zu Beginn der Neuzeit heimsuchten, versuchte Marsilius die Bedingungen der *Tranquillitas* zu definieren, und vertrat die Auffassung, daß die weltliche Macht der Kirche die Hauptursache für die politischen Streitigkeiten in

Italien sei. Seine Kritik ist weltlicher, nicht transzendentaler Natur: der Staat müsse ein »Gemeinwesen« sein, in dem »die Menschen nicht wie Tiere und Sklaven, sondern anständig leben sollten«. Marsilius knüpft damit direkt an die vorchristliche Tradition des Aristoteles an und nimmt den Humanismus Spinozas vorweg.

Das Gesetz des Staates unterscheidet sich vom göttlichen Gesetz und wird von der *Civium universitas* – der »Gemeinschaft der Bürger« – gemacht. Diese Gemeinschaft ist natürlich keine Demokratie aller, sondern die in den meisten Städten anzutreffende Oligarchie der *Valentiorum* – der einflußreicheren und wohlhabenderen Bürger, die von der »Generalversammlung der Bürger« gewählt werden oder deren Willen repräsentieren, wobei die ausführende Gewalt in den Händen einer »öffentlichen Macht« liegt, die aus einem oder mehreren Männern bestehen kann. Nach Entwurf dieses von der Kirche völlig unabhängigen säkularen Modells machte Marsilius sich daran, dem Papsttum und der kirchlichen Hierarchie jeden Anspruch auf säkulare Macht abzusprechen. Nach seiner Meinung sollten die Priester Ratgeber sein, »Seelenärzte« – *Medici animarum*, keine Ratgeber und Vermittler zu Gott. Die Leitung der Kirche – und hier wird sein Werk hochpolitisch – solle in den Händen eines allgemeinen Konzils der Christenheit liegen, eines *Legislator humanus*, in dem Laien ebenso wie Geistliche vertreten sein sollten. Dadurch würde sich, wie er glaubte – und tatsächlich fanden seine Gedanken große Unterstützung, wenn sie auch von den Päpsten heftig bekämpft wurden –, eine Reform und Rehabilitation des Papsttums erreichen und die Kirche sich von weltlicher Macht und Reichtum säubern lassen, die unvereinbar waren mit den Lehren ihres Stifters. Die weltliche Macht würde, endlich auf sich selbst gestellt und unbehelligt von kirchlicher Einmischung, dann auch effektive und ihr gemäße Organisationsformen finden.

Anfang des vierzehnten Jahrhunderts vollzogen also ein Philosoph und ein Staatsdenker die radikale Abkehr von dem universellen Erklärungsversuch der Scholastik und von der Idee einer vom Papst beherrschten vereinigten Christenheit. Statt dessen entstand die Idee eines unabhängigen weltlichen Staates, der zwar noch christlich war und ein Konzil anerkannte, aber auf die neuen Bestrebungen der Menschen baute. Auf ihre Weise spiegelten und verstärkten diese Ideen die tiefgreifenden gesellschaftlichen und wirtschaftlichen Umwälzungen, die – beschleunigt durch wirtschaftliche Rezession und den Schwarzen Tod – mit der kurz darauf einsetzenden Entwicklung eines kosmopolitischen Bank- und Handelswesens und durch die humanistische Befreiung des Denkens eine neue Phase der europäischen Zivilisation einleiteten, deren politische Fakten von Machiavelli analysiert werden sollten.

2. Konsolidierung der westlichen Reiche

Verfall der alten Gesellschaft

Den meisten Zeitgenossen blieb verborgen, daß die politische und soziale Initiative im westlichen Europa mehr und mehr an die Bankiers, Kaufleute und Verwaltungsbeamte überging und daß die immer mächtiger werdenden Monarchen zu immer geschäftsmäßigeren Regierungsmethoden gezwungen waren. Auch im Selbstverständnis der Verantwortlichen fehlte ein solches Bewußtsein. Im Vordergrund wurde das Bild noch immer beherrscht von der alten Pracht der Dynastien und ritterlichen Adligen. Alte Hierarchien sind langlebig, und der hohe wie der niedere Adel hielt an seinen exklusiven und konservativen Traditionen fest. Die Monarchen saßen sogar fester im Sattel denn je, denn im Gegensatz zu einer häufig geäußerten Meinung, ist jede Beschreibung irreführend, die davon ausgeht, die Beziehungen zwischen einem Herrscher und seinen mächtigsten Untertanen sei von einem natürlichen Gegensatz geprägt. Sie standen ihm von allen seinen Untertanen am nächsten, er war in ihrer Mitte erzogen worden und teilte ihre Vorlieben und Vorurteile. Wenn sie sich von seinem Hof entfernten, konnte das seinem Ruf Abbruch tun. Überdies konnten die Monarchen jetzt innerhalb ihrer fester etablierten Herrscherkaste ihren Einfluß und ihre Besitzungen durch dynastische Heiraten erweitern. Die Struktur der westlichen Reiche, die lange Zeit unter den Fehden innerhalb der königlichen Familien zu leiden hatte – ein Umstand, der durch die großen Erbländer und Herzogtümer, die jüngeren Söhnen überschrieben wurden, noch verstärkt wurde –, begannen sich jetzt allmählich zu festigen. Das Problem bestand darin, sich mit den nötigen Geldmitteln zu versorgen, um die Söldnerarmeen und Geschütze zu finanzieren, die das Lehnsaufgebot ersetzt hatten.

So wurde nach dem Verfall der alten Feudalgesellschaft dem Rittertum eine neue, trügerische Frist gewährt, und es setzte seinen alten Lebensstil fort; es hatte gar keine andere Möglichkeit. Die kosmopolitische Gesellschaftsordnung der Könige und Ritter, jetzt ausgestattet mit uralten Stammbäumen und komplizierten Erbrechten, hatte für ihre Klasse ein elitäres Regelsystem der »Ritterlichkeit« entwickelt und komplizierte allgemeingültige »Kriegsgesetze« festgelegt. Das Wuchern der Heraldik und das Amt des sachkundigen Wappenherolds stammten aus dieser Zeit. Die berühmten Ritterorden, etwa der Hosenbandorden oder der Orden vom Goldenen Vlies, waren die nostalgischen Schnörkel einer untergehenden Gesellschaftsordnung, mühsame Versuche, die Vergangenheit noch einmal zum Leben zu erwecken.

Diese betonte Exklusivität schürte den Klassenhaß. Die Bauern, die die Pest überlebt hatten, waren jetzt relativ wohlhabend, während die Regierungen Gesetze verabschiedeten, die sie an ihre gesellschaftliche Position, an feste Löhne und an ihre Pfarrbezirke binden sollten. Der Bauernaufstand von 1381 in England war kein Protest gegen Armut und Hunger, sondern dagegen, daß eine wohlhabendere Klasse an ihren alten sozialen Status gefesselt und schwer besteuert wurde – ein Umstand, der häufig für sozialen Zündstoff sorgt. Die *Jacqueries* in Frankreich und – zweihundert Jahre später – die Bauernkriege in Deutschland richteten sich weit mehr gegen die Mißwirtschaft der herrschenden Klasse, gegen neue Steuern und Kriege, die jetzt aus geschäftlichen Erwägungen geführt oder einfach auf eigene Rechnung von auftragslosen Söldnern fortgesetzt wurden.

Denn der Profit dominierte jetzt die dynastischen Konflikte, die einerseits durch einen übertriebenen Ritterkult[10] romantisiert wurden, *de facto* aber verkamen, da die Söldner marodierend durchs Land zogen. Tatsächlich war die aus dem dreizehnten Jahrhundert stammende ritterliche Kriegführung völlig veraltet angesichts gutbewaffneter Infantrie wie den englischen Bogenschützen bei Azincourt, den Schweizer Pikenieren vor Nancy oder den Portugiesen und Engländern 1384 bei Aljubarrota. Dazu kamen höchst »unfaire« Handfeuerwaffen oder Arkebusen (Hakenbüchsen) und primitive Kanonen auf. Trotzdem war der Krieg nach wie vor die wichtigste Rechtfertigung des Königtums und die natürliche Beschäftigung einer großen, unproduktiven Interessengruppe, die schon seit merowingischen Zeiten an der Macht war. Natürlich nahm niemand viel Notiz von Marsilius von Padua und seinem *Defensor pacis*.

Angesichts dieser Umstände müssen wir hinter die Fassade sehen und erkennen, daß die romantisch überhöhten, tatsächlich aber in üble Räuberei ausartenden Entwicklungen der alten Ordnung die Herrscher Westeuropas zu einer effizienteren und zentralisierteren Form des Regierens zwangen. Deren Träger waren »neue Männer«, die das ursprünglich in den italienischen und niederländischen Städten entstandene Verwaltungssystem beherrschten und den für den Beginn der Neuzeit charakteristischen realistischeren politischen und sogar ökonomischen Stil mitbrachten.

Der Hundertjährige Krieg

Das wichtigste und auffälligste Beispiel für diese Tendenz ist die Entstehung der absoluten Monarchie in Frankreich, die paradoxerweise aus der Schwächung des französischen Königtums während des »Hundertjährigen Krieges« (mit Unterbrechungen von 1337–1453) hervorging.

Ursprünglich als Gottesurteil gedacht, war die eigentliche Ursache des Konflikts die Thronbesteigung des ersten Valois-Königs Philipp VI. Dadurch konnte Eduard III. von England als Enkel Philipps IV., des Schönen – durch seine Mutter Isabella, die Frau von Eduard II. –, nach englischem Erbrecht den französischen Thron beanspruchen.[11] Der erste Teil des Krieges von 1337 bis 1360 nahm einen sehr unglücklichen Verlauf für die Franzosen – vor allem wegen des Einsatzes von ungeheuer treffsicheren Berufsbogenschützen und Fußsoldaten seitens der Engländer. Es war ein Krieg der Beutezüge: Verbündet mit den ewig widerspenstigen Bretonen, den aufsässigen Normannen aus dem Cotentin und den Flamen, mit denen sie wirtschaftlich durch den Wollhandel und politisch durch den Haß auf die Franzosen, die Herren über Flandern, verbunden waren, unternahmen die Engländer eine Reihe erfolgreicher Überfälle auf das Gebiet der französischen Könige. Sie nahmen Caen ein und errangen einen großen Sieg bei Crécy in der Nähe der Sommemündung. Nach langer Belagerung besetzten sie Calais, das sie bis 1558 behalten sollten. 1356 führte ein anderer großer Kriegszug im südwestlichen Frankreich mit Unterstützung durch gaskognische Truppen zu einem erneuten spektakulären Sieg bei Poitiers und zur Gefangensetzung des französischen Königs Johann II., eines ritterlichen, noblen, aber den Anforderungen der Situation nicht gewachsenen Monarchen. Froissarts Bericht über die Bemühungen des Königs, sich zu ergeben, ist von unfreiwilliger Komik. Beim Rückzug nach Poitiers in Bedrängnis geraten, hörte König Johann einen in englischen Diensten stehenden französischen Ritter »in gutem Französisch« sagen: »Sire, Sire, ergebt Euch!« »Der König, der sich in einer sehr mißlichen Lage sah«, (und offensichtlich nervös war) »fragte: ›Wem soll ich mich ergeben? Wo ist mein Vetter, der Prinz von Wales? Mit ihm würde ich sprechen.‹« »Sire«, erwiderte Sir Denys, »er ist nicht hier; aber ergebt Euch mir und ich werde Euch zu ihm führen.« »Wer seid *Ihr*?« fragte der König. »Sire, ich bin Denys de Morbeque, ein Ritter aus Artois, aber ich stehe in Diensten des Königs von England, weil ich nicht auf seiten Frankreichs kämpfen kann, habe ich doch dort all meinen Besitz verwirkt« (wegen Mordes). Daraufhin reichte ihm der König seinen rechten Handschuh und erklärte: »Ich ergebe mich Euch.« Der Prinz, der um das Leben des Königs gebangt hatte, hieß ihn freudestrahlend in seinem »kleinen Zelt von karminroter Farbe« willkommen und ließ Wein und Gewürze kommen, die er »als Zeichen seiner großen Zuneigung dem König höchstselbst kredenzte«.[12] Ohne Froissarts lebendige und eingehende Schilderung hätten wir nur ein höchst unvollständiges Bild dieser Zeit. Das gilt besonders für die Schlacht bei Crécy.

Mitte des vierzehnten Jahrhunderts hatte Eduard III. gelernt, für leibliches Wohl und sogar für Zerstreuung seiner Ritter zu sorgen. »Der Leser muß wissen«, schreibt Froissart, »daß sich im Gefolge des Königs von England und seiner reichen Lords Karren befanden, die beladen waren mit großen und kleinen Zelten, Mühlen für ihr Getreide und Schmiedeöfen, um ihren Pferden Hufeisen anzumessen – (schönen, kräftigen Pferden aus England)« ... »die Karren führten außerdem zahlreiche Boote mit sich, kunstvoll gefertigt aus gekochtem Leder und groß genug, um drei Männer zu tragen, so daß sich in ihnen auf jedem Teich oder See fischen ließ ... Das gemeine Fußvolk war jedoch gezwungen, mit jeder sich bietenden Nahrung vorlieb zu nehmen. Abgesehen davon hatten die Könige noch dreißig berittene Falkner mit ihren Greifvögeln, sechzig Paar Jagdhunde und ebenso viele Windhunde, so daß sie sich täglich an der Jagd und am Fischfang erfreuen konnten.«[13]

1360 wurde ein Friedensvertrag zu Brétigny bei Chartres geschlossen, offensichtlich nachdem Eduard III., von einem vernichtenden Hagelsturm in Schrecken versetzt, der Mutter Gottes in der Kathedrale gelobt hatte, Frieden zu schließen. Die Engländer erhielten das gewaltige Lösegeld für König Johann und ganz Aquitanien – dazu Ponthieu und Calais. Obwohl drei Jahre später der Krieg erneut ausbrach und es den Franzosen unter König Karl V., dem Weisen (1337–1380), und dem Kronfeldherrn Bertrand du Guesclin gelang, einen großen Teil dieser Gebiete zurückzuerobern und fast den ganzen Rest zu verwüsten, blieb die Präsenz der Engländer in Frankreich und ihr dynastischer Anspruch bestehen.

Anders als Eduard III. war Richard II. (1367–1400) nicht am Krieg interessiert, sondern zog es vor, die Vorrechte der Krone im eigenen Lande durchzusetzen und den prächtigsten Hof in ganz Europa zu unterhalten (zur Erhaltung des Friedens heiratete er in zweiter Ehe sogar Isabella, die Tochter Karls VI. von Frankreich). Zwar war Heinrich IV., das Oberhaupt des Hauses Lancaster, einer Nebenlinie der Plantagenets – er setzte Richard ab und brachte ihn um –, zu krank und zu gefährdet in seiner Stellung, um die Kriege wieder aufzunehmen, aber sein Sohn Heinrich V. war bestrebt, den zweifelhaften Rechtsanspruch durchzusetzen und dadurch seine Untertanen von Privatkriegen und Verschwörungen im eigenen Lande abzulenken. Außerdem waren jetzt die wesentlichen Voraussetzungen für einen neuen Feldzug gegeben: Es gab einen neuen Machtfaktor in Frankreich, der sich im Gegensatz zur französischen Krone befand, das große Herzogtum von Burgund, zu dem auch Flandern und der größte Teil der Niederlande gehörten. Denn 1363 hatte Johann II. in seiner großzügigen Art Burgund seinem jüngsten Sohn Philipp dem Kühnen als Erbteil überlassen, der durch seine Heirat mit der Erbin von Flandern bald ein noch reicheres Burgund in die Einflußsphäre Englands einbrachte, da die flämische Tuchindustrie von der englischen Wolle abhängig war. Das Haus Valois erlebte eine weitere Zerreißprobe durch den Streit um die Herrschaft in Frankreich zwischen Herzog Ludwig von Orléans und Johann »Ohnefurcht«, dem Herzog von Burgund. Die Fehde nahm an Schärfe zu, bis 1407 Orléans in Paris ermordet wurde, und zwar auf Betreiben des burgundischen Herzogs, wie dieser offen eingestand. Obendrein war Frankreich gespalten in eine Partei, die sich im Gefolge der Burgunder während des Abendländischen Schismas gegen die Päpste in Avignon wandte, und in die Orléanisten, die sie unterstützten.

Darin lag die Chance der Engländer, und Heinrich V. ergriff sie. Der außerordentlich riskante Feldzug endete dann aber mit dem spektakulären Sieg bei Azincourt. Dieser Sieg, der in taktischer Hinsicht dem der Schweizer gegen die Habsburger und Burgunder vergleichbar ist und mit Infantrie und Bogenschützen gegen ein Ritterheer errungen wurde, brachte mehr als die Beute und Lösegelder des vorhergehenden Jahrhunderts – er brachte die Krone von Frankreich. Aber obgleich Heinrich V. zur Bekräftigung seines Anspruchs eine dynastische Ehe mit der Tochter Karls VI. einging, sahen sich die Engländer 1422 bei Heinrichs frühzeitigem Tod im Besitz von mehr Land, als sie verteidigen konnten, und in völliger Abhängigkeit von ihren burgundischen Verbündeten.

Noch konnten die Engländer indessen auf ihre energischen burgundischen Verbündeten zählen, denn 1419 war Johann »Ohnefurcht« von Burgund auf der Brücke von Montereau in Vergeltung des Mordes an Orléans umgebracht worden. Die Engländer hielten immer noch die Normandie, Paris und den größten Teil des Seinetals besetzt, während der irrsinnige Valois-König Karl VI. und der verständlicherweise wankelmütige und neurotische Dauphin in Bourges beziehungsweise Chinon saßen.

Mit dem Tod Karls VI. und der Thronbesteigung des Dauphins als Karl VII. wendete sich das Blatt, die überlegenen Ressourcen Frankreichs kamen allmählich zum Tragen, nachdem eine regelmäßige Besteuerung in Form der *Taille* (Besteuerung der Leibeigenen) und der *Gabelle* (Salzsteuer) vorgenommen wurde. Die von den Engländern besetzten und ausgeplünderten Provinzen revoltierten, und 1429 veranlaßte ein von Gott erleuchtetes achtzehnjähriges Bauernmädchen, Jeanne d'Arc aus Lothringen – in ihrer Leidenschaft und Ausstrahlungskraft an die Führer des Kinderkreuzzuges erinnernd, wenn auch politisch motiviert –, Karl VII., einem Befreiungsversuch des von den Engländern besetzten Orléans seine Zustimmung zu erteilen, ein Unternehmen, das sich als erfolgreich erwies, und sich nach Reims zu wagen, wo jeder französische König gekrönt zu werden hatte, um die ganze mythische Macht seines Amtes entfalten zu können. In Reaktion auf den romantisch-nationalistischen Heiligenschein, mit dem Johanna im neunzehnten Jahrhundert versehen wurde, ist ihr Einfluß später allzu stiefmütterlich behandelt worden: Solche Exzentriker – und sie war eine hochgradige Exzentrikerin von derbem Schlag, durchaus in der Lage, störrische Pferde zu reiten und schwere Rüstungen zu tragen[14] – konnten damals große, wenn auch kurzlebige Gefolgschaften gewinnen, und ihre fähige und entschlossene Führung stärkte Frankreichs Kampfmoral, wie der Jubel auf seiten der Engländer und Burgunder bei der Nachricht von ihrer Gefangennahme zeigte. Von den burgundischen Häschern an die Engländer ausgeliefert, wurde sie in einem politischen Prozeß, dessen Ziel es war, die Krönung Karls VII. in Mißkredit zu bringen, der Häresie angeklagt und 1431 auf dem Marktplatz von Rouen verbrannt. Während ihr der Prozeß wegen Ketzerei gemacht wurde, verzichtete Karl VII. mit Rücksicht auf seine eigenen Interessen darauf, sie zu beschützen, 1456 aber rehabilitierte er sie und ließ ihr Andenken von jedem Makel reinigen.

Wesentlich verderblicher als der kurzlebige Einfluß eines von Gott erleuchteten Bauernmädchens war für das englische Kriegsglück der Bruch mit den burgundischen Verbündeten. 1435 erkaufte sich Karl VII. im Frieden von Arras durch Abtretung der ansehnlichen Gebiete von Mâcon und

Auxerre den Frieden mit Philipp dem Guten von Burgund. Im Jahr darauf zogen sich die Engländer aus Paris zurück.

Stück um Stück mußten sie französischen Boden räumen. Durch eine königliche *Ordonnance* hatte der französische König 1439 ein stehendes Heer geschaffen, die *Gens d'Ordonnance*. 1445 umfaßten sie zwölftausend Berufssoldaten mit Artillerie. Nach der Versöhnung der Burgunder mit den Franzosen mußten die Engländer das beste aus ihrer Situation machen, und obgleich Heinrich VI. Margarete von Anjou, die Nichte Karls VII., geheiratet hatte, verloren die Engländer die Normandie und Maine. 1453 mußten sie auch auf die Gascogne verzichten, als Sir John Talbot, erster Earl of Shrewsbury, der sich die Sporen in Grenzkriegen gegen Waliser und Iren verdient und es in den französischen Feldzügen zu Ruhm gebracht hatte, bei der Erstürmung der Burg Castillon an der Dordogne besiegt und getötet wurde.[15]

Die Schrecken von Bürgerkrieg und Fremdherrschaft fanden ein zynisches Echo im ebenso aggressiven wie genialen Werk von François Villon, der im Jahr der Hinrichtung der Jeanne d'Arc geboren wurde. In der Tradition von Rutebeuf beschreibt er das gefährliche und hektische Leben in der Pariser Unterwelt[16], der er immer wieder eine überraschende und gespenstische Schönheit abgewinnt, etwa in dem berühmten Kehrreim *Mais où sont les neiges d'antan*?[17] Im Laufe einer Karriere, die in krassem Gegensatz zu Chaucers englischer Wohlanständigkeit steht, durchbricht er alle Konventionen der Allegorie und höfischen Literatur, um das Leben zu beschreiben, nicht wie es auf den obersten Stufen der sozialen Leiter war, sondern ganz unten, in der Gosse oder gar an den Stufen des Galgens. Und wo der Engländer Langland ganz allgemein nörgelt und moralisiert, bringt Villon die verzweifelte Sensibilität eines hochgebildeten, aber aus der Bahn geworfenen französischen Intellektuellen zum Ausdruck. Der Hundertjährige Krieg war nicht spurlos an der französischen Kultur vorübergegangen, wie die sehr realistische Tendenz ihrer Literatur zeigt.

Die Kriegswirren sind auf öffentlicher und politischer Ebene auch die Ursache für die besondere Entwicklung der französischen Monarchie. Die Krone war gezwungen gewesen, sich aus eigener Machtvollkommenheit beträchtliche und ständige Einkünfte aus einem Reich zu sichern, das sehr viel ausgedehnter war als England und über großen potentiellen Reichtum verfügte. Der Adel hatte sich in typischer Verantwortungslosigkeit der Ausdehnung königlicher Macht in einem Aufstand widersetzt, der in Anspielung auf zeitgenössische Unruhen in Böhmen verächtlich *Praguerie* genannt wurde – aber Karl VII. konnte ihn unterdrücken und sich auch angesichts des allgemeinen Notstandes über die verschiedenen regionalen *Parliamenz* hinwegsetzen.

Der Hundertjährige Krieg wurde von professionellen Söldnern und dank moderner Kriegstechnik gewonnen. Die französischen Monarchen gingen aus ihm mit einem stehenden Heer und mit den Kanonen hervor, die in der Hand des realistischen, verschlagenen und beharrlichen Ludwig XI. dafür sorgen sollten, daß der französische König nach mancherlei politischen Wechselfällen zum absoluten Herrscher des mächtigsten Reiches in Westeuropa wurde.

Die Mutter der Parlamente

In England hatte der Krieg den hohen und niederen Adel enger an den Thron gebunden, denn während im dreizehnten Jahrhundert Kriege auf dem Kontinent unpopulär gewesen waren, hatten sie sich im vierzehnten Jahrhundert ausgezahlt. Und während die regionalen Parlamente Frankreichs ihre bescheidene politische Macht wieder eingebüßt hatten, waren in England seit den Kriegen Simon de Montforts gegen Heinrich III. auch Vertreter des niederen Adels und der Städte in die Parlamente aufgenommen worden. Seit 1327 waren diese *Commons* fester Bestandteil des Parlamentes. Seit 1361 sorgte die Krone, vertreten durch einen Kronrat in London, in Zusammenarbeit mit den Friedensrichtern durch regelmäßige Gerichtssitzungen für Ordnung in den Grafschaften. Dieses Bündnis zwischen Krone und Gentry war von höchster Bedeutung und überstand auch die Unruhen Ende des fünfzehnten Jahrhunderts, zu der es durch dynastische Unfähigkeit und Uneinigkeit kam, nicht aber durch eine der Monarchie selbst innewohnenden Schwäche. Als sich Eduard III. darüber hinaus 1362 bereit fand, die wichtigste Steuer – die Wollsteuer – nicht ohne Zustimmung zu erheben, war damit der maßgebliche Einflußfaktor der Gentry und der Bürger in den *Commons*, das Recht der Ausgabenbewilligung, noch gewichtiger geworden. Seit 1376 wählten die *Commons* überdies ihren eigenen Sprecher. Selbstverständlich ist es voreilig und irreführend, hier von einem »konstitutionellen Experiment« zu sprechen, aber König, Lords und *Commons* (nebst ihren Petitionen) bildeten ein akzeptiertes Regierungssystem: die *Commons* waren, wenn sie auch gelegentlich von konkurrierenden Hofparteien gewaltsam unterdrückt wurden, eine politische Kraft. Natürlich lag die Politik immer noch in Händen des Kronrats, und natürlich wurde Recht vom königlichen Oberhofgericht gesprochen, aber die ursprünglich feudale Monarchie hatte parlamentarischen Charakter angenommen. Außerdem hatte die Krone die Kirche jetzt unter besserer Kontrolle: Einige der größten Bischöfe, zum Beispiel William von Wyckeham, waren königliche Staatsdiener, die mit den Rechtsgelehrten und Laienbeamten der Zentralregierung zusammenarbeiteten. Henry Beaufort, Bischof von Winchester, der 1426 Kardinal wurde, war ein unehelicher Sohn Johanns von Gaunt und wurde von Gaunts Neffen Richard II. legitimiert. Während Richards II. Unmündigkeit war er einer der Reichsverweser, dann wurde er Kanzler und nach Heinrichs V. Tod nutzte er seinen immensen Reichtum, um die Ausgaben der Krone zu finanzieren, und seine diplomatischen Fähigkeiten, um nach dem Tode Bedfords und dem Bruch mit den burgundischen Verbündeten einen Frieden mit Frankreich auszuhandeln. Bei seinem Tod im Jahre 1447 bemerkte Heinrich VI., als ihm ein Vermächtnis des Verstorbenen angeboten wurde, in für ihn typischer Weise: »Mein Onkel war sehr liebevoll zu mir und hat mir zu seinen Lebzeiten viel Freundlichkeit widerfahren lassen. Möge der Herr es ihm vergelten! Verfahrt mit seinen Gütern, wie ihr müßt: ich will sie nicht haben.« Die Tage der Anselm und Becket, der Erzbischöfe einer kosmopolitischen Kirche, die fest an der Seite Roms standen, waren längst Vergangenheit. Ein weltlich-königlicher Kardinal war zur dringend erforderlichen Stütze dieses insularen Staates geworden.

Die Kehrseite der Medaille war die wachsende Unbeliebtheit der Geistlichkeit in ganz West- und Mitteleuropa. Die meisten Menschen waren Christen, aber sie stellten das Monopol der Kirche, ihren Reichtum und ihre Politik in Frage. Die Päpste in Avignon lebten im Schisma, es gab drei Päpste gleichzeitig, während die Priester ihre Gemeinden vernachlässigten und mehrere Pfründe innehatten. Da die Geistlichen in diesen inflationären Zeiten zunehmendes Interesse an gesicherten Einkommen zeigten, übten gebildete Laien immer heftigere Kritik an der Anmaßung des Klerus und dessen naturbedingter Unfähigkeit, den zölibatären Idealen gerecht zu werden. Auf höchster europäischer Ebene hoffte *Konziliarismus* die Kirche zu reformieren, so 1414–1418 in Konstanz und 1431 in Basel. Auf regionaler Ebene jedoch gab es häretische Bestrebungen in großer Zahl, vor allem in England, wo Wyclif einen vehementen Angriff gegen Glaubenssätze der katholischen Doktrin führte, und in Böhmen, wo die Abneigung der Tschechen gegen die Deutschen dem Aufstand der Hussiten noch zusätzlichen nationalistischen Zündstoff lieferte. Die Unruhen und wilden Klassenkonflikte in Flandern und Deutschland, der moralische Verfall nach der Pest und dem Hundertjährigen Krieg im Westen trugen dazu bei, daß man sich verstärkt mit der Sterblichkeit des Menschen und den Qualen von Fegefeuer und Hölle beschäftigte. Der alte heidnische Glaube an Zauberei und Hexerei lebte, kaum verborgen, fort, und selbst bei gebildeten Menschen galt die Astrologie als Wissenschaft.

In England zeigten die *Lollarden* (Murmler), wie sie von ihren Feinden genannt wurden, bereits jene puritanische Lebens- und Lustfeindlichkeit, die im siebzehnten Jahrhundert zu einer beherrschenden Macht werden sollte, und griffen die kirchliche Hierarchie mit krankhaftem Eifer an. Denn John Wyclif (1330–1384) war der erste und allzu wortgewaltige Sprecher des freikirchlichen Gewissens. Er war kein Jünger Ockhams, sondern ein »Realist«, der die offizielle Autorität der Kirche ablehnte und erklärte, das Heil hänge von der prädestinierten Gnade ab. In feudaler Ausdrucksweise legte er dar, daß alle Christen ihr Leben und alle sich daraus ergebenden Dinge als »Lehen« direkt von Gott empfingen, dessen Wort in der Bibel offenbar werde. Er lehnte auch die Transsubstantiationslehre und die Absolutionsautorität der Priester ab, aber im Unterschied zu den *Katharern* hielt er die Welt nicht für ein Machwerk des Teufels. Er war als Christ bestrebt, die Menschen durch das Studium der übersetzten Bibel in unmittelbare Beziehung zu Gott zu setzen – eine Vorstellung, welche die scholastischen Experten entsetzte, die, nicht ohne Grund, behaupteten, die Menge würde die Schrift lediglich entweihen und mißverstehen. Seine Anhänger schlugen an die Tore der St. Paul's Kathedrale und des Parlaments in Westminster eine Liste mit Vorwürfen in englischer Sprache, in denen sie das Wunder des Sakramentes leugneten, den Reichtum der Kirche angriffen und sich über die moralische Verdorbenheit des Klerus ereiferten. Außerdem verurteilten sie die Prachtentfaltung der spätmittelalterlichen Architektur und die Kunstrichtung, die der Hof begünstigte, also Meisterwerke wie das für Richard II. angefertigte Wilton-Diptychon. Es überrascht nicht, daß Heinrich IV., der Usurpator aus dem Hause Lancaster, in seiner Angst vor den politischen und theologischen Auswirkungen des Lollardismus 1401 das Gesetz *De Hereticis Comburendis* gegen solche radikale Subversion erließ.

Aber politisch war die parlamentarische Monarchie Englands Ende des vierzehnten Jahrhunderts sowohl zentral wie in den Grafschaften fest verankert, so fest, daß Richard II. versuchen konnte, sie in eine Despotie nach Art italienischer Tyrannen der Frührenaissance umzuwandeln, und fest genug, daß der Kronrat den Staatsstreich des Hauses Lancaster, die durch die Unfähigkeit Heinrichs VI. entstandenen Unruhen und die Auswirkungen des Hundertjährigen Krieges überstehen konnte.[18] Im Gegensatz zu einer lange gehegten Auffassung haben Eduard IV. und Heinrich VII. keine »neue Monarchie« geschaffen, sondern nur die alte rehabilitiert, zu der das *House of Commons* (Unterhaus des Parlaments) als akzeptierter und selbstverständlicher Teil gehörte.

Die englische Sprache, die lange Zeit vom normannischen Französisch überlagert worden war, kam nun wieder zu ihrem Recht, und Geoffrey Chaucer (1340–1400) war der erste Schriftsteller in englischer Sprache von herausragendem Talent. Ja, er war damals der größte europäische Dichter, der in seiner Muttersprache schrieb. Er starb in London und wurde in Westminster Abbey beigesetzt, der erste Dichter, dem diese Ehre zuteil wurde. Obwohl Chaucer mit Französisch und Englisch zweisprachig war, eine offizielle Stellung an einem kosmopolitischen Hof bekleidete und durch Frankreich und Italien gereist war, ist er sehr englisch in seiner humorvollen, ironischen und toleranten Charakterzeichnung, zu der ihm oft eine einzige treffende Wendung genügt. Heute noch ist er gut lesbar, ein Autor, den man gerne zur Hand nimmt und der uns noch etwas zu sagen hat.

Früher Kapitalismus

Der einstige Wohlstand der flämischen Städte, die nun seit 1369 durch die Heirat Philipps des Kühnen mit der Gräfin Margarete von Flandern unter der Herrschaft der Herzöge von Burgund standen, war durch die Rezession zu Anfang des vierzehnten Jahrhunderts geschmälert worden, die auch den Klassenkonflikt zwischen den französischen oder französisierten Oberherren und den Städten geschürt hatte und damit auch den Konflikt zwischen dem

Stadtpatriziat und den Handwerkern, denen es natürlich nicht um »Demokratie« ging, sondern um Durchsetzung ihrer Monopolstellung, etwa so wie heute den Gewerkschaften. Und unabhängig von diesen Kämpfen zettelten die flämischen Bauern, die einen den höheren Ständen völlig unverständlichen Dialekt sprachen, mörderische Aufstände an, die sich nicht nur gegen die Reichen richteten, sondern wie der englische Bauernaufstand in Ostanglien ganz allgemein gegen die schriftkundigen Minderheiten.

Es wäre ermüdend, hier die Grausamkeiten und ebenso grausamen Vergeltungsmaßnahmen aufzuzählen, die von den Bürgern Gents und Brügges und ihren Anführern begangen wurden, darin nach Kräften unterstützt von den nicht gerade feinfühligen Bauern. Froissart, ein intimer Kenner des Landes, hat beschrieben, wie sich die Männer von Gent unter Führung eines Metbrauers, Jacob van Aarteveldt, gegen den Grafen von Flandern erhoben und diesen nach Frankreich verjagten, eine Gelegenheit, die Eduard III. ergriff, um nach seinen Siegen bei Cadzand und Sluys an der Schelde zu Beginn des Hundertjährigen Krieges in Flandern zu landen und sich in Antwerpen niederzulassen. Aber solche Revolten waren selten von Dauer und hatten kaum Erfolgsaussichten gegen Ritter in voller Rüstung.

Schlimmer war der Niedergang der Tuchindustrie, auf welcher der Wohlstand der flämischen Städte gründete. Die Handwerkszünfte setzten unrealistische Lohnvorstellungen durch und hielten an veralteten Techniken fest, so daß selbstmörderische Schutzzölle den Handel schwer beeinträchtigten und die Tuchwirker nach Florenz und nach England abwanderten, wo sie mit offenen Armen aufgenommen wurden.

Die Engländer wandten sich jetzt mit großer Entschlossenheit dem Überseehandel zu, in Anlehnung an Grundsätze, die in der *Libelle of Englysche Polycie* (1436) niedergelegt worden waren. Dort wurde die Aufnahme internationaler Handelsbeziehungen mit Unterstützung vermögender Kapitalisten in kontinentalem Maßstab empfohlen, von der Ostsee bis Spanien und von Venedig bis Southampton. Auf der anderen Seite des Ärmelkanals nahmen die Geschäftsinteressen etwa von Jacques Coeur (1395–1456), Münzmeister Karls VII. von Frankreich, kosmopolitische Maßstäbe an. Seinen immensen Reichtum verdankte er dem Handel, den er mit päpstlicher Sondergenehmigung von Narbonne und Montpellier aus mit den Muslimen in der Levante trieb. Später leitete er die königliche Münzanstalt in Paris und wurde reich genug, um den Feldzug des Königs zu finanzieren, der die Engländer aus der Normandie vertreiben sollte. Er besaß Niederlassungen in Barcelona, Avignon, Rouen und Brügge und wurde Multimillionär mit standesgemäßem Lebensstil, aber sein Reichtum erregte soviel Neid, daß ihn der König 1450 einkerkern ließ und alle seine Besitztümer einzog. Er war zu einem Neubeginn seiner beruflichen Laufbahn gezwungen und floh nach Rom, wo ihn Papst Kalixt III. mit dem Kommando einer Flotte betraute, die Rhodos von der Belagerung durch die Türken befreien sollte, ein Unternehmen, bei dem er den Tod fand. Aber dieser weltbürgerliche Bankier, der Zugang zu den höchsten gesellschaftlichen Kreisen hatte[19] und immensen Einfluß ausübte, ist eine stupende Erscheinung zu Beginn der modernen Geschichte, ein Symbol der Allianz zwischen Königen und Geldleuten, wobei sich beide Seiten auf eine große Schar von Agenten und Verwaltungsbeamten mit ganz neuem Sachverstand stützten.

Dank solcher Politik war der Reichtum der Niederlande nach kurzer Zeit wieder hergestellt, nicht durch die alte Tuchindustrie, die durch die protektionistischen, inflationären und konservativen Handwerkszünfte weitgehend ruiniert war, sondern durch ein Handels- und Finanzwesen, das mit erheblich größerem Kapital in europäischem Maßstab operierte. Zwar erreichte es noch nicht den Umfang der italienischen Geschäfte, die ihre führende Rolle behaupteten, bis die Entdeckung der Ostindienroute um das Kap der Guten Hoffnung und der Reichtum von Mittel- und Südamerika den Handel der ozeanischen und atlantischen Staaten so außerordentlich begünstigte. Viele Städte in den Niederlanden, Frankreich und England aber machten sich die modernen Geschäftsmethoden und Zielsetzungen der norditalienischen Städte zu eigen.

Der prächtige und außerordentlich präzise Malstil der Brüder Jan und Hubert van Eyck (sie wirkten von 1422 bis 1441) entwickelte sich unter der Schirmherrschaft Herzog Philipps des Guten von Burgund, dessen Kanzler Nicolas Rolin auf Jan van Eycks berühmtem Bild der Madonna mit dem Kind vorkommt, vor einem sich in der Ferne verlierenden Flußlauf, den der Betrachter durch Torbogen erblickt. Philipp der Gute brachte auch Claus Sluter nach Dijon, der dort die herrlichen Grabmonumente der burgundischen Herzöge schuf. Jan van Eyck lebte außerdem von den Porträtaufträgen reicher Kaufleute, denken wir etwa an die Darstellung des häuslichen Glücks der Arnolfinis aus Lucca, ein liebenswürdiges Stück Wirklichkeitsbeschreibung, in dem auch die naturgetreue Wiedergabe einer Promenadenmischung nicht fehlt. Wenn diese Meisterwerke einerseits über die ganze Farbigkeit der mittelalterlichen Buchillustrationen verfügen, so sind sie andererseits doch von peinlicher Genauigkeit in der detaillierten Wiedergabe des fürstlichen oder großbürgerlichen Reichtums und der müden und sorgenvollen Gesichter derer, die ihn zusammentrugen.

Die Vereinigung Spaniens

»Ein trockenes, kahles, ausgelaugtes Land, zehn Prozent nackter Felsen, fünfunddreißig Prozent öde und unfruchtbar, fünfundvierzig Prozent nur bedingt kultivierbar, zehn Prozent fruchtbar. Eine Halbinsel, die vom europäischen Kontinent durch die Gebirgsbarriere der Pyrenäen abgetrennt wird – isoliert und entlegen. Ein Land, das noch einmal in sich geteilt ist, zerrissen von einem zentralen Hochland, das sich von den Pyrenäen bis zur Südküste erstreckt. Kein natürliches Zentrum, keine bequemen Wege. Zersplittert, von Gegensätzen bestimmt, ein Konglomerat aus verschiedenen Rassen, Sprachen und Kulturen – dies war und ist Spanien.«[20]

Trotz dieser Nachteile hatten die spanischen Monarchen ihr Land Ende des fünfzehnten Jahrhunderts geeint und sollten bald Herrscher über ein riesiges amerikanisches Gebiet werden.

Als 1469 Ferdinand von Aragón die Erbin von Kastilien, Isabella die Katholische, heiratete, führte das zehn Jahre später zur Vereinigung der Monarchie, die gleichermaßen profitierte von den administrativen, handelstechnischen und diplomatischen Erfahrungen der mediterranen Macht Aragón wie von der in vielen Kreuzzügen bewährten Militärtradition Kastiliens, das endlich vom dynastischen Bürgerkrieg befreit war.

Wie erwähnt, war die natürliche Unterteilung des Landes in die Mittelmeerprovinzen Aragón, Katalonien und Valencia und die im Landesinneren gelegenen Provinzen Kastilien und Neukastilien mit ihren Verbindungen zum Atlantik über Léon nach Galicien und Asturien sowie über Estremadura nach Portugal noch unterstrichen durch die unterschiedliche Bevölkerungsdichte – die damals im Inneren weit höher war – und durch unterschiedliche Lebensweisen. Die Interessen der Katalanen galten seit langem dem Handel und der Seefahrt und reichten nach Sardinien, Sizilien, Neapel und sogar in die Levante, wo es einmal katalanische Herzöge von Athen gegeben hatte. Lange Zeit hatten sie sich mit den Genuesen um den Getreide-, Gewürz- und Tuchhandel gestritten, aber die Wirtschaftsrezession im vierzehnten Jahrhundert und der Schwarze Tod hatten sie schwer getroffen, während Alfons der Großmütige durch seinen Versuch, die Herrschaft über Neapel anzutreten, sein spanisches Erbe verlor, auf das sich seine ursprüngliche Macht gründete, so daß das verfassungsmäßige Bündnis zwischen Kaufleuten und Krone zerfiel, eine Gemeinsamkeit, die dem Land viele gute Dienste erwiesen hatte. Daraus entwickelte sich ein Klassenkonflikt, der sich 1462 zu offenem Aufruhr und dynastischem Streit auswuchs.

Kastilien hatte eine andere Entwicklung genommen. Die riesigen Schafherden, die seit Einführung der Merinorasse um 1300 erheblich angewachsen waren, hatte wie in England zur Entstehung eines gewinnbringenden Wollhandels geführt, und zwar einerseits über San Sebastian und La Coruña mit Flandern, andererseits – häufig auf genuesischen Schiffen – über Sevilla mit mediterranen Märkten. Von diesem Reichtum profitierte die Krone kaum, die damals weniger durch übertriebene Expansion im Ausland geschwächt war als durch innere Streitigkeiten. 1350 hatte König Peter I., der Grausame (1350 bis 1369), die Nachfolge seines Vaters Alfons XI. von Kastilien angetreten, aber seine Grausamkeit hatte sich nicht ausgezahlt: Sein Halbbruder Heinrich von Trastámara hatte ihn bei Montiel besiegt, nach der Schlacht erdolcht und den Thron als Heinrich II. (1369–1379) bestiegen. Und obgleich der Herzog von Lancaster, Johann von Gaunt, dessen älterer Bruder Eduard, der Schwarze Prinz[21], Peter unterstützt hatte, daraufhin Peters Tochter heiratete und nun Anspruch auf den Thron erhob, so vermochte er diesen Anspruch doch nicht durchzusetzen. Die Trastámaras überlebten, aber Heinrichs II. Sohn Johann I. (1379–1390) gelang es nicht, Portugal zu gewinnen, und Johanns Enkel Johann II. heiratete zweimal: von Maria von Aragón hatte er den Sohn Heinrich IV. (1454–1474), von Isabella von Portugal eine Tochter, Isabella die Katholische. Doch die Kastilier nannten Heinrich IV. »den Unfähigen« und weigerten sich, seine Erbin anzuerkennen; so konnte seine Halbschwester Isabella den Thron beanspruchen. Sie lehnte alle französischen und portugiesischen Bewerber ab und heiratete Ferdinand von Aragón, einen Jüngling ihres Alters, der sie in ihrem Erbfolgestreit sogleich militärisch unterstützen konnte. Nachdem Isabella, die letzte der Trastámaras, 1474 ihren Thronanspruch durchgesetzt hatte und Ferdinand 1479 in Aragón auf den Thron gelangt war, kam es zur machtvollen und folgenschweren Vereinigung der beiden Kronen. Unter der Führung Kastiliens zerschlugen sie den letzten maurischen Staat in Granada, annektierten die kanarischen Inseln, boten Kolumbus 1492 seine Chance und lenkten die aufgestauten Energien der Spanier in ein überseeisches Reich.

Eine spanischsprachige Literatur begann sich zu entwickeln. Die dynastischen Konflikte, die zur Vereinigung geführt hatten, spiegeln sich in den Stükken und Gedichten Juan del Encinas aus Salamanca (um 1500), der sarkastisch schildert, wie der heilige Antonius seinen Versuchungen erliegt, und pastorale Themen parodiert, um seiner Enttäuschung über das Leben und den Klerus in einer Weise Ausdruck zu verleihen, die den ironischen Humor eines Cervantes vorwegnimmt. Sein Zeitgenosse Torres Naharro schrieb Dramen, die sich an die alten Mysterienspiele anlehnten, aber säkulare Themen behandeln und die Techniken von Lope de Vega und Calderón präfigurieren. Es führt ein direkter Weg von der mittelalterlichen Tradition Spaniens zum volkssprachlichen Realismus.

Portugal

Im Gegensatz zu den Spaniern folgten die portugiesischen Monarchen und die meisten ihrer Untertanen dem Beispiel des Königs Dionysius (Dom Dinis), das heißt, sie bequemten sich aus pragmatischen Gründen zur Zusammenarbeit. Sie wehrten die dynastischen Ansprüche Johanns I. von Trastámara, Königs von Kastilien ab, dem beim Tode Ferdinands I. die legitime Erbfolge auch in Portugal zugefallen war.

Sein Anspruch wurde von Ferdinands Witwe bestritten, und Portugal war eine neue Führerpersönlichkeit im jungen Großmeister des Ritterordens von Aviz erwachsen, der, unterstützt von den spanienfeindlichen Kaufleuten in Lissabon und dem Kanzler Avaro Pais, den spanischen Liebhaber der verwitweten Königin erschlagen und sie selbst aus der Stadt vertrieben hatte. Sie floh nach Kastilien, das sich ihren Thronanspruch zu eigen machte, so daß die Frage zwischen Johann I. von Kastilien und dem Großmeister entschieden werden mußte.

1384 belagerten Spanier und Franzosen Lissabon, während die Portugiesen unter ihrem Kronmarschall Nun' Alvares – und verstärkt durch englische Bogenschützen, die von Lissaboner Kaufleuten in Southampton angeworben worden waren – den Feind in einer sorgfältig ausgesuchten Stellung in Aljubarrota erwarteten. Die Portugiesen und Engländer bewahrten eine höchst unmittelalterliche Disziplin, bis ihre Gegner von der Augusthitze zum Angriff getrieben wurden.

Der von den Engländern und Portugiesen erkämpfte Sieg war von entscheidender Bedeutung für Portugal und das Haus Aviz. Der Großmeister des Ritterordens von Aviz wurde als Johann I. König, und 1386 wurde der 1372 mit den Engländern in Guimarães geschlossene Handelsvertrag durch den politischen und wirtschaftlichen Vertrag von Windsor bekräftigt, der Beginn eines jahrhundertelangen Bündnisses. Johann I. heiratete Philippa, eine Tochter Johanns von Gaunt, mit der zusammen er einem kulturell hochstehenden Hof vorstand. Ihr vierter Sohn, der Infant Dom Henrique (Heinrich der Seefahrer), erwies sich als treuer Förderer der Entdeckungsfahrten, die ihm 1420 die fruchtbare Insel Madeira als Kolonie einbrachten und ganz Portugal später, auf dem Weg entlang der westafrikanischen Küste, durch die Entdeckung des Seewegs um das Kap der Guten Hoffnung nach Ostindien großen Reichtum bescheren sollten.

So begannen sich in Portugal wie in anderen atlantischen Staaten und in den Niederlanden neben den beherrschenden spätmittelalterlichen Dynastenkriegen, wie Froissart sie beschreibt, allmählich kommerzielle und praktische Interessen durchzusetzen, und das seit König Dionysius traditionelle Bemühen der portugiesischen Monarchen, die Ressourcen und den Handel ihres Landes zu entwickeln, erhielt durch Johann I., den Gründer des Hauses Aviz, eine neue Dimension.

Wie in der spanischen gab es auch in der portugiesischen Literatur eine satirische Tendenz, deren bedeutendster Vertreter der Anfang des sechzehnten Jahrhunderts wirkende Gil Vicente war. Neben dem Portugiesischen auch des Kastilischen mächtig, schrieb er satirische und antiklerikale Komödien, die trotz ihrer mittelalterlich-höfischen Konventionen in höchst unmittelalterlicher Weise auch ein realistisches Bild des dörflichen Lebens liefern.

Aber die lebendigste Erinnerung an den Portugiesen, der die Grundlage für die Entdeckungen Vasco da Gamas schuf, verdanken wir dem außergewöhnlichen malerischen Geschick Nuño Gonçalves, der 1450 zum Hofmaler von Alfons V. (1432–1481) ernannt wurde. Das *Polyptychon von São Vicente* verbindet herrliche Kompositionen mit liebevoller Detailtreue, die an Jan van Eyck erinnert und eine noch raffiniertere Farbgebung besitzt als die Gemälde der meisten flämischen Meister. Dieser geniale Maler traf den Charakter der porträtierten Personen mit einer Genauigkeit und Einfühlung, die selbst viele italienische Porträts übertreffen, da diese ihre Modelle oft zu offiziell darstellen. Die freundlichen, wettergegerbten Züge Heinrichs des Seefahrers aus dem Hause Aviz stehen in lebhaftem Gegensatz zur bleichsüchtigen Überfeinerung der knienden Figur, die man für Alfons V. hält, während der ambivalente Heilige selbst, zugleich verletzlich und gebieterisch, Friede stiftet in der Gruppe, die sich im Hintergrund aufhält – unter den verbitterten Geistlichen, den ergriffenen Soldaten, den Fischern und den Geschäftsleuten, die alle mit großer Könnerschaft dargestellt sind. »Ein Großteil seines Erfolges verdankt er Dingen, die damals riskante Neuerungen bedeuteten ... der monumentalen Komposition, die einer Dreiecksanordnung folgte, der gewagten Farbgebung, so zum Beispiel dem eigenartigen Weiß der Mönchsgewänder, der goldenen Tönung der Dalmatiken des Heiligen ..., die er nicht durch Blattgold, sondern durch Goldfarben erzielt ..., den Graustufungen; gewaltige Vorteile gewinnt er aus dem Kontrast verschiedener Bildebenen – ein Umstand, der eine besondere Rolle bei der Herausarbeitung der Gesichtszüge spielt –, ause der skulpträhnlichen Modellierung der Figuren ..., der Differenzierung der Gewebe und Metalle, der neuartigen Schattenbehandlung und der nie gesehenen Verwendung violetter Nuancen.«[22] Es handelt sich um ein Gemälde in Ei-Tempera, nicht in Öl, mit einer schlichten Farbpalette, ohne die übertriebene Verwendung von Gold, auf die die flämischen und burgundischen Mäzene wahrscheinlich großen Wert legten.

3. Der Zerfall Osteuropas – Die Türken – Moskau

Die Krakauer Hochzeit

Der Niedergang des Reiches und der Verfall byzantinischer Macht hatte die Handlungsfreiheit der Herrscher Osteuropas erhöht. Im Sog der Mongolenstürme wurde ihren Reichen nun endlich ein gewisser militärischer und kultureller Erfolg zuteil, bevor die expansionslüsternen Türken den Balkan eroberten und Wien bedrohten und die Macht der Zaren von Moskau, die sich jetzt für die gottgewollten Erben eines »Dritten Rom« hielten, gewaltig an Einfluß gewann.

Die Polen waren wie Dänen und Schweden bemüht, die deutsche Herrschaft über den Ostseeraum zu beschränken, aber anders als die seefahrenden Dänen richteten die Polen ihre Aufmerksamkeit mehr auf den Kontinent, interessierten sie sich mehr für Ungarn und Böhmen. Nach Ermordung des aus Böhmen stammenden Wenzel III. wurde Wladislaw I., genannt *Lokietek* (Ellenlang), aus dem alten Piastenhause, 1320 in Krakau zum König gekrönt. Von den Deutschherren bedroht, die Danzig erobert hatten und nun versuchten, Polen von der Ostsee abzuschneiden, heiratete Wladislaw die Tochter Gedymins, des Großfürsten von Litauen (1316–1341), womit er eine Allianz begründete, die schließlich zur historischen Union Polens und Litauens führen sollte.

Die Litauer, die bereits 1261 unter König Mindaugas kurzfristig zum Christentum übergetreten waren, hatten diesen bald umgebracht und waren zu ihrer heidnischen Religion zurückgekehrt. Kein Wunder, denn sie waren verwandt mit den östlichen Balten und den unversöhnlichen Pruzzen. Vor undenklichen Zeiten hatten sie sich, aus den eurasischen Steppen kommend, in der flachen, sandigen und waldigen Region südlich der Düna angesiedelt. Jetzt schickten sie sich wie die Polen an, nach Südosten in das von den Tataren zerschlagene Kiewer Rußland vorzudringen. Wilna in Schamaiten war ihr wichtigster Stützpunkt. Unter dem Großfürsten Gedymin waren sie bereits in das Gebiet um die Pripjetsümpfe und des oberen Dnjepr gelangt. König Kasimir III., der Große, von Polen (1333–1370), der die Nachfolge von Wladislaw I. antrat, war selbst Halblitauer und betrieb weiter die Expansion, die schließlich den größten Teil des Kiewer Rußland unterwarf. Pommerellen den Deutschherren überlassend, wandte er sich nach Südosten und besetzte Ostgalizien einschließlich Lembergs und versuchte von Krakau aus, wo er 1364 eine Rechtsschule, Kern einer späteren Universität, gründete, das ganze polnische Reich zu verwalten.

Bei seinem Tode im Jahre 1370 wurde Polen kurze Zeit dem spektakulären Reich seines Neffen Ludwig des Großen von Ungarn einverleibt, fiel aber 1382 wieder an Kasimirs jüngere Tochter Hedwig (Jadwiga), die 1386 ihren

Vetter Jagiello, Großfürsten von Litauen, heiratete, der im Jahr zuvor zum Katholizismus übergetreten war. Er nahm den Namen Wladislaw an und wurde als Wladislaw II. zum polnischen König gekrönt. Unter den Jagiellonen kam es zur dynastischen Union von Polen und Litauen, die 1401 in Radom besiegelt wurde. Wie nützlich sie war, zeigte sich 1410, als ein aus Polen und Litauern bestehendes Heer die Deutschherren bei Tannenberg schlug. 1413 wurde durch den Unionsvertrag von Horodlo abermals bestätigt, daß das Doppelreich Polen-Litauen in Personalunion zu regieren sei – eine Regelung, die fast bis zum Ende des achtzehnten Jahrhunderts Bestand haben sollte.

Unter dem Jagiellonen Kasimir IV. (1447–1492) nahmen Polen und Litauer gemeinsam große Gebiete Weißrußlands und der Ukraine in Besitz, wo mit ihrem Einverständnis ruthenische *Kasaki* (freibeuternde Kosaken) einige der fruchtbarsten Landschaften Rußlands in Besitz hatten und Krieg gegen Tataren und Türken führten. So dehnte Polen-Litauen eine oberflächliche Herrschaft über weite und oft strittige Gebiete aus. Die polnischen Herrscher, gezwungen, Russen, Schweden, Tataren und Deutsche zu bekämpfen, mußten ihren Magnaten allzu große Zugeständnisse machen. Hinzu kam, daß sie als Katholiken die gesamte Meerenge zwischen Ostsee und Schwarzem Meer kontrollierten, obwohl dort zumeist orthodoxe Christen lebten. Die Situation wurde kaum besser durch Gründung der *unierten* Kirche, die das byzantinische Ritual weitgehend beibehielt, ansonsten aber katholisch war.

Polen wie Litauer waren verwegene Reiter, Krieger, die hochmütig auf ihre Untertanen herabsahen und ihnen keine Rechte zugestanden. Bei den Polen gab es drei soziale Klassen, die *Pani* (Magnaten), die *Schlachta* (niederer Adel) und die Leibeigenen. Nur die *Pani* und *Schlachta* hatten politische Rechte, und ihre exklusiven Ratsversammlungen hatten keine volkstümlichen Ursprünge. Im Reichstag dominierte eine Mehrheit der Krieger – *Woiwoden* (Kriegsherren) und *Kastellane*. Anders als in den zeitgenössischen englischen und katalanischen Parlamenten waren keine Bürger vertreten. (Seit 1652 konnte jedes Mitglied jede Entscheidung einfach dadurch zu Fall bringen, daß es erklärte: »Ich erhebe Einspruch«: ein Vorrecht, das als *Liberum Veto* (freies Veto) berühmt war und von einem auf seine Unabhängigkeit pochenden Adel weidlich ausgenutzt wurde.)

Trotz einer imposanten katholischen Fassade, weit gestreuter Herrschaftsgebiete und eines Reichtums, der es gestattete, italienische Architekten und Bildhauer nach Polen zu holen, die in Krakau sehenswerte Paläste schufen, behielt das polnisch-litauische Reich der jagiellonischen Könige bei aller Pracht und allem Glanz seine archaische Struktur. Zu einem Zeitpunkt, da im Westen Monarchen wie Ludwig XI. in Frankreich und Heinrich VII. in England zentralisierte Staaten mit immer systematischeren und effektiveren Verwaltungen schufen, gelang es den polnischen Königen, Herren über ein Militärreich mit wechselnden Grenzen und ungezügeltem Ehrgeiz und über eine Bevölkerung, die sich aus einer breiten Unterschicht von Leibeigenen und einer Mittelschicht von teils eingewanderten Deutschen, zumeist aber aschkenasischen Juden zusammensetzte, nicht, ihr Reich so zu organisieren, daß es ungeachtet seines Mangels an natürlichen Grenzen dem Druck wiederauflebender Mächte in West und Ost hätte Widerstand leisten können.

Ungarns letzte Blüte

In Ungarn hatte sich eine ähnliche Form großflächiger, aber anfälliger Königsmacht herausgebildet. Nach dem Tod von Andreas III., dem letzten Arpaden, wurde 1310 Karl I. Robert von Neapel aus der älteren Linie Anjou, dessen Mutter eine Schwester Kasimirs des Großen von Polen gewesen war, in Stuhlweißenburg, der alten Residenz der Arpaden, zum König von Ungarn (1310–1342) gekrönt. Dank kirchlicher Unterstützung und eigener militärischer Tüchtigkeit unterwarf »Karlrobert« die aufsässigen magyarischen Barone und besetzte Preßburg. Anschließend schuf er mit Hilfe französischer und italienischer Verwaltungsmethoden die leistungsfähigste Regierung in Osteuropa.

Sein Sohn, Ludwig der Große (1342–1382), trat also ein großes Erbe an, das er weidlich zu nutzen wußte. Er nahm den Venezianern den schönen Hafen Dubrovnik ab und riß nach dem Tod des serbischen Zaren Stephan Dušan im Jahre 1355 die Herrschaft über Bosnien, Nordserbien und Westbulgarien an sich. Als er 1370 auch noch seinem Onkel mütterlicherseits, Kasimir III., dem Großen, auf Polens Thron folgte, gebot er über das größte, wenn auch nicht gerade regierbarste Königreich in Europa. Ludwig der Große war ein französisierter Ritter, erpicht auf Ruhm, aber auch schlau genug, die Goldminen von Siebenbürgen weiter zu erschließen, deren Erträge er benutzte, um italienische und französische Architekten und Maler an seinen Hof zu holen, aber auch um seine militärische Macht auszubauen. Die Herrschaft der Könige »Karlrobert« und Ludwig des Großen bezeichnen einen Höhepunkt der ungarischen Geschichte, und die Tradition ihres frankophilen Hofes mit seinem Glanz und seinem Charme lebte noch lange im Lande fort.

Als Ludwig der Große 1382 starb, folgte ihm Sigismund von Luxemburg auf den Thron, der Ludwigs Tochter Maria von Ungarn geheiratet hatte. Aber als Sohn Kaiser Karls IV. war Sigismund zu noch größeren Aufgaben bestimmt: Nachdem er 1385 zum König von Ungarn gewählt worden war, wurde er 1411 römischer König und damit Herrscher von Deutschland. 1419, beim Tode seines Halbbruders Wenzel IV., erlangte er die Königswürde seines Heimatlandes Böhmen, wo er mit den Hussiten zu kämpfen hatte. Schließlich wurde er zum Kaiser des Heiligen Römischen Reiches (1433–1437) gewählt und beschäftigte sich damit, in Konstanz ein Kirchenkonzil zu organisieren, um das abendländische Schisma zu beenden, und wurde so zunehmend von seinen Pflichten als König von Ungarn abgelenkt. Aber in einer wichtigen Hinsicht deckten sich die Pflichten des deutschen Kaisers mit denen des Königs von Ungarn: In beiden Eigenschaften mußte er sich eingehend mit der wachsenden Türkengefahr auf dem Balkan und in Osteuropa befassen.

Aber als Böhme fand Sigismund wenig Unterstützung in Ungarn und wurde von seiner wichtigsten Aufgabe, dem Kampf gegen die Türken, durch die Hussitenbewegung in Böhmen, seiner eigentlichen Hausmacht, abgehalten. Er mußte sich die Loyalität der ungarischen Magnaten durch Konzessionen erkaufen, die sich nachteilig für den Thron auswirkten, und durch Gründung des Drachenordens, des ältesten ungarischen Ritterordens. Aber die Ungarn rühmten sich ihrer Abstammung von Attila, und die charakteristische Äußerung eines magyarischen Adligen lautete: »Bei Gott, ich bin nicht dein Diener, du tschechischer Schweinehund.«

Sogar als Verteidiger Ungarns gegen die Türken und als kosmopolitischer Schirmherr der Renaissancekunst und humanistischen Bildung zog sich Sigismund den Groll der Ungarn zu, da er zu diesem Zweck die Steuern erhöhen mußte. Sein Nachfolger und Schwiegersohn Albrecht von Habsburg erntete, was Sigismund gesät hatte. Ein wütender Bauernaufstand brach aus, der verheerend in seinem Verlauf und in seinen Folgen war, denn Albrecht schlug ihn mit äußerster Grausamkeit nieder, indem er unter anderem die Anführer nach türkischem Beispiel pfählen ließ. In Polen waren die Leibeigenen bereits durch einen Erlaß Ludwigs des Großen von 1374 ganz der Gewalt ihrer Besitzer ausgeliefert worden. Auch in Ungarn verschlechterte sich jetzt das Los der Bauern; Haß und Demoralisierung, die daraus folgten, schwächten den Widerstandswillen gegen die Türken. Als Sigismund 1396 einen Kreuzzug gegen die Türken anregte und anführte, kam es bei Nikopolis an der unteren Donau zur Katastrophe, als Sultan Bajasid I. Herzog Johann »Ohnefurcht« von Burgund mit vielen anderen abendländischen Rittern gefangennahm und damit bewies, daß der aufsehenerregende türkische Sieg über die Serben auf dem Amselfeld im Jahre 1389 kein Zufall gewesen war. Die osmanischen Türken beherrschten nun den Balkan und bedrohten Ungarn selbst.

Dort wurde das letzte Aufgebot zusammengetrommelt. Nach dem Tod von Albrechts Sohn Ladislaus Postumus von Habsburg (1440–1457), einem Luxemburger von Mutterseite, wurde Johann Hunyadi, ein Magnat und Söldnerführer aus Siebenbürgen, seit 1441 auch Woiwode dieses Landes, Reichsverweser von Ungarn. Hunyadi stellte ein professionelles Söldnerheer auf und vermochte 1456, als die Türken nach dem Fall von Konstantinopel (1453) Belgrad belagerten, die Stadt zu befreien. Aber er starb wie der junge Ladislaus von Habsburg, der letzte aus der Luxemburger Linie, an »Lagerfieber«. So wurde 1458 Hunyadis Sohn Matthias, berühmt als Matthias Corvinus, weil er einen Raben *(Corvus)* im Wappen führte, auf den ungarischen Thron gehoben. Schmeichelhaft als *Attila Secundus* gepriesen und mit einer Tochter aus dem Hause Aragón verheiratet, erwies er sich als fähiger Staatsmann und Feldherr. Zunächst stellte er die *Husaren* auf – leichte Reiter, die berühmt für ihre Tapferkeit und Ritterlichkeit waren – und betätigte sich als Schirmherr der humanistischen Bildung, indem er die berühmte *Bibliotheca Corviniana* zusammentrug, die Gott sei Dank schon in alle Winde zerstreut war, bevor die Türken sie vernichten konnten.

Jan Hus

Wie bereits erwähnt, herrschten in Osteuropa zwei Dynastien in recht günstiger geographischer Lage. Die Luxemburger Könige von Böhmen, die mit Heinrich VII. und Karl IV. ihr Reich erworben hatten, und die Habsburger, die ihren Herrschaftsbereich durch umsichtige Heiratspolitik und eine Zusammenarbeit aller Familienzweige ständig vergrößerten. Die Luxemburger kontrollierten die strategisch wichtige böhmische Bastion und verfügten über deren reiche Bodenschätze. Die Habsburger hatten ihre Macht von Wien aus über die Steiermark und Tirol ausgedehnt.

Jetzt wurde Böhmen von Sektierertum und der Kollision zwischen königlichen und kaiserlichen Aufgaben zerrissen. Auf Kaiser Karl IV., der Böhmen außerordentlich erfolgreich regiert hatte, war Wenzel IV. gefolgt, dann Karls zweiter Sohn Sigismund, der König von Ungarn und ab 1433 Kaiser war. Aber während des abendländischen Schismas bekam es Sigismund mit einer Ketzerbewegung zu tun, die sich auf beträchtliche militärische Kräfte stützen konnte und nationalen Maßstab besaß. Die Hussiten waren überdies Sprachrohr eines tschechischen Nationalgefühls, das sich gegen das kosmopolitische Kaiserreich und die von den Deutschen dominierte Kirche wandte, weniger Produkt fanatischer Hingabe an eine religiöse Lehre, wenn auch religiöse Sonderanliegen die Flammen entfachten, analog zum Dreißigjährigen Krieg, als die Konfessionen den Machtkampf zwischen katholischen Habsburger-Kaisern und den protestantischen Fürsten der deutschen Länder bemäntelten und verschärften.

Jan Hus (1369–1415) hatte seine wichtigste Lehre von Wyclif übernommen, der zufolge die entscheidende Autorität christlichen Glaubens nicht der Klerus, sondern die Bibel sei, und hatte wie Wyclif gegen Reichtum und Anmaßung der etablierten Kirche gewettert. Er stammte aus einer südböhmischen Bauernfamilie und war 1401 Dekan der »Artistenfakultät« der Universität Prag. Wie Wyclif war er ein konservativer »Realist«, der die thomistische Philosophie gegen die »nominalistischen« Neuerungen in Schutz nahm. Aber er übernahm auch die »Bethlehemskapelle« in Prag, die von Anhängern des mystischen Puritaners Johann Militsch von Kremsier gegründet worden war, eines Bischofs, der auf alle weltlichen Ehren verzichtet und sich darauf spezialisiert hatte, Prostituierte zu bekehren. Hus predigte und schrieb auf tschechisch, einer Sprache, deren ursprüngliches Erscheinungsbild wir uns kaum noch vorstellen können, wenn er tatsächlich, wie es heißt, die Schreibweise vereinfacht hat. Hus glaubte an die Prädestination und teilte den puritanischen Haß der *Lollarden* auf die malerische und architektonische Pracht, die die Kirche entfaltete. Wenzel IV. hatte diese in erster Linie akademische Erscheinung vor der Verfolgung durch die Behörden in Schutz genommen, aber Sigismund war entschlossen, ein Exempel an ihnen zu statuieren. Auf dem Höhepunkt des abendländischen Schismas wurde Hus exkommuniziert, und 1412, nachdem er heftige Kritik an der Tätigkeit der Ablaßprediger des Gegenpapstes Johannes XXIII. (1410–1415) geübt hatte, aus Prag verbannt. Aber im Unterschied zu Wyclif wurde er auch auf dem Lande nicht in Ruhe gelassen, sondern von Sigismund unter fälschlicher Zusicherung freien Geleits vor das Konstanzer Konzil zitiert und der Häresie angeklagt. Er wandte sich nie, wie Wyclif, gegen die Transsubstantiationslehre, sondern forderte, daß auch den Laien beim Abendmahl Wein und Brot gereicht werden sollte. Deshalb wurden einige seiner Anhänger *Kalixtiner* genannt, weil sie den Kelch (*Calix*) forderten, andere *Utraquisten*, weil sie für das Abendmahl *beides* forderten. Aber er wurde der Häresie für schuldig befunden und wie sein Mitstreiter Hieronymus von Prag verbrannt.

Doch damit wurde er zum Märtyrer. Fünfhundert böhmische Adlige verbündeten sich gegen den ohnehin ungeliebten Papst. Sie haßten den deutschen Klerus und waren erpicht auf die reichen Kirchenländereien. Außerdem gab es Prediger, welche die Bauern aufhetzten, indem sie ihnen ein christlich-kommunistisches Tausendjähriges Reich versprachen. In Prag begründeten die Tschechen unter Führung eines abtrünnigen Mönches so etwas wie einen Brauch, indem sie deutsche Beamte aus einem Fenster des Schlosses in die Piken des unten wartenden Mobs stürzten. Hussens Anhänger waren in ihren Lehren weit extremer als der Gründer. Und sie fanden einen fähigen Führer in Jan Žižka, einem Soldaten von niederem tschechischen Adel, der schon früh ein Auge auf dem Schlachtfeld verloren hatte. Er hatte bei Tannenberg gegen die Deutschherren gekämpft und reorganisierte nach Wenzels IV. Tod die militanten Hussiten gegen Sigismund. Sie hatten sich in einem Lager versammelt, das sie nach biblischem Vorbild »Berg Tabor« nannten. Eine Neuerung Žižkas bestand darin, daß er neben Pike, Arkebusen und primitiver Artillerie auch Karren verwendete, und zwar nicht nur zu Verteidigungs-, sondern auch zu Angriffszwecken. 1420, fünf Jahre nach Azincourt, schlug er Sigismunds Armee bei Witkow. Die Tschechen errichteten dann eine »Ständeregierung«, aber der Krieg ging weiter. 1422 errang der fürchterliche Žižka, obwohl er auch noch sein zweites Auge eingebüßt hatte, einen erneuten Sieg über Sigismund bei Deutsch Brod. Außerdem unterdrückte er in der eigenen Gefolgschaft abweichende Richtungen wie die adamitischen Kommunisten; 1425 starb er an der Pest.

Die Hussitenkriege sind von protestantischen Historiographen und tschechischen Nationalisten romantisch überhöht worden. (Einem objektiven Betrachter wäre der Anblick dieser Fanatiker, die ihre Hymnen brüllten, während ihre Wagen quietschend in die Schlacht rollten, und das nicht nur in Böhmen, sondern auch in Deutschland und Polen, als Vorspiel des Dreißigjährigen Krieges erschienen, der auch durch eine tschechische Revolte gegen das Deutsche Reich ausgelöst werden sollte.) Damals aber lenkten sie von der für Osteuropa eigentlich dringlichsten Aufgabe ab, nämlich der Organisation eines vernichtenden Angriffs gegen die Türken.

Die Hussitenkriege endeten mit einem Kompromiß. 1434 schlossen sich die katholischen und *kalixtinischen* Adligen zusammen, um Prokop – den Nachfolger Žižkas – und seine Bauernarmee bei Lipany zu schlagen. 1436 wurde Sigismund, inzwischen Kaiser und Unterzeichner des unlängst geschlossenen Vertrags von Prag, wieder auf dem schwankenden Thron Böhmens eingesetzt.

Die Habsburger

Die einzige dauerhafte dynastische Errungenschaft in Osteuropa – und dazu bestimmt, weit über diesen Bereich hinauszugreifen – war das ständig an Macht gewinnende Habsburgerreich, das 1477 durch die Heirat Maximilians (1452–1493), des Sohns Friedrichs III., mit Maria, der Erbtochter Karls des Kühnen von Burgund, europäische Dimensionen annahm. Bereits im Neuberger Vertrag von 1379 wurden die Erblande der Familie friedlich aufgeteilt zwischen Albrecht III., Erzherzog von Österreich und seinem Bruder Leopold III. von Tirol, Kärnten und Steiermark. Schließlich wurde der gesamte Familienbesitz unter Friedrich III., dem letzten Kaiser, der in Rom gekrönt wurde, wieder vereint. Obwohl es Friedrich III. nicht gelang, seine kaiserliche Macht durchzusetzen und die Einkünfte einzutreiben, zu denen er berechtigt war, war er doch geschickt und beliebt. Er ging eine kluge Heirat mit Eleonore von Portugal ein und bereitete den Aufstieg seiner Familie zur europäischen Großmacht vor, indem er die entscheidende burgundische Heirat seines Sohnes Maximilian arrangierte. Zu seiner Regierungszeit prägte man den berühmten Satz: *Bella gerant alii, tu, felix Austria, nube* — »Mögen andere Krieg führen, du, glückliches Österreich, heirate.«

In Polen und Ungarn waren also glänzende und ausgedehnte Reiche mit eindrucksvoller höfischer Kultur entstanden, denen es aber nicht gelang, wirksame Zentralverwaltungen zu entwickeln oder die zunehmende Unterdrückung der Bauernschaft zu verhindern, während in Böhmen nach den bemerkenswerten Leistungen unter Karl IV. die tschechische Abneigung gegen die Deutschen zur volksweiten Unterstützung einer ursprünglich rein akademischen Ketzerlehre geführt hatte und damit zum ersten größeren bewaffneten Ketzeraufstand. In Österreich indessen, im südöstlichen Mitteleuropa, wo es türkischen Expansionsgelüsten entgegenzutreten galt, hatten die Habsburger ihre Macht ständig erweitert, wobei sie sich auf Gebiete stützen konnten, die über ihre ursprünglichen Erblande weit hinaus reichten. Österreich sollte seine beherrschende Stellung in Mitteleuropa lange Zeit behaupten, schließlich, wenn auch verspätet, den Kontinent vor weiteren türkischen Angriffen bewahren und unter Kaiser Karl V. sogar den Versuch unternehmen, der Kaiserkrone wieder ihre alte Geltung zu verschaffen.

Der Fall von Konstantinopel

Die Tentakel der türkischen Eroberung streckten sich seit langem weit in den Balkan hinein. Es war nur eine Frage der Zeit, wann sie sich um Konstantinopel selbst schließen würden. Der zentralasiatische Eroberer Timur Leng hatte nach totaler Plünderung Transoxaniens und Südrußlands, nach Unterwerfung Irans und Afghanistans und nach Einnahme Delhis Bagdad erobert, war in Ägypten eingefallen und belagerte 1402 Ankara. Hier erlitt der türkische Sultan Bajasid eine vernichtende Niederlage und geriet in Gefangenschaft, wodurch der türkische Angriff auf Konstantinopel um ein halbes Jahrhundert verschoben wurde. Doch 1430 hatten die Türken Thessalonike erobert und 1444 durch einen Sieg bei Warna am Schwarzen Meer einem weiteren schlecht organisierten christlichen Kreuzzug ein Ende bereitet. Damit festigten sie ihre Herrschaft über die Walachei und Moldau sowie das Gebiet südlich der Donau. Leider wußte der Westen die Atempause nicht zu nutzen, die ihm Timur Leng unabsichtlich verschafft hatte. 1438 hatte das Konzil von Florenz eine Vereinigung der katholischen und orthodoxen Kirche beschlossen, eine Maßnahme, die den meisten Griechen zutiefst widerstrebte, weil sie die katholischen Christen so haßten, daß sie lieber »den Turban als die Tiara« ertragen wollten. Kaiser Friedrich III. hatte weder Macht noch Geld, den Franzosen waren durch die Nachwirkungen des Hundertjährigen Kriegs die Hände gebunden, Heinrich V. von England, der als Kreuzfahrer in Frage gekommen wäre, wurde abgelöst von Heinrich VI., einem halbverrückten Frömmler, und die Spanier hatten mit den Ungläubigen im eigenen Land genug zu tun. Die Venezianer waren gar der Ansicht, daß es ihrem Handel zugute kommen könnte, wenn die Türken Konstantinopel erobern und für politische Stabilität in dem von Parteienstreit zerrissenen byzantinischen Staat sorgen würden, während die Genuesen, welche die Venezianer zu sehr haßten, um mit ihnen zusammenzuarbeiten, jetzt Schwierigkeiten hatten, ihre italienische Basis gegen einheimische Feinde zu verteidigen. Als der friedliche und bejahrte Murad II. von seinem jüngeren Sohn Mehmed II. abgelöst wurde, einem sehr gebildeten, sprachbegabten, energischen und grausamen Herrscher, der entschlossen war, *Qustantinija* zum höheren Ruhm des Islam zu erobern, schien der Untergang der Stadt unvermeidlich zu sein.

Mehmed II. erwies sich als fähiger Stratege und Taktiker. Er erkannte, daß sich die Türken die Herrschaft zur See verschaffen müßten und daß die zwar gewaltigen, aber alten Stadtmauern einem massiven Beschuß durch große Geschütze nicht gewachsen sein würden. In Krisensituationen erwies er sich als erfinderisch, und er kommandierte achtzigtausend Soldaten. Der byzantinische Kaiser Konstantin XI. Palaiologos war mehr als doppelt so alt wie Mehmed, ein ehrenwerter Mann, der es ablehnte, sich aus der vom Untergang bedrohten Stadt in Sicherheit zu bringen und lieber sterben wollte, als sich zu ergeben. Aber ihm standen höchstens siebentausend Mann zur Verfügung für die Verteidigung einer Fläche von immerhin fünfunddreißig Quadratkilometern.

1452 schlossen die Türken die Stadt ein. In günstiger Lage bauten sie eine Festung, die heute als Rumeli Hissar bekannt ist, und schickten eine stattliche Flotte ins Marmarameer. Daraufhin bauten die Christen eine starke Sperre quer über die Einfahrt zum Goldenen Horn. Inzwischen wurde das größte je gebaute Geschütz in Stellung gebracht: Ein ungarischer Ingenieur hatte den Byzantinern seine Dienste angeboten, aber sie konnten ihn nicht bezahlen, da wandte er sich an den Sultan, der ihm das vierfache Honorar bot sowie unbegrenzte Möglichkeiten und Arbeitskräfte. So konnte er eine Bronzekanone von 8,12 Meter Länge und entsprechender Dicke gießen, die zwölf Zentner schwere Steingeschosse verschießen konnte. Dieses Monstrum wurde nun durch sechzig Ochsen von Adrianopel herbeigeschleppt und mit anderen Geschützen von geringerem Kaliber so in Stellung gebracht, daß sie den Teil der Mauern unter Beschuß nehmen konnten, den man für den verwundbarsten hielt.

Als im Jahre 1453 der Sturm auf die Stadt begann und es den Türken nicht gelang, die Sperre vor dem Goldenen Horn zu durchbrechen, befahl der Sultan, die Schiffe mit Ochsen vom Bosporus bis hinter Pera, die genuesische Handelsniederlassung, ziehen zu lassen und sie ins Goldene Horn zu setzen, wodurch er den venezianischen und genuesischen Schiffsverkehr bedrohte und die Mauerstrecke beträchtlich erhöhte, welche die spärlichen Verteidiger zu bewachen hatten. Sechs Wochen lang hielt der pausenlose, mörderische Beschuß an, dann begannen die alten Theodosianischen Mauern nachzugeben. Unter schweren Verlusten bei den Hilfstruppen der *Baschi-Bosuks* wurde eine Bresche geschlagen, durch welche die Elitetruppen der Janitscharen eindringen konnten. Durch unverzeihliche Nachlässigkeit wurde eine Ausfallpforte in der zweiten und höchsten Mauerlinie unverschlossen und unbewacht gelassen. Die *Janitscharen* nahmen sie und den dazugehörigen Turm im Sturm; Kaiser und Feldherren fielen in der Schlacht. Nach muslimischer Sitte durften die Soldaten die Stadt drei Tage lang plündern, dann wurde die Disziplin wiederhergestellt. Von privaten Grausamkeiten abgesehen – wie der Hinrichtung des Megadax Notoras, seines Schwiegersohns und seines jüngsten Sohnes, weil es dem Vater lieber war, daß der Sohn geköpft wurde, als daß er dem Sultan als Lustknabe diente – erwies sich Mehmed II. bei der Friedensregelung als besonnener Staatsmann. Die Christen gehörten jetzt zum *Millet*, Bürger zweiter Klasse unter türkischer Herrschaft, aber unter Duldung ihrer Religionsfreiheit und Handelstätigkeiten. Es stellte sich heraus, daß die Venezianer – zu später Stunde hatten sie noch eine Entsatzflotte geschickt, die umkehrte, als sie vom Fall Konstantinopels hörte – gar nicht so unrecht gehabt hatten: nach wenigen Jahren begann Konstantinopel – jetzt Istanbul – aufzublühen, und die Bevölkerung wuchs unter der neuen Herrschaft, die ihr zumindest ein Leben in Sicherheit ermöglichte.

Schwerwiegender waren die langfristigen Auswirkungen für die Christenheit. Die Türken hatten jetzt die Hauptstadt ihres Reiches auf europäischem Boden und dazu in einer Lage von immensen strategischen Vorteilen. Von dort aus konnten sie ihre Herrschaft über den Balkan, über Moldau und Walachei, Griechenland (Athen 1456) und viele der Inseln ausdehnen. Es gelang ihnen, die Johanniter von Rhodos zu vertreiben und sogar den Venezianern wichtige Städte an der Adria wegzunehmen. Der »Großtürke« gebot mit seinen disziplinierten und uniformierten *Janitscharen*, ihrer donnernden Musik und überlegenen Feuerkraft über bessere Truppen als irgendein europäischer Monarch, und das neohellenische kulturelle und künstlerische Leben, das im letzten Jahrzehnt der wiedererstarkten Dynastie der Palaiologen aufgeblüht war, wurde von türkischen Einflüssen überlagert. Noch heute kann man im Serail zu Istanbul, der an Mogulpaläste erinnert und weit eleganter ist als alle zeitgenössische Prachtentfaltung im Westen, in lückenloser Folge die herrlichen Staatsroben der Sultane eines türkischen Reichs betrachten, das sich jahrhundertelang vom Tigris und Euphrat bis zur Donau erstreckte.

Das »Dritte Rom«

Die Russen waren der festen Überzeugung, der Fall Konstantinopels sei die göttliche Strafe für den Kaiser gewesen, der 1438 auf dem Konzil von Florenz die Unionsbulle des Papstes unterzeichnet hatte. Sie selbst blieben streng orthodox, keinerlei Kompromissen mit dem Westen zugänglich, und ihre Macht nahm jetzt einen gewaltigen Aufschwung. Ihr Zentrum lag im Moskauer Reich, einer bewaldeten Region nördlich der Steppe, mit Moskau, einem natürlichen Knotenpunkt der Flußschiffahrt weit östlich der Litauer Einfälle, als Mittelpunkt. Die Bedrohung durch die Tataren verringerte sich, als sich 1445 und 1449 die Khanate Kasan und Krim, teilweise durch den Einfluß der Moskauer Diplomatie, von der *Goldenen Horde* in Sarai lossagten und einander bekriegten. Die Großfürsten von Moskau, die mit den Tataren zusammengearbeitet hatten, um zu überleben, setzten jetzt ihre Unabhängigkeit durch und weiteten ihre Macht trotz gelegentlicher Tatarenüberfälle allmählich aus. Iwan III. (1462–1505) war der erste Großfürst, der seine Unabhängigkeit von den Tataren bekundete, die Tributzahlungen verweigerte (1480) und sich selbst *Zar* nannte. Er verleibte dem Moskauer Reich Rjasan und Twer ein und bezwang 1471 das ferne Nowgorod, dessen berühmte Stadtglocke er nach Moskau entführte. Bedingung des Friedensvertrages mit Nowgorod war dessen Verzicht auf seine alte Allianz mit Litauen. Die lange Herrschaft der Tataren hatte bei den Moskowitern einen Hang zu autokratischen Verhältnissen geschaffen, und der Zar, der Tataren als Soldaten anwarb und so sein gewaltiges Heer noch vergrößerte, löste die alten Volksversammlungen auf, die es in Nowgorod und anderen Städten gab. Auch hatte er die Magnaten oder *Bojaren* besser unter Kontrolle, die unumschränkte Macht über ihre Leibeigenen besaßen und die Expansion des Moskauer Reiches dazu benutzt hatten, ihre eigenen Ländereien ungeheuer zu vergrößern. Daneben schuf Iwan eine Adelsschicht, die ihm als Gegenleistung für die Überlassung von Staatsland Kriegsdienste leistete. So blieb dem russischen Autokraten in den Tiefen seines Moskauer Reiches das Dilemma polnischer und ungarischer Monarchen erspart, deren Macht von ihrem eigenen Adel zerrüttet wurde. Wie die Monarchen im Westen legte er das Fundament für einen zentralisierten und mächtigen Staat.

Ein Staat, der eurasischen Charakter bewahrte: Iwan III. warb italienische Architekten an, die den Kreml erbauten, und Artillerieexperten, die seine Armee ausbildeten; 1472 heiratete er eine italienisierte Nichte des letzten byzantinischen Kaisers. Dabei drängte sich Moskau nicht nach der Rolle des Erben von Byzanz, das Schicksal machte es dazu. Außer ihm gab es keine große orthodoxe Macht mehr, und der orthodoxe Klerus und seine Anhänger nahmen die vollendeten Tatsachen als Gottes Willen hin.

So konnte 1512, lange nach dem Fall Konstantinopels, der Mönch Filofej dem Zaren Wassilij III. schreiben: »Die christlichen Reiche sind gefallen, an ihrer Statt gibt es nur noch das Reich Eurer Majestät ... Zwei Rom sind gefallen, aber das dritte steht und ein viertes wird es nicht geben.«

4. Die iberischen Reiche in Übersee – Karl V.

Portugals Handelsimperium

Sobald die Portugiesen das Kap der Guten Hoffnung umfahren hatten, den Indischen Ozean beherrschten und sich im Fernen Osten niederließen, hatten die Westeuropäer die bis dahin bei weitem mächtigeren Landreiche Asiens überflügelt, deren Zivilisationen bis dahin imposanter gewesen waren als alles, was der Westen seit griechisch-römischen Zeiten vorzuweisen hatte. Als dann noch die Entdeckung Amerikas hinzukam, ein Ereignis von noch epochalerer Bedeutung, bekamen die Westeuropäer, für die bislang das Mittelmeer Zentrum des Handels und politischer Macht gewesen war, ganz neue ozeanische Horizonte in den Blick und begannen überseeische Reiche zu kolonisieren, die bis ins zwanzigste Jahrhundert Bestand haben und das Antlitz der Erde verändern sollten.

Seit langem schon tasteten sich die Portugiesen auf der Suche nach Gold und Sklaven die afrikanische Küste entlang, wobei sie sich gelegentlich auf den Atlantik hinauswagten, um zu sagenumwobenen Inseln zu gelangen. Dom Henrique, (Heinrich der Seefahrer), der vierte Sohn König Johanns I., hatte diese abenteuerlichen Unternehmungen mit seinem Geld und Einfluß unterstützt. Bereits 1420 war Madeira im Anschluß an die zufällige Entdekkung von Santos kolonisiert und bald darauf mit Zuckerrohr aus Sizilien und Weinstöcken aus Kreta bepflanzt worden. Hauptziel aber blieb Afrika, denn die Portugiesen hofften, die Sahara auf dem Seeweg umgehen und direkten Kontakt mit den nicht-muslimischen Heidenstaaten Schwarzafrikas aufnehmen zu können.

Ihre Zielsetzungen waren immer noch mittelalterlich – Gold zu finden und das Christentum zu verbreiten. Wie sein Vetter Heinrich V. von England war Dom Henrique erfüllt von der Idee eines Kreuzzuges. Und für ihn mußte es, wie für die Spanier, ein Kreuzzug nach Afrika sein. Er hatte kein großes Interesse am Handel und zog, bei passender Gelegenheit, einen direkten Angriff auf Marokko vor. »Die Note, die er 1436 abfaßte und in der er einen Angriff auf Tanger dringend anriet, sowie sein tapferes, aber unnachgiebiges Verhalten bei der Führung dieses Unternehmens erinnern weniger an die Schriften Camões' als an die Froissarts. All das steht der Renaissance unendlich fern mit ihrer wachen, lebhaften Neugier, ihrem klaren, unbestechlichen Sinn für Zweckdienlichkeit, ihrer Leidenschaft für den Ruhm des Menschen, ihrer Liebe zur Wissenschaft und den Künsten ... Obwohl er ein großzügiger Mäzen der Seefahrer und Kartographen war, ist die Geschichte von der Astronomie- und Mathematikschule in Sagres reine Erfindung. Ganz gewiß war dieser fromme und ritterliche Asket kein Renaissancehumanist.«[23]

Dennoch waren die portugiesischen Entdeckungsfahrten gut vorbereitet, von der Regierung unterstützt und von Experten und Kartographen beraten, die seit langem in Lissabon zu Hause waren. Im Dynastenkrieg mit Spanien, der sich zu einem Handelskrieg um Westafrika auswuchs und 1483 durch den Vertrag von Alcaçovas beigelegt wurde, schnitten die Portugiesen besser ab, da ihr Monopol auf den Guineahandel anerkannt wurde.

Aber die Spanier behielten die Kanarischen Inseln[24], obwohl die Portugiesen sie 1420 zunächst in Besitz genommen hatten. Schon den Römern war diese Inselgruppe im ersten Jahrhundert v. Chr. bekannt, den Arabern seit Ende des zehnten Jahrhunderts, während die eingeborenen Guanchen, eine große Rasse mit blauen Augen und hellem Haar, möglicherweise Nachkommen eines paläolithischen Menschenschlags, der in Höhlen lebte und Hunde verehrte, dem europäischen Übergriff lange Widerstand leisteten. Schon früh hatten unternehmungslustige Franzosen Lanzarote, eine der östlichen Inseln, besiedelt und den König von Kastilien als ihren Lehnsherrn anerkannt – daher der spanische Anspruch. Obgleich die Portugiesen nach La Gomera, eine der gebirgigen westlichen Inseln, gelangt waren, konnten sie sich dort nicht behaupten.

1456 entdeckten die Portugiesen die unbewohnten Kapverdischen Inseln. Es waren Vulkaninseln mit Bergen, deren höchster – Pico – mehr als zweitausendachthundert Meter hoch ist, und die über einen ausgezeichneten Hafen – Porto Grande – auf der Insel Sao Vicente verfügen. Er erwies sich als geeigneter Umschlagplatz für den Sklavenhandel aus Westafrika, und bald trugen die Inseln eine Mulattenbevölkerung, die von Negern und Portugiesen abstammte.

Mit der Thronbesteigung Johanns II. festigten die Portugiesen ihre Position an der westafrikanischen Küste: mit Steinen, die sie aus Portugal herbeischafften, bauten sie starke Festungen wie El Mina. In den drückend heißen »Negerländern«, wo die Atlantikwellen sich an einer mit tropischen Regenwäldern bedeckten Küste brachen, waren diese Forts zugleich Befestigungsanlagen und Handelsposten.

Wie sich jetzt herausstellte, führte die Bucht von Benin nicht nach Asien. Vielmehr wandte sich die afrikanische Küste nach Süden. Die Portugiesen, die Steinsäulen, sogenannte *Padraos*, mit sich führten und sie an Schlüsselstellen als Zeichen ihrer Besitznahme errichteten, folgten der Küste, entdeckten die Mündung des Kongo und brachten Kongoneger nach Lissabon. 1486 hatten die Entdecker die Walfischbucht erreicht, und 1487 umsegelte Bartolomëu Díaz das Kap der Guten Hoffnung, ohne es zu bemerken, und erreichte den Great Fish River in Südafrika. Hier weigerte sich seine Mannschaft, den Weg nach Osten fortzusetzen.

Erst zehn Jahre später, 1497, unter der Herrschaft Manuels I., des Glücklichen, und fünf Jahre nach der Entdeckung der Westindischen Inseln durch Kolumbus, startete Vasco da Gama seine gut ausgerüstete Expedition nach Indien. Mit zwei Dreimastern von ungefähr zweihundert Tonnen, einem größeren Versorgungsschiff und einer kleinen Karavelle stach er, mit hundertsiebzig Männern von Lissabon aus in See. Im Unterschied zur Fahrt des Kolumbus war diese Expedition der Höhepunkt eines langen und systematischen Unternehmens, dessen Kommandant von edler Herkunft war und die Unterstützung des Hofes und der Kaufleute von Lissabon besaß. Das Unternehmen sollte den direkten Weg nach Indien und den Gewürzinseln im fernen Osten eröffnen und ein Kreuzzug zur Ausbreitung der katholischen Religion werden. Dom Vasco da Gama (1460–1524), Graf von Vidigueira, der aus einer vornehmen Familie des Alentejo stammte, erwies sich als hervorragender Kapitän, Diplomat und Führer. Auf seiner zweiten Reise im Jahre 1502 wurde er zum Admiral des Indischen Ozeans ernannt, und machte sich ein drittes Mal als »Vizekönig von Indien« im Jahre 1524 auf den Weg. Noch im selben Jahr starb er in Cochin, im heutigen Kerala, und hinterließ ein großes Vermögen in Portugal.

Eine Sache war es, solche Entdeckung zu machen, eine ganz andere, ein Handelsimperium aufzubauen. Die arabischen Händler, die lange Zeit ein einträgliches Monopol im Indischen Ozean und im Gewürzhandel besessen hatten, hetzten die Inder gegen die Europäer auf. Deshalb wurde da Gama erneut mit einer ansehnlichen Flotte auf den Weg geschickt, deren Kanonen der notdürftigen Bewaffnung der arabischen *Dhaus* weit überlegen war; es kam zur Beschießung von Kalikut. Nachdem er die Seeherrschaft hergestellt hatte, handelte da Gama einen günstigen Handelsvertrag mit den Indern aus, der in Cochin an der Malabarküste ratifiziert wurde. Tatsächlich zogen die Portugiesen einen einträglichen lokalen Handel auf, wobei sie indische Textilien gegen Pfeffer, gegen Zimt aus Ceylon und gegen Muskatnüsse und Gewürznelken von den Molukken exportierten. Um jedoch die Venezianer in Europa unterbieten zu können, mußten sie den arabischen Levantehandel unter Kontrolle bringen.

Unter Alfonso de Albuquerque, ihrem größten Vizekönig, verschafften sich die Portugiesen deshalb eine Reihe von Flottenstützpunkten, die ihnen die Kontrolle über wichtige Wasserstraßen sicherten – zunächst in Goa, dann in Malakka, außerdem in Hormuz am Eingang zum Persischen Golf und kurzzeitig auf Sokotra am Roten Meer. Jetzt konnten sie den arabischen Handel mit der Levante unterbinden und ihre eigene lebenswichtige Route um Afrika nach Lissabon sichern, so daß der Gewürzhandel in Europa fast ihr Monopol wurde. Sobald sie die Malakkastraße kontrollierten, gründeten sie Macao an der chinesischen Küste, knüpften Handelsbeziehungen mit Kanton an, führten Seidenstoffe aus China ein und trieben Handel mit Japan.

Im Gegensatz zu den Spaniern haben sie nie ein Militärreich gegründet – ihr Ehrgeiz galt ausschließlich dem Handel. Sie trugen große Reichtümer zusammen und gaben sie aus für ihre prächtigen Bauwerke in Manoelitischer Gotik, wo, wie etwa im Lissaboner Vorort Belém, die spätmittelalterliche Architektur durch ornamentale Nachbildungen von Schiffstauen, Tieren und Pflanzen des Meeres verziert wird. Dank eines planvollen und hartnäckigen Vorgehens, systematischer Organisation und hervorragender seemännischer Tüchtigkeit hatten die Portugiesen ihr Ziel erreicht – die direkte Kontrolle des Gewürzhandels mit dem Fernen Osten. Dadurch hatten sie dem profitgierigen Unternehmungsgeist der Europäer ein ganz neues Feld erschlossen, sie mit den Hochkulturen Asiens und Indonesiens in Berührung gebracht und Asien mit der europäischen Zivilisation bekannt gemacht.

Konquistadoren

Als Christoph Kolumbus 1492 mit drei kleinen Schiffen vom Hafen Palos bei Cádiz aufbrach, hatte er die gleichen Ziele. Don Cristóbal Colón (1451–1506) war der Sohn des Webers Dominico Colombo aus Genua und Savona. Sein rötliches Haar und die bleiche Gesichtsfarbe lassen eine langobardische Herkunft möglich erscheinen. Schon früh fuhr er im westlichen Mittelmeer und der Levante zur See. 1474 kämpfte er auf portugiesischer Seite in einer Seeschlacht gegen die Genuesen vor Kap São Vicente und hatte Glück, daß er, an ein Ruder geklammert, schwimmend die Küste bei Sagres erreichen konnte. Nachdem er sich in Lissabon, damals das maßgebende Zentrum der Kartographie, niedergelassen hatte, unternahm er eine Reise nach Island. Zurückgekehrt arbeitete er sein Projekt zunächst aus, um es 1484 dem König vorzutragen, der jedoch bereits ganz in Anspruch genommen war von jenem anderen, erfolgversprechenderen Plan, der zunächst zur Umsegelung des Kaps der Guten Hoffnung durch Diaz und dann zu dem weitreichenden Folgeunternehmen unter da Gama führte.

Im Unterschied zu dem portugiesischen Kommandanten war Colón kein Aristokrat, sondern ein genialer Abenteurer von dunkler Herkunft und hartnäckiger Entschlossenheit, besessen von seiner Idee. Anders als die klügsten Köpfe der Antike oder des mittelalterlichen Europa war er wie die Fachleute seiner Zeit davon überzeugt, daß die Erde rund sei, aber bei der Berechnung ihrer Größe beging er einen großen Fehler. Er glaubte, er könne auf westlichem Kurs nach Japan gelangen, und stieß statt dessen auf die Küste der Neuen Welt. Erst nachdem die Portugiesen ihn abgewiesen hatten, trat er in spanische Dienste und schuf mit seiner Entdeckungsreise die Voraussetzungen dafür, daß die kastilischen Monarchen über ein Riesenreich von Ländern herrschen konnten, die den Europäern bis dahin völlig unbekannt geblieben waren. Kolumbus erhielt 1486 Audienz bei Ferdinand und Isabella in Córdoba. Vollauf mit dem Krieg gegen Granada beschäftigt, beriefen sie eine Kommission von Fachleuten unter Leitung des Bischofs von Talavera ein, die mit spanischer Bedachtsamkeit vier Jahre lang tagte, um dann über sein Projekt abschlägig zu befinden. Inzwischen hatte Kolumbus aber die Unterstützung von Diego de Deza gefunden, einem Professor in Salamanca, der als Erzieher Don Juans, des Thronerben, Zugang zum Hofe hatte. Außerdem überzeugte er zwei Mönche, die im Bündnis mit einem Beichtvater der Königin diese und ihren Gatten dazu überredeten, ihn noch einmal zu empfangen.

Mit großer Kühnheit verlangte Kolumbus stolze Bedingungen: er wollte Admiral werden, verlangte den erblichen Titel des Vizekönigs für die Gebiete, die er entdecken würde, und beanspruchte eine zehnprozentige Beteiligung am resultierenden Handel. Seine Zuversicht war so ansteckend, daß sich die königlichen Hoheiten – mit der Aussicht auf den Fall Granadas und vielleicht auf der Suche nach neuen Projekten – beeindruckt zeigten. Isabella betrachtete das Unternehmen von Anfang an als Kreuzzug, und Kolumbus fand mit Martín Pinzón, einem Schiffseigner aus Palos bei Cádiz, genau den Mann, den er als Mitarbeiter brauchte.

Anfang August 1492 liefen die *Santa Maria*, ein Schiff mittlerer Größe unter dem Befehl von Kolumbus, und zwei Karavellen, *Pinta* und *Niña*, von Pinzón und seinem Bruder Diego kommandiert, mit achtundachtzig Männern von Palos mit Kurs auf die Kanarischen Inseln aus. Hier bereiteten sie sich fast einen Monat lang auf ihre kühne Fahrt vor. Am 6. September setzten sie Segel und machten gute Fahrt vor dem Nordostpassat. Kolumbus war ein tüchtiger Navigator, und nach fünf Wochen, am 12. Oktober, sichteten sie die Korallenstrände einer der damals dicht bewaldeten Bahamainseln. Die Eingeborenen, Arawakindianer, welche die Eindringlinge überschwenglich willkommen hießen, nannten das Eiland Guanahani. Kolumbus taufte es zunächst auf den Namen San Salvador, später nannten die Engländer es prosaisch Watling Islands. Vom subtropischen Klima abgesehen gab es nicht viel, was den Spaniern verlockend erscheinen konnte; trotzdem nahmen sie die Insel feierlich für ihre katholischen Monarchen in Besitz. Die unter den Zedern umherlaufenden Waschbären und die Flamingos, die vom Strand aufstiegen, waren nicht besonders interessant. Allerdings dürften die Seeschildkröten leicht zu fangen gewesen sein.

In der Überzeugung, auf dem Weg nach Japan zu sein, wandte Kolumbus sich nun nach Südwesten. So verfehlte er Florida und Nordamerika und traf statt dessen auf Kuba und die Nordküste von Haiti, das er sogleich auf den Namen Hispaniola – »Klein-Spanien« – taufte. Aber hier erlitt die *Santa Maria* Schiffbruch, so nahm Kolumbus unter Zurücklassung einer Siedlung wieder Kurs auf Spanien. Bei günstigen Winden und Strömungen gelangte er in nordöstlicher Richtung in die Nähe der Bermudainseln, dann, sich direkt nach Osten wendend, zu den Azoren und von dort, da das Wetter ihn dazu zwang, nicht in einen spanischen Hafen, sondern nach Lissabon, wo die *Niña* nicht gerade wohlwollend aufgenommen wurde.

Aber Ferdinand und Isabella waren entzückt. Sie hießen Kolumbus sogleich, eine zweite, weit größere Expedition vorzubereiten, und veranlaßten den katalanischen Borgia-Papst Alexander VI., der von den Aragonesen in Neapel abhängig war, eine Bulle – *Intercaetera* (1493) – zu erlassen. Sie zog in nordsüdlicher Richtung eine theoretische Grenze etwa hundert Seemeilen westlich der Azoren und der Kapverdischen Inseln. Alles Land westlich von ihr sollte spanisches Einflußgebiet, alles Land östlich portugiesisches Einflußgebiet sein. Diese ehrgeizige Regelung wurde, nachdem die Linie zugunsten der Portugiesen viele Seemeilen nach Westen verlegt worden war, 1494 zu Tordesillas ratifiziert.

Zu seiner zweiten Reise brach Kolumbus im September 1493 mit siebzehn Schiffen von Cádiz auf. Ziel war die Siedlung auf Hispaniola, das als Ausgangspunkt weiterer Erkundungen dienen sollte, dann nach Kuba und Jamaika, aber die Siedlung auf Hispaniola fand man zerstört. Kolumbus ließ seinen Bruder Bartoloméo zurück, der Santo Domingo gründete, lange Zeit die Verwaltungszentrale der zu Spanien gehörenden Westindischen Inseln, und kehrte nach Spanien zurück.

1498 auf seiner dritten Reise beobachtete er die kontinentale Süßwasserströmung des Orinoko vor der venezolanischen Küste und entdeckte Trinidad. In Santo Domingo aber mußte er feststellen, daß die Siedler in Anarchie lebten. Unfähig, für Ordnung zu sorgen, wurde er im folgenden Jahr abgelöst und in Ungnade nach Spanien zurückgebracht. Bei aller Genialität konnte es diesem genuesischen Ausländer von niedriger Herkunft mit seinem falschen Titel und Wappen nicht gelingen, die hochmütigen Söhne feudal gesinnter Hidalgos und anderer ritterlicher Abenteurer aus Kastilien im Zaum zu halten. Kolumbus wollte Handelsniederlassungen gründen und die wirtschaftlichen Beziehungen zu asiatischen Zivilisationen entwickeln, die er nie erreichte. Die Siedler wollten Krieg, Gold, Land und Sklaven.

1502, auf seiner vierten Reise, erreichte Kolumbus schließlich das Festland Mittelamerikas, aber es war nur die unwirtliche Küste von Honduras. Und als er die Küste in südlicher Richtung entlangfuhr und Costa Rica entdeckte, erwiesen sich seine Schiffe nicht als seetüchtig genug. Bis zum Schluß hat er behauptet und geglaubt, auf den Fernen Osten gestoßen zu sein, tatsächlich gelangte der Entdecker der Neuen Welt nie über die Bahamas, die Westindischen Inseln, Honduras und Costa Rica hinaus.

Zu Recht hat Kolumbus Ruhm geerntet für seine epochale Entdeckung, aber sein Riesenreich erwarb Spanien erst während der zweiten Phase der Festlandseroberung. 1513 gründete Vasco Núñez de Balboa, der erste der skrupellosen *Konquistadoren*, Darien am Karibischen Meer im Süden der Landenge von Panama.

Nun folgte der legendäre Eroberungszug des Hernán Cortéz und seiner Männer, in dessen Verlauf ihnen das reiche und große Aztekenreich von Mexiko anheimfiel. Sie begannen ihr Unternehmen 1519 in Kuba, landeten in Veracruz, kämpften sich durch extrem schwieriges Gelände zum zentralen Hochplateau von Mexiko vor, wo sie mit sechshundert Männern und einigen indianischen Verbündeten die Inselstadt Tenochtitlán, die Hauptstadt des räuberischen Aztekenreiches, einnahmen. Einen genauen Bericht über den berühmten Feldzug hinterließ Bernal Díaz, einer seiner Teilnehmer. 1521, während sich Karl V. auf dem Reichstag zu Worms mit Luthers Lehren herumschlug, hatten die Spanier mit sechshundert Männern, ein paar Schiffskanonen und sechzehn Pferden Montezumas ganzes Reich erobert und den gefangenen Montezuma selbst in den Tod getrieben. Von den eigenen Untertanen verflucht und gesteinigt, weil er die Aussöhnung mit den Spaniern gesucht hatte, wollte er nicht mehr weiterleben.

Die höchstentwickelte Zivilisation Mittelamerikas war nun dem spanischen König tributpflichtig. Nach sorgfältigen Erkundungen von Panama aus machte sich Francisco Pizarro, ein Halsabschneider von dunkler Herkunft, mit nicht mehr als hundertachtzig Männern und siebenunddreißig Pferden an die Eroberung des Inkareichs von Peru. Nach entbehrungsreichen Märschen durch Dschungel und über schwierige Bergpässe, wofür sie ein Jahr brauchten, nahmen sie den regierenden Inka Atahualpa gefangen, erdrosselten und verbrannten ihn, erbeuteten große Mengen Goldes und herrschten 1533 über ein Reich, das sich von Quito bis nach Chile erstreckte. Damit gehörten riesige Gebiete auch in Südamerika zum Herrschaftsbereich Karls V., der bereits 1517 als König Karl I. von Spanien die Herrschaft über weite Gebiete Europas angetreten hatte und 1520 Herr des Römischen Reiches Deutscher Nation geworden war.

Die beiden iberischen Staaten schufen sich so, jeder auf seine Weise, überseeische Reiche: den Portugiesen lag an den Handelswegen zu den Küsten der alten Zivilisationen Asiens, wobei sie ihre Macht auf die Sicherung der Seehandelswege von Lissabon um das Kap der Guten Hoffnung stützten. Die beutegierigen, vom Kreuzzugseifer beseelten Spanier hatten es auf Gold und Land abgesehen. Sie wurden die militärischen und religiösen Herrscher über indianische Kulturen, von denen Europa noch nie etwas gehört hatte. Diese Indianer verfügten über sozial und künstlerisch hochentwickelte Kulturen, die aber den europäischen Eindringlingen technisch und militärisch nichts Gleichwertiges entgegenzusetzen hatten und die keine Abwehrkräfte gegen die aus Europa eingeschleppten Krankheiten besaßen.

Die Kehrseite des großen Abenteuers war die Tragödie. Obgleich die spanischen Gouverneure und Geistlichen in Übersee auf Betreiben der katholischen Monarchen und Kirchenfürsten humaner waren, als man im allgemeinen annimmt, wurden die indianischen Ureinwohner schrecklich dezimiert. Die Folgen gehören zur Weltgeschichte – aber die Existenz iberischer Überseereiche begann sich nun auch auf Europa auszuwirken.

Anfänge der Kolonialverwaltung

Die Könige Spaniens waren in Übereinstimmung mit ihrer Politik auf der Iberischen Halbinsel nach Möglichkeit bestrebt gewesen, den Eroberern des Azteken- und des Inkareiches und den Siedlern der spanischen Besitzungen in der Karibik keine unabhängige quasi-feudale Macht zuzubilligen, und vor allem Isabella war ängstlich darauf bedacht, daß die amerikanischen Indianer nicht zu schlimm ausgebeutet wurden. Entsprechend einer bereits auf den Kanarischen Inseln praktizierten Politik, die häufig als Vorbild für die spanische Herrschaft in Amerika diente, gelang es der Heimatregierung manches

Mal, die Brutalität der Kolonisten zu mindern. Der Groll der *Kreolen* – der in Amerika geborenen Kolonisten – gegen die heimatlichen *Peninsulares* ist ein Leitmotiv der lateinamerikanischen Geschichte und gipfelte in den Aufständen von Bolívar und San Martín zu Anfang des neunzehnten Jahrhunderts. Aber im sechzehnten Jahrhundert hatte das straffe Regiment der Heimatregierung und ihrer Bürokratie einen ziemlich langen Arm. Zwar ließ sich aus diesen Eroberungen naturgemäß nur langsam Kapital schlagen, auch brauchte der Zufluß von Gold und Silber aus Spanisch-Amerika länger, um in Europa eine Inflation hervorzurufen, als man einst angenommen hat, doch gelang es der spanischen Krone, immer beträchtlichere Einkünfte aus ihren amerikanischen Besitzungen zu ziehen, weil die Schatzflotten – selbst auf der Höhe des Krieges mit England und Holland – nur einmal ernsthaft in Gefahr gerieten. Die Entdeckungen von Kolumbus bewirkten, daß die Einkünfte Kastiliens, dessen Rechtsprechung diese Gebiete unterstellt waren, allmählich die dringend erforderliche Aufbesserung erfuhren.

Die Konturen Kastiliens gewannen damit imperiale Dimensionen: »Die Eroberung Granadas, die Entdeckung Amerikas und das triumphale Erscheinen Spaniens auf der politischen Bühne Europas verliehen dem durch die Personalunion der Kronen neu entstandenen Staat einen nie gekannten Glanz und versahen die politischen, religiösen und wirtschaftlichen Reformen des Königspaares mit dem Siegel des Erfolges ... Nachdem seine dringendsten inländischen Probleme vorübergehend gelöst waren, war Kastilien bereit, sich mit der ganzen Energie einer Nation, die nach langer Einengung ihre Bewegungsfreiheit wiedergewonnen hat, neuen Erfahrungen kultureller oder politischer Art in die Arme zu werfen ... Für die Kastilier war Kastilien bereits Spanien. Und eine noch größere Zukunft winkte, da es sowohl durch die Verhältnisse zu Hause wie in Übersee unerbittlich in eine imperiale Rolle gedrängt wurde.«[25]

Das Reich Karls V.

Die Verhältnisse zu Hause wurzelten tief in der europäischen Geschichte und führten zu einem unvorhergesehenen Streit um die dynastische Erbfolge. Kaiser Karl V. (*de facto* 1520–1555), durch seine Mutter Johanna ein Enkel von Ferdinand und Isabella, erbte jetzt eine fabelhafte Akkumulation spanischer, habsburgischer und burgundischer Gebiete und unternahm, gestützt auf Spanien und den spanisch-amerikanischen Reichtum, den letzten neomediävalen Versuch, das Heilige Römische Reich wiederzubeleben, das Ideal aus Dantes *Monarchia* zu verwirklichen und eine gespaltene Christenheit gegen die türkische Gefahr in Ungarn, der Levante und Nordafrika zu einigen. Dieses titanische Bemühen eines methodischen, konservativen und gewissenhaften Fürsten, der zwar kein großer Krieger, aber ein leidenschaftlicher Politiker und Diplomat war und zäh an seinen Zielen festhielt, wurde zum zentralen Thema der europäischen Politik. Er scheiterte, aber er verstrickte gemeinsam mit seinem Sohn Philipp II. einen ganzen Kontinent in diesen Streit.

Die mühevolle dynastische Politik von Ferdinand und Isabella war durch die damals in königlichen Häusern übliche hohe Sterblichkeit zunichte gemacht worden. Entschlossen, Portugal mit dem übrigen Spanien zu vereinigen, hatten sie ihre älteste Tochter Isabella Prinz Alfons von Portugal zur Frau gegeben. Als er starb, war sie an den portugiesischen König Manuel I. übergegangen, und als auch sie starb, hatte die Schwester Maria ihren Platz eingenommen.

Auch die große Politik trug das ihre bei. Nachdem Karl VIII. von Frankreich unter Berufung auf seinen Anspruch auf das angevinische Erbe in Neapel in Italien eingedrungen war und die Aragonesen in Neapel, Sizilien und Sardinien bedrohte, gelang es Ferdinand 1495, eine »Heilige Liga«, bestehend aus Spanien, dem Borgia-Papsttum und dem Deutschen Reich, dazu noch mit englischer Unterstützung, gegen Frankreich ins Leben zu rufen. Inzwischen war es zu einer dynastischen Union von höchster Bedeutung gekommen: Man hatte eine Doppelhochzeit geschlossen zwischen dem Infanten Johann, dem Erben der Katholischen Majestäten, und der Erzherzogin Margarete von Habsburg, der Tochter des Kaisers Maximilian I., sowie zwischen Johanna, der Tochter des katholischen Monarchen, mit dem Erzherzog Philipp von Habsburg, Maximilians schönem Sohn, der durch seine Mutter Erbe von Burgund und den Niederlanden war. Der Pakt wurde noch enger, als die Infantin Katharina von Aragón zunächst mit Arthur, dem Prinzen von Wales, dem englischen Thronprätendenten, und dann mit Heinrich VIII. verheiratet wurde.

Alle diese sorgfältigen Pläne zerschlugen sich. 1498 starb Isabella von Portugal. Ihr folgte im nächsten Jahr ihr Sohn Michael, der Infant. Am schlimmsten aber war, daß der junge Infant Johann sechs Monate nach seiner Hochzeit tot war, völlig erschöpft, wie man munkelt, von seinen Bemühungen, den Fortbestand der Dynastie zu sichern. Damit war unvorhergesehener- und unerwünschterweise die Infantin Johanna, die bereits Anzeichen beginnenden Wahnsinns erkennen ließ, Erbin von Ferdinand und Isabella. 1504, beim Tode ihrer Mutter, erbte sie Kastilien. Schon bald erwies sie sich als unfähig, die Regierungsgeschäfte in die Hand zu nehmen, und ihr Mann, der Erzherzog Philipp von Habsburg, war ein Fremder in Spanien. Hinzu kam, daß ihr Sohn, Karl von Gent, in Flandern erzogen wurde.

So wurde Spanien die ausländische Habsburger Dynastie aufgepropft und das Land selbst dem kaiserlich-europäischen Erbe zugeschlagen. Als 1516 Philipp der Schöne vorzeitig starb, kam Karl von Gent, ein einfältiger Jüngling von flämischem Äußeren und mit einem merkwürdig geformten Unterkiefer, als Karl I. in den Besitz des spanischen Erbes, das nun seinerseits tief verstrickt wurde in die Angelegenheiten der Niederlande und Mitteleuropas, die eigentliche Ursache für Karls V. gigantischen Versuch, das Heilige Römische Reich zu neuem Leben zu erwecken.

Karl V. gebot über immense Besitzungen. 1519, beim Tode von Maximilian, erbte er nicht nur die burgundischen Niederlande durch seine Großmutter, die Erbin von Karl dem Kühnen, sondern auch alle Habsburger Erbländer in Deutschland und an der Donau bis hin zur Steiermark, Kärnten und Tirol, sodann durch seine Mutter Kastilien und Spanisch-Amerika, Aragonien und die aragonischen Besitzungen in Neapel, Sizilien und Sardinien. In der Person dieses neunzehnjährigen Jünglings, der nach gewaltigen Bestechungsgeschenken an die Kurfürsten bald zum römischen König und Kaiser des Heiligen Römischen Reiches gewählt wurde, konnte sich der erhabene Titel nach Jahrhunderten erstmals wieder auf eine potentielle Macht von europäischen Ausmaßen stützen und zum erstenmal überhaupt auch auf außereuropäische Ressourcen zurückgreifen.

Während sich die wirtschaftlichen Aktivitäten allmählich nach Amerika und in den Fernen Osten verlagerten, wurde das Heilige Römische Reich noch einmal zum Mittelpunkt der europäischen Politik.

Widersacher Frankreich

Aber es sollte Karl V. ebenso schwerfallen wie seinen kaiserlichen Vorgängern, dem Übermaß an Verantwortung gerecht zu werden. Er sah sich drei schwierigen Problemen gegenüber: einerseits dem maßlosen Ehrgeiz Frankreichs, lange Zeit der aggressivsten und bedeutendsten Macht im Westen, das sogar bereit war, sich mit dem Großtürken zu verbünden, andererseits dem Ausbruch einer militant volkstümlichen und rasch um sich greifenden Ketzerei in Deutschland, die sich macht- und landgierige Fürsten und Adlige zunutze machten, und schließlich dem gefährlichen Vorstoß der Türken in Osteuropa und in der Levante, verbunden mit einer wachsenden muslimischen Seemacht, die ihre Basis in Nordafrika hatte. Um mit all diesen Schwierigkeiten fertig zu werden, mußte Karl V. seine unpopuläre Herrschaft in einem von Spaltung bedrohten Spanien durchsetzen, seine Besitzungen in Italien sichern und die Verbindungswege zwischen den Niederlanden und der Franche-Comté sowie zwischen Deutschland und Spanien durch Italien offenhalten.

Der französische Historiker Braudel[26] hat ausführlich dargelegt, mit welchen immensen Transport- und Verkehrsschwierigkeiten sich alle Herrscher des siebzehnten Jahrhunderts noch herumzuschlagen hatten in einer Zeit, da der Winter noch regelmäßig den Verkehr zu Lande und zu Wasser empfindlich beeinträchtigte oder gar zum Erliegen brachte und die Transportmittel immer noch archaisch, die Karten unzuverlässig, die Straßen und Brücken reparaturbedürftig und Neuigkeiten ein »Luxus« waren. Trotz dieser Hindernisse wurden verbitterte und verheerende Kriege geführt, die ein Zeitalter entstellten, welches ansonsten glänzende schöpferische Kräfte entfaltete: italienische und flämische Maler schufen herrliche Meisterwerke, Architekten verwandelten Roms Erscheinungsbild, und die Italiener wurden zum kulturellen Vorbild der nordeuropäischen Völker, die ihre eigene »Renaissance« hervorbrachten und die Italiener wirtschaftlich und politisch überflügelten.

Der Konflikt zwischen Frankreich und dem Kaiserreich wurde vor allem in Italien ausgetragen, wo Karl V. unbedingt die Oberherrschaft über Mailand und Genua behalten, die Verbindungswege nach Österreich und Deutschland offenhalten und seine Herrschaft über Neapel und Sizilien sichern mußte. In der Tat wurde diese neue militärische Schlagkraft, die die Spanier für kurze Zeit zu Herren Europas machte, auf den Feldzügen in Süditalien entwickelt. Gonzalo de Córdoba, der sich seinen Feldherrnruhm bei der Eroberung Granadas erworben hatte, hatte die spanische Infantrie in schwerbewaffnete, aber bewegliche Truppen von Pikenieren und Arkebusieren gegliedert. 1534 schufen die Spanier die *Tercios*, die zum Schrecken Europas wurden. Es handelte sich um große Einheiten von bis zu dreitausend Mann in zwölf Kompanien, welche die Verteidigungskraft der Schweizer in Form einer Phalanx von langen Piken übernahmen und mit der offensiven Stärke von Feuerwaffen verbanden. Diese *Tercios* konnten Reiterangriffen standhalten, diese zum Stillstand bringen und zusammenschießen. Ihnen verdankte Spanien die Herrschaft über Italien.

Die französische Invasion Italiens unter König Karl VIII. von Frankreich hatte bereits in einem Fiasko geendet, obwohl es dem König 1495 gelang, aus der Falle zu entkommen, in die ihn die Italienische Liga bei Fornovo gelockt hatte, und sich nach Frankreich in Sicherheit zu bringen. Sein Nachfolger Ludwig XII. (1498–1515) wurde nach anfänglichen Erfolgen bei Novara besiegt und ebenfalls gezwungen, Italien zu verlassen. Aber Ludwigs Neffe Franz I. (1515–1547) wagte einen neuen Angriff und besiegte im Jahre seiner Thronbesteigung die Schweizer Söldner bei Marignano, doch die französische Besetzung führte nur dazu, daß sich überall Widerstandsnester bildeten. Und als Franz I. im Herbst des Jahres 1524 den Mont Cenis abermals überquerte und Mailand zurückeroberte, wurden die Franzosen im Februar des folgenden Jahres bei der Belagerung von Pavia von einem deutsch-spanischen Heer eingeschlossen. Die Verteidiger der Stadt machten einen Ausfall, während die kaiserliche Armee ihrerseits angriff. Die französischen Ritter wurden von den spanischen Pikenieren und Arkebusieren gestellt und in die Flucht geschlagen, während Franz I. gefangengenommen und nach Spanien gebracht wurde. König Heinrich VIII. von England, damals mit dem Kaiser verbündet, ließ in London Freudenfeuer entzünden, während Karl V. in Madrid die Neuigkeit eher phlegmatisch zur Kenntnis nahm und lediglich in seine Kapelle zurückkehrte, um ein Dankgebet zu sprechen. Nachdem er Herr über Italien sei, sagte er, beabsichtige er nun, sich seinem eigentlichen Ziel zuzuwenden, dem Kreuzzug gegen die Türken.

Als besonnener Staatsmann unternahm Karl keinen Versuch, Franz I. zu ruinieren, und gab Heinrichs VIII. Drängen nach einer gemeinsamen Invasion

Frankreichs nicht nach. Dafür setzte er 1526 im Frieden von Madrid durch, daß die Franzosen seinen Erbanspruch auf das Herzogtum von Burgund anerkannten und auf Charollais, Artois und Flandern sowie auf Mailand, Neapel und Sizilien verzichteten. Kaum war Franz I. jedoch freigelassen, erklärte er den Friedensvertrag für null und nichtig – da erzwungen – und gründete mit dem Papst, Venedig, Florenz und Heinrich VIII. die Liga von Cognac. Trotzdem blieb Karl Herr über Italien: seine Truppen besetzten Mailand und Rom, und 1527 plünderten seine unbezahlten deutschen Truppen, einer alten barbarischen Sitte folgend, sogar die heilige Stadt.

So erlebte die mittelalterliche Geschichte eine Neuauflage: Karls V. Versuch, das Reich zu neuem Leben zu erwecken, entfachte die Glut der alten Fehde zwischen Guelfen und Ghibellinen, und die Päpste Leo X. (1513 bis 1521) und, noch verschlagener, Klemens VII. (1523–1534) versuchten wie einst, die Bemühungen des Kaisers um Einigung der Christenheit zu hintertreiben. Die spanische Präsenz in Italien blieb: 1529 fanden sich die Franzosen im Frieden von Cambrai mit dieser Tatsache ab, wofür sie als Gegenleistung die Freigrafschaft Burgund erhielten. Die spanische Herrschaft, die lange fortdauern sollte, wurde 1559, nach Karls Abdankung, in der allgemeinen europäischen Friedensregelung von Cateau-Cambrésis bestätigt. Die französischen Monarchen fuhren nicht schlecht mit ihrem Verzicht auf Italien. Sie konnten ihre Position in Frankreich konsolidieren und weitaus bequemere Ziele am Rhein ins Auge fassen, wo sie dank der Reformationswirren in Deutschland leichtes Spiel hatten.

Martin Luther

Dieses deutsche Problem verfolgte Karl V. fast seit seiner Thronbesteigung. Wie im Konflikt zwischen Kaiser und Papst in Italien dominierten auch hier, nördlich der Alpen, noch mittelalterliche Themen, und zwar solche mit noch größerer Brisanz. Wie Hus und seine Anhänger verabscheute Luther die mediterranen Rituale, die fester Bestandteil einer italienisierten Kirche waren, und berief sich wie Wyclif auf die Autorität der Bibel. Wie die Schüler von Hus verkörperte er den erwachenden Nationalismus seines Volkes, wie jene sich mit dem tschechischen Nationalgefühl verbanden und auf tschechisch predigten und schrieben, so war Luther, genialer als Wyclif oder Hus, ein Vertreter seines Volkes. 1483 in Eisleben geboren, wuchs der Bergmannssohn hier und in Mansfeld auf, 1501 ging er an die Universität von Erfurt. Sein Vater, der es in seinem Beruf zu etwas gebracht hatte, wollte, daß er Rechtsanwalt würde, aber 1506 bestand Luther darauf, Augustinermönch zu werden. Nach erfolgreichem Theologiestudium in Wittenberg kehrte er nach Erfuhrt zurück, um unter Johannes von Staupitz, dem Generalvikar seines Ordens, zu lehren, zu dessen Verteidigung er 1510 nach Rom gesandt wurde. Wie viele Leute aus dem Norden war der ernsthafte junge Provinztheologe zutiefst schockiert von der römischen Lebensweise und kehrte angewidert von der verschwenderischen Hofhaltung Papst Julius' II. nach Deutschland zurück. 1515 wurde er zum Prior ernannt, aber auch mit seelsorgerischen Aufgaben betraut. Er hatte also eine Bilderbuchkarriere hinter sich, als er 1517 zum Mittelpunkt einer aufsehenerregenden Kontroverse über den Ablaßhandel in der Diözese Mainz wurde. Nach der politischen Krise von 1517 bis 1521 und nach Übersetzung der Bibel ins Deutsche heiratete Luther Katharina von Bora, eine ehemalige Nonne.

Für Karl V. bedeutete Luther ein höchst unangenehmes und hartnäckiges Problem. Seine kraftvolle Beredtsamkeit verband sich mit erdiger Derbheit der Sprache, die eine neue Vulgarität in den theologischen Disput brachte, und seine dickköpfige Sturheit machten ihn zu einem politischen Machtfaktor: er dachte mit dem Herzen. Der Konflikt begann mit einer rasch um sich greifenden, derben und volkstümlichen Kontroverse über einen traditionellen Stein des Anstoßes, den Ablaßhandel, welcher dieses Mal einem weit ehrenwerteren Zweck diente als sonst zumeist, nämlich dem Wiederaufbau der Peterskirche. Der Wirbel genügte den deutschen Fürsten, die schon längst ein Auge auf die Kirchenbesitzungen geworfen hatten, um im Kielwasser dieses Streites im Trüben zu fischen. Wie im hussitischen Böhmen wurden auch hier politische Ereignisse durch eine Ketzerlehre ausgelöst.

1517 schlug Luther fünfundneunzig Thesen an die Tür der Hofkirche zu Wittenberg. Sein nach langem qualvollen Ringen entdeckter Grundsatz lautete, daß der Gerechte aus dem Glauben lebe. Daraus folge, daß die »Werke« – also das Ritual, die Reliquienverehrung und die ganze aufgeschwollene und bombastische Kirchenstruktur, die aus nachrömischer, merowingischer, fränkischer und ottonischer Zeit stammte und von Gregor VII. und Innozenz III. organisiert worden war – überflüssig seien. Deshalb wandte Luther sich an den »Christlichen Adel deutscher Nation«, die Kirche zu »reformieren«. Selbstverständlich exkommunizierte der Medici-Papst Leo X. den aufsässigen Mönch: Zum Vergnügen seiner Studenten verbrannte Luther die Bulle im Winter des Jahres 1520 öffentlich. Gegensätzlichere Charaktere als Leo X., diesen lebensfrohen Kunstpatron, und Luther, diesen religiösen Mystiker und volkstümlichen Evangelisten, ließen sich nicht denken.

Luthers Lehren kamen in Mode und breiteten sich aus. In der »nominalistischen« Philosophie der Ockham-Schule groß geworden, die sich zu den Grenzen des Verstandes bekannte, wollte er mit allem aufräumen, was nach seiner Meinung zum anmaßenden scholastischen Denken des Thomismus gehörte, und zurückkehren zu den frühen Kirchenvätern und zu den Evangelien. Dadurch zog er viele Intellektuelle auf seine Seite, die sich für die neuen Ideen und den Renaissancekult der Rückkehr zu den Quellen der Bibel und der Klassiker begeisterten, während seine deftige deutsche Beredtsamkeit das Volk entzückte. Den Fürsten und Adligen paßte er ins Konzept, waren sie doch entschlossen, die Macht des katholischen Kaisers zu brechen und den Kirchenbesitz in ihre Hand zu bekommen. Abgesehen davon dichtete Luther eindrucksvolle Kirchenlieder – so zum Beispiel »Ein feste Burg ist unser Gott«, entstanden im Jahre 1524. Als er 1546 starb, hatte er eine riesige Anhängerschar hinter sich. Außerdem war er der erste geniale Häretiker, der sich das neue Machtmittel der Buchdruckerkunst zunutze zu machen wußte. 1554, ein Jahr nach dem Fall Konstantinopels, hatte Johannes Gutenberg die beweglichen Lettern erfunden, die den Blockdruck mit Holztafeln ersetzten. 1516 hatte der Holländer Erasmus, der katholische Humanist, dadurch in ganz Europa Berühmtheit erlangt, daß er das Neue Testament nach dem Griechischen, versehen mit einer eigenen lateinischen Übersetzung, herausgab und damit die Autorität der ehrwürdigen, offiziellen und ungenauen lateinischen *Vulgata* in Frage stellte. Auch seine geistreichen und eleganten *Colloquia* und *Adagia* machten seinen Namen unter Gebildeten bekannt, aber Erasmus wandte sich an die Elite – Luther besaß den Instinkt für das Massenpublikum, und natürlich ging die Stimme des erasmischen Humanismus, wenn sie auch, wie sich herausstellen sollte, einen langen Atem hatte, im Volkslärm unter. Luthers Ideen breiteten sich bald über ganz Deutschland aus.

Die Hussiten waren die ersten Häretiker, die eine ganze Nation zu den Waffen riefen. Luther, ein leidenschaftlicher Pamphletist, entfachte einen noch weit größeren nationalen und übernationalen Aufruhr. Es erwies sich als unmöglich, seine Schriften zu unterdrücken: Erzbischof Warham von Canterbury schrieb an Kardinal Wolsey, die Universität von Oxford sei »von den häretischen Lehren Luthers infiziert«. Es sei »traurig zu sehen, wie sich wankelmütige Menschen, und insbesondere unerfahrene Jugendliche, die anfällig sind für neue Lehren, und mögen sie noch so verderblich sein, begierig an Dingen versuchen, die ihnen von ihren Oberen verboten worden sind.« Um sich mit dem päpstlichen Titel *Fidei Defensor* schmücken zu dürfen, brandmarkte Heinrich VIII. Luther in der größtenteils von ihm selbst verfaßten Schrift *Assertio Septem Sacramentorum*, die Leo X. vorgelegt wurde, der den Einband sehr bewunderte und dem Monarchen, nachdem er ihm die Titel »der Höchstorthodoxe« und sogar der »Engelhafte« verliehen hatte, seine Wünsche überbringen ließ.[27]

Nicht ohne Derbheit erwiderte Luther, der König habe unter Beweis gestellt, wie trefflich er es verstehe, ein Stück Papier zu besudeln. Heinrich, der das nicht auf sich sitzen lassen mochte, beschrieb den Reformator in einem Brief an Karl V. als »schäbiges, krankes und böswilliges Schaf« – der Ausdruck des sechzehnten Jahrhunderts für »schmutziger Abweichler«. Die Pamphlete gingen weg wie warme Semmeln, die Herausgeber machten zum erstenmal die Erfahrung – die allerdings auch gewisse Gefahren barg –, welche Macht die Presse auf einem Massenmarkt besitzt.

1521 berief Karl V., trotz seiner einundzwanzig Jahre bereits erwählter Kaiser des Heiligen Römischen Reiches, den Reichstag zu Worms ein, auf dessen Tagesordnung viele dringende Probleme standen. Vorgeladen, erschien Luther unter dem Schutz des Kurfürsten von Sachsen und legte seine

Überzeugung unmißverständlich dar: Solange man ihn nicht logisch und an Hand der Bibel widerlegen könne, solange könne und wolle er nichts widerrufen.

Natürlich vertrat Karl V. die Sache der Kirche. Seine Vorfahren, so erklärte er, seien alle gläubige Söhne der Kirche gewesen und sicherlich sei ein einzelner Mönch im Irrtum, welcher der Ansicht der ganzen Christenheit widerspräche.

Unter dem Schutz des Kurfürsten von Sachsen wurde Luther bald darauf auf die Wartburg gebracht, wo er das Neue Testament ins Deutsche übersetzte (1522). Durch zahlreiche Veröffentlichungen wurde er zu einer politischen Figur in Europa, unterstützt von vielen deutschen Fürsten. Aber ihm lag gar nicht daran, eine unabhängige Kirche zu gründen oder auch nur ein von seinen Anhängern allgemein akzeptiertes Glaubensbekenntnis zu formulieren, das überließ er seinem Mitarbeiter Melanchthon. Während sich die »protestantischen« Fürsten im Schmalkaldischen Bund organisierten, dem sich der mittlerweile mit Papst Klemens VII. zerstrittene Heinrich VIII. von England in dem für ihn typischen und verräterischen Pragmatismus eiligst anschloß, galt Luthers Interesse weit mehr den Einzelheiten in der Auseinandersetzung um die »Realpräsenz« im Sakrament. Er war auch entsetzt über die Radikalität des Volkes und des Bauernkrieges, der 1524 in Südwestdeutschland ausgebrochen war, und den Luthers Aufbegehren gegen die Autorität ermutigt hatte. Deshalb verfertigte er in aller Eile eine besonders aggressive Flugschrift *Wider die räuberischen und mörderischen Rotten der Bauern.*

Damit bestätigte sich die Nähe Luthers zu Hus: Wie Hus durch seine Anhänger einen militanten tschechischen Nationalismus geweckt hatte, so sprach Luther, nur in größerem Maßstab, den Nationalismus der Deutschen an. Und wie Žižka die böhmischen Radikalen niedergemacht hatte, so tat Luther sein Bestes, um die Bauern zu vernichten, die sich wie gewöhnlich vor allem über die Jagdgesetze beklagten.

Trotz Gegenwehr von Papst und Kaiser löste Luther einen dauerhaften Konflikt in Deutschland aus, der zu einer tiefen Spaltung in Kirche und Staat führte. Dabei war er politisch keineswegs radikal. Auf ihn haben sich die gemäßigten protestantisch-lutheranischen Kirchen berufen, die in Deutschland, Skandinavien und außerhalb Europas gegründet wurden. Seine Anhänger, die den Vorrang der weltlichen Macht anerkannten, haben ihre sanfte, bescheidene und gefügige Version des Christentums entwickelt.

Mohács und Malta

Bald nach der Verurteilung Luthers als Häretiker auf dem Reichstag zu Worms erfuhr das dritte große Problem Karls V. eine krisenhafte Zuspitzung. Die Türken hatten unter ihrem Sultan Suleiman dem Prächtigen (1520–1566) die strategisch wichtige Insel Rhodos eingenommen. Nach ihrer Inbesitznahme durch den Orden der Johanniterritter im Jahre 1309 hatte sie lange als Stützpunkt für die christliche Seefahrt in der Levante gedient. Hinter ihren massiven Befestigungsanlagen, die größtenteils noch erhalten sind, hatten die Ritter, deren nationale *Auberges* mit ihren Wappenschildern noch heute zu besichtigen sind, den Feinden sechs Monate lang eine geschickte und zähe Verteidigung entgegengesetzt und ihm schließlich noch ehrenvolle Kapitulationsbedingungen abgerungen. Aber die Stadt und die schöne Insel, in der Antike als Mittelpunkt der Rhetorik und der Bildung gepriesen, fielen in die Hände eines fremden, muslimischen Volkes, das aus den weiten Räumen Anatoliens und Asiens kam, neben denen Europa verschwindend klein erscheint. Die Ritter, ausnahmslos von aristokratischer Herkunft – die Franzosen konnten acht adlige Vorfahren in ihrem Stammbaum vorweisen, die Deutschen gar sechzehn – stammten neben den genannten Ländern aus Kastilien, Aragonien, León, Portugal, Italien und England und trugen ein weißes Kreuz auf Purpurmänteln und verfügten über einen immensen kollektiven Reichtum. Unter ihrem Großmeister Villiers de l'Isle Adam zogen sie sich zunächst nach Viterbo, dann nach Nizza zurück.

Hier griff Karl V. ein. Er fand, die militärische Tüchtigkeit dieser christlichen Ritter müsse unbedingt weiter gegen die Ungläubigen eingesetzt werden, und wies ihnen die strategisch gelegene Insel Malta als neuen Besitz zu, die außerdem über hervorragende Häfen verfügte. 1530 wurde sie den Rittern zusammen mit dem schwer zu verteidigenden Tripoli in Nordafrika als ständiges Lehen überlassen, wofür sie als Zeichen ihrer Lehnstreue dem König von Spanien jährlich einen Falken zu übersenden hatten. Wieviel strategische Klugheit Karl V. und seine Ratgeber damit bewiesen hatten, sollte sich zeigen, als 1565 eine riesige türkische Streitmacht, durch Nordafrikaner verstärkt, die Insel angriff, auf heldenhaften Widerstand stieß – der sogar in einer gespaltenen Christenheit leidenschaftliches Interesse fand – und ihr Unternehmen schließlich aufgeben mußte, als ein spanischer Gegenangriff zum Entsatz von Sizilien aus gestartet wurde.

Der siegreiche Großmeister Jean de la Valette nutzte diesen strategischen Erfolg, um die kunstvollen und massiven Befestigungsanlagen von Valetta zu bauen, die den *Grand Harbour* schützten. Von dem gesicherten Malta aus konnte dann 1571 die türkische Seemacht in der Levante in der spektakulären Seeschlacht bei Lepanto zerschlagen werden.

Dies aber war erst einmal Zukunftsmusik, denn noch stand Osteuropa der türkische Angriff unmittelbar bevor.[28] Nach dem Tode von Matthias Corvinus im Jahre 1490 hatte sein Nachfolger, Wladislaw *Dobze* – »in Ordnung« –, so genannt, weil er sich immer gleich den Forderungen seiner Magnaten gefügt hatte, das ungarische Reich nachhaltig geschwächt. Es war zu Bauernaufständen gekommen, die grausam unterdrückt worden waren. Schließlich wurden die Ungarn 1526 bei Mohács unter Ludwig II., der auf dem Schlachtfeld fiel, vernichtend geschlagen.

Aber Karl V., darin ein echter Habsburger, wußte ein probates Mittel: eine dynastische Heirat, die ein Familienproblem lösen und die Verteidigungskraft der Ungarn stärken sollte. Sicherheitshalber hatte er seinen jüngeren Bruder Ferdinand als potentiellen Rivalen aus Spanien entfernt. Was lag näher, als ihn, versehen mit einem großen Stück der habsburgischen Erblande, mit Anna von Ungarn zu vermählen, die ihm ein dynastisches Bündnis mit Ungarn und Böhmen einbringen konnte? Diese Augenblicksentscheidung, getroffen, um das Problem von Ferdinands Zukunft zu lösen, um die ohnehin schon polypenhaft auswuchernde Habsburgermacht noch mehr auszuweiten und um die Verteidigung zu Lande gegen die Türken zu stärken, hatte die Habsburger Familie in zwei Linien aufgespalten. Die eine verleibte sich das Reich ein, die andere gebot über die Militärmacht Spaniens, einen großen Teil Italiens und die wachsenden Ressourcen Spanisch-Amerikas.

Dieser schicksalhafte Schachzug veränderte die politische Zukunft Europas, wenn auch seine unmittelbare dynastische Absicht nicht in Erfüllung ging. Im Mai 1521 heiratete Ferdinand, Erzherzog von Österreich, in Linz Anna von Ungarn. Als Gegenleistung für Ferdinands Verzicht auf Burgund und Spanien hatte Karl ihm sämtlichen Habsburgerbesitz in Deutschland überlassen, während festgelegt wurde, daß Ferdinand römischer König mit dem Anspruch auf den Kaisertitel werden sollte, sobald Karl zum Kaiser gekrönt war. Im Juli wurde die neue dynastische Allianz durch die Ehe zwischen Karls und Ferdinands Schwester Maria mit König Ludwig II. von Ungarn bekräftigt.

Inzwischen belagerten die Türken Belgrad, und die Nachricht von der Eroberung der Insel Rhodos traf ein. Vier Jahre später, im August des Jahres 1526, als die ungarische Armee die vernichtende Niederlage bei Mohács erlitt und König Ludwig II. ohne Erben starb, fiel der Rest des Erbes an Ferdinands Frau Anna von Ungarn, wodurch dieses sich schließlich, nach mancherlei Schwierigkeiten, im Netz der Habsburger fing.

Wenn damit auch der Vormarsch der Türken nicht gestoppt worden war, so war doch der dynastischen Politik von Karl und Ferdinand ein unerwarteter Erfolg zuteil geworden. Er wurde noch größer, als im Oktober 1526 Ferdinand, zum Teil dank der Erbansprüche seiner Frau, zum König von Böhmen gewählt und im Frühjahr des Jahres 1527 in Prag gekrönt wurde. Getreu der habsburgischen Tradition arbeitete Ferdinand auch weiterhin mit Karl V. zusammen, so daß quer durch Mitteleuropa eine improvisierte Front gegen den türkischen Vormarsch gebildet wurde, die von Böhmen über die mittlere Donau bis zu den Ostalpen reichte. Im gleichen Jahr hatte Karl V., in einer Rückwendung zu den frühesten dynastischen Zielen von Ferdinand und Isabella, in Sevilla seine Kusine Isabella von Portugal geheiratet, womit er die gigantische Habsburger Interessensphäre auf das überseeische portugiesische Handelsimperium ausdehnte, das jetzt nach »Öffnung des Weges nach Ceylon« und darüber hinaus festen Fuß in Indien und im Fernen Osten gefaßt hatte.

Eine Krone: zwei Welten

Zu einem Zeitpunkt, da die Portugiesen sich in Goa eingerichtet hatten, Cortéz und Pizarro das Aztekenreich in Mexiko und das Inkareich in Peru erobert und damit eine neue Phase der Weltgeschichte eröffnet hatten, in der die Europäer lange Zeit die Vorherrschaft über alle anderen Zivilisationen behaupten sollten, waren diese Europäer auf ihrem eigenen Kontinent in einen mörderischen Krieg verstrickt. Karl V. und sein Sohn Philipp II., König von Spanien, die Herrscher, die von den neuen ozeanischen Entdeckungen am meisten profitierten, waren weit mehr damit beschäftigt, im Zuge einer Gegenreformation das uralte Ziel einer Restauration des Heiligen Römischen Reiches zu verfolgen.

Bestrebt, die Expansion der Türken zu Wasser und zu Land einzudämmen, hatte Karl V. sich außerdem in dem verzweifelten Bemühen aufgerieben, Mitteleuropa zu einigen, und Philipp II. sollte seine Regierung durch gegenreformatorische »Kreuzzüge« ruinieren. Das aus heutiger Sicht eigentliche epochale Ereignis der Zeit, die überseeischen Entdeckungen und Eroberungen, die Europa mit bislang unbekannten Kulturen in Berührung brachten, besaßen also für die Zeitgenossen nur untergeordnete Bedeutung im Vergleich zu den traditionellen Zivilisationen und zu dem rückwärtsgewandten Versuch, eine dynastische Version des Heiligen Römischen Reiches zu schaffen zu einer Zeit, da die beherrschende politische Macht der Zukunft sich bereits im nationalen Großstaat abzeichnete und nicht mehr in kosmopolitischen Institutionen. Doch der »heroische« Charakter, den Camões in seinem Epos über die portugiesischen Entdeckungen preist, läßt sich zumindest Karls V. titanischem Versuch nicht ganz absprechen, das alte Konzept einer vereinigten Christenheit ein letztes Mal zu verwirklichen.

Ulrich Zwingli

Trotz der Anstrengung Karls V. hatte der ideologische Konflikt, den Luther in Deutschland ausgelöst hatte, jetzt politische Dimensionen angenommen. Nachdem sich 1524 die katholischen Staaten zum Bündnis von Regensburg zusammengeschlossen hatten, waren die Protestanten 1526 das Gotha-Torgauer Bündnis eingegangen, aus dem 1531 der Schmalkaldische Bund wurde. Die Katholiken waren stärker vertreten in Bayern, Österreich und im Rheinland, die Protestanten in Sachsen und im Norden, in Hessen und Brandenburg, in Ländern also, die erst später missioniert worden waren. Was als Streit zwischen Theologen begonnen hatte, wurde von den Kurfürsten aufgegriffen, welche die Gelegenheit begrüßten, Zwietracht zu säen und vielleicht auch ihre Territorien zu vergrößern. Die schon seit Jahrhunderten chronische Zersplitterung des Reiches sollte jetzt in einem weitreichenden ideologischen Konflikt kulminieren. Die seit der Zeit Innozenz' III. überall in Europa schwelenden Ketzerlehren hatten das Netz der europäischen Christenheit zerrissen, das Karl V. zusammenzuhalten versuchte.

In Zürich hatte sich inzwischen Ulrich Zwingli, ein begabter Bauernsohn, der 1484, ein Jahr nach Luther, geboren worden war, die erasmischen Vorstellungen von Bibelreform und Bibelauslegung zu eigen gemacht. Er hatte in Wien und Basel studiert und war 1518, nach einer Tätigkeit als Feldpriester bei Schweizer Söldnern in Italien, »Leutpriester« am Großmünster in Zürich geworden. Wie Luther suchte er das Heil im Studium des Neuen Testaments, und zwar in der neuen griechischen Ausgabe des Erasmus, und setzte auf den Glauben statt auf die »Werke«. Schon bald entwickelte er sich zu einem evangelistischen Prediger, der bei der Auslegung der Heiligen Schrift die Beziehung zu aktuellen Ereignissen suchte und mit ausgeprägtem Schweizer Nationalgefühl den Expansionsdrang der Großmächte kritisierte. Wie in Deutschland, dann in England und in Holland verdankte auch in Zürich der protestantische Glaube seinen Erfolg teilweise – und vielleicht in erster Linie – einer nationalistischen Abneigung gegen alles Fremde. Wie Luther wandte sich Zwingli gegen den konservativen thomistischen »Realismus«, fand aber keine konstruktive Alternative zum modischen »Nominalismus« und schrieb in seinem humanistischen Reformeifer nicht weniger als siebenundsechzig antipäpstliche Artikel.

1525 hatte sich sein Einfluß in Zürich so durchgesetzt, daß die katholische Messe offiziell verboten wurde, und er forderte, die Schweizer sollten sich nicht mehr als Söldner fremden Mächten verdingen, die doch keine Sorge für sie trügen, und fragte angesichts solcher Beschäftigung – höchst lukrativ für diejenigen, die das Kanonenfutter lieferten –, »ist es das, was Christus uns gelehrt hat?« Die traditionellen Abendmahlskelche ersetzte er durch solide Schweizer Holzgefäße und ermunterte die Gemeinde zu spontanen »Prophetien« während der Gottesdienste. Zwinglis Lehren, hinsichtlich der zentralen Frage der »Erbsünde« gemäßigter als Luthers Überzeugung – Zwingli hielt sie eher für eine »Krankheit« als für eine »Schuld« –, gewannen nicht nur in Zürich an Boden, sondern auch in Basel, Konstanz und sogar Straßburg, von wo aus sie in der zweiten Hälfte des sechzehnten Jahrhunderts nach England gelangten und dort zunächst wirksamer waren als Luthers Lehren.

Zu seinem Unglück hatte Zwingli auch politisch-patriotischen Ehrgeiz. Es gelang ihm, die »Christliche Burgrechte«, einen Bund der Nordschweizer Städte unter Einbeziehung Berns, ins Leben zu rufen, der nötigenfalls zum Anschluß an das deutsch-protestantische Gotha-Torgauer Bündnis bereit war. 1531 eröffnete dieser Bund einen Wirtschaftskrieg – wogegen die Schweizer damals so empfindlich waren wie heute – gegen die katholischen Kantone der Eidgenossenschaft. Die katholischen »Orte«, bis ins Mark getroffen, erklärten den Krieg, und noch im gleichen Jahr wurden Zwingli und sein Heer – obwohl mit dreizehn Predigern versehen – im zweiten Kappeler Krieg vernichtend geschlagen, und der Leichnam des Reformers, bewaffnet mit einem riesigen Schweizer Schwert und einer großen Schweizer Axt, wurde verbrannt. In der Teilung der Schweiz in katholische und protestantische Kantone lebt die Erinnerung an diese Auseinandersetzung fort.

Zwinglis Lehren wurden von dem schwäbischen Gelehrten Johannes Oecolampadius (gest. 1531) und von Heinrich Bullinger weiterentwickelt, die sie im Druck und durch eine für die damalige Zeit so charakteristische weitverzweigte und kosmopolitische Korrespondenz verbreiteten.

Während Luther und Zwingli eine gesellschaftlich ziemlich konservative Haltung eingenommen hatten, bekannten sich einige ihrer Anhänger und Mitarbeiter zu radikal subversiven Ideen und Praktiken.

Den größten Schrecken und die entschiedenste Mißbilligung bei Katholiken wie Protestanten ernteten von all diesen Splittergruppen die Wiedertäufer. 1523 hatte Zwingli in Zürich eingeräumt, daß er es für zweifelhaft halte, wenn Kinder, die zu jung seien, um die Mysterien der christlichen Lehre zu verstehen, getauft würden. Eine Gruppe protestantischer Intellektueller und Radikaler, unter denen sich Thomas Münzer, ein Führer des Bauernkriegs von 1524, durch besondere Strenge hervortat, ereiferte sich nun über diese Frage. Eine Splittergruppe von Zwinglis Anhängern zog von Zürich nach Zollikon am Zürichsee, wo sie Erwachsene durch vollständiges Eintauchen tauften. Der Rat von Zürich erklärte daraufhin, daß die anabaptistischen Führer durch anhaltendes völliges Eintauchen zu ertränken seien, und im November 1526 wurde einer von ihnen an ein Eisengitter gebunden und ins Wasser geworfen.

Doch die überlebenden Anabaptisten erregten bei den braven Bürgern noch größeres Entsetzen dadurch, daß sie den Pazifismus und sogar eine Art Gütergemeinschaft predigten: Aus Zürich vertrieben begaben sich ihre Missionare nach Tirol und Mähren, wo sie ihre größten Erfolge bei den Nachkommen der Hussiten erzielten, und begannen in mittelalterlicher Manier vom Tausendjährigen Reich und von der Wiederkunft Christi zu predigen. 1528 wurde Hubmaier, der erfolgreichste ihrer Missionare, als Ketzer verbrannt, während seine Frau mit einem schweren Stein um den Hals im Wasser der Donau versenkt wurde.

Aber obwohl die Behörden empfindlich reagierten, wo immer die Täufer auftauchten – etwa in Ulm und Straßburg –, waren sie nur schwer auszurotten. Im Winter des Jahres 1535 hören wir von ihnen in Amsterdam, wo sieben Männer und fünf Frauen trotz der Kälte nackt durch die Straßen rannten und riefen: »Wehe, wehe, wehe! Der Zorn Gottes!« Wie sie vor ihrer Hinrichtung erklärten, hätten sie es getan, um zu zeigen, daß sie die *nackte* Wahrheit sprächen. Da wußte sich die Regierung Karls V. nicht anders zu helfen, als die Männer zu verbrennen und die Frauen lebendigen Leibes zu begraben.

Der Tod Karls V.

Für Karl V. erwiesen sich die Unruhen, die Luther, Zwingli, Calvin und das aberwitzige Außenseitertum der Wiedertäufer sowie ihre politischen Anhänger und Nutznießer gestiftet hatten, als ein weiteres Hindernis für sein zentrales Ziel, die Christenheit gegen die Türken zu mobilisieren. Und die Sache wurde immer dringlicher: 1529 hatte ein albanisch-griechischer Pirat, ein *Renegat* namens Kizr, seines Bartes wegen *Barbarossa* genannt, unter dem ihm offiziell vom Sultan verliehenen Titel *Chair ed-Din* – »Verteidiger des Glaubens« – Tunis und Algier erobert. Die Johanniter von Rhodos, die sich erst im folgenden Jahr auf Malta einrichten sollten, hatten das zentrale Mittelmeer noch nicht unter ihrer Kontrolle, so daß 1534 eine große türkische Flotte unter Chair ed-Din die Straße von Messina und die neapolitanische Küste verwüsten konnte. Die Franzosen hatten inzwischen lange Verhandlungen mit Istanbul geführt und sollten sich zwei Jahre später mit dem Großtürken verbünden.

Unabhängig von der Lage in Deutschland, den Absichten von Franz I., dem Verhalten von Heinrich VIII. oder dem wahnwitzigen Treiben der Täufer, war es eine zwingende Notwendigkeit, die christliche Seemacht wieder herzustellen, und im Mai 1535, ein Jahr nach dem Bruch Heinrichs VIII. von England mit der katholischen Kirche, bot Karl V. eine gewaltige Streitmacht auf. Ziel des aufwendigen Feldzuges war Tunis, angeblich, um den legitimen Herrscher Mulay Hassan wieder einzusetzen. Vor Genua versammelten sich Karavellen aus Portugal, Kriegsgaleeren aus Genua unter dem berühmten Andrea Doria und eine große Transportflotte, die fünfundzwanzigtausend spanische und deutsche Pikeniere und Arkebusiere sowie sechshundert Reiter beförderte, und der Kaiser höchstpersönlich unterzog die Streitmacht einer Inspektion. Mitte Juni landete die Streitmacht bei strahlendem Wetter vor Tunis. Bald war die vorgeschobene Festung La Goulette genommen, und ein rascher Landangriff, trotz Staub, Hitze und Durst erfolgreich vorgetragen, brachte die Einnahme von Tunis und die Befreiung von zwanzigtausend gefangenen Christen. Karl V. hatte im dichtesten Getümmel gefochten und sich als der christliche Ritter bewährt, als der er sich immer verstand. Aber obwohl die meisten türkischen Schiffe in die Hände des christlichen Heeres gefallen waren, entkam Chair ed-Din, jetzt kommandierender Admiral der Flotte des Sultans, nach Bona, von wo er auf dem Seeweg nach Algier, dem Stützpunkt seiner Reservegaleeren, floh. Die Piraten waren besiegt, aber nicht ausgerottet.

Trotzdem wurde die Expedition als spektakulärer Sieg gefeiert.[29] Im August kehrte Karl nach Palermo zurück, wo er von den Sizilianern als »Eroberer Afrikas« empfangen wurde. Dann setzte er nach Neapel über, wo er einen triumphalen Einzug hielt und Weihnachten und Karneval feierte. Im April 1538 begab er sich nach Rom.

Seine Absicht war es gewesen, den Erfolg zu einem vernichtenden Angriff auf Algier zu benützen, aber er mußte feststellen, daß Franz I., der seinen Sohn Heinrich II. mit Katharina von Medici verheiratet hatte und der seine Augen noch immer auf Mailand geworfen hatte, in Savoyen und Piemont eingefallen war. So war Karl gezwungen, seine Truppen in die Provence zu schicken statt auf den geplanten Kreuzzug. Die Spanier beherrschten zwar jetzt das westliche Mittelmeer, aber der Piratenstützpunkt in Algier bestand weiter, und es überstieg die logistischen Kräfte der christlichen Flotten, über eine solche Entfernung einen erfolgreichen Angriff gegen die wichtigste strategische Position der Osmanen in der Levante zu führen.

In Rom hatte Karl V. versucht, die Unterstützung von Papst Paul III. zu gewinnen – er hatte Franz I. sogar einen Zweikampf angeboten, wobei der Preis im Falle seines Sieges Burgund, im Falle eines Sieges von Franz Mailand sein sollte. Alles, was er erreichte, war das Angebot, im nächsten Jahr ein Konzil abzuhalten, das sich mit dem Fall beschäftigen solle. Inzwischen war der Angriff auf die Provence – gleichzeitig sollten von den Niederlanden aus Truppen in Frankreich einfallen – zum Erliegen gekommen, nachdem die Franzosen Avignon erfolgreich verteidigt hatten. Deshalb zog Karl sich nach Spanien zurück. Es wurde eine Waffenruhe mit den Franzosen vereinbart, die 1538 zum Waffenstillstand von Nizza führte. Doch erst nach einem erneuten Waffengang gaben die Franzosen 1544 im Frieden von Crépy ihren Anspruch auf Mailand und Neapel auf, womit die spanische Herrschaft über Italien anerkannt wurde, die mit ihren weitreichenden politischen und kulturellen Auswirkungen bis zur Mitte des achtzehnten Jahrhunderts andauern sollte. Auch die Republik von Florenz wurde beseitigt, als 1530 eine kaiserliche Armee die Medici wieder einsetzte. Die wichtigste Konsequenz aber war, daß der Konflikt zwischen den Habsburgern und den Valois von nun an jenseits des Rheins ausgefochten werden sollte.

Karl hatte jetzt freiere Hand, um sich mit der Reformation in Deutschland zu beschäftigen, deren Position durch den Abfall eines ihres wichtigsten Schirmherren, des Landgrafen Philipp von Hessen, geschwächt worden war, da er seine Frau verlassen und eine andere geheiratet hatte, eine Handlungsweise, die Luther zwar ermutigt hatte, allerdings nicht ohne dem Landgrafen zu raten, sie geheimzuhalten. Tief gekränkt hatte sich der Landgraf auf die Seite des Kaisers geschlagen und den Schmalkaldischen Bund verlassen. Seinem Beispiel war bald darauf Moritz von Sachsen gefolgt, dem Karl das Kurfürstentum seines Vetters Johann Friedrich, des Sohnes von Luthers einstigem Beschützer, versprochen hatte. 1547 erlitt das lutherische Heer eine empfindliche Niederlage bei Mühlberg an der Elbe, doch der Sieg brachte keine politische Entscheidung: Die meisten auch der katholischen deutschen Fürsten waren weiterhin darauf aus, dem Kaiser am Zeug zu flicken, und die Lutheraner erwiesen sich als unversöhnlich.

Jetzt ließ Moritz von Sachsen, der mit seinen Belohnungen unzufrieden war, Karl V. im Stich und vereinbarte 1552 im Vertrag von Chambord mit dem neuen französischen König Heinrich II., ihm die strategisch wichtigen Festungen Metz, Toul und Verdun als Gegenleistung für seine Unterstützung eines lutherischen Aufstandes als Generalvikar des Reiches zu überlassen. Sofort nutzten die Franzosen ihren strategischen Vorteil, indem sie diese lothringischen Bistümer besetzten und damit Karls Verbindungswege zu den Niederlanden bedrohten. Daraufhin verfolgten die deutschen Fürsten Karl nach Innsbruck, wo er sich gezwungen sah, über den Brenner nach Villach zu fliehen. Auf Eingreifen Ferdinands von Österreich sagten sich die deutschen Fürsten 1554 in Passau vom Bündnis mit Frankreich los.

Spätestens seit der Eroberung von Metz im Jahre 1552 und Karls V. fehlgeschlagenem Versuch, es zurückzugewinnen, besaßen die Franzosen einen strategisch entscheidenden Stützpunkt in Lothringen und damit die Möglichkeit, in die Politik der deutschen Länder einzugreifen. Dieser bedrohliche Umstand überschattete den heiklen Religionskompromiß, den Ferdinand von Österreich 1555 im Religionsfrieden von Augsburg aushandelte und dem Karl V. nur widerwillig zustimmte. Die Fürsten und nicht das Schwert beziehungsweise Kaiser oder Papst waren danach für Fragen der Religion in ihren Herrschaftsgebieten zuständig: *Cuius regio*, so stand geschrieben, *eius religio* – »Wessen das Land, dessen die Religion.«

1555, nach der erniedrigenden Flucht aus Innsbruck und dem Fiasko von Metz, war offensichtlich, daß Karls V. Versuch, das Heilige Römische Reich als Universalmonarchie zu neuem Leben zu erwecken, fehlgeschlagen war. So entschloß er sich im Herbst dieses Jahres zur Abdankung; in einer Rede vor den Rittern vom Goldenen Vlies und den Räten und Ministern der Niederlande ließ er die lange Kette seiner Bemühungen Revue passieren: neunmal war er nach Deutschland, sechsmal nach Spanien gereist, viermal nach Frankreich und je zweimal nach England und nach Afrika. Nun bereitete er sich zu seiner letzten Reise. Er war am Ende seiner Kräfte, zu Tode erschöpft und wollte nur mehr seine spanischen Lande seinem Sohn Philipp und das Reich seinem Bruder Ferdinand übergeben.

Im Januar 1556 verzichtete Karl auf Kastilien, Aragón, Sizilien und »Indien« und schiffte sich im August von den Niederlanden aus nach Spanien ein und bezog im Jahr darauf eine luxuriöse kaiserliche Villa auf dem Gebiet des Klosters San Jeronimo de Yuske, wohin er seine liebsten Tizian-Gemälde hatte schaffen lassen. Vorzeitig gealtert und von der Gicht verkrüppelt, gedachte der einstige Kaiser seinen Lebensabend in herrlicher Landschaft und wunderbarem Klima zu verbringen.[30] Es sollte nicht von langer Dauer sein: am 21. September 1558 starb Karl V. Das große, von Philip II. in Auftrag gegebene Denkmal in der Kirche von El Escorial erinnert an ihn.

Philip II., sein Nachfolger, vergeudete keine Zeit in der Auseinandersetzung mit den Franzosen. 1577 schlug er sie bei Saint-Quentin und sicherte seine Herrschaft über Flandern. Dann aber konnte weder die spanische noch die französische Regierung den Krieg fortsetzen, weil sie in diesem Jahr beide bankrott gingen. So leitete 1559 der Friede von Cateau-Cambrésis eine lange Friedensperiode der Erschöpfung ein. Die Franzosen verzichteten auf Savoyen und Piemont und ihre Ansprüche in Flandern, außerdem auf ihre Ansprüche in Italien, die sie bereits im Frieden von Crépy hatten fallenlassen, aber sie behielten Metz, Toul und Verdun. Die Hauptbedeutung des Friedensvertrages lag darin, daß Spanien die Vorherrschaft in Europa mit der Kontrolle über Italien und das spanisch-amerikanische Reich eingeräumt wurde. Zu Recht hat man in diesem Zusammenhang gesagt: Der Schwerpunkt Europas und damit der Welt war nicht mehr in den Ländern Mitteleuropas zu suchen, denn mit der Abdankung Karls V. war diese Verlagerung deutlich geworden. Spanien war jetzt die vorherrschende Macht, die deutsche Politik hatte kaum Bedeutung, und Frankreich wurde vom Bürgerkrieg zerrissen. Und doch war der Friede von Cateau-Cambrésis ein Erfolg, denn er bedeutete die Gründungsurkunde eines neuen Europa, das seinen Schwerpunkt nach Westen verlagerte, wo der Atlantik Zugang zu Handel und Kolonisation in Übersee brachte. Doch während er eine Phase relativen Friedens und Reichtums in Deutschland erkaufte, schwächte er in Osteuropa die Abwehrkräfte des Reiches gegen die türkische Bedrohung und brachte für Italien den Niedergang. Die Zukunft lag mehr noch als in Spanien jenseits des Atlantiks und der sieben Weltmeere.

Antwerpen und Augsburg

Die Verlagerung der wirtschaftlichen Macht auf die Iberische Halbinsel und den Nordwesten Europas wird markiert durch den Aufstieg Antwerpens zu größtem Wohlstand. 1499 war dort auf Kosten des bereits an Bedeutung verlierenden Brügge das Stapelrecht für den Gewürzhandel mit Portugal eingerichtet worden. Zum Handel mit England und der Ostsee fügte Antwerpen also einen immens einträglichen Handel mit der Iberischen Halbinsel durch den Atlantik und den Ärmelkanal hinzu, den es mit Ausbau der »Walcherenroute« durch die Schelde noch interessanter zu machen wußte. Portugiesen und Spanier brauchten Getreide, und wenn auch die Verzögerungen und Gefahren auf der langen Reise um das Kap der Guten Hoffnung den Handel zu einem Glücksspiel machten, so war doch der Markt für billige Gewürze in Nordeuropa schlechthin unersättlich. Außerdem war Antwerpen ein natürlicher Umschlagplatz sowohl für englisches Tuch und für Textilien, die jetzt in Süddeutschland hergestellt wurden, als auch für den Reichtum an Bodenschätzen aus den Minen Mitteleuropas und Tirols. Mit dem Niedergang der flämischen Tuchindustrie und der nur zu verständlichen Feindseligkeit zwischen Gent und Brügge auf der einen Seite und Kaiser Maximilian I. auf der anderen, erhielten die Kaufleute von Antwerpen immer mehr politische und wirtschaftliche Rechte von den Habsburgern eingeräumt, denen sie ständige Unterstützung zukommen ließen.

Gemeinsam mit dem Aufstieg Antwerpens vollzog sich der des Handelshauses der Fugger in Augsburg, internationaler Finanzmagnaten von bis dahin unbekannter Bedeutung, ohne die die Kriege Karls V. und Franz' I. unmöglich gewesen wären. Die Fugger hatten als schwäbische Weber begonnen und ihr erstes Kapital durch die Herstellung von Textilien in Augsburg erworben, von denen ein Teil auf dem Markt in Antwerpen verkauft wurde. Als Gegenleistung für Darlehen an Maximilian I. hatten sie das Recht zur Ausbeutung der Silberminen in Tirol, Kärnten und Ungarn erhalten. In der Zeit von 1508 bis 1527 hatten sie die päpstliche Münze gepachtet und kontrollierten den Antwerpener Gewürzhandel mit Hilfe ihrer Einkünfte aus den Silberminen, so daß sie 1519 eine halbe Million Gulden flüssig machen konnten, um die Wahl Karls V. zum Kaiser sicherzustellen. Jakob Fugger II., »der Reiche«, hatte nicht nur mit dem Gewürzhandel in Antwerpen, sondern auch mit den teureren Gewürzen, die immer noch über Venedig aus der Levante eingeführt wurden, eine höchst glückliche Hand gehabt. Seine internationalen Aktivitäten erstreckten sich von Krakau bis Antwerpen, Lissabon und Sevilla, und Karl V., der von ihm abhängig war, übertrug ihm sowohl die Einkünfte aus den alten und stolzen spanischen Ritterorden wie auch das Monopol auf das Quecksilber aus Spanien. Jakob II. war ein großzügiger Wohltäter und erbaute die *Fuggerei*, eine noch bestehende Wohnsiedlung für bedürftige Mitbürger Augsburgs. Sein Sohn Anton (gest. 1560) half Karl V. mit fast einer halben Million Gulden aus, als dieser in der erniedrigendsten Krise seiner Regierungszeit von Innsbruck fliehen mußte, und finanzierte auch die außerordentlich kostspielige Wahl Ferdinands.[31] Die Fugger zogen ein wirksames und weitgespanntes Nachrichtennetz auf, und die Größenordnung ihrer Operationen stellte sogar die von Jacques Cœur, dem Anfang des fünfzehnten Jahrhunderts lebenden französischen Finanzpionier, in den Schatten.

Als Dreh- und Angelpunkt solcher Aktivitäten wurde Antwerpen das erste internationale Finanzzentrum im Norden. Außerdem war es Umschlagplatz eines immensen Rohstoffhandels, der deutsche Metalle, portugiesische Gewürze, englisches und deutsches Tuch, deutsche und spanische Weine sowie Getreide, Holz und Tauwerk aus den Ostseeländern umfaßte. Die Kriege in Deutschland und in Italien verstärkten die Nachfrage nach Waffen, und deutsche Rüstungen und Waffen fanden eifrige Käufer in England und Frankreich, während flämische und rheinische Städte einander Konkurrenz mit den herrlichen Glocken machten, die damals wie heute von ihren Kathedralen läuteten. Das lebhafte Wirtschaftsgeschehen von Antwerpen wurde ergänzt durch die provinzielleren und bruegelhaften Märkte von Bergen-op-Zoom.

Das Handelsleben hatte eine lange Tradition, die gigantischen Kapitaloperationen dagegen, durch die Geld für Regierungen flüssig gemacht wurde, waren etwas Neues. Karl V. brauchte für seinen letzten Waffengang im Krieg mit Frankreich riesige Kredite, und Heinrich VIII. borgte, nachdem er seine Beute aus den englischen Klöstern im Krieg vergeudet hatte, enorme Summen in Antwerpen zusammen. Die Verlustrisiken lagen auf der Hand, aber die Zinsraten von zwölf bis fünfzehn Prozent lagen entsprechend hoch. Es ließen sich jetzt Gelder flüssig machen, die noch im fünfzehnten Jahrhundert undenkbar waren, und der politische und ideologische Streit, der das Christentum entzweite, hat vielleicht wenigstens der Wirtschaft genützt, insofern als er den Umlauf des Geldes in einer Welt begünstigte, die zunehmend von neuen überseeischen Interessen in Anspruch genommen wurde, die sie Portugals und Spaniens Abenteurern verdankte.

5. Neue Horizonte – alte Motive

Die erste Weltumsegelung

1519/20 stellte eine spanische Expedition aus fünf Schiffen, befehligt von dem Portugiesen Fernão de Magalhães (besser bekannt als Magellan), dem der baskische Navigator Sebastian del Cano zur Seite stand, die Entdeckungen von Vasco da Gama und Kolumbus noch in den Schatten. Nachdem sie Kap Horn umschifft hatten, durchquerten sie den Pazifik in neunundneunzig Tagen und gelangten zu den Philippinen, wo Magalhães auf Mactan (bei Cebu) mit vierzig seiner Männer von Filipinos erschlagen wurde. Aber del Cano brachte das einzig verbleibende Schiff zunächst zur Molukkeninsel Tidore, wo er Gewürznelken lud, und gelangte dann mit siebzehn der ursprünglich zweihundertfünfundsechzig Mann um das Kap der Guten Hoffnung nach Lissabon. Fernão de Magalhães (1480–1521) stammte aus niederem portugiesischem Adel in Oporto. Nachdem er als Page am Hofe gedient hatte, begab er sich 1505 in den Osten und beteiligte sich an den Expeditionen in Cochin und Malakka, bei dessen Einnahme im Jahre 1511 er mitwirkte. Er kehrte im folgenden Jahr nach Lissabon zurück und kämpfte in Nordafrika. Aber als ihm 1514 die Beförderung verweigert und er von König Manuel entlassen wurde, bot er 1517 in Sevilla seine Dienste Karl I., dem späteren Kaiser Karl V., an, wobei er ihn davon in Kenntnis setzte, daß man westlich segelnd feststellen würde, daß die Molukken zum spanischen Einflußgebiet gehörten. Mit fünf Schiffen nahm er Kurs auf Teneriffa, segelte von dort aus nach Brasilien und fuhr die Küste hinab bis Rio de Janeiro. In St. Julian schlug er eine Meuterei nieder und segelte weiter nach Süden, wo er mit der Meeresstraße, die seinen Namen trägt, die lange gesuchte Südwestpassage entdeckte. Nachdem er sie im südlichen Sommer im Verlaufe eines Monats durchsegelt hatte, begab er sich mit nordwestlichem Kurs in den Pazifik hinein und erreichte mit drei Schiffen und einer von Hunger und Skorbut dezimierten Besatzung die unbekannten Philippinen, wo er den Tod fand. Del Cano verzichtete mit der einzig verbliebenen, fünfundachtzig Tonnen großen *Victoria* klugerweise darauf, noch einmal die Magellanstraße zu durchfahren und kehrte auf der Route um Afrika herum nach Hause zurück.

Niemand hatte jemals zuvor die Welt umsegelt. Damit war der konkrete Beweis für die Kugelgestalt der Erde angetreten, aber der Pazifik war viel größer, als die besten Kartographen errechnet hatten, so riesig, daß der Versuch, auf westlichem Kurs in den Orient zu segeln, obwohl schließlich gelungen, als unwirtschaftlich zu verwerfen war. Deshalb verkaufte Karl V. 1529 im Vertrag von Saragossa seine Rechte auf die Philippinen für 350000 Dukaten an die Portugiesen, die bereits die Molukken beanspruchten. Dieser Fehler wurde 1564 korrigiert, als Miguel de Lagaspi mit einem Expeditionsheer von

Mexiko übersetzte und Cebu und Manila einnahm. Hier richteten die Spanier in Zusammenarbeit mit den Portugiesen einen höchst einträglichen Handel ein, indem sie billiges und reichlich vorhandenes amerikanisches Silber gegen chinesische Seidenstoffe eintauschten. Die »Manilagaleone« segelte regelmäßig vor dem Nordostpassat von Acapulco nach Manila und kehrte sehr langsam über den mittleren Pazifik zurück. Die Seide wurde weiter nach Vera Cruz und von dort nach Sevilla gebracht.

Obwohl die spanischen Behörden diesen Silberabfluß mißbilligten und ihn auf die mexikanische Ausbeute beschränkten, »setzten die Manilagaleonen dessen ungeachtet ihre riskanten, aber immer einträglichen Fahrten bis zum Ende des achtzehnten Jahrhunderts fort. Immer blieb Manila, auf halber Strecke des Weges um die Erde, Treffpunkt der Erben von Kolumbus und Vasco da Gama – ein Triumph des Seeverkehrs über alle Wahrscheinlichkeit.«[32]

Obwohl Karls V. Interesse ausschließlich Europa und der türkischen Bedrohung galt, gebot er über weitere Horizonte als Karl der Große, Barbarossa und selbst Friedrich II. Amerikanisches Silber begann ihm jetzt die Mittel für seinen mühevollen, entschlossenen, aber erfolglosen Versuch zur Wiederbelebung des Heiligen Römischen Reiches zu liefern. Diese Politik sollte in einer katholischen »Gegenreformation« münden, die sein Sohn Philipp II. förderte, der sich ab 1580 nicht nur auf den spanischen, sondern auch auf den portugiesischen Kolonialreichtum stützen konnte.

Genf und Münster

Karl V., der sich als »Bannerträger Gottes« verstand, war ein ungeheuer mächtiger Herrscher, aber sein kolossales und höchst heterogenes Erbe war nahezu unregierbar, so daß unter seiner Regentschaft, die in ihrem Zusammenhalt immer gefährdete spätmittelalterliche Christenheit auseinanderbrach.

Der seit langem politisch wichtigste Faktor war die Entstehung nationaler Reiche unter souveränen Fürsten, denen leistungsfähige Bürokratien unterstanden, wie man sie etwa aus Italien kannte, und die finanzielle Unterstützung internationaler Bankiers genossen, etwa der Fugger in Augsburg, die Karl V. halfen und jetzt höchsten Einfluß besaßen. Obwohl ein Netz dynastischer Eheschließungen geknüpft worden war, um die wechselnden Bündnisse zu stabilisieren, blieben sie unzuverlässig. Karls mächtigster Rivale war stets Franz I. von Frankreich, der von Ludwig XI. einen so sicher gegründeten Thron erbte, daß er auch durch die Mißerfolge von Karl VII. und Ludwig XII. in Italien nicht ins Wanken geriet, denn Frankreich war das dichtest besiedelte und potentiell reichste Land in Westeuropa.

Auch Karls Hausmacht trug nationalen Charakter – sie lag in dem von den Katholischen Königen vereinigten Spanien, während England, nach dem Machtverlust der Monarchie unter Heinrich VI., unter Eduard IV. und Heinrich VII. wieder zu einer Macht aufgestiegen war, mit der zu rechnen war. Die

Schweden hatten die Herrschaft Dänemarks abgeschüttelt und wurden unter der neuen Wasa-Dynastie zu einer unabhängigen Macht. Die burgundischen Niederlande, die Karl geerbt hatte, waren widerspenstig und schwer zu regieren, während die rivalisierenden Staaten Italiens, wo der Kirchenstaat der größte Störfaktor war, zu ausländischer Einmischung geradezu aufforderten und zum Schlachtfeld zwischen Frankreich und Spanien wurden. Die ewige Uneinigkeit der Deutschen bot den Franzosen die Möglichkeit diplomatischer Einmischung und, nach Festigung der spanischen Herrschaft in Italien, auch zu militärischer Intervention, so daß jahrhundertelang die Auseinandersetzung zwischen Habsburg und Frankreich nördlich der Alpen ausgetragen wurde.

Als ob dies noch nicht genügend Ursachen zur Instabilität und Krieg gewesen wären, führte die Kirchenspaltung, von Luther eingeleitet und von Calvin genauer definiert, die sich beide fürstlichen Schirmherren zunutze machten, zu einer noch tieferen Spaltung der Christenheit und ließ, was eine humanistische Reform der Kirche hätte werden können, zu einem fanatischen ideologischen Konflikt verkommen. Anfang des sechzehnten Jahrhunderts hatte es so ausgesehen, als könnten die christlichen Humanisten der Renaissance, die sich vorgenommen hatten, die Bibel nach dem Originaltext zu bereinigen, und hofften, die Kirche durch den von Geistlichen und Laien getragenen Konziliarismus von den offenkundigen Mißbräuchen befreien zu können, ihr Ziel erreichen; Erasmus hatte in die Bibelgelehrsamkeit das Licht der Vernunft gebracht. Doch die humanistischen Bemühungen um den Bibeltext stellten im Endeffekt die Autorität der Kirche in Frage, die Erasmus zu reformieren wünschte, und der katholische Humanist Sir Thomas More hielt es für das beste, die Übel seiner Zeit in einer liebenswürdigen *Utopia* bloßzustellen, womit er eine klassische Form der Satire wiederbelebte.

Ihre Berühmtheit verdanken diese christlichen Humanisten dem neuen Medium der Buchdruckerkunst mittels beweglicher Lettern, aber das Interesse des gewaltig angewachsenen neuen Publikums gewannen nicht die Vernunft und das Mitgefühl der Humanisten, sondern die Propheten und die Ideologen, und das Problem, das die Niederlage Karls V. letztlich besiegelte, war der Zusammenbruch seiner Herrschaft in Deutschland infolge der politischen Spaltung durch die lutherische Reformation.

Der andere, noch wirksamere Ideologe, der jetzt auftrat, war Jean Cauvin oder Calvin (1504–1564). Als Sohn des Sekretärs des Bischofs von Noyon wurde Calvin im bischöflichen Haus erzogen und für eine kirchliche Laufbahn bestimmt. In Paris studierte er unter dem Humanisten Cordier, stellte seine glänzende Begabung vor allem in Disputationen unter Beweis und wurde ein Freund des Hellenisten Budé. 1528 studierte er Rechtswissenschaft in Orléans und schrieb nach weiteren Griechisch- und Hebräischstudien in Paris einen Kommentar zu Senecas *De Clementia.* 1534 trat er zum lutherischen Glaubensbekenntnis über und schrieb nach einem Pamphlet gegen die Täufer ein Vorwort zur eigenen französischen Bibelübersetzung. Dann begab er sich nach Basel, um sich zwei Jahre später in Genf niederzulassen. Während einer kurzen Ausweisung lebte er in Straßburg, wurde aber 1541 nach Genf zurückgerufen und verfaßte die *Ordonnances ecclésiastiques*, eine Ordnung seiner *presbyterianischen* Kirche. Bis zu seinem Tode herrschte er in Genf, wo er die Wasserversorgung und sanitären Einrichtungen verbesserte und eine calvinistische Akademie einrichtete, deren Gebäude heute noch existieren.

Zu Luthers Überzeugungen bekehrt, verließ Calvin einen Kreis gleichgesinnter, hervorragender christlicher Humanisten in Paris und verfaßte 1536 in Basel die lateinische Schrift *Institutio Christianae Religionis*. Den Anlaß lieferte Franz I., als er die Protestanten Frankreichs beschuldigte, Wiedertäufer zu sein, eine Anschuldigung, die Calvin ebensosehr entsetzte, wie sie Luther entsetzt hätte, und die er durch Klarstellung der protestantischen Lehren widerlegen wollte. 1539 wurde die *Institutio* ins Französische übersetzt, und 1541 war sie in großer Auflage in Umlauf.

Calvin war wie Luther ergriffen von der Idee der Erbsünde und zutiefst von Augustinus beeinflußt. Der einzige Hoffnungsschimmer sei der »unerforschliche Ratschluß«, durch den Gott eine Minderheit von Auserwählten unabhängig von ihrem Verdienst für das Heil prädestiniert habe. So entgehe zumindest ein Teil der Menschheit der Hölle, obwohl für die Mehrheit keine Hoffnung bestehe, da die Auserwählten eben prädestiniert seien – denn der menschliche Wille sei nicht frei. Wiederum wie Luther war Calvin im skeptischen Nominalismus der Ockham-Schule groß geworden und lebte in einer freudlosen philosophischen Welt, denn er mußte ohne die Tröstungen der thomistischen Scholastiker auskommen. Dazu war Calvin noch der Überzeugung, daß Gott, weniger durch Adams Fleischeslust, die den Sündenfall verschuldet habe, als durch seinen rebellischen Stolz gekränkt, fürchterliche Rache an der Menschheit nehmen werde, der man nur durch strengste Disziplin entgehen könne. Und wer war besser als die Auserwählten geeignet, die frechen Wortführer der Erbsünde zu züchtigen?

Deshalb machte sich dieser logisch denkende französische Gelehrte, der nicht nur eine theologische, sondern auch eine juristische Ausbildung genossen hatte, nach seiner Rückkehr nach Genf im Jahre 1541 an die Ausarbeitung und Verbreitung seiner Auffassung, daß die Menschen nicht, wie Luther meinte, direkt zu Gott gelangen könnten, sondern durch die Vermittlung der Kirche der Auserwählten zu Ihm, der sie aussuche, gebracht werden müssen. Wo immer die Auserwählten sich »berufen« fühlten und spürten, daß »Christus in ihrer Mitte sei«, dort sei eine Zelle der wahren Kirche. Solch eine Kirche existiere nur für den Dienst an Gott und repräsentiere, sofern von der Gemeinde gewählt, die Inspiration Christi. Von daher nahm Calvin die Berechtigung, seine Kirche hierarchisch zu gliedern, und daher auch die Kritik, seine Prediger seien nur »verkleidete« Priester. Daher auch seine Rangfolge von Pastoren oder »Predigern«, die predigten und das Sakrament reichten, von Ältesten, die über die Sitten der Menschen wachten, und von Lehrern, die die korrekte Auslegung der Heiligen Schrift vermittelten.

Obwohl sich diese Struktur als außerordentlich autoritär herausstellte, kam nach Calvins Auffassung in einer solchen Hierarchie, die aus der ständigen Diskussion zwischen den Gemeindevertretern erwachsen sollte, der Geist Christi zum Ausdruck. Doch die Presbyter höheren Ranges kontrollierten die Ernennungen und Finanzen. Die von den Ältesten gewählte Generalversammlung bildete einen jährlichen Kontrollausschuß.

Statt den einfachen Mann zu befreien, bescherte ihm Calvins System, das sich als außerordentlich zählebig erwies und fähigen und ehrgeizigen Leuten große Chancen bot, eine Oligarchie, die sich als ebenso lästig wie die katholische Kirche, aber weit weniger farbig erwies. Das System, das seine Stärke aus dem Widerhall beim Volk und aus seiner Machtkonzentration gewann, stellte im Rahmen des säkularen Staates eine Parteiorganisation im modernen Sinne des Wortes dar und war von kosmopolitischer Natur. Angesichts der Bedeutung, die es der Predigt einräumte, ermöglichte es rednerisch und didaktisch begabten Pastoren und Presbytern, sich göttlicher Autorität anzumaßen. Calvin schrieb dazu: »Als höre die Gemeinde Gottes eigene Worte«; »was ist das Sprachrohr Gottes«, fragte er, »es ist eine Kundgebung ... seines Willens, wenn er durch seine Prediger zu uns spricht. Wenn wir (kurz gesagt) das Heil wünschen, müssen wir lernen, demütige Schüler zu werden, die die Lehre des Evangeliums empfangen, und die Priester, die er uns gesandt hat, anzuhören, als wenn Jesus Christus in eigener Person zu uns spräche.« In der Tat galt der Prediger als »Gesandter« Gottes. Calvin war selbst leidenschaftlicher Prediger und versah dieses Amt seit 1549, die Bibel auslegend, die Gemeinde ermahnend, Gottes Gesetz definierend, im wöchentlichen Wechsel einmal pro Tag und zweimal am Sonntag.

Die Zahl derer, die sich »berufen« fühlten, zu den Auserwählten zu gehören, war so groß, daß Calvins Spielart des Christentums noch größere Resonanz fand als die Luthers. Und da der Calvinismus über eine außerordentlich straffe Organisation verfügte und sich auf ein intensives Bibelstudium gründete, wurde er zur verbreitetsten und wirksamsten Form protestantischen Glaubens. Besonderen Anklang fand er bei den streitsüchtigen Tieflandschotten, den nüchternen holländischen und englischen *Puritanern* und später vor allem bei den Siedlern in Neuengland und Nordamerika, die eine ideale, von Auserwählten regierte Gemeinschaft zu gründen versuchten.

Obgleich Calvin keine Theokratie vertrat, gründeten die Calvinisten in Genf ein autoritäres Regime, das ebenso intolerant war wie das der katholischen Inquisition. 1553 machten sie dem spanischen Arzt Michel Servet (eigentlich Miguel Serveto) den Prozeß. Als einer der ersten *Unitarier* hatte er die Lehre von der heiligen Dreieinigkeit in Frage gestellt und war deshalb von den Katholiken in Wien *in effigie* verbrannt worden, ein Schicksal, das ihn bei den Calvinisten in Genf leibhaftig ereilte.

Das Schicksal Servets steht exemplarisch für die Welle ideologischer Verfolgungen, welche das außerordentlich originäre und schöpferische sechzehnte Jahrhundert in den Ruf ebenso großer Grausamkeit wie das unsere brachte und die erasmischen Humanisten in gleicher Weise traf wie die Pioniere der modernen Wissenschaft. Diese ideologischen Verbrechen, verübt von selbsternannten Auserwählten, die sich für die wahre Kirche hielten und bestrebt waren, den Zorn ihres Gottes zu besänftigen, widerspiegeln das Scheitern von Karls V. Versuch, eine Christenheit zu vereinigen, die durch immer stärkere politische und religiöse Konflikte zerrissen wurde. Sie markieren außerdem den Beginn verbreiteter und wichtiger protestantisch-christlicher Kirchen, die in ihren verschiedenen Formen die Vorherrschaft in Nordeuropa, vor allem in Nordamerika und anderen Teilen der englischsprachigen Welt jenseits der Meere antreten sollte.

Als König Karl II. von England nach persönlicher Erfahrung mit der *Presbytherianerlehre* hundert Jahre später feststellte, sie sei »keine Religion für einen Gentleman«, bewies er damit sein Verständnis für soziale Zusammenhänge. Die calvinistische Religion fand besonderen Anklang bei Städtern, so bei ihren ersten Anhängern im republikanischen Genf. Die calvinistischen Prediger prangerten den protzigen und ruinösen Lebensstil der Höflinge und Aristokraten an. Ressentimentgeladener Neid und moralische Mißbilligung ist ein gemeinsamer Zug aller ideologischen Fanatiken aus dem Kleinbürgertum, gleich ob religiöser oder säkularer Provenienz, und mit der Selbstgerechtigkeit, die diesen Schlag auszeichnet, griffen sie ebenso eifrig in das Privatleben ein wie nur irgendeiner der bis dahin allgegenwärtigen katholischen Geistlichen. Der gewalttätige Charakter ideologischer Konflikte, den etwa Konstantin zu mäßigen getrachtet hatte und der schon früh zu den erbitterten Auseinandersetzungen zwischen den Arianern und Katholiken geführt hatte, lebte wieder auf und schwächte die Stellung der Fürsten, deren wachsende Macht die auffälligste Erscheinung des politischen Lebens der damaligen Zeit war. Extremisten beider Seiten, der calvinistischen wie der jesuitischen, vertraten sogar die Auffassung, man habe das Recht, einen ketzerischen Fürsten zu töten, und das Gewissen habe Vorrang vor der politischen Pflicht. Das Ende des sechzehnten Jahrhunderts wurde wie das Ende des neunzehnten und unser eigenes Jahrhundert zu einem Zeitalter des politischen Mordes, und die Fürsten, von denen so viel abhing, mußten um ihr Leben fürchten, zumal die Sicherheitsvorkehrungen häufig höchst unzulänglich waren. Dazu lud die Berufung auf das Gewissen zu radikaler Kritik an der Gesellschaftsordnung und sogar zu republikanischen Ideen ein, die in eine so hierarchische Gesellschaft nicht passen wollten.

Von allen Radikalen waren die Täufer die extremste Gruppe. Sie hatten es mit vielen der mächtigsten Interessengruppen verdorben – mit den Eltern, weil sie die ungetauften Kinder der Verdammnis aussetzten, mit dem katholischen und protestantischen Klerus, weil sie sich das Recht anmaßten, Erwachsene noch einmal zu taufen, und mit den besitzenden Klassen, weil sie einen christlichen Kommunismus anstrebten. Trotzdem war es nicht gelungen, sie auszurotten; ja, im westfälischen Münster erlebten sie jetzt sogar ihre Sternstunde, denn diese Entsetzen verbreitenden Evangelisten hatten ihren

Einfluß von Mähren und den Niederlanden über Norddeutschland ausgedehnt, wo eine Rezession der Tuchindustrie die schon lange schwelenden Spannungen zwischen dem aristokratischen höheren Klerus und dem städtischen Patriziat auf der einen Seite und den bedrückten und von Arbeitslosigkeit bedrohten Handwerkern auf der anderen verschärft hatten, so daß letztere bereitwillig in den tausendjährigen Phantasien von der Wiederkunft Christi Zuflucht suchten.

Der Haupteinfluß ging von Holland aus. Johann Matthys von Haarlem, ein fanatischer Bäcker, hatte seine Jünger nach Münster geschickt, wo sie Johann Bokelszoon – Jan van Leiden, auch einen Holländer – veranlaßt hatten, eine »Herrschaft der Heiligen« zu errichten. Im Februar 1534 beherrschten die Täufer den Stadtrat, trieben die wohlhabenderen katholischen und lutherischen Bürger in den Schnee hinaus und verwüsteten die Denkmäler, Bilder und die Bibliothek des Doms.

In Windeseile stellte der Fürstbischof eine Söldnerarmee zusammen und belagerte die Stadt, woraufhin Mathyszoon und Jan van Leiden die Schrekkensherrschaft in ihrem »Neujerusalem« verschärften. Der private Geldbesitz wurde abgeschafft und die requirierten und rationierten Lebensmittel in kommunalen Speisesälen gereicht. Es gab keinen Privatbesitz mehr, und niemand brauchte mehr irgendwelche Arbeit zu leisten, einfaches Gottvertrauen genügte. Die armen Leute anderer Städte schöpften Hoffnung und versuchten, sich nach Münster durchzuschlagen, aber die meisten wurden von den Behörden abgefangen und hingerichtet, die den Anabaptismus jetzt zum Kapitalverbrechen erklärt hatten.

Im März fiel Mathyszoon als Führer eines Ausfalls, und Jan van Leiden, der außergewöhnlich gutaussehende und wortgewaltige vierundzwanzigjährige uneheliche Sohn eines holländischen Dorfbürgermeisters und einer westfälischen Leibeigenen, der sich von Jugend an für die Schriftstellerei, das Stückeschreiben und die Schauspielerei begeistert hatte, trat sogleich die Diktatur in der Stadt an. Nachdem er in einem Anfall von Raserei nackt durch die Stadt gelaufen war, behauptete er, Gott habe ihm offenbart, wie die Stadt zu regieren sei. Zum Schrecken des christlichen Europa führte er die Polygamie ein, wobei er selbst mit gutem Beispiel voranging, indem er sich sechzehn Frauen nahm. Bei Todesstrafe hatten ihm seine Anhänger nachzueifern, was ihren Ehen nicht immer guttat, und es scheint, als hätten die sexuellen Verhaltensnormen im Reich der Heiligen die ganze Spannweite von rigorosem Puritanismus bis zu unverhüllter Promiskuität durchlaufen.

Die Belagerung von Münster ging natürlich weiter und Jan van Leiden erwies sich als tüchtiger Verteidiger, der auf gnadenlose Disziplin hielt. Er nannte sich selbst »Messias der Letzten Tage«, beanspruchte »die Macht über alle Völker der Erde« und erklärte, er werde eines Tages die ganze Welt beherrschen. Er trug eine Krone, kleidete sich mit protziger Verschwendung und umgab sich mit einem prächtigen Gefolge, zu dem auch Pagen gehörten, die Ausgaben des Alten Testamentes vor sich hertrugen, mit dem er sich allzu intensiv beschäftigt hatte. Sein Motto war *Gottes Macht ist myn Cracht*. Nicht auszudenken, wie weit dieser Größenwahnsinnige mit den irren Augen wohl gekommen wäre, wenn ihm die modernen Massenmedien zur Verfügung gestanden hätten.

Indes war der Bischof nicht müßig geblieben, hatte eine Konferenz der Staaten vom Ober- und Unterrhein in Koblenz einberufen und eine Armee aufgestellt, die mit Belagerungsmaschinen und Artillerie ausgerüstet und durch Truppen vom Reichstag zu Worms ergänzt war. Man beschloß, Münster nicht im Sturm zu nehmen, sondern auszuhungern. Im Januar 1535, als Karl V. seine Expedition gegen Tunis vorbereitete, wurde das grausame Geschäft in Angriff genommen, und im Frühling hatte der Bischof seine Gemeinde so weit gebracht, daß sie dem Kannibalismus verfiel. Der wahnsinnige »Messias« erklärte, Gott werde die Pflastersteine in Brot verwandeln, aber im Mai erlaubte er allen, die wollten, die Stadt zu verlassen. Diese Unglücklichen quälten sich fünf Wochen lang im Niemandsland vor den Stadtmauern, flehten die Söldner an, sie zu töten, krochen umher und fraßen Gras wie Tiere, bis der Bischof die Überlebenden niedermachen ließ. In der Stadt hielt das Schreckensregiment des »Messias« und seiner Anhänger an, die bis zuletzt glaubten, das Tausendjährige Reich würde anbrechen, Münster würde befreit werden und sie alle würden die Welt regieren. Hinrichtungen nahm der Führer eigenhändig vor. Schließlich mußten die Belagerer die Stadt erstürmen. Sie machten die überlebenden Täufer nieder, und Jan van Leiden wurde, nachdem man ihn »wie einen Tanzbären« in Ketten herumgeführt hatte, mit glühenden Eisen zu Tode gefoltert.

Malerei der Hochrenaissance

Die Ausbreitung der Kirchenspaltung nördlich der Alpen war nur ein Aspekt der vitalen Energien dieses Zeitalters. So fiel Magellans epochale Weltumsegelung mit der Ausbreitung der humanistischen Hochrenaissance in Nordeuropa zusammen; als Magellan seine Reise vorbereitete, war es Franz I. von Frankreich gelungen, Leonardo da Vinci (1452–1519) dazu zu bewegen, seinen Lebensabend in Frankreich zu verbringen. Dieses phänomenale Genie war bei dem Florentiner Bildhauer und Maler Verrocchio in die Schule gegangen. Zunächst trat er in die Dienste von Ludovico Sforza *il Moro*, dem Tyrannen von Mailand, wo er in erster Linie als Militärtechniker beschäftigt war, aber auch 1497 sein berühmtes, wenn auch bald verwitterndes Gemälde *Das Abendmahl* schuf. Er hatte auch für Cesare Borgia und von 1513 bis 1516 für den Kardinal Giuliano de' Medici in Rom gearbeitet, bevor er in den Dienst von Franz I. trat und nach Schloß Amboise ging. Er war ein rastloses und vielseitiges Genie, das seine Meisterwerke häufig unvollendet ließ und dessen Skizzenbücher heute ebenso bewundert werden wie die wenigen großen Gemälde, die erhalten sind. Außerdem interessierte er sich leidenschaftlich für

Technik und Wissenschaft. Er war ein Repräsentant der Hochrenaissance zu Beginn der Neuzeit und starb, als Luther gerade ein Zeitalter neo-mediävalen Fanatismus' einleitete.

Karl V. war ein großer Bildersammler, und sein bedeutendster Hofmaler war Venezianer: 1488 in Pieve di Cadore geboren, war Tizian ein Schüler Giorgiones und Giovanni Bellinis und wurde 1516 zum offiziellen Maler der venezianischen Republik gekürt. 1532 hatte er sich einen solchen Ruf erworben, daß er mit dem Porträt Karls V. beauftragt wurde, den er mit einem großen Hund darstellte. Karl ernannte ihn schon bald zum Hofmaler. 1547 malte Tizian ihn nach seinem Sieg bei Mühlberg an der Elbe in voller Rüstung zu Pferde. Schließlich entstand noch ein Bild, das ihn als erschöpften, aber bedeutenden Staatsmann auf einer Terrasse zeigt, die auf eine ferne, angemessen melancholische Landschaft blickt. 1538 porträtierte Tizian auch Franz I., dessen verschlagene und sinnlich-animalische Ausstrahlung er wundervoll einfing. 1545 malte er Papst Paul III. (Farnese), den großen Architekten der Gegenreformation und des gegenreformatorischen Rom. Das Bild ist eine Verkörperung müder, desillusionierter, doch immer noch gefährlicher Verschlagenheit. Während also Leonardo Anerkennung in ganz Italien und in Frankreich fand, erwarb sich der größte Maler der venezianischen Hochrenaissance einen europäischen Ruf. Die humanistische Kunst, die in Florenz entstanden und von Venedig, dem konservativsten und byzantinischsten aller italienischen Stadtstaaten, übernommen worden war, wurde jetzt von den beiden größten Monarchen nördlich der Alpen eifrig umworben.

Die Renaissance-Italiener des *Trecento* und *Quattrocento* besaßen gegenüber den Völkern aus dem Norden den immensen Vorteil, eine präzise und hochentwickelte Volkssprache zu besitzen.[33] Während das Deutsche, Englische und sogar Französische noch relativ unbeholfen und plump waren. Mag auch der Einfluß italienischer Regierungs- und Verwaltungsmethoden übertrieben worden sein, da die Italiener wahrscheinlich nicht über bessere Fachkenntnisse verfügten als die Beamten an den Höfen in Burgund, England, Frankreich, Lissabon, Sevilla oder Barcelona, so war jetzt im Norden doch die humanistische Bildung von Laien sehr gefragt, und mit Festigung der Stellung von Königen und Fürsten zu Anfang des sechzehnten Jahrhunderts war die Sozialstruktur des Nordens empfänglicher für die urbane italienische Kultur als zu der Zeit, da noch Magnaten und Ritter mit ihrem ländlichen und kriegerischen Stil das Bild beherrschten.

In der Malerei war die Beeinflussung gegenseitig. Die Italiener hegten große Bewunderung für den Flamen Jan van Eyck, der von einem Italiener *nostri saeculi pictorum princeps* – »der Erste unter den Malern unseres Jahrhunderts« – genannt wurde. Man hat sogar behauptet, der Einfluß in der Malerei sei eher von Norden nach Süden verlaufen. Natürlich darf auch der eigenwillige, schöpferische Beitrag der Deutschen nicht vergessen werden, wobei der entscheidende Einfluß, wie zu erwarten, von Nürnberg und Augsburg ausging. Albrecht Dürer (1471–1528) wurde in Nürnberg geboren, und nach einer Goldschmiedlehre reiste er schon früh nach Basel, Straßburg, Colmar und den Niederlanden. 1494/95 studierte er in Venedig, das er noch einmal im Jahre 1507 aufsuchte, und wurde von Mantegna und Bellini beeinflußt. Er wurde zum Hofmaler des Kaisers Maximilian I. ernannt, den er brillant porträtierte, besuchte Antwerpen und wohnte der Krönung Karls V. in Aachen bei, doch trotz italienischer und flämischer Einflüsse war sein Stil durch und durch deutsch. Er war ein Pionier auf dem Gebiet des Aquarells, und sein höchst narzißtisches Selbstporträt (im Prado) legt Zeugnis ab von nervöser Sensibilität. Er war ein großartiger Zeichner von außerordentlicher Sparsamkeit der Linie, aber seinen überladenen allegorischen Stichen ist ein krankhaft-grüblerischer Zug eigen, und nur zu gut verstand er es, wie im Porträt des Oswolt Krel, die neurotische Gefährdung der von teutonischem Gedankenspuk bedrängten Gesichter wahrzunehmen und wiederzugeben.

Der andere große deutsche Maler der nördlichen Renaissance, Hans Holbein der Jüngere, stammte aus einer Malerfamilie in Augsburg. 1497 geboren, besuchte er schon früh Konstanz und Basel und unternahm in den Jahren 1518/19 eine Reise nach Italien, wo er dem Werk Mantegnas und Leonardos begegnete. Nachdem er sich in Basel niedergelassen hatte, besuchte er Frankreich und Antwerpen und im Jahre 1526 England, wo er im Hause von Sir Thomas More wohnte. Nach einer kurzen Rückkehr nach Basel wurde er Hofmaler bei Heinrich VIII., für den er ein allzu schmeichelhaftes Porträt von Anna von Kleve anfertigte, so daß der Monarch bitter enttäuscht war, als er das Original sah. Holbeins ansprechendes Porträt von Georg Gisze (1532) zeigt einen Kaufmann des hansischen *Stalhofes* in London. Sehr bemerkenswert ist das lebensechte Porträt Heinrichs VIII. sowie die Porträts des kranken Erzbischofs Warham und Thomas Mores. Wie Dürer war Holbein ein Meister des realistischen Details, er setzte neue Maßstäbe der Porträtmalerei in einem Land, das gewöhnt war an den seichten und hölzernen Stil, wie er sich etwa in den erhaltenen Porträts Eduards IV. und Richards III. manifestiert.

Als Mitte des sechzehnten Jahrhunderts Franz I., Heinrich VIII. und Karl V., alles mächtige Fürsten, von der europäischen Bühne abgetreten waren, blieben die Ausweitung der geographischen Horizonte und die Verlagerung der politischen und wirtschaftlichen Macht auf die atlantischen Staaten und Antwerpen vollendete Tatsachen, von denen die iberischen Staaten bislang am meisten profitiert hatten, während der ursprünglich florentinische Renaissancehumanismus von den anderen großen italienischen Stadtstaaten übernommen und weiterentwickelt worden war, am glänzendsten von Rom und von Venedig. Der italienische Einfluß hatte sich auch weit über die Alpen ausgebreitet, während die burgundisch-niederländische Kultur einen gegenläufigen Einfluß auf Italien ausgeübt hatte. Aber die Ausweitung der geographischen Horizonte und des künstlerischen Bewußtseins war nicht, wie man noch Anfang des sechzehnten Jahrhunderts vermuten konnte, begleitet vom Siegeszug eines rational-christlichen Humanismus, der die Kirche hätte reformieren und das Christentum einigen können. Der erasmische Humanismus war von religiösen Fanatikern hinweggefegt worden, deren ideologisches Anliegen wiederum sich politische Herrscher zunutze gemacht hatten, so daß, wie Kenneth Clark es ausdrückt, die Kirche, »der entscheidende zivilisatorische Einfluß Europas«, darniederlag. Angesichts der militanten Kirchenspaltung durch Luther und Calvin leiteten die Katholiken jetzt unter der Führung von Papst Paul III. mit der Gründung des Jesuitenordens und mit Eröffnung des Konzils von Trient im Jahre 1545 ihre eigene ebenso militante »Gegenreformation« ein, die in Architektur und Malerei des Barock ihren Ausdruck fand.

6. Tschechen, Magyaren, Polen und Türken – Iwan der Schreckliche

Vorgeschichte des Dreißigjährigen Krieges

Die osteuropäische und jetzt jüngere Linie der Habsburger hatte unter Kaiser Ferdinand I. ihre Basis nicht mehr in Deutschland, sondern in Wien und Prag. Nach dem Tode Ludwigs II. von Ungarn bei Mohács im Jahre 1526 waren die ungarische und die böhmische Krone an seine Schwester Anna gefallen, die Gemahlin Ferdinands I., dessen Schwester Maria jetzt Königinwitwe von Ungarn war. Da beide Kronen durch Wahl vergeben wurden, mußte sich Ferdinand ihrer mittels Zwang, Bestechung und Intrige bemächtigen. Wenn dieses Erbe auch in Ungarn durch die türkische Invasion und einen Bürgerkrieg erheblich beschnitten war, unterstrich es doch, daß die Macht der Habsburger an der Donau und in Böhmen, nicht in Norddeutschland lag, und stellte sie vor die schwierige dynastische Aufgabe, ein Erbe von spätmittelalterlicher Vielfalt und Zerrissenheit in den Griff zu bekommen. Gegen alle Wahrscheinlichkeit und obwohl es ihnen nie gelang, ihre Macht in Norddeutschland wieder zu festigen, sollten sie sich in ihren Hauptgebieten lange Zeit behaupten können und sich, auch nach Auflösung des alten Heiligen Römischen Reiches sogar bis zum Beginn des zwanzigsten Jahrhunderts auf dem Thron halten.

Karl V. hatte vorgesehen, daß, nachdem Ferdinand Kaiser geworden war, dessen Sohn, Erzherzog Maximilian, später seinem Vetter Philipp II. den Thron abtreten solle, damit dieser, getreu dem Habsburger Familienbrauch, das enorme Erbe wieder vereinigen könne. Aber 1550 wurde das Familieninteresse – sofern ihm dieser Schritt wirklich gedient hätte – doch auch einmal dem persönlichen Ehrgeiz geopfert: Man trug Sorge, daß Maximilian und nicht Philipp II. dem Vater als Maximilian II. auf den Kaiserthron folgen würde, nachdem er zu seines Vaters Lebzeiten zum König von Böhmen gekrönt worden war. Diese Lösung erwies sich als realistisch: zumal die osteuropäischen Habsburger sich nicht den fanatischen Zielsetzungen Philipps II. verschrieben, sondern sich unter dem Deckmantel ihres offiziellen Katholizismus als tolerante Humanisten erwiesen. Außerdem hatten sie mit großen administrativen Schwierigkeiten fertig zu werden und verfügten nicht über die zentralisierte und bürokratische Macht der Monarchien im Westen, sondern mußten sich höchst vorsichtig mit den überaus schwerfälligen mittelalterlichen Institutionen in Ungarn und Böhmen arrangieren, die fest im Griff des heimischen Adels waren. So blieben Deutschland und Böhmen im Anschluß an die Friedensschlüsse von Augsburg und Cateau-Cambrésis auf lange Zeit die erbitterten religiösen Auseinandersetzungen Westeuropas erspart. Erst 1618 leitete Kaiser Ferdinand II. auf Betreiben der Jesuiten und von den Tschechen provoziert eine Gegenreformation ein, womit er den Dreißigjährigen Krieg heraufbeschwor, der durch religiösen Fanatismus verschärft und durch das Eingreifen der Franzosen und Schweden verlängert wurde. Nach einem relativ friedlichen und gedeihlichen Zwischenspiel bekam Deutschland die ungeschmälerte Wucht der Machtpolitik zu spüren.

Die Hauptsorge der Habsburger Kaiser galt nach wie vor der türkischen Drohung, eine Sorge, die sie mit Philipp II. teilten, der die Osmanen im Mittelmeer bekämpfte, aber noch dringender war für die Kaiser die Frage, wie sie ihre eigenen Territorien unter Kontrolle halten und ihre Einkünfte eintreiben sollten. Als Ferdinand 1526 zum König der »Länder der Wenzelskrone« gewählt worden war, umfaßten sie das Königreich Böhmen, die Markgrafschaften von Mähren, das runde Dutzend Herzogtümer im polnisch-deutschen Schlesien, die beiden Herzogtümer Ober- und Niederlausitz sowie verschiedene vereinzelte und nicht eingegliederte Herzogtümer und Grafschaften wie Eger, Glatz oder Troppau. Wie in Polen die *Pani* und *Schlachta* herrschten – die Magnaten und der niedere Adel –, so hatten die Böhmen ihre *Pans* und *Šlechta*, die die örtlichen Ratsversammlungen kontrollierten. Allerorten gab es eine Fülle von mittelalterlichen Provinzparlamenten oder Ratsversammlungen, zum Beispiel in Mähren, Schlesien, in der Lausitz sowie in den »nichteingegliederten« Grafschaften. Und über allem stand der *Snem*, der »Reichstag von Böhmen«, der sich aus Abgeordneten der anderen Parlamente zusammensetzte. Als Ferdinand eine parlamentarische Versammlung aller seiner Herrschaftsgebiete einzuberufen versuchte – »Bundesparlament« würde man es heute nennen –, da erwies sich der parlamentarische Gedanke natürlich als zu schwach, um die Tschechen zu veranlassen, ein Parlament außerhalb des eigenen Landes zu besuchen, oder um die Ungarn dazu zu bewegen, nach Böhmen zu kommen. Nur mit äußerster Mühe konnte er Geld für die dringend notwendige Verteidigung gegen die Türken auftreiben, und nach seiner Wahl zum Kaiser beschloß er, das in den Habsburger Erblanden gelegene Wien zu seiner Hauptstadt zu machen, keinen Ort in Ungarn und Böhmen.

Sein Sohn Maximilian II. (1564–1576) folgte seinem Beispiel und ging nebenher seinen Liebhabereien nach; er beschäftigte sich mit der Botanik und Musik, sammelte zunächst Uhren, dann neue und faszinierende Instrumente, die lange Zeit einen besonderen Reiz auf königliche Persönlichkeiten ausübten. Sein Nachfolger Rudolf II. (1576–1612), in dessen lange Regierungszeit das Wiederaufleben des Krieges mit den Türken, die Kriege mit den Niederlanden und der »Kreuzzug« der Armada nebst seinen Folgen fiel, erwies sich als toleranter Humanist, Kunstmäzen und Förderer der Wissenschaften – von Astronomen wie Kepler und Tycho Brahe – und der damals hochbedeutenden Astrologen. Die Dogmen der Calvinisten waren ihm so gleichgültig wie die der Katholiken, und er richtete seinen Hof im alten Prager Hradschin ein, wo er die kosmopolitischen und kulturellen Traditionen des Luxemburger Kaisers Karl IV. wiederaufleben ließ, sich ein eigenes Laboratorium einrichtete (für alchemistische Zwecke ebenso wie für primitiv-wissenschaftliche) und duldete sogar die Juden, was für Osteuropa höchst ungewöhnlich war. Er förderte den manieristischen Maler Sprenger, außerdem, womit er ein besseres Urteil in Kunstdingen verriet, den jüngeren Bruegel und den Bildhauer de Vries. Er gewährte auch den flämischen Landschaftsmalern Zuflucht, die vor den Kriegen in den Niederlanden flüchteten. Wenn Philipp II. im Escorial der europäische Schirmherr des unversöhnlichen Katholizismus war, so läßt sich Rudolf II. im Hradschin als der Schirmherr jener säkularen, ökumenischen Welt des Renaissancehumanismus begreifen, die sich immer noch gegen Reformation wie Gegenreformation behauptete und die im Laufe der Zeit magische und melancholische Züge hinzugewonnen hatte. Diese Melancholie ergriff schließlich so sehr vom Kaiser selbst Besitz, daß er sich mehr und mehr in ein exzentrisches Junggesellendasein zurückzog, nicht mehr in der Lage war, seine unbezahlten Truppen zu kontrollieren, die Böhmen verwüsteten, und schließlich von seinem Bruder, Erzherzog Matthias, abgesetzt werden mußte. Der kosmopolitische Glanz seines Hofes blieb jedoch nicht ohne politische Wirkung und wurde zu einem Vorbild, dem die Habsburger noch lange nacheiferten, denn im Unterschied zu ihren spanischen Vettern hatten sie ja keine geeinte nationale Hausmacht, so daß sie sich einen imperialen Mythos zulegen mußten, um ihrem heterogenen Reich Einheit zu verleihen.

1606 hatte Rudolf II. sich mit Sultan Ahmed I. geeinigt, dessen Reich von einer Währungskrise erschüttert wurde, von Arbeitskräftemangel, von Disziplinlosigkeit in der Armee und den schlechten Verkehrswegen des viel zu ausgedehnten Territoriums und dem überdies eine Neuauflage des Krieges mit den Persern drohte. Kaiser Matthias (1612–1619), König von Ungarn seit 1608 und von Böhmen seit 1611, dem es nicht gelungen war, die Niederlande nach dem Tod von Don Juan d'Austria zu befrieden, hatte jetzt mehr Erfolg bei der Niederschlagung eines lutherisch/calvinistischen Aufstandes in Ungarn. 1618 wurde jedoch dieser relative Frieden in Mitteleuropa unter dem alternden Matthias von einem tschechischen Aufstand gestört, als die Böhmen ihrem Brauch folgend die Statthalter ihres neugewählten Königs Ferdinand von Habsburg vom Hradschin herab auf einen Misthaufen warfen, der ihren Sturz milderte – ein Vorgang, der als »Fenstersturz von Prag« in die Geschichte einging –, und die böhmische Krone dem calvinistischen Kurfürsten von der Pfalz anboten, dem Schwiegersohn Jakobs I. von England, den sie für bedeutender hielten, als er tatsächlich kraft seiner Persönlichkeit oder seines politischen Einflusses war. Damit begann der Dreißigjährige Krieg (1618 bis 1648), ein schrecklicher Konflikt, von dem uns Callots Radierungen *Misères de la guerre* einen lebhaften Eindruck vermitteln, wenn er sich auch auf Deutschland nicht ganz so verheerend ausgewirkt hat, wie man einst meinte.

Gegenreformation

Die Schwierigkeiten, die die Habsburger hatten, ihre Autorität zu festigen und eine Verteidigungslinie gegen die Türken zu organisieren, wurden noch durch die Auswirkungen der protestantischen Kirchenspaltung vertieft, die hier ganz andere Voraussetzungen vorfand als im Westen. Während sich in Spanien, Frankreich und England bereits starke und zentralisierte Monarchien herausgebildet hatten, die entweder die repräsentativen Systeme des Mittelalters ersetzten oder sie sich, wie in England, zunutze gemacht hatten, waren in Böhmen, Ungarn und Polen große Reiche mit fließenden Grenzen – den Zufällen dynastischer Erbfolge ausgeliefert – von Fürsten mit höchst unzulänglicher Autorität regiert worden. Währenddessen hatten die Angehörigen des hohen und des niederen Adels die komplizierten, vielfältigen Institutionen aus mittelalterlicher Zeit weiterentwickelt und in ihre Macht gebracht. Der Grundsatz *cuius regio, eius religio* ließ sich kaum anwenden, wenn ungewiß war, wem die *regio* gehörte. Im Westen ging es für die religiösen Fanatiker um alles oder nichts, im Osten konnten sie sich auf Infiltration und konkurrierendes Nebeneinander einrichten. Hinzu kam, daß im Westen die großen Städte erheblichen Einfluß gewonnen hatten und in der Regel den Monarchen und die zentrale Bürokratie unterstützten, während in Osteuropa, wo die monarchische Regierungsform mit großen Schwierigkeiten zu kämpfen hatte, die Städte häufig rückständig waren, der Handel weitgehend in den Händen der sozial geächteten Juden lag und die Bauern zunehmend in Erbuntertänigkeit gerieten und ihren Herren ganz legal ausgeliefert waren.

Wie stets war die böhmische Politik geprägt von der Feindseligkeit zwischen Tschechen und Deutschen, die katholische Kirche wurde gleichgesetzt mit den Magnaten und den deutschen Siedlern. Im tschechischen Volk blieb die Erinnerung an Hus lebendig, und eine verarmte nationale Kirche, von Rom so wenig zur Kenntnis genommen, daß die Päpste von 1431 bis 1561 das Erzbistum Prag vakant ließen, erfreute sich großer Gefolgschaft. Die Tschechen waren sogar der Meinung, sie hätten ihre eigene Reformation besorgt. Theologisch blieben die gemäßigten Hussiten konservativ, wenn sie auch auf die Autorität der Bibel pochten: im Gegensatz zu Rom befanden sich diese *Utraquisten* vor allem in der Frage, ob die Laien bei der Kommunion *beides*, den Kelch und die Hostie, empfangen sollten oder nicht. Obgleich Luther generell in dem Ruf stand, die »Meinungen aus Böhmen« wiederholt und aufgewärmt zu haben, hinderte seine Nationalität viele patriotische Tschechen daran, sich seine Doktrin zu eigen zu machen.

Als Ludwig II., König von Böhmen und Ungarn, auf der Flucht vom Schlachtfeld erschlagen wurde, und Kaiser Ferdinand I. zu seinem Nachfolger gewählt wurde, bekamen die Tschechen damit einen Monarchen, der zwar auf seiten des Katholizismus stand, aber realistisch genug war, die utraquistische Kirche ungeschoren zu lassen, denn sie wurde von vielen Angehörigen des hohen und niederen Adels unterstützt, die sich die ehemaligen Ländereien der katholischen Kirche angeeignet hatten. Im Laufe der Jahre konnte Ferdinands Verwaltung allerdings nicht verhindern, daß sich bei den deutschen Siedlern innerhalb der böhmischen und mährischen Grenzen lutherische Ideen, Prediger und Bücher ausbreiteten. Die »böhmischen Brüder«, puritanische Hussiten mit radikalen Ansichten und weit links von den *Utraquisten*, verbündeten sich mit den Lutheranern, und sogar die anabaptistischen Flüchtlinge wurden in Mähren wegen der technischen Fertigkeiten geduldet, die sie aus der Schweiz und Tirol mitbrachten. So erwies sich, daß selbst die radikaleren Tschechen dank der religiösen Impfung, die sie zunächst von Hus und dann von Luther erhalten hatten, lange immun blieben gegenüber der calvinistischen Infektion. Als sich die tschechischen Rebellen 1547 nach Karls V. Sieg bei Mühlberg in einer schwierigen Lage befanden, behielt Ferdinand I. seine kluge Politik bei, die durch eine Versöhnung von Katholiken und *Utraquisten* extreme protestantische Strömungen abzuwehren suchte. Allerdings verwies er im folgenden Jahr einige »böhmische Brüder« des Landes, die sich nach Polen wendeten oder, von ihren adligen Herren geschützt, in Mähren blieben. Außerdem hatte Ferdinand die Jesuiten nach Prag geholt und Papst Pius IV. überredet, einen katholischen Erzbischof für das lange vakante Bistum zu ernennen: Er veranlaßte ihn sogar, die Kommunion unter beiden Gestalten für Laien zuzulassen. Doch die utraquistische Kirche war so eng mit dem tschechischen Patriotismus verschmolzen, daß selbst diese Konzession nicht ausreichte. Der Versuch, Katholiken und *Utraquisten* zu versöhnen, schlug fehl, und unter Maximilian II. mußten sogar die Jesuiten eine Niederlage hinnehmen. Die *Utraquisten* und zunehmend auch der lutherische Adel gewannen die Macht im Lande. Die Gegenreformation in Böhmen hatte, so diskret und gemäßigt sie auch betrieben worden war, eine vorhersagbare und endgültige Niederlage erlitten, und Rudolf II. war gewiß nicht der Mann, sie zu neuem Leben zu erwecken.

In Ungarn war nach dem Tode Ludwigs II. die Königswahl Ferdinands auf Widerstand gestoßen: Eine Mehrheit von Magnaten und Geistlichen hatten Johann Zápolya, den Woiwoden von Siebenbürgen, gewählt, so daß sich zur türkischen Invasion, in deren Verlauf Wien belagert wurde und Buda verlorenging, noch ein Bürgerkrieg gesellte. Beide Erzbischöfe und fünf Bischöfe waren bei Mohács erschlagen worden; in den folgenden Krisen bemächtigten sich die Magnaten der Bistumseinkünfte. Ferdinand selbst war auf die Magyaren angewiesen, die die strategisch wichtigen Burgen besaßen. Nach Mohács konnten weder Ferdinand noch sein Konkurrent viel unternehmen, um die Ausbreitung lutherischer Lehren zu verhindern, da ihnen politisch durch die alten parlamentarischen Institutionen Ungarns die Hände gebunden waren. Sogar die Türken in Buda tolerierten die Lutheraner: Schließlich handelte es sich bei ihnen im Gegensatz zu den Katholiken um Bilderstürmer und damit um eine weniger verwerfliche Sorte von Ungläubigen. Vor der Katastrophe von 1526 war am aufgeschlossenen Hof von König Wladislaw und dem von Ludwig II., dem Schwager Karls V., ein Humanismus gefördert und das Neue

Testament ins Ungarische übersetzt worden. Nach 1526 wurden lutherische Pastoren durch protestantische Magnaten ernannt und sogar in Siebenbürgen in den vorwiegend deutschen Städten heimisch gemacht. Sie predigten vom Heil durch den Glauben und wetterten gegen die Lehre vom Fegefeuer. Vielleicht in dem Empfinden, daß sie letzteres schon reichlich zu spüren bekommen hätten, wurden viele Ungarn, Magyaren sowohl als Deutsche, Lutheraner.

Polens goldene Zeit

In Polen mußten die Habsburger zu ihrem Glück keine königlichen Pflichten übernehmen. Auf Sigismund I., den Alten (1506–1548), fast ein Zeitgenosse Heinrichs VIII., war Sigismund II. August (1548–1572), der letzte Jagiellone, gefolgt. In dem Wunsch nach einem möglichst wirkungslosen Monarchen wählte der polnische Adel daraufhin Herzog Heinrich von Anjou, den späteren Heinrich III. von Frankreich und den letzten aus dem Hause Valois, der 1574 beim Tode seines Bruders Karl IX., wie nicht weiter verwunderlich, rasch nach Frankreich zurückkehrte, um sein Erbe anzutreten. Die Situation verlangte jetzt so dringend nach einem Kriegerkönig, daß selbst die polnische Liebe zu aristokratischer Anarchie besiegt und Stephan Báthory, Fürst von Siebenbürgen (1575–1586), gewählt wurde, der sich recht erfolgreich gegen die Moskauer Großfürsten zur Wehr setzte. Bei seinem Tode wählten die Polen einen katholischen Fürsten schwedischer Herkunft, Sigismund III. Wasa (1587–1632), den Sohn König Johanns III. Wasa von Schweden und Katharinas, der Schwester von Sigismund August von Polen. 1594 wurde er in Uppsala auch zum schwedischen König gekrönt, obwohl er sich dort nicht behaupten konnte und von seinem Onkel, Herzog Karl »Krummnase«, aus Schweden vertrieben wurde, der als Karl IX. den Thron bestieg und der Vater Gustav II. Adolfs wurde.

Der Monarchie der *rzeczpospolita* (polnisch für *res publica*) war durch die Macht der *Pani* und *Schlachta* sogar noch mehr Beschränkungen auferlegt als den Habsburgern durch den hohen und niederen Adel von Böhmen und Ungarn. Bei den Tschechen und Magyaren hatten sich eine Vielzahl mittelalterlicher Institutionen herausgebildet; in Polen hatten sie sich in den Händen des Adels völlig verselbständigt. Der *Sejm* (polnisches Parlament) bestand aus einem Oberhaus, in dem die Erzbischöfe, Bischöfe, Woiwoden und Kastellane offiziell zusammen mit königlichen Beamten und Prälaten regierten, tatsächlich aber von den Magnaten beherrscht wurden. Im Unterhaus waren die Angehörigen des niederen Adels oder die *Sejmiki* versammelt; beide Häuser waren fest in der Hand der größeren und mittleren Grundbesitzer. Auf diese Weise konnten sie sich der Rechtsprechung der katholischen Kirche entziehen. Diese Entwicklung fiel zusammen mit dem zunehmenden Erfolg der calvinistischen Lehren in Polen, was ziemlich überraschend kam, wenn man bedenkt, daß Krakau ein bemerkenswertes Zentrum humanistischer Renaissancebildung gewesen war. Seit langem schon wurde die katholische Kirche in Polen wie die dortige Verfassung vom Adel beherrscht, der 1515 von Leo X. die Zustimmung zu einem Erlaß erhalten hatte, daß nur Geistliche adliger Herkunft zu Bischöfen, Äbten oder in andere lukrativere Kirchenämter berufen werden durften. Aber obgleich – oder vielleicht weil – ihre Verwandten den Reichtum der Kirche genossen, gelüstete es die Adligen nach deren Land. Das Luthertum war deutsch, der Calvinismus jedoch französisch und, was wichtiger war, rebellisch gegen die königliche Autorität, so daß der Calvinismus für die polnischen Gutsherren weit attraktiver war. In den fünfziger Jahren des sechzehnten Jahrhunderts hatte eine calvinistische Kirche mit ihren vielfältigen Möglichkeiten für Laien in Teilen von Polen und Litauen Fuß gefaßt. Zwar blieb die offizielle katholische Hierarchie bestehen, doch wurde trotzdem dem italienischen »Erzketzer« Fausto Sozzini (Socinius) Zuflucht in Polen gewährt, obwohl er gewagt hatte, die Fundamentale Lehre von der Dreifaltigkeit in Frage zu stellen. Dieser Neoarianer und seine Jünger waren die Vorläufer der *Sozinianer* und *Unitarier* des folgenden Jahrhunderts, deren Einfluß sich nach Westen ausbreiten sollte.

Litauen wurde nach der Unterbrechung von 1489 im Jahre 1569 durch die Union von Lublin, die die Privilegien der polnischen Aristokratie in ähnlicher Form auf das bereits lose organisierte Großfürstentum ausdehnte, wieder fest mit Polen vereinigt. Große Teile der litauischen Bevölkerung gehörten der orthodoxen Kirche an und weigerten sich trotz Gründung der *unierten* Kirchen entschieden, sich den Katholiken anzunähern. Außerdem standen diese Länder protestantischer Infiltration unterschiedlichster Observanz offen. Aber der Konflikt mit den orthodoxen *unierten* Kirchen führte viele Polen in den Schoß der katholischen Kirche zurück, ebenso wie die Kriege Stephan Báthorys gegen den Moskauer Großfürsten. Trotz der Calvinisten triumphierte in Polen die Gegenreformation.

Die Schlacht von Lepanto

Angesichts der konstitutionellen Schwierigkeiten der Habsburger in Böhmen und Ungarn und der Ausbreitung gedämpfter religiöser Kontroversen hatte Osteuropa Glück, da Mitte des sechzehnten Jahrhunderts die kriegerischen Expansionsbestrebungen der Türken nachzulassen begannen.

Nach Mohács hatten die Türken nämlich den größten Teil Ungarns überrannt: 1529 belagerten sie Wien, und 1541 hatten sie in Buda Fuß gefaßt, von wo aus sie den größten Teil Mittelungarns beherrschten und das Habsburger Ungarn von Siebenbürgen abschnitten. Aber das türkische Reich erwies sich in seiner Ausdehnung von Persien bis zur mittleren Donau als viel zu weitläufig. Und obgleich die Konsequenzen von Mohács die ungarische Monarchie fast zu Fall gebracht hatten und die katholische Kirche des Landes ruinierten, versäumten es die Türken, ihren Erfolg zu besiegeln. Inoffiziell wurde zwar ein Guerillakrieg entlang der langen Grenze von den Ostalpen bis zu den Karpaten fortgesetzt, doch 1568 schloß man einen Waffenstillstand, zu dem auch ein beträchtlicher »Tribut« gehörte, den der Kaiser dem Sultan zu entrichten hatte.

1570 eroberten die Türken das strategisch wichtige Zypern, wo sie zwanzigtausend Zyprioten umbrachten und dem Kommandanten die Haut bei lebendigem Leibe abzogen. Aber dieses Ereignis wurde 1571 durch den spektakulären christlichen Sieg Don Juan d'Austrias und Giovanni Dorias bei Lepanto aufgewogen. Zwar setzte man nicht nach und auch die türkische Landmacht in Europa blieb davon weitgehend unbeeinträchtigt, aber die Kampfmoral der türkischen Seestreitkräfte wurde geschwächt, und es kam zu einem Waffenstillstand der gegenseitigen Erschöpfung, der tatsächlich einen Wendepunkt in diesem Konflikt markiert. Dieses eine Mal hatte Philipp II. von Spanien die Venezianer als Bundesgenossen gewinnen und die gesamte christliche Streitmacht im östlichen Mittelmeer zusammenziehen können; dreißigtausend Türken wurden bei Lepanto getötet oder verwundet, während sich der Verlust der Christen auf neunundzwanzigtausend belief, und eine große Zahl von Galeerensklaven wurde befreit, die für die türkische Flotte unentbehrlich waren.[34]

Zu Lande wurde 1579, wahrscheinlich eher wegen erneuter Gefahr an der persischen Front als wegen der Folgen von Lepanto – denn die Türken hatten Zypern genommen und sollten es noch lange behalten –, der Waffenstillstand an der Donaufront bis 1583 verlängert, jenem Jahr, in dem Murad III. dem im wesentlichen aus örtlichen Belagerungen, Überfällen und routinemäßigen Verwüstungen bestehenden Guerillakrieg erneut offiziellen Charakter verlieh, so daß Rudolf II. die Türkenglocke um zwölf Uhr mittags überall im Reich läuten ließ, um seine Untertanen an den Konflikt zu erinnern, während der Sultan das grüne Banner des Propheten von Damaskus nach Ungarn schaffen ließ, um den Kampfesmut seiner Truppen zu beleben. Am heftigsten tobte der Krieg an den Grenzen der Habsburger Lande, wo kroatische, kärntnerische und steirische Verbände die türkischen Plünderer angriffen und das Land der Grenzbewohner verwüstet wurde. Die Uskoken aus Dalmatien und die Heiduken aus dem Alföld (dem großen ungarischen Tiefland) fanden genauso viel Gefallen an dieser »Seeräuberei zu Lande« wie die Türken oder wie Tataren und Kosaken an der Grenze zwischen dem polnischen und dem Moskauer Reich, und das Unwesen breitete sich von der Adria bis ans Schwarze Meer aus. Unter dem albanischen Großwesir Sinan Pascha, der für seine widerspenstigen und unbezahlten Veteranen aus den persischen Kriegen Beschäftigung suchte – die *Janitscharen* und *Sepoys* hatten wegen ihres verringerten Solds gemeutert –, wurde der offizielle Krieg von beiden Armeen mit größerem Nachdruck geführt, wobei beide ihren Unterhalt requirierten und keine über genügend Reiter zu einem entscheidenden Durchbruch verfügte.

Alles in allem waren die Christen im Vorteil. Sie bekamen Hilfe aus Deutschland, Italien und sogar Frankreich. Siebenbürgen, das Moldaugebiet und die Walachei, die über bedeutende Getreideerträge verfügten, erhoben sich gegen die Türken. Michael der Tapfere von der Walachei vertrieb Sinan Pascha aus Bukarest, und nur das persönliche Eingreifen des Sultans, der im Oktober 1596 die wichtige Schlacht von Mezö-Keresztes gewann, wendete das Blatt und ermöglichte den Türken später, einen Gegenangriff entlang der Donau zu führen. Aber jetzt nahm der Krieg gegen die Perser unter ihrem Schah Abbas I., dem Großen, die Kräfte der Türken in Anspruch, und der Friede von Zsitvatorok besiegelte eine Patt-Situation, abgesehen von dem psychologisch wichtigen Punkt, daß das Reich den Sultanen nicht mehr tributpflichtig war. Erst jetzt geruhten die Sultane, die Kaiser als ihresgleichen anzuerkennen.

Iwan der Schreckliche

Im Gegensatz zu Ungarn und Polen, wo den Königen die Hände durch die mittelalterlichen Institutionen zunehmend gebunden waren, die dem Einfluß des Adels unterlagen, errichteten die Zaren von Moskau ein immer autokratischeres System. Iwan III. hatte den Tataren den Tribut verweigert. Durch die Eroberung von Smolensk und Nischnij Nowgorod im Jahre 1478 baute er Moskaus Macht noch aus. Während im benachbarten Polen-Litauen Magnaten und niederer Adel nach Belieben schalten und walten konnten, machte der Zar sie sich in Moskau auf brutale Weise gefügig, denn er hatte die Verwaltungsmethoden der Tataren übernommen, zu denen Einziehung der Ländereien und sogar Massendeportationen gehörten. Zwar bedeutete das zu Iwans Zeit nur erzwungenen Ortswechsel, keine Aberkennung der Rechte, erwies sich aber als eine Politik, derer sich die Moskauer Fürsten mit großer Wirksamkeit bedienten. Auch hatte der »Selbstherrscher der russischen Erde«, anders als Karl V., keinen Ärger mit Häretikern. Die reiche und alteingesessene orthodoxe Kirche war völlig autark, wurde für ihren Widerstand gegen die Tataren loyal unterstützt und war theoretisch wie praktisch gefeit gegen reformatorische Ideen aus dem Westen. Wenn es, von italienischen Einflüssen auf Architektur und Malerei am Hofe Iwans III. abgesehen, keine Renaissance in Moskau gab, so gab es auch keine Reformation.

Unter Wassilij III. (1505–1533) wurde Iwans Werk fortgeführt und gesichert, so daß Iwan IV. *Groznyj* (»der Schreckliche«) (1533–1584) einen solide verankerten Thron bestieg. Wie Friedrich *Stupor Mundi* hatte auch Iwan eine schreckliche Kindheit, für die er später auf paranoide Weise Rache nahm. 1533, mit drei Jahren, wurde er Großfürst, und seine litauische Mutter, die einen Fürsten Obolenskij zum Liebhaber hatte, ließ bei ihrem Tode das erst achtjährige Kind zurück, woraufhin sich die Bojaren um die Herrschaft stritten und den frühreifen Jungen demütigten und tyrannisierten, der kaum zu essen und anzuziehen bekam. Aber schon als Kind hat Iwan Tiere gequält und Katzen vom Dach geworfen. Mit dreizehn veranlaßte er seine Hundeführer, Andrej Schujskij, den mächtigsten Bojaren, gefangenzunehmen und zu ermorden, und 1547, im Todesjahr Heinrichs VIII., setzte er mit sechzehn Jahren durch, daß er zum Zaren gekrönt wurde. Daraufhin heiratete er Anastasja Romanowna, die erste aus der Reihe seiner sieben Frauen, und als die Menschen sich nach einem Brand, der Moskau mehr als üblich verwüstet hatte, gegen die Regierung erhoben und ihn aus der Stadt vertrieben, schlug er den Aufstand so gnadenlos nieder, daß seinen Untertanen damit der Wunsch nach Rebellion ein für allemal ausgetrieben war.

Nachdem Iwan seine Macht dieserart behauptet hatte, berief er 1550 den *Semskij Sobor* ein, eine parlamentarische Versammlung des ganzen Landes, zu der Vertreter aller Klassen gehörten, auch die Bürger der Städte und einige freie Bauern, und verbesserte mit ihrer Zustimmung die Gesetze, den Strafvollzug und die Steuereintreibung. 1552 führte er ein schlagkräftiges Heer gegen Kasan, die strategisch gelegene Tatarenfestung am Zusammenfluß von Wolga und Kama, den wichtigsten Stützpunkt der Tataren zwischen Moskau und dem Ural. In diesem Herbst schnitten ihnen die Moskauer die Wasserversorgung ab und zerstörten ihre Garnison. Die Folge dieses strategisch wichtigen Sieges war die Annexion des Khanates von Astrachan, wodurch die Moskauer Macht bis zum Kaspischen Meer ausgedehnt wurde.

Iwan IV. stärkte auch die Handelsbeziehungen zum Westen: 1553 umsegelte eine englische Handelsexpedition unter Führung Anthony Jenkinsons das Nordkap, erreichte Archangelsk am Weißen Meer und durfte nach Moskau reisen, von wo aus Jenkinson seinen Weg, in Iwans Interesse wie in dem seiner Gesellschaft, nach Persien fortsetzte. 1559 wurde der erste englische Botschafter, Thomas Randolf, von Iwan um Mitternacht im Kreml empfangen – ein Zeitpunkt, zu dem er wie Stalin seine Geschäfte zu erledigen pflegte – und erhielt exterritoriale Rechte für englische Kaufleute. Der Zar war bestrebt, gut ausgebildete Ärzte und Techniker aus dem Westen über die nördliche Route nach Rußland zu bringen, da ihm der Weg zur Ostsee immer noch von Schweden, Polen, Litauern und Deutschrittern, deren Staat zu einem protestantischen Herzogtum unter Albrecht von Hohenzollern, Herzog von Preußen, säkularisiert worden war, verwehrt wurde.

Zu diesem Zeitpunkt war der Zar endgültig von seiner göttlichen Mission überzeugt und verfolgte die Bojaren, die Angehörigen des niederen Adels und die Städter mit pathologischem Argwohn, überall Widersetzlichkeit gegen sein autokratisches Regime witternd.

Iwan hatte sich immer als »geborener Herrscher«, als »Selbstherrscher eines russischen Reichs« verstanden, das er herleitete von Wladimir – denn er kannte sich gut aus in den russischen Chroniken – und von Aleksandr Newskij, »der den Sieg über die gottlosen Deutschen davontrug«. »Wie denn, bitteschön«, fragte er in einer bissigen Korrespondenz seinen früheren Verbündeten Fürst Kurbskij, der 1564 zu den Litauern übergelaufen war, »kann man einen Mann als Selbstherrscher bezeichnen, wenn er nicht selbst regiert?« Ständig behauptete er, der »Heilige Zar« zu sein. Da »das alte Rom« durch Ketzerei zu Fall gekommen sei und das zweite sich in den Händen der »gottlosen« Türken befinde, habe das russische Rom des Zaren nun beide in Sachen Frömmigkeit überflügelt. Er behauptete, er alleine sei der »christliche Zar überall und bei allen Christen«. Doch 1588/89 stellte der englische Gesandte Giles Fletcher fest: »Zustand und Art der Regierung sind eindeutig tyrannisch.«

Diesen Charakter besaß seine Herrschaft seit 1564. Voller Zorn über seine Bojaren und Beamten hatte Iwan sein Volk in Moskau zurückgelassen und war mit seinem gesamten Familienhaushalt und seiner Leibwache verschwunden, »niemand wußte wohin«. Er hatte »sein Reich im Stich gelassen«. Mit viel psychologischem Gespür für den richtigen Zeitpunkt hatte er außerdem veranlaßt, daß den Moskauern ein Brief von ihm verlesen wurde, in dem er ihnen erklärte, daß sein Mißfallen nicht ihnen gelte, sondern lediglich den Magnaten und Beamten, die ihn schon betrogen hätten, als er noch minderjährig gewesen sei, und nun damit fortführen. Das Volk reagierte, wie er es vorhergesehen hatte: »Wer wird uns vor dem Ansturm der Fremden beschützen? Was sollen wir ohne unseren Hirten tun?« Sie baten den Metropoliten aller russischen Länder, sich einzuschalten.

Daraufhin erbarmte sich Iwan und kehrte zurück. Aber er schuf sich ein eigenes Reich, die *Opritschnina* (1564–1572), »das Land wie mit einer Axt zerteilend«. Aber auch der Rest des Staates, die *Semschenina*, blieb seiner Herrschaft noch indirekt unterstellt. Die *Opritschnina* beherbergte eine völlig losgelöste und eigenständige Kaste, zu der Beamte und Musketiere (Strelitzen) gehörten, die von den Einkünften aus über vierzig Städten und riesigen Gütern lebten, die häufig konfisziert worden waren und deren Besitzer in fernen Gebieten Rußlands Ersatz erhalten hatten. Und »alle *Opritschniki* gingen und ritten in Schwarz umher, mit Ginsterpfeilen in ihren Köchern«. Sie lebten in Isolation, von ihren Familien in der *Semschenina* getrennt.

Den Höhepunkt ihres Schreckensregimentes erreichten sie im November 1570, als Iwan *Opritschniki*-Truppen zur Bestrafung Nowgorods einsetzte. Die Schuldigen wurden zuerst »aufgeschlitzt«, dann über den Boden geschleift und schließlich in den Fluß geworfen, während ihre Frauen und Kinder zusammengebunden und von einem hohen Turm ins Wasser geworfen wurden, während unten Soldaten mit Heugabeln und Haken warteten, um sie wieder unter Wasser zu drücken, wenn sie auftauchten. In diesem Jahr fanden in Moskau auch öffentliche Massenhinrichtungen im Anschluß an öffentliche Verhandlungen statt. Zwar hatten die *Opritschniki* sich 1573 so verhaßt gemacht, daß Iwan sein Experiment aufgab, aber die Schreckensherrschaft hatte seine absolute Macht gefestigt, die noch verstärkt wurde durch eine unterwürfige Kirche. Mit einer Grausamkeit, die seines Beinamens »der Schreckliche« würdig war, hatte Iwan IV. Erfolg gehabt, wo die Herrscher Mitteleuropas versagt hatten.

In seinen letzten Jahren litt Iwan unter immer stärkerem Verfolgungswahn. 1570 hatte er noch aus vernünftigen politischen Gründen die beiden wichtigsten *Opritschniki*, Werkzeuge seiner schlimmsten Unterdrückungsmaßnahmen, hinrichten lassen, aber als er 1581 seinen eigenen Sohn mit einem stahlbeschlagenen Stock erschlug, gab er einem ganz persönlichen jähzornigen Impuls nach. Er wurde zu einem gefährlichen Einsiedler im Kreml, mal an Abdankung denkend, mal weitere Rachepläne schmiedend: Es heißt, wahrscheinlich zu Recht, daß er unter Schlaflosigkeit leidend ein Geheul auszustoßen pflegte. Seiner und des Landes Alptraum endete 1584, als ihn bei einem plötzlichen Wutanfall der Schlag traf.

Als er starb, hatte er einen »Dienststaat« geschaffen, der alle Klassen zur Verteidigung oder Eroberung heranzog. Die größte Leistung auf innenpolitischem Gebiet, die Iwan während seiner Regierungszeit vollbracht hatte, war eine Hierarchie nichterblichen Dienstadels, unabhängig vom alten Erbadel, dessen Angehörige ebenfalls gezwungen wurden, höhere Ämter in der zaristischen Verwaltung zu bekleiden. Anders als die meisten Herrscher seiner Zeit bekam er seine Magnaten und die Angehörigen des niederen Adels vollkommen unter Kontrolle. Der *Semskij Sobor*, zu dem Geistliche, Bojaren, Großkaufleute und Händler gehörten, war ihm völlig hörig.

Außenpolitisch war der Versuch, einen größeren Hafen an der Ostsee in Livland zu sichern, am polnischen und skandinavischen Widerstand gescheitert, aber der Krieg an den südlichen Fronten, dem die Eroberung von Kasan und Astrachan zu verdanken war, hatte den Weg für die wichtigste Expansion des Reiches eröffnet.

1581 hatte man Jermak, dem Ataman der Kosaken an der Wolga und am Don sowie neun ihm unterstellten Häuptlingen, alle unter dem Verdacht der Straßenräuberei, eine Expedition nach Westsibirien gestattet. Finanziert wurde sie von der bedeutenden Familie Stroganow, im Grenzland ansässigen Adligen, die weitgehende Siedlungs- und Erschließungsrechte vom Zaren bekommen hatte. Die Expedition bestand aus fünfhundertvierzig Kosaken und dreihundert Deutschen und Litauern. Sie war schwer bewaffnet mit Artillerie und Arkebusen – Waffen, vor denen die Tataren große Angst hatten. »Wenn sie mit ihren Bogen schießen«, sagten die Tataren, »schießen Flammen hervor, und Rauch steigt mit lautem Getöse auf ... und die Pfeile, die abgeschossen werden, sind nicht zu sehen ... Sie durchbohren alles, was ihnen im Wege ist ...«

So begann die umfassende und überraschend schnelle Kolonisation Sibiriens. Sie erfaßte eine größere Fläche als die Besiedlung Nordamerikas, und obgleich Jermak schon bald ums Leben kam – als er einem plötzlichen Angriff durch einen Sprung in den Irtysch zu entkommen suchte, ertrank er, weil er, Ironie des Schicksals, das Kettenhemd trug, das ihm der Zar geschenkt hatte –, wurde die von der Regierung unterstützte und nur grob geplante Erforschung und Besiedlung fortgesetzt. 1598 wurde Kuchum, der Khan der sibirischen Tataren, verjagt, 1607 erreichte man den Jenissej und 1640 den Pazifischen Ozean.

Von Anfang an ging es in Sibirien vor allem um Pelze. Schon zu Iwans IV. Zeit trafen große Mengen von Zobel- und Fuchspelzen in Moskau ein, und die Einfuhrzölle warfen beträchtliche Erträge ab. So entsprach den überseeisch-amerikanischen Eroberungen der Westreiche eine von Osteuropa ausgehende Expansionsbewegung, die im Laufe der Zeit die Gewichte der Weltpolitik entscheidend verlagern sollte.

7. Die europäische Krise von 1588

Nach dem Trienter Konzil

Während des Trienter Konzils, das mit Unterbrechungen von 1545 bis 1563, dem Jahr vor Einrichtung der *Opritschnina* durch Iwan IV., dauerte, straffte die katholische Kirche ihre Organisation und leitete einen Gegenangriff gegen die Protestanten ein. Dieses ehrgeizige Unternehmen hing mit allen seinen kulturellen Folgen an der spanischen Land- und Seemacht, die in Westeuropa immer noch vorherrschend war. Der Reichtum, der aus den amerikanischen Kolonien und nach 1580 aus dem portugiesischen Handelsreich floß, wurde weitgehend in den ideologischen Konflikt gepumpt und kam dem Spanien Philipps II. wenig zugute. Die größte Schuld am Schwund der Silberreserven trugen der König selbst und die spanische Außenpolitik im allgemeinen. Statt dieses Silber dazu zu benutzen, um im eigenen Lande neue und einträgliche Unternehmungen zu begründen, so, wie die Fugger das Silber ihrer Tiroler Minen in Augsburg verwendeten, ließen sich die spanischen Habsburger zu kostspieligen außenpolitischen Abenteuern verleiten, die zur Zeit Karls V. bereits beträchtliches Ausmaß angenommen hatten, um unter Philipp II. jeden Rahmen zu sprengen. Und wenn diese Belastungen der »Preis des Reiches« waren und die Spanier die Niederlande kaum aufgeben konnten, weil sie befürchten mußten, den Krieg dadurch näher an ihr Heimatland zu ziehen, so galt die Überzeugung von der Unumgänglichkeit des Krieges schon seit dem von Missionseifer beseelten Karl V. in der Familie, der sich selbst ja als »Bannerträger Gottes« gesehen hatte.

Philipp II. (1556–1598) war nicht nur vom Missionseifer beseelt, er war fanatisch. Dieser düstere und gewissenhafte Bürokrat, der von englischen Historikern lange Zeit als Ungeheuer dargestellt wurde, war in Wahrheit privat liebenswürdig, aber er besaß die Selbstgefälligkeit jener, die über fast unbegrenzte Macht verfügen, sowie den unbeugsamen Willen und die Mißachtung menschlichen Lebens jener, die von einer Sache besessen sind. Zwar waren seine in mönchischem Weiß gehaltenen Räume im Escorial nicht, wie häufig behauptet, in Düsternis getaucht, sondern von Sonnenlicht durchflutet und verfügten über eine herrliche Aussicht, doch war es der eigentliche Zweck des riesigen Gebäudes, als Mausoleum für die Habsburger zu dienen, und einer seiner Lieblingsmaler war Hieronymus Bosch. Mütterlicherseits Portugiese hatte er nicht das habsburgische Adlerprofil Maximilians und Karls V. geerbt, sondern sah ganz durchschnittlich aus, was auch seiner wirklichen Natur entsprach: ein fleißiger Verwaltungsbeamter, der es liebte, Memoranden auf Staatspapier zu notieren. Zu dieser geheiligten Aufgabe hatte man ihn erzogen, und weit entfernt davon, gegen sie zu revoltieren, verbrachte er sein fleißiges Leben damit, sie zu erfüllen – der richtige

Mann für ein Zeitalter, das den Aufstieg von Großstaaten und Staatskapitalismus erlebte.

Papst Paul III. (1543–1549), aus dem Haus Farnese, der die Gegenreformation einleitete, hatte das Trienter Konzil einberufen, um die Christenheit zu befrieden, aber sobald sich die Prälaten erst einmal versammelt hatten, beschäftigten sie sich natürlich mit Fragen des Dogmas statt mit einem erasmischen Kompromiß oder einer Kirchenreform, und da sie sich vom Heiligen Geist erleuchtet wähnten, beharrten sie bald starrsinnig auf ihren Meinungen. Die Protestanten versammelten sich in Magdeburg. Trotz Luthers Tod im Jahre 1546 waren auch die Protestanten nicht an einem Kompromiß interessiert, denn auch sie nahmen für sich in Anspruch, vom Heiligen Geist erleuchtet zu sein, und stürzten sich in erbitterte theologische Debatten. Sie konnten noch nicht einmal im eigenen Kreise Einigkeit erzielen: um so größer ihre Abneigung gegen eine Aussöhnung mit Rom. Als 1551 das unterbrochene Konzil in Bologna wieder eröffnet wurde und protestantische Vertreter sich auf kaiserlichen Druck hin bereit erklärt hatten zu erscheinen, weigerte sich das Konzil, »verurteilte Ketzer« auch nur zuzulassen, und es wurde klar, daß das Konzil kein Instrument der Versöhnung sein würde, sondern wie viele Konzile und Versammlungen vorher und später ein Tummelplatz ideologischer Kontroversen.

Das Papsttum hatte seine Gegenreformation nun um zwei wichtige Institutionen erweitert. 1542 war das Heilige Offizium in Rom gegründet worden, der höchste und zentrale Gerichtshof der Inquisition, die zuletzt und auf höchst makabre Weise in Spanien tätig war. Und 1540 war die Gesellschaft Jesu entstanden; der Jesuitenorden hatte ursprünglich das Ziel, den katholischen Glauben im Fernen Osten und in Amerika zu verbreiten, um so das Gleichgewicht einer entzweiten Christenheit wiederherzustellen, widmete sich aber schon bald dem ausgesprochen politischen Versuch, die protestantischen Reiche in Europa zurückzugewinnen.

Der Orden war von Don Iñigo López Oñaz y Loyola, dem heiligen Ignatius (1491–1556), gegründet worden, einem baskischen Edelmann, der ein tapferer und weltlicher Soldat gewesen war, bis er im Alter von dreißig Jahren eine schlimme Beinwunde davontrug, die ihn zu kontemplativer Einkehr und umfänglicher Lektüre zwang und zu einem sehr ernsthaften Menschen werden ließ. Er begab sich als Pilger nach Montserrat in Katalonien, wo er seine kostbare Kleidung gegen die eines erstaunten Bettlers eintauschte und sich monatelang strengen Meditationen unterzog, deren Methoden er in seinem *Exerzitienbüchlein* beschrieb. Dann pilgerte er nach Jerusalem, wo er von den dort ansässigen Franziskanern abgelehnt wurde. Entschlossen, seine ritterliche und höchst begrenzte Erziehung zu ergänzen, studierte er an der Universität von Paris (1528–1535), wo er sechs Schüler gewann. Dann begab er sich nach Rom, wo sein Plan Billigung fand, und 1541 wurde der Kern seines Ordens gegründet. Nach einigen Anfangsschwierigkeiten breitete er sich rasch aus und umfaßte bei des

Gründers Tod tausend Mitglieder, von denen dreiundvierzig höchste Ränge bekleideten. Unter dem General Claudio Acquaviva (1581–1615) wurde der Orden zu einer Organisation, die sich hervorragend für ein aktives Wirken in der Welt eignete, zu einer sorgfältig ausgewählten Hierarchie unter einem auf Lebenszeit gewählten General. Der Gründer hatte alle mönchischen Ideale abgelehnt und die Novizen einer langen und mühsamen Ausbildung unterworfen – »Novizitat«, »Scholastikat« und »volle Zugehörigkeit«. Obgleich der Orden eine zentralisierte Autokratie war, wurden die Oberen angewiesen, der Persönlichkeit und Begabung ihrer Untergebenen sorgfältig Rechnung zu tragen; alle aber hatten Armut, Keuschheit und vollkommenen Gehorsam zu geloben. Die Jesuiten akzeptierten die neuen humanistischen Bildungsideale und nahmen sich schon bald der Erziehung von Knaben aus höheren Ständen an, da in Deutschland und Frankreich das alte Bildungssystem durch das Schisma stark beeinträchtigt worden war, so daß jesuitische Erzieher und Beichtväter, vertraut mit den neuesten Bildungstendenzen und mit höfischen Umgangsformen, großen Einfluß auf das Leben adliger und fürstlicher Persönlichkeiten im katholischen Europa gewannen. Während sich die calvinistischen Pastoren herrschsüchtig und allwissend aufführten, waren die Jesuiten freundlich, gewinnend und als Missionäre häufig sehr mutig. Mit der Zeit verscherzten sie sich durch ihre intensive und gelegentlich auch intrigante politische Einmischung viele Sympathien, und ihr weltläufiges Auftreten erregte das besondere Mißtrauen der patriotischen und provinziellen Engländer, Holländer und Schotten.

Mit diesen neuen Waffen versehen, begannen die Gegenreformationspäpste Paul IV. und Pius V. alle lutherischen Ketzer auszurotten, derer sie in Italien habhaft werden konnten, und beauftragten die besten Künstler ihrer Zeit, die eindrucksvolle Umgestaltung und Verschönerung Roms zu vollenden.

Dieser beeindruckende Gegenangriff auf die Ketzerlehren wäre nicht möglich gewesen ohne die Unterstützung Spaniens, das jetzt noch mehr Silber aus Amerika bezog und praktisch Italien militärisch besetzt hielt, obwohl die wichtigsten ideologischen und militärischen Schlachten jenseits der Alpen geschlagen werden sollten, in den Religionskriegen, die Frankreich erschütterten, in den spanisch-holländischen Kriegen in den Niederlanden und in dem Versuch, England zu erobern, der fehlschlug, als die »unbesiegbare« Armada – der Name blieb ihr, wie es für die sarkastische Art der Spanier typisch war, auch nach dem Untergang – 1588 besiegt wurde.

Anglikanisches England

Die Entsendung von *La Invincible* war der Versuch, das vom rechten Glauben abgefallene Königreich England gewaltsam zurückzugewinnen, nachdem ein Schachzug der traditionellen Habsburger Heiratspolitik fehlgeschlagen war, und der im Norden rasch an Boden verlierenden katholischen Gegenreformation unter die Arme zu greifen. Philipp II. hatte 1554 auf Geheiß seines Vaters Maria Tudor, die Königin von England, geheiratet, doch hatte sie ihm keinen Erben geschenkt. Dieser politische Schachzug war weitblickend und vielleicht sogar realistisch gewesen, obgleich England schwerlich zu halten gewesen wäre. Es lag darin eine gedankliche Kühnheit, die typisch für den Kaiser war, dazu mehr Verständnis für die ökonomischen und strategischen Realitäten, als einige seiner großen Pläne zuvor ausgezeichnet hatte. Statt jener riesigen und unregierbaren geographischen Monstrosität, die unter Karl V. als Kaiserreich gegolten hatte, wollte Philipp II. ein Reich regieren, das aus drei logischen Einheiten bestand, England und den Niederlanden, Spanien und Italien sowie Amerika.

Wie war es dazu gekommen, daß sich England von der katholischen Christenheit lossagte? Im vierzehnten und fünfzehnten Jahrhundert kannte man die Engländer auf dem Kontinent vor allem als die Heimsuchung Frankreichs, als die Geschäftspartner der niederländischen Kaufleute im Wollgeschäft und als die eigentlichen Urheber der hussitischen Ketzerlehre. Anfang des sechzehnten Jahrhunderts waren sie jetzt eine ernst zu nehmende ökonomische und sogar maritime Macht. Die Protektion, die Erasmus in England gefunden hatte, hatte ihn für das unwirtliche Klima entschädigt, und der Hof lebte in burgundischem, ja italienisiertem Überfluß. König Heinrich VIII. (1509–1547) hatte sich durch die üblichen Feldzüge in der Picardie und in Flandern als Landplage erwiesen, wichtiger aber war, daß er den Grundstein zur englischen Flotte gelegt hatte, vor allem daß er Werften und Befestigungsanlagen geschaffen hatte, die ihren Voraussetzungen waren. Durch seine Heirat mit Infantin Katharina von Aragón hatte Heinrich eine pro-spanische und reichsfreundliche Politik gewählt und außerdem, wie bereits berichtet, den Titel *Fidei Defensor* durch seinen scharfen Angriff auf Luther erworben.

Als Europa dann in den Bannkreis des Konflikts zwischen Habsburg und Valois geriet, versuchten sich Heinrich VIII. und sein Kanzler Kardinal Wolsey an zwei Bissen, die viel zu groß für sie waren. Der König wollte die Krone Frankreichs, Wolsey den Heiligen Stuhl. Aber nach dem Tod Leos X. ließ Karl V. Hadrian VI. (von Utrecht) wählen (1521–1523) – »den Schulmeister des Kaisers«, wie ihn der französische König nannte. Er erwies sich als frommer und provinzieller Papst, den man in Rom wegen seines gutturalen Lateins nicht schätzte und für den die herrlichen Renaissancekunst ein Buch mit sieben Siegeln blieb. Ihm gelang es nicht, die Franzosen und Deutschen zum Kampf gegen die Türken oder die deutschen Katholiken zum Kampf gegen Luther zu einen. Als er nach kurzer Amtszeit starb, folgte ihm Klemens VII.;

Wolsey hatte nie eine Chance. Als Heinrich VIII. 1525 nach dem Sieg bei Pavia daran gedacht hatte, in Frankreich einzufallen, zeigte sich, daß Karl V. an dem Gedanken, sein angeheirateter Onkel könnte Franz I. ersetzen, ebensowenig Gefallen fand wie an der Idee, Wolsey könne Papst werden. Zornentbrannt wechselten König und Kardinal die Fronten und verbündeten sich mit den Franzosen.

Diese Entscheidung hatte auch mit Heinrichs VIII. Wunsch nach einem männlichen Erben, einem wesentlichen Punkt seiner Politik, zu tun; Wolseys Lösung war eine durchsichtige Nichtigkeitserklärung der königlichen Ehe und die Trauung seines Herrn mit einer französischen Prinzessin. Aber hier schieden sich die Geister von König und Kardinal, denn der König hatte sich entschlossen, Anna Boleyn zu heiraten, eine Hofdame ohne dynastische Vorteile und von zweifelhaftem Ruf. Er hatte sich immer als Katholik verstanden, aber besessen von dieser Leidenschaft fegte er jetzt alle Hindernisse beiseite. Er riskierte es, die spanisch-habsburgische Königsfamilie in ihrem »Blut« und ihrer Ehre zu treffen, er vernichtete Wolsey, er erhob Anna zu seiner Königin und kündigte Rom mit der Kirche von England den Gehorsam auf. Mit Unterstützung des Parlaments hatte er sich selbst zum »Oberhaupt« der Kirche von England »nach Gott« ernannt und England in das Lager der Lutheraner geführt, deren Kirchenstifter er öffentlich angeprangert hatte. Bald darauf löste er die englischen Klöster auf und plünderte sie, womit er eine soziale Revolution auslöste.

1529, nachdem des »Königs große Sache«, die Ungültigkeitserklärung seiner Ehe, vor den Papst gebracht worden war, trugen die Anwälte des Königs einen vernichtenden Angriff gegen die englische Kirche vor. Sie gruben das mittelalterliche *Praemunire*-Gesetz aus, das ursprünglich die von päpstlichen »Verordnungen« abweichende königliche Rechtsprechung hatte decken sollen, und legten es jetzt als Verbot für jegliche fremde Rechtssprechung innerhalb des Königreiches aus. Es ließ sich sowohl auf Wolsey als auch auf die ganze Kirche anwenden. Dann berief Heinrich mit sicherem politischen Instinkt ein Parlament ein und erhielt von ihm 1531 die Billigung des Angriffs auf die Kirche und ihren Besitz, womit er den dynamischen, insularen und repräsentativen Kräften in seinem Reich mit gutem (oder schlechtem) Beispiel voranging, denn hier wie andernorts wäre die »Reformation« nicht weit gekommen ohne die Unterstützung eines mächtigen Fürsten. Als das Parlament dann, gestützt auf das *Praemunire*-Gesetz, seinen Angriff auf die Kirche erst einmal begonnen hatte, kündigte es dem Papst auch die Zahlung der *Annaten*[35] auf. Im Jahr darauf hob ein Parlamentsbeschluß zur Berufsbeschränkung das Recht auf, in Rom Berufung einzulegen. Inzwischen war Cranmer, ein unterwürfiger Universitätslehrer aus Cambridge, zum Erzbischof von Canterbury ernannt worden, und mit seinem Segen versehen, hielt Heinrich prunkvoll Hochzeit mit Anna Boleyn. Als Klemens VII. schließlich gegen die Ungültigkeitserklärung von Heinrichs Ehe mit Katharina entschied, sah er sich bereits einem *fait accompli* gegenüber, das 1534 durch die

Suprematsakte besiegelt wurde, jenen Parlamentsbeschluß, der die Krone Englands mit der Leitung der anglikanischen Kirche verband und eine neue und erweiterte Auslegung der »Nichtanzeige« von Hochverrat billigte. Er führte nun einen erbitterten Kampf gegen die katholische Opposition und ließ Bischof Fisher von Rochester und Sir Thomas More, den einstigen Lordkanzler, hinrichten – beides angesehene Männer in der abendländischen Christenheit. Nach einer raschen Taxierung der Kircheneinkünfte wandte sich der König gegen die Klöster, löste sie unter den größtenteils erdichteten Anschuldigungen von Unmoralität und Veruntreuung auf, obgleich er – was unbedacht war von seiten der Krone – ihre Ländereien schon bald veräußerte, wodurch er auf seiten der Käufer eine einflußreiche »protestantische« Interessengruppe schuf, deren Nachkommen mächtig genug sein sollten, der Monarchie ernsthafte Schwierigkeiten zu bereiten. Heinrich, der launischen Königin Anna inzwischen überdrüssig, verdarb seinen Ruf im Ausland vollends, als er sie wegen angeblichen Ehebruchs köpfen ließ, nachdem sie ihm ein Kind geboren hatte, wenn auch keinen Jungen, sondern nur eine Tochter, Elisabeth. Nachdem Cranmer entdeckt hatte, daß auch die zweite Ehe des Königs null und nichtig war – Annas Schwester war eine Mätresse des Königs gewesen, verheiratete er Heinrich mit seiner dritten Frau Jane Seymour, die ihm im Oktober 1537 endlich einen Sohn schenkte. Doch nach der Geburt von Prinz Eduard starb die Königin, und keine der Kontinentalmächte war zu diesem Zeitpunkt bereit, den Erben offiziell anzuerkennen.

Dies ist die unrühmliche Geschichte der englischen »Reformation«. Aber Heinrich VIII. genoß wie die lutherischen Fürsten große Unterstützung im Volk, vor allem beim Parlament und den Patriziern in den Städten. Bald waren auch die Vertreter der alten Aristokratie auf seiner Seite sowie die der neuen, die die Klosterbesitzungen aufkauften und teilweise an niedriger gestellte Leute weiterverkauften, wodurch die Gruppe seiner Parteigänger noch weiter anwuchs. Aber Heinrich hatte eine hervorragende Erziehung genossen und war ein vielseitiger Schirmherr der erasmischen Bildung. Er gab große Summen für die Gründung oder den Ausbau von Colleges aus – etwa für Christ Church in Oxford und Trinity in Cambridge. Auch wurden die alten Strukturen der Kirche nicht mit Stumpf und Stiel ausgerottet, so daß sie mehr von der Organisation und dem Ritual der katholischen Kirche bewahrte, als die lutherischen oder calvinistischen Kirchen auf dem Kontinent.

So roh, brutal und tyrannisch die Reformation Heinrichs VIII. auch verlief, sie begründete die Kirche von England, eine Gründung ohne Bürgerkrieg, denn sie fand die Unterstützung der repräsentativsten und aktivsten Engländer, eines Inselvolkes, das jedem Einfluß von außen mit tiefem Mißtrauen begegnete und sich gegen die durch Heinrichs VIII. Revolution provozierten Angriffe zusammenschloß.

König und Kardinal mußten jetzt dafür bezahlen, daß sie mit europäischen Kräften gespielt hatten, die sich ihrer Kontrolle entzogen. Nach dem Frieden von Crépy, der eine demonstrative Versöhnung zwischen Karl V. und den

Franzosen gebracht hatte, konnten letztere alle ihre Kräfte auf die Insel konzentrieren, womit sie für England die gefährlichste Invasionsdrohung seit Jahrhunderten heraufbeschworen. Der Angriff wurde zwar abgewehrt, aber mehr durch die Unfähigkeit der Angreifer als durch die Fähigkeit der Engländer, deren größtes Schiff, die *Mary Rose*, sank, als sie wendete, um den Hafen zu verlassen, da die Luken des unteren Kanonendecks nicht geschlossen waren. Aber die unvorsichtigen kontinentalen Abenteuer Heinrichs VIII. hatten die Regierung fast ruiniert, und er hinterließ Eduard VI. (1547–1553), seinem intelligenten, aber schwachen Sohn, ein instabiles und schwieriges Erbe. Als unter Eduard VI. der Protestantismus und der soziale Wandel zu heftig vorangetrieben wurden, sah Karl V. in der Thronbesteigung der halb spanischen und sehr katholischen Maria (1553–1558) eine gute Chance, einen großen dynastischen Plan zu verwirklichen.

Spanische und Vereinigte Niederlande

Der Religionsfriede von Augsburg (1555) mit seinem Grundsatz »wessen das Land, dessen die Religion« hatte Deutschland eine vergleichsweise ruhige Zeit beschert, und die Konflikte, zu denen es üblicherweise in einer erfolgreichen ideologischen Bewegung kommt, hatten die Stoßkraft der lutherischen Kirche geschwächt. Deutschland blieb geteilt, wobei sich die Protestanten in dem strategisch wichtigen Böhmen und in der die spanische Landverbindung mit den Niederlanden bedrohenden Pfalz festsetzen. Glücklicherweise war Kaiser Ferdinand I., der Bruder und Nachfolger Karls V., kein Fanatiker, und sein Sohn Maximilian II. bewahrte eine ungewöhnliche Neutralität. Rudolf II., dieser vielseitige, begabte und intellektuelle Junggeselle von melancholischer Gemütsverfassung, ließ seine Amtsgeschäfte praktisch ruhen, und erst als Ferdinand II. die Nachfolge des farblosen Matthias antrat, wurde unter jesuitischem Einfluß und mit erheblicher Verspätung die Gegenreformation im Reich mobilisiert.

Deshalb wurden die ersten europäischen Religionskriege nicht in Deutschland, sondern in den Niederlanden und im Ärmelkanal ausgefochten. Antwerpen und Amsterdam waren die wirtschaftlichen Machtzentren des spanischen Reiches, und hier hatte, wie in England, der protestantische Glaube Fuß gefaßt, ursprünglich in lutherischer Form, aber schon bald, von einer militanten Minderheit getragen, in Gestalt des Calvinismus. Die Herrschaft der blassen spanischen Granden mit ihrer hageren Würde und steifen Förmlichkeit hatte sich immer merkwürdig ausgenommen unter den rotgesichtigen Holländern und Flamen, wie wir sie von den Bildern der Bruegels kennen, in den naßkalten, nebligen Häfen von Vlissingen und Veere mit ihrem Gestank nach Teer und Fisch. Auch hatte die französisch-burgundische Kultur, die charakeristische Derbheit der Flamen nicht wesentlich verändern können. Unter calvinistischem Einfluß verwüsteten die Landsleute der van

Eycks und Memlings schon bald die Kirchen und zerstörten Bilder, Statuen und Glasfenster.

Wären die Spanier realistischer gewesen, hätten sie ihre Herrschaft auch weiterhin mit Hilfe der einheimischen Aristokratie aufrechterhalten, etwa des Grafen von Egmond, dem volkstümlichen jungen Reiteroberst, der an dem Sieg über die Franzosen bei Saint-Quentin mitgewirkt hatte, oder von Wilhelm von Oranien, später genannt »der Schweiger«, auf dessen Schulter Karl V. sich gestützt hatte, als er nach Brüssel kam, um seine Abdankungsrede zu halten. Aber wie Karl I. später in Schottland, so war Philipp II. hier entschlossen, die neue Form der religiösen und administrativen Zentralregierung durchzusetzen. Mit jesuitischer Hilfe und mit Unterstützung der gefürchteten und verhaßten Inquisition verlangte er das Bekenntnis zu den Tridentinischen Lehren. 1564 wurde die relativ nachsichtige Herrschaft des Kardinals Granvelle und der Statthalterin Herzogin Margarete von Parma, der Halbschwester Philipps II., beendet, eine Entscheidung, die zu Volksaufständen und Bilderstürmen in vielen Gebieten der Niederlande führte, so daß die meisten Adligen sich mit dem Statthalter gegen das Volk verbündeten.

Philipp II. jedoch war zu keinem Kompromiß in Religionsfragen bereit: die wiedererstarkte Herrschaft Spaniens im Mittelmeer, die reichen Silberfrachten der Indienflotten – Philipp II. war entschlossen, dies alles für die Sicherung seiner Herrschaft im Norden aufzuwenden. »Ihr könnt seiner Heiligkeit versichern«, schrieb er seinem Gesandten in Rom, »daß ich lieber alle meine Staaten, lieber mein Leben hundertmal verlieren würde, wenn ich könnte, bevor ich zuließe, daß der wahren Religion und dem Dienst an Gott der geringste Abbruch getan würde, denn ich bin kein Herrscher über Häretiker und werde es nicht sein.«

Deshalb zog Philipp 1566 seine Truppen aus dem Mittelmeerraum ab und befahl dem Herzog von Alba, trotz Pius' V. Wunsch nach einem Kreuzzug gegen die Türken, sich mit seinen spanischen *Tercios* – in Neapel und Sizilien stationierte Pikeniere und Arkebusiere, die gefürchtetsten Truppen in ganz Europa – in Marsch zu setzen.

Inzwischen war Egmond in die Opposition getrieben worden, und die starrsinnigeren holländischen Calvinisten, die sich selbst »Wasser- oder Meergeusen« (zu französisch *gueux* »Bettler«) nannten, hatten sich eingeschifft. Philipp II. hatte seine Hauptanstrengungen auf Flandern gerichtet. 1567 traf Herzog von Alba in Brüssel ein, und sogleich begann eine Schreckensherrschaft: Im folgenden Jahr wurden die Grafen Egmond[36] und Hoorn auf dem Marktplatz von Brüssel enthauptet, während Oranien, der nach Deutschland entkommen war, in Acht und Bann getan wurde. 1572/73 suchten spanische Truppen die Stadt Mecheln grausam heim, belagerten Haarlem und mußten unverrichteter Dinge von Alkmaar abziehen. Schwere Steuern, genannt der »Zehntpfennig«, wurden erhoben, aber die spanischen Truppen strandeten unbezahlt auf Seeland und meuterten wie die Deutschen Karls V. in Rom, während die »Meergeusen« die Mündung der Schelde blockierten und so Antwerpens Handel unterbanden. Schließlich vereinten sich 1576 alle Truppen in einer »spanischen Wut« und unterzogen die Stadt einer entsetzlichen Plünderung.

Damit war das Schicksal jener Stadt besiegelt, die das größte Handels- und Finanzzentrum Spanien in Nordeuropa gewesen war, und die »Meergeusen«, die Brill an der Mündung von Rhein und Maas sowie das die Mündung der Schelde beherrschende Vlissingen auf Seeland eingenommen hatten, verhinderten, daß Antwerpen sich wieder erholen konnte.

Es hatte seine guten Gründe, daß Philipps II. Truppen, in deren Reihen jetzt nur dreitausend Mann spanische Infantrie neben fünfundzwanzigtausend Deutschen und achttausend Wallonen standen, keinen Sold erhalten hatten. 1575 war der König zum zweiten Mal bankrott gegangen. Zu einer versöhnlichen Geste gezwungen, schickte er deshalb seinen Halbbruder Don Juan d'Austria, den Bastard Karls V. und glänzenden Sieger von Lepanto gegen die Türken, als Statthalter in die Niederlande, keine glückliche Wahl, denn Don Juan hatte sich, unpraktisch und romantisch, wie er war, die Eroberung Englands und die Heirat mit Maria Stuart von Schottland in den Kopf gesetzt.

In der Genter Pazifikation von 1576 schlossen sich die protestantischen und katholischen Niederländer zum gemeinsamen Widerstand gegen die Spanier zusammen, aber die calvinistischen Extremisten stießen die Katholiken schon bald so vor den Kopf, daß sich viele französischsprechende katholische Wallonen, als 1578 Alessandro Farnese, der künftige Herzog von Parma und Sohn der Statthalterin Margarete, eintraf, um nach dem Tode Don Juans die Herrschaft anzutreten, mit Farnese und seiner Armee in der Union von Arras verbündeten. Woraufhin 1579 Holland, Seeland, Utrecht, Geldern und Groningen Overijssel, Friesland die Utrechter Union, die Grundlage der modernen Niederlande, eingingen.

Daraus sollte etwas Neues werden – eine Republik. Nirgends in Europa, von der Schweiz abgesehen, gab es ein solches politisches Gebilde, und nun entstand hier, im wirtschaftlichen Dreh- und Angelpunkt Nordeuropas mit Zugang zur Nordsee, der Ostsee und dem Atlantik eine Republik mit weitaus größerem Wirkungskreis. Mit den »Vereinigten Niederlanden« wurde also ein Staatswesen ins Leben gerufen, das schon bald zur größten See- und Kolonialmacht im Norden werden sollte, zu einem bewunderten Mittelpunkt der religiösen Toleranz und Gedankenfreiheit.

Aber die Spanier retteten die südlichen Provinzen. 1584 wurde Wilhelm von Oranien in Delft erschossen, und die Spanier eroberten unter dem tüchtigen Farnese, der jetzt Herzog von Parma war, Flandern und Brabant zurück und konnten sich im folgenden Jahr sogar Antwerpen aneignen, das, wie die prächtigen Bilder Rubens' bezeugen, zum kulturellen Mittelpunkt der Gegenreformation im Norden werden sollte, obwohl die Geusen immer noch die Mündung der Schelde beherrschten. In diesem Jahr griffen die Engländer ein: Leicester erschien in den Niederlanden und bezog in Utrecht Stellung, aber er scheiterte schon bald, und die Holländer waren auf die eigenen Kräfte angewiesen.

Die aber reichten aus, um außerordentliche Erfolge zu erzielen. Moritz, der

Sohn Wilhelms von Oranien, wurde Statthalter der niederländischen Republik, Parma konnte seine erfolgreichen Feldzüge nicht fortsetzen, weil ihm 1588 die unlösbare Aufgabe aufgehalst wurde, mit der Armada England zu erobern, und die Niederländer verleibten ihrem Staatsgebiet Breda, Nimwegen und den Niederrhein ein. Daraufhin schob Philipp II. den Schwarzen Peter den österreichischen Habsburgern zu, indem er nämlich die gesamten Niederlande seiner Tochter, der Infantin Isabella, zu ihrer Hochzeit mit Erzherzog Albrecht von Österreich als Mitgift schenkte. Aber weder die Österreicher noch die Spanier konnten das ganze Land wieder vereinigen. Die Vereinigten Niederlande hatten einen enormen Vorteil aus dem Niedergang Antwerpens gezogen, denn dadurch konnte Amsterdam aufsteigen. Jetzt verbanden sich religiöse und wirtschaftliche Interessen gegen Antwerpen. Und während die vereinigten und protestantischen Provinzen eigene Wege gingen, wurden die katholischen österreichisch-spanischen Niederlande, deren Grenzen von dem spanischen Feldherrn Spinola erweitert und die im Osten von den Wallonen und sogar in Flandern von französichsprechenden Minderheiten beherrscht wurden, zum Kerngebiet des modernen Belgien. Sie waren »der Mittelpunkt und das Schaufenster der Gegenreformation in den protestantischen Ländern«, gewiß katholisch, aber später der Schauplatz sowohl europäischer Kriege wie auch innenpolitischer Spannungen zwischen der flämisch- und der französischsprechenden Bevölkerung, andererseits der Rahmen, in dem die Meisterwerke Rubens' entstanden und sich ein »Spätsommer der *Pax Hispanica*« entfalten konnte.

Bartholomäusnacht

Der Konflikt zwischen den Spaniern und den Niederländern, in den sich die protestantischen Engländer eingemischt hatten, hatte den Franzosen günstige Möglichkeiten zum Eingreifen geboten, da sie von ihrer strategisch vorteilhaften Lage aus die Verbindungswege zu Land und zu Wasser beherrschten, aber auch Frankreich war, obwohl seine Könige, die vorwiegend im Loiretal residierten, nach wie vor über militärische Stärke und kulturelles Ansehen verfügten, von ideologischem Streit zerrissen, der sich 1562 zu einem offenen Krieg ausgewachsen und 1572, ein Jahr nach Lepanto, seinen Höhepunkt im berüchtigten Massaker der Bartholomäusnacht gefunden hatte, als viertausend Hugenotten abgeschlachtet worden waren. Wie in Deutschland machten sich einflußreiche Adlige den religiösen Fanatismus des Volkes zunutze. Die großen Herren jener Zeit genossen kaum irgendwelche religiöse Unterweisung und zeigten wenig Interesse für Religion. Die meisten von ihnen waren nachlässig in ihren religiösen Übungen und begegneten den Lehrern der Kirche mit Gleichgültigkeit. Sie ergriffen Partei in erster Linie aus Gründen des persönlichen Nutzens und aus Verbundenheit mit den Führern der beiden widerstreitenden Parteien, die sowohl religiösen als auch politischen Charakter hatten.[37] Die Grausamkeiten und Treuebrüche, die die französischen Religionskriege auszeichneten, sind vor allem Ergebnis machiavellistischer Machtpolitik, die sich den religiösen Eifer im Volke zunutze machte.

Zu Beginn des sechzehnten Jahrhunderts war die französische Monarchie durchaus in der Lage, es in dem sinnlosen und blutigen internationalen europäischen Machtkampf mit dem Habsburger Kaiserreich aufzunehmen. Nach dem Tod Franz' I. war sie jetzt, wie im fünfzehnten Jahrhundert das Haus Lancaster in England, zu einem vorübergehenden Niedergang verurteilt, an dem in erster Linie die Unfähigkeit der verantwortlichen Monarchen Schuld trug. Heinrich II. kam 1559 bei einem Turnierunglück ums Leben und hinterließ seiner Witwe, der durchaus bemühten Katharina von Medici, die viel zu schwere Aufgabe, die Autorität der Krone zu erhalten, die nacheinander ihren Söhnen Franz II., Karl IX. und Heinrich III. zufiel. Franz, der Ehemann von Maria Stuart, starb 1560, so daß seine Witwe gezwungen war, ihr schwieriges schottisches Erbe anzutreten, was katastrophal endete. Karl IX. (1560–1574), ein schwächliches Kind, wenn seine Porträts ihn treffend wiedergeben, war minderjährig, so daß Katharina, die Königinmutter, Regentin wurde, und als Heinrich III. (1574–1589) die Nachfolge antrat, konnte seine unbestrittene Neigung zu Intrige und Mord die Monarchie kaum retten, wenn er wohl auch nicht einfach als »degeneriert« abgetan werden kann, wie es die Historiker des neunzehnten Jahrhunderts aufgrund seiner »italienischen« Sitten gerne zu tun pflegten.

Die sogenannten »Religionskriege«, die mit Unterbrechungen mehr als dreißig Jahre andauerten, begannen mit dem Blutbad an einer Hugenottenversammlung[38] in Vassy im Nordosten Frankreichs. Sie wurden von kleinen Armeen ausgetragen, die sich meist aus Reitern und Arkebusieren zusammensetzten und deren Artillerie nicht für Belagerungen ausreichte. Die größtenteils aus Söldnern bestehenden Truppen waren Schweizer Pikeniere und Deutsche. Wie in den englischen Bürgerkriegen waren die Feldzüge weitgehend bestimmt von regionalen Interessen und Verpflichtungen sowie von provinziellem Ressentiment gegen die Regierung in der Hauptstadt. Die Hugenotten hatten ihre Stützpunkte im Südwesten und Westen, ihre wichtigste Festung war La Rochelle, während die Stützpunkte der Katholiken im Nordosten und in Lothringen lagen. Die meisten Pariser, die konservativen Theologen und sogar ein Großteil der Studenten an der Sorbonne waren katholisch.

Die Hugenotten standen zunächst unter der Führung des Bourbonen Prinz Louis de Condé, und nach seinem Tod in der Schlacht von Jarnac im Jahre 1569, unter der Gaspard de Colignys, Grafen von Châtillon (1519–1572), eines Veteranen der Italienkriege. Seit 1552 war er Admiral von Frankreich, obwohl er stets zu Lande kämpfte. Nachdem er mit seiner Armee im Südwesten des Landes neue Stellungen bezogen hatte, verbesserte er die Position der Hugenotten und setzte 1570 im Frieden von Saint-Germain deren Anerkennung durch, wobei ihnen ihre Festungen in La Rochelle und Montauban garantiert wurden. Der jüngste aber und letztlich bedeutendste Hugenottenführer war König Heinrich von Navarra, der Sohn von Antoine de Bourbon, Herzogs von Vendôme, und von Jeanne d'Albret, Königin von Navarra: Er beendete als Heinrich IV. die Religionskriege und verhalf der Monarchie wieder zu Ansehen und Geltung.

Der innenpolitische Konflikt war nicht ohne Beziehung zur Außenpolitik: Coligny versuchte Karl IX. in den Krieg der Spanier gegen die Niederlande hineinzuziehen, während die katholischen Guisen[39] der »Heiligen Liga« im Zuge der großangelegten spanischen-päpstlichen Strategie versuchten, Paris und Heinrich III. selbst in ihre Gewalt zu bringen, wodurch sie zum »Unternehmen England« beitragen wollten, das die Armada in Verbindung mit Parmas Truppen in den Niederlanden in Angriff genommen hatte. Als Coligny 1572 im Blutbad der Bartholomäusnacht in Paris umkam und nach dem Untergang der Armada der Herzog von Guise im Dezember 1588 in Blois von den gaskonischen Garden des Königs ermordet wurde, waren zwei Extremisten aus dem Wege geräumt. Heinrich III., der letzte Valois, besaß genügend politischen Verstand, um mit seinem dynastischen Erben und Schwager Heinrich von Navarra zusammenzuarbeiten, so daß sie Paris gemeinsam belagerten, als auch Heinrich III. im August 1589 von einem katholischen Fanatiker ermordet wurde. 1593, nachdem er zu dem Schluß gekommen war, daß »Paris eine Messe wert« sei, und nachdem monatelange Verhandlungen geführt worden waren, zog Heinrich IV. in die Stadt ein und wurde als erster Bourbonen-König Frankreichs inthronisiert.

1598 (im Todesjahr Philipps von Spanien) wurde das Hugenottenproblem durch das Edikt von Nantes erst einmal aufgeschoben, denn es räumte den Hugenotten großzügige Bedingungen ein und gewährte ihnen die Kontrolle vieler wichtiger Städte und Festungen, ungeachtet des geläufigen Grundsatzes *cuius regio, eius religio*. Überdies hatten die Kriege der potentiell absoluten Monarchie keinen Abbruch getan, deren Macht sich konzentrierte auf den König und den Rat mit seinen ständigen Beamten, dem Schatzmeister, den Ministern in Paris und den Steuereinnehmern in den Provinzen – eine Regierungsform, deren ursprüngliche Gestalt sich im Überlebenskampf des Hundertjährigen Krieges herausgebildet und von Ludwig XI. ihre Gestalt erhalten hatte. Diese königliche Bürokratie stand immer noch zur Verfügung, dazu die prinzipiell konservative französische Gesellschaftshierarchie, die jetzt durch die berufsständische *Noblesse de robe* und das um offizielle Ämter bemühte Großbürgertum ergänzt wurde. Frankreich hatte die Wogen der ideologischen Auseinandersetzungen in Europa zu spüren bekommen, aber es war nicht untergegangen, und die Zentralmacht hatte der Herausforderung standgehalten. Die tragischen Ereignisse waren vor allem auf den dynastischen Zufall zurückzuführen, der nacheinander drei ohnmächtige Könige auf den Thron gebracht hatte, und auf die Unfähigkeit Katharina Medicis, mit einer Situation fertig zu werden, die sich auch für ihr nicht unbeträchtliches politisches Geschick als zu schwierig erwies.[40]

Elisabeth von England und Maria Stuart

Das Schicksal Frankreichs und ganz Nordeuropas hätte wesentlich anders ausgesehen, wenn Philipps II. großes »Unternehmen England« geglückt wäre. Tatsächlich besaß die Armada keine Chance: Die gesamte Strategie einer so komplexen, kombinierten Operation war in damaliger Zeit undurchführbar, außerdem banden die starren Befehle des Königs dem Kommandanten die Händen. Zudem erwies sich die begabte Königin Elisabeth I. (1558 bis 1603) nach schwierigem Beginn als sehr umsichtig und geschickt und saß nun sicher auf ihrem Thron. Die Gefahr eines schottisch-französischen Angriffs, der von einem Aufstand in dem immer noch äußerst katholischen und feudalen Norden Englands hätte begleitet sein können, war weitgehend gebannt, seit sich Maria Stuart durch ihre Torheit gezwungen gesehen hatte, bei Elisabeth Zuflucht zu suchen. In der Außenpolitik konnten die Engländer schon seit langem die Spanier gegen die Franzosen ausspielen. Vor allem aber hatten Elisabeth und ihre Ratgeber bereits frühzeitig eine Kompromißregelung hinsichtlich der verarmten anglikanischen Kirche getroffen, welche die mittelalterliche Hierarchie – also Bischöfe, Dekane und Domkapitel – in größerem Umfange beibehielt als andere protestantische Kirchen. Damit war die Mehrheit der Geistlichkeit und des Volkes einverstanden gewesen, besondere Zustimmung fand die Regelung beim Hochadel, beim Landadel und bei den Kaufleuten, die Kirchenländereien erworben hatten. Auch hatte die Regierung 1561 das in seinem Wert gesunkene Münzgeld Eduards und Heinrichs eingezogen und eine gesunde Währung ausgegeben. Obgleich die Inflationsrate immer noch ziemlich hoch war, profitierten doch wichtige Wirtschaftsbereiche von dieser Maßnahme. Und als 1568, nachdem die Spanier Hawkins Schiffe im mexikanischen Hafen San Juan de Ulloa angegriffen hatten, der Krieg mit Spanien in der Karibik zum offenen Ausbruch kam, drückte Elisabeth ein Auge zu angesichts der immer massiveren Plünderungen englischer Korsaren in den spanischen Kolonien. Diese Entwicklung fand ihren Höhepunkt in Francis Drakes immens einträglicher Weltumsegelung in den Jahren 1577 bis 1580.

Als 1586 die Babington-Verschwörung zur Ermordung der Königin und zur Einsetzung Maria Stuarts entdeckt worden war, waren deshalb die meisten Engländer hoch erfreut, als im Jahr darauf Elisabeth I. erlaubte, daß ihre gefährlichste und tief in die Verschwörung verstrickte Konkurrentin hingerichtet wurde. Die exkommunizierte und im Ausland verabscheute Königin wurde zum Widerstandssymbol des protestantischen Inselvolks, denn wie ihr Vater besaß sie ein Gespür für die Stimmungen in ihrem Volk und wußte es in Krisenzeiten durch ihre Beredtsamkeit zu gewinnen. Damit war die Gefahr eines religiösen Bürgerkriegs und sogar des Zusammenbruchs der Tudor-Dynastie gebannt: Eine englische Ratsregierung arbeitete ohne stehendes Heer oder größere bürokratische Zentralisierung mit dem Adel und der Gentry in den Grafschaften zusammen. Bis in die letzten Jahre ihrer Regierungszeit hinein befand sie sich im Einklang mit den Parlamenten, wenn sie sie zusammenrief, und wußte so den größten Teil des Volkes hinter sich, als sie 1588 der schwerwiegenden Bedrohung durch die spanische Flotte zu begegnen hatte.

Besonders alarmierend war die Bedrohung, weil nie zuvor eine solche Konfrontation zu Wasser stattgefunden hatte. Der Konflikt eröffnete ein neues Kapitel in der Marinestrategie und -taktik, und das politische Europa wartete gespannt auf das Ergebnis, das darüber entscheiden mußte, ob der Nordwesten und die Niederlande von der Gegenreformation zurückgewonnen würden. Papst Sixtus V. rief einen Kreuzzug aus; in den Niederlanden traf Parma umfängliche Anstalten, eine bunte Armee aus Spaniern, Wallonen, Deutschen, Burgundern und Italienern an der belgischen Küste zusammenzuziehen.

Die vortreffliche Armada – wie sie ursprünglich genannt wurde – war von spektakulärer Größe, und sie war hervorragend ausgerüstet mit siebenundzwanzigtausend Mann Besatzung und zweitausendsechshundertfünfzig Kanonen. Die iberischen Mannschaften und Schiffe waren natürlich sehr tüchtig, und der Herzog von Medina-Sidonia war ein zäher und kaltblütiger Kommandant, so daß die Engländer beeindruckt und eingeschüchtert waren von der »festungsartigen«, sichelförmigen Formation, in der die spanischen Schiffe auffuhren. Dabei waren sie nicht, wie eine hartnäckige Legende will, größer als die englischen Schiffe, aber diese waren besser bewaffnet und, dank der neuen Stromlinienform, die sich unter Hawkins durchgesetzt hatte, manövrierfähiger.

Ferner hatten Lord Howard of Effingham und Drake, sein Vizeadmiral, erkannt, daß es fatal gewesen wäre, sich an die konservative mittelalterliche Strategie zu halten und sich im Ärmelkanal auf einen Kampf Schiff gegen Schiff mit der alten Entertaktik einzulassen, was die Spanier gerne gesehen hätten. Statt dessen hatten die Engländer es vorgezogen, im Jahr zuvor Cádiz und Kap São-Vicente an der iberischen Küste mit einem vernichtenden Angriff heimzusuchen. Drake hatte damals, wie er schrieb, »Faßreifen und Dauben von sechzehn- oder siebzehnhundert Tonnen Gewicht [zerstört], aus denen sich Fässer mit einem Fassungsvermögen von mindestens fünfundzwanzig- oder dreißigtausend Tonnen zur Aufnahme von Flüssigkeit fertigen lassen und die ich alle in Rauch und Asche aufgehen ließ, was einen schweren Schlag für die Proviantversorgung des Königs bedeuten wird ...«. Fässer waren nämlich »von höchster Wichtigkeit, denn man bewahrte in ihnen nicht nur Wasser und Wein auf, sondern auch Pökelfleisch, Pökelfisch [und] Zwieback«.

Und als dann am 29. Juli 1588 die verspätete Armada vor den Scilly-Inseln gesichtet wurde, wurde die englische Flotte durch den Plymouth-Sund verholt und stach in See, so daß sie sich, als die Armada durch den Ärmelkanal segelte, windwärts von ihr befand und im Vorteil blieb. Die Spanier behielten ihre drohende sichelförmige Formation bei, und beide Seiten wußten nicht recht, was sie nun tun sollten. Denn Flotten wie diese waren etwas Neues für die Welt. Niemand hatte je zwei solche Geschwader im Kampf gesehen. Es war der Beginn einer neuen Ära im Seekrieg, in der lange Zeit die aus Holz gebauten, von Segeln bewegten Linienschiffe mit ihren glattläufigen Kanonen die Schlacht beherrschen sollten.

Obwohl die Engländer viel Munition verschossen, gelangte die fast unversehrte Armada instruktionsgemäß in die Nähe ihres strategischen Ziels, als sie in der Straße von Calais eintraf. Aber jetzt improvisierten die Engländer, die am gefährlichsten sind, wenn man sie in die Enge treibt. Sie schickten Feuerschiffe – die die Spanier für explodierende »Höllenöfen« hielten –, in hellen Flammen stehend und aus doppelt geladenen Kanonen feuernd, gegen die vor Anker liegende Flotte. Angesichts dieser Waffe – aus Gründen der psychologischen Wirksamkeit wie der praktischen Durchführbarkeit in der Dunkelheit eingesetzt – gerieten die Spanier in Panik, kappten ihre Taue und stachen in See. Nur ein glücklicher Wind verhinderte die völlige Katastrophe an den langen heimtückischen Untiefen vor der flämischen Küste um Seeland, als die Engländer und Holländer die spanischen Schiffe in die Nordsee jagten. Tatsächlich war es eine ziemliche Leistung von Medina-Sidonia, daß er noch so viele Schiffe nach Hause brachte, nachdem er die richtige, wenn auch gefährliche Entscheidung getroffen hatte, um die Nordspitze Schottlands und an Irland vorbei nach Hause zurückzukehren.[41]

So weit unser kurzer Bericht über jene erste Seeschlacht im Kanal und in der Nordsee von höchster europäischer Bedeutung. Sie sorgte dafür, daß England und die Holländer (die Vereinigten Niederlande) unabhängig blieben, machte deutlich, daß eine neue Seemacht allerersten Ranges den Atlantik befuhr, und unterstrich den weitgehend inoffiziellen Krieg, der schon lange von den Holländern in Ostindien und den Engländern in der Karibik und in Amerika gegen die weitgestreuten und verwundbaren Reiche Portugals und Spaniens geführt wurde. Europäische Rivalitäten, verstärkt durch spätmittelalterliche Religionsstreitigkeiten, die rein zufällig mit den ozeanischen Entdeckungen der frühen Neuzeit zusammenfielen, wurden jetzt auf den Weltmeeren und jenseits Europas ausgetragen. Die nordeuropäischen Völker, die sich bislang auf dem Gebiet der Seefahrt und der Kolonisation gegenüber den iberischen Staaten im Hintertreffen befunden hatten, schickten sich an, die verlorene Zeit aufzuholen, zunächst durch Plünderungen und Entdeckungen und später, im siebzehnten Jahrhundert, durch Besiedlung.

8. Der protestantische Norden

Die schwedische Dynastie der Wasa

Hatten im Nordwesten die Engländer und Holländer Philipp II. getrotzt, so wurde im Nordosten Iwan *Groznyj*, dem Streiter für einen orthodoxen Gott, der Zugang zur Ostsee nicht nur von Polen und Litauern verwehrt, sondern auch von einer skandinavischen Macht: Schweden, mit einer Bevölkerung von wenig mehr als eineinviertel Millionen Menschen und relativ großen Wald- und Seengebieten, zu denen auch das Herzogtum Finnland gehörte, war immer ein vorwiegend bäuerliches Land gewesen, seine Großgrundbesitzer waren keine Feudalherren im mitteleuropäischen Sinn und seine Bauern nie Leibeigene gewesen. Durch die Kalmarer Union war es kurzfristig mit Dänemark und Norwegen zusammengeschlossen worden, aber Mitte des fünfzehnten Jahrhunderts hatten die Schweden während der Regierungszeit Erichs von Pommern, dem Großneffen Margaretes von Dänemark, die Union aufgekündigt. Sie waren allerdings immer noch durch die dänischen Flotten und Söldnerarmeen und durch die dänische Herrschaft über den Sund und das Kattegat bedroht, während die Hansestadt Lübeck den Handel mit dem Süden beherrschte und Polen und Moskau potentielle Gegner im Osten waren.

Die dänischen Versuche, die Union wiederherzustellen, hatten 1520 ihren Höhepunkt erreicht, als Christian II. von Dänemark die Schweden geschlagen und das berüchtigte »Stockholmer Blutbad« verübt hatte. Auf diese Herausforderung hin hatten sich die Schweden – mit Unterstützung Lübecks – unter einem politisch genialen Landbesitzer vereinigt, diesen 1523 zum König gewählt und die Kalmarer Union endgültig und offiziell aufgekündigt.

Gustav I. Eriksson Wasa (1523–1560) hat einige Züge mit Heinrich VIII. von England gemeinsam, nur daß Heinrich VIII. seinen Thron erbte, während Gustav jeden Zollbreit seines Königreiches erkämpfen und seine Dynastie erst begründen mußte. Dieser vielseitige Soldat, Staats- und Geschäftsmann war ein wichtiger Vertreter der Renaissance im Norden und brauchte nicht bei den Italienern in die Schule zu gehen, um die Künste der Diplomatie oder den bedenkenlosen Einsatz von Gewalt zu lernen. Wie der erste Tudor wußte er sich die neue Waffe des gedruckten Wortes ebenso zunutze zu machen wie seine eigene beherrschende Persönlichkeit, seine liebenswürdige Beredtsamkeit und seinen gewinnenden Charme. Die Städte nahm er dadurch für sich ein, daß er den Handel förderte und die Lübecker verdrängte, die ihn anfangs unterstützt hatten, den Adel dadurch, daß er ihn an der Verteilung der immensen Reichtümer der katholischen Kirche beteiligte, und die Bauern – eine selbstbewußte und gut vertretene Interessengruppe in Schweden – dadurch, daß er die Steuerlasten verringerte. Außerdem schlug er Aufstände mit äußerster Grausamkeit nieder.

So blieben seine Morde ungestraft, und er leitete eine lutherische Reformation ein – da sich Lutheraner der zentralisierten Monarchie, die er aufbaute, leichter einordnen ließen. Obgleich Gustav 1530 verfügte, daß eine Glocke in jeder Kirche einzuschmelzen und dem Staat zu überlassen sei, woraufhin ein Aufruhr unter den Bauern Västergotlands ausbrach – denn die Glocken galten als das beste Mittel, die Dämonen der Luft zu vertreiben –, gelang ihm seine religiöse Revolution. 1536 wurde auf der von Laurentius Petri, dem ersten lutherischen Erzbischof, geleiteten Kirchenversammlung von Uppsala der Bruch mit Rom verkündet: Der abgesetzte Erzbischof durfte sich nach Italien zurückziehen und 1540, sechs Jahre vor Luthers Tod, hatte sich eine lutherische Staatskirche unter der Autorität der Krone etabliert; im folgenden Jahr wurde eine offizielle schwedische Übersetzung der Bibel in Amsterdam gedruckt. Wie ihr englisches Gegenstück förderte sie Verwendung und Geltung der Volkssprache und sorgte für ein breites Verständnis der lutherischen Lehren.

Da Gustav I. Wasa den Adel durch die Plünderung der Kirchengüter für sich gewonnen hatte, konnte er während der vierziger Jahre des sechzehnten Jahrhunderts eine straff zentralisierte Verwaltung organisieren. Es hieß sogar, er habe zwei Drittel des Landes verwaltet, »als ob sie sein Landgut gewesen seien«. Er verbesserte die Viehzucht und förderte die Kolonisierung von Lappland und Finnland. Keine Einzelheit entging seiner Aufmerksamkeit, ob es sich um die Trunksucht eines Gutsbesitzers handelte oder ob ein Bauer sein Land vernachlässigte. Außerdem bewog er 1544 den *Riksdag* in Västerås bei Stockholm, das Wahlkönigtum von Schweden in eine Erbmonarchie des Hauses Wasa umzuwandeln.

So machte er aus einem großen und in viele Provinzen zersplitterten Land, das bislang arm und rückständig gewesen war, abgesehen von seinem fast noch ungenutzten Reichtum an Eisen, Kupfer und Holz, ein recht homogenes Reich, das gefestigt genug war, um den Streit zwischen seinen beiden Söhnen und später den Gegenangriff seiner Nachbarn zu überstehen – der Dänen im Westen, der Polen und der Moskauer Großfürsten im Osten.

Gustav Wasa hatte Katharina von Sachsen-Lauenburg geheiratet, und sein Sohn folgte ihm als Erik XIV. (1560–1568) auf den Thron, aber aus seiner zweiten Ehe stammten Johann, Herzog von Finnland, und Herzog Karl, genannt »Krummnase«.

Erik XIV., hochintelligent wie alle Wasas, erwies sich als begabter, vielseitiger, aber neurotischer und unausgeglichener Renaissancefürst. Er sah außerordentlich gut aus mit seinen schönen Augen und dem empfindsamen, eigensinnigen Mund, scheiterte aber mit seinen originellen und phantasievollen Ideen. Gustav I. hatte versucht, die dänische Behinderung des schwedischen Handels mit dem Westen durch eine Heirat dieses schönen Jünglings mit Elisabeth I. von England zu unterlaufen, und obgleich die Engländer sich nie für das Projekt begeistern konnten, machte sich Herzog Erik 1559, ein Jahr nach Elisabeths Thronbesteigung, höchstpersönlich mit einer großen und aufwendigen Flotte auf den Weg nach England, gab dann das Unternehmen allerdings in für ihn typischer Weise auf, als ein Sturm seine Flotte in alle Winde zerstreut hatte.

Erik XIV. geriet schon bald nach der Thronbesteigung zu Hause wie im Ausland in Schwierigkeiten. Als einem Fürsten der zweiten Generation fehlten ihm die Vorsicht und der bodenständige Geschäftssinn seines von Hause aus provinziellen Vaters, und er verstrickte Schweden in einen »siebenjährigen« Krieg an zwei Fronten: erfolglos gegen die Dänen, erfolgreich gegen Moskau (1563–1570), während er sich gleichzeitig, den Machtanspruch der Krone und ihrer Bürokratie der »neuen Männer« übertreibend, den Haß des Adels zuzog. 1567 beging er einen Justizmord an zwei aristokratischen Anführern, Svante und Nils Sture, und nahm, schon am Rande des Wahnsinns, selbst an ihrer Hinrichtung teil, daraufhin verlor er seinen Verstand. Nach seiner Gesundung heiratete er Karin Mansdotter, seine aus dem Volke stammende Mätresse, die ihm schon einige Kinder geschenkt hatte. 1563 hatte er außerdem seinen Halbbruder Herzog Johann einkerkern lassen, der sich, da er die Jagiellonin Katharina, die Schwester König Sigismund II. Augusts von Polen, geheiratet hatte, an Polen um Hilfe wandte, und während der geistigen Umnachtung des Königs wurde der Herzog von seinen Parteigängern aus Schloß Gripsholm befreit. 1568 setzten die Herzöge Johann und Karl »Krummnase« ihren Halbbruder mit Unterstützung des Adels ab und kerkerten ihn ein. Neun Jahre später befreite Erik XIV. sie durch seinen Tod von seiner lästigen Gegenwart.

Johann III. (1569–1592) folgte ihm auf den Thron, der ins Wanken geraten war durch dieses Ereignis und durch einen langen, verlustreichen Krieg, auch wenn er im Osten erfolgreich verlaufen war, denn die Schweden hatten die Russen aus Reval vertrieben und 1581 Narwa zurückerobert. Die Adligen nutzten es weidlich aus, daß der König von ihnen abhängig war. Wie sein Halbbruder war Johann außerordentlich gebildet. Er förderte die Künste, vor allem ausländische Architekten, die er zur Verschönerung seiner Schlösser nach Schweden holte, aber er versuchte auch Teile des alten katholischen Rituals wieder einzuführen. Damit weckte er den Zorn der Lutheraner, die ohnehin argwöhnisch waren, da der Sohn, den er mit Katharina hatte und der als Sigismund III. Wasa als katholischer König bereits in Polen (1587–1632) herrschte, auch der designierte Thronfolger Schwedens war.

Beim Tode Johanns III. kam es deshalb zu einer Krise. Als Sigismund III. 1594 in Uppsala zum König von Schweden gekrönt wurde, sah sein verschlagener Onkel, Herzog Karl »Krummnase«, seine Chance: Nach Sigismunds Rückkehr nach Polen verschaffte sich »Krummnase« als Regent in Schweden eine breite lutherische Unterstützung gegen den jesuitisch erzogenen polnischen König. Obwohl sie eigentlich nichts gegen einen Monarchen hatten, der weitab in Polen regierte, fürchteten viele Sigismunds Absolutismus, und die Bauern im *Riksdag* hatten sich inzwischen daran gewöhnt, lutherisch zu sein, und haßten die katholischen Ausländer. So wurde »Krummnase« Karl IX. (1604–1611).

Der strategisch wichtige Krieg in Livland und Estland, Schwedens östlichsten Vorposten im Baltikum, dauerte immer noch an, und 1595, ein Jahr nach Sigismunds III. Antritt zu seinem kurzen schwedischen Gastspiel, wurden die Russen gezwungen, den Frieden von Teusina zu akzeptieren, der den Schweden die Kontrolle über ganz Estland einräumte und eine günstige Neuregelung der finnischen Grenzen brachte, die schon lange Schauplatz schwedischer Ostkolonisation waren.

Aber im Westen war der Krieg mit Dänemark 1570 in einem Frieden gegenseitiger Erschöpfung unter günstigen Bedingungen für die Dänen zu Ende gegangen. Sie hatten Ålvsborg am Kattegat erobert, Schwedens einzige direkte Verbindung mit dem Westen, deshalb bezahlte es ein gewaltiges Lösegeld, für dessen Abzahlung es vier Jahre brauchte und obgleich dieser Aufschub den Schweden ermöglichte, ihren Erfolg im Osten auszubauen, brachte Karls IX. Einfall in Livland sogar den polnischen Adel an die Seite seines Königs Sigismund III. 1605 brachte die polnische Reiterei der schwedischen Armee bei Kirchholm, in der Nähe von Riga, eine schwere Niederlage bei. Aber Sigismund III., der eine Habsburgerin geheiratet hatte, war von maßlosem Ehrgeiz und fasziniert von den Möglichkeiten, die sich ihm im Moskauer Reich boten. 1605, nach dem Tod des Usurpators Boris Godunow, hatte sich ein polnisch geförderter Thronanwärter für kurze Zeit zum Zaren aufgeschwungen, und obgleich er sich nicht lange halten konnte, hoffte Sigismund nun selber Zar zu werden.

Von dieser Aussicht alarmiert, schlossen Schweden und Russen den Vertrag von Wiborg. Die Moskowiter waren so entsetzt über die Vorstellung, einen polnisch-katholischen Zaren zu bekommen, daß sie die Krone sogar dem schwedischen Lutheraner Prinz Karl Philipp, dem jüngsten Sohn Karls IX., anboten. Dieses offensichtlich undurchführbare Vorhaben benutzten die Schweden, um ihre Stellung auf der Karelischen Landenge, im südlich der Newa gelegenen Ingermanland und sogar in Nowgorod zu stärken. Sie veranlaßten außerdem die besorgten Dänen dazu, den Krieg im Westen wieder aufzunehmen, indem sie den dänischen Handel mit Riga störten und in das subarktische Lappland eindrangen, wodurch sie Archangelsk am Weißen Meer bedrohten. Sie wollten nämlich den Handel mit dem Westen über die Route um das Nordkap umleiten und dadurch den Sund umgehen.

Als Karl IX. »Krummnase« 1611 starb, hatte er ein strategisches Ziel erreicht, das die Schweden schon lange anstrebten: Er hatte die Moskowiter vom Finnischen Meerbusen und von der Ostsee abgeschnitten und damit eines der wichtigsten Anliegen der Moskauer Politik zunichte gemacht. Aber er hinterließ dem siebzehnjährigen Gustav II. Adolf, seinem Erben, dessen Profil, wie das seiner Tochter Christine, eine verblüffende Ähnlichkeit mit dem des Vaters verriet, das schwere Erbe eines wiederaufflammenden Krieges mit Dänemark und weitgehende Verpflichtungen in Livland und sogar im Moskauer Reich.

Auch nach der Aufkündigung der Kalmarer Union durch die Schweden blieb das dänische Reich mit Norwegen, Island und Grönland vereinigt. Christian II.

(1513–1523) hatte versucht, eine Monarchie im Renaissancestil zu schaffen, die sich auf die Zusammenarbeit mit den Städten und mit dem niedrigen Klerus stützte. Doch obwohl er Isabella, die Schwester Karls V. heiratete, hatte er schon zuvor als Gouverneur von Norwegen mit der Holländerin Dyveke Villoms und ihrer Mutter Sigbrit angebändelt. Und als Sigbrit die Verfügung über die für die dänische Wirtschaft so wichtigen Schiffszölle im Sund erlangte, wurde die Feindseligkeit gegen den König und seine Umgebung allgemein. 1517 starb Dyveke, woraufhin Christian den Kastellan des Kopenhagener Schlosses hinrichten ließ, der sie seiner Überzeugung nach vergiftet hatte. Da Christian im *Rigsraad* höchst unpopulär war, hatte er sich zur Ablenkung einen Angriff auf Schweden einfallen lassen, der zum »Stockholmer Blutbad«[42], der nationalen Erhebung unter Gustav Eriksson Wasa und der Vertreibung der Dänen führte. Nach diesem Mißerfolg hatten Christians von den Fuggern und Habsburgern unterstützte Pläne zur Entwicklung des Handels in der Ostsee auf Kosten der Deutschen Hanse keine großen Erfolgsaussichten, und der Adel war wegen der Beschneidung seiner Vorrechte verärgert. Als dann die Jütländer Christian 1523 zugunsten seines Oldenburger Onkels Herzog Friedrich von Schleswig-Holstein offiziell absetzten, suchte der König in den Niederlanden Zuflucht.

Friedrich I. (1523–1533) nahm bald offiziell den lutherischen Glauben an, und trotz der Versuche, Christian II. nach Friedrichs Ableben wieder einzusetzen, trat Friedrichs Sohn, ein deutschfreundlicher Protestant, als Christian III. (1534–1559) die Herrschaft an und sorgte für die offizielle Etablierung der lutherischen Kirche, die Auflösung der Klöster und die Plünderung der Kirchenbesitzungen. Unter seinem Nachfolger Friedrich II. (1559–1588) erlebten die Dänen eine Zeit großen Wohlstandes, denn die damals einsetzende europäische Inflation bedeutete Profit für einen vorwiegend landwirtschaftlichen Staat, der bereits auf Exporte angewiesen war. Zu Shakespeares Zeiten standen die Dänen in dem Ruf, gut zu leben und viel zu trinken. Sie konnten es dank der inflationären Preise für exportierte Butter, Felle und Rinder. Außerdem betrieben sie Silberminen in Norwegen, und Friedrich II., der den siebenjährigen Krieg gegen Schweden mühelos meisterte, errichtete das prächtige Schloß Helsingør, den angeblichen Schauplatz von *Hamlet*, im nordischen Barockstil.

Christian IV. (1588–1648), der den Thron im Kindesalter bestieg, hatte große militärische Ambitionen, und als Jakob VI. von Schottland seine Schwester Anna von Dänemark heiratete, schien das eine gute Partie zu sein. Christian baute die dänische Flotte aus und wurde, nach kurzem Krieg mit Schweden (1611–1613), 1625 in den Dreißigjährigen Krieg verstrickt. Aber Gustav II. Adolf von Schweden erwies sich als besserer Soldat und besserer Diplomat, so daß die Dänen aus dem Konflikt wenig herauszuschlagen vermochten. Auch für Karl I. von England war sein dänischer Verwandter keine große Hilfe in seinen Kriegen mit dem Parlament. Trotzdem erwarb sich Christian IV. großen militärischen Ruhm, wenn er auch der Nachwelt vor allem in Erinnerung ist, weil er Schloß Fredericksborg erbaut und Teile Kopenhagens mit Hilfe holländischer Architekten erneuert hat.

Der Aufstieg der Niederlande

Die mittlerweile protestantischen Völker Nordeuropas hatten Nord- und Ostsee mit einem Netz von Handelsbeziehungen überzogen. Und da sich die Dänen durch die Kontrolle des Sundes in einer äußerst günstigen strategischen Position befanden, hatten sich enge Beziehungen zwischen Skandinavien und den Nordniederlanden, jetzt Vereinigte Niederlande genannt, entwickelt. Nach der Utrechter Union im Jahre 1579 und dem Tod des Herzogs von Parma im Jahre 1592 hatten die protestantischen Niederländer die Spanier gezwungen, nach und nach alle Gebiete nördlich von Rhein und Maas aufzugeben, Holland und Seeland wurden von spanischer Bedrohung befreit. Aber weder Moritz von Nassau, der Sohn Wilhelms von Oranien, noch der genuesische Oberst Spinola, der spanische Oberbefehlshaber, konnten territoriale Gewinne erzielen. Fortan gingen der protestantische Norden und der katholische Süden oder die »Spanischen Niederlande« eigene Wege, obgleich sich die großen Bevölkerungsteile, die sich plötzlich von ihren einstigen geistigen Führern abgeschnitten sahen, keineswegs leicht in die neue Kirche eingliedern ließen und ein gut organisiertes System geistlichen Zwanges erforderlich war, um die Nordniederländer zu einer Nation von Calvinisten zu machen. Im Süden erwiesen sich Erzherzog Albrecht und die Infantin Isabella als großzügige Schirmherren der Künstler von Antwerpen, unter denen Rubens der berühmteste war; doch in den protestantischen Vereinigten Niederlanden entwickelte sich eine weit dynamischere Gesellschaft.

Sie besaß Horizonte von ozeanischer Weite. Bereits 1602 hatten die Holländer die Vereinigte Ostindische Kompanie gegründet, die über großes Kapital verfügte, nun bemächtigten sie sich des Gewürzhandels mit dem Fernen Osten. Holländische Kapitäne verdrängten schon bald die Portugiesen aus Indonesien und fügten dem spanischen Handel in der Karibik großen Schaden zu. In Europa akzeptierten die Spanier einen von 1609 bis 1621 dauernden Waffenstillstand mit den Niederlanden und gaben zumindest für einen gewissen Zeitraum die nördlichen Provinzen verloren. Diese fanden zunächst fähige Führer: Der Jurist Jan van Oldenbarnevelt, seit 1576 »Ratspensionär« von Rotterdam und seit 1586 »Staatspensionär«, arbeitete zunächst gut mit Moritz von Nassau zusammen, der seit 1585 Statthalter und Oberbefehlshaber war. Sie handelten Bündnisse mit den Engländern und Franzosen aus, was *de facto* die Anerkennung bedeutete. Aber nachdem die Franzosen 1598 und die Engländer 1604 mit Spanien Frieden geschlossen hatten, brach in den Vereinigten Niederlanden Streit aus zwischen der Friedenspartei, die der Zivilist

Oldenbarnevelt führte, und der Kriegspartei, die viele Siege auf ihre Fahnen geheftet hatte und die von dem Soldaten Moritz von Nassau geführt wurde. Die Spaltung vertiefte sich noch durch religiöse Auseinandersetzungen zwischen den *arminianischen* Calvinisten und den *Gomaristen.*

Die *Arminianer* waren Schüler von Jakob Harmenszoon (Arminius, 1560–1609), eines Theologieprofessors in Leiden, der behauptete, das Heil könne auch Menschen zuteil werden, die nicht zu den prädestinierten calvinistischen Auserwählten gehörten, da der Wille des Menschen frei sei. Diese unbekümmert optimistische Doktrin entsetzte die strengeren Calvinisten, die sich an Franciscus Gomar (Gomarus), einen ebenfalls als Professor in Leiden lehrenden Brügger, hielten und Arminius verdächtigten, mit den Katholiken und damit den Spaniern zu sympathisieren. Die Universität von Leiden wurden von einer heftigen Kontroverse heimgesucht, und Gomar zog sich in das provinziellere Middelburg auf Walcheren zurück. Aber er überlebte Arminius und besuchte 1618 die Synode von Dort, wo die *Gomaristen* unterstützt von nationalistischen Tendenzen erreichten, daß die *Arminianer* offiziell verdammt wurden. Doch die *arminianische* Lehre vertrug sich besser mit der erasmischen Tradition, die in der anglikanischen Kirche und ihren Universitäten überlebt hatte, und übte während der Regierungszeit Karls I. großen Einfluß in England aus, als William Laud, ein *Arminianer*, der an die Willensfreiheit glaubte, Erzbischof von Canterbury wurde.

Der Waffenstillstand erregte großen Unwillen bei der Kriegspartei, die meinte, Spanien erhalte dadurch nur eine Atempause, und die Spannungen wurden so heftig, daß Oldenbarnevelt 1618 eingekerkert und 1619 trotz seiner hohen Verdienste um den Staat wegen angeblichen Hochverrats hingerichtet wurde.

Mit dem Wohlstand, den sie aus ihrem Fernosthandel erwarben, waren die Niederlande zu einer Seegroßmacht aufgestiegen, die alle skandinavischen Staaten bei weitem überflügelte. Wichtiger war noch, daß ihre tolerante Politik sie zur geistigen Führungsmacht des protestantischen Europa machte. Bislang hatte die venezianische Republik als der ideale Freistaat gegolten, nun kam in Mode, die Niederländer zu bewundern, und sie verdienten es. Amsterdam war zum wichtigsten Bankzentrum Europas geworden, wo unter Mißachtung der andernorts geltenden Zensurvorschriften die einflußreichsten neuen Bücher gedruckt wurden. Ungeachtet fehlender Steinbrüche, begrenzten Raumes und eines naßkalten Klimas entstanden entlang der Grachten hohe Backsteinhäuser mit großen Fenstern, die sehr komfortabel zu bewohnen waren, und zugleich praktische Speicher mit Lastenaufzügen für Waren in die oberen Stockwerke. Auch auf dem Gebiet der Medizin wurden die Niederländer bahnbrechend.

So schufen sie eine reiche Kultur, in der sich die geniale Kunst eines Rembrandt entwickeln konnte und die uns noch heute in den stillen Interieurs eines Pieter de Hooch und Vermeer vor Augen steht. Und sie wußten sich zu schützen, indem sie Linienschiffe erbauten, deren Bewaffnung und Reichweite ihnen ermöglichte, 1609 die Spanier vor Gibraltar zu besiegen. Außerdem schufen sie die schönsten Gärten und besten Karten der Welt, sie verbesserten die Methoden von Landbau, Viehzucht, Trockenlegung und Landgewinnung und entwickelten die wissenschaftlichen Instrumente, ohne die auch primitivste Experimentalwissenschaft nicht möglich geworden wäre.

Von der unwirtlichen Nordsee auf ein winziges Gebiet mit rauhem und feuchtem Klima zusammengedrängt, schufen die Niederländer auf ihre haushälterische und methodische Weise eine Zivilisation von wohlhabenden Patrizierkaufleuten und gewaltigen Seefahrern. Sie neigten zu lokalpatriotischer Eifersüchtelei und theologischen Auseinandersetzungen, waren sich aber einig im Widerstand gegen eine unwirtliche Umwelt und eine gefräßige See und fanden in einer erbarmungslosen Auseinandersetzung mit der Großmacht Spanien zur nationalen Identität.

Elisabeth I.

Auch die andere wichtige protestantische See- und Kolonialmacht im Nordwesten Europas stieg über die Auseinandersetzung mit Spanien zu internationaler Bedeutung auf. Die Forschung hat gezeigt, wie zerstritten die Engländer gewesen waren und wie relativ schwach die Zentralregierung auch weiterhin war, mehr auf Überredung angewiesen, als zur Gewaltanwendung fähig, ohne stehendes Heer und ausreichende Einkünfte, dazu geschlagen mit einer im vorwiegend katholischen Norden des Landes noch sehr lebendigen Tradition von Verschwörung und Verrat. Heinrich VIII. hatte wenig Weitblick gezeigt, als er den Reichtum der konfiszierten Kloster- und Kirchenländereien in kontinentalen Feldzügen vergeudet und damit die Chance vertan hatte, eine wirklich reiche Zentralautorität zu begründen. Andererseits hatte sich in diesem überschaubaren Reich mit seinen unstrittigen Grenzen die Zentralverwaltung schon seit langem weit besser bewährt als in den größeren Staaten des Kontinents, und Elisabeth hatte die Tudorpraxis der Zusammenarbeit zwischen Krone und Parlament sowie zwischen dem Kronrat und dem die Grafschaften kontrollierenden Adel übernommen und weiterentwickelt. Ferner war es der Tuchindustrie, auf die das Land schon lange für seinen Export angewiesen war, gelungen, sich den veränderten Zeiten anzupassen: mit dem Rückgang der Exporte in die Niederlande waren Handelsbeziehungen zur Levante und schon unter Eduard VI. zu Moskau und sogar Persien geknüpft worden. Die Engländer gründeten ihre Ostindien-Kompanie 1600, also noch vor den Holländern, und seit diese sie aus Indonesien verdrängt hatten, konzentrierten sie sich auf Indien, auf lange Sicht eine bessere Investition. Die Engländer waren zu den größten Kohleexporteuren geworden und hatten angefangen, ihre Eisenvorkommen abzubauen, so daß sie ihre eigenen Kanonen gießen konnten, statt sie, wie Heinrich VIII., im Ausland kaufen zu müssen. In den siebziger Jahren wurden Knollenfrüchte als Winterfutter für die Tiere angebaut, und Adel wie Großgrundbesitzer, die die Kirchenländereien erworben hatten, zeigten, daß sie rührigere Landwirte und Schafzüchter waren als der Klerus.

So entwickelten die Engländer eine solidere Basis ihrer Expansion als die Niederländer, obgleich sich diese ihrer beschränkteren Ressourcen systematischer bedienten, und wie jene waren die Engländer schon lange auf dem Meer zu Hause und erfahren im überseeischen Handel. Das Schicksal der Armada hatte bewiesen, daß die englischen Schiffe, stromlinienförmig und gut bestückt, denen der Spanier und Portugiesen mehr als gleichwertig waren und weit entfernt von ihren Heimatstützpunkten vor der Küste der Iberischen Halbinsel operieren konnten, während der spektakuläre Erfolg von Drakes Fahrt um die Welt (1577–1580) angekündigt hatte, daß eine neue und ernst zu nehmende Seemacht die Ozeane eroberte und in der Lage war, ihre Unternehmungen an einer weltweiten Strategie auszurichten.

Die Niederlage der spanischen Armada hatte unmittelbare und entscheidende Wirkung nicht nur für England, sondern auch für den Kontinent. Die undurchführbaren Befehle, die der Herzog von Parma erhalten hatte, hatten ihn von seinem Hauptziel, der Niederwerfung der Niederlande, abgelenkt. Die Ermordung des Herzogs von Guise im Winter 1588/89 hatte das Scheitern der Gegenreformation und der pro-spanischen Partei in Frankreich markiert, und obwohl es den Spaniern gelang, sich den Konflikt in Irland zunutze zu machen, der die Engländer in den neunziger Jahren in eine Sackgasse führte, konnten die katholischen Iren die englischen und schottischen Siedler nie vertreiben.

Mit einer offiziellen protestantischen Kirche, die sich einer englischen Liturgie und Bibel bediente, kehrten die Engländer jetzt wie die Skandinavier der übernationalen römisch-katholischen Kirche der Gegenreformation den Rücken. Andererseits assimilierten sie die Renaissancekultur auf eine weit schöpferischere und glänzendere Weise als andere Völker Nordeuropas; Welten trennen die ungelenken Verse der meisten Autoren der frühen und sogar der mittleren Tudorzeit von den herrlichen poetischen Schauspielen Marlowes und Shakespeares. Ebenso tiefgreifend war der Wandel in Lyrik und Prosa, als das plumpe, wenn auch bissige Englisch der Zeit Heinrichs VIII. verdrängt wurde von den brillanten Rhythmen gegen Ende der elisabethanischen Zeit und unter Jakob I., denken wir etwa an Raleigh und Francis Bacon, den Viscount von St. Albans, die komplizierte Gedankengänge weit eleganter auszudrücken vermochten als beispielsweise Sir Thomas More oder Skelton. Es war eine außerordentliche Blütezeit, die zu bekannt ist, als daß man lange bei ihr verweilen müßte, und sie hatte entscheidende Bedeutung für die ganze englischsprechende Welt, die damals in überseeische Gebiete auszugreifen begann. Darüber hinaus wurde mit der Thronbesteigung Jakob I. (und VI. von Schottland) (1603–1625) durch die dynastische Union von England und Schottland eine wesentliche Schwäche der Insel gegenüber dem Kontinent beseitigt, und obgleich die neue Dynastie der Stuarts sich als unfähig erwies, mit ihren englischen Untertanen fertig zu werden, weil ihr keine harmonische Zusammenarbeit mit den politisch wachen und dominierenden Kreisen des Landes gelang, betätigte sich die Krone auch weiterhin als Schirmherrin der Künste, so daß die kulturelle Blütezeit anhielt. Außerdem wurde mit der ersten wichtigen Phase der Kolonisierung Nordamerikas begonnen.

Die Schotten aber hatten sich dem Calvinismus spontan und voller Eifer zugewandt. Hier war die »Reformation« nicht von oben verordnet worden, wie es etwa in den Niederlanden der Fall gewesen war, sondern von einer breiten Bewegung im Volke getragen worden. Ferner griffen die Schotten entscheidend in den anschließenden ersten englischen Bürgerkrieg (1642 bis 1645) ein und taten sich mit den englischen Rebellen zusammen, um für kurze Zeit einer *presbyterianische* calvinistische Kirche in England zur Vorherrschaft zu verhelfen. Auch die Ansiedlung schottischer *Presbyterianer* in Nordirland hatte zum Ausbruch der Bürgerkriege beigetragen, da sie zur Rebellion der katholischen Iren führte, die eine weitere Belastung für die Mittel der englischen Krone bedeutete und eine antikatholische und damit antihöfische Hysterie in England auslöste. So blieben die Engländer nicht gänzlich von der Heimsuchung der »Religionskriege« verschont, wie sie den Kontinent erschütterten. Ausgelöst wurden sie in England durch den Versuch der unfähigen Regierung Karls I. (1625–1649), den Schotten ein anglikanisches Ritual zu verordnen.

Jedenfalls konnte sich die englische Kirche, für die Karl I. und Erzbischof Laud gestorben waren, wieder durchsetzen, und obgleich der Ritualismus Lauds gemildert wurde und eine starke »nonkonformistische« Bewegung fortbestand, überlebte die wichtige alte erasmische Tradition. Der Protestantismus, dem der gesamte Norden vom lutherischen Schweden über Dänemark und Norddeutschland bis hin zu den calvinistischen Vereinigten Niederlanden zugefallen und durch die calvinistischen Hugenotten auch in Frankreich stark vertreten war, wandelte sich in England, wenn auch nicht in Schottland, zu konservativer Gestalt. Als einzige von allen nordeuropäischen Völkern hielten die Iren, wenn sie auch einem anglikanischen Kirchenestablishment unterstellt waren, hartnäckig am Katholizismus fest.

Diese tiefgreifende Umgestaltung der nordeuropäischen Christenheit, vor allem bei den Völkern Norddeutschlands und Skandinaviens, gab Europa zu Anfang der Neuzeit ein ganz anderes Gesicht als im Mittelalter. Sie brach auch die gemeinsame Front von Dogma und Interesse auf, die lange Zeit der mächtigsten geistigen Bewegung des siebzehnten Jahrhunderts Widerstand geleistet hatte. Und diese war trotz aller fanatischen Auseinandersetzungen zwischen Katholiken und Calvinisten nicht religiöser, sondern praktischer, wissenschaftlicher und manchmal sogar humaner Natur. Da die Besiedlung Nordamerikas im wesentlichen vom protestantischen Norden ausging, sollte dieser Wandel der Auffassungen außerordentliche Wichtigkeit für die Zivilisation auch der Neuen Welt gewinnen.

9. Das Wiedererstarken Frankreichs und der Westfälische Friede

Richelieu und der französische Absolutismus

Als Heinrich IV. nach den Religionskriegen die französische Monarchie wieder festigte, besaß er ein potentiell mächtiges Reich: unter Ludwig XI. waren die großen Regionen systematisch der zentralen Kontrolle unterworfen worden. Franz I. war stark genug gewesen, den Habsburgern die Hegemonie in Europa streitig zu machen, und obwohl sich die französischen Eroberungen in Italien als ephemer erwiesen, war die Ostgrenze Frankreichs jetzt besser gesichert. Die Religionskriege, die sich die großen Adelsgeschlechter zunutze machten – die Montmorencys im Westen und in der Normandie, die Guisen im Osten und die Bourbonen im Südwesten –, hatten den Zusammenhalt des Reiches bedroht, aber Heinrich IV., der aus schweren militärischen und diplomatischen Kämpfen als Retter des Landes hervorgegangen war, verhalf der Monarchie wieder zu ihrer Geltung.

Nachdem sein Sohn Ludwig XIII. (1610–1643), der, in seinen Fähigkeiten begrenzt, erleben mußte, welche Gefahr verantwortungslose Günstlinge und aufrührerische Adlige stiften konnten, besaß er genügend Sinn für die Interessen des Reiches, um einen Mann zu fördern, den er persönlich mißbilligte, und stattete Kardinal Armand Jean du Plessis de Richelieu (1585–1642), einen der wichtigsten Urheber des die europäische Politik jetzt beherrschenden Großstaates, mit höchsten Machtbefugnissen aus. Er wuchs in relativer Armut auf und wurde an eine aristokratische Militärakademie in Paris geschickt. 1606 ernannte Heinrich IV. ihn zum Bischof von Luçon, dem ärmsten Bistum Frankreichs. Klugerweise zog er sich daraufhin vom Hof zurück, um seine Diözese mit aufsehenerregender Tüchtigkeit zu verwalten, und saß 1614 als Sprecher des Klerus bei den Generalständen. Die Ermordung Heinrichs IV. war seine große Chance, da allgemeine Verwirrung herrschte. Nachdem er das Vertrauen der Regentin, Königinmutter Maria aus dem Hause Medici und ihres Günstlings Marschall d'Ancre gewonnen hatte, war er seit 1616 Staatssekretär und Gesandter in Spanien. Er überstand die Höhen und Tiefen der höfischen Intrigen als einer der Ratgeber der Regentin und hatte 1621 an ihrer Aussöhnung mit Ludwig XIII. großen Anteil. Obwohl die Regentin sich gegen ihn wandte, wurde er 1624 erster Minister des Staatsrats und blieb es bis zu seinem Tod, trotz mehrfacher Versuche, ihn zu Fall zu bringen – der gefährlichste scheiterte 1630 mit der *Journée des Dupes*. Er starb als Multimillionär, nachdem er in Paris das Palais Royal erbaut und den Familienbesitz großzügig erweitert und verschönert hatte.

Als junger Bischof hatte er sich systematisch und kaltblütig auf die Macht vorbereitet und verfaßte sogar ein machiavellistisches Handbuch voll kluger

Ratschläge, etwa dem, daß man »diejenigen, die man verachtet, in Unkenntnis der Gefühle, die sie einflößen«, lassen soll, daß man Beleidigungen »schlucken soll, um sie später um so besser rächen zu können«, und daß man »seine Augen nicht umherschweifen« lassen soll, »wenn jemand spricht«. Durch und durch ein Mann der Tat, glaubte Richelieu, der 1622 Kardinal wurde, an die gottgewollte Legitimität einer Regierung, in der sowohl die göttliche Vorsehung als auch das Licht der Vernunft wirke. Als guter Franzose glaubte er an die Logik: »Da der Mensch vernünftig geschaffen wurde, muß die Vernunft alle seine Taten leiten, da er sonst gegen seine Natur und folglich gegen den, der sein Schöpfer ist, handeln würde.« In seinem *Politischen Testament*, das, wenn es auch vielleicht nicht von seiner Hand stammt, doch seine Überzeugungen zum Ausdruck bringt, stellt er fest, daß »ein Volk nicht anders kann, als einen Fürsten zu lieben, wenn es spürt, daß die Vernunft alle seine Handlungen leitet«.

Von diesen selbstbewußten, eindeutigen und logischen Voraussetzungen ausgehend, war Richelieu entschlossen, die Grundlagen einer »absoluten« Monarchie zu sichern, welche die Spitze einer Hierarchie aus Kirche, Adel und drittem Stand bildete, während das einfache Volk durch »gerechte Gesetze«, denen ein stehendes Heer Geltung verschaffte, in Schach gehalten wurde. Ein Staat, der so organisiert war, brauchte seiner Meinung nach keinen Angriff zu fürchten und konnte den Krieg ins Land des Feindes tragen. Mit Hilfe eines der Krone ergebenen Söldnerheeres – eine inzwischen akzeptierte Tradition aus den letzten Jahren des Hundertjährigen Krieges – erreichte der *Cardinal-Duc* eine eindrucksvolle, wenn auch ziemlich oberflächliche Machtkonzentration in den Händen der Regierung gegen zentrifugale Kräfte in den Provinzen und in der Aristokratie. Er vergrößerte das Heer erheblich, eine Maßnahme, die er durch Erhöhung der *Taille* (Kopfsteuer) und *Gabelle* (Salzsteuer) finanzierte. Außerdem baute er die Flotte aus und veranlaßte den Klerus, den Anspruch des Monarchen auf unumschränkte, göttlich begründete Macht zu unterstützen und »passiven Gehorsam« zu predigen. Nach der Belagerung und Eroberung von La Rochelle zerschlug er die hugenottische Gemeinde und zwang sie 1629, in das Gnadenedikt von Alès einzuwilligen. Er machte den Staatsrat zum höchsten Werkzeug der exekutiven Gewalt und unterband die Konkurrenzbestrebungen des *Parlement de Paris*. Er förderte Schriftsteller und Gelehrte, wußte er doch als Franzose um ihre Bedeutung, vereinheitlichte die Regeln der französischen Sprache durch die Gründung der *Académie Francaise* im Jahre 1635 und verbesserte die Zuwendungen und Ausstattung der Sorbonne, für die er eine prächtige Kirche erbauen ließ. Außerdem war er sich der Möglichkeiten bewußt, die in überseeischer Kolonialisation lagen, und förderte französische Aktivitäin Nordamerika und in der Karibik. Der rebellische und kriegerische Adel wurde für die Krone durch die vielfältigen Ämter und Ehrenstellen gewonnen, die der Monarch zu vergeben hatte. Die Duelleidenschaft der höheren Stände wurde gewaltsam eingeschränkt, während eine breite Schicht von

Amtsinhabern entstand, in deren Interesse es lag, für den Fortbestand eines geordneten und zentralisierten Staates zu sorgen. Seit der Zeit der Karolinger und der Kreuzzüge war das Klima der französischen Zivilisation durchgehend aristokratisch und militärisch geprägt, während Glanz und Geltung des Adels und der Kirche die große Mehrheit der verarmten Bauern einschüchterte und, von periodischen Aufständen abgesehen, gefügig machte. Tatsächlich war das System unzulänglich, fragwürdig und korrupt. Reichtum und Pracht des Monarchen und des Hofes entfalteten sich über einem Reich, in dem die mittelalterlichen Traditionen der aristokratischen und bürgerlichen Unabhängigkeit absichtlich untergraben worden waren, nicht aber hatten zerschlagen werden können, in dem die Steuerlast vor allem diejenigen drückte, die sie am allerschlechtesten zu tragen vermochten, und in dem Hungersnöte und Epidemien der bäuerlichen Bevölkerung als Schicksal hingenommen wurden. Das Reich litt unter chronischer Knappheit an Kapital für Produktivinvestitionen, so daß die Franzosen, obwohl von der Regierung ermutigt und gelegentlich auch subventioniert, kaum mit den leistungsfähigeren privaten Unternehmen der Holländer und Engländer konkurrieren konnten.

Die größte Hypothek der absoluten Monarchie Frankreichs aber war die kostspielige Außenpolitik, die mit Richelieus innenpolitischer Konsolidierung einherging. Da sich der Streit um Italien zwischen den Valois und Habsburg Mitte des sechzehnten Jahrhunderts über die Alpen nach Norden verlagert hatte, mußten die Franzosen unbedingt die strategisch wichtigen Festungen Metz, Toul und Verdun unter ihre Kontrolle bringen und vor allem ihre nordöstliche Grenze zu den Spanischen Niederlanden befestigen. Sie wollten für einen Einfall in Deutschland bereit sein, und obgleich ihre Religionskriege ihnen vorerst jede Expansionspolitik verboten und den spanischen Habsburgern Gelegenheit gegeben hatten, in Frankreich zu intervenieren, richtete sich das Interesse der Franzosen, sobald sich ihre Monarchie wieder gefestigt hatte, nach Osten, wo sie die Macht der österreichischen Habsburger schwächen wollten, und über die Alpen und Pyrenäen nach Süden, wo sie die spanischen Habsburger zu neutralisieren suchten, wobei sie sich zunächst diplomatischer und dann militärischer Mittel bedienten.

Richelieus Temperament und Ambitionen kamen dieser offensiven Politik sehr entgegen. Er hatte sich bereits die dynastische Heirat des vierzehnjährigen Ludwigs XIII. mit der Infantin Anna, der Tochter Philipps von Spanien, zunutze gemacht, da er Hofkaplan der jungen Königin geworden war, und schmeichelte sich nun bei Ludwigs Schwester Elisabeth ein, die den Infanten Don Felipe von Spanien geheiratet hatte. Nachdem Richelieu zumindest einen vorübergehenden Waffenstillstand an der Pyrenäengrenze erwirkt hatte, ging er daran, wie er selbst es nannte, »den Namen seiner Majestät von Frankreich in den ihm unter den fremden Mächten gebührenden Rang zu erheben«.

Das Veltliner Tal, das vom Comer See in die Innerschweiz führt und damit Zugang zum Inntal bietet, war der strategisch wichtigste Durchgang sowohl für die Armeen der spanischen als auch für die der österreichischen Habsburger.

Als nun die Spanier mit Einverständnis des Papstes Mailand unter ihren Einfluß gebracht hatten, benutzten sie die religiösen Auseinandersetzungen zwischen Protestanten und Katholiken im Schweizer Kanton Graubünden als Vorwand, um das strategisch wichtige Veltlin zu besetzen: Angeblich wollten sie die Katholiken dort vor den protestantischen Schweizern beschützen.

Hier lag eine Krise von europäischer Dimension vor, und Richelieu bewies bald, daß er vor allem Franzose und erst in zweiter Linie katholischer Kirchenfürst war. 1624 wies er den französischen Gesandten in Graubünden an, eine große Schweizer Armee anzuwerben, die, von dreitausendfünfhundert französischen Soldaten unterstützt, die päpstlichen Besatzungstruppen aus dem strategisch wichtigen Gebiet vertreiben sollten. Unter Nichtachtung aller konfessionellen Unterschiede verbündete sich Richelieu mit den protestantischen Niederlanden und stimmte der Eheschließung Henriette Marias von Frankreich, der Schwester Ludwigs XIII., mit dem anglikanischen Karl I. von England zu. Durch die Ausschaltung des Veltliner Passes und durch das Bündnis mit den beiden Seemächten im Nordwesten hatte Richelieu die strategische Position Frankreichs verstärkt. Damit war dieser christliche Prälat federführend bei der Organisation des Widerstandes gegen die österreichischen und spanischen Habsburger, die nach Ausbruch des Dreißigjährigen Krieges im Jahre 1618 unter Führung des Kaisers Ferdinand II. versuchten, die Macht der katholischen Kirche in Europa wiederherzustellen. Richelieu stellte – darin ein typischer Staatsmann der beginnenden Neuzeit – die Interessen der französischen Monarchie über die der Gegenreformation, für ihn waren nationale Machtpolitik wichtiger als die Einheit der Christenheit.

Der Dreißigjährige Krieg

Die Kriege in Deutschland, irrigerweise als »Dreißigjähriger Krieg« (1618 bis 1648) bezeichnet, spielten jetzt den Franzosen in die Hände. Selbst der Name dieser vielschichtigen, parallelen und verworrenen Konflikte ist tendenziös. Ursprünglich wurde er vom Kurfürsten von Bayern geprägt, als er Geld von seinen Untertanen verlangte, um darzutun, wie langwierig und aufwendig seine Beteiligung an den Kriegen gewesen sei. Es sind noch ganze Schichten protestantischer und nationalistischer Propaganda abzutragen, bevor ein objektiver Blick auf die Ereignisse möglich wird.

Die Ursprünge der Auseinandersetzung reichen in mittelalterliche Zeiten zurück, denn sie entzündete sich an dem letzten Versuch der österreichischen Herrscher des reduzierten Heiligen Römischen Reiches, die Herrschaft über Deutschland und sogar die Ostsee zurückzugewinnen, den Katholizismus und alles, was er bedeutete, in den von protestantischen Fürsten übernommenen Gebieten wieder einzuführen und die Gegenreformation durchzusetzen, deren Seele die Jesuiten und deren Propagandisten die großen Maler und Architekten des Barock geworden waren.

Als der Habsburger Ferdinand von Steiermark (1619–1637) Matthias auf den Kaiserthron folgte, war er bereits in einen Krieg mit Böhmen verstrickt, und auch dieser Konflikt hatte mittelalterliche Ursprünge. Denn schon lange vor Luther, zu Zeiten, da Hus und seine Anhänger den tschechisch-deutschen Konflikt eingeleitet hatten, hatten die ketzerischen Tschechen ein Auge auf den katholischen Reichtum geworfen. Seit dieser Zeit hatten die Tschechen sich nur widerwillig der deutsch-katholischen Herrschaft gebeugt und auch der *Majestätsbrief* Rudolfs II. aus dem Jahre 1609, der ihnen größere Freiheiten garantierte, konnte ihren Groll nicht beschwichtigen. Damals war Böhmen zu einer Bastion des Calvinismus geworden, unversöhnlicher noch als die lutherischen Staaten.

Als die tschechisch-calvinistischen Adligen aus Protest gegen einen kaiserlichen Erlaß, der ihnen ihre konstitutionell garantierten Reichstage verbot, die kaiserlichen Räte in Prag aus einem Fenster des Hradschin warfen, brachten sie damit ebensosehr einen rabiaten tschechischen Nationalismus zum Ausdruck wie ihren religiösen Eifer. Als Friedrich V., Kurfürst von der Pfalz und Schwiegersohn Jakobs I. von England, durch seine Heirat mit Prinzessin Elisabeth so unbesonnen war, den böhmischen Thron anzunehmen und Ferdinand die Herrschaft streitig zu machen, hatte die erste Phase des Dreißigjährigen Kriegs begonnen. 1620 wurde Friedrich, der »Winterkönig«, in der Schlacht am Weißen Berg bei Prag geschlagen. Gemeinsam mit seiner Gemahlin, die geschrieben hatte, lieber würde sie als Königin Sauerkraut essen denn als Kurfürstin von goldenen Tellern, wurde er aus dem Lande gejagt. Böhmen geriet unter die Herrschaft deutscher Beamter und katholischer Geistlicher, die Erziehung wurde von Jesuiten besorgt und die seine Wirtschaft von Wien aus gelenkt.

Jetzt unterstand nicht nur Böhmen wieder dem Kaiser, sondern Ferdinand II. war auch entschlossen, den calvinistischen Einfluß aus der strategisch wichtigen Pfalz zu tilgen, und übertrug deren Kurwürde Herzog Maximilian von Bayern, der aus einem katholischen Zweig der Wittelsbacher stammte. Diese doppelte Zielsetzung, einerseits dem Katholizismus wieder Geltung zu verschaffen und andererseits erneut die politische und strategische Kontrolle über das Reich zu erlangen, ist typisch für den gesamten Krieg, der ganz und gar nicht, wie man einst meinte, ein Streit zwischen Ideologen war, sondern ein langsamer und zäher Kampf, in dem es darum ging, den riesigen Herrschaftsapparat und den tief verwurzelten sozialen und wirtschaftlichen Einfluß der katholischen Kirche zu übernehmen und ihn neuen Anforderungen anzupassen.

Jetzt trat der Krieg in seine zweite und umfassendere Phase, geprägt von professionellen *Condottieri*, die über weit größere Armeen als ihre italienischen Vorbilder geboten. Der doppelte strategische Erfolg des Kaisers alarmierte den protestantischen König Christian IV. von Dänemark, der mit englischen Hilfsgeldern rechnete, die tatsächlich nie gezahlt wurden, und dessen Armeen bis Thüringen vordrangen. So mußte Ferdinand den altgedienten Söldnerführer Graf Tilly[43] anwerben, um die dänischen Armeen bei Lutter am Barenberg zu besiegen, ein kaiserlicher Erfolg, der dadurch besiegelt wurde, daß es Gabriel Bethlen von Iktár, Fürst von Siebenbürgen nicht gelang, einen koordinierten Angriff zu führen. Eine höhere Meinung sogar hatte Ferdinand von einem anderen, noch gefährlicheren Söldnerführer, den er 1617 für einen Feldzug gegen die Venezianer angeworben hatte. Die Rede ist von Albrecht von Wallenstein[44], der schon seit 1621 »Gubernator Böhmens« war, ein unberechenbarer Söldner von ganz anderem Format als Tilly, den der Kaiser mit dem Feldzug gegen Christian IV. beauftragte. Wallenstein eroberte fast alle festländischen Teile Dänemarks, und Ferdinand mußte ihn mit dem großen Besitz Sagan in Schlesien und mit dem erblichen Herzogtitel von Mecklenburg belohnen.

Ferdinand hatte also einen hohen Preis für seine Siege bezahlen müssen. Es gab jetzt zwei außerordentlich mächtige Feldherren im Reich: Tilly, der eher konservativ war und sich vergleichweise begrenzte Ziele gesetzt hatte, und Wallenstein, einen neuen Typus des Glückritters, der aus dem Söldnerkrieg Kapital schlug und von gewaltigem Ehrgeiz beseelt war. Seine Ambitionen richteten sich nun auf die Ostsee und den Handel, und er versuchte, sich das Monopol des Ostseehandels mit Gustav II. Adolf von Schweden zu teilen.

Damit befand Ferdinand sich in einem Dilemma. Wallenstein war bei weitem sein bester General und besaß die beste Armee, aber Ferdinands eigener Erbe (der spätere Ferdinand III.) war entschlossen, sich seiner zu entledigen, und mächtige Reichsfürsten, die seinen Ehrgeiz fürchteten, forderten seine Entlassung.

In dieser Krise des Kaisers begann die dritte Phase des Krieges, in der es zur Intervention zunächst Schwedens und dann Frankreichs kam. 1629 hatten die kaiserlichen Truppen mit der Belagerung der wichtigen einst erzbischöflichen und jetzt lutherischen Stadt Magdeburg begonnen, die Ferdinand Erzherzog Leopold, seinem zweiten Sohn, versprochen hatte. Als es Wallenstein nicht gelang, die Stadt zu nehmen, setzte Tilly den Angriff fort, aber die Belagerung zog sich hin. Bereits vom Erfolg Wallensteins gegen Dänemark alarmiert, verfolgten die Schweden den Kampf mit wachsender Sorge.

Ihr junger König Gustav II. Adolf war, ganz im Gegensatz zu Christian IV., ein militärisches Genie. Seit frühester Jugend in vielen Schlachten gegen Russen, Dänen und Polen erprobt, hatte er eine neue Taktik entwickelt, durch die er, wie später Napoleon, der Kriegführung neue Beweglichkeit verlieh. Statt in geschlossener Reihe auf den Feind zuzutraben, zu feuern, abzuschwenken und sich zurückzuziehen, um wieder zu laden, preschte seine Reiterei in vollem Galopp auf den Feind zu. Wichtiger noch war, daß die Schweden über eine bewegliche, leichte Artillerie verfügten und die Feuerkraft ihrer Infantrie der anderer Truppen überlegen war. Die Schweden rühmten sich, von den Goten und von den raublustigen alten Wikingern des Kiewer Rußland, abzustammen, und ihre Adligen waren keine bäuerlichen Landjunker, sondern kosmopolitische Krieger und Diplomaten. Dazu stammten ihre einfachen Soldaten aus einem robusten und relativ freien Bauernstand.

Unter einem hochbegabten Befehlshaber, unterstützt von dem weitblikkenden Staatsmann Oxenstierna, schickten die Schweden sich an, in Deutschland einzufallen und sich möglichst viel von seinen Gebieten anzueignen. Im Unterschied zu den heidnischen Wikingern aber erklärten und glaubten Gustav II. Adolf und seine Männer, für ein protestantisches Christentum gegen die katholische Gegenreformation zu streiten, die bereits durch den katholischen König Sigismund III. Wasa von Polen Ansprüche auf ihr eigenes Territorium angemeldet hatte. Nicht ohne Grund fürchtete selbst Gustav Adolf den Erfolg kaiserlich-katholischer Truppen unter Wallenstein, die seit der Niederlage Christians IV. bei Lutter am Barenberg Schleswig-Holstein besetzt hatten. »Wie eine Woge auf die andere folgt«, so erklärte er 1627 vor dem schwedischen Reichstag, »so nähert sich uns die päpstliche Liga ... wenn wir nicht zur rechten Zeit energischen Widerstand entgegensetzen. Der schwedische König klagte den Polen Sigismund III. der offenen Verschwörung an, »um uns jeder Möglichkeit auf Handel und Seefahrt zu berauben und, was das Schlimmste ist, um uns die souveränen Rechte streitig zu machen, die wir in der Ostsee genießen«.

1628 war die wichtige Stadt Stralsund von Wallensteins kaiserlicher Armee belagert worden und konnte nur durch ein spät eintreffendes dänisches Heer gerettet werden. Dank ihrer geographischen Lage besser imstande, dort Besatzungstruppen zu stationieren und zu versorgen, hatten die Schweden 1630 die befestigte Stadt und ihren Hafen übernommen. Dieses Engagement, von großer Bedeutung, um jeglicher deutschen oder polnischen Invasion Schwedens entgegenzuwirken, war neu: es erwies sich als Sprungbrett nach Deutschland. Ferner hatte Richelieu die Polen inzwischen so unter Druck gesetzt, daß sie sich in Regensburg zu einem Waffenstillstand mit Schweden bereit fanden, wodurch Gustav Adolf von dem Krieg mit Sigismund III. befreit wurde. So fiel er im Juni 1630 in Peenemünde, wie weiland Wilhelm der Eroberer am Strand von Hastings, auf die Knie und betete, während seine Soldaten, wie die Militärchronisten zu berichten wissen, »guten Mutes« an Land gingen. Inzwischen hatten die kaiserlichen Truppen die Belagerung Magdeburgs fortgesetzt, und Gustav Adolf, in erster Linie bestrebt, seinen Brückenkopf gegen einen Angriff Tillys zu sichern, verstärkte die Stadt durch eine schwedische Besatzung.

Angesichts einer so weitgehenden Kriegsbeteiligung der Schweden hielt Richelieu seine Chance für gekommen. Anfang 1631 unterzeichneten die Franzosen den Vertrag von Bärsewalde, in dem sie sich bereit erklärten, einen größeren schwedischen Angriff auf Deutschland mit Hilfsgeldern zu unterstützen. Ein Übel sollte durch das andere ausgetrieben werden, um endlich die Habsburger Macht im Zaume zu halten. Und als es Tillys Unterfeldherrn Pappenheim endlich gelang, Magdeburg zu stürmen, als die Stadt geplündert, weitgehend niedergebrannt und der größte Teil ihrer Einwohner umgebracht wurde, da mobilisierte diese Grausamkeit die protestantischen Gefühle gegen die Katholiken und verpflichtete die Schweden zu einem Rachekrieg.

Ferdinand II. schien jetzt verwundbar zu sein: er war gezwungen gewesen, Wallenstein zu entlassen, der Kurfürst von Sachsen hatte sich den Schweden angeschlossen und viele deutsche Fürsten waren, wenn nicht offen feindselig, so doch nach mittelalterlichem Vorbild listig bemüht, die kaiserliche Macht zu untergraben. Viele Truppen des Kaisers standen in Norditalien, um mit spanischer Unterstützung zu verhindern, daß ein französischer Herzog den Thron von Mantua bestieg. Überdies hatten die deutschen Protestanten ein schwedisches Protektorat abgelehnt, das Norddeutschland hätte Stabilität geben können. Im September 1631 schlug Gustav Adolf, weit nach Süden vordringend, Tilly bei Breitenfeld in der Nähe von Leipzig, dann marschierte er gegen Prag, nahm Mainz, Worms und die Rhein-Pfalz, verfolgte Tilly bis an den Lech, wo er bei Rain seine letzten Reserven vernichtete. Tilly erlag bald darauf seinen Wunden. Der Kaiser kam zu dem Schluß, daß Wallenstein jetzt unentbehrlich sei, und gab ihm das Oberkommando zurück. Die Schweden wurden aus Bayern verdrängt und mußten sich nach Sachsen zurückziehen. Im November 1632 wurde Gustav Adolf bei Lützen, westlich von Leipzig, an der Spitze seiner smålandischen Reiterei von der Truppe abgeschnitten und von einer Pistolenkugel getötet.

So endete der kurze spektakuläre Einfall Gustav Adolfs ins Herzland Deutschlands, nicht aber die schwedische Herrschaft über den Norden und die Ostsee. Lützen war trotz des Königs Tod ein schwedischer Sieg gewesen, der 1633 zum protestantischen Heilbronner Bund führte, und Wallenstein hatte sich durch die Vernichtung Gustav Adolfs selbst vernichtet. Nicht länger unentbehrlich und nun im Verdacht, die Krone seines Heimatlandes Böhmens zu begehren, wurde dieser Multimillionär, der den Krieg für den Kaiser fast gewonnen hatte, 1634 auf Geheiß Ferdinands II. in Eger ermordet. Seine eigenen Söldner hatten dem kaiserlichen Befehl bereitwillig Folge geleistet.

Ihres Königs beraubt, wurden die Schweden jetzt von Erzherzog Ferdinand bei Nördlingen besiegt, und der lutherische Kurfürst von Sachsen schlug sich erneut auf die Seite des Kaisers. So konnte Ferdinand II. seine Position wieder verbessern. Aber durch den Frieden von Prag im Jahre 1635 mußte er den deutschen Protestanten Glaubensfreiheit einräumen und ihnen gestatten, die eingezogenen Besitzungen der katholischen Kirche vierzig Jahre lang zu behalten. Dieser Kompromiß hatte bis zum Tode des Kaisers im Jahre 1637 Bestand, dem Jahr, da ihm der tüchtigere und diplomatisch geschicktere Ferdinand III. (1637–1657) auf den Thron folgte.

Mit der Patt-Situation von 1635 hätte der Krieg enden können. Tatsächlich dauerte er aber an, da die Franzosen, entschlossen für den Fortbestand der verworrenen Situation in Deutschland zu sorgen, einen Machtkampf mit Söldnerführern und Söldnertruppen entfesselten, die marodierend durch das Land zogen. Der Konflikt weitete sich sogar aus, denn 1635 brach der lang erwartete Krieg zwischen Frankreich und Spanien aus, das seinerseits im Krieg mit den Niederlanden lag. Im selben Jahr schlossen sich Frankreich und Schweden im Vertrag von Compiègne zu einem formellen Bündnis zusammen, in dem die französischen Hilfsgelder jetzt eine größere Rolle spielten, da der Krieg sich nicht mehr selber trug.

Diese vierte, letzte und düsterste Phase des Krieges führte dazu, daß sich die politische Zersplitterung Deutschlands vertiefte und Spanien einen schlimmen politischen, gesellschaftlichen und wirtschaftlichen Niedergang antrat, während die Schweden, erschöpft von den Kosten und Verlusten des Krieges und jetzt unter der Herrschaft ihrer jungen Königin Christine (1644 bis 1654), die keinen Gefallen am Kriege fand, ihre liebe Not mit den vielen Verpflichtungen in Deutschland hatten, die ihnen nichts einbrachten.

Im Reich selbst blieb Norddeutschland, selbst dort wo es in viele Kleinstaaten aufgeteilt war, nach dem relativen Mißerfolg der katholischen Gegenreformation im wesentlichen lutherisch, und der alte Grundsatz *cuius regio*, *eius religio* wurde erneut bekräftigt.

Tatsächlich brachte diese Zersplitterung, die von den deutschen Historikern des neunzehnten Jahrhunderts heftig beklagt wurde, einen gewissen kulturellen Vorteil für die Deutschen und ganz unbestreitbare Vorteile für das übrige Europa. Auch die Verwüstungen des Dreißigjährigen Krieges sind stark übertrieben worden.

Tatsächlich ist der Konflikt, wie die Rosenkriege in England, beträchtlich übertrieben worden. Die Truppen waren wie die der englischen Bürgerkriege nicht sehr groß, zwischen achtzehntausend und zwölftausend Mann, und die Gebiete, durch die sie zogen, waren so weitläufig, daß sie keine große Verwüstung haben anrichten können. Fraglos sind in den Gegenden, in denen der Kampf tobte, die Menschen vor den Marodeuren geflohen, sind Grausamkeiten verübt worden, aber die ländliche Bevölkerung führte mit der üblichen bäuerlichen Zähigkeit ihr gewohntes Leben fort, während sich die Inflation zu Beginn des Krieges, die mit dem Niedergang einiger der berühmten alten Städte einherging, als günstige Gelegenheit für neue Männer erwies, wie es häufig bei Inflationen der Fall ist. Der Preisanstieg für Nahrungsmittel kam den Großgrundbesitzern und Bauern zugute. Außerdem war die Logistik noch lange nicht reif für längere Feldzüge. Die angeblichen Hungersnöte betrafen nur relativ kleine Regionen, und der einzige belegte Fall von Kannibalismus ereignete sich unter den Besatzungstruppen während der Belagerung von Breisach.

Seit Mitte des siebzehnten Jahrhunderts waren die Berichte über den Krieg propagandistisch verfärbt, denn Axel Oxenstierna, der gerissene Schwede, hatte schon früh einen Pommern namens P. C. Bogislaw überredet, eine Chronik zu schreiben, in der der katholische Kaiser sehr schlecht wegkam, und den berühmten Samuel von Pufendorf, einen Rechtsprofessor aus Heidelberg, an die Universität von Lund berufen, wo er kräftig ins schwedische Horn stieß. Ferner hatte der protestantische »Große Kurfürst« Friedrich Wilhelm (1614 bis 1688) von Brandenburg, der den Grundstein der künftigen Größe der Hohenzollern legte, den Konflikt bewußt darstellen lassen als einen Kampf zwischen den »echten deutschen« Protestanten und den »fremden« und katholischen Österreichern. Das Zeitgemälde in Grimmelshausens autobiographischem und malerischem Roman *Der Abenteuerliche Simplicissimus Teutsch* (1669)[45] mit seinen eindringlichen und derben Schilderungen der Kriegsgreuel, die er aus unmittelbarer Nähe miterlebt hatte, trug schon früh zu dem düsteren Bild bei, das dann später eifrig von zu romantischen deutschen Historiographen übernommen wurde. Vor allem hatte Schiller mit seiner *Geschichte des dreyssigjährigen Krieges* (1791) und dem Drama *Wallenstein* (1799) immensen Einfluß. Der Preuße Gustav Freytag schob später mit seinen populären *Bildern aus der deutschen Vergangenheit* die Grausamkeit ausschließlich den fremdländischen Eindringlingen in die Schuhe, zu denen auch die Österreicher zählten, und sorgte dafür, daß sich das stereotype Bild, das die Deutschen von sich selber hatten, noch weiter verfestigte. Danach sahen sie sich als Opfer besonders entsetzlicher Ereignisse und nur durch Niederträchtigkeit daran gehindert, selbst zur Großmacht aufzusteigen. Tatsächlich sprechen die verfügbaren Statistiken nicht dafür, ebensowenig wie das, was wir aus der Erfahrung mit den großen modernen Kriegen wissen. Menschen können Erstaunliches aushalten, und einige Deutsche haben sich damals sogar auf höchst gelungene Weise die italienische Musizierweise angeeignet (so zum Beispiel Schütz, der bis 1672 wirkte, und sein Schüler Rosenmüller, gest. 1684). Schütz war außerdem Übersetzer und hat Dramen und Gedichte geschrieben; beide Künstler sollten einst Bach beeinflussen. Selbst die Habsburger fanden in ihren Ländern und Städten Zeit, Barockpaläste und -kirchen von italienischen Architekten erbauen zu lassen, und sogar in den Regionen, die angeblich durch die vielen Feldzüge verwüstet worden waren, hat der ganze Reichtum der Architektur des sechzehnten und siebzehnten Jahrhunderts überlebt.

Natürlich haben Tausende von Deutschen, Tschechen, Schweden und Franzosen, teils von religiösem Fanatismus, teils von nacktem Blutdurst beseelt, haben die zusammengewürfelten und beutegierigen Söldnerhaufen, auch wenn sie nur von Zeit zu Zeit losgelassen wurden, schlimme Grausamkeiten begangen, aber daraus folgt angesichts der begrenzten Vernichtungskraft der damals verfügbaren Waffen nicht, daß riesige Gebiete Deutschlands in »Wüsten« verwandelt worden seien, in denen »sittenlose« Kannibalen gehaust hätten. So scheußlich die Kriege auch gewesen sind, allzu viele Historiker haben »nicht berücksichtigt, daß die zeitgenössischen Berichte aus einer ganz anderen Perspektive geschrieben worden sind«.

Der Westfälische Friede

In den Jahren von 1645–1648 wurde im westfälischen Münster, das einst wegen der Herrschaft des Jan van Leiden in schlimmen Ruf geraten war, ein Kongreß einberufen, der den Dreißigjährigen Krieg beenden sollte. Dort einigte man sich schließlich auf der Basis gegenseitiger Toleranz. Angesichts der neuen Tatsachen, die das Machtgleichgewicht zwischen den souveränen Staaten zu Beginn der Neuzeit geschaffen hatte, wurde der Verzicht auf die historische Idee einer vereinigten Christenheit, für die die *Pax Hispanica* oder das Heilige Römische Reich sorgen sollte, von den Regierungen der Staaten, deren Religion nicht mehr der Autorität Roms unterworfen war, eigenmächtig beschlossen. Der dynastische Territorialstaat hatte Papst- und Kaisertum verdrängt. In diesem Kongreß wurde erstmals dem neuen Begriff eines zwischen souveränen Staaten geltenden *Völkerrechts* Rechnung getragen, wie es von Hugo Grotius in seinem *De iure belli ac pacis libri tres* (1625) definiert worden war, und zum ersten Mal war hier die offizielle Sprache Französisch und nicht Latein.

Dieser Wandel war vernünftig, denn die Franzosen hatten, nach Richelieus Plan, den größten Nutzen aus dem Krieg gezogen. Der Vertrag von Münster (der »Westfälische Friede«) bewirkte, daß der Begriff des Deutschen Reiches endgültig ausgehöhlt und zum leeren Buchstaben wurde, daß der hohenzollerische Kurfürst von Brandenburg große Gebiete Pommerns und die Hochstifte Minden und Kammin erhielt, daß die Landeshoheit der Reichsfürsten, für die sie seit den Tagen Barbarossas und Friedrichs II. gekämpft hatten, offiziell besiegelt wurde.

Nach der Befreiung Deutschlands sahen die ausländischen Mächte zu, daß sie ihren Teil vom Kuchen abbekamen: Schweden sicherte sich Teile Pommerns, erhielt die Hochstifte Bremen und Verden und immense Reparationen, aber der eigentliche Nutznießer des Friedensvertrages war Frankreich. In Lothringen gingen jetzt Metz, Toul und Verdun in französischen Besitz über, und im Elsaß erhielten die Franzosen das strategisch wichtige Breisach am Oberrhein. So waren sie mit offiziellen Ansprüchen gut gerüstet zur diplomatischen und militärischen Offensive gegen Württemberg und Bayern. Mit Verspätung wurde nun auch der Republik der Vereinigten Niederlande im Anschluß an einen Separatfrieden mit dem Reich offizielle Anerkennung zuteil. Und die Schweizer Eidgenossenschaft, die bei den monarchisch-aristokratischen Regierungen wegen ihrer Gesellschaftsform höchst mißliebig war, wurde jetzt als ebenbürtige souveräne Macht akzeptiert. Die wesentliche Leistung des Westfälischen Friedens lag darin, daß er dem *fait accompli* des souveränen Staates Rechnung trug und das Beste daraus machte.

Der französisch-spanische Krieg zog sich hin. 1648 einigte man sich im Frieden von Münster auf einen holländisch-spanischen Separatfrieden, der die Unabhängigkeit der niederländischen Republik anerkannte, aber erst 1659 endete der Krieg mit Frankreich im Pyrenäenfrieden. Er bedeutete den endgültigen Verzicht Spaniens auf den imperialen Anspruch, die *Pax Hispanica* durchzusetzen, und er setzte die Eheschließung zwischen Ludwig XIV. und der Infantin Maria Theresa, der Tochter Philipps IV., fest. Der Pyrenäenfrieden bedeutete wie der Westfälische Frieden einen diplomatischen Sieg Frankreichs.

Spaniens Niedergang

Als Philipp IV. von Spanien 1621 die Nachfolge Philipps III. antrat, hatte die unfähige Herrschaft des Herzogs von Lerma, eines Günstlings Philipps III., bereits ein Ende gefunden. 1619 war ein Versuch gemacht worden, die Verwaltung zu straffen. Aber Philipp IV., der mit sechzehn Jahren auf den Thron kam, stand völlig unter dem Einfluß des andalusischen Abenteurers Gaspar de Guzmán, Graf von Olivares und ab 1625 Herzog von Sanlúcar, des *Conde-Duque*, der als *Privado*, als politischer Günstling, Spanien *de facto* bis 1643 regierte. Tüchtig, energisch, hochfahrend und unstet war Olivares weder so unfähig wie Buckingham in England noch im entferntesten so fähig wie Richelieu, aber entschlossen, die schier unmögliche Aufgabe zu bewältigen, einerseits die Verwaltung zu reformieren und andererseits weiterhin hochgesteckte imperiale Ziele im Ausland zu verfolgen. In den Niederlanden hatte er keine Wahl, denn der nie sehr sorgfältig eingehaltene Waffenstillstand ging 1621 zu Ende, und hier erbte er eine völlig unlösbare Situation und einen aufwendigen Krieg, dessen Fortsetzung sich nur für die Holländer auszahlte. Wie Olivares an Philipp IV. schrieb, können »Könige keine Heldentaten ohne Geld vollbringen«, und Spanien steuerte einmal mehr dem Bankrott entgegen. Der naheliegende Ausweg war, die Rüstungsbelastungen nicht mehr allein Kastilien aufzubürden, das nicht mehr über die großen Silbereinfuhren aus der Neuen Welt verfügte, die ihm unter Philipp II. zugeteilt geworden waren, sondern die Last auch auf die anderen Provinzen Spaniens zu verteilen, ein Projekt, das mit dem Etikett »Waffenunion« versehen und 1626 offiziell ins Leben gerufen wurde. Im Jahr darauf konnte die Krone ihre Verpflichtungen abermals nicht einlösen und hoffte, sich durch den Bankrott eine neue Startmöglichkeit verschaffen zu können. 1628 wurde die Währung um die Hälfte abgewertet. Ein Jahr später fiel den Niederländern die spanische Schatzflotte mit der gesamten Ladung an amerikanischem Silber in die Hände, wodurch sich die Zahlungsmittel sofort verknappten. Die Spanier, deren größter Schriftsteller Cervantes (1547–1616) den ersten Teil von *Don Quixote de la Mancha* 1605 veröffentlicht hatte, hielten hartnäckig an der Überzeugung fest, sie seien eine große imperiale Macht. 1628 bis 1638 investierten sie noch mehr Menschen und Mittel in Norditalien, um den Franzosen die Einnahme von Mantua zu verwehren, was die Beziehungen zwischen Spanien und Frankreich erheblich belastete. Im vergeblichen Versuch, die Verwaltung zu zentralisieren, ersetzte der *Conde-Duque* den alten Staatsrat durch eine *Junta*, in deren Händen nun die exekutive Gewalt lag, erhöhte die Steuern und zog veraltete Feudalabgaben von der Aristokratie ein. Aber die Katalanen, denen die Herrschaft Kastiliens nie gepaßt hatte, verweigerten jegliche Hilfeleistung. Als die Franzosen 1635 in ihr Gebiet einfielen, weigerten sie sich, es zu verteidigen. Die Katalanen haßten die Madrileños noch mehr als die Franzosen: 1640 zettelten sie einen Aufstand an und ermordeten ihren Vizekönig.

Auf der anderen Seite der Halbinsel hatte die Beteiligung an den Kriegslasten die seit 1580, seit der Union mit Spanien, schwelende Unzufriedenheit der Portugiesen zum offenen Ausbruch gebracht – eine Situation, die sich Richelieu zunutze machte, wie er sich den katalonischen Aufstand zunutze gemacht hatte. Im Dezember 1640 ermordeten die Portugiesen den höchsten spanischen Beamten in Lissabon und eskortierten die Infantin Margarita, des Königs Schwester, die dort als Statthalterin wirkte, höflich zur Grenze.

Die beiden reichsten Provinzen der Iberischen Halbinsel waren damit abgefallen. Der Krieg in den Niederlanden und im Rheinland hatte inzwischen eine katastrophale Wende genommen: 1637 hatten die Niederländer Breda zurückerobert. Der Fall Breisachs im folgenden Jahr schnitt den Spaniern den Weg von Mailand nach den Spanischen Niederlanden ab, und 1639 hatte der niederländische Admiral van Tromp mit stillschweigender Billigung der Engländer eine spanische Flotte in der Schlacht vor The Downs besiegt. Schlimmer noch war, daß 1640 die große spanisch-portugiesische Armada, die Brasilien von den Niederländern zurückerobern sollte, vor der Küste von Pernambuco besiegt wurde und damit die Herrschaft über den Westen des Südatlantiks und die Karibik verlorenging. Im Mai 1643 wurde dann die berühmte spanische Infantrie bei Rocroi an der flämischen Grenze von den Franzosen geschlagen, und im gleichen Jahr wurde der *Conde-Duque* entlassen und auf seine Güter verbannt, wo er zwei Jahre später nach einer Laufbahn großartiger Fehlschläge starb. Das war Spaniens Lohn für eine Teilnahme an der letzten Phase des »Dreißigjährigen Kriegs«.

Rubens und Velázquez

Wenn die Gegenreformation auch an dem inzwischen nicht mehr zu verwirklichenden Ziel gescheitert war, die Christenheit unter Kirche und Kaiser um den Preis einer *Pax Hispanica* zu vereinigen, so hatte sie auf die Kunst außerordentlich anregend gewirkt, eine Entwicklung, die ihren Höhepunkt in den herrlichen Gemälden von Rubens und Velázquez fand.

Peter Paul Rubens (1577–1640) wurde eine außerordentlich erfolgreiche und vielseitige Laufbahn als Maler wie als Diplomat zuteil. Eine kosmopolitische Erscheinung, sprach er sechs Sprachen fließend und lebte zu einer Zeit, da die Höfe Zentren für alle Aspekte der Kultur und der Politik bildeten. Er wurde von Philipp IV. von Spanien geadelt und von Karl I. von England in den Ritterstand erhoben.[46] Auf geniale Weise assimilierte und verarbeitete er ein breites Spektrum europäischer Einflüsse: den flämischen Manierismus, in dem er aufgewachsen war, den Stil der Meister der Hochrenaissance – Leonardo, Raffael und Michelangelo –, das neuheidnische *Chiaroscuro* Caravaggios, die Brillanz Tintorettos und Carraccis, schließlich die Farbpalette und Bewegtheit Tizians. All dies faßte er zusammen und verwandelte es in sein eigenes opulentes, wenn auch gelegentlich schwülstiges, flämisches Idiom mit den derben Schönheiten und Cupidos, dargestellt in unbekümmerter Malweise und Farbenpracht. Er ist ganz und gar nicht der letzte Vertreter einer silbernen nordeuropäischen Renaissance, sondern er beeinflußte auch spätere Meister, die sich katholischen oder heidnischen Themen widmeten, ebenso wie Porträt- und Landschaftsmaler. Watteau und Fragonard hatten ihm genausoviel zu verdanken wie Reynolds und Gainsborough.

Zu seiner Zeit bemühte er sich um einen erasmischen Frieden und malte zu diesem Zweck seine *Segnungen des Friedens* und *Schrecken des Krieges* – er schrieb von seinem *Frieden*, daß die kummervolle Frau in Schwarz mit zerrissenem Schleier, bar aller Kleinodien und sonstigen Schmucks die unglückliche Europa sei, »die über so viele Jahre hin Plünderungen, Greueltaten und Not erlitten hat«.

Der fast gleichaltrige Diego Velázquez (1599–1660) wurde in Sevilla geboren und genoß schon bald die Gunst von Philipp IV. und Olivares in Madrid. Ab 1627 war er Hofmaler und Zeremonienmeister des Königs, der ihn gerne beim Malen beobachtete. Er beschäftigte sich weniger mit religiösen Themen als Rubens,[47] war aber wie dieser von Caravaggios *Chiaroscuro* beeinflußt und erwarb erste Berühmtheit durch die Darstellung der volkstümlichen und sinnenfrohen Szene *Los Borrachos – Die Zecher*. Bereits von Tizian beeinflußt, malte er Porträts von Philipp IV. und Olivares zu Pferde. Der König schickte ihn zweimal nach Italien, wo er Neapel, Rom und Venedig besuchte, und bei seinem zweiten Besuch Bilder von Tizian, Tintoretto und Paolo Veronese für die Sammlung seines Herrn erwarb. Er blieb stets Hofmaler, wurde zum Kammerherrn ernannt und entfaltete seine virtuose Kunst in der Darstellung von Hofszenen, etwa in dem berühmten Gemälde *Las Meninas* – »die Ehrendamen« –, das König und Königin in einem Spiegel an der Rückwand zeigt. Der Realismus und die Schwerblütigkeit seiner spanischen Herkunft verboten ihm die flämische Üppigkeit von Rubens, und seine Porträts, etwa das von Papst Innozenz X., sind eindringliche Charakterstudien. Viele werden sein kühleres Schönheitsideal dem Rubensschen vorziehen, und mit seinen lichten Farben und seiner meisterhaften Komposition begründete er eine Tradition, die einen weiteren Höhepunkt in Goya finden sollte.

V
Das Zeitalter der Ozeane

1. Die Anfänge des modernen Bewußtseins

Neuer Himmel, neue Erde

Im sechzehnten und zu Anfang des siebzehnten Jahrhunderts waren große zentralisierte Staaten aufgestiegen, deren Machtbeziehungen man im Westfälischen Frieden Rechnung zu tragen suchte. Zwar konnten sie ihren wachsenden Verantwortungen noch nicht ganz nachkommen, waren aber besser organisiert als die Reiche des Spätmittelalters, während die Konflikte zwischen ihnen nach dem gängigen Muster der Machtpolitik aller Zeitalter durch die religiöse Intoleranz des Volkes verschärft wurden. Tatsächlich scheint es sich auf den ersten Blick um ein Zeitalter zu handeln, das besonders heftig von Gewalt und Verfolgung heimgesucht wurde, doch genauer betrachtet, erweist es sich auch als sehr schöpferisch. Zu dieser Zeit wird der spezifisch europäische Beitrag zur Weltgeschichte definiert, und in diesem Winkel der Welt faßt der neue Gedanke Fuß, daß der Mensch durch systematische Experimente die Geheimnisse der Natur ergründen und sogar die menschlichen Lebensbedingungen verbessern könnte.

Die Entstehung einer wissenschaftlichen Betrachtungsweise und der empirischen Wissenschaften im siebzehnten Jahrhundert war eine größere Leistung und bedeutsamer als die Rückbesinnung auf die antike Welt in der Renaissance und erwies sich als weit entscheidender für den gesamten Planeten. Aus diesem Grunde ist es der Mühe wert, einen Augenblick den chronologischen Ablauf der Geschichte zu verlassen und uns den weniger spektakulären, aber revolutionären Gedanken einiger genialer Männer zuzuwenden, die am Anfang der Neuzeit das Meinungsklima in West- und Mitteleuropa allmählich veränderten und den Europäern und ihren Nachkommen unbeabsichtigt und indirekt die Voraussetzungen zu ihrer erst in jüngster Zeit in Frage gestellten Weltbeherrschung an die Hand lieferten.

Der erste große Pionier der Kosmologie kam aus Polen. 1543 veröffentlichte Nikolaus Koppernigk – Kopernikus[1] – seine Schrift *De revolutionibus orbium coelestium libri VI* (*Sechs Bücher über die Umläufe der Himmelskörper),* in dem die ungeheuerliche Behauptung aufgestellt wurde, die Erde und die Planeten würden die Sonne umkreisen. Diese heliozentrische Hypothese behauptete darüber hinaus, die Erde sei kugelförmig und bewege sich; sie sei nicht, wie bislang durchgehend angenommen, der feste Mittelpunkt einer Reihe konzentrischer und vermutlich kristalliner Sphären. Mit Billigung Papst Klemens' VII., der an einer Reform des Kalenders interessiert war, war die Theorie in Rom bereits als geeignetes Mittel zur Berechnung der Planetenbewegungen vorgelegt und erörtert worden, und Rhetikus, ein protestantischer Kollege von Kopernikus, hatte sie in einem *Ersten Bericht* in Deutschland veröffentlicht. Natürlich war Luther erzürnt, denn schließlich wurde der Bibel widersprochen, und ließ ihn aus Nürnberg hinausjagen, und die kopernikanische Hypothese brauchte lange, um sich durchzusetzen: sie war so unerhört, daß nur wenige Zeitgenossen sie zu fassen vermochten. Doch genossen Astronomen großes Ansehen, weil sie die Bewegungen der Planeten vorhersagen und astrologische Kalender zusammenstellen konnten. Schließlich bestimmten die Planeten, wie jedermann wußte, das Schicksal der Menschen. Als Handlanger der Astrologie wurden Astronomen sogar von Königen gefördert.

Kopernikus war katholischer Domherr von Frauenburg gewesen, Tycho Brahe (1546–1601) war weltlichen Standes und stammte aus niederem dänischen Adel in Knudstrup auf Schonen. Kopernikus hatte an italienischen Universitäten studiert, Brahe hingegen studierte in Kopenhagen, Leipzig und Augsburg und genoß bei König Friedrich II. von Dänemark hohes Ansehen als Astrologe. Er war wohlhabend genug, um sich ein eigenes Observatorium und Labor bauen zu können. Von Uranienborg aus katalogisierte er einige Sterne, und als 1577 ein Komet am Himmel erschien, der angesichts der wachsenden politischen Spannungen in Europa natürlich nichts Gutes bedeuten konnte, bewies Brahe, daß er nicht zu unserem Sonnensystem gehört. Obwohl er die kopernikanische Hypothese, nach der die Erde um die Sonne kreist, nicht übernahm, ging er davon aus, daß die Planeten es täten, und unterschied unter dem Hinweis, daß die Sterne sehr viel weiter entfernt seien als die Planeten, zwischen Planetensystem und Sternen.

Als der junge König Christian IV., den Kopf voller Träume von Krieg und Ruhm, den dänischen Thron bestieg, entließ er Tycho Brahe und stellte sogar seine Pensionszahlungen ein. Deshalb begab sich der Astronom 1599 nach Prag, wo er von Kaiser Rudolf II., der immer an Astrologie und Astronomie interessiert war, ein Schloß und großzügige Zuwendungen erhielt. In den letzten Jahren vor seinem Tode im Jahre 1601 stieß hier ein genialer deutscher Wissenschaftler zu ihm: Johannes Kepler.

Kepler (1571–1630) übernahm die heliozentrische Hypothese des Kopernikus ohne Vorbehalte und entwickelte sie weiter. Er wurde als Sohn eines Offiziers und dessen adliger Frau in Württemberg geboren und schloß 1588 in Tübingen sein Studium ab. Er wurde Mathematikprofessor in Graz und machte sich einen Namen als Autor astrologischer Almanache, welche die Bewegungen der Planeten und Sterne vorhersagten. Er heiratete eine reiche Frau und wurde als Nachfolger Tycho Brahes nach Prag berufen, wo er Horoskope für Rudolf II. fertigte. Außerdem beschäftigte er sich mit Grundlagenforschung der Optik, und seine Schrift *Astronomia Nova* wurde 1609 veröffentlicht. Kaiser Matthias strich ihm seine Zuwendungen, und er starb 1630 in Regensburg.

Kepler kümmerte sich nicht um den immer lauter werdenden Chor derer, die ihre vernünftigen Einwände vorbrachten – daß die Erde zu schwer sei, um durch den Weltraum zu schießen, daß sie, wenn sie sich drehen würde, Menschen und Dinge von ihr herunterfallen und die Weltmeere das Land überschwemmen würden. (Wahrscheinlich wird kaum ein aufrichtiger Leser leugnen können, daß ihm diese Argumente damals eingeleuchtet hätten!) Wie Brahe behauptete Kepler, die Planeten seien durch ungeheure Abstände von den Sternen getrennt, und da er kein Katholik war, hinderten ihn weder päpstliche Autorität noch inquisitorische Drohung daran, seinen spekulativen Gedanken freien Lauf zu lassen.

Der Italiener Galileo Galilei (1564–1642) wurde im katholischen Pisa geboren. Er war der Sohn eines Musikers und studierte Medizin an der Universität Pisa. Danach widmete er sich der Geometrie und Mathematik, konnte aber, da seine Familie verarmte, das Studium nicht abschließen. Nachdem er in Florenz gelehrt hatte, kehrte er nach Pisa zurück, wo er mathematische Vorlesungen hielt, begab sich dann aber 1592 in das damals zur venezianischen Republik gehörige Padua, wo man ihm einen ordentlichen Lehrstuhl als Professor für Mathematik angeboten hatte. Hier unternahm er experimentelle Forschungsarbeiten zur Bewegungstheorie, die bestimmte Aspekte der Newtonschen Entdeckungen über die Schwerkraft vorwegnahm.

Inzwischen hatte er sich zur kopernikanischen Hypothese bekehrt, und als 1609 Teleskope verfügbar wurden, ließ er in Padua eines mit korrigierter Linsenkrümmung anfertigen, das eine nie dagewesene Vergrößerung aufwies. 1610 veröffentlichte Galilei seinen *Siderius Nuncius (Himmelsboten)* und wurde Mathematiker des Großherzogs von Toskana. Im Jahr darauf besuchte er Rom, wo ihm seine Beredtsamkeit gefährliche Popularität eintrug. Der konservative Klerus war alarmiert, und 1616 wurde Galileo von Kardinal Bellarmino warnend darauf hingewiesen, daß er seine Lehre nur als mathematische These, nicht als erwiesene Tatsache darstellen dürfe. Vorsichtshalber zog Galilei sich daraufhin in seine Villa bei Florenz zurück und verteidigte sich gegen die Jesuiten durch seine Schrift *Loggiatore*, die er Papst Urban VIII. widmete. 1624 erhielt er die päpstliche Erlaubnis, die ptolemäische und die kopernikanische Theorie miteinander zu vergleichen, unter der Voraussetzung, daß er erstere rechtfertige, und 1632 erschien sein *Dialogo dei Massimi Sistemi*, *(Dialog über die Hauptsysteme)*, der ihn sofort berühmt machte, entsetzte aber Papst und Jesuiten. Galilei wurde wegen Ketzerei angeklagt und 1633 in Rom vor Gericht gestellt. Er wurde verurteilt, aber die Kerkerstrafe wurde in Hausarrest in seiner Villa in Arcetri bei Florenz verwandelt, wo er neun Jahre später starb.

Galilei war der erste Astronom, der ein Teleskop holländischer Machart besaß, das mit 32facher Vergrößerung stark genug war, um die kopernikanisch-keplerische Hypothese zu bestätigen, und seine sinnreich angelegten Experimente machten ihn auch auf dem Gebiet der Mechanik und Physik zu einem Pionier. Er entdeckte, daß die Oberfläche des Mondes uneben ist, daß die »Milchstraße« aus Sternen besteht und daß es »Flecken« auf der Sonne gibt, die, wie er behauptete, die kopernikanische Theorie bestätigten, da sie zeigten, daß sich die Sonne um sich selbst drehe. Weil sich die Gesetze von Mechanik und Physik gleichermaßen auf die traditionell getrennten Bereiche von »Himmel« und »Erde« anwenden ließen, hob Galilei zum Entsetzen der Kirchenautoritäten die Unterscheidung zwischen den beiden auf. Ganz bewußt suchte er nach neuen Wegen und nannte sein reifstes und einflußreichstes Werk *Unterredungen und mathematische Demonstrationen über zwei neue Wissenszweige* (1634). Galilei konnte seine Hypothese durch Beobachtungen beweisen, und da das Zentrum unzensierter Drucklegung jetzt die protestantischen Vereinigten Niederlande waren, konnten weder Papsttum noch Jesuiten verhindern, daß die Ergebnisse seiner Arbeit verbreitet wurden.

Ein anderer Italiener, der Neapolitaner Giordano Bruno, ein Dominikaner, der 1584 die Dialoge *Dell' infinito Universo e Mondi* (*Über die Unendlichkeit des Universums und der Welten*) veröffentlicht hatte, war ebenfalls ein Vertreter der neuen Kosmologie, die sich entwickelt hatte, als man nicht mehr an die einander überschneidenden geozentrischen Sphären glaubte. Er hatte sich in gewagten Spekulationen mit den denkbaren Konsequenzen dieser Theorie auseinandergesetzt, denn er glaubte, die Planeten und Sterne seien von ähnlicher Beschaffenheit wie die Erde. Aber er wurde in Venedig von der Inquisition nach sieben Jahren Haft 1600 als Ketzer verbrannt, was er vielen Berichten zufolge wohl auch wirklich gewesen ist – mehr ein spätmittelalterlicher Exzentriker als ein früher Exponent neuzeitlicher Ideen.

Gewöhnlich gelten solche Pioniere als Befreier, welche die Menschheit aus Irrtümern und abergläubischen Vorstellungen herausführen. Wir haben uns daran gewöhnt, daß die Erde und ihre Bewohner zur Winzigkeit zusammengeschrumpft sind angesichts eines Universums, dessen Größe offensichtlich in keinem Verhältnis zum irdischen Leben steht und das gleichgültig ist gegenüber menschlichen Belangen, eine Situation, die wir als selbstverständlich hinnehmen. Aber die Menschen zu Anfang des siebzehnten Jahrhunderts, denen diese kosmologische Revolution bewußt war, waren häufig entsetzt zu sehen, wie sich alle ihre geozentrischen und selbstverständlichen Vorstellungen auflösten und wie die große Kette des Seins zu zerfallen schien, von der man die göttliche Ordnung des Kosmos so lange umspannt wähnte. Insofern war das Zeitalter pessimistischer, als man in oberflächlicher Rückschau meinen würde, und den »Alten« galten die »Modernen« als subversive Kräfte, nicht als Befreier. Erst als Newton das Universum durch eine neue Art rationaler Ordnung zu erklären suchte, die anscheinend wieder auf Gott ausgerichtet war, kehrte das Vertrauen zurück, das das achtzehnte und neunzehnte Jahrhundert erfüllen und sogar einen neuen »Fortschrittsglauben« wecken sollte.

Im Dienst der Gesundheit

Wohl keine Wissenschaft hat so unter Spekulationen gelitten wie die Medizin, vielleicht liegt es daran, daß sie die Menschheit so unmittelbar betrifft. Es hatte kurze Phasen vernünftiger Behandlungsmethoden und empirischer Beobachtungen im ionischen Griechenland und in antoninischer Zeit gegeben, aber mit dem Niedergang der griechisch-römischen Zivilisation, mit dem Sezierverbot der christlichen Kirchen und deren Idealisierung der Askese (die häufig, wie etwa im Falle Papst Gregors des Großen, zu chronischer Krankheit führte), fielen die Ärzte der Christenheit in Unwissenheit. Nur in der islamischen Welt blieben die Kenntnisse erhalten, allerdings waren auch sie begrenzt, da es an geeigneten Forschungsinstrumenten fehlte. Im sechzehnten Jahrhundert waren die hygienischen Verhältnisse im Abendland schlimmer als im dreizehnten, da die von der Antike übernommene Sitte der öffentlichen Bäder, von der Kirche als unmoralisch verdammt, aus der Mode gekommen war. Die sanitären Verhältnisse und die Körperhygiene im damaligen Europa waren schlechter als im Osten.

Doch als es üblich wurde, objektive Beobachtungen anzustellen, begannen einige Physiker die Lehren in Frage zu stellen, die in der Antike entwickelt und im Mittelalter verstümmelt worden waren. Andreas Vesal aus Brüssel (1514–1564), Leibarzt Karls V. und Philipps II. – freilich ohne ihnen viel genutzt zu haben –, begründete die moderne Anatomie und leistete Erhebliches auf dem Gebiet der Biologie. Er schloß sein Studium 1537 in Padua ab und veröffentlichte im folgenden Jahr seine *Sechs Anatomietafeln* in Venedig. 1543 erschien seine Schrift *De humani corporis fabrica* in Basel. Es war eine umfassende, vollständig illustrierte und relativ genaue anatomische Darstellung (denn sie korrigierte verschiedene Fehler Galens). Vesal war fromm genug, um eine Wallfahrt nach Jerusalem zu unternehmen, und starb auf dem Rückweg. Er war zwar Belgier, doch die wichtigsten Zentren der medizinischen Ausbildung und Forschung lagen auch weiterhin in Italien, bis ihnen Mitte des siebzehnten Jahrhunderts Leiden den Rang ablief, was zum Teil den vorzüglichen niederländischen Mikroskopen zu verdanken war.

Die gefragtesten Positionen boten nach wie vor die Fürstenhöfe: Ambroise Paré (1510–1590) war nacheinander Arzt mehrerer französischer Könige und tat Dienst in der französischen Armee, wo er weniger schmerzhafte Methoden einführte als seine Zeitgenossen, welche Wunden grundsätzlich ausbrannten. Der exzentrische Schweizer Theophrastus Bombastus von Hohenheim (1490–1541), der aus dem Kanton Schwyz stammte und sich, unzufrieden mit seinem Namen, Paracelsus (Über-Celsus) nannte, womit er zum Ausdruck bringen wollte, daß er dem bekannten römischen Arzt[2] überlegen sei, räumte Medikamenten in der Medizin größere Bedeutung ein. Dieser Pionier auf dem Gebiet der bisher wahllos verschriebenen Arzenei beschäftigte sich auch mit Problemen des Bergbaus und den Berufskrankheiten der Bergleute in Tirol. Er liebte große Auftritte und hatte etwas von einem Scharlatan an sich: So begann er etwa seine Vorlesungen an der Universität Basel damit, daß er die Werke von Galen und sogar von Avicenna verbrannte. Doch schon bald legte er sich mit den Baseler Behörden an und ließ sich in Salzburg nieder, wo er unter mysteriösen Umständen ums Leben kam, entweder weil er übermäßig getrunken hatte oder weil ihn eifersüchtigen Kollegen eine »Klippe« hinunterstießen. Er war Alchimist mit wirren neoplatonischen Ideen, verstand sich auf die Anwendungen von mineralischen Salzen in heißen Bädern, und er kannte die Nützlichkeit von Schwefel und Quecksilber. Er war nicht eigentlich ein Wegbereiter der Experimentalwissenschaften, sondern ein Praktiker, der sich mit Versuch und Irrtum behalf und dem seine alchiministischen Theorien im Wege waren, der aber eine bemerkenswerte Initiative entwickelte.[3]

Wie so viele andere Dinge förderte Heinrich VIII. auch die Medizin in großzügigster Weise und gründete 1518 das erste College in London, dem Linacre und John Caius, der Begründer des Caius College in Cambridge, nacheinander als Präsidenten vorstanden. 1540 verlieh er den Badern von London ihre Freiheiten und Rechte. 1628 veröffentlichte der Engländer William Harvey aus Folkstone (1578–1657), der am Caius College und in Padua studiert hatte, das Buch *De mortu cordis*, nachdem er die Blutzirkulation experimentell entdeckt hatte. Mit der Schrift *Exercitationes de generatione animalium* wurde er 1651 zum Wegbereiter der Embryologie.

Seine Leistungen brachten ihm wenig ein. »Er hat zu mir gesagt«, schreibt Aubrey, »daß ihm die Patienten nach Erscheinen seines Buches über die Blutzirkulation ausblieben und daß er im Volke für verschroben galt. Alle Ärzte lehnten seine Auffassung ab und verfolgten ihn mit Neid, viele schrieben gegen ihn. Mit viel Aufhebens wurde die Theorie schließlich im Laufe von zwanzig oder dreißig Jahren von allen Universitäten in der Welt anerkannt.« Aubrey nennt ihn den »Entdecker der Blutzirkulation«. Er war Royalist, und während der Schlacht von Edgehill »waren der Prinz [von Wales] und der Herzog von York seiner Pflege anvertraut. Er erzählte mir, daß er sich mit ihnen unter eine Hecke zurückgezogen, sein Buch herausgenommen und gelesen habe. Aber schon nach kurzer Lektüre habe eine Kugel aus einer großen Kanone den Boden neben ihm aufgerissen, was ihn dazu veranlaßte, seinen Standort zu wechseln.« Karl I. ernannte ihn zum Präsidenten des Merton College in Oxford, aber »die Zeitläufte erlaubten ihm nicht, daraus irgendwelchen Vorteil oder Nutzen zu ziehen«. Harvey sammelte Material für ein Buch über Insekten, aber seine Papiere und Besitztümer wurden von den Truppen Cromwells geplündert, und er hat oft beteuert, daß alle Verluste die er zu beklagen habe, ihm nicht so nahegegangen seien, wie der Verlust dieser Papiere, die er um kein Geld der Welt ersetzen oder wiederbekommen könne ...«

Mit der Verlagerung des medizinischen Zentrums nach Leiden wurde die Forschung präziser, da die Ärzte ihre Experimente frei und öffentlich vornehmen konnten, ohne Verfolgungen der katholischen Kirche fürchten zu müssen – denn überraschenderweise duldeten die Calvinisten ihre Forschungsarbeiten –, während die allgemeine Reinlichkeit, welche Häuser und Interieurs auf den Gemälden der holländischen Meister erkennen lassen und die heute noch das protestantische Holland vom katholischen Belgien unterscheidet, die Erfolgschancen ihrer Heilmethoden verbesserte.

Es war denn auch ein Holländer, Antoni van Leeuwenhoek (1632–1723), von Haus aus Hersteller einlinsiger Mikroskope, der als erster die roten Blutkörperchen entdeckte; 1677 folgte die Entdeckung und Beschreibung der Spermien. Er wurde in die englische Royal Society gewählt, in deren Zeitschriften seine Entdeckungen veröffentlicht wurden, und er hat als erster Forscher Bakterien beschrieben. Er machte Schluß mit der verbreiteten Vorstellung, Insekten würden »spontan« durch verfaulte Substanzen erzeugt, eine Idee, die den politischen Denker James Harrington zu der absurden Vorstellung veranlaßte, sein Schweiß verwandle sich in Fliegen und manchmal in Bienen. Leeuwenhoek hat sogar eine liebevolle Beschreibung der Lebensgewohnheiten des Flohs geliefert, eines Tieres, das aus dem Leben der damaligen Menschen nicht wegzudenken war, das aber bis dahin näherer Untersuchung nicht für wert befunden worden war. Mit seinem Mikroskop kam er auch der Anatomie der Ameisen auf die Spur und bewies, obgleich er von der phantastischen Wanderung der Aale in die Karibik und zurück nichts wußte, daß diese Fischart nicht, wie man bislang meinte, aus dem Tau entsteht. Obgleich er vorwiegend auf niederländisch schrieb, hielt er die von ihm entdeckten Tatsachen des Lebens auch in lateinischer Sprache fest, die damals alle gebildeten Menschen lesen konnten, und seine Gedanken fanden große Verbreitung.

Ende des siebzehnten Jahrhunderts hatte die Medizin also große Fortschritte zu verzeichnen, nachdem Vesal die anatomischen Vorstellungen empirisch verifiziert hatte, Harvey die Blutzirkulation entdeckt und seine embryologischen Studien vorgenommen hatte und nachdem Leeuwenhoek mit Hilfe des Mikroskopes gezeigt hatte, wie das Leben übertragen wird. Man kann kaum glauben, daß Shakespeare, Bacon und Donne bei all ihrem virtuosen Umgang mit der Sprache von diesen Dingen ebensowenig gewußt haben wie die anderen großen Gestalten der europäischen Vergangenheit, die hier beschrieben wurden. Aber es war ihrer aller Schicksal.

Die genialen Vertreter der Wissenschaft waren weit wichtiger als die Politiker und Soldaten, deren oft schädliches Tun notgedrungen so viel Raum in unseren Erörterungen eingenommen hat. Auch die großen humanistischen Gelehrten und Philosophen, die das allgemeine Meinungsklima veränderten und dem Denken der Menschheit eine neue Richtung gaben, verdienen unsere Aufmerksamkeit.

Humanistische Impulse für eine neue Gesellschaft

Von der Bedeutung des Erasmus, als des vornehmsten katholischen Repräsentanten nordeuropäischer Renaissance, der gehofft hatte, den offiziellen Katholizismus einem neuen Humanismus anpassen zu können, war bereits die Rede. Wenn er auch in Vergessenheit geriet ob des lärmenden Streits zwischen fanatischen Anhängern von Reformation und Gegenreformation, deren Gezeter das sechzehnte Jahrhundert erfüllte, dieses rohe Jahrhundert, das sich auch durch die wortreiche teutonische Vulgarität seiner Sitten auszeichnete, so wirkte der Einfluß des Erasmus doch fort, und zwar durch die penible philologische Sorgfalt seiner Bibelausgaben ebenso wie etwa durch seine *Colloquia* und *Adagia*, die ein immer breiteres Publikum fanden.

Auch andere, ihm geistesverwandte Autoren wurden berühmt. Juan Luis Vives (1492–1540) aus Valencia, studierte in Paris und wurde 1519 unter Karl V. Professor in Löwen. 1523 wurde er zum Erzieher der Prinzessin Maria von England ernannt und kam ans Corpus Christi College in Oxford. Aber er entzweite sich mit Heinrich VIII. über dessen Scheidung von seiner spanischen Gemahlin Katharina von Aragón und entkam nach Brügge, wo er bis ans Ende seiner Tage unbehelligt lebte. Vives war einer der ersten Humanisten, die sich mit der Erziehungstheorie beschäftigten. Er schrieb eine Abhandlung über die Erziehung von Knaben, die er etwas deplaciert Katharina von Aragón widmete, eine *Einführung in die Weisheit* und die Schrift *Unterweisung einer christlichen Frau*; er widmete sich einem stets aktuellen Thema, als er die Schrift *Bildungsverfall* verfaßte, und schrieb ziemlich langweilige lateinische Dialoge, die Generationen von Schuljungen als Lehrbücher dienten. Dieser spanische Humanist interessierte sich auch für Psychologie und verfaßte das Werk *De anima et vita libri tres*, in dem er nicht erörterte, was die »Seele« ist, sondern wie sie auf das Leben einwirkt. Wie viele der besten Köpfe seiner Zeit hatte er den scholastischen Versuch aufgegeben, eine erschöpfende Erklärung des Kosmos zu liefern, und schrieb, er wundere sich, »wie die Scholastiker ruhig schlafen konnten; sie haben so ungeheuerliche Fragen gestellt und sich den ganzen Tag über so schreckliche Dinge den Kopf zerbrochen«.

Während Vives den Scholastikern mit freundlicher Ironie begegnete, schrieb François Rabelais, um zu unterhalten und zu schockieren und stellte sie durch Parodie und ungezügelte Satire bloß. Um 1494 bei Chinon in der Touraine als Sohn eines Advokaten geboren, der über einen beträchtlichen Wohlstand verfügte, wurde er Franziskaner, trat aber 1525 zum Benediktinerorden über und wurde Sekretär des Bischofs und Abtes von Mailezais, mit dem er in Süd- und Westfrankreich umherreiste. 1528 begab er sich in die Benediktinerabtei Saint-Denis bei Paris. 1530 studierte er Medizin in Montpellier, und zwei Jahre später hielt er Vorlesungen über Anatomie in Lyon. 1532 erschien *Les horribles et épouventables adventures de Pantagruel, roy des Dipsodes*, dem sein Buch *Pantagruel* folgte, das von der Sorbonne als obszön verurteilt wurde. Dann besuchte Rabelais als Leibarzt von Jean du Bellay Rom und erhielt eine Absolutionsbulle vom Papst, wodurch er in der Lage war, Kanonikus von Saint-Maur zu werden. 1537 hielt er Vorlesungen über Hippokrates in Montpellier. Nach zwei weiteren Reisen nach Italien und Tätigkeit als Arzt in Metz erhielt er 1551 die Pfründe Meudon. Er starb 1553 in Paris. Erfüllt von einer jünglingshaften Begeisterung für Leben, Sprache und Bildung, zeigte er in zügellosen Abschweifungen und ausgedehnten Streifzügen durch die Renaissancebildung, wozu die französische Sprache fähig war. Weder um eine klare Gliederung bemüht noch hartnäckige Wiederholungen scheuend, machte Rabelais sich lustig über die Pedanterie der Rechtsgelehrten (»wie die in Pelz gehüllten Rechtskater von Korruption lebten«), die salbungsvolle Heuchelei der Geistlichen und die Trunksucht und Wollust müßiger Mönche. So gut es unter der Herrschaft Franz' I. ging, versuchte er auch den Wahnsinn des Krieges bloßzustellen. Als Gegensatz schilderte er, indem er sich des Renaissancetopos der Utopie bediente, die friedlichen und gastlichen Freiheiten der Abtei Thélème mit ihrem Wahlspruch *»Tue, was du willst«*. Er führte ein wechselvolles und schwieriges Leben als Arzt, schöpfte aus der mittelalterlichen Tradition der respektlosen französischen Staatssatire, würzte und bereicherte sie mit üppigem Renaissancelatein und hinterließ so ein *Oeuvre*, das über die Jahrhunderte hinweg immer wieder diejenigen entzückt hat, die es verlockte, wider den Stachel der Achtbarkeit zu löcken.

Auch die konventionelleren diskursiven *Essais* in der Volkssprache – »Versuche« über ein Thema –, vollgestopft mit tiefgründigen Bildungsreminiszenzen, Anekdoten und Lebensklugheiten, wurden jetzt zu einem einflußreichen Werkzeug bei der Ausbreitung humanistischen Gedankenguts. Sie wurden von Laien verfaßt, und während Erasmus, Vives und ihre Freunde Katholiken waren, war Montaigne, der Begründer dieses Genres, obgleich offiziell Katholik, eher ein Skeptiker, dessen Motto lautete: *Que scay je?* – »Was weiß ich?« Michel de Montaigne (1533–1592), Herr auf Schloß Montaigne zwischen Bordeaux und Périgueux, stammte aus einer Familie von Kaufleuten und Juristen, mütterlicherseits aus einer Familie konvertierter spanischer Juden. Er erhielt eine gründliche Erziehung am Collège de Guyenne in Bordeaux. 1565 heiratete er, aber seine einzige Tochter starb im Säuglingsalter. 1570 gab er seinen Posten als Parlamentsrat von Bordeaux auf und zog sich auf sein Schloß zurück, wo er seine Zeit mit Schreiben zubrachte. 1577 wurde er an den Verhandlungen zwischen Heinrich von Navarra und der katholischen Partei beteiligt, schlug aber eine ständige Beschäftigung aus, obwohl er sich 1580/81 auf Reisen nach Deutschland und Italien begab und von 1581 bis 1585 als Bürgermeister von Bordeaux wirkte. Seine *Essais* erschienen in der Zeit von 1580 bis 1588, und er überarbeitete sie ständig, so daß die endgültige Ausgabe erst nach seinem Tode im Jahre 1595 publiziert werden konnte.[4] Montaignes Auffassungen tragen moderne Züge, sind geprägt von Selbstbeobachtung und Selbsterkenntnis und sind verwandt mit der Welt des heidnischen Altertums, die sie beschworen: ja, die antike Bildung war jetzt so gründlich assimiliert, so sehr Teil der französischen Kultur, die Montaigne repräsentierte, daß sie ganz selbstverständlich zu den Voraussetzungen des Denkens der Zeit gehörte.

Im deutlichen Gegensatz zu den Theologen des Jahrhunderts war Montaigne tolerant und human gesinnt, mit einem Anflug stoischer Selbstgenügsamkeit und Distanz. Er pries die Freundschaft und *idealisierte* den etwas älteren Zeitgenossen Etienne de la Boétie, dessen früher Tod ihm viel Kummer bereitet hatte.

Nach vielen Jahrhunderten brachte damit ein Autor in jener Landschaft, die einst Ausonius beschrieben hatte, eine Sensibilität und Reflektiertheit zum Ausdruck, die Westeuropa nicht mehr erlebt hatte seit den Tagen der spätrömischen Großgrundbesitzer, die ihre Muße inmitten ähnlicher Weinberge und in gleichem Klima genossen hatten. Der Sieur de Montaigne hielt natürlich keine Sklaven, was ein ganz anderes soziales Klima schuf, war aber wohlhabend genug, um seine Empfindsamkeit kultivieren, und begabt und gebildet genug, um sie niederschreiben zu können. Er brachte so eine Literaturgattung in Mode, die im Druck verbreitet, eine Zivilisation mit humaneren Zügen versah, die gemessen an ihrem Fanatismus immer noch mittelalterlich und »gotisch« war, die aber allmählich reif wurde für den Wandel zum humaneren Rationalismus des späten siebzehnten und achtzehnten Jahrhunderts. Auch heute sind Montaignes Erkenntnisse durchaus nicht überlebt. Im Gegensatz zu vielen seiner Nachahmer, die durch lehrhaften Ton ermüden, ist er so lebendig wie je durch seine Vielseitigkeit, seine Offenheit und seinen pfiffigen Humor. *J'ai naturellement*, schreibt er, *un style comique et privé*.

Andere Humanisten beschäftigten sich in der objektiven Manier Machiavellis mit dem Problem der öffentlichen Ordnung, das sich während der Religionskriege in Frankreich mit großer Dringlichkeit stellte. Jean Bodin (1530 bis 1596), ein Schneiderssohn aus Angers und ursprünglich Karmeliter, wurde von seinen Gelübden entbunden, studierte Jura, hielt Vorlesungen in Toulouse und trat in die Dienste des Herzogs von Alençon, nach dessen Tod er Kronanwalt in Laon wurde. 1576 erschienen die *Six livres de la République*, die ihn sofort berühmt machten, noch zu seinen Lebzeiten zehn Auflagen erlebten und in viele Sprachen übersetzt wurden. Die Schrift war von so anhaltender Bedeutung, weil sie als erste eine Definition der *Majestas* oder *Souveränität*, des Zentralbegriffs der modernen Staatslehre, vorlegte. *Puisque la conservation des Royaumes et empires et de tous peuples dépend, après Dieu, des bons Princes et sages Gouverneurs, c'est bien raison ... que chacun les assistera.*[5] Denn nur durch eine höchste Machtinstanz könnten Staaten und Individuen vor »zügelloser Anarchie« bewahrt werden. Daraus folge, daß wichtigstes Anliegen der Politik sein müsse, für die *Majestas*, eine »absolute und überdauernde Macht«, zu sorgen. Die aber hatte noch kein politischer Denker definiert. Also tat Bodin es, wobei er das Ideal von Dantes *Monarchia* verwarf und statt dessen die Charta des modernen Großstaates entwarf: »Souverän ist, wer abgesehen vom unsterblichen Gott nichts Größeres als sich selbst anerkennt« und »Nur Gott kann den Fürsten oder das Volk, die sie besitzen, zur Rechenschaft ziehen«.[6]

Zu Beginn der Neuzeit, als Frankreich dank der Religionskriege und religiösen Zerrissenheit von Anarchie bedroht war, wurde diese Auffassung zu einer Grundvoraussetzung der Politik und sollte als tödlicher Anachronismus, verstärkt durch nationale Gefühle, bis ins zwanzigste Jahrhundert überdauern.

Ein anderer bedeutender Humanist beschäftigte sich mit der internationalen Politik und begründete den modernen Begriff des Völkerrechts. Die mittelalterliche Christenheit des dreizehnten Jahrhunderts war am Konflikt zwischen

Papst und Kaiser gescheitert. Wiederholte Anstrengungen des Konziliarismus, sie wiederzubeleben, waren ebenfalls fehlgeschlagen. Reformation und Gegenreformation hatten zur weiteren Zersplitterung West- und Mitteleuropas beigetragen. Aus den Trümmern dieser Christenheit waren die »souveränen« dynastischen Großstaaten entstanden, die Bodin definiert hatte. Mit dem Zusammenbruch der Autorität des Heiligen Römischen Reiches gab es jetzt jedoch noch nicht einmal mehr theoretisch irgendeine höchste europäische Autorität. Deshalb beschäftigte sich Hugo Grotius (Huigh De Groot, 1583–1645), Historiograph der Provinz Holland und Ratspensionär von Rotterdam, ein bedeutender Jurist und Verfasser eines Buches über das Prisenrecht zur See (1604), der 1619 als Parteigänger Oldenbarnevelts aus Holland geflohen war, weil er wie dieser den Friedensvertrag mit Spanien verlängern wollte, im französischen Exil mit dem entscheidenden Problem der Beziehungen zwischen souveränen Staaten, das mit dem Ausbruch des Dreißigjährigen Krieges noch dringlicher zu werden drohte. 1639 ernannte Königin Christine von Schweden ihn zum Gesandten in Frankreich, und er starb in Rostock.

In den *Prolegomena* zu seinem Buch *De iure belli ac pacis* (1625) bringt er das Problem auf einen knappen Nenner: »Noch niemand hat sich methodisch mit dem Recht beschäftigt, das vielen Nationen gemeinsam ist, ... obwohl es im Interesse der Menschheit liegt, daß dies geschieht.« Anstatt die Autorität einer transzendentalen kosmischen Ordnung anzurufen, versucht er, eine neue Form des Naturrechts aus den menschlichen Instinkten abzuleiten, und behauptet, daß den Menschen, da sie von Natur aus zur Gesellung neigten und die Gabe der Sprache hätten, daran »gelegen ist, die Gesellschaft so zu gestalten, daß sie dem menschlichen Verstand angenehm ist«, und daß dieses Bedürfnis »der Ursprung eines Rechtes ist, das seinen Namen verdient«. Daraus folge, daß, übernatürliche Sanktionen beiseite gelassen, die Mutter des Naturrechts die menschliche Natur selbst sei, die selbstverständlich, wie er eilig hinzufügt, von Instinkten bestimmt werde, die Gott selbst ihr eingegeben habe. Dieser Auffassung, die einen optimistischen Standpunkt zur Frage des öffentlichen Verhaltens der Menschen bezieht, schickte er ein utilitaristisches Argument nach. »Für alle oder die meisten Staaten könnte es einige auf die Übereinstimmung aller gegründete Gesetze geben – und es gibt sie tatsächlich –, die generell den Vorteil aller bedeuten ... und sie werden Völkerrecht genannt. Wenn diese Gesetze befolgt werden, werden alle Nutzen davon haben.« Ohne dieses Recht wäre internationale Anarchie, denn »in dem Augenblick, da wir vom Recht Abstand nehmen, können wir uns auf nichts verlassen«. So wesentlich ist dieses Recht, daß sogar ein Krieg gerechtfertigt ist, wenn er als letztes Mittel gegen einen Aggressor dient, der dieses bricht. Als Flüchtling in Frankreich sieht Grotius den französischen Monarchen Ludwig XIII. für die Rolle dessen vor, der dieses »internationale« Recht durchsetzt, und macht diese berühmte Abhandlung, indem er aus dem reichen und faszinierenden Bildungsschatz der nordeuropäischen Renaissance seiner Zeit zitiert, zu einem höchst lesbaren Buch[7]; ein Werk von literarischer Geltung, in dem er sein Anliegen anhand historischer Präzedenzfälle erläutert. Da die konkurrierenden Machtbestrebungen souveräner Staaten nicht zuletzt auf den Weltmeeren, im fernen Osten und in Amerika zu Reibungen führten, welche die Regierungen meist nicht gleich zu offiziellen Kriegen ausarten lassen wollten, fand Grotius' neuer Gedanke eines Völkerrechts, das die Beziehungen souveräner Staaten zur gegenseitigen Zufriedenheit regelte, großen Anklang und wurde zu einem wichtigen Aspekt der Politik in der Neuzeit. Natürlich erreichte es nicht das Ziel, das Grotius vorgesehen hatte, nämlich die oft genug irrationalen Machtkämpfe der Großstaaten unter Kontrolle zu halten, da deren Bekenntnis zu diesem Recht sich häufig auf Lippenbekenntnisse beschränkte, aber es lieferte eine Grundlage für ganz andere Regeln des diplomatischen und kriegerischen Geschehens als die äußerst kunstvollen, aber in ihrer Wirkung begrenzten Kriegsgesetze des Spätmittelalters, die zwar kosmopolitischer Natur waren, aber nur für die ritterliche Klasse galten. Schon die Politiker, die die Verhandlungen für den Westfälischen Frieden führten, waren von Grotius' Gedanken beeinflußt.

Bacon und Descartes

Weit revolutionärer noch war die Wirkung des englischen Lordkanzlers und Staatsmannes Sir Francis Bacon (1561–1626), der den Gedanken popularisierte, man müsse das Wissen zur gezielten »Verbesserung des menschlichen Zustands« verwenden. Erstmalig skizzierte er diese Vorstellung 1605 in seinem Buch *Advancement of Learning* und entwarf dann das, was er *Great Instauration* oder *Renewal* nannte und auf empirische Erkenntnis gründen wollte, im Jahre 1620. Er definierte seine Methode im gleichen Jahr in der Schrift *Novum Organum.*

Er bediente sich auch der inzwischen traditionell gewordenen Renaissancekonvention, ein Utopia zu entwerfen, das er *Nova Atlantis* (1627) nannte. Wie Mores *Utopia* ist es dank der darin manifesten Vernunft heute noch lesbar, wobei hier noch der Plan organisierter Forschungseinrichtungen hinzutritt. Inzwischen hatte Bacon viele Leser durch eine Reihe von *Essays* in der Art Montaignes gewonnen, die in unregelmäßigen Abständen zwischen 1597 und 1625 erschienen. Er erörterte dort verschiedene Gegenstände in prägnantem und sarkastischem Stil, der sehr viel knapper und sententiöser als der Montaignes ist und die Erfahrungen eines altgedienten Höflings, Juristen und Politikers zusammenfaßt. Seine berühmten Aussprüche – »Was ist die Wahrheit, höhnte Pilatus und wartete die Antwort nicht ab« – fanden und finden die Aufmerksamkeit eines großen Publikums. Sie schlagen mehr ins Fach der Rhetorik als der Prosa und verdienen nichtsdestoweniger unsere Aufmerksamkeit.

Wichtiger aber war, daß die *Essays* die Aufmerksamkeit auf seine gewichtigeren Bücher lenkten, die einen wesentlich eigenständigeren Beitrag darstellten, zu einer veränderten Auffassung nicht nur in England, sondern später auch in Frankreich beitrugen und die Bewegung für einen »aufgeklärten« Fortschritt unterstützten, die im achtzehnten Jahrhundert eine so bedeutsame Entwicklung nehmen sollte. In der Nachfolge Ockhams unterscheidet Bacon zwischen den Wahrheiten der Religion, die nicht der von der Scholastik angeblich entdeckten Vernunftbeweise bedürften, sondern sich auf den Glauben gründeten, und der Wahrheit der wissenschaftlich-induktiven Methode, die auf Erfahrung und Experiment beruhe. Nachdem Bacon solcherart einen eindeutigen Bereich wissenschaftlicher Untersuchungen abgegrenzt hatte, entwarf er nach der Manier seiner Zeit, die ihre ausführlichste Darstellung in Burtons umfassender *Anatomy of Melancholy* (1621) erfuhr, einem komplizierten Bildungsplan, der immer noch mittelalterliche Züge aufweist. Im *Novum Organum* greift er die kritiklos übernommenen Meinungen an – die Idole (Trugbilder) des Stammes, der Höhle, des Markplatzes und des Theaters. Dieser Angriff unterstreicht die Aussage des wichtigsten seiner Werke, der *Magna Instauratio* oder *Renewal*, wo er sehr entschieden feststellt, daß es nicht die Aufgabe des Menschen sei, über Fragen zu spekulieren, die sich seinem Fassungsvermögen entzögen, sondern daß er lieber versuchen solle, anhand der deduktiven Methode den Geheimnissen der Natur auf die Spur zu kommen, um sie dergestalt seinen Bedürfnissen dienstbar zu machen.

Hier zeigt sich eine neue Auffassung, die im Laufe der Zeit die Wirklichkeit auf eine für damalige Verhältnisse unvorstellbare Weise verändern sollte und die mit ihren Vorteilen und Gefahren noch die heutige Welt beherrscht.

Die philosophischen Grundlagen dieser *Renewal* wurden nun von René Descartes[8] gelegt, dessen *Discours de la méthode* (1637) eines der entscheidenden Bücher des europäischen Geisteslebens ist. Nachdem er seine Jugend damit verbracht hatte, »in dem großen Buch der Welt« an den Höfen und in den Armeen zu studieren, beschloß Descartes, sich selbst einer Prüfung zu unterziehen. In einer berühmten Passage seines Buches heißt es: »Ich war damals in Deutschland ..., wo ich ohne jede zerstreuende Unterhaltung und überdies auch glücklicherweise ohne alle beunruhigenden Sorgen und Leidenschaften den ganzen Tag allein in meinem Zimmer eingeschlossen blieb und hier alle Muße hatte, mit meinen Gedanken zu verkehren.« Aus dieser Selbstbetrachtung entwickelten sich die kartesianischen *méthodes*, nicht unbeeinflußt von der jesuitischen Disziplin, in der er erzogen worden war.

»Die *erste*: niemals eine Sache als wahr anzunehmen, die ich nicht als solche sicher und einleuchtend erkennen würde ... und in meinen Urteilen nur soviel zu begreifen, wie sich meinem Geist so klar und deutlich darstellen würde, daß ich gar keine Möglichkeit hätte, daran zu zweifeln.

Die *zweite*: jede der Schwierigkeiten, die ich untersuchen würde, in so viele Teile zu zerlegen als möglich und zur besseren Lösung wünschenswert wäre.

Die *dritte*: ... zu beginnen mit den einfachsten und faßlichsten Objekten.«

Die einfachste und unmittelbarste Erkenntnis war seiner Überzeugung nach die schlichte Einsicht des *cogito ergo sum* – »Ich denke, also bin ich« –, und auf dieser Grundlage beabsichtigte er, »allmählich und gleichsam stufenweise bis zur Erkenntnis der kompliziertesten ... Dinge« aufzusteigen. Auf diesen methodisch ausgebauten gesunden Menschenverstand setzte Descartes. Er war überzeugt davon, daß dieser zu einer »für das Leben höchst nützlichen« Erkenntnis führen könnte und versprach, »statt jener theoretischen Schulphilosophie eine praktische zu erreichen, wodurch wir ... imstande sein würden, ... uns ... zu Herrn und Eigentümern der Natur zu machen«.

Descartes *méthodes*, die heute als nicht mehr eigentlich philosophisch gelten, lieferten genau die theoretische Rechtfertigung, welche die überall sich regende naturwissenschaftliche Forschung brauchte – von Galileis Untersuchungen des Universums über Vesals anatomische Studien, Harveys Entdekkung des Blutkreislaufs und Bodins Analyse und Definition der Souveränität bis hin zu Bacons Plädoyer für die Ausbeutung der Natur zwecks Verbesserung menschlicher Lebensbedingungen. Und dies zu einer Zeit, da die Europäer mit überlegener Technik in entlegene Regionen der Weltmeere aufgebrochen waren, in Amerika Kolonien begründeten und die Herrschaft über die alten Kulturen des Ostens antraten. Wir bekommen es hier in einem Umfange wie selten zuvor mit Ereignissen zu tun, die nicht nur die europäische, sondern auch die Weltgeschichte betreffen und die der europäischen Geschichte im Zeitalter der Ozeane eine ganz neue Qualität verleihen.

2. Die merkantilistischen Reiche Englands und der Niederlande

Die nordeuropäischen Seemächte

Der Westfälische Friede von 1648 hatte den Krieg zwischen Frankreich und Spanien nicht beendet, noch weniger die wachsende Rivalität zwischen den Seemächten um Handelsprivilegien und Kolonien in Amerika und in Asien. Die Niederländer kämpften seit achtzig Jahren gegen die Spanier und waren dabei zu einer Seemacht ersten Ranges aufgestiegen. Die Engländer, deren Basis etwas breiter war, waren zu einer ähnlichen Strategie gezwungen gewesen und hatten sich, ihren auf Frankreich gerichteten Eroberungsdrang zügelnd, dem Überseehandel und sogar der Kolonisierungstätigkeit zugewandt. Mitte des siebzehnten Jahrhunderts besaßen die Holländer und nächst ihnen die Engländer in Nordeuropa die weitestgespannten Seehandelsnetze, und der Hauptakzent dieses Handels hatte sich endgültig vom Mittelmeer auf den Atlantik verlagert.

Dies war die Situation der nordeuropäischen Seemächte; aber als die protestantischen Nordeuropäer die Ozeane eroberten, waren die besten Jagdgründe bereits besetzt – in Mittel-, in Südamerika und in der Karibik vom riesigen, zerbröckelnden und überzentralisierten spanischen Kolonialimperium, im fernen Osten vom Handelsreich der Portugiesen. Deshalb verdoppelten sie ihre Anstrengungen: die Niederländer durch die wohlhabende *Vereenigte Oostindische Compagnie*, vor allem im heutigen Indonesien, und die Engländer besonders in Indien und Amerika. Im unwirtlichen Klima und den trügerischen Strömungen der Nordsee groß geworden, erwiesen sich beide als ebenso geschickt und zäh wie die Seeleute der Iberischen Halbinsel. 1619 hatten die Niederländer in Batavia Fuß gefaßt, und 1623 hatten sie die Portugiesen von den östlichen Gewürzinseln so weitgehend verdrängt, daß sie, obgleich sie nach Ende des Waffenstillstands mit Spanien im Jahre 1621 einen erneuten Krieg mit ihren Erzfeinden zu führen hatten, das berüchtigte »Massaker von Ambon« auf den Molukken veranstalteten, bei dem sie ihre englischen Konkurrenten jeder denkbaren Erniedrigung vor den Eingeborenen unterwarfen und sie der »Folter mittels Feuer und Wasser« unterzogen, um anschließend eine stattliche Zahl von ihnen und ihren japanischen Helfern zu enthaupten. Die miteinander konkurrierenden Abenteurer aus dem Westen, ungeschlachtete Barbaren in siamesischen wie chinesischen Augen, machten sich auch Bangkok und Ayutthaya streitig, und ein paar erreichten sogar Japan. Die Niederländer nahmen außerdem Colombo auf Ceylon (1640) und gründeten 1652 eine Siedlung am Kap der Guten Hoffnung.

Aber 1608 faßten die Engländer, die bereits über Moskau nach Persien gelangt waren, Fuß in Surat, von wo aus sie an den Hof des Großmoguls

Dschahangir in Agra gelangten, um von dort aus später ihre Handelsbeziehungen nach Madras, Bengalen, Orissa und zur Gangesmündung auszudehnen. Auch in Westafrika gelang es beiden Seemächten, die Portugiesen aus ihren Forts und Handelsposten an der heißen Küste zu vertreiben, die so wichtig war für den Sklavenhandel mit den Zuckerplantagen in Brasilien, und bis zur Bucht von Benin vorzudringen. Viel wichtiger noch war, daß die Engländer zum Kummer der Spanier mit der Kolonisierung Nordamerikas begannen. Als erstes war Neufundland mit seinen fischreichen Gewässern annektiert worden, ein Schritt, der nach dem Frieden mit Spanien 1604 offiziell anerkannt wurde, und 1617 wurde Neuschottland im Wettlauf mit den Franzosen von Walisern und Schotten besiedelt. Aber die Kolonien in Virginia, die 1607 in weit besserem Klima angelegt und im Anschluß an die Entdeckung der Bermudas (1609/10) ausgebaut wurden, erwiesen sich als wesentlich vielversprechender und wurden 1625 als Kronkolonie übernommen.

1620 hatten dann die sogenannten Pilgerväter – sektiererische *Independenten*, die bereit waren, sich um ihres Glaubens willen mit den Gefahren der Neuen Welt herumzuschlagen, mit ihrem Schiff *Mayflower* Kap Cod erreicht und dort überlebt. 1627/29 gründete eine umfangreichere Expedition aus Ostanglien und Dorset die Massachusetts-Kolonie – zusammen mit der sozial höchst gegensätzlichen Siedlung Virginia die wichtigste der englischen Kolonien an der Ostküste Nordamerikas.

Die Franzosen waren mittlerweile tiefer in die Wildnis eingedrungen. Ein Jahrhundert zuvor hatte sich in den Jahren 1534/36 Jacques Cartier aus Saint-Malo zu jenem Punkt am Sankt-Lorenz-Strom durchgeschlagen, der später Montreal werden sollte. Im Kielwasser der Engländer hatten die französischen Trapper, Pelzhändler und Missionare, die besser mit den Indianern auskamen als die puritanischen Engländer, Handelsposten in Kanada gegründet. 1608 gründete Champlain, der die Großen Seen erforschte, Quebec als Depot für den Pelzhandel, und französische Siedler kolonisierten von ihrem Hauptstützpunkt Port Royal aus Neuschottland, das sie Akadien nannten. Im Unterschied zu den englischen Regierungen ließ Richelieu der *Compagnie de la Nouvelle France* staatliche Unterstützung zukommen, und später im siebzehnten Jahrhundert zeigten die französischen Forschungsreisenden dank der Unterstützung des Ministers Colbert weit mehr Unternehmungsgeist – sie drangen bis zum Ohio vor und erkundeten von 1682 bis 1687 sogar die ganze Länge des Mississippi bis zum Golf von Mexiko. Aber als die französischen *Coureurs des bois* – »Waldläufer« – den Landweg zur Hudson Bay entdeckten, hatten die Engländer den Nutzen davon und gründeten 1670 die *Hudson Bay Company*, die das Monopol des Pelzhandels besaß.

Denn die Franzosen verließen Frankreich natürlich nur widerwillig, und trotz regierungsamtlicher Unterstützung waren sie, abgesehen von der Umgebung Quebecs, nirgends zahlreich genug, um Kolonien dauerhaft zu halten. Hier brachten die puritanischen Engländer und die royalistischen Virginier, die stärkere, wenn auch höchst unterschiedliche Motive zur Auswanderung hatten, zahlenmäßig bedeutsamere Kolonien zustande, in denen sie eine Form oligarchischer Selbstverwaltung praktizierten, die entscheidend für die politische Entwicklung der Kolonien und damit der Vereinigten Staaten war.

Alle drei nordeuropäischen Seemächte interessierten sich mehr für die Karibik. Die Portugiesen hatten bei ihrer frühzeitigen und ausgedehnten Besiedlung Brasiliens mit Hilfe westafrikanischer Sklaven Zucker angebaut, und nach einer vorbereitenden Phase der Seeräuberei annektierten die Nordeuropäer die meisten der Inseln, auf denen sie dann nach portugiesischen Methoden Zucker anbauten. Das unbewohnte Barbados wurde 1625 von den Engländern annektiert, und auch die Niederländer wilderten in spanischen Revieren, als sie die Salzvorkommen von Araya in Venezuela abbauten, die sie ohne Gegenleistung nur dafür bekamen, daß sie bereit waren, sich in tropischer Hitze abzuplacken. 1621, nachdem der Krieg mit Spanien wieder aufgeflammt war, finanzierte die niederländische Westindienkompanie größere Seekriegsunternehmen und konnte 1629 einen spektakulären Erfolg verbuchen, als es ihr gelang, die spanische Schatzflotte abzufangen: eine Beute im Werte von fünfzehn Millionen Gulden, genug, um eine Dividende von fünfzehn Prozent auszuschütten ... und einen Eroberungsfeldzug im Norden Brasiliens zu finanzieren. Allmählich übernahmen sie das Frachtgeschäft des spanischen und portugiesischen Imperiums und machten Amsterdam zum wichtigsten Markt, sie annektierten Curaçao in Venezuela, erhielten mit der Annexion des prächtigen Hafens an der Mündung des Hudson im Nordatlantik, den sie Neu-Amsterdam in den »Neu-Niederlanden« tauften, den besten Seestützpunkt für den Pelzhandel auf dem ganzen nordamerikanischen Subkontinent. Die Spanier, die alle Hände voll mit den niederländischen Pionieren eines merkantilistischen Imperialismus zu tun hatten, waren nicht in der Lage, sich mit der auf lange Sicht wichtigeren englischen Siedlung Virginia zu beschäftigen oder die Engländer und Franzosen von den schönsten Inseln der Karibik zu vertreiben.

So breiteten sich auf beiden Seiten des Globus, im Fernen Osten und in Amerika, die Nordeuropäer aus, um ihre eigenen merkantilistischen Kolonialreiche zu gründen, während Spanien, da die Verbindungswege zu seinen riesigen mittel- und südamerikanischen Besitzungen, den bis dahin weitaus größten in europäischer Hand, unterbrochen waren, jetzt immer weniger Gewinne aus diesen Gebieten zog, und das ausgerechnet zu einem Zeitpunkt, da Macht und Zusammenhalt auf der Iberischen Halbinsel selbst zu zerbröckeln begannen.

Republik und Restauration in England

Im Zeitalter der Ozeane, das die iberischen Staaten eingeleitet hatten und dem die nordatlantischen Staaten jetzt ihren Stempel aufdrückten, gewann die europäische Machtpolitik eine neue Dimension. Souveräne Großstaaten stritten nun nicht nur um Gebiete in Europa, sondern um handelspolitische und koloniale Vorteile, die ihnen ein Sieg auf europäischen Schlachtfeldern eintragen konnte. Im achtzehnten Jahrhundert wurde über die Zukunft riesiger Landstriche in Amerika und im Osten durch Verträge zwischen europäischen Mächten entschieden, und Feldzüge, die auf den ersten Blick kein klares Ergebnis gebracht zu haben und sogar nutzlos zu sein schienen, führten zu historisch höchst bedeutsamen Ergebnissen weit jenseits der Grenzen Europas.

Das sechzehnte Jahrhundert hatte die Überlegenheit Spaniens erlebt, durch die Einkünfte aus Spanisch-Amerika ermöglicht. Die höfischen Manieren West- und Mitteleuropas hatten lange Zeit das düstere spanische Zeremoniell nachgeahmt, bis der prächtige Stil am Hofe Ludwigs XIV. einen ganz neuen Ton anschlug und französische Sitte und Etikette vorzuherrschen begannen. Im Wandel der Mode spiegelte sich die Verschiebung der Machtverhältnisse. Da sich der Krieg mit Frankreich hinzog, erwiesen sich die finanziellen und administrativen Belastungen für die Regierung in Madrid als zu groß, die regionalen Widerstände der Katalanen und der Portugiesen gegen die zentralisierte Politik Philipps IV. und Olivares untergruben den politischen und wirtschaftlichen Zusammenhalt der Halbinsel, und auf den unfähigen Philipp IV. folgte der nahezu blöde Karl II. (1665–1700). Die französische Angst vor der »Einkreisung« durch Kaiser Leopold I. (1658–1705) und seine spanischen Vettern machte jetzt der Forderung nach Herrschaft über Europa Platz, denn nach Richelieu war der neue souveräne »Großstaat« Frankreich erstmals in der Lage, sich seinen Reichtum, den potentiell größten im Westen, wenn auch noch schwerfällig, voll zunutze zu machen.

Angesichts einer Bevölkerung, die höchstens ein Drittel der französischen ausmachte, schien es kaum wahrscheinlich, daß England trotz unangreifbarer Insellage und seiner Stärke zur See ein ernsthafter Konkurrent für die mächtige französische Monarchie Ludwigs XIV. werden könne. Tatsächlich waren bis zur kurzen republikanischen Regierungszeit Oliver Cromwells die Niederländer und nicht die Engländer die vorherrschende See- und Handelsmacht. Zwar hatte die Personalunion der Kronen von England und Schottland unter Jakob Stuart I. (und VI.) die Franzosen um ihren traditionellen und strategisch so günstig gelegenen Verbündeten im Norden gebracht, doch die wachsenden Spannungen zwischen den ersten Stuarts und ihren Parlamenten, zwischen den erasmischen Anglikanern und den calvinistischen Puritanern – Spannungen, die das elisabethanische Religionsabkommen zwar aufgeschoben, aber nicht gelöst hatte – trugen dazu bei, daß die Insel lange relativ bedeutungslos für die kontinentale Politik blieb. Aber die immer deutlicher werdende Unfähigkeit und Korruption der Verwaltung, die noch verschlimmert wurden durch Jakobs I. Gewohnheit, seine »Günstlinge« nach ihrem Aussehen und nicht nach ihren Fähigkeiten zu berufen, eine Neigung, die er mit dem jungen Ludwig XIII. teilte, sorgten zum Vorteil der Engländer immerhin auch dafür, das Land aus den Wirren des Dreißigjährigen Krieges herauszuhalten.

Als 1625 Henriette Maria, Schwester Ludwigs XIII., mit Karl I. von England verheiratet wurde, handelten sich die Franzosen damit durchaus keinen wertvollen Verbündeten ein, sondern eine lästige Verbindlichkeit. Von Buckinghams unzureichender militärischer Expedition zur Befreiung der Hugenotten in La Rochelle abgesehen, verbarg die scheinbar glückliche Herrschaft Karls I. in den dreißiger Jahren dieses Jahrhunderts, als in England im Gegensatz zum Kontinent Frieden herrschte, eine zunehmende Schwäche der Krone, denn die englische Monarchie war anders als die französische auf die Zusammenarbeit mit dem Landadel in den Grafschaften angewiesen, dessen Arbeit als Friedensrichter für diese dezentralisierte Regierung, ohne angemessenes stehendes Heer, sehr wichtig war. Und Karl I., Schotte väterlicherseits und Däne mütterlicherseits, fehlte das politische Gespür der Tudor. Ein dem Volke ferner, verwöhnter und politisch schlecht beratener Ästhet, der wie sein Vater der französischen Auffassung zuneigte, die Monarchie gründe sich auf göttliches Recht, erwies sich als unfähiger Innovator mit seinem Wunsch, den beiden Reichen jene Art zentralisierter Politik zu verordnen, die Richelieu in Frankreich durchsetzte und die Strafford, hätte er Hilfe gefunden, in England hätte schaffen können. Als Karl, beseelt von einem politisch höchst unzweckmäßigen religiösen Pflichtgefühl, versuchte, den calvinistischen Schotten das anglikanische Ritual aufzuzwingen, stach er in ein Wespennest, womit er das Schicksal seiner Regierung besiegelte und sich seinen Feinden im Parlament auslieferte.

1642 waren deren konstitutionelle Forderungen im wesentlichen erfüllt: der Kronrat nach Tudormanier und seine hoheitlichen Gerichtshöfe waren abgebaut, und der Weg war frei für einen Kompromiß zwischen Krone und Parlament. Aber die Extremisten im Unterhaus und ihre Parteigänger im Oberhaus überspannten den Bogen: Sie versuchten, Karl, in seinen eigenen Worten, »zum bloßen Abziehbild eines Königs« zu machen und die anglikanischen Bischöfe abzusetzen. Dadurch verbündeten sich viele der gemäßigten Kräfte mit dem uneinsichtigen König, genug, um ihm den Kampf und zunächst auch fast den Sieg zu ermöglichen, ein Bürgerkrieg, der nach kontinentalen Maßstäben amateurhaft und planlos war, aber verheerend nach englischen und der 1644 durch das Eingreifen einer schottisch-*presbyterianischen* Armee bei Marston Moor entschieden und 1645 bei Naseby mit der endgültigen Niederlage des Königs beendet wurde. In dieser Auseinandersetzung waren die eigentlichen Sieger, nachdem die Schotten ausgezahlt waren, die *Independents* in der Armee. Sie standen der *presbyterianischen* Oligarchie im Parlament, die den Krieg begonnen hatte, feindlich gegenüber. Der König versuchte, die Schotten, die Armee und das Parlament gegeneinander auszuspielen, bis die Schotten in England einfielen und die Royalisten sich in Essex und Kent in einem zweiten Bürgerkrieg erhoben. Cromwell schlug die Schotten bei Preston in Lancashire und besetzte Edinburgh, während die Aufstände der Royalisten fehlschlugen. Daraufhin kamen die Führer des Heers in ihrer Angst, der König könne sich mit dem Parlament einigen und sie entlassen, zu dem Ergebnis, es sei zu gefährlich, ihn am Leben zu lassen: so setzten sie sich durch, säuberten das Parlament und inszenierten den Justizmord an Karl I., womit sie den Präzedenzfall eines formellen Königsmordes lieferten, den man ein Jahrhundert später in Frankreich noch nicht vergessen haben sollte.

Damit aber besiegelten sie auf lange Sicht ihr Schicksal, da sie die Gefühle der Mehrheit im Lande verletzten. Doch über nahezu ein Jahrzehnt führten sie als »Retter der Gesellschaft« eine Regierung, welche Radikale und *Levellers* unterdrückte und die, so unpopulär sie zu Hause auch war, sich im Ausland doch als wirkungsvoll und aggressiv erwies. Schottland und Irland wurden unterworfen, die Verwaltung im Inneren wurde verbessert, und weit höhere Steuern als unter dem alten Regime wurden erhoben und regelmäßig eingezogen. Eine schlagkräftige Flotte wurde geschaffen, ausgehend von jenem Kern von Schiffen, die Karl I. mit dem umstrittenen »Schiffsgeld« erbaut hatte. Eine aktive merkantilistische Politik, deren Richtlinien durch die Navigationsakten von 1650, 1651 und 1657 festgelegt wurden und die sich zunächst gegen die Niederlande richteten, mit denen die Engländer 1652 bis 1654 im Krieg lagen, wurde in Zusammenarbeit mit den Franzosen gegen Spanien und das spanische Kolonialreich fortgesetzt (1655–1659). 1655 wurde Jamaika annektiert und vier Jahre später St. Helena als wichtiger Zwischenhafen für den Handel mit Indien und dem Fernen Osten eingenommen. Mit dem Aufstieg zu einer Seemacht unter republikanischer Regierung und mit Übernahme ähnlicher merkantilistischer Grundsätze, wie sie Colbert in Frankreich eingeführt hatte und wie sie schon lange in den Niederlanden praktiziert wurden, wurde England in Indien und auf den strategisch wichtigen Stützpunkten der Route dorthin sowie auf den Westindischen Inseln und in Amerika zu einem potentiellen Konkurrenten Frankreichs. Da die Macht Spaniens und der Niederlande Ende des siebzehnten Jahrhunderts zu schwinden begann, waren die Voraussetzungen geschaffen für eine weltweite Rivalität zwischen Großbritannien und Frankreich, welche einen erneuten Hundertjährigen Krieg heraufbeschwor, der von den Kriegen König Wilhelms III. und Marlboroughs über die großen Auseinandersetzungen um das Kolonialreich Mitte des achtzehnten Jahrhunderts bis zu dem langen und entscheidenden Konflikt zwischen England und dem revolutionären und napoleonischen Frankreich andauerte.

In den friedvollen Jahren vor den Bürgerkriegen hatte Karl I. den letzten prächtigen Hof der Spätrenaissance in Nordeuropa geführt. Er war der größte Mäzen und Kunstsammler unter den englischen Königen und hielt sich an die Tudortradition, den Hof zu einem Mittelpunkt der Musik, der Architektur und der Malerei zu machen. Zum Entsetzen seiner *puritanischen* Untertanen pflegte er auch Theater und Maskenspiel. Der Hof seines Vaters war verschwenderisch, aber vulgär gewesen. Karl, ein verwöhnter und distanzierter Monarch, lehnte diese vertrauliche Gewöhnlichkeit und Zwanglosigkeit ab und führte, vielleicht beeindruckt von dem majestätischen Zeremoniell des spanischen Hofes, den er als Prinz von Wales *incognito* besucht hatte, ein strafferes und geordneteres Regiment ein. Aber auch ihm blieb die Unbeliebtheit Jakobs I. nicht erspart. Ja, sein Regime wurde noch unbeliebter, weil es bei den insular eingestellten und philiströsen *Puritanern* als exotisch und prokatholisch galt. Die Mitte des siebzehnten Jahrhunderts in England aufblühende Kultur hatte also zwei Seiten: die des Hofes und der anglikanischen Hochkirche, die der Hof unterstützte, und die der Calvinisten und *Independents* im Bürgerkrieg und in der kurzlebigen Republik, als eine Fülle radikaler Ideen mit großer Schärfe formuliert wurden und als nach dem Versagen der anglikanischen Zensur und dem Streit in den Reihen der besitzenden Klasse eine Welle von Pamphleten und »nicht-autorisierten« Predigten über das Land ging. Während der Bürgerkriege und der Republik kam zum erstenmal der moralische *Puritanismus,* der seit der *Lollarden*bewegung Ende des vierzehnten Jahrhunderts an Einfluß gewonnen hatte, für kurze Zeit an die Macht und suchte die Engländer mit seinem verhängnisvollen Sektierertum heim. Sein Stereotyp war der englische *Sunday* und der schottische *Sabbath*, und er lebte fort als »nonkonformistisches« Gewissen.

Im Gegensatz dazu erlebten Architektur und Malerei in dem exotischen, von der nordeuropäischen Renaissance geprägten Hof eine Blütezeit. Der Einfluß Palladios, der lange Zeit auf dem Kontinent große Wirkung entfaltete, wurde in England von dem genialen Waliser Inigo Jones (1573–1650) aufgenommen, dem ersten englischen Architekten von Weltruhm. Er hatte Maskenspiele für Anna von Dänemark, die Gemahlin Jakobs I., entworfen, und sein erster großer Auftrag war das in palladianischem Stil gehaltene Queen's House in Greenwich – dessen funktionelle Anlage revolutionär war im Vergleich zu den weitläufigen Tudorschlössern aus rotem Backstein. Er entwarf die schöne Bankетthalle von Whitehall (1622) – die es heute noch gibt und aus der, wie die Ironie des Schicksals wollte, Karl I. zur Hinrichtung geführt wurde. So kam die klassische Tradition, ursprünglich in Italien beheimatet, nach England – etwa in dem neuerbauten, von Webb entworfenen Teil von Wilton House – und begann die architektonische Kompliziertheit aus der Zeit Elisabeths und Jakobs zu verdrängen, wie sie sich etwa in Hardwick und Hatfield mit ihrer Verwandtschaft zu den norddänischen Palais zeigt. Die elegante Einfachheit der neuen Architektur fand ihre Entsprechung in der lebhaften Kunstfertigkeit flämischer Maler, die vom Hof gefördert wurden. Unter ihnen war Rubens der berühmteste und van Dyck der dankbarste, da seine Fertigkeit, seinen Auftraggebern ein vornehmes Aussehen zu verleihen, Karl I., seine Gemahlin und seine Höflinge mit einem bemerkenswerten und möglicherweise die Natur gar nicht widerspiegelnden Charme ausstattete. Karl hatte auch Gemälde von Raffael, Tizian, Caravaggio, Tintoretto und sogar Dürer gesammelt und damit jene herrliche Kollektion zusammengetragen, die von den republikanischen Regierungen verkauft und in alle Welt zerstreut wurde.

Der karolinische Hof hatte außerdem die spektakuläre, aber kurzlebige Veranstaltung von Maskenspielen gefördert und das Theater unterstützt, das noch von der Regierungszeit des letzten Königs zehrte, als einige von Shakespeares größten Stücken ihre Uraufführung erlebt hatten. Dem *puritanischen*

Regime blieb es vorbehalten, die Theater zu schließen und die Sitte abzuschaffen, daß Knaben die Frauenrollen spielten, eine Praxis, die besonders den lüsternen Pamphletisten Prynne aufgeregt hatte, diesen hysterischsten aller Feinde des Theaters[9], und die schließlich ein Ende fand, als die Knaben, deren Spiel für Shakespeare noch gut genug gewesen war, nach französischer Mode durch die keuschen Schauspielerinnen der Zeit Karls II. ersetzt wurden.

Die Engländer hatten sich nun den ganzen Reichtum der Renaissancebildung angeeignet. Sir Thomas Brownes *Religio Medici* (1642) ist ein Meisterstück des barock-latinisierten Englisch, das am unterhaltsamsten ist in der weitschweifigen und merkwürdigen Schrift *Pseudodoxia Epidemica* oder *Enquiries into Vulgar and Common Errors* – »Erforschung gemeiner und verbreiteter Irrtümer«.

John Milton (1608–1672), der größte epische Dichter Englands, war ebenfalls tief verwurzelt in der Renaissancebildung, im Lateinischen, Griechischen und Hebräischen. Sein Maskenspiel *Comus* (1637) war in höfischer Manier geschrieben, aber trotz seiner Reisen nach Italien und seiner Bewunderung der italienischen Kultur schlug er sich in den Bürgerkriegen auf die Seite des Parlamentes in der Hoffnung, eine calvinistische und gerechte Republik der Auserwählten errichten zu können. 1652 erblindete er als Staatssekretär des republikanischen Staatsrates. Seine anschließende politische Ernüchterung tat seiner dichterischen Begabung keinen Abbruch, sondern verstärkte sie vielmehr und veranlaßte ihn, *Paradise Lost (Das verlorene Paradies)* zu schreiben, ein Epos, das durch sein meisterliches Englisch berühmt wurde.

Viel erdverbundener, aber auf seine Art ebenfalls äußerst originell, entwickelte Thomas Hobbes (1588–1678) in mitreißenden Formulierungen eine neue und säkulare politische Theorie, die dem noch in den Kinderschuhen steckenden modernen souveränen Staat sehr förderlich war. In seinem *Leviathan* (1651) erkannte er die Grenzen des Verstandes an, die sich aus einer nominalistischen Skepsis gegenüber der Metaphysik ergaben, und versuchte eine praktische Staatstheorie anhand des damaligen Standes mechanistischer Physik und Psychologie zu begründen. Bestrebt, die Gesellschaftsordnung zu bewahren, lieferte er ihr eine neue und utilitaristische Rechtfertigung: Das Naturrecht war nicht mehr die metaphysische und transzendentale Spekulation, auf die sich die Scholastiker berufen hatten, sondern das Gesetz der Selbsterhaltung. Von solchen Beweggründen veranlaßt, schlössen sich die Menschen zu Gemeinwesen zusammen, in denen die Religion dem Staat untergeordnet und in denen die Rechtfertigung des Staates schlicht und einfach darin zu sehen sei, daß er seine Bürger beschütze. Wenn ihm das nicht gelänge, habe er seine Autorität verwirkt, ebenso wie das Recht nur Recht sei, wenn es durchgesetzt werden könne.

Diese pragmatische Auffassung entsetzte die konservativen »Alten«, die an die Lehren vom Gottesgnadentum gewöhnt waren, gefiel aber den »Modernen«, darunter sogar denen, denen an der Stärkung der Monarchie in Frankreich gelegen war. Hobbes ging im übrigen davon aus, daß die natürliche Beziehung zwischen Saaten ein »Kriegszustand« sei. So wurde er zum Ahnherren der modernen Staatstheorie, und zwar sowohl hinsichtlich der innenpolitischen utilitaristischen Beziehung zwischen den Regierungen und ihren Völkern als auch hinsichtlich ihren brutalen außenpolitischen Beziehungen untereinander. Die meisten wohlmeinenden Leser waren schockiert, aber die Mehrheit der Politiker wußte sehr gut, daß Hobbes sie durchschaut hatte.

Außerdem schrieb Hobbes *Behemoth, or the Long Parliament* (1682), ein Bericht über die Bürgerkriege, der die meisten späteren Erklärungen in den Schatten stellt.

Auf einer volkstümlicheren Ebene ergoß sich während des Interregnums eine Flut von radikalen, häufig durch mehr oder minder scheußliche Holzschnitte illustrierten Pamphleten aus den Druckerpressen. Populärer Journalismus kam auf, und eine Horde von *Levellers, Diggers* und *Ranters* brachte eine Bewegung in Gang, die man als Vorspiel der Volksrevolutionen moderner Zeit bezeichnet hat, da sie die Forderungen und Rechte des »einfachen Mannes« verfochten. Das geschah häufig in eingängigen Formulierungen – so die Forderung der *Levellers*: »Der ärmste Mann, den es in England gibt, hat ein Leben zu führen wie der reichste Mann«, oder das Schlagwort der *Diggers*, daß Gott »die Erde zu einem gemeinsamen Schatz« gemacht habe. In Wahrheit weit eher im Kielwasser mittelalterlicher Häresien als im Vorfeld moderner Revolutionen wurden diese Radikalen rasch von Cromwell niedergeworfen, der bei all seinem sektiererischen Fanatismus im Grunde seines Herzens ein elisabethanischer Landedelmann blieb. Aber später hat man ihnen eine Bedeutung beigemessen, die sie zu Lebzeiten nicht besaßen. Wie fast alle ihre Zeitgenossen schrieben und sprachen sie ein bemerkenswertes Englisch, und ihre radikalen Traditionen sollten in den puritanischen Kolonien Nordamerikas fortleben, um so zu amerikanischen und damit indirekt zur Französischen Revolution beizutragen.

Mit der Restauration der Monarchie schufen die Engländer 1660 das gesellschaftliche und politische Gefüge und die Anfänge jener neuzeitlichen Anschauungen, die sich im achtzehnten Jahrhundert zum Überseereich und zu einer glänzenden Kultur der herrschenden Klasse entfalten sollten. Liberale Historiker mit puritanischen Vorurteilen haben die Restauration als eine Zeit der politischen Korruption und schlimmer »Lasterhaftigkeit« abgetan, aber für die meisten Zeitgenossen, die ungeheuer erleichtert waren, daß sie Cromwells Militärregierung und die in Butlers *Hudibras* satirisch dargestellte Frömmelei der Sektierer losgeworden waren, war es eine Zeit der Befreiung. Abseits der wechselvollen politischen Intrigen der Höflinge bauten tüchtige Beamte die schon unter den Republikanern verbesserte Verwaltung aus: Pepys wirkte in der Admiralität, 1664 legte Thomas Muns' postum erschienenes Buch *England's Treasure by Foreign Trade* die Grundsätze merkantilistischer Politik dar, und die böse verleumdeten Könige Karl II. und Jakob II. trieben beide die systematische Kolonisierung Nordamerikas voran. Sir William Petty, der sich einen Namen und ein Vermögen als englischer Vertreter in Irland gemacht hatte, wurde zum Pionier auf dem Gebiet der Volkswirtschaft, Sir Christopher Wren, der größte englische Architekt, leitete nach dem großen Londoner Brand von 1666 den Wiederaufbau von Saint Paul's Cathedral.

In den Wissenschaften war John Wilkins – der Präsident des Wadham College, kurzzeitig auch Leiter des Trinity College in Cambridge und schließlich Bischof von Chester – maßgeblich an der Gründung der Royal Society beteiligt, dieses »Kollegiums zur Förderung von Experiment und Wissenschaft in Physik und Mathematik«, das 1662 gegründet wurde.[10] 1640 versuchte er zu beweisen, »daß unsere Erde möglicherweise einer der Planeten ist«. Am Wadham College erwies er sich als außerordentlich erfolgreich, tolerant und gastfreundlich und empfing einen Kreis bemerkenswerter Männer bei sich, zu denen Petty, Wren und der Tagebuchschreiber John Evelyn gehörten. Außerdem hinderte er die Soldaten des Parlaments daran, die Bibliotheken und Gebäude der Universität zu verwüsten.

Besonderen Ruhm erwarb sich Wilkins als Förderer von Gelehrten, die auf dem Gebiet der Naturwissenschaften arbeiteten. John Ray (1627–1705), »der Aristoteles Englands und der Linné seines Zeitalters«, wurde als Botaniker berühmt[11] und machte sich zusammen mit dem Naturforscher Francis Willughby auch als Ornithologe einen Namen. 1667 wurde er zum Mitglied der Royal Society gewählt, schrieb 1670 *Catalogus Plantarum Angliae*, 1673 *Observations on Plants* und 1691 *The Wisdom of God Manifest in the Works of His Creation*, eine Schrift, an die sich später Palley in seinem Werk *Evidences for Christianity* anlehnte.

Mitglied der Royal Society war auch der Naturphilosoph Robert Boyle (1627–1691), ein Sohn des ersten Earl of Cork, der in Eton schon früh an Algebra und Kopfrechnen Gefallen fand, in Genf und Florenz studierte und 1669 »Neue physikalisch-mechanische Experimente zur Elastizität und zum Gewicht der Luft« entwickelte. Dieser vielseitige Experimentator, für den »sein Labor das Paradies war«, erfand Tests zur Feststellung von Acidität und Alkalinität und entwickelte das versiegelte Thermometer.

Dies sind nur einige wenige Vertreter des großartigen Zeitalters der Restauration in England, die auch den ersten Staatsmann hervorbrachte, der zugleich ein großer Historiker war, nämlich Edward Hyde, erster Earl von Clarendon, dessen *History of the Rebellion* ein Meisterstück der Erzählkunst, der Analyse und der Charakterzeichnung ist. Dieser Sinn für die charakteristischen Züge eines Menschen zeigt sich auch in den Kurzbiographien John Aubreys (1625–1697), der die exzentrischen Züge einer Person mit einigen einfühlsamen und einprägsamen Formulierungen skizzieren kann, während die Tagebücher Pepys und Evelyns gleichermaßen aufschlußreich über ihre Verfasser und ihre Zeit sind.

Der Übergang zu den Anfängen neuzeitlicher Auffassungen zeigt sich in England am auffälligsten in dem Wandel von der barocken Prosa und komplexen Verskunst Anfang und Mitte des siebzehnten Jahrhunderts zur einfachen, klaren und genauen Prosa Drydens, der sich zu seinen beißenden Satiren durch die erbitterten politischen Intrigen und Krisen der Zeit veranlaßt sah. Dryden, der zu seiner Zeit als sehr produktiver Dramatiker bekannt war, ist uns heute besser als Prosaschriftsteller und Satiriker im Gedächtnis geblieben. In ihm kündigt sich die rasche, kompromißlose und tödliche Ironie Swifts und der klassischen Autoren vom Anfang des achtzehnten Jahrhunderts an.

Politik und Kultur in den Niederlanden

Als der achtzigjährige Krieg zwischen den Niederlanden und Spanien mit dem Westfälischen Frieden im Jahre 1648 zu Ende ging, hatten die Vereinigten Niederlande endlich ihre offizielle Anerkennung durchgesetzt. Sie nahm sich exotisch aus in einem Europa, das mehr und mehr von der kosmopolitischen, monarchischen und aristokratischen französischen Zivilisation beherrscht wurde, aber sie überlebte als politische Großmacht und als ein wichtiger geistiger und künstlerischer Einfluß. Die niederländische Republik hatte ihre Unabhängigkeit teilweise mit französischer Hilfe erkämpft, da die Franzosen daran interessiert waren, die Position der Spanier in den Spanischen Niederlanden zu schwächen. Zwar hatte sich ihr Interesse unter dem Einfluß Oldenbarnevelts auf friedliche Handelstätigkeit gerichtet, aber die kriegerische antispanische Politik des Statthalters Moritz von Nassau hatte zu Oldenbarnevelts Hinrichtung geführt. Diese Politik war von seinem Vetter Friedrich Heinrich fortgeführt und von Wilhelm II., Karls I. Schwiegersohn und Friedrich Heinrichs Sohn (1647–1650), wiederbelebt worden, der bestrebt war, die Spanischen Niederlande wiederzuerobern, und vergeblich versuchte, die Stuarts in England wieder auf den Thron zu bringen. Seine politischen Pläne wurden ständig von den Generalständen der Provinzen durchkreuzt, »die entschlossen waren, es mit der siegreichen Seite zu halten«.

Diese Meinungsverschiedenheit hätte fast zu einem Bürgerkrieg geführt, aber bei des Prinzen Tod hatte das Land unter Johan de Witt wieder ganz zu handelspolitischen Zielen zurückgefunden.

Der immense überseeische Reichtum der Niederlande hatte die englischen Regierungen zu den englisch-niederländischen Kriegen von 1652 bis 1654 und 1664 bis 1667 veranlaßt, doch die gefährlichste Drohung ging jetzt von Frankreich aus. 1668 hatte sich Ludwig XIV. entschlossen, die Spanischen Niederlande zu besetzen, und der von den Franzosen bezahlte Karl II. vereinigte die französischen Streitkräfte zu einem Angriff gegen Holland von See her, trotz des Dreierbündnisses, das de Witt zwischen Holländern, Engländern und Schweden gestiftet hatte. In dieser kritischen Konstellation wurde 1672 Wilhelm III. (1672–1702), Sohn Wilhelms II. und Marias von England – und damit der Enkel Karls I. –, Statthalter, eine Position, die er durch die Ermordung de Witts und seines Bruders Cornelius sicherte. Er begann seine Laufbahn als entschlossener protestantischer Gegner französischer Ambitionen in Europa und in Übersee. Seine Heirat mit der Prinzessin Maria, der Tochter des Herzogs von York, des späteren Jakob II., sollte ihn auf den Thron von Großbritannien bringen, wo er zur treibenden Kraft der langwierigen englisch-niederländischen Feldzüge wurde, die für die Engländer in den siegreichen Marlborough-Kriegen gipfelten.

Dies war in kurzen Umrissen das politische Schicksal der niederländischen Republik in der zweiten Hälfte des siebzehnten Jahrhunderts. Sie befanden sich ständig im Krieg und wurden mehr durch ihre gemeinsame Religion als durch ihre immer recht schwachen politischen Bindungen zusammengehalten. Ihre Basis war der Reichtum aus dem Überseehandel, die Seetüchtigkeit ihrer Flotte und die intelligente Politik ihrer bürgerlichen Regierungen. Sie schufen eine einzigartig schöpferische Zivilisation, die berühmt war für ihre Gedankenfreiheit, ihre Toleranz in religiösen Fragen und ihre unverwechselbare, hinreißende Landschaftsmalerei.

Es mag merkwürdig erscheinen, daß eine Republik von Provinzen, von streng calvinistischer Religion beherrscht, eine solche Kultur hervorgebracht hat. Doch tatsächlich war die bemerkenswerte Entwicklung der niederländischen Kultur im siebzehnten Jahrhundert fast ausschließlich auf die Provinz Holland beschränkt. Dem Kulturgeschehen in den Provinzen außerhalb Hollands fehlte es an Lebendigkeit, und kaum läßt sich irgendeine unabhängige künstlerische oder literarische Tradition in einer von ihnen aufzeigen. Natürlich wurden bedeutende Maler und Schriftsteller auch außerhalb der engen Grenzen Hollands geboren, aber nur hier konnten sie ihre Kunst entwickeln und einen Markt für ihre Arbeiten finden. In dieser vorwiegend städtischen Kultur war die »herrschende« Oligarchie von Amsterdam tonangebend. Leiden in Holland besaß den bei weitem besten Ruf unter den Universitäten, Haarlem wurde ein Zentrum der Malerei, und 1622 wohnte in Holland fast die Hälfte aller 1400000 Einwohner der Republik. Ferner fiel Leiden und Haarlem eine führende Rolle in der Textilindustrie zu, wie Amsterdam und Rotterdam in der Schiffahrt. Die allgegenwärtigen holländischen *Fluits*, die große Getreideladungen aus dem Ostseeraum holten oder nach Spanien brachten, waren wendig und stabil genug, um mit den kurzen Wellen der Nordsee ebenso fertig zu werden wie mit den langen des Atlantiks. Sie importierten außerdem reiche Vorräte an Zucker, Tabak und Bauholz für die einheimischen Werften in Zaandam.

Abgesehen davon waren sich alle Holländer in dem einen Ziel einig, das Wiedererstarken Antwerpens durch Blockade der Scheldemündung zu verhindern. So wichtig nahmen sie dieses politische Vorhaben, daß sie um seinetwillen auf jeden ernsthaften Versuch verzichteten, die südlichen Provinzen oder Spanischen Niederlande zurückzugewinnen. Da qualifizierte Arbeitskräfte sehr gefragt, die Einwohner in ihrer Zahl aber begrenzt waren, lagen die Löhne in Holland höher als in anderen Teilen Europas, so daß sich die Holländer eines breiten Wohlstands erfreuten, während die französischen Bauern im Vergleich dazu häufig wie Tiere zu leben schienen. Dank dieser Tatsache fanden die holländischen Maler, von denen viele flämischen Ursprungs waren, sich aber von der prunkvollen niederländisch-burgundischen Tradition gelöst hatten, wie sie sich in Antwerpen und in den Spanischen Niederlanden zu einem kosmopolitischeren und modischeren Barockstil entwikkelte, ein gutes Auskommen beim Mittelstand, indem sie sich einer neuen Form der Landschaftsmalerei zuwandten, die Natur und Wolkenkulissen um ihrer selbst willen abbildete, nicht mehr als bloße Anhängsel religiöser Bilder. Die wohlhabenden holländischen Bürger verlangten Naturtreue auch in der Darstellung ihrer häuslichen Umgebung und in Genrebildern, während die »herrschende« Oligarchie Gruppenbilder in Auftrag gab, deren berühmtestes Rembrandts *Staalmeesters* und die herrliche *Kompanie des Hauptmanns Franz Banning-Coqc*, das irreführenderweise *Nachtwache* (1642) genannt wird, obwohl nach Reinigung des Bildes sich helle Tagesfarben zeigten. Im Gegensatz zu den Malern der mittelalterlichen Kirche oder der zeitgenössischen Gegenreformation malten die holländischen Maler unter Einfluß des beginnenden neuzeitlichen Denkens nach der Natur, wobei sie ihre Beobachtungen mehr im Lichte des gewöhnlichen Tags als *sub specie aeternitatis* anstellten. Allerdings war ihr Talent so groß, daß uns das Licht heute ungewöhnlich erscheint. Jacob van Ruisdael und Hobbema besitzen beispielsweise ein ganz unmittelalterliches Empfinden für die Natur und die Bewegung von Wind und Wolken; es sind Vorläufer von Constable und Turner. Vermeer, ein Meister ruhiger Interieurs mit einer Technik, die er von Jan van Eyck übernommen hatte, konnte auch ganze Gebäudegruppen – und ihre Spiegelbilder – in wundervoller Harmonie darstellen, wie etwa in der Ansicht von Delft.

Die holländischen Maler hatten außerdem eine Vorliebe für die jetzt glatten, weißgekalkten Innenräume der einst katholischen Kirchen, deren weite Proportionen und massive Säulen sie in gekonnter perspektivischer Darstellung wiedergaben. Natürlich waren die Holländer auch Spezialisten für Seestücke und Schiffsbilder: von Schlachtenbildern und großen Ostindienfahrten mit riesigen Segeln, wie auf den Bildern von van de Velde, bis hin zu Fischerbooten, die von sonnigen Stränden auf das graugrüne Meer hinausfahren. Alle dieser Maler, selbst die von derbem Geschmack, die für ihre eßlustigen, sich zum Schutz vor dem holländischen Klima mästenden Auftraggeber üppige Arrangements von Fischen und Früchten malten oder, wie Steen, Gelage in gemütlichen Wirtshäusern wiedergaben, waren von leidenschaftlicher Liebe zum Licht beseelt in einer Umwelt, die häufig trübe verhangen war oder sich blaß in Teichen und Kanälen spiegelte. Das von diesen Kanälen durchzogene Land grenzte so unmittelbar an die Städte, daß man nur zum Stadttor hinauszutreten brauchte, um den Geruch der Polder in der Nase und den Schrei der Wildgänse im Ohr zu haben.

Rembrandt

Rembrandt van Rijn (1606–1669) ist von ganz besonderer europäischer Bedeutung, aber er repräsentiert auch die malerische Tradition seines Landes, die er in seinem Werk zusammenfaßt. Rembrandt wurde als Müllerssohn bei Leiden geboren. 1624 wurde er Schüler Pieter Lastmans in Amsterdam, der Historienbilder malte, Italien besucht hatte und von Tintoretto beeinflußt war. Rembrandt konzentrierte sich früh auf biblische und historische Themen sowie auf Porträts seiner Familie und deren Bekanntenkreis. 1631 ließ er sich in Amsterdam nieder, wurde ein gefragter Porträtmaler und heiratete drei Jahre später Saskia von Uijlenburgh, die aus einer Familie wohlhabender Kunsthändler stammte. Nun folgte die glücklichste Zeit seines Lebens, in der er eine Reihe prächtiger Porträts und Gruppenbilder des holländischen Großbürgertums schuf, sublimiert mit psychologischem Scharfblick und meisterlicher Farbbeherrschung. Er malte auch weiterhin biblische Themen, begann aber mit Landschaften und vervollkommnete sich im Zeichnen und Radieren. 1642 starb Saskia nach der Geburt ihres Sohnes Titus, und Rembrandt geriet in finanzielle Schwierigkeiten, die 1656 zum Bankrott führten. Das große Haus und seine wertvolle Bildersammlung wurden verkauft, aber er bekam immer noch wichtige Aufträge, und Titus führte zusammen mit Rembrandts Mätresse und Magd Hendrickje Stoffels, mit der der Maler eine Tochter namens Cornelia hatte, die Geschäfte des Vaters, bemüht, ihn vor weiteren Schwierigkeiten zu bewahren. Aber obgleich Titus 1668 starb und Rembrandt selbst im Jahr darauf, litt der große Maler niemals wirkliche Not. Er war zuletzt nur nicht mehr ganz so berühmt und wohlhabend. Die verbreitete Vorstellung, er sei in Armut gestorben, ist falsch. Vielmehr machte er in künstlerischer und technischer Hinsicht noch weitere Fortschritte, da sich sein Talent jetzt ungehindert entfalten konnte.

Rembrandt lebte in der Welt der Bibel, vor allem in der des Alten Testamentes, und verkehrte mit den Juden Amsterdams. Wie damals üblich, wandte er sich zunächst der historischen Malerei zu, die zu der Zeit als höchste Kunstform galt, fiel aber schon damals durch sein glänzendes *Chiaroscuro* und seine Farbtiefe aus dem Rahmen. Er entstammt demselben Boden wie die repräsentativeren holländischen Maler geringerer Begabung, die mit keiner anderen Malschule in Europa zu vergleichen waren. Der Herrschaft der katholischen Kirche ledig, wählten sie sich theologisch neutrale Gegenstände, die keine Empörung bei den calvinistischen Bilderstürmern erregten. In einer Zeit, da die stärkste Strömung des europäischen Denkens in Richtung auf Wissenschaft und Humanismus ging, waren diese holländischen Maler Realisten, die das Leben liebten. Insbesondere Rembrandt war ein Neuerer von höchster Originalität. Aus den literarischen Zeugnissen ist ersichtlich, daß Rembrandts Gedanke, Zeichnen könne eine spontane Reaktion auf visuelle Eingebung oder ein impulsiver Ausdruck eines Vorstellungsbildes sein, seinen Zeitgenossen neu und verblüffend erschien. Die neue Einschätzung der gezeichneten Skizze als eigenständiges künstlerisches Ausdrucksmittel, die mit Rembrandt beginnt, läßt sich in den historischen und theoretischen Schriften seiner Biographen und Schüler nachweisen.

Holländische Toleranz

Noch größeren Ruf erwarb sich die Republik bei den Zeitgenossen durch ihre Toleranz gegenüber neuentstehenden und miteinander konkurrierenden Glaubensrichtungen, was mehr darauf zurückzuführen war, daß es der reformierten calvinistischen Kirche nicht gelang, ihnen gegenüber ihren Zensuranspruch durchzusetzen, als auf deren freundlich-humanistische Einstellung. Daraus erklärte sich die rege Aktivität auf dem Buchmarkt, besonders in der Provinz Holland, wo die meisten wichtigen wissenschaftlichen Werke Europas erschienen. Anders als die Spanier, die, soweit sie konnten, alle sephardischen Juden von ihrer Halbinsel vertrieben hatten, hatte die holländische Republik sie aufgenommen und ihnen gestattet, Synagogen und Schulen zu gründen. Und als sie, wie im Falle ihres großen Philosophen Spinoza (1632 bis 1677), ihren eigenen Leuten gegenüber Intoleranz bewiesen – sie verfluchten und vertrieben ihn wegen Ketzerei –, gestatteten die Holländer diesem genialen Mann, sich in der Nähe von Leiden niederzulassen und dort seinen *Tractatus politicus* und den *Tractatus theologico-politicus* mit gebildeten radikalen Christen zu diskutieren. Wie groß die Toleranz der niederländischen Provinzen war, ist daraus ersichtlich, daß Baruch Spinoza Pantheist war; aber natürlich hat er keinen großen Einfluß auf seine Zeitgenossen ausgeübt, da er der Meinung war, Religion sei Privatsache und jedermann »Gott verehren und sich um seine eigenen Angelegenheiten kümmern soll, wie es einem Privatmanne ansteht«, während er den Staat für eine utilitaristische Einrichtung hielt, die wie Hobbes' *Leviathan* dazu diene, »Furcht zu nehmen«, und jedes Anspruchs gegenüber ihren Bürger verlustig gehe, wenn es ihr nicht gelinge, Sicherheit zu bieten und Lebensqualität zu schaffen. Spinozas objektive und wissenschaftliche Betrachtungsweise der menschlichen Situation, zusammengefaßt in seiner Absicht, »die Menschen nicht auszulachen, nicht zu beweinen oder zu hassen, sondern zu verstehen«, ist humanistisch und steht in der Tradition Montaignes und Bacons, nur daß ihre Ausrichtung wissenschaftlicher ist.

Wenn in Spinozas Pantheismus jüdische Auffassungen zum Ausdruck kamen, so war Joost van den Vondel (1587–1679) vor allem Holländer. In Köln geboren, wohin seine Eltern nach der spanischen Plünderung Antwerpens geflohen waren, lebte er seit 1597 mit ihnen in Amsterdam, wo sein Vater, ein Hutmacher, einen bescheidenen Seidenhandel eröffnete. In jungen Jahren dramatisierte er den *Exodus* der Juden aus Ägypten als Allegorie auf die Flucht der Holländer vor den Spaniern und griff 1625 die Mörder Oldenbarnevelts im *Palamedes* an. In Anlehnung an Vergils *Äneis* verfaßte er *Gijsbreght van Aemstel* (1637), das die Gründung Amsterdams behandelte. Außerdem schrieb er *Adam im Exil* und weitere vierundzwanzig Stücke, vorwiegend über biblische Themen, deren berühmteste die im sophokleischen Stil gehaltenen Tragödien *Jephta* und *Lucifer* sind, letztere thematisch Miltons *Paradise Lost* vergleichbar. Neben sophokleischen Dramen schrieb er politische Satiren, Schäfergedichte und andere Lyrik. Von niederer Herkunft, verdiente sich Vondel seinen Lebensunterhalt als Schreiber der Amsterdamer Bank, wo er arbeitete, bis er mit achtzig Jahren bei vollen Bezügen pensioniert wurde. Mit seinen umfangreichen und berühmten Werken verdiente er wenig.

Dieses vielseitige und von rastloser Arbeitswut besessene Genie, das als nonkonformistischer Menonit aufwuchs, konvertierte in mittleren Jahren zum katholischen Glauben, der bei seinen Landsleuten damals verhaßt war, machte sich im fleißigen Selbststudium mit der Bibel und der Renaissancebildung, auch mit Vergil und den sophokleischen Dramen, vertraut, wurde der größte Dramatiker seiner spröden Muttersprache und blieb auch als Satiriker und Lyriker in der holländischen Literatur unerreicht.

3. Die Belagerung Wiens – Der Große Kurfürst – Peter der Große

Entscheidung am Kahlenberg

Während noch der allerchristlichste König von Frankreich seine langwierigen Feldzüge in Lothringen, Flandern, der Pfalz und der Franche-Comté führte, bekam es Kaiser Leopold I. erneut mit der türkischen Gefahr zu tun. 1664 hatte er mit Sultan Mehmet IV. den Frieden von Vasvár geschlossen, aber dafür hatte er den Türken faktisch die Oberherrschaft über Siebenbürgen eingeräumt, während die Ungarn unter dem Deckmantel des Calvinismus ihre Unabhängigkeit gegen Wien verfochten, womit sie den Türken ein Einfallstor aufstießen. 1681 befanden sie sich in offenem Aufruhr, und im folgenden Jahr machten sich die Türken ungeachtet der Friedensvorschläge des Kaisers diese Chance zunutze, indem sie den ungarischen Führer Imre Tököly als König von Ungarn anerkannten. 1683 hatte der Großwesir Kara Mustafa Pascha eine riesige Armee in Belgrad zusammengezogen, die sich nun nach Wien in Marsch setzte.

Die mitteleuropäischen Mächte waren beunruhigt. In Polen herrschte mehr als das gewöhnliche Durcheinander. 1674 war Jan Sobieski als Johann III. zum König gewählt worden, ein genialer Feldherr, der die Türken bereits im Jahr zuvor bei Chocim besiegt und den größten Teil Podoliens zurückerobert hatte und der nun, auf Druck des Papstes, mit Leopold I. den Vertrag von Warschau schloß. Auch der Kurfürst von Bayern schloß sich dem Kaiser an, und Herzog Karl III. von Lothringen, das Opfer Ludwigs XIV., befehligte die kaiserliche Armee, die versuchte, den türkischen Vormarsch bei Raab aufzuhalten. Doch 1683 hatten die Türken Wien eingeschlossen, und die Belagerung begann.

Die Türken verstanden sich hervorragend auf Belagerungstechniken und wußten die modernen Verteidigungsanlagen durch großzügigen und verlustreichen Einsatz ihrer Soldaten zu überwinden. Anders als bei der Belagerung Konstantinopels, wo schwere Geschütze die hohen Mauern an einem bestimmten Punkt zerschossen hatten, versuchte man sie nun zu untergraben. Die Verteidiger unter dem Befehl des Grafen Ernst Rüdiger von Starhemberg hielten bis Anfang August aus, dann wurde ihre Lage prekär, da eine türkisch-ungarische Armee die Verbindungswege zu den deutschen und polnischen Entsatztruppen bedrohte. Aber diese wurde von Karl IV. Leopold von Lothrinen bei Stammersdorf besiegt, und Mitte August erreichte eine ansehnliche bayerische und thüringische Armee gemeinsam mit kaiserlichen Truppen vom Rhein Krems an der Donau. Vor allem aber war eine polnische Armee in Krakau zusammengezogen worden, und Ende August vereinigte Jan Sobieski seine Streitkräfte mit Karl von Lothringen und seiner stattlichen deutschen

Armee. Nach raschem Vormarsch durch den Wienerwald gelang es ihnen, die Türken zu überraschen, und am 12. September, als die Belagerer von einem Ausfall deutscher Infantrie in Anspruch genommen waren, führte Sobieski am Kahlenberg einen Angriff der polnischen Reiterei, der die Schlacht entschied. Die Sieger setzten entschlossen nach, und im Oktober wurden die Türken die Donau hinab bis weit nach Ungarn zurückgetrieben.

Dieses Ereignis war für die Türken noch bedeutsamer als für Mitteleuropa, denn lange schon litt das Osmanische Reich unter übermäßiger Ausdehnung, und selbst wenn die Türken Wien eingenommen hätten, wären sie wohl kaum in der Lage gewesen, noch weiter vorzudringen. Der Fall dieser Stadt hingegen wäre eine kulturelle Katastrophe für Europa gewesen, obwohl die militärische Bedrohung durch die Türken schon länger im Rückgang begriffen war.

Die ökonomische und soziale Schwäche des riesigen Uthmanli-Reiches war längst offensichtlich. Im Grunde war es immer ein Nomadenlager geblieben, das eine außerordentliche Vielfalt unterworfener Völker und Religionen ausbeutete und das zur Kontrolle seiner Armee und Verwaltung auf den *Kullar* angewiesen war, die am Hofe des Sultans beschäftigten Sklaven, die man aus unterworfenen Völkern rekrutierte. Solange das Reich bestand, ermöglichte der regelmäßige Tribut an Knaben den Sultanen, die Blüte der männlichen Jugend der unterworfenen nicht-muslimischen Religionsgemeinschaften zum Militär- und Staatsdienst zu zwingen. So wurde ein Teil der begabtesten Leute aus den eroberten Gebieten in die Hauptstadt des Osmanischen Reiches abgezogen, um dort islamisiert, türkisiert und zum höheren Ruhm des Reiches verwendet zu werden. Tscherkessen, Griechen, Albaner, Slawen, Italiener und sogar Armenier stiegen zu höchsten Staatsämtern auf, aber kein Sklave konnte sicher sein, daß ihn der Sultan nicht, einer Laune folgend, in Ungnade fallen oder gar hinrichten ließ. Der besiegte Sultan-Kalif Mehmed IV. hatte Kara Mustafa Pascha nach alter türkischer Sitte köpfen und seinen Kopf auf einer silbernen Schale an die Hohe Pforte schicken lassen, und der Großwesir konnte sich noch glücklich schätzen, daß er nicht gepfählt worden war. Ein solches Regime war den Belastungen einer Niederlage und anschließenden Stagnation nicht gewachsen und vermochte auch der wachsenden technologischen Herausforderung durch den Westen nicht zu begegnen, gegenüber dem es die einstige Überlegenheit längst eingebüßt hatte. Der Glanz des Großtürken verblaßte: Nach dem Frieden von Karlowitz im Jahre 1699, der den Krieg beendete, begann er der, wenn auch immer noch gefährliche, »Kranke Mann am Bosporus« zu werden, der sein Leben in erster Linie der Zwietracht seiner christlichen Feinde verdankte. Denn der Friedenschluß zwischen Österreich, Polen, Venedig und den Türken überließ mit Ausnahme eines kleinen südlichen Gebietes fast ganz Ungarn einschließlich Siebenbürgens den Habsburgern, ganz Podolien den Polen und die Peloponnes den Venezianern.

Der Große Kurfürst

Während Österreicher, Polen und Süddeutsche sich der Türken erwehrten, war in Norddeutschland das Kurfürstentum Brandenburg, das sich, wenn auch gelegentlich unterbrochen, von der Weichsel bis zum Rhein ausdehnte, zur Großmacht aufgestiegen; sein Herz lag in der alten Mark Brandenburg. Seine Hauptstadt war Berlin. Im Osten war es in Personalunion mit dem Herzogtum Preußen vereinigt, das die polnische Oberherrschaft abgeschüttelt hatte, außerdem die rheinländischen Herzogtümer Kleve und Mark sowie Ravensberg und Minden an der Weser. Die hohenzollerischen Kurfürsten benutzten ihre gefährdete Lage als Vorwand, um regelmäßig Steuern für ein stehendes Heer zu erheben, auf dessen Norwendigkeit sie so verweisen konnten, während sie dem Adel die traditionellen Privilegien ließen. Der »Große Kurfürst« Friedrich Wilhelm (1640–1688) war in Leiden erzogen worden und wollte einen Seehandelsstaat nach holländischem Vorbild schaffen, aber es gelang ihm nie, Stettin in Besitz zu bekommen, den begehrten Hafen im »schwedischen« Pommern. So war er gezwungen, sich auf den Aufbau seiner Armee – fünfundvierzigtausend Mann stark – und einer Bürokratie zu deren Verwaltung zu konzentrieren. Damit schuf er den Rahmen des späteren Brandenburg-Preußen.

Die einfachen Soldaten stammten großenteils aus anderen Ländern oder waren unter der bäuerlichen Bevölkerung ausgehoben worden, während die Offiziere aus dem Adel stammten, dessen Kern die preußische Aristokratie mit ihren großen Gütern war, eine Aristokratie, die in der kriegerischen und kolonialistischen Tradition der Deutschherren wurzelte. Während in Polen der Adel die Krone paralysierte, war er in Brandenburg-Preußen ihre Hauptstütze. Diese Adligen bildeten eine exklusive Kaste, die keinen Handel treiben durfte, dem Herrscher außerordentlich loyal gesinnt war und Bürger und Bauern verachtete, mit deren Steuern ihr Heer finanziert wurde. Der Große Kurfürst hatte merkantilistische und maritime Ambitionen, aber der Staat Brandenburg-Preußen wurde – wie sich angesichts der grimmigen Geschichte dieser rauhen Ecke Europas erwarten ließ – von seiner Armee geschaffen und nicht die Armee vom Staat. Das Offizierskorps lebte in stolzer Absonderung mit ausgeprägtem Korpsgeist und hohen Idealen kriegerischer Ehre und militärischen Opfermuts. Die Großgrundbesitzer wurden, da sie als Fähnriche im Heer dienten, Junker (Jungherren) genannt.

Überdies zeigten diese relativ armen Großgrundbesitzer wenig Neigung zu Bestechlichkeit und Nachlässigkeit wie etwa die schlaffen Aristokraten, die ein Monopol auf die höheren Ränge in der französischen Armee hatten. Sie wurden leidenschaftliche Berufssoldaten in einer neuen Art von Kriegführung, welche die Feldzüge der undisziplinierten und individualistischen Söldner des Dreißigjährigen Krieges ersetzt hatte, und hielten unter ihren Truppen auf eiserne Disziplin und einen schier automatischen Drill. Die wichtigste militärische Entwicklung vollzog sich Anfang des achtzehnten Jahrhunderts, aber schon früher hatten die Ereignisse in den Ostseeländern dem Großen Kurfürsten in die Hände gespielt. 1660 hatte Kurfürst Friedrich Wilhelm im Frieden von Oliva, bei dem Polen und Dänemark auf österreichische und holländische Intervention hin von schwedischem Druck befreit worden waren, sein Herzogtum Preußen aus der polnischen Oberherrschaft gelöst. 1675 hatte er im Holländischen Krieg, der 1672 ausgebrochen war, als Verbündeter der Niederländer bei Fehrbellin einen wichtigen Sieg über die auf französischer Seite kämpfenden Schweden errungen. Außerdem baute er eine Rüstungsindustrie auf, die weniger umfangreich, aber produktiver war als jene, die die riesigen Truppen Peter des Großen belieferte, er förderte die preußische Land- und Forstwirtschaft, unterstützte die Textilindustrie und zog hugenottische Siedler ins Land.

Als im Anschluß an den Dreißigjährigen Krieg der habsburgisch-österreichische Einfluß auf den Norden nachließ und auch die schwedische Macht an der Südküste der Ostsee schwand, begann der Aufstieg Brandenburg-Preußens, das sich schon 1680 Magdeburg aneignete und 1720 Ostpommern mit Stettin vereinnahmte. Damit erhielt Brandenburg endlich den wichtigen Hafen an der Ostsee, auf den der Große Kurfürst immer gehofft hatte. Obwohl von (Ost-)Preußen durch einen breiten Streifen polnischen Gebietes getrennt, hatten die Hohenzollern Brandenburg damit bereits zu einer Großmacht gemacht und waren entschlossen, sich die ewigen politischen Wirren in Polen zunutze zu machen, das sein Gebiet seit langem in die Ukraine und sogar ins Moskauer Reich ausgedehnt hatte.

Der falsche Dmitrij

Weiter östlich, im Moskauer Reich, folgte auf den Tod Iwan *Groznyjs* im Jahre 1584 eine »Zeit der Wirren« und ein polnisch-schwedischer Angriff. Fjodor Iwanowitsch, Iwans halbblöder zweiter Sohn, den sein Vater allenfalls für fähig gehalten hatte, »Glöckner in einem Kloster« zu werden, war dessen ungeachtet zum Zaren gekrönt worden, aber der Onkel seiner Frau, Boris Godunow, machte sich zum eigentlichen Herrscher und legte sich die klangvollen Titel eines Großbojaren und Vizekönigs von Kasan und Astrachan zu. Dieser fähige Mann, der auch von Tataren abstammte, hatte die Regierungsgeschäfte ohne Katastrophe bis zum Tode von Zar Fedor im Jahre 1598 glücklich geführt, als ihn der *Semskij Sobor* (Landesversammlung) selbst zum Zaren wählte. Doch diese Position wurde bald durch die großen Bojaren in Frage gestellt, von denen er 1601 den größten Teil nach Sibirien oder ans Weiße Meer verbannte, wo sie mit solcher Strenge behandelt wurden, daß nur einer von ihnen überlebte. Außerdem war es nach einer Reihe von Hungersnöten zu Bauernaufständen gekommen, und obgleich der schlimmste, unter Hlopka Kosolap (gekrümmte Sklavenklaue), niedergeschlagen worden war, beschwor ein Gefolgsmann der Romanows eine weit ernsthaftere Bedrohung herauf.

1591 war Zar Fedors jüngerer Halbbruder Dmitrij, der Sohn von Iwan *Groznyjs* letzter Frau, der nie offiziell zum Thronfolger bestimmt worden war, auf seinem Gut in Uglitsch umgebracht worden. Nun behauptete ein gewisser Grigorij Otrepjew, selbst der ermordete Prinz zu sein. 1604 hatte er sich nach Krakau begeben, wo er zum Katholizismus übergetreten war und sich mit der Tochter des Woiwoden von Sandomir verlobt hatte; König Sigismund III. von Polen unterstützte seinen »Anspruch« auf den Moskauer Thron. Im Herbst desselben Jahres fiel der Thronprätendent auf Moskauer Gebiet ein. Obwohl der »falsche Dmitrij« zunächst besiegt wurde, schlossen sich ihm bald beträchtliche Streitkräfte der Kosaken an, während die Moskauer einem »Zarensohn« nur halbherzigen Widerstand entgegensetzen mochten.

Im April 1605 war Boris Godunow dann gestorben, und im Mai liefen die wichtigsten Bojaren zu »Dmitrij« über, im Juni wurde Fjodor Godunow, Boris' Sohn, ermordet, während »Dmitrij« in Moskau einzog und als Zar anerkannt wurde. Aber »Dmitrij« (1604–1606) erwies sich als zu unkonventionell für die konservativeren Bojaren und heiratete seine katholisch-polnische Braut. Im Mai 1606 drang Wassilij Schujskij, ein mächtiger Bojar, mit anderen bewaffneten Vertretern des Hochadels in den Kreml ein, und »Dmitrij« mußte aus einem Fenster springen, um ihnen zu entkommen. Durch den Sturz verletzt, bat er um eine Unterredung mit seiner angeblichen Mutter, der verwitweten Zarin Martha. Zwar erkannte sie ihn zunächst an, aber dann verleugnete sie ihn, so daß er auf dem Roten Platz gevierteilt, verbrannt und seine Asche aus Kanonen in Richtung Polen geschossen wurde.

Moskau geriet daraufhin in noch tiefere Wirren: Wassilij Schujskij wurde Zar (1606–1610) und brachte den exhumierten Leichnam des echten Dmitrij höchstpersönlich nach Moskau, wo er neben den früheren Zaren bestattet wurde, nachdem Wunder am Grabe seine Echtheit bewiesen hatten. Doch in weiten Teilen des Landes kam es zu Bauern- und Kosakenaufständen, und die keineswegs entmutigten Polen zauberten einen zweiten »falschen Dmitrij« herbei. Er fand Unterstützung bei den Saporoger- und Donkosaken, schlug 1608 die zaristische Armee am Wolchow und zog mit polnischer Unterstützung gegen Moskau. Er wurde zurückgeschlagen, aber 1609 belagerte Sigismund III. von Polen Smolensk. Der zweite »falsche Dmitrij«, dem die polnische Witwe des Fürsten zugefallen war, setzte seinen Vormarsch auf Moskau fort, und Wassilij Schujskij sah sich zur Abdankung gezwungen. Statt den zweiten »falschen Dmitrij« und seinen Mob anzuerkennen, hatten die Bojaren die Polen nach Moskau eingeladen und die Krone Prinz Wladislaw, Sigismunds III. Sohn, angeboten. Doch der polnische König, eifersüchtig auf den eigenen Sohn, schlug das Angebot aus.

Im Dezember 1610 wurde der zweite »falsche Dmitrij« von einem Tataren getötet – damals ein Schicksal, das durchaus an der Tagesordnung war. Damit war der letzte »Dmitrij« aus dem Wege geräumt, woraufhin sich die Russen vereinigten und die Polen im Kreml angriffen, die aus Rache den größten Teil der Stadt in Asche legten. Sie hielten sich bis zum November 1612, als der Hunger sie zur Kapitulation zwang.

Die siegreichen Moskowiter, die aus dem ganzen Lande zusammengeströmt waren, wählten nun zum Zaren einen angeheirateten Großneffen Iwans *Groznyj* und Sohn des Metropoliten Philaret, der zum Widerstand gegen die Polen aufgerufen hatte. Im Februar 1613 wurde Michail Romanow, der noch vor kurzem als Geisel im Kreml gelebt hatte, im Alter von sechzehn Jahren zum Zaren gewählt und im Juli desselben Jahres gekrönt. Aus dem Widerstand gegen die polnische Besatzung und aus den Wirren der inneren Zwistigkeiten war eine neue Dynastie hervorgegangen, die sich bis 1917 halten sollte. Zar Michail regierte bis 1645, und seinem Sohn Zar Aleksej folgte 1676 Fedor, der Sohn Aleksejs und seiner ersten Frau Maria Miloslawskaja. Aber da Fedor jung starb und da sein jüngerer Bruder Iwan ein halbblinder Epileptiker war, wurde der zehnjährige Peter, Sohn Aleksejs und Natalja Naryschkinas, zum Zaren Peter I. (1682–1725) ausgerufen. Die Miloslawskijs riefen daraufhin die *Strelitzen* zur Hilfe, die Iwan als Iwan V. zum Gegenzaren ausriefen, während Iwans Schwester Sofija Aleksejewna Regentin wurde. Erst 1696 starb Iwan V., und Peter I., der damit Alleinherrscher wurde, begann mit der Umwandlung des Reiches, die ihn zu Peter dem Großen, dem Herrscher über ganz Rußland, machte.

Peter der Große

Weithin herrscht die Vorstellung, Peter der Große habe als der große Verwandler des Moskauer Reiches eine plötzliche und beispiellose Veränderung bewirkt. Tatsächlich waren seine raschen gewaltsamen Methoden wie die meisten erfolgreichen politischen Wandlungen der Höhepunkt lange bestehender Tendenzen. Das dämonische Element in Peters Persönlichkeit, seine Gewalttätigkeit und Grausamkeit, das bedingungslose Tempo, das er einschlug, der Druck der allgegenwärtigen finanziellen Belastungen, die er verordnete – diese Merkmale seiner Regierungszeit haben den Eindruck erweckt, Peter habe völlig mit der Vergangenheit gebrochen, und die Periode des von seinem Stil geprägten kaiserlichen Rußland, die bis zur Oktoberrevolution andauerte, sei durch eine breite und unüberbrückbare Kluft von der Periode des Moskowiter Zarenreichs getrennt; dem war nicht so. Die Größe Peters liegt darin, daß er Bedürfnissen und Ansprüchen, die sich Ende des siebzehnten Jahrhunderts in der Moskowiter Gesellschaft regten, weitgehend Gestalt verlieh. Iwan *Groznyj* und Boris Godunow hatten schon Fachleute aus dem Westen angeworben, und die so überaus wichtige Eroberung Sibiriens war selbst in der »Zeit der Wirren« fortgesetzt worden, die eine polnische Besatzung in den Kreml gebracht hatte. Unter Michail geriet der Zar in zunehmende Abhängigkeit vom zivilen und militärischen Dienstadel, der die Bauern fest in seiner Gewalt hatte. Sie waren schollenpflichtig und wurden von Gesetz wegen gejagt, wenn sie entflohen. Ferner mußten 1646 alle Grundbesitzer ihre Bauern registrieren lassen, deren Nachkommen offiziell den Status der Eltern erbten. So wurde Leibeigenschaft auf Betreiben der Regierung zu einer staatlichen Institution, während Flucht mit der Knute bestraft wurde.

Dieses strenge Regiment schien eine Überlebensfrage zu sein, und in der Tat kämpfte die neue Dynastie um ihr Leben. Wieder verbündeten sich die Polen und Schweden mit abtrünnigen Moskauer Adligen zum Angriff gegen das Reich. Prinz Wladislaw versuchte mit Hilfe der Donkosaken seinen Anspruch auf den Zarenthron durchzusetzen, und erst 1632 erkannte er Michail Romanows Anspruch an, obgleich es den Moskowitern nicht gelungen war, Smolensk von den Polen zurückzuholen. Doch Zar Michail war in seiner Position noch nicht gefestigt genug, um von den Erfolgen der Donkosaken profitieren zu können, als diese Asow von den Türken zurückeroberten, und mußte ihnen 1642 unter dem Druck des *Semskij Sobor* befehlen, die eroberte Stadt wieder zu räumen. Als ihm zur Zeit des zu Ende gehenden Dreißigjährigen Kriegs sein Sohn Aleksej (1645–1676) auf den Thron folgte, trat dieser ein schwieriges Erbe an. Die Steuern waren so hoch und die Verwaltung so schlecht und korrupt, daß sich 1648 das Volk von Moskau erhob und den Zar selbst bedrohte, während ein besonders verhaßter Steuereintreiber ermordet wurde. 1667 bis 1671 schlossen sich flüchtige Bauern und andere Unzufriedene gesetzlosen Donkosaken unter Führung des *Hetmans* Stenka Rasin an. Er zog eine Flotte auf dem Kaspischen Meer zusammen, schlug sowohl Moskauer wie persische Gegenangriffe zurück und zog 1670 die Wolga hinauf, unterwegs Bauernaufstände anstiftend. Aber er scheiterte bei dem Versuch, Simbirsk zu erobern, wurde nach einem der aufsehenerregendsten und in manchen Augen romantischsten Aufstände der russischen Geschichte, von dem es heißt, er habe hunderttausend Menschen das Leben gekostet, von den Zarentruppen besiegt, gefangengenommen und in einem Käfig nach Moskau gebracht, wo er hingerichtet wurde. Seine legendären Taten zu Lande und zu Wasser aber lebten fort im Gedächtnis des Volkes.

Angesichts dieser Verhältnisse – ausländischer Invasion und regionalem Aufruhr – war die Regierung in zunehmendem Maße gezwungen, sich an westliche Techniker, Söldner, Ärzte und Kaufleute zu halten, vor allem protestantische Deutsche, Holländer, Engländer und Schotten. Man mochte sie nicht, aber tolerierte sie, besonders als Ausbilder in der Armee, die zur Hälfte aus ausländischen Verbänden bestand. Trotz Verdammung durch die konservativen Geistlichen, die erklärten, der »Mensch sei nach dem Bilde Gottes mit einem Bart geschaffen worden und nicht wie Katzen, Hunde oder Affen«, wurden ausländische Kleidung und Rasur schon akzeptiert, lange bevor Peter der Große sie zur Pflicht machte.

Ein Jüngling von kräftigem Körperbau, hohem Wuchs und grenzenloser Energie, hatte Peter I. 1696 eine Leidenschaft für mechanische Geräte, Schiffe, Schreinerei und Kriegstechnik entwickelt. Im Gegensatz zu Ludwig XIV. langweilte ihn das höfische Zeremoniell, liebte er es, Dinge mit eigener Hand herzustellen und besaß schon mit fünfzehn Jahren ein leidenschaftliches Interesse für Schiffe und Seefahrt. Unduldsam gegenüber jeglicher Konvention, hatte er ein feines Empfinden für die wesentlichen Dinge und verspürte keinerlei Hemmungen. Da er unglaublich trinkfest war, veranstaltete er gern mit fröhlichen Kumpanen tagelange Zechgelage, aber er war auch ein geborener Autokrat, der Schrecken verbreitete. Kaum war ihm die uneingeschränkte Macht zugefallen, als er auch schon 1697 in den Westen aufbrach, um sich moderne Technologie anzueignen. Kurfürstin Sophia von Hannover, die Königin von England geworden wäre, wäre Königin Anna früher gestorben, beschrieb ihn nach einer Begegnung wie folgt: »Ein sehr großer vornehmer Mann, mit hübschem Gesicht und edler Haltung. Von sehr lebhaftem Geiste, und seine Erwiderungen sind rasch und sarkastisch. Aber«, so fügte sie hinzu, »bei all diesen reichen natürlichen Gaben könnte er durchaus bessere Manieren haben.« Der Zar hatte sich schon seit langem mit Fremden umgeben und sich ein fließendes, wenn auch schludriges Deutsch angeeignet. Er konnte schreiben, aber seine Orthographie war »abenteuerlich«. Am meisten Spaß hatte er an der Arbeit auf Werften, am Segeln und am Veranstalten von Feuerwerken. Zunächst arbeitete er auf der Werft der Ostindischen Kompanie in Amsterdam, dann, nachdem er zu dem Ergebnis gekommen war, daß die Holländer auf theoretischem Gebiet zu wünschen übrig ließen, in Deptford bei London, wo er mit seinem Gefolge das Haus Sayes Court des Tagebuchschreibers John Evelyn »zerstörte«, wo er als Untermieter Admiral Benbows einquartiert worden war. Anschließend begab er sich nach Wien, um sich mit dem Festungswesen vertraut zu machen.

Peter der Große liebte ein geräuschvolles Leben, aber interessierte sich, anders als die meisten fürstlichen Persönlichkeiten seiner Zeit, nicht für die Jagd, obwohl er, wenn notwendig, nicht anstand, Menschen eigenhändig hinzurichten. Ja, er machte seine Rückkehr nach Rußland dadurch bekannt, daß er dreihundertzwanzig *Strelitzen* enthauptete, die in seiner Abwesenheit rebelliert hatten. Die Überlieferung will, daß er dieses Werk eigenhändig begonnen habe, um dann darauf zu bestehen, daß seine höchsten Staatsbeamten es fortführten, so unerfahren sie darin auch sein mochten.[12]

Nachdem der Zar sich bei Engländern und Holländern über Kriegsschiffe und bei den Österreichern über Kriegführung zu Lande informiert hatte, stellte er zwei Garderegimenter auf, *Preobraschenskij* und *Semjonowskij*. Beide wurden von Ausländern ausgebildet, da »niemand in Rußland dazu in der Lage war«, und standen unter dem Befehl des französischen Abenteurers François Lefort, der lange Jahre wacker bei den Trinkgelagen des Zaren mithielt, bis er der Wodkaflasche ihren Tribut zollen mußte. Der wichtigste Minister Peter des Großen war der fast lese- und schreibunkundige Menschikow, der von niederer Herkunft war und den der Zar zur Herzogswürde erhob. Wie überhaupt die meisten von Peters unmittelbaren Untergebenen zur Empörung der Bojarenfamilien aus niederstem und bedürftigstem Stand kamen.

Während Peters ganzer Regierungszeit gab es nur zwei Jahre Friede. 1695, vor seinem Besuch im Westen, hatte er den Türken Asow wieder abgenommen, und im Jahr darauf hatte er in Wien das erste russische Bündnis mit Österreich gegen sie erneuert. Es brachte wenig, da der österreichische Kaiser 1699 mit dem Frieden von Karlowitz mehr als zufrieden und überdies mit den Aggressionen Ludwigs XIV. vollauf beschäftigt war, aber es zeigte, daß Rußland jetzt als Großmacht in Mitteleuropa galt. Inzwischen setzte Peter der Große sein Bemühen fort, dem Moskauer Reich ein westliches Gepräge zu geben: 1701 verfügte er, daß die ganze Oberklasse mit Ausnahme des Klerus europäische Kleidung zu tragen habe, die »Oberkleidung nach französischer oder sächsischer Art«, die »Unterkleidung nach deutscher«. Nur deutsche Sättel durften benutzt werden. 1705 ordnete er an, daß alle seine Untertanen, mit Ausnahme der Geistlichen und Bauern, sich zu rasieren hätten.

Sogar Iwan *Groznyj* war es nicht gelungen, Rußland ein »Fenster zur Ostsee« zu sichern, und bei Gustav Adolfs Tod besaß Schweden die Vormacht an der Ostsee. Peter jedoch war Staatsmann genug, um zu erkennen, daß die Ostsee wichtiger als das Schwarze Meer war. Deshalb einigten sich die Russen im August 1700 mit den Türken, wobei sie nur Asow und Taganrog behielten, und erneuerten noch im selben Jahr, nachdem sie sich mit Dänemark und Polen verbündet hatten, den Krieg mit Schweden, der, bekannt als der große Nordische Krieg, bis 1721 dauerte. Er begann schlecht für die Russen, da König Karl XII. von Schweden ein hervorragender Feldherr war und die Russen in einem novemberlichen Schneesturm vor Narwa besiegte. Zu ihrem Glück wandte sich Karl XII. gegen Polen, womit er Peter Zeit gab, seine Truppen zu reorganisieren und zu modernisieren, die Rüstungsindustrie zu entwickeln sowie Gegenangriffe in Ingermanland, auf der Karelischen Landenge und am Ladogasee zu führen; 1704 holte er sogar Narwa zurück. 1703 hatte der Zar Sankt Petersburg gegründet – eine mit einem entsetzlichen Preis an Leibeigenenleben völlig neu geschaffene Hauptstadt in einem Sumpf an der Newa, deren Schlamm die Stadt vor dem Meer schützte. Die Architektur trug gänzlich westlichen Charakter, zunächst im Barock-, dann im Rokokostil. Sie war nach französischen, florentinischen und holländischen Vorbildern erbaut. Ihr erster wichtiger Architekt Domenico Trazzini stammte aus der italienischen Schweiz. Die Farbgebung sollte zum blassen Sonnenschein der nördlichen Sommer und dem Wechsel von Dunkel und Glitzern der kalten Winter passen. Zum Schutz der neuen Stadt erbaute Peter die Festung Kronstadt an der Mündung der Newa, während das gefürchtete Inselgefängnis, die Peter-Pauls-Festung, *Petropawlowskaja*, den Kern der Stadt bildete. In einer ganz anderen Umgebung als Moskau und am Meer gelegen begann Peter also das Fenster zum Westen zu bauen, das seine Hauptstadt und eine der schönsten Städte Europas wurde.

Inzwischen war Karls XII. Feldzug in Polen ins Stocken geraten, wo sich die Widerstand leistenden Polen entzweit hatten und die Litauer sich gegenseitig bekämpften. Deshalb ließ Karl 1704 Stanislaus Leszczynski anstelle Augusts II. von Sachsen als seine Marionette auf den Thron wählen. Nach Absetzung Augusts wollte er sich gegen Peter wenden, der seiner Überzeugung nach die Polen und die Ostsee niemals in Frieden lassen würde. Zu Beginn des Jahres 1708 fiel Karl XII. deshalb in Rußland ein, wobei er sich Moskau zum Ziel gesetzt hatte. Doch als er feststellen mußte, daß der Zar das Land, durch das er kam, hatte verwüsten lassen, wandte er sich nach Südosten in die fruchtbare Ukraine, zumal er erfuhr, daß sich die Donkosaken unter Bulawin und Mazepa, dem *Hetman* der Ukraine, in Aufruhr befanden. Jetzt war er angewiesen auf die Verstärkung durch eine zweite schwedische Armee und auf einen Troß unter Führung Lewenhaupts. Bei Lesnaja schnitten die Russen diesen Verstärkungstruppen den Weg ab und besiegten sie in einer Schlacht, an der Peter der Große in eigener Person teilnahm. So sehr die Ukrainer den Zar auch verabscheuten, Karl XII. identifizierten sie mit den Polen, die sie noch mehr haßten, und auch die Unterstützung durch Mazepas Kosaken ließ nach, so daß die Schweden praktisch ohne Unterstützung in der Ukraine überwintern mußten.

Im Juli 1709 schlossen die Moskauer sie ein. Bei Poltawa in der südlichen Ukraine umzingelten und überwältigten sie die Eindringlinge unter Peters Kommando. Obwohl am Fuß verwundet, gelang es Karl XII. zusammen mit Mazepa in die türkische Moldau zu entkommen.[13] Es war ein triumphaler Sieg für Peter: Sankt Petersburg war jetzt sicher vor schwedischen Angriffen und Rußland anerkannt als Großmacht an der Ostsee.

Die Russen eroberten nun auch Wiborg am nordwestlichen Ende der Karelischen Landenge und bedrohten Finnland. 1710 nahmen sie Riga an der Dünamündung ein. Zu guter Letzt hatte sich Rußland also doch sein Fenster zum Westen und einen Ostseehafen sichern können.

Karl XII. befand sich jetzt in Konstantinopel, und mit Verspätung erklärten die Türken den Krieg. Deshalb wandte sich Peter an die Serben und Montenegriner in ihrer Eigenschaft als orthodoxe Glaubensgenossen – ein russischer Schachzug, der auf dem Balkan zur Regel werden sollte. Die Russen drangen über den Pruth in die Moldau vor, aber der *Hospodar* der Walachei hatte berechtigterweise zu große Furcht vor beiden Seiten – vor der mächtigen türkischen Armee an der Donau und vor der russischen Herrschaft –, um sich für eine zu entscheiden, so daß die Russen, erheblich in der Minderzahl, eine vernichtende Niederlage erlitten. Sie mußten wiederum auf Asow verzichten, jeder Einmischung in Polen abschwören und Karl XII. sicheres Geleit nach Schweden zusichern. Österreich, nicht Rußland, sollte zum christlichen Bollwerk gegen die Türken auf dem Balkan werden, und sogar die ewig kriegerischen Montenegriner mußten sich auf ihre Festungen zurückziehen.

Leichter war es, Finnland zu überrennen. Dank einer großen Flotte von Galeeren waren in einem zu Lande und zu Wasser vorgetragenen Feldzug die meisten der zugänglichen Gebiete erobert worden, und vor Hangö am äußersten südöstlichen Ende Finnlands hatten die Russen mit zumeist selbstgebauten Kriegsschiffen ihren ersten Seesieg errungen. Als Karl XII. nach Schweden zurückkehrte, waren fast alle schwedischen Besitzungen im Ausland verloren, und 1717 weilte Peter der Große in Paris, wo er Verhandlungen führte mit dem Ziel, das französische Bündnis mit den Schweden durch eine französisch-russische Allianz zu ersetzen. Aber der große Nordische Krieg schleppte sich hin, und sogar noch nachdem Karl XII. bei einer belanglosen Belagerung in Norwegen gefallen war, dauerte es drei Jahre, bis der Friede von Nystad 1721 den langen Konflikt beendete. Von der einstigen Großmacht Schweden waren nur noch Bruchstücke übrig, während Rußland seine Ostseeprovinzen und den Finnischen Meerbusen sicher kontrollierte. Zur Feier des siegreichen Friedens nannte sich Peter der Große nicht mehr Zar von Moskau, sondern Kaiser von Rußland.

Obwohl Peter mit seinen Kriegen vollauf beschäftigt und in seinem Riesenreich ständig unterwegs war, fand er noch die Zeit, jene komplexe und wohlgeordnete Bürokratie zu schaffen, die Rußland jahrhundertelang beherrschen und die von den großen russischen Schriftstellern beschriebene Gesellschaft entstehen lassen sollte. Am 1. Januar 1700 begann er die tiefgreifende Umgestaltung damit, daß er einen Kalender verordnete, der dem Kalender des übrigen Europa entsprach, obwohl er noch nach »altem Stil« war; 1710 verordnete er eine modernisierte Orthographie. Auch den mittelalterlichen Rat der Bojaren schaffte er ab und ernannte statt dessen einen Senat, der ihm bedingungslos Folge zu leisten hatte. 1708 teilte er das Land in acht *Gubernija* mit militärischer und gerichtlicher Oberhoheit auf, die ihrerseits in viele Provinzen unterteilt waren. In Überschneidung zu diesen zivilen Gerichtsbezirken führte er 1722 Regimentsbezirke ein, in denen Garnisonen von zwangsverpflichteten Truppen unter Führung adliger Offiziere stationiert waren, für die es nach Beendigung des großen Nordischen Krieges keine andere Verwendung mehr gab. In den Mittelpunkt dieser Bezirke setzte er »Kollegien« oder Ministerien für Armee, Marine, Gerichtsbarkeit, Erziehung und Industrie. Auch die Kirche nahm er fest in den Griff und unterwarf sie seiner autokratischen Herrschaft durch den zu diesem Zweck konstituierten »Heiligen Synod«. Aber obwohl er die selbstherrliche Macht der großen Bojaren empfindlich beschnitt, beließ er dem hohen und niederen Adel seine Stellung auf dem Lande, die, modifiziert durch die Möglichkeit, jeweils den Erben zu bestimmen, die großen Güter in ihrer ursprünglichen Gestalt erhielt. Er brauchte und beschäftigte die Angehörigen des hohen und niederen Adels für Ämter in der Staatsverwaltung und der Armee, er förderte aber auch das aufstrebende Bürgertum, indem er den Städten neue Freiheiten einräumte und erfolgreiche Industrielle in hohe Ämter aufsteigen ließ. So wurde der ungeheuer zahlreichen bäuerlichen Bevölkerung eine streng hierarchisch gegliederte, zivile und militärische Bürokratie übergestülpt, die der ihrerseits dem autokratischen Kaiser unterworfenen herrschenden Klasse der Gutsbesitzer schollenpflichtig war.

Auf solche Weise wurde das Moskauer Reich in eine absolute Monarchie verwandelt und nach Mittel- und Westeuropa hin geöffnet, statt wie unter der Tatarenherrschaft nach Asien ausgerichtet zu sein, womit zumindest oberflächlich eine gewaltige Anpassungsarbeit geleistet war.

Nur in einer Hinsicht erlitt der große Zar Schiffbruch – in der Frage der Nachfolge. Mit siebzehn hatte er die schöne Eudoksja Lopuchia geheiratet, um sie schon bald wieder zu verstoßen. Aus dieser Ehe stammte sein Sohn Aleksej, der sich als völlig ungeeignet erwies, sein Werk fortzuführen. Unfähig und von Ängsten heimgesucht, wurde er zu einem Sammelpunkt konservativen Widerstands. Deshalb ließ sein Vater ihn 1718, nachdem er in Tirol und Italien beim österreichischen Kaiser Schutz gesucht hatte und wieder eingefangen worden war, in der Festung *Petropawlowskaja* einkerkern und umbringen. Inzwischen hatte der Zar Katharina geheiratet, eine dralle litauische Magd, die schon lange seine Mätresse war und die er 1724 zur Kaiserin von Rußland krönen ließ. Sie war ihm eine wunderbare Gemahlin, aber zeigte sich nach Peters Tod – er war im tiefsten Winter des Jahres 1725 in die eisige Newa gesprungen, um Seeleute zu retten, die in ihrer sinkenden Jacht zu ertrinken drohten – der gewaltigen Verantwortung nicht gewachsen, und Aleksejs Sohn Peter II. (1727–1730) starb jung. Peter des Großen Werk wurde nur durch die Klugheit von Katharinas I. Tochter, der Kaiserin Elisabeth (1741–1762), gerettet und endgültig gesichert durch die außergewöhnlichen Fähigkeiten der gebürtigen deutschen Prinzessin Kaiserin Katharina II., der Großen (1762–1796).

4. Der Sonnenkönig

Die Fronde

Während Niederländer und Engländer ihren Reichtum und ihre Macht erheblich vergrößerten, hatten die Franzosen ihre mächtige Position auch weiter behauptet. Richelieu hatte die Fundamente einer absoluten Regierungsform gelegt und seinen Einfluß im Ausland verstärkt, aber sein von nationalistischen Historikern in Frankreich überschätzter Erfolg war durch mittelalterliche und regionale Privilegien eingeschränkt worden und in hohem Maße eine persönliche *Tour de force* gewesen. Daraus erklärt sich, daß es zwischen 1648 und 1653 immer wieder zu heftigen und gefährlichen Reaktionen kam, bekannt als die *Fronde*, von *Frondeurs* (»Schleuderer«), die sich in Paris zusammenrotteten, Barrikaden errichteten und die Machtübernahme Mazarins, des designierten Nachfolgers Richelieus, erschwerten. Es gab zwei *Frondes*: Die erste bildete sich gleichzeitig mit der Krise in England, die zum Justizmord an Karl I. führte, und ist bekannt als die *Fronde* des *Parlement* und der Pariser Insurgenten, ausgelöst durch Empörung über Steuern und Einbehaltung der Zinsen auf die *Rentes*, die Staatsanleihen. Die zweite, die *Fronde* der Fürsten, war ein Aufstand der *Grands*, des hohen Adels, gegen die zentralisierte Regierung als solche, die, verschlimmert durch die nach Beendigung des Dreißigjährigen Kriegs unbeschäftigten Soldaten, Frankreich so nahe an die Anarchie geführt hatte, daß sich die politisch bewußten und besitzenden Klassen des Landes auf die Seite Mazarins und des jungen Ludwig XIV. schlugen. Am Ende wurde die Macht des Adels gebrochen, aber Ludwig XIV. vergaß nie, welche Erniedrigungen ihm die *Frondes* in jungen Jahren zugefügt hatten. »Nie wieder brachte Ludwig den Bürgern von Paris wirkliches Vertrauen entgegen, nie wieder genoß das *Parlement* sein Vertrauen, und nie vergaß er, daß das Schlimmste, was einem König zustoßen kann, der Verlust jener Macht ist, die ihm erlaubt, sein Königreich zu regieren. Bis an sein Lebensende kehrten in seinen *Mémoires*, in seinen Briefen und Gesprächen immer wieder die Ängste und Schrecken zurück, die ihm die Aufstände eingeflößt hatten. Während die Regierung noch bis 1659 mit dem Krieg gegen Spanien beschäftigt war, hatte das *Parlement*, ermutigt durch den Erfolg des ganz anders strukturierten englischen *Parliaments*, die Wiederherstellung seiner Gerichtshoheit und die Entlassung der *Intendants* gefordert – jener Beamten, die unter Richelieus Regierung in den Provinzen eine Schlüsselstellung innehatten. Hinzu kam eine endemische Unzufriedenheit unter den Bauern, die sich bis weit in die Regierungszeit des Königs immer wieder zu Aufständen entzündete. Adel, Klerus und die Beamten der Krone waren alle von der *Taille*, der Grundsteuer, befreit, und die niedrigen Beamtengehälter führten zu weitverzweigter Korruption und frisierten Abrechnungen.

Richelieu wie Mazarin zeichneten sich durch Habgier aus, und Fouquet, der Leiter des Finanzwesens, erwarb ein Riesenvermögen und spielte eine große Rolle als Kunstmäzen, bevor man ihm auf die Schliche kam. Die Ämter waren käuflich, und die Käufer hielten sich schadlos, ja, auch für ihre Familien fiel noch reichlich ab. Steuerpächter, Finanzbeamte *(Traitants)* und Heereslieferanten häuften Reichtümer auf und zogen sich den Haß des Volkes zu, während der Ämterverkauf zu einer wichtigen Einnahmequelle der Krone zur Finanzierung von Kriegen wurde. Tatsächlich sorgte der Ämterverkauf für ein berechtigtes Interesse an der Erhaltung der Regierung, und man könnte sogar die Auffassung vertreten, daß die Entstehung der absoluten Monarchie in Frankreich weniger auf die Macht der Krone als auf deren Schwäche zurückzuführen sei. Heinrich IV. hat bekannt, er habe die großen Adligen der Liga weniger durch Machtausübung, als durch Bestechung aus dem Wege geschafft, und in ähnlicher Weise erkaufte er sich durch jährliche Zahlungen (etwa der *Rentes*) die Unterstützung des Mittelstandes. Insofern war die absolute Monarchie lediglich ein gigantisches System der Bestechlichkeit derer, welche die Krone der Bestechung für wert erachtete. In der ersten *Fronde* hatten sich die Inhaber von *Rentes* und Amtsträger aus dem Mittelstand, normalerweise staatstragende Elemente, gegen die Regierung gewandt und die Unterstützung der Pariser gefunden. Aber der Adel verachtete sie so, daß er es verschmähte, sich mit ihnen zusammenzutun, und in der zweiten *Fronde* erwies er sich als zu stolz und empfindlich, um Einigung in den eigenen Reihen erzielen zu können.

Kardinal Mazarin – Giulio Mazarini, ein in den Abruzzen geborener Abenteurer sizilianischer Herkunft – war 1639 nach einer Tätigkeit als päpstlicher Nuntius in Frankreich aus den päpstlichen in die Dienste Frankreichs übergetreten und war zwei Jahre später zum Kardinal ernannt worden, damit seine Stimme bei der Vorbereitung des Westfälischen Friedens mehr Gewicht erhielt, obwohl er in Wirklichkeit für eine Verlängerung des Dreißigjährigen Krieges sorgte. Von Richelieu war er zum *Chef du Conseil de la Reine* ernannt worden, eine Position, die erheblich an Bedeutung gewann, als Anna von Österreich in ihrer Eigenschaft als Königinwitwe die Regentschaft für ihren Sohn Ludwig XIV. übernahm. Als fähigem Diplomaten und Verwaltungsbeamten war es ihm gelungen, die *Frondes* zu überstehen, obwohl er dreimal aus Frankreich vertrieben wurde, und er blieb bis zu seinem Tode im Jahre 1661 der wichtigste französische Minister. Dann nahm Ludwig XIV. die Staatsgeschäfte selbst in die Hand und behauptete seine persönliche Herrschaft bis zu seinem Tod 1715. Mazarin, der neunundfünfzig Jahre alt war, als er starb, war außerordentlich unbeliebt, weil er nach italienischer Tradition bestens für seine Verwandtschaft gesorgt hatte. Er hinterließ immense Reichtümer, eine schöne Bildersammlung und eine herrliche Bibliothek. Er stand in dem Verdacht, der Liebhaber der Königin gewesen zu sein. In der Zeit nach den *Frondes* und dem Westfälischen Frieden festigte der Kardinal die Zentralregierung, deren Grundlage Richelieu gelegt hatte, und warb die fähigen Verwaltungsbeamten an, wofür während des *Grand siècle* das Verdienst häufig dem »Sonnenkönig« angerechnet wurde.

»Der Staat bin ich«

Der Monarch, der von 1661 bis 1683 Europa völlig beherrschte, und von 1683 bis 1715 einen so verbreiteten Widerstand hervorrief, war eine Persönlichkeit von großer Kraft, aber konventioneller Geistesart. Von mütterlicher Seite spanischer Abstammung, hatte er ein wenig von der gewaltigen Arbeitskraft seines Vorfahren Philipp II. geerbt und erfüllte im Gegensatz zu seinem faulen und frivolen Vater gewissenhaft, was er sein *métier du roi* – »sein königliches Handwerk« – nannte. Ihm gingen der Charme und die Klugheit Heinrichs IV. ab, obgleich er von ihm das heftige bourbonische Temperament geerbt hatte, das er im Unterschied zu seinem englischen Vetter Karl II. diskret geregelten Bestimmungen zuführte, gab sich mit spanischer Würde und war seit seiner Thronbesteigung im Alter von viereinhalb Jahren daran gewöhnt, immer im Rampenlicht zu stehen. Er hatte einen Instinkt für Propagandawirkung und nutzte den Reichtum und Glanz seines Hofes mit Erfolg für politische Zwecke, so daß er zum glanzvollen Regisseur des politischen und kulturellen Imperialismus Frankreichs wurde. Getragen von der unerschütterlichen Überzeugung, wie ein byzantinischer Kaiser Gottes Stellvertreter auf Erden zu sein, wobei Gott »die höchste Macht ist, von der die königliche Macht ein Teil ist«, verstand er seine absolute Autorität als Recht von Gottes Gnaden. Die Lehre von der »Souveränität«, von Bodin als *Majestas* verkündet, verkörperte sich in Ludwig XIV., der sich buchstäblich nur Gott gegenüber für verantwortlich hielt. Die mittelalterlichen Institutionen, die das alte Gemeinwesen des Reiches konstituiert hatten, wurden zusammen mit der kosmopolitischen säkularen Autorität des Heiligen Stuhls niedergerissen, und der Glanz und die Herrlichkeit des Hofes wurden aufgeboten, um die ganze Überlegenheit des *Roi soleil* zu glorifizieren.

Dieser majestätische Begriff des Königtums war ein Zweck an sich: Sein Ziel war die ewige Idee der – militärischen und kulturellen – französischen *Gloire*: Frankreich sollte mit seiner in *Louis le Grand* verkörperten *Mission civilisatrice* Europa beherrschen und ein reiches merkantilistisches Kolonialreich gründen. An diesen Ambitionen war nichts neu; abgesehen von dem Wunsch nach Kolonien hatten sie ihre Wurzeln in der französischen Geschichte, und die politische Entwicklung der französischen Nation unter dem persönlichen Regiment Ludwigs XIV. bestand nicht darin, daß er irgendwelche Neuerungen einführt, sondern lediglich darin, daß er denen früherer Zeiten feste Gestalt verlieh. Mazarin hinterließ Ludwig eine gefügige Nation, einen Adel, welcher der Zentralregierung unterworfen und ein *Parlement*, das gezähmt war. Zu seinem Erbe gehörte weiterhin ein Verwaltungsapparat, besetzt mit erfahrenen Beamten. Die absolute Monarchie war eine Regierungsform, die willkürlich und unter Ausschluß der Öffentlichkeit operierte und die über ein königliches Gefängnis, die *Bastille*, verfügte, in der sie ohne Gerichtsverhandlung jedermann einkerkern und unbegrenzt festhalten konnte, der ihr Mißfallen erregte. Sie konnte die Literatur zensieren und den – wenn auch in Frankreich schwierigen – Versuch unternehmen, die öffentliche Diskussion zu unterdrücken. Mit einem Wort, Ludwig XIV. wurde zur Verkörperung willkürlicher Machtvollkommenheit.

Gewährleistet wurde sie durch einen kleinen *Conseil d'état* (Staatsrat) aus bürgerlichen, vom hohen Adel verabscheuten Ministern mit klar definierten Zuständigkeiten, der sowohl die königlichen Erlasse veröffentlichte wie auch in seiner juristischen Eigenschaft für eine kompromißlose Regelung der Rechtsstreitigkeiten zwischen Staat und Einzelpersonen oder Körperschaften sorgte, welche die Stirn hatten ihm zu trotzen. Die politischen Richtlinien für Rechtsprechung, Polizeiwesen und Finanzen wurden von den ursprünglich durch Richelieu eingesetzten *Intendants* verhängt, deren Rechtsprechung dem bunten Sammelsurium der erkauften Ämter in den Provinzen vorgeordnet war und die örtliche Rechtsprechung aufhob, so daß alle Autorität von Versailles ausging. Obgleich Richelieu und Mazarin das Problem nicht gelöst hatten, das allen Regierungen im siebzehnten Jahrhundert zu schaffen machte – nämlich wie zu erreichen sei, daß die Einkünfte mit den Ausgaben Schritt hielten –, kam es unter Jean Baptiste Colbert zu einer systematischeren merkantilistischen Politik mit dem Ziel, einen größtmöglichen Reichtum in Frankreich zu schaffen und Kolonien zu entwickeln, die dem Mutterland wirtschaftlich untergeordnet waren. 1619 in Reims geboren und Sohn eines Tuchhändlers, hatte sich dieser Kleinbürger, der ursprünglich Anwalt war, dem Bankwesen zugewandt und erklärt: »Nur die Geldmenge eines Staates entscheidet über seine Größe und Macht.« Er bewunderte die Geschäftsmethoden der Holländer und war der erste Nationalökonom von Beruf, dem es vergönnt war, politische Macht auszuüben. Wie häufig bei solchen Experten waren seine Theorien falsch, obgleich sie zu damaliger Zeit durchaus gängig waren. Er führte Schutzzölle gegen konkurrierende Staaten ein und versuchte den Handel staatlich geförderter Industrien zu lenken, vor allem im Bereich von Luxusgütern wie Seide, aber seine staatlich subventionierten Gesellschaften für Exporthandel und Kolonisierung zogen nie das erforderliche private Kapitel an – die Franzosen legten ihr Geld lieber in öffentlichen Ämtern an, die ihren Käufern obendrein noch Sozialprestige verschafften. 1664 hatte Colbert Fouquet als Oberintendant der Finanzen verdrängt. Außerdem wurde er *Contrôleur général* sowie Sekretär des königlichen Haushalts und der Kriegsmarine, eine Position, in der er eine eindrucksvolle französische Flotte und Handelsmarine aufbauen konnte. Nicht in der Lage, für durchgreifende Reformen zu sorgen, brachte er immerhin eine gewisse Ordnung in die Einziehung der Staatseinkünfte und die Rechnungsführung, so daß er in dem Bemühen, die Kreditfähigkeit der Regierung aufzubessern, die Staatseinkünfte und die Sicherheiten der *Rentes* wesentlich erhöhte. Außerdem förderte er den Anbau von Getreide und Flachs, verbesserte die Pferdezucht in der Normandie, verstaatlichte viele Textilfabriken und sorgte dafür, daß sie besser geführt wurden. Tatsächlich versuchte er die ganze Nation zur Arbeit anzuhalten – eine kleinbürgerliche Vorstellung und recht ungewöhnlich für die damalige Zeit. Sie kam in Frankreich besser an, als es in England oder Spanien der Fall gewesen wäre.

Angesichts der scheinbar reichlicher fließenden Einkünfte konnte sich Ludwig XIV. im Unterschied zu seinem Vater, dessen kleine Armeen jeweils neu aus dem Boden gestampft werden mußten und unzuverlässigen aristokratischen Befehlshabern unterstanden, ein gewaltiges stehendes Heer leisten. Die Truppen des Dreißigjährigen Kriegs und der englischen Bürgerkriege waren, wie erwähnt, recht klein gewesen – selten mehr als sechzehntausend bis zwanzigtausend Mann. *Louis le Grand* schuf ein Heer, das über zweihunderttausend, 1680 sogar fast dreihunderttausend Mann umfaßte. Aber sogar hier war er ein Neuerer nur in bezug auf die Größenordnung: die Spanier hatten eine disziplinierte Infantrie organisiert, Gustav Adolfs Kavallerie konnte vernichtende Attacken reiten und die Niederländer waren angesichts der Notwendigkeit, sich der Spanier zu erwehren, zu Experten auf dem Gebiet defensiver Befestigungstechnik geworden, die so entscheidende Bedeutung für die Kriegführung hatte. Und auf diesem Gebiet brachte auch Frankreich einen Meister hervor.

Sébastien le Prestre de Vauban (1633–1707), der aus burgundischem Landadel stammte, gehörte nicht zu jener Art von Befehlshabern, die Franz I. bewundert hätte. Er war ein Militärtechniker, ein *Sappeur*, der sich auf die Verteidigung der verwundbaren nordöstlichen und östlichen Grenzen spezialisierte und der auf die altehrwürdige Sitte verzichtete, imposante Steinfestungen zu erbauen, wie sie etwa in Loches rund um den Bergfried aus dem elften Jahrhundert oder – in massivster Form – in Konstantinopel zu sehen waren. Er zog bescheidene Befestigungsanlagen vor, angelegt für Kreuzfeuer und geschützt durch Gräben und schräge Kontereskarpen, die sogar Kanonenkugeln widerstanden. 1667 wurde er zum Generalinspekteur der Festungen ernannt und arbeitete eine systematische Lehre des Belagerungswerks aus, die die Kriegführung Ludwigs XIV. bestimmte und das militärische Genie von Turenne und Condé prägte. 1703 machte ihn der König zum Marschall von Frankreich; aber er fiel in Ungnade, weil er seine Ansichten über den wirtschaftlichen Wert der verbannten Hugenotten öffentlich aussprach und auch mit seiner Meinung über die *Taille* nicht hinterm Berg hielt, denn in der in seinem letzten Lebensjahr veröffentlichten Schrift *Projet d'une dîme royale* (Entwurf eines königlichen Zehnten) setzt er sich dafür ein, daß dieser von allen Untertanen, nicht nur von den Bauern erhoben werden sollte. Wäre man seinem Rat gefolgt, hätte es vielleicht die Rettung des *Ancien régime* bedeutet. Aber natürlich trug ihm die Erfindung des Rikoschettfeuers und des Bajonetts weit mehr Anerkennung an.

Während die französische Armee erheblich vergrößert und ihre Disziplin wesentlich verbessert wurde, schickte Colbert sich an, eine Kriegsmarine zu schaffen, die es mit der englischen und niederländischen aufnehmen konnte. Er ließ Werften in Toulon und Brest und ein Arsenal in Rochefort errichten, aber in Frankreich verhinderten die sozialen Unterschiede, die streng beachtet wurden, daß jemand aufgrund seiner Verdienste Karriere machen konnte, während die Mannschaften häufig wie in der englischen Kriegsmarine mit Gewalt »gepreßt« werden mußten. Aber beim Bau der Flotte konnte man jetzt schon weitgehend auf eigenes Bauholz, Seilwerk, Teer und Segeltuch zurückgreifen – war also nicht mehr so abhängig vom Handel mit den Ostseestaaten –, und die Bauweise der Schiffe war ausgezeichnet. So stieg Frankreich zu einer großen See- und Kolonialmacht auf, während es gleichzeitig auf seinem traditionellen Gebiet – dem der kriegerischen *Gloire* – noch an Stärke gewann, eine moderne und technisierte Version der traditionellen *Gesta dei per francos*.

Im Mittelpunkt dieser nach allen Seiten hin ausstrahlenden Macht mit ihrer ungesunden sozialen und ökonomischen Basis legte sich der französische Hof ein neues und bewußt pompöses Gepräge zu, das mehr der spanischen als der französischen Tradition entsprach. Statt unter einer Eiche Recht zu sprechen oder auf Brot, Wein und Frohsinn anstelle von Reichtum stolz zu sein, lebte Ludwig XIV. bewußt eine steife und zeremonielle Größe vor. Da er Paris seit seiner Erniedrigung während der *Fronde* verabscheute, baute er ein riesiges neues Schloß in Versailles, wohin er den Adel zog, der dort nach seiner Pfeife zu tanzen hatte und keine Zeit fand, sich seinem traditionellen Zeitvertreib, der Verschwörung, zu widmen. Dieserart gezähmt, wetteiferten die Adligen eifrig um geringfügige zeremonielle Rangunterschiede und ertrugen eine Langeweile, die ganz und gar nicht französischer Wesensart entsprach. Bei Seignobos heißt es dazu: »Niemals war der Hof von Versailles fröhlich. Ludwig XIV. mag als die Personifizierung der Größe Frankreichs erschienen sein, aber den französischen Charakter hat er nie repräsentiert.« Die Heirat des Königs mit Infantin Maria Theresa von Spanien – eine dynastische Maßnahme, die nicht die Liebe zu einer frommen und langweiligen Prinzessin einschloß – trug nicht gerade zur Belebung des königlichen Kreises bei, obwohl die Spielverluste der Königin die Haupteinnahmequelle für einen beträchtlichen Personenkreis am Hofe bedeuteten. Das schwerfällige Zeremoniell und die komplizierte Etikette folgten dem König auch auf seine langwierigen Kriege, zu denen er in einer riesigen Kutsche anreiste, um dort Schlachten und Belagerung aus sicherer Entfernung zu beobachten. Seine strenge und methodische Lebensweise war nicht die eines kriegerischen Aristokraten, sondern die eines Multimillionärs, der sich gewissenhaft seinen täglichen Pflichten unterzog.

Aber seine berechnet glanzvolle Hofhaltung zahlte sich besser aus als seine militärischen Eroberungen. Französische Sprache, französische Luxusgüter und französische Manieren eroberten die europäischen Höfe. Die Sprache der Diplomaten war nicht mehr Latein, und zu Recht wurde die französische Küche gerühmt. Ihre Grundzüge wurden in den Haushalten der Fürsten und der kosmopolitischen Kirche in Italien entwickelt, um von Katharina de' Medici nach Frankreich gebracht zu werden, wo die Anwendung italienischer Kenntnisse auf französische Nahrungsmittel bereits zu den klassischen Rezepten La Varennes geführt hatte, dessen *Cuisinier Français* 1651 erschien. Condés Küchenchef Vatel gelang es dann, ideale Mischungen herzustellen. La Varenne war als erster Koch bereit, Pilze, Spargel und Kräuter zu verwenden, und Ludwig XIV., der ein Vielfraß war, erwies sich wenigstens hier als Neuerer, insofern er nämlich Salate aß.[14] Zu dieser Zeit wurden die wichtigsten französischen Soßen erfunden und nachgeahmt, und die bürgerliche wie die *Haute cuisine* gewannen an Vielfalt – nicht die geringste *de toutes les gloires de la France*.

Französische Kultur

Sich sehr wohl der politischen Bedeutung der Künste bewußt, entfaltete Ludwig XIV. ein umfangreiches Mäzenatentum. Seit Richelieu die Académie Française begründet und François de Malherbe (gest. 1628) offizielle Verse auf Heinrich IV. geschrieben hatte, deren salbungsvolle Ausdrucksweise Ronsards klassischen Stil »weiterentwickelten«, waren die französischen Dramatiker und Schriftsteller wesentlich konventioneller geworden. Corneilles (1606–1684) strenger alexandrinischer Vers erwies sich als geeignet zur Darstellung erhabener Themen wie etwa des Konflikts zwischen Liebe und Pflicht, öffentlicher Verantwortung und privater Neigung. Die Stoffe entnahm er der römischen Geschichte und brachte sie in klarer Handlungsfolge auf die Bühne, wo ihnen ein fasziniertes Publikum folgte, das daran gewöhnt war, die Staatsraison als Pflicht anzuerkennen. Jean Racine (1639–1699) verwendete den würdevollen Alexandriner flexibler und nahm sich in seinen Dramen die griechische Tragödie zum Vorbild, wobei er Themen privater Leidenschaft behandelte, so in *Andromaque*, *Britannicus* (ein Porträt Neros) und *Bajazet*, während *Phèdre*, eine Neudeutung der griechischen Sage von Phädra und dem tugendhaften Hippolytos, von ergreifendem psychologischem Einfühlungsvermögen zeugt. Nie ist die klangvolle französische Rhetorik so herrlich deklamiert und nie ist den vom Monarchen und seinem Gefolge bewunderten neoklassischen Konventionen solche Tiefe verliehen worden.

Französischer Wesensart und ihrer mittelalterlich-städtischen Tradition näher stand Molière[15] (1622–1673), der vorübergehend und launenhaft von königlichen Persönlichkeiten unterstützt wurde, aber nie wirklich zum Establishment gehörte. Er übernahm Stoffe und Standardfiguren aus populären Stücken italienischer Manier, die er lange in der Provinz gespielt hatte, als er noch selbst als wandernder Schauspieler durchs Land zog. Erst 1659 eroberte er mit *Les précieuses ridicules* Hof und Hauptstadt im Sturm, indem er die intellektuellen Damen der Salons zur Zielscheibe seiner Satire machte. Nach diesem Erfolg kam *Sganarelle*, über das für die Franzosen ebenso unerschöpfliche Thema des betrogenen Ehemannes, und *Le Tartuffe* (1664, aber zur öffentlichen Aufführung fünf Jahre nicht freigegeben), worin er sich über religiöse Askese und Schwindelei lustig machte. Dann wandte er sich dem ebenfalls viel behandelten Thema des *Don Juan* zu, das er zu einer Farce verarbeitete, erfand den berühmten Hahnrei *George Dandin*, schrieb *Le Misanthrope* und schuf die schönste seiner Sittenkomödien mit *Le bourgeois gentilhomme (Der Bürger als Edelmann),* dessen Erstaufführung in der herrlichen Umgebung von Chambord stattfand, und starb während der Aufführung eines eigenen Stückes, des *Malade imaginaire (Der eingebildete Kranke)*. Er war der größte französische Dramatiker. Im Unterschied zu Shakespeare, der reich und in den Adelstand erhoben wurde, mußte sich Molière bis an sein Lebensende mit den Sorgen seines Berufsstandes herumschlagen, und auch Ludwig XIV. hat ihn nur zeitweise unterstützt, aber seine Komödien, in ihrer Wirkung unterstrichen durch Musik und Ballettdarbietungen, sind weit populärer und französischer als die glanzvolle Würde der Corneilleschen und Racineschen Tragödien und trugen erheblich zum Zauber der französischen Kultur bei, der sich als dauerhafter erwies als die militärische *Gloire*.

Die Oper, die 1607 mit Monteverdis herrlichem *Orfeo* in Venedig aus der Taufe gehoben wurde, wurde ebenso wie das Ballett weiterentwickelt. Am Hof Ludwigs XIV. wirkte der Florentiner Lully (1632–1687), des Königs Oberintendant der Kammermusik, dessen Kompositionen zugleich melodiös, würdevoll und fröhlich waren.[16]

Die klassische französische Architektur, deren Ursprung in Rom und Venedig lag, hatte bereits zu ihrem typischen Ausdruck gefunden, als Richelieu Lemercier beauftragte, die Kirche der Sorbonne zu entwerfen, die mit ihrer sparsamen und eleganten Fassade der Handschrift Inigo Jones nicht unverwandt ist, François Mansart hingegen war origineller und französischer: Dieser Sohn eines Zimmermanns verdankte seine Karriere allein seinem Talent und wenn er, soweit wir seinen Charakter beurteilen können, arrogant, eigensinnig, intolerant, schwierig und vermutlich unehrenhaft war, so waren diese Eigenschaften nur die wenig anziehende Kehrseite seines ausgeprägten Sinns für seine Berufung und sein berechtigter Stolz auf seine Fähigkeiten als Architekt. Er machte sich den Kontrast von Back- und Natursteinen zunutze und lebt in der volkstümlichen Erinnerung vor allem wegen seiner gebrochenen Dächer fort. Die makellosen Proportionen und die Schlichtheit des Anbaus, den er für Ludwigs XIII. Bruder Gaston d'Orléans in Blois erbaute, bildet einen eindrucksvollen Gegensatz zum angrenzenden schwerfälligen Renaissancetreppenhaus. Hinsichtlich der strengen Eleganz ähneln die frühen Arbeiten Mansarts denen Louis Le Vaus (1612–1670), dessen berühmtestes erhaltenes Schloß das 1657 bis 1661 erbaute Vaux-le-Vicomte ist, dessen Proportionen und Ausgewogenheit, noch unterstrichen durch Le Nôtres geometrische Gärten, äußerst ansprechend wirken, wie immer man zur pompösen Kuppel stehen mag. Dieser Besitz wurde das Vorbild von Versailles, denn der König übernahm, nachdem Fouquet in Ungnade gefallen war, alle seine Architekten und Handwerker und ließ sie an seinem eigenen Schloß arbeiten, das alle anderen in den Schatten stellen sollte. Entzückt über die historischen Gemälde Charles Le Bruns zum Alexanderstoff, machte ihn Ludwig XIV. 1661 zum Direktor der königlichen Akademie der Künste, eine Position, deren diktatorische Machtvollkommenheit dieser Maler bis zu seinem Tode im Jahre 1690 weidlich ausnutzte.

Le Vau war der Sohn eines Baumeisters und weniger arrogant und schwierig als Mansart. Gemeinsam mit Le Brun stellte er ein Team von Architekten, Dekorateuren und Landschaftsgärtnern zusammen, das 1669 eine erste Version von Versailles hervorbrachte, in welche das kleine, einst für Ludwig XIII. erbaute Schloß aufgenommen wurde und die später von Hardouin Mansart (1646–1708), Mansarts Großneffen, auf ihre heutigen riesigen Ausmaße erweitert wurde; ein angemessener Rahmen für den glänzendsten und mächtigsten Monarchen Europas, aber plump im Vergleich zur Eleganz des Habsburger Gegenstücks in Schönbrunn. Französische Architekten galten jetzt als ebenso gut wie die italienischen. Sogar Bernini, dieses Genie des Barock, mußte sich, aus Rom herbeigerufen, bei einem Wettbewerb mit Entwürfen zur Vergrößerung des Louvre geschlagen geben. Das künstlerische Zentrum Europas hatte sich von Rom nach Paris verlagert.

Der größte Vertreter des französischen Klassizismus war Nicolas Poussin (1593–1665). Er wurde bei Les Andelys in der Normandie geboren und arbeitete zunächst in Rouen, dann in Paris. Aber 1624 ließ er sich in Rom nieder, wo er in Kardinal Barberini einen Mäzen fand. Unter dem Einfluß des Venezianers Paolo Veronese entwickelte er seinen eigenen Stil, der sich vom Barock der Gegenreformation unterschied, und beschäftigte sich mit Motiven aus der heidnischen Mythologie. Auch von Tizian beeinflußt, verlieh er seinen Farben eine romantische Tiefe und gelangte zu einer eigenen Kompositionstechnik von großer poetischer Wirkung, so etwa im *Reich der Flora* (1631). Auf Richelieus Betreiben kehrte Poussin nach Paris zurück, doch unfähig, um offizielle Aufträge zu wetteifern, begab er sich wieder nach Rom, um dort den Rest seines Lebens zu verbringen. Deshalb kann man ihn kaum zum königlichen Establishment Frankreichs zählen, aber wie Mansart und Le Vau gewann er seine verläßlichsten Mäzene im wohlhabenden französischen Bürgertum, und seine Bilder zeigen die rationale Ordnung, die dem französischen Denken gefiel. Diese strenge kartesische Atmosphäre zeigt, daß er doch mehr unter französischem als unter italienischem Einfluß steht.

Auch in der Landschaftsmalerei leistete jetzt ein französischer Maler Hervorragendes. Claude Gellée *le Lorrain* (1600–1682) wurde bei Nancy geboren und begann sein Berufsleben als Konditor in Freiburg und Rom, wo er sich, in den Diensten eines Landschaftsmalers, für die Künstlerlaufbahn entschied. Anschließend besuchte er Neapel und war überwältigt von der Schönheit der Stadt, die seinen Stil prägte. Er ließ sich in Rom nieder, wo Papst Urban VIII. seine Landschaften erwarb und wo er bis an sein Lebensende blieb. Obwohl Lorrain in Italien malte, hatte er ein nordeuropäisches Empfinden für das allgegenwärtige Licht, das er in der römischen Campagna antraf, im Tibertal, in den Sabinerbergen und an der neapolitanischen Küste, und überall begegnete er der Erinnerung an die Antike. Wo die holländischen Pioniere der Landschaftsmalerei realistisch gearbeitet hatten, brachte Claude das klassizistische Empfinden der Franzosen ein, angeregt von italienischem Licht und italienischer Landschaft.

Ludwigs XIV. Expansionskriege

Poussin und Lorrain sind nur die größten von zahlreichen französischen Malern, die einen größeren zivilisatorischen Beitrag lieferten als Ludwig XIV. mit seinen Kriegen. Trotzdem verlangen diese gewichtigen öffentlichen Geschehnisse, welche die Machtverhältnisse in Europa und Übersee veränderten, unsere Aufmerksamkeit. Die unter Ludwig XIV. vergrößerte Armee war von Kanzler Michel Le Tellier reorganisiert worden, dessen Sohn François Le Tellier, Marquis de Louvois, ihn 1662 als Kriegsminister ablöste und 1672 Staatsminister wurde. Er war ein hochfahrender und fähiger Administrator, der Logistik und Nachschub verbesserte und zusammen mit Colbert großen Einfluß erlangte, zumal er den König in seinem Streben nach militärischer *Gloire* bestärkte. Wenn der Krieg nichts verschlug, bediente sich Ludwig diplomatischer Schliche, wie zum Beispiel gegen Papst Alexander VII., als es um die angebliche Erniedrigung des französischen Botschafters durch die korsische Garde des Papstes ging, sicherlich keine besonders höflichen Männer. Er benutzte auch Geld, wie in dem Fall, da er Karl II. von England Dünkirchen abkaufte und ihm finanziell unter die Arme griff, als er mit den Portugiesen über eine Heirat mit Infantin Katharina von Bragança verhandelte – ein Bündnis, das sich gegen Spanien richtete.

Aber die potentiell gefährlichste Grenze lag für Frankreich nach wie vor im Nordosten, und hier spielte der seit langem bestehende Konflikt zwischen England und den Niederlanden Frankreich in die Hände. Dieser hatte zur Zeit der englischen Republik begonnen und inoffiziell auch nach der Restauration Karls II. im Jahre 1660 fortgedauert. So hatten die Engländer 1664 Neu-Amsterdam in den Neuen Niederlanden erobert und es bald darauf in New York umbenannt. Die Spannungen führten schließlich zum zweiten englisch-niederländischen Krieg (1664–1667). Ludwig XIV. war vertraglich verpflichtet, die Niederlande zu unterstützen, aber obwohl er sich formell an sein gegebenes Wort hielt, unternahm er wenig, um ihnen zu helfen. Als 1665 Philipp IV. von Spanien bei seinem Tode sein Erbe dem unfähigen Karl II. hinterließ und die Thronfolge, sollte dieser kinderlos sterben, seiner Schwester Margarete, der Frau Kaiser Leopolds von Österreich, zufallen mußte, behauptete Ludwig, daß nach flämischem Recht die Thronfolge seiner eigenen Gemahlin, Margaretes älterer Schwester, der Infantin Maria Theresa, zustehe. Im Jahre 1667 marschierte er dann auf diesen wenig überzeugenden und hypothetischen Anspruch hin in den Spanischen Niederlanden ein und besetzte Charleroi und Lille.

Diese Aggression veranlaßte Niederländer und Engländer zum Frieden; unter Einbeziehung der Schweden bildeten sie ein Dreierbündnis gegen die Franzosen, woraufhin Ludwig dem Prinzen Condé gestattete, die Franche-Comté zu besetzen, ein Schachzug, der den Kaiser bedrohte und Ludwig eine gute Verhandlungsposition verschaffte. Diese nutzte er sogleich aus: 1668 tauschte er das eroberte Gebiet gegen die reizlose, aber strategisch wichtige Region von Charleroi, Douai, Armentières und Lille ein. Außerdem hatte er Leopold zu einem Geheimvertrag bewogen, der das spanische Reich für den Fall aufteilte, daß dessen König Karl II. ohne männlichen Erben sterben sollte. Sodann berief er sich auf einen Vertrag mit dem Herzog von Lothringen, der den französischen König gegen das Recht auf lebenslangen Nießbrauch zu seinem Erben eingesetzt hatte. Die Franzosen besetzten das strategisch lebenswichtige Lothringen, das von den Ardennen und Argonnen bis zu den Vogesen reichte. Gleichzeitig schloß Ludwig XIV. 1670 den Geheimvertrag von Dover mit Karl II. von England, durch den er den gerissenen Monarchen den Niederländern abspenstig machte und ihn verpflichtete, den Franzosen Schiffe für den Kampf gegen ihn zu liefern, dem Beispiel seines Bruders, des Herzogs von York, zu folgen und sich im geeigneten Augenblick zur römisch-katholischen Kirche zu bekennen.

So gestärkt schickte der Sonnenkönig 1672 ohne Kriegserklärung eine gewaltige Armee gegen die Niederlande, die zwischen der de Witt- und Oranien-Partei zerstritten waren. In dieser Krise brachten die Holländer die Brüder de Witt um und schlugen sich auf die Seite des jungen Statthalters Wilhelm von Oranien, und als sie im Herbst desselben Jahres die Deiche rund um Amsterdam öffneten, kam der Vormarsch der Franzosen zum Stillstand. Ferner besiegten sie eine englisch-französische Flotte vor der Insel Texel und verhinderten eine feindliche Landung im Norden, so daß die Franzosen sich aus den Vereinigten Niederlanden zurückziehen mußten. Aber nicht aus dem Krieg: der Kaiser, Spanien und der Herzog von Lothringen hatten sich jetzt gegen Frankreich gewendet, die Engländer hatten Frieden mit den Niederlanden geschlossen, der später besiegelt wurde durch die wichtige dynastische Eheschließung von des Herzogs von York Tochter Maria mit Wilhelm von Oranien, doch Ludwig schlug an der Ostgrenze zu, eroberte abermals die Franche-Comté und entsandte Turenne, die Pfalz zu verwüsten und die kaiserlichen Truppen aus dem Elsaß zurückzutreiben. Der Konflikt breitete sich sogar bis zum Mittelmeer aus, während er in Flandern wie gewöhnlich zum Belagerungskrieg erstarrte.

Scheinbar siegreich, aber mit versiegenden Einkünften, die hauptsächlich den Bauern abgepreßt wurden, da noch archaische Steuerverhältnisse herrschten, schloß Ludwig 1678 den Frieden von Nimwegen, in dem er, nachdem er die Niederlande bereits durch Senkung der gegen sie gerichteten

Schutzzölle abgefunden hatte, die Franche-Comté, Cambrai, Ypern und Maubeuge erhielt, in dem es ihm aber nicht gelang, sich eine strategisch sichere Grenze in Flandern zu schaffen. Drei Jahre später verzichtete er auf jeden Versuch zur Mäßigung, indem er die strategisch wichtigen kaiserlichen Städte Colmar und Straßburg im Elsaß annektierte und 1684 die Stadt Luxemburg. Er erkannte die günstige Gelegenheit, die ihm in den Schoß gefallen war, denn Kaiser Leopold führte gerade seinen erbitterten Krieg gegen die Türken. Wie geschildert, war Wien 1683 unter Führung Jan Sobieskis von Polen gerettet worden, aber 1684 konnte der französische König durch den Vertrag von Regensburg Straßburg und Luxemburg behalten, eine Entscheidung, die einen Waffenstillstand zwischen den Franzosen auf der einen Seite und dem Kaiser und Spanien auf der anderen signalisierte.

So schien Ludwig XIV. jetzt Herr über Europa, tatsächlich aber hatte er sich bereits übernommen. 1685 hatte er überdies eine Entscheidung getroffen, die, teilweise um den Papst über seine ambivalente Haltung gegenüber den Türken zu versöhnen, der französischen Wirtschaft großen Schaden zufügte. Seit 1598 gewährte das Edikt von Nantes den Hugenotten Duldung, wenn ihnen auch später durch Richelieus Eroberung von La Rochelle jede Möglichkeit zum militärischen Aufstand genommen worden war. Aber sie blieben ein Fremdkörper in einem zunehmend zentralisierten Staat. Unter dem Vorwand, die meisten Hugenotten seien inzwischen zum Katholizismus bekehrt, erklärte Ludwig XIV., das Edikt von Nantes sei überflüssig geworden, und befand, »daß wir nichts besseres tun können, als die Erinnerung an die Wirren auszulöschen, ... welche die Ausbreitung dieser falschen Religion in unserem Reich verursacht hat, und das besagte Edikt zu widerrufen«. Hugenottische Pastoren, die sich nicht fügen wollten, wurden vertrieben, ihre Kirchen zerstört, ihre Schulen geschlossen, ihre Besitzungen eingezogen. Ihnen drohte sogar das schreckliche Schicksal, auf die Galeeren geschickt zu werden, wenn sie beim Versuch zu emigrieren gefaßt wurden. Trotzdem emigrierten sie – nach Norwich und Southampton, nach London und Bristol, nach Holland, Preußen und Dänemark, wo sie mit ihren Fähigkeiten zur Entwicklung der Frankreich feindlich gesinnten Länder beitrugen und einen wertvollen Bevölkerungszuwachs darstellten.

Mächtige Staaten schlossen sich jetzt gegen Frankreich zusammen. 1686 ging der Kaiser ein doppeltes Bündnis ein: im Norden mit Schweden und dem Kurfürsten von Brandenburg, bislang ein gekaufter Verbündeter Frankreichs, und in Deutschland mit den katholischen deutschen Staaten. Zusammen mit Spanien bildeten diese Mächte die Augsburger Allianz. Außerdem unterschätzte Ludwig XIV. – und er war nicht der letzte französische Staatsmann, dem das passieren sollte – die englische Politik gröblich. Mit der Thronbesteigung Jakobs II. im Jahre 1685 rechnete er auf einen treuen Bundesgenossen, der die erkauften Versprechen Karls II. halten und noch mehr tun würde. Aber die englische Nation vertrieb den katholischen Jakob II. und akzeptierte Wilhelm von Oranien und Maria, wodurch in der Person Wilhelms ein erbitterter Feind des *Grand Monarque* auf den englischen Thron kam, so daß die beiden größten Seemächte im Norden nun gegen Frankreich Front machten. 1689 verbündeten sich die beiden Seemächte erneut mit dem Kaiser, der entschlossen war, die Franzosen auf die Grenzen festzulegen, die im Westfälischen- und im Pyrenäenfrieden anerkannt worden waren. Ludwig XIV. hatte seine Karten überreizt und sich damit alle Großmächte Europas zu Feinden gemacht.

Die »Glorreiche Revolution«

Die Gründe, welche England veranlaßt hatten, einen holländischen Statthalter zum König zu erheben, dessen Interesse ganz und gar der Politik auf dem Kontinent galt und dem sogar der Stuartsche Charme abging, den er doch immerhin von seinem Großvater Karl I. hätte erben können, wurzelten in den englischen Bürgerkriegen. Obwohl die Stuarts wieder an der Macht waren und mit ihnen die großen aristokratischen Grundbesitzer und die wohlhabenden Londoner Kaufleute, gab es noch eine starke, wenn auch sozial in Mißkredit geratene »nonkonformistische« Strömung, getragen von denen, die für die »gute alte« parlamentarische »Sache« gekämpft hatten. Und nahezu alle Klassen verabscheuten die Katholiken, deren Einfluß am exotischen Hof Karls I. wesentlich zu dessen Unbeliebtheit beigetragen hatte. Die Monarchie war, obwohl die politische Initiative immer noch bei ihr lag, »gemischt«, da das Parlament über die Finanzen bestimmte, und Karl II. seine Ansprüche nur geltend machen konnte, indem er seine nicht sehr strenge religiöse Überzeugung verbarg, Hilfsgelder von seinem Vetter Ludwig XIV. annahm und viel politisches Geschick bewies. Mit der Thronbesteigung Jakobs II. wurden alle die wilden Ängste vor dem Katholizismus, einem stehenden Heer und einer französischen Invasion wieder wach, und obgleich Ludwig XIV. bewußt darauf verzichtete, sich in Wilhelms III. Expedition einzumischen, da er glaubte, sie werde das Land durch einen Bürgerkrieg lähmen, erwies sich die *Glorious Revolution* als unblutig, und Wilhelm konnte seinen Plan verwirklichen, Englands Reichtum samt Englands See- und Kriegsstärke in die Front gegen Frankreich einzureihen, das er seit 1672 mit kriegerischen und diplomatischen Mitteln bekämpfte.

Schlimmer war die Konsequenz für Irland, wo der von Frankreich erwartete Bürgerkrieg tatsächlich ausbrach. Die heute noch in Nordirland gefeierte Schlacht an der Boyne führte zum ständigen Exil Jakobs II. und den heute noch schmerzlich spürbaren Nachwirkungen des protestantischen Siegs; auch die Schotten haben Wilhelm III. durch das Massaker von Glencoe in böser Erinnerung. Aber die Engländer lernten es, mit ihm auszukommen und gründeten 1694 die Bank von England. So hatten die Franzosen sich selbst in den weitverzweigten Krieg mit der Augsburger Allianz – oder »König Wilhelms Krieg«, wie die Engländer ihn nannten – hineinmanövriert. Er dauerte von

1690 bis 1697 und wurde für die Engländer durch den spektakulären Seesieg vor La Hogue entschieden, als 1692 eine französische Invasionsflotte besiegt und in alle Winde zerstreut wurde. Für Wilhelm ging der Krieg weiter mit den für gewöhnlich mühseligen und zu keiner Entscheidung führenden Feldzügen in Flandern, in denen er meist besiegt wurde, aber zäh überlebte. Die Feindseligkeiten wurden in dem Frieden von Rijswijk beendet, der Ludwig XIV. zwang, Wilhelm und Maria in Großbritannien und Irland anzuerkennen, dem Reich Luxemburg und die Pfalz und dem Herzog von Lothringen sein Stammland zurückgab. Die Franzosen behielten lediglich Straßburg. Diese Friedensschlüsse brachten geringen Lohn für den jahrzehntelangen Krieg gegen die weit besser organisierten Seemächte und das volkreiche Deutschland. Die Finanz- und Sozialordnung der vom Sonnenkönig faszinierten französischen Nation war immer schwereren Belastungen ausgesetzt. Schlimmer noch war, daß dieser Frieden nur eine Atempause bedeutete vor einem neuen schrecklichen Konflikt, dem Spanischen Erbfolgekrieg.

Die Vorherrschaft des französischen Stils

Politisch scheinbar auf dem Gipfel der Macht, tatsächlich aber auf dem Weg zu militärischen Niederlagen, hatten die Franzosen eine weitreichende und dauerhafte kulturelle Vorherrschaft erworben. Die Angst und der Haß, den der Marschtritt ihrer Truppen, das Geklirr ihrer Kavallerie und der Donner ihrer Geschütze erregten, wiesen sie scheinbar als mächtigsten Staat Europas aus, während der Zauber und Glanz ihrer Kultur, gegenwärtig in Diplomatie, Literatur und bildender Kunst ebenso wie in ihrer Arroganz und Affektiertheit, sogar die Könige und Adligen feindlicher Staaten faszinierte. Denn die europäische Kultur war noch immer hierarchisch und kosmopolitisch, und mochten die Handel treibenden Holländer und die reichen Junker in England auch die französische Mode ablehnen und für äffische Possen halten, so erlagen ihr doch viele ihrer Enkel im achtzehnten Jahrhundert. Unübersehbar ist der französische Einfluß in der Architektur. In England war Inigo Jones' palladianischer Einfluß in großem Maßstab von Christopher Wren fortgeführt worden, der die Gelegenheit, die sich 1666 nach dem großen Brand von London bot, dazu nutzte, eine neue und noch majestätischere Saint Paul's Cathedral und viele elegante Stadtkirchen zu erbauen. Wrens Saint Paul's Cathedral war weiträumig, in England ohne Vorbild und eher im französische-klassizistischen als im italienisch-barocken Stil gehalten. Wren, der Architektur in Paris studiert hatte, als der ältere Mansart und Le Vau sich noch auf der Höhe ihres Schaffens befanden, und der bis ins hohe Alter von einundneunzig Jahren lebte und wirkte, schuf außerdem die elegante Bibliothek des Trinity College in Cambridge und den »Tom«-Tower des Christ Church College in Oxford, der auf eigenartige Weise mit dem spätgotischen Stil der großen Halle und sogar den unvollendeten Kreuzgängen harmoniert.

Karl II. hatte mit der Restauration die französische Mode und das, was die Franzosen *Galanterie* nennen, in England heimisch gemacht, und das Restaurationsdrama, welches das unter puritanischer Herrschaft verschüttete Theater aus der Zeit Jakobs I. und Karls I. verdrängte, war eine witzige und künstliche Neuauflage Molières ohne dessen psychologische Tiefe. In Holland ahmten die aristokratischen Parteigänger Wilhelm von Oraniens das kulturelle Vorbild Frankreichs nach, und auch in ihrer Leidenschaft für Gärten und Schlösser paßten sie sich dem formalen französischen Stil an, während in Mitteleuropa sogar die Habsburger die spanischen Sitten für eine französisierte Eleganz aufgaben und dabei häufig einen besseren Geschmack bewiesen als der *Roi soleil* selbst. Auch die deutschen Fürsten und Aristokraten folgten – selbst am relativ ungehobelten Hof des hohenzollerischen Kurfürsten von Brandenburg – der französischen oder – im Süden – der am französischen Vorbild orientierten Wiener Mode. Die herrschenden Klassen hielten sich so sklavisch an die Mode, daß sie selbst in der Haartracht dem Beispiel folgten, das um 1624 als erster Ludwig XIII. geliefert hatte, als er seine frühzeitige Kahlköpfigkeit mit einer Perücke bedeckt hatte, und das in den siebziger Jahren des siebzehnten Jahrhunderts von Ludwig XIV. fortgeführt wurde, der eine riesige Perücke aus Menschenhaar trug, um sein jugendliches Erscheinungsbild zu bewahren. Selbst junge Männer schnitten ihr natürliches Haar ab, so daß sie im Schlafzimmer einen wenig erfreulichen Anblick boten und zum Tragen einer »Nachtmütze« gezwungen waren. Diese unhygienischen und teuren Perücken erreichten im hohen Alter des *Roi soleil* eine geradezu extravagante Länge. Die Sitte, welche der Eitelkeit der französischen Könige zu verdanken ist, dürfte die mit Rouge bedeckten alten Gesichter tatsächlich noch älter gemacht haben, aber sie ließ die Perücke zu einem Statussymbol werden, das in gemäßigter Form lange fortbestand und den Porträts der Westeuropäer aus dieser Zeit ihren unverwechselbaren Charakter verlieh. Gestützt auf ihren militärischen Aufwand und Pomp übernahmen die Franzosen also die »zivilisatorische Mission« von den Italienern, die in Rom weiterhin ihren überladenen, jetzt aber zur Provinzialität verkommenden Barock- und Rokokostil pflegten, der auch in Österreich und Süddeutschland Eingang fand. Französisch, und nicht mehr Latein, waren jetzt die europäische Zweitsprache, und in Europa, das mehr als gewöhnlich von dynastischen Kriegen heimgesucht wurde, strahlte von Frankreich eine kosmopolitische Kultur aus, die sich sogar bei dessen harnäckigsten Feinden durchsetzte. Sie blieb auch nicht auf West- oder selbst Mitteleuropa beschränkt, sondern breitete sich nach Polen und ins Moskauer Reich aus, als dieses unter Peter dem Großen zum kaiserlichen Rußland wurde.

5. Der Spanische Erbfolgekrieg – Der Utrechter Friede

Der Spanische Erbfolgekrieg

Der Friede von Rijswijk, der 1697, in dem Jahr, als der junge Zar Peter Westeuropa besuchte, den Krieg der Augsburger Allianz beendet hatte, erwies sich lediglich als Waffenstillstand: schon bald brach ein neuer und schlimmerer Konflikt aus. Karl II. von Spanien dämmerte schon seit langem ohne direkten Erben in einer Agonie voller Wahn und Aberglauben dahin – zeitweilig davon überzeugt, bereits vom Teufel besessen zu sein. Die Großmächte hatten, sehr auf die Erhaltung des Friedens bedacht, lange über die Zukunft des riesigen spanischen Erbes verhandelt, das Gebiete auf der Iberischen Halbinsel, in Italien, den Niederlanden, in Amerika und auf den Philippinen umfaßte. 1698 hatten sich Wilhelm III. und seine Verbündeten mit den Franzosen auf eine Teilung geeinigt. Danach sollte der Großteil des spanischen Reiches dem unmündigen Kurprinzen Joseph Ferdinand von Bayern zufallen, einem Nachkommen Philipps IV. von Spanien, wodurch das Machtgleichgewicht zwischen dem französischen und österreichischen Reich gewahrt geblieben wäre. Nach dem Tod dieses Kindes setzten sie einen zweiten Teilungsvertrag auf, demzufolge Erzherzog Karl von Österreich, Bruder Erzherzog Josephs (später Kaiser Joseph I., 1705–1711) und zweiter Sohn Kaiser Leopolds I., Spanien, die spanisch-amerikanischen Kolonien und die Spanischen Niederlande erhalten sollte, während der *Grand Dauphin* Ludwig, Sohn Ludwigs XIV., die spanischen Besitzungen in Italien, einschließlich der strategisch wichtigen Fürstentümer Mailand, Neapel und Sizilien erben sollte.

Als Karl II. schließlich im Herbst des Jahres 1700 starb, erwies sich, daß er, wie eigentlich nicht anders zu erwarten, der Obsession treu geblieben war, die Einheit seines Erbes zu erhalten. Sich über alle anderen Ansprüche hinwegsetzend, hatte er das gesamte spanische Erbe Herzog Philipp von Anjou, dem Enkel Ludwigs XIV. und Maria Theresas, Infantin von Spanien, hinterlassen. Und er hatte hinzugesetzt, daß das Erbe, falls es ausgeschlagen würde, in Gänze dem Erzherzog Karl von Österreich zufallen sollte. Ludwig XIV. hatte, obwohl durchaus bestrebt, einen weiteren großen Krieg zu vermeiden, wirklich keine andere Wahl. Da im Falle, daß die spanische Erbfolge an die österreichischen Habsburger fiele, die »Einkreisung« durch die Niederlande, das Rheinland, Italien und Spanien drohte, erkannte er den siebzehnjährigen Philipp von Anjou als Philipp V. von Spanien an, ein Ereignis, das den spanischen Botschafter zu einer berühmten Bemerkung veranlaßte: »Es gibt keine Pyrenäen mehr.«

Die Engländer waren entsetzt. Sie fürchteten eine Unterbrechung ihrer

Handelswege und eine französisch-spanische Kolonialherrschaft in der Welt. Die Holländer teilten ihre Sorge, da sie eine französische Invasion befürchteten – eine Angst, die sich als nur zu berechtigt erwies, als die Franzosen auch sogleich die Grenzfestungen von den spanischen Besatzungen übernahmen. Wilhelm III. bestellte John Churchill, Earl of Marlborough, zum Oberbefehlshaber und Botschafter in den Vereinigten Niederlanden. Gemeinsam bewilligten *Whigs* und *Tories* die Mittel für einen Krieg, während Kaiser Leopold I. und sein Oberbefehlshaber Prinz Eugen von Savoyen-Carignan die Franzosen bereits in Norditalien angriffen, um die lebenswichtigen Verkehrswege zu sichern, die Spanien mit dem Reich verbanden.

In die diesem kritischen Augenblick, im Frühjahr des Jahres 1702, starb Wilhelm III. ausgebrannt und erschöpft im Alter von zweiundfünfzig Jahren an den Folgen eines Sturzes, den er tat, als sein Pferd über einen Maulwurfshügel stolperte – das Werk eines »kleinen Edelmannes in schwarzem Samt«, wie der Trinkspruch seiner Feinde lautete –, und Ludiwg XIV. versetzte die Engländer in helle Wut, als er den Stuart-»Prätendenten«, den Sohn des im Sterben liegenden Jakob II., als König Jakob III. von Großbritannien und Irland anerkannte. Damit verletzte er den Vertrag von Rijswijk und vergrößerte die allgemeine Bestürzung noch, indem er erklärte, der »Wille Gottes« müsse darüber entscheiden, ob Philipp und seine Erben ungeachtet anderslautender Verträge die französische und die spanische Krone tragen sollten. Überdies übertrugen die Spanier bereits bislang den Engländern und Holländern vorbehaltene Handelsprivilegien, einschließlich des Rechts auf Verkauf afrikanischer Sklaven in ihren Kolonien, auf die Franzosen.

Trotz eifriger Bemühungen, den Frieden zu bewahren, verketteten sich die politischen Ereignisse so unglücklich, daß sie die westeuropäischen Großmächte in den ausgedehnten Spanischen Erbfolgekrieg (1702–1713) verstrickten, der zeitlich mit dem großen Nordischen Krieg an der Ostsee und im Moskauer Reich zusammenfiel. Dieser Erbfolgekrieg sorgte dafür, daß das englische und niederländische Überseereich weiterbestanden, und »behauptete und bewahrte die Freiheit Europas« – wie es auf dem Marlborough-Denkmal im Park von Schloß Blenheim heißt – vor den Ambitionen Ludwigs XIV.

Dabei sah es bei der Thronbesteigung Königin Annas (1702–1714) in England gar nicht nach einem solchen Ausgang aus. Die Franzosen waren im Bündnis mit Spanien und Spanisch-Amerika, sie hatten die Bayern an ihrer Seite, und Ungarn und Türken bedrohten einmal mehr das Reich. Zum erstenmal seit Jahrhunderten mußten die Engländer auf dem europäischen Kontinent in größerem Maßstab eingreifen. Als Feldherr vereinigte Marlborough militärisches Genie mit diplomatischem Geschick und übernahm Wilhelms III. Rolle als »Dreh- und Angelpunkt« einer neuen Großen Allianz. Gestützt auf die Seeherrschaft, die sie sich bereits durch ihren Sieg vor La Hogue gesichert hatten, konnten England und das Reich sich gegen Spanien wenden. Dank der modernen Finanzmethoden der Bank von England und einer ungewöhnlichen Großzügigkeit des Parlaments, das eine französische Invasion und verheerende Auswirkungen auf den Handel fürchtete, konnte Marlborough umfangreiche Truppen für seine Feldzüge ausheben, die weit straffer organisiert waren als die des Dreißigjährigen Krieges. Das Ringbajonett hatte die Pike und das Steinschloßgewehr die Luntenmuskete verdrängt. Das Steinschloßgewehr schoß viel schneller, so daß die Infantrie, in drei Linien aufgestellt, ununterbrochen und stetig feuern konnte. Außerdem hatte die Kavallerie seit Gustav Adolfs Tagen wieder Beweglichkeit auf die Schlachtfelder gebracht, und die Artillerie war besser als früher in der Lage, ihr Feuer auf einen entscheidenden Punkt zu konzentrieren. Wenn sie nicht in Belagerungen zum Stillstand kam, konnte die Kriegführung zu Anfang des achtzehnten Jahrhunderts großes Tempo entwickeln und einem fähigen Feldherrn einen erheblichen Aktionsradius bieten. Denn eigentlich zum erstenmal seit den weit bescheideneren Konflikten der Antike ließen sich Armeen jetzt – nicht nur zu Beginn einer Schlacht, sondern während ihres ganzen Verlaufes – als Instrumente eines einzigen über sie gebietenden Willens verwenden, daher das Auftreten so vieler hervorragender Generale, unter denen die größten Eugen von Savoyen und John Churchill, Herzog von Marlborough, waren.

1703 entschlossen sich die Franzosen zu einem ehrgeizigen Vorgehen. Unter dem Marquis de Villars rückte ihre Armee im Zusammenwirken mit Kurfürst Max Emanuel von Bayern auf Wien vor, während die Ungarn sich im Osten erheben und gleichzeitig die in Italien stationierten französischen Truppen nach Norden in Marsch gesetzt werden sollten. 1704 entsandte Ludwig XIV., gemäß diesem fast schon napoleonischen Plan eine starke französische Armee unter Marschall Tallard nach Bayern. Marlborough, der den Franzosen an der Maas ein Schnippchen geschlagen hatte, brach mit einer Armee aus Engländern, Holländern und Preußen im Eilmarsch von Koblenz auf und besiegte die Franzosen im August 1704 bei Höchstädt in der Nähe von Donauwörth. Es war eine gewaltige und blutige Schlacht, in der vierzigtausend Franzosen und Bayern fielen, verwundet wurden, in Gefangenschaft gerieten oder in die Flucht geschlagen wurden – ein Ereignis, das bei weitem den Rahmen der Schlachten des sechzehnten Jahrhunderts oder des Dreißigjährigen Kriegs sprengte. Wien war gerettet, Tallard in Gefangenschaft, die Franzosen über den Rhein zurückgetrieben und den Bayern jede Lust auf Fortsetzung des Krieges genommen. Überdies sicherten sich die Engländer, nachdem sie unlängst die spanische Schatzflotte in der Bucht von Vigo abgefangen hatten, in Zusammenarbeit mit den Niederländern durch Einnahme Gibraltars den Schlüssel zum westlichen Mittelmeer und ihren Flottenstützpunkt auf Menorca – Port Mahón.

Aber Ludwig XIV. war entschlossen, Herr über die Niederlande und seine verwundbare Nordostgrenze zu bleiben, und schickte im Mai 1706 eine weitere Armee zum Gegenangriff bei Ramillies zwischen Löwen und Lüttich. Fünfundzwanzigtausend Engländer, Niederländer und Dänen schlugen eine vorwiegend mit der Reiterei geführte Schlacht gegen ein französisches Heer von etwa gleicher Stärke und jagten es in die Flucht. Die Verbündeten eroberten die ganzen Spanischen Niederlande einschließlich Brüssel und Antwerpen, und im selben Jahr vertrieb Prinz Eugen die Franzosen aus Norditalien. Außerdem war 1705 ein englisches Expeditionsheer unter dem Earl of Peterborough von Lissabon nach Katalonien verschifft worden; Barcelona war erobert und Erzherzog Karl mit Zustimmung der Katalanen, Aragonesen und Valencier als König Karl III. von Spanien ausgerufen worden und 1707, auf der Höhe des erfolgreichen Krieges, wurde die Union zwischen England und Schottland ratifiziert.

Aber die Franzosen waren nicht endgültig aus den Niederlanden vertrieben; 1708 wurden sie bei Oudenarde an der Schelde, südwestlich von Gent, auf flachem, eingegrenztem und wasserdurchzogenem Terrain durch das taktische Geschick Marlboroughs und Eugens besiegt, so daß eine Invasion Frankreichs im Rahmen des Erreichbaren lag, aber zuvor mußten Lille, Brügge und Gent genommen werden. Doch Marlboroughs politischer Einfluß in England wurde untergraben, so wurde der Krieg nicht zum Abschluß gebracht. In Spanien schloß sich der Großteil der Bevölkerung überraschenderweise dem Franzosen Philipp V. an. Zu seiner Beseitigung wäre ein aufwendiger Feldzug erforderlich gewesen, und die Friedensverhandlungen zwischen Ludwig XIV. und den Alliierten scheiterten, da Ludwig sich weigerte, Truppen zur Absetzung seines eigenen Enkels zu stellen. Der Krieg ging also weiter, jetzt nach herkömmlicher Art mit Belagerungen, zunächst war Tournai, dann Mons an der Reihe. Schließlich kam es zur endgültigen und fürchterlichsten Schlacht: bei Malplaquet griffen mehr als hunderttausend alliierte Soldaten ungefähr neunzigtausend Franzosen an, und die Zahl der Gefallenen belief sich insgesamt auf vierunddreißigtausend. In ihrer Größenordnung war diese Schlacht nur den schlimmsten der Napoleonischen Feldzüge vergleichbar und weit mehr, als Regierungen und Öffentlichkeit des achtzehnten Jahrhunderts verkraften konnten; die Große Allianz begann zu zerbröckeln. Marlborough, dessen Einfluß durch Intrigen politischer Parteien am englischen Hof hintertrieben wurde, stellte zwar erneut sein belagerungstechnisches und strategisches Geschick unter Beweis, aber ließ nur seine Verbündeten im Stich und schloß einen Separatfrieden. 1713 einigten sich alle Alliierten mit Ausnahme des Kaisers im Frieden von Utrecht; Erzherzog Karl, seit 1711 Kaiser Karl VI., kämpfte bis 1714 weiter, bis auch er mit Frankreich in Rastatt Frieden schloß. Der tiefenttäuschte Marlborough zog es vor, unter Deutschen und Holländern zu leben und blieb auf dem Kontinent, bis Georg I. aus dem Hause Hannover den britischen Thron bestieg.

Wie häufig nach glanzvollen Siegen wurden viele der militärisch errungenen Vorteile am Verhandlungstisch verschenkt, aber das Hauptziel wurde erreicht. Durch den Utrechter Frieden wurde der Plan zur Vereinigung der französischen und spanischen Kolonialreiche zerschlagen. Die Engländer behielten Gibraltar und Menorca, was ihnen Einfluß im westlichen Mittelmeer sicherte, außerdem die Hudsonbai-Gebiete in Kanada, Neufundland und Neuschottland, wodurch sie ihre Stellung am Nordatlantik verstärkten, während sie gleichzeitig die spanisch-amerikanischen Märkte eroberten, nicht zuletzt durch ihre Beteiligung am Sklavenhandel. Im Vertrag von Rastatt von 1714 verdrängten die Österreicher die Spanier aus den Niederlanden und schützten die niederländische Republik vor französischen Übergriffen. Sie erbten den spanischen Besitz im nördlichen Italien und blieben dort bis zur Mitte des neunzehnten Jahrhunderts, wodurch sie zusammen mit einem gestärkten Savoyen den Franzosen den Zugang zur Halbinsel verwehrten, während Sizilien zunächst Savoyen und dann Österreich zugesprochen wurde. Angesichts dieser Regelungen kam man zu der Überzeugung, man könne ruhig einen Bourbonen auf dem spanischen Thron lassen, wie die Spanier es verlangten, und die Katalanen und Aragonesen wurden der Regierungsgewalt Philipps V. in Madrid unterstellt.

So stiegen die Engländer zur bei weitem größten Seemacht auf und verdrängten die österreichischen Habsburger aus der Rolle von Frankreichs Erbfeind. Die Niederlande waren endlich von der spanischen Herrschaft befreit und unterstanden statt dessen einer großzügigeren österreichischen Verwaltung, und auch die Italiener tauschten ihre spanischen gegen österreichische Herren ein.

Einfluß des italienischen Hochbarock

Wie schon Eroberer früherer Zeiten hatten auch die Spanier feststellen müssen, daß Italien nicht leicht zu beherrschen ist. Im Königreich von Neapel und Sizilien waren die spanischen Vizekönige gezwungen, sich mit Aufständen in Kalabrien, Palermo und Neapel herumzuschlagen. 1647 hatte Masaniello, ein Fischer aus Positano, einen Aufstand in Neapel angezettelt. Als die Spanier ihn getötet hatten, hatten sich die Neapolitaner an die Franzosen um Hilfe gewandt, doch ein neuer spanischer Vizekönig wußte die schwierige Situation zu meistern.

Als 1672 Ludwig XIV. und die Niederlande miteinander im Krieg lagen, war ein sizilianischer Aufstand gegen die Spanier von einer niederländischen Flotte unter de Ruyter unterstützt worden, und 1707 vertrieb eine österreichische Armee die Spanier aus Neapel und Sizilien, das im Utrechter Frieden dem Herzog von Savoyen zugesprochen wurde, um sowohl Franzosen wie Spanier aus Italien herauszuhalten.

Natürlich wurde auch das Herzogtum Mailand Österreich zugesprochen, während die Toskana den degenerierten Medici-Großherzögen blieb. Als einziger italienischer Fürst profitierte also der Herzog von Savoyen-Piemont von diesem Krieg, dessen Besitzungen zu einem Pufferstaat erweitert wurden, unter anderem zum Dank für die erfolgreiche Feldherrentätigkeit Prinz Eugens. Nachdem er Sizilien erhalten hatte, tauschte er es 1718 gegen Sardinien ein, und nachdem er König von Sardinien geworden war, sollten seine Nachkommen über ein vereinigtes Italien herrschen.

Venedig dagegen, diese einst so glänzende und reiche Macht, die als vorbildliches Gemeinwesen galt, trat jetzt seinen Niedergang an. Nach außergewöhnlich langer Belagerung hatten die Türken 1669 Kreta genommen und Dalmatien und die Peloponnes zurückerobert: so versiegten allmählich die Hauptquellen des venezianischen Reichtums, wenn auch nicht der Frohsinn des so geselligen Treibens dieser Stadt.

Das Papsttum hatte während des Dreißigjährigen Krieges nicht vermocht, der Gewalttätigkeit irgendeiner Seite Einhalt zu gebieten. Aber während des Pontifikats Urbans VIII. (1623–1644) und Innozenz' X. (1644–1655) hatte die italienische Barockarchitektur eine Blütezeit erlebt. Francesco Borromini (1599–1667) belebte den klassizistischen Renaissancestil und verlieh den emotionaleren Aspekten der ausklingenden Gegenreformation dramatischen Ausdruck, wobei ihn der Neapolitaner Gian Lorenzo Bernini (1598–1680) an schöpferischer Brillanz und Vielseitigkeit noch in den Schatten stellte, denn dieser war sowohl Maler und Bühnenbildner, als auch Architekt und Bildhauer. Sein riesiger Bronzebaldachin über dem Apostelgrab in der Peterskirche fällt sogar in solch majestätischer Umgebung auf, und seine Porträtbüsten sind überhöhte Charakterdarstellungen. Auch herrliche Brunnen hat er geschaffen, auf denen sich Tritonen und Delphine inmitten herabstürzender Wasserfälle fröhlich tummeln oder symbolische Nymphen mit amphibischen Tieren spielen. Sogar mystische Stoffe wußte er darzustellen, etwa in der berühmten Verzückung der heiligen Theresa – eine sehr körperbetonte Auffassung des Themas – und in der Behandlung verschiedener dramatischer Augenblicke aus dem Leben und Sterben von Märtyrern und Heiligen. Aber das herrlichste Baudenkmal, das er schuf, sind die weitläufigen Kolonnaden, die den Petersplatz umsäumen und noch heute einen würdigen Rahmen für die Menschenansammlungen päpstlicher Feierlichkeiten bilden.

Während Fürsten, Politiker und Soldaten ihre Völker mit den englischen Bürgerkriegen, dem Dreißigjährigen Krieg und dem großen Nordischen Krieg heimsuchten, schuf der glänzend begabte Bernini dank aufgeklärter päpstlicher Förderung unsterbliche Kunstwerke. Ohne Bedeutung blieb, daß die Franzosen ihn, nachdem sie ihn um einen Entwurf für den Louvre gebeten hatten, verschmähten, sein Einfluß hatte schon europäische Bedeutung und sollte sie behalten. Berninis und Borrominis Stil breitete sich bald über die Alpen nach Norden aus, Rom durch kulturelle Eroberungen für schwindenden politischen Einfluß entschädigend, und regte, gefördert von Leopold I., der selbst Komponist, Bücherfreund und Gründer der Universitäten Osnabrück, Olmütz und Breslau war, den süddeutschen und österreichischen Barock sowie dessen glänzende Fortsetzung im Rokoko an.

Wie Bernini stammte auch Alessandro Scarlatti (1658–1725) aus Süditalien. Er begründete in Neapel den neuen Opernstil, wo er beim spanischen Vizekönig als Kapellmeister in Diensten stand, obgleich er auch in Rom als

Komponist von Kirchenmusik tätig war. Er war Wegbereiter jener Musik, die später von Haydn und Mozart weiterentwickelt werden sollte, und ist insofern Ahnherr eines erhabenen und glanzvollen Stammbaums. Sein Sohn Domenico (1685–1757) wurde in Neapel geboren, wo er vermutlich auch starb. Er war der erste international bekannte Cembalovirtuose, wurde musikalischer Leiter am Petersdom in Rom und erhielt Berufungen nach Spanien. Alessandro Scarlatti weist mit seiner Beherrschung weitgespannter Melodiebögen und seiner disziplinierten Perfektion im Detail bemerkenswerte Verwandtschaft zur Architektur Borrominis auf. Tatsächlich erhielten die Italiener nach Utrecht und Rastatt zwar wieder einmal neue Herren, da die Österreicher die Spanier ablösten, und der politische Niedergang des Papsttums setzte sich fort, aber dies tat der italienischen Kultur keinen sonderlichen Abbruch. Die »Kavalierstour« war jetzt zur festen Einrichtung geworden, durch welche eine größere Zahl von Nordeuropäern Kultur und Annehmlichkeiten des Südens schätzenlernten und um viele Eindrücke bereichert in ihre Heimat zurückkehrten. Während die Feldzüge Marlboroughs und Eugens aus dem Blickwinkel politischer und militärischer Geschichtsbetrachtung ihre Bedeutung behalten, da sie die Verteilung von Seemacht und Reichtum in der Welt verschoben, und während Peter der Große das barbarische Moskauer Reich rücksichtslos zu einer eurasischen Großmacht umschmiedete, entfalteten die Ursprünge der europäischen Zivilisation in Italien auch weiterhin ihren schöpferischen und untilgbaren Einfluß.

Globale Perspektiven

Obwohl also die kulturelle Schöpferkraft Italiens ungebrochen war, war das Handelsaufkommen der Mittelmeerhäfen längst vom Überseehandel an der Atlantikküste überflügelt worden, der lange eine Domäne der Niederländer war. Der holländische Seehandel, ursprünglich der Tausch von Weizen, Holz und Seilerwaren aus dem Ostseeraum gegen spanische Wolle und spanisches Silber sowie mediterrane Luxusgüter und Wein, hatte nach Übersee ausgegriffen und führte Gewürze aus Ostindien sowie Tabak und Zucker aus den spanischen Kolonien ein. Bei Ausdehnung des kolonialen Handelsvolumens konnten die Niederlande angesichts ihres kleinen und verwundbaren Mutterlandes und ihrer Abhängigkeit von Weizenimporten ihr Monopol nicht halten. Engländer und Franzosen sicherten sich einen größeren Anteil, und in ihren Kriegen ging es ebenso sehr um Wirtschaftsvorteile wie um kontinentale Territorien. Seit den ersten Navigationsakten von 1650 und 1651 zur »Förderung von Flotte und Schiffahrt der Nation« während der englischen Republik war eine energische, vor allem gegen das niederländische Frachtgeschäft gerichtete Handelspolitik von einer Reihe aufeinanderfolgender englischer Regierungen betrieben worden, um den mit ihren Kolonien betriebenen Handel auf englischen Schiffen abzuwickeln. Dieser gezielte Wirtschaftsimperialismus, der vom Hof, den Großgrundbesitzern, den Großkaufleuten und einer neuen Klasse von Kapitalgebern unterstützt wurde, erhielt jetzt auch durch eine vergrößerte Kriegsmarine Rückendeckung, und das Vereinigte Königreich von Großbritannien, Schottland und Irland wurde zur vorherrschenden See- und Handelsmacht. Der Wettbewerb zwischen Genuesen und Venezianern in der Levante fand nun seine überdimensionale Parallele im Nordatlantik und in der Karibik. Ferner hatten die Engländer den Niederlanden Indonesien überlassen und konzentrierten sich auf Indien. 1661 räumte Karl II. der Ostindischen Kompanie in einem revidierten und erweiterten Privileg größere politische Rechte ein, auf daß sie »ein großes, wohlgeordnetes und sicheres englisches Herrschaftsgebiet in Indien« errichtete. 1708, auf der Höhe der Marlborough-Kriege, konnte die Kompanie der Regierung eine Million Pfund leihen, und es gab bereits drei stategisch bedeutsam gelegene »Präsidentschaften«, nämlich Bombay, Bengalen und Madras. Mit dem Zerfall des Mogulreichs nach dem Tod von Aurangsib im Jahre 1707 sah sich die Kompanie gezwungen, ihr politisches Engagement zu verstärken, um ihren Handel zu schützen, obwohl sie sich lange vor der Übernahme politischer Verantwortung scheute.

Auf der anderen Seite der Erdkugel hatte die englische Kolonisierung von Barbados und anderen Westindischen Inseln, die einen potentiellen Reichtum darstellten, sowie die Eroberung Jamaikas im Jahre 1655, die Grundlage zum Erwerb riesiger Zuckervermögen gelegt, so daß das achtzehnte Jahrhundert sowohl das Glück der ersten *Nabobs* aus Indien wie auch das der ersten Millionäre aus der Karibik sah.

Auch die Franzosen waren seit langem entschlossen, die Holländer zu überflügeln. Der merkantilistisch eingestellte Colbert hatte versucht, kolonialen Unternehmungsgeist zu wecken, und während die Franzosen, vollauf mit dem eigenen Land beschäftigt, im Unterschied zu Engländern und Holländern ihre staatlich geförderten Gesellschaften kaum unterstützten, beteiligten sie sich eifrig am Wettlauf um die westindischen Zuckerinseln, die als die lohnendsten Objekte galten. Die Engländer konnten über Barbados und Jamaika verfügen, aber durch den Utrechter Frieden blieb Frankreich Martinique, Saint-Dominique und Guadeloupe erhalten, ja, es konnte sich sogar die Hälfte der geschätzten Insel Saint Christopher sichern – so groß war der Reichtum, den die von Sklaven bestellten Zuckerplantagen abwarfen. Dazu gewannen die Westindischen Inseln strategische Bedeutung als Stützpunkte in dem Konflikt, der über die Herrschaft im Atlantik entscheiden sollte.

So war die europäische Zivilisation Anfang des achtzehnten Jahrhunderts vom Überseehandel um das Kap der Guten Hoffnung nach Osten und quer über den Atlantik in einem Maße in Anspruch genommen, das in der Antike oder im Mittelalter völlig unvorstellbar war. Zwar blieb der Levantehandel wichtig, doch wurde er vom Kapital und von den Schiffen der antlantischen Mächte beherrscht; der Schwerpunkt hatte sich in den Nordwesten verlagert, und die entscheidenden kulturellen und geistigen Einflüsse gingen jetzt von

Völkern aus, die nicht mehr, wie in der Antike und im Mittelalter, zum Mittelmeer blickten, um von dort ihre Maßstäbe zu beziehen. So mächtig der Einfluß klassischer humanistischer Erziehung und italienisch geprägter Kultur, Kunst und Musik auch lange Zeit blieb, die »Neueren« setzten jetzt hinsichtlich der Größenordnung, des Reichtums und der Horizonte ihrer Unternehmungen nie zuvor gesehene Maßstäbe.

Politische Philosophie und Naturphilosophie

Wenn neben der allgegenwärtigen kulturellen Vorherrschaft Frankreichs auch die wichtigsten architektonischen, künstlerischen und musikalischen Impulse weiterhin von Italien ausgingen, so wurde jetzt auch Großbritannien erstmals zum politischen und geistigen Vorbild. Gewiß folgte auf die Restauration von 1660 eine Zeit verworrener und hektischer Machenschaften, da die Krone sich ihre Finanzen zwar vom Parlament bewilligen lassen mußte, aber keinerlei Anstalten getroffen worden waren, die Regierungen zur Verantwortlichkeit gegenüber dem Parlament zu zwingen. Mit der Thronbesteigung des katholischen Jakob II. (1685–1688), dem ein Absolutismus nach kontinentalem Vorbild mit Rückendeckung eines stehenden Heeres vorschwebte, kamen die Gegensätze zum offenen Ausbruch, und die Revolution von 1688 vollendete, was die Revolution von 1642 begonnen hatte. Der katholische König wurde abgesetzt, und die Solidarität der englischen Oberschicht hatte sich auf spektakuläre Weise bestätigt: praktisch hatte sich das gemeinsame Interesse der Großgrundbesitzer und der reichen Kaufleute der Regierungsgewalt bemächtigt. Trotz heftigen politischen Parteienstreits gelang es den *Tories* und *Whigs*, den Spanischen Erbfolgekrieg zu finanzieren und seine wichtigsten, wenn auch nicht alle seine Gewinne einzustreichen. Mit Schottland vereinigt und Herr über Irland war Großbritannien jetzt zur größten Seemacht aufgestiegen und hatte die Habsburger als gefährlichster Konkurrent Frankreichs abgelöst. Aus einer zweitrangigen Randmacht, die sich vorwiegend durch Destruktivität auszeichnete, war Großbritannien jetzt zu einem europäischen Großstaat mit einem wachsenden Kolonialreich in Nordamerika und Indien geworden, mit Institutionen, die zu bewundern jetzt in Mode kam.

Besonders in Frankreich, wo das mittelalterliche Erbe von einem auf ein riesiges stehendes Heer gestützten Monarchen weitgehend zerschlagen worden war und wo der Absolutismus ohne die Verwaltungsreformen herrschte, die ihn zu einer funktionierenden Regierungsform hätten machen können, begannen sich intelligente Leute für die Errungenschaften der Engländer zu interessieren, die ihr mittelalterliches Parlament modernen Erfordernissen angepaßt und eine Monarchie beibehalten hatten, ohne sich willkürlicher Macht zu unterwerfen. Sie schienen die Methodik und den Geschäftssinn der Holländer mit einer aristokratischen, aber anpassungsfähigen Gesellschaftsordnung vereinbart zu haben. Sie hatten nach der Inflation zur Zeit der Tudor und Jakobs I. die Lebenshaltungskosten stabilisiert, während sich die anglikanische Kirche, nachdem sie einen Kompromiß gefunden hatte, der den Einfluß sowohl calvinistischer wie auch katholischer Extremisten beschnitten hatte, damit zufriedengab, die »Dissidenten«, das Vermächtnis der Bürgerkriege, lediglich gesellschaftlich zu ächten. Im Lande herrschte jetzt weit größerer Wohlstand, Bergbau und Eisenhütten legten das Fundament einer künftigen Schwerindustrie, und der Schiffbau überflügelte sogar den der Holländer – wie die Tatsache bezeugt, daß der junge Zar Peter sich nach England begab. Ferner hatte man moderne Ackerbau- und Viehzuchtverfahren von den Holländern übernommen und neue Ackerpflanzen in England heimisch gemacht. Die Exporte waren nicht mehr so einseitig abhängig vom Tuchhandel, sondern erlebten einen Aufschwung durch die Wiederausfuhr von Tabak und Zucker aus Virginia und von den Westindischen Inseln sowie von Musselin- und Kattunstoffen aus Indien. Während die meisten Menschen noch immer – wie überall – in Armut lebten, erfreuten sich zur Regierungszeit Annas die oberen Klassen in England eines erfreulichen Wohlstands, und der politisch bewußte Teil der Nation war sich, wenn auch an der Spitze durch erbitterte politische Machtkämpfe zerstritten, darin einig, daß es die oligarchische Wirtschafts- und Sozialordnung zu erhalten gelte, die sich aus den Bürgerkriegen des vorangegangenen Jahrhunderts und ihrem republikanischen Zwischenspiel entwickelt hatte. Sie schnitt gut ab im Vergleich zu den bürokratischen und absoluten Monarchien des Kontinents und hatte bewiesen, daß sie ihnen die Stirn zu bieten vermochte.

Die englische Verfassung und das Ideengut, von dem sie getragen war, fanden also Beachtung im Ausland, und die geistige Anregung, die im siebzehnten Jahrhundert von Holland ausgegangen war, fand Anfang des achtzehnten Jahrhunderts ihre Entsprechung in dem Einfluß Englands. Die vorherrschende Anschauung vom Gottesgnadentum der Könige, deren Verkörperung und überzeugter Vertreter Ludwig XIV. war, wurde durch eine vernunftbestimmtere Staatsidee in Frage gestellt und von Schriftstellern aufs Korn genommen, die den *Roi soleil* nicht nur für gefährlich, sondern auch für lächerlich hielten.

Thomas Hobbes (1588–1679) sah die Rechtfertigung des Staates nicht darin, daß er Ausdruck göttlich-kosmischer Ordnung sei, sondern als nützliches Mittel zur Selbsterhaltung – dem fundamentalsten Naturgesetz –, und hatte dies mit einer mechanistischen Auffassung der menschlichen Mentalität begründet. Er hatte dargelegt, daß ein Gesetz nur »positives Recht« sei, wenn es durchgesetzt werde, und daß ein Staat, dem es nicht gelinge, Leben und Eigentum seiner Bürger zu schützen, deren Loyalität verspiele. Außerdem meinte er, man müsse Kirchen und Sekten der säkularen Gewalt streng unterordnen, statt nach religiösen Rechtfertigungen für die Regierungsgewalt zu suchen. Da man ihm zynischen Atheismus vorwarf, wurde Hobbes von den Behörden abgelehnt und durfte kein öffentliches Amt bekleiden, aber seine Lehren waren allmählich in das Bewußtsein der Menschen gedrungen und hatten zu einer realistischeren Auffassung von Politik geführt.

John Locke (1632–1704) gewann großen öffentlichen Einfluß, vor allem in den nordamerikanischen Kolonien und auf dem Kontinent. Er kam aus dem Mittelstand, aus einer republikanischen Familie in Somerset, und gelangte über Westminster School und Christ Church College in Oxford in die große Welt, wobei ihm dieser Weg durch seinen Gönner Anthony Ashley Cooper, Earl of Shaftesbury, geebnet wurde, dem Gründer der *Whig*-Partei, der Locke 1673 zum Minister für Handel und Kolonien machte. Zwar mußte er unter Jakob II. ins holländische Exil, konnte aber mit Wilhelm III. nach England zurückkehren.[17]

Wie Hobbes vertrat Locke die Ansicht, der Staat sei nicht dazu da, daß ein Herrscher sich im Glanze seines Gottesgnadentums sonnen könne, sondern müsse dem »Volk« nützen, worunter er die besitzenden Klassen und den Teil der Nation verstand, der sich politisch zu artikulieren wußte. Diese Lehre, niedergelegt in seinem Buch *Two Treatises on Civil Government* (1679 bis 1681), kam dem Bestreben des protestantischen Establishments, Jakob II. loszuwerden, sehr gelegen, und mit dem Erfolg der Revolution von 1688/89 gewannen Lockes Schriften über Regierungssysteme, religiöse Toleranz und Erziehung außerordentliche Bedeutung.

Anders als Hobbes war er nicht besonders originell, denn er übernahm Hookers mittelalterliche These, die Regierung sei für die *Communitas*, das Gemeinwesen als Ganzes, verantwortlich, aber was er schrieb, war hochaktuell, wichtig und willkommen, da es das Vorgehen großer und erfolgreicher Interessengruppen rechtfertigte. Wie Hobbes vertrat er die Auffassung, Aufgabe der Gesellschaft sei es, die Menschen aus einem schlechten »Naturzustand« herauszuführen und Gesetze auf- und durchzusetzen, die Leben und Eigentum schützten – »Frieden, Sicherheit und öffentliches Volkswohl« –, worunter er natürlich nicht die fast analphabetische Masse der arbeitenden Bevölkerung verstand, sondern Menschen seiner Art. Sobald dieser Grundsatz Anerkennung gefunden hatte, verlor das ganze pompöse Gebäude der absoluten Monarchie, das die Gesellschaft mit ungerechten Steuern belastete und durch ein stehendes Heer in Schach hielt, die Zustimmung der Menschen. Locke erklärte außerdem, daß »jedem Menschen die Sorge um sein Seelenheil selbst überlassen« bleiben müsse, und griff die traditionelle Hierarchie der katholischen Kirche mit ihrem Monopol auf die offenbarte Religion an. Lockes klarer Prosa und nicht Bossuets barocker Eloquenz gehörte die Zukunft.

Newton

Auf einem noch wesentlicheren Gebiet gewann jetzt Sir Isaac Newton weltweiten Einfluß. Er wurde 1642 in Woolsthorpe in Lincolnshire geboren, besuchte die Lateinschule in Grantham, wurde aber mit Vierzehn von seiner verwitweten Mutter auf den väterlichen Hof geholt. Durch seinen Onkel mütterlicherseits, einen Pfarrer aus Lincolnshire, wurde ihm 1661 der Besuch des

Trinity College in Cambridge ermöglicht, wo er drei Jahre später zum Stipendiaten gewählt wurde. 1665/66 stand er im Vollbesitz seiner schöpferischen Kräfte und brachte der Mathematik und Philosophie größeres Interesse entgegen, als zu irgendeinem späteren Zeitpunkt seines Lebens. Als er sich nach Woolsthorpe zurückgezogen hatte, um der Pest auszuweichen, versenkte er sich dort in eine Spekulation über die Kraft der Gravitation, die seiner Meinung nach erheblich weiter reichen mußte, als gemeinhin angenommen. Warum nicht bis zum Mond? Vielleicht wurde er durch sie in seiner Umlaufbahn gehalten. Nachdem er diese Überlegung anhand einer groben Schätzung der Erdgröße überprüft und festgestellt hatte, daß ihr die Mondbewegung ziemlich genau entsprach, ließ er die Frage zwanzig Jahre lang ruhen. 1667 wurde er zum Mitglied des Trinity College und 1669 zum Professor für Mathematik gewählt, in welcher Eigenschaft er Vorlesungen über Optik hielt und aus dem Spektrum ableitete, »daß weißes Licht stets zusammengesetzt ist«. 1672 zum Mitglied der Royal Society gewählt, durfte er, obwohl nicht als Geistlicher ordiniert, dank persönlichen Eingreifens Karls II. seine Lehrtätigkeit am Trinity College fortsetzen. 1687 stellte er in seiner Schrift *Philosophiae naturalis principia mathematica* nach eigenen Worten ein »System der Welt« auf und »erklärte das Universum anhand mechanischer Prinzipien«.

Mit seinen Leistungen besiegelte Newton jenen schon seit langem stattfindenden Übergang vom »alten« zum »neuen« Denken und räumte mit Zweifel und Verwirrung auf, unter denen im Kielwasser des scholastische Gewißheiten zerstörenden Skeptizismus soviele Denker des siebzehnten Jahrhunderts gelitten hatten.

Die empirische Evidenz schien das Universum selbst als rational und seinen Schöpfer als mechanistisch denkend auszuweisen. Der Weg war offen für den Triumph der empirischen Vernunft, um so mehr, als Lockes Philosophie den menschlichen Geist als *Tabula rasa* dargestellt hatte, der Eindrücke eingeritzt werden könnten, so daß die Erziehung den Menschen Vernunft vermitteln könnte. Englischer *Commonsense*, der sich schon in Politik und Wirtschaft als erfolgreich erwiesen hatte, wurde in einer Zeit, da die Sprache besondere Prägnanz und Klarheit gewann, auch dazu benutzt, die Welt zu erklären und ein optimistisches Bild von ihrer Zukunft zu entwerfen, und Bacons empirische Methode und optimistischer Ansatz fanden damit eine kosmische Bestätigung. Nachdem die Philosophie die kartesianischen Grenzen des Denkens akzeptiert hatte, wurde sie jetzt zur »Naturphilosophie« – die damalige Bezeichnung für Naturwissenschaft – und verkündete der Menschheit die neue Hoffnung, daß aus dem rechten Vernunftgebrauch sogar ihr Glück erwachsen könne.

Nach 1688 wurde Newton Vertreter der Universität Cambridge im englischen Parlament, 1696 Königlicher Münzmeister, um in dieser Eigenschaft eine Reform des Münzwesens zu beaufsichtigen, und gab seine Cambridger Ämter auf, wurde dafür aber zum Präsidenten der Royal Society gewählt.

1705 wurde er zum Ritter geschlagen und starb 1727 mit fünfundachtzig Jahren in Kensington, das für damalige Verhältnisse sehr beträchtliche Vermögen von zweiunddreißigtausend Pfund hinterlassend.[18]

Swift und Purcell

Wo Locke und Newton aufhörten, da begannen die Philosophen der französischen Aufklärung und die Gründungsväter der amerikanischen Revolution, und dieser gewaltige Einfluß blieb nicht auf den Westen beschränkt: Die »Aufklärung« griff nach Mitteleuropa und Rußland über und klärte sogar einige dortige Despoten auf. Die ambivalenten Beziehungen zwischen England und Frankreich setzten sich fort, und obwohl sie zeitweilig miteinander im Krieg lagen, beeinflußten sich die beiden Völker. Lange Zeit hatten die Franzosen vorgeherrscht: Der Hof Karls II., praktisch ein Vorposten französischer Kultur, hatte die Engländer nachhaltig geprägt, nicht zuletzt ihre Sprache, denn die barocken Redefiguren von Milton, Hobbes und Sir Thomas Browne hatten ebenso wie die wolkige Rhetorik der Cromwellschen Sekretäre teilweise unter Einfluß des Hofes der klaren und beißenden Prosa Jonathan Swifts (1667 – 1745) Platz gemacht. Er entwickelte eine beißende Ironie, die ihre Wirkung aus einer klaren Sprache und schlichten Vergleichen gewann, während die Briefe und sogar die politischen Pamphlete das Englische auf einem Höhepunkt der Klarheit und der Aussagekraft zeigen. In der Tat hatten die Schriftsteller dieses klassischen Zeitalters, mochten sich auch die Werke aus der Zeit Elisabeths I. und Jakobs I. durch größere schöpferische Kraft auszeichnen, mehr Wirkung im Ausland, weil sie besser ins Bild der immer noch vorherrschenden französischen Kultur paßten und auf dem Kontinent besser verstanden wurden.

Ende des siebzehnten Jahrhunderts brachte England auch sein größtes musikalisches Genie hervor. Henry Purcell (1658–1695) war früh von der vorherrschenden Manier des in Frankreich wirkenden Florentiners Lully beeinflußt worden. Purcell komponierte sowohl als Theatermusiker wie auch als Organist an der Westminster Abbey und der Hofkapelle. Karl II. zog italienische Komponisten vor, und Purcell als »Hofkomponist seiner geheiligten Majestät« bemühte sich, »die berühmtesten italienischen Meister naturgetreu nachzuahmen und ihren Ernst und ihre Feierlichkeit in Mode zu bringen«. Als er 1684 seine berühmten »Oden zum Sankt Cäcilientag« veröffentlichte und die Musik zu etlichen Dichtungen Drydens geschrieben hatte, war man der Meinung, er habe der Feinheit und Schönheit italienischer Weisen die Anmut und Fröhlichkeit französischer Komponisten hinzugefügt, und Dryden erklärte: »Wir haben endlich einen Engländer gefunden, der den besten Musikern im Ausland das Wasser reichen kann.«

Über das ganze Spektrum seines nationalen Lebens – beginnend mit der Revolution des Jahres 1688 und der Hannoverschen Thronfolge, welche die dynastischen Verhältnisse ohne Bürgerkrieg veränderte, über Armee und Kriegsmarine, Finanzen, Wirtschaft und Kolonisation bis hin zu Wissenschaft, Architektur, Literatur und Musik – war England jetzt mit Schottland zu Großbritannien verschmolzen, zu einer gewaltigen Macht und mit kulturellem Einfluß in Europa wie in Übersee aufgestiegen.

6. Weltkonflikt und Aufklärung – Spanien und Portugal

Neue Imperien, alte Rivalitäten

Als Ludwig XIV. nach einer zweiundsiebzigjährigen Regierung 1715 starb, folgte ihm sein fünfjähriger Urenkel, der bis 1774 regierte. Obwohl die französische Monarchie das Modell des neuen Staates geschaffen hatte und obwohl in Paris – wenn auch nicht in Versailles – die rationalistische »Aufklärung« aus der Taufe gehoben worden war, besaß Frankreich selbst nie einen aufgeklärten Despoten. Bis 1743 war Ludwig XV. zu frivol und zu faul, um sich auch nur gelegentlich um die Regierungsgeschäfte zu kümmern. Auf die Regentschaft seines Onkels Philippe d'Orléans folgte die Herrschaft des ehemaligen Erziehers des Königs, des achtzigjährigen Kardinals Fleury, nach dessen Ableben die Regierungsgeschäfte *de facto* von der *Maîtresse-en-titre* des Königs, der Marquise de Pompadour, geleitet wurden.

Noch unter der Regentschaft kam es zu einer Reaktion gegen den Absolutismus und die steifen Konventionen der vergangenen Regierungszeit: Der Regent selbst zog, obwohl er vielseitig und intelligent war, ausschweifende und einen merkwürdigen Geschmack verratende Orgien seinen Dienstgeschäften vor. Diese überließ er Abbé Dubois, der Erzbischof von Cambrai wurde. Die Angehörigen des hohen Adels kehrten in die Regierung zurück, während die bürgerlichen Staatsdiener entlassen wurden. Dazu schreibt der Herzog von Saint-Simon in seinen *Mémoires*: *L'embarras fut l'ignorance, la légèreté, l'inapplication de cette noblesse, accoutumée à n'être bonne à rien qu'à se faire tuer.*[19] Die unter Ludwig XIV. ausgebildeten Beamten mußten wieder zurückgeholt werden.

Der Regent mußte auch den Versuch des *Parlement de Paris* vereiteln, sich nach englischem Vorbild das Recht auf Prüfung der Staatsausgaben und Kontrolle der Einnahmen anzueignen. Er erklärte rundheraus, das *Parlement* »existiert nur durch den Willen des Souveräns«, der »vollauf genügt, um Gesetze zu machen«. Bestrebt, die enormen Schulden der vorangegangenen Regierung abzutragen, berief er den schottischen Finanzexperten John Law of Lauriston zum Oberintendanten der Finanzen. Law, ein Pionier der Kredittheorie, die stets ein heikles Thema war, gründete 1717 die *Compagnie d'Occident*, die das Monopol auf den Handel mit der französischen Kolonie Lousiana besaß. Zwei Jahre später erhielt sie das Monopol auf den gesamten Außenhandel Frankreichs. Law selbst bekam das Recht, Steuern einzuziehen und Wertpapiere auszugeben, die praktisch Papiergeld waren. Die *Rentes*, die den Löwenanteil der riesigen französischen Staatsverschuldung ausmachten, wurden abgebucht und getilgt in Anteilsscheinen der *Compagnie*, jetzt die *Compagnie des Indes*. Aber der Handel, sogar der mit *les Indes*, von dem mit

Lousiana ganz zu schweigen, reichte nicht aus, um diese kolossalen Verpflichtungen abzutragen. Der anschließende Finanzkrach ruinierte Tausende von Investoren, die nicht das Glück oder die Urteilsfähigkeit gehabt hatten, zu einem günstigeren Zeitpunkt abzuspringen, und abgesehen von ein paar auf Kredit gebauten Straßen und Kanälen, besteht Laws ganzer Nachlaß in der Stadt New Orleans.

Diese Rückschläge – die Unfähigkeit des Adels, seine Chance zur Machtübernahme wahrzunehmen, der Konflikt mit dem *Parlement* und der Finanzkrach nach dem Scheitern von Laws Spekulation – bewirkten, daß die altmodische und schlecht funktionierende Verwaltung des früheren Regimes wieder eingesetzt wurde, so daß Frankreich ins achtzehnte Jahrhundert mit den archaischen Institutionen des siebzehnten aufbrach.

Nur in der Außenpolitik war der Regentschaft kurzer Erfolg vergönnt. Nach dem Utrechter Frieden arbeiteten die beiden Hauptgegner im Westen, Frankreich und England, machtpolitisch zusammen, um den Frieden zu erhalten. 1716 gingen sie sogar ein Bündnis ein, dem sich ein Jahr später auch die Niederlande anschlossen. Die Regierung Georgs I. wie die des Regenten saß nicht fest genug im Sattel, um weitere Umwälzungen riskieren zu können. Die Engländer fürchteten die Stuartanhänger, die Franzosen die wiedererstarkende Macht Spaniens und die Ansprüche Philipps V. auf den französischen Thron, welcher bis zur Geburt eines Dauphin im Jahre 1729, nach der Heirat Ludwigs XV. mit Maria Leszczynska von Polen, ohne direkten Erben war.

In Spanien versuchte Kardinal Alberoni unterdessen auf Betreiben Elisabeth Farneses, Philipps V. zweiter Gemahlin, welche italienisches Gebiet für ihre Söhne begehrte, die für Italien geltenden Regelungen der Friedensverträge durch Intrigen außer Kraft zu setzen, und die Engländer mußten eine große spanische Flotte vor dem sizilianischen Kap Passaro vernichten, um eine erneute spanische Präsenz in Italien hintanzuhalten.

Aber sowohl Sir Robert Walpole (1721–1742) als auch der französische Kardinal Fleury (1726–1742) hielten unbeirrt am Frieden fest, und auch als Ludwig XV. 1733 den unbesonnenen Versuch unternahm, August III. von Sachsen vom polnischen Thron zu jagen und an seiner Statt wieder seinen Schwiegervater Stanislaus Leszczynski einzusetzen, blieb der polnische Thronfolgekrieg auf Osteuropa beschränkt und wurde hauptsächlich in Italien ausgetragen, nicht im Westen. So konnten die Spanier die Österreicher aus Neapel vertreiben und eine Dynastie spanischer Bourbonen auf den Königsthron des Reiches von Neapel und Sizilien bringen – eine merkwürdige Auswirkung polnischer Politik. Stanislaus wurde mit Lothringen abgefunden, wo noch der prachtvolle Stanislausplatz in Nancy an ihn erinnert. Dabei war festgelegt, daß Lothringen nach seinem Tod an seine Tochter, die Königin von Frankreich, zurückfiel. Und als schließlich der relativ lange Friede im Westen doch gebrochen wurde, so deshalb, weil es zwischen Großbritannien und Spanien wegen Schmuggels, Seeräuberei und Sklavenhandel auf den Westindischen Inseln zu

Reibereien gekommen war. Tatsächlich sah sich Walpole 1738 nur durch die öffentliche Entrüstung veranlaßt, Konteradmiral Nicholas Haddock zu entsenden, der beim Entsatz Barcelonas unter Peterborough gedient und sich vor Kap Passaro ausgezeichnet hatte. Er sollte Cádiz und Barcelona blockieren und alle Schatzschiffe kapern, deren er habhaft werden konnte. 1739 befanden sich England und Spanien in einem Krieg, der bei den Engländern als *War of Jenkins' Ear* bekannt ist und der bald mit dem großen europäischen Krieg um die österreichische Erbfolge (1740–1748) verschmolz, in dem die traditionelle englisch-französische Feindseligkeit wiederauflebte. Nach dem unbefriedigenden Aachener Frieden von 1748 geriet Europa in den ersten globalen Konflikt – den Siebenjährigen Krieg (1756–1763).

Die Pragmatische Sanktion

Alle diese Kriege, in denen sich Fürsten um Trümmer ihrer zusammengebrochenen dynastischen Politik stritten, wurden von Söldnerarmeen geführt, die auf einen komplizierten und schwerfälligen Apparat von Stützpunkten und Versorgungseinrichtungen angewiesen waren. Diese schablonenhaften, langsamen Kriege wurden jetzt häufig ohne eindeutiges Ergebnis abgebrochen, da Soldaten teuer waren, Winterfeldzüge sich praktisch nicht durchführen ließen und es mehr Belagerungen als Schlachten gab. Obwohl die Kriege sich lang hinzogen, waren sie nicht so erbittert und heftig wie moderne Massenkriege, aber sie waren wichtig, weil Feldzüge, die an der Elbe oder am Rhein stattfanden, über die Zukunft riesiger Gebiete in Amerika, reicher Westindischer Inseln oder des indischen Subkontinents entschieden.

Während des größten Teils dieser Zeit litt Frankreich unter der Mißwirtschaft Ludwigs XV. Von Kindesbeinen an verwöhnt und von Speichelleckern umgeben, durch allzu frühes Auftreten in der Öffentlichkeit verdorben, wußte er seine Langeweile nur durch endlose Jagden und eine lange Reihe von Mätressen zu zerstreuen. Dieser gewinnende, gutaussehende und hinterhältige Monarch umgab sich mit einer Clique aus Angehörigen des Hochadels und ließ sich beherrschen von der einzigen Mätresse, die sich behauptete, weil sie ihn zu amüsieren verstand. Die Marquise de Pompadour, eine Schönheit bürgerlicher Herkunft und bei Hofe als Madame d'Etioles eingeführt, kontrollierte die Ämtervergabe und bestimmte sogar die Richtlinien der Politik; unter ihrer Regierung erreichte der französische Hang zur Schlafzimmerpolitik einen verhängnisvollen Höhepunkt. Außer sich vor Wut, weil König Friedrich II. von Preußen eine seiner Hündinnen nach ihr benannte, und geschmeichelt, weil Kaiserin Maria Theresia in ihren Briefen so tat, als sei sie ihre Vertraute, trug diese höchst überflüssige Frau dazu bei, daß Europa in den Österreichischen Erbfolgekrieg verstrickt wurde und der Siebenjährige Krieg sich hinzog.

Aber natürlich lagen die wirklichen Ursachen tiefer. Der Österreichische

Erbfolgekrieg erwuchs aus der traditionellen und uralten Rivalität zwischen den französischen Königen und den deutschen Kaisern. Seit Wien sich der Türken erfolgreich erwehrt hatte, hatte Karl VI. (1711–1740), an die Tradition Leopolds I. anknüpfend, dort eine noch aristokratischere und elegantere Hofkultur begründet, als sie die hochmütigen Bourbonen in Versailles vorzuweisen hatten. Im Zeitalter der Aufklärung waren »aufgeklärte Monarchen« in Mitteleuropa und kurzzeitig auch in Spanien zu finden. Konservativ und unter jesuitischem Einfluß stehend, besaß der österreichische Hof nicht die Modernität der Pariser Salons, aber wie C. A. Macartney schreibt, »fand die hochbarocke Kultur des Zeitalters ... am Hof Karls VI. Ausdrucksformen, die in ihrer Großartigkeit, aber auch in ihrer geschmackvollen und eigenartigen Anmut nirgends in Europa übertroffen wurden, denn der Hof war nicht nur der Sitz jener Dynastie, die bereits die vornehmste Europas war, sondern auch ein einzigartiger Schmelztiegel, in dem sich Einflüsse aus Deutschland, Italien, Spanien und den Niederlanden trafen und sich mit denen der Donauvölker mischten, um Ergebnisse hervorzubringen, die nicht nur prachtvoll waren, sondern auch zugleich regionalen und universellen Charakter hatten. Tonangebend war der italienische Einfluß ... aber während die italienische Oper die Hälfte des Repertoires am neuen Theater in Wien ausmachte ... so wurden doch auch derbe Volksstücke im Wiener Dialekt gespielt. Im Mittelpunkt dieses Lebens stand der Hof: Karl schrieb eigenhändig eine Oper, bei deren Aufführung seine Töchter im Ballett mittanzten.«

Aber Karl VI. hatte keinen männlichen Erben, der ihn überlebte, und seine älteste Tochter, die Erzherzogin Maria Theresia, konnte seine Nachfolge weder auf dem Kaiserthron noch für das gesamte Habsburger Erbe antreten. Deshalb versuchte der Kaiser ihre Nachfolge zumindest im zweiten Falle durch eine souveräne kaiserliche Entscheidung, die »Pragmatische[20] Sanktion«, zu sichern, während er die Anwartschaft ihres Mannes Herzog Franz Stephan von Lothringen-Toskana auf den Kaiserthron unterstützte. Und er bewog eine Mehrheit der deutschen Reichsfürsten und die meisten Großmächte, darunter Frankreich, Großbritannien, Preußen und Rußland, die Gültigkeit der »Sanktion« anzuerkennen.

Aber kaum war der Kaiser 1740 tot, als Friedrich II. von Preußen in Schlesien einfiel, der Wittelsbacher Kurfürst Karl Albrecht von Bayern den Kaiserthron beanspruchte und Wien bedrohte, während die Franzosen in Böhmen einfielen und Prag besetzten. Aber die Ungarn unterstützten Maria Theresia als ihre Erbkönigin, und die Engländer, die um Hannover fürchteten und die Pragmatische Sanktion verteidigten, besiegten die Franzosen 1743 bei Dettingen – in der letzten Schlacht, die von einem englischen Monarchen in eigener Person auf dem Kontinent geschlagen wurde.[21] Das wichtigste Ergebnis in Europa war, daß Friedrich II. von Preußen 1745 im Frieden von Dresden Schlesien erhielt und auch nicht wieder herausgeben sollte, während das Scheitern der von Frankreich unterstützten jakobitischen Erhebung im Jahre 1745/46 die hannoveranische Dynastie auf dem englischen Thron bestätigte.

Rußland erhielt größeren Einfluß im östlichen Ostseeraum und in Polen, und 1745 setzte Maria Theresia die Wahl Franz Stephans zum Kaiser durch. Außerhalb Europas brachte der Aachener Friede 1748 kleinere Veränderungen auf den Westindischen Inseln, aber die Vernichtung einer spanischen Flotte vor Cartagena im Jahre 1741 und Ansons Weltumsegelung (1740–1744) erwiesen sich als Vorspiel zur ersten Blüte des Britischen Empire während des Siebenjährigen Krieges (1756–1763).

Dies war der entscheidendste und weitestreichende Konflikt. Ihm vorausgegangen war eine »diplomatische Revolution«, welche die jahrhundertealte Feindschaft zwischen dem Hause Habsburg und Frankreich in ein Bündnis verwandelt hatte, auf österreichischer Seite vor allem durch die Angst vor der wachsenden russischen Macht und durch die Abneigung gegen die den Seehandel beherrschenden Engländer, auf französischer Seite durch die Angst vor Preußen und persönlichen Haß auf Friedrich den Großen. Von Anfang an wurde der Krieg auch zur See ausgetragen. Nach den Siegen Admiral Hawkes in seinem Sturm vor Quiberon und Admiral Boscawens vor Lagos in Portugal waren die Engländer schon bald Herren über den Nordatlantik und die Karibik.

In einer gemeinsamen Operation nahmen dann im Jahre 1759 James Wolfe und Admiral Saunders Quebec in Kanada ein, ein strategischer Sieg, der im Jahr darauf durch die Eroberung Montreals vervollständigt wurde. Die riesigen Gebiete im Inneren des Landes bis hinunter zum späteren Pittsburgh und darüber hinaus gingen den Franzosen verloren: Nordamerika wurde Teil der englischsprechenden Welt. Im Osten hatten sich die Engländer während des Österreichischen Erbfolgekrieges schon früh die Herrschaft über den Indischen Ozean gesichert, und Clives Sieg über die Franzosen bei Arcot (1751) hatte sie zur wichtigsten Kolonialmacht Indiens gemacht. Im Siebenjährigen Krieg eroberten sie jetzt durch den Sieg bei Plassey Bengalen und vertrieben 1760/61 die Franzosen aus Madras. Am Ende des Krieges war die Ostindische Kompanie die bestimmende Macht auf dem gesamten indischen Subkontinent. Auch auf den Westindischen Inseln festigten die Engländer ihre wirtschaftliche und strategische Vorherrschaft und dehnten sie sogar noch aus.

Inzwischen erwehrte sich auf dem Kontinent Friedrich II., der den Konflikt eröffnet hatte, indem er in Sachsen eingefallen war – ein »Präventivschlag« –, und dessen einzige Unterstützung in beträchtlichen Hilfsgeldern aus England und Truppen aus Hannover und Braunschweig bestand, einer Reihe von Angriffen durch große französische, österreichische und russische Truppenverbände. 1757 schlug er bei Roßbach in Sachsen die Franzosen unter Führung des Prince de Soubise in die Flucht,[22] im folgenden Jahr besiegte er die Österreicher bei Leuthen in Schlesien. Aber selbst seine militärischen Fähigkeiten konnten nicht verhindern, daß dreiundachtzigtausend Russen Ostpreußen überrannten und schrecklich verwüsteten. Bei Zorndorf in Pommern entschädigten sich die Russen für zwanzigtausend Gefallene in den eigenen Reihen damit, daß sie den Preußen einen Verlust von zwölftausend Mann beibrachten – ein Verhältnis, das sich das volkarme Preußen nicht leisten konnte. 1759 wurde Friedrich von einem Heer von Österreichern und Russen bei Kunersdorf geschlagen. Er selbst erklärte, er werde es nicht überleben, und im folgenden Jahr wurde Berlin von den Russen geplündert.[23]

Dann wendete sich das Blatt: Im Januar 1762 starb die Kaiserin Elisabeth, und ihr folgte ihr halbdebiler Neffe Peter III., der in übersteigerter Bewunderung für Friedrich II. und begierig, die Dänen anzugreifen, den Krieg abbrach und ein Bündnis mit Preußen schloß. Aber Peter, Däne von Mutterseite, war Lutheraner und befahl den orthodoxen Priestern, die Ikonen zu entfernen und sich wie Pastoren zu kleiden; außerdem steckte er seine Garden in unbequeme Uniformen nach preußischem Vorbild. Er mußte abdanken und wurde bald von den eigenen betrunkenen Offizieren erdrosselt, die seiner Gemahlin, der späteren Katharina der Großen, durchaus glaubhaft berichteten: »Wir erinnern uns nicht an das, was wir getan haben.«

In England wurde jetzt William Pitt, späterer Earl of Chatham und erster *Great Commoner*, der sich als erster Prophet des Imperialismus über den Kopf des Parlaments hinweg an den politisch bewußten Teil der Nation gewandt hatte, von neidischen Kollegen trotz der brillanten Erfolge in dem von ihm persönlich angeregten weltweiten Krieg gestürzt. Auf den kriegerischen Georg II. folgte 1760 der friedliebende Georg III.

Überdies hatten die Franzosen einen »Familienpakt« mit den spanischen Bourbonen geschlossen, durch den sie sich die Auswirkungen einer Reihe von Niederlagen ersparten. So schlossen am 10. Februar 1763 Franzosen und Engländer den Pariser Frieden, der den Engländern Kanada, Neuschottland und das Schiffahrtsrecht auf dem Mississippi durch den Mittleren Westen bis hinab zum Golf von Mexiko sicherte. Von Spanien erhielten sie den wichtigen Flottenstützpunkt Menorca und Florida, behielten Gibraltar und sicherten sich noch mehr Westindische Inseln, aber Havanna und Manila auf den Philippinen, die von der britischen Marine eingenommen worden waren und von wo aus sich wirksam gegen den Überseehandel des spanischen Kolonialreiches operieren ließ, fielen an Spanien zurück. Andererseits wurde die englische Vorherrschaft in Indien faktisch anerkannt. Obwohl die Franzosen damit riesige und potentiell reiche Gebiete ihres Kolonialreiches in Nordamerika und im Osten verloren hatten, waren sie nicht, wie Pitt beabsichtigt hatte, als Seemacht paralysiert. Großbritannien machte riesige Gewinne, aber nicht in dem Umfange, den Pitt sich erhofft hatte.

Friedrich II., der im gleichen Monat und Jahr (Februar 1763) mit Österreich den Frieden von Hubertusburg schloß, gab Sachsen auf, behielt aber Schlesien mit seiner für die preußische Wirtschaft lebenswichtigen Textil- und metallurgischen Industrie, erhielt Ostpreußen zurück und durfte sich als Herrscher einer erstrangigen Militärmacht gute Chancen ausrechnen, einen ansehnlichen Anteil bei der zu erwartenden Teilung eines zerschlagenen Polens abzubekommen.

Anfänge der Aufklärung

Obgleich Großbritannien und Frankreich, die beiden mächtigsten Staaten im Westen, Mitte des achtzehnten Jahrhunderts immer wieder miteinander im Krieg gelegen hatten, hat ihr gemeinsamer geistiger Einfluß Veränderungen bewirkt, die tiefgreifender und interessanter sind, als die diplomatischen und kriegerischen Ereignisse, die den Vordergrund der politischen Szene bestimmten.

In beiden Ländern hatten schon geraume Zeit geniale Männer an der Weltanschauung der frühen Neuzeit mitgewirkt. Descartes war grundsätzlich, wenn auch kaum in der Praxis, dazu entschlossen, »Ansichten zu gewinnen, die für das Leben sehr fruchtbringend sein würden, ... und uns auf diese Weise zu Herren und Eigentümern der Natur zu machen«. Francis Bacon sah den »Zweck der Wissenschaft« darin, »das menschliche Leben mit neuen Erfindungen und Reichtümern zu versorgen«, »das Glück der Menschen zu befördern und ihr Leiden zu lindern«. Der erasmische Humanismus sollte sich jetzt auf empirische Erkenntnis gründen: Hobbes und Locke hatten beide die Macht der Regierung gerechtfertigt, aber nicht weil sie gottgewollt, sondern weil sie nützlich war, und das galt nur, sofern sie die »Sicherheit« ihrer Untertanen förderte und deren Eigentum beschützte, während Newton das Universum als das Werk eines rationalen und mechanisch orientierten Schöpfers erklärt hatte.

In Übereinstimmung mit diesen Grundsätzen sollten die Europäer und ihre Nachfahren in Übersee Wissenschaft, Industrie, Medizin, Technologie und Kriegswesen revolutionieren. Sowohl in England wie in Frankreich war die starke Front der »alten« religiösen Einrichtungen im Laufe des vergangenen Jahrhunderts zerbröckelt. Die englischen Bürgerkriege und ihre Nachwirkungen hatten eine Flut sektiererischer Religionskontroversen ausgelöst, in denen die meisten der akzeptierten Dogmen verleugnet worden waren, während die anglikanische Kirche der Restaurationszeit, eine erbitterte Feindin der »Dissidenten«, Lauds hochkirchlichen Eifer abgelegt und eine laue, »rationale« oder neoplatonische Haltung in religiösen Fragen eingenommen hatte, die zum Deismus des beginnenden achtzehnten Jahrhunderts führte. In Frankreich zerstörte die heftige Kontroverse zwischen puritanischen Jansenisten und kosmopolitischen Jesuiten die katholische Einheitsfront, auf die das Gottesgnadentum angewiesen war. 1713 hatte die päpstliche Bulle *Unigenitus* die jansenistische Lehre verurteilt, die in der französisch-gallikanischen Kirche weithin anerkannt war, und einen Konflikt zwischen den ultramontanen Jesuiten, die nur dem Papst gehorchten, und der Mehrheit der französischen Katholiken einschließlich des *Parlement* heraufbeschworen. So sah sich die Kirche abermals von der uralten Kontroverse zerrissen, und schier mittelalterliche Wunder wurden am Grab eines jansenistischen Priesters inszeniert. Überdies verfolgten die Behörden in Süd- und Südwestfrankreich auch weiterhin eifrig die übriggebliebenen Hugenotten. Als ihr Ordensoberer auf den Westindischen Inseln dank unkluger Spekulationen während des Siebenjährigen Krieges bankrott ging, machte das *Parlement* den Jesuiten seine Schulden zum Vorwurf. Nach einer Untersuchung der Jesuitenstatuten wurde 1762 die Abschaffung des *Societas Jesu* in Frankreich verfügt, ein Schachzug, der auch in anderen Ländern Schule machte.

So hatte Mitte des achtzehnten Jahrhunderts die französische Staatskirche nicht nur bei Intellektuellen, sondern auch beim Volk an Rückhalt verloren und die Intellektuellen waren nicht müßig gewesen. Sie hatten jene rationalistische Kampagne gestartet, die wir heute als »Aufklärung« kennen, eine brillante Kampagne mit den ersten populärwissenschaftlichen Veröffentlichungen, die direkt oder indirekt das christliche Dogma aufs Korn nahmen.

Die Enzyklopädisten und Voltaire

Pierre Bayle (1647–1706), ein Franzose und calvinistischer Geschichtsprofessor in Rotterdam, der zum Katholizismus konvertiert und dann rückfällig geworden war – dergestalt die Nachteile beider Welten erfahrend –, um schließlich als Freidenker zu enden, hatte einen neuen Angriff mit seinem *Dictionnaire historique critique* (1697) vorgetragen, in dem die Anmerkungen – manchmal mit Obszönitäten gespickt – die demonstrativ orthodoxen Artikel widerlegten. Diese Technik übernahm – unter Verzicht auf die Obszönität – Diderot in seiner einflußreichen französischen *Encyclopédie*. Vorher waren bereits 1721 die *Lettres persanes* von Montesquieu (1689–1755) erschienen, in denen das Erstaunen eines fiktiven Ausländers über die französische Gesellschaft beschrieben wurde. In *De l'esprit des lois* folgte Montesquieu der Newtonschen Methode und erklärte, daß der Verstand die Gesetze der menschlichen Gesellschaft erfassen könne, da es absurd sei anzunehmen, daß eine *fatalité aveugle* (blindes Schicksal) intelligente Wesen hervorgebracht haben könnte. Und die Vernunft zeige, daß die Gesetze, die sich je nach Rasse und Umwelt unterschieden, relativ seien. Wie Spinoza betrachtete Montesquieu die Menschen, wie sie sind. Mit bewundernswerter französischer Souveränität ließ er das gesamte Panorama der damals bekannten Welt Revue passieren und wurde zu einem der Begründer der Soziologie.

Nach einer Satire auf das *Ancien régime* in den *Lettres sur les aveugles* führte Diderot unter dem Einfluß von Bayle in den Jahren 1751–1772 in Zusammenarbeit mit dem Mathematiker d'Alembert einen systematischen rationalistischen Angriff. In der *Encyclopédie ou dictionnaire raisonné des sciences, des arts et des métiers* hätten sie es unternommen, wie er schreibt, »die Ordnung und die Zusammenhänge des menschlichen Wissens so weit als möglich zu erklären«. Er bezeigte Bacon, Descartes und Locke seine Hochachtung. Die direkte Anregung entnahm er allerdings einer französischen Übersetzung von Ephraim Chambers *Cyclopedia* oder *Universal Dictionary of Arts and Sciences*, die, 1728 in England veröffentlicht, 1746 bereits in ihre fünfte Auflage ging und mit ihren siebzehn Bänden und drei Ergänzungsbänden eine bis dahin nie gekannte Größenordnung erreicht hatte. Sie kam der logischen und systematischen Mentalität der Franzosen entgegen,[24] eroberte ein Riesenpublikum und untergrub die Dogmen, auf die die Kirche sich stützte, wirksamer als direktere Angriffe. Diderot und d'Alembert gewannen die brillantesten Autoren der Zeit und verschafften ihnen ein großes Publikum. Baron Holbach aus der Pfalz, der Mäzen dieses Kreises und ein geistvoller Aristokrat, besaß ein naives Vertrauen in die Kraft der Vernunft und lehnte die Religion sogar als soziale Notwendigkeit ab. Voltaire (1694–1778), bei weitem der begabteste und einflußreichste dieser Intellektuellen, war ein unabhängiger und höchst talentierter Schriftsteller, der seinen Einfluß, wie seit Erasmus kein Schriftsteller mehr, über ganz Europa ausbreitete und den beißenden Witz und die Satire der französischen Kultur verkörperte, indem er dieser seit dem Mittelalter lebendigen Tradition kosmopolitische Bedeutung verlieh. Angeblich war er der Sohn eines Buchhalters aus dem Poitou und verdankte seine erste Bildung dem Jesuitenkolleg Louis-le-Grand. Seine ersten Sporen verdiente er sich zur Regierungszeit Philipps von Orléans als witziger Hofpoet und wirkte kurze Zeit als Sekretär an der Botschaft in Den Haag. Aber mit seinem Witz machte er sich Feinde und wurde, da man ihn nicht für satisfaktionsfähig hielt, von den Lakaien des Chevalier de Rohan verprügelt. Nachdem er wegen einer Schmähschrift in der Bastille eingesessen hatte, worauf er sich selbst in de Voltaire (1718) umbenannte, verbrachte er drei Jahre in England, wo er die Sprache fließend lernte und mit Congreve, Swift und Pope zusammentraf. Tief beeindruckt vom englischen Denken und dem politischen Beispiel des Gastlandes, kehrte Voltaire nach Frankreich zurück und lebte jahrelang bei Madame du Châtelet in ihrem Château de Cirey in der Champagne. Mit dieser Sicherheit im Rücken veröffentlichte er eine Flut von Büchern, Pamphleten und Theaterstücken, erwähnenswert vor allem die *Lettres philosophiques* (1734), *Zaïre*, eine »Kreuzzugstragödie« (1732), und *Alzire* (1736), eine in Peru angesiedelte Tragödie über den modischen Stoff des »edlen Wilden«. Außerdem popularisierte er die wissenschaftlichen Entdeckungen Newtons. Inzwischen erwarb er sich ein Vermögen mit vorsichtigen Spekulationen und der indirekten Beteiligung an Heereslieferungen. 1745 wurde er in die Akademie gewählt, 1747 erschien *Zadig*, eine satirische Erzählung, die in Babylon spielt. 1750, nach dem Tod von Madame de Châtelet, nahm Voltaire eine Einladung König Friedrichs II. nach Preußen an, aber diese beiden glänzend begabten Individualisten vertrugen sich nicht. Nach der Veröffentlichung seiner Schrift *Siècle de Louis XIV.* (1751) brach Voltaire 1753 zornentbrannt seine Zelte in Preußen ab und ließ sich bei Genf nieder. Immer noch um seine Sicherheit fürchtend, erwarb er 1758 das Gut Ferney in der Schweiz nahe der französischen Grenze, wo er sich 1759, im Jahr der Veröffentlichung von *Candide*, als wohlhabender, populärer und leutseliger Gutsherr niederließ und Berühmtheiten und Bewunderer aus ganz Europa empfing. Wieder veröffentlichte er eine Flut von Pamphleten, Büchern und Theaterstücken, darunter besonders bemerkenswert sein *Essai sur l'histoire générale et sur les mœurs* (1756), eine erste Gesamtdarstellung der Weltgeschichte, gefolgt von der *Philosophie de l'histoire* (1756). Voltaire benutzte seinen enormen Einfluß auch dazu, den Anhängern von Calas zu helfen, einem Hugenotten, der wegen angeblicher Blasphemie aufs Rad geflochten wurde, und um postum den neunzehnjährigen Chevalier de la Barre zu verteidigen, der wegen angeblichen Sakrilegs enthauptet worden war. 1778 kehrte Voltaire nach Paris zurück, um der Inszenierung seines Theaterstücks *Irène* beizuwohnen: zwar wurde er mit Jubel aufgenommen und mit Lorbeer gekrönt, aber die Strapazen waren zuviel für ihn, er starb.

Voltaire war Deist und Menschenfreund und glaubte, daß die Vernunft, recht gebraucht, die Gesellschaft verbessern könne. Deshalb griff er *L'infâme* an – seine Bezeichnung für die etablierte katholische Kirche; aber er war kein Atheist und kein Radikaler. Er glaubte, daß aufgeklärte Despoten dem Fortschritt am besten dienen könnten und verabscheute auch Rousseaus romantische und verworrene Lehren. Politisch setzte er sich für eine vernünftige und menschliche Gesellschaftsordnung ein, die auf Mitgefühl und gesundem Menschenverstand gegründet sein sollte. In seinem berühmtesten und einflußreichsten Buch, dem satirischen Roman *Candide ou l'optimisme traduit de l'Allemand de M. le Docteur Ralph*, der 1759 erschien, geißelt er die Absurdität des Krieges und die Torheit metaphysischer Philosophen, deren unsterbliche Karikatur er in der Figur des Dr. Pangloss schuf, und kontrastiert die Lauterkeit und Unschuld des unverdorbenen menschlichen Charakters mit den monströsen Verbrechen der öffentlichen Gewalt. Scharfsinn und Verve dieses kurzen Meisterwerks haben es zu einem der Klassiker der europäischen Literatur gemacht. Auf brillante Weise wird hier der übliche Mißbrauch öffentlicher Macht entlarvt.

Voltaires Laufbahn und Anschauung wären im Mittelalter undenkbar gewesen. Anders als die auf sich selbst zurückgezogenen epikureischen Individualisten der Antike meinte er, daß man etwas für die Verbesserung der Gesellschaft tun müsse und könne, und anders als sie konnte er sich dank der Buchdruckerkunst an ein riesiges Publikum wenden. Als Angehöriger einer glänzenden Minderheitskultur unterschätzte Voltaire die Trägheit und Beschränktheit der großen Masse und die immensen Schwierigkeiten politischen Handelns, aber seine objektive, ironische und außerordentlich lesbare Beschreibung öffentlicher Machtausübung hat vielen ihrer späteren Opfer die Kraft gegeben, ihre Absurdität zu ertragen und sich gegen sie zu wehren.

Aufgeklärte Geschichtswissenschaft

Die größte Neuerung der Aufklärung war die Fortschrittsidee, die fortan als erwiesen galt. Bislang hatte man zumeist geglaubt, die Geschichte folge einem Muster zyklischer Wiederkehr, und man maß ihr immer noch sehr kurze Dauer zu. Erst im neunzehnten Jahrhundert gab man das Jahr 4004 v. Chr. als

Weltschöpfungsdatum auf; man hatte immer noch keine Vorstellung von dem ungeheuren Alter der Menschheit. Aber der von Newton besiegelte Sieg der »Neueren« über die »Alten« hatte zumindest den wissenschaftlichen Ruf der großen klassischen Autoren untergraben, und Fontenelle, dessen geistreiche Fiktion *Dialogues des morts* 1683 und dessen Streitschrift *Digression sur les Anciens et les Modernes* 1688 erschien, konnte schreiben: »Wir schulden den Alten Dank dafür, daß sie fast den ganzen Vorrat an falschen Theorien erschöpft haben, die sich ersinnen ließen.« Sobald man die Möglichkeit einräumte, daß die später geborenen Wissenschaftler die besseren sein könnten, kam der neue Fortschrittsgedanke ins Spiel. Die Zeit war nicht mehr der Feind, sondern der Helfer der Menschheit.

Schon früh entwarf der Wirtschaftstheoretiker Turgot unter dem Einfluß Montesquieus seinen *Diskurs über die Universalgeschichte* (1750), in dem er, sich über Bischof Bossuets Lehre von der Vorsehung hinwegsetzend, nach diesseitigeren Erklärungsprinzipien suchte, und obwohl die ihm zur Verfügung stehenden Daten für ein solches Unterfangen recht unzureichend waren, ist sein Vorhaben repräsentativ für jene säkulare und kosmopolitische Einstellung zur Vergangenheit, die damals aufkam – durch Welten getrennt beispielsweise von dem voreingenommenen, wenn auch eloquenten Werk *History of the World*, das Sir Walter Raleigh im Tower schrieb. Sobald sich die Auffassung durchgesetzt hatte, daß Fortschritt möglich sei und daß Regierungen die Aufgabe hätten, das Wohlergehen ihrer Bürger zu fördern, lag eine der wichtigsten Voraussetzungen der modernen Zivilisation vor. Mit der Zeit verhärtete sie sich sogar zum Dogma.

Die neue Popularisierung und Systematisierung des Wissens, wie beispielsweise in Buffons *Histoire naturelle* (1749–1804), fand ein großes Publikum. Der Arzt Carl von Linnaeus aus Stockholm entwickelte in seinen Schriften *Systema naturalis* (1735) und *Species plantarum* (1753) ein botanisches Klassifikationssystem.

Am wirksamsten wurde das Ideengut der Aufklärung durch die nach dem Beispiel der Royal Society in London organisierten neuen wissenschaftlichen Akademien und ihre Periodika verbreitet, unter anderem in Berlin, Stockholm und Sankt Petersburg. Bald wurden die ersten russischen Universitäten in Sankt Petersburg (1747) und Moskau (1775) gegründet. Auch die Italiener gerieten in den Wissenschaften nicht ins Hintertreffen. Mit Giambattista Vico (1668–1744) brachte Neapel einen eigenwilligen Denker hervor, der eine neue Form der Soziologie ersann. Sein Werk *De antiquissima Italorum sapientia* erschien 1710, und die Schrift *Scienza Nuova* 1725. Das umfangreiche Werk des Rhetorikprofessors aus Neapel blieb praktisch unbeachtet, sollte aber großen Einfluß auf Herder, Hegel, Michelet und Marx ausüben. Vico versuchte nämlich, die Geschichte mittels intuitiver Einsicht zu deuten – ein äußerst eigenwilliger Gedanke im rationalistischen achtzehnten Jahrhundert – und sie mit mehr psychologischem Einfühlungsvermögen als Hobbes als äußere Folge einer sich verändernden Geistesverfassung der Menschheit zu begreifen

Natürlich scheiterte das gewaltige Unternehmen, aber mit seiner Methode entwarf er eine neue säkulare Geschichtsphilosophie, wobei er die Gesetze seinem Gegenstand entnahm, statt sie ihm überzustülpen. Ihn interessierte nicht, ob die Mißwirtschaft in Neapel auf das Konto der Österreicher oder der Bourbonen ging oder wie viele Söldner bei Malplaquet abgeschlachtet wurden.

Die Aufklärung in Spanien

Mit dem französischen Bourbonenkönig auf Spaniens Thron berührte ein fremdartig kosmopolitischer Einfluß die Iberische Halbinsel. Den Franzosen war es gelungen, das einflußreichste, wenn auch nicht sehr funktionsfähige Modell des Großstaates zu schaffen, der sich seit der Regierungszeit Philipps II. allmählich herausbildete, und Philipp V. (1700–1740) machte sich nun an die entmutigende Aufgabe, die spanische Regierung zu zentralisieren. Aber weder er noch sein Sohn Ferdinand VI. oder sein Enkel, der liebenswürdige und aufgeklärte Karl III., konnten den eingefleischten und stolzen Konservatismus der Spanier verändern. Der Habsburger Kaiser Karl VI. hatte vor seiner Krönung viele Jahre in Spanien verbracht und versucht, den Thron mit Hilfe der Katalanen und Verbündeten für sich einzunehmen, und die Zentralregierung in Madrid ließ die Katalanen nun dafür büßen. Aber die Kastilier, die von den Kriegen und Bankrotten Philipps II. erschöpft und durch den Niedergang und die Mißwirtschaft im spanisch-amerikanischen Reich geschwächt waren, sahen sich nicht in der Lage, die uralten Probleme dieser archaischen und zerstrittenen Gesellschaft anzugehen, die unterdrückt wurde von einer weitgehend parasitischen Schicht Adliger und Geistlicher. Karl III. (1759–1788)[25], der seine Regierung schlecht begann, weil er durch den bourbonischen »Familienpakt« 1761 in einen Krieg mit England verwickelt wurde und Florida verlor, bemühte sich nun um eine aufgeklärte Form des Absolutismus. Entschlossen, die Kirche unter seine Kontrolle zu bringen und dem portugiesischen Beispiel zu folgen, vertrieb er 1773 die Jesuiten aus Spanien, lange nachdem Ludwig XV. sie aus Frankreich vertrieben hatte. Er beschnitt auch die Macht der Inquisition, holte einige seiner neapolitanischen Minister nach Spanien, ließ sich von irischen und englischen Wirtschaftstheoretikern beraten und machte die Auffassungen der Aufklärung in Spanien heimisch, wo einst die erasmische Bildung große Verbreitung gefunden hatte.

Obgleich Spanien im achtzehnten Jahrhundert den größten Teil seiner auswärtigen europäischen Gebiete verlor – Neapel, Sizilien, Mailand und die Spanischen Niederlande sowie Sardinien und sogar Gibraltar –, nahm die Kultur der spanischen Oberschicht unter Karl III. europäischere Züge an. Liberale und humanitäre Ideen kamen in Mode, vermochten sich aber bei der analphabetischen Mehrheit der Bevölkerung nicht durchzusetzen. Die Regierung ermutigte das Volk, das weitgehend entvölkerte Landesinnere zu rekolonisieren, versuchte, die Leder-, Tuch- und Leinenindustrie zu entwickeln, und war bemüht, Straßen und Brücken zu verbessern. Aber Sitte und Tradition wogen für gewöhnlich schwerer als die Empfehlungen der Wirtschaftstheoretiker, und die Landwirtschaft ließ sich ihr Tempo von Esel und Maultier vorgeben. Nur in den Obstanbaugebieten, wo die arabische Tradition noch spürbar war, gab es nennenswerten Wohlstand.

Unter der Schirmherrschaft des Königs erlebte die Elitekultur eine kurze Blütezeit. In Madrid wurde nach französischem Vorbild eine *Academia de la Lingua* zur Sprachnormierung gegründet, kurze Zeit darauf eine Geschichtsakademie, sowie ein juristisches und ein medizinisches Kolleg. Sogar die berühmten mittelalterlichen Universitäten wandten ihre Aufmerksamkeit den modernen Wissenschaften zu. Biologen und Botaniker unternahmen Forschungsreisen in das spanisch-amerikanische Reich, um die dortige Pflanzen- und Tierwelt zu klassifizieren.

Pedro Jeronimo Feijóo, ein Benediktinermönch (1676–1764), war der erste Vertreter der spanischen Aufklärung, ein vielseitiger Gelehrter der Rechts-, Erziehungs-, Naturwissenschaft und Medizin, dessen *Cartas eruditas y curiosas* 1742–1762 erschienen. Masdeu schrieb seine *Historia Critica de España y de la Cultura Española*, ein Werk, das von einem außerordentlichen geistigen Horizont zeugt. Leandro de Moratin, dessen Vater Nicolas Ruhm erwarb mit einem Gedicht über das unverwüstliche spanische Thema des Stierkampfes, schrieb bissige Komödien in der Art von Molière, so *Der alte Mann und sein Mädchen* und *Des Mädchens »Ja«*.

Die große spanische Tradition der Barockarchitektur wurde bereichert, als neapolitanische Architekten von Karl III. ins Land geholt wurden, der als König von Neapel die ersten Ausgrabungen in Pompeji veranlaßt hatte. In Spanien erwies sich Salcillo (1727–1777) als der einflußreichste Architekt, aber am prächtigsten entwickelte sich der Barock in Portugal zum Rokoko weiter, so in Queluz, wo die blaßgrünen und hellbraunen Interieurs einen kühlen Kontrast zu den rosa und weißen Fassaden bildeten.

Neuerstandenes Portugal

Nach dem erfolgreichen, von Frankreich unterstützten Aufstand gegen Spanien im Jahre 1640 wurde Johann IV. (1640–1656) als erster aus dem Hause Bragança zum König von Portugal gekrönt. Von Haus aus immens reich, beschäftigte er sich mehr mit seinen Gütern, seiner Musik und seinen Büchern als mit dem planlosen Krieg gegen Spanien. Viel verdankten die Portugiesen dabei ihrem Bündnis mit den Engländern, das 1654 mit dem republikanischen Regime erneuert und 1661 durch die Heirat Katharinas von Bragança, der Tochter Johanns IV., mit dem wiedereingesetzten Karl II. besiegelt wurde. Englische Waffen hatten die Portugiesen in ihrem Befreiungskrieg unterstützt, der 1665 seinen Höhepunkt gefunden hatte, als die Portugiesen unter ihrem deutschen Befehlshaber Hermann von Schomberg die Spanier am Monte Cicero besiegt hatten. 1668 war König Alfons VI. (1656–1683) in der Lage gewesen, den Frieden von Lissabon zu schließen, in dem die Unabhängigkeit Portugals anerkannt wurde.

Die Engländer hatten einen hohen Preis gefordert. Die wirtschaftliche Herrschaft Englands über Portugal wurde durch den Vertrag von 1654 begründet, in dem die englischen Kaufleute extraterritoriale Rechte durchgesetzt hatten, als befänden sie sich in Asien, und der ihnen erlaubte, ihre protestantische Religion in einem katholischen Land auszuüben. Im Ehevertrag von 1661 hatten sie eine große Mitgift, die Besetzung Tangers und die Aushändigung Bombays gefordert, angeblich um es gegen die Holländer zu verteidigen. Mit Ausbruch des Spanischen Erbfolgekrieges hatte 1703 Erzherzog Karl von Österreich, der als Karl III. auf den spanischen Thron wollte, dank englischer Unterstützung ohne große Umstände auf seinem Weg nach Katalonien in Portugal landen dürfen. Außerdem war der Vertrag von Methuen unterzeichnet worden, der die günstige Einfuhr von englischem Tuch nach Portugal und von portugiesischen Weinen in Großbritannien garantierte, was auf Kosten Frankreichs ging. Unter wirtschaftlichen Gesichtspunkten brachte dieser berühmte Vertrag den Engländern mehr Vorteile als den Portugiesen, da diese, obgleich die Engländer wackere Konsumenten von Portwein waren, mehr Waren aus Großbritannien einführten und ihre London gegenüber verschuldeten Banken dieses Handelsdefizit mit Gold aus Brasilien ausgleichen mußten.

Das konnten sie, weil 1694 Goldminen im Inneren der Kolonie entdeckt worden waren. Später sorgten brasilianische Diamantenminen dafür, daß die portugiesischen Monarchen und die Oberschicht sich während des größten Teils des achtzehnten Jahrhunderts eines ungewöhnlichen Reichtums erfreuten.

Unter der Herrschaft Johanns V. (1706–1750), die einen zwar von Priestern beherrschten, aber wohlhabenden Absolutismus brachte, entstanden außerordentlich schöne Barock- und Rokokoschlösser inmitten herrlicher Gärten, die in dem atlantischen, aber sonnigen Klima prächtig gediehen, und Portugal gelangte zu einem zumindest oberflächlichen Wohlstand. Doch während der Regierungszeit Josephs I. (1750–1777) wurde die Hauptstadt im November 1755 von einer Katastrophe heimgesucht.

In diesem Jahr erlebte Lissabon ein Erdbeben, das ganz Europa in Schrekken versetzte. Die Konservativen sahen darin eine Strafe für die Sünden der Welt, die Deisten wurden in ihrem modischen Glauben an einen wohlwollenden Schöpfer irre, und in den Berichten wurde die Zahl der Toten erheblich übertrieben. Glücklicherweise trug ein fähiger Minister die Verantwortung: Sebastião José de Carvalho e Mello, besser bekannt als Marquis de Pombal (1769), gehörte zu den wenigen Portugiesen, die über kosmopolitische Erfahrungen verfügten – er hatte als Botschafter in London und Wien gedient –, und besaß einen rationalen Geist. Als Kriegs- und Außenminister – ein Amt, das er seit 1750 innehatte – gelang es ihm, der Panik Herr zu werden, und erließ, obwohl der Klerus forderte, die Trümmer sollten als Denkmal für Gottes Zorn erhalten bleiben, Lissabon nach jenem rationalen Straßenplan wieder aufbauen, den es immer noch aufweist.

1756 wurde Pombal erster Minister, eine Stellung, die er noch festigte, nachdem eine von Jesuiten angestiftete Verschwörung zur Ermordung des Königs aufgedeckt worden war, und er 1759 die Jesuiten aus Portugal und den portugiesischen Kolonien vertreiben ließ. Es folgten, in König Josephs Namen, nahezu zwei Jahrzehnte »aufgeklärten Absolutismus'«: sogar die Lebensbedingungen der Bauern wurden besser, während die Sardinenfischerei und Seidenindustrie entwickelt wurden. Staatlich geleitete Gesellschaften sorgten für einen Aufschwung von Landwirtschaft und Weinbau, der Handel mit Brasilien florierte und sogar die Erziehung wurde modernisiert. In Portugal hatte die Aufklärung mehr Erfolg als in Spanien, da das portugiesische Kolonialreich jetzt mehr Erträge abwarf und die Bedingungen für ausländische Kapitalgeber günstiger waren. Aber Pombals Herrschaft bedeutete wie die anderer autoritärer portugiesischer Regierungen für ihre Feinde Hinrichtung und Einkerkerung. Beim Tod König Josephs und der Thronbesteigung Marias I. fiel Pombal in Ungnade und mußte sich auf seine Güter südlich von Coimbra zurückziehen, wo er 1782 starb. Sein Denkmal war Lissabon, das nach den allermodernsten französischen Prinzipien des Städtebaus wiedererstanden war, aber mit seinen bunten Säulen und schmiedeeisernen Balkonen trotzdem den iberischen Charakter bewahrte und noch immer die Hauptstadt eines reichen südamerikanischen, wenn auch nicht mehr ostasiatischen Kolonialreichs war.

Rokoko

Dieses Bild also boten die westlichen Kolonialmächte Frankreich, Großbritannien, Spanien und Portugal während der kulturell schöpferischsten Zeit des achtzehnten Jahrhunderts, dem Höhepunkt der vorindustriellen Kultur in Europa. Das musikalische und künstlerische Vermächtnis ist außergewöhnlich. In Frankreich, wo der italienische Einfluß lange vorgeherrscht und assimiliert worden war, entwickelte Jean Philippe Rameau (1683–1764), der Hofmusiker Ludwigs XV., eine eigenständige Pariser Oper, schrieb bahnbrechende Werke auf dem Gebiet der Musiktheorie und führte als erster die Klarinette als Orchesterinstrument ein. Typisch war, daß die vorbildhafte italienische Opernform mit *The Beggars' Opera* (1728), einer »Gefängnispastorale«, ausgerechnet in England parodiert wurde. Sie ist das Pendant zu Hogarths Armeleutebildern. Der Dichter Gay schrieb das Libretto und J. C. Pepusch, ein deutscher Musiker, schuf eine Mischung aus Londoner Gassenhauern und ländlichen Weisen, das Ganze untermalt mit einer pseudo-seriösen Musik von so unwiderstehlicher Wirkung, daß ihr die Zeit und sogar moderne Verschönerungsversuche nichts anhaben konnten. Thomas Arne, ein Etonschüler, komponierte die Hymne *Rule Britannia* und vertonte viele der bekanntesten Shakespearegedichte. *God Save the King,* das in Reaktion auf den Jakobitenaufstand von 1745 populär wurde, ist anonym, hat aber Anklänge an Volksweisen, Hymnen und Psalmenmelodien, denen es seine unverminderte Beliebtheit verdankt.

Natürlich kamen die wichtigsten musikalischen Repräsentanten des Zeitalters aus Deutschland, dem protestantischen ebenso wie dem katholischen. Johann Sebastian Bach (1685–1750), der im thüringischen Eisenach geboren und Thomaskantor in Leipzig wurde, war ebenso wie Georg Friedrich Händel (1685–1759), der im sächsischen Halle geboren wurde, aus bürgerlich-protestantischem Milieu, das in denkbar krassem Gegensatz zur italienisch-französischen höfischen Welt stand. Bach führte ein glückliches und häusliches Leben in der Provinz, hatte sich aber dem italienischen Einfluß nicht verschlossen. Viel verdankte er dem großen venezianischen Komponisten Antonio Vivaldi (1675–1742) und war von außergewöhnlicher, universeller Begabung, wobei in seiner Musik mehr die intellektuelle Strenge des siebzehnten als die raffinierte Pracht des achtzehnten Jahrhunderts zum Ausdruck kommt. Händel war weit weltlicher gesinnt und unternehmungslustiger. In seiner Jugend besuchte er Rom, und in London, wo er seine größten Erfolge feierte und starb, schrieb er viele Opern zu historischen und biblischen Stoffen in einem hochbarocken Stil. Beide Komponisten, der eine zufrieden im beschaulichen Leben, der andere ein abenteuerlustiger, weltläufiger Mann, der Vermögen erwarb und verlor, erblindeten im Alter. Sie haben große Musik mit scheinbar einfachen Mitteln geschaffen und waren beide von der hochgestimmten Zuversicht des Newtonschen Zeitalters beseelt, welches das Universum als das harmonische Werk eines vernunftgeleiteten Schöpfers begriff.

Mitte des achtzehnten Jahrhunderts war der katholische und konservative Kaiserhof in Wien ein Zentrum des Mäzenatentums. Kaiser Karl VI., der wie sein Vater Leopold I. auch selbst komponierte, hatte hohe Maßstäbe gesetzt, die wohlhabenden österreichischen und ungarischen Aristokraten hielten sich eigene Musiker und Orchester, während Prag schon seit Rudolfs II. Regierung kultureller Mittelpunkt war. Christoph Willibald Ritter von Gluck, ein Bayer, der 1714, ein Jahr nach dem Utrechter Frieden, geboren wurde, brachte, unter italienischem und französischem Einfluß stehend, 1762, in Wien *Orpheus und Eurydike* und in Paris *Iphigenie in Aulis* zur Aufführung. So wurde, was im siebzehnten Jahrhundert begonnen hatte, als 1642 Monteverdis herrliche *Krönung der Poppäa* in Venedig uraufgeführt wurde, von Vivaldi in Venedig, von Lully und Rameau in Paris, von Bach und Händel in Deutschland und England, schließlich von Gluck in Wien fortgeführt.

Diese Musik übertraf bei weitem alles, was in der Antike oder im Mittelalter komponiert worden war, und war einer der charakteristischen und eigenwilligsten Verkörperungen der selbstbewußten und rationalen Einstellung des späten siebzehnten und des frühen achtzehnten Jahrhunderts in Europa.

Auch in der Malerei trug der Beginn des achtzehnten Jahrhunderts reiche

Früchte. In Reaktion auf Poussins und Bourdons klassische Steifheit und auf Rigauds gekonnte, aber theatralische Porträts entwickelte Jean-Antoine Watteau (1684–1721) einen raffinierteren und eklektischeren Stil. Stilistisch ein später Nachkömmling von Giorgione fand er zum Thema der *Fête champêtre* und gab Rubens' derben Göttinnen eine wesentlich zartere Erscheinung, wodurch seine Kunst wie etwa in der *Einschiffung nach Kythera* eine melancholische, verfeinerte Schönheit gewann. Mit Siebenunddreißig starb er an der Schwindsucht, ein Vorläufer des Rokoko, der alle ähnlichen aus der Antike bekannten vergeistigten Naturdarstellungen weit hinter sich ließ.

Derber, aber ebenso französisch ist das Werk des erfolgreichen Hofmalers François Boucher (1703–1770). Er unterrichtete Madame de Pompadour in der Kunst des Stiches, wurde *Premier peintre du Roi* und ein reicher Mann. Die raffinierte Sinnlichkeit seiner sich auf dem Bett rekelnden *Petite Morphine* erinnert an die Freuden, denen der Monarch soviel Zeit opferte. Chardin (1699–1779), auch ein typischer Franzose in seiner Malweise, verklärt einen anderen wichtigen Aspekt der Existenz – etwa in dem Gemälde einer eine Zwiebel schälenden Küchenmagd oder eines müßigen Laufburschen, der an einem Kartenhaus baut.

Die Engländer, die noch im siebzehnten Jahrhundert, als Poussin, Claude Lorrain und die van de Veldes bereits ihre Meisterwerke schufen, im wesentlichen auf holländische Maler angewiesen waren, um ihre Könige, Adligen und deren Frauen zu verewigen, begannen jetzt selbst bedeutende Maler hervorzubringen. Diese waren realistisch wie Hogarth oder neigten zur Idealisierung wie Sir Joshua Reynolds und waren Meister der Porträtmalerei. Thomas Gainsborough (1727–1788), der größte unter ihnen, stammte aus Suffolk, machte in Bath und London Karriere und wußte ein prächtiges Wams oder einen typischen Charakterzug ebenso treffend wiederzugeben wie eine Landschaft. Er ging nie ins Ausland und mißbilligte die ausländische Vorliebe für große historische Themen. Reynolds (1723–1792), der aus Devon stammte, studierte in Rom, Florenz und Venedig. Geadelt und zum Präsidenten der 1768 gegründeten Royal Academy ernannt, wurde er zu einer beliebten Erscheinung der Londoner Gesellschaft. Und obwohl er seinen insularen Mäzenen diskret schmeichelte, indem er ihre Lebenssphäre miteinbezog, war seine Einstellung doch eher akademisch und kosmopolitisch. Zum erstenmal brachten es in England einheimische Künstler zu Anerkennung und Wohlstand.

In Italien wurde die große venezianische Tradition eines Tizian und Paolo Veronese von Giambattista Tiepolo (1696–1770) fortgeführt, der sein Betätigungsfeld vornehmlich in norditalienischen und süddeutschen Rokokoschlössern fand. Sein größtes Gemälde entstand in der von Balthasar Neumann geschaffenen Residenz des Fürstbischofs von Würzburg, aber seine schönsten, an Watteau erinnernden Effekte erzielte er in den Deckengemälden venezianischer Kirchen und Paläste. Auf Einladung Karls III. in Spanien weilend, starb er in Madrid.

Die glänzende, von Velázquez begründete Tradition spanischer Malerei sollte ihren Höhepunkt mit Goya (1746–1828) erreichen, aber vor allem setzte sich die neue Bourbonen-Dynastie in ihren Schlössern ein Denkmal. Philipp V. gab den *Sitio Real*, den königlichen Sitz, in La Granja bei Segovia jenseits der Sierra de Guadarrama in Auftrag, mit seinen Rokokointerieurs Vorbild vieler portugiesischer Schlösser –, dessen prachtvolle französische Gärten mit ihren Büschen und Brunnen von Ardemans entworfen wurden. Hier vermischt sich der spanische Stil mit kosmopolitischen Einflüssen aus dem Frankreich und Italien des siebzehnten Jahrhunderts, eingebettet in eine Umgebung, die von Gärtnern aus Versailles und Neapel gestaltet wurde. In dieser italienisierten Version von Versailles suchten Philipp V. und Elisabeth Farnese Ruhe vor der Welt zu finden.

Die Spanier schmückten ihre Rokokosäle mit Porzellan, zum Beispiel in der Sommerresidenz von Aranjuez südlich von Madrid, die von Karl III. vergrößert und modernisiert wurde, und im Madrider Königspalast selbst mit seinem großartigen Blick über die französischen Gärten und dem überwältigenden Reichtum im Inneren. Er wurde an der Stelle des alten Alcázar hauptsächlich von italienischen Architekten erbaut und war 1764 soweit fertiggestellt, daß Karl III. einziehen konnte. Es ist eine einzige Anhäufung von Chinoiserien und Arabesken, von Leuchtern, Spiegeln und Wandteppichen mit einem riesigen Thronsaal, über dem ein Deckengemälde von Tiepolo schwebt.[26] Durch den krassen Gegensatz zur außerordentlichen Strenge des Escorial von Philipp II., bleibt dieser Palast der *Palacio Real de los Borbones* für die Spanier, die ihren Dynastien gerne den ihnen gebührenden Platz in der Geschichte zuweisen.

VI.
Industrielle Zivilisation: Demokratie und Nationalismus

1. Die Französische Revolution

Am Vorabend von 1789

Der 1763 mit dem Pariser Frieden beendete Siebenjährige Krieg hatte Frankreich den größten Teil seines Kolonialreichs gekostet, nicht aber die Macht seiner Flotte gebrochen. Als 1776 ein Aufstand in Englands amerikanischen Kolonien ausbrach, brachte Frankreich deshalb eine eindrucksvolle europäische Koalition für einen Vergeltungskrieg auf die Beine, der unbeabsichtigt, aber folgenschwer zur Gründung der unabhängigen Vereinigten Staaten von Amerika führte.

Nach diesem epochalen Geschehen erwies sich die letzte militärische und maritime Anstrengung des *Ancien régime* tatsächlich als sein Verhängnis, da die amerikanische Revolution ein noch anregenderes Beispiel als die englische des siebzehnten Jahrhunderts bot und die Kosten des französischen Eingreifens die ohnehin verschuldete Regierung zu ruinieren drohten. Darin ist eine der unmittelbaren Ursachen für die Französische Revolution zu sehen, die eine der mächtigsten Nationen des Kontinents erschütterte und zu den tiefgreifenden Umwälzungen der Revolutions- und napoleonischen Kriege führte. Und während diese gewaltigen Veränderungen in Amerika und Westeuropa bevorstanden, teilten in Mittel- und Osteuropa Preußen und Österreich Polen unter sich auf und stieg das kaiserliche Rußland, das den Löwenanteil dieses schwergeprüften Landes einstrich, zu einer bedeutenden, weite Teile Sibiriens und Zentralasiens kolonisierenden Macht auf. Weltgeschichtlich gesehen bereiteten die Amerikaner und Russen im achtzehnten Jahrhundert bereits jene Verschiebung der Machtverhältnisse vor, die Europa im zwanzigsten Jahrhundert weitgehend seiner Bedeutung berauben sollte.

Das Ancien régime

Seit langem war erkennbar, daß Frankreich reif für eine radikale Veränderung war, aber die Historiker haben heute die bequemen Erklärungen, die im neunzehnten Jahrhundert im Schwange waren, einer Revision unterzogen. Wie die meisten Revolutionen war auch die französische zunächst eine Angelegenheit unzufriedener Eliten, um sich später zu verselbständigen. Nach einer Phase fast schrankenloser Anarchie und entsetzlichen Terrors machte ein Militärdiktator sie seinen Zwecken dienstbar. Durch Eroberungen im Ausland lenkte er das Volk von inneren Problemen ab und verbreitete das Gedankengut der Revolution mehr durch den Abscheu, den seine Truppen und Bürokraten im Ausland hervorriefen, als durch das Vorbild, das sie boten, womit er direkt oder auf dem Umweg über nationalistische Reaktionen nicht nur das

Aussehen Frankreichs, sondern auch des größten Teils Europas veränderte. Höchst folgenreich verabschiedete man damit das »europäische Völkerrecht« des achtzehnten Jahrhunderts, welches vormals dafür gesorgt hatte, daß kein Krieg bis aufs Messer ausgetragen und der Friede gewöhnlich durch ein Kräftegleichgewicht garantiert wurde, und ebnete so den Weg für die Massenkonflikte wehrpflichtiger »Völker in Waffen«, die schließlich, in ihren verheerenden Auswirkungen noch verstärkt durch eine Reihe industrieller und technologischer Revolutionen, die europäische Zivilisation in den beiden Weltkriegen des zwanzigsten Jahrhunderts an den Rand der Selbstvernichtung führen sollten. Napoleon war der erste, der Europa diesen verhängnisvollen Weg wies.

Die Französische Revolution war weder das Werk hungernder noch wohlhabender Bauern, denn deren Lebensbedingungen wichen in den verschiedenen Regionen Frankreichs erheblich voneinander ab. Die Ereignisse begannen sich zu überstürzen, als der kluge und faule Ludwig XV. 1774 von seinem unfähigen Enkel Ludwig XVI. abgelöst wurde, wobei sich beide mit dem archaischen Erbe eines seit den Tagen Ludwigs XIV. nicht reformierten Staatsapparates herumzuschlagen hatten.

Der Adel, seit langem unzufrieden, da man ihm politische Macht und Verantwortung genommen hatte, die zu übernehmen er mittlerweile gar nicht mehr fähig war, versuchte die »absolute« Monarchie zu untergraben; die Kaufleute murrten, weil die archaische Gesellschaftsordnung den Handel empfindlich beeinträchtigte; brillante Schriftsteller wie Voltaire, Diderot und ihre Kollegen nahmen seit Jahrzehnten die Privilegien von Adel und Kirche aufs Korn; die Anwälte begehrten soziale Anerkennung und die unterschiedlich gestellten Bauern, die fast die gesamte Steuerlast zu tragen hatten, mußten verbergen, was ihnen an Wohlstand zuteil wurde, und bedauerten jeden *Sou*, den sie als Pacht an ihre Grundherren entrichteten, die anders als die meisten englischen Junker auf hochmütigen Abstand bedacht waren. Es gab in Frankreich auch kein Gegenstück zum ehrenamtlichen englischen Friedensrichter. In einem Land, das noch überwiegend landwirtschaftlich strukturiert und von seinen Ernteerträgen abhängig war, sah sich der Handel durch absurde inländische Zollschranken und Mauten behindert, und trotz wiederholter Versuche der Regierung, die Industrie zu fördern, zogen es die französischen Geldanleger, besessen vom Wunsch nach sozialer Anerkennung, auch weiterhin vor, bescheidene öffentliche Ämter zu kaufen. Nur der Exporthandel mit Wein und Luxusgütern florierte und sorgte für den Reichtum der großen Handelshäfen Le Havre, Bordeaux und Marseille.

Zwar entfaltete sich ungeachtet all dieser Beeinträchtigungen der ganze Reichtum der französischen Kultur, aber schwer lasteten Adel und Kirche auf einem mit gravierenden Mängeln behafteten Gesellschaftsgefüge. Es gab etwa eine Viertelmillion Angehörige der *Noblesse de l'épée* in einer Bevölkerung von ungefähr zwanzig Millionen Menschen, und im Gegensatz zum englischen Brauch, nach dem nur der älteste Sohn den Titel erbte, fiel er in Frankreich allen Söhnen eines Edelmanns zu. Gezwungen, an dem verschwenderischen Hofleben teilzunehmen, war der Hochadel tief verschuldet und auf die launische Gunst des Königs angewiesen, während es als Exil galt, wenn man auf seinen Gütern leben mußte. Dem provinziellen Landadel in der Gascogne oder in der Bretagne hingegen blieb wenig mehr als seine Titel und sein Stolz, um sich von seinen Bauern zu unterscheiden. In der offiziellen Hierarchie einschließlich der Armee gelangte man in den Genuß höherer Funktionen nicht durch seine Fähigkeiten, sondern durch seine Herkunft. Unter Ludwig XIV. hatten bürgerliche Minister, wie Colbert oder Louvois, mächtige Positionen innegehabt, jetzt mußten die höchsten Posten im Staat gekauft oder über den allgegenwärtigen Einfluß der königlichen Mätresse, der Marquise de Pompadour, erschlichen werden und blieben jenen vorbehalten, die genügend blaublütige Ahnen vorzuweisen hatten.

Die einzige Laufbahn, die für einen Aristokraten neben einem Hofamt oder einem Offizierspatent akzeptabel war, bot die Kirche. Sie verfügte über immensen Reichtum: Während die anglikanische Kirche durch die von Heinrich VIII. und seinen Parlamenten verhängte Säkularisation ihren Reichtum und ihr Ansehen verloren hatte, zur Zeit der englischen Republik sogar Verfolgungen ausgesetzt war, hatte die Kirche Frankreichs nach der Unterdrükkung der Hugenotten einen Aufschwung erlebt und blieb trotz der jansenistischen Angriffe eng verflochten mit der Regierung. Auch hier waren der *Noblesse* die höchsten Ämter vorbehalten, deren Inhaber große Einkünfte bezogen, selten in ihren Sprengeln residierten und eine von den in Armut lebenden »Leutpriestern« und Dorfpfarrern abgesonderte Kaste bildeten.

In der Kirche wie im Staat hatte die *Noblesse*, deren Einfluß im siebzehnten Jahrhundert beschnitten worden war, also einen Großteil ihrer Macht zurückerlangt, obwohl sie das Land jetzt ausbeutete, statt es zu entzweien. Noch kannten die wohlhabenden Steuerpächter, Bankiers und Heereslieferanten keinen sehnlicheren Wunsch, als ihre Söhne und Töchter in die *Noblesse* einheiraten zu lassen, und wie zur Zeit, da Molière das Porträt des *Bourgeois gentilhomme* gezeichnet hatte, sehnten sich die Neureichen nach »aristokratischem« Lebensstil.

Doch trotz verheerender Kriege und administrativer Mißstände hatte sich in den letzten Jahren Ludwigs XV. neben der phantastischen Prachtentfaltung am Hofe allgemeiner Wohlstand ausgebreitet. Menons *La cuisinière bourgeoise* (1746) war für eine breite Leserschaft geschrieben worden. Zu dieser Zeit entwickelte sich die klassische Einfachheit und Findigkeit der französischen Küche, die barocke Überfülle verdrängend, wie sie noch Ludwig XIV. geschätzt hatte. 1765 wurde das erste *Restaurant* in Paris eröffnet, gedacht als Alternative zum traditionellen Wirtshaus und jedem offenstehend, der es sich leisten konnte.

Rousseau

Diese kultivierte und elegante Gesellschaft sparte auch sich selbst gegenüber nicht mit Zynismus. Die geistreiche Konversation in den Pariser Salons übte ebensowenig Schonung wie Voltaires Feder gegenüber jenen Institutionen, welche die kultivierteste Gesellschaft Europas zugleich formten und verformten, und voller Groll gegen die hochmütige Exklusivität der *Noblesse* in Kirche und Staat entfesselten die Intellektuellen aus dem städtischen Bürgertum eine Kampagne des Spotts und der Schmähungen. Sie führten ihre Angriffe jetzt versteckter, da sie an das Gefühl appellierten. Der vielseitige Jean Jacques Rousseau hatte zur *Encyclopédie* einen Artikel über Musik und einen über »Nationalökonomie« beigesteuert. Jetzt stellte er die vernichtende Gewalt seiner Sprache in politischen Schriften unter Beweis. »Der Mensch wird frei geboren«, schrieb er – höchst unzutreffend – in *Du contrat social* (1763), »und überall liegt er in Ketten.« Rousseau (1712–1778) stammte aus einer Familie französischer Calvinisten, die nach Genf geflohen war. Der Junge wurde einem Graveur in die Lehre gegeben, setzte sich aber 1728 nach Annecy ab, wo er in Madame de Warens, einer katholischen Konvertitin, eine Beschützerin fand, die ihn auf ein Seminar nach Turin schickte, wo auch er – widerstrebend – konvertierte. Doch er stellte bald fest, daß er keine Berufung zum Priester verspürte, und wurde 1730 Musiklehrer in Lausanne und Neuchâtel. Ab 1733 »lebte er bei« Madame de Warens in Chambéry, bis er 1742 nach Paris aufbrach, entschlossen, sein Glück als Musiker und Dramatiker zu machen, und reiste zwei Jahre später nach Venedig als Sekretär des französischen Botschafters, mit dem er, getreu seiner lebenslangen Gewohnheit, die Hand zu schlagen, die ihn fütterte, bald eine heftige Auseinandersetzung hatte. Wieder in Paris, lebte er mit der Magd Thérèse Lavasseur zusammen und hatte fünf Kinder mit ihr, die er alle ins Waisenhaus gab, heiratete sie aber erst 1768. 1750 erwarb er raschen Ruhm als Preisträger eines *Discours sur les sciences et les arts* über die von der Akademie von Dijon ausgeschriebene Frage, ob der Fortschritt in Wissenschaft und Künsten die Sitten verdorben oder geläutert habe. Sehr geschickt – vielleicht auf Anraten Diderots – griff Rousseau den modischen Optimismus an und behauptete, der »Fortschritt« habe die Sitten verdorben, womit sein Ruhm begann. Als eines seiner Singspiele vor Ludwig XV. aufgeführt worden war, hatte Rousseau nicht den Mut, zur Audienz beim König zu erscheinen, die ihm eine Pension hätte eintragen können, und zog sich 1754 nach Genf zurück, wo er wieder zum protestantischen Glauben übertrat.

Hier setzte jene Flut von Büchern ein, die ihn endgültig berühmt machten: *Julie ou La Nouvelle Héloïse* (1761), *Emile*, eine Schrift, die sich mit Erziehungsfragen auseinandersetzt (1762), *Du contrat social* (1763). Er verschonte weder Aufklärung noch Christentum, wodurch er nicht nur die Staatsorgane gegen sich aufbrachte, sondern sich auch mit Diderot überwarf. So suchte er Zuflucht in Neuchâtel, das damals zum Herrschaftsgebiet Friedrichs des Großen gehörte, und ging von dort nach England, wo er sich mit Hume anfreundete, um sich allerdings bald auch mit diesem zu überwerfen. Aber als er 1767 nach Frankreich zurückkehrte, fand er mächtige aristokratische Gönner, auf deren Landsitzen er bequeme Aufnahme fand. Inzwischen waren die exhibitionistischen *Confessions* und die beliebten *Rêveries d'un promeneur solitaire* erschienen. Er starb in Ermenonville, wo ihm der Marquis de Girardin Zuflucht gewährt hatte. Im Unterschied zu Voltaire zerrann Rousseau das Geld unter den Fingern, aber wie viele scheinbar hilflose *Bohemiens* von Begabung fand er stets reiche Beschützer.

Mit Rousseau hatte ein Schriftsteller und Musiker, hochbegabt, aber völlig verantwortungslos, in die politische und gesellschaftliche Theorie Eingang gefunden – und die Ergebnisse waren beklagenswert. Aber wenn er auch falsche Antworten lieferte, so hatte er doch brennende Fragen aufgeworfen. Von Natur aus anarchisch, stellte er die Fundamente dieser Gesellschaft in einem scheinbar klaren, tatsächlich aber höchst nebulösen Stil in Frage. Als geborener Bohemien und Vagabund war ihm das soziale und politische Establishment sowie jede Form staatlicher Gewalt zuwider, und er sehnte sich nach dörflichen Gemeinschaften, in denen der einzelne Mitbestimmung und Erfüllung finden könne.

Seine Angriffe gegen den Staat und auch gegen die Aufklärung fanden ein lebhaftes Echo in Frankreich und fielen mit dem Beginn der »Romantik« zusammen, deren zentrale Begriffe »Gefühl«, »Flucht« und »der edle Wilde« waren. Rousseau brach mit der legalistischen Vertragstheorie des Staates, wie sie Hobbes und Locke definiert hatten, und versuchte, eine organische Beziehung zwischen dem einzelnen und der Gemeinschaft herzustellen und die Autorität des Staates nicht auf Zwang zu gründen, sondern auf den »freien Willen« der teilhabenden »Bürger«, so daß sie, wie er es paradox ausdrückt, »ihm gehorchend nur sich selbst gehorchen«. Damit entwickelte er eine eingängige Idee, die wesentlich zum Mythos der modernen Demokratie beitrug,[1] oder wie es bei Vilfredo Pareto heißt, »eines der erhabendsten Dogmen der demokratischen Religion«.[2] Obwohl Rousseau nie die gewaltsame Revolution predigte, leistete er ihr mit seinen nebulösen und beredt vorgetragenen Ideen wichtige Geburtshilfe.

Denn die von ihm geschaffene Figur des *Vicaire savoyard*, ein Moralist und vom orthodoxen Christentum abgefallener Deist, wandte sich an eine wachsende weltliche Leserschaft, die nach einem Propheten Ausschau hielt. Er war einer der ersten, den sie fand: im neunzehnten Jahrhundert sollten es nur allzu viele werden.

So wurden Mitte des achtzehnten Jahrhunderts die Grundlagen des französischen *Ancien régime* stetig untergraben: durch den Unmut eines tapferen Volkes über die archaische und beengende Herrschaft von *Noblesse* und höherem Klerus, durch die offenkundige Unfähigkeit der Verwaltung, die ungerechte Steuern erhob und den Binnenhandel behinderte, durch die vernichtende Kritik der aufgeklärten Intellektuellen, die von der Regierung humanitäre

Korrekturen verlangten, und durch die Schlagworte der Romantiker, die eine andere Gesellschaftsordnung wollten und – wie die rationalistisch-emanzipatorischen Intellektuellen – der Masse der Menschen ein Maß an Vernunft und moralischem Urteilsvermögen zutrauten, das diese angesichts ihrer Lebensbedingungen kaum besitzen konnte.

Revolution in der Neuen Welt

Als Ludwig XVI. 1774 mit neunzehn Jahren auf den französischen Thron gelangte, brachte er für seine ungeheure Aufgabe nur höchst mittelmäßige Anlagen mit. »Schwach, aber nicht wirklich dumm«, schrieb sein Schwager Kaiser Joseph II., und anfällig für »Unentschlossenheit und Apathie«. Er war leidenschaftlicher Jäger und ein ebenso maßloser Esser wie Ludwig XIV.[3] Außerdem stand er unter dem Pantoffel seiner jungen und törichten Habsburger Gemahlin Marie Antoinette. Gelangweilt vom offiziellen Hofleben in Versailles, ließ sie sich nicht dazu herab, die Höflinge zu beschäftigen, so daß das Schloß aufhörte, der glänzende gesellschaftliche Mittelpunkt des *Ancien régime* zu sein. Die königliche Familie lebte in kleinem Kreis, während die Königin bei privaten Theateraufführungen und auf ihrem Musterbauernhof mit Meierei Zerstreuung suchte. Die Franzosen nannten sie verächtlich: *L'Autrichienne* (die Österreicherin).

Inzwischen schienen in Nordamerika die wachsenden Reibereien zwischen den Engländern und ihren Kolonisten den Franzosen in die Hände zu spielen. Früh schon begannen die Franzosen die Amerikaner mit Geld und Waffen zu versorgen, so daß paradoxerweise Frankreichs extrem konservative Monarchie eine Revolution unterstützte, die im Endeffekt jene Gesellschaftsform hervorbringen sollte, welche diese Monarchie aufs höchste verabscheute. Denn in Nordamerika, über eine Entfernung von fünftausend Kilometer Ozean hinweg und unter kolonialen Verhältnissen, vermochte sich kein Absolutismus, noch nicht einmal der Georgs III. von England, Geltung zu verschaffen. Hier waren zur *Whig*-Tradition, wie sie etwa bei Locke zum Ausdruck kommt, radikale Ideen hinzugetreten, die teilweise aus der Zeit der Republik und Cromwells stammten.

Unmöglich lassen sich hier die vielfältigen Einflüsse und das Umfeld darstellen, denen die amerikanische Revolution ihre Entstehung verdankt. Eine führende Rolle spielten Großgrundbesitzer aus Virginia, die, wie Jefferson und Franklin, von der französischen Aufklärung beeinflußt waren, und wohlhabende Kaufleute aus Neuengland, die aus einem ausgeprägten Bewußtsein des Widerspruchs zur anglikanischen Kirche handelten. Jedenfalls erhoben sich im Dezember 1775 die Amerikaner in Massachusetts und Virginia, den beiden ältesten Kolonien, und begannen einen Unabhängigkeitskrieg, in dem die Engländer samt ihrer konventionellen europäischen Taktik besiegt wurden, weil die Kampfhandlungen weite Gebiete erfaßten und häufig Guerillacharakter annahmen, und in dem sie im Anschluß an die Unabhängigkeitserklärung des Jahres 1776 ihre nördlicheren Kolonien verloren, als sich ihr General Burgoyne 1777 in Saragota ergab. Die Franzosen, welche die Amerikaner massiv unterstützt hatten, ließen sich durch diese Niederlage zum Eingreifen verführen, und die Spanier schlossen sich an. Die Engländer verloren die Herrschaft über den Nordatlantik, und als sich Lord Cornwallis 1781 in Yorktown einer amerikanisch-französischen Armee ergab, verloren sie auch den Süden. Aber die Franzosen, mehr an den Westindischen Inseln als an der amerikanischen Revolution interessiert, ließen ihre Flotte aus der Chesapeake-Bay auslaufen, um die ungeschützteren englischen Zuckerinseln anzugreifen, wurden 1782 in der Schlacht vor den Iles-des-Saintes besiegt und behielten 1783 im Frieden von Versailles nur fünf der unbedeutenden Antilleninseln, während England im Besitz ihrer wichtigsten strategischen Stützpunkte und Zuckerinseln in der Karibik blieb, jedoch die Vereinigten Staaten als souverän anerkennen mußten.

Schon zu Beginn des Krieges hatten sich die französischen Staatsfinanzen am Rande des Bankrotts befunden. Turgot, ein fähiger, aber ungeschickt taktierender Minister, der seit 1774 im Amt war, war mit einem Programm kompromißloser Sparmaßnahmen, das die Abtragung der immensen Staatsverschuldung vorsah, auf den Widerstand des Hofadels und der Steuerpächter gestoßen, die von der Königin unterstützt wurden. Zwar war es ihm 1776 kurzfristig gelungen, die *Corvée* abzuschaffen, indem er die Grundsteuer gleichmäßig auf Grundeigentümer und Bauern verteilte und die Löhnung der Industrie durch die alten Zünfte sprengte, aber er stieß damit auf einen so heftigen Widerstand des *Parlement de Paris* und des Juristenstandes, daß er seine eigene Position untergrub. 1776, im Jahr der amerikanischen Unabhängigkeitserklärung, entließ ihn der König, bevor er Zeit gehabt hatte, weitere heilsame Maßnahmen einzuleiten. Ludwig verfiel nun auf den Schweizer Bankier Jacques Necker, den er zum Generaldirektor der Finanzen (1777 bis 1781) ernannte. Vor die Notwendigkeit gestellt, den amerikanischen Krieg zu finanzieren, nahm Necker, wie alle modernen Regierungen, massive Staatsanleihen auf, womit er zwar Steuererhöhungen vermied und den Staatshaushalt scheinbar ausglich, tatsächlich aber den Grundstein zu späteren Schwierigkeiten legte. 1781 beschloß er auszusteigen, bevor die bösen Folgen ans Licht kamen, und trat zurück.

1786 verlangten die Banken enorme Zinsen für weitere Anleihen, und der Haushalt wies ein beträchtliches Defizit auf. Im Jahr darauf berief der König die Notabelnversammlung ein – in der die königlichen Prinzen, der Hochadel und der höhere Klerus vertreten waren, dazu einige wenige Vertreter der Städte –, um die Vorschläge des neuen Ministers Calonne zur Wiederherstellung der Zahlungsfähigkeit zu prüfen. Da dieser aber ihre Privilegien beschneiden wollte und erklärte, ohne Veränderungen sei Frankreich »unregierbar«, zeigte sich die Versammlung unzugänglich, und auch Calonne mußte gehen. Um ihre gesellschaftliche Führungsrolle zu bewahren, ja, um überhaupt zu überleben, durfte die Krone auch das Kernstück der Privilegien, die Steuerfreiheit, nicht verschonen. Sie tat es nicht und provozierte damit eine Reaktion des Adels, mit der die Revolution begann. Calonnes Forderung nach einer allgemeinen Grundsteuer ohne Befreiung durch Privileg stieß auf entschiedenen Widerstand der Privilegierten. Dem König blieb nichts anderes übrig als die Generalstände einzuberufen und beim Dritten Stand Hilfe in seiner Auseinandersetzung mit der neuen *Fronde* zu suchen. Die Krone war es also, die einen neuen Faktor ins Spiel brachte und dem Bürgertum den Weg ebnete.

Sturm auf die Bastille

Am 5. Mai 1789 berief Ludwig XVI. die Generalstände nach Versailles ein: je dreihundert Vertreter der *Noblesse* und des Klerus, sechshundert Vertreter des Dritten Standes. Aber die Regierung ließ sie allein; sie gab weder eine Verfahrens- noch eine Tagesordnung vor. Und als die privilegierten Stände, wie nicht anders zu erwarten, dem Dritten Stand eine gemeinsame Versammlung verweigerten, in der nach Köpfen abgestimmt werden sollte, hielt dieser eine eigene, improvisierte Versammlung in einem Ballhaus (eigentlich zum *Jeu de paume* bestimmt) ab und schwor, sich in eine Nationalversammlung umzuwandeln und nicht auseinanderzugehen, bevor Frankreich eine Verfassung habe.

Formal setzten sich die Vertreter des Dritten Standes damit ins Unrecht, aber der König gab nach und befahl der *Noblesse* und dem Klerus, sich dem Dritten Stand anzuschließen und mit ihm zusammen eine Verfassunggebende Nationalversammlung zu bilden, während er gleichzeitig in typischer Unentschlossenheit Truppen in einem Lager bei Versailles zusammenzog und den wiedereingesetzten Necker abermals entließ, in den der Dritte Stand noch immer seine Hoffnungen setzte. Das hochsommerliche Paris wurde jetzt von Hysterie ergriffen, und am 14. Juli stürmte der Pariser Mob mit Hilfe unzufriedener Soldaten und ihrer Geschütze die Bastille[4], ein Symbol der alten Ordnung und willkürlicher Einkerkerungen. Noch heute wird der Jahrestag dieses Vorfalls festlich begangen. Selbst auf die königlichen Regimenter vor der Hauptstadt war jetzt kein Verlaß mehr. Die Pariser stellten eine »Nationalgarde« auf, eine Bürgermiliz zur Verteidigung ihres Eigentums, und gaben der Stadt eine Selbstverwaltung; die meisten der großen Städte im Lande folgten diesem Beispiel. Der königlichen Regierung war die Regierungsgewalt aus den Händen genommen.

Die »Constituante«

Die Verfassunggebende Versammlung sorgte für dauerhafte, gründliche und revolutionäre Veränderungen in der Verwaltung. Ihre Debatten blieben chaotisch, und die Franzosen erwiesen sich als viel zu individualistisch, um sich in organisierten Parteien zusammenzufinden. Ihrer Wesensart entsprach es vielmehr, eine *Déclaration des droits de l'homme et du citoyen*[5] abzufassen. Sie hielt sich eng an die amerikanische Unabhängigkeitserklärung: *Le but de la Société*, so ihr optimistischer Anfang, *est le bonheur commun* – »das Ziel der Gesellschaft ist das gemeinsame Glück«. Die Regierung, so hieß es weiter, sei eingesetzt, die »natürlichen Rechte« der Menschen zu garantieren. Diese Rechte seien »Gleichheit, Freiheit, Sicherheit und Eigentum«. Ferner: *tous les hommes sont egaux par la nature et devant la Loi* – »alle Menschen sind von Natur aus und vor dem Gesetz gleich«. Dann hieß es mit einem von Rousseau übernommenen Ausdruck, das Recht sei der »freie und feierliche Ausdruck des Gesamtwillens«. Sodann wurde erklärt, daß die öffentlichen Ämter allen Bürgern offenstünden, womit die Privilegien der *Noblesse* und des höheren Klerus aufgehoben wurden, daß jedermann das Recht habe, seine Gedanken im Druck »oder auf jede andere Weise« zu äußern, und daß jeder seine Religion nach seinem Ermessen ausüben dürfe. Außerdem wird in der Erklärung ausdrücklich festgestellt (§ 25), daß alle »Souveränität beim Volk liegt – einzig und unteilbar –, keiner anderen Autorität unterworfen und unveräußerlich ist«. Schließlich hieß es mit gutem Grund, daß, »wenn die Regierung die Rechte des Volkes verletzt«, der Aufstand »die heiligste und vornehmste Pflicht des Volkes und jedes seiner Teile« sei.

Dies war das offizielle Manifest der Französischen Revolution, das Werk bürgerlicher Juristen und Intellektueller, in dem eine einzigartige optimistische Einstellung zur Politik sichtbar wird. Weit entfernt, ein Manifest des radikalen Klassenkampfes zu sein, sollte es dem privaten Unternehmertum Freiräume verschaffen und das Eigentum beschützen. Es bot einerseits dem Tüchtigen die Möglichkeit, dank seiner Talente Karriere zu machen, und andererseits dem Politiker die Möglichkeit, eine Diktatur zu errichten, indem er für sich in Anspruch nahm, den »Gesamtwillen« zu repräsentieren. Die Politik gewann eine neue Dimension.

Inzwischen hatten sich nach Abschaffung aller erblichen Titel die Ausschüsse der Verfassunggebenden Versammlung eifrig an die Arbeit gemacht, und sie brachten eine gelungene Verwaltungsreform in ganz Frankreich zustande. Diese Juristen und Magistratsbeamten waren viel praktischer als die »Ideologen« der abstrakten politischen Theorie, und da sich die Verfassunggebende Versammlung geweigert hatte, einen »Senat« oder ein Oberhaus zu schaffen, war ihre Autorität unbestritten. Außerdem fanden sie in den meisten Regionen Frankreichs Unterstützung. Gestützt auf die seit langem bestehende Vorherrschaft von Paris konnten sie ihrer Leidenschaft zu Systematik und Symmetrie frönen und ersetzten in Absprache mit den regionalen

Vertretern das Durcheinander des *Ancien régime* durch *Départements* und städtische »Kommunen«, wobei erstere geographische und keine feudalen Bezeichnungen erhielten, etwa Haute Marne, Indre-et-Loire oder Tarn, Bezeichnungen, die uns heute vertraut sind. Auf einen Schlag wurden die alten regionalen Unterteilungen durch neue Verwaltungseinheiten ersetzt und theoretisch alle Franzosen einer Zentralgewalt und dem gleichen Recht unterstellt. Doch wurde weitgehende lokale Autonomie zugestanden, sogar der Gedanke einer föderativen Union wurde ins Auge gefaßt. Bezeichnenderweise schloß das Wahlrecht noch immer die meisten Arbeiter und alles Dienstpersonal als Menschen, »die nicht in der Lage sind, für sich selbst zu sorgen«, aus. Die Verfassunggebende Versammlung bestand zum überwiegenden Teil aus Leuten von akademischer Ausbildung und bürgerlicher Herkunft, welche die Wählbarkeit von strengen Besitzkriterien abhängig machten.

Die traditionelle Klage über die Steuern wurde durch die Abschaffung von *Taille* und *Gabelle* beschwichtigt. Statt dessen wurden nach Berufsstand und geschätztem Lebensstandard sogenannte »Beiträge« erhoben, so daß wohlhabendere Franzosen nach wie vor bestrebt waren, arm zu erscheinen. Die Freiheit des Handels wurde eingeführt, ein dezimales Maßsystem geschaffen und die Juden von den ihnen auferlegten Benachteiligungen befreit. Aber da die Zünfte aufgelöst worden waren, wurden Gewerkschaften und Streiks für ungesetzlich erklärt. Die ersten und überdauernden Errungenschaften der Revolution trugen bürgerlichen Charakter und spiegelten die vorherrschende politische Meinung und Wirtschaftstheorie wider.

Anders verlief die nächste Phase, die heftigere Leidenschaften auslöste: Die Verfassunggebende Versammlung, bestrebt, eine vernünftige und überschaubare Verwaltung aufzubauen, verstaatlichte die riesigen Kirchenländereien, schloß die meisten historischen Klöster und schaffte die alten Bistümer ab, die teilweise bis auf merowingische Zeiten zurückgingen. Überdies verlangten sie von den Geistlichen jetzt, einen Eid auf eine »geistliche Zivilverfassung« abzulegen. Nach langem Zögern verbot ihnen der Papst, diesen Eid zu leisten, und viele Geistliche gehorchten ihm. Ein Großteil der Menschen hatte die Verfassungsänderungen akzeptiert, doch jetzt stieß die Revolution auf massiven Widerstand, weil in den konservativen Gebieten die Priester, die den Eid verweigert hatten, von ihren Gemeinden unterstützt wurden. Wie einst der Angriff auf die Bischöfe Karl I. mehr Verbündete zugeführt hatte, so fand auch Ludwig XVI. jetzt mehr Loyalität. Und ihm standen schlaue Ratgeber zur Seite. Hätte er auf den Rat des brillanten, aber unzuverlässigen Comte de Mirabeau gehört, dieses abtrünnigen Aristokraten, der dreimal durch *Lettres de cachet* inhaftiert worden war und jetzt als Abgeordneter für Aix-en-Provence versuchte, eine konstitutionelle Monarchie zu gründen, so hätte er sich nach Rouen in die royalistische Normandie zurückgezogen und mit seiner Rückkehr auf den Thron gewartet, bis sich die Parteien in der Versammlung gegenseitig lahmgelegt hätten. Aber erst als dem König sein üblicher Besuch in Saint-Cloud zur Osterkommunion verwehrt wurde, entschloß er sich im Juni 1791 verspätet zu einer dilettantischen Flucht. Statt sich unauffällig zur Küste abzusetzen, stieg der wohlbeleibte und allzu bekannte Monarch mit seiner Familie in eine große, auffällige Kutsche, mit der er gemächlich zur Ostgrenze rollte. Um Mitternacht wurde er von einem Monsieur Drouet, einem eifrigen örtlichen Postmeister, erkannt, dem es gelang, zwei Angehörige der Nationalgarde aufzutreiben, die dann ihren Souverän in Varennes verhafteten. Drouet wurde Held der Revolution und erhielt dreißigtausend abgewertete Francs als Belohnung. Die politisch viel gewitzteren Engländer hatten Jakob II. auf seiner Flucht keine Steine in den Weg gelegt, Ludwig hingegen verlor alle Glaubwürdigkeit, die er noch hatte, und wurde zur Geisel und zum Sündenbock.

Inzwischen hatte die Verfassunggebende Versammlung *(Constituante)*, nachdem sie ihre noblen Grundsätze und ihren Mangel an Vernunft dadurch unter Beweis gestellt hatte, daß sie den eigenen Abgeordneten die erneute Wählbarkeit aberkannte, der Gesetzgebenden Versammlung *(Legislative)* nach Inkrafttreten der neuen Verfassung Platz gemacht. Das neue Regime befahl allen königstreuen Emigranten die Rückkehr nach Frankreich, drohte den Geistlichen, die den Eid verweigerten, mit Deportation und fiel, als es nicht mehr weiter wußte, in den Österreichischen Niederlanden ein, weil es hoffte, die Nation durch einen Krieg hinter sich zu einen, eine Hoffnung, die auch der gefangengehaltene König einst gehegt hatte.

Doch die Kriegshysterie wirkte sich ganz anders aus. Im August 1792 erhoben sich Pariser Handwerker und Radikale, halb verrückt vor Angst vor einer österreichischen Invasion, gegen die vom Bürgertum kontrollierte Pariser Stadtverwaltung, »säuberten« sie und griffen den Tuilerienpalast an; König und Königin mußten bei der Gesetzgebenden Versammlung Schutz suchen. Die Versammlung »suspendierte« den König und berief einen Nationalkonvent ein, der die Verfassung revidieren sollte. Sie erklärten Frankreich zur Republik und verordneten einen Revolutionskalender, während die Pariser Radikalen angebliche »Konterrevolutionäre« in den Gefängnissen umbrachten. Die *Sansculottes* in Paris und den Provinzen, die solche Demonstrationen organisierten, waren kaum jene Demokraten, für die sie nach landläufiger Vorstellung gelten, sondern machthungrige Politiker, denn es gab, zumindest in den Behörden, einen harten Kern von Radikalen, die bald lernten, wie man eine Versammlung manipulieren und seine Anliegen durch Fraktionen und Ausschüsse betreiben konnte. Sie waren verantwortlich für die erbitterten persönlichen Machtkämpfe, die wie gewöhnlich unter den revolutionären Radikalen stattfanden, und waren großmäulig, arrogant, intolerant und oft unerträgliche kleine Tyrannen, die ständig damit prahlten, daß sie die Macht über Leben und Tod hätten, fröhlich von den Köpfen redeten, die rollen würden, und offensichtlich Freude daran fanden, die Leute einzuschüchtern.

Angesichts der nahezu totalen Anarchie in Paris, einem Krieg an der Ostgrenze, um sich greifender Arbeitslosigkeit und Inflation – denn die *Assi-*

gnats, das Papiergeld, das auf konfiszierte Ländereien ausgegeben wurde, verlor rapide an Wert – führte der Konvent nach einem unerwarteten Erfolg im September des Jahres 1792, der als die »Kanonade von Valmy« in die Geschichte eingegangen ist, seine zerlumpten Truppen gegen den Rhein, Savoyen und die Österreichischen Niederlande. Von der *Marseillaise* beflügelt, marschierten die Franzosen.[6]

Robespierres Schreckensherrschaft

Im Konvent hatte eine kleine verschworene Gruppe von Fanatikern unter Führung Robespierres, eines Advokaten aus Arras, die Macht gewonnen. Nach dem Klub, in dem sie ihre Politik diskutierten, hießen sie Jakobiner. Unter dem Eindruck des Krieges hatte sich der Konvent von ihnen noch weiter nach »links« ziehen lassen. Nachdem sie aufgedeckt hatten, daß Ludwig XVI. mit feindlichen Souveränen korrespondierte, schickten sie ihn im Januar 1793 auf die Guillotine. Im Oktober desselben Jahres folgte ihm Königin Marie Antoinette.[7]

Diese Geste entsetzte die gekrönten Häupter und das übrige konservative Europa. 1793 schlossen die wohlhabenden und hartnäckigen Engländer, die auf keinen Fall zulassen wollten, daß die Österreichischen Niederlande einer feindlichen Macht in die Hände fielen, und sich außerdem Vorteile gegenüber dem potentiell größten Konkurrenten im für sie lebenswichtigen Handel zu verschaffen gedachten, Österreicher, Preußen und Spanier zu einem Gegenangriff zusammen, den sie mit ihrer Flotte und Hilfsgeldern unterstützten. In Frankreich brachen von den Royalisten geschürte Aufstände aus, und Toulon schlug sich auf die Seite der Engländer.

Um den Preis von Terror und Diktatur bewahrte die republikanische Regierung die Einheit Frankreichs. Die extremistischen Jakobiner unternahmen mit Unterstützung der Pariser Kommunen und einiger Nationalgardisten einen Staatsstreich und setzten eine zentralistischere Regierung ein, die von einem durch den Konvent gewählten »Wohlfahrtsausschuß« gegängelt wurde. Beauftragte wurden zur Säuberung der Départements und Truppen entsandt, und der Terror breitete sich durch Verhaftungen und Hinrichtungen über ganz Frankreich aus.

Von den gemäßigten Girondisten gesäubert, wurde der Wohlfahrtsausschuß jetzt von Robespierre beherrscht, dem fanatischsten aller Jakobiner, einem von Fremdenhaß besessenen und politisch verschlagenen Mann: Er verkündete einen Kult des »Höchsten Wesens« und die Brüderlichkeit der Menschheit, um in ihrem Namen viele politische Gegner hinrichten zu lassen. Im Vergleich zu den anderen Demagogen galt er als »unbestechlich« und errichtete eine kurze, blutige Herrschaft, die im Juni 1794 ihren Höhepunkt mit dem »Verdächtigtengesetz« fand, welches festlegte, daß ein »moralischer« Schuldbeweis legale Beweise überflüssig mache, und selbst die Abgeordneten im Konvent waren nicht mehr vor Verfolgung sicher. Im Juli *(Thermidor)* desselben Jahres, reichlich spät, ließen Robespierres Kollegen ihn selbst hinrichten.

Nach »offiziellen« Unterlagen hat die Schreckensherrschaft in vier Monaten siebzehntausend Menschen das Leben gekostet. Man müßte annehmen, daß eine solche authentische Schätzung für sich selber spricht, und doch ist die Revolution noch heute Gegenstand so kultischer Verehrung, daß der moderne Historiker E. J. Hobsbawn schreiben kann: »Konservative haben ein noch heute die Vorstellungen beherrschendes Schreckensbild von Terror, Diktatur und hysterisch entfesselter Mordlust entworfen, obwohl ... ihre Massenexekutionen gemessen an den Maßstäben des zwanzigsten Jahrhunderts *relativ bescheiden* waren. Revolutionäre haben sie, vor allem in Frankreich, als erste Volksrepublik verstanden, das Vorbild aller späteren Erhebungen. Alles in allem war es ein Zeitalter, das sich nicht an *alltäglichen menschlichen Kriterien* messen läßt«, an Kriterien also – so darf man wohl ergänzen – wie Humanität, Rechtsstaatlichkeit oder politischer Vernunft.

Inzwischen hatte der Wohlfahrtsausschuß seine Arbeit eingestellt. Republikanische Freiwilligenverbände, die ihre Entstehung der *Levée en masse* verdankten, geführt von häufig aufgrund ihrer Tüchtigkeit beförderten Offizieren, waren an die Grenzen geströmt, hatten die relativ kleinen und zu spät mobilisierten Söldnerarmeen der Invasionsmächte aus Frankreich vertrieben und waren nach Holland, in die Schweiz und sogar nach Italien eingedrungen, wo sie Satellitenrepubliken errichteten und reichlich Beute machten. In dieser Form erstmalig in der Geschichte, war von einer mächtigen Zentralregierung ein »Volk in Waffen« aufgeboten worden, und die Republik hatte der eindrucksvollen Ersten Koalition Trotz geboten.

Robespierre war durch eine Gruppe relativ konservativer »thermidorianischer« Abgeordneter im Konvent gestürzt worden, die von bürgerlichen Elementen in der Pariser Nationalgarde unterstützt wurden. Der Konvent schränkte den Terror jetzt erheblich ein und versuchte, dem Land durch eine neue Verfassung Stabilität zu geben. Danach wurde ein »Exekutivdirektorium« von einem *Corps législatif* und zwei *Conseils* gewählt, wobei letztere von Mitgliedern des Konvents gebildet wurden, der auch die Fünfergruppe des ersten »Direktoriums« wählte. Trotz der Erfolge der Revolutionsarmeen im Ausland hielten Inflation, Nahrungsmittelknappheit, Epidemien, wachsende Unordnung und Unzufriedenheit unvermindert an. Nach den Grausamkeiten, die im Anschluß an die Schreckensherrschaft des Wohlfahrtsausschusses in den meisten Gebieten Frankreichs verübt worden waren, war das einfache Volk wieder dort, wo es angefangen hatte – es war sogar viel schlechter dran, da es nun mit einem weit besser funktionierenden und rücksichtsloseren Unterdrückungsapparat als während des *Ancien régime* zu tun hatte.

Neue politische Formen

Die Französische Revolution veränderte nicht nur Frankreichs Verwaltung, zeigte nicht nur, was sich Franzosen gegenseitig anzutun vermochten, sie veränderte auch die Voraussetzungen der europäischen Politik. Seit in einem ganz anderen und viel kleineren Rahmen das demokratische Experiment des klassischen Griechenland gescheitert war, war es nicht mehr der Regelfall gewesen, daß die politische Macht in den Händen von Demagogen lag, die sie sich durch öffentliche Reden und politische Machenschaften zu sichern wußten; die Revolutionäre des Mittelalters konnten sich nie lange halten. Ein neuer Typus des »Politikers« war entstanden, der, von ein paar abtrünnigen Aristokraten und vereinzelten Proletariern abgesehen, gewöhnlich bürgerlicher Herkunft war, sich an eine breite, wenn auch immer noch begrenzte Wählerschaft wandte, und der durch Manipulation seiner Kollegen, rhetorisches Geschick und den Einfluß der Presse ins Amt gelangte. Theoretisch – und zunehmend auch praktisch – war Grundlage von politischer Autorität und Karriere nicht mehr der König und sein Hof, sondern das mit den neuen Bürgerrechten ausgestattete »Volk« und sein »Wille«.

Der Wandel läßt sich wohl kaum marxistisch erklären als ein ökonomisch bedingter Klassenkonflikt zwischen der feudalen *Noblesse* und der kapitalistischen *Bourgeoisie*, da Frankreich in seiner industriellen Entwicklung vergleichsweise noch so weit zurückhinkte, daß von einer kapitalistischen Klasse, die im Besitz der Produktionsmittel gewesen wäre, im Grunde noch keine Rede sein konnte. Frankreich blieb vorwiegend landwirtschaftlich strukturiert, und auch die in anderen Wirtschaftszweigen erworbenen Vermögen wurden in Grundbesitz und öffentliche Ämter investiert. Auch waren die Revolutionsführer keine »Sozialisten«, eine Bezeichnung, die noch gar nicht geläufig war. Ihr Prophet war Adam Smith, dessen *Wealth of Nations* (1776) die moderne Wissenschaft der »Nationalökonomie« begründet hatte, und als Vertreter des *Laissez-faire* wollten sie die Produktion von alten Beschränkungen befreien und sich, von den besonderen Bedingungen des Krieges abgesehen, aller Eingriffe in sie enthalten.

Dieser Optimismus hinsichtlich der Wirtschaft wurde auch auf die Politik übertragen. Die selbstbewußten Advokaten und Berufspolitiker des Dritten Standes waren – darin bestärkt von den Autoren der Aufklärung – felsenfest davon überzeugt, daß der Mensch gut und vernünftig sei. Robespierre lieferte kein zynisches Lippenbekenntnis zu den Rousseauschen Idealen, um an die Macht zu kommen: er war verrückt genug, an sie zu glauben und für sie zu töten.

Selbst nachdem Terror und Gegenterror das Land heimgesucht hatten, nachdem Napoleon die Kräfte der Revolution gezähmt und kanalisiert und ihre administrativen Leistungen übernommen hatte, blieb im Westen ein neuer politischer Optimismus lebendig, der gegen Ende des neunzehnten

Jahrhunderts zur Grundlage einer allgemein anerkannten Vorstellung wurde, zumindest als Fassade für die Machenschaften der Macht.

In Ländern, in denen eine »Demokratie« nach westlicher Art fortbestand, wurden die Regierungsgeschäfte im Rahmen einer »Verfassung«, durch die die Grundrechte der Bürger gesetzlich garantiert wurden, von gewählten Politikern wahrgenommen, nicht mehr von Monarchen oder Aristokraten, die ihren Anspruch aus der Erbfolge herleiteten, mochten sie auch noch so aufgeklärt sein, oder von Militärdiktatoren. Diese Regierungsform beugte, zumindest formal, willkürlicher Machtausübung vor. Sie breitete sich über fast ganz Europa und den größten Teil der übrigen Welt aus und war in solcher Größenordnung etwas Neues. Bislang hatte die Regierungsgewalt selbst in republikanischen Stadtstaaten im allgemeinen oligarchische Züge getragen, während die republikanischen bäuerlichen Gemeinwesen der Schweiz winzig geblieben waren. Jetzt waren, im Gegensatz fast zur gesamten europäischen Geschichte, die wir bisher betrachtet haben, hierarchische Beziehungen, zumindest scheinbar, abgeschafft und neue Methoden der »Selbstverwaltung« ins Leben gerufen, die auf dem Wettbewerb verschiedener Politiker, mehr oder weniger organisierter politischer Gruppierungen oder »Parteien« und einem immer mehr sich ausweitenden Wahlrecht beruhten, bis schließlich auf »einen Mann (und eine Frau) eine Stimme« entfiel.

Von seinen Verteidigern gepriesen als friedlicher Weg, Veränderung durch Konsens zu erzielen, als Garantie der Freiheit mittels einer Verfassung und deshalb als »die am wenigsten schlechte Regierungsform«, hat dieses politische System inzwischen so einhellige Zustimmung gefunden, daß jeder, der, ganz gleich in welchem historischen oder geographischen Zusammenhang, dem freien Willen des Volkes den Vorrang – auch vor dem Gesetz – absprechen will, in jeder westlichen Demokratie ebenso als Ketzer gilt wie im dreizehnten Jahrhundert ein Albigenser. Befreit vom *Ancien régime*, vom napoleonischen Polizeistaat und von der bourbonischen Restauration, haben die Erben der Französischen Revolution innerhalb und außerhalb Frankreichs eine nie dagewesene Entwicklung eingeleitet, ursprünglich eine Mischung aus angelsächsischem Konstitutionalismus und französischer Aufklärung, später, unter dem Eindruck der radikaleren Ideen von Gleichheit und Brüderlichkeit, der Übergang des liberaldemokratischen Experiments in das sozialdemokratische.

2. Osteuropa und kaiserliches Rußland

Der aufgeklärte Absolutismus Josephs II. und die Wiener Kultur

Während die französische Monarchie in Bankrott und Revolution unterging, wurde das Bild in Osteuropa und Rußland nach wie vor vom aufgeklärten Absolutismus bestimmt. Nachdem 1765 Franz Stephan von Lothringen, der Gemahl Maria Theresias, als Kaiser Franz I., gestorben war, regierte in Österreich ihr Sohn Joseph II., bis 1780 zusammen mit seiner Mutter, von da an bis 1790 allein. Hochintelligent und außerordentlich tatkräftig, war dieser aufgeklärte Monarch bestrebt, die auseinanderstrebenden Habsburger Gebiete durch eine zentralisierte Bürokratie zusammenzufassen, doch die Ansprüche des Kaisers in Deutschland wurden von Friedrich dem Großen systematisch durchkreuzt, der nach mittelalterlichem Vorbild einen Fürstenbund der wichtigsten deutschen Fürsten gegen den Kaiser ins Leben rief, so daß sich Joseph II. damit zufriedengeben mußte, die Habsburger Erblande in Österreich, das Königreich Böhmen und das Königreich Ungarn mit seinen unregierbaren magyarischen Adligen und calvinistischen Minderheiten unter einen Hut zu bringen. Abgesehen von diesen dringlichen Problemen, mußten die großen österreichischen Gebiete in Italien regiert und die Österreichischen Niederlande beschützt werden.

Tüchtig, unermüdlich und zielstrebig machte sich Joseph II. an diese schier erdrückende Aufgabe. Er zentralisierte die Regierung in Wien und Budapest, gab ein einheitliches und aufgeklärtes Gesetzeswerk heraus, ließ die Folter abschaffen. Es wurde der Weg einer unangebrachten, aber konsequenten merkantilistischen Wirtschaftspolitik eingeschlagen und 1781 die Abschaffung der Leibeigenschaft beschlossen. Obwohl Joseph II. frommer Katholik war, bestand er darauf, daß man die protestantische Religion duldete, offensichtlich überflüssige Klöster aufhob und ein Konkordat mit dem Papst schloß, daß dem Kaiser beträchtlichen Einfluß auf die wohlhabende und architektonisch so prachtvolle Kirche einräumte. Das Ideengut der französischen Aufklärung wurde nicht nur toleriert, es wurde gefördert. Während in Frankreich Ludwig XVI. auf seine Regierungsgewalt verzichten mußte, legte sein Schwager in Wien eine konstruktive, wenn auch eigensinnige und oft zu optimistische Tatkraft an den Tag.

In der Außenpolitik baute Joseph II. auf das Bündnis mit Frankreich, das seit der »diplomatischen Revolution« Mitte des achtzehnten Jahrhunderts bestand, und 1780 schloß er, um ein Gegengewicht zu Preußen zu schaffen, ein Bündnis mit der russischen Kaiserin Katharina II., der Großen. Allerdings gelang es ihm nicht, die Österreichischen Niederlande gegen das katholische Bayern einzutauschen und seine Position in Süddeutschland zu stärken.

Das Wien der verwitweten Maria Theresia, Josephs II. und seines Bruders

Leopold II. (1790–1792) bildete den glanzvollen Hintergrund für Haydns und Mozarts Musik und für eine Kultur, die gefälliger war als die der hektischen Pariser *Salons* am Vorabend der Revolution oder das steife Zeremoniell von Versailles. Joseph Haydn (1732–1809), im niederösterreichischen Rohrau geboren und zum Teil kroatischer Abstammung, trat früh in die Dienste der Fürsten Esterházy, einer bedeutenden ungarischen Familie, die ihm mit ihren riesigen Gütern, einem eigenen Orchester und einem Privatchor ideale Arbeitsmöglichkeiten bot. Wesentlich von Philipp Emanuel Bach beeinflußt, wurde er zum eigentlichen Schöpfer der klassischen Symphonie und des Streichquartetts. Internationalen Ruhm erwarb er 1798 durch die Wiener Uraufführung der *Schöpfung*.

Wolfgang Amadeus Mozart (1756–1791), der größte europäische Komponist des Rokoko, wohl überhaupt aller Zeiten, fand nach einer internationalen Karriere als Wunderkind eine seiner Begabung völlig unangemessene Beschäftigung beim Fürsterzbischof von Salzburg, aus dessen Residenz er buchstäblich hinausgeworfen wurde. Mehr Verständnis, wenn auch keine Sicherheit, fand er im Wien Josephs II., wo die Opern *Figaros Hochzeit, Don Giovanni* und *Die Zauberflöte* entstanden. 1788 komponierte er seine drei größten Symphonien. Fünfunddreißigjährig und in Armut starb er 1791 an Typhus. Kurz bevor die Kanonade von Valmy zwei Jahrzehnte Krieg einleitete, hatte er vieles, was die zu Ende gehende Kultur des achtzehnten Jahrhunderts auszeichnete, in seiner Musik verewigt.

Während Joseph II. die Habsburger Ansprüche, zu denen er als Kaiser des Heiligen Römischen Reichs berechtigt war, klugerweise auf sich hatte beruhen lassen, war der aufstrebende preußische Staat, den Friedrich II. zu einer der militärischen Großmächte Europas gemacht hatte, mit kühneren Ambitionen aus dem Siebenjährigen Krieg hervorgegangen. Nachdem Friedrich II. Schlesien bekommen hatte, wandte er seine Aufmerksamkeit Polen zu, und hier zumindest hatten Preußen und Österreich ein gemeinsames Interesse.

Polnische Teilungen

Nach Johann Sobieskis Tod im Jahre 1696 war es den Polen noch schlechter als gewöhnlich ergangen. Unter achtzehn Kandidaten für den Thron war der sächsische Kurfürst August als August II. gewählt worden, und sein Sohn August III. (1733–1763) hatte sich gegen seinen von Frankreich unterstützten Konkurrenten Stanislaus Leszczynski, den Schwiegervater Ludwigs XV., durchgesetzt, allerdings nur mit russischer Hilfe. Die Großgrundbesitzer bekämpften einander, bis sich Stanislaus August Poniatowski, ein gutaussehender junger Mann, der mit der mächtigsten Familie des Landes, den Czartoryskis, verwandt war, einen entscheidenden Vorteil verschaffen konnte. 1755, auf einer diplomatischen Mission in Sankt Petersburg weilend, war er zum Liebhaber Katharinas der Großen avanciert. Danach war er nicht mehr aufzuhalten, und 1764, nach dem Tode August III., war er mit aktiver russischer Unterstützung als Stanislaus II. zum polnischen König gewählt worden.

Selbstverständlich hatten auch jetzt wieder einige erzürnte polnische Aristokraten – von Frankreich mit Hilfsgeldern unterstützt – einen Aufstand angezettelt. Die Türken, die die Russen an ihren Grenzen seit langem als Gefahr empfanden, hatten die Gelegenheit ergriffen, den Krieg zu erklären. Daraufhin hatten auch Preußen und Österreich, ihre Meinungsverschiedenheiten angesichts der gemeinsamen Furcht vor einem russisch beherrschten Polen beilegend, die Gunst der Stunde genutzt und waren in die ihnen benachbarten Gebiete Polens einmarschiert. Daraus resultierte 1772 die erste Teilung des Landes: Brandenburg-Preußen erhielt Westpreußen, das seine Kernlande miteinander verband, die Österreicher hatten den größten Teil des südwestlichen Polen bis zur Weichsel übernommen, jedoch ohne die einstige polnische Hauptstadt Krakau, und nannten das Gebiet Galizien. Die Russen erhielten den Löwenanteil: alle polnischen Territorien östlich von Düna und Dnjestr.

Bei liberal-nationalistischen Historikern galten diese Vorgänge als schier kriminell, aber es war einfach in einem strategisch wichtigen Gebiet ein Machtvakuum entstanden. Angesichts der Tatsache, daß die Verbindung mit Ostpreußen für Berlin von höchstem Interesse war und daß von Polen immer wieder Angriffe auf das Moskauer Reich ausgegangen waren, war die Teilung seit langem vorhersehbar. Als Friedrich II. 1786 starb, hatte er die Eroberung Schlesiens mit dem für ihn typischen unverholenen Opportunismus ergänzt, während Österreicher und Russen – um einen modernen Ausdruck zu benutzen – »ihre Grenzen begradigt« hatten.

Ruhe im Norden

Nur eine seiner traditionellen Bedrohungen war Polen erspart geblieben. Nachdem die Schweden schon seit längerer Zeit von ihrer kriegslüsternen Wasa-Ddynastie befreit waren, hatten sie keinen Vorwand mehr zum Eingreifen. Sie wären nach den katastrophalen Folgen der Abenteuer Karls XII. auch gar nicht in der Lage dazu gewesen. Überdies unternahm ihr ungestümer Monarch Gustav III. 1772, also während Polen geteilt wurde, einen Staatsstreich.

Nach dem Tod Karls XII. hatte der schwedische Adel den alten Reichstag zu neuem Leben erweckt und die Macht der Krone eingeschränkt, während das Königshaus nur durch Karls XII. Schwester Ulrike Eleonore fortgesetzt wurde. Sie war 1719 zur Königin gewählt worden, und ihr Gemahl Landgraf Friedrich von Hessen-Kassel, im folgenden Jahr zum König mit beschränkten Vollmachten gewählt, hatte als Friedrich I. bis zu seinem Tode im Jahre 1751 regiert. Der Friede von Nystad, der den großen Nordischen Krieg beendet hatte, hatte den Schweden ungünstige Bedingungen eingetragen, Livland,

Estland, Ostkarelien und Wiborg hatten den Russen überlassen werden müssen, so daß sie ihren Einfluß auf Finnland verloren hatten, das wichtig war als Pufferstaat. Auf sich selbst zurückgeworfen und von ihrem Militärmonarchen befreit, konzentrierten sie sich auf die Schiffahrt und den Holzhandel mit dem Westen, während der *Riksdag* mit seinen vier Ständen – den Adligen, Geistlichen, Bürgern und Bauern – zum Kampfplatz einer oligarchischen Innenpolitik wurde.

Die pro-französischen und tatkräftigen Vertreter einer aktiven Politik wurden die »Hüte« genannt, während ihre Gegenspieler, die pro-englischen und manchmal prorussischen »Mützen«, ihren Namen von der Nachtmütze hatten, weil sie so wenig Tatkraft zeigten. Während dieser Phase der Parteienherrschaft im *Riksdag* hatte sich unabhängig von der Krone eine hochentwikkelte Form des Konstitutionalismus herausgebildet, aber dieser war doch weniger erfolgreich als sein englisches Gegenstück. Die Auseinandersetzungen waren so heftig, daß es nicht selten (im vierten oder Bauernstand) zu handfesten Raufereien kam. Dann ließ sich gelegentlich der Frieden für kurze Zeit dadurch wiederherstellen, daß ein geistesgegenwärtiges Mitglied eine Hymne anstimmte, in die die ganze Versammlung einfiel, um sich allerdings bald nach ihrer Beendigung schon wieder in den Haaren zu liegen. Dieser Zustand, genannt die »Freiheitszeit«, hatte von 1739 bis 1765 bestanden, wobei die Macht sowohl Friedrichs I. (gefolgt von seinem Sohn Adolf Friedrich, 1751 bis 1761) als auch des Reichstags weiter verfallen war, während der Streit zwischen »Hüten« und »Mützen« an Heftigkeit zugenommen hatte.

Deshalb unternahm im August 1772 der gerade auf den Thron gelangte junge Monarch Gustav III. (1772–1792) mit Hilfe seiner Garde und eines Aufstands in Finnland einen unblutigen Staatsstreich – während Russen und Preußen mit der polnischen Teilung beschäftigt waren. Der Reichstag wurde aufgelöst – erst sechs Jahre später sollte er wieder zusammentreten –, und der König schickte sich an, Schweden das angeblich Goldene Zeitalter Gustav II. Adolfs zurückzubringen. Viele Reformen wurden durchgeführt, die meisten vom Volk begrüßt, wenn der König natürlich auch viel Unwillen erntete, als er die Schnapsbrennereien verstaatlichte, um das übermäßige Branntweinangebot unter Kontrolle zu bringen. Doch in dem jetzt friedlicheren Königreich kam es zu einem kulturellen Aufschwung. Der König selbst schrieb Theaterstücke nach französischer Art, in denen er sich hin und wieder selbst darstellte. Er war begabt, kosmopolitisch, weitgereist und vielseitig, ein feinsinniger Intellektueller, von dem es heißt, er habe angeblich seine Pagen den Hofdamen vorgezogen, und der entschlossen war, das Ideal des »aufgeklärten Absolutismus« zu realisieren.

1788 wurden die Juden zur Rückkehr aufgefordert und gingen auf das Angebot ein – immer ein Zeichen wirtschaftlichen Aufschwungs.

Doch 1788 übernahm Gustav III. sich in seinem Streben nach Ruhm. Um die im Frieden von Nystad verlorengegangenen Gebiete wiederzugewinnen, erklärte er Rußland den Krieg, das gerade in einen Konflikt mit den Türken verwickelt war. Zwar gelang es ihm, relativ ungeschoren aus diesem unbesonnenen Abenteuer herauszukommen, da 1790 im Frieden von Väräla der Status quo wiederhergestellt wurde, aber der Krieg hatte ein großes Loch in die Staatskasse Schwedens gerissen, das immer noch ein vorwiegend landwirtschaftliches Land mit rückständigen Anbaumethoden war. Außerdem hatte sich der König, da er den Interessen der akademischen und bürgerlichen Stände entgegengekommen war, den Haß des Adels zugezogen. 1792, als sich die aufregenden Nachrichten der Französischen Revolution verbreiteten, schoß ein Hauptmann Anckarström, gestützt auf eine weitverzweigte Verschwörung, den Monarchen während eines Maskenballs in der Oper nieder. Gustav III. war ein »Zauberer auf dem Thron«, eine faszinierende und vielseitige Persönlichkeit, eine merkwürdige Mischung aus Wunderkind, kaltblütigem Intriganten, hochherzigem Helden und weltfremdem Ästheten. Dazu berichtet ein zeitgenössischer englischer Reisender: »Die Leidenschaft, die den König vor allem beherrschte, war seine Eitelkeit. Sie verriet sich in allen seinen Worten und Handlungen. Wenn er das *Levée* eröffnete, war jeder Schritt, jede Geste, jede Äußerung einstudiert ... er war stolz auf seine Beredtsamkeit, und das mit Recht.«

Katharina die Große

Während das Habsburgerreich und Schweden von aufgeklärten Monarchen beherrscht wurden, in Preußen ein militärisches Genie das Regiment führte und sich in Frankreich die Wolken der Revolution zusammenzogen, erhielt das Werk Peters des Großen neuen Aufschwung durch eine entschlossene und zügellose deutsche Prinzessin. Sophie Friederike Auguste von Anhalt-Zerbst, bei ihrer Heirat mit dem Großfürsten Peter, dem Neffen der Kaiserin Elisabeth, in Jekaterina umgetauft, ging jetzt in die Geschichte ein als Katharina II., die Große.

Lange hatte diese begabte Frau in Abscheu und Verachtung neben ihrem Mann gelebt. Schon kurz nach dem Tod Elisabeths stiftete sie zusammen mit ihrem Liebhaber Alekséj Orlow eine Palastrevolution gegen ihren Mann Peter III. an und bestieg selbst den Thron. Katharina, eine Repräsentantin des aufgeklärten Absolutismus, war beeinflußt von Montesquieu und dem Strafrechtsreformer Beccaría und ging die Aufgaben, die sich ihr als russischer Herrscherin stellten, mit großer Tatkraft an. Obwohl sich die Hindernisse, die einer Modernisierung des Landes im Wege standen, als nahezu unüberwindlich erwiesen, erweiterte sie die Grenzen ihres Reichs erheblich. Dabei ließ sie nicht zu, daß ihre zahlreichen einander ablösenden Liebhaber,[8] die sie nach Belieben erwählte und fallenließ, sie von der Politik abbrachten, die sie sich vorgenommen hatte.

Unverändert übernahm Katharina die autokratischen Prinzipien der Zaren und versuchte sie ihren Zwecken nutzbar zu machen. »Der Souverän«, schrieb sie auf der Höhe ihrer Macht, »ist absolut. Denn es gibt keine andere Autorität als diejenige, die sich in dieser einzigen Person sammelt und deren Stärke sich nach der Ausdehnung eines solchen riesigen Herrschaftsgebietes bemißt. Die Ausdehnung des Herrschaftsgebietes verlangt, daß die Person, die darüber herrscht, mit absoluter Macht ausgestattet ist.«[9]

Obwohl Katharina die beklagenswerte Lage der Leibeigenen gut kannte, ließ sie eine weitere Verschlimmerung von deren Lage zu, um sich damit die Sympathien des Adels zu erkaufen. Zwar verbesserten sich die Lebensverhältnisse der zahlreichen Staatsbauern, die einer unpersönlichen Bedrückung unterworfen waren, doch die Leibeigenen auf den riesigen Gütern des Adels wurden von ihren Herren wie Vieh gehalten. Sie durften nicht einmal durch Bittschriften den Monarchen gegen ihre Eigentümer anrufen und konnten verkauft, verbannt oder verspielt werden. Ihre Situation war oft um keinen Deut besser als die der Negersklaven in den amerikanischen Südstaaten, und die riesige unmündige Masse dieser Leibeigenen brachte Katharinas Versuch, eine freie Wirtschaft nach den Lehren Adam Smiths zu schaffen, praktisch zum Scheitern. Auch ihr Versuch, die Städte zu einer verantwortlichen Selbstverwaltung anzuhalten, schlug fehl, da die Mittelschicht zu dünn war und es deshalb zu wenig Leute gab, die das Vorhaben hätten verwirklichen können. Sogar der Adel, ohne feudale Tradition, war letztlich auf den Souverän angewiesen und besaß nicht genügend Privilegien, um sich echter Unabhängigkeit erfreuen zu können.

Selbst zu Katharinas Zeit fehlten diesem Staat noch fähige Administratoren, deshalb ließ sich dieses gewaltige multinationale Reich weder von der Spitze her verwalten noch dezentralisieren. Trotz aller guten Absichten der Kaiserin erwies es sich als unmöglich, vernünftige Regierungsentscheidungen auf allgemeinen Konsens zu gründen. Nur an der Grenze gab es Freiheit und dort zunächst zuviel davon. Die in der Steppe lebenden Kosakenhorden hatten eine andere Tradition als die Bewohner des waldreichen Moskauer Reichs und kämpften lange gegen ihre Assimilation, bis sie zur leichten Elitekavallerie der kaiserlichen Armee und später auch zur mobilen Bereitschaftspolizei der Regierung wurden.

1768 fühlte Katharina sich sicher genug, um die russische Eroberung der Schwarzmeersteppen fortzusetzen, und während ihrer Regierungszeit gliederte sie dem Reich die gesamte Schwarzmeerküste vom Dnjestr bis zum Kuban einschließlich der Krim ein. Die Art und Weise, wie sie den ersten Krieg gegen die Türken führte, veranlaßte Voltaire zu einer Lobeshymne auf die Kaiserin. Eine russische Flotte wurde über die Ostsee und Menorca in die Ägäis geschickt. 1770 besiegte sie die Türken vor Chios in der Bucht von Tschesme, und wenn es ihr auch nicht gelang, die Dardanellen – ihr strategisches Ziel – einzunehmen, so war ihr Erscheinen im Atlantik und Mittelmeer doch die erste Manifestation der russischen Seemacht im Westen.[10] Zu Lande eroberte Katharinas Patensohn Graf Rumjanzew, dessen Temperament sich als zu heftig für den diplomatischen Dienst erwiesen[11] und der sich einen hervorragenden Ruf im Siebenjährigen Krieg erworben hatte, Jassy an der Moldau und besiegte 1770 eine große türkische Armee bei Kagul. Graf Panin nahm Asow und Taganrog und Fürst Dolgorukij Jewpatorija und Kertsch auf der Krim. Der junge Suworow, der glänzendste russische Feldherr, jagte in einem nächtlichen Angriff bei Kosludschi an der Donau eine andere türkische Armee in die Flucht, und 1774 wurde der Krieg durch den Frieden von Kütschük Kainardschi beendet. Die Russen erhielten Asow, einen Zugang zum Schwarzen Meer und ein Gebiet, das sich vom Dnjepr bis zum Bug erstreckte und das strategische Hinterland der jetzt von den Türken unabhängigen Krim bildete. Außerdem erhielten sie das Protektorat über die Christen an Moldau und Donau, eine Schutzfunktion, die später auf alle Christen im Osmanischen Reich ausgedehnt wurde. Katharina hatte mit ihrem ersten türkischen Krieg nicht nur alle Ziele Peter des Großen erreicht, sondern noch viel mehr.

Wie bereits berichtet, hatte 1772 dieser Krieg im Anschluß an den türkischen Versuch, sich die polnische Unzufriedenheit zunutze zu machen, zur ersten polnischen Teilung geführt. Aber 1773, als die Streitkräfte durch den türkischen Krieg gebunden waren, sah sich Katharinas Regierung dem größten Bauern- und Kosakenaufstand in der russischen Geschichte gegenüber. Jemeljan Iwanowitsch Pugatschow, der Anführer, war Sohn eines Kosakenkleinbauern am Don. Er hatte im preußischen und in den türkischen Kriegen tapfer gekämpft und war als Invalide vom aktiven Dienst befreit, aber nicht, wie er gewünscht hatte, entlassen worden. Er hatte sich dann der Sekte der Altgläubigen angeschlossen, die die orthodoxe Kirche wiederherstellen wollten, so, wie sie vor den Reformen Patriarch Nikons im siebzehnten Jahrhundert bestanden hatte. Der erste Aufstand brach bei den Kosaken von Jaizk am Fluß Jaik aus, der vom Ural ins Kaspische Meer fließt. Ihm schlossen sich die Zwangsarbeiter der Hüttenwerke im Ural an, sowie die Baschkiren zwischen Kasan und Jaik und die Tschuwaschen von der mittleren Wolga. Der Aufstand barg eine doppelte Gefahr: er war zugleich eine Leibeigenenrevolte und ein Kolonialkrieg.

Wie es der Tradition entsprach, behauptete Pugatschow, der ermordete Zar Peter III. Fedorowitsch zu sein, forderte seine Anhänger auf, die Grundbesitzer umzubringen, was sie auch taten, und erklärte, er werde »die Kaiserin zur Nonne« machen. Er war Analphabet (*Il ne sait ni lire ni écrire*, schrieb Katharina II.), aber er war einfallsreich und verschlagen. Seinen eigenen Kosaken sagte er: »Ich schenke euch die Flüsse vom Gebirge bis zum Meer, Land und Weiden, Geld und Schätze, Pulver und Blei, Speise und Trank.«

1774 eroberte er Kasan, überschritt die Wolga und drohte auf Moskau vorzudringen. Er forderte Land für die Bauern, das Ritual der Altgläubigen und Rache an den Adligen. Viele Gutsbesitzer wurden samt ihren Familien umgebracht, und es dauerte Monate, bevor die Rebellen, dreißigtausend an der Zahl und gut bewaffnet, von der regulären Armee gestellt und eingeschlossen waren. Der Aufstand wurde grausam niedergeschlagen, und nach haarsträubenden Abenteuern und Verfolgungsjagden wurde Pugatschow, dem Suworow auf den Fersen war – er hatte gerade seine Siege gegen die Türken hinter sich und legte hundert Kilometer am Tage zurück –, von seinen eigenen Anhängern verraten und den Behörden ausgeliefert. Er wurde in einem Eisenkäfig nach Moskau gebracht und dort am 10. Januar 1775 bei schneidender Kälte öffentlich enthauptet und gevierteilt.

Katharina verfügte, daß alle Schauplätze dieser Geschehnisse ausgelöscht werden sollten, um die ganze schreckliche Episode »in ewigem Vergessen und tiefem Schweigen zu begraben«. Der Jaik wurde in Ural umbenannt, und der siegreiche Krieg gegen das Osmanische Reich nahm seinen Fortgang.

Der Friede von Kütschük Kainardschi hatte die russischen Wünsche nicht befriedigt. Fürst Potjomkin, Katharinas fünfter Liebhaber und derjenige mit dem dauerhaftesten politischen Einfluß, wurde zum Gouverneur der Ukraine ernannt. Nachdem er dem Auftrag, eine Schwarzmeerflotte zu schaffen, nachgekommen war, annektierte er 1783 die Krim, erbaute in Cherson ein Arsenal und legte einen Hafen in Sewastopol an. Er setzte sich zwar bei der Entwicklung der Ukraine zu hohe Ziele, aber als 1787 – zwei Jahre vor der Französischen Revolution – Katharina II. eine Triumphreise durch den Süden des Reiches unternahm, ließ er nicht, wie die Legende will, Fassadendörfer errichten, um sie zufriedenzustellen. Als die Türken dann im gleichen Jahr den Krieg erklärten, stürmte Suworow im Dezember 1788 ihre Festung Otschakow. Ungeachtet Gustavs III. Angriff, der im Frieden von Väräla beendet wurde, hatten die Russen zusammen mit den Österreichern ihren Krieg an der Donau fortgesetzt, während die Schwarzmeerflotte Konstantinopel bedrohte. Ende 1791 wurden im Frieden von Jassy alle Gebietsgewinne des Friedens von Kütschük Kainardschi bestätigt, und Otschakow wurde an Rußland abgetreten.

Damit war der Weg frei für die zweite Teilung Polens. Die Türken waren besiegt und die Österreicher von ihrem Krieg mit dem revolutionären Frankreich in Anspruch genommen, so daß nichts eine weitere, im Einverständnis mit Preußen vorgenommene Teilung des Landes aufhalten konnte. Nachdem die Preußen Krakau besetzt und 1794 mit der Belagerung Warschaus begonnen hatten, stürmte der allgegenwärtige Suworow das vor Warschau gelegene Praga. Die Folgen der aussichtslosen Rebellion unter Führung von Thaddäus Kosciuszko, einem Veteranen des amerikanischen Unabhängigkeitskriegs, wurde rasch niedergeschlagen. Kosciuszko (1746–1817) kam aus niederem Landadel und trat in das Warschauer Kadettenkorps ein, von wo Stanislaus Poniatowski ihn nach Frankreich schickte, damit er Festungsbau und Malerei studiere (1764–1774). Als Hauslehrer versuchte er mit der Tochter seines Arbeitgebers durchzubrennen und wurde von den Dienern durchgeprügelt. Daraufhin versuchte er sein Glück in Amerika, wo er bei Saratoga kämpfte, die erste Festungsanlage von West Point entwarf und zum Stabsoffizier aufstieg. Als er nach Polen zurückkehrte, war er schon ein wichtiger Mann und machte glänzende Karriere in der polnischen Armee. 1793 besuchte er Paris, wo er von den Republikanern großen Beifall, aber wenig konkrete Hilfe erhielt. 1794 hob er in Krakau eine Armee aus, wurde aber zunächst von den Preußen, dann von den Russen besiegt. Nach erfolgreicher Verteidigung Warschaus mußte sich die polnische Armee Suworow ergeben; Kosciuszko wurde verwundet und in der Peter-Pauls-Festung in Sankt Petersburg eingekerkert. Von Kaiser Paul I. freigelassen, traf er 1797 als Flüchtling in London ein und begab sich dann nach Paris, wo er sich weigerte, mit Napoleon zusammenzuarbeiten. 1817 starb er in Solothurn in der Schweiz und wurde in der Krakauer Kathedrale als Held des polnischen Widerstands beigesetzt. Im Herbst 1795 war die dritte polnische Teilung abgeschlossen. Preußen erhielt Warschau, Österreich Krakau und die Russen ganz Kurland und Litauen. Selbst dem Namen nach war Polen nun ausgelöscht.

Unter Katharina der Großen gewann Rußland also gewaltige Gebiete. Die Herrschaft über die Ostsee wurde gefestigt, Polen von der Landkarte radiert, die südlichen Steppen und die Krim besetzt, ein ausgedehnter Getreidehandel von Odessa aus begonnen und eine russische Flotte im Schwarzen Meer aufgebaut. Die Kaiserin hatte nichts zur Abschaffung der Leibeigenschaft unternommen, ja, den Gutsbesitzern sogar noch mehr Macht über die Bauern gegeben, so daß sich die innenpolitischen Probleme ihres Vielvölkerstaates noch verschärften, aber die Stellung Rußlands als eurasische Großmacht hatte sich außerordentlich gefestigt. Wie in vielen unterentwickelten Ländern mit dünnem Mittelstand war die Armee der modernste, leistungsfähigste und bestorganisierte Bereich des Staates; sie sollte ihre Bewährungsprobe in den Napoleonischen Kriegen ablegen.

Außerdem hatte sich Rußland in Asien ein immenses Kolonialreich geschaffen. Im Kaukasus hatten die Russen 1783 ein Protektorat über Georgien errichtet, obwohl sie das gebirgige Land beileibe nicht ganz unterworfen hatten. Gegen Ende von Katharinas Regierung kämpften sie in Dagestan und Aserbaidschan gegen die Perser. Noch wichtiger war, daß die unter Iwan *Grosznyjs* begonnene Kolonisierung Sibiriens rasche Fortschritte machte. Hier konnte sich die Leibeigenschaft nicht durchsetzen, und die mit der Pionierzeit des nordamerikanischen Westens vergleichbaren Verhältnisse ließen die Entstehung eines einheimischen Landadels nicht zu. Obgleich die Kolonisierung von der Regierungspolitik aktiv unterstützt wurde, waren die Entfernungen zu riesig, als daß sie von der schwerfälligen Bürokratie hätten überwunden werden können, so daß in Sibirien ungewöhnliche Freiheit und Eigeninitiative herrschte.

Viele der Kolonisten siedelten sich am Ob und am Jenissej in Mittelsibirien, nördlich des Altaigebirges und des Baikalsees an. Andere Siedler drangen weit nach Osten zum Amur vor und erschlossen die Japan gegenüberliegende Küste, wo die Russen im neunzehnten Jahrhundert Wladiwostok gründen sollten. Die an den Flußufern gelegenen Siedlungen Mittelsibiriens waren wie die alten Wikingersiedlungen im Kiewer Rußland durch strategisch gelegene Forts und Handelsposten gesichert. Schon früh bezog man von dort eine reiche Ausbeute an Pelzen, und zu Katharinas Zeit wurden dort staatliche Silberminen mit Hilfe von Zwangsarbeitern betrieben. Außerdem wurden regelmäßige Tribute von den eingeborenen Stämmen erhoben, denen man aber ihren Buddhismus oder Schamanismus beließ. So waren die Voraussetzungen für eine rasche und umfassende Entwicklung des riesigen Gebietes geschaffen, eine Entwicklung, die mit dem Bau der Eisenbahn im neunzehnten Jahrhundert abgeschlossen werden sollte.

Russische Kultur

Die Hauptstadt dieses mächtigen Reiches, das sich jetzt ungeachtet schwerfälliger Verwaltung und wirtschaftlicher Stagnation in der Weltpolitik bemerkbar machen sollte, entfaltete auch großen architektonischen Glanz. Die Architektur kam noch immer aus dem Westen, russisch war nur ihre Dimension: der in Frankreich ausgebildete Italiener Bartolomeo Rastrelli war 1741 zum ersten Architekten der Kaiserin Elisabeth berufen worden. Von diesem Rokokomeister stammen Schloß Petershof und große Teile von Zarskoje Selo im heutigen Puschkin bei Sankt Petersburg (1754–1762), fertiggestellt im Jahr der Thronbesteigung Katharinas, mit lebhaften, an den Rändern weiß abgesetzten blauen Flächen, mit eleganten, kunstvollen Pavillons und einer künstlichen gotischen Ruine. Außerdem erbaute er die Andreaskathedrale in Kiew und das Smolnyj-Kloster. In den letzten Jahrzehnten dieses Jahrhunderts war die Architektur der russischen Hauptstadt geprägt von dem strengen neopalladinischen Empirestil, der damals auch im Westen Mode war. Giacomo Quarenghi, ein frühklassizistischer Architekt aus Italien, der 1780 nach Rußland berufen wurde, erbaute große Teile der Eremitage in Sankt Petersburg und viele kaiserliche und Privatpalais, während 1776 der französische Bildhauer E. M. Falconet sein berühmtes Reiterdenkmal Peters des Großen begann.

Nach seinem kurzen Blick auf Schweden beschreibt der Reisende Parkinson den strahlenden Luxus der Sankt Petersburger Feste. »In Sankt Petersburg stellt man größere Spiegel als irgendwo sonst in Europa her.« Er hebt hervor, wie reichlich Essen und Trinken seien – Melonen aus dem Süden, Kaviar aus Astrachan, vorzügliche Orchester, die bei Diners und Empfängen aufspielen, allerorten Tanzveranstaltungen und eine Vielfalt von Uniformen und Auszeichnungen in den riesigen, bevölkerten Sälen. Er erwähnt, daß die Kaiserin außerordentlich lebhaft und selbstsicher war und daß sie mit großem Vergnügen Billard spielte. Während der kalten Monate hielt sie sich gern in ihrem Wintergarten mit seinen exotischen Gewächsen und tropischen Vögeln auf.

Katharina war auch eine eifrige Bildersammlerin. Ihre Galerien beherbergten bereits Meisterwerke wie den *Bacchus* von Rubens, Rembrandts *Rückkehr des verlorenen Sohnes* sowie zahlreiche Gemälde von Raffael, Poussin, van Dyck, Mengs, Wouwerman und anderen berühmten Malern.

Doch all der Überfluß und festliche Glanz wurde beeinträchtigt durch Unordnung und Schmutz. Der Engländer beklagt, daß es noch nicht einmal in den größten Häusern die »notwendigen sanitären Einrichtungen gibt und der Gestank manchmal unerträglich war«.

Die russischen Schriftsteller orientierten sich unter Katharina noch ganz an der westlichen Literatur und wurden, wenn sie das Regime kritisierten, geradewegs nach Sibirien geschickt. M. W. Lomonossow (1711–1765) hielt sich bewußt an französische und englische Vorbilder und schrieb Verse in der Art von Boileau und Pope. Er stellte die erste russische Grammatik zusammen und entwickelte, indem er das alte Kirchenslawisch nur noch für religiöse Zwecke beließ, eine mühelosere Orthographie, die für die spätere Literatur wichtig wurde.

N. M. Karamsin schrieb den ersten russischen Roman – nicht ganz passend in der Art von Richardsons *Pamela*; und 1790 schrieb A. N. Radischtschew unter dem Einfluß von Sterne seine *Reise von Petersburg nach Moskau*. Da er versteckt die Leibeigenschaft angriff, schickte ihn die Kaiserin nach Sibirien, womit sie eine lange russische Tradition im Umgang mit regimekritischen Schriftstellern begründete.

3. Erste industrielle Revolution – Napoleon

Erste Industrialisierung

Während die Vereinigten Staaten ihre Unabhängigkeit erstritten und sich anschickten, die riesigen Gebiete des nordamerikanischen Kontinents urbar zu machen, und während die Russen das Fundament ihres eurasischen Reiches legten, erschlossen die Engländer eine neue Dimension industrieller Macht. Nach dem Verlust aller ihrer nordamerikanischen Kolonien mit Ausnahme Kanadas, hatten sie sich erneut zu Herren des Nordatlantik und der Karibik gemacht, ihre Vorherrschaft in Indien behauptet und mit der Besiedelung Südwestaustraliens begonnen. Als sich deshalb die französische Revolutionsregierung 1793 in der Frage der Zulassung englischer Exporte auf dem Kontinent sowie der Kontrolle über die Niederlande und die Scheldemündung mit den Engländern anlegte, forderte sie eine weit stärkere europäische und koloniale Macht heraus, als es die Regierung Ludwigs XV. im Siebenjährigen Krieg getan hatte. Und als Napoleon – nachdem er die Revolution beerbt und ihre Kräfte gebändigt hatte, indem er ein kontinentales Reich von einer Größe schuf, wie es Europa seit den Tagen Karls des Großen nicht mehr kannte – gegen die außereuropäische Macht Rußlands und die überseeische Macht Englands antrat, bekam er es auch mit der wirtschaftlichen Macht der ersten »industriellen Revolution« zu tun.

Diese neuentstehende Großindustrie war ein wichtiger Faktor nicht nur für Europa, sondern für die ganze Welt. Sie veränderte die Situation der Menschheit und hat seither in ihren verschiedenen Phasen den ganzen Planeten einer Reihe rascher wirtschaftlicher und sozialer Veränderungen unterworfen, mit denen Mentalität und Institutionen nur selten haben Schritt halten können.

Dieser Prozeß, für Konservative häufig entsetzlich und scheußlich, nahm dem modernen Europa und den Vereinigten Staaten aber allmählich ihren landwirtschaftlichen und merkantilen Charakter, dem wir in unseren Betrachtungen bislang begegnet sind. Eingesetzt hatte der Prozeß im nebeligen Norden, in den rußigen Städten des nördlichen und mittleren England und Schottland. Der wohlhabende landwirtschaftliche Süden, dessen Einfluß die Politik damals fast ausschließlich unterlag, bemerkte kaum etwas davon: Die durchaus repräsentativen Helden in den Romanen Jane Austens etwa interessieren sich nicht für ihn oder für die Menschen, die damit befaßt waren.

Es erübrigt sich, hier noch einmal die wohlbekannten Stationen dieser frühen Entwicklung aufzuzählen, von der Mechanisierung der Textilfabriken durch Wasserkraft bis hin zur Entwicklung von Schwerindustrie mit immenser Eisenproduktion durch Hochöfen, die von nahegelegenen englischen Kohlezechen beliefert wurden, und der Nutzung von Dampfkraft für die Konstruktion mobiler Maschinen auf Schienen. Die Engländer verfügten nicht über größeren technischen Unternehmungsgeist als die Franzosen, aber das vorrevolutionäre Frankreich hatte solcher Initiative wenig Spielraum geboten. Die relativ freizügige Gesellschaftsordnung in England und Schottland, das Fehlen von Binnenzöllen oder einer allgegenwärtigen Bürokratie, dazu eine relativ gesunde Landwirtschaft und erheblicher wirtschaftlicher Wohlstand boten diesen seit langem von Invasionen verschonten Inselbewohnern frühzeitig einen entscheidenden Vorteil.

Die erste industrielle Revolution war nämlich auf eine leistungsfähige Landwirtschaft und steigende Bevölkerungszahl angewiesen – einerseits als Arbeitskräftereservoir und andererseits wegen deren Kaufkraft, ohne die der Wandel nicht hätte stattfinden können. Die lange herrschende Vorstellung, der Prozeß sei eine Katastrophe für eine ohnehin schon fast dem Hungertod nahe Landbevölkerung gewesen, die es in die fremde Umwelt der Industriestädte verschlagen habe, hält den Fakten nicht stand: Von der Mitte des achtzehnten Jahrhunderts bis zum ersten Viertel des zwanzigsten hat sich die Bevölkerung in den landwirtschaftlichen Gebieten Englands verdoppelt. Die berüchtigten Hungersnöte, von denen diese Gebiete zu Anfang und Mitte des neunzehnten Jahrhunderts heimgesucht wurden, lagen eher an Kriegsinflation und Nachkriegsdepression als an der industriellen Revolution selbst.

Sie war das Werk von Mechanikern in den Baumwollspinnereien und von unabhängigen Erfindern, manchmal Adligen aus akademischen Kreisen, wie etwa James Cartwright, dem Erfinder des mechanischen Webstuhls, der unpassenderweise Literaturprofessor in Oxford war. Nur wenige profitierten von ihrem Erfindungsreichtum: die großen Gewinne wurden von den Unternehmern eingestrichen, so von Sir Richard Arkwright, dem ersten Baumwollmagnaten, der sich ein riesiges Vermögen erwarb, oder von Sir John Roebuck, der Hüttenwerke besaß und ein Vermögen mit Karronaden machte – den Kanonen, die in den Napoleonischen Kriegen benutzt wurden und ihren Namen von den Carron-Eisenwerken in Schottland hatten. Und in diesen Carron-Werken baute James Watt 1769 die erste Dampfmaschine, patentiert als »Feuermaschine« oder »Feuerpumpe«, da der Apparat zunächst dazu benutzt wurde, Bergwerksstollen trockenzulegen.

Ende des achtzehnten Jahrhunderts begannen die neuen und immer noch rudimentären, wenn auch sehr wirksamen Erfindungen die englische Wirtschaft zu verwandeln. Die Textilfabriken in Lancashire führten riesige Mengen Rohbaumwolle aus dem Orient, den Westindischen Inseln und den Südstaaten von Nordamerika ein, wo 1793 Eli Whitney die Entkörnungsmaschine erfunden hatte. Und die billigen englischen Textilien fanden vor Napoleons Kontinentalsperre zahlreiche Käufer auf dem Kontinent. Dann führten die Revolutions- und Napoleonischen Kriege zu einer riesigen Nachfrage an Rüstungsgütern, Bordkanonen, Feldartillerie und Handfeuerwaffen. Eine Erfindung zog die andere nach sich. Solange ihre Marine die Weltmeere beherrschte, konnten die Engländer ihre Monopolstellung auf den Märkten in Amerika und im Orient weitgehend behaupten. Aus dem landwirtschaftlich strukturierten England wurde die Werkstatt der Welt, die zur Ernährung ihrer wachsenden Bevölkerung auf den Exporthandel angewiesen war. Das Land sollte zum Mittelpunkt eines weltumspannenden Freihandelsimperiums werden, dessen Blüte in die fünfziger und sechziger Jahre des neunzehnten Jahrhunderts fiel.

Der kolossale Reichtum und die außerordentliche Produktivität zu Beginn der industriellen Revolution ließen England aus dem langen Krieg mit Frankreich siegreich hervorgehen. Seinem politischen Establishment war es im Unterschied zum französischen *Ancien régime* gelungen, sich die Unterstützung des Großteils der politisch bewußten Nation zu sichern, und es konnte sich auf die unerschütterliche Kampfmoral seiner Bewohner verlassen. Die englische Revolution, die im siebzehnten Jahrhundert so kläglich gescheitert war, wiederholte sich weder im achtzehnten noch im neunzehnten Jahrhundert: Trotz vereinzelter radikaler Proteste erwies sich die Gesellschaft hierfür als zu homogen, zu anpassungsfähig und, in Kriegszeiten, zu selbstbewußt.

Diese Solidarität erklärt sich aus einer politischen Geschichte, die sich erheblich von der Frankreichs, Mittel- und Osteuropas unterscheidet. Krone und Parlament hatten hier zu ihrer beider Wohl einen Kompromiß gefunden, da der Thronwechsel von 1688/89 die machtpolitischen Realitäten widerspiegelte. Nach dem Parteienstreit unter Königin Anna hatte Sir Robert Walpole der Hannoveraner Dynastie die notwendige Zeit verschafft, um sich anzupassen, und das Parlament hatte die Vertretung der vorherrschenden Interessen in der politisch bewußten Nation übernommen. Großgrundbesitzer, Kaufleute und die Landadligen, die die Grafschaften als Friedensrichter verwalteten, besaßen kollektiv weit mehr Einfluß als der Monarch, und die notorischen Mängel der archaischen und unzulänglichen Verwaltung bewahrten das Land immerhin vor den Mißbräuchen einer zentralisierten Bürokratie, wie sie Frankreich lähmte und das Habsburger und Russische Reich unterdrückte. Zudem hatte die Masse des Volkes, trotz ihres eingeschränkten und altväterlichen Wahlrechtes, wenigstens die Illusion, an der Wahl zum Parlament beteiligt zu sein, und Mitte des achtzehnten Jahrhunderts hatte sich William Pitt der Ältere, der spätere Earl of Chatham, über die Köpfe der Regierungsverantwortlichen an eine neue Art von »öffentlicher« Meinung gewandt. Die Zensur, die auf dem größten Teil des Kontinents ein strenges Regiment führte, war nachlässig und unwirksam und die Presse seit langem einflußreich. Trotzdem wurde vom König noch die Führung der Regierungsgeschäfte erwartet. So mußte Georg III. in die politische Arena steigen und um die wechselnden Gruppierungen im Parlament werben, aus denen die Regierungen dann zu bilden waren. Daher die mittelmäßige Politik und die administrativen Pannen, die zum Verlust der amerikanischen Kolonien führten, aber in den privilegierten Kreisen der politischen Nation wenigstens ein hohes Maß an Freiheit, Kritik und Protest zuließen. Die brillante Vielseitigkeit der Oberschicht Großbritanniens, von Gibbon und Dr. Johnson, von Hume und Burke, läßt sich kaum überbieten. Es war ein *Ancien régime*, das bei allen Privilegien, altmodischen Gesetzen und bei aller lautstarken und radikalen Opposition immer noch die Unterstützung der meisten Staatsbürger fand. Der radikale Protest kam vor allem von »Nonkonformisten«, denen die Annehmlichkeiten der anglikanischen Kirche vorenthalten wurden, und von rationalistischen Philosophen, unter denen sich Jeremy Bentham (1748–1832) durch seine »utilitaristische« politische Philosophie des »Fortschritts« auf lange Sicht als der einflußreichste erwies. Aber im Gegensatz zur Situation in Frankreich hielten sich der Haß auf die Regierung wie offener Klassenkonflikt in Grenzen. Das Problem, wie man die Regierung jenen Klassen gegenüber verantwortlich machen könne, die faktisch im Besitz der Macht waren, war ohne Revolution gelöst worden, und wenn sich auch noch mindestens die Hälfte der englischen Bevölkerung mit dem Existenzminimum zufriedengeben mußte, gab es doch nicht jene Form bäuerlicher Verelendung, wie sie in Frankreich verbreitet war, oder die in Deutschland noch vorhandene und in Rußland das Bild bestimmende Leibeigenschaft.

1783 ernannte Georg III. den dreiundzwanzigjährigen Sohn des Earl of Chatham, William Pitt, zum Premierminister einer *Tory*-Regierung, die bis 1801 im Amt blieb und damit der langen Herrschaft verschiedener *Whig*-Koalitionen ein Ende setzte. Diese Regierung genoß große Beliebtheit in der Geschäftswelt. In erster Linie daran interessiert, den Handel im In- und Ausland zu fördern, begann sie, die allzu offenkundigen Pfründen in der Verwaltung zu beseitigen. Durch den *India Act* von 1784 wurde die Position des indischen Generalgouverneurs gegenüber der Ostindischen Kompanie und ihrer Armee gestärkt, und 1791 teilte die *Canada Act* die Kolonie in die englisch- und die französischsprechenden Provinzen auf, eine Maßnahme, die zunächst Erfolg hatte, sich später aber als brisant erwies. Ein großes, stehendes Heer, wie es sich große Kontinentalmächte hielten, lehnten die Engländer noch immer ab, leisteten sich aber eine starke und schlagkräftige Flotte, die allerdings schlecht geführt wurde, was wiederholt zu Meutereien führte.

1793 bekam es also die französische Revolutionsregierung in einem großen Konflikt, der mit zwei kurzen Unterbrechungen bis 1815 dauern sollte, mit einem ernst zu nehmenden und hartnäckigen Gegner zu tun, der über beträchtliche und neuartige industrielle Ressourcen verfügte, auf den Patriotismus und die Solidarität seiner Bevölkerung zählen konnte und über ein ausgedehntes, mächtiges Überseereich gebot.

General Bonaparte

Nachdem die Engländer verlangt hatten, daß die Franzosen ihre Truppen aus den ehemaligen Österreichischen Niederlanden zurückzögen, die sich 1789 gegen Österreich erhoben hatten, erklärte die republikanische Regierung Frankreichs im Januar 1793, im Jahr nach der Hinrichtung Ludwigs XVI., Großbritannien und der niederländischen Republik den Krieg. Es war eine neue Art des Krieges, den man jetzt als »ideologisch« bezeichnete, und der von Pitt eleganter »ein Krieg der bewaffneten Meinungen« genannt wurde. Zur Enttäuschung der Franzosen wurde Pitts Entscheidung auch vom größten Teil der *Whig*-Opposition gebilligt. Projekte zur Modernisierung des Wahlrechts und zur Verwaltungsreform wurden zurückgestellt, und die Engländer, für den kommenden Sturm gewappnet, erlebten den Anfang einer langen, nur von gelegentlichen radikalen Protesten gestörten Herrschaft von *Tory*-Regierungen, die entschlossen waren, innenpolitisch das Aufkommen radikal sozialer Strömungen und außenpolitisch die französische Herrschaft über den Kontinent – und damit über die Weltmeere – zu verhindern.

Unter der Herrschaft des Wohlfahrtsausschusses wehrten sich die Franzosen gegen eine Koalition aus Preußen, Österreich, den Niederlanden, Großbritannien und Spanien und eroberten im Dezember 1793, dank der Initiative eines gewissen Hauptmanns Bonaparte, Toulon von den Engländern und Royalisten zurück. Am 14. Oktober *(Vendémiaire)* des Jahres 1795 wurde das nach dem Sturz Robespierres eingesetzte »thermidorianische« Direktorium von General Bonaparte durch das »Pfeifen« eines Schrapnells gerettet, das allerdings durchaus nicht als Warnschuß abgefeuert worden war, als Aufständische die Tuilerien angriffen, woraufhin das Direktorium seinen politischen General und Retter zum Befehlshaber der Armee im Inneren beförderte. Bald darauf wurde er im Alter von sechsundzwanzig Jahren zum Oberbefehlshaber der eroberungslüsternen französischen »Italienarmee« ernannt.

Nachdem Bonaparte die Alpen, der italienischen Riviera folgend, umgangen hatte, besiegte er die Österreicher bei Turin und die Piemontesen bei Mondovi. Jetzt lag die Po-Ebene offen vor ihm: im Frühjahr des Jahres 1796 hatte er Mailand genommen; seine zerlumpte und nur mit Vorsicht zu befehligende Truppe war zufriedengestellt, riesige Beutemengen waren nach Frankreich geschickt worden, die Franzosen besetzten Bologna und sogar Florenz. Im nächsten Jahr wurden österreichische Verstärkungstruppen bei Arcole und Rivoli geschlagen, und 1797 schloß Napoleon Bonaparte, als er über Villach und Klagenfurt auf Wien zumarschierte, den Vorfrieden von Leoben mit den Österreichern. Der wurde im Oktober durch den Frieden von Campoformio bestätigt, in dem die französische »Befreiung« großer Teile Italiens und der gesamten Österreichischen Niederlande anerkannt wurde. In Norditalien wurde eine Cisalpine Republik und in der Region von Genua eine Ligurische geschaffen, während der Papst gezwungen war, Bologna abzutreten. Dafür erhielt Österreich Venedig, dessen alte Freiheiten damit erloschen.

In Frankreich waren mit dem Machtverfall des Direktoriums jetzt die Voraussetzungen für einen Machtkampf politischer Generale geschaffen, während die Abtretung der Österreichischen Niederlande an Frankreich – ein altes französisches Ziel, das indirekt durch den italienischen Feldzug erreicht wurde – England jede Bereitschaft zum Einlenken nahm. Zum Befehlshaber der Englandarmee ernannt, beschloß Bonaparte, nicht in Irland zu landen, wo ein französisches Expeditionsheer schon einmal gescheitert war, sondern in Ägypten und später nach Möglichkeit auch in Indien. Deshalb fiel sein gut ausgerüstetes Expeditionsheer im Mai 1798, nachdem es unter Umgehung der englischen Mittelmeerflotte das am Wege liegende Malta besetzt und die Johanniter verjagt hatte, über das Mamelukenregime in Ägypten her, das den modernen Feuerwaffen nichts entgegenzusetzen hatte. In der Schlacht vor den Pyramiden wurden die Mamelukenstreitkräfte vernichtet, und die Franzosen besetzten Kairo. Aber die Engländer blieben ihnen auf den Fersen: Am 1. August 1798, neun Tage nach der Schlacht vor den Pyramiden, zerstörte Nelson die französische Flotte vor Abukir. So verwirklichte Napoleon drei historische Ziele französischer Politik: Mit der Eroberung des größten Teils von Italien und der südlichen Niederlande gelang ihm, was Karl VIII. und Franz I. verwehrt geblieben war, mit der Eroberung Ägyptens überflügelte er Ludwig den Heiligen – aber er sah sich von Europa abgeschnitten. Nach einem vernichtenden Angriff auf die Türken in Palästina, der einen Sieg bei Akko brachte, und einem zweiten Sieg über türkische Landungstruppen bei Abukir kehrte Napoleon, um zu retten, was zu retten war, nach Paris, in das Zentrum der Macht, zurück. Die stürmischen Ereignisse der Französischen Revolution waren so von einem korsischen Abenteurer genutzt worden, dessen Feldzüge sich in Reichweite und Tempo nur mit denen Julius Caesars vergleichen ließen und dessen Ehrgeiz sich mit dem der Imperatoren des Römischen Reichs messen konnte, der sich aber auf Waffen- und Truppenstärken stützen konnte, die in der Antike unbekannt waren.

Bei seiner Rückkehr fand er das Direktorium, das versuchte, ihn in Mißkredit zu bringen, in desolaten Schwierigkeiten. Nach der Schlacht von Abukir war eine zweite Koalition gegen die Republik zustande gekommen. Den Engländern hatten sich die Türken und das Königreich von Neapel und Sizilien angeschlossen, und Anfang 1799 reihte auch der verrückte Kaiser Paul I. von Rußland (1796–1801), der die Nachfolge seiner Mutter Katharina der Großen angetreten hatte und hoffte, auch Großmeister des Malteserordens zu werden, Rußland wieder in die Koalition gegen den Franzosen ein, woraufhin sich auch Österreich anschloß. Eine österreichisch-russische Armee unter dem Kommando des gefürchteten Suworow hatte die Alpen überquert und Mailand genommen, und in Frankreich fürchtete man um die Provence. So weit war bislang noch kein russisches Heer nach Westen vorgedrungen.[12] Ein englisch-russisches Expeditionsheer, das in Holland gelandet war, hatte, obschon es rasch wieder davongejagt worden war, Frankreich in große Sorge versetzt. Hinzu kam, was viel schlimmer war, daß die französischen Finanzen jetzt zusammenbrachen. Die *Assignats*, das Papiergeld, hatten fast allen Wert verloren und wurden nicht mehr eingelöst, kaum besser stand es um die Staatsanleihen, und der Haushalt wies ein riesiges Defizit auf. Praktisch hatte sich die öffentliche Ordnung aufgelöst, und verschiedene politische Generale warteten hinter den Kulissen auf eine Gelegenheit zum Staatsstreich. Er hätte von Jakobinern wie Royalisten geführt werden können.

Bonaparte, mit seinem üblichen Glück und Gefühl für den richtigen Zeitpunkt, war als erster zur Stelle: Am 18. *Brumaire* (9. November) 1799 löste er mit seinen Anhängern das regierungsunfähige Direktorium auf und setzte statt seiner ein *Consulat* (1799–1804) ein. Der korsische Abenteurer und politische General wurde »Erster Konsul«, und im Dezember 1800 wurde das neue System in einer Volksabstimmung mit großer Mehrheit gebilligt. Es war eine scheinbar bürgerliche Diktatur, die aber tatsächlich eine militärische Basis hatte.

Ihre Situation war nach wie vor schwierig. Da führte der Erste Konsul im Juni 1800 als Befehlshaber einer neuen Italienarmee einen kühnen Streich. Nachdem er den Großen Sankt-Bernhard-Paß überquert hatte, kam er »wie ein Blitz« über die nichtsahnenden Österreicher, die gerade Genua erobert hatten, und schlug sie bei Marengo nach erbittertem Kampf in die Flucht. In seiner Position gefestigt, kehrte Napoleon nach Paris zurück. Nach einer abermaligen Niederlage der Österreicher an der Donau wurden im Februar 1801 im Frieden von Lunéville alle französischen Gewinne von Campoformio festgeschrieben und neue bestätigt. In für ihn charakteristischer Weise hatte sich Kaiser Paul damals fürchterlich erzürnt, weil die Engländer Malta besetzt hatten, hatte sich aus der Zweiten Koalition zurückgezogen und die Ostseestaaten zu bewaffneter Neutralität gegen die Engländer zusammengeschlossen. Und obwohl Nelson diese bald in eine unbewaffnete Neutralität verwandelte, indem er in Kopenhagen den größten Teil der dänischen Flotte zerstörte, und obwohl Paul im Frühling desselben Jahres einer Palastrevolution zum Opfer fiel, unterzeichnete Napoleon Bonaparte im März 1802 mit Großbritannien den Frieden von Amiens. Er hatte Frankreich einen siegreichen äußeren Frieden beschert, nun schickte er sich an, ihm auch den inneren zu schenken.

Der Gesetzgeber

Bei Jakobinern und Royalisten gleichermaßen verhaßt, die beide versuchten, ihn aus dem Wege zu räumen, vertrat der Erste Konsul jetzt aber doch die Mehrheit der Franzosen, die stabile wirtschaftliche und politische Verhältnisse wünschten, ohne dabei allerdings die Vorteile aufgeben zu wollen, die sie einer durch die Revolution offener gewordenen Gesellschaftsordnung und vor allem der Enteignung von Kirche und Emigranten verdankten. Deshalb nahm Bonaparte als Erster Konsul seine schöpferischste und langlebigste Leistung in Angriff, die den kurzen Ruhm seines Kaiserreichs überdauerte. Denn er war sowohl der letzte der aufgeklärten Despoten als auch der erste der modernen charismatischen Diktatoren, der die Reihe jener Massenkriege eröffnete, die fast mit der Selbstvernichtung Europas endeten. Während nämlich die politischen Institutionen des Ersten Kaiserreichs sich als kurzlebig herausstellten, erwiesen sich dessen rechtliche und administrative Institutionen als dauerhaft. Der Staatsrat, die Präfekten, die *Codes*, die Ehrenlegion, die Bank von Frankreich – sie alle erinnern daran, daß das Konsulat eine der wichtigsten und verfassungspolitisch schöpferischsten Perioden in der Entwicklung Frankreichs war. Wie Napoleon selbst bemerkte, war er selbst die Verkörperung und die Überwindung der Revolution zugleich.

Zunächst einmal unterwarf er die bissige Pariser Presse einer Zensur, dann straffte er mit seinen Untergebenen die Verwaltung, die Gesetzgebung und die Finanzen des Landes und regelte die Beziehungen von Staat und Kirche. Er setzte den *Conseil d'état* wieder ein und ernannte selbst dessen Mitglieder. Unter Beibehaltung der revolutionären *Départements* berief er bezahlte Präfekten an ihre Spitze, die praktisch Nachfolger der *Intendants* des *Ancien régime* waren. Steuern wurden jetzt regelmäßig eingezogen, die Erziehung zentralisiert und ein vernünftiges, zeitgemäßes Gesetzbuch verfaßt. Der *Code civil* (1804), drei Jahre später in *Code Napoléon* umbenannt, erwies seinen bleibenden Wert und gab später das Vorbild für die Modernisierung der Gesetzgebung in vielen anderen Staaten ab, ein Meilenstein in der Geschichte Europas und der Welt. Nie die »Öffentlichkeitsarbeit« vernachlässigend, hatte Napoleon 1802 die »Ehrenlegion« gegründet, einen Orden, der auch für Zivilisten bestimmt war und dessen höhere Grade im Unterschied zu den älteren und ehrwürdigeren Orden das Recht auf einen Ehrensold beinhalteten. Obwohl selbst Agnostiker, hielt Napoleon die Religion für unentbehrlich, um die Gesellschaft zusammenzuhalten, deshalb bemühte er sich um ein Konkordat mit Pius VII., dem neugewählten und franzosenfreundlichen Papst, wobei er seine Diplomaten anwies, den »Papst zu behandeln, als habe er 200000 Soldaten«. Die künstlichen Staatsreligionen aus fanatischen Revolutionstagen wurden abgeschafft – Napoleon meinte hierzu, Rousseau sei ein »Verrückter« gewesen – und der römisch-katholische Glaube als das Bekenntnis der »Mehrheit der Franzosen« anerkannt, während die Regierung durch Bezahlung bescheidener Gehälter an die Geistlichen deutlich machte, daß sie nicht daran dachte, die Kirchenländereien jemals wieder herauszugeben. In Napoleons Verantwortung fiel nun die Ernennung der neuen Bischöfe, während der Papst sie weihen durfte. Damit war ein tiefer Graben in der Gesellschaft zumindest verkleinert worden, und Napoleon hatte zu den besten ihm möglichen Bedingungen »die Altäre wieder aufgerichtet«. Außerdem hatte die französische Oberschicht ihre Lektion bekommen und war wie ihr Erster Konsul zu der Einsicht gelangt, daß der Katholizismus eine gesellschaftliche Notwendigkeit sei. Der Skeptizismus des achtzehnten Jahrhunderts war aus der Mode gekommen.

Als Erster Konsul, per Volksabstimmung jetzt auf Lebenszeit gewählt, hatte Napoleon es trotz massiver Zensur und Geheimpolizei als Garant der durch die Revolution geschaffenen wirtschaftlichen Interessen zu großer Beliebtheit gebracht. Wäre er seines Kanzlers Talleyrand Rat gefolgt und hätte er sich mit Großbritannien versöhnt, um mit diesem zusammen die Welt zu »erschließen« – sich auf die Grenzen beschränkend, die seine Armeen für Frankreich erobert hatten –, hätte er sich möglicherweise als »aufgeklärter Despot« mit den anderen Dynastien Europas einigen und seine eigene gründen können. Aber Napoleon war, obwohl er sich als Staatsmann gab, doch in erster Linie Soldat und Abenteurer: Er konnte auf den Nervenkitzel des Krieges nicht verzichten. Im übrigen mußte er ein Betätigungsfeld für seine riesigen Armeen finden, die sich nur außerhalb Frankreichs beschäftigten und ernähren ließen, und schließlich war er, obwohl ein Produkt der Aufklärung, auch ein Romantiker. Er wollte das Reich Karls des Großen neu erstehen lassen.

Nation in Waffen

Auch den französischen Armeen, die Geschmack an Beute und *Gloire* gefunden hatten und die repräsentativ waren für eine im Umbruch befindliche Gesellschaftsordnung, gleichermaßen offen für gute Geschäfte und für Eroberungen, stand der Sinn nach weiteren Abenteuern. In Napoleon fanden sie genau den Führer, den sie dafür brauchten, zugleich war er ein Retter der bürgerlichen Gesellschaft, bestrebt die Besitzverhältnisse zu wahren, und ein siegreicher General, dessen Armeen Italien geplündert, die Kohle- und Eisenvorkommen in den Österreichischen Niederlanden gesichert und vielen jetzt in Frankreich gefährdeten revolutionären *Sansculottes* ein Unter- und Auskommen geboten hatte. Mit diesem Gespür für öffentliche Wirkung war es Napoleon sogar gelungen, aus seinem ägyptischen Fiasko propagandistisches Kapital zu schlagen.

Jetzt ließ er sich auf den phantastischen Versuch ein, ein europäisches Kaiserreich in einer Größenordnung zu schaffen, wie es seit Karls des Großen Zeiten unbekannt war. Und fast wäre es ihm gelungen, denn in der Krise des Jahres 1793 wurde mit dem Gesetz vom 23. August die allgemeine Wehrpflicht in Frankreich eingeführt, die eigentlich nur so lange gelten sollte, bis die eingefallenen konterrevolutionären Armeen vertrieben waren. Dieses Gesetz versorgte Napoleons Armeen mit einem stetigen Zustrom von Wehrpflichtigen. Bereits 1794 waren eine Million Soldaten unter Waffen, und Kriegsminister Carnot hatte versucht, die gesamte Volkswirtschaft – Rüstungs-, Textilindustrie und Landwirtschaft – für den Krieg zu mobilisieren. Über solche gewaltigen Streitkräfte verfügend, verwirklichte Napoleon strategische Vorstellungen vom Ende des achtzehnten Jahrhunderts, die bereits in der alten Armee geläufig waren, wie sich zum Beispiel in Guiberts *Essai général de tactique* (1772) nachlesen läßt, und machte sich die neue mobile Feldartillerie zunutze, die Gribeauval 1777 entwickelt hatte und die schon vorher skizziert worden war in Teils Schrift *Usage de l'artillerie nouvelle dans la guerre de campagne*. In der Tat hatte Frankreich »1793 siebentausend Kanonen« produziert, womit »Napoleon als erster Feldherr in der Lage war, Artilleriefeuer in großem Umfange einzusetzen«. Außerdem paßte er seine Truppen dieser ganz neuen Größenordnung der Kriegführung an, schuf unabhängige *Divisions*, die sich parallel zueinander durch das Gelände bewegten oder den Feind, selbständig operierend, vor dem Hauptangriff umfaßten. Seine zahlenmäßige Überlegenheit benutzte er dazu, in Kolonnen anzugreifen. Angesichts so gewaltiger Zahlen ließ sich der alte, komplizierte Nachschubapparat nicht beibehalten. Die französischen Truppen lebten von dem, was sie in den besetzten Gebieten requirierten, oder von den Depots, die sie bei ihrem raschen Vormarsch einnahmen. Von gleicher Bedeutung für diese Kriegführung der raschen Angriffe und Operationen war, daß die Kampfmoral der Truppen von dem grimmigen Patriotismus einer »Nation in Waffen« und von der persönlichen Ausstrahlungskraft Napoleons genährt wurde. Am ausgeprägtesten war diese Haltung in der Kaiserlichen Garde, aus der er eine Elitetruppe machte, um sie in der Schlacht für den entscheidenden Schlag in Reserve zu halten. »Diese Einheiten hätten nicht gekämpft, wie sie es taten ...« oder »nicht so lange gekämpft, wie sie es taten, wenn sie nicht zuerst von einem fanatischen totalitären Regime aufgestellt worden und dann von dem größten militärischen Genie geführt worden wären, das die Welt seit Alexander dem Großen gesehen hat.« (Howard)

Die aufgeklärten Intellektuellen, die von der Revolution erwartet hatten, sie werde die Brüderlichkeit unter den Menschen fördern, trugen also tatsächlich dazu bei, daß die Kriege noch erbitterter wurden, da die Völker in die vorhandene Struktur der souveränen dynastischen Staaten des achtzehnten Jahrhunderts eingepfercht waren, deren Kriegspolitik sich jetzt noch verschärfte, weil die Begeisterung als neues Element hinzutrat. Auch die Vorstellung, die französischen Besatzungstruppen seien lange von den Idealen der »Brüderlichkeit« beseelt gewesen, ist eine sentimentale Illusion. Sobald sie merkten, daß die »befreiten« Völker nicht zu den Waffen stürzten, um sich ihren Eroberern anzuschließen, verzichteten sie auf alle kosmopolitischen Ideen, und bald schon schwangen sich ehemalige Offiziere von Volksarmeen zu Herren über Bauern auf. Diesmal jedoch waren es keine Pariser oder Bourbonen, unter denen Bauern aus der Brie, dem Forez oder der Dauphiné zu leiden hatten, sondern es waren Franzosen, die den Flamen, Piemontesen, Katalanen und Rheinländern das Leben zur Hölle machten. Ihre Exklusivität war sogar noch größer als die ihrer Vorgänger: Sie waren der Landessprache nicht mächtig, beklagten sich über das Essen, verachteten den Schmutz und den »Aberglauben« ihrer *Administrés*, kurz, ihre Haltung wurde kolonialistisch. Sie nahmen auch untergeordnete Verwaltungsposten in den eroberten Gebieten an und hielten häufig bis zum Sturz Napoleons dort aus. Die Franzosen beseitigten die alten Institutionen, aber der Nationalismus, den sie weckten, war weit mehr eine Reaktion als eine Infektion, denn die Menschen, die an der Basis der Gesellschaftspyramide lebten, erlebten das Reich des neuen Karls des Großen vornehmlich als Ausbeutung.

L'Empereur

1803 stürzte Napoleon Europa und einen großen Teil der Welt in ein Jahrzehnt des Aufruhrs und der Umwälzungen; der Friede von Amiens hatte sich lediglich als Waffenstillstand erwiesen: Nachdem die Franzosen Louisana von den Spaniern zurückgekauft hatten, war ihr einstiger Kolonialehrgeiz in Nordamerika und der Karibik wiedererwacht. Sie verboten die Einfuhr englischer Waren in großen Gebieten Europas und in ihren Kolonialbesitzungen. Zudem annektierten sie Piemont und Elba und infiltrierten die Schweiz, während sie weiterhin die Österreichischen und die Vereinigten Niederlande besetzt hielten. Aus diesem Grunde blieben die Engländer auf Malta, erneuerten den Krieg im Mai 1803 und gründeten eine Dritte Koalition. Sie duldeten sogar mit schweigendem Einverständnis Verschwörungen, die die Ermordung des Ersten Konsuls zum Ziel hatten, der sich daraufhin den erstbesten Bourbonen griff – den harmlosen Herzog von Enghien – und ihn erschießen ließ. Nachdem er so dank seiner korsischen Methoden für sich und für alle seine Anhänger jede eventuelle Versöhnung mit den Bourbonen unmöglich gemacht hatte, gründete Napoleon im Mai 1804 seine eigene Dynastie, indem er sich nach einer Volksabstimmung zum »Kaiser der Franzosen« ausrief. Eigentlich hielt er sich sogar für den Kaiser von Europa, der dem Rest des Kontinents den »aufgeklärten Absolutismus«, moderne Verwaltungsmethoden durch französische Beamte und die Errungenschaften der Revolution brachte – die Vorstufe zu einem Weltreich.

Daraus entwickelte sich ein Jahrzehnt weitgespannter und spektakulärer Feldzüge mit Armeen, die weit größer waren als diejenigen zu Beginn der Neuzeit, häufig Gebiete in Mittel- und Osteuropa umfassend, die den römischen Imperatoren unbekannt waren und selbst von den ehrgeizigsten mittelalterlichen Königen im Westen nicht in Betracht gezogen wurden. Napoleon beschloß, zunächst die Engländer niederzuwerfen, die wohlhabendsten und hartnäckigsten seiner Gegner. Dazu ließ er sich eine ehrgeizige, aber undurchführbare Strategie einfallen: Die gesamte französische Atlantikflotte aus Brest, Rochefort und Ferrol sollte Kurs auf die Westindischen Inseln nehmen und sich dort mit der französischen Mittelmeerflotte aus Toulon vereinigen. Die Engländer würden angesichts dieser Bedrohung – so meinte er – ihre Seestreitkräfte aus dem Ärmelkanal abziehen, woraufhin Admiral Villeneuve nach Europa zurückkehren sollte, um die Meerenge während der wenigen Stunden zu sichern, die Napoleon brauchte, um mit einer gewaltigen Armee, die er in Boulogne zusammengezogen hatte, nach England überzusetzen. Aber die Franzosen hatten eine falsche Vorstellung von der Psychologie ihrer Gegner und unterschätzten deren seemännische Fähigkeiten. Nur Nelson machte sich mit seiner Mittelmeerflotte an die Verfolgung der Franzosen quer über den Atlantik, die englische Kanalflotte setzte die Blockade der französischen Atlantikküste fort. Als es Villeneuve nicht einmal gelang, einen französischen Stützpunkt anzulaufen, er vielmehr in Cádiz Zuflucht suchen mußte, war die gesamte französische Strategie gescheitert, und als er im Oktober 1805 eine französisch-spanische Flotte zusammenzog, verwandelte Nelson vor Trafalgar den ursprünglichen strategisch-defensiven Erfolg Englands in einen entscheidenden Sieg, der den Engländern eine mehr als ein Jahrhundert währende Herrschaft über die Weltmeere eintrug.

Nun gab Napoleon seine riskanten Invasionspläne auf und setzte seine Truppen nach Mitteleuropa in Marsch, um die Dritte Koalition zu zertrümmern. Zuerst bezwang er eine österreichische Armee bei Ulm und besetzte Wien, im Dezember 1805 bekam er es dann mit Russen und Österreichern zu tun, die er beim mährischen Austerlitz östlich von Brünn schlug. Die Russen wurden aus Mitteleuropa verdrängt und die Österreicher zum Frieden von Preßburg gezwungen, in dem sie sogar Tirol und Vorarlberg, historische Habsburger Erblande, verloren, außerdem Venedig, Dalmatien und ganz Italien. Von Napoleons Armeen in Schrecken versetzt, trat Preußen als Gegenleistung für Hannover dem unter Napoleons Protektorat stehenden »Rheinbund« bei, der das Heilige Römische Reich ersetzte, das sich selbst aufgelöst hatte. Als sich König Friedrich Wilhelm III. von Preußen, immer noch im Bündnis mit England, erst 1806 zur Kriegserklärung entschloß, wurde er im Herbst von Napoleon bei Jena und Auerstedt vernichtend besiegt. Die Franzosen besetzten Berlin, und Preußen verlor die Hälfte seines Staatsgebietes. Im November 1806 dekretierte Napoleon von Berlin aus die »Kontinentalsperre« gegen England.

In der Gewalt der Franzosen befanden sich jetzt die Niederlande, die Südküste der Ostsee, der größte Teil Mitteleuropas, Italien und Dalmatien – das Kernland des Kontinents, nicht aber seine Randgebiete –, Rußland und die Iberische Halbinsel. England kontrollierte die Weltmeere, beherrschte den Seehandel, unterstützte seine Verbündeten und war nicht zum Einlenken bereit. Überdies waren nach dem Zusammenbruch Österreichs und Preußens die Russen in West- und Ostpreußen eingefallen, und Anfang 1807 mußte sich Napoleon ihrer in einer verlustreichen, unentschiedenen Schlacht bei Preußisch-Eylau in Ostpreußen erwehren. Aber bei Friedland brachte er ihnen eine vernichtende Niederlage bei, die dem Feldzug ein Ende setzte und Kaiser Alexander I. von Rußland zwang, um einen Waffenstillstand nachzusuchen. Damit war auf dem Kontinent nicht mehr viel von der Dritten Koalition übrig. Napoleon versuchte die Engländer jetzt durch einen Wirtschaftskrieg in die Knie zu zwingen, übernahm sich aber dabei, weil er dazu auch die Iberische Halbinsel und Rußland in seine Gewalt bringen mußte.

Im Juni 1807 fand auf einem Floß im Njemen bei Tilsit ein merkwürdiges Gipfeltreffen statt: Eindreiviertel Stunden lang verhandelten Napoleon und Alexander I. dort allein, während »von beiden Ufern aus die Soldaten, die bei Friedland miteinander gekämpft hatten, zusahen, wie der merkwürdige Tagungsort ihrer Souveräne auf dem glitzernden Wasser auf und niederschaukelte«.[13] Als Alexander wieder festen Boden betrat, war er »verwirrt und bezwungen«, aber auch irgendwie »erhoben«. Napoleon hielt ihn für einen »recht gutaussehenden und tüchtigen jungen Kaiser«.

Denn er hatte ihm die Hauptsache zugestanden: die Verschärfung der Kontinentalsperre. Im nächsten Jahr annektierten die Russen Finnland, während sie gleichzeitig den Krieg gegen die Türken wieder aufnahmen. Den für kurze Zeit befreiten und ewig unzufriedenen Polen wurde ein »Großherzogtum Warschau« zugestanden, während Napoleons Bruder Jérôme König von Westfalen wurde, von wo aus er Bremen, Hamburg und Rostock im Auge behalten und die Dänen einschüchtern sollte, woraufhin die Engländer die dänische Flotte kaperten und Kopenhagen einäscherten.

Am entgegengesetzten Rand Europas handhabten die Portugiesen, mit ihren alten Wirtschaftsverbindungen zu England, die Blockade seit langem mehr als nachlässig. Bald nach Tilsit faßte Napoleon den Plan, sie zu größerer Gefügigkeit zu zwingen und dadurch Spanien und möglicherweise auch das spanische Kolonialreich in die Hand zu bekommen. Napoleon riskierte dadurch, den Engländern einen neuen Zugang zum Kontinent zu eröffnen, und ermutigt durch die Schwierigkeiten, auf die die Franzosen in Spanien stießen, erklärten ihm die Österreicher im März 1809 den Krieg. Ein weiteres Mal mußte Wien besetzt werden, und abermals erließ Napoleon von Schönbrunn aus seine Dekrete. Als Nachfolger Karls des Großen verleibte er seinem Reich den Kirchenstaat ein und ordnete an, den Papst, der ihn exkommuniziert hatte, aus Rom zu deportieren. Bei Wagram schlug er dann eine österreichische Armee, die versuchte, Wien zu befreien. Im Frieden von Schönbrunn verloren die Österreicher Salzburg und einen Teil Galiziens. Als Napoleon 1810 beschloß, sein Reich zu legalisieren und sich von Josephine Beauharnais scheiden ließ, waren die Habsburger gezwungen, ihm die junge Erzherzogin Marie Louise als Kaiserin der Franzosen zur Frau zu geben. Im folgenden Jahr gebar sie Napoleon einen Sohn, den »König von Rom«, und die korsische Dynastie schien gesichert: Fest stand sie an der Spitze eines europäischen Reiches, das von einem kosmopolitischen Dienstadel getragen wurde und einen ganzen Kontinent für die *Grande Nation* ausbeutete.

Aber unter dieser glänzenden Oberfläche, die fast ins achtzehnte Jahrhundert zu gehören schien, bröckelten die Fundamente. Die Nation in Waffen, der das Reich seine Entstehung verdankte, hatte in den unterworfenen Völkern eine neue Form nationalen Widerstandes geweckt, der sich mit den Rachegelüsten der alten Dynastien verband, und die Engländer führten ihren Krieg unverdrossen fort, so daß die Kontinentalsperre verstärkt werden mußte. Doch Ende 1810 verfügte Alexander I. auf Druck seiner Untertanen, daß die russischen Häfen neutralen Schiffen, die Fracht aus England oder seinen Kolonien geladen hätten, geöffnet werden sollten. Sofort wurde Riga mit Importen überschwemmt, womit das ganze Blockadesystem unterlaufen war – eine Herausforderung, die Napoleon nicht hinnehmen konnte. Deshalb mobilisierte er 1811, trotz schlechter Nachrichten, die aus Spanien eintrafen, mehr als eine halbe Million Mann, die größte Armee, die bis dahin auf europäischem Boden zusammengezogen worden war. Sie sollte allerdings nicht Rußland erobern, sondern die Russen zu einer Schlacht stellen – nach Napoleons Vorstellungen etwa bei Wilna in Litauen. Dadurch sollte jene endgültige Entscheidung herbeigeführt werden, welche Friedland offensichtlich nicht gebracht hatte.

Davor wurden die Russen im Sommer 1812 nicht etwa bewahrt, weil sie absichtlich beschlossen hätten, den Eindringling tiefer in ihr Land zu locken, sondern schlicht und einfach, weil sie unfähig waren. Nicht in der Lage, ihre Streitkräfte rechtzeitig zu mobilisieren, und zunächst sogar ohne ein gemeinsames Oberkommando waren sie gezwungen, sich langsam bis zu dem nur hundert Kilometer von Moskau entfernten Borodino zurückzuziehen, wo sie der *Grande Armée* zwar schreckliche Verluste beibrachten, aber die Hauptstadt nicht zu halten vermochten. Die Invasionstruppen fanden eine scheinbar verlassene Stadt vor, die bald in Flammen stand – absichtlich in Brand gesteckt, wie man weiß. In der unrealistischen Hoffnung, Alexander zu Verhandlungen zwingen zu können, hielt sich Napoleon dort zu lange in Moskau auf, während sich die Franzosen in Sicherheit wiegten. Erst Mitte Oktober, als die Kunde von neuen Niederlagen in Spanien und von Unruhen in Paris eintraf, befahl er den Rückzug.

Die gewaltige Invasion, die in Staub und Hitze begonnen hatte, endete in eisiger Kälte. Gezwungen, die Route über Smolensk zu nehmen, das bereits auf dem Hinweg verwüstet worden war, von Kosaken und erbitterten Bauern verfolgt, verlor das aus vielen Nationen zusammengewürfelte und in Auflösung befindliche Heer Zehntausende von Soldaten. Und als Ende November die Kälte schier unerträglich geworden war, konnte Napoleon nur einen verschwindenden Teil seiner ursprünglichen Streitkräfte über die Beresina, einen Nebenfluß des Dnjepr, retten, da die Russen bereits in Minsk am westlichen Ufer warteten.

Danach ließ er seine Soldaten im Stich und hastete mit nur zwei Begleitern nach Dresden, von dort aus nach Paris, wo er am 18. Dezember eintraf. Ihm blieb keine andere Wahl: nur wenn er Frankreich und seine natürlichen Grenzen verteidigte, durfte er auf eine glaubhafte Verhandlungsposition hoffen. Aber zunächst versuchte er noch sein Imperium zu verteidigen: im Frühjahr des Jahres 1813 hatte Napoleon eine neue große Armee bei Mainz zusammengezogen. Bei Lützen und Bautzen, in der Nähe von Dresden, wurden die Russen abermals geschlagen – in Verteidigung der »europäischen Kultur«, wie der Kaiser sagte. Aber Wellington besiegte die Franzosen bei Vittoria in Nordspanien und jagte Napoleons Bruder, den »Eindringling« König Joseph davon, während die Österreicher Norditalien, Kroatien und den größten Teil Polens zurückverlangten und auf die Auflösung des Rheinbundes drängten. Im August hatte sich der ehemalige französische Marschall Bernadotte, der mit Napoleons Rückendeckung als schwedischer Thronerbe anerkannt worden war, gegen ihn erklärt. Im Herbst des Jahres 1813 wurde Napoleon in einer Schlacht, in der sich einhundertsechzigtausend Franzosen einer Übermacht von dreihunderttausend Mann gegenübersahen und die drei Tage lang dauerte, von österreichischen, russischen, preußischen und schwedischen Truppen überwunden.

Der Rheinbund brach zusammen, Holland erhob sich, Marschall Murat, den sein Schwager Napoleon als König von Neapel eingesetzt hatte, schlug sich auf die andere Seite. Die größte Chance zur Verteidigung der »natürlichen Grenzen« Frankreichs lagen für Napoleon 1814 in der Hoffnung, daß Österreicher und Preußen aus Angst vor den Russen und Abneigung gegen die Engländer seine Dynastie im Rahmen einer allgemeinen Neuregelung Europas akzeptieren würden, aber die Engländer standen bereits in Südwestfrankreich, die Preußen und Russen an der Marne und die Österreicher an der Seine. In einem brillanten Verteidigungsfeldzug hielt Napoleon sie hin, aber als die Verbündeten sich Paris näherten, wurde er von seinen Marschällen zur Abdankung gezwungen. Am 24. April 1814 kehrte Ludwig XVIII., der Bruder Ludwigs XVI., nach Frankreich zurück. Auf den Vorschlag Kaiser Alexanders hin erhielt Napoleon das Fürstentum Elba als Verbannungsort, das eine dreißig Kilometer lange und zwanzig Kilometer breite Insel viel zu nah am europäischen Festland ist.

Restauration und Romantik

Die Verbündeten kamen in Wien zusammen, um für einen vom Kriege zerrissenen Kontinent und seine Kolonien eine Friedensregelung zu finden, und ihre folgenschweren Entscheidungen bestimmten die internationale Politik des neunzehnten Jahrhunderts. Die kurze, sensationelle Unterbrechung, genannt die Hundert Tage, als Napoleon zurückkehrte, die Macht in Frankreich an sich riß und fast noch die Schlacht von Waterloo gewonnen hätte, blieb eine farbige, aber relativ unwichtige Episode. Nach 1815 gelang es den Großmächten unter Einbeziehung Frankreichs, die Stabilität in Europa wiederherzustellen. Aber nach der Französischen Revolution und dem Ersten Kaiserreich hatten West- und großenteils auch Mitteleuropa tiefgreifende Veränderungen erfahren: der Zusammenbruch des *Ancien régime* hatte zu grausamem Terror geführt, trotzdem hatte die wirtschaftliche Ausbeutung der unterworfenen Länder in Frankreich einen hektischen wirtschaftlichen Aufschwung und eine dynamischere und vielfältigere Gesellschaft hervorgebracht. Die relativ strenge offizielle Malerei und Architektur des Kaiserreichs löste die parvenuhaften Exzesse des jakobinischen Regimes ab und, von der offenbar unvermeidlichen Not der Armen abgesehen, feierten die Franzosen die Wiedergeburt der bürgerlichen Gesellschaft mit den beispiellosen gastronomischen Glanztaten des Zeitalters von Carême[14] und Brillat Savarin. Die Steifheit in Kleidung und Verhalten des achtzehnten Jahrhunderts machte den nachlässigeren Moden des beginnenden »romantischen« Zeitalters Platz, die gepuderten Perücken wurden von den »Windstoßfrisuren« der napoleonischen

Marschälle und ihrer Nachahmer abgelöst. Heute erscheint es kaum glaubhaft, daß der skeptische, rücksichtslose und realistische Napoleon ein großer Bewunderer der gefälschten Dichtungen des »Ossian« war, aber er hatte schließlich seine Armeen und ihr Gefolge in Abenteuer geführt, die so phantastisch und weitgespannt waren, daß sie in jeder romantischen Dichtung hätten besungen werden können. Freilich hatte er den Tod von Millionen Menschen verschuldet, aber er hatte den Krieg verherrlicht, vor allem in den Augen von Zivilisten, und er hatte ganz bewußt in Sankt Helena eine »Napoleonlegende« kreiert.

Kein großer zeitgenössischer französischer Epiker konnte seine Kriege preisen: Eine strenge Zensur lastete auf Frankreich, aber der bretonische Aristokrat Chateaubriand (1768–1848), der in Amerika und England Zuflucht suchte, in den diplomatischen Dienst des Kaiserreichs trat und nach der Restauration kurz Außenminister war, verdient Erwähnung wegen seiner *Mémoires d'outre tombe*. Sein romantischer Sinn für Geschichte und Lokalkolorit beeinflußte die französischen Historiker des neunzehnten Jahrhunderts. Madame de Stäel, eine faszinierende, internationale Erscheinung, Tochter des Finanzministers Necker, suchte in Deutschland ihre Inspiration, und ihre romantische Schrift *De l'Allemagne* (1810) machte Europa bewußt, daß dieses Land mehr war als nur ein Ort, um den kriegerische Auseinandersetzungen geführt wurden.

Es leitete einen neuen Abschnitt in der europäischen Geistesgeschichte ein. Zum ersten Mal zollte man den Deutschen im Westen Bewunderung, und der größte deutsche Dichter, Johann Wolfgang von Goethe (1749 bis 1832), erntete jetzt einen Ruhm, der seiner Leistungen würdig war. Dieses vielseitige Genie blieb im Unterschied zu den meisten zeitgenössischen deutschen Romantikern stets kosmopolitisch. Einerseits über eine solide klassische Bildung verfügend, andererseits beeinflußt von Herders romantischem Empfinden für die deutsche Vergangenheit und von Shakespeare, den die französischen Intellektuellen für »formlos« hielten, wies sein Schaffen schon früh eine erstaunliche Bandbreite auf. Er ließ sich auch nicht vom deutschen Hang zur Grübelei lähmen, dem wir seine frühe Schrift die *Leiden des jungen Werthers* (1774) verdanken.

Schon bald war er berühmt, und der Sproß eines wohlhabenden Frankfurter Bürgerhauses weitete seinen Horizont an den Universitäten von Leipzig und Straßburg. 1775 wurde er Minister des Herzogs Karl August von Sachsen-Weimar, eine Stellung, die sich durchaus mit seiner dichterischen Tätigkeit vertrug. Aus einer Italienreise im Jahre 1786 entstand ein Klassiker der Reisebeschreibungen; als Augenzeuge der Kanonade von Valmy schrieb er den lebendigen Bericht *Kampagne in Frankreich*. Außerdem verfaßte er die *Römischen Elegien* und die Dramen *Egmont* und *Iphigenie auf Tauris*. 1795 folgte der Entwicklungsroman *Wilhelm Meisters Lehrjahre,* und 1808 erschien der erste Teil des *Faust,* dessen zweiter Teil 1827 veröffentlicht wurde. Goethes aufschlußreiche Autobiographie *Dichtung und Wahrheit* zeigt, in welch hohem Maße sich bei ihm Aufklärung mit gefühlsmäßiger Erkenntnis verband. Er war der letzte universelle Renaissancemensch und stand über den Wirren von Revolution und Krieg – einer der olympischsten Geister europäischer Kultur.

Ein zweiter genialer Deutscher von kosmopolitischer Geisteshaltung war Immanuel Kant (1724–1804), der versuchte, durch die Kraft des Willens eine quasi-platonische Welt unwandelbarer Sittlichkeit jenseits der Flucht der Erscheinungen zu schaffen, und der die Revolution und die Napoleonischen Kriege mit seiner Abhandlung *Vom ewigen Frieden* beantwortete.

Die meisten anderen deutschen Autoren flüchteten bald in einen mehr oder minder heftigen Nationalismus. J. G. Herder (1744–1803), ein preußischer Schüler und Freund Kants, schrieb *Auch eine Philosophie der Geschichte zur Bildung der Menschheit*. Wie Chateaubriand maß er dem geographischen Rahmen der Vergangenheit große Bedeutung bei und schuf den Begriff der *Volksnation*. J. G. Fichte (1762–1814) wurde der Prophet des deutschen Nationalismus. Andere historisierende Romantiker arbeiteten die deutsche Geschichte in Prosa und Lyrik auf. Friedrich von Schiller (1759 bis 1805), ein Freund Goethes, verfaßte Dramen, unter anderem über den Dreißigjährigen Krieg. Der Dichter A. v. Arnim und der Dramatiker H. v. Kleist schrieben, um die deutsche Jugend zum Kampf gegen die französische Okkupation aufzurufen. In Deutschland wirkte also eine neue Art von Laienpropheten, die der Kirche die Führungsrolle aus den kraftlosen Händen nahm, da die hilflosen Schafe nach neuen »Autoritäten« Ausschau hielten. Dies unterschied das neunzehnten Jahrhundert von jedem anderen seit der Antike, ein Unterschied, der in vielerlei Hinsicht katastrophale Folgen hatte.

In England manifestierten sich die beiden charakteristischsten Denkrichtungen, einerseits die praktische und nüchterne, andererseits die romantische und historistische, in Bentham beziehungsweise in Burke. Der erste, der die pragmatische »utilitaristische« Bewegung gründete, unterwarf alle Institutionen einer »Glücksberechnung«, die darüber Aufschluß geben sollte, ob jene »dem größtmöglichen Glück der größtmöglichen Zahl« dienlich waren oder nicht. Er gewann weltweiten Einfluß und regte das Bemühen um systematischen »Fortschritt« an, ein, vor allem für Europa, neuer Gedanke. Burke, ein Ire mit großer rhetorischer Begabung, hatte mit den deutschen Romantikern das feine Empfinden dafür gemeinsam, daß eine Gesellschaft das Ergebnis vieler aufeinanderfolgender Generationen ist, besaß aber viel mehr Sinn für die Grenzen und Schwierigkeiten politischen Handelns als sie. Er ist einer der größten Staatstheoretiker und vertrat die Auffassung, die Regierung nehme eine Treuhänderrolle wahr und sei auf den Konsens der Bürger angewiesen – Auffassungen, die er den Politikern, welche die nordamerikanischen Kolonien verloren, vergeblich vortrug.

Das immense Kulturschaffen dieser unruhigen und schöpferischen Zeit läßt sich hier auf keinen Fall gebührend würdigen. Ludwig van Beethoven (1770–1827) verband die musikalischen Formen des achtzehnten Jahrhunderts mit einer stürmischen, romantischen Melodieführung, die seine Zeitgenossen häufig schockierte, die Nachwelt aber zu leidenschaftlicher Begeisterung hinriß. Dieser heftige und begnadete Musiker verkörpert die Kraft und Neuartigkeit seiner Zeit und verbindet die Tradition von Haydn und Mozart mit einer neuen und dynamischen Welt.

Von allen Malern dürfte Goya (1746–1828), der einer bäuerlichen Familie Aragóns entstammte, das zutreffendste Bild von der Unruhe und Zerrissenheit seines Zeitalters geliefert haben. Von seinen ersten Bildern, in denen er elegante Vergnügungen malte, etwa *La Cometa* (der Drachen), führte sein Weg über die schonungslosen Porträts der von Napoleon verjagten halbblöden spanischen Bourbonen, wo glänzende Kostüme den nichtssagenden Ausdruck der Gesichter noch unterstreichen, den schrecklichen Bildern *Elend des Krieges, Los fusilamentos de la Moncloa* und – der Höhepunkt dieser Schaffensperiode – *Hexensabbat*, wo der Teufel als beherrschender Schattenriß eine unterwürfige Menge in seinen Bann zieht. Mit Goya begegnet uns einer der größten Maler Europas und dazu einer, der die Nachwelt daran erinnert, welchen Preis die für die Zukunft so bedeutungsvollen revolutionären und Napoleonischen Kriege gefordert haben.

4. Der Wiener Kongreß und seine Folgen

Labiles Gleichgewicht

Über die Staatsmänner, die 1814 in Wien zusammenkamen, um Europa seine alte Gestalt zurückzugeben, ist viel Schlechtes gesagt worden, dabei waren sie viel erfolgreicher als etwa die Friedensstifter von Versailles und Potsdam nach dem Ersten und Zweiten Weltkrieg. Die revolutionären und napoleonischen Umwälzungen hatten das internationale Gefüge der dynastischen Staaten erschüttert und durch ihr gutes wie abstoßendes Beispiel einen neuen »Nationalismus« erweckt. Aber die Monarchen und ihre Minister hielten an den Grundsätzen dynastischer Legitimität fest, als dem einzigen ihnen vorstellbaren Weg zur Wiederherstellung des Friedens in Europa. Da es keine höchste europäische Autorität gab, versuchten sie zu einem »Gleichgewicht der Kräfte« zurückzufinden, das im allgemeinen Interesse wiederherstellen sollte, was sie »Ruhe« nannten. Sie wollten eine kollektive Autorität der Großmächte schaffen, ein pragmatisches »Konzert« der europäischen Mächte – »eine Übereinkunft hinsichtlich dessen, was zu tun ist«, wie Pitt es ausdrückte, »kein Orchester«.

Im Gegensatz zu den Politikern, die für den Versailler Frieden verantwortlich waren, ging es ihnen daher nicht um »Bestrafung« des besiegten Frankreich, sondern sie gliederten es, seinen unleugbaren Großmachtstatus anerkennend, nach der Wiedereinsetzung der Bourbonen wieder in das europäische Machtgleichgewicht ein, so daß Großbritannien und Österreich sogar mit Frankreich gemeinsame diplomatische Front gegen Rußland und Preußen machten, um deren Gebietszuwachs in Osteuropa zu verhindern. Die Grausamkeiten der Revolution und die Ausbeutung, die das Erste Kaiserreich den eroberten Ländern beschert hatte, hatte die jakobinischen Grundsätze natürlich in Verruf gebracht, und nach dem Schauspiel, das das französische »Volk in Waffen« geboten hatte, ist den Teilnehmern des Wiener Kongresses schwerlich ein Vorwurf daraus zu machen, daß sie die Vorstellung der nationalen Souveränität der Völker mit Abscheu von sich wiesen. Fürst Talleyrand und Fürst Metternich, die Vertreter Frankreichs und Österreichs, waren eigentlich beide gute Europäer, insofern sie bestrebt waren, dem Kontinent weitere Zerreißproben zu ersparen, und Lord Castlereagh verdiente nicht die Beleidigungen, mit denen ihn der Dichter Byron und – weit weniger entschuldbar - »liberale« Historiker bedacht haben. Tatsächlich schufen die sogenannten »Reaktionäre« von Wien eine Regelung, die Europa nach 1815 größere Kriege ersparte, bis 1854 Engländer und Franzosen auf der Krim gegen die Russen kämpften, um das zusammenbrechende türkische Reich zu stützen und um die Russen nicht in die Levante eindringen zu lassen. Seinen völligen Zusammenbruch erlitt dieses Machtgleichgewicht erst, als die Deutschen es im Krieg gegen Frankreich 1870/71 zerstörten. Doch der Begriff vom »Gleichgewicht der Kräfte«, der mechanistischen Naturwissenschaft des neunzehnten Jahrhunderts entnommen, wurde einem Zeitalter nicht gerecht, in dem man mit Napoleon den einzigen Mann zur Abdankung gezwungen hatte, dem es gelungen war, die Revolution zu bändigen, so daß die revolutionären Strömungen ihren unterbrochenen Lauf wieder aufnehmen konnten – und in dem die industrielle Revolution nicht nur Großbritannien, sondern auch den Kontinent zu verwandeln begann. Der Grundsatz der »Legitimität« reichte nicht aus, um für Ruhe in jenen Gebieten Europas zu sorgen, die von »liberalem« und »radikalem« Gedankengut überschwemmt wurden und in denen immer mehr Bauern und Handwerker in die Städte abwanderten, um Fabrikarbeiter zu werden, der Willkür von Unternehmern ausgeliefert, die neue Produktionsmethoden anwendeten. Die ursprüngliche »bürgerliche« Revolution hatte Eigentum und *Laissez-faire* begünstigt, aber es lag – wie die weiterblickenden Konservativen sehr wohl wußten – auf der Hand, daß der nächste Schritt nach Abschaffung der politischen und gesellschaftlichen Vorrechte der Angriff auf das Eigentum sein würde. Und in der Tat sollten auf C. H. de Saint-Simon, der noch der Herrschaft der Bankiers und Technokraten das Wort redete, und auf Robert Owen, der Genossenschaften empfahl, bald P. J. Proudhon mit seiner Behauptung, daß »Eigentum Diebstahl« sei, sowie Marx und Engels, die Väter des Kommunismus, folgen.

Die ursprünglich politische Revolution griff also allmählich auf die Wirtschaftsordnung über, die sich selbst in einem Prozeß dynamischer Veränderung befand. Angesichts dieser Verschiebung der sozialen und ökonomischen Fundamente ist es erstaunlich, daß die darauf errichtete »legitime« Ordnung so lange hielt oder erhalten wurde.

Wechselhaftes Frankreich

Die französische Wirtschaft, in den ersten Revolutionsjahren zusammengebrochen, war 1812 wieder an den Rand einer Hungersnot gelangt. Es war ihr jedoch gelungen, die hohen Steuern und die Aushebungen der Napoleonischen Kriege sowie die Schäden der Kontinentalsperre zu überstehen, da sie in diesem von der Natur begünstigten Land nach wie vor von der Landwirtschaft mit ihren primitiven Anbaumethoden abhing. Die Franzosen hatten Kapital aus dem Ersten Kaiserreich geschlagen, aber sie waren nicht darauf angewiesen. Und trotz aller Propaganda, die im Kaiserreich für Kriegsruhm und militärische Ehre gemacht wurde, zog die Mehrheit der Kleinbauern und der auf ihre Sicherheit bedachten Bürger den Frieden militärischen Abenteuern vor. Die wiedereingesetzten Bourbonen mögen von den Veteranen der Kaiserlichen Garde nicht eben freundlich empfangen worden sein, die, wütend über die Abschaffung der *Trikolore*, mit den Zähnen knirschten, wenn sie vor Ludwig XVIII. das Gewehr zu präsentieren hatten, aber häufiger dürfte die Reaktion auf das Verschwinden Napoleons, wie er selbst es prophezeit hat, ein Seufzer tiefer Erleichterung gewesen sein.

Ludwig XVIII. (1814–1824), vorher Comte de Provence und ein Bruder Ludwigs XVI., war nicht ohne List und Verschlagenheit. Er schuf eine konstitutionelle Monarchie nach englischem Vorbild mit einem durch den König einberufenen Ministerrat und einem parlamentarischen Zweikammersystem, bestehend aus einem erblichen Oberhaus und einem Abgeordnetenhaus, dessen Mitglieder durch ein sehr begrenztes Wahlrecht in den Départements bestimmt wurden. Verstaatlichte Güter wurden nicht an die *Emigrés* zurückerstattet und die Beamten des Kaiserreichs in das neue System übernommen. Unangetastet blieben auch die administrativen und zentralistischen Veränderungen, die während der Revolution vorgenommen worden waren, sowie der freie internationale Handel und die theoretische Gleichheit vor einem einheitlichen Gesetz.

Doch es gelang dieser quasi-konstitutionellen Monarchie nicht, den Haß zu überwinden, den die jakobinische Schreckensherrschaft und die »Reaktion« geschaffen hatten. Besonders heftig war der Zorn der Royalisten auf diejenigen, die während der »Hundert Tage« erneut zu Napoleon übergelaufen waren. Vor allem in der Provinz überlebten alte gesellschaftliche Vorurteile. Die Aristokratie hatte sich von der sozialen Nützlichkeit der Religion überzeugen lassen und war zu katholischer Frömmigkeit zurückgekehrt, und auch die religiösen Orden wurden wieder zugelassen; die jetzt tonangebende *Bourgeoisie* dagegen blieb antiklerikal und schickte ihre Söhne auf weltliche Schulen. In ihren Freizeitvergnügen bewies sie noch kein großes Raffinement und pflegte vor allem die Freuden von Küche und Keller. Dieser stabilisierende Einfluß griff auch auf die wohlhabenderen Handwerker und Winzer über. Sobald sie der Knappheit entronnen waren, wußten diese *Gens du peuple*, anders als die Masse der englischen Bevölkerung, ein gutes Essen zu schätzen, wenn sie es bekamen.

König Karl X. (1824–1830), vorher Comte d'Artois, war wie Jakob II. von England ein alternder Lebemann und Möchtegern-Autokrat mit strengen religiösen Grundsätzen, aber ohne politisches Gespür. Er ließ den *Emigrés* große Geldsummen als Entschädigung für konfiszierte Ländereien zukommen, löste die Pariser Nationalgarde auf und ernannte Jules de Polignac, Sproß einer illustren und alten Familie, der vom Papst zum Fürsten erhoben worden war, zu seinem Ministerpräsidenten.

Im Juli 1830 nahmen ultra-royalistische und ultra-montane Katholiken Veränderungen am Wahlrecht vor und versuchten die Presse zu zensieren. In Paris brach ein Aufstand aus. Karl X. dankte ab und floh nach England. Er wurde in Holyrood House in Edinburgh untergebracht, später suchte er in Prag Zuflucht.

So begann die »bürgerliche« konstitutionelle Monarchie Louis Philippes, vorherigen Herzogs von Orléans (1830–1848), dem Sohn von Philippe *Egalité*, der sich zur Revolution bekannt hatte und in ihr umkam.[15] Nach einem heftigen, drei Tage lang währenden Kampf wurde er zum König der Franzosen ausgerufen und bewahrte Frankreich während einer langen Phase unübersehbarer, wenn auch von Mißgunst begleiteter bürgerlicher Prosperität vor allen militärischen Abenteuern. Seine Position als Retter der Gesellschaft wurde früh durch Volksaufstände in Paris und Lyon gestärkt, und obwohl die »Legitimisten« die Orléans-Linie der Bourbonen nie anerkannten und die österreichischen und russischen Kaiser auf sie herabsahen, wählte er sich in Thiers und Guizot fähige Minister.

Doch die Wirtschaftsrezessionen der vierziger Jahre schwächten die Autorität seiner Regierung. Die »sozialistischen« Angriffe auf das Eigentum wurden jetzt immer radikaler, gemessen an den, vor allem legalistischen und von *Laissez-faire*-Vorstellungen geprägten Ideen von 1789. Der König war hingegen nicht einmal zu einer bescheidenen Ausweitung des eingeschränkten Wahlrechts bereit. In Sorge war er ferner über die angedrohte Revolte der Nationalgarde, die – seltsam genug für ein so hochentwickeltes Land – einfach nicht unter Kontrolle zu bringen war, und durch eine Flut von republikanischen Reden, die auf den damals in Paris sehr beliebten politischen Banketts gehalten wurden. Er verlor die Nerven und floh nun seinerseits nach England.

Deshalb wurde im Februar 1848 in Frankreich die kurzlebige Zweite Republik ausgerufen, deren Nationalversammlung sich als konservativ erwies. Verspätet bekam das Land die Auswirkungen der industriellen Revolution zu spüren, und ein irregeführter korsischer Journalist überredete die provisorische Regierung dazu, in Paris und einigen anderen Großstädten *Ateliers sociaux* (Volkswerkstätten) einzurichten, ergänzt durch öffentliche Büchereien mit einem Bestand vor allem revolutionären Inhalts, wo sich arbeitslose Handwerker auf Staatskosten bilden sollten. Diese Maßnahmen erwiesen sich als fruchtlos, denn da man auf den dort hergestellten Waren sitzenblieb, wurden die Handwerker zunächst zum Bau von Eisenbahndämmen eingesetzt, bis schließlich der ganze Plan fallengelassen wurde.

Jetzt brach ein bewaffneter Aufstand unter den Radikalen und Sozialisten in Paris aus, der von Regierungsseite unter Einsatz von Militär niedergeschlagen wurde. Nach schweren Verlusten auf beiden Seiten war die Ruhe wiederhergestellt. Die *Bourgeoisie* hatte gewonnen – aber auf Kosten der öffentlichen Sympathien, und der Weg war frei für einen politischen Abenteurer, der schon lange hinter den Kulissen wartete. Louis Napoleon, der Neffe des großen Kaisers, trat als Retter der Gesellschaft auf und bewarb sich um das Amt des Präsidenten der Zweiten Republik, die das allgemeine Wahlrecht eingeführt hatte. Zum Erstaunen und zum Abscheu der etablierten Politiker wurde er mit überwältigender Mehrheit gewählt, wofür wohl vor allem die Zugkraft des Namens Bonaparte beim ländlichen Wählervolk verantwortlich war. Er hatte es mit einer einzigen Kammer, der Nationalversammlung, zu tun, die ebenfalls durch allgemeines Wahlrecht bestimmt worden und sehr konservativ war. Bald schon begann sie, das Wahlrecht einzuschränken und seine relativ liberale Politik zu durchkreuzen, aber im Dezember 1851 ergriff Louis Napoleon durch einen Staatsstreich die Macht und proklamierte sich zum Kaiser der Franzosen.

Reform statt Revolution

Während es den Franzosen nicht gelang, den Virus der Revolution und des Terrors aus der Politik auszumerzen, erkundeten die Engländer das Neuland der ersten industriellen Revolution und versuchten ihr Regierungssystem aus dem achtzehnten Jahrhundert in einem schmerzhaften Anpassungsprozeß mit den Fakten dieser neuen Gegenwart in Übereinstimmung zu bringen. Mit der Schlacht bei Abukir hatten sie die Herrschaft über das Mittelmeer erobert, und 1801 nahmen sie den von Bonaparte in den Krieg hineingezogenen Holländern das Kap der Guten Hoffnung und Ceylon ab. Strategisch erstarkt konnten die Engländer jetzt ihre Herrschaft in Indien festigen und damit über ganz Ostasien. Doch das ewige Problem Irland hatte sich unter dem Eindruck französischer Scheinlandungen verschlimmert, und unter den katholischen Iren war eine Rebellion ausgebrochen. Pitt hatte dem abzuhelfen versucht, indem er Irland mit Großbritannien unter einem gemeinsamen Reichsparlament in Westminster vereinigte. Aber da Georg III. den katholischen Iren, getreu seinem Krönungseid, das Wahlrecht verweigerte, wurden dort nur protestantische Iren hineingewählt, eine Situation, die erst 1829 korrigiert wurde, so daß die Beschwerden der katholischen Mehrheit in Irland unvermindert anhielten. Der Schrecken, den die Verbrechen der Jakobiner verbreitet hatten, dazu die Besorgnis, die die Kriege der Republik und des Ersten Konsuls ausgelöst hatten, hatten den englischen Radikalen weitgehend den Wind aus den Segeln genommen und den größten Teil der Bevölkerung auf die Seite von Pitts Regierung gebracht, während das Scheitern des Friedensvertrags von Amiens nach der kurzen Regierungszeit des auf friedlichen Ausgleich bedachten Addington zur Rückkehr Pitts ins Amt geführt hatte. Als er, völlig verbraucht, mit sechsundvierzig Jahren starb, setzten die *Tory*-Kabinette den Krieg zu Wasser und später auch – dank der Entwicklung auf der Iberischen Halbinsel – zu Lande fort. Nachdem Georg III. endgültig dem Wahnsinn verfallen war, setzten sie ihre Politik unter dem Prinzregenten (1811–1820) fort, auch nachdem dieser als Georg IV. (1820–1830) seinem Vater auf dem Thron gefolgt war.

Aber auf das siegreiche Ende des langen Kriegs im Jahre 1815 folgten Wirtschaftsrezession und erbitterte soziale Unzufriedenheit. Die liberale Außenpolitik Cannings, eines neuen Typus des *Tory*, der größeren Anklang in der Öffentlichkeit fand, wurde nach seinem Tode im Jahre 1827 nicht durch eine Ausweitung des Wahlrechts im Lande ergänzt. Die radikale Agitation für eine Reform des Wahlrechts und der Verwaltung aus dem achtzehnten Jahrhundert schuf eine gefährliche unterschwellige Stimmung im Volk. 1820 konnten Verschwörer, die in der Cato Street zusammenkamen und planten, das gesamte Kabinett zu ermorden, erst im letzten Augenblick an ihrem Vorhaben gehindert werden. Trotzdem sollte es im ganzen neunzehnten Jahrhundert zu keiner englischen Revolution kommen. 1824 wurden die in Frankreich verbotenen Gewerkschaften legalisiert. Die politische Agitation, die Getreideverbrennungen und Unruhen, wurden in erster Linie durch Schutzzölle verursacht, die den Brotpreis in die Höhe trieben, durch die Jagdgesetze, die Wilderei unter strenge Strafe stellten, durch die undifferenzierte Grausamkeit der alten Strafgesetze und durch eine unzulängliche und korrupte Armenfürsorge. Auch der alte nonkonformistische Groll über die »etablierte« Kirche von England verband sich mit Benthams »Fortschrittsideen« und gab dem radikalen politischen Zorn zusätzliche Nahrung.

Die Thronbesteigung Louis Philippes während der »bürgerlichen« Revolution von 1830 mag nicht ohne Einfluß auf die englische Meinung geblieben sein, und, angefacht von einer freien Presse mit begrenzter Verbreitung, wurde der Ruf nach Reformen so unüberhörbar, daß nach einer Wahl, in der die *Whigs* sogar noch nach altem Wahlrecht eine große Mehrheit errungen hatten, ein Reformgesetz eingebracht wurde. Als das Oberhaus es ablehnte, trat die Regierung zurück, woraufhin Wilhelm IV. (1830–37) den Herzog von Wellington aufforderte, eine Regierung zu bilden; auch sie trat nach einer Woche zurück. Daraufhin rief der König den *Whig*-Führer Lord Grey zu sich und einigte sich mit ihm darauf, so viele Peers zu ernennen, bis der Widerstand des Oberhauses überstimmt werden könne. Obwohl Wellington die Gesetzesvorlage zutiefst mißbilligte, weil sie seiner Meinung nach einen Angriff auf das Eigentum darstellte (was auf lange Sicht auch zutraf), schlug er den Widerstand seiner Partei im Oberhaus nieder, und das Gesetz wurde verabschiedet. Nachdem es also zu einer Krise gekommen war, die sich durchaus zu einer Revolution hätte auswachsen können, einigten sich König, Ober- und Unterhaus in sehr pragmatisch-englischer Weise auf einen gemeinsamen Nenner, um die Verfassung mit einer mehrheitlichen öffentlichen Meinung in Einklang zu bringen. Man kann sich vorstellen, was ein »politischer General« von Wellingtons Ansehen in Frankreich wohl hätte ausrichten können. In der Schlacht unbesiegt, wußte der »Eiserne Herzog«, wann es in der Politik an der Zeit war nachzugeben.

Mit dem berühmten Reformgesetz begann ein Zeitalter bürgerlicher Vorherrschaft, wenn es auch noch etwas auf sich warten ließ. Zunächst nämlich wurde nur eine sehr begrenzte Erweiterung des Wahlrechts zugelassen, und gewählt wurden weitgehend die gleichen Leute wie vorher. Die *Whigs* standen in der gesellschaftlichen Stufenleiter über den *Torys*, und Grey, Sohn des ersten Earl Grey, in Eton zur Schule gegangen und am King's College in Cambridge ausgebildet, war wenig mitreißend. Zur Zeit, da er Premierminister wurde, war »er längst über alle heftigen Gefühle und Begeisterungsfähigkeit hinweg, aber es war vielleicht ein glücklicher Umstand, daß in einem solchen Augenblick allgemeiner Aufregung ein Mann von so kühlem Temperament an der Spitze der Regierung stand«. Und auch der liebenswürdige, träge und arrogante Lord Melbourne, der seine Nachfolge antrat, war nicht der Mann, radikale Maßnahmen zu ergreifen. Zwar war wirklich eine entscheidende Veränderung eingetreten, aber die Engländer, wie immer überkritisch, vertuschten sie. Nach wie vor wurde die Gesellschaft beherrscht von der großgrundbesitzenden Aristokratie, die ihre Position größtenteils seit den Zeiten der Tudor und Stuart innehatte, und von den neuen Kapitalisten der industriellen Revolution, die jetzt in die Interessengruppe der Großgrundbesitzer aufgenommen wurden.

Auf der Höhe der industriellen Revolution ging die Regierung viel zu spät die immensen Probleme an, die durch Ausbreitung der Industriestädte entstanden waren. Straßenbeleuchtung, Polizei, sanitäre Einrichtungen, die Arbeitsbedingungen in den Fabriken – all das wurde erst jetzt in Angriff genommen. Die örtliche Verwaltung wurde rationalisiert und das Armenrecht reformiert, wodurch es allerdings auch unpersönlicher wurde. Anfang der dreißiger Jahre ging es mit der Wirtschaft bergauf, so daß sich die öffentliche Unzufriedenheit verringerte.[16] Aber als 1837, im Jahr der Thronbesteigung Königin Viktorias, eine Rezession einsetzte, verlangte eine militante *chartistische* Bewegung allgemeines und geheimes Wahlrecht für Männer sowie die Bezahlung der Parlamentsabgeordneten – Forderungen, die heute längst erfüllt sind. Doch zu einer Verbindung dieser Bewegung mit den entstehenden Gewerkschaften, die sich begrenztere und stärker an ihre besonderen Interessen gebundene Ziele setzten, kam es nicht und konnte es nicht kommen. Als 1841 eine *Tory*-Regierung unter Sir Robert Peel an die Macht kam, begann Peel dort weiterzumachen, wo die Reformer von 1832/34 aufgehört hatten. Peel selbst (1788–1850) war der Enkel eines Textildruckers aus Blackburn in Lancashire, der sich aus kleinen Anfängen emporgearbeitet hatte, während er mütterlicherseits aus einer Familie von Baumwollindustriellen in Bury, ebenfalls Lancashire, stammte. Er hatte gute Noten in Harrow und am Christ Church College in Oxford, schloß mit Auszeichnungen in den klassischen Sprachen und in Mathematik ab und kam mit Einundzwanzig für den verkommenen irischen Wahlkreis Tipperary, den ihm sein neugeadelter Vater gekauft hatte, ins Unterhaus. Als er 1812 Abgeordneter für Chippenham in Wiltshire wurde, bedeutete das eine Verbesserung. Seine Laufbahn ist ein schönes Beispiel dafür, wie die »neuen Männer« der Zeit in das Establishment hineinwuchsen. So gelangten auf ganz pragmatische Weise die beiden wichtigsten englischen Parteien zu ganz ähnlichen Zielsetzungen. Als die Industriellen Cobden und Bright als Wortführer einer mächtigen Interessengruppe, die sich für »Freihandel« einsetzte, den protektionistischen Korngesetzen vorwarfen, sie besteuerten »die Nahrung des Volkes«, nahm der *Tory* Peel eine schreckliche Hungersnot in Irland kurzerhand zum Anlaß, diese Gesetze abzuschaffen, womit er sich den Unwillen der Großgrundbesitzer und Großbauern zuzog, die es während der Napoleonischen Kriege zu Wohlstand gebracht hatten. Diese Entscheidung, die im Jahre 1846 fiel, markiert weit eher als die Verabschiedung des Reformgesetzes die Verlagerung der politischen Macht hin zur *Bourgeoisie* in Mittel- und Nordengland – später zur städtischen Arbeiterklasse. Der Prozeß ging zu Lasten jener konservativen Interessengruppen aus Landwirtschaft und Handel, die sowohl unter den *Whigs* als auch unter den *Torys* bisher in Großbritannien geherrscht hatten. Peel und Wellington hatten sich mit vollendeten Tatsachen abgefunden; Kohle und Eisen waren jetzt wichtiger als im Lande angebauter Weizen, und die Eisenbahn, die schon über das bei weitem ausgedehnteste und längste Schienennetz in Europa verfügte, verwandelte die Gesellschaft, indem sie die jahrtausendealte bäuerliche Lebensweise durch eine einförmige, seichte Großstadtkultur verdrängte. Nach dem Aufkommen dampfgetriebener Kühlschiffe gegen Ende des Jahrhunderts war der Preis für den Freihandel, der billige Nahrungsmittel für die Fabrikarbeiter der Großindustrie lieferte, der fast völlige Ruin der Landwirtschaft. Schon 1848, dem Jahr der Revolution auf dem Kontinent, wurde Großbritannien – mit allen Licht- und Schattenseiten, die sich daraus ergaben – die »Werkstatt der Welt«, eine Position, die es mehr als zwanzig Jahre auf der Höhe viktorianischen Wohlstandes behaupten sollte.

Keine Schranken stellten sich ihm in den Weg. Sogar die Monarchie, deren Ansehen durch die Possen der Söhne Georgs III. empfindlich gelitten hatte, hatte ihren Ruf unter Viktoria und Albert wieder aufgebessert. Die Engländer sahen sich, trotz offiziellen Widerstrebens, im Besitz eines zweiten *British Empire*, das noch ausgedehnter als das erste war.

Denn sie verfügten jetzt über Kanada und Indien, Australasien, Südafrika, Ceylon und Singapur, wobei diese überseeische *Pax Britannica* durch ein Netz von strategischen Stützpunkten und Inseln gesichert wurde. So machten sich für das insulare Mutterland die immensen Kosten bezahlt, die für die Verteidigung gegen die Übermacht des Ersten Kaiserreichs aufgebracht werden mußten, in einem Krieg, in dem es für England um das Überleben und die wirtschaftliche Weltherrschaft ging, während die alte Verfassung dem Wandel der Zeit angepaßt werden konnte.

Folgelasten

Das Bündnis ganz Europas gegen das Napoleonische Frankreich, das im März 1814 im Vertrag von Chaumont geschlossen wurde, beendete den Krieg durch den Ersten Pariser Frieden im Mai desselben Jahres, und im Juni 1815 hatte der Wiener Kongreß eine stark revidierte politische Landkarte festgelegt. Nach dem Scheitern des letzten Abenteuers des Korsen bei Waterloo war der Zweite Pariser Friede geschlossen worden, in dem Frankreich sich zu Reparationszahlungen bereit erklären und eine Besatzungsarmee hinnehmen mußte. Die »Hundert Tage« Napoleons hatten zu einer Erneuerung der schon brüchigen Allianz der Großmächte geführt – im September und November 1815 einigte man sich in der von Alexander I. ersonnenen »Heiligen Allianz«.

Diese Vereinbarungen brachten tiefgreifende Veränderungen für die Niederlande. Die Österreichischen Niederlande, seit der Abspaltung der Vereinigten Niederlande katholisch, wurden nun von Österreich freigegeben und sollten zusammen mit den protestantischen Holländern und Luxemburg einen Pufferstaat bilden, dem die reichen indonesischen Kolonien zurückgegeben wurden, welche die Engländer eingenommen hatten.

Natürlich war diese Union nicht von Dauer: die Erinnerung an konfessionelle und wirtschaftliche Konflikte saß zu tief. Im August 1830 brach im Anschluß an die Julirevolution in Paris unter der französischsprechenden katholischen Bevölkerung in Brüssel, die verständlicherweise verbittert war, weil sie sich des Holländischen als der einzigen offiziellen Sprache bedienen mußte, ein Aufstand aus. Die Unruhen wurden blutig niedergeschlagen. Zwar wurde eine niederländische Armee von den Franzosen vertrieben, die revoltierenden Gebiete aber auch nicht Frankreich eingegliedert. Frankreich und England fanden eine Lösung, indem sie den Thron eines unabhängigen »Belgien« dem Prinzen Leopold von Sachsen-Coburg antrugen. Das Land wurde »neutralisiert« und diese Neutralität 1839 von den Großmächten garantiert – eine Regelung, die 1914 zum Eintritt Englands in den Ersten Weltkrieg führte und die nicht verhindern konnte, daß es zu Spannungen zwischen den französischsprechenden Wallonen und den Flamen kam, die eine Abart des Holländischen sprechen. Der Konflikt ist bis heute der neuralgische Punkt belgischer Politik.

An der südwestlichen Grenze Frankreichs waren die Spanier schon bald wieder vollauf mit ihren innenpolitischen Problemen beschäftigt, deren Hauptursache die traditionellen regionalen Widerstände gegen die Zentralregierung waren. 1814 hatte Ferdinand VII., aus französischer Gefangenschaft befreit, seinen Thron zurückerhalten, aber seine verfehlte Politik führte 1820 zur Meuterei einer Armee, die in Cádiz zusammengezogen worden war, um den Aufstand der spanisch-amerikanischen Kolonien niederzuschlagen, und der König wurde zum Gefangenen einer Militärjunta. Schon 1810 hatte sich in Cádiz ein Parlament konstituiert, in dem die »Liberalen« – das Wort ist eine spanische Erfindung – unter einer wirkungslosen Verfassung den Ton angaben. 1823 rückte, ermutigt von Alexander I. und gegen die Proteste der Engländer, die aus der »Heiligen Allianz« austraten, eine große französische Armee in Frankreich ein und »befreite« Cádiz mit der Absicht, in Südamerika zu intervenieren. Diese Intervention – sie war einer der Gründe dafür, daß US-Präsident James Monroe im selben Jahr die »Monroedoktrin« verkündete, die die Europäer von jeglicher Einmischung auf dem amerikanischen Kontinent abhalten sollte – konnte verhindert werden, im wesentlichen ein Verdienst des englischen *Tory*-Politikers Canning, der entschlossen war, die Unabhängigkeit der spanisch-amerikanischen Kolonien und damit die an sie geknüpften englischen Handelsinteressen zu schützen. 1828 heiratete Ferdinand VII., der lange ohne direkten Erben geblieben war, Maria Christina, eine Bourbonin aus Neapel, die ihm 1830 eine Tochter, Isabella, gebar, welche ihm 1833 auf dem Thron folgte; Maria Christina führte die Regentschaft. Aber dieses unerwartete Ereignis führte zum Bürgerkrieg, da Ferdinands autokratischer Bruder Don Carlos – für Spanien das, was Karl X. für Frankreich war –, gestützt auf die konservativsten und regionalistisch gesinnten Elemente Spaniens, Isabella und ihre Mutter abzusetzen versuchte.

Portugal erlebte, wie zu erwarten, im Anschluß an die Napoleonischen Kriege unruhige Zeiten. Die Portugiesen hatten unter dem Druck der Engländer in die Kampagne gegen den Sklavenhandel eingewilligt, dafür waren 1817 ihre Kolonien in Afrika anerkannt worden, aber die weit wichtigere Kolonie Brasilien war ihnen verlorengegangen. Johann VI., Sohn Marias I., den die Nachrichten von der Französischen Revolution zum Wahnsinn getrieben hatten, lebte als Flüchtling in Brasilien und weigerte sich zurückzukehren. General Sir William Beresford, Conde de Trancoso und späterer Viscount Beresford[17], der das portugiesische Heer reorganisiert hatte, stieß auf den wachsenden Widerstand der »liberalen« Portugiesen, die sich weigerten, für eine englische Armee zu zahlen. Beresford begab sich daraufhin nach Rio de Janeiro, um sich die Unterstützung des Königs zu sichern, aber 1820 verweigerten ihm die Portugiesen die Landung in Lissabon. Und als 1821 Johann VI. schließlich selbst zurückkehrte, sprach er Brasilien seinem ältesten Sohn Peter zu, der im folgenden Jahr Kaiser eines unabhängigen Kaiserreichs Brasilien und bei Johanns Tod im Jahre 1826 auch Peter IV. von Portugal wurde, obwohl dieser eigentlich seine Tochter, die unmündige Maria da Gloria, als Erbin Portugals eingesetzt hatte. Peters erzkonservativer Bruder Dom Miguel wurde zum Regenten berufen, aber seine Angriffe auf die liberalen Konstitutionalisten veranlaßten Peter zur Rückkehr, und von 1831 bis 1834 wurde das Land vom »Krieg der beiden Brüder« heimgesucht, der mit Miguels Vertreibung und Maria II. da Glorias (1834–1853) Rückkehr auf den Thron endete.

Wie in Spanien durch die Rückkehr der Bourbonen, so wurde in Portugal durch die der Braganças ein Konflikt ausgelöst, in dem regionale Interessen, klerikale und antiklerikale Strömungen, liberale Ideen aus Frankreich und iberischer Konservatismus miteinander im Streit lagen – Ereignisse, die der wirtschaftlichen und gesellschaftlichen Erholung beider Länder nach dem Einfall und der Vertreibung der Franzosen sehr abträglich waren. Während in Italien die Folgen der Napoleonischen Kriege zur Entstehung des *Risorgimento* beitrugen, kehrten die Iberer lieber zur Tradition ihrer mörderischen Zwistigkeiten zurück.

Wissensexplosion

Dies sind in großen Zügen die wichtigsten politischen Ereignisse in Westeuropa in den Jahrzehnten, die auf den Sturz Napoleons und den Wiener Kongreß folgten und in denen sich auch ganz allmählich die Auswirkungen der ersten industriellen Revolution auf dem Kontinent zu zeigen begannen. Aber in der Schar der fähigen und tatkräftigen Leute, denen sich durch die allgemeinen Umwälzungen neue Möglichkeiten boten, gab es viele, die sich nicht der Politik zuwandten, sondern die mit ihren Leistungen in Wissenschaft, Medizin und Kunst das Zeitalter zu einem der schöpferischsten und wichtigsten in der europäischen Geschichte werden ließen. Die brillanten Dilletanten der Aufklärung hatten in vielen Bereichen erste Schritte unternommen, jetzt schickten sich bürgerliche Fachleute an, sie regelrecht zu systematisieren. Gleichzeitig erlebte Deutschland den Höhepunkt der Romantik, während die Dichtung Byrons, die in ganz Europa berühmt wurde, neue Tiefen der Empfindung mit unbekümmerter Satire verband.

Während dieser geschichtlich gesehen kurzen Epoche zwischen ihrer Unterdrückung durch die Aristokratie und ihrer Demontage durch das »Volk« entwickelten die bürgerlichen Klassen, von kirchlicher Zensur befreit und nicht mehr zu den Abwegen klösterlichen Müßiggangs verlockt, zukunftsweisende Kreativität. Das wissenschaftliche Weltbild, von Bacon und Descartes definiert und dazu bestimmt, dem Menschen die Herrschaft über die Natur zu sichern, hatte im achtzehnten Jahrhundert glänzende, wenn auch nur oberflächliche Blüten getrieben, aber das Terrain war abgesteckt und konnte jetzt systematisch erforscht werden – in Frankreich mit Regierungsunterstützung, in Großbritannien dank privater Initiative. Die *Ecole Normale Supérieure* und die *Ecole Polytechnique* waren während des Konsulats als ständige Einrichtungen geschaffen worden und zogen beide brillante Eliten heran. Die *British Association for the Advancement of Science* wurde 1831 gegründet, in dem Jahr, da die erste Ausgabe der *Proceedings* (Sitzungsberichte) *of the Royal Society* erschien. Seit jeher hatten die Naturwissenschaften in nonkonformistischen Akademien mehr Aufmerksamkeit als in Oxford oder Cambridge gefunden, und in Birmingham und Manchester wurden Gesellschaften zur Förderung der Wissenschaften gegründet. Doch der entscheidende Fortschritt auf dem Gebiet der Physik wurde aus Italien gemeldet: Luigi Galvani (1737–1798) aus Bologna entdeckte an Fröschen, die mit ihrer Qual den Preis wissenschaftlichen Fortschritts bezahlten, den »elektrischen Strom« oder den Übergang von negativer zu positiver Elektrizität.[18] Dann wies Alessandro Volta (1745–1827) aus Como nach, daß »elektrisches Feuer« nicht auf Tiere beschränkt war, sondern von anorganischer Materie erzeugt werden und in »Batterien« gespeichert werden konnte, die einen kontinuierlichen Strom lieferten. Zum Physikprofessor in Pavia und Direktor der Scuola Reale in Como berufen, wurde er zu einer europäischen und weltweiten Berühmtheit, der ein überdauerndes Denkmal in der Meßeinheit »Volt« gesetzt wurde. 1831 entdeckte Michael Faraday (1791–1867) die Grundlagen des Elektromagnetismus, eine Entdeckung, die später mit Telefon und Massenmedien weitreichende Konsequenzen haben sollte.

In der Chemie hatte der Pariser Antoine Lavoisier, der auch im Bereich der landwirtschaftlichen Anbaumethoden, des öffentlichen Haushalts sowie der Gewichte und Maße bahnbrechende Neuerungen entwickelte und 1794 während der jakobinischen Schreckensherrschaft unter der Guillotine starb, in seiner Schrift *Traité élémentaire de Chimie* an Henry Cavendishs Entdeckung angeknüpft, der wir die Erkenntnis verdanken, daß sich Wasser aus Wasserstoff und Sauerstoff zusammensetzt. Er stellte eine Liste der »Elemente« auf, die sich nicht auf einfachere Stoffe reduzieren ließen, und trug mit seinen präzisen Formeln wesentlich zum Wortschatz der späteren Forschung bei. In der Medizin hatte die alte und irreführende Lehre von den vier »Körpersäften« lange Zeit das Feld behauptet und konnte nur durch das gemeinsame Wirken mehrerer deutscher Forscher korrigiert werden, zu denen Johannes Müller aus Bonn gehörte, dessen *Physiologie des Menschen* 1833 bis 1840 erschien, sein Schüler Hermann von Helmholtz, dem wir fundamentale Entdeckungen über Gehör und Gesichtssinn verdanken, und Rudolf Virchow, der ausgehend von der Annahme, daß alle lebenden Geschöpfe aus Zellen zusammengesetzt seien, ihre Pathologie erforschte. Der Engländer Sir Charles Bell hatte die Neurologie des Gehirns untersucht (1811), aber erst Louis Pasteur (1822–1895) wies nach, daß Verwesung durch lebende Bakterien verursacht wird. Damit war die alte Theorie, daß Krankheit durch unsichtbare chemische »Teilchen« verursacht werde, widerlegt, obwohl die Ärzte bis weit in die zweite Hälfte des Jahrhunderts kein Mittel gegen Cholera und Typhus fanden. Dr. Jenner aus Berkeley in Gloucestershire führte 1798 die erste Pockenimpfung durch, nachdem er festgestellt hatte, daß Milchmädchen, die sich mit Windpocken angesteckt hatten, auch gegen die »Schwarzen Pocken« immun waren. 1847, als überall die politischen Revolutionen zu gären begannen, tat Sir James Simpson aus Edinburgh mehr für die Menschheit als die im allgemeinen eher Schaden anrichtenden Politiker, indem er die erste Operation unter Chloroform durchführte, womit er das weite Feld der modernen Anästhesie erschloß.

Während Wissenschaftler und Ärzte die Natur erforschten und Entdeckungen machten, die den Alltag verändern und die noch sehr rückständige medizinische Wissenschaft wesentlich voranbringen sollten, beschäftigten sich andere geniale Männer mit der Natur und der Geographie unserer Erde. Einer der faszinierendsten von ihnen war ein Preuße, Freiherr Alexander von Humboldt (1769–1859), in Berlin geboren und von Haus aus Mineraloge und Bergbauexperte, der 1796 nach Madrid reiste, von wo aus er von der Regierung unterstützt nach Spanisch-Amerika segelte, um den Orinoco und die Quellen des Amazonas in den Nordanden zu erforschen. Dann entdeckte er den kalten »Humboldtstrom« vor der Küste Perus. Er wurde zum größten Pionier der physikalischen Geographie, der Klimatologie und der tropischen Botanik. Ferner bestieg er den fast sechstausend Meter hohen Chimborasso und illustrierte seine Reiseberichte selbst. Nachdem sich sein Ruhm in ganz Europa verbreitet hatte, reiste er quer durch Sibirien an die chinesische Grenze und kehrte über Zentralasien zurück. Von 1845 bis zu seinem Tode im Alter von neunzig Jahren schrieb er an den fünf Bänden seines Werkes *Kosmos, Entwurf einer physikalischen Weltbeschreibung*, eines Überblicks über das gesamte damalige geophysikalische, geographische und botanische

Wissen. Er war der Begründer der modernen physischen und Vegetationsgeographie.

Die Forschung hatte auch einen Nachweis für das ungeheure Alter der Menschheit geliefert. 1825 hatte Jacques Boucher de Perthes, Zolldirektor in Abbéville, im Geröll des Sommebettes birnenförmige Feuersteinwerkzeuge entdeckt, die so verwittert waren, daß er 1838 behauptete, sie seien der Beweis dafür, daß die Menschheit viel älter als das von der Christenheit vertretene Schöpfungsdatum von 4004 v. Chr. sei. Diese Entdeckungen wurden durch den Altertumsforscher William Pengelly aus Cornwall bestätigt, der 1846 weit besser gefertigte Feuersteinwerkzeuge neben den Knochen eines Nashorns und Höhlenbären in der Kenthöhle bei Torquay fand. Diese Funde warteten sozusagen auf Interpretationen im Lichte der Darwinschen Evolutionstheorie, wie sie in dessen epochemachendem Werk *The Origin of Species by Means of Natural Selection* (1859) dargelegt wurde.

Wichtige Fortschritte machte die junge vorgeschichtliche Forschung auch in Skandinavien, wo seit 1841 Frederik, Kronprinz von Dänemark, die Ausgrabungen in den zahlreichen Tumuli des Landes durch Jens Worsaae gefördert hatte, und wo Christian Thomsen, Leiter des Kopenhagener Museums, 1836 die Vorgeschichte erstmals in Stein-, Bronze- und Eisenzeit unterteilt hatte.

Mit der Entstehung eines großen lesekundigen und zahlungskräftigen Publikums entwickelten viele Schriftsteller eine rege literarische Tätigkeit, die ihnen internationalen Ruhm eintrug. Sir Walter Scott (1771–1832) erfand den historischen Roman, stimmig im »historischen Detail«, wenn auch nicht in der Psychologie, und wurde in ganz Europa gelesen. Jane Austen (1775 bis 1818), die über weit mehr psychologisches Einfühlungsvermögen verfügte, von der romantischen Bewegung unbeeinflußt blieb und bei ihren Zeitgenossen weit weniger berühmt war, konnte in hoher sprachlicher Gewandtheit präzise Charakterzeichnungen liefern. William Wordsworth (1770–1850), dem es gelang, aus dem Landschaftskult einen Religionsersatz zu machen, die Selbstbeobachtung auf die Natur zu beziehen und die alltägliche Erfahrung in erhabene Gefühle zu verwandeln, war der größte englische Dichter der Romantik, wenn Lord Byron (1788–1824) auf dem Kontinent auch weit berühmter war, wo die Exzentrik eines hochbegabten und unbekümmerten englischen Lords weit bessere Aufnahme als zu Hause fand.

Doch die bei weitem beliebteste Gattung war jetzt der Roman, der ein ganzes Gesellschaftspanorama erstehen ließ. Henri Beyle – Stendhal – (1783 bis 1842) hatte in der Napoleonischen Armee gedient und beschreibt in lapidarem Stil, der der klassizistischen Malerei Davids vergleichbar ist, den Konflikt zwischen dem kalten Realismus der Karrieristen seiner Zeit und ihren romantischen Leidenschaften. Anders als Chateaubriand, der die Kirche durch Romantisierung ihrer Größe zu rehabilitieren trachtete, bezieht Stendhal in *Le Rouge et le Noir* (*Rot und Schwarz*) eine entschieden antiklerikale Position, obwohl sein Held ein Außenseiter in den aristokratischen Kreisen bleibt, in die er mit seinem Charme und seinen Fähigkeiten Eingang zu finden scheint. *La Chartreuse de Parme* ist eine Satire auf das romantische Italienbild der Zeit und ein Meisterstück scharfsichtiger Ironie. Benjamin Constant (1767–1830), der aus Lausanne in der französischen Schweiz kam und dessen Roman *Adolphe* (1806) bemerkenswertes psychologisches Einfühlungsvermögen verrät, war ein kosmopolitischer Freiheitsfanatiker, der in seinem Buch *Über die Gewalt* (1814) Napoleons Kaiserreich angriff und in der Schrift *De la religion, considérée dans sa source, ses formes et ses développements* (1824–1831) zu dem Schluß kommt, daß wirkliche Religion, verstanden als Gegensatz zur institutionalisierten Religion, eine Form der Freiheit sei.

Viel repräsentativer für diese lebendige, ereignisreiche Zeit war Honoré de Balzac (1799–1850): ein genialer bürgerlicher Gourmet, auf den alle Aspekte der *Menschlichen Komödie* zutrafen, die er so glänzend schilderte. Von nichts fühlte er sich wirklich abgestoßen: alles vereinnahmte er mit seinem robusten Erzähltalent, das gut zu seinem groben Aussehen paßte, und wie Dickens war er nicht darüber erhaben, im Interesse der Lesbarkeit seiner Bücher auch zum Mittel der Karikatur zu greifen. Er verherrlichte die Self-made-Bankiers, die, wenn es nach Saint-Simon gegangen wäre, die Führung einer technokratischen Gesellschaft übernommen hätten, und beschrieb sie zu Recht als Menschen, denen mehr an privaten menschlichen Leidenschaften als an Regierungsgeschäften lag. Sein Hauptinteresse galt der Großstadt, aber er vermochte auch eine genaue Beschreibung der Spannungen in Provinzstädten und entlegenen Dörfern zu liefern. Sein eigenes hektisches Leben und relativ frühzeitiges Ende lesen sich wie einer seiner Romane.

Charles Dickens (1812–1870) hatte, wie es sich für einen Engländer seiner Zeit geziemte, weit moralischere Zielsetzungen. Er beschrieb und karikierte die Welt des städtischen Bürgertums, das sich mit der industriellen Revolution konfrontiert sah, und kam seinen bürgerlichen Lesern entgegen, die gerne lasen, was ihnen vertraut und mit einer Prise Humor und Melodrama gewürzt war. Das Buch *Pickwick Papers* (1836/37) brachte sogleich den Erfolg: eine bunte Erzählung der Abenteuer verschiedener und emphatisch gezeichneter Charaktere, deren Erlebnisse ein Panorama des englischen Lebens liefern. *Nicholas Nickleby* (1838/39) schildert den entsetzlichen Schulmeister Squeers und den Alptraum Dotheboys Hall, *Oliver Twist* (1837 bis 1839) griff die vom Armenrecht verfügten Arbeitshäuser an. Mit *The Old Curiosity Shop* (1841) und seiner hemmungslosen Sentimentalität erweiterte Dickens den Kreis seiner Leser noch, und zwar in Amerika genauso wie in England. Mit erstaunlicher Fruchtbarkeit und immer am Rande des wirtschaftlichen Ruins produzierte er auch in den vierziger und fünfziger Jahren eine Geschichte nach der anderen, ein Schaffensprozeß, der seinen Höhepunkt fand in *Great Expectations* und *Our Mutual Friend* (1864/65), wobei er sich auch als satirischer Kritiker des viktorianischen Snobismus erwies. Mit schier unerschöpflicher Schaffenskraft, mit seinem Vergnügen an kauzigen Charakteren und einem leichten Anflug von Vulgarität war Dickens genau der Schriftsteller, den seine Zeit brauchte. Mit seiner Erzählkunst gewann er eine internationale Lesergemeinde, nicht zuletzt in Rußland.

W. M. Thackeray (1811–1863) dagegen ist distanziert und ironisch; er seziert die Grausamkeit der Gesellschaftsordnung und die Herzlosigkeit und Torheit derer, die sie sich zunutze zu machen suchen. *Vanity Fair* (1847/48) beschreibt die Lebenskunst derer, die sich erfolgreich und scheinheilig durchs Leben schlagen: Wie Dickens war er ein viktorianischer Moralist, nur daß er seine Angriffe versteckter vortrug. Der Erfolg und das Ansehen dieser beiden Romanciers waren so groß, daß sie auch von einem ansonsten philiströsen Publikum gelesen wurden und bis ins zwanzigste Jahrhundert hinein literarische Normalkost selbst in ansonsten bücherfernen Häusern blieben.

Im Bereich der bildenden Künste behielt die Architektur den unauffälligen klassizistischen Charakter bei, den sie zur Zeit des französischen Kaiserreichs und der englischen Regentschaft angenommen hatte. Die Wohnhäuser bewahrten noch einige Zeit in Europa wie in Nordamerika ihr ansprechendes und zurückhaltendes Aussehen. Erst Mitte des Jahrhunderts verbanden sich die Auswirkungen der industriellen Revolution mit der Wiederentdeckung der Gotik zu jenen neugotischen, protzigen Monstrositäten, von denen viele heute noch stehen und sogar bewundert werden.

In der Malerei dagegen schuf die vereinte Wirkung von romantischer Bewegung und Protest gegen die Häßlichkeit der Städte hervorragende Kunstwerke. Die Bilder von J. L. David (1746–1825), Napoleons Hofmaler, sind technisch fast makellos, klassizistisch und stehen unter dem Einfluß der Hochrenaissance so, wie Poussins, aber David wurde Propagandist zunächst der Revolution, so im theatralischen und überschätzten *Schwur der Horatier* (1785) und im *Ballhausschwur*, anschließend des großen Korsen, am berühmtesten auf dem romantischen Bild, das Napoleon auf einem tänzelnden Pferd und in wehendem Mantel bei der Alpenüberquerung zeigt. Zu diesen historischen Bildern gehört auch Napoleons Kaiserkrönung. Davids gaskonischer Schüler J. Ingres (1780–1867), mit einer genialen Begabung für Linie und Umriß, schuf das technisch hervorragende Gemälde *Entthronter Napoleon*, erlangte nach der Restauration und unter Karl X. Berühmtheit mit seinen in mittelalterlicher Manier gehaltenen historischen und biblischen Stoffen und wurde seiner Zeichnungen wegen von späteren Malern hochgeschätzt.

Während Ingres mit der konservativen »Reaktion« gleichgesetzt wird, war Eugène Delacroix (1798–1863), wahrscheinlich ein unehelicher Sohn Talleyrands, ein begeisterter Romantiker, der erstmals mit einem Bild, das Vergil und Dante in der Hölle zeigt (1822), Beifall fand. Zwei Jahre später, nach der griechischen Erhebung gegen die Türken, malte er das überschätzte *Massaker von Chios*, berühmt wegen seiner eigenwilligen Farbkontraste. 1830 entstand das melodramatische Bild *Die Freiheit führt das Volk an*, letzteres symbolisiert durch einen Revolutionär im Zylinder und einen Jungen, der zwei Pistolen über einer mit Toten bedeckten Barrikade schwenkt. Alle Personen dort geben ausgezeichnete Zielscheiben ab.

Die zeitgenössischen englischen Maler suchten sich Motive, die ein weniger zeitgebundenes Interesse fanden. Zum erstenmal seit angelsächsischer Zeit hatten sie großen Einfluß auf dem Kontinent.

J. M. W. Turner (1775–1851), ein genialer Autodidakt, brachte die romantische Naturverherrlichung zum Ausdruck, die seit Mitte des achtzehnten Jahrhunderts zu beobachten ist und auch die Dichtung des frühen Wordsworth prägt, und verlieh der Komposition und Farbgebung neues Leben und neue Nuancen. Als einer der großen Maler Europas fand er seine Motive gleichermaßen in Venedig und den Alpen wie in den nebligen Landschaften der Themsemündung und durchwanderte die schönsten Gebiete Frankreichs, der Schweiz und Italiens.

John Constable (1776–1837), ein Müllerssohn aus Suffolk, der mit dem Klang von Wasserrad und Stauwehr aufgewachsen war, malte die Wiesen, Ulmen und Weiden seiner heimatlichen Landschaft mit neuem Sinn für Wolkenspiel, Wind, Regen und Englands seltenen Sonnenschein. Wie Turner, wenn auch nicht ganz so dramatisch, brachte er wieder Farbigkeit in die Landschaft, die in den Konventionen des achtzehnten Jahrhunderts verblaßt war, und griff in ganz persönlicher Weise die flämischen Traditionen der Landschaftsmalerei aus dem siebzehnten Jahrhundert auf. So verbreitete sich der Ruhm zweier englischer Maler auch auf dem Kontinent – zu einer Zeit, da englische Aquarellmaler wie Cotman, de Wint und David Cox die besten in Europa waren.

5. Nationalismus

Die verspätete Nation der Deutschen

Während im Westen die Nationalstaaten aus dynastischen Reichen mit lange festliegenden Grenzen hervorgegangen waren, hatten in Mitteleuropa die Deutschen noch immer kein zentralisiertes dynastisches Reich, das sie zum Ausgangspunkt einer solchen Entwicklung hätten machen können. 1806 war das alte Heilige Römische Reich mit seinem bunten Flickenteppich von Fürstentümern und Reichsstädten aufgehoben worden. Nach dem Zusammenbruch seines eigenen kurzlebigen Kaiserreichs, blieben zwei deutsche Großmächte zurück, die als Mittelpunkt eines neuen Staatsgebildes in Frage kamen: das protestantische Preußen, das sich bis zum Mittelrhein erstreckte, und das vielsprachige Habsburger Reich, ein rein dynastischer katholischer Staat, dessen Kernland an der Donau lag und der sich, direkt oder indirekt, auch über den größten Teil Italiens ausbreitete.

Der von Napoleon beschnittene preußische Staat war gestärkt aus diesem Schrumpfungsprozeß hervorgegangen, mit einer Militärtradition, die von einem heftigen Nationalismus im Bürgertum verstärkt wurde, einer Verwaltung, deren Strukturen modernisiert worden waren, und einem relativ geschlossenen Staatsgebiet. Das österreichische Kaiserreich – nicht mehr heilig und nicht mehr römisch – war darauf angewiesen, seine verschiedenen, lautstarken Nationalitäten – Tschechen, Ungarn, Kroaten, Italiener – gegeneinander auszuspielen, und hing ab von einer komplizierten und sehr deutschen Bürokratie, deren Mühlen langsam, aber nicht unwirksam mahlten. Beide Staaten waren geprägt von Soldaten und Konservativen: der preußische Staat von den Hohenzollern um ein Heer herum aufgebaut und Österreich die Verkörperung einer ehrwürdigen und alten Dynastie, in seiner Geltung noch gesteigert durch den Reichtum und den gesellschaftlichen, militärischen und kulturellen Glanz der Kaiserstadt Wien.

1815 war in der Schlußakte des Wiener Kongresses, neben der Wiederherstellung und Garantie der Schweizer Eidgenossenschaft und der Abtretung Norwegens an Schweden als Belohnung Bernadottes für seinen Abfall von Napoleon, ein »Deutscher Bund« ins Leben gerufen worden, dem der österreichische Kaiser präsidierte, dem neununddreißig theoretisch noch autonome Staaten unterschiedlicher Größe angehörten und der durch eine Bundesversammlung in Frankfurt repräsentiert wurde. Obwohl entschlossen, ein »jakobinisches« oder liberales Deutschland zu verhindern, wollten Preußen und Österreich keinesfalls zulassen, daß einer von ihnen beiden ein vereintes Deutsches Reich dominiere. Dieser lose Bund bestand deshalb bis 1866, als im österreichisch-preußischen Krieg die preußische Hegemonie aufgerichtet wurde.

Noch frei von den zweifelhaften Segnungen eines geeinten Reiches und einer zentralen Armee, brachten die Deutschen verschiedene bürgerliche Bewegungen hervor, die sich durch Patriotismus und Franzosenfeindlichkeit auszeichneten, wie etwa die von Turnvater Jahn in Berlin, »der ein graues, ungebleichtes Hemd trug, den offenen Kragen über den Jackettkragen gelegt, und auf eine Weste verzichtete« – zur damaligen Zeit ein gewagter Aufzug –, der den ersten Sportplatz anlegte und unter Absingen von Marschliedern mit seinen Jüngern durch die Wälder wanderte. Die Ausflüge waren geprägt von einem romantisch-klassizistischen Hellenismus und von einem Anflug Deutschtümelei. Im thüringischen Jena hatten die Studenten unter der Herrschaft Karl Augusts von Sachsen-Weimar, wo 1816 der Großherzog ein freigewähltes Parlament einberufen hatte, einen romantischen Kult um Shakespeare, Dante und natürlich Goethe entwickelt. Sie gründeten eine »Burschenschaft«, die das Ziel hatte, nach der Vertreibung der Franzosen, deren Niederlage bei Leipzig jährlich gefeiert wurde, ein liberales Deutschland zu schaffen. Der Eifer dieser Jungakademiker wurde gefährlich in den Schatten gestellt durch Schlachtgesänge E. M. Arndts und Kleists, welche die Urväter der Deutschen beschworen, welche die Römer überwunden hätten. Auch die Philosophen im protestantischen Deutschland hatten teil an dieser Aufbruchstimmung, was sich auf lange Sicht noch weit schädlicher auswirkte. Auf Herder mit seinem Kult des Volkes und seiner Vergangenheit folgte Georg Wilhelm Friedrich Hegel (1770-1831), der 1816 zum Professor für Philosophie nach Berlin berufen wurde. Seine Schrift *Grundlinien der Philosophie des Rechts* erschien 1821, die *Philosophie der Geschichte* (Vorlesungen 1822–1831) erst nach seinem Tode. Für Hegel war die Geschichte ein dynamischer Prozeß, in dem einander folgende Stufen der Erkenntnis und der gesellschaftlichen Organisation zur Blüte kamen, eine anregendere Vision als die großartigen, aber statischen Begriffe der Scholastik oder das banale Weltbild Benthams. Der einzelne werde, so meinte er, mit der Gesellschaft durch dieses »Werden« in Einklang gebracht. Er behauptete auch, durch spekulative Intuition den Lauf der Weltgeschichte und die diesen bestimmenden »Gesetze« zu verstehen. Diese Einsicht belehrte ihn, daß die Geschichte in den germanischen Völkern gipfle, den derzeitigen Favoriten des Dirigenten seiner kosmischen Symphonie. Damit war vielen deutschen Intellektuellen, die für solche Gedanken anfällig waren, eine hochtrabende Ersatzreligion an die Hand gegeben. In veränderter Gestalt, als der »dialektische Materialismus« der Marxisten, bot diese Philosophie dann die Grundlage für die marxistische Behauptung, eine streng wissenschaftliche Form der Geschichtsbetrachtung geschaffen zu haben. Zu Hegels Zeit nährte sie den deutschen Nationalismus, der sich im Deutschen Bund kräftig entwickelte, während dieser wiederum durch einen »Zollverein« gestärkt wurde, der in der Zeit von 1819 bis 1834 in Norddeutschland entstand.

Die Revolution von 1848 in Paris brachte die lange verschleppte Krise des Liberalismus und Nationalismus in Deutschland zum Ausbruch. In Wien kam es zur Revolution, und Friedrich Wilhelm IV. von Preußen mußte nach Straßenkämpfen in Berlin eine Verfassung in Aussicht stellen und sogar versprechen, Preußen »in Deutschland aufgehen zu lassen«. Jetzt forderten die Liberalen in der Bundesversammlung zu Frankfurt ein Vorparlament oder eine vorläufige Nationalversammlung aller Deutschen, aber als sie im Mai 1848 in der Frankfurter Nationalversammlung zusammenkamen, die sich fast ausschließlich aus Juristen, Verwaltungsbeamten und 106 allzu redseligen Professoren zusammensetzte, stellte sich heraus, daß sie sich vor allem damit beschäftigten, andere Nationalisten in Böhmen, Polen und Schleswig anzugreifen und eine gesamtdeutsche Flotte zu fordern, ohne das erforderliche Geld zu haben. Erst im März 1849 kamen die Frankfurter Politiker überein, die Krone eines geeinten Deutschland (ohne Österreich) dem preußischen König anzubieten, der inzwischen von den ihm abgerungenen Versprechen abgerückt war, seinen eigenen ebenso handlungsunfähigen preußischen Landtag aufgelöst hatte und sich nun weigerte, das Angebot anzunehmen, da es nicht von den deutschen Fürsten kam.

Inzwischen hatte sich im österreichischen Kaiserreich die Situation grundlegend verändert. Im Frühling 1848 hatte ein konstituierender Reichstag die Erbuntertänigkeit der Bauern aufgehoben, sich aber mit einem eingeschränkten Wahlrecht unbeliebt gemacht. Im Oktober hatte ein radikaler Aufstand, in dessen Verlauf der Kriegsminister buchstäblich an einem Laternenpfahl aufgehenkt wurde, den Hof zur Flucht ins mährische Olmütz veranlaßt. Hier zwang im Dezember Kanzler Fürst Felix von Schwarzenberg, ein fähiger Diplomat, Kaiser Ferdinand I., zugunsten seines vielversprechenden achtzehnjährigen Neffen, des Erzherzogs Franz Joseph abzudanken, der bis 1916 regieren sollte. Dann forderte er seinen Schwager, Feldmarschall Fürst Windischgrätz, auf, die Revolution im belagerten Wien niederzuschlagen und in Zusammenarbeit mit kroatischen Truppen auch die Revolte in Ungarn zu beenden. Die Ungarn leisteten unter Führung Kossuths[19] heldenhaften Widerstand und wurden nur mit Hilfe einer russischen Armee besiegt, nachdem General Haynau, der von britischen Liberalen nur »Hyäne« genannt wurde, schlimme Grausamkeiten verübt hatte. Die Ungarn blieben danach achtzehn Jahre unter Kriegsrecht.

Schwarzenberg, der 1852 starb, blieb wenig Zeit, seine zentralisierte deutsche Bürokratie auf die verschiedenen Teile des Reiches auszudehnen, und konnte auch seinen ehrgeizigen Plan nicht verwirklichen, Österreich zur Führungsmacht des Deutschen Bundes zu machen. Preußen, das seine Pläne durchkreuzt sah, tat alles, um sein Vorhaben zu Fall zu bringen, und die anderen deutschen Staaten wollten keine Vereinigung mit Tschechen, Ungarn und Kroaten. Die liebenswürdigen Wiener, die dickköpfigen Tschechen, die kriegerischen Magyaren und Kroaten sahen sich so von einem Strudel der nationalistischen und radikalen Gewalt mitgerissen, der im Jahre 1848 von Paris ausging. Die Deutschen, die nach der Vertreibung der Franzosen eine kulturell schöpferische und politisch friedliche Periode genossen hatten, sahen ihre

Hoffnungen auf ein vereintes Deutschland unter einer liberal-konstitutionellen Regierung enttäuscht – nicht daß dieser Staat angesichts der deutlichen Unfähigkeit der Frankfurter Nationalversammlung und des unausrottbaren Militarismus der Habsburger und Hohenzollern hätte liberal bleiben können.

Risorgimento

Das jetzt österreichisch-ungarische Reich mußte die Deutschen gegen die Tschechen und die Kroaten gegen die Ungarn ausspielen. In Italien sah es sich noch älteren Antipathien gegenüber. Hinzu kam, daß die Satellitenrepubliken des Ersten Kaiserreichs zumindest den bürgerlichen Italienern eine Vorstellung von modernen staatsbürgerlichen Verhältnissen vermittelt hatten, während das Königreich Sardinien–Piemont, das jetzt auch Genua umfaßte, auf eine lange kriegerische Tradition zurückblickte, die es der Tatsache verdankte, daß es über die Pässe des Großen und Kleinen Sankt-Bernhard gebot und aus dem alten französischen Herzogtum von Savoyen hervorgegangen war. Italien wies so tiefe geographische und historische Risse auf, der wirtschaftliche und soziale Gegensatz zwischen dem relativ wohlhabenden Norden und dem von Armut und Trockenheit heimgesuchten Süden war so groß, daß die Aussicht auf eine Einigung noch in weiter Ferne lag und offensichtlich nur durch französische Intervention Wirklichkeit werden konnte. Doch die Vereinbarungen des Wiener Kongresses hatten den Verantwortungsbereich der Österreicher ausgeweitet. Der Groll, den sie hervorriefen, und der alte italienische Haß auf die Deutschen, der zurückging auf Barbarossa und die Fehden zwischen papsttreuen Guelfen und kaisertreuen Ghibellinen, hatte sich aufgestaut und war von dem Geheimbund der *Carbonari* geschürt worden, der ursprünglich in den Abruzzen zum Kampf gegen die Franzosen ins Leben gerufen worden war.

Das italienische *Risorgimento*, das 1870 im vereinigten Italien endete, war nicht die spontane Revolution eines ganzen Volkes, wie es von liberalen Historikern gerne dargestellt wird: Es hatte seinen Ursprung in dem romantischen Nationalismus von Intellektuellen und den handfesten Interessen von Politikern, während der Masse der analphabetischen Bauern oder kaum gebildeteren Arbeiter der Sinn nach anderem stand. Das *Risorgimento* war auch keine rein italienische Angelegenheit; wie die Unabhängigkeit Griechenlands wurde auch die Italiens schließlich nur durch das Eingreifen der Westmächte ermöglicht.

Das *Risorgimento* zerfällt grob gesehen in drei Phasen: in der ersten war es eine rein italienische Angelegenheit und blieb fast ohne jeden Erfolg. Es begann 1820, dauerte fort bis zum Revolutionsjahr 1830 und der Wahl des vermeintlich liberalen Papstes Pius IX. im Jahre 1846. Die zweite Phase wurde 1848 durch Karl Albert, König von Sardinien–Piemont eröffnet und endete mit dem Sieg der Österreicher im Jahre 1849 und der Zerstörung der kurzlebigen »Römischen Republik« durch eine französische Armee, aufgeboten zur Wiedereinsetzung des Papstes, der nicht mehr die erhoffte Gallionsfigur einer Vereinigung Italiens unter liberalen Vorzeichen sein wollte.

1859/60 wurde Italien schließlich auf die einzig mögliche Weise vereinigt, nämlich dank massiver Intervention Frankreichs, das die Österreicher aus der Lombardei vertrieb, während Giuseppe Garibaldi mit seinen Freischärlern unter Duldung der britischen Flotte das Bourbonenregime in Sizilien und Neapel absetzte. Anschließend wurde er gezwungen, seine Eroberungen Viktor Emanuel II., König von Sardinien–Piemont, auszuhändigen, der der König eines vereinigten Italiens mit Florenz als Hauptstadt wurde. Selbst jetzt noch hing die endgültige Einigung Italiens nicht von den Italienern ab, sondern von Ereignissen nördlich der Alpen. 1866 gaben die Österreicher im Anschluß an den österreichisch-preußischen Krieg Venedig auf, und 1870 wurde Rom nach der Niederlage der Franzosen im deutsch-französischen Krieg endlich seine französische Besatzung los und konnte die Hauptstadt eines italienischen Staates werden.

Natürlich war es unter der altmodischen und miserabelsten aller italienischen Regierungen zum ersten Aufstand gekommen. Im Königreich beider Sizilien gab es weder moderne Straßen noch zeitgemäße landwirtschaftliche Methoden: Neapel, bei weitem die größte Stadt im Süden, war auf das Wohlwollen des anmaßenden und korrupten Hofes des wiedereingesetzten Bourbonenmonarchen Ferdinand II. angewiesen. 1820 war in Palermo ein Aufstand ausgebrochen, der von österreichischen Truppen niedergeschlagen worden war; im gleichen Jahr war in dem relativ wohlhabenden Königreich Sardinien–Piemont dem Versuch einer Revolution gegen König Karl Felix das gleiche Schicksal zuteil geworden. Die Italiener waren durch politische Barrieren, Zollschranken und die Rivalität zwischen den Städten viel zu zerstritten, um einen übergreifenden und koordinierten Aufstand organisieren zu können.

So hatte die Pariser Revolution von 1830 nur bescheidene Auswirkungen, obwohl 1831 die Thronbesteigung Karl Alberts in Sardinien-Piemont Mazzini, den Propheten eines romantischen Nationalismus, der sich bereits in Kampagnen und Verschwörungen für ein vereinigtes Italien einsetzte, in seinen Hoffnungen bestärkte.[20] 1831 gründete er die Zeitschrift *La Giovine Italia* (Junges Italien), um die mit der österreichischen Herrschaft unzufriedenen Intellektuellen, Studenten und Akademiker zu mobilisieren, die aber nicht die katholischen und größtenteils analphabetischen Bauern und Arbeiter erreichte. Auch waren seine dilletantischen Verschwörungen nicht gerade sehr wirksam.

Aber er war eine Symbolgestalt für Europa und die Welt. Giuseppe Mazzini (1805–1872) war der Sohn eines Anatomieprofessors an der Universität Genua. 1827 schloß er sich den *Carbonari* an und kam 1830, nach der Revolution desselben Jahres, in Savona ins Gefängnis. Daraufhin wanderte er nach Marseilles aus, wo er im Untergrund *La Giovine Italia* herausgab. Nachdem er nach Genf übergesiedelt war, zettelte er eine Verschwörung an, die eine Revolution in Savoyen zum Ziel hatte, und 1837 suchte er in London Zuflucht, wo er sich mit Carlyle anfreundete und sich einen Namen als Journalist zu machen begann. Während der Revolution von 1848 nach Mailand zurückgekehrt, reiste er nach der Niederlage der piemontesischen Truppen nach Rom, um dort während der Belagerung der Stadt durch die Franzosen als *Triumvir* zu wirken. Abermals ging er als Flüchtling in die Schweiz und nach London und weigerte sich, Cavours Vorstellungen eines vereinigten italienischen Königreichs zu unterstützen oder einen Sitz im italienischen Parlament anzunehmen. Er fuhr mit seinen Verschwörungen auch gegen dieses Regime fort und starb in einem Pisaner Versteck. Mazzini war ein völlig einseitiger Intellektueller und den Ideen fanatisch ergeben, die er in der Flut jener Schriften zum Ausdruck brachte, denen er sein Leben widmete und die vierzig Bände *Scritti editi ed inediti di Giuseppe Mazzini* füllen.

Weder als Verschwörer noch als Politiker kann man ihn als besonders erfolgreich bezeichnen; den größten Teil seines Lebens verbrachte er auf der Flucht. Doch als Publizist hatte er weit über die Grenzen Italiens hinaus enormen Einfluß. Er war der Prophet des liberaldemokratischen Nationalismus, der die moderne Welt in seinen Bann schlagen sollte. Er machte Humanität und Fortschritt zum Mittelpunkt eines Kultes, der sich als Ersatz transzendentaler Religion erwiesen hat, und verkündete einen mystischen Glauben an die Tugenden des »Volkes«, das, wenn es erst einmal befreit sei – so seine irrige Überzeugung –, »Genie und Tugend als seine Führer anerkennen« und in brüderlicher Eintracht zusammen leben werde.

Dieses Evangelium machte auf die Bauern und Arbeiter der Zeit wenig Eindruck, gewann aber viele der bürgerlichen Intellektuellen, die eine einflußreiche öffentliche Meinung herstellten. Es förderte den Kult der »Selbstbestimmung« und des »ein Mann – eine Stimme«; außerdem war dies die Inspirationsquelle, aus der die nach dem Ersten Weltkrieg im Völkerbund verkörperten Ideen geschöpft wurden. Mazzini wollte eine humanitäre Religion schaffen, aber was er tatsächlich ins Leben rief, war der Nationalismus, eines der irrationalsten, wirksamsten und allgegenwärtigsten Dogmen der modernen Welt.

Die Hoffnungen Mazzinis und der liberal-nationalistischen Revolutionäre wurden – verfrüht, wie sich herausstellen sollte – durch die Wahl eines neuen Papstes geweckt. 1846 begann der »liberale« Giovanni Mastai-Ferretti sein langes Pontifikat als Pius IX. (1846–1878). Seine Wahl veranlaßte die Revolutionäre zunächst zu übersteigerten Erwartungen, aber der Papst konnte sich den Bruch mit Österreich, der mächtigsten katholischen Monarchie Europas, nicht leisten, und bald schon wurde seine »liberale« Position unhaltbar. Als Karl Albert von Sardinien-Piemont Österreich unbedacht den Krieg erklärte, war damit die Aussicht auf ein föderatives Italien unter einem liberalen Papst, wie es Gioberti in seiner Schrift *Der moralische und staatsbürgerliche Primat der Italiener* (1843) vertreten hatte, gescheitert.

Erbittert wandten sich die Revolutionäre von *Pio Nono* ab und ermordeten seinen gemäßigten Minister Rossi. Sie errichteten eine »Römische Republik« mit Mazzini als führendem *Triumvir*, und der Papst floh ins neapolitanische Gaeta. Aber die »Römische Republik« war zum Scheitern verurteilt: der Feldzug Karl Alberts im Norden war bald am Ende und mit ihm die ohnehin schwachen Erfolgsaussichten. Der Aufstand der Mailänder hatte den österreichischen Feldmarschall Radetzky gezwungen, sich in das berühmte »Festungsviereck« von Verona, Mantua, Peschiera und Legnano zurückzuziehen, das den Weg über den Brenner sicherte und seinen Wert während der Revolution in Wien unter Beweis gestellt hatte. Aber die piemontesische Armee hatte sich, nicht zuletzt hinsichtlich Nachschub und Versorgung, als unfähig erwiesen, und war unbeliebt bei den Mailändern. Im Juli 1848 machten die disziplinierteren Österreicher und Magyaren bei Custoza kurzen Prozeß mit ihnen. Rasch setzten die Österreicher ihren Vormarsch auf Mailand fort, das sich Anfang August ergab. Karl Albert mußte einen Waffenstillstand unterzeichnen, den er im Frühjahr 1849 brach, um bei Novara eine abermalige Niederlage hinnehmen zu müssen, woraufhin er zugunsten seines Sohns Viktor Emanuel abdankte und nach Portugal floh. In Venedig war Manin, ein jüdischer Advokat, im März desselben Jahres nach einer Revolte, die zur Vertreibung der Österreicher geführt hatte, Präsident einer venezianischen Republik geworden, mußte aber im Herbst 1849 nach einer Belagerung und vorgetäuschten Beschießung der Stadt aufgeben.

Da war der »Römischen Republik« natürlich nur eine kurze Lebensdauer beschieden. Unter einem von Mazzini geführten und von dem »romantischen« Helden Garibaldi verteidigten *Triumvirat* wurde sie im Juni 1849 von einem französischen Expeditionsheer zerschlagen, das Louis Napoleon entsandt hatte, weil er als Präsident der Zweiten Republik bestrebt war, sich durch Wiedereinsetzung des Papstes die Stimmen der französischen Katholiken zu sichern, um so seinen Griff nach der französischen Kaiserkrone vorzubereiten.

Aber die Verteidigung Roms war ein großer Propagandaerfolg und wurde von liberalen Historikern weidlich ausgeschlachtet. Obwohl Rom eigentlich kaum auf politische Reklame angewiesen war, trug die Erinnerung an die Belagerung dazu bei, daß Rom und nicht Florenz schließlich die Hauptstadt eines vereinigten Italien wurde.

Mittlerweile stand der wiedereingesetzte *Pio Nono*, um etliche liberale Illusionen ärmer, einer konservativen Regierung im Kirchenstaat vor. Sich von Küste zu Küste erstreckend, stand er allen weiteren Plänen einer italienischen Einigung im Wege. Die päpstliche Regierung untersagte den Bau von Eisenbahnen und baute den Polizeiapparat und die Zensur aus. Bis 1870 hatte sie Bestand, dann wurde der Kirchenstaat von einer nationalen italienischen Regierung übernommen, aber erst 1926 wurde die Souveränität des Papstes über den Vatikan anerkannt.

Das *Risorgimento* war ein Bürgerkrieg zwischen der alten und der neuen herrschenden Klasse, in dem sich die Bauern neutral verhielten, ausgenommen dort, wo ihr eigener uralter sozialer Kampf zufällig ins Spiel kam, denn die Kriege und Aufstände des *Risorgimento* wirkten sich kaum auf das einfache Volk aus. Das Fieber des Nationalismus, das Mazzini verbreitete, blieb auf eine Minderheit der gebildeten Klassen beschränkt: Getreu ihrer realistischen Traditionen hängten die meisten Italiener ihr Mäntelchen nach dem Winde und machten sich jeden Regierungswechsel und die dadurch bewirkten Neuverteilungen der lokalen Ämter zunutze, während die aus den Zeiten stadtstaatlicher Unabhängigkeit stammenden örtlichen Rivalitäten unter neuem Etikett fortgesetzt wurden. Für die Bauern spielte es kaum eine Rolle, ob eine »Elite« die andere verdrängte, ob also etwa eine Herrschaft korrupter Priester durch eine Herrschaft korrupter Politiker und habgieriger Geschäftsleute ersetzt wurde. Die lange vorherrschende sentimentale Einstellung zum *Risorgimento* hat heute einer realistischeren Einschätzung Platz gemacht, die sich besser mit den Tatsachen der italienischen Geschichte verträgt.

Das Erbe des »Kranken Mannes«

Zu Beginn von *Eothen* liefert der junge Kinglake eine lebhafte Beschreibung vom Gegensatz zwischen christlichem und türkischem Europa – unterstrichen von der strikten österreichischen Pestquarantäne –, als er, immer noch auf osmanischem Gebiet, die Save von Semlin nach Belgrad überquerte. Die »überaus türkisch aussehenden Burschen«, die ihn in Empfang nahmen, Türken vom alten, »einst siegreichen Schlage« in protziger, aber heruntergekommener Aufmachung, ihre breiten Schärpen gespickt mit Pistolen und Dolchen, die Enden ihrer Schnurrbärte lang herabhängend und die weiten Falten der ehemals weißen Turbane fast in den stechenden Augen, trugen »jenen Ausdruck von schwermütigem Stolz und jenes offenkundig auf Schwierigkeiten stoßende Bemühen zur Schau, Verachtung zu zeigen, denen man fast stets bei jenen Angehörigen des osmanischen Volkes begegnet, die in der Erinnerung an alte Zeiten leben«.

Das türkische Europa gehörte noch nicht zum neunzehnten Jahrhundert, auf dem Balkan dachten die Völker unter türkischer Herrschaft mehr in den Kategorien religiöser als nationaler Unterschiede. Nur bei den Griechen, die über eine breitere Schicht von Gebildeten und eine weit verstreute *Diaspora* im größten Teil des türkischen Reiches – nicht zuletzt in Istanbul und auf dem Balkan – verfügten, trieb ein romantischer Nationalismus seine Blüten. Die Vorstellungen der anderen Balkanvölker bewegten sich noch vor allem im Rahmen heroischer Räuberbanden, von Barden besungen und von kriegerischen Häuptlingen angeführt, denen es um eine lokal begrenzte Macht ging und die sich, wenn erforderlich, formell zum Sultan bekannten. Der früheste dieser Räuberhelden in Serbien war Karadjordje (Schwarzer Georg), der 1804 bis 1807 einen Aufstand gegen die Türken anführte.[21] Seine Armee besiegte die Türken bei Ivankovac und Misar und nahm Belgrad ein. Auf das verspätete Eingreifen der Russen hin riefen seine Anhänger ihn zum »Oberbefehlshaber der Serben« aus. Aber nachdem Rußland und die Türkei 1812 den Frieden von Bukarest geschlossen hatten, konnten sich die Türken mit ihrer ganzen Kraft den Serben zuwenden. 1813 mußte Karadjordje nach Österreich fliehen, während allen Türken offiziell gestattet wurde, in einer vierzehntägigen Blutorgie jeden Serben über Fünfzehn zu töten. Nach einem kurzen Aufenthalt in Rußland kehrte er nach Serbien zurück, das sich seit 1815 wieder im Aufstand befand, und zwar unter einem anderen Bauernführer, Miloš Obrenović, der, eifersüchtig auf seinen Rivalen, ihn im Schlaf ermorden und seinen Kopf dem Sultan schicken ließ. Wie jeder Leser zugeben wird, erinnert diese Episode mehr an die mittelalterliche Geschichte des Balkans als an hochherzigen Nationalismus des neunzehnten Jahrhunderts, aber sie brachte Miloš Obrenović I. (1814–1839) den erblichen Fürstentitel eines autonomen Serbien unter türkischer Oberhoheit, wenngleich die Türken Besatzungstruppen in Belgrad stationiert hatten. Diese Regierung wurde von Rußland unterstützt und 1829, nach dem russisch-türkischen Krieg von 1828/29, durch den Vertrag von Adrianopel anerkannt. Auch die Engländer unterstützten Miloš, wie sie später Tito unterstützen sollten, weil sie hofften, einen Pufferstaat gegen die Russen schaffen zu können; Miloš wußte sich also beider Seiten zu bedienen. Aber von seinem Temperament her ebensosehr Räuber wie Karadjordje, war er nicht in der Lage, mit einer formellen Verfassung oder auch nur einem Staatsrat zurechtzukommen, und mußte 1839 abdanken. Auf seinen Sohn Miloš, der innerhalb eines Monats starb, folgte Michael Obrenovič III., ein jüngerer Bruder, unter dem eine Regentschaft begründet wurde. Sie war nicht von langer Dauer; 1842 wurde der junge Fürst vertrieben und ging nach Österreich.

Jetzt war die Reihe an dem pro-westlichen Alexander Karadjordjević, der sich bis 1858 hielt, als er von Miloš Obrenović wieder abgesetzt wurde. So schufen Verschwörung und Gegenverschwörung ständig Spannungen, aber die Serben konnten sich, trotz aller inneren Fehden, eines Fortschritts glücklich preisen – sie waren jetzt zumindest der sie periodisch heimsuchenden Massaker der Türken ledig.

Die griechischen Freiheitskriege

Die griechischen Freiheitskriege (1821–1830) fanden weit größere Unterstützung als die serbischen und verdankten ihren Erfolg in erster Linie dem Eingreifen der Russen und der Westmächte. Die griechischen *Fanarioten* in Istanbul waren eine wohlhabende und weit verstreute Gemeinde, während der griechisch-orthodoxe Patriarch auf den Gehorsam seiner Glaubensgenossen auf dem Balkan, in der Moldau und der Walachai zählen konnte. Es gab griechische Kaufleute in Wien, und die *Hetairia Philikon* (Vereinigung der

Befreundeten), eine Geheimgesellschaft, die wesentlich zum Aufstand gegen die Türken beigetragen hat, ist in Odessa gegründet worden. Die griechisch-orthodoxen Geistlichen hatten sich immer mit dem Widerstand gegen die Muslime identifiziert, während das Bandenwesen der *Klephtai* in den Bergen eine ebenso zählebige Tradition besaß wie überall auf dem Balkan. In der zahlenmäßig bescheidenen bürgerlichen Schicht, die westliche Lebensformen angenommen hatte, hatte die Verehrung von Byzanz und Hellas überlebt.

Die Anfänge des Widerstandes hatten sich überdies bereits 1770 gezeigt, als die Griechen auf der Peleponnes unter dem Eindruck der Kriege Katharinas der Großen gegen die Türken einen Aufstand angezettelt hatten, der grausam niedergeschlagen worden war. Dann hatte sich Ali Pascha von Joannina gegen seine türkischen Herren erhoben und in Epirus ein unabhängiges Fürstentum errichtet. Und der Aufstand dieses gerissenen alten Wüstlings band 1821 die Hauptstreitmacht der türkischen Armee und löste den griechischen Krieg aus, der zunächst ziellos und schlecht geplant war. Der sechsunddreißigjährige Lord Byron, der 1823 auf der von Engländern kontrollierten ionischen Insel Kefallinia gelandet war und erst 1824 in der schmutzigen, ungesunden Stadt Missolunghi ankam, fand einen desolaten Haufen räuberischer und sogar rebellischer Partisanen vor, die sich zu dem von ihm geplanten Angriff auf Lepanto außerstande zeigten. Selbst sein »Page«, der sechzehnjährige Loukas Chalandritsanos erwies sich als undankbar. Im April starb Byron an der in den örtlichen Sümpfen verbreiteten Malaria, wobei sein Ende durch unfähige Ärzte noch beschleunigt wurde. Obwohl die Sache Griechenlands auch so schon begeistert genug von westlichen Philhellenen unterstützt wurde, die sich tief in der Schuld des klassischen Hellas fühlten, trug der Tod dieser europäischen Berühmtheit zu einem noch höheren Bekanntheitsgrad und noch weitergehenden Unterstützung des griechischen Kampfes bei.

Aber erst mit der Schlacht vor Navarino im Oktober 1827, als die Flotten der Engländer, Franzosen und Russen die völlig veralteten türkischen Schiffe förmlich in der Luft zerfetzten, konnten die Griechen daran denken, eine eigene Regierung zu bilden, zu deren Präsidenten sie den Korfioten Ioannes Kapodistrias wählten.[22] Aber auch ihm war keine lange Dauer beschieden. Er richtete sich in Nauplia ein, wo das kleine Gebäude, das das erste griechische Parlament beherbergte, heute noch zu sehen ist, und mit der englischen Hilfe von General Sir Richard Church[23] und Lord Cochrane, die ihn beide für zu rußlandfreundlich hielten, schickte er sich an, eine zahlungs- und relativ leistungsfähige Verwaltung aufzubauen; aber im Oktober 1830 wurde ihm der gleiche Lohn zuteil wie Karadjordje in Serbien, das heißt er wurde von den Mitgliedern des Geheimbundes *Mawromichailis* (Schwarzer Michael) ermordet, weil er korfiotische und fanariotische Griechen mit hohen Ämtern bedacht hatte. Church, der zwar 1827 nicht die türkische Belagerung der Akropolis hatte beenden können, vermochte jedoch mit seinen Sulioten Akarnanien und Ätolien in Westgriechenland zu befreien und die

Türken aus Lepanto und Missolunghi zu vertreiben. Er tat für die Befreiung Griechenlands weit mehr, als Byron zu tun vergönnt war.

Inzwischen hatte der in Messenien geborene Kolokotronis, der vormals unter Church gedient hatte, 1822 einer türkisch-ägyptischen Armee eine vernichtende Niederlage bereitet, hatte, nach dem Mord an Kapodistrias versucht, gestützt auf was heute wohl Guerillaeinheiten genannt würde, seine eigene Regierung zu bilden. Flankiert wurden alle diese Taten auf dem Schlachtfeld von der gelehrten und propagandistischen, vor allem aber überaus fleißigen schriftstellerischen Tätigkeit des Veteranen Adamantios Korais (1748–1833). In Smyrna geboren, hatte er in Paris gelebt, wo er der philhellenischen Sache auf doppelte Weise gedient hatte: einmal indem er Geld auftrieb, zum anderen indem er die antiken hellenischen Autoren sammelte und übersetzte, unter anderem auch den Herodot ins Neugriechische. Er stellte das erste Wörterbuch dieser Sprache zusammen und gilt als einer der Gründerväter der modernen griechischen Kultur.

Die Folge von Navarino war der russisch-türkische Krieg von 1828/29, der die ohnehin geschwächte türkische Armee so in Anspruch nahm, daß an Vergeltungsmaßnahmen gegen die Griechen nicht zu denken war. Die Engländer schickten ihre Mittelmeerflotte nach Alexandria, die Russen rückten auf Adrianopel vor, und die Franzosen besetzten die Morea. 1832 berief daraufhin die *Whig*-Regierung in London, bestrebt, den Russen zuvorzukommen, eine Konferenz ein, die ein unabhängiges Königreich Griechenland anerkannte. Die Krone von »Hellas« wurde Leopold von Sachsen-Coburg angetragen, der sie, nachdem er sich zunächst einverstanden erklärt hatte, klugerweise ablehnte und mit dem langweiligen, aber wohlhabenden Belgien vorlieb nahm. So kam ein anderer Deutscher, der unmündige Otto von Bayern auf den griechischen Thron, ausgestattet mit einer beträchtlichen Anleihe der Schutzmächte. Da Otto erst elf Jahre alt war, mußte eine Regentschaft eingerichtet werden, die dann dem erbitterten Parteienstreit der Griechen präsidierte.

Zunächst sah alles sehr vielversprechend aus: 1834 löste Athen den engen, kleinen Hafen Nauplia als Hauptstadt ab. 1837 wurde die Universität von Athen gegründet und in einem eleganten, klassizistischen Gebäude untergebracht. Aber die größtenteils aus Bayern bestehende Regierung hatte Schwierigkeiten, das Land zu regieren, in dem noch bewaffnete Banden marodierend umherzogen, und obwohl Otto 1835 volljährig wurde, weckte der Druck seiner Bürokratie soviel Widerstand in der Bevölkerung, daß 1843 eine gemäßigte Revolution in Athen die Regierung stürzte. Otto gestand eine Verfassung mit einem Parlament aus Ober- und Unterhaus zu, das auch seine Arbeit aufnahm, bis Otto selbst 1862 von einer Politikerclique gestürzt wurde. Die Monarchie machte einen Neuanfang mit einem dänischen Prinzen, dem siebzehnjährigen Sohn des Königs von Dänemark, der als Georg I. auf den Thron gelangte, allerdings nicht mehr als König von »Hellas«, sondern als König »der Hellenen«.

So sorgte ein Kompromiß zwischen Russen und Westmächten dafür, daß Griechenland nicht zu einem Satellitenstaat Rußlands wurde, sondern daß ein unabhängiges Griechenland entstand. Der mittelalterliche Einfluß des Westens auf Griechenland, zunächst unter französischen und katalanischen Feudalherren, dann unter venezianischer Herrschaft, wurde unter den Bedingungen des neunzehnten Jahrhunderts festgeschrieben und machte aus dem neuen Königreich einen Pufferstaat, der dem Einfluß sowohl der russischen als auch der türkischen Macht auf dem Balkan und in der Levante Einhalt gebot. Sobald nun die Griechen ihren Staat hatten, waren die anderen Balkanvölker – Serben, Bulgaren, Rumänen – noch entschlossener als zuvor, ihre nationale Eigenständigkeit gegen jede Form der Fremdherrschaft zu behaupten.

Kaiserlicher Polizeistaat in Rußland

Im Juli 1839 traf in Travemünde ein Reisender mit außergewöhnlicher Beobachtungsgabe ein, der sich auf einer Seereise nach Sankt Petersburg befand. Der Marquis de Custine, der sich nach Rußland begab, »um Argumente gegen das Repräsentativsystem zu sammeln, ... kehrte aus Rußland als Parteigänger des Verfassungsstaates zurück«. Ein deutscher Schankwirt in Travemünde warnte ihn, indem er den Ausdruck der Russen beim Verlassen ihres Landes und bei der Rückkehr beschrieb: Bei der Ausreise seien sie »wie Pferde, die auf die Weide gelassen würden«, bei der Rückkehr sähen sie »besorgt aus«.[24] Was nur allzu verständlich war, da das Rußland von Nikolaus I. zum Polizeistaat geworden war. Die anfänglich liberalen Tendenzen Alexanders I. hatten sich schon lange verflüchtigt, bevor er 1825 auf der Krim an Malaria starb, woraufhin sein jüngerer Bruder Nikolaus I. (1825–1855), eine sehr viel eindrucksvollere Erscheinung, die Nachfolge angetreten hatte. Er war ein finsterer, aber äußerst würdevoller Monarch, wie sich zeigte, als 1831 während einer Choleraepidemie in Sankt Petersburg eine frenetische Menge im Begriff war, die Krankenhäuser zu stürmen. Der Zar fuhr langsam in die Menge hinein und befahl ihr niederzuknien. »Kommt näher«, sagte er, »ich fürchte mich vor niemandem. Bekreuzigt euch und bittet Gott um Vergebung!«

Die kniende Menge gehorchte ihm. Nikolaus hatte auch Feuerbefehl gegeben, um eine Militärrevolte niederzuschlagen, die das Ziel hatte, ihn durch seinen Bruder, den Großfürsten Konstantin, zu ersetzen. Die Rädelsführer dieses *Dekabristen*putsches wurden gehenkt, andere nach Sibirien verbannt.

Nach diesem nicht gerade freundlichen Beginn mußte sich Nikolaus I. mit den Auswirkungen der Julirevolution von 1830 beschäftigen, die bis nach Russisch-Polen drangen, einem jetzt eigenständigen Königreich unter der Oberhoheit Rußlands. In diesem November ermordeten die Polen in Warschau einen russischen General, den sie irrtümlicherweise für den bereits aus der Stadt entflohenen Großfürsten Konstantin hielten. Daraufhin setzte ein polnischer Reichstag, betört von der Hoffnung auf französische Hilfe, den Zaren offiziell ab. Nikolaus befahl seinen Armeen den Einmarsch und ließ 1832 den Aufstand niederschlagen, den Reichstag auflösen und die Universität von Warschau schließen. Russische Institutionen und Erziehungseinrichtungen wurden eingeführt und die katholischen Geistlichen verfolgt. In dem Jahr, in dem in England das Reformgesetz verabschiedet wurde, wurden in Polen sogar die nationalen Gedichte von Mickiewicz[25] verboten und die Zensurbestimmungen verschärft. Viele hochbegabte Polen flohen und blieben im Ausland, unter ihnen auch Frédéric Chopin, der 1830 eine brillante Karriere in Warschau begonnen hatte, nach Wien gegangen war und sich nun, statt nach Polen zurückzukehren, in Paris niederließ.

Der polnische Aufstand hatte zur Zusammenarbeit des Königs von Preußen mit den Kaisern von Österreich und Rußland geführt, da sie ein gemeinsames Interesse an der Niederschlagung dieser Rebellion hatten, und Nikolaus, der Alexanders I. große Geltung im Ausland geerbt hatte, wurde jetzt zur Hauptstütze der militärischen Autokratie im Osten, ja in ganz Mitteleuropa. Die »Heilige Allianz« war zerbrochen, als sich die Engländer der russischen Intervention in Südamerika widersetzt hatten und als Präsident Monroe seine Doktrin verkündet hatte, nach der auf dem amerikanischen Kontinent keinerlei imperialistische Bestrebungen von außen geduldet würden. So verstärkte sich der russische Einfluß in Mitteleuropa, während sich Polizeistaat und Zensurherrschaft ungehemmt entfalteten. Deshalb hatten die Ungarn bei ihrer Revolution von 1848/49 das ganze Gewicht der russischen Militärmacht zu spüren bekommen, und König Friedrich Wilhelm IV. von Preußen hatte auch russischem Druck gehorcht, als er die Krone eines liberalen Deutschen Reiches abgelehnt hatte.

Als Custine Sankt Petersburg besuchte, war die despotische Macht Nikolaus' I. fest verankert. Der Besucher war beeindruckt von seiner Erscheinung in der Kaiserloge in der Oper. »Als er in Begleitung der Kaiserin an die Brüstung seiner Loge trat, gefolgt von der Familie und dem Hof, erhoben sich alle Zuschauer. Der Zar sah in seiner hellroten Paradeuniform außerordentlich gut aus ..., sie unterstrich sowohl seine edlen Züge als auch seine Größe.« In einem privaten Gespräch mit Custine erklärte er, daß der Despotismus »dem Charakter der Nation entspräche, daß Entfernungen die Geißel Rußlands seien und daß er die konstitutionelle Monarchie für eine Schande halte«. (Custine)

Dieses finstere Regime konnte bei aller Unterdrückung und Zensur nicht die erste glänzende Blüte der russischen Literatur verhindern. Ihr begabtester Vertreter war Aleksandr Sergejewitsch Puschkin (1799–1837).[26] Er war der größte russische Dichter, Dramatiker und Novellist, der besonderen Ruhm erntete für das lyrische Drama *Boris Godunow* und den romantischen Versroman *Eugen Onegin*. Er hatte eine shakespearehafte Vorliebe für die mißlichen Situationen, in die seine Helden gerieten, und schrieb wundervolle, leicht melancholische Liebesgedichte. Mehr als jedem anderen verdankt

Rußland Puschkin seine literarische Sprache in Vers und Prosa, und sein Werk errang Weltruhm. Eine noch kürzere Lebensspanne war Michail Lermontow (1814–1841) vergönnt, der wie Puschkin in einem sinnlosen Duell fiel. Zuvor aber hatte er mit Petschorin aus dem Roman *Ein Held unserer Zeit* mit seiner Neigung zu Selbstbeobachtung und Oberflächlichkeit einen typisch russischen Charakter geschaffen und mit seinen Gedichten einen Beitrag zur Weltschmerzpoesie geleistet. »Das Leben ist«, so schrieb er, »wenn man sich aufmerksam und leidenschaftlos umsieht, ein leerer und schlechter Scherz.«

Bei einigen hervorragenden russischen Schriftstellern war also das Ergebnis der romantischen Bewegung weniger Nachahmung als vielmehr eine ausgesprochen russische Literatur, in der sich eine kosmopolitische Bildung mit dem Empfinden für die Volkserzählungen sowie die ironische Resignation und Apathie der analphabetischen Bauern verband, welche die große Mehrheit der Bevölkerung stellten.

Zur Reife gelangt der russische Roman Mitte des Jahrhunderts mit Gogols *Die toten Seelen*, in dem die russischen Charaktere mit den Augen Dickens gesehen werden. Sein Schauspiel *Der Revisor* prangert die unfähige Anmaßung der Beamten an. Seine größte Zeit sollte der russische Roman allerdings in der zweiten Hälfte des Jahrhunderts erleben.

Auch die größten russischen Komponisten wirkten Mitte und Ende des neunzehnten Jahrhunderts. Doch Michail Glinka (1804–1857) gehört noch in die Romantik. Der Sohn eines Gutsbesitzers bei Smolensk schlug die Beamtenlaufbahn ein, mußte sie allerdings aus Krankheitsgründen aufgeben und ging nach Italien, wo damals die Opern von Bellini und Donizetti gefeiert wurden. Er studierte auch in Berlin und wurde nach seiner Rückkehr nach Rußland mit seiner Oper *Das Leben für den Zaren* (1836), die die polnische Invasion zu Anfang des siebzehnten Jahrhunderts behandelt, zum ersten nationalistischen Komponisten; außerdem vertonte er *Ruslan und Ludmilla* von Puschkin. Glinka arbeitete mit westlichen Techniken russische Volkslieder und polnische Tänze auf, auch asiatische Melodien aus der russischen Steppe fanden Eingang in sein Werk. Er war der erste Russe, der sich die musikalischen Traditionen des Landes zunutze machte und wurde damit zum Vorläufer der typischen Vertreter russischer Musik.

Das Zeitalter der Musik

Das romantische Zeitalter oder das Zeitalter der Revolution war noch immer kosmopolitisch und europäisch. Adel und Großbürgertum hatten noch immer das Sagen, während ein Großteil der Bevölkerung, auch im Westen, analphabetisch blieb; noch war die Zeit der Massenmärkte, Massenwahlen und Massenmedien nicht angebrochen. »Öffentliche Meinung« wurde wiedergegeben und hergestellt durch Zeitungen, Zeitschriften und Bücher von relativ geringer Verbreitung. Hinzu kam, daß die industrielle Revolution und ihre Eisenbahnen lange brauchten, um von Großbritannien auf den Kontinent überzugreifen, so daß in den dreißiger Jahren des Jahrhunderts wohlhabende Reisende Frankreich, die Schweiz und Italien noch immer in eigener Reisekutsche mit Postillion bereisten. Sogar 1850, als das englische, preußische und belgische Schienennetz schon weitgehend angelegt war, gab es noch keine Bahnverbindung von Paris nach Dijon oder Marseille, kaum eine in Italien und nirgends eine auf der Iberischen Halbinsel. In Rußland führte die einzige Eisenbahn von Sankt Petersburg nach Moskau. Obwohl sich in England über zwanzig Prozent der Bevölkerung in den großen Industriestädten ballten, waren von diesem Verstädterungsprozeß in Frankreich und Italien erst zehn Prozent erfaßt, in Osteuropa, Polen, dem europäischen Teil Rußlands, in Spanien und Portugal sogar weniger als fünf Prozent. Den höchsten Preis für den »Fortschritt« hatten die Engländer zu bezahlen.

In diesem vorwiegend landwirtschaftlichen Europa, wo man große Strekken so viel schneller zurücklegen konnte als zu spätrömischer Zeit, fand die Musik, als die wohl internationalste Kunstform, ein begieriges, über viel Muße verfügendes Publikum, und es war eine Zeit intensiven musikalischen Schaffens, als die wunderbare Tradition des späten achtzehnten Jahrhunderts mit ihrem unübertroffenen Höhepunkt in Mozart und ihrer romantischen Weiterentwicklung durch Beethoven vor allem von mitteleuropäischen Komponisten popularisiert wurde, die häufig durch die Musik ihrer Völker und die Stimmung ihrer einheimischen Landschaft angeregt wurden. Keine der Weltkulturen hat ein solches Musikschaffen vorzuweisen wie das Europa des späten achtzehnten und neunzehnten Jahrhunderts; noch heute zehrt die europäisch-amerikanische Kultur im wesentlichen von dem damals erworbenen Kapital. Franz Schubert (1797–1828) verbrachte sein kurzes Leben in Wien. Er wurde im Internat der Wiener Hofkapelle ausgebildet und steht in der Tradition Haydns und Mozarts, wobei er vor allem als Liedkomponist gefeiert wurde. Robert Schumann (1820 bis 1856) stammte aus dem sächsischen Zwikkau und starb in Bonn. Sein Vater war Buchhändler und ein Bewunderer der englischen Romantiker, eine Begeisterung, die sein Sohn auf die Deutschen Hoffmann und Richter übertrug. Ganz gegen sein Naturell zum Jurastudium gedrängt, entschied er sich Komponist zu werden, und heiratete Clara Wieck, eine hervorragende Pianistin. Er ließ sich in Leipzig nieder, wo er eine Musikzeitschrift gründete, aber seine vielseitigen Tätigkeiten endeten in einer Gemütskrankheit, die zu einem Selbstmordversuch führte und ihn zwang, sein Leben hinter Anstaltsmauern zu beschließen.

Ein anderer hochherziger, aber gelegentlich etwas gefühlsseliger Romantiker war Felix Mendelssohn-Bartholdy (1809–1847). Er wurde als Sohn eines wohlhabenden jüdischen Bankiers in Hamburg geboren und konnte sein früh gereiftes musikalisches Talent in Berlin entfalten. In jungen Jahren besuchte er England und gründete nach einer Tätigkeit als Musikdirektor in Düsseldorf das Konservatorium in Leipzig.

Der auffälligste romantische Komponist in Frankreich war Hector Berlioz

(1803–1869). Als Sohn eines Arztes bei Grenoble geboren, zog er nach Paris, um Medizin zu studieren, ein Studium, das er dann aber aufgab, um sich der Musik zu widmen. Bald machte er die Bekanntschaft von Chopin, Liszt, Delacroix und Balzac. Er ist der strahlendste und leidenschaftlichste aller romantischen Komponisten mit einer Musik, die sich umfangreicher Orchester, vieler Schlaginstrumente und großer Chöre bedient: er ist das für die Musik, was Delacroix für die Malerei ist. Frédéric Chopin (1810–1849) war eleganter in seinem romantischen Ausdruck und schrieb vor allem Klaviermusik, die nuancierte Stimmungen wiedergibt. Der Sohn eines polnischen Schulmeisters und einer französischen Mutter brachte das ganze Feuer, den Stolz und die Melancholie seines Vaterlandes in sein Werk ein, das großen Anklang fand.

Ein anderer großer Pianist, der Chopin lange überlebte und erst Ende des neunzehnten Jahrhunderts starb, war der Ungar Franz Liszt (1811–1886). Temperament und Glanz seines Spiels und seiner Kompositionen sind so magyarisch, wie Chopins Musik polnisch ist, und er schlägt einen Bogen vom Zeitalter der Esterházys, die Haydn förderten, bis zum Zeitalter Wagners in Bayreuth. Seine entscheidenden Eindrücke empfing er im Paris der dreißiger Jahre aus dem Kreise der Schriftsteller und Künstler der romantischen Epoche. Völlig international und überall gefeiert lebte er in Paris, Budapest und Rom und entfaltete dazu eine lebhafte Reisetätigkeit. Er war der Erfinder der »symphonischen Dichtung«, und sein technisch brillantes und feuriges Musikwerk erfreut sich noch heute außerordentlicher Beliebtheit.

Inzwischen hatten auch die Italiener, entweder unempfänglich für die politischen Ereignisse oder gerade von ihnen inspiriert, einen wichtigen Beitrag zur romantischen Musik, besonders auf dem Gebiet der Oper, geleistet. Vincenzo Bellini (1801–1835), ein Freund Chopins, war Sizilianer, in Catania geboren, der nach kurzem Erfolg frühzeitig in Paris starb. Gaetano Donizetti (1797–1848) lebte und starb in Bergamo. Er war ein außerordentlich fruchtbarer Opernkomponist, dessen Melodien die Romantik überdauert haben, um auch in musikalisch ärmeren Zeiten fortzuleben.

Gioacchino Rossini (1792–1868) war wohl die populärste Musikerpersönlichkeit seiner Zeit. In Pesaro geboren, wurde er von seiner Mutter für eine Bühnenkarriere in Bologna erzogen, wo er sich vor allem mit dem Werk Mozarts beschäftigte. Er wurde Direktor des wichtigsten Theaters in Neapel, wo er 1816 seinen *Barbier von Sevilla* zur Aufführung brachte. Stärker nationalistische Züge trägt *Wilhelm Tell*, eine Oper, die ihm große Popularität eintrug. Dennoch war der größte romantische Komponist Italiens Giuseppe Verdi (1813–1901). Obwohl er das zwanzigste Jahrhundert noch erlebte, haben ihn die in seine Jugend fallenden Ereignisse von 1830/31, als Mazzini *La Giovine Italia* gründete, entscheidend geprägt. Sein geniales Schaffen bleibt romantisch und melodramatisch dem Stil dieser Zeit verpflichtet, wie die 1847 an der Schwelle des Revolutionsjahres geschriebene Oper *Macbeth* beweist. Obgleich der Höhepunkt seines Schaffens in die zweite Hälfte des neunzehnten Jahrhunderts fällt, sind sein musikalisches Idiom und seine Leidenschaften verwurzelt in den dreißiger Jahren, und eine seiner größten Kompositionen, das Manzoni-*Requiem*, war dem patriotischen Autor von *I Promessi Sposi* gewidmet. Durch und durch italienisch gesinnt, war Verdi ebensosehr ein einflußreicher Prophet des *Risorgimento* wie eine Begabung von internationaler Bedeutung.

6. Kulturelle Blüte und politische Zerrissenheit

Frühkapitalismus, Fortschrittsglaube und Bürgerkultur

Die zweite Hälfte des neunzehnten Jahrhunderts war bestimmt von einer kulturellen Blüte, aber auch von wachsenden politischen Spannungen in Westeuropa. Es war eine außerordentlich schöpferische Zeit, in der die Naturwissenschaften zunehmend an Geltung gewannen und die, im Anschluß an das epochemachende Werk Darwins, der Menschheit einen neuen Platz in Biologie und Natur zuwies. In Literatur, Musik und bildender Kunst konnte sie sich an Kreativität mit der Romantik messen und wurde dank ausgedehnter Forschungsreisen und massiver Besiedlung anderer Kontinente durch die Europäer für kurze Zeit in ihrem Einfluß bestimmend für die Weltgeschichte. Die Wirtschaftsexpansion nahm phantastische Ausmaße an, da nach der ersten industriellen Revolution Schienenverkehr und Dampfschiffahrt voll zum Tragen kamen und eine neue technologische Revolution, auf Dampfkraft und Elektrizität basierend, anhob. Dank dieser westeuropäischen Initiative erlebte die Menschheit eine nie dagewesene, stürmische Entwicklung des Erfindungsgeistes und der Großindustrie, die zu einer weltweiten wirtschaftlichen Verflechtung führte und sich überall alles zunutze machte, was nur irgendwie nutzbar zu machen war.

Die Minderheiten, die aus dieser Nutzbarmachung Kapital schlugen, erfreuten sich international eines hektischen Wohlstands, der auf dem Höhepunkt dieser Entwicklung in den fünfziger und sechziger Jahren des Jahrhunderts den relativ bescheidenen Wohlstand der Akademiker und Verwaltungsbeamten längst in den Schatten stellte, während die Kluft zwischen qualifizierten Handwerkern mit bürgerlichen Ambitionen und den proletarischen, ungelernten Arbeitern die Gefahr einer radikalen Revolution minderte, die in den »hungrigen« vierziger Jahren gedroht hatte. Die Lebensverhältnisse des städtischen Proletariats blieben bis weit ins zwanzigste Jahrhundert hinein beklagenswert, aber das Unternehmertum, die Akademiker, die Kapitalisten und die selbständigen Handwerker waren voller Optimismus: die Währungen waren stabil, der Verkehr freizügig, die Erbfolge gesichert. Im Westen setzte sich ein allgemeiner Glaube an den Fortschritt durch.

Aber diese mächtige liberale Bürgerkultur litt unter ererbten Mängeln. Während im Westen, etwa in Nordamerika, liberales Ideengut der neuen Massenzivilisation angepaßt wurde, die durch angewandte Wissenschaft und Technologie entstand, hielten sich in Mittel- und Osteuropa archaische Militärregime, die sich auf willkürliche Macht gründeten. Schlimmer noch war, daß der Begriff des »Europäischen Konzerts« oder auch nur des Machtgleichgewichts allmählich zerfiel. Das brutale Faktum des Nationalstaates, der über wehrpflichtige »Völker in Waffen« gebot, hatte den noch relativ verantwortungsvollen »Legitimitätsbegriff« verdrängt; und das »Recht auf Selbstbestimmung«, das auf Mazzinis utopischer Vision von einer »Brüderschaft« freundlich gesinnter Nationalstaaten beruhte, war zum Ersatz für politisches Denken geworden. Denn statt sich als pazifistischer Einfluß zu erweisen, war die Masse der Menschen, durch erweitertes Wahlrecht oder Volksabstimmungen einbezogen, weit kriegerischer gesinnt als die alten herrschenden Klassen, die ein gemeinsames Interesse an der Begrenzung oder Vermeidung von Kriegen hatten. Von einer zunehmend »volkstümlichen« Presse aufgehetzt, drängten die Völker ihre Regierungen zum Krieg. Kombiniert man den schwindenden Einfluß der alten Ideen des christlichen Abendlandes, die im Römischen Reich verwurzelt und im Mittelalter noch wesentlich waren, mit der völlig sachfremden Übertragung der Darwinschen Lehre vom »Überleben der Stärksten« auf die Rivalität der Nationalstaaten, so wird die Verdüsterung der politischen Zukunft Europas und der Welt verständlich.

Dies also sind die Themen, die in der zweiten Hälfte des neunzehnten Jahrhunderts die europäische Geschichte beherrschten: der Reichtum, die Macht, die wissenschaftliche und kulturelle Blüte einer dynamischen Gesellschaft und unter der Oberfläche das Rattern ihres Räderwerks, das Grollen des nahenden Verhängnisses, kaum vernehmbar zunächst, aber sich steigernd, als »Realpolitik« und Rüstungswettlauf souveräner und zentralisierter Nationalstaaten, die weder im Himmel noch auf Erden eine ihnen übergeordnete Instanz anerkannten, die vielfältigen und glänzenden kulturellen Errungenschaften des Kontinents allmählich aufs Spiel setzten. Nicht zufällig stammte die charakteristischste und nur allzu repräsentative Musik dieser Epoche von Richard Wagner (1813–1883), nicht zufällig auch, daß eine seiner berühmtesten Kompositionen *Götterdämmerung* heißt.

Von der Krim nach Sedan

Auf dem Waterloo Place in London steht das erste wirklich scheußliche Kriegerdenkmal Englands: Es erinnert an das Ereignis, das den von 1815 bis 1854 währenden europäischen Frieden beendete, den Krieg der Engländer und Franzosen gegen die Russen auf der Krim.

Das bürgerliche England, das unter einer Reihe von liberalen *Whig*-Regierungen und unter Freihandelsbedingungen einen immensen Wohlstand zusammengetragen hatte, und Frankreich, das unter den relativ liberalen Verhältnissen von Napoleons III. Kaiserreich eine erhebliche Wirtschaftsexpansion erlebte – beide legten sie sich mit dem Rußland Nikolaus' I. an. Die Engländer waren seit langem besorgt über den sich abzeichnenden Zusammenbruch des Osmanischen Reichs und das Ausgreifen Rußlands auf den Balkan, in die Levante und nach Zentralasien, was sie für eine Bedrohung ihrer Verbindungswege mit Indien ansahen, während Napoleon III., ein Abenteurer, der den Glanz militärischer Erfolge brauchte, an die Tradition französischer Politik in der Levante anknüpfte, in diesem Falle, indem er das hinfällige Regime Sultan Abd ül-Medschids I. stützte. Nachdem die Westmächte die russische Expansion auf dem Balkan eingedämmt hatten, indem sie unabhängige christliche Staaten in Serbien und Griechenland aus der Taufe gehoben hatten, fürchteten sie jetzt die politische und wirtschaftliche Expansion Rußlands in Kleinasien und Persien und vor allem die Bedrohung Konstantinopels und der Meerenge durch die Russen. Glücklicherweise waren Preußen und Österreich klug genug, neutral zu bleiben und so einen europäischen Großbrand lokal einzugrenzen, so daß die Kontrahenten ihre Auseinandersetzung auf die Krim beschränken mußten. Obwohl der Konflikt die Unfähigkeit des britischen Oberkommandos und den desolaten Zustand der seit Waterloo unveränderten englischen Armee offenbar machte, erlitten die Russen eine so schwere Niederlage, daß sie, nachdem Alexander II. (1855–1881) seinem Vater Nikolaus I. auf den Thron gefolgt war, alle weiteren Ambitionen im Südwesten erst einmal fallenließen. Durch den Pariser Frieden von 1856 verlor Rußland sein Monopol auf das Schwarze Meer, das ihm 1840 durch das Londoner Protokoll eingeräumt worden war, und ließ seine Ansprüche auf die Moldau, die Walachei und die Donaumündung fallen, während Alexander II. sich ab 1861 verstärkt der überfälligen Aufgabe der Befreiung der russischen Leibeigenen zuwandte. Da große Truppenverbände an der Westgrenze zu deren Bewachung gebunden waren und da ein österreichisches Ultimatum die Russen zur Annahme der englisch-französischen Friedensbedingungen gezwungen hatte, wurden die Erinnerungen an die 1814 geschlossene und seither bestehende »Heilige Allianz« zwischen Preußen, Österreich und Rußland noch weiter verschüttet.

Ein bislang unbedeutender Pufferstaat zwischen Frankreich und Österreich im Nordwesten Italiens profitierte vom Krimkrieg: Graf Camillo Cavour, der piemontesische Architekt des vereinigten Italien, hatte fünfzehntausend Italiener aufgeboten, die an der Seite der Engländer und Franzosen auf der Krim gekämpft hatten, und damit dafür gesorgt, daß Piemont auf der Friedenskonferenz vertreten war. Cavour hatte seit dem Scheitern Karl Alberts in den Jahren 1848/49 die Modernisierung Piemonts zielstrebig vorangetrieben, indem er strategisch wichtige Eisenbahnen anlegen ließ und sogar das Geld und den Einfluß Rothschilds für seine Bewässerungsprojekte gewann. Das gesteigerte Gewicht seines Staatswesens in der internationalen Politik in die Waagschale werfend, hatte er geheime Absprachen mit Napoleon III. getroffen, der ihm als Gegenleistung für die Abtretung Savoyens und Nizzas an Frankreich Unterstützung in einem Krieg zugesagt hatte, der die Österreicher aus Norditalien vertreiben sollte.

So wurde 1859 ein zweiter und relativ begrenzter Krieg in der Mitte des neunzehnten Jahrhunderts durch französisches Eingreifen – die einzig vernünftige Lösung – in den blutigen Schlachten von Magenta und Solferino entschieden. Unter der Herrschaft des Hauses Savoyen entstand ein unabhängiges Königreich Italien, das nach Süden expandierte, als Garibaldi und seine

»Tausend« zunächst Sizilien und dann Neapel eroberten.[27] Denn Cavour fiel daraufhin im Kirchenstaat ein, angeblich, um den Papst vor den republikanischen und antiklerikalen Garibaldinern zu retten, und zwang diesen, Neapel und Sizilien an König Viktor Emanuel II. auszuhändigen. Abgesehen von Rom, das noch von Franzosen besetzt war, und von Venetien, das in österreichischen Händen war, da Napoleon III. sich frühzeitig aus dem Krieg zurückgezogen hatte, war ein vereinigtes Italien entstanden dank des gerissenen Realismus von Cavour, der seiner Denkungsart und Sprache nach eher Franzose als Italiener war, und dank des in südamerikanischer Manier vorgenommenen Eroberungszuges Garibaldis und seiner Gefolgschaft, die vor allem aus patriotischen Jünglingen aus dem Bürgertum und aus hartgesottenen Abenteurern bestand.

Nördlich der Alpen brachte inzwischen eine andere machiavellistische Gestalt, Otto von Bismarck (1815–1898), ein Staatsmann von der Exzentrizität und dem Format Churchills, die Vereinigung Norddeutschlands unter preußischer Vorherrschaft zustande. Im Gegensatz zu einer weithin geltenden Meinung waren Bismarcks Kriege nicht so kaltblütig geplant wie die Cavours. Er war vielmehr ein genialer Opportunist, der Krisen nutzte, wie sie kamen. Väterlicherseits ein Junker und mütterlicherseits aus einer Familie von Akademikern und Intellektuellen, blieb er trotz seines öffentlichen Auftretens als »Eiserner Kanzler« im Grunde seines Herzens ein kultivierter Diplomat und ein Politiker, der die Gunst der Stunde abzuwarten wußte. Diese hatte ihn 1852 durch die zufällige Krankheit eines Kollegen als preußischen Delegierten in den Bundestag des wiederhergestellten und von Österreich dominierten Deutschen Bundes gebracht. Damals hat er nach eigener Aussage »die Überzeugung gewonnen, daß Deutschland der österreichischen Vormundschaft entrissen werden müsse, zumindest jener Teil Deutschlands, der durch seinen Geist, seine Religion, seinen Charakter und seine Interessen dem Geschick Preußens verbunden sei – Norddeutschland«. (Taylor). Als Ministerpräsident von Preußen erkannte Bismarck 1863 seine Chance, als durch den Tod König Friedrichs VII. von Dänemark »die Schleswig-Holsteinische Frage erneut aufgeworfen wurde«. Daraus entwickelte sich der dritte entscheidende europäische Krieg Mitte des Jahrhunderts, der zur preußischen Vorherrschaft in dem Deutschland nördlich der Mainlinie und zu dem schicksalhaften deutsch-französischen Krieg von 1870/71 führte.

Die Schleswig-Holsteinische Frage ist von entmutigender Kompliziertheit.[28] Jedenfalls führte sie zu einer Konfrontation des deutschen und des dänischen Nationalismus, weil mit dem Tode Friedrich VII. (1848–1863) eine besondere dynastische Regelung aufgehoben wurde, die angeblich durch das Londoner Protokoll von 1852 von Großbritannien, Frankreich und Rußland garantiert wurde – nur daß keiner der drei jetzt eingreifen konnte.

Denn der neue König von Dänemark, Christian IX. (1863–1906), hatte Schleswig dem dänischen Staat einverleibt. Da er seine Krone in weiblicher Linie geerbt hatte, behauptete sein Vetter Herzog Friedrich von Holstein-Sonderburg-Augustenburg, daß der König nach altem salischem Recht die Herzogtümer nicht erben könne, und beanspruchte sie für sich. So hatte er die leidenschaftliche Unterstützung der Nationalisten im Deutschen Bund gewonnen. Aber Bismarck, der Kiel und die Herzogtümer für Preußen wollte, setzte seine Widersacher matt, indem er Österreich ins Spiel brachte, angeblich, um eine Verletzung des Londoner Protokolls zu vermeiden, da Christian IX. formal seine Rechte überschritten hatte. Im Februar 1864 besetzten preußische und österreichische Truppen im Auftrag des Deutschen Bundes Holstein und Schleswig und überschritten die dänische Grenze. Aber obwohl man einen Waffenstillstand vereinbarte, weigerten sich die Dänen, denen alle Deutschen verhaßt waren, ihre Ansprüche auf die Herzogtümer aufzugeben. Woraufhin der Krieg wieder aufflammte, bis die Dänen im August 1864 gezwungen waren, beide Herzogtümer an Österreich und Preußen abzutreten.

Der faktische Besitz war zu neun Zehntel ein Rechtsanspruch, aber die Sieger entzweiten sich bald. Dazu verweigerten die Preußen – ein weit ernsterer Zwist – Österreich den Zutritt zum Zollverein der deutschen Bundesstaaten, dessen Erneuerung 1865 anstand. Trotz der Gasteiner Konvention vom August 1865, welche die Verwaltung der Elbherzogtümer Schleswig friedlich regelte, schloß Bismarck jetzt ein Bündnis mit den Italienern, die versprachen, das österreichische Venedig anzugreifen, wenn die Preußen Österreich innerhalb von drei Monaten angriffen. Mitte Juni des Jahres 1866 waren die preußischen Truppen, auf strategisch günstig angelegten Schienenwegen rasch zusammengezogen, in Böhmen eingedrungen und besiegten die Österreicher am 3. Juli bei Königgrätz, wobei die Preußen einen Vorteil in ihren »Zündnadelgewehren« besaßen (Hinterlader mit gezogenem Lauf, die im Liegen nachgeladen werden konnten).

Nachdem der Krieg durch den Frieden von Prag beendet worden war, besaß Preußen die Vorherrschaft in Norddeutschland und übernahm sowohl Schleswig als auch Holstein, während Österreich allen politischen Einfluß auf den vorwiegend katholischen Süden Deutschlands aufgeben und Venedig an Italien abtreten mußte.

Verlierer in diesem Spiel waren die Franzosen. Bismarck hatte das Machtgleichgewicht in Europa gestört, indem er Österreich geschwächt hatte, aber nicht nur Österreichs Position hatte sich verschlechtert: Frankreich war nicht mehr die stärkste Macht auf dem Kontinent.

Preußen gründete jetzt einen neuen Norddeutschen Bund, dessen Truppen dem preußischen König unterstellt waren, mit einem Bundesrat der Fürsten, deren Entscheidungen formell einem nach allgemeinem und gleichem Wahlrecht gewählten Reichstag unterworfen waren. Bismarck wurde Bundeskanzler und besaß in dieser Eigenschaft noch mehr Macht als in der Position eines preußischen Ministerpräsidenten.

Deutschlands Machtschwerpunkt lag jetzt im Norden, während die süddeutschen Fürsten zwar noch autonom, aber ohne Bedeutung waren; Österreich mußte sich politisch und wirtschaftlich nach Osten in die Donaugebiete und den Balkan ausrichten. Bismarck war scheinbar zufrieden. Sie hätten, so sagte er, für eine Generation genug getan.[29]

1867 wurde das österreichische Kaiserreich, jetzt aus Norddeutschland und Italien hinausgedrängt, zur Doppelmonarchie Österreich-Ungarn, zugleich kaiserlich und königlich, während Bismarck sich anschickte, Norddeutschland zu konsolidieren und zu modernisieren, wo im Ruhrgebiet die industrielle Revolution eine stürmische Entwicklung nahm und wo von Hamburg aus der Übersee- und Ostseehandel florierte. Deutschland stand an der Schwelle zur wirtschaftlichen Vorherrschaft in Europa.

Doch nach den Aufregungen des österreichisch-preußischen Kriegs kamen die süddeutschen Staaten ihren militärischen Verpflichtungen Preußen gegenüber nur widerwillig nach, und die Liberalen im Bundestag, die nicht bereit waren, das Heer des Norddeutschen Bundes zu finanzieren, hatten die erforderlichen Mittel nur bis 1871 bereitgestellt. Man brauchte einen neuen Anreiz; im Juli 1870 fand man ihn. Es kam zur Krise über die Monarchie in Spanien, wo Königin Isabellas jämmerliche Regierungszeit mit ihrer Abdankung und ihrem Exil zu Ende gegangen war und wo Bismarck, als Gegengewicht zu einem drohenden französisch-österreichischen Bündnis, Prinz Leopold von Hohenzollern-Sigmaringen als liberalen katholischen Kandidaten für den spanischen Thron vorgeschlagen hatte. Nichts war besser geeignet, eine hysterische Reaktion in Frankreich auszulösen: War doch die Gefahr einer »Einkreisung« von Süden wieder gegeben.

Die französische Regierung, bestrebt, ihr schwindendes Prestige zurückzugewinnen, schlachtete die Krise nach Kräften aus, weil sie darauf vertraute, daß die übrigen deutschen Staaten kein dynastisches Abenteuer unterstützen würden, das eine Privatangelegenheit der Hohenzollern war. Auch Leopold wollte Komplikationen vermeiden, die König Wilhelm I. von Preußen nicht wünschte. So zog der Prinz seine Kandidatur zurück, womit Frankreich einen »diplomatischen« Sieg errungen hatte. Aber dann überreizte es seine Karten: entschlossen, die Preußen zu »erniedrigen«, verlangte Napoleon III. unter Androhung des Krieges, daß Wilhelm I. sich für Leopolds Kandidatur »entschuldige« und verspreche, daß sie sich nie wiederholen werde. Auf diese ihm in Bad Ems unterbreiteten Forderungen hin wiederholte der König entgegenkommend, daß die Kandidatur zurückgezogen und der Vorfall damit erledigt sei. Anders Bismarck: Entschlossen, die Franzosen nicht so leicht davonkommen zu lassen, publizierte er den Wortlaut der Depesche, die der König ihm aus Bad Ems geschickt hatte, in gekürzter Fassung und beschrieb den Vorgang so, daß der Eindruck entstand, der König sei von den Franzosen beleidigt worden, die in ihrer Verbohrtheit den Krieg erklärten.

Wenn Bismarck den Krieg nicht bewußt geplant hatte, so stürzte er sich doch auf die Gelegenheit, ihn zu provozieren, denn er diente ja dazu, ein deutsches Reich zu schaffen, dem Preußen seinen Stempel aufdrücken konnte.

Im Gegensatz zur Einschätzung der kundigsten Militärexperten, die erwarteten, die Franzosen würden innerhalb dreier Monate in Berlin sein, gelang es den Deutschen, mit größerer Truppenstärke, größerer Beweglichkeit und besserer Bewaffnung in Gestalt der neuen Hinterladergeschütze aus Kruppschem Gußstahl die Franzosen zu umgehen und in die Zange zu nehmen. Schon nach wenigen Wochen hatte sich Kaiser Napoleon III. mit achtzigtausend Mann in Sedan ergeben, während Marschall Bazaine mit einer anderen französischen Armee in Metz eingeschlossen wurde. Im Januar 1871 wurde Wilhelm I. von Preußen im Spiegelsaal zu Versailles zum Kaiser eines zweiten Deutschen Reiches ausgerufen. Die deutschen Liberalen und die süddeutschen Könige und Fürsten wurden durch den siegreichen Krieg in dieses vereinigte Deutschland hineingesogen.

Nach der Niederlage seiner Armeen brach das Zweite Kaiserreich zusammen. Am 4. September 1870 wurde eine radikal-republikanische »Regierung der nationalen Verteidigung« in Paris ausgerufen. In einem schneidend kalten Winter hielt sie der deutschen Belagerung bis zum 26. Januar 1871 stand, als sich die hungernde Stadt ergeben mußte.

Im Februar 1871 trat eine für den Friedensschluß gewählte Nationalversammlung in Bordeaux zusammen und ernannte den routinierten Politiker Thiers zum Führer einer provisorischen Regierung. Doch als sie sich mit dem Verlust von Elsaß-Lothringen abfand und der Zahlung einer Kriegsentschädigung zustimmte, erkannte die radikale Pariser Regierung, die die Nationalgarde der Stadt befehligte, die Entscheidung nicht an. Man gründete eine »Kommune« nach dem Vorbild von 1793 und trotzte der provisorischen Regierung, die sich jetzt in Versailles eingerichtet hatte.

Auf die nationale Niederlage folgte der Bürgerkrieg, in dessen Verlauf die Pariser *Fédérés* der Nationalgarde und des halbverhungerten Proletariats nach Grausamkeiten und Vergeltungsmaßnahmen auf beiden Seiten von Regierungstruppen bezwungen wurden, wobei es siebzehntausend Tote gab. Der letzte Versuch der Pariser Radikalen, einem Frankreich, das in seiner Mehrheit eine konservative, wenn auch republikanische Regierung unterstützte, seinen Willen aufzuzwingen, war zerschlagen.

Mit dem Frankfurter Frieden (Mai 1871) überließen die Deutschen Frankreich wieder sich selbst: sie annektierten die gemischtsprachigen Provinzen Elsaß und Lothringen mit den Städten Metz und Straßburg, und verlangten eine gemäßigte Kriegsentschädigung. Sie hatten den angeblich mächtigsten Militärstaat im Westen bezwungen.

So wurde durch eine Reihe von Kriegen innerhalb zweier Jahrzehnte der harterkämpfte Friede des Wiener Kongresses zerschlagen und die Überreste des Europäischen Konzerts und sogar des Machtgleichgewichtes zerstört. Diese Kriege hatten ein geeintes Italien geschaffen, dessen Hauptstadt seit 1870 Rom war, und nach der Niederlage zunächst Österreichs und dann Frankreichs zur Entstehung eines unter preußischer Vorherrschaft stehenden Deutschen Reiches geführt, das die militärisch und wirtschaftlich bei weitem stärkste Macht auf dem Kontinent war.

Das Bismarckreich

Nach der spektakulären Proklamation des zweiten Deutschen Reichs betrachtete Bismarck, der jetzt Fürst, Reichskanzler und immer noch Ministerpräsident von Preußen war, die Machtansprüche Deutschlands für befriedigt. Von den deutschen Fürsten, die zum Beitritt bestochen oder überredet worden waren, war einem widerstrebenden Wilhelm I. die Kaiserwürde angetragen worden, und die Grenzen des Reiches schlossen Österreich-Ungarn aus.

Bismarck, der es im Reichstag mit einer schwerfälligen Maschinerie zu tun hatte, wobei er auf die Unterstützung der Nationalliberalen zählen konnte, machte sich jetzt daran, das Reich zu modernisieren und zu zentralisieren. Man schuf eine gemeinsame Währung, das im ganzen Reichsgebiet geltende Bürgerliche Gesetzbuch, das Handelsgesetzbuch und das Reichsgericht in Leipzig. Die hohen Maßstäbe preußischer Verwaltung wurden allmählich überall in Deutschland heimisch gemacht, und als die radikale Sozialdemokratische Partei immer mehr Zuspruch erhielt, nahm Bismarck ihr den Wind aus den Segeln, indem er die Grundlagen des ersten Wohlfahrtsstaates schuf – lange bevor die Liberalen in England damit während des Krieges 1914/18 begannen. Es wurden Arbeiterschutzgesetze zur Kranken- und Altersversicherung geschaffen, und während andere Länder zuließen, daß die industrielle Revolution in den wie Pilze aus dem Boden schießenden Industriestädten nach Belieben wütete, entwickelten die Deutschen eine regelrechte Begeisterung für Städteplanung. Die Verwaltung durfte auf die Gefügigkeit eines Volkes zählen, das akzeptierte, daß viele Dinge verboten waren. Diese Stabilität war den an Reichtum und Macht gewinnenden Industriellen und Geschäftsleuten sehr willkommen, und den tiefverwurzelten antisemitischen Traditionen zum Trotz wurden die Juden jetzt geduldet, wenn sie reich genug waren.

Die Universitäten, die seit langem eine breite und gründliche Gelehrsamkeit förderten, brachten die besten, wenn auch nicht immer gerade die lesbarsten wissenschaftlichen Arbeiten Europas heraus, während ihre Vielfalt und Erschwinglichkeit ein lebhaftes studentisches Treiben entstehen ließ; das Volks- und höhere Schulwesen in Deutschland galt in seiner methodischen Gründlichkeit als vorbildlich. Ihm waren die tüchtigen Unteroffiziere und Eisenbahnbeamten zu verdanken, die im deutsch-französischen Krieg die Wehrpflichtigenverbände so rasch und wirksam zum Einsatz gebracht hatten.

Indessen hatte die Regierung gegen die Katholiken im Süden und im Rheinland einen Kulturkampf begonnen, der vor allem über die Schulen ausgetragen wurde, aber das politische Geschick Bismarcks wurde auch mit diesen intelligenten und mächtigen Gegnern fertig. Und doch blieb ein wesentlicher Aspekt des Deutschen Reichs ganz und gar der Tradition verhaftet. Das Militär genoß ein so hohes Ansehen, daß es den ganzen Stolz alter preußischer Traditionen bewahren konnte und darin von einer Bevölkerung bestärkt wurde, die noch immer siegestrunken war. Dazu scheute Bismarck 1878 auch den Bruch mit den Nationalliberalen nicht, als er ständige direkte Steuern zur Finanzierung der Armee erhob, womit die Notwendigkeit entfiel, in regelmäßigen Abständen die Militärausgaben vom Reichstag bewilligen zu lassen, und das grundlegende Prinzip parlamentarischer Kontrolle über die Finanzierung der Streitkräfte aufgehoben wurde. Und als 1878 ein Wirrkopf versuchte, den ehrwürdigen Kaiser Wilhelm I. umzubringen, benutzte Bismarck die Gelegenheit, den Reichstag aufzulösen und sowohl die Sozialdemokraten als auch die Liberalen in Mißkredit zu bringen. 1879 verstieß er sogar gegen die liberalen Grundsätze des Freihandels, indem er für Landwirtschaft und Großindustrie Schutzzölle einführte. So setzten sich die immense Expansion und der gewaltige Wohlstand des ursprünglich auf den Freihandel gegründeten Deutschen Reichs trotz Rückschlägen und Rezession fort. Zwischen 1871 und 1914 wuchs die Bevölkerung von einundvierzig auf über fünfundsechzig Millionen, die Weizen- und Getreideerzeugung verdoppelte sich, die Kohleproduktion stieg auf das Achtfache und die Stahlerzeugung von drei Millionen auf vierzehn Millionen Tonnen. Deutsche Reedereien in Hamburg und Bremen konkurrierten jetzt mit englischen, während die deutsche Chemo- und Elektroindustrie die englische gar überflügelte. Deutschland begann sich nach Kolonien umzusehen, und unter dem Druck der öffentlichen Meinung trug der sonst so vorsichtige Bismarck seinen Teil zur europäischen »Balgerei« um das tropische Afrika in den achtziger Jahren bei.

Dagegen blieb die deutsche Politik in Europa sehr behutsam, was auch erforderlich war angesichts des leidenschaftlichen und hartnäckigen Hasses, den der Verlust von Elsaß-Lothringen in den Franzosen geweckt hatte, der Schwierigkeiten, welche die Aufrechterhaltung gleichzeitiger guter Beziehungen zu Österreich-Ungarn und zu Rußland bereitete, und der wachsenden Abneigung Großbritanniens gegen kontinentale Bündnisse. Da Deutschland sich selbst konsolidieren und seine Gewinne sichern wollte, lag es in seinem Interesse, den Frieden zu wahren.

1875 kam es zu einem erneuten Krieg Rußlands gegen die Türkei, wobei es um die türkische Behandlung der Slawen auf dem Balkan ging. Die Bulgaren im Gebiet von Philippopolis, die sich einem Aufstand in Bosnien und der Herzegowina gegen die türkische Herrschaft angeschlossen hatten, wurden auf Befehl des Sultans von in türkischen Diensten stehenden Tscherkessen und Tataren niedergemacht, ein Blutbad, das fünfzehntausend Menschen das Leben kostete. Die Nachricht veranlaßte Gladstone zu heftigen Vorwürfen, so daß die Bulgaren – wohl nicht ganz passend – zu Helden des liberalen Englands wurden. Außerdem lieferten sie den Russen eine Entschuldigung, den Krieg mit den Türken wieder aufzunehmen, in dessen Verlauf sie gefährlich nahe an Konstantinopel heranrückten und die Türken zwangen, im Vorfrieden von Santo Stefano ein Satellitenkönigreich Bulgarien anzuerkennen unter der Herrschaft des zweiundzwanzigjährigen Fürsten Alexander von Battenberg, der aber schon 1886 von den Bulgaren wieder vertrieben wurde.

Entschlossen, die Türkei zu stützen, drohten die Engländer den Krimkrieg zu erneuern. Deshalb berief Bismarck 1878 den Berliner Kongreß ein, um zusammen mit Disraeli die Rolle eines – wie er für sich in Anspruch nahm – »ehrlichen Maklers« zu übernehmen. Die Russen mußten Abstriche machen, und das Satellitenreich Bulgarien wurde verkleinert, obwohl Bosnien und die Herzegowina der Verwaltung Österreich-Ungarns unterstellt wurden. Dann ging Bismarck mit Österreich-Ungarn ein Verteidigungsbündnis gegen Rußland ein, wodurch er die Doppelmonarchie von den Westmächten lösen wollte, eine Politik, die letztlich in die Katastrophe von 1914 führen sollte, da sie Deutschland in die höchst wechselvolle Geschicke der österreichisch-ungarischen Monarchie auf dem Balkan verstrickte und auch den kleinen Vorrat an gutem Willen aufzehrte, den die Preußen seit ihrer wohlwollenden Neutralität im Krimkrieg in Sankt Petersburg besaßen. Niemand, nicht einmal Bismarck, konnte den Frieden in Europa angesichts der jetzt noch durch die koloniale Konkurrenz verschärften barbarischen Beziehungen der Großmächte lange bewahren. Als Wilhelm II. 1888 Deutscher Kaiser wurde und 1890 Bismarck entließ, führten die verhängnisvollen Kräfte dieser Großmachtrivalitäten innerhalb eines Vierteljahrhunderts in den Ersten Weltkrieg.

Pax Britannica

1870 waren die Deutschen mit 1200000 Wehrpflichtigen in Frankreich einmarschiert, doppelt soviel Soldaten wie Napoleon nach Rußland geführt hatte und bei weitem die größte Streitmacht, die bis dahin in der Geschichte Europas mobilisiert worden war. Die Wehrpflicht hatte sich jetzt bei allen Großmächten eingebürgert, nur die Engländer, die sich aus den Kontinentalbündnissen heraushielten, begnügten sich mit einem kleinen Berufsheer, während sie in Indien eine große Armee unterhielten, die sie unter den kriegerischeren Stämmen des Subkontinents ausgehoben hatten.

Während der fünfziger und sechziger Jahre blieb Großbritannien die stärkste Seemacht und erreichte den Gipfel seines Wohlstands, während die *Royal Navy* die Weltmeere überwachte und mit Geschick und Bluff das größte Kolonialreich der Welt beschützte. Das Dampfschiff hatte die Segelschiffahrt verdrängt und der Überseehandel sich enorm ausgeweitet, während das Nachrichtenwesen durch elektrische Telegraphen die Entfernungen unvergleichlich viel rascher überbrückte. Ein intensives internationales Freihandelswesen trug zum Wohlstand Nordwesteuropas bei, während sich die Schwerindustrie im Nordosten Frankreichs, in Belgien und im Rheinland in einem Maßstab entwickelte, der mit dem Großbritanniens vergleichbar war, ja ihn gelegentlich übertraf.

Die ungeschriebene englische Verfassung erwies sich allen gesellschaftlichen und politischen Veränderungen gewachsen, und als die Konservativen 1867 wieder an die Macht kamen, dehnten sie das Wahlrecht von 1832 auf alle Hausbesitzer aus, wodurch sie die Wahlberechtigten von gut einer Million nahezu verdoppelten. Dann kam von 1868 bis 1874 die erste liberale Regierung unter Gladstone an die Macht und modernisierte die meisten administrativen Aspekte des öffentlichen Lebens in England.

Im gleichen Zeitraum, während der fünfziger und sechziger Jahre, warfen englische Wissenschaftler die überkommene Auffassung von der Stellung des Menschen in der Natur über den Haufen: Charles Robert Darwin (1809 bis 1882) war der Sohn eines Arztes aus Shrewsbury. Die Shrewsbury School besuchte Darwin nur unregelmäßig, da ihm das klassische Curriculum höchst unbedeutend erschien. Nach kurzem Medizinstudium in Edinburgh begab er sich nach Cambridge, wo er sich auf ein geistliches Amt vorzubereiten gedachte, doch waren seine Hauptinteressen gesellschaftlicher Art, die Jagd in den Marschen und der Pferdesport in Newmarket. Aber Professor Henslow, der Botaniker, interessierte ihn für die Naturwissenschaften und besorgte ihm einen Platz als Naturforscher auf der die Welt umsegelnden *Beagle*. 1839 heiratete Darwin seine Cousine Emma Wedgwood und ließ sich drei Jahre später in Downe in Kent nieder. Mit einem Einkommen, das ihn unabhängig machte, lebte er hier nur seinen Studien, litt unter einer unerklärlichen Krankheit, die er sich wahrscheinlich auf seinen Reisen zugezogen hatte, unterbrach jedoch seine Arbeit nie. Als ihm 1858 der Naturforscher A. R. Wallace einen Aufsatz aus Malakka zuschickte, in dem er eine Evolutionstheorie entwickelte, die seiner eigenen, 1844 skizzierten sehr ähnlich war, ließ er beide Aufsätze vor der Linné-Gesellschaft verlesen. Dadurch angeregt, arbeitete er seinen eigenen Artikel zu dem Buch *Origin of Species* aus.

Wie Humboldt, dessen Schriften er mit großem Interesse gelesen hatte, hatte er seinen Horizont durch Weltreisen nach Südamerika, Australien und Südafrika (1831–1836) erweitert und seinen Verstand durch eine lange Forschungstätigkeit geschult, so daß er 1859 sein epochemachendes Werk *Origin of Species* veröffentlichen konnte. Der Evolutionsgedanke, der schon von J. B. Lamarck (1744–1829), einem französischen Schüler Buffons, irreführend dargelegt worden war, erhielt jetzt eine empirische Grundlage, da Darwin nachwies, daß alle Arten, einschließlich der Menschheit, sich über einen Zeitraum von Millionen von Jahren im Wechselspiel von Erbanlage und Umwelt entwickelt hätten. Die Menschheit sei keine »besondere Schöpfung jüngeren Datums«, die sich von anderen Tieren unterscheide, sondern habe sich durch die »natürliche Auslese« wie die anderen Manifestationen des Lebens entwickelt. Seine Theorie bedeutete für die damals tonangebende jüdisch-christliche Tradition eine Herausforderung, und Darwin wurde irreführend dargestellt als ein Mann, der glaubte, der Mensch stamme vom Affen ab. 1871 ließ er auf den *Origin* die Schrift *Descent of Man* folgen, womit er die traditionelle Mythologie noch weiter untergrub.

In den Jahren 1846 bis 1850 war ein anderer junger Biologe, Thomas Henry Huxley, mit der *Rattlesnake* nach Australien gereist. Auf seine besondere Weise und mit weit größerer Lust an öffentlichen Kontroversen als Darwin machte Huxley sich zum Fürsprecher der Evolutionstheorie und prägte den

Ausdruck »Agnostiker« für Leute, die »ihren Glauben verloren« hatten. Er war ein Meister der klaren Prosa und Rhetorik, ein »wissenschaftlicher Humanist«, der rundheraus erklärte, Wissenschaft sei »organisierter gesunder Menschenverstand«.

Der charakteristischste und einflußreichste politische Theoretiker in England, John Stuart Mill, dessen *Essay on Liberty*, 1859, im gleichen Jahr wie Darwins *Origin* erschien, machte deutlich, wie wichtig schöpferische Minderheiten für Kultur und Zivilisation sind, vertrat die Emanzipation der Frauen und warnte vor der Tyrannei der öffentlichen Massenmeinung. Seine Argumente für eine pluralistische Gesellschaft im Rahmen eines flexiblen und konstitutionellen Rechtsstaates sind heute noch höchst bedeutsam.

Mit dem Schwinden kirchlichen Einflusses machte eine eifrige, gebildete Leserschaft weltliche Propheten aus den wortgewandteren ihrer Schriftsteller. T. B. Macaulay, der die *Whig*-Revolution von 1688 glorifizierte, wurde der populärste Historiker. Carlyle mit seinem germanischen »Heldenkult« verfiel der calvinistischen Neigung zu Polemik und geschraubter Rhetorik und unterzog den tonangebenden *Laissez-faire*-Optimismus der *Whig*-Liberalen beißender Kritik. Ruskin, ein wortgewaltiger Ästhet, führte einen vernichtenden Angriff gegen die Selbstgefälligkeit des Jahrhunderts, während Matthew Arnold in *Culture and Anarchy* (1865) die »barbarische« Aristokratie und den »spießbürgerlichen« Mittelstand seiner Zeit in denkwürdiger Weise aufs Korn nahm. Trollope lieferte in *Barchester Towers* (1857) eine weit liebenswürdigere Form der Satire, die er in anderen Schriften auch auf die Politik ausdehnte.

Das Kommunistische Manifest

Louis Napoleons Macht hatte sich auf die Armee, die Polizei und eine unauffällige, aber wirksame Kontrolle der Presse gestützt. Seine Regierung war getragen von den Bauern, den besitzenden Klassen und dem Klerus, so daß die republikanische Opposition in den Städten im Zaum gehalten werden konnte. Zudem versah die Prachtentfaltung seines Hofs, der sich bewußt den des Ersten Kaiserreichs zum Vorbild nahm, auch das Zweite mit Stil und Glanz. Napoleons III. dubiose Außenpolitik, die in erster Linie das Ziel hatte, seine Truppen zufriedenzustellen, hatte Frankreich Savoyen und Nizza eingetragen. Da er aber den Abbau der österreichischen Macht in Deutschland und die endgültige Zerstörung des Machtgleichgewichts in Mitteleuropa geduldet hatte, führte dies dazu, daß er sich einem Preußens Vormachtstellung unterworfenen Deutschland alleine gegenüber sah. Gemessen an diesem alles entscheidenden Fehler war sein mexikanisches Abenteuer relativ harmlos. 1863 hatte Napoleon das Kaiserreich soweit »liberalisiert«, daß es eine freie Presse gab, die Gewerkschaften legal waren und 1869 sogar eine Art parlamentarische Regierung bestand, deren Minister aus den wechselnden

Gruppierungen der französischen Politik gewählt wurden, sofern es ihnen gelang, eine Mehrheit der Abgeordneten des *Corps législatif* hinter sich zu bringen.

Die Hauptstärke des Kaiserreichs war jedoch die stürmische Entwicklung des von ihm geförderten kapitalistischen Unternehmertums in Industrie, Handel und an der Börse. Mit der Entwicklung von Eisen- und Stahlwerken, von Bergwerken und Fabriken wanderten immer mehr Menschen in die Städte, obwohl Frankreich im Gegensatz zu England seinen verläßlichen Bauernstand nicht zugrunde richtete. Das Schienennetz wurde zügig ausgebaut und ein Großteil des alten Paris mit seinem Kopfsteinpflaster und winkligen Gassen, die sich so gut für Barrikaden eigneten, mußte den von Haussmann entworfenen breiten Boulevards und offenen Plätzen weichen, während das helle, weiße Licht der Gaslaternen, die ein Wahrzeichen des Zweiten Kaiserreichs waren, sowohl der Sicherheit als auch der Annehmlichkeit diente. Paris blieb der kosmopolitische Mittelpunkt europäischer Prachtentfaltung und Mode, und nur die militärische Niederlage konnte den Zusammenbruch des Regimes herbeiführen.

Der eindrucksvolle, proteische Dichter Victor Hugo (1802–1885), dessen Familie aus Lothringen und der Bretagne kam, hatte es in Frankreich zu hohem Ruhm gebracht. Mit dem Melodrama *Hernani* stiftete er 1830 denkwürdige Aufstände gegen die Regierung an und schrieb im folgenden Jahr den mittelalterlichen Roman *Notre Dame de Paris*. 1851 von Louis Napoleon gezwungen, in Brüssel Zuflucht zu suchen, dann nach Jersey zu gehen, veröffentlichte er 1862 *Les Misérables*, ein Epos über die Armen von Paris. Er produzierte eine Flut von Versen und Dramen, unter denen nicht zuletzt *La légende des siècles, La fin de satan* und ein Werk mit dem schlichten und erschöpfenden Titel *Dieu* Erwähnung verdienen. Er erreichte ein hohes Alter und wurde im Panthéon beigesetzt. In einer Gegenbewegung zu dieser extrem romantischen Haltung setzte eine realistische Bewegung ein, deren berühmtester Vertreter Gustave Flaubert (1821–1880) wurde: Im Roman *Madame Bovary* (1857) sezierte er voller Haß das Provinzleben in der Normandie, während er sich in *Salammbô* in eine erfundene karthagische Antike flüchtete. Alfred de Vigny (1797–1863) ist ein romantischer Dichter, der auch heute noch zu bewegen vermag, wenn er die Schönheit des Landes beschreibt. Doch die jüngeren Dichter wandten sich jetzt komplizierteren Techniken und einer allzu großstädtischen Beschäftigung mit dem eigenen Seelenleben zu, etwa Charles Baudelaire in dem Gedichtband *Les fleurs du mal* (1857).

Das sind nur die herausragenden Schriftsteller dieser schöpferischen Epoche, die sich in noch höherem Maße durch ihre wissenschaftlichen Entdekkungen auszeichnet. Die Franzosen brauchten mit ihrer antiklerikalen Tradition weniger Zeit als die Engländer, die von der anglikanischen Kirche gegängelt wurden, um den »Positivismus« anzuerkennen, den neue Erkenntnisse erforderlich zu machen schienen. Auguste Comte, ein Saint-Simon-Schüler, versuchte eine neue »wissenschaftliche« und »positivistische« Religion nebst säkularen Heiligen und Kalender zu schaffen, aber das Konstrukt kam nicht an. Wesentlich nützlicher für die Allgemeinheit erwies sich Louis Pasteur (1822–1895), der Mikrobiologe, Sohn eines Gerbers im Jura und Absolvent der *Ecole Normale Supérieure*, der entdeckte, daß Verwesung durch pathogene Mikroorganismen in der Luft verursacht wird und durch entsprechende Wärmezufuhr gesteuert werden kann. Er führte entscheidende Verbesserungen im Brauwesen und im Weinbau Frankreichs ein, brachte die Viehseuche Milzbrand unter Kontrolle und rettete die französische Seidenwurmindustrie. Im *Institut Pasteur* (1888) hat man ihm ein Denkmal gesetzt.

In Deutschland hatte die Gründung des zweiten Reichs der Hervorbringung gewaltiger Leistungen in Wissenschaft und Kultur nicht im Wege gestanden – die ihren unverwechselbaren Ausdruck in Wagners Musik fanden. So folgenreich Wagners Werk auch war, ein anderer Deutscher stellte ihn noch in den Schatten durch seinen Einfluß auf die politische Theorie und Praxis. 1848 veröffentlichten Karl Marx und Friedrich Engels das *Kommunistische Manifest*, auf das 1859 *Zur Kritik der politischen Ökonomie* von Marx folgte, 1867 *Das Kapital* vom gleichen Autor und 1878 Engels Schrift *Herrn Eugen Dührings Umwälzung der Wissenschaft*. Karl Heinrich Marx (1818–1883) war der Sohn eines jüdischen Anwalts, der sich – was sich als Glück für die Wirkungsmöglichkeit seines Sohnes in der politischen Auseinandersetzung erweisen sollte – vom Judentum losgesagt und dabei auch den alten Namen Levi aufgegeben hatte. Marx' Mutter war eine ungarische Jüdin. Nach Studium in Bonn und Berlin ging er zur *Rheinischen Zeitung*, deren Chefredakteur er 1842 wurde. 1843 heiratete er Jenny von Westphalen und verließ im folgenden Jahr das preußische Staatsgebiet, um sich nach Paris zu begeben, wo er Engels traf. 1848 kehrte er nach Köln zurück, weil er glaubte, die Revolution werde in Deutschland Erfolg haben. Aber schon bald flüchtete er wieder nach Paris und 1849 weiter nach England, wo er, seiner Geldsorgen durch Engels enthoben, den Rest seines engagierten und arbeitsreichen Lebens verbrachte. Er starb im gleichen Jahr wie Wagner. Sein Mitstreiter Friedrich Engels (1820 bis 1895) war der Sohn eines rheinländischen Industriellen, der eine Niederlassung seiner Baumwollspinnereien in Manchester hatte, wo Engels, entsetzt über die Lebensbedingungen der einheimischen Arbeiter, *Die Lage der arbeitenden Klasse in England* (1845) schrieb. Nach dem Scheitern der Revolution von 1848 in Deutschland ließ er sich in Manchester nieder, bis er 1869 seinen Anteil an dem Unternehmen verkaufte und sich auf seine revolutionäre Schriftstellertätigkeit in Zusammenarbeit mit Marx konzentrierte. Nur seinem unermüdlichen Fleiß ist es zu verdanken, daß die beiden Bände von Marx' *Das Kapital* noch postum erscheinen konnten.

Die Mitte des Jahrhunderts erschienenen Werke von Marx und Engels sind typisch für ihr Zeitalter, das umfassende und erschöpfende Erklärungssysteme erwartete und seine politischen und soziologischen Schriftsteller dazu anhielt, sie zu liefern. Engels erklärte, Marx habe die »Bewegungsgesetze«

der »Entwicklungsgeschichte des Menschen« entdeckt. »Darwin entdeckte das Entwicklungsgesetz der organischen Natur auf unserem Planeten. Marx ist der Entdecker des Grundgesetzes, nach welchem die menschliche Geschichte sich bewegt und entwickelt.«

Als Erben der Aufklärung des achtzehnten Jahrhunderts glaubten Marx und Engels an den Fortschritt und machten, von Hegel beeinflußt, eine »Dialektik« in der Geschichte aus, die – so die beiden – dazu führe, daß verschiedene zivilisatorische Entwicklungsstadien einander ablösten. Doch wo Hegel in den Kategorien von Staaten dachte, dachte Marx in denen von Klassen. Nachdem er dieserart »Hegel vom Kopf auf die Füße gestellt« hatte, erkannte er die Geschichte als eine Reihe aufeinanderfolgender Produktionsstadien in Übereinstimmung mit »Wirtschaftsgesetzen«, die er von den klassischen englischen Nationalökonomen übernommen hatte, und hielt die aufeinanderfolgenden Kulturstufen für deren Projektionen oder »Ideologien«, die seiner Meinung nach abhängig waren vom Besitz der Produktionsmittel. Wie das bürgerliche Stadium das feudale abgelöst hatte, genauso unvermeidlich müsse der bürgerliche Kapitalismus seine eigenen »Totengräber« in Gestalt des »Proletariats« hervorbringen, das, durch Armut zur Revolution getrieben und von einer klassenbewußten Elite geführt, die Revolution durch eine Phase der Diktatur in die klassenlose Gesellschaft münden lassen werde, indem sie die Produktionsmittel der Masse des Volkes aushändigen würde.

Dieses als unvermeidlich hingestellte Programm – da es »wissenschaftlich« erwiesenen »Gesetzen« der Geschichte folge – sollte nach einer politisch unwahrscheinlichen Selbstaufhebung der Diktatur des Proletariats zu jener Form utopischer Brüderlichkeit führen, die schon die Sozialisten der Romantik beschworen hatten, nur daß sie jetzt, dem Geist der Jahrhundertmitte entsprechend, »wissenschaftlich« abgesegnet war. In einer Zeit, da der Verfall christlichen Glaubens die Menschen veranlaßte, nach weltlichen Propheten Ausschau zu halten, entwickelte Marx' Evangelium, das in säkularer Form den prophetischen hebräischen Glauben an die gerechte Entschädigung des unterdrückten, aber auserwählten Volkes, hier des Proletariats, wiederaufleben ließ, eine außerordentliche Faszinationskraft. Ursprünglich für Deutschland bestimmt, fand es selbstverständlich seine leidenschaftlichsten Anhänger unter den russischen Intellektuellen, die, begierig alle westlichen Ideen aufgreifend, diesen erregenden Mythos vom politischen Kampf seiner eigentlichen Bestimmung zuführten – der Veränderung der Welt.

Leopold von Ranke, Theodor Mommsen und Richard Wagner

In der traditionellen Geschichtswissenschaft waren die Deutschen jetzt die anerkannten Meister; Leopold von Ranke (1795–1886) erbte fast die olympische Stellung und Geltung Goethes. Thüringisch-lutherischer Herkunft und seit 1865 Professor in Berlin, setzte er, entschlossen herauszufinden, »wie es wirklich gewesen ist«, neue Maßstäbe für die Quellenforschung. Nachdem er sich vom Einfluß Hegels befreit hatte, betrachtete er die Vergangenheit ruhigeren Blicks, ohne aber deshalb auf gigantische Stoffe zu verzichten, etwa in den Schriften *Geschichte der romanischen und germanischen Völker, Die römischen Päpste* oder *Kirche und Staat*. Da sein Hauptinteresse der Entstehung der modernen Staaten galt, schrieb er die Geschichte Preußens, Frankreichs und Englands »vornehmlich im 16. und 17. Jahrhundert«, und wandte sich schließlich ganz seiner unvollendet gebliebenen Weltgeschichte zu, die tatsächlich auf das mittelalterliche Europa beschränkt blieb. Seinem Interesse an den wesentlichen Aspekten und dem Leistungsvermögen der Forschung, an Methode und Darstellung verdankte dieser vortreffliche christliche Humanist es, daß er der größte Historiker seiner Zeit wurde.

Einen vergleichbaren Rang bekleidete ein anderer deutscher Gelehrter. Theodor Mommsen (1817–1903), in Schleswig geboren und in Kiel promoviert, reiste schon früh nach Italien und wurde nach der Veröffentlichung seiner *Römischen Geschichte* (1854–1856) Professor für eben dieses Fach in Berlin. Obwohl ein Liberaler, hegte er schrankenlose Bewunderung für Julius Caesar und besaß die Fähigkeit, auf eingehenden Kenntnissen fußend, die Vergangenheit zum Leben zu erwecken. Wie Ranke hatte er einen weitgespannten Interessenhorizont und verband das Interesse an gesellschaftlichen und rechtlichen Fragen mit einer gründlichen klassischen Gelehrsamkeit.

Auch in der Musik brachte Deutschland einen bedeutenden Mann hervor. Richard Wagner (1813–1883) schuf neue Formen des »Musikdramas«, während er mit einer wahren Melodienflut den beim späten Beethoven zum Ausdruck kommenden romantischen Impuls zu einem kolossalen Gipfel führte. Als Hofkapellmeister in Dresden schrieb er *Tannhäuser* und *Lohengrin*. Wegen Beteiligung an der Revolution von 1849 steckbrieflich gesucht, floh er in die Schweiz, wo er das gewaltige Unterfangen des *Ring der Nibelungen* begann. Wieder zurück in Deutschland begann er 1859, ein denkwürdiges Jahr, mit der Niederschrift von *Tristan und Isolde*. Dann fand er Schutz vor Geldnöten und Enttäuschungen beim achtzehnjährigen König Ludwig II. von Bayern, der ihn nach München einlud und ihm ermöglichte, die *Meistersinger* im Jahre 1867 abzuschließen. Der König finanzierte auch das Bayreuther Festspielhaus, bevor er wahnsinnig wurde und ertrank. 1881 komponierte Wagner *Parsifal* und starb zwei Jahre später in Venedig.

Welche Vorbehalte Liebhaber der Musik Monteverdis, Vivaldis, Haydns und Mozarts auch immer gegen Wagners *Musikdrama* haben mögen, schon allein seine vulkanische Schaffenskraft nötigt Bewunderung ab. Fraglos war er der repräsentativste Komponist dieses zur Reife gelangten und von Deutschland beherrschten Europas.

Der Zar-Befreier

Anfang 1855, während des Krimkriegs, wurde Alexander II. Kaiser von Rußland. Die Russen standen seit langem vor der schwierigen Frage, ob sie sich mit dem siechen, aber zählebigen Osmanischen Reich einigen und es stützen sollten oder ob sie den gefährlichen und folgenreichen Versuch unternehmen sollten, Instabul zu erobern. Die Eroberung und Erschließung der Steppen und Küstengebiete am Schwarzen Meer machten die Kontrolle der Meerenge zu einer noch dringlicheren Notwendigkeit, weil sich Mitte des Jahrhunderts mit dem umfangreichen südrussischen Getreidehandel ein lebenswichtiges Interesse verband. Für die Engländer war der Handel mit den Türken jetzt einträglicher als der mit den Russen.

Alexander hatte sogar schon vor der Belagerung von Sewastopol, die Rußland einschließlich der Verluste beim Entsatzheer eine Viertelmillion Soldaten kostete, Friedensverhandlungen eingeleitet. Im März 1865 kam dieser Friede gegen den Willen der Engländer zustande. Das Schwarze Meer wurde für neutral erklärt, wobei nicht einmal russische Kriegsschiffe oder Flottenstützpunkte zugelassen wurden. Der gesamte Schiffsverkehr donauabwärts bis zum Schwarzen Meer wurde einer von den Großmächten ernannten Kommission unterstellt, und die Russen traten den Teil Bessarabiens zwischen Dnjestr und Dwina an die Türken ab, die weiterhin im Besitz der Moldau und der Walachei blieben, bis 1866 durch Intervention der Großmächte daraus das neugeschaffene Königreich Rumänien hervorging, auf dessen Thron Prinz Karl von Hohenzollern gelangte, Bruder des späteren hohenzollerischen Anwärters auf den spanischen Thron.

Das bedeutete einen ernsthaften Rückschlag für die russischen Expansionsbestrebungen an der Donaumündung und auf dem Schwarzen Meer. Noch schwerwiegender aber war, daß während des Krieges die Verwaltung im Lande nahezu zusammenbrach. Die westlichen Verbündeten hatten ihre Truppen zu Wasser rascher auf die Krim gebracht, als die Russen, denen es südlich Moskaus an Eisenbahnen fehlte, ihre Armee in den Süden zu schaffen vermochten, während Unfähigkeit und Korruption selbst das bislang akzeptierte Maß überstiegen. Und obgleich die Alliierten auf der Ostsee mit ihrem Angriff gescheitert waren, legte der Friedensvertrag fest, daß die russischen Festungen auf den strategisch wichtigen Åland-Inseln zwischen Schweden und Finnland zu schleifen seien. Schweden erhielt eine »Garantie« der Alliierten für den Fall russischer Aggressionen.

Nach Hinnahme dieses höchst unvorteilhaften Friedens sah sich Alexander II., obwohl von Haus aus konservativ, zu radikalen Veränderungen in Rußland gezwungen. Seit langem war offenkundig, daß die Leibeigenschaft auf dem sozialen und wirtschaftlichen Leben des Landes lastete, und im März 1861 begann der Kaiser eine gesellschaftliche und administrative Revolution durch die Befreiung der Leibeigenen im Besitz der Gutsbesitzer. Sie war die erste der großen Reformen, mittels derer Alexander II. die Umwandlung

Rußlands in einen modernen Staat vorantrieb. Sie bedeutete den Beginn einer ökonomischen, sozialen und psychologischen Revolution, besonders für das russische Kernland, den Hort der Leibeigenschaft. Hier lebten etwa fünfzig von insgesamt sechzig Millionen Russen in Leibeigenschaft, gut zwanzig Millionen gehörten den Gutsherren, knapp zwanzig Millionen dem Staat, während die anderen zehn Millionen unter unterschiedlichen Bedingungen lebten. Die Staatsbauern und die Bauern, die eine Zwischenstellung bekleideten, besaßen partielle Freiheiten, während die Leibeigenen der Gutsbesitzer naturgemäß ein weit schwierigeres Problem darstellten, dessen Lösung jahrelang dauerte. Obwohl sie der Schollenpflichtigkeit ledig waren, blieben sie noch, im eigenen Interesse, der Kontrolle ihrer Dorfgemeinschaften unterstellt, welche die Verantwortung für Steuern und Pässe übernahmen. Die Gutsbesitzer behielten ungefähr die Hälfte des betroffenen Landes, das durch staatliche Friedensrichter aufgeteilt wurde, während die Regierung den Gutsbesitzern sofortige Entschädigung in Form von Staatsanleihen zukommen ließ, die nach neunundfünfzig Jahren von den Bauerngemeinden hätten zurückgezahlt werden sollen.

Natürlich führten diese komplizierten Regelungen zu Reibereien und Unzufriedenheit; der Wert der Staatsanleihen fiel. Trotz persönlicher Freiheit beklagten sich die Bauern oft, die Gutsbesitzer hätten das beste Land erhalten, während die Dorfältesten noch mehr Verfügungsrecht über den einzelnen bekommen hätten. Zudem schien mit der Abschaffung der Leibeigenschaft die alte Infrastruktur des Reiches gelitten zu haben. Bisher war das gewaltige Land irgendwie durch den zentral regierenden Herrscher unter Kontrolle gehalten worden, dessen Macht die Gutsbesitzer nach unten vertreten hatten; jetzt mußte ein völlig neues System aus dem Boden gestampft werden, was endlose Diskussionen unter der *Intelligenzija* bedeutete. Hier lag ein Born von Auseinandersetzungen und Änderungsbestrebungen, der in viele Richtungen hätte führen können, zu größerer persönlicher Freiheit vielleicht, wahrscheinlicher aber zu mehr Bürokratie und Kollektivismus. Alexander Herzen, der lautstarke Anwalt liberaler Ideale, war bald ernüchtert: Mit der Bauernbefreiung, so erklärte er, sei es nicht getan. Es kam zu endlosen Diskussionen an den Universitäten.

Zäh fuhr Alexander II. mit der Modernisierung der Verwaltung fort. 1866 gründete er eine Staatsbank und befahl dem Finanzminister, den Staatshaushalt offenzulegen. 1863 gab er den Universitäten die akademische Freiheit zurück, obgleich Studentenorganisationen nach wie vor verboten waren. Im Jahr darauf richtete er in vielen Gouvernements die Selbstverwaltung (*Semstwo*) ein, die sich um die örtliche Infrastruktur, die Krankenhäuser und Schulen zu kümmern hatte. Auch Schwurgerichte wurden eingeführt und die Richter durch angemessene Bezahlung unabhängiger gemacht, während die alte, unübersichtliche Rechtsprechung des Adels und der Gutsbesitzer aufgehoben wurde. Nur die Zensur blieb und war vom Gesetz ausgenommen, während die Zentralregierung natürlich die Kontrolle über Armee und Polizei behielt, aber die Wehrpflicht wurde modifiziert; ihre Grundlage war nicht mehr die Klassenzugehörigkeit, sondern der Bildungsstand.

Diese für Rußland sehr gewagten Reformen befriedigten die *Intelligenzija* nicht, die sich unkritisch ein Durcheinander von extremistischen westlichen Ideen zugelegt hatte und die Zensur haßte. Die Polizei blieb allgegenwärtig, konnte aber die Untergrundproduktion von Flugblättern nicht eindämmen. Die radikalen Intellektuellen litten unter Schuldgefühlen gegenüber der Bauernschaft und wollten ihretwegen die Gesellschaft auf den Kopf stellen, wenn notwendig mit Gewalt, was ihnen allerdings von den Bauern nicht gedankt wurde. Bakunin, der nach Sibirien verbannt worden war, aber hatte entkommen können, propagierte seine anarchistischen Vorstellungen, die jede Form staatlicher Organisation verwarfen. Stenka Rasin und Pugatschow wurden ausgegraben und zu Helden der Bauernaufstände emporstilisiert, während intellektuelle *Narodniki* (Volksfreunde) Reden hielten vor störrischen und argwöhnischen Bauern, die die fremden Städter gelegentlich der Polizei aushändigten. Systematischer Terror wurde mit systematischer Unterdrückung geahndet, politische Gefangene und Verbannte flüchteten ins Ausland und agitierten aus der sicheren Geborgenheit Genfs oder Lausannes gegen die Regierung, die sich der eingeschmuggelten subversiven Literatur nicht zu erwehren vermochte. Ein »Nihilist« schoß den Polizeichef von Moskau am hellen Tage auf der Straße nieder.

Inzwischen betrieb die Regierung die russische Expansion nach Südosten, und trotz tapferen Widerstands, etwa von Schamil Khan, wurden die kaukasischen Bergstämme und Samarkand unterworfen. Aber diese Fortschritte in Asien und die gleichzeitige Konsolidierung der russischen Herrschaft in Sibirien vermochten kaum die diplomatische Niederlage Rußlands 1878 auf dem Berliner Kongreß und den späteren Verfall des Dreikaiserbündnisses von Preußen, Österreich und Rußland aufzuwiegen. Dazu befand sich der Zar seit langem in wachsender persönlicher Gefahr. 1866 hatte ein Student auf ihn geschossen und ihn knapp verfehlt, 1873 war es einem anderen Anarchisten gelungen, fünf Schüsse auf ihn abzugeben. 1880 sprengte ein revolutionärer Arbeiter den kaiserlichen Speisesaal im Winterpalast in die Luft, und der Zar entging dem Anschlag nur, weil sein Gast, Fürst Alexander von Battenberg, sich glücklicherweise verspätet hatte. Aber am Nachmittag des 13. März 1881 befand Alexander sich auf dem Rückweg zum Winterpalast in Sankt Petersburg, als ein Nihilist eine Bombe auf seine Kutsche warf, seine Mordwaffe jedoch zu weit schleuderte und einige Kosaken der Eskorte verwundete. Statt dem Kutscher zu befehlen, den Pferden die Peitsche zu geben, stieg der Kaiser aus der Kutsche, um nach den verletzten Kosaken zu sehen. Woraufhin – so miserabel waren die Sicherheitsvorkehrungen – ein zweiter Nihilist auftauchte und ihn (und sich selbst) mit einer besser gezielten Bombe tötete. Das war der Lohn des »Zar-Befreiers«.

Dostojewskij und Tolstoj

Die politischen Hoffnungen und Enttäuschungen der langen politischen und gesellschaftlichen Umwälzung im Zuge der Bauernbefreiung bildeten den Rahmen für die größten Romane Europas, mit denen die russische Begabung für diese Gattung zur Entfaltung gelangte. Fedor Michajlowitsch Dostojewskij wurde 1821 geboren und starb 1881, in dem Jahr, als Alexander II. ermordet wurde. Er war der Schöpfer des modernen psychologischen Romans und schrieb von Dingen, die er selbst erlebt hatte. Als Sohn eines Militärarztes, der nach seiner Pensionierung von den eigenen Leibeigenen umgebracht wurde, wurde Dostojewskij in Moskau geboren und trat in ein Pionierbataillon in Sankt Petersburg ein. Eifrig eignete er sich die westliche Literatur an und verzichtete 1844 auf seine Offizierskarriere, um sich der Schriftstellerei zu widmen. Schon mit seinem Erstlingswerk *Arme Leute* (1845) hatte er Erfolg und gewann die Freundschaft Beslinskijs sowie anderer radikalerer »Utopisten«. 1849 wegen subversiver Tätigkeit verhaftet, wurde Dostojewskij zum Tode verurteilt. Die Hinrichtung war sogar schon vorbereitet, als er begnadigt und im härtesten Winter in Ketten nach Sibirien geschickt wurde, zunächst zur Zwangsarbeit, später zum Armeedienst als einfacher Soldat. Nach seiner Rückkehr nach Sankt Petersburg und einer unglücklichen Ehe stellten sich epileptische Anfälle ein, entstanden aber auch jene Bücher, deren Titel für sich selbst sprechen: *Schuld und Sühne* (1866), *Der Idiot* (1868), *Die Dämonen* (1871/72) und *Die Brüder Karamasow* (1880). 1867 heiratete er seine Sekretärin, der es gelang, ihn von seinen Schulden zu befreien, und einen Großteil seiner letzten Jahre verbrachten sie mit den Kindern in Bad Ems. Nach seinen Anfängen als radikaler Revolutionär, der einst das väterliche Erbe verschleudert hatte, wurde Dostojewskij Spieler und Epileptiker, der die Tiefen der Erniedrigung erlebte und beschrieb: Er endete als konservativer Mystiker, überzeugt, daß es Rußlands »Mission« sei, die Menschheit zu leiten und zu führen. Wilde und widersprüchliche politische Auffassungen begleiteten seine psychologischen Einsichten: wie Nietzsche war er »Dynamit«.

Den meisten westlichen Lesern wird I. S. Turgenjew (1818–1883) vermutlich mehr zusagen, obwohl er in dem Roman *Väter und Söhne* den Konflikt zwischen dem konservativen Landadel und den »nihilistischen« und atheistischen Intellektuellen der Jahrhundertmitte beschreibt. Mit seinem Talent für Landschaftsbeschreibung und seinem feinfühligen Verständnis für die Bauern und die altmodischen Gutsbesitzer, nachzulesen etwa in den *Aufzeichnungen eines Jägers*, verlangt Turgenjew seinen Lesern – zumindest auf den ersten Blick – nicht so viel ab wie der dämonische Dostojewskij.

Graf Leo Tolstoj (1828–1910) war der größte Romancier, der je schrieb, Shakespeare vergleichbar, was die Spannweite und das Einfühlungsvermögen seines Werkes anbelangt. Er nimmt die von Dostojewskij aufgeworfenen Fragen auf, erweist sich dabei aber als Turgenjew ebenbürtig und überlegen, wenn es gilt, Charaktere zu erfassen und darzustellen. Er stammte aus höchstem russischen Adel. Früh verwaist, erbte er das große Gut Jasnaja Poljana, etwa hundertfünfzig Kilometer südlich von Moskau, und stürzte sich nach kurzem Besuch der Universität von Kasan in das gesellschaftliche Leben von Moskau und Sankt Petersburg. 1852 trat er in die Armee ein, kämpfte im Kaukasus und erlebte 1854 die Belagerung von Sewastopol. Die Jahre 1857 und 1861 verbrachte er hauptsächlich auf Reisen in West- und Mitteleuropa und mit Studien für ein Anliegen, das ihm sehr am Herzen lag: die Unterweisung der russischen Bauern. 1862 heiratete er Sofija Bers, mit der er dreizehn Kinder hatte, und ließ sich auf seinen Gütern nieder, wo er *Krieg und Frieden* und *Anna Karenina* (1873–1876) schrieb.[30] 1879 entsagte er allen weltlichen Interessen und Freuden – einschließlich des Tabaks und berauschender Getränke –, wurde Vegetarier und trug wie ein Bauer handgenähte Kleider. Er überließ sein Gut der Familie und machte seinen Wohnsitz zum Mittelpunkt eines Kults christlichen Anarchismus'. Die daraus resultierenden Reibungen mit Frau und Familie nahmen ein tragisches Ende, denn hoch in den Achtzigern verließ er heimlich und nur von seinem Arzt und seiner jüngsten Tochter begleitet sein Heim, um in der scheußlichen Umgebung eines Eisenbahnknotenpunkts an Lungenentzündung zu sterben. *Krieg und Frieden* (1863–1869), das nach der Bauernbefreiung und den anschließenden Wirren entstand, verdankt, obwohl seine Handlung während der Napoleonischen Kriege spielt, vieles Tolstojs eigenen Erfahrungen während des dilettantisch geführten Krimkriegs – ein grandioses, prall mit Leben gefülltes Meisterwerk! *Anna Karenina* ist pessimistischer, eine Studie, wie persönliche Leidenschaft, die sich über scheinheilige Konventionen hinwegsetzt, zum Untergang führt. Beide Bücher entstanden, wie die Dostojewskijs, in den ereignisreichen Jahrzehnten unter Alexander II., und beide wurden während der glücklichen Ehejahre Tolstojs in Jasnaja Poljana geschrieben. Später wurde er völlig in Anspruch genommen von dem christlichen Anarchismus, der ihn im Alter beschäftigte, denn er war überzeugt, daß sich die böse Macht der Regierungen, die die Menschheit in den Untergang treibe, nur dadurch brechen lasse, daß man die Herzen der Menschen mittels eines pazifistischen Christentums verändere. Und in der Tat bewiesen die Ereignisse der europäischen Geschichte, die sich zu seinen Lebzeiten zutrugen, zur Genüge, daß irgendein radikaler Bruch nicht mehr zu umgehen war.

7. Die neutralen Staaten

Niedergang der Kolonialmächte Spanien und Portugal

Ironischerweise wurden einige der Völker, die sich im Laufe der europäischen Geschichte als besonders aggressiv erwiesen hatten, Spanier, Schweizer, Niederländer und Skandinavier, nicht in die schrecklichen Konfrontationen der »Großmächte« verstrickt. Obwohl Portugal, um sein afrikanisches Kolonialreich zu schützen, das alte Bündnis mit England erneuerte, gelang es Spanien, das lange unter mörderischen innenpolitischen Auseinandersetzungen zu leiden und 1898 seine karibischen und philippinischen Kolonien an die Vereinigten Staaten verloren hatte, neutral zu bleiben. Nach der Vertreibung Isabellas II. im Jahre 1868 war die erste spanische Republik ins Leben gerufen worden, aber die alten zentrifugalen Kräfte im Lande machten es schwer regierbar, und 1875 holten die militärischen und klerikalen Konservativen den siebzehnjährigen ehemaligen bourbonischen Monarchen Alfons XII. zurück. Unter seiner Regierung wurde das Wahlrecht eingeschränkt und die Macht von Krone und Armee erweitert. Die liberale Opposition wurde dem Marxismus oder der Anarchie in die Arme getrieben, und der Haß auf beiden Seiten vertiefte sich. Nach dem Tod des jungen, doch tuberkulösen Königs im Jahre 1885 kam Alfons XIII. auf den Thron, der postume Sohn des eben verstorbenen Monarchen und dessen Habsburger Gemahlin. Unter ihrer Regentschaft wurde versucht, die Regierung zu liberalisieren, aber die Wahlen wurden manipuliert, die neu in den Genuß des Wahlrechts gelangten Spanier konnten nicht dazu gebracht werden zu wählen, und die Armee blieb so selbstherrlich, daß eine liberale Demokratie kaum gedeihen konnte. Dazu steuerte das Land Anfang der neunziger Jahre dem Staatsbankrott entgegen, und um die Öffentlichkeit und die Armee abzulenken, begann die Regierung 1894 in Marokko einen Krieg gegen die Eingeborenenstämme des Rifgebietes und entschloß sich außerdem zu einer »Vorwärtsstrategie« im Río de Oro im Süden. Hinzu kam ein nationalistischer Aufstand in Kuba, der von den Vereinigten Staaten unterstützt wurde. Als 1897 Premierminister Canovas von einem Anarchisten ermordet wurde, geriet Spanien in eine schwerwiegende Kolonialkrise.

Der Krieg ließ nicht lange auf sich warten. Anfang 1898 wurde das amerikanische Schlachtschiff *Maine* im Hafen von Havanna in die Luft gejagt, und die Vereinigten Staaten verlangten, daß Spanien sich aus Kuba zurückziehe; die Spanier lehnten ab. In einem kurzen Feldzug zerstörten die Amerikaner die spanische Flotte bei Manila auf den Philippinen und versenkten auch die Westindische Flotte ihres Gegners vor Kuba. Im Pariser Frieden von 1898 überließen die Spanier den Vereinigten Staaten Kuba und Puerto Rico (die sich beide eigentlich nicht als Gewinn erwiesen), während die Amerikaner den Rest der Philippinen aufkauften. Die amerikanische Spielart des Imperialismus hatte den europäischen überflügelt – eine unerwartete Folge von Kolumbus' Entdeckungsfahrt –, und die Spanier konzentrierten sich von nun an auf Marokko.

Spanien selbst blieb arm und wurde von regionalistischen und sozialen Konflikten geschüttelt. Sozialisten, Anarchosyndikalisten und Anarchisten griffen das Establishment an. Die Armee, mit einem Wasserkopf an höheren Chargen, aber unterstützt von Alfons XIII., verfolgte eigene Ziele. 1910 wurde das ganze Land nach einem Aufstand in Barcelona unter Kriegsrecht gestellt, im selben Jahr kam eine liberale Regierung unter José Canalejas ans Ruder, bekam es aber mit dem hartnäckigen Widerstand der Kirche zu tun. 1912 ereilte den Regierungschef das gleiche Schicksal wie Canoves: Er wurde von einem Anarchisten umgebracht. Alfons XIII., jetzt mit Prinzessin Viktoria von Battenberg verheiratet – ein Anlaß, den die spanischen Untertanen zu dem Versuch benutzt hatten, die beiden in die Luft zu sprengen –, erwies sich als leichtgewichtiger Monarch, der nicht in der Lage war, die haßerfüllten Gegensätze in seinem Volk zu überwinden oder auch nur zu mildern. Nur 1914 konnten sich die Spanier einigen, als alle streitenden Parteien die Teilnahme am Ersten Weltkrieg ablehnten und auf Marokko und die Kanarischen Inseln unter keinen Umständen verzichten wollten. Indirekt trug der Krieg zur Gesundung ihrer maroden Wirtschaft bei.

Die Portugiesen vermochten ihr Kolonialreich besser zusammenzuhalten, zumindest in Afrika. Aber der Verlust Brasiliens mit seinen Gold- und Diamantenminen im Jahre 1821 hatte ihre eigene Wirtschaft schwer getroffen, und Ende des neunzehnten Jahrhunderts geriet das Land in wirtschaftliche Stagnation und Abhängigkeit von ausländischen Anleihen. Die kurze Regierungszeit Peters V. (1853–1861), der an Typhus starb, und Ludwigs I. (1861 bis 1889) brachte das Scheitern liberaler Reformen, so daß auch weiterhin die nur über primitive Voraussetzungen verfügenden Bauern und Fischer einen weitgehend parasitären Adel und Klerus zu ernähren hatten. Die Portugiesen mußten die Verpfändung oder den Verkauf Goas und Madeiras in Betracht ziehen, ein Gedanke, der 1847 von Palmerston verworfen wurde, der es nach besten viktorianischen Moralvorstellungen ablehnte, aus den Schwierigkeiten eines ehemaligen Verbündeten Nutzen zu ziehen.

Die Deutschen in ihrem Heißhunger nach Kolonien zeigten weniger Skrupel, als es um Angola oder die strategisch wichtigen Azoren ging. Als das »Gerangel um Afrika« einsetzte, versuchten die Portugiesen eine geschlossenere und besser zu verteidigende Kolonie zu schaffen, die sich von Angola bis Moçambique erstreckte; diese Pläne kollidierten mit denen von Cecil Rhodes. Zwar hatten die Portugiesen ältere Ansprüche, aber die Engländer besetzten Matabeleland, und Rhodes erhielt Rückendeckung von der englischen Regierung, die Kriegsschiffe nach Lourenço Marques (Maputo) entsandte und die Portugiesen 1890 zwang, die Londoner Konvention zu unterzeichnen. So unpopulär dieses Abkommen in Lissabon auch war und so heftig es von den *Cortes* abgelehnt wurde, weil es Rhodes »British South African Company« zuviele Vorteile einräume: noch mehr fürchteten die Portugiesen die deutschen Ambitionen in Angola, so daß nach der Ernennung des Marquis de Soveral zum Botschafter in London das alte englisch-portugiesische Bündnis durch eine Erklärung erneuert wurde, in der sich England verpflichtete, die portugiesischen Kolonien gegen alle Angriffe zu verteidigen.

Inzwischen hatte in Portugal der Haß gegen das konservativ-klerikale Regime solche Formen angenommen, daß 1908 Karl I., der Ludwig I. 1889 auf den Thron gefolgt war, zusammen mit dem Kronprinzen Ludwig Philipp einem Attentat zum Opfer fiel, während Manuel II., des Königs Bruder, nach zweijähriger Regierungszeit zunächst in Gibraltar und dann in England Zuflucht suchen mußte. Es wurde eine Republik ausgerufen, die in der Hoffnung, dadurch Portugals Afrikakolonien erhalten und vielleicht erweitern zu können, auf seiten der Alliierten in den Ersten Weltkrieg eintrat.

Insel des Friedens: die Schweiz

In Mitteleuropa, im ruhigen Zentrum des gewaltig anhebenden Sturms, behaupteten die Schweizer, die im Spätmittelalter und zu Beginn der Neuzeit die tüchtigsten Söldner Europas gestellt und ihre Tapferkeit in der Verteidigung gegen Habsburger und Burgunder unter Beweis gestellt hatten, ihre erstmals 1648 im Westfälischen Frieden international anerkannte Unabhängigkeit, die allerdings kurzfristig verlorenging, als das revolutionäre Frankreich das kleine Land überrannte, eine »Helvetische Republik« ausrief und Schweizer Truppen für den Rußlandfeldzug aushob. Nach der Niederlage Frankreichs kamen zu den neunzehn Kantonen noch Neuchâtel, Genf und Wallis hinzu, und 1815 wurde auf dem Wiener Kongreß die gesamte Eidgenossenschaft für neutral erklärt. In Zürich tagte eine Bundesversammlung, die ein neues Bundesparlament schuf, wobei Bern, Luzern und Zürich in ihrer führenden Rolle bestätigt wurden. Die früh durch die überreichlich zur Verfügung stehende Wasserkraft zur Geltung gelangte Textilindustrie erholte sich nach der durch die Napoleonische Kontinentalsperre verursachte Rezession. Nach wie vor gab eine Oligarchie von wohlhabenden Bürgern aus den wichtigsten Städten des Landes den Ton an.

Nach der französischen Revolution von 1830/31 hatten die Spannungen zwischen Bürgern und Bauern zugenommen, aber die Hauptursache des Konflikts war hier seit den Tagen Zwinglis immer noch die Konfession. Dieser Gegensatz führte, verstärkt durch wirtschaftliche und soziale Spannungen, zu einem Krieg zwischen den liberalen protestantischen Städten Bern, Zürich und Genf auf der einen Seite und den konservativen und katholischen Kantonen unter Führung Luzerns auf der anderen Seite, zusammengeschlossen zu einem »Sonderbund«, der die alten Kerngebiete der Schweiz umfaßte: Luzern, Uri, Schwyz und Unterwalden, dazu Freiburg, Wallis, Zug. Nach den Gefechten von Mainskastel und Gisliken im Jahre 1847 wurde Luzern von den Streitkräften des liberalen General Dufour genommen, und 1848, als die Großmächte mit ihren eigenen Revolutionen genug zu tun hatten, gab sich die Schweiz eine neue Bundesverfassung. Bern wurde Hauptstadt und Sitz des Bundesrats, Lausanne der Sitz des Bundesgerichts, und die Gesetzgebung lag in Händen des Ständerats und des Nationalrats. Die *Confédération Helvétique* vertrat eine gemeinsame außenpolitische Linie, verfügte den allgemeinen Wehrdienst und garantierte die Presse- und Religionsfreiheit, ausgenommen für Jesuiten und Juden. Der »Schweizer Franken« wurde als gemeinsame Währung eingeführt, die Post wurde von der Eidgenossenschaft übernommen, Zürich wurde zum Zentrum der technischen Entwicklung und den Schweizern wurde untersagt, noch weiter im Ausland als Söldner zu dienen.

Diese 1874 modernisierten Regelungen wurden zu den Rahmenbedingungen eines einzigartigen Wohlstands. Zwar war das Land mit seinen begrenzten landwirtschaftlichen Möglichkeiten wesentlich auf die Einfuhr von Nahrungsmitteln angewiesen, doch verfügte es über ein immenses Reservoir an Wasserkraft, das jetzt zur Elektrizitätsgewinnung genutzt wurde, während ein weites Schienennetz durch und über ungeheure Hindernisse angelegt wurde. Die bislang im Krieg bewiesene Fertigkeit und Gründlichkeit wurde nun auf die Entwicklung einer modernen Leichtindustrie gewandt, und in der zweiten Jahrhunderthälfte führte eine neue Begeisterung für die – zuvor als »schauerlich« angesehenen – Berge und das »Bergsteigen« zu den Anfängen dessen, was später einmal eine umfassende und vorzüglich organisierte Hotel- und Touristikindustrie werden sollte. Hübsche Raddampfer durchpflügten das grüne Wasser des Genfer Sees von Genf nach Lausanne und Vevey, und im Schloß Chillon hingen die großen Zweihandschwerter und gezackten Hellebarden unbenutzt in einer einst gewaltigen Festung, die gebaut worden war, um das Tal der oberen Rhône zu beherrschen.

Zu einer Neutralität entschlossen, die den Interessen sowohl der Deutschen wie der Franzosen gelegen kam, trieben die Schweizer 1874 die Zentralisierung ihrer Abwehrkräfte voran und demokratisierten ihre Verfassung, indem sie sie durch die Möglichkeit von Volksabstimmungen flexibler machten, die eingeleitet werden konnten, sofern eine festgesetzte Stimmzahl sich dafür aussprach.

Bereits 1864 brachte der Genfer Jean Henri Dunant (1828–1907), der das Buch *Un souvenir de Solferino* geschrieben hatte, die erste Genfer Konvention zustande, welche das Internationale Rote Kreuz begründete, um die Leiden im Krieg verwundeter Soldaten zu lindern. Dieser revolutionäre Gedanke war Dunant gekommen, als er 1859 Zeuge der blutigen Schlacht von Solferino wurde und Hilfe für die Verwundeten zu improvisieren versucht hatte, mit deren Zahl keine Seite gerechnet hatte. Dunant ruinierte sich bei dem Versuch, sein Vorhaben um jeden Preis zu verwirklichen. Schließlich wurde daraus aber eine weltweite Organisation unter der Ägide des *Comité Internationale de la Croix Rouge*. Dennoch verbrachte er den größten Teil seines Lebens in Armut, wenn er auch in hohem Alter durch den Friedensnobelpreis entschädigt werden sollte. Die meisten Historiker haben ihm wenig Aufmerksamkeit geschenkt, weil sie es vorzogen, sich in die Einzelheiten der Machtpolitik und der Kriege zu versenken, deren Ergebnisse er zu lindern versuchte. Die weltweiten Organisationen des Roten Kreuzes und des Roten Halbmonds kümmerten sich später auch um Kriegsgefangene und Verschleppte sowie um die Lebensbedingungen in Friedenszeiten.

Andere friedliche, wenn auch weniger wichtige Schweizer Beiträge des neunzehnten Jahrhunderts betrafen die Literatur und die Wissenschaft. Der *Schweizerische Robinson* (1812–1827) von J. D. Wyß gewann rasch ein großes Publikum, während es dem wesentlich seriöseren Wissenschaftler Jacob Burckhardt mit seiner *Kultur der Renaissance in Italien* (1860) und seinem Schüler, dem Kunsthistoriker H. Wölfflin, sogar gelang, internationalen Ruhm zu erwerben.

Obwohl die Schweiz noch immer durch Religion und Sprache gespalten war – etwas mehr als die Hälfte war protestantisch, der größte Teil der Restbevölkerung katholisch, und man sprach französisch, deutsch, italienisch und rätoromanisch –, gelang es ihr, sich zu einer republikanischen Eidgenossenschaft zu vereinigen, die sehr gut in der Lage ist, sich zu verteidigen, und blieb trotz begrenzter Ressourcen eine blühende, geordnete Oase der Kultur in einer Wüste wachsender europäischer Spannungen und Konflikte.

Holland und die Haager Friedenskonferenzen

Der andere neutrale Staat, in dem eine Organisation zur Schlichtung internationaler Streitigkeit entstand, der Sitz des Internationalen Gerichtshofs von Den Haag im »Friedenspalast«, blickte auf eine Geschichte wesentlich weiter gespannter, ja imperialistischer Bestrebungen zurück. Die Holländer mit ihrer Tradition des nationalen Widerstands im siebzehnten und achtzehnten Jahrhundert und ihrer überseeischen Vergangenheit hatten ihren alten Stolz und einen Großteil ihrer reichen alten Kolonien bewahren können. Trotz französischer Besetzung und der kurzlebigen Monarchie Louis Bonapartes als König von Holland hatten sie nach den Napoleonischen Kriegen den größten Teil ihres reichen asiatischen Kolonialreichs wiederherstellen können und an der Vereinigung mit den katholischen Belgiern zu einem Pufferstaat, in dem sich Brüssel und Den Haag jährlich in der Würde der Hauptstadt abwechselten, nie Gefallen gefunden. Deshalb hatten die Holländer, als die Belgier sich lossagten, ohne Bedauern von ihnen Abschied genommen und sich weiterhin der Nutzung ihrer Kolonialbesitzungen gewidmet, denn die Lage im Lande war schlecht, aber die Handelsflotte in gutem Zustand. Da das Londoner Protokoll von 1839 die Neutralität Belgiens garantierte, gingen die Holländer unter König Wilhelm I. (1813–1840) eigene Wege. Die preußischen Ausschreitungen gegen Dänemark hatten sie nicht in Mitleidenschaft gezogen, und die Deutschen hatten ihre Neutralität während des Krieges gegen Frankreich nicht zu verletzen brauchen, da das französische Heer rasch geschlagen oder in Gefangenschaft geraten war.

Unter Wilhelm II. (1840–1849) trat die liberale Verfassung von 1848 in Kraft, die die Macht der Legislative stärkte und die Minister zwang, sich regelmäßig vor dem Parlament zu verantworten. Die Politik stand noch weitgehend unter dem Einfluß religiöser Konflikte, wenn sich Calvinisten und Katholiken auch oft, wie in Frankreich, auf einen Kompromiß hinsichtlich der Konfessionsschulen einigten. Nach einer Reihe liberaler Regierungen, die meist für Freihandelsbedingungen sorgten, wurde 1887 das Wahlrecht so erweitert, daß sich die Zahl der Wahlberechtigten verdoppelte, und in den siebziger Jahren gewannen die Gewerkschaften an Bedeutung in einem Land, das dank Eisenbahnen und besserer Kanäle einen Modernisierungsprozeß erlebte.

Mit dem Tod König Wilhelms III. (1849–1890) erlosch das Haus Oranien-Nassau im Mannesstamm, und seine Tochter Wilhelmina folgte ihm im Alter von zehn Jahren auf dem Thron. Inzwischen hatten die enorme Entwicklung der deutschen Schwerindustrie an der Ruhr und die Ausweitung des Seehandels den großen holländischen Häfen zu neuem Wohlstand verholfen, während moderne Methoden der Landwirtschaft und Landgewinnung die Erträge der begrenzten landwirtschaftlichen Fläche deutlich verbesserten. Die niederländische Wirtschaft wurde Teil jener Konzentration moderner Industrien, die Großbritannien, Belgien, den Nordosten Frankreichs und den Niederrhein umfaßte. Die Holländer, deren Handel mit den asiatischen Kolonien gleichsfalls blühte, wurden wohlhabend genug, um die Fundamente eines Wohlfahrtsstaates legen zu können. Sie achteten auch auf eine schon traditionell gewordene Neutralität, und als es 1899 Kaiser Nikolaus II. einfiel, den Anstoß zu einer internationalen Friedenskonferenz zu geben, wurde diese in Den Haag abgehalten. Da sie, wie nicht anders zu erwarten, Krieg als unvermeidliche Institution anerkannte, erreichte sie nicht viel, aber die »Haager Konvention« versuchte nach den Grundsätzen von Grotius und dem Genfer Vorbild des Jahres 1864 den Seekrieg zu regeln, während ein anderes Abkommen die Gesetze und Gebräuche des Landkriegs zu kodifizieren trachtete. Außerdem richtete die Konferenz den Ständigen Schiedshof zur friedlichen Beilegung internationaler Streitigkeiten in Den Haag ein.

1907 folgte auf diese erste eine zweite Haager Friedenskonferenz, die auf Anregung des amerikanischen Präsidenten Theodore Roosevelt abermals von Nikolaus II. einberufen wurde, um die Regelungen von 1899 zu ergänzen: mit den Rechten und Pflichten neutraler Staaten in Kriegszeiten und dem heute rührend anmutenden Verbot, »Geschosse von Ballons aus abzuschießen«. Aus naheliegenden Gründen fand die nächste, für 1915 vorgesehene Konferenz nicht mehr statt.

Obwohl keine Großmacht mehr, behielt das Königreich der Niederlande selbstbewußt seine besondere Lebensweise bei. Gestützt auf eine leistungsfähige Landwirtschaft, Überseehandel und Kolonien entwickelte das Land jetzt anstelle der für die Jahrhundertmitte charakteristischen Schwerindustrie eine moderne Leichtindustrie, so daß den Städten das explosive Wachstum erspart blieb. Die schöne Architektur von Amsterdam und Den Haag bewahrte ihren Charakter und die durch Landgewinnung vergrößerten Polder waren von Entenschwärmen bevölkert, die bei Sonnenuntergang in einen dramatischen Wolkenhimmel hineinflogen. Die sauberen, von schmucken Blumengärten gesäumten holländischen Dörfer standen in deutlichem Gegensatz zu den schlampigen belgischen Höfen, die nach französischer Art ihren Reichtum vor den Steuereinnehmern verbargen, während die holländischen Museen, etwa das Rijksmuseum und das Mauritzhuis, so prächtig waren wie nur irgendeines in Europa, und die rauhen Fischer, die ihren Lebensunterhalt der unfreundlichen Nordsee abrangen, standen in einer seemännischen Tradition, die bis in die Zeiten eines de Ruyter und van Tromp zurückreichte.

Dänische Kulturleistungen

Weiter ostwärts an der Nordsee, jenseits der Ostfriesischen Inseln und der Elbmündung, war auch Dänemark längst keine Großmacht mehr. Einst der Mittelpunkt eines skandinavischen Reichs, das mit dem Sund den Zugang zur Ostsee kontrollierte, und eine wichtige Militärmacht in Norddeutschland, hatten die Dänen 1814, nachdem sie gezwungen gewesen waren, Napoleon zu unterstützen, Norwegen an Schweden und Helgoland an Großbritannien verloren. Zwar war ihnen Island geblieben, bedeutende Kolonien aber besaßen sie nicht. Nach den Napoleonischen Kriegen verarmt, hatten sie unter Friedrich VI. (1808–1839) und Christian VIII. (1839–1848) streng konservative Regierungen erlebt. 1849 hatte jedoch Friedrich VII., dessen Thronbesteigung zeitlich mit den Revolutionen in Frankreich und Deutschland zusammengefallen war, die Machtbefugnisse der Monarchie reduziert und sie durch eine verfassungsmäßige, gewählte und liberale Regierung ergänzt. Dieser tatkräftige, exzentrische und gutwillige Monarch hatte nach einer sinnenfrohen und rebellischen Jugend weite Reisen unternommen und erwies sich jetzt als Schirmherr der Archäologie, ein Gebiet, auf dem Dänemark im neunzehnten Jahrhundert wichtige Beiträge leistete.

Die Dänen pflegten schon lange eine vorzügliche Landwirtschaft; 1769 war die königlich-dänische Gesellschaft für Landwirtschaft gegründet worden. Unter dem Konkurrenzdruck der Getreideeinfuhren aus Nordamerika hatten sie sich verstärkt der Viehzucht und dem Export von Speck und Butter zugewandt. Die Regierung verwandelte Pachthöfe in freien Grundbesitz, und schon in den achtziger Jahren schlossen sich die Kleinbauern zu Molkereigenossenschaften zusammen. Während in England die Kleinbauern durch die industrielle Revolution ruiniert worden waren und in Rußland die Leibeigenschaft Verwirrung und Zorn zurückgelassen hatte, bot man den Kleinbauern in Dänemark Sicherheit und faßte sie mit ihrem Einverständnis in einer modernen Organisation zusammen. Das führte zwischen 1875 und 1914 zu wachsendem Wohlstand, während eine verspätet einsetzende industrielle Revolution, die – da es, von Jütland abgesehen, kaum Kohle gab – im wesentlichen beschränkt blieb auf die Verbesserung landwirtschaftlicher Methoden, den Ausbau der Verkehrsverbindungen durch Fährlinien, Eisenbahn und später auch Autostraßen sowie auf die Fischindustrie und das Brauwesen.

Die nationale Größe des sechzehnten und siebzehnten Jahrhunderts überlebte in den Baudenkmälern, etwa in Schloß Helsingør, und da es Torf in Hülle und Fülle gab, reichten die herrlichen Buchenwälder Dänemarks noch immer bis hinab zu den Sandstränden der verblüffend blauen Ostsee. Kopenhagen mit seinen eleganten kupfergedeckten Kirchtürmen und den nahe des Stadtkerns vertäuten Schiffen bewahrte den Charakter eines traditionellen Zentrums von Handel und Fischfang mit einem Anflug von Lebensfreude und Stilempfinden, wie sie im Norden Europas nicht oft anzutreffen sind.

Im neunzehnten Jahrhundert verbreitete sich auch der Ruf dreier dänischer Schriftsteller in ganz Europa: Hans Christian Andersen (1805–1875), der ganz aus der Art geschlagene Sproß eines Schuhmachers aus Odense auf Fünen, entfaltete nach schwierigen Anfängen in Kopenhagen seine besondere Begabung in den *Märchen und Erzählungen für Kinder* (1835–1847), die bald in fast alle Sprachen der Welt übersetzt waren. Søren Kierkegaard (1813–1855) wird von den heutigen *Existentialisten* als Ahnherr beansprucht. Dieser Sohn eines Wollhändlers aus Westjütland besuchte 1830 die Kopenhagener Universität und beschäftigte sich, obwohl er nie dem geistlichen Stand angehörte, sein ganzes Leben mit theologischen Fragen. Sein einflußreichstes Werk, *Entweder–Oder*, erschien 1843. Mit besonderer Ablehnung begegnete er Hegels Behauptung, den inneren Gang der Dinge mittels spekulativer Einsicht zu verstehen, da er sie, nicht ganz zu Unrecht, für anmaßend hielt. Er legte sich verschiedene Pseudonyme zu, deren eigenartigster *Hilarius Bogbinder* ist. Weit mehr Achtung in theologischen Kreisen genoß Bischof Grundtvig (1783–1872), der eine Luther-Renaissance mit der Begeisterung für die nordische Mythologie vermischte. Er übersetzte die Werke von Saxo Grammaticus, Snorri Sturluson und sogar den *Beowulf* (1820), wodurch er richtungsweisend wurde für viele skandinavische und angelsächsische Gelehrte. Außerdem setzte er sich für spezielle Schulen für leistungsschwächere Kinder ein. Was bald auch außerhalb Dänemarks nachgeahmt wurde.

Aber der wichtigste Beitrag zum europäischen Geistesleben, den Dänemark im neunzehnten Jahrhundert leistete, war die Grundlegung der modernen Vorgeschichte. Üblicherweise gilt König Friedrich VII. bei Historikern als der Monarch, dessen Tod die Schleswig-Holstein-Krise von 1863 heraufbeschwor, dabei verdient er unser Gedächtnis weit mehr durch die fortdauernde Unterstützung, die er Jens Worsaae zukommen ließ, der größten archäologischen Begabung der Jahrhundertmitte.

Seit seiner jütländischen Kindheit war Worsaae besessen von der Archäologie. Sobald er seiner Geldnöte ledig war, leistete er Bahnbrechendes auf dem Gebiet archäologischer Ausgrabungen und schrieb seine *Vorgeschichte Dänemarks*, die ihn in ganz Europa berühmt machte und ihm Einladungen nach London und Schottland eintrug. Später wurde er der oberste Denkmalschützer und der erste offizielle Spezialist für Vorgeschichte, nach der Thronbesteigung Friedrichs VII. gar Kurator der Königlichen Sammlungen, die im Schloß untergebracht waren. König und Altertumsforscher machten gemeinsame Ausgrabungen, wobei sich letzterer nur unwesentlich gestört fühlte durch die Hofuniform und die dänischen Mahlzeiten, die der König während solcher Ausgrabungen zu verzehren und mit Champagner hinunterzuspülen liebte. König Friedrich starb an einer »Erkältung«, als er, die Archäologie mit seinen Amtsgeschäften verbindend, das alte Wikinger *Danewerk* gegen die stete Gefahr aus Deutschland wiederherstellte. Worsaaes systematische Ausgrabungstechnik wurde in England von General Pitt-Rivers aufgenommen und unter wissenschaftlichen Gesichtspunkten weiterentwickelt.

Schweden und Norwegen

Schweden, der bei weitem größte und lange Zeit kriegerischste skandinavische Staat, hatte im Verhältnis zu seiner relativ kleinen Bevölkerung die potentiell größten Ressourcen, unter anderem reiche Eisenvorkommen im Norden mit dem nahegelegenen Seehafen Narvik, denn bis 1905 blieb Norwegen mit Schweden vereinigt, und noch größer war der Holzreichtum des Landes. Obwohl die Schweden weder Kohle noch Öl besaßen, so hatten sie doch dank ihrer zahllosen, verschieden hoch gelegenen Seen Wasserkraft im Überfluß.

Obgleich im Krimkrieg eine alliierte Expedition in die Ostsee Schweden unter König Oskar I. (1844–1859) die Möglichkeit geboten hatte, den russischen Erbfeind anzugreifen, hatten sie klugerweise darauf verzichtet und sich auf die innenpolitischen Chancen und Probleme einer verspäteten industriellen Revolution konzentriert, die sich in ihrem Lande jetzt zu entfalten begann. Unter Karl XV. (1859–1872) versuchte sich das Bürgertum gegen den alteingesessenen Adel durchzusetzen, und 1867 wurde der alte *Riksdag* der vier Stände durch ein Parlament ersetzt, in dem die kleinen Bauern faktisch das Übergewicht hatten. Gegen die Bürokratie und die neuen Industriellen stand jetzt eine Agrarpartei, die Schutzzölle für die Landwirtschaft forderte. Gleichzeitig wurden die Holzindustrie erweitert und die Eisenvorkommen erschlossen; Walzwerke übernahmen das Bessemer-Verfahren zur Stahlherstellung; in den siebziger Jahren eroberten die schwedischen Streichhölzer den Weltmarkt. Aber die wachsende Bevölkerung lebte noch zu über siebzig Prozent auf dem Lande, und die schon seit langem in Mitteleuropa zu beobachtende starke Auswanderungsbewegung nach Nordamerika setzte auch hier ein. In den achtziger Jahren begannen die schwedischen Gewerkschaften angesichts der Not, die der rasche industrielle Wandel bewirkte, sozialistisch zu werden, und eine neue sozialdemokratische Partei fand einen Führer in Hjalmar Branting. Verschiedene protestantische Sekten, die oft von Schweden in Nordamerika finanziert wurden, spalteten sich von der offiziellen lutherischen Kirche ab, während politisch einflußreiche Antialkoholikervereine »Prohibitionsmaßnahmen« erzwangen, obwohl wegen des althergebrachten und verständlichen schwedischen Wunsches, sich in den kalten und dunklen Wintern warmzuhalten, unmäßiges Trinken ein alter Brauch war. Industrie und jetzt auch Landwirtschaft gelangten zu Wohlstand, aber viele Schweden langweilten sich: Sie unternahmen ausgedehnte Forschungsreisen, so Amundsen, der den Südpol vor Kapitän Scott erreichte und dieses Abenteuer auch überlebte, oder sie erwarben Vermögen mit russischem Öl und in der Waffenindustrie, wie zum Beispiel die Familie Nobel, die den Nobelpreis stiftete; andere wanderten nach Brasilien aus, und wieder andere wurden trinkfeste und wortreich fluchende Kapitäne. Schließlich gab es Schweden, die bis nach Belgisch-Kongo oder Abbessinien vordrangen.

Der schwedische Schriftsteller des neunzehnten Jahrhunderts, der es zu europäischer Berühmtheit brachte, war August Strindberg, ein Pionier des »naturalistischen« Dramas, das wie ein Nordwind über die Bühnen fegte. Wegen Blasphemie strafrechtlich verfolgt und von der schwedischen Akademie lange Zeit übergangen, machte dieses beunruhigende Genie mit seinen blitzenden Augen unter hoher Stirn und üppiger Haarmähne doch seinen Weg. Der Sohn eines Schiffsmaklers und dessen früheren Dienstmädchens machte die konventionelle bürgerliche Gesellschaft zum Ziel seiner Satire, nachdem es ihm nicht gelungen war, Fuß in ihr zu fassen. Sein 1879 erschienener Roman *Roda Rummet* (*Das rote Zimmer*) brachte ihm ersten Erfolg, und seine Autobiographie *Tjanstekvinnan's Son* (*Der Sohn einer Magd*), der einen Beitrag zum modernen Hang zu hemmungsloser Selbstentblößung leistete, bekräftigte seinen Ruf. Er wandte sich auch dem Drama zu und schrieb während der achtziger Jahre *Der Vater, Fräulein Julie, Gläubiger* und *Die Leute von Hemsö*. Er heiratete dreimal, ließ sich scheiden, verbrachte viel Zeit außerhalb Schwedens, kehrte aber 1899 nach Stockholm zurück. Hier schrieb er eine Flut von zumeist tragischen und satirischen, zu nordischer Selbstbespiegelung tendierenden Theaterstücken, und wurde bis zu seinem Tode im Jahre 1912 in seiner Heimat vom schwedischen Establishment geschnitten, das er satirisch aufs Korn genommen hatte, war aber in der ganzen Welt berühmt.

Die Norweger, die 1814 mit Schweden vereinigt worden waren, besaßen von allen drei skandinavischen Staaten die bescheidensten natürlichen Ressourcen, bis sie Ende des neunzehnten Jahrhunderts ihr enormes Wasserkraftvorkommen zur Elektrizitätsgewinnung nutzen konnten und über die höchste Pro-Kopf-Elektrizitätserzeugung der Welt verfügten. Die gespannten Beziehungen zu Schweden wurden friedlich – wenn auch erst 1905 – gelöst, als Oskar II. von Schweden auf die norwegische Krone verzichtete, da das norwegische *Storting* die Union einseitig aufgekündigt hatte, eine Entscheidung, die in einer Volksabstimmung eine überwältigende Mehrheit fand. König von Norwegen wurde Prinz Karl von Dänemark, der sich in Håkon umbenannte.

Im Verhältnis zu seiner Größe eines der spärlichst besiedelten Länder Europas, mit riesigen Waldgebieten und Gebirgen, konzentrierte sich Norwegen mehr auf Viehzucht und Molkereiwesen als auf Ackerbau, besaß aber eine sehr große Fischfang- und Handelsflotte. Zudem begann mit der Entwicklung der Elektrizitätserzeugung die Leichtindustrie zu florieren. Die 1860 eingeführte allgemeine Schulpflicht, die anders als in Großbritannien und Frankreich nicht durch sektiererische Streitigkeiten beeinträchtigt wurde, führte schon früh zu einer gemäßigten Gewerkschaftsbewegung und sorgte dafür, daß das allgemeine Wahlrecht für Männer (1898) ein verantwortungsbewußtes demokratisches Gemeinwesen entstehen ließ, das einen vorbildlichen Wohlfahrtsstaat hervorbrachte.

In kultureller Hinsicht blieb das Land jedoch provinziell; und der norwegische Künstler, der den größten Einfluß auf Europa ausübte, verbrachte den größten Teil seines Lebens im Ausland. Henrik Ibsen (1828–1906), Schöpfer realistischer Prosadramen, war der Sohn eines Sägemühlenbesitzers in Skien in Westfold. Als sein Vater bankrott ging, lernte Ibsen die gesellschaftlichen und wirtschaftlichen Unannehmlichkeiten des Kleinbürgerlebens kennen, so daß er mit den Stoffen seiner spannungsgeladenen Familiendramen auf höchst realistische Weise Bekanntschaft machte. Nachdem er in Kristiania (heute Oslo) durchs Examen gefallen war, verdiente er sich mehr schlecht als recht seinen Lebensunterhalt als Theaterleiter in Bergen, eine Erfahrung, die ihm 1857 als Theaterdirektor in Kristiania zustatten kam. Im Gegensatz zu Strindberg war er wohlgelitten bei den Kulturbehörden seines Landes und erhielt 1864 ein staatliches Stipendium für einen Rombesuch. Dank weiterer Stipendien lebte er dann noch siebenundzwanzig Jahre im Ausland, wo er internationalen Ruhm erwarb. Sein lyrisches Drama *Brand* entstand 1866 in Rom, *Peer Gynt* im Jahr darauf in Dresden. 1873 versuchte er sich in *Kaiser und Galiläer* an einem sehr anspruchsvollen Stoff, der Geschichte Julian Apostatas, kehrte aber mit *Stützen der Gesellschaft, Nora oder ein Puppenhaus* und *Gespenster* zum Thema der Provinzgesellschaft zurück. Nach langem Aufenthalt in München und Tirol, wo *Hedda Gabler* und *Baumeister Solness* entstanden, kehrte Ibsen 1891 endlich nach Norwegen zurück und blieb dort bis zu seinem Tode im Jahre 1906.

Zufällig wurde die Musik zu seinem poetischsten und berühmtesten Werk, *Peer Gynt*, von einem anderen Norweger geschrieben, der es zu Weltruhm brachte. Edvard Hagerup Grieg (1843–1907), der auch schottisches Blut in seinen Adern hatte, stammte aus Bergen und bezog die Anregung zu seiner romantischen Musik aus der norwegischen Landschaft und Volksmusik. Er studierte in Leipzig, fand in Liszt einen Freund und Förderer und konnte, von der norwegischen Regierung großzügig unterstützt, Rom besuchen. Aber schon bald kehrte er in seine Heimat zurück, wo er den Rest seines Lebens mit Blick auf das Meer verbrachte. In der besonderen Qualität seiner Musik kommen der Friede und die Majestät der norwegischen Fjorde und Wälder zum Ausdruck.

8. Technologische Revolution und politischer Niedergang

Technik und Ideologie

Das Ende des neunzehnten Jahrhunderts markierte den vielgestaltigen Höhepunkt einer glänzenden Kultur und die Anfänge einer technologischen Revolution, die sich Stahl, Elektrizität, chemische Stoffe, Gummi und Öl zunutze machte. Trotz einer Phase wirtschaftlicher Rezession in ihren Heimatländern wagten die Europäer, deren ausgewanderte Landsleute so nachhaltig zur Entwicklung in Übersee beitrugen, gewaltige Investitionen in Amerika, in Asien und, nachdem die reichsten Diamanten- und Goldvorkommen der Welt entdeckt worden waren, auch in Südafrika.

1885 entwickelte C. F. Benz den ersten Verbrennungsmotor, der seine Kraft durch die elektrische Zündung von Benzindämpfen innerhalb eines kleinen Zylinders gewann, woraufhin die »Automobile« das Verkehrswesen zu revolutionieren begannen: 1903 gelang den Amerikanern Wilbur und Orville Wright der erste Motorflug in einem primitiven Doppeldecker, der erste Schritt zur Eroberung der Luft; 1905 erzeugte Edison die ersten »bewegten« Bilder; 1906 überquerte Blériot im Flugzeug den Kanal, und 1908 begann Henry Ford mit der Massenproduktion erschwinglicher Autos. Diese Entdeckungen sollten das Tempo und Gepräge menschlichen Lebens überall verändern und dazu führen, daß die vorhandenen Formen internationaler Politik unter einer gefährlichen Fehlanpassung an eine Umwelt litten, die durch die angewandte Wissenschaft radikalen Veränderungen unterworfen war.

Diese kraftvolle, aber auch gefährdete Zivilisation sah sich auch von innen her in Frage gestellt, als die pseudowissenschaftlichen Lehren, die Marx und Engels 1848 im *Kommunistischen Manifest* und 1867 im *Kapital* dargelegt hatten, in ihrem Angriff auf das private Eigentum eine immer breitere Gefolgschaft gewannen und beim Treffen der Ersten Sozialistischen Internationalen 1864 in London der systematische »Klassenkampf« verkündet wurde. Zwar hatten Bismarcks Arbeiterschutzgesetze in Deutschland und die Reformen der liberalen Regierungen von Gladstone bis Asquith in Großbritannien der Auseinandersetzung etwas von ihrer Schärfe genommen, aber die Marxisten erkannten ihre Chance, als in Rußland und Mitteleuropa die alte Ordnung dank der ihr innewohnenden Kriegsanfälligkeit zusammenbrach.

Oberflächlich betrachtet schien Europa in dieser mächtigen Phase seiner Wirtschaft und Zivilisation, mit seinen blühenden Ablegern in Amerika, Australasien und Südafrika und gewaltigen Kolonialreichen in Asien und Afrika dazu bestimmt, die Erde auf lange Zeit zu beherrschen, aber es hatte versäumt, sich selbst eine einheitliche politische Ordnung zu geben. Während sich das Römische Reich in der Praxis, China und die mittelalterliche Christenheit zumindest theoretisch mit dem Begriff von Kultur und Zivilisation noch gleichzusetzen vermochten, hatten die Europäer Ende des neunzehnten Jahrhunderts das Konzert der europäischen Großmächte aufgegeben, das im Anschluß an die Napoleonischen Kriege geschaffen worden war, und waren jetzt nicht einmal mehr in der Lage, die schlichtere Alternative eines Machtgleichgewichts zu praktizieren. Das zwanzigste Jahrhundert, das kulturell und technologisch so vielversprechend begann, sollte in einer mechanisch perfekten Barbarei versinken, in einem Zeitalter der Massentötungen und des politischen Mords, grausamer als das siebzehnte und technisch weit perfekter im Metzeln als jedes andere Jahrhundert. Der Nationalismus, ursprünglich ein Mythos von Freiheit und Brüderlichkeit, trug sein Scherflein zum Blutbad bei. Der liberale Idealist Mazzini, ein typisches Produkt der Romantik und Rousseauscher Schwärmerei, versuchte eine »Humanitätsreligion« in Form der »Selbstbestimmung« emanzipierter Nationalstaaten zu begründen und hegte die trügerische Hoffnung, diese würden, wenn sie erst einmal innerhalb ihrer »natürlichen Grenzen« etabliert seien, eine »Bruderschaft« friedlicher Harmonie bilden, zu der jeder seine besonderen Gaben beisteuern werde. Doch diese sentimentale Vision, die das alte dynastische Legitimitätsdenken formal und herzlos erscheinen ließ, verschmolz jetzt allzu leicht mit der romantischen Hegelschen Begeisterung für dynamische Volksnationen, die nacheinander danach trachteten, einen kosmischen Prozeß zu beherrschen.

Ende des neunzehnten Jahrhunderts wurden diese unters Volk gebrachten Wahnvorstellungen noch verstärkt durch eine falsche Auslegung von Darwins biologischem Prinzip des »Überlebens des Stärksten (oder Bestangepaßten)«, das jetzt fälschlich auch auf souveräne Staaten angewendet wurde, so daß der Nationalismus nicht mehr nur revolutionäre Idealisten beseelte, sondern zum Glaubensbekenntnis für die Exponenten der Realpolitik wurde, die, gefangen in der Eigengesetzlichkeit des Systems und ihren eigenen Vorurteilen, das Schicksal der Großmächte bestimmten und dafür sorgten, daß diese nach einer Reihe internationaler Krisen in den Ersten Weltkrieg (1914–1918) hineinstolperten. »Es ist qualvoll«, schreibt Albertini, der beste Kenner dieses Prozesses, »die diplomatischen Dokumente der Zeit zu lesen: alle sind sie einseitig, alle unvollständig«, denn nicht nur wird der Historiker »gequält« durch eine nie dagewesene »Flut diplomatischer Dokumente«, sondern auch dadurch, daß – wie der deutsche Historiker Lutz erklärt – alle Mächte im Jahre 1914 ihre eigenen – wirklichen oder vermeintlichen – Interessen über den Weltfrieden gestellt hätten. So wurde Europa zum Zentrum eines politischen Weltbebens und wenig später in der politischen Vorherrschaft von den Vereinigten Staaten und der eurasischen Macht Sowjetunion abgelöst.

Die liberaldemokratische öffentliche Meinung – wenn auch nicht die Staatsmänner, die gezwungen waren, die Außenpolitik zu machen – verharrte in merkwürdiger Unkenntnis der brutalen Fakten internationaler Politik. Der liberale politische Denker T. H. Green, ein wichtiger Ideenlieferant für die Regierungen Campbell-Bannerman und Asquith in Großbritannien, erklärte: »Das Militärsystem Europas ist kein notwendiges Element der Beziehungen zwischen unabhängigen Staaten.« Es sei »ein Erbe des Feudalismus«, das »verschwinden« werde in dem Maße, wie immer mehr Staaten repräsentative liberale Regierungen erhalten würden. Sie würden es sogar im Umgang miteinander, wie er optimistisch glaubte, »zu leidenschaftsloser Objektivität bringen«.

Der kosmopolitische Katholik Lord Acton war in dieser Hinsicht klüger als der akademische Erbe englischer Nonkonformität. Die damalige Welt souveräner Nationalstaaten und ihr Hang zu ungezügelter Staatsmacht sei, wie er ausführte, »ein schmaler und wenig erbaulicher Geschichtsabschnitt«, und die damalige Nationalitätstheorie sei »rückschrittlich«. Sie trage »weder zu Freiheit noch zum Wohlstand bei, die sie beide der zwingenden Notwendigkeit opfere, die Nation zum Wesen und zum Maß des Staates zu machen. Der Weg würde zu materiellem und moralischem Ruin führen.« Nietzsche noch treffender: »Verspüren wir nicht den Hauch der Leere? Ist es nicht kälter geworden? Gott ist tot und wir haben ihn getötet.« Und er prophezeite Kriege, wie sie die Welt noch nie gesehen habe.

Insofern wurden die außerordentlichen materiellen und geistigen Leistungen in West- und Mitteleuropa Mitte und Ende des neunzehnten Jahrhunderts sowie die glänzenden Beiträge zu Literatur und Musik aus Rußland in ihrer Wirkung behindert, entstellt und gefährdet durch den barbarischen Kontext der Hobbesschen Großstaaten, so daß die internationale Politik nach 1871 zu einem »Kampf um die Vorherrschaft« zwischen diesen bis an die Zähne bewaffneten Riesengebilden verkam.

Aufbruch ins Verderben

Diesen Weg ins Verderben bezeichnen einige Meilensteine, die gesonderte Aufmerksamkeit verdienen, bevor die wissenschaftlichen und kulturellen Aspekte der Zeit zusammengefaßt werden können. Die Großmächte Europas hatten ihre Untertanen jetzt weit besser im Griff als irgendwelche Regierungen zuvor: Verwaltung, Nachrichtenverbindungen, ein Netz bedeutender und unbedeutender Bürokraten unterdrückten sie weit perfekter als die dynastischen Staaten des siebzehnten und achtzehnten Jahrhunderts. Die Wehrpflicht auf dem europäischen Kontinent ließ riesige Heere entstehen, und als die industrielle Revolution auf dem Kontinent wirklich Fuß faßte, wurden diese auch eindrucksvoll bewaffnet, während die logistischen Probleme, durch die sich Heerführer früher behindert sahen, dank strategisch angelegter Schienenwege gelöst wurden. Der deutsche Sieg 1870/71 hatte gezeigt, was unter solchen Umständen geleistet werden konnte, obgleich Uniformen und Paraden der Superarmeen noch immer in napoleonischem Pomp und Glanz erstrahlten. Auch wurde der Krieg noch weiterhin als romantisches Abenteuer angesehen, obwohl die industrielle Revolution ihn tatsächlich in einen technologischen Wettlauf verwandelte – eine Tatsache, die sich am deutlichsten im Flottenwettrüsten Ende des neunzehnten und Anfang des zwanzigsten Jahrhunderts manifestierte.

Der Einsatz in diesem potentiell tödlichen Spiel diplomatischer Erpressung waren die Massenarmeen der Wehrpflichtigen und die mit Dampf und Öl betriebenen Panzer- und Schlachtschiffe. Die »satten« Staaten waren bestrebt zu behalten, was sie hatten, die »hungrigen« Staaten, neue Territorien zu erobern, sich wirtschaftliche Vorteile zu verschaffen oder einfach an »Prestige« zu gewinnen. Selbst vernünftige Historiker neigen bei der Beschreibung dieser Gebilde zu einer weiblichen Personifizierung: wenn die russische Macht bei »ihren« Ambitionen auf dem Balkan einen »Korb« erhalte, fühlte »sie« sich »erniedrigt«, die französische Macht sei »besessen« von »ihren« Klagen über Marokko und die italienische über »ihre« »unerlösten« Gebiete in den Ostalpen. Diese monströsen Personifizierungen kamen nicht von ungefähr, sie waren Projektionen der Ambitionen und Enttäuschungen kleiner politischer und militärischer Cliquen, die möglicherweise repräsentativ für ihre Völker waren – oder auch nicht – und die zumeist von den geheimen Vorgängen der »Außenpolitik« nichts wußten oder nichts wissen wollten, es sei denn, irgendeine »Krise« wurde von den Politikern und der Presse zum Gegenstand leidenschaftlicher Erregung hochgespielt.

Vom Sog der Ereignisse mitgerissen, konnten auch die weitblickendsten Staatsmänner bestenfalls die Krisen abwehren und lösen, die ein solches System – oder dessen Mängel – hervorrief, und die Diplomatiegeschichte jenes halben Jahrhunderts, das der Katastrophe von 1914 bis 1918 voranging, ist ein Katalog solcher Vorkommnisse.

Pokerspiel der Macht

Es gelang der Dritten Republik in Frankreich, als sie 1875 offiziell und endgültig konstituiert wurde und die Schäden des deutsch-französischen Krieges notdürftig beseitigt hatte, eine gedeihende, wenn auch häufig veraltete und stets in erster Linie agrarische Wirtschaft zu konsolidieren und vielen Unternehmern, die den Grundstock zu ihrem Vermögen im Zweiten Kaiserreich gelegt hatten, mehr Möglichkeiten zu verschaffen. Die städtischen Handwerker waren rückständig in ihrer Organisation; die *Confédération générale du travail* wurde erst 1895 gegründet und das Streikrecht erst 1903 geschaffen. In diesem individualistischen Volk gab es noch kaum Wohlfahrtsgesetze. Abgesehen von dem alten Konflikt zwischen religiösen und antiklerikalen Kreisen, verschärft durch die Frage des Konfessionsunterrichts an staatlichen Schulen, und abgesehen von einem neuen Antisemitismus, der teilweise durch eine jüdische Einwanderungsbewegung aus Osteuropa hervorgerufen wurde und der in der berüchtigten Dreyfusaffäre (1894–1906) gipfelte, führte die in der Vielfalt des Parteienspektrums begründete chronische Instabilität der französischen Politik nur zu gelegentlichen dramatischen Skandalen, die von einer unruhigen und geistreichen Presse aufgedeckt wurden. Abgesehen von der eher komischen Figur des General Boulanger, der im Anschluß an den deutsch-französischen Krieg in Paris auf kaum ernst zu nehmende Weise für einen Revanchekrieg eingetreten war und schließlich in Belgien am oder auf dem Grab seiner Mätresse Selbstmord begangen hatte, gab es auch keine politischen Generale, die die Autorität der wechselnden politischen Gruppierungen in Frage stellten. Welche Possen die Politiker auch immer aufführen mochten, der administrative Rahmen Frankreichs blieb unangetastet, und abgesehen von den Ambitionen, die gelegentlich zu weit entfernten Zusammenstößen in der Kolonialpolitik führten, war Frankreich, dessen Bevölkerung zurückging und das die Position als stärkste Macht auf dem Kontinent verloren hatte, eher an Sicherheit als an Eroberungen interessiert.

Deutschland hingegen, das im zweiten Reich zur Einheit gefunden hatte und dessen Bevölkerung rasch anstieg, machte gewaltige industrielle Anstrengungen, die ihm bereits einen Vorsprung selbst vor den Engländern eingetragen hatten, nicht zuletzt dank der neuen Schutzzölle, die Bismarck 1879 eingeführt hatte. Aber als Wilhelm II. 1890 Bismarck entließ, wurde die politische Schwäche des Deutschen Reiches offenkundig. Der Reichstag verfügte über keinen hinreichenden Einfluß: weder über die Exekutive noch über den Monarchen, noch über die Armee. Die Armee, die Großindustrie und der Hof stürzten sich jetzt in Abenteuer, die sich am deutlichsten in den theatralischen Eskapaden des temperamentvollen jungen Kaisers ausdrückten. Bismarck hatte das Bündnis mit Rußland gesucht, weil er mit ihm gemeinsam Front gegen die Sozialisten und die widerspenstigen Polen machen wollte und weil er Rußland aufgrund seiner riesigen Gebiete und seines Menschenreservoires für unbezwingbar hielt. Als aber das seit 1879 mit Deutschland verbündete Österreich mit Rußland auf dem Balkan in Konflikt geriet, versuchte er sich die Hilfe Englands bei der Eindämmung des russischen Expansionswillens zu sichern. Denn sein schlimmster Alptraum waren ein russisch-französisches Bündnis und ein Zweifrontenkrieg.

Doch unter dem Einfluß des Generalstabchefs Waldersee, der einen Präventivschlag gegen Rußland plante, war Wilhelm II. jetzt bereit, einen solchen Krieg in Kauf zu nehmen. Der Sturz Bismarcks führte also allmählich genau zu dem »Alptraum«, den dieser Staatsmann hatte vermeiden wollen.[31]

Nach der Ermordung Alexanders II. war Rußland unter Alexander III. wieder zu autokratischer Repression zurückgekehrt und besaß nichts, was Ähnlichkeit mit einem gewählten nationalen Parlament gehabt hätte. Ein schlecht funktionierender Polizeistaat versuchte selbst die Diskussion über politische Veränderung zu unterbinden, während Revolutionäre das Regime durch terroristische Gewaltakte herausforderten. Sie wurden hingerichtet, wie Lenins Bruder im Jahre 1887, nach Sibirien verbannt, wie Lenin selbst, und, ebenfalls wie Lenin, ins Ausland getrieben, wo sie ein armseliges Leben fristen mußten. Und Lenin war es auch, der 1903 in London auf einem Parteikongreß der russischen Sozialdemokraten seine Vorstellung von einer eng verschworenen Parteielite der Mehrheitsfraktion durchsetzte – im Unterschied zu den *Menschewiki*, den Minderheitlern, *Bolschewiki* genannt.

Die Ausweglosigkeit der innenpolitischen Situation hinderte die russischen Regierungen nicht an aktiver Außenpolitik. Mit der Regierungsverantwortung für Polen belastet, bekam es Alexander II. 1865 mit einem weiteren polnischen Aufstand zu tun, der erneut niedergeschlagen wurde. Unter Alexander III. wurde eine systematische Unterdrückung der polnischen Kultur betrieben, so daß 1890 die Studenten an der Warschauer Universität nicht einmal in ihrer Muttersprache unterrichtet werden durften. Fünf Jahre darauf zwangen die Russen, die Finnland 1809 annektiert hatten, die Finnen trotz Widerstands des finnischen Parlaments zur allgemeinen Wehrpflicht.

Polen und Finnland, beides ursprünglich souveräne Staaten an der Grenze zu Rußland, waren seit langem abhängig von Sankt Petersburg: Auf dem Balkan gab es weniger Grund für ein russisches Vordringen. Der Berliner Kongreß von 1878 hatte versucht, die russische Interessensphäre auf die Gebiete am Unterlauf der Donau, die Dobrudscha und das Hinterland des Schwarzen Meers auf dem Balkan einzugrenzen, während er im Westen Bosnien und Herzegowina österreichischer Kontrolle unterstellt hatte. Aber die verwikkelten und endlosen Fehden der Serben, Kroaten, Montenegriner und Bulgaren mußten irgendwann deren Schutzmächte mit hineinziehen, wie es dann ja auch der Fall war, als ein serbisch-österreichischer Konflikt Rußland auf den Plan rief.

Österreich-Ungarn, die Doppelmonarchie, die 1867 gegründet worden war, war nie mehr als ein unsicheres Provisorium. Selbst kaum lebensfähig, wurde dieses willkürlich geschaffene Reich, in dem Deutsche, Magyaren und Slawen zusammengewürfelt waren, durch die Furcht vor Rußland gezwungen, noch schwierigere Verantwortungen zu übernehmen. Am schicksalhaftesten erwies sich die Verwaltung von Bosnien und Herzegowina – mit der Hauptstadt Sarajewo. Dieses gebirgige Gebiet liegt landeinwärts der adriatischen Küste mit den alten venezianischen Häfen Trogir und Split, wo Diokletian Zuflucht in seinem Palast fand, und beherrschte über Mostar den Zugang zum historischen Dubrovnik (Ragusa), das der vierte Kreuzzug für Venedig erobert hatte. Es grenzte außerdem an den immer noch türkischen Sandschak von Novi Bazar, der Serbien von Montenegro trennte und durch den damals eine strategische Eisenbahn gebaut werden sollte, um Skopje mit dem Vardartal und Saloniki zu verbinden.[32]

Italien, das, gemessen an dem starken Nord-Süd-Gefälle und den traditionellen Partikularismus seiner alten Städte, sicherlich verfrüht geeint worden war, die Einheit aber den hochherzigen romantischen Hoffnungen Mazzinis und Garibaldis sowie der kaltschnäuzigen Gerissenheit Cavours verdankte, trug noch zu den Spannungen der Großmachtpolitik bei. Aus opportunistischen Gründen traten die Italiener 1883 einem Dreibund mit Deutschland und Österreich-Ungarn bei, der 1887 und ein weiteres Mal 1901 erneuert wurde, bei welcher Gelegenheit der deutsche Reichskanzler von Bülow anmerkte, Italien müsse sich zwischen Ehestand und Konkubinat entscheiden. Bemüht vor allem um nationales »Prestige«, belegten eine Reihe von Regierungen das Land mit viel zu hohen Steuern, um die Rüstung zu finanzieren, und ließen sich 1894 auf ein dilettantisches militärisches Abenteuer in Abessinien ein, das schon bald bei Adua mit einer demütigenden Niederlage endete. Nachdem die Italiener also zu so später Stunde ihre Beteiligung an der Aufteilung Afrikas angemeldet hatten, warfen sie nun ein Auge auf Tripolis, das sich noch immer unter türkischer Oberherrschaft befand, und warteten, bereit, jede Chance zu ergreifen, die sich für sie aus einem Konflikt der Großmächte ergeben sollte.

Einkreisungshysterie und diplomatischer Dilettantismus

Durch die Kette von Krisen, die zum Ersten Weltkrieg führten, sahen sich die Engländer gezwungen, ihre Isolationspolitik aufzugeben. In den Jahren von 1897 bis 1900 hatten die Deutschen mit einem Zwanzigjahresprogramm zum Bau einer Hochseeflotte begonnen, dessen Ziel es war, die englische Vorherrschaft in Frage zu stellen. Bereits besorgt über eine potentielle französisch-russische Bedrohung als Folge des 1893 geschlossenen und 1899 erneuerten Bündnisses dieser beiden Mächte, gingen die Engländer 1902 ein Bündnis mit Japan ein, das jetzt die stärkste Macht im Fernen Osten war. 1903/04 kam es zur *Entente cordiale* zwischen England und Frankreich, das seinerseits im Bündnis mit Rußland stand. Dieser radikale Wandel der strategischen Verhältnisse war ein diplomatisches Verdienst des englischen Monarchen, denn obwohl sein Beitrag unterschätzt wurde, »gebührt der Hauptanteil für die englisch-französische *Entente* der Entschlossenheit und Hartnäckigkeit Eduards VII«. (Albertini)

Die *Entente cordiale*, die alte Streitpunkte im Fernen Osten, in Ägypten und Marokko regelte, verstärkte die deutsche Einkreisungsangst und bedeutete tatsächlich eine erhebliche Stärkung der britischen Position, denn in Wirklichkeit stellte die englische Marine die neue deutsche Flotte noch immer weit in den Schatten: Zu Beginn des Jahres 1905 verfügte sie über vierundvierzig Schlachtschiffe, die Franzosen über zwölf, die Deutschen über sechzehn, während die Russen gar nicht zählten.

Die Deutschen reagierten mit selten dilettantischen diplomatischen Schritten. Im April 1905 überredete von Bülow einen widerstrebenden Wilhelm II., mit einem Kreuzer in Tanger einzulaufen, »um die deutschen Interessen in Marokko zu sichern«, den Zusammenbruch der französischen Regierung, die die *Entente cordiale* geschlossen hatte, zu erwirken und so Eduard VII. »den Dolch aus den Händen« zu schlagen. Getreu französischer Tradition wurde die französische Regierung tatsächlich gestürzt, und der Kaiser setzte seine dilettantische Diplomatie fort, indem er seine Jacht bestieg und Nikolaus II.

besuchte – der sich gerade mit einer schmerzlichen Niederlage durch Japan abfinden mußte. Auf Björkö überredete er ihn zu einem Abkommen, das Rußlands Bündnis mit Frankreich aufheben sollte, tatsächlich aber nie von der russischen Regierung ratifiziert wurde. Ebensowenig nahm die auf deutsche Initiative hin in Algeciras, gegenüber von Gibraltar, einberufene Konferenz, die Frankreichs Präsenz in Marokko und damit seinen Großmachtstatus beseitigen sollte, den von den Deutschen erhofften Verlauf: die Furcht vor solcher Diplomatie breitete sich aus.

Nach diesen ungeschickten deutschen Manövern, die, wie Eduard VII. es ausdrückte, den Kaiser »in aller Munde gebracht« hatten, gingen die Engländer 1907 ein Bündnis mit Rußland ein, das lange als sein Hauptfeind in Asien gegolten hatte. Bereits im Februar 1906 hatte Außenminister Edward Grey geschrieben: »... eine *Entente* zwischen Rußland, Frankreich und uns würde absolute Sicherheit bedeuten. Wenn es notwendig sein sollte, Deutschland Einhalt zu gebieten, könnte dies so geschehen.« Besorgt über den deutschen Plan, eine Eisenbahn Berlin–Bagdad zu bauen, waren die Russen nun bereit, sich die »Einflußsphäre« in Persien mit den Engländern zu teilen: die Engländer, deren Stellung auf Zypern und in Ägypten gefestigt war, zeigten sich im Gegenzug bereit, russische Kriegsschiffe in das Mittelmeer und das Rote Meer zu lassen, und die Russen erkannten Afghanistan – lange der Schauplatz des »großen Spiels« von Spionage und Gegenspionage – als »Pufferstaat« Indiens an. Das im August 1907 geschlossene Bündnis regelte zwar in erster Linie die Probleme in Asien, aber angesichts der engen Beziehung Rußlands und Frankreichs konnte es tiefgreifende Auswirkungen auch für Europa haben.

Hinzu kam, daß die Engländer 1906 den Flottenwettlauf verschärften. Sie entwickelten den *Dreadnought* (Großkampfschiff), ein Schlachtschiff, das so schwer bestückt und gepanzert war, daß es allen Schiffen der englischen Admiralität und fremder Flotten überlegen war. Die Deutschen antworteten mit eigenen *Dreadnoughts*, und ab 1908 wurden die Rüstungsindustrien beider Staaten für die teure Flottenrivalität mobilisiert. Die Spannungen nahmen zu.

Die Schüsse von Sarajewo

Das andere Hauptspannungsgebiet, in dem sich die endgültige Katastrophe vorbereitete, war der Südosten. Hier hatte sich 1903 das Mißtrauen zwischen Österreich-Ungarn und den Südslawen verstärkt, als der unfähige pro-österreichische König Alexander I. Obrenović nebst seiner Gemahlin Draga, im eigenen Palast von nationalistischen, pro-russischen Offizieren der »Schwarzen Hand« ermordet und durch den angejahrten Peter I. Karadjordjević ersetzt worden war. Obwohl Peters Herrschaft relativ liberal war, wurde sie zu einem pro-russischen Sammelbecken des serbischen Nationalismus, voller

Feindseligkeit gegen Wien und Budapest. Die Doppelmonarchie hatte schon große Mühe, Österreicher, Magyaren und Tschechen zusammenzuhalten. Der Haß zwischen Magyaren und Serben hatte verhindert, daß die Serben einem umfassenden Bundesstaat hatten eingegliedert werden können.

Die Spannungen verschärften sich jetzt. Der Berliner Kongreß von 1878 hatte Österreich-Ungarn mit der Verwaltung Bosniens und der Herzegowina betraut, und Außenminister Aehrenthal traf 1906 mit seinem russischen Amtskollegen Iswolskij eine Absprache, der zufolge Rußland – gegen freie Durchfahrt seiner Kriegsschiffe aus dem Schwarzen Meer – ein Auge zudrücken werde, falls Österreich-Ungarn Bosnien und die Herzegowina annektierte. Das tat die Doppelmonarchie 1908. Die Russen, durch den Widerstand der Franzosen und Engländer um ihren Anteil am Kuhhandel gebracht, trafen, als sie Entschädigung verlangten, auf einen wild entschlossenen Deutschen Kaiser, der in für ihn typischer Manier erklärte, er stehe »in schimmernder Wehr« an der Seite seiner österreichischen Verbündeten. Die Russen mußten zurückstecken, die Serben sich abfinden.

Die Deutschen hatten gezeigt, zu welchen Risiken sie bereit waren, und damit Russen und Engländer noch mehr verschreckt. Das Flottenwettrüsten wurde fortgesetzt, und 1911 wurde die Marokkofrage abermals akut. Bestrebt, sich das Protektorat über das ganze Land zu sichern, besetzten die Franzosen Fes, woraufhin die Deutschen das Kanonenboot *Panther* nach Agadir an der marokkanischen Atlantikküste entsandten, angeblich, um dort deutsche Untertanen zu schützen. Daraufhin war es auf englischer Seite vor allem der liberale Finanzminister Lloyd George, der, besorgt um die Sicherheit Gibraltars, alle Betroffenen warnte und erklärte, England werde nicht untätig zusehen, »wie seine lebenswichtigen Interessen beeinträchtigt werden«. Die Royal Navy legte neue Stützpunkte an, und erstmalig wurden Pläne zur Entsendung einer Expeditionsarmee nach Frankreich gefaßt. Auf deutscher Seite erhielt Admiral von Tirpitz die Erlaubnis, drei Großkampfschiffe pro Jahr zu bauen statt der bisherigen zwei; es wurden mehr Wehrpflichtige einberufen, und auch die öffentliche Meinung in Großbritannien, Deutschland und Frankreich rüstete auf. Die Engländer gaben jetzt *Super Dreadnoughts* in Auftrag. Im September 1911 brach Italien, das darauf brannte, die Scharte von Adua auszuwetzen, einen Krieg mit der Türkei vom Zaun, griff Tripolis an und drohte mit einem Angriff auf die Dardanellen. Dieses Abenteuer veranlaßte Serben, Montenegriner, Bulgaren und Griechen, gemeinsam ihre Chance zu suchen, und 1912 vertrieben sie die Türken fast ganz aus Europa, so die jahrhundertealte Besetzung beendend. Als die Türken 1913 den Krieg wieder aufnahmen, verloren sie sogar Adrianopel und behielten, nachdem sie sich mit der Vermittlung der Großmächte einverstanden erklärt hatten, nur einen Streifen Landes bei Konstantinopel und entlang der europäischen Küste der Meerenge. Getreu ihrer Tradition führten nun Serben und Bulgaren Krieg in Albanien und Makedonien, wobei die Bulgaren von einer Allianz aus Griechen, Rumänen und Serben besiegt wurden. Die Türken eroberten Adrianopel zurück, aber die Serben waren das kriegerisch erfolgreichste Volk auf dem Balkan geworden.

Die Regierung von Österreich-Ungarn, die stets den serbischen Einfluß auf die slawischen Minderheiten in Ungarn und Siebenbürgen fürchtete, beschloß jetzt, daß die Macht Serbiens als des potentiellen »Piemont der Südslawen« zu brechen sei, bevor sie noch gefährlicher würde. Deshalb holten sie sich Deutschlands Einverständnis für einen Krieg mit Serbien.

Am 28. Juni 1914, dem Jahrestag der Schlacht von Kosovo und dem Nationalfeiertag der Serben, besuchte Erzherzog Franz Ferdinand, der österreichisch-ungarische Thronfolger, mit seiner Gemahlin Sarajewo, die Hauptstadt Bosniens, und wurde dort ermordet.

Am 23. Juli 1914 stellte Wien Serbien ein Ultimatum, und obwohl dieses den größten Teil der harten Forderungen akzeptierte, erklärte Österreich-Ungarn am 28. Juli den Krieg; es wollte seine Herrschaft über ein zerschlagenes Serbien und ein deutschfreundliches Bulgarien bis hin zum Schwarzen Meer ausdehnen.

Die Russen, bereits über das deutsche Eindringen in der Türkei besorgt, wo General Liman von Sanders im Interesse der Eisenbahn Berlin–Bagdad von Konstantinopel aus die türkische Armee reformierte, empfanden die österreichische Kriegserklärung als unerträglich: Am 30. Juli befahlen sie die Mobilmachung. Das war der entscheidende Schritt; am folgenden Tag veranlaßten Deutschland und Österreich-Ungarn ihre eigenen, rascheren Mobilmachungen, und als sich die Franzosen, mit den Russen verbündet, weigerten, eine Neutralitätsgarantie abzugeben, erklärten die Deutschen am 3. August auch Frankreich den Krieg und marschierten gemäß dem Schlieffenplan sofort in Belgien ein. Wegen der Verletzung der belgischen Neutralität, die seit 1839 von den Großmächten garantiert wurde, erklärte England Deutschland am 4. August den Krieg.

Nach einer Reihe von gefährlichen Vorgeplänkeln liefen die fünf Großmächte wie die gewaltigen Dampfzüge der Zeit mit voller Kraft auf Kollisionskurs, wie ihn die verschiedenen Bündnisse seit langem vorzeichneten. Einmal zu oft hatte man die Gefahren in Kauf genommen, die so lange durch geschickte, wenn auch hektische diplomatische Bemühungen hatten vermieden werden können, und dieses Pokerspiel der Macht riß eine glänzende Zivilisation in den ersten ganz mit den Mitteln moderner Industrie geführten Krieg und in die Erniedrigungen der Nachkriegszeit: an den Rand der Selbstvernichtung.

Vom Weltkrieg zum »Gleichgewicht des Schreckens«

Weder Regierungen noch Oberkommandos, noch die Völker ahnten, was ihnen bevorstand. Man ging allgemein davon aus, daß ein längerer Krieg sich finanziell gar nicht durchhalten lasse und der Konflikt so rasch beendet sein werde wie der Krieg '70/71.

Tatsächlich aber hatten industrielle und technische Revolution eine völlig neue Dimension der Kriegführung erschlossen. Von 1914 bis 1918 fielen Millionen in einem mörderischen Wettstreit technisierten Hinschlachtens, aus dem die Ententemächte schließlich mit Amerikas Hilfe siegreich hervorgingen, allerdings auch sie mit einer unwiderruflich zerrütteten wirtschaftlichen und gesellschaftlichen Ordnung. Zunächst in Rußland, dann in Italien, Deutschland und Österreich-Ungarn brach das überkommene politische und soziale System zusammen, woraufhin die Trümmer von kommunistischen und faschistischen Diktaturen übernommen wurden, primitiven Regierungsformen, die an die grobschlächtigen und kompromißlosen Provisorien spätrömischer Zeit erinnerten, nur daß sie weit weniger Verantwortungsgefühl und, dank moderner Technik, umfassendere Methoden der Kontrolle, Propaganda und Zerstörung besaßen.

Und damit war die Tragödie noch nicht einmal ausgestanden. Nach kaum mehr als zwanzig Jahren der Waffenruhe, welche die Westalliierten in Abwesenheit der Vereinigten Staaten nicht zu wahren vermochten, brach ein zweiter europäischer Konflikt aus und verschlang die Welt. Er deutete sich schon an in den krassen Fehlleistungen der Friedenskonferenz nach dem Ersten Weltkrieg, die ohne geeigneten Zeitplan und ohne systematische Tagesordnung ablief und von Politikern geführt wurde, die ihren eigenen Parolen auf den Leim gingen und nach der Gunst ihrer Wähler schielten. Im voraus hatte man sich über keine der wesentlichen Fragen einigen können, aber man glaubte naiv, daß der Grundsatz »Selbstbestimmung« und die Schaffung kleiner souveräner Staaten in Osteuropa Frieden bringen würde für Regionen, die lange von politischem Haß zerrissen und vom Krieg und seinen Nachwirkungen demoralisiert waren. Kaum einer der westlichen Politiker kannte die örtlichen Verhältnisse und vermochte die wirtschaftlichen Auswirkungen der Entscheidungen abzuschätzen, so daß etwa Deutschland aberwitzige Reparationen auferlegt wurden, die es wirtschaftlich ruinierten und den finsteren Spuk Adolf Hitlers heraufbeschworen. Die Staatsmänner des Wiener Kongresses waren zu realistisch gewesen, um Frankreichs Ruin herbeizuführen.

Das »Diktat von Versailles« war politisch nicht so vernichtend, wie jenes, das die Deutschen vielleicht über Großbritannien und Frankreich verhängt hätten, aber die Reparationen waren unrealistisch hoch, obwohl sie dem noch vereinten Deutschland politisch so viel Macht ließen, daß es einen Revanchekrieg beginnen konnte.[33]

Nach diesem zweiten Konflikt, der im Anschluß an den Sieg der englischen Luftwaffe in der Schlacht um England und dem der englischen Flotte in der Schlacht um den Atlantik vor allem durch die gewaltige eurasische Macht Sowjetrußlands und durch das massive Eingreifen der Vereinigten Staaten entschieden wurde, kam für Europa der Niedergang und eine noch nie dagewesene Teilung. Fortgerissen vom Sog einer unerhörten technologischen Entwicklung, die allein schon jede menschliche Gesellschaft aus den Angeln gehoben hätte, hat Europa seither einen Aufstand der Massen und eine Revolution ständig steigender Erwartungen erlebt, während es gleichzeitig seine Stellung als Machtzentrum der Welt eingebüßt hat – seine Osthälfte von der Sowjetunion überrannt, sein Überleben im Westen weitgehend dem Schutz der amerikanischen Supermacht verdankend.

Und doch hatte dieser Abstieg in die politische Bedeutungslosigkeit eine überraschende Konsequenz – den verspäteten, aber zügigen und recht erfolgreichen Versuch, die wirtschaftlichen Grundlagen eines Vereinigten Westeuropa zu schaffen. Um dem Schicksal der einander bekriegenden Stadtstaaten von Hellas oder Renaissance-Italiens zu entgehen, waren die immer noch autonomen Westeuropäer gezwungen, ihr Haus zumindest wirtschaftlich in Ordnung zu bringen. Die Grundlage einer Wirtschaftsunion, nahegelegt durch eine gemeinsame Kultur, ein überschaubares Gebiet und einen gemeinsamen technischen Entwicklungsstand, wurde durch die Römischen Verträge geschaffen. Trotz starker nationalistischer Empfindungen hat die gemeinsame Bedrohung aus dem Osten auch die Anfänge engerer politischer Bindungen hergestellt. Neben dem Verzicht auf Kolonien sind dies die auffälligsten Veränderungen in der Entwicklung Europas seit dem Zweiten Weltkrieg: Alle sind sie überschattet vom globalen Wettrüsten der »Supermächte«, das, weit über Europa hinausreichend, den Weltraum, Interkontinentalraketen und Schlimmeres einbezieht.

Bisher wurden Kriege ausgetragen, ohne daß es dabei zur Totalvernichtung beteiligter Zivilisationen kam, und diese Kultur blieb, wenn sie sich auch auf die Arbeit bäuerlicher Massen gründete, notgedrungen Minderheiten vorbehalten. Heute sind die Regierungen der Supermächte und einiger weniger bedeutenderer Staaten, deren Einfluß sich in zwei Weltkriegen erheblich vergrößert hat, in der Lage, gegenseitig ihre Bevölkerungen auszulöschen, obgleich sie in den rechtsstaatlichen Demokratien nur schwer gegen die Wünsche der Bevölkerung regieren können – Wünsche, die unter Umständen auch den wirtschaftlichen und gesellschaftlichen Zusammenbruch bedeuten können. In autoritären Staaten sind solche Forderungen bislang auf Kosten der Freiheit abgewehrt worden.

Dies sind die Folgen von industrieller und technologischer Revolution, von Demokratie und Nationalismus: in einer Welt fortgeschrittener Technik und politischer Systeme, die an finsterste merowingische Zeiten erinnerten, wurde der Krieg noch schrecklicher, kulminierte im Einsatz von Atomwaffen und hat uns als sein Vermächtnis das heutige Wettrüsten hinterlassen.

Es ist nicht Aufgabe eines solchen geschichtlichen Überblicks, auch die qualvolle Geschichte der unmittelbaren Gegenwart zu erzählen. »Gegenwärtiges Geschehen« kann erst »Geschichte« werden, wenn mindestens ein halbes Jahrhundert verstrichen ist, die Dokumente zugänglich gemacht sind und die Menschen über den zeitlichen Abstand hinweg zu einem klareren Urteil gelangt sind. Der Rückblick auf die mühsam errungenen Leistungen europäischer Zivilisation, wie sie an unserem Blick vorbeigezogen sind, führt uns zu der Frage, ob sich die immer noch urtümlichen politischen und sozialen Institutionen Europas und der Menschheit dem radikalen Wandel der Umwelt anzupassen vermögen, den Wissenschaft und Technik heraufbeschworen haben. Uns bleibt die Hoffnung, daß uns das »Gleichgewicht des Schreckens«, das die modernen Waffen bis heute haben erzwingen können, die erforderliche Zeit verschafft, um unsere Ideen und Institutionen so zu verändern, daß eine politische und gesellschaftliche Ordnung geschaffen werden kann, die den ungeheueren Möglichkeiten moderner Wissenschaft gewachsen ist.

Anmerkungen

I. Prähistorisches Europa

1 Wo ein mit Michelin-Sternen ausgezeichnetes Hotel nach ihm benannt ist und eine Entenleberpastete mit Trüffeln anbietet, die beweist, was wahrer Fortschritt ist.
2 M. H. Swindler, *Ancient Painting*, 1929.
3 Glyn Daniel, *The Idea of Prehistory*, Harmondworth 1964, S. 167.
3a Der näher interessierte Leser sei verwiesen auf: F. E. Zeuner, *A History of Domesticated Animals*, London 1963, S. 39–40 und 80–93; dt: *Geschichte der Haustiere*, München 1967. Die primitiven Menschen des Mesolithikums hätten – so schreibt er – die Form der Symbiose möglicherweise »als elementaren Ausdruck einer Lebenssolidarität« geschaffen. (S. 39)
4 Stuart Piggott, *Ancient Europe, from the Beginnings of Agriculture to Classical Antiquity*, Edinburgh 1965, S. 35; dt: *Vorgeschichte Europas. Vom Nomadentum zur Hochkultur*, München 1974.
5 Daniel, *a. a. O.*, S. 168.
6 Nach den ersten 2000 Jahren wird die Radiokarbondatierung ungenau, aber die Daten der zusammengelegten Wachstumsringe eines kalifornischen Pinus Coulteri sind präzise bis 6300 v. Chr. Die Radiokarbondaten sind zwar für Ägypten und das minoische Kreta zuverlässig, nicht aber für die megalithische Periode. Die erforderlichen Korrekturen zeigen, daß diese weit früher liegt.
7 Colin Renfrew, *Before Civilization. The Radio-Carbon Revolution and Prehistoric Europe*, London 1973, S. 120.
8 Leonard Woolley, *Ur of the Chaldees, Seven Years of Excavation*, Harmondsworth 1938, S. 38f.
9 Roland Oliver und J. D. Fage, *A Short History of Africa*, Harmondsworth 1962, S. 37.
10 Piggott, *a. a. O.*, S. 20.
11 Waren diese Gefäße wirklich Becher, also in erster Linie zum Trinken bestimmt? Sehr wahrscheinlich. Man hat sogar die Vermutung geäußert, daß sie zur Aufnahme irgendeines gegorenen Getränks bestimmt waren, »... das den Eindringlingen half, ihre Herrschaft zu festigen, ganz so, wie der Whisky den gewissenloseren Siedlern in Afrika und im Pazifik den Weg ebnete«. Jacquetta und Christopher Hawkes, *Prehistoric Britain*, London 1947, S. 52.
12 Das ursprüngliche Prschewalskipferd, untersetzt, mit gelblich-grauem Fell und dunkler Mähne, dunklen Beinen und dunklem Schwanz, hat Ähnlichkeit mit einem großen Pony. Bei den in Lascaux abgebildeten Tieren handelt es sich vermutlich um die heute ausgestorbenen mausgrauen Tarpane.
13 Piggott, *a. a. O.*, S. 80.
14 Hawkes, *a. a. O.*, S. 54.
15 *Guides to the National Museum, Copenhagen, The Danish Collections*, Kopenhagen 1955, S. 45ff.
16 Colin Renfrew, *The Emergence of Civilization. The Cyclades and the Aegean in the third millenium BC*, London 1976, S. 476.

II. Antiker Mittelmeerraum

1 Piggott, *a. a. O.*, S. 122.
2 Von *Apsinthion* = Wermut.
3 Sinclair Hood, *The Home of the Heroes, The Aegean before the Greeks*, London 1967.
4 Swindler, *a. a. O.*, S. 73.

5 Renfrew, *The Emergence of Civilization*, a. a. O., S. 419.
6 Wahrscheinlich handelt es sich um die gleichen Krokusarbeiten, die später von den Venezianern auf Kreta zum selben Zweck angebaut wurden.
7 Swindler, a. a. O., S. 73.
8 Hood, *a. a. O.*, S. 104.
9 Hood, *a. a. O.*, S. 115.
10 *Documents in Mycenaean Greeth, Three Hundred Selected Tablets from Knossos, Pylos and Mycenae, with comments and vocabulary* von dem verstorbenen Michael Ventris und John Chadwick. Cambridge 1956. Diese sorgfältige philologische Arbeit liefert Hintergrund und Geschichte der Entdeckungen und ist herrlich illustriert mit vielen Beispielen der Ideogramme und Schriftzeichen. Die Behauptung, daß es sich bei dieser Sprache um archaisches Griechisch handele, ist weithin, wenn auch nicht allgemein akzeptiert worden.
11 Ventris und Chadwick, *a. a. O.*, S. 56.
12 Renfrew, *The Emergence of Civilization, a. a. O.*, S. 488.
13 Renfrew, *The Emergence of Civilization, a. a. O.*, S. 284 f.
14 Swindler, *a. a. O.*, S. 107.
15 Swindler, *a. a. O.*, S. 108.
16 Ventris und Chadwick, *a. a. O.*, S. 104 f.
17 C. M. Bowra, *The Greek Experience*, London 1957, S. 1; dt: *Griechenland. Von Homer bis zum Fall Athens*, München 1974.
18 Bowra, *a. a. O.*
19 Ventris und Chadwick, *a. a. O.*, S. 125.
20 Hugh Lloyd-Jones, *The Justice of Zeus*, 1971.
21 M. J. Finley, *The Ancient Economy*, London 1975, S. 28; dt: *Die antike Wirtschaft*, München 1977.
22 Finley, *a. a. O.*, S. 48.
23 Bowra, *a. a. O.*, S. 18.
24 Hesiod, *Sämtliche Gedichte* übers. und erl. von Walter Marg, Zürich 1970, S. 330 f.
25 Hesiod, *a. a. O.*, S. 338.
26 Finley, *a. a. O.*, S. 79.
27 Vgl. Pierre Devambez, *Greek Painting*, in der engl. Übers. von Jean Stewart, London 1962.
28 Devambez, *a. a. O.*, S. 50 ff.
29 Devambez, *a. a. O.*, S. 75.
30 Bowra, *a. a. O.*, S. 20.
31 Antony Andrewes, *The Greeks*, London 1967, S. 215.
32 Hans Licht (d. i. Paul Brandt), *Sittengeschichte Griechenlands*, 2 Bde., Dresden und Zürich, 1925/26.
33 *Greek Anthology*, I.
34 *Deipnosophistae*, XIV, (Loeb), S. 606.
35 Sappho, Griechisch und deutsch hrsg. von Max Treu, München 1958, S. 27.
36 Sappho, *a. a. O.*, S. 73.
37 Andrewes, *a. a. O.*, S. 215.
38 *Greek Anthology*, a. a. O., II. S. 224.
39 Herodot, *Historien*, übers. von A. Horneffer, Stuttgart 1971, S. 37.
49 R. Girshman, *Iran*, Harmondsworth 1954, S. 168.
41 Girshman, *a. a. O.*, S. 186.
42 Herodot, *a. a. O.*, Buch VII, Kap. 61, S. 461.
43 Herodot, *a. a. O.*, Buch VII, Kap. 64–83, S. 462 ff.
44 »Die meisten Barbaren dagegen ertranken, weil sie nicht schwimmen konnten.« Herodot, *a. a. O.*, Buch VIII, Kap. 89, S. 558.
45 »... von nirgends wurde eine solche Pest«, schreibt Thukydides, »ein solches Hinster-

ben der Menschen berichtet. Nicht nur die Ärzte waren mit ihrer Behandlung zunächst machtlos gegen die unbekannte Krankheit, ja, da sie am meisten damit zu tun hatten, starben sie auch am ehesten selbst, aber auch jede andere Kunst versagte.« Thukydides, *Geschichte des Peloponnesischen Krieges*, München ²1977, S. 149.

46 Thukydides, *a. a. O.*, S. 433.

47 Thukydides, *a. a. O.*, S. 465 f.

48 Thukydides, *a. a. O.*, S. 250–253.

49 *Leben und Meinungen berühmter Philosophen*, übers. von O. Apelt, Hamburg ²1967. Diogenes Laertios hat die einzige umfassende Übersicht zum Leben und Denken der antiken Philosophen geschrieben, die erhalten ist. Man weiß wenig von ihm, nur daß er etwa 210–220 n. Chr. geschrieben hat und mit unersättlicher Neugier und großer Akribie sehr interessante, eingehende Darstellungen liefert, die sich auf eine große Zahl heute verlorener Bücher berufen. Seine Darlegungen der stoischen und epikureischen Lehren sind überaus sorgfältig. Montaigne fand seine Lektüre sehr anregend.

50 Die weithin akzeptierte Version, der zufolge sein Vater Steinmetz oder Bildhauer gewesen sei und er eine entsprechende Ausbildung erhalten habe, beruht lediglich auf einer Behauptung des Duris von Samos (gest. 280 v. Chr.), einem sensationslüsternen und verantwortungslosen Geschichtsschreiber, dessen Berichte nur als grobe Geschichtsklitterung zu bezeichnen sind.

51 428 v. Chr. als Sohn einer aristokratischen Familie geboren, gründete er 387 die Akademie in Athen, an der vor allem Mathematik und Rechtswesen gelehrt wurde. 367 und 361/60 besuchte er Syrakus, wo er vergeblich versuchte, das Ideal des gerechten und philosophischen Herrschers zu verwirklichen. 348 starb er, und seine umfangreichen Werke sind, anders als die der meisten klassischen Autoren, relativ vollständig erhalten. Mütterlicherseits von Solon abstammend, erhielt er den Spitznamen »Platon«, entweder vom argivischen Ringkämpfer Ariston wegen seines stämmigen Körperbaus oder wegen seiner breiten Stirn. Mit Zwanzig war er ein Schüler des Sokrates, mit Einundachtzig starb er.

52 Platon, *Sämtliche Werke*, Bd. 3, Reinbek 1958, S. 224 ff.

53 Vgl. A. E. Housmans berühmte Parodie, *A Cambridge Scrapbook*, zusammengestellt von Jean Lindsay, Cambridge 1955.

54 Euripides, *Die Bacchen*, Stuttgart 1968, S. 11.

55 Kenneth Clark, *The Nude*, Harmondsworth 1970, S. 29; dt: *Das Nackte in der Kunst*, Köln 1958.

56 Xenophon, *Des Kyros Anabasis*, Übers., Einl. und Anm. von Helmuth Vretska, Stuttgart 1958. Der Bericht ist eines der größten Abenteuerbücher, sehr persönlich und genau in der Beschreibung, und zeigt uns den Autor als liebenswürdigen Mann, wenn auch in Objektivität und unbestechlicher analytischer Schärfe dem Thukydides nicht vergleichbar.

57 Andrewes, *a. a. O.*, S. 149.

58 Arrian, *Anabasis*, deutsch von Cleß/Woyte, Buch 1–4, Leipzig 1929, S. 39 f.

59 Finley, *a. a. O.*, S. 147.

60 Finley, *a. a. O.*, S. 141 und 144.

61 Aristoteles, *Politik und Staat der Athener*, eingel. und neu übertr. von O. Gigon, Zürich, 1955.

62 Ernest Baker, *The Politics of Aristotle*, Oxford 1961, S. XXVII.

63 Auf einer ihm zu Ehren errichteten Gedenksäule thronte ein solches Tier.

64 Diogenes Laertios, *Leben und Meinungen berühmter Philosophen*, übers. von O. Apelt, Hamburg ²1967, Bd. 2, Buch VII. S. 7 f. Zenons Werke, die nur noch in einigen Zitaten erhalten sind, waren zahlreich und umfassend: Über Erziehung und Recht, über Dichtkunst, Rhetorik, homerische Probleme und eine Abhandlung *Vom All*.

65 Laertios, *a. a. O.*, Buch X, S. 227.

66 Laertios, *a. a. O.*, Buch X, S. 230.

67 Laertios, *a. a. O.*, Buch X, S. 281.
68 Clark, *The Nude*, *a. a. O.*, S. 43.
69 W. W. Tarn, *Hellenistic Civilization*. Dritte vom Autor und G. T. Griffith überarb. Aufl., London 1952, S. 273.
70 Tarn, *a. a. O.*, S. 277.
71 Theokrit, *Idyllen*, übers. von E. Möricke und F. Notter, Bd. 3, *Idylle* I.
72 Theokrit, *Idylle* XXIX.
73 Theokrit, *Idylle* XXIX.
74 Theokrit, *Idylle* XXX.
75 Theokrit, *Idylle* XXVII.
76 Herodot, *Historien*, *a. a. O.*, S. 45.
77 L. P. Wilkinson, *The Roman Experience,* London 1975, S. 40.
78 Nach der englischen Ausgabe: Polybios, *The Histories*, übers. von W. R. Paton, London und New York, 1923, Bd. III, S. 395 (VI. 56). Nur acht seiner vierzig Bücher sind erhalten, der Rest sind spätere Exzerpte und Zitate.
79 Polybios, *a. a. O.*, S. 399.
80 Polybios, *a. a. O.*, S. 387.
81 Polybios, *a. a. O.*, S. 321. Für die vollständige Beschreibung vgl. S. 311–371.
82 Kenneth Clark, *Civilisation. A personal view*, London 1969, S. 3 und 4; dt: *Glorie des Abendlandes. »Civilisation«. Von den Gedanken, Bauten, Büchern, Kunstwerken und Genies unserer Zivilisation*, Reinbek bei Hamburg 1977.
83 Paul Thielscher (Hrsg.), *Des Marcus Cato Belehrung über die Landschaft*, Berlin 1963.
84 Thielscher, *a. a. O*, S. 155 ff.
85 Vgl. *Remains of Old Latin*, hrsg. von E. H. Warmington, Harvard, 1936, Bd. II.
86 Vgl. *Remains of Old Latin*, hrsg. von E. H. Warmington, Harvard 1935, Bd. I.
87 Zu Unrecht genießt Spartacus so hohes Ansehen bei modernen Revolutionären. Er wollte die Gesellschaft nicht verbessern, sondern nur ausplündern.
88 Vollständig hieß er Gaius (Vorname) Julius (Sippenname) Caesar (Zuname), was die normale Reihenfolge römischer Namen war, aber genauso, wie wir Shakespeare oder Milton, Disraeli oder Gladstone sagen, werden auch hier berühmte Personen der römischen Geschichte nicht mit ihren vollständigen Namen erscheinen.
89 Petronius, *Satyricon*, übers. und erläut. von Harry C. Schnur, Stuttgart 1968, S. 150.
90 Sueton, *Leben der Caesaren*, übers. von André Lambert, Reinbek bei Hamburg 1960, S. 48.
91 Sueton, *a. a. O.*, II. S. 98.
92 Kleidungsstücke, für die die Römer – wie Wilkinson schreibt – eine »irrationale Verachtung« hegten, *a. a. O.*, S. 142.
93 Vergil, *Eklogen*, IV 5.
94 Vitruv, *Zehn Bücher über Architektur*, übers. und erläut. von F. Reber, Berlin 1920. Wenig weiß man von ihm, nur daß er im Jahre 27 v. Chr., als das Buch erschien, in hohem Alter stand, daß er militärischer Aufsichtsbeamter für die Artillerie (»Skorpione« und *ballistae*) war und daß Augustus ihn so gut versorgt hatte, daß er in seinem grobschlächtigen Latein schreiben konnte: *et ad exitum vitae non haberem inopiae timorem* »... und ich bis zum Ende meines Lebens keinen Mangel zu befürchten habe«. Das Manuskript blieb nur als eine in Jarrow, Northumbria, angefertigte Kopie erhalten und gelangte von dort später an den Hof Karls des Großen.
95 Vgl. J. B. Ward Perkins, *Etruscan and Roman Architecture*, Harmondsworth 1970, S. 81.
96 Wilkinson, *a. a. O.*, S. 206, Anm. 23.
97 M. Rostovtzeff, *Rome*, übers. von J. D. Duff, hrsg. von E. J. Bickerman, New York 1960, S. 194.
98 Sueton, *a. a. O.*, III, S. 150. Nach Sueton ließ er die Verurteilten von den Felsen auf Capri ins Meer stürzen, wo sie, wenn sie den Sturz überlebten, von Matrosen zu Tode

geknüppelt wurden, und gab sich, wie es so schön heißt, »unaussprechlichen Ausschweifungen« hin (*a. a. O.*, III, S. 136ff.).

99 *The Letters of the Younger Plinius*, übers. und hrsg. von B. Radice. Harmondsworth 1969, S. 118.

100 Martial, *Epigramme*, Zehntes Buch, 72, eingel. und übertr. von R. Hehn, Zürich und Stuttgart 1957.

101 Mehr Palast als Villa – von einer Größenordnung, die Versailles in den Schatten stellt.

102 Vgl. Marguerite Yourcenar, *Ich zähmte die Wölfin*, Stuttgart 1953, ein eindrucksvoller Versuch, seine Persönlichkeit zu rekonstruieren, der wohl am ehesten die Büste in den Uffizien von Florenz gerecht wird, mit ihrem Ausdruck von Wachsamkeit und Anspannung. Dort befindet sich auch eine überzeugende Büste von Vespasian, anscheinend auf einem Feldzug, die Augen in die Ferne gerichtet.

103 Er schrieb die *Annales ab excessu Divi Augusti*, 14–68; *De Origine et Situ Germanorum*, und die *Historien*, von denen nur die Bücher I–IV und Teile von V erhalten sind. Vgl. R. Syme, *Tacitus*, 2 Bde. Oxford 1958.

104 J. P. Sullivan, *The Satyricon of Petronius*, London 1968. Hier findet der Leser eine ausgezeichnete Studie. Es scheint kaum Zweifel daran zu geben, daß der Autor *Petronius arbiter* ist, ein Höfling Neros, der Prokonsul von Bithynien war. Tacitus sagt von ihm: »Je freier er sich in seiner Rede- und Lebensweise gehenließ, um so erfreulicher wurde das als ungekünstelte Natürlichkeit empfunden« (*Annales*, XVI 17–20). Er wurde von Tigellinus gezwungen, sich das Leben zu nehmen.

105 Petronius, *a. a. O.*, S. 99ff.

106 Martial, *Epigramme*, *a. a. O.*

107 Lukian, *Hauptwerke*, hrsg. und übers. von Karl Mras, München 1954.

108 Rostovtzeff, *a. a. O.*, S. 251.

109 Zeuner, *a. a. O.*, S. 28.

110 Zeuner, *a. a. O.*, S. 456.

111 Zeuner, *a. a. O.*, S. 260.

112 Bei Martial heißt es von ihm *Ipse quoque ad cenam gaudebat Apicius ire, cum cenebat, erat tristior ille, domi.* – »Apicius selbst liebte es, auswärts zu speisen, eher bedrückte es ihn, zu Hause zu essen.«

113 Finley, *a. a. O.*, S. 158 und 165.

114 Piggott, *a. a. O.*, S. 229.

115 nach der engl. Ausg. *Description of Germany*, III, *On their Domestic Life and Behaviour*, Bd. VI.

116 Caesar, *Gallischer Krieg*, übers. von Georg Dorminger, München 1962, S. 11.

117 Zit. bei Piggott, *a. a. O.*, S. 231.

118 Sir Mortimer Wheeler, *Beyond the Imperial Frontiers*, London 1954, S. 35.

119 Wheeler, *a. a. O.*, S. 53.

120 In der Tat wird Scheußliches von ihm berichtet. Er ermordete die zweite seiner zehn Frauen; desgleichen enterbte und tötete er seinen ältesten Sohn. Ob er nun den Kindermord von Bethlehem befohlen hat oder nicht – zuzutrauen wäre es ihm.

121 *Dionysus Minor*, Cassiodorus, dessen Mitteilungen mit Vorsicht zu behandeln sind, behauptet, er sei »Skythe« gewesen – also möglicherweise ein Sklave. Er war eine Kapazität auf dem Gebiet des Kirchenrechtes wie der Mathematik des sechsten Jahrhunderts.

122 Römer 4 und 5.

123 1. Korinther 13 und 14.

124 Peter Brown, *Augustine of Hippo*, London 1967, S. 26; dt: *Augustinus von Hippo. Eine Biographie*, Frankfurt 1973.

125 »Was Konstantin wahrscheinlich sah, war eine seltene, jedoch zuverlässig bezeugte Form des Halophänomens ... dem Regenbogen analog und wie dieser lokal und vorübergehend, ebenfalls durch Niederschlag verursacht, wenn auch nicht durch Regen,

sondern durch Eiskristalle vor den Sonnenstrahlen. Gewöhnlich hat die Erscheinung die Gestalt von Scheinsonnen oder Lichtringen, die die Sonne umgeben, doch auch ein Lichtkreuz mit der Sonne als Mittelpunkt ist schon bei zahlreichen Gelegenheiten zweifelsfrei bezeugt worden.« A. H. M. Jones, *Constantine and the Conversion of Europe*, London 1948, S. 96. Konstantin behielt die Geschichte für sich und vertraute sie erst viele Jahre später Eusebius an, dem Verfasser des *Lebens von Konstantin*, das erst nach dem Tode des Kaisers erschien. »Der siegreiche Kaiser selbst«, so schreibt er, »erzählte die Geschichte einschließlich des Traums, in dem Christus ihm befahl, eine Standarte anfertigen zu lassen, ... mir, dem Verfasser dieses Werkes ... und nahm sie auf seinen Eid.« Zit. bei A. H. M. Jones, *a. a. O.*, S. 95.

126 Dieser kluge und ungestüme Prälat (ca. 295–373) verbrachte einen Großteil seiner kirchlichen Laufbahn damit, in die Verbannung zu gehen und an seinen Bischofssitz zurückzukehren, wobei er einmal in Rom Zuflucht suchte, wo Papst Julius I. seine die Entscheidungen des Konzils von Nicäa widerspiegelnden Ansichten unterstützte. Er war ein fleißiger Autor, veröffentlichte Schriften gegen die Arianer, über das Glaubensbekenntnis und die Inkarnation und regte eine Lebensbeschreibung des heiligen Antonius an. Irrtümlich wird er als Verfasser des Athanasianischen Glaubensbekenntnisses gerühmt, hat es aber nicht wirklich verfaßt; es entstand in Norditalien.

127 Ammianus Marcellinus (ca. 330–393) ist ein barocker und weitschweifiger Geschichtsschreiber mit Sinn für Anekdoten und Orte, die geeignet sind, die Phantasie des Lesers zu beflügeln. Die achtzehn Bücher seiner *Rerum gestarum libri ab excessu Nervae*, die erhalten sind, bedeuten eine Fortsetzung des Tacitus von 96 v. Chr. bis einschließlich der Jahre 353–391, und er ist berühmt als Panegyriker des Julian. Er war ein griechischer Syrer aus Antiochia, das er *Orientis apex pulcher* – »die schönste Stadt im Osten« – nannte. Nachdem er in der kaiserlichen Garde und im Felde gedient hatte, widmete er den größten Teil seines sorgenfreien Lebens seinem Geschichtswerk und unternahm weite Reisen. Vgl. *Ammianus Marcellinus*, hrsg. und ins Englische übers. von J. C. Rolfe, 3 Bde., Harvard 1956.

128 Vgl. *The Works of the Emperor Julian*, hrsg. und übers. von W. C. Wright, 3 Bde., Harvard 1954.

129 Rolfe, *a. a. O.*, II, S. 491.

130 Herodot, *Historien*, IV, 59.

131 Piggott, *a. a. O.*, S. 250.

132 Gibbon, *The Decline and Fall of the Roman Empire*, Kapitel XXXV.

133 Mausoleen waren selbst bei den ganz Großen aus der Mode gekommen (obwohl sich der arianische Barbar Theoderich in Ravenna natürlich auch in diesem Punkt über alle Konventionen hinwegsetzte), und das kolossale Mausoleum Hadrians galt den Christen als Monument gottloser Anmaßung. Für Kirchen und Gedenkstätten der Märtyrer zog man jetzt Rundbauten vor.

134 Giuseppe Bovini, *The Ancient Monuments of Ravenna*, Mailand 1955, S. 6; dt: *Die Kunstdenkmäler von Ravenna*, Zürich 1954.

135 Die Behauptung des Eusebius von Caesarea, er habe sich entmannt, um nicht den Christinnen, die er unterrichtete, Gewalt anzutun, war ein böswilliger Erklärungsversuch seines keuschen Lebens.

136 *The Works of the Emperor Julian*, *a. a. O.*, Bd. III, S. 373.

137 Vgl. R. Dodds, *Augustine's Confessions: A Study of Spiritual Maladjustment,* Hibbert Journal 26, 1927–28, S. 459–473.

138 Brown, *a. a. O.*, S. 407. Diese feinsinnige und überaus gründliche Arbeit stellt eine sehr überzeugende Verbindung her zwischen Augustinus' eigenen Erfahrungen und den Bedürfnissen seiner Zeit.

139 Brown, *a. a. O.*, S. 401.

140 Modern ausgedrückt bedeutet dies, daß Begabung und der Wille zum Guten, die dem Zufall der Erbanlage zu verdanken seien, so selten und »prädestiniert« seien, daß noch

so tiefgreifende politische Veränderungen und soziale Intervention an dieser Situation des Menschen nichts ändern könnten.

141 Brown, *a. a. O.*, S. 430. Vgl. auch vom gleichen Autor, *The World of Late Antiquity*, Harvard 1978; dt: *Welten im Aufbruch*, Bergisch Gladbach 1980.

142 Als Gratian im Jahre 388 von Maximus ermordet wurde, zog sich Ausonius auf seinen Landsitz zurück, und sogar als Theodosius der Große Maximus aus dem Wege geräumt hatte, blieb er dort. Zu seinen Lebzeiten wurde seine Bedeutung übertrieben, verglich man ihn doch selbst mit Vergil.

143 *The Last Poets of Imperial Rome*, hrsg. und übers. von H. Isbell, Harmondsworth 1971, S. 52. Zum lateinischen Text vgl. *Ausonius*, übers. von H. G. E. White, 2 Bde., New York 1919.

144 *Last Poets of Imperial Rome*, *a. a. O.*, S. 32.

145 Rutilius Claudius Namatianus, *De reditu suo sive Iter Gallicum*, hrsg., eingel. und erkl. von E. Doblhofer, Bd. 1, Heidelberg 1972, S. 105.

146 Namatianus, *a. a. O.*, S. 109.

147 *Poetae Latini Minores, Recensuit et emendavit Aemilius Baehrens, Lipsiae Teubingen* 1883, Bd. V (*Bibliotheca Scriptorum Graecorum et Romanorum Teuberiana*).

III. Die Entstehung des christlichen Europa

1 L. H. Butler, *The Western Middle Ages*; in: *The Concise Encyclopaedia of World History*, hrsg. von John Bowle, London 1971, S. 188.

2 Vgl. Samuel Dill, *Roman Society in Gaul in the Merovingian Age*, London 1926, S. 9ff.

3 Gregor von Tours, *Fränkische Geschichte*, übers. von W. Giesebrecht und R. Buchner, Darmstadt 1955, I, S. 119.

4 Gregor von Tours, *a. a. O.*, I, S. 129/130.

5 J. M. Wallace-Hadrill, *The Long-Haired Kings*, London 1962, S. 183. Die merowingischen Könige waren seit frühester Zeit an ihrem langen Haar zu erkennen – sie waren die *Reges criniti*. Als Chlodomer, Chlodwigs Sohn, seine Söhne leichtsinnigerweise in der Obhut ihrer Großmutter Chlothilde zurückließ, bemächtigten sich ihre verruchten Onkel Childebert und Chlothar der Kinder und sandten der Großmutter eine Schere und ein blankes Schwert, ihr so bedeutend, daß sie wählen könne, ob den Kindern das Haar ab- oder die Kehle durchgeschnitten werden solle. Chlothilde erwiderte postwendend, lieber würde sie sie tot als geschoren sehen, woraufhin der verruchtere ihrer beiden Söhne (Chlothar) den ältesten Knaben erdolchte und, als Childebert den anderen zu retten versuchte, auch diesen umbrachte. So zwanghaft war die Beziehung der Merowinger zu ihrem Haar und so beschaulich ihr Familienleben. Während des Niedergangs der Dynastie wurde das lange Haar so ziemlich zum einzigen Vermögen, das die *Rois fainéants* noch besaßen, wenn sie bei festlichen Anlässen auf Ochsenwagen einhergefahren wurden. Alte Münzen zeigen ihr Haar schulterlang und in der Mitte gescheitelt.

6 In seinem glänzenden Zeitgemälde *The World of Late Antiquity* (London 1971) schreibt Peter Brown: »... der lateinische Slang der Provinzen hatte sich (jetzt) unausrottbar im offiziellen Sprachgebrauch eingenistet. Ein klassischer Römer hätte das neue Goldstück *aureus* genannt, jetzt hieß es überall nur *solidus* – ein ›gediegenes Stück‹.«

7 Brown, *The World of Late Antiquity, a. a. O.*, S. 108.

8 Prokop, *Vandalenkriege*, hrsg. und übers. von Otto Vehe, München 1971, S. 147.

9 Die Legende, Belisar habe seine Laufbahn als blinder Bettler beschlossen, stimmt nicht. Nachdem er eine Zeitlang im Gefängnis verbracht hatte, blieb er lediglich seiner Ämter enthoben.

10 H. Warner Allen, *A History of Wine*, London 1961.

11 André Grabar, *Byzantinum; from the Death of Theodosius to the Rise of Islam*, London 1966; dt: *Die Kunst im Zeitalter Justinians. Vom Tod Theodosius' I. bis zum Vordringen des Islam*, München 1967. Zur Frage, welche beeindruckenden technischen Fertigkeiten der Bau des Zentralgewölbes voraussetzt, vgl. S. 93f.
12 T. Hodgkin, *The Epistles of Cassiodorus*, London 1888, Buch II, Brief 40.
13 Zit. bei: W. P. Ker, *The Dark Ages*, London 1904, Neudruck 1955, S. 109.
14 Ker, *a. a. O.*, S. 110.
15 *The Letters of Sidonius*, übers. von O. M. Dalton, Oxford 1915. Die Loeb-Ausgabe enthält neben dem lateinischen Text eine wörtliche Übersetzung von W. B. Anderson, Harvard 1965, 2 Bde.
16 Vgl. Anderson, *a. a. O.*, Bd. II, S. 378ff.
17 C. E. Stevens, *Sidonius Apollinaris and his Age*, Oxford 1933, S. 176. Dort findet der interessierte Leser eine ausgezeichnete Darstellung und eine vollständige Biographie.
18 Gregor von Tours, *a. a. O.*, Bd. II, S. 323.
19 »Ach! Was glaubt ihr, wie groß muß jener König des Himmels sein, der so mächtige Könige so umkommen läßt!«
20 F. Homes Dudden, *Gregory the Great*, London 1905, Bd. I, S. 243.
21 Dudden, *a. a. O.*, S. 245. *cognidium = Konias Oinos = vinum resinatum.*
22 R. W. Southern, *Western Society and the Church in the Middle Ages*, Harmondsworth 1970, S. 15f.
23 H. R. Trevor-Roper, *The Rise of Christian Europe*, London (überarbeitete Auflage) 1966, S. 54f.
24 Prokop, *Gotenkriege*, mit dt. Übersetzung von O. Veh, München 1966, S. 17f.
25 Dudden, *a. a. O.*, S. 230ff.
26 Der heilige Isidor von Sevilla (560–636) stammte wahrscheinlich aus Karthago, das seit kurzem unter byzantinischer Herrschaft stand. 600 wurde er Erzbischof von Sevilla, und 633 nahm er an der wichtigen Synode von Toledo teil, in der beschlossen wurde, eine eigene spanische Liturgie einzuführen. Außerdem verfaßte er mit ungeheurem Fleiß Biographien wichtiger biblischer Figuren (*De ortu et obitu patruum*), Schriften gegen Juden und Ketzer und unterzog sich der imponierenden Aufgabe, die Geschichte der Goten, der Vandalen und der Sueben zu erzählen. Es gibt eine Ausgabe der *Etymologiae*, hrsg. von W. M. Lindsay: *Isidori Hispalensis Episcopi Etymologiarum Sive Originum*, Oxford 1911. Es ist fast unübersetzbar, da die meisten Ableitungen von irreführenden lateinischen Analogien und Wortspielen herrühren, aber jede Herausgabe und Übersetzung von Isidor wäre ein höchst nutzbringendes Unterfangen für die gelehrte Welt.
27 Vgl. R. Altarmira, *A History of Spanish Civilization*, übers. von P. Volker und J. B. Trend, London 1930, S. 414ff.
28 R. W. Southern, *a. a. O.,* S. 99.
29 Deutsche Edition. *Monumenta Germaniae Historica*, Reihe Scriptores.
30 *Oeuvres complètes d'Eginhard*, zusammengestellt und übers. von A. Teulet, Paris 1840, S. 8. (Eine lateinisch-französische Ausgabe.) Notker Balbulus, »der Stammler« (840–912), ein Mönch aus dem Schweizer Sankt Gallen, fügt zu dem Bild, das uns Einhard liefert, noch ein paar Anekdoten hinzu, auch wenn er im Gegensatz zu jenem kein Zeitgenosse Karl des Großen ist; wie viele Mönche ist er leichtgläubig, töricht und bestrebt, Karls Persönlichkeit zum Vorteil der Kirche zurechtzustutzen.
31 Notker, *a. a. O.*, S. 147f.
32 Migne, *Pat: Lat:* Bd. 97, S. 198.
33 *a. a. O.*, S. 206.
34 *Capitula Aquisgranense*, S. 17.
35 R. W. Southern, *Medieval Humanism and other Studies*, Oxford 1970, S. 29.
36 Ferdinand Lot, *La fin du monde antique et le début du moyen âge*, Paris 1954, S. 456.
37 Lot, *a. a. O.*, S. 453.

38 Clark, *Civilisation, a. a. O.*, S. 17.
39 Vgl. *The Dark Ages*, hrsg. von D. Talbot Rice, London 1961, S. 283, ein Buch, das herrliche Abbildungen von karolingischer Architektur und Kunst enthält.
40 Vgl. Osborn Taylor, *The Medieval Mind*, Bd. I, S. 282–294.
41 Steven Runciman, *Byzantine Civilization*, University Paperbacks, London 1975, S. 142ff; dt: *Byzanz. Von der Gründung bis zum Fall Konstantinopels*, München 1969.
42 Runciman, *a. a. O.*, S. 144.
43 Runciman, *a. a. O.*, S. 100.
44 Peter Foote und David Wilson, *The Viking Achievement*, London 1970, S. 166. Auf dieser eingehenden und umfassenden Darstellung beruht ein Großteil unseres Berichts.
45 Foote und Wilson, *a. a. O.*, S. 402.
46 Lewis Thorne, *Einhard and Notker the Stammerer, two Lives of Charlemagne*, Harmondsworth 1969, S. 169.
47 F. Drovnik, *The Kiev State and Western Europe*, in: R. W. Southern (Hrsg.), *Essays in Medieval History*, London 1968, S. 10.
48 Southern, *The Making of the Middle Ages, a. a. O.*, S. 28f.
49 Die *Pseudoisidorischen Dekretale* waren zum Teil angebliche päpstliche Briefe, die noch vor dem Konzil von Nicäa formuliert worden sein sollten, bei anderen handelte es sich um echte Konzilsbeschlüsse, wieder andere waren zum größten Teil erdachte Papstbriefe, angeblich geschrieben in der Zeit von Sylvester I., einem Zeitgenossen Konstantins, bis hin zu Gregor II., der zu Beginn des achten Jahrhunderts lebte. Sie enthielten auch die *Konstantinische Schenkung*, die hundert Jahre zuvor von einem päpstlichen Notar im Dienste Papst Stephans II. angefertigt worden war und teilweise auf der noch früheren *Legenda Sancti Sivelstri* (ca. 480) beruhte, in der behauptet wird, Konstantin habe, nachdem ihn Silvester I. vom Aussatz geheilt habe, diesem seine großzügige Schenkung gemacht.
50 Walter Ullmann, *The Growth of Papal Government in the Middle Ages, A Study in the ideological relations of Clerical and Lay Power*, London 1955, S. 262.
51 *Dictatus Papae*, zit. bei R. W. Southern, *Western Society and the Church, a. a. O.*, S. 102.
52 Aber ohne die Zustimmung mächtiger deutscher Bischöfe. Einer von ihnen, Benno von Osnabrück, verbarg sich während des Wahlvorgangs schlau in einer Höhlung hinter dem Altar in Brixen, stahl sich dann wieder auf seinen Platz und konnte anschließend erklären, er habe die Kirche nie verlassen.
53 Die während der Französischen Revolution fast zerstörte Abtei wurde Ende des neunzehnten Jahrhunderts restauriert.
54 Michael Howard, *War in European History*, London 1975, S. 3; dt: *Der Krieg in der europäischen Geschichte*, München 1981.
55 Vgl. M. Bloch, *La société féodale, les classes et le gouvernement des hommes*, Paris, S. 12.
56 *Gesta Francorum et Aliorum Hierosolamitanorum*, ins Engl. übers. und hrsg. von R. Hill, London 1962. Dieser anonyme Augenzeugenbericht stammt wahrscheinlich von einem unbedeutenderen Ritter im Gefolge des Bohemund von Otranto, des tüchtigsten Heerführers auf dem ersten Kreuzzug. Die Ausgabe enthält eine ausgezeichnete Einführung, in der die politische Situation zwischen Türken und Arabern in Palästina erklärt wird. Außerdem ist das kraftvolle, schlichte Latein lebendig übersetzt. An den Bericht schließt sich ein Führer zu den heiligen Stätten an, woraus der erfreute Leser schließen kann, daß der Erzähler überlebt hat.
57 H. Pirenne, *Economic and Social History of Medieval Europe*, übers. von I. E. Clegg, London 1936, S. 74f.
58 Clark, *Civilisation, a. a. O.*, S. 38.
59 Vgl. *La Chanson de Roland*, hrsg. und mit einer frz. Übers. nebst Anm. versehen von J. Bédier, 2 Bde., Paris (ca. 1930) – nach den um 1170 in normannischem Französisch abgefaßten Digby-Handschriften in der Bodleianbibliothek in Oxford.

60 Meine Studien rufen mich nun als Gast nach Gallien. Leb wohl, liebe Heimat, süßes Schwabenland der Schwaben. Sei gegrüßt, geschätztes Frankreich, du Heimat der Philosophen!
61 Piggot, *Ancient Europe*, *a. a. O.*, S. 258.
62 Clark, *Civilisation, a. a. O.*, S. 55.
63 Alfons Dierick, *Kirchenfenster von Chartres*, Hallwag, Bern 1960, S. 4. Diesem Buch folgt unsere Darstellung weitgehend.
64 Dierick, *a. a. O.*
65 John Betjeman, *A Pictorial History of English Architecture*, London 1972, S. 31.
66 *Historia Peregrinorum. Monumenta Germaniae Historica, Tomus* V, Berlin 1928, S. 172.
67 *Cum vellet balneare in eadem aqua, et ita se refrigerare vellet natando. Epistola de Morte Friderici Imperatoris. Monumenta Germaniae Historica*, V, S. 177.
68 »Hoffend, daß er besser sein würde als sein Vater. Aber wie der Vater so der Sohn, und er stellte sich sogar noch als weit schlimmer heraus.« *Chronica Fratris Salimbene de Adam, Ordinis Minorum*, hrsg. von O. Holder-Egger in: *Monumenta Germaniae Historica*, Bd. VI, Hannover 1905–13, S. 359.
69 Salimbene, *Chronica*, *a. a. O.*, S. 349.
70 Die bei weitem beste Biographie ist: T. C. van Cleeve, *The Emperor Frederick II of Hohenstaufen*, Oxford 1972. Ein gehaltvolles und gründliches Ergebnis amerikanischer Forschung mit einer ausführlichen Bibliographie.
71 van Cleeve, *a. a. O.*, S. 220.
72 van Cleeve, *a. a. O.*, S. 246.
73 So hat er sich angeblich zwei Männer ausgesucht, sie speisen lassen und dann dem einen befohlen, Mittagsruhe zu halten, dem anderen, auf die Jagd zu gehen. »Am gleichen Abend ließ er beide in seiner Gegenwart aufschneiden, um zu sehen, welcher von beiden die Nahrung besser verdaut habe.« (Die Ärzte kamen zu dem Schluß, daß derjenige, der geschlafen habe, die Nahrung besser aufgenommen habe – ein triviales Ergebnis, zu dem man, wie bei vielen solcher Experimente, auch auf weit weniger grausame Art hätte gelangen können.) Er habe auch, so wurde behauptet, einen Mann in ein luftdichtes Weinfaß sperren lassen, um zu beweisen, daß es keine Seele gäbe, die entwiche (*ut de homine quem vivum includeret in vegete, donec ibi moretur, volens per hoc demonstrare quod anima totalitur deperit*) (Salimbene, *a. a. O.*, S. 351). Überzeugender klingt da schon die Geschichte von den neugeborenen Kindern, die er habe einsperren lassen, um herauszufinden, welche Sprache sie sprechen würden, wenn niemand das Wort an sie richtete: »Denn er wollte wissen, ob sie Hebräisch, Griechisch, Latein, Arabisch oder die Sprache ihrer Eltern sprechen würden.« So wies er die Ammen an, die Kinder zu stillen und zu baden, aber keinesfalls mit ihnen zu sprechen oder sie zu streicheln. Aber »all seine Mühe war vergebens – *laboravit in cassum, quia pueri sive infantes moriebantur omnes* – denn die Knaben und Säuglinge starben ausnahmslos«. (*a. a. O.*, S. 352)
74 van Cleeve, *a. a. O.*, S. 537f.
75 Suger, *Vita Ludovici Grossi Regis – Vie de Louis VI. le Gros*, hrsg. und übers. von H. Waquet, Paris 1929. Suger schreibt, er selbst habe Sir Walter Tyrel (»diesen Tyrel«) den Königsmord leugnen und beschwören hören, daß »er am betreffenden Tage niemals den Teil des Waldes betreten habe, in dem sich der König aufgehalten habe«. (S. 13)

Suger (1081–1151) war von niedriger Herkunft und stammte von einem Gut der Abtei Saint-Denis bei Paris, in deren Dienste ihn der Vater schon bald gab. An der Schule der Priorei d'Estrée freundete er sich mit dem jungen Prinzen Ludwig an und machte sich nach dem Studium in Fontevrault und Marmoutier einen Namen damit, daß er die Rechte von Saint-Denis gegen den Bischof von Paris verteidigte. Er wurde Propst von Berneval in der Normandie und trat bei Ludwigs Thronbesteigung als Beamter und Diplomat in königliche Dienste. Er besuchte ein Laterankonzil und Reichstage in Deutschland und wurde 1122 zum Abt von Saint-Denis gewählt, das er reformierte und – als großer Kunstmäzen – verschönte. Da er mit den Regierungsgeschäften des Königreichs sehr vertraut war, wurde er 1147, während Ludwig auf dem zweiten Kreuzzug weilte, zum Reichsverweser bestellt. Die *Vita Ludovici* schrieb er unmittelbar nach dem Tode Ludwig VI. in den Jahren 1138–1144.

76 »Häufig geschah es im Sommer, daß er sich nach der Messe in den Wald von Vincennes begab und dort niedersetzte und Platz nahm unter einer Eiche und uns an seiner Seite ruhen hieß. Und jeder, der etwas auf dem Herzen hatte, konnte kommen und mit ihm sprechen, ohne daß ihn ein Diener oder sonst jemand daran gehindert hätte.«

77 »... die Mauren Mohammed anriefen und die Christen den heiligen Jakobus ...«

78 Harold Livermore, *A History of Spain*, London 1958, S. 109. Der Leser findet hier einen schönen allgemeinen Überblick, auf dem meine Darstellung teilweise basiert. Vgl. außerdem D. J. F. O'Callagham, *A History of Medieval Spain*, Cornell 1975, eine Darstellung, der ich ebenfalls verpflichtet bin.

79 Vgl. J. B. Trend, *Portugal*, London 1957. Der Leser findet hier eine aufschlußreiche und sehr flüssig geschriebene Darstellung, die sich besonders mit der Zivilisation und Wirtschaft befaßt.

80 Geoffroi de Villehardouin, *Conquête de Constantinople*, hrsg. von M. M. de Woilly, Paris 1882, S. 38. Villehardouin hegt niemals Zweifel daran, daß Gott ganz und gar auf der Seite der »Pilger« sei. Aber er war selbst einer der Führer des Kreuzzugs und ist der erste ernst zu nehmende volkssprachliche Geschichtsschreiber Frankreichs.

81 Villehardouin, a. a. O., S. 146ff.

82 N. H. Baynes und H. St. L. B. Moss, *Byzanz*, Oxford 1949, S. 359.

83 Die beste Darstellung im Englischen ist: G. Vernadsky und M. Karpowich, *A History of Russia,* Bd. III, *The Mongols and Russia*, New Haven 1953.

84 Diese Vorliebe für rohes Fleisch flößte vor allen Dingen den Europäern Abscheu ein. Joinville berichtet, daß sie »ungekochtes Fleisch zwischen ihre Sättel und die Sitzfläche ihrer Mäntel legen, und wenn das Blut herausgepreßt ist, essen sie es völlig roh«. M. R. B. Shaw, *Joinville and Villehardouin: Chronicles of the Crusades*, Harmondsworth 1963, S. 287.
Tatsächlich erfanden sie, was heute noch »Beefsteak Tartar« heißt. (Die korrekte Schreibweise ist »Tatar«. »Tartar« leitet sich von einem mittelalterlichen Wortspiel her, nämlich von der Gleichsetzung der Tataren mit den Bewohnern des Tartarus, das heißt der Hölle.)

85 Die katholischen Christen nährten lange die törichte Vorstellung, der Wang-Khan von Kereit sei in Wirklichkeit der christliche »Priester Johannes«, und die Mongolen könnten, trotz schlagender Gegenbeweise, zum Christentum bekehrt und Verbündete im Kampf gegen den Islam werden. Daher 1245 die Gesandtschaften von Bruder Giovanni Pian del Carpino, den Innozenz IV. in die Mongolei entsandte, und die von Bruder Wilhelm von Rubruck, 1253 von Ludwig IX. nach Karakorum an den Hof von Möngke Khan geschickt. Beide verfaßten lebhafte Schilderungen ihrer Reisen, aber weder Papst noch König hatten großen Erfolg mit ihren Missionen. Möngke Khans arrogante Antwort bestand darin, daß er den Gesandten eine Liste mit den von ihm umgebrachten zentralasiatischen Potentaten aushändigte, einen jährlichen Tribut von Frankreich forderte und mit den Worten schloß: »Wenn Ihr dazu nicht bereit seid, werden wir euch vernichten, wie wir die genannten Könige vernichtet haben.« (Joinville, *a. a. O.*, S. 288.) Eine gute einführende Darstellung dieser Missionen und mongolischer Lebensweise findet der interessierte Leser in: John Bradford, *Nomad Empires of Asia*, in: *The Concise Encyclopaedia of World History*, hrsg. von John Bowle, 2. Aufl., London 1971, S. 168–186.

86 Vernadsky et al. (Hrsg.), *A Source Book of Russian History from early times to 1917*, New Haven 1972, S. 43.

87 Die Betroffenen hatten den strikten Befehl, ihre Reittiere zu schonen.

88 Der »Schwarze Douglas« tat Bruces Herz in ein Silberkästchen, um es im Heiligen Land zu begraben, konnte aber unterwegs der Versuchung nicht widerstehen und kämpfte auf einem Kreuzzug in Spanien gegen die Mauren. Er warf das Kästchen in ein Knäuel von Feinden, stürzte hinterher, indem er ausrief, er wolle Bruce folgen, wie er ihm immer gefolgt sei, und wurde von maurischen Krummsäbeln niedergemetzelt. Glücklicherweise wurde das Kästchen zurückerobert und heimgebracht, um nach seiner abenteuerlichen Irrfahrt schließlich in schottischer Erde begraben zu werden.

89 Der ihm seine Tochter Eva zur Ehe angeboten hatte und ihm mit einem Anflug poetischer Diktion vorwarf: »Die Schwalben kamen und gingen, doch Ihr zaudert immer noch.« Strongbow heiratete das Mädchen, womit er ein Beispiel gab, das Schule machen sollte, denn die Anglo-Normannen knüpften enge Verwandtschaftsbande zur irischen Stammesaristokratie.

90 Er war Isländer von vornehmer Herkunft, erfindungsreich genug, um mit Hilfe der heißen Quellen der Insel, der Geysire, ein gekacheltes Bad zu beheizen, und juristisch so beschlagen, daß er Recht sprach am höchsten Gericht von Island. Unglücklicherweise wurde dieser Gelehrte und Altertumskenner in Norwegen in die Politik verwikkelt und entzweite sich mit Håkon dem Alten, der ihn zur Rückkehr nach Island zwang und dort umbringen ließ.

91 Ingvar Andersson, *A History of Sweden*, ins Engl. übers. von C. Hannay, Stockholm/London 1955, S. 34. Dies ist die beste allgemeine Kurzfassung der schwedischen Geschichte.

IV. Der Aufstieg der Erbmonarchien

1 Erzogen am Hofe König Karls IV. von Frankreich machte er einen neuen Anfang, indem er bei seiner Heirat mit der Schwester von Philipp VI. seinen ursprünglichen Namen Wenzel in Karl änderte. Seine Tochter Anna von Böhmen heiratete Richard II. von England. Er war ein kundiger Sprachforscher, ein kosmopolitischer Humanist, der Petrarca – erfolglos – nach Prag einlud und eine Autobiographie, *Vita Caroli IV.*, verfaßte, die heute noch eine interessante Lektüre ist.

2 Clark, *Civilisation*, *a. a. O.*, S. 85.

3 Philip Ziegler, *The Black Death*, London 1969, S. 26. Der Ausdruck »Schwarzer Tod« stammt nicht aus dieser Zeit, sondern wurde erstmals 1555 in Schweden (*Swarta döden*) verwendet, wahrscheinlich eine ungenaue Übersetzung von *pestis atra*, die entsetzliche Pest. In England wurde diese Bezeichnung nach der großen Pest in London von 1665 benutzt, um diese Heimsuchung von der mittelalterlichen Katastrophe zu unterscheiden.

4 Ziegler, *a. a. O.*, S. 190.

5 Ziegler, *a. a. O.*, S. 198.

6 Jacob Burckhardt, *Die Kultur der Renaissance in Italien*, Köln 1956.

7 Der ungeschickte Attentäter stützte sich mit der linken Hand auf die Schulter von *il Magnifico*, um den Streich mit der rechten auszuführen. Aber Lorenzo reagierte auf die Berührung wie eine Wildkatze: er sprang auf, fing den Streich mit dem um seinen linken Arm geschlungenen Mantel auf und zog sein Schwert. Der verhinderte Mörder (ein Geistlicher) suchte daraufhin das Weite, wurde aber ergriffen und niedergemacht.

8 Denys Hay, *Europe in the Fourteenth and Fifteenth Centuries*, London 1966, S. 293.

9 Über Nikolaus V. schreibt er: »Er war von lobenswerter Freigebigkeit gegenüber aller Welt, vor allem gegenüber gebildeten Männern, die er mit Geld, Stellungen bei Hofe und Pfründen förderte und die er manchmal dazu anhielt, neue Dinge zu schreiben, und manchmal, griechische Autoren ins Latein zu übersetzen, so daß die griechische und lateinische Sprache, die sechshundert Jahre lang in Vergessenheit geraten war, zuletzt doch nahezu ihren alten Glanz wiedergewann.«

10 Vgl. Jan Huizinga, *Der Herbst des Mittelalters*, München 1931, Kap. VII.

11 Die drei Söhne Philipps des Schönen, Ludwig X., Philipp V. und Karl IV., waren in der Zeit von 1316–1328 in rascher Folge ohne Erben gestorben, so daß der Weg frei war für ihren Vetter ersten Grades, Philipp VI., den Sohn des Grafen Karl von Valois.

12 Froissart, *The Chronicles of England, France and Spain*, Everyman Edition, London 1906, S. 64ff. Froissart (ca. 1337–1410) wurde in Valenciennes geboren und wurde Sekretär Philippas von Hennegau, der späteren Gemahlin Eduards III. Er war ein hervorragender Kenner Flanderns und Höfling des Herzogs von Brabant. Während der Regierungszeit Richards II. führten ihn Reisen auch nach Schottland und England. Er beschreibt den Krieg als noblen Sport, in dem Könige und Ritter sich vor prächtiger Kulisse mit erlesener Zuvorkommenheit behandeln, um gleich darauf völlig ungerührt von den entsetzlichsten Grausamkeiten zu berichten. Bei Huizinga heißt es dazu: »Seine nüchterne und eingehende Beschreibung äußerlicher Gegebenheiten gewinnt manchmal gerade wegen des Verzichtes auf psychologische Deutungsversuche tragische Kraft.«

13 Froissart, *a. a. O.*, S. 71.

14 Ihr Vater war ein wohlhabender Bauer, und ihre beiden Brüder machten später kriegerische Karriere, der eine als Bailli von Vermandois, der andere als Kommandant von Chartres.

15 Dieser alte Haudegen war einer der ersten Feldherren nördlich der Alpen, der in einer Schlacht *erschossen* wurde, und zwar traf ihn eine Musketenkugel ins Bein.

16 François Villon (1431–1463?), geboren in Paris als François de Montcorbier, nannte sich nach Guillaume de Villon, einem Kaplan am Pariser Ordenshaus Saint-Benoît de Betourné, der sich als Gönner um ihn verdient gemacht hatte. Er studierte an der Sorbonne, wo er 1452 seine Prüfung als Magister artium ablegte. Drei Jahre später unterlief ihm das Mißgeschick, einen Priester am Kloster Saint-Benoît zu töten, und er wurde verbannt. Begnadigt, beraubte er das Collège de Navarre und floh nach Angers. Bei dieser Gelegenheit verfaßte er sein *Petit testament*, in dem er Freund und Feind imaginäre Besitztümer nach Verdienst vermachte. 1461 befand er sich im Gefängnis in Meung, wo er sein *Grand testament* schrieb. Als er 1463 abermals wegen Räuberei und Aufruhr festgesetzt wurde, lautete das Urteil zunächst auf Tod durch den Galgen, wurde dann aber in Verbannung umgewandelt. Zeit, Ursache und Ort seines Todes sind nie ganz geklärt worden.

17 »Aber wo ist der Schnee vom letzten Jahr?«

18 Die Schlachten der sogenannten »Rosenkriege« zwischen 1455 und 1487 erstreckten sich nur über etwa vier Monate der zweiunddreißig Jahre und zeitigten weit weniger Wirkung, als einst angenommen.

19 Ein Privileg, das auch seine Nachteile hatte. Er war so vertraut mit fürstlichen Persönlichkeiten, daß man ihn anklagen konnte, Karls VII. Mätresse, die elegante Agnes Sorel, vergiftet zu haben.

20 J. H. Elliott, *Imperial Spain 1469–1716*, London 1963, Einführung.

21 Söhne König Edwards III. v. England.

22 João Couto, Nuño Gonçalves, *O Poliptico de S. Vicente*, Estudios Cor., Lissabon 1954.

23 J. H. Parry, *The Age of Reconnaissance*, London 1963, S. 36.

24 Sie nannten sie *Canariara*, da sie von großen Hunden bewohnt wurden.

25 Elliott, *a. a. O.*, S. 115 und 119.

26 Fernand Braudel, *The Mediterranean and the Mediterranean World in the Age of Philip II.* 2 Bde, London 1972. Dieses Buch ist eine wesentliche Voraussetzung für das Verständnis des sechzehnten Jahrhunderts in Europa, ein seltenes Meisterstück der Forschung und Darstellung.

27 Natürlich wurde dieser Titel 1535 und 1538 von Rom widerrufen. Deshalb ließ Heinrich 1543 den päpstlichen Ehrentitel durch Parlamentsbeschluß für erblich erklären und mit dem höchst unpassenden Zusatz versehen: *et in terris caput supremum et immediatum*

post Christum Ecclesiae Anglicanae – »und auf Erden nach Christus höchstes Oberhaupt der anglikanischen Kirche«. Noch heute führen die englischen Monarchen diese Bezeichnung.

28 Verächtlich konnte sich noch Süleiman der Prächtige an Franz I. von Frankreich wenden, dem er schrieb: »Ich, der ich der Sultan der Sultane, der Herrscher aller Herrscher, der Schatten Gottes auf Erden bin, ... ich Sultan Süleiman Khan, Sohn des Sultan Selim Khan, Sohn des Sultan Bajasid Khan: an Dich, der Du Franz, König im Lande der Franken, bist.«

29 In anschaulichem Detail ist sie auf den Wandteppichen im Kunsthistorischen Museum zu Wien dargestellt. Sie entstanden nach Skizzen, die der holländische Maler Vermeyen an Ort und Stelle anfertigte.

30 Die Geschichte, nach der er sein eigenes Begräbnis »geprobt« habe, ist falsch – eine falsche Wiedergabe der Berichte über die Seelenmessen, die er für seinen Vater und Großvater halten ließ. Auch war er nicht der Feinschmecker, als den ihn die Spanier hinstellten. Sie waren einfach nicht an die Qualität flämischer Küche gewöhnt.

31 Die späteren Familienmitglieder verloren das Interesse am Geschäft und wurden Buch- und Kunstsammler. Einer schrieb ein Buch über Pferdezucht, ein anderer wurde Fürstbischof von Regensburg, und ein Jakob wurde Anfang des siebzehnten Jahrhunderts Fürstbischof von Konstanz. Mit dem kapitalistischen Aufstieg der Fugger verband sich eine zutiefst katholische Religiosität.

32 Das Kapern der »Manilagaleone« durch den englischen Commodore Anson bei seiner Reise um die Welt in den Jahren 1740–1744 galt als Höhepunkt dieser Umseglung.

33 Wie das Epos *Orlando Furioso* (*Der rasende Roland*, 1516) von Ludovico Ariosto, diese Mischung aus mittelalterlicher Phantasie und humanistischer Ironie, zeigt.

34 Die blutige Schlacht, die ausgetragen wurde, als die türkische Flotte im Golf von Lepanto in die Falle ging, bedeutete den Höhepunkt und den Anfang vom Ende jener Galeerenschlachten, wie sie seit der Antike ausgefochten wurden. Dadurch daß Don Juan und Giovanni Doria die Rammsporne ihrer Galeeren entfernten, flachten sie die Geschoßbahn ihrer Bugkanonen ab und konnten unter den türkischen Besatzungen Verwüstung anrichten, während doch theoretisch die Feuerkraft der großen venezianischen Galeassen der der Galeeren weit überlegen war, so, wie 1587 vor Cádiz die Feuerkraft von Drakes Schiffen der der Galeeren überlegen war.

35 *Annaten* waren die Einkünfte des ersten Jahres nach Übernahme einer Pfründe.

36 Karl V. hatte ihn nach England entsandt, damit er für Philipp um die Hand von Prinzessin Maria anhalte, und ihn zum Statthalter von Flandern und Artois sowie zum Ritter vom Goldenen Vlies gemacht. Selbst das konnte ihn zum Entsetzen der Aristokratie nicht retten.

37 Charles Seignobos, *A History of the French People*, London 1933, S. 214f.

38 Das Wort Hugenotte (*huguenot*) resultiert aus dem Versuch der Franzosen, das Fremdwort »Eidgenossen« auszusprechen, und diente ursprünglich zur Bezeichnung der protestantischen Kantone der Schweiz.

39 Die Familie der Herzöge von Guise, einer Linie der Herzöge von Lothringen, führte den radikalen Flügel der Katholiken an.

40 Sie war eine hochgebildete und intelligente Frau, nicht umsonst eine Medici, die die Maßstäbe der italienischen Küche in Frankreich heimisch machte, wo sich die Franzosen, im Besitz weit besserer Grundprodukte, als gelehrige Schüler erwiesen und *la cuisine française* schufen.

41 Von den ursprünglich achtundsechzig brachte er vierundvierzig Schiffe nach Hause, »eine geschlagene, zerschlagene Flotte, aber manch ein erfahrener Admiral hätte unter günstigeren Voraussetzungen weniger Schiffe nach Hause gebracht«, und »diese Schiffe wurden dank der Führungsqualität und der Willenskraft ihres Kommandanten gerettet«. (Mattingly).

42 Es fand in den frühen Morgenstunden eines Novembertages statt: zwei Opfer wurden

als Ketzer geköpft und ihre Körper verbrannt. Wahrscheinlich ist kein Ereignis in der schwedischen Geschichte, vom Tode Karls XII. abgesehen, so leidenschaftlich diskutiert worden, und über kaum einen Aspekt läßt sich Einigung erzielen.

43 Ursprünglich ein Brabanter Söldner namens Jean Tserclaes, hatte Tilly in den Niederlanden unter Farnese gedient und schon für Kaiser Rudolf II. gegen die Türken gekämpft. Als Feldherr des bayerischen Heeres und der kaiserlichen Truppen hatte er sich Ferdinands II. Vertrauen erworben, als er den Kurfürsten von der Pfalz in der Schlacht am Weißen Berg besiegt und anschließend die Pfalz erobert hatte.

44 Eigentlich hieß er Waldstein und war der Sohn eines unbedeutenden protestantischen Landedelmanns. 1583 geboren, hatte er Italien besucht, war zum Katholizismus übergetreten und hatte trotz seiner wenig einnehmenden Erscheinung eine Witwe mit riesigen Besitzungen in Mähren geheiratet. Dadurch konnte er für Ferdinands Feldzug gegen Venedig eine Söldnerarmee aufstellen. Als *Gubernator* Böhmens hatte er bereits zu sehr günstigen Bedingungen riesige Besitzungen aufkaufen können, die sich in protestantischer Hand befunden hatten. 1623 wurde er in den Reichsfürstenstand erhoben und 1624 zum Herzog von Friedland ernannt.

45 Hans Jakob Christoffel von Grimmelshausen (um 1621–1676) wurde als Sohn eines Gastwirts in Gelnhausen bei Hanau geboren und wurde schon früh bei der Plünderung seines Geburtsortes Waise. Obwohl von kroatischen Söldnern gekidnappt, wurde er später Sekretär beim Stab des Kommandanten von Offenburg in der kaiserlichen Armee. Nach dem Krieg verdiente er sich seinen Lebensunterhalt als Verwalter der Schauenburger Güter und kehrte dann auf den Hof seines Vaters als Gastwirt nach Gaisbach zurück. Inzwischen war er schon lange zum Katholizismus übergetreten und war Gutsverwalter des Fürstbischofs von Straßburg. Durch weitere Unruhen um dieses Amt gekommen, starb er in Renchen, nachdem es ihm gelungen war, seine Erlebnisse zu einem Meisterwerk zu verarbeiten.

46 Er wurde in Siegen in Westfalen geboren und wuchs in Köln auf, wurde aber in Antwerpen ganz im Zeichen des erasmischen Humanismus erzogen. Dann trat er in die Dienste des Herzogs Vincenzo Gonzaga von Mantua, der ihm eine Reise nach Rom ermöglichte, wo er die großen Meisterwerke der Renaissance sah. 1603 schickte der Herzog ihn nach Madrid, wo er die größte zugängliche Sammlung von Tiziangemälden erlebte und den Herzog von Lerma zu Pferde malte. 1609 kehrte er nach Antwerpen zurück, heiratete Isabella Brant, wurde rasch durch seine Bilder in den prächtigen Jesuitenkirchen berühmt, gewann die Freundschaft der Erzherzöge Albrecht und Isabella und blieb als Ratgeber in Diensten Isabellas und des Kardinal-Infanten Fernando, der 1635 ihre Nachfolge antrat. Rubens wurde jetzt auch in Frankreich berühmt. 1622–1624 malte er die Hochzeit Marias von Medici mit Heinrich IV. im Jardin du Luxembourg und kam 1625 mit dem Herzog von Buckingham und dem englischen Kunstsammler Gerbier in Paris zusammen. Philipp IV., der bestrebt war, Frieden mit England zu schließen, schickte ihn als Gesandten (1628–1630) an den Hof Karls I., wo er die Grundlagen für den Friedensvertrag von 1630 zwischen England und Spanien schuf und sein Bild *Segnungen des Friedens* malte, die Apotheose Jakobs I., die er 1634 vollendete. Obwohl er stolz auf seine diplomatischen Erfolge war, zog Rubens sich noch im gleichen Jahr zurück, heiratete die sechzehnjährige Helene Fourment, eine echte flämische Venus, und widmete sich der Landschaftsmalerei. Sein letzter großer Auftrag war die Darstellung mythologischer Themen aus Ovid für Philipp IV.

47 Diese wurden am schönsten von Francisco de Zurbarán (1598–1664) dargestellt, einem anderen Sevillaner, der in einer Chardin vorwegnehmenden Weise den spanischen Realismus in der Beschaffenheit der Gewänder demonstriert.

V. Das Zeitalter der Ozeane

1 Er wurde 1473 als Sohn eines wohlhabenden Kaufmanns in der Hansestadt Thorn an der Weichsel geboren und beim Tode seines Vaters von seinem Onkel Lukas, dem Bischof von Ermland, adoptiert. Der Bischof schickte ihn zum Studium nach Bologna, im Jahre 1500 besuchte er Rom. Nachdem er im Jahr darauf Domherr von Frauenburg (dem heutigen Frombork), südwestlich von Königsberg, geworden war, wurde er nach Italien zurückgeschickt, um Medizin und Jura in Bologna und Padua zu studieren. Seit langem war er unzufrieden mit der komplizierten und ungenauen geozentrischen Astronomie des Ptolemäus und hatte, da er des Griechischen mächtig war, die heliozentrische Theorie der frühen ionischen Philosophen ausgegraben. Nur eine heliozentrische Hypothese, so seine sich festigende Überzeugung, könne den Tatsachen gerecht werden, aber bis zu seinem Tode im Jahre 1543 in Frauenburg legte er sich nicht endgültig fest. Nicht durch seine Schuld erschien sein Buch mit einem irreführenden Titel, denn das Hauptanliegen seiner Theorie war es gerade, den Begriff der Himmelssphären abzuschaffen.

2 Aulus Cornelius Celsus (er wirkte um 30. n. Chr.) schrieb *De Medicina*, das 1478 in Florenz nachgedruckt wurde. Das Buch war die erste gedruckte medizinische Abhandlung und während der Hochrenaissance sehr einflußreich.

3 Das Wort »bombastisch« leitet sich nicht von seinem Namen her, sondern von *Bombax* (lateinisch »Seide«) und *Bombast*, womit man ein Baumwollgewebe zum Auswattieren bezeichnete.

4 Montaigne diktierte außerdem ein Tagebuch seiner Reisen nach Deutschland und Italien, das bis 1774 unveröffentlicht blieb.

5 »Da der Erhalt der Königreiche, Kaiserreiche und übriger Länder, nächst Gott, von guten Fürsten und weisen Regierenden abhängt, so ist Grund genug, daß jedermann diese unterstütze.«

6 *Princeps vero populusve in quibus maiestas inest rationem rerum gestarum nemini praeterquam Immortale Deo, reddere coguntur*. Bodin war nicht nur der typische, in alte Bücher vernarrte Gelehrte, sondern auch bahnbrechend auf dem Gebiet der Wirtschaftstheorie. Er machte sich Gedanken über den Einfluß des Klimas auf die Einrichtungen der Gesellschaft und über die Ursachen der Inflation im sechzehnten Jahrhundert und schrieb hierzu *De la Démonomanie* (1580).

7 Eine Einführung findet der interessierte Leser in: J. Bowle (Hrsg.), *Western Political Thought* (1961), S. 245–305.

8 1596 in La Haye-Descartes (Tourraine) in einer Landadelsfamilie geboren und bei den Jesuiten in La Flèche in der Maine (1604–1612) erzogen, kämpfte Descartes unter dem Prinzen Moritz von Nassau in den Niederlanden und nach dem Waffenstillstand zwischen Spanien und den Vereinigten Niederlanden unter Maximilian von Bayern an der Donau. Anschließend lebte er in Holland und ließ auf die Veröffentlichung seiner *Discours* die *Meditationes* (1649) folgen. Wie Grotius an den Hof der Königin Christine von Schweden berufen, starb er dort im Februar 1650, ebenfalls wie Grotius fünf Jahre zuvor in Rostock, vermutlich an den Folgen des Ostseeklimas.

9 Vgl. J. Bowle, *Charles I: a biography*, London 1975, S. 138f.

10 Als Sohn eines Oxforder Goldschmieds besuchte er das Magdalenen College und wurde Geistlicher des damals im Exil in England weilenden Kurfürsten Karl Ludwig von der Pfalz. 1638 veröffentlichte er *The Discovery of a World in the Moon, or a Discourse tending to prove that 'tis probable there may be another Habitable World in that Planet* (1638), dem er *A Discourse concerning the Possibility of a Passage thither* folgen ließ.

11 Als Sohn eines Grobschmieds bei Braintree in Essex wurde Ray von seinem Gutsherrn nach Cambridge geschickt. Am Trinity College (1646) erwarb er hervorragende Kenntnisse im Griechischen, Lateinischen und Hebräischen und unternahm Streifzüge in der Umgebung, um dort vorkommende Pflanzen zu katalogisieren. 1663–1666 unternahm

er ausgedehnte Reisen auf dem Kontinent. Sein Freund Francis Willughby, der 1672 starb, hinterließ ihm eine Leibrente, dank derer er seine umfangreichen Forschungsarbeiten fortsetzen konnte, die 1694 in dem Werk *Flora of Europe* ihren Höhepunkt fanden.

12 Die Ausländer lehnten unter dem Hinweis ab, daß dies nicht den Sitten ihrer Heimatländer entspräche.

13 Iwan Mazepa war Page am polnischen Hof gewesen und im Westen erzogen worden. Zum *Hetman* war er ernannt worden, nachdem er die Pläne der pro-türkischen Kosaken in der Ukraine an die Moskowiter verraten und gegen die Tataren gekämpft hatte. Aber bevor er sich Karl XII. anschloß, hatte er versucht, durch Intrigen mit Polen, Schweden und Stanislaus Leszczynski eine polnisch-ukrainische Union zu schaffen. Er starb 1709 in der Moldau, und die Legende, er sei an ein wildes Pferd gebunden oder von wilden Pferden in Stücke gerissen worden, ist eine Erfindung.

14 Da er häufig aus zeremoniellen Gründen allein essen mußte, konnte er sich vielleicht besser auf die Freuden der Tafel konzentrieren.

15 Molière war sein Bühnenname, sein tatsächlicher, den er verständlicherweise verheimlichte, lautete Jean Baptiste Poquelin. Sein Vater war königlicher Tapezierer, also gut beschäftigt gewesen und konnte es sich deshalb leisten, seinen Sohn auf das *Lycée Louis le Grand* zu schicken. Aber der Junge war entschlossen ans Theater zu gehen, nahm 1644 den Namen Molière an und landete im folgenden Jahr seiner Schulden wegen im Gefängnis. Er trat vor allem im Süden als Schauspieler und Regisseur in Erscheinung, in Albi, Lyon, Montpellier und Béziers, aber erst 1658 bot sich ihm seine große Chance. Ludwig XIV., der die ganze Länge des Corneilleschen *Nicomède* hatte über sich ergehen lassen, war entzückt von einem kurzen anschließenden Stück von Molière, dessen Titel für sich selbst spricht: *Le docteur amoureux*. Des Königs Bruder, Herzog Philipp von Orléans, übernahm daraufhin Molière und seine Schauspieltruppe, obgleich er die versprochene Pension nicht bezahlte, und 1660 erhielt Molière das Recht auf den Posten des Vaters als Tapezierer des Königs, ein Amt, das er nur nominell wahrnahm. 1665 übernahm Ludwig XIV. selbst die Molièresche Truppe als *Troupe du roi*. Im Februar 1673 erkrankte Molière auf der Bühne und starb noch in derselben Nacht.

16 Er hatte es vom Geiger im königlichen Orchester bis zum Adelsbrief gebracht, wurde einer der *Secrétaires du roi* und beherrschte schließlich ganz das musikalische Geschehen bei Hofe. Er benutzte seinen übergroßen Taktstock mit solcher Verve, daß er sich selbst am Fuß verletzte und daran starb – angesichts der medizinischen Verhältnisse der Zeit durchaus nicht ungewöhnlich.

17 Sein Hauptinteresse galt weniger der Politik als der Philosophie und fand seinen Niederschlag in der Schrift *Essay Concerning Human Understanding*.

18 Die *Principia* gelangte nur in Druck, weil der Astronom Halley für die Kosten aufkam und die Aufsicht übernahm. Die Royal Society konnte die Mittel nicht zur Verfügung stellen. Die Geschichte, nach der Newton durch den Fall eines Apfels auf den Gedanken der Gravitation gebracht wurde, wurde von Voltaire verbreitet, der sie von einer Großnichte Newtons hatte.

19 »Die Schwierigkeit lag in der Ignoranz, dem Leichtsinn und dem mangelnden Eifer dieses Adels, der daran gewöhnt war, zu nichts zu taugen, als sich umbringen zu lassen.«

20 Ein juristischer Terminus, der bedeutete, daß der Erlaß seine Verbindlichkeit durch höchste kaiserliche Autorität erhielt.

21 Die politischen Komplikationen dieses Krieges sind weitreichend und verwirrend, selbst noch in der Erklärung Sir Charles Grant Robertsons: »Großbritannien, seit 1739 im Krieg mit Spanien, war bis 1744 nicht im Krieg mit Frankreich. Spanien war 1741 mit Österreich im Krieg, besonders in den Habsburgern Gebieten in Italien. Frankreich befand sich bis 1744 nicht im Krieg mit Österreich. Karl Albert führte seit 1741 Krieg gegen Österreich, und zwar als Kurfürst von Bayern, nicht als Kaiser. Preußen war zweimal im Krieg mit Österreich, 1740 und 1745, aber nie mit einem anderen Staat. Die

Niederlande blieben während des ganzen Zeitraums ›neutral‹. Als die Engländer und Franzosen bei Dettingen (1743) aufeinandertrafen, kämpften sie als Hilfstruppen für oder gegen die Pragmatische Armee, die Österreich gegen Bayern verteidigte.« *Chatham and the British Empire*, London 1946, S. 33f.

22 Ein Sieg, der von Voltaire in einer *Ode an Friedrich II.* gefeiert wurde.

23 »Die traditionelle Besorgnis, die bei den Deutschen später durch die Vorstellung ausgelöst wurde, russische Horden könnten nach Deutschland und Europa vordringen, mag aus dieser Zeit stammen.« Bernard Pares, *A History of Russia*, London 1937, S. 229.

24 Die Veröffentlichung durfte nur fortgesetzt werden, weil Malesherbes, der Hauptzensor, sie insgeheim guthieß, aber 1756 ließ der *Conseil d'état* sie verbieten. D'Alembert schied aus, und Diderot setzte die Arbeit anonym fort. Die stärkste Opposition wurde jedoch durch die Unbeliebtheit und Vertreibung der Jesuiten gemildert.

25 Er war ein Sohn Philipps V. und seiner zweiten Frau Elisabeth Farnese und hatte als Herzog von Parma und später König von Neapel Erfahrungen für sein späteres Amt gesammelt. Ein Bild von Goya zeigt ihn ironisch und intelligent, für die Jagd gekleidet. Er war leidenschaftlicher Anhänger der meisten Sportarten.

26 Er enthält noch immer die schönste Waffenkammer Europas, einschließlich der Rüstung und des Pferdegeschirrs, die Karl V. bei Mühlberg verwendete und mit denen Tizian ihn porträtiert hat.

VI. Industrielle Zivilisation: Demokratie und Nationalismus

1 Rousseaus liberale Apologeten haben großen Wert auf seine beiden Ausflüge in die Verfassungstheorie gelegt, die beide als völlig aussichtslose Projekte galten und nie in die Tat umgesetzt wurden: *Projet de constitution pour la Corse* (1764) und *Considérations sur le gouvernement de Pologne*, wobei die zweite Schrift sogar erst 1881 veröffentlicht wurde. Hier leistet er sich gelegentlich einen Abstecher in den gesunden Menschenverstand, aber der Mythos vom Willen der Gemeinschaft war charakteristischer für ihn und einflußreicher.

2 Vilfredo Pareto, *The Mind and Society*, London 1935, Bd. III., S. 1048–50.

3 Angesichts einer normalen, aus einem fetten Kapaun und Koteletts bestehenden Speisefolge zum Frühstück bemerkte der König: »Das ist nicht viel – sag ihnen, sie sollen mir ein paar Eier in Bratensaft anrichten.« Daraufhin aß er vier Koteletts, den Kapaun, sechs Eier und eine Scheibe Schinken und trank anderthalb Flaschen Champagner – eine solide Grundlage für einen Jagdtag.

4 Eine von Richelieu in ein Staatsgefängnis verwandelte Festung aus dem vierzehnten Jahrhundert, die zu diesem Zeitpunkt auch für ihren zweiten Verwendungszweck kaum noch benutzt wurde. Die Befreier entdeckten nur sieben Insassen, wobei die Bessergestellten mit eigenem Essen und eigener Dienerschaft ein recht komfortables Leben führten und auch die anderen nicht zu leiden hatten. Voltaire hatte 1717/18 einige Monate dort verbracht.

5 Erklärung der Menschen- und der Bürgerrechte.

6 Von C. J. Rouget de Lisle, einem Pionieroffizier der Rheinarmee in Straßburg, komponiert, Text und Musik wurden, vom Komponisten gesungen, erstmals bei einem Festbankett in Marseille bekannt. Dann beflügelte das Lied Freiwillige, die sich auf dem Marsch nach Paris befanden, dermaßen, daß sie noch rechtzeitig eintrafen, um die Tuilerien anzugreifen. Der Komponist, der zu royalistisch gesinnt war, um den Treueid auf die Republik zu leisten, hatte wenig von der Karriere, die sein Lied machte. Die vielen Jahre, die er noch zu leben hatte, verbrachte er in Armut.

7 Das Instrument, dieses Symbol des Schreckens, das zunächst ganz harmlos *le petit Louison* genannt wurde, ist von dem braven Arzt, dessen Namen es trägt, ursprünglich entwickelt worden, um mit seinem schrägen, gewichtigen Fallbeil die Qualen der Verur-

teilten zu verkürzen. Ein ähnliches Gerät war, wie sicherlich nicht überrascht, schon im mittelalterlichen Deutschland, in Italien (als besonderes Privileg für Edelleute) und natürlich in Schottland verwendet worden, wo man es respektlos die »Jungfer« nannte. Joseph Ignace Guillotin war Mitglied der Verfassunggebenden Versammlung und bewog sie zu dem Beschluß, daß alle Hinrichtungen mechanisch vorzunehmen seien. Das neue Verfahren galt als demokratischer, da bislang nur Adlige enthauptet worden waren.

8 Die geschätzte Zahl derer *en titre* bewegt sich zwischen zwölf und einundzwanzig. Sie nannte sie ihre »Schüler« (*élèves*) und ließ sie von einem Arzt untersuchen, bevor sie zu ihren Dienstleistungen antreten durften, gewöhnlich nach dem Mittagessen um ein Uhr. Dann nahm sie sich für den jeweiligen Favoriten zwei Stunden Zeit. Nur einer starb *en sa place*. Die entlassenen Günstlinge wurden im allgemeinen großzügig abgefunden, und einige, wie Orlow und Potemkin, brachten es zu großem Wohlstand und Macht.

9 *The Instruction to the Commissioners for Composing a New Code of Laws* (Anweisung an die Mitglieder des Ausschusses für die Ausarbeitung eines neuen Gesetzteskodex). Dieses ausführliche und umfassende Dokument, größtenteils von der Hand der Kaiserin und 1785 veröffentlicht, zeigt den Einfluß der französischen Aufklärung, vor allem in dem Glauben, die Erziehung sei langfristig das wichtigste Instrument, um Abhilfe zu schaffen. Es gibt eine lange Passage, die direkt von Montesquieu und Beccaría übernommen ist. Vgl. *Documents of Catharina the Great*, hrsg. von W. F. Reddaway, London 1931.

10 Eine Fregatte segelte an Konstantinopel vorbei und erreichte das Schwarze Meer, nachdem der Sultan ein Boot geschickt hatte, um den Kapitän vor den Strömungen und Klippen des Bosporus zu warnen.

11 Er war von der russischen Botschaft in Berlin abberufen worden, da er »sich weigerte zu studieren, nachts herumkrakeelte, Möbel zertrümmerte und seine Kleider zum Fenster hinauswarf«, aus Protest dagegen, daß er nicht zum Armeedienst zugelassen worden war. Nachdem er so seinen Willen durchgesetzt hatte, wurde er zum »beschlagensten Militärtheoretiker in der russischen Armee«.

12 Suworow wurde zum Fürst Italiskij und Feldmarschall ernannt, brauchte aber, als ihm Kaiser Paul trotz einsetzenden Winters befahl, seine Truppen hinter die Alpen zurückzuziehen, all sein vielgerühmtes taktisches Geschick, um seine Soldaten, angesichts der Niederlage seines Generals Rimskij-Korsakow bei Zürich, heil über den Gotthardpaß zu bekommen. Kaiser Paul weigerte sich, ihn zu empfangen; so starb er 1800 in Ungnade in Sankt Petersburg, kurz bevor der Kaiser selbst von Überlebenden aus Katharinas Regierung mit dem zumindest schweigenden Einverständnis seines Sohnes Alexander ermordet wurde.

13 Alexander schrieb danach an seine Schwester, die Großfürstin Katharina: »Du mußt Dir vorstellen, daß ich tagelang mit Bonaparte zusammen war und mich stundenlang allein mit ihm unterhalten habe.« Woraufhin sie erwiderte: »Solange ich lebe, werde ich mich nicht an den Gedanken gewöhnen, daß Du tagelang mit Bonaparte zusammen bist ... es kommt mir wie ein schlechter Scherz und völlig unmöglich vor.«

14 Ein Beispiel für eine nur der Begabung zu verdankende Karriere: Er begann als analphabetischer Küchenjunge und stieg auf zum berühmtesten Küchenchef Europas, der in den Diensten Talleyrands, Alexanders I. und des englischen Prinzregenten stand, aber außerhalb Frankreichs unglücklich war. Wahrscheinlich der größte Koch aller Zeiten (1783–1833).

15 Der neue König war Mitglied des Jakobinerklubs gewesen und hatte sich bei Valmy ausgezeichnet, war aber 1793 nach Österreich emigriert und hatte dann in der Schweiz Zuflucht gesucht. 1797 reiste er für zwei Jahre in die Vereinigten Staaten, dann nach England. Nach der Restauration erhielt er seine riesigen Familienbesitzungen zurück und profitierte erheblich von den Reparationszahlungen Karls X. Er hatte einen etwas

plumpen Sinn für Propaganda, und die Historiker werden nicht müde, auf seine Gewohnheit hinzuweisen, mit einem zusammengerollten Regenschirm spazierenzugehen – eine Vorsichtsmaßregel, die als etwas lächerlich galt und noch Neville Chamberlains Ruf schadete. Heute würde er als Musterbeispiel eines wanderlustigen »netten Kerls« aus königlichem Hause gelten.

16 *Die Grand National Consolidated Trade Union* von 1834 verdankte ihre Entstehung eher dem »utopischen« Sozialisten Robert Owen als revolutionären Ideen, und die Helden der Gewerkschaftsgeschichte fielen nicht auf »Barrikaden«, sondern waren Arbeiter aus Tolpuddle in Dorset, die nach Australien geschafft wurden, weil sie ihren örtlichen Gewerkschaften den Treueid geschworen hatten. Nach zwei Jahren wurden sie infolge einer Pressekampagne freigelassen, in der sie als »Märtyrer von Tolpuddle« bezeichnet wurden, ein Name, der ihnen geblieben ist.

17 Eine der farbigsten Figuren des Zeitalters: Er war Ire und hatte in Toulon, auf Korsika, den Westindischen Inseln, in Indien, Ägypten, Kapstadt und Buenos Aires gekämpft, 1807 wurde er auf Madeira im Namen des portugiesischen Königs zum Oberbefehlshaber ernannt, und 1809 reorganisierte er die portugiesische Armee im Kampf gegen die Franzosen.

18 Wenn die Tiere im Strom zuckten, hieß es, sie würden durch »tierischen Magnetismus galvanisiert«.

19 Lajos Kossuth (1802–1894) stammte aus niederem ungarischen Landadel und studierte Jura. Dann wurde er Gutsverwalter, entdeckte aber 1830 seine Neigung zum Journalismus. Er wurde nationalistischer Agitator und 1840 Herausgeber des *Pesti Hirlop*. 1848 erwies er sich als brillanter Redner und gehörte als Finanzminister der ungarischen Revolutionsregierung an. Er verweigerte die Zahlungen an die Reichsregierung und auch Truppen, die König Karl Albert von Sardinien-Piemont bekämpfen und die Aufstände in Malta und Venedig niederschlagen sollten. Er führte den Widerstand gegen die Russen und Kroaten an, wurde aber auf türkisches Gebiet abgedrängt, von wo aus er entkam und über England in die Vereinigten Staaten floh. Er starb im Mailänder Exil.

20 Alessandro Manzonis Roman *I Promessi Sposi* (1823–1827), in dem es scheinbar um die spanische Herrschaft im Italien des siebzehnten Jahrhunderts geht, steckt voller aktueller politischer Anspielungen, die seinen Ruhm rasch in ganz Italien verbreiteten.

21 Djordje Petrović (1763–1817), von bäuerlicher Herkunft und wegen seines Äußeren der »Schwarze« genannt, begann als Schweinehirt. Nachdem er einige Türken umgebracht hatte, floh er nach Österreich, wo er Förster wurde und Tiere umbrachte. Dann kämpfte er für die Österreicher gegen die Türken. Nach Serbien zurückgekehrt, machte er ein Vermögen im Viehhandel und wurde 1804 zum Führer des Aufstands gewählt. Er war der Begründer der modernen serbischen Dynastie, denn sein Sohn Alexander wurde der erste Fürst von Serbien.

22 Graf Ioannes Antonios Kapodistrias (1776–1831) war auf Korfu geboren, als es noch unter venezianischer Herrschaft stand, und in Padua erzogen worden. Er wurde zweiter Staatssekretär Kaiser Alexanders I. und zog sich von 1822 bis 1827 nach Genf zurück, weil er meinte, daß ein griechischer Patriot nicht mehr in russischen Diensten stehen könne.

23 Church (1784–1873) war seinen aus Irland und Yorkshire stammenden Eltern davongelaufen, hatte sich aus der Schule davongemacht und in die Armee aufnehmen lassen, wo er bei den *Corsican Rangers* unter Sir Hudson Lowe, Napoleons Kerkermeister, gedient und Capri tapfer gegen Murat, den damaligen König von Neapel, verteidigt hatte. Dann half er bei der Eroberung von Zakynthos, Kefallinia und Ithaka und stellte 1809 ein Regiment suliotischer Griechen unter eigenen Hauptleuten auf. Als Generalmajor in Diensten der wiedereingesetzten Bourbonen hatte er außerdem Räuberbanden in Apulien zur Strecke gebracht und war zum Oberbefehlshaber auf Sizilien ernannt worden, ein Amt, das mit der Erhebung von 1820 ein Ende fand. Als der griechische Krieg

ausbrach, holten ihn seine Sulioten zurück und wählten ihn zum Generalissimus von Griechenland. Schon in England zum Ritter geschlagen, blieb er in Griechenland, wo er mit Ehren überhäuft in hohem Alter starb.

24 Marquis de Custine, *La Russie en 1839*. In seinem Niveau läßt sich dieser berühmte Bericht durchaus vergleichen mit dem berühmten Buch von Alexis de Tocqueville, *De la démocratie en Amérique*.

25 Adam Mickiewicz (1798–1858) hatte sich frühen Ruhm erworben durch die Gedichte, die er 1822 und 1823 veröffentlicht hatte, und war dann wegen seiner nationalistischen Haltung nach Rußland deportiert worden, wo er sich an der Dekabristenverschwörung beteiligt hatte. 1826 schrieb er seine *Krimsonette* und schloß Freundschaft mit Puschkin. 1829 gelang es ihm, nach Rom zu reisen, von wo aus er sich nach Dresden und Paris begab. Dort entstanden *Die Bücher der polnischen Nation und der polnischen Pilgerschaft* (1832) und das Epos *Pan Thaddäus oder die letzte Fehde in Litauen* (1834). Er wurde Professor für slawische Literatur am *Collège de France* und starb während des Krimkriegs in Konstantinopel. In seinen nationalistischen Vorstellungen erweist er sich als romantischer Mazzianianer. Er war der größte moderne Dichter Polens in Lyrik und Epik.

26 Er wurde in Moskau als Sproß einer aristokratischen Bojarenfamilie geboren und war abessinischer Abstammung durch seine Mutter, die Enkelin von Abram Hannibal, Peters des Großen *Protégé*. Er wuchs auf mit französischer Literatur, aber auch den Volkssagen der russischen Bauern und trat 1817 in den diplomatischen Dienst des Zarenreiches. 1820 veröffentlichte er sein Epos *Ruslan und Ludmilla*, eine Erzählung aus dem Kiewer Rußland. Er wurde in liberale politische Bestrebungen verwickelt und 1820 nach Jekaterinburg verbannt, von wo aus er den nördlichen Kaukasus und Odessa besuchte. Sein in Byrons Manier geschriebenes Werk *Der Gefangene des Kaukasus* widerspiegelt die Erfahrungen dieses Exils. 1823 begann Puschkin mit der Niederschrift von *Eugen Onegin*, den er erst 1831 beendete, ein breit angelegter Versroman über Sankt Petersburg und Moskau. 1824 wurde er auf Antrag des Gouverneurs von Odessa auf das Gut seiner Mutter bei Pleskau im Nordwesten verbannt. Hier schrieb er unmittelbar vor dem Dekabristenputsch *Boris Godunow* (1824/25), eine Shakespeares Königsdramen nachempfundene Tragödie. Nikolaus I. rief Puschkin nach Sankt Petersburg zurück und erbot sich, als dieser sich über die Zensur beklagte, seine Werke eigenhändig zu zensieren, ein hohes Privileg. In Sankt Petersburg schrieb Puschkin die Novelle *Der Mohr Peters des Großen* und das berühmte Gedicht der *Bronzereiter* über das Zarendenkmal. 1831 heiratete er und erhielt ein Hofamt, das ihm nicht gefiel, das er aber auch nicht ausschlagen konnte, und wurde in einem absichtlich herbeigeführten Duell von seinem eigenen Schwager, einem emigrierten französischen Gardeoffizier, getötet.

27 Das Expeditionsheer brach von Genua mit zwei Raddampfern auf, *Piedmonte* und *Lombardo*, aber da sie vergessen hatten, genügend Lebensmittel und Wasser an Bord zu nehmen, mußten sie in Talamone an der toskanischen Küste zwischenlanden. Am 11. Mai 1860 gingen sie in Marsala in Westsizilien an Land, marschierten nordöstlich durch das Hochland, besiegten die neapolitanischen Truppen bei Calatafimi und stürmten anschließend Palermo dank einer strategischen List.

28 Die Herzogtümer Holstein und Schleswig standen in Personalunion mit der dänischen Krone, waren aber Mitglieder des Deutschen Bundes. Das nördliche Schleswig war zum Teil auch von Dänen bewohnt. Beide hatten sich 1848 gegen Dänemark erhoben, obwohl im Londoner Protokoll die alte Personalunion bestätigt worden war. Der Prinz von Wales hatte 1863 Prinzessin Alexandra von Dänemark geheiratet – aber die Engländer konnten es mit den preußischen Landstreitkräften nicht aufnehmen, Napoleon III. hatte alle Hände voll mit seinen katastrophalen Abenteuern in Mexiko zu tun und die Russen damit, die Polen nach ihrem Aufstand im Jahre 1863 abermals zu unterdrücken.

29 Er schickte sich an, sich seines Guts im pommerschen Varzin zu erfreuen, das er von den beträchtlichen Summen erstanden hatte, die ihm der preußische Landtag nach dem

siegreichen Krieg bewilligt hatte, und um die erklärte Absicht in die Tat umzusetzen, es im Laufe seines Lebens auf 5000 Flaschen Champagner zu bringen – nicht gerechnet Wein, Bier, Cognac und Zigarren, von denen er ein Dutzend am Tag rauchte.

30 Tolstoj schrieb auch viele Novellen und Geschichten, darunter vor allem erwähnenswert *Die Kosaken* (1863), *Sewastopol, Kolstomer* (eine Satire, in der ein edles Pferd seine Ansichten über die Menschheit darlegt), *Der Teufel* (1889), *Die Kreutzersonate* (1891) und *Auferstehung* (1879).

31 Zu den ideologischen, sozialen und wirtschaftlichen Faktoren, die Deutschland zum Krieg drängten, vgl. F. Fischer, *Krieg der Illusionen. Die deutsche Politik von 1911 bis 1914*, Düsseldorf 1969, und F. Stern, *Gold und Eisen. Bismarck und sein Bankier Bleichröder,* Frankfurt, Berlin, Wien 1978.

32 Ein undurchführbares Projekt, da die türkische Eisenbahn über eine größere Spurweite als die österreichische verfügte, und die Baukosten auf dem gebirgigen Terrain jedes vernünftige Maß überstiegen hätten.

33 Eine objektive Darsellung bietet D. Mack Smith, *Mussolini*, London 1982.

Register

Inhaltsverzeichnis

ATLANTISCHER
OZEAN
Nordsee
Ostse
MITTELLÄNDISCHES
Bergen
Oslo (Christiania)
Sto
Göteborg
Kopenhagen
Glasgow
Edinburgh
Belfast
Dublin
Manchester
Liverpool
Birmingham
London
Amsterdam
Brügge
Gent
Antwerpen
Brüssel
Aachen
Köln
Bremen
Lübeck
Rostock
Hamburg
Danzig
Berlin
Warschau
Leipzig
Dresden
Frankfurt
Reims
Paris
Metz
Nürnberg
Prag
Brno
Straßburg
Augsburg
München
Salzburg
Wien
Tours
Zürich
Genf
Lyon
Bordeaux
Toulouse
Mailand
Venedig
Triest
Genua
Bologna
Marseille
Pisa
Florenz
Siena
Split
(Ragusa)
Porto
Madrid
Lissabon
Toledo
Barcelona
Rom
Sevilla
Cordoba
Cadiz
Granada
Palma de Mallorca
Neapel
Brindisi
Tanger
Oran
Algier
Karthago
Tunis
Messina
Palermo
Syracus
Tripolis